U0920558

北京朝阳年鉴

2013

北京市朝阳区地方志编纂委员会　编

中　华　书　局

图书在版编目（CIP）数据

北京朝阳年鉴．2013/北京市朝阳区地方志编纂委员会编．
–北京：中华书局，2013.12
ISBN 978–7–101–09909–6

Ⅰ.北…　Ⅱ.北…　Ⅲ.朝阳区–2013–年鉴
Ⅳ.Z521.3

中国版本图书馆 CIP 数据核字（2013）第 310462 号

责任编辑：朱　慧

北京朝阳年鉴 2013
北京市朝阳区地方志编纂委员会编
*
中 华 书 局 出 版
（北京市丰台区太平桥西里 38 号　100073）
http://www.zhbc.com.cn
E-mail:zhbc@zhbc.com.cn
廊坊市金虹宇印务有限公司印刷
*
787×1092　1/16　45.5 印张　40 插页　1 607 千字
2013 年 12 月第 1 版　　2013 年 12 月第 1 次印刷
印数：1–3100 册　　定价：200.00 元

ISBN 978–7–101–09909–6

北京市朝阳区地方志编纂委员会

《北京朝阳年鉴》编辑部

编 辑 说 明

一、《北京朝阳年鉴》是一部综合性资料工具书。在中共北京市朝阳区委和朝阳区人民政府领导下，由朝阳区地方志编纂委员会《北京朝阳年鉴》编辑部组织编纂。版权属朝阳区地方志编纂委员会和《北京朝阳年鉴》编辑部。

二、本年鉴以马克思列宁主义、毛泽东思想、邓小平理论、“三个代表”重要思想、科学发展观为指导，遵循实事求是的原则，科学、客观地反映实际情况。

三、本年鉴从2005年开始逐年编纂。当年出版的年鉴，记述上一年度朝阳区政治、经济、文化、社会各领域发展变化的基本情况和重大事件，为领导决策提供可资参考的依据，为各行各业提供有价值的资料，为各方面人士了解朝阳、研究朝阳提供信息。

四、本年鉴以记述朝阳区属各系统、各单位情况为主，适当记述辖域内中央、市属单位情况，突出主体又兼顾全貌。

五、本年鉴文字内容设特载、专文、大事记、政党团体、政权政协、政法军事、产业商贸旅游、农业水务气象、功能区建设、综合经济管理、财政税务金融、城乡建设、城乡管理、科技教育、文化体育卫生、社会生活、地域、人物、统计资料、附录等20个一级栏目。除大事记、特载、专文、人物、统计资料、附录外，其余均为条目体，下设二级栏目，二级栏目下设分目，分目下设条目。

六、本年鉴所用文章和条目，均由区属各部门、各单位和驻区有关单位专人撰写或提供，并经主要负责人审核。统计数字由朝阳区统计局提供。图片由各有关单位提供。

七、本年鉴反映2012年1月1日至12月31日期间的情况，文内一般直书月、日、年内，不再书写年份。

八、为方便读者使用，本年鉴一级栏目“地域”内容，依据各街道、地区（乡）名称第一个字汉语拼音的英文字母顺序，分别排列先后顺序。第一个字相同的，按第二个字排列，以此类推。

九、本年鉴在编纂过程中，得到全区各单位的大力支持，在此一并表示感谢。年鉴中存在的不足和疏漏之处，恳请读者批评指正。

《北京朝阳年鉴》编辑部联系电话：010－65094347　65099572

地址：朝阳区日坛北街33号朝阳区档案馆5层

邮编：100020　　　　电子邮箱：cydsjb@126.com

5月1日，中共中央政治局常委、国务院总理温家宝到奥林匹克公园慰问环卫职工

8月27日，中共中央政治局常委、国务院副总理李克强（前排右一）出席在北京国家会议中心举行的首届中非地方政府合作论坛开幕式并致辞

2月9日，中共中央政治局委员、北京市委书记刘淇（右三）等一行到观复博物馆调研

3月21日，市长郭金龙（前排中）调研劲松街道老旧小区改造工作

7月16日，市人大常委会主任杜德印（右三）调研八里庄莱锦创业园

3月22日，市委副书记、市政协主席王安顺参观北京东区邮局大清邮政信柜

区委书记程连元参加2012北京CBD商务节中国文化产业高端峰会

区长吴桂英（前排左一）到潘家园街道磨房南里二社区调研

区人大常委会主任佟克克（前排中）调研议案办理情况

区政协主席辛燕琴（右三）调研呼家楼街道统战工作

中共北京市朝阳区委十一届五次全体（扩大）会议

北京市朝阳区第十五届人民代表大会第三次会议

政协北京市朝阳区第十二届委员会第二次会议

2012北京CBD商务节开幕式

朝阳区“十大发展基地”推介会暨“双十工程”主题展

中信集团签约入驻金盏金融园区

民航清算中心签约入驻金盏金融园区

北京国家广告产业园开园

三间房国家动画产业基地挂牌

电子城功能区区域化党建启动仪式

区社会领域党建“四网六库”网络应用培训

东风地区庆祝党的生日

酒仙桥街道“两新”组织新成立党支部授牌

来广营乡纪念建党91周年社区宣讲活动

平房地区老党员绘制学习十八大板报

区政协、区委统战部“聚焦国际化发展”专题议政会

来广营地区人大代表工作室揭牌

朝外地区人大代表述职

三间房乡双桥铁路社区居委会换届选举

麦子店街道农展南里社区居委会换届投票

朝外街道雅宝里社区居委会换届选举

消费与安全3·15国际消费者权益日暨北京市“诚信服务示范单位”授牌仪式

区烟草专卖局与区检察院合作预防职务犯罪

税法宣传进使馆

朝阳区法治文化活动基地揭牌

朝阳法院南磨房法庭新址落成

朝阳药监分局安全药品宣传月活动

区政府与清华大学合作共建垂杨柳医院、华信医院签约仪式

北京国际纪实影像创意产业基地一期落户定福庄产业区

区医保中心与首都医科院肿瘤医院签署医师服务协议

东坝航空商务区管委会与北京五洲投资有限公司签订国际医院项目合作协议

区国税局与马士基（中国）航运有限公司续签2012年至2016年双边预约定价执行协议

京客隆集团京交会签约仪式

区政府2011年购买社会组织服务项目成果展暨2012年购买服务发包会

北京市社区公共服务全覆盖现场观摩交流会在首都机场街道召开

朝阳区婚姻登记处新址揭牌

朝阳区第一届民生论坛

"5·20"世界计量日宣传咨询

酒仙桥街道新居民家庭教育培训基地启动仪式

“书香朝阳”全民阅读启动仪式

朝阳区公共卫生协会成立

促进残疾人就业专项活动

贯彻工伤保险法律法规，维护职工工伤保险权益

垡头街道路平工程

抗震节能综合改造住宅试点项目——新源里西11号楼竣工

朝阳、西城等8个区县“手拉手”专场招聘会

朝阳区民营企业招聘周

电子城高新技术企业专场招聘会

酒仙桥街道第三届社区就业大集

香河园街道“春风行动”招聘会

王四营乡“送岗到家帮扶农民就业”专场招聘会

区机关共产党员献爱心捐款

民进朝阳区委“爱心内蒙行”捐赠活动

区人口计生委向西藏自治区堆龙德庆县捐赠多媒体发布机

垡头街道走访慰问计生空巢老人

安苑北里小学地球日募捐活动

双井街道13社区（虚拟社区）携手九龙社区、搜狐网组织募捐活动

朝阳区离退休干部首届文化节

区市政市容委开展“宣传垃圾分类、倡导低碳生活”学雷锋活动

唱响红五月——民族歌舞公益演出

社区卫生服务中心义诊进社区

区慈善协会开展“携手慈善 关爱孤残儿童”活动

区红十字会慰问困难老人

全国妇联在和平家园社区举办“践行雷锋精神 百万巾帼志愿者在行动”活动，全国妇联主席陈至立看望社区党员志愿者

朝阳区《3-6岁儿童家长手册》出版首发式

税收宣传进校园

国际气象日小学生参观区气象站

大屯街道流动人口女性健康知识讲座

建外街道北郎东社区小报童公益卖报

朝阳区国学推广行动"传统与创新"青年大讲堂

礼仪中国——东岳论坛

潘家园地区表彰第二届"十大公德人物"

酒仙桥街道道德讲堂

呼家楼街道"德伴人生"道德讲堂

东湖街道残疾人手工艺品义卖

区教委与北京师范大学、北京市三帆中学合作办学签约仪式

区教委与新教育研究院合作办学签约仪式

北工大人文学院和朝阳区签订双基地协议

区教委与加拿大不列颠哥伦比亚省素里教育局签订交流合作意向书

朝阳区青少年法制教育基地成立揭牌

东北师范大学附属中学朝阳学校落成暨开学典礼

东岳书院揭牌

大可京剧票社揭幕

中国盲文图书馆北京市朝阳区支馆揭牌

“走进CBD 精彩看朝阳”朝阳艺术团文艺演出

国声京剧团赴美交流演出

朝阳区诗书画研究会“中朝杯”书画大奖赛作品展开幕

朝阳区新年音乐会——戴玉强师生演唱会

朝阳艺术团红樱束女子打击乐团演出

朝阳流行音乐周

日坛祭日典仪

北京朝阳国际风情节

朝阳区第十七届“第二故乡送温情”慰问演出

酒仙桥街道传统文化传承基地授牌

六里屯街道十北文化公园揭牌

民革朝阳区委与台湾书法爱好者联谊

国声京剧团进社区——东风地区夏日文化广场

亚运村街道安慧里社区京剧表演

高碑店村第七届漕运庙会

“快乐将台”广场文化节

和平街街道第七届“邻居文化节”

孙河乡“正月十五文化闹元宵、百姓回迁秧歌添喜庆”花会展示

朝外街道清明文化节

潘家园街道文体协会揭牌汇演

快板表演艺术家梁厚民辅导朝阳艺术团文艺骨干

区文化馆兵马俑灯笼参展第25届“英国斯托克顿国际河畔艺术节”

朝阳区摄影家协会赴内蒙交流

首届朝阳区家庭文化节暨家庭文化收藏展开幕

朝阳区乡村大舞台群众歌曲大赛

八里庄街道老党员创作快板宣传市十一次党代会精神

北京朝阳大学生艺术节

潘家园波兰琥珀及民间工艺品展览会开幕式

塔吉克斯坦外长哈姆罗洪·扎里菲参观潘家园旧货市场

外国友人参加麦子店街道问政座谈会

第二届国际体育文化节——国际亲子趣味嘉年华活动

双井街道富力社区迎冬至中外居民包饺子

建外SOHO国际俱乐部外国人学做风筝

中华全国总工会向呼家楼街道职工书屋授牌

外籍人士学汉语

区科协为社区补充科普图书

潘家园街道图书馆“北京数字文化社区”启动仪式

金盏乡沙窝村文化服务中心落成

垡头地区文化中心启用

区级养老（助残）服务商签约仪式

朝阳区参加2012北京中老年舞蹈大赛

市、区老龄办春节慰问八里庄街道托老所

朝阳区规范化养老（助残）餐桌

东风地区为老人安装一摁铃

三间房地区大学生村官志愿服务关爱老人

万名志愿者为老服务启动仪式

朝阳区表彰首批星级志愿者

民防地震应急志愿者服务队奥林匹克公园分队成立

建外街道向义工授牌

左家庄街道公益储蓄分中心成立

望京街道应急志愿者技能培训

左家庄街道一刻钟社区服务圈“雷锋示范岗”

平房地区“一刻钟社区服务圈”商户悬挂统一标识

六里屯“农社对接”便民菜站

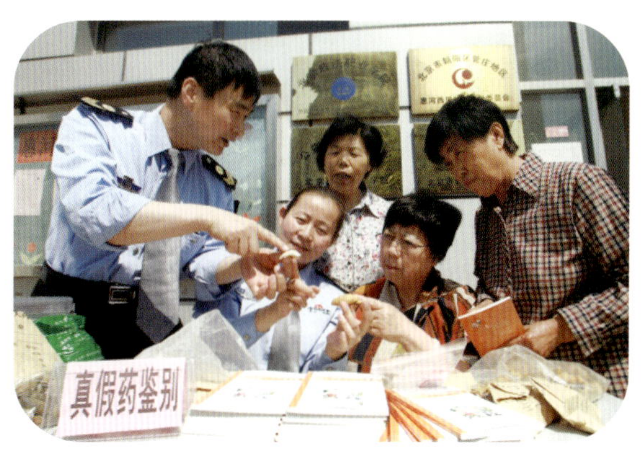

管庄地区安全药品宣传进社区

香河园街道招募“社区e事员”

蓝岛大厦服务进社区活动

劲松街道通过国际安全社区认证

利用社区资源做好离退休干部服务工作区级示范点

大屯街道颁布公共文化服务地图

大屯街道开设“劳动保障直通车”解读就业政策

为大学生创业提供咨询服务

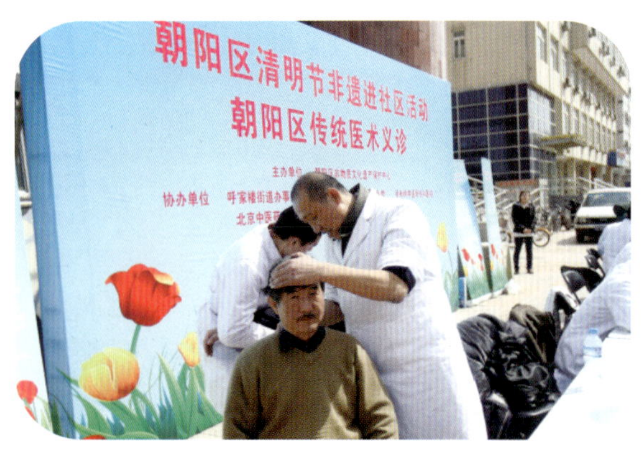

呼家楼街道开展非物质文化遗产进社区暨传统医术义诊活动

“12·5”国际志愿者日朝阳区关爱农民工志愿服务

区法院向农民工发还案款

建筑工地规范劳动用工执法检查

结核病防治宣传进工地

家政服务员学习烹饪

六里屯街道公共文明引导员向外来务工人员宣传“北京精神”

区委、区政府慰问武警北京总队

朝阳区迎新春双拥慰问演出

区武装部在北京联合大学解答征兵政策

双井街道庆祝“八一”建军节联欢会

豆各庄地区欢送新兵入伍

酒仙桥街道军民共建文明乘车站台

大屯街道双拥“六送”活动

团结湖街道开展民兵训练活动

呼家楼地区“金台文化艺术节”——庆祝建军85周年专场演出

朝阳区第八届少年军校军训成果汇演

亚运村华严北里小学少年军校

平房乡平房村集体土地租赁住房项目奠基

十八里店乡周庄三期（重点村）建设开工奠基

小红门乡重点村回迁楼奠基

东坝七棵树定向安置房一期封顶

朝阳区首批公租房入住

管庄乡小寺村限价房

地震安全示范学校颁牌

地震安全培训进校园

金盏地区防灾减灾演练

双井地区苏宁电器火灾应急演练

高碑店地区防震减灾志愿者应急救援培训

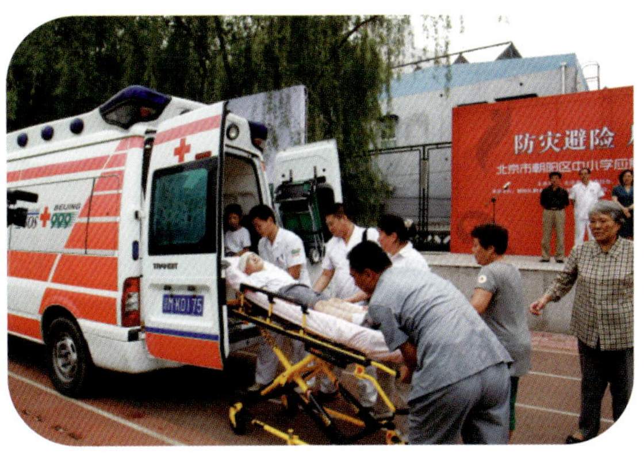

运送伤员——小学生避险逃生演练

“7·21”暴雨中崔各庄乡奶西村组织村民转移

“7·21”暴雨中将台地区干部群众为居民送沙袋

环卫职工清理“7·21”暴雨积水

垡头街道防汛物资保障

“7·21”暴雨致萧太后河小武基段挡墙损毁

“7·21”暴雨后萧太后河小武基段挡墙修复

区疫控中心宣传动物产品食品安全

区质监局检查食品生产企业

区种养中心发放数字化食品安全检测仪

检查超市食品安全

整治酒类侵权商品

区卫生监督所检查餐饮服务安全

农资打假暨农机安全生产联合宣传

农产品产地执法检查

区质监局开展计量专项检查

区质监局检查特种设备

望京街道烟花销售点安全检查

朝阳体育惠民生“六个一”活动

第八届农村地区全民运动会

平房乡获第八届农村地区全民运动会拔河比赛冠军

朝阳体校男子足球队获耐克杯5人制比赛金牌

区体育局青少年网球训练基地揭牌

来广营地区第十三届全民运动会

区直机关系统第九套广播操比赛

朝阳区第六届“和谐杯”乒乓球总决赛

全民健身工程

孙河乡健身快乐行

太阳宫地区国民体质测试

垡头街道幼儿趣味运动会

区财政局结对东风乡认养绿地

九三学社朝阳区委义务植树

壳牌中国集团与东湖街道共建共享绿色家园

星巴克全球服务月走进呼家楼共建绿色社区

建外街道低碳环保进社区

文明乘车协管员到大望京公园植树

奥林匹克森林公园秋景

勇士营郊野公园

京城森林公园

大柳树沟治理工程朝丰家园段

“北京最美乡村”——高碑店乡高井村

目　录

特　载

专　文

大事记

政党　团体

政权 政协

政法　军事

产业　商贸　旅游

农业　水务　气象

功能区建设

综合经济管理

城乡建设

城乡管理

科技　教育

文化 体育 卫生

社会生活

地　　域

人　物

统计资料

附　录

BEIJING CHAOYANG YEARBOOK
CONTENTS

SPECIAL ISSUE

FEATURES

CHRONICLE

POLITICAL PARTIES ORGANIZATIONS

AUTHORITIES POLITICAL CONSULTATION

POLITICS LAW MILITARY AFFAIRS

INDUSTRY TRADE TOURISM

AGRICULTURE WATER METEOROLOGY

CONSTRUCTION OF FUNCTIONAL DISTRICTS

COMPREHENSIVE MANAGEMENT OF ECONOMIES

FISCAL TAXATION FINANCE

URBAN AND RURAL CONSTRUCTION

URBAN AND RURAL MANAGEMENT

SCIENCE AND TECHNOLOGY EDUCATION

CULTURE SPORTS HEALTH CARE

SOCIAL LIFE

REGION

PEOPLE

STATISTICAL DATA

APPENDIX

特　　载

深入学习贯彻党的十八大精神 全力推进朝阳科学发展民生幸福

——在中国共产党北京朝阳区十一届五次全体(扩大)会议上的报告

中共朝阳区委书记　程连元

(2013 年 1 月 5 日)

各位委员、同志们：

下面，我受区委常委会委托，向全委会报告工作，请予审议。

2012 年工作回顾

2012 年是新一届区级班子的届首之年。面对外部复杂环境和区域转型挑战，区委深入贯彻落实市、区十一次党代会精神，坚持总揽全局、协调各方，围绕“再创新优势，建设‘新四区’，为朝阳科学发展民生幸福努力奋斗”主题，把握朝阳在首都全局中的责任和使命，提出“四个必须”的工作定位，团结带领全区广大党员干部群众，坚定信心、攻坚克难，圆满完成了各项目标任务。回顾全年工作，主要有以下三个特点：

一、稳中求进、迎难而上，保持良好发展态势

面对经济下行压力加大的严峻形势，区委坚持“稳中求进”总基调，正确处理稳增长与促转型的关系，多措并举深化结构调整，保持了全区发展的良好态势。

转方式迈出坚实步伐。引导全区深入转变经济发展方式，加快解决发展的质量、结构、效益等深层次问题。推进产业结构调整升级，巩固提升批发零售业，积极引导房地产业优化投资结构，现代服务业、金融业、文化创意产业和高新技术产业的引领、支撑作用更加明显。推动“十大发展基地”产业聚集、项目落地，产业园区拆迁建设取得新进展，CBD、奥运和电子城功能区带动作用日益凸显，大望京科技商务创新区建设加快推进，发展布局进一步优化。积极服务保障并参加首届“京交会”，签约额达 457.8 亿元，对外经济合作迈上新台阶。区属国有经济健康发展。节能降耗完成全年指标任务。

稳增长取得显著成效。始终把服务首都大局、促进可持续发展作为全区重点工作，强化部门、街乡责任落实。注重挖掘新的经济增长点，一批国家级和市级重点产业项目、跨国公司地区总部等优质要素集聚朝阳。注重改善消费环境，消费拉动经济增长的作用不断增强。注重服务驻区企业，税源涵养成效明显。预计全年实现地区生产总值超过 3600 亿元，增长 10%；完成区级财政收入 348.6 亿元，增长 10%；城镇居民可支配收入和农民人均纯收入分别增长 11%，主要经济指标保持全市前列。

农村城市化稳步推进。明确农村地区作为国际商务中心拓展区、配套区、服务区的功能定位，确定了“四增五减”阶段性工作目标，深入探索农村城市化多种实现路径。大力推动农村地区产业走改革创新、高端高效、联动发展、科学发展之路,出台了"1+6"产业发展政策。土地储备平稳实施,累计实现4.1万腾退人口回迁安置。龙爪树、十八里店、官庄3个重点村整治第一阶段任务基本完成。25个郊野公园全部开园。构建起农村"三资""351"监管模式,集体产权制度改革稳步推进。

二、全区统筹、服务民生,促进社会和谐稳定

区委坚持执政为民,以服务保障党的十八大和市十一次党代会为重点,加大统筹解决民生问题、破解社会管理难题的力度,形成了共保安全、共促和谐的良好局面。

民生工作扎实推进。深入实施"十大民生工程",城乡基本公共服务均等化水平进一步提高。25件区级实事全面落实,"为民解忧工程"取得实效。以优异成绩通过全国城市文明程度指数测评,创建为民形成长效。城乡就业管理制度实现并轨,农村劳动力就业政策体系进一步完善。优质教育资源加速聚集,城乡教育质量和水平明显提升。基层卫生服务体系建设和优质医疗资源引入取得重要进展,荣获"全国卫生应急综合示范区"称号。国家公共文化服务体系示范区创建顺利推进,基本形成覆盖城乡、结构合理、功能健全、实用高效的公共文化服务体系。争创全国双拥模范城"六连冠"工作扎实开展。超额完成万套保障房建设任务,率先开展老旧小区综合整治,抗震节能综合改造住宅试点工作顺利完成。

社会服务管理实现新提升。各街乡实现全模式社会服务管理系统全覆盖。社区规范化和"六型社区"建设扎实推进,推广老旧小区自治管理、社区单元化管理、村庄社区化管理,建设国际化社区。通过拓展"一刻钟社区服务圈"、建立"81890"社区综合服务平台和实行社区错时工作制,增强了社区服务功能。探索出走动式、"三问"等工作方法,培育了一批群众工作亮点。以政府购买服务方式扶持社会组织发展,形成了社会志愿服务常态化管理模式。加强街乡和部门联动,强化"以证管人、以房管人、以业控人",建设实有人口管理体系,人口无序增长态势得到初步遏制。

城市运行平稳有序。建成一批事关区域运行和群众生活的市政基础设施,集中开展环境建设"百日行动",高水平完成以温榆河景观工程为代表的平原万亩造林任务,城乡面貌持续改善。完善数字化城市管理体系,针对"7·21"特大自然灾害加强防汛应急工作,实施"打非治违"专项行动,加强食品药品安全监管,推进交通拥堵整治,城市运行保障能力进一步提高。

社会大局保持稳定。落实维稳工作责任制,建立维稳工作考核评价体系,"大维稳"工作格局不断健全。深入实施十八大安保专项行动,加强社会面立体化防控,集中开展信访工作和化解涉法涉诉案件专项整治活动,实现了"五个坚决防止"的目标,成功经受"9·18"涉日维稳、十八大服务保障等重大考验,群众安全感不断提升。

三、突出重点、固本强基,加强和改进党的建设各项工作

区委坚持以党的建设为统领,夯实基层基础,深化作风建设,加强反腐倡廉,为完成各项任务提供了坚强保证。

班子和队伍建设不断加强。注重加强领导班子思想政治建设,增强了学习型党组织建设实效。针对干部队伍作风建设存在的突出问题,提出"两个从严"、"四个坚决不允许"的要求,深入开展"严肃党的纪律、加强作风建设"专项教育整顿活动,弘扬正风正气,保障政令畅通。深化干部人事制度改革,探索推行干部"德"的考核,公开推荐和竞争性选拔基层干部实现常态化。加强干部储备培养,集中开展处级后备干部调整,加大干部培训和关爱力度,实现了换届后班子、干部队伍整体稳定和能力提升。推进"人才强区"战略,启动了"CBD国际高端商务人才发展区"建设。

基层党组织建设深入推进。深入实施"聚合力工程",扎实开展基层组织建设年活动,对3313个基层党组织进行分类定级、整改提升,巩固了创先争优活动成果;率先推进功能区党建,社会领域、非公企业党建工作取得新进展,完善了商务楼宇党建工作模式,联动共促的区域化党建新格局逐步形成。高水平完成社区"两委"换届工作,在286个社区实行"大党委制",统筹推进村"两委"换届。建立基层党代表工作室,党代表履职渠道进一步拓宽。

反腐倡廉建设取得新成效。以制度建设为根本,制定实施了《关于进一步加强廉政风险防控管理的实施意见》等20余项制度。全面推进清理确认涉权事项工作,推广"四四五五四"廉政风险防控模式,严格重大项目资金监管。加大巡视工作力度,强化巡视成果运用。加大对土地储备、重点村整治、违法建设、农村"三资"管理等监督检查力度,工程建设、教育、卫生、涉农等专项治理得到较好落实。创新手段扩大廉政文化影响。严肃查处了一批大案要案,彰显了惩治腐败的决心。

一年来,区委坚持和完善人民代表大会制度,全力支持区人大及其常委会发挥作用,为人大代表履职尽责创造良好条件;深入践行协商民主,充分发挥区政协和政协委员作用,加强与区各民主党派的协商合作,为区域发展集思广益、凝心聚力;弘扬"同心、民主、包容、共赢"的理念,构筑"大统战"工作格局,党外代表人士队伍建设和社会领域统战取得新成绩;积极探索工会、共青团、妇联等人民团体工作的新方法、新路子，巩固了团结和谐、共谋发展的良好局面。

各位委员、同志们，2012 年是朝阳区应对诸多挑战、承受更大压力的考验之年，也是勇挑重担、不负使命的奋进之年。一年来，全区群策群力、共谋发展，广大党员干部埋头苦干、狠抓落实，各条战线奋力拼搏、争创一流，社会各界大力支持、热情奉献，谱写了朝阳科学发展、民生幸福的新篇章。在此，我代表区委向大家表示衷心的感谢和诚挚的慰问！

面临的发展形势

2013 年是全面贯彻落实党的十八大精神的开局之年，是加快实施“十二五”规划的关键之年，是为朝阳区再创发展优势奠定基础的重要一年。党的十八大提出全面建成小康社会的宏伟目标，确立了建设中国特色社会主义“五位一体”总布局。中央经济工作会议要求紧紧围绕主题主线，以提高经济增长质量和效益为中心，稳中求进，开拓创新，扎实开局，实现经济持续健康发展和社会和谐稳定。市委十一届二次全会明确了学习好、宣传好、贯彻好党的十八大精神是首都当前和今后一个时期首要的政治任务，指出首都发展已进入新的阶段，站在了新的起点。强调要以更加奋发有为的状态，加快转变经济发展方式，提高城市精细化管理水平，加快城乡发展一体化步伐，加强民主政治建设，发挥首都全国文化中心示范作用，改善民生和创新社会管理，加强生态环境建设，全面深化改革开放，提高党的建设科学化水平，努力开创首都工作新局面。我们要把思想、意志和行动统一到中央和市委精神上来，深入学习领会，坚决贯彻落实，努力做到实现首都功能有新作为、落实首都职责有新成效、服务首都经济有新突破、展示首都形象有新提高，在坚持和发展中国特色社会主义、实现中华民族伟大复兴这个“中国梦”的历史进程中不断作出新贡献。

当前，从国际环境看，我国发展仍处于重要战略机遇期的基本判断没有变，但其内涵和条件发生很大变化，不再是简单纳入全球分工体系、扩大出口、加快投资的传统机遇，而是倒逼我们扩大内需、提高创新能力、促进经济发展方式转变的新机遇。国际经济形势依然错综复杂、充满变数，世界经济已由危机前的快速发展期进入深度转型调整期。朝阳区国际化特征明显、外向型经济发达，所受的影响将越来越直接、越来越深刻，面临的考验也将越来越多、越来越大。

在朝阳发展历史上，我们紧抓奥运筹办、CBD 建设和绿化隔离地区建设等重大机遇，解放思想、迎难而上，保障了奥运会和新中国成立 60 周年庆典的成功举办，推动了各项事业长足发展。站在新起点，我们必须科学审视所处的历史方位，准确把握朝阳在经济发展、农村城市化、城市建设管理、社会建设和管理、文化建设以及生态文明建设方面的阶段性特征。

在经济发展方面，已经进入转型攻坚的新阶段。经过多年的快速发展，朝阳已经成为首都的经济强区，产业结构不断优化，重点区域开发加快推进，促进创新驱动、内生增长的服务体系不断完善。目前，区域经济已从高速增长转为稳健增长，转变经济发展方式进入了攻坚阶段。突出体现在：经济发展的质量、效益还不够高，自主创新能力与经济地位尚不匹配，三次产业内部结构需要进一步优化，战略性新兴产业增长点不突出、集群发育不充分，有影响力的大型企业数量不多，部分企业在朝阳发展的根植性不强；人才资源优势发挥不充分，依靠城市功能提升和产业结构调整促进人口均衡型社会建设的水平还不够高；功能区的核心区与辐射区之间发展联动不够，提升功能区辐射带动能力的任务依然艰巨。

在农村城市化方面，已经进入动力再造的新阶段。近年来，朝阳区以绿化隔离地区建设、土地储备和城乡结合部改造为抓手，全面推进农村地区发展建设，农村城市化综合实现程度位居全市之首。目前，农村城市化已经进入系统推进、瓶颈突破的关键时期，发展新动力需要进一步挖掘，发展任务十分繁重。突出体现在：产业升级动力不足，大量低级次产业依然存在，项目运作层级和组织化程度低，项目准入和淘汰机制不健全，城乡、乡域发展不平衡仍然突出，集体经济负担持续加重；利益导向机制不健全，区域发展、乡村经济和农民个体之间的利益关系统筹不够、结合得不紧密，治理违法建设、违规租赁触及深层次利益矛盾；制度保障不到位，制度建设和政策滞后问题凸显，基层对建设和发展的管理跟不上形势要求。

在城市建设管理方面，已经进入规范提升的新阶段。近年来，通过大事引领和推进数字化城市管理、全模式系统建设，朝阳区城乡面貌显著改善，城乡管理进一步加强。但是，城乡建设管理与城市功能定位还不匹配，城乡基础设施、公共服务和公共管理设施的承载力与人口增长、社会需求不相适应，城市综合管理体系还不健全，农村地区管理规范化建设需要加快，城区管理的精细化水平需要提升。特别是农村地区违法建设突出、治安案件高发、安全事故频发；城区流动商贩、小广告、非法营运、交通拥堵等管理顽症缺乏长效破解手段，提升城乡建设管理水平任务十分艰巨。

在社会建设和管理方面，已经进入共治共享的新阶段。随着社会服务管理创新综合试点工作的深入推进，朝阳区社会服务管理体系进一步健全，民生工作成效显著,打造了一批亮点品牌。但是,面对农村城市化、城市现代化、区域国际化同步推进、“时空压缩”的现实挑战,我们的社会管理体制机制需要健全优化,教育、医疗、养老等优质均衡的公共服务供给还不充足,信访和社会矛盾高位运行,对于如何培育社会组织、促进社区自治、调动各类力量参与社会建设和管理,还需要加快探索。

在文化建设方面,已经进入驱动发展的新阶段。历届区委高度重视文化建设,先后提出文化为魂、发展文化软实力等理念,成功创建全国文明城区,区域公共文化资源丰富、国际文化资源丰厚、奥运文化特色显著、文化创意产业蓬勃发展的优势不断显现,文化越来越成为经济社会发展的重要支撑。但是,相对于服务首都建设全国文化中心的使命和实施文化驱动战略的重任,朝阳区的文化资源优势和驱动发展的作用发挥得还不充分,文化领军型人才和龙头企业还不够多,文化与科技融合程度不高,公共文化服务品质需要进一步提升,实现文化发展的社会效益和经济效益相统一还有很大空间。

在生态文明建设方面,已经进入促进人口资源环境相协调的新阶段。新世纪以来,朝阳区突出环境服务发展,紧抓实施绿化隔离地区建设、绿色奥运、平原万亩造林等机遇,加强绿化美化,整治城中村,加大环境保护力度,建立环境建设长效机制,区域环境质量不断提升。但是,随着城市功能拓展区建设的推进,资源约束趋紧,人口调控难度明显增大,城乡特别是村庄的人居环境需要进一步改善,推动生态文明建设、促进人口资源环境相协调的任务更加紧迫。

新的发展阶段,充分发挥党建的引领保障作用至关重要。在全区各级党组织和广大党员干部的共同努力下,我们的执政能力建设、先进性和纯洁性建设不断深化,基层党组织的凝聚力和战斗力日益增强,形成了一支政治坚定、作风扎实、执行力强的党员干部队伍。但是,我们也要清醒地看到:转入常态发展之后,个别班子和干部思想有所放松,精神有所懈怠,与敢于担当、敢于碰硬、敢于创新的要求存在差距;少数干部在推进工作中不能把全局发展与局部发展、破解难题与创新发展、维护稳定与化解矛盾结合起来,做好新形势下群众工作的能力还不够强,领导发展的水平需要进一步提高;个别党组织软弱涣散、执行力不强、威信不高,工作作风需要进一步改进;一些党员干部宗旨意识减弱、党性观念淡化,少数党员干部存在违法违纪现象,反腐倡廉力度需要进一步加大。我们必须以改革创新精神全面推进党的建设新的伟大工程,不断提高党的建设科学化水平,始终成为推进朝阳各项事业发展的领导核心。

面对新形势、新任务,我们要统一思想、振奋精神,开拓进取、真抓实干,坚持安全发展、依规发展、集约发展、协同发展,加快落实“四个必须”工作定位,切实承担起服务首都大局、全面建成小康社会的责任和使命,始终走在全市发展前列。

更加注重发展融合。推进区域发展与首都发展融合,发挥国际化优势,先行先试建设中国特色世界城市试验区;推进区域产业发展融合,突出商务核心功能,优化产业布局,建设好转变发展方式示范区;推进城乡发展融合,完善城乡统筹发展格局,加快建设城乡一体化先行区,促进城乡资源互补、共同繁荣;推进生态建设与各领域发展融合,形成节约资源和保护环境的空间格局、产业结构、生产方式、生活方式,不断提高可持续发展水平。

更加注重创新驱动。积极推动理念创新、思路创新、体制机制创新和工作方法创新,为区域发展提供不竭动力。通过加强企业服务、深化政企合作推动经济工作创新,通过增强动力、拓展路径推动农村城市化工作创新,通过搭建平台、整合资源推动科技创新,通过对接群众需求、促进文化科技商务传媒融合推动文化建设创新,通过重民生、讲民主、求共治推动社会建设和管理创新,通过科学化建设推动党建工作创新,通过工作联动和争取支持推动体制机制创新,努力把朝阳建设成为勇立时代潮头、最具发展活力的地区之一。

更加注重精细管理。要夯实基层基础,加强对每一个经济和社会组织的管理,加强对人的管理,做到发现责任在属地、解决责任在部门、稳控责任在属地、服务责任在部门。坚持首善标准、建管并重,以服务管理规范化、分类管理精细化、问题处置常态化和管理手段信息化,推动城市管理科学化、现代化。加快建立目标协同、重点突出、部门联动、绩效管理的政府管理长效机制,营造朝阳好秩序、好形象、好环境。

更加注重普惠民生。坚持民生优先、群众第一,加快建立人人可及的基本公共服务体系,建立健全保障基本、适度普惠、城乡均衡、管理科学的民生工作体系。坚持问政于民、问需于民、问计于民,尊重群众首创精神,鼓励基层大胆实践,优先解决群众最关心、最直接、最现实的利益问题,确保各项工作合民情、得民心、顺民意,使改革发展成果更多更公平地惠及全区人民,让人民群众过上更加幸福美好的生活。

2013年工作重点

2013年全区工作的总体要求是:深入学习贯彻党的十八大精神,坚持以邓小平理论、“三个代表”重要思想、科学发展观为指导,按照中央经济工作会议和市委十一届二次全会各项部署，紧紧围绕主题主线，深入落实"四个必须"工作定位，深化改革开放，强化创新驱动，加快转变经济发展方式，推进城乡一体化建设，深化社会建设和管理，全面提高党的建设科学化水平，全力推进朝阳科学发展、民生幸福。

一、突出战略重点，推动经济发展方式加快转变

转变经济发展方式势在必行、刻不容缓。要以提高经济增长的质量和效益为重点，促进经济持续健康发展，实现区级财政收入增长与全市同步，继续发挥对全市经济的支撑作用。

优化产业结构。转变经济发展方式，实施创新驱动战略是根本，加快形成与城市功能定位相适应的产业结构是路径。要大力发展总部经济和以金融服务、科技服务、信息服务为代表的生产性服务业，加速高端要素聚集；充分利用"京交会"品牌效应，整合配置国际国内资源，发展服务贸易产业；积极培育家政服务、养老服务等生活性服务业，方便群众生活。加强科技创新，积极发展以新移动通讯、新能源、新生物医药为代表的高新技术产业，切实承担起转化科技成果、发展实体经济的重任。推动文化与科技融合，扩大以文化传媒为代表的文化创意产业规模优势、结构优势，提高文化资源整合利用和产业转化水平。提升商贸产业，继续优化房地产投资结构，促进优势传统产业转型升级。加强规划引导、政策支持、政府监管，发挥基层主体作用，清理一批、改造一批、升级一批低级次产业。抓好典型示范，发展绿色经济、循环经济、低碳经济。注重节约集约利用土地、能源、资源，严格控制污染物排放，落实节能降耗指标。

优化经济布局。尊重经济规律，合理配置资源，增强区域比较优势。要加速"十大发展基地"建设，发挥对经济布局的支撑作用。加快CBD核心区建设，完善协调联动机制，力争公共配套设施工程主体完工，各建设项目工程全面展开；在总体规划引导下，因地制宜、分步实施、有序推进CBD东扩区重点项目建设。统筹电子城功能区的建设、运行和发展，加快大望京科技商务创新区建设，提升科技创新优势。统筹全区公共服务资源，加强对奥运功能区建设和企业运行的服务，提升品牌文化体育活动和高端会展活动聚集区的功能。加快东坝国际商贸中心区、垡头环渤海总部商务基地和CBD—定福庄国际传媒走廊前期工作和建设，推进重点项目启动。坚持土储地区建设与"十大发展基地"相统筹，抓好土储地区土地整理和控规编制。优化"五轴三带"布局，建立健全功能区之间、功能区与周边区域之间的联动机制，提高协同发展水平。

优化发展环境。尊重企业的市场主体地位、优化发展环境是朝阳一以贯之的传统。要突出国际化氛围浓、市场化程度高的特点，营造公平有序的产业生态环境、高效优质的公共服务环境、积极向上的人文环境、便利宜居的生活环境。建立企业发展促进协调机制，建设企业发展资源储备库，扶持中小微企业发展，帮助企业解决资金、技术、人才、市场渠道、知识产权保护等共性需求，形成常态化工作模式。深化经济体制改革，确保国有资产保值增值，发挥国有资本在实施区域发展战略中的基础、保障作用。

二、增强发展动力，统筹推进城乡一体化建设

以农村城市化为目标，加强城乡统筹，探索多种实现路径，率先形成城乡一体化新格局，推动城乡共同发展、共同繁荣。

提高城乡发展协调性。农村地区是朝阳发展的空间和潜力所在，促进城乡发展协调是提升朝阳承载力和发展品质的现实要求。农村广大干部要强化大局意识、主动意识，加快落实国际商务中心拓展区、配套区、服务区的功能定位和"四增五减"工作目标；各职能部门要强化协调服务意识，加大支持力度，严格依法行政，形成破解发展难题的合力。要完善城乡一体化体制机制，调动各种资源向农村地区集中和倾斜，优先加强农村基础设施建设，延伸公共服务职能，推进城乡公共管理一体化，全面改善农村地区发展条件。深入落实"1+6"政策，严格项目准入，加强集体经济组织化建设，提高乡村集体产业运作层级和组织化水平，加快农村地区产业升级，壮大集体经济。创新工作方法，在就业、社会保障、教育、卫生等方面加大城乡统筹力度，使农民依法享受更多城市化成果。加强农村"三资"监管，深化公开透明、科学决策、民主监督，有序推进农村产权制度改革。探索按照功能划分对各乡进行分类指导和考核，推动区域科学发展。

推进城乡生态文明建设。生态文明建设关系长远发展、关乎民生幸福。要尊重自然、顺应自然、保护自然，把人口资源环境作为确保永续发展的重大问题来认真研究。增强规划引导、依规发展意识，以"十大发展基地"和土储地区为重点，推进产业、人口、土地、空间、生态建设"五规合一"。综合施策控制人口总量，引导人口合理分布。加强环境保护，抓好生态修复。高标准完成以防洪治理、水质还清和生态景观营造为重点的水利工程建设，健全防灾减灾体系。继续实施平原万亩造林工程，搞好绿化美化，提升郊野公园建设品质，让群众身边有绿、出门见绿，促进美丽家园城乡共享。

提升城乡管理水平。推进管理规范化、标准化、系统化，是城乡一体化建设的基础和重要内容。要建立城乡运行综合管理体系，实现城市管理覆盖农村地区，提高城区的精细化管理水平和农村地区的规范化管理水平,加快解决城乡结合部地区管理薄弱问题。深化农村地区社区化管理,提高农村出租房屋管理组织化程度,加强对已有出租房屋的清查、整顿、管理,探索实行出租房屋准入制度,通过村级组织自治自律来规范房屋出租行为,确保村庄、社区安全。加强安全生产监管,坚决遏制重特大事故发生。建立最严格的土地建设管理制度,强化基层土地管理责任,加强条块配合、部门联动,鼓励群众监督、社会监督和舆论监督,实行拆违控违与领导干部业绩考核挂钩,坚决遏制违法建设屡禁不止现象。深入治理停车难、乱停车等问题,加强交通管理,整顿交通秩序,缓解交通拥堵。加强环境整治,下大力气解决城市痼疾顽症。

三、坚持共治共享,全面深化社会建设和管理

坚持在改善民生和创新管理中加强社会建设,积极鼓励和支持各方力量参与,发展文化文明,提升服务管理实效,切实维护社会和谐稳定。

加大民生工作力度。加强社会建设,必须把保障和改善民生作为重点。要坚持以群众需求为导向,以解决实际问题为着力点,抓好为民办实事各项工作。进一步实化“大民生”工作格局,深入推进“十大民生工程”,努力提高城乡基本公共服务的标准、质量和水平。促进区域产业优化升级和提升劳动力就业质量相衔接,提高农村就业组织化程度,加大农村劳动力就业培训力度,转变农民就业观念,支持引导农村劳动力在第三产业跨区域就业,实现城乡居民收入增长与经济增长同步。扩大社会保障覆盖面,完善多层次社会救助体系。坚持教育优先发展战略,坚持资源优质均衡布局,坚持突出特色、全面发展理念,在创新学校管理模式、人才培养模式和办学模式上实现新突破,构建现代职业教育体系和终身教育服务体系,加强国际教育交流与合作,努力办好人民满意的教育。坚持为人民健康服务的方向,加快引进优质医疗资源,优化布局,加强社区卫生服务机构建设,建立公共卫生工作站,建设公共卫生安全社区,提升医疗服务国际化和中医药服务水平。整合区域体育资源,完善全民健身服务体系。加快保障房配租、配售,加强运行管理。推动工作创新,争取政策支持,推进老旧小区改造。

提高文化文明建设水平。加强文化文明建设是提升区域人文素质和社会文明程度的重要举措。要坚持创建为民理念,全区动员、全民参与,加大文化惠民力度,确保国家公共文化服务体系示范区创建成功。加强社会主义核心价值体系建设,弘扬“北京精神”,健全全国文明城区建设长效机制,深入实施思想道德引领战略,深化道德领域突出问题专项治理,注重抓好未成年人思想道德建设,倡导健康文明的生活方式。增强全民国防意识,加强双拥工作,巩固军政军民团结。统筹利用国际文化资源,服务好中国特色世界城市试验区建设。加强舆论引导,总结先进典型,提高宣传的亲和力、影响力和感染力。引导全区围绕建设“美丽朝阳”献计献策、汇聚力量。

加强和创新社会管理。提高社会管理科学化水平,必须加强统筹协调,调动全社会共管共治。要完善社会管理体制,推进依法治区,注重发挥法治保障作用。加强力量统筹、资源整合,探索属地自我运转及条块联动的工作机制,培育创新品牌。发挥全模式系统作用,探索社区分类管理模式,创新各类人群服务管理。增强城乡社区服务功能,深化社区规范化和“六型社区”建设,健全政府购买公共服务机制,打造星级“一刻钟社区服务圈”,建设智慧社区,完善社区服务体系。健全社会组织服务管理体系,推动社会组织工作标准化,发挥“枢纽型”社会组织作用,加强对“两新”组织的培育、管理和作用发挥。健全居民自治组织体系,完善社会动员机制,发展志愿服务事业,促进群众自我管理、自我教育、自我服务、自我监督。加强信息网络管理,提高虚拟社会管理水平。建立社区工作者动态管理机制,建设专业化、职业化的社会工作人才队伍。

推进“平安朝阳”建设。安全稳定是经济社会有序发展的前提和基础,要切实把维护安全稳定、建设“平安朝阳”作为科学发展的大事要事抓紧抓好。坚持把夯实基层基础作为平安建设的关键,强化条块联动、专群结合、齐抓共管,推进重心下移、力量下沉、保障下倾、工作下延,认真抓好“平安示范”创建、流动人口服务管理、治安重点地区排查整治等日常基础性工作。畅通和规范群众诉求表达、利益协调、权益保障渠道,推进重大决策信访风险评估、社会稳定风险评估和行政决策风险评估“三评合一”,加强信访和矛盾排查化解,加快由维稳向创稳转变。加强社会面立体化防控,深化公共安全综合治理。加强执法监督,促进严格公正廉洁文明执法,确保司法公正。

四、突出转变作风,全面提高党的建设科学化水平

以加强党的执政能力建设、先进性和纯洁性建设为主线,坚持解放思想、改革创新,坚持党要管党、从严治党,强化组织协调,全面加强思想建设、组织建设、作风建设、反腐倡廉建设和制度建设,为各项事业发展提供强有力保障。

坚持总揽全局、协调各方。充分发挥人民代表大会制度的政治优势,大力支持区人大及其常委会依法履职,加大对乡人大工作的支持力度,完善代表工作方式,增强监督实效。充分发挥政协作为协商民主重要渠道作用,推进政治协商、民主监督、参政议政制度建设,更好地协调关系、汇聚力量、建言献策、服务大局。完善“大统战”格局,健全统战工作协调机制;加强同民主党派的团结合作，做到“事前多商量、事中多协调、事后多总结”；加强党外代表人士队伍建设，巩固壮大爱国统一战线。支持人民团体充分发挥桥梁纽带作用。

抓好思想政治建设。思想政治建设是管方向、管根本、管长远的建设。要把学习宣传贯彻十八大精神活动引向深入，将科学发展观转化为推进工作的指导思想和根本方法，转化为破解难题的能力和手段，转化为推动发展的动力和标准。加强理想信念、政治品德和思想道德教育，引导党员干部增强中国特色社会主义的道路自信、理论自信和制度自信，牢固树立明辨是非的大局观，模范践行社会主义核心价值观。

抓好领导班子和干部人才队伍建设。保持区域经济社会持续健康发展，关键在于建设一支政治坚定、能力过硬、作风优良、奋发有为的干部队伍。把领导班子建设的重心转到加强思想政治建设上来，进一步抓好民主集中制建设、作风建设和纪律建设，提高科学决策、民主决策、依法决策水平，增强解决班子自身问题的能力。加强能力建设，基层干部要围绕解决本区域、本单位突出问题，增强统筹协调公共资源和社会资源攻坚克难的能力；各职能部门干部要围绕行业内的共性问题和基层的实际需求，增强协调组织公共资源和社会资源、支持基层破解难题的能力。扩大干部工作民主，完善竞争性选拔干部方式，提高选人用人公信度。储备和使用好优秀干部，强化“一把手”的培养选拔，加大干部交流力度，注重从基层一线培养选拔干部。坚持从严管理，建立干部综合监督体系，加强对干部的约束性考核。实施好干部“五关爱”工程，落实好老干部各项待遇，关心关注各级干部身心健康。健全党管人才工作格局，加强人才政策研究，探索建立区域人才推介储备机制，搭建人才与企业互动平台；推进“CBD国际高端商务人才发展区”建设，加速对重点产业发展特别是高科技领域人才的引进培养，打造“国际人才宜聚区”和“创新人才宜聚区”。

抓好基层党建。党的基层组织是团结带领群众贯彻党的理论和路线方针政策、落实党的任务的战斗堡垒。深化“聚合力工程”，围绕服务群众、做群众工作，突出农村领域党建抓基础、社会领域党建抓统筹、非公企业党建抓覆盖、传统领域党建抓活力，健全创先争优长效机制，加快构建区域化党建格局，建设学习型、服务型、创新型党组织，夯实党执政的组织基础和群众基础。加大非公企业党建工作力度，把党建工作同企业的文化建设、人才管理、整体发展紧密结合起来，完善工作机制，加强分类管理，注重统筹结合，夯实基础保障，形成相互促进、创新发展的生动局面。实行党建工作定期报告制度，强化“书记抓、抓书记”的工作责任。提高机关、基层党组织书记和党务工作者队伍建设水平，建设一支讲政治、顾大局的农村基层党组织工作者队伍，选好用好听党话、讲规则、勇担当、敢碰硬的带头人。加大青年入党积极分子培养力度，提高发展党员质量，优化党员队伍结构。加强基层党内民主建设，带动基层民主政治健康发展。完善党代表任期制，探索党代表提案制，提高党代表履职水平。

抓好作风建设。良好的作风是做好各项工作的基本要求和重要保证。要深入落实中央、市委关于改进工作作风、密切联系群众的要求，加强调查研究，精简会议活动和文件简报，严格规范出访活动，改进规范新闻报道。牢固树立艰苦奋斗、勤俭节约的思想，力戒奢靡之风。以“一把手”和基层干部为重点，深入落实“两个从严”、“四个坚决不允许”要求，下大力气治理庸懒散软现象。坚持理论联系实际、密切联系群众，强化解决问题意识，在全区党员干部中开展以为民务实清廉为主要内容的党的群众路线教育实践活动。深化“千名干部下基层”活动，组织机关干部进社区、进农村、进企业、进学校、进家庭，听民情、访民意、解民困、惠民利。各级领导干部要牢固树立“空谈误国，实干兴邦”观念，说实话、干实事、求实效，树立自身良好形象，增强党和政府公信力。

抓好反腐倡廉建设。党风廉政建设和反腐败工作是保证朝阳事业发展的生命线。要以干部清正、政府清廉、政治清明为目标，严格落实党风廉政建设责任制，制定朝阳区建立健全惩治和预防腐败体系2013—2017年实施意见，筹备建立区预防腐败局，形成预防、监察、查处“三位一体”的工作格局。以分权制约为重点，推进权力结构科学化配置；以制度建设为支撑，推进权力运行规范化监督；以现代科技为手段，推进廉政风险信息化防控，加快完善“四四五五四”廉政风险防控工作模式。加强对重大决策部署贯彻执行情况的监督检查，落实好《关于加强重大资金项目廉政风险防控管理的实施意见》，积极推进党政主要领导干部不直接分管人事、财务、工程项目工作。发挥巡视、审计的职能作用，强化对“一把手”的监督。继续推进党务公开、政务公开和各领域办事公开。加强反腐倡廉教育和廉政文化建设。强化基层党风廉政建设，加强农村集体“三资”管理，着力解决群众反映强烈的突出问题。加大查办案件力度，以反腐倡廉的实际成效取信于民。

各位委员、同志们，回首往昔，我们倍感自豪；立足当前，我们重任在肩；展望未来，我们信心满怀。全区各级党组织和广大党员干部一定要以更加坚定的信心、更加昂扬的斗志、更加务实的作风，深入学习贯彻落实党的十八大精神，更好地服务科学发展、民生幸福，为全面建成小康社会作出新的贡献！

名 词 解 释

1. 四个必须:2012年8月8日区委十一届四次全会报告提出:必须强化首都意识,把朝阳建设成为实现首都功能的重要载体;必须增强服务理念,把朝阳建设成为落实首都职责的重要区域;必须发扬首创精神,把朝阳建设成为服务首都经济的重要支撑;必须坚持首善标准,把朝阳建设成为展示首都形象的重要窗口。

2. 四增五减:经济总量、税收、乡村两级集体收入、农民收入增加,违法建设、流动人口、治安案件、安全生产事故、群体性非正常上访减少。

3. "1+6"产业发展政策:"1"指"农村地区产业发展指导意见","6"指项目准入、产业发展资金管理、基本农田保护和监管补贴、联席会议、项目扶持领导小组、招商选资管理6项配套政策文件。

4. 六型社区:规范型、健康型、干净型、服务型、安全型、文化型社区。

5. 社区单元化管理:按照地缘关系、居住人数、产权单位、物业管理范围,把社区细分为居民自治单元,在社区党委领导下、社区居委会指导下,由自治单元组织民主协商、消除分歧、达成共识、整合资源、共同治理社区公共事务的社区自治形式。

6. 走动式工作法:通过社区干部、楼门(院)长、居民骨干在固定时间,沿固定路线走访居民,近距离察看问题、听取意见、问询情况,减少干群沟通环节,提升办事效率。

7. "三问"工作法:问政于民、问需于民、问计于民,通过1个手册、8个环节、6种方式、11种渠道听取居民建议,实现社区公共事务做什么、怎么做、做得好不好,由群众说了算。

8. 两个从严、四个坚决不允许:2012年8月8日区委十一届四次全会报告提出:从严要求、从严管理,坚决不允许出现有令不行、有禁不止的现象,坚决不允许出现贪图私利、急功近利、损害发展大局的现象,坚决不允许出现民主集中制形同虚设、个人专权独断的现象,坚决不允许出现组织软弱涣散、干部脱离群众的现象。

9. 公共卫生工作站:将区疾控中心、卫生监督所、妇幼保健中心、精神疾病防控中心、紧急医疗救援中心等区级公共卫生单位"下沉"到社区卫生服务中心(加挂公共卫生工作站牌子),通过业务指导、督导,把社区卫生机构的医护防队伍发展成公共卫生综合团队。

10. 智慧社区:智慧社区作为构成智慧城市的基础单元,是在政府公共政策的引导下,有意识地综合利用各类信息基础设施、信息技术手段和信息资源,在管理、服务和生活等领域以电子政务、电子商务、电子文化娱乐、远程教育和远程医疗等应用平台,为社区各类群体提供个性化服务,构建和谐社区的信息时代社区形态。

朝阳区人民政府工作报告

——2013年1月8日在朝阳区第十五届
人民代表大会第三次会议上

朝阳区人民政府区长　吴桂英

各位代表:

我代表朝阳区人民政府向大会报告工作,请予审议,并请各位政协委员提出意见。

2012年工作回顾

2012年,是新一届区政府的届首之年。在市委、市政府和区委的坚强领导下,在区人大、区政协的监督支持下,我们紧紧依靠全区人民,深入贯彻落实科学发展观,牢牢把握稳中求进总基调,凝聚力量、攻坚克难,圆满完成了十八大服务保障任务,实现经济平稳运行,社会民生持续改善,区域发展迈上了新台阶。

一、稳中求进、迎难而上,经济发展取得新成果

面对复杂严峻的经济形势和转型发展的重大挑战,坚决落实国家、北京市宏观调控部署,完善工作机制,出台一系列政策措施,加强统筹调度,全力稳增长、调结构、转方式,保持了经济平稳较快发展。主要经济指标继续保持全市首位。预计地区生产总值超过3600亿元,增长10%,城乡居民人均收入增长11%,高出GDP增速1个百分点。区级财政收入348.6亿元,增

长10%。

产业结构调整成效显现。三次产业结构达到0.04:9.96:90,第三产业比重上升1.12个百分点。金融、文化创意等重点产业增势明显,战略性新兴产业加快发展,批发零售等传统产业支撑作用进一步巩固,增强了区域经济抗风险能力。现代服务业、金融业、文化创意产业、高技术产业实现收入分别增长10%、20%、8%和5%,金融业对全区财政收入增长的贡献达到21%。国际商务和贸易功能更加完善。新增跨国公司地区总部11家、世界500强企业投资项目20个,实际利用外资和进出口总额分别增长20.9%和5.5%。技术合同成交额增长57%。

产业布局调整深入推进。"十大发展基地"建设步伐加快,CBD核心区公共配套设施等一批项目开工,国家广告产业园等一批重点工程竣工,温榆河生态绿色休闲区、CBD—定福庄国际传媒走廊、东坝国际商贸中心区等区域的规划编制工作加快推进,实现了年初确定的有进展、有突破、有实效的目标,多点支撑、协调联动的空间布局特点进一步显现。CBD功能区聚集能力持续提升,产业培育成效明显,营业收入突破1万亿元。电子城功能区实力进一步增强,总收入超过3500亿元,增速居中关村各园区之首,北扩区规划局部调整获批,大望京25%的建设项目实现封顶。奥运功能区旅游会展功能特色显现,管理机制、环境建设、场馆资源利用同步深入,成为国家5A级旅游景区。

农村地区后发优势逐步显现。更加注重区域统筹,强化农村与功能区联动,推进城乡一体化发展。出台"1+6"产业发展政策,围绕农村地区功能定位和"四增五减"目标,加快重点建设,腾退发展空间,30多个产业项目加快推进,形成了良好态势,为今后发展奠定了基础。与此同时,多措并举,全力推进重点村整治,全力解决农民转居转工、回迁房建设等关系农村地区发展的关键问题,统筹推进土地储备和供应,抓好农村集体产权制度改革和"三资"监管工作,农村发展活力不断增强,生产生活环境进一步改善,城市功能和产业的承接能力开始显现。

二、贴近需求、服务百姓,民生建设取得新成效

统筹各方资源,完善服务体系,全面推进"十大民生工程",积极解决群众关心的热点、难点问题,社会民生持续改善,群众生活水平进一步提高。

教育卫生事业加快发展。引进名校累计达到20所,人大附中朝阳学校等18所学校实现招生,北京中学、北京二中朝阳学校的规划建设加快推进。八十中学、陈经纶中学在农村地区设立分校,示范校与农村校互动共建更加紧密。教师队伍建设深入推进。教育教学质量不断提升。高考本科上线率、中考综合及格率分别达到82.7%和97.4%,高于全市平均水平近30个和10个百分点。以办理十五届人大一次会议代表议案为契机,加强基层卫生服务体系建设,构建医院与社区卫生机构协作模式,在望京、常营和南部地区调整规划、创造条件,积极引入优质医疗资源,完善三级急救网络,以优异成绩获得全国卫生应急综合示范区称号。

城市文化文明建设深入推进。积极创建国家公共文化服务体系示范区,创建工作在文化部中期督导中位居前列。完善四级公共文化服务网络,加强基层和农村文化设施建设,建成70个数字文化社区、100台24小时自助图书馆,街乡文化中心、社区(村)文化室覆盖率达到100%,国际金融博物馆、垡头地区文化中心、盲文图书馆投入使用。加强文化遗产保护和利用,建成11个传统文化传承基地和6个民俗文化活动基地。健全文明城区创建长效机制,巩固创建成果,以优异成绩通过全国城市文明程度指数测评。

为群众办实事工作全面开展。深入推进社区规范化和六型社区建设,在156个小区推广社区单元化管理,在30个老旧小区推行准物业管理,认真解决农村城市化过程中社区建设的实际问题,在31个村庄推行社区化管理,为民服务基础进一步夯实。统筹城乡就业服务管理,把农村劳动力纳入城镇就业失业登记,城镇登记失业率控制在1.5%以内。在全市率先开展老旧小区综合整治,完成农光里17号楼和新源里西11号楼抗震加固试点工程,在工作组织推进、工程改造方式、群众动员与利益维护等方面,进行了有益尝试和探索,全年共完成330多万平方米的老旧楼房改造任务。新开工各类保障性住房1.4万套、竣工1.5万套、配租配售8156套。在11个街道运行社区服务管理平台,建成60个"一刻钟社区服务圈",新增养老床位1690张。在全面落实25件区级实事的基础上,在街乡、社区各个层面深入为民办实事,通过维修小区道路、治理路面积水、设立便民菜站等,为群众解决出行难、买菜难等实际问题,群众生活环境进一步改善。

三、夯实基础、精细管理,城市环境实现新提升

坚持建管并重,深入开展环境秩序问题百日整治和九大专项行动,全面加强环境整治,全力维护安全稳定,圆满完成了十八大服务保障任务,城市环境质量和管理水平进一步提升。

环境建设重点任务有效落实。高标准实施城乡绿化美化建设,完成农村地区平原万亩造林任务,建成20条环境优美大街、26个环境优美小区和6个郊野公园,新增、改造绿化面积927公顷。水环境治理不断深化,北小河、亮马河、坝河治理工程主体完工,垡头、东坝污水处理厂和长店组团等4座小型污水处理设施投入使用,第十水厂和南水北调东干渠工程拆迁工作基本完成。深化垃圾分类工作,建成143个达标小区。落实清洁空气行动计划,建成PM2.5自动监测系统,改造燃煤锅炉777蒸吨,加强工地管理和扬尘治理,大气污染整治取得新成效。

城市运行管理深入推进。从道路建设、停车管理、倡导绿色出行等方面入手,努力改善交通出行条件。积极打通断堵头路,建成大望路中学北路等26条道路,完成广渠路四环到五环路段70%的拆迁建设任务。新增停车位1万余个。认真总结"7·21"特大自然灾害应对经验,对全区200多个积水点逐一制定和完善防汛应急预案,实施近50项防汛工程和水毁应急抢修工程。并举一反三,转变理念,加强对城市运行基础设施的监控和管理,对全区各类地下管线进行安全排查,对37个居民小区老旧供热管网进行改造,努力提高防灾救灾和应急管理能力。

安全稳定工作持续加强。全模式社会服务管理系统全面运行,形成了标准化、数量化、常态化的社会服务管理。成立朝阳社会组织综合服务中心,加大社会组织培育力度。推进安全社区创建工作,国际安全社区达到15个,占全市68%。坚持以群众工作统揽信访工作,群众反映的重点矛盾化解率达到90.7%。积极推进平安示范小区创建工作,深入开展治安重点地区排查整治,实施社会面等级防控,可防性刑事案件下降18.7%,群众安全感不断提升。深入开展"打非治违"专项行动,加大治理力度,拆除违法建设770余处、60多万平方米,取缔非法经营行为2000余起。完善食品安全三级组织体系,推行食品安全远程追溯和基本药物电子监管。加强人员密集场所、建筑工地、危险化学品、消防等领域的安全监管,努力维护群众生产、生活和生命安全。

各位代表,过去的一年,在区委的坚强领导下,区政府坚持依法行政,认真执行区人大及其常委会决议和决定,认真听取区政协、民主党派和人民团体意见,认真办理"推进朝阳区医疗卫生事业发展,提高人民健康生活水平"议案以及500多件人大代表建议和政协委员提案。全面加强政府自身建设,切实转变工作作风,着力提高行政效能,全力推进了工作落实。

回顾过去的一年,成绩的取得,得益于市委、市政府的正确领导,得益于历届区委、区政府打下的坚实基础,离不开区人大、区政协的监督和支持,离不开全区广大干部群众的无私奉献。在此,我代表区政府,向各位人大代表、政协委员、各民主党派和无党派人士、各人民团体、社会各界人士,向大力支持我们工作的驻区中央、市属单位和人民解放军、武警部队,向全区人民,表示衷心的感谢和崇高的敬意!

在总结成绩的同时,我们也清醒地认识到,朝阳区已经全面进入经济社会发展转型期,城市化、现代化、国际化同步推进,我们在发展中还面临很多挑战和问题。主要体现在:保持经济持续健康发展的压力大。朝阳区经济发展已经由高速增长转为稳健增长,外部竞争激烈、内生挑战增多。发挥朝阳区国际化、市场化优势,利用好首都实施科技创新、文化创新的战略机遇,处理好发展速度、质量和效益之间的关系,增强商务服务业、金融业、文化创意产业、战略性新兴产业的支撑作用,弥补房地产业调整后的短期缺口,增强区域经济整体实力,还需要深入研究。促进基本公共服务优质均衡发展的难点多。当前,经济社会快速转型,社会结构变化,群众需求多样,各方面期望值高。朝阳区作为快速发展的城市功能拓展区,要在短期内补足短板,迅速推进社会事业优质均衡发展,特别是有效解决农村地区教育、卫生等公共服务优质资源不足的问题,需要我们进一步加大工作力度。推进城乡一体化发展的任务重。把农村地区建设好、发展好,是朝阳区未来加快发展的重要支撑。当前,农村经济发展与重点功能区之间的良性互动机制尚未健全,拆违控违、转居转工、就业保障任务十分繁重。农村地区的建设发展,在政策、机制、规划等关键环节,还需要进一步创新思路,有针对性地加以突破和解决。解决人口资源环境矛盾和维护安全稳定的要求高。人口资源环境矛盾日益突出,资源集约利用效率不高,生态环境保护亟待加强。安全形势虽然总体可控,但是安全隐患总量居高不下,还需要投入更大精力、付出更多努力。

2013年工作任务

2013年是深入贯彻落实十八大精神的第一年,也是"十二五"规划承前启后的关键之年。稳增长、调结构、惠民生责任重大、任务艰巨,机遇和挑战并存。党的十八大胜利召开,为未来发展指明了方向,调动了各方面加快发展的积极性。北京市实施科技创新、文化创新战略,有利于朝阳充分发挥区位优势、资源优势、环境优势,进一步激发区域发展活力、增强发展动力。但是,国际经济形势依然错综复杂、充满变数,世界经济低速增长态势仍将延续,国内外经济运行不平衡、不稳定因素依然较多,稳增长压力不会减弱。而朝阳区国际化程度高,当前又处于加快转变发展方式的关键时期,调整结构、转型升级进入攻坚阶段,促进经济社会协调发展,处理好调整与增长、发展与稳定的关系,把握好工作的节奏和力度,难度不断加大。

面对新形势、新任务,2013年政府工作的总体要求是:全面贯彻党的十八大精神,按照中央经济工作会、市委十一届二次全会和区委十一届五次全会各项部署，紧紧围绕主题主线，牢牢把握朝阳区“六个阶段性特征”，深入落实“四个必须”工作定位，深化改革开放，强化创新驱动，着力转变经济发展方式，着力推进城乡一体化建设，着力加强和改善民生，着力加强生态文明建设，着力加强政府自身建设，全力推进朝阳科学发展、民生幸福。

2013年主要预期指标是：地区生产总值增长8%，城乡居民收入增长8%，城镇登记失业率控制在2%以内，区级财政收入增长9%，万元GDP能耗完成市下达任务。

新的一年，我们要进一步统一思想、振奋精神，更加注重发展融合、更加注重创新驱动、更加注重精细管理、更加注重普惠民生，切实承担起服务首都大局、全面建成小康社会的责任和使命，始终走在全市发展前列。坚持全域统筹，推动科学发展。始终把发展作为第一要务，抓住加快转变经济发展方式主线，把握国际商务中心核心定位，深化结构调整，强化科技创新、文化创新，促进人口、资源、环境相互协调，促进城乡、区域、经济社会共同进步，实现安全发展、依规发展、集约发展、协同发展。坚持以人为本，加强和改善民生。始终把维护广大群众的根本利益作为开展工作的出发点和落脚点，贴近百姓需求，推动基本公共服务优质均衡，办好人民满意教育，提高人民健康水平，增加城乡居民收入，谋民生之利，解民生之忧。坚持服务为先，加强社会管理。寓管理于服务之中，加强精细化管理，着力做好流动人口和特殊人群的服务管理，着力加强安全生产监管和城市应急管理，推动社会管理人人参与、和谐社会人人共享。坚持节约资源、保护环境，加强生态文明建设。把生态文明理念贯穿始终，融入经济社会发展的各方面和全过程，节约优先，保护优先，转变生产生活方式，努力建设天蓝地绿、水清人和的美好家园。坚持务实高效，加强政府自身建设。围绕为民、务实、清廉，强化公共服务和社会管理职能，转变工作作风，创新工作机制，规范权力行使，做百姓受益的工作，建群众满意的政府。

2013年重点抓好以下四方面工作。

一、加快转变发展方式，增强经济综合竞争力

紧紧围绕主题主线，以提高经济增长质量和效益为中心，聚焦重点功能区建设、重点产业发展，强化创新驱动，加快城乡一体化进程，提升国际商务中心功能，促进经济持续健康发展。

加快培育新的经济增长点。始终坚持速度与质量、结构与效益相统一，强化重大项目支撑，集中精力扩大消费、稳定投资，全力确保经济平稳增长。深入实施产业发展三年行动计划，提速金融和文化创意产业发展，增强现代服务业竞争优势，发展新移动通讯、新能源、新生物医药等战略性新兴产业，调整传统产业，促进产业结构优化升级。吸引跨国公司、央企和民营企业总部入驻，提升企业总部的经济贡献。用好“京交会”资源，推动区域企业全面参与国际贸易与合作，提升国际服务贸易功能。加快CBD国际金融城建设，吸引金融租赁、消费金融等新兴金融机构入驻，促进金融与重点产业的融合发展。加强科技创新、文化创新，推进中小企业孵化器、创业基地建设，促进创新资源对接和成果产业化，逐步把朝阳区建设成为科技成果转化应用高地。促进文化、科技、会展、旅游等产业的融合发展，逐步把电子城、大望京打造成为首都科技文化商务融合发展的示范基地。

加快“十大发展基地”建设。强化统筹联动，完善协作机制，发挥各功能区管委会作用，推进“十大发展基地”建设全面提速。以项目建设和品牌培育为重点，推动成熟区域加快发展。确保CBD核心区各项目建设安全有序，推进东扩区、中心区重点项目建设。打造奥运功能区的文体会展品牌，全力推进国家级文化体育创新示范区建设。统筹电子城功能区建设、运行和发展，加快大望京科技商务创新区建设，提升科技创新优势。以土地开发、政策引导和招商引资为重点，推动金盏金融服务园区等在建区域的功能培育，拓展新的增长空间。把握政策机遇，加快推进新的产业承载空间规划编制工作。抓好第四使馆区土地一级开发，力争东坝国际商贸中心区控规获批。抓住中关村科技园区空间调整契机，加快垡头环渤海总部商务基地的规划编制和报批工作。基本完成CBD—定福庄国际传媒走廊的规划编制工作。深化温榆河生态绿色休闲区规划研究，推进基础设施和重点项目建设。

推动城乡一体化发展。农村地区是朝阳建设国际商务中心的拓展区、配套区和服务区。要始终以城市化为方向，围绕“四增五减”目标，努力在产业发展、就业安置、社会保障、转居转工、环境整治、体制创新等方面实现新突破。深入落实“1+6”产业发展政策，把农村地区发展与“十大发展基地”建设有效衔接，加快朝来科技产业园二期等重点项目建设，清理一批、改造一批、升级一批低级次产业，提升农村地区产业层级。根据各乡发展实际，合理确定产业发展、生态涵养、拓展配套等不同功能，制定支持措施和分类考核指标体系，促进资源配置最优化和整体效能最大化。稳步推进农村集体产权制度改革。完善集体经济监管平台，提升农村集体“三资”监管水平。加快重点村整治，落实后续资金，推动集体土地上国有单位及宿舍腾退，确保安置房建设按期实施、整治工作持续推进，同步完善道路、供水供电等市政基础设施，统筹推进产业发展、农民转居和就业安置工作。坚决遏制新增违法建设和非法占地行为。

进一步优化区域发展环境。坚持改革开放,深化体制改革和机制创新,增强区域发展活力。健全协调联动机制,完善驻区企业长效服务机制,加强对企业发展的动态跟踪服务,及时了解企业需求,提高服务水平。完善总部经济、楼宇经济发展政策,针对重点企业推行"一企一策",加大招商选资力度,促进重大功能性项目引入和落地,增强总部企业的根植性。创新融资工作,统筹资金安排,确保重点工程有序推进。强化国有资产监管,提高国有企业经营效益,发挥国有经济在区域发展中的作用。加大对中小企业和民营经济的支持力度,在技术、融资等方面,完善政策支持和服务体系,促进各种人才、各类企业到朝阳创业和发展。建立和完善服务平台,统筹利用好"两种资源"、"两个市场",在高水平上引资、引技、引智,提升区域国际化水平。

二、全面推进社会建设,改善民生促进和谐

把改善民生和创新服务管理放在更加突出的位置,突出优质、均衡、特色、统筹,全力推进"十大民生工程",让群众享受更好的教育、更高水平的医疗卫生服务、更可靠的社会保障、更舒适的居住条件,增进群众福祉,促进社会和谐。

推进基本公共服务均等化。加大对民生领域的政策支持和资金投入。实施"中小学建设三年行动计划",优化中小学教育资源配置和学校布局,提升办学条件和现代化水平,妥善应对入学高峰。实施"一校一策",推动学校优质、特色、品牌建设,鼓励优质教育资源落户农村地区,促进城乡教育均衡发展。推进学前教育、民办教育、国际教育、社区教育、职业教育等各级各类教育协调发展,加强学习型城区建设,努力构建终身教育体系。优化医疗资源布局,强化基本医疗卫生服务,增加全民健身设施投入,完善健康服务体系。力争在引进优质医疗资源方面取得突破。启动垂杨柳医院改扩建项目房屋征收工作。进一步完善基层卫生服务体系,推进医疗联盟建设,促进医疗资源共享,提高基本医疗卫生服务水平。鼓励多渠道社会办医,支持国际化医疗机构和康复护理机构发展。坚持城乡统筹,实施更加积极的就业政策,优化就业环境,开发就业岗位,促进城乡劳动力就业质量不断提高。加强养老设施和养老管理服务中心建设,探索多样化的居家养老服务模式,提高为老服务水平。加强残疾人服务体系建设。加大困难群体救助力度。扩大社会保障覆盖面。

推动文化繁荣发展。全力争创国家公共文化服务体系示范区,确保以优异成绩通过验收。完善公共文化设施网络,加快建设档案馆、文化馆、博物馆和地区级文化中心,图书馆新馆投入使用,建成朝阳文化数字服务平台和30个数字文化社区,为群众提供更加便捷的文化服务。鼓励专业人才和志愿者参与文化建设,充实基层文化力量,形成多元参与的文化队伍格局。加强重点文物修缮,弘扬优秀传统文化。加大对道德领域突出问题的专项教育和治理。巩固提升全国文明城区创建成果,深化诚信体系建设,提升管理文明、公共文明、文化文明和生态文明。深入开展国防教育,切实做好双拥工作。

加强社会服务管理创新。深化全模式社会服务管理,强化区、街乡、社区(村)三级工作平台,完善权责明确、上下互通、横向联动的工作机制。深化社区规范化和六型社区建设,提升社区服务功能,健全基层社会管理和服务体系。引导和规范各类居住小区业主委员会建设,在老旧小区推行准物业管理。加强农村地区的社区和村级社区服务站建设,力争实现村庄社区化管理全覆盖。加大对社区工作者的关心、培养力度。发挥社会组织综合服务中心功能,推出一批示范性公益组织和服务品牌。支持基层创新方式方法,有效化解社会矛盾。抓好民族与宗教工作。

集中精力为群众办实事。认真办理人大代表建议和政协委员提案,提高办理落实率。贴近群众需求,从区、街乡、社区(村)三个层面,全面加大办实事工作力度,解决一批群众关心的实际问题。加快保障性住房建设和配租配售,推进老旧小区综合整治。推广健康管理服务,逐步实现对65岁以上老年人免费体检。对新农合血液透析病人进行定额定次付费救助。支持民办博物馆设立免费开放日,推进文艺演出下基层,丰富群众文体生活。整合政府服务信息资源,为社会提供全方位的资讯服务。推进智慧社区建设。大力改善老旧小区与村庄的消防、绿化、照明、停车、环卫等基础设施,真正把实事办实、好事办好,力争通过不懈的工作和努力,让小区更漂亮、村庄更美丽,让服务更便捷、环境更安全,让群众生活得更舒心、更幸福。

三、统筹城乡建设管理,建设生态宜居的美丽朝阳

强化生态文明理念,立足经济社会生态效益相统一、人口资源环境相协调,高水平规划、高品位建设、高效能管理,提高区域综合承载能力,建设宜居宜业的首善之区。

加强城市综合服务设施建设。把城市建设的重点向民生领域、农村地区倾斜。以居住区为重点,加大道路维修和改造力度,推进广渠路二期、东坝南二街等道路建设和20处道路微循环系统改造,进一步改善交通出行条件。加快推进市、区重点工程建设,组织实施地铁7号线、14号线朝阳段的房屋征收工作。加强防汛工程建设。细化各类灾害和突发事件应急预案,加强应急设施建设、物资储备、综合演练和培训,做好灾害天气的预报预警,普及防灾减灾知识,建立统一指挥、协调联动、高效运转的快速响应机制,提高城市防灾减灾能力。

加强精细管理促进安全发展。充分利用信息化手段,提高城市管理现代化、精细化水平。以城中村、城乡结合部、铁路沿线、车站周边等区域为重点,加大环境治理力度,深化对户外广告牌匾和开墙打洞行为的整治,集中解决一批群众反映强烈的环境问题。完善"大人口"工作格局,把人口服务管理与提升产业层级、拆违控违、环境整治、安全管理、社会稳定相结合,突出重点地区、重点领域、重点人群,综合运用经济、法律、行政措施,引导人口有序流动和合理分布。进一步推进安全生产标准化建设,强化隐患排查和专项整治,突出做好建筑工地、人员密集场所、地下空间等区域的安全监管,加强消防队站建设,确保安全生产形势平稳可控。加强食品、药品安全监管,完善动态监测和处置机制,落实监管责任,促进行业自律。深化基层平安建设,加大对治安重点地区和突出问题的排查整治力度,依法防范和惩治违法犯罪活动,提高群众安全感。

加强生态环境建设。全面加快以"5432N"为主线的水利工程建设,进一步消除防洪安全隐患,增强水环境和水资源承载能力。按照20年一遇标准,对大羊坊沟、大柳树沟等5条中小河道实施防洪治理,基本解决流域内排水问题。在清河营、将府等郊野公园建成4个雨洪利用生态园区,形成近19万平方米的湿地和水面,涵养地下水源,提升郊野公园生态品质。加大坝河、亮马河、北小河等北部水系治理力度,基本实现水体还清。加快推进定福庄、东坝两个再生水厂建设。持续开展"万亩造林"工程,做好群众身边的绿化。以老旧小区、道路、水系等为重点,倡导见缝插绿,推广立体绿化,实施滨水绿廊工程,打造一批园林社区、景观街巷。全面实施清洁空气行动计划,切实落实好换车、压煤、降尘等工作,加大对PM2.5等大气主要污染物的监测治理,促进空气质量持续改善。深化垃圾分类管理工作,居住区垃圾分类达标率达到55%以上。完善生活垃圾全过程管理体系,推广大型餐饮企业餐厨垃圾就地资源化处理,加快循环经济产业园生活垃圾综合处理厂建设,促进垃圾减量化、资源化、无害化。实施污染减排工程,完成主要污染物总量削减考核指标。优化土地利用结构,提高土地集约利用水平和综合效益。弘扬生态文明理念,鼓励绿色消费,增强全民节约意识、环保意识和生态意识。

四、加强政府自身建设,不断提高执行力和公信力

发展的新任务、百姓的新期待,对政府工作提出了更高要求。始终坚持为民、务实、清廉,完善政府管理机制,着力提高行政效能,努力建设高效廉洁的政府。

坚持依法行政。严格按照法定权限和程序行使权力、履行职责、接受监督。坚决贯彻执行区人大及其常委会决议,认真听取区政协、民主党派和人民团体的意见。坚持科学决策、民主决策、依法决策,认真执行"三重一大"及重要事项报告制度,探索建立公众参与、专家论证、风险评估等工作制度。加强行政执法监督和责任追究,坚决纠正不正之风。推进政府信息公开,健全限时办结、窗口部门一次性告知等制度,接受群众监督和舆论监督,促进政府工作阳光透明。

坚持高效理政。增强加快发展的紧迫感、使命感和责任感,不断提高推动科学发展的能力、服务群众的能力、破解难题和化解矛盾的能力。完善公务员管理机制,强化日常工作考核,探索特殊岗位轮岗机制和专业岗位聘任制。加快投资服务大厅信息化平台建设。清理审批事项,简化审批程序,压缩办事时限,充分发挥"绿通"作用,切实提高办事效率。实行绩效管理,加强重点工作跟踪督办,不断提高政府工作实效。

坚持从严治政。认真落实中央、市委和区委关于改进工作作风、密切联系群众的规定,坚决执行区委"两个从严"、"四个坚决不允许"要求。深入开展调查研究,了解实际情况,解决实际问题。精简会议活动和文件简报。强化艰苦奋斗、勤俭节约思想,坚决反对铺张浪费,推进公务卡改革,大力压减一般性支出,严格控制"三公"经费。认真落实党风廉政建设责任制,深化廉政风险防控管理,加强重大工程和重点领域的资金监管和审计监督。真诚倾听群众呼声,强化行政效能监察,狠抓政风行风建设,不断提高群众满意度和政府公信力。

各位代表,期待和梦想是我们前进的动力,实干和创新铸就朝阳未来的辉煌。让我们在市委、市政府和区委的坚强领导下,开拓进取,真抓实干,推动朝阳在更高层次上又好又快发展,为率先全面建成小康社会而努力奋斗!

名词解释

1. 地区生产总值:是以价值形式表示的一个国家或地区在一定时期内生产的所有产品与劳务的最终成果,是一国或地区整体经济最核心的指示,反映一个国家或地区经济的总规模。对国家来说称为"国内生产总值",对一个地区来说称为"地区生产总值"。

2. 战略性新型产业:指以重大技术突破和重大发展需求为基础,对经济社会全局和长远发展具有重大引领带动作用,知识技术密集、物质资源消耗少、成长潜力大、综合效益好的产业。朝阳区"十二五"时期在推进战略性新兴产业发展中,重点发展新一代信息技术、新生物医药、新能源和信息服务业四大产业。

3. 十大发展基地:朝阳区在"十二五"规划中明确提出,在原有六大功能区的基础上,规划建设十个重点区域,包括CBD核心区、CBD东扩区、奥林匹克公园核心区、电子城北扩区、垡头环渤海总部商务基地、温榆河生态绿色休闲区、CBD—定福庄国际传媒走廊、金盏金融服务园区、大望京科技商务创新区和东坝国际商贸中心区。

4.5A级旅游景区:按照质量等级。旅游景区可分为1A、2A、3A、4A、5A级5类。5A级旅游景区是中国旅游景区(点)的最高等级荣誉。旅游景区的等级,是由相应的旅游景区质量评定委员会,按照国家标准《旅游景区质量等级的划分与评定》(GB/T17775 - 2003)的规定,通过对所评旅游景区的旅游交通、浏览和旅游安全、卫生和邮电服务、旅游购物、综合管理、资源与环境的保护等八方面的评定,进行等级划分。满分为了1000分,5A级旅游景区需要达到950分。

5."1+6"产业发展政策:指农村地区积极完善产业发展政策,以加快转变发展方式为主线,坚持自主建设、自主经营、自主管理、主动承接功能区产业转移及配套功能,引导产业向高端化、规范化、集聚化发展。"1"即农村地区产业发展指导意见,"6"即围绕意见的具体实施建立和完善了项目准入、产业发展资金管理、基本农田保护和监管补贴、联席会议、项目扶持领导小组和招商选资管理等到6项保障机制。

6."三个一批":即"新发展一批"具有战略性、前瞻性和全局性的重点产业项目;对接十大发展基地建设,"转型升级一批"低级次产业,提升产业层级;与"打非治违"相结合,"拆除腾退一批"安全隐患大、环境脏乱差、严重侵街占道的产业项目。

7."四增五减":区委书记程连元同志在2012年8月带队调研农村地区工作时提出了"四增五减"的工作目标,即按照转变思维方式、发展方式、管理方式的要求,努力实现经济总量、税收收入、农村集体收入、城乡居民收入增加,违法建设、流动人口、治安案件、安全事故、非正常群体访减少的目标。

8. 三级急救网络:由社区急诊救护、院前急救和医院专科救治通道共同构成的紧急医疗救援体系。承担百姓日常急救、政府大型活动医疗保障、突发事件紧急救援、专业队伍培训演练以及百姓自救互救知识技能普及宣传等政府职能。

9. 全国卫生应急综合示范区:卫生部自2011年起开展国家卫生应急综合示范县(市、区)创建工作,指在卫生应急体系建设和突发事件卫生应急工作中成绩突出,具有一定典型性和示范借鉴作用的县级行政区划单位。县级行政区划单位包括各行政县、县级市、市辖区和旗等,特殊行政区域参照国家有关规定执行。

10. 国家公共文化服务体系示范区:"十二五"期间,由文化部、财政部共同启动的一项旨在推动全国公共文化服务体系建设的重要举措。计划以地级市为单位,6年时间分工3个创建周期,共创建约占90个示范区,力争覆盖带动全国三分之一的市县,整体推动全国公共文化服务体系建设。2011年6月,朝阳区代表北京市获得了首批国家公共文化服务体系示范区创建资格。

11. 四级公共文化服务网络:在传统的区、街乡、社区三级公共文化服务网络的基础上,根据区域面积较大、人口众多、设施分布不均等特点,提出在区和街乡之间建设地区级文化中心,形成了区级 - 地区乡 - 街乡级 - 社区(村)级四级公共文化服务网络。

12. 数字文化社区:数字文化社区工程建设是将现有的有线电视线路引入街道社区文化站,依托高清交互平台,结合互联网无线技术,整合利用首都图书馆、艺术院团、文化共享工程等多渠道的文化信息资源,创建多媒体、跨平台、多终端的文化信息资源共享平台。

13.24小时自助图书馆:"自助图书馆系统"与北京市公共图书馆"一卡通"系统兼容,凡持有"一卡通"的用户都可以享受365天、7×24小时的全天候自助办证、自助借书、自助还书、自助续借、预约借书、查询文献、数字资源阅览、图书馆公告信息发布等服务。

14. 社区规范化:是北京社会建设领导小组提出的关于社区建设与管理的相关规范和标准,使城市社区实现"社区服务站建设平台化、社区工作事项明细化、社区运行机制联运化、社区志愿服务常态化、社区队伍建设专业化、社区设施使用最优化、社区经费管理科学化"。

15."六型社区":北京市民政局根据《关于开展评选北京市建设和谐社区示范单位的工作意见》,提出以环境整洁、管理规范、服务完善、安全稳定、健康幸福、文明详和为目标,建设干净、规范、服务、安全、健康、文化"六型社区"

16. 社区单元化管理:指在社区区域内,以地缘关系、居住地人数、产权单位、物业管理范围为划分原则,更细化的划分单元范围,形成单元居民自治组织架构,并在社区党委领导和社区居委员会指导下,由单元自治组织共同治理社区公共事务,实现社区自我服务、自我管理、自我教育。

17. 老旧小区准物业管理:指在不具备物业管理条件、暂时无法推行正规物业管理的老旧小区成立居民准物业自治管理组织,按照低于一般物业管理的收费标准,为居民提供基本的物业服务。

18. 新型农村合作医疗：由政府组织、引导、支持，农民自愿参加，个人、集体和政府多方筹资，以大病统筹为主的农民医疗互助共济制度。

19. 社区服务管理平台：包括"一部热线电话、一个网站和一个集辖区基础资料、公共服务资源信息、办事进程的数据库"，通过技术连接、信息流转和坐席业务处理，完成居民日常的信息查询、服务咨询和便利服务申请等，从而创新社区服务形式，方便居民生活。

20. 错时工作制：指社区在错时工作时段(18时至次日9时)安排工作人员值守，以政策咨询(电话形式)为主，条件允许的可为居民办理相关服务事项，实现对居民的全时服务。

21. "一刻钟社区服务圈"：指社区居民从居住地出发步行一刻钟之内可办理日常政务服务，享受到快捷的公益服务和基本的商业、生活、文体娱乐等便民服务。主要包括两方面内涵：一是社区居民步行十五分钟，能够享受到购物、餐饮、日常修理、金融服务、文体娱乐、医疗卫生等方面的基本生活服务；二是社区服务站等政府服务平台在十五分钟内就居民的当面或电话服务申请、咨询事项给予办理或答复。

22. 保障性住房：指政府在对中低收入家庭实行分类保障过程中所提供的限定供应对象、建设标准、销售价格或租金标准的具有社会保障性质的住房，包括廉租住房、公共租赁房、经济适用住房、限价商品房等。

23. "九大行动"：为迎接党的十八大胜利召开，创建整洁、优美、有序的城市环境，朝阳区开展了城市环境建设百日集中行动，分别是：整治提升行动、环境秩序规范行动、环境建设保障行动、地下管线排查治理行动、餐厨垃圾规范收运行动、违法建设集中整治行动、渣土管理规范行动、文明城区环境迎检行动、宣传动员行动。

24. 环境秩序问题百日整治：指为了以整洁、有序的环境秩序迎接党的十八大胜利召开，2012年6月至十八大召开期间实施的夏季突出环境秩序问题百日专项集中整治行动。整治的主要内容包括：夏季较为突出的无证经营、店外经营、非法小广告、露天烧烤、露天大排档、夜施扰民、非法运营等七类环境秩序类问题。

25. 平原万亩造林：为改善北京市生态环境，造福人民群众，2012年初市委市政府决定在北京市平原地区开展百万亩造林工程，建设高水平、地特色、多功能的城市森林。按照市平原造林总指挥部的批复，2012年朝阳区造林任务为9632亩，已全面完成。

26. 清洁空气行动计划：北京市政府于2012年4月1日发布了《北京市人民政府关于印发北京市清洁空气计划(2011－2015年大气污染控制措施)的通知》(京政发〔2011〕15号)，要求全市以改善空气质量为目标，以污染物总量减排为主线，严格源头管控，深化结构调整，强化污染治理，推动区域联防联控，为建设宜居城市奠定良好环境基础。

27. "PM2.5自动监测系统"：由监控中心和颗粒物监测子站两部分组成，可对大气中细颗粒物(PM2.5)浓度进行实时自动监测，全面表征辖区内的空气质量状况，分析细颗粒物(PM2.5)浓度的变化趋势，加强对大气中细颗粒物排放情况的监管力度，为政府环境决策提供准确科学依据。

28. 全模式社会服务管理系统：是网络化社会服务管理体系在朝阳的具体表现形式。指运用现代信息技术，通过流程再造、业务集成与合作治理方式建立的数字化、精细化、高效化和系统化的社会服务管理体系。该系统集成应急管理、城市管理、综治维稳、安全生产、社会事业、社会保障、社会服务、经济动态、法律司法、党建工作等到10大业务模块(包括118大类、577小类、3537细类内容)，基本涵盖了与社会服务管理相关各类职能部门的职责。在整体架构上，主要由基础信息支撑体系、社会服务管理运营体系和社会服务管理监督体系组成。

29. 社会组织：指不以营利为目的，主要开展公益性或互益性活动。独立于党政体系之外的正式的社会组织。非政府性和非营利性是社会组织的基本特征，因此我们通常又将社会组织称为非营利组织、非政府组织或民间组织等。

30. 安全社区：是世界卫生组织近年来在国际上推广的社区建设项目遵循"人人都享有健康和安全权利"的原则，以最大限度降低各类伤害为目标，围绕老人安全、儿童安全、居家安全等方面内容，通过整合社区各方资源共同参与，促进社区生活、工作环境的改善和质量的提高。

31. 社会面等级防控：指根据社会治安形势变化、任务要求和相关时间节点，及时启动一级超常、二级加强和三级常规防控等级，强化重点时段、重点部位、重点区域防控，以确保社会面稳定和秩序良好。

32. 可防性刑事案件：指客观上可以通过采取积极防范措施，加以事先预防的刑事案件。在公安工作中主要包括入室盗窃、入室抢劫和盗窃机动车三种类型。

33. "打非治违"专项行动：从2012年5月中旬起至2月底，在全区范围内集中开展安全生产领域打击非法违法生产经营建设、治理纠正违规违章行为专项行动，重点突出非煤矿山、道路和水上交通、建筑施工、消防、危险化学品、烟花爆竹、民用爆炸物品、冶金等8个高危行业领域，依法依规、依据政策，严厉查处非法违法生产经营建设行为，及时发现和整改安全隐患，有效防范和坚决遏制非法违规行为导致的重特大安全事故。

34. 食品安全三级组织防控:第一级为朝阳区食品安全委员会,第二级为街乡食品安全委员会,第三级为社区及村委会食品办公室,三级组织构成了朝阳区层层防控的食品安全网络。

35. 食品安全远程追溯:是以“实时监控、远程追溯”为核心的食品安全追溯信息平台。该系统以网络技术为依托,实现食品安全检测结果远程上传,将索证索票、进销货记录等内容电子化、网络化、最终达到食品安全监管部门和经营企业的互联互通,实现食品安全检测结果和经营情况可监控,商品来源情况可追溯,从而提高食品安全监管效能。

36. 城镇登记失业率:指期末实有城镇登记失业人员占城镇从业人数与期末实有登记失业人数之和的比例。

37. 万元GDP能耗:单位国内(地区)生产总值能耗,简称单位GDP能耗。是指一定时期内一个国家(地区)每生产一个单位的国内(地区)生产总值所消耗的能源。由于国内(地区)生产总值通常以万元为单位,所以也称万元GDP能耗。

38. 产业发展三年行动计划:为促进区重点产业发展,对接“十二五”规划纲要和各重点产业专项规划,制定了现代服务业、金融业、文化创意产业、高新技术产业和农村地区产业发展三年(2012-2014年)行动计划,围绕各重点行业“十二五”时期发展目标,细化年度任务、职责分工,促进各项工作落实,是“十一五”以来扎实推进产业发展和结构调整做法的延续。

39. 朝阳区-高校发展合作联盟:按照“政府主导、高校自愿参与”的原则,由朝阳区政府与北京工业大学、中国传媒大学、北京联合大学共同发起,旨在推动高校与区内单位开展全方位、多领域的合作,推进区域协同创新的专门性组织。

40. 国家商标战略实施示范区:2009年国家工商行政管理总局开展了国家商标战略实施示范城市(区)创建工作,以政府重视、积极实施商标战略,商标注册量以驰(著)名商标数量、查处商标侵权案件数量位居本省(市)前列,拥有较为突出的地方特点和发展潜力,具有示范效应等申报为条件。目前,全国已有53个国家商标战略实施示范城市(区)。

41. 全国农村集体三资管理示范区:2012年12月24日农业部发布《关于认定全国农村集体“三资”管理示范县的通知》(农经发〔2012〕7号),认定朝阳区等155个县(市、区)为全国农村集体三资管理示范县(市、区),通过创建活动,发挥典型带动作用,推进农村集体三资管理工作制度化、规范化、信息化。

42. 十大民生工程:在社会发展方面,着力抓好十大民生工程实施,包括教育质量提升工程、健康服务便捷工程、公共文化惠民工程、交通出行优化工程、宜居环境塑造工程、智能城市服务工程、就业服务创新工程、社会保障提升工程、平安朝阳建设工程、社区服务拓展工程。

43.“一校一策”:即“一校一方案、一校一政策”,于2012年提出。其重要意义在于按照每所新建校的办学定位和三年整体规划,形成有针对性的配套支持方案,促进学校呈现“百花齐放”的办学特色,努力实现“建一所学校就办好一所学校”的总体目标。

44.“中小学建设三年行动计划”:即《北京市朝阳区中小学建设三年行动计划(2012-2014年)》,核心内容是通过资源扩充建设、办学条件提升、优质资源共享、随迁子女保障和基础设施改善五项工程,实现进一步优化资源配置和学校布局、安全提升办学条件和现代化水平、满足适龄儿童人口高峰入学需求、促进教育优质均衡发展的工作目标。

45. 医疗联盟:按照“服务优先、片区布局、组团协作、分级医疗、信息共享”的工作原则,于2012年11月建立北京朝阳医院、武警北京市总队医院、朝阳区第二医院、朝阳区中医院以及六里屯、八里庄第二、高碑店、三里屯、团结湖、十八里店和八里庄等七个社区卫生服务中心组成的中部医疗联盟,实行常规转诊、分级医疗、远程会诊影像传输等运行机制,构建区域内分级医疗、急慢分治、双向转诊的诊疗模式。今后拟再建立北部、南部、东部三个医疗联盟。

46. 双向转诊:为构建新型的社区医疗卫生服务体系,促进社区卫生服务工作的开展,按照“资源共享、优势互补、互利共赢”的合作模式,建立大医院与社区卫生服务机构之间畅通的双向转诊绿色通道,逐步形成“小病在社区,大病到医院,康复回社区”的有序医疗卫生服务格局,有效解决群众看病难、看病贵的问题。

47. 朝阳文化数字服务平台:利用网络、通讯、多媒体等现代信息技术手段,建立集朝阳区数字图书馆、数字文化馆、数字博物馆、文化资源地图、文化市场网上审批监管、文化数字服务移动平台、文化系统办公自动化于一体的数字服务系统。

48.“为民解忧”工程:在为群众办实事过程中,通过问政、问需、问计于民、建立常态化议事平台。通过规范“三步工作流程”做到征集需求信息,全面“知忧”;拓宽民主渠道,充分“议忧”;坚持标本兼治,彻底“解忧”。通过居民参与实事项目的立项、监督,集中民智、优化决策,实现民主决策的科学合理,增进群众对政府工作的理解和支持。

49. 智慧社区:指利用物联网,云计算、移动互联网、信息智能终端等新一代信息技术,通过对各类与社区居民生活密切相关信息的自动感知、及时传送、及时发布和信息资源的整合共享，实现对社区居民“吃、住、行、游、购、娱、健”生活七大要素的数字化，网络化、智能化、互动化、和协同化，让“五化”成为居民工作、生活的主要方式。

50. 雨洪蓄滞生态区：指在具有调蓄功能和较强生态功能的城市绿化带实施“雨洪利用”工程，统筹水利与绿化资源，形成“水系－绿地－安全－生态”协调发展的“雨洪利用”格局，实现集“雨洪蓄滞和利用、改善生态环境、提升郊野公园品质、削减洪峰和缓解区域积水问题”四位一体的发展目标。

51. 滨水绿廊工程：《北京市国民经济和社会发展第十二个五年规划纲要》提出，要在“十二五”期间打造中心城河湖水系 10 大滨水绿廊。具体建设中将综合考虑城市生态环境、空间布局、文化传承、市民需求、城市活力等多方面元素，坚持治水和建绿相结合，建成沿水系分布、具有休闲游憩功能、生态涵养功能、城市风貌展示功能的线性绿色空间。

52.“以业控人、以房管人、以证管人”：“以业控人”是指以控制本地区人口规模过大，增速过快为重点，围绕区域规划产业发展、劳动就业、城市管理、人口管理及工作机制建设等方面，通过综合施策，实现流动人口分布均衡、结构合理、规模适度。“以房管人”指以加强出租房屋管理为手段，严格落实各项工作措施，实现对流动人口的有效服务和管理。“以证管人”是指以加强暂住证等有效证件的管理为手段，掌握流动人口信息，研究制定相关工作措施，加强对流动人口的有效服务和管理。

53.“三重一大”：指重大事项决策、重要干部任免、重要项目安排和大额度资金使用。

54.“绿通”：即绿色审批通道。为加快项目审批，促进重大项目及早落地，2009 年，市、区分别建立了绿色审批通道工作机制，成立由相关审批部门组成的绿色审批通道推进小组，对经审定进入绿色审批通道的项目，通过现场办公、集中联审等方式缩短审批时间，并对每个审批环节设定审批时限，细化审批责任，提高审批效率。截至 2012 年底，朝阳区已有 386 个项目纳入市级绿色审批通道。

55.“两个从严”、“四个坚决不允许”：为加强党员干部队伍建设，特别是领导班子建设，2012 年 8 月 8 日，在区委十一届四次全体(扩大)会上提出了“两个从严”、“四个坚决不允许”有要求。“两个从严”指从严要求，从严管理。“四个坚决不允许”指坚决不允许出现有令不行、有禁不止的现象；坚决不允许出现贪图私利、急功近利、损害发展大局的现象；坚决不允许出现民主集中制形同虚设、个人专权独断的现象；坚决不允许出现组织软弱涣散、干部脱离群众的现象。

朝阳区人民代表大会常务委员会工作报告

——2013 年 1 月 9 日在朝阳区第十五届人民代表大会第三次会议上

朝阳区人大常委会主任 佟克克

各位代表：

我受朝阳区第十五届人民代表大会常务委员会的委托，向大会报告工作，请予审议。

2012 年主要工作

2012 年是本届人大常委会的届首之年，也是全区实施“十二五”规划，推进科学发展和民生幸福的重要一年。一年来，区人大常委会深入落实区十一次党代会和区委十一届四次全会的工作部署，在区委的领导下，开拓进取，努力工作，确立了本届常委会“四个坚持、四个服务”的总体工作目标和工作要求，明确了争取“三个有所突破”的工作重点，提出了代表履职文化和常委会机关文化建设两项任务，保证各项工作在继承中发展，在发展中提高。

一年来，常委会依法履行职责，筹备召集区人民代表大会会议 2 次；举行常委会会议 8 次、主任会议 8 次；共审议议题 38 项，听取审议“一府两院”专项工作报告 4 项，计划、预算、决算、审计等报告 8 项，开展执法检查 1 项，作出决议、决定 36 项。坚持考核考试和任命标准，依法任免国家机关工作人员 299 人次。圆满完成了本届人大一次会议确定的全年各项任务。

一、统一思想，凝聚力量，明确本届人大常委会的工作目标工作要求和工作任务

本届人大一次会议上,常委会在总结以往经验的基础上,围绕区十一次党代会确定的推进朝阳科学发展民生幸福的宏伟目标和区"十二五"规划纲要的主要任务,提出了"四个坚持、四个服务"的总体目标要求。并在此基础上,结合十八大精神和市委、区委对人大工作的要求,深入研究、凝聚共识,制定了具体落实"四个坚持、四个服务"的实施意见,进一步细化了本届常委会的工作原则、主要任务和保障措施,以期增强工作的计划性、系统性和实效性,确保本届常委会工作始终围绕区委中心、服务全区发展大局。

常委会立足区情实际,把握工作规律,积极探索实践,提出了一系列新的想法和要求。

*(一)在依法履职上,提出坚持"高标准、高水平、高质量"的工作要求。*面对朝阳发展的新形势、新任务,认真落实区委对人大工作的新要求,始终保持积极进取、有所作为的精神状态,按照"该做、能做、有用、有效"的原则,以更高的标准推进工作,以更高的水平履行职责,以更高的质量体现效果,努力在传承历届常委会经验的基础上不断提高。

*(二)在方式方法上,提出坚持"有所侧重、重点突破"的工作方针。*以改进和深化计划和财政监督作为本届常委会监督工作的突破点,推进发展计划的细化和重点项目的落实;从政府公共投资项目跟踪、预算绩效评价、重点资金使用和推进预算公开等方面入手,加强对政府预算决算的审查和监督,提高财政资金使用绩效。

以加强人大代表与选区选民的联系作为本届常委会代表工作的突破点,确保选民意见得到真实、全面、及时的反映,通过实践把人民代表大会制度的优越性更加充分地展示出来。

以加强理论学习研究作为本届常委会及机关自身建设的突破点,加强学习培训,深入系统研究,努力实现议案办理课题化、经验总结理论化、理论研究系统化,不断提高常委会工作水平。

*(三)在队伍建设上,提出精心培育代表履职文化和机关文化两个文化建设。*大力倡导"理性、平和、严谨、务实"的代表履职文化,鼓励和引导代表辩证地看待和分析问题,不回避、不消极、不偏激,在深入调研、认真思考的基础上,提出切实可行的意见和建议,督促和支持"一府两院"改进工作。

在常委会机关大力倡导"勤奋好学、严谨务实、和谐宽松、讲情重义"的机关文化,努力建设学习型、研究型机关,营造和谐、宽松、民主、团结的工作氛围,不断提高机关工作的规范化水平和服务保障能力。

通过一年来的实践探索,"四个坚持、四个服务"的内涵得到不断丰富和完善,我们对人大工作规律的认识和把握也在逐步深化,对开创工作新局面充满信心。

二、依法履职,服务大局,推进经济社会又好又快发展

一年来,常委会紧紧围绕区委中心工作、全区科学发展的重点任务和关系民生幸福的热点难点问题,依法履行监督职责,完善监督工作方式,提高监督工作实效,积极促进朝阳区经济社会发展。

*(一)认真抓好议案督办。*本届人大一次会议确定了"推进朝阳区医疗卫生事业发展,提高人民健康生活水平"的议案。为确保议案办理实效,常委会成立议案督办工作小组,制定督办工作方案,认真做好督办工作。

一是明确督办重点。通过征求议案领衔人及部分代表的意见,分解和细化议案内容,找准工作着力点,紧扣关键环节,争取重点突破。

二是加强工作沟通。先后召开4次议案专题督办会,听取政府办理工作进展情况的汇报,对议案办理过程中存在的问题及时提出督办意见;完善市区代表联动、委室协调配合机制,形成监督工作合力。

三是加强过程监督。组织委员和代表深入基层,就社区卫生事业发展、民营医疗机构建设等问题进行调研视察,了解议案办理情况,听取群众的意见。

区政府高度重视议案办理工作,成立领导小组,落实责任部门,明确完成时段,扎实有效推进,议案办理取得了阶段性成果。新增新建了一批社区卫生服务中心,实现了外聘人员"同工同岗同绩效",成立以朝阳医院为核心的中部区域医疗联盟,东南部和望京地区建设大型综合医院工作扎实推进,鼓励社会多渠道办医、推进中医药事业发展、提高国际化医疗水平等工作取得明显实效。

*(二)认真开展计划和预算监督。*计划和预算监督是常委会依法履行监督职责的重要内容。按照年度计划监督与"十二五"规划监督相结合的思路,加强对全区经济运行和社会发展情况以及"十二五"规划主要指标、重点任务及专项规划落实情况的监督,推进年度计划和"十二五"规划的落实。

按照北京市工作部署和区域发展实际需要,审查批准区政府2012年国民经济和社会发展计划调整方案,支持政府合理安排建设资金,有序推动平原万亩造林工程、老旧小区综合整治、永安里旧城区改建等新增重大项目建设。

依法开展财政预算监督,听取审议了2012年财政预算上半年执行情况报告,审查批准了2011年度财政决算、2012年预算调整方案,初步审查了2013年预算草案的主要内容,通过加强预算监督,促进财政资金使用依法、高效、安全,为全区经济社会协调发展提供财力支持。

听取审议了2011年度预算执行和其他财政收支的审计工作报告，加强对审计结果公开和审计发现问题整改情况的监督，推进审计工作水平提高。

常委会还围绕“保增长、促内需、调结构”的目标，组织代表到CBD功能区、电子城功能区以及相关部门视察调研，监督“十大发展基地”重点项目建设和产业政策落实情况，促进区域发展方式转变，提高发展质量。

（三）围绕人民群众关注的热点难点问题，扎实推进民生改善。城市建设管理与百姓生活息息相关，也是2012年常委会关注的重点。常委会以促进大气污染物减排和空气质量改善为目标，听取审议区政府关于大气污染防治工作的报告，从宣传教育、强化监管、队伍建设、长效机制四个方面提出建议。区政府加大投入力度，实施燃煤锅炉清洁能源改造工程，完善PM2.5自动监测网络，强化重点领域污染治理，并制定了朝阳区2012—2020年大气污染治理工作方案，确定了空气质量改善的阶段性目标和措施。

为保障群众住房质量和居住安全，听取区政府关于建筑工程质量监督的工作汇报，对调研中发现的相关政策缺失问题，提出立法建议，得到了市人大领导的重视。组织代表就环境综合整治、遏制违法建设、城市管理监督等工作进行调研视察，促进区域环境改善、管理有序。

农村和农民问题一直是常委会关注的重点领域。常委会听取审议了区政府关于农民社会保障情况的工作报告，区政府认真落实审议意见，成立专门工作机构，出台促进农民就业、解决社会保障问题的文件，积极推进农民转居转工进入城镇社会保障，努力解决农民的后顾之忧；听取区政府关于农村产权改革、绿化隔离地区建设等工作汇报，促进解决深层次问题，加快农村城市化建设步伐。

高度关注社会事业发展。围绕创建国家公共文化服务体系示范区，听取区政府关于推进朝阳区文化事业发展情况的汇报，提出相关意见建议，支持政府加强文化基础设施建设、完善服务群众的运行机制、加快文化网络信息中心建设，提升区域公共文化服务能力。跟踪督办垂杨柳医院改扩建工程，区政府完善医院设计方案，与清华大学合作共建，不断推进垂杨柳医院改扩建工程的落实。

认真做好人大信访工作，加大矛盾纠纷化解力度，加强信访综合分析，畅通信访渠道，及时妥善处理群众信访问题，促进社会和谐稳定。一年来，常委会共受理来信122件，来访197批次415人次，集体访12批次218人，办结率达到95%。

（四）积极推进民主法治建设。认真开展工作监督和法律监督，促进“一府两院”依法行政、公正司法。

对区政府实施食品安全法情况进行检查，针对薄弱环节提出意见建议，区政府认真贯彻食品安全法，加强宣传培训，完善监管工作机制，加大重点领域、重点环节的专项整治，不断强化食品安全监管工作。听取区政府贯彻北京市少数民族权益保障条例情况的汇报，促进少数民族地区发展，切实维护少数民族合法权益。

加强对司法工作的监督。听取审议区法院知识产权案件审判工作情况的报告，提出加强审判队伍建设、加强审判管理、探索审判方式改革、加大知识产权审判宣传力度等建议，区法院妥善运用民事、刑事和行政三种审判手段，全面加强和完善知识产权司法保护，努力为科技文化创新提供有力的司法保障。

按照“密切联系、加强指导、大力支持、推进工作”的思路，密切常委会与各乡人大的联系，加强业务指导，推广典型经验，促进乡人大规范化建设。

三、积极探索，强化保障，不断深化代表工作

代表是人民代表大会的主体，代表工作是人大及其常委会全部工作的基础。2012年以来，常委会以服务保障代表履职、密切代表与选民联系为重点，改进服务方式方法，健全代表工作机制，不断促进代表作用的发挥。

（一）加强服务保障工作。针对届首之年新代表多的特点，认真组织代表培训，提高代表对人民代表大会制度这一国家根本政治制度优越性的认识，倡导和培育“理性、平和、严谨、务实”的履职文化。

通过组织政府半年工作通报会、邀请代表参加全区重要活动和会议、代表大会会前集中视察等方式，服务代表知情知政。响应首都全民义务植树的号召，组织市、区代表开展植树活动，建立“朝阳人大代表林”，激发代表“住朝阳、爱朝阳、建朝阳”的责任感、使命感。

完善常委会主任、副主任接待代表制度，坚持代表自选参加常委会视察调研活动、代表列席常委会会议等机制，新建常委会委员、人大代表列席主任会议制度，深化代表对常委会工作的参与。

提前召开预备会议，充实代表会前活动内容，安排区发改委、区财政局向代表汇报工作，为代表在大会上充分审议提供保障。充分发挥人大街道工委和地区代表小组的作用，丰富闭会期间代表活动，促进代表履职。一年来，参加各类培训、会议和视察调研活动的代表达1390人次。

（二）密切代表与选民联系。在全区43个街乡的179个选区建立代表工作室，拓展代表联系选民渠道。工作室自建立以来，242名代表走进工作室，面对面倾听群众的意见和呼声，积极反映群众诉求，接待群众达

2852人次。代表工作室今后将成为代表活动的重要场所、联系选民的重要桥梁、服务群众的重要窗口、履行代表职责的重要平台。

深入开展"关注民生,代表行动"代表联系选民主题月活动,各人大街道工委、地区代表小组按照常委会的要求,结合成立人大代表工作室,组织开展了代表视察、联系选民等活动。参加代表1758人次,收集到城管城建、社会保障、科教文卫等7类问题930件,代表通过提出建议等形式积极向有关部门呼吁反映。

借助人大机关网站,建立代表"微博群",作为人大代表与常委会机关的信息直通车,连接人民来信,为代表了解社情民意、加强工作交流搭建新平台。继续坚持当面述职与书面述职相结合,组织代表向选民述职,自觉接受选民监督。当面述职代表121名。通过代表述职,增强了代表的履职意识和责任意识。

(三)做好代表建议督办工作。坚持常委会主任、副主任牵头重点督办、代表联络室分类督办、各工作委员会统筹督办以及跟踪督办相结合的工作机制,加强过程监督和综合分析,努力提高代表建议的落实率。

创新督办工作形式,加大对代表集中关注问题的督办力度,主任会议专题听取本届人大一次会议16件"议案转建议"办理情况的汇报,建议中涉及的55个具体问题已经落实28个,其余承办部门继续办理。

本届人大一次会议交由区有关部门办理的198件建议,其中解决的57件,占28.8%;取得进展或列入计划的141件,占71.2%;截至12月31日,闭会期间交区政府办理的43件建议,已经办理并答复代表的40件。超出本区范围转市有关部门的建议73件,由市代表递交市人大常委会处理。

此外,常委会还努力做好市人大朝阳代表团的服务和联络工作,圆满完成了选举朝阳区出席北京市第十四届人民代表大会代表的组织工作,以及6名区人大代表、2名乡人大代表的补选等工作。

四、夯实基础,提高素质,切实加强常委会自身建设

加强自身建设,是常委会依法有效履职的重要保证。届首之年,常委会把自身建设摆在突出位置,切实加强思想、制度和作风建设,不断提高工作水平,为完成各项任务提供了有力保证。

(一)加强理论学习,提高整体素质。坚持把政治理论学习放在首位,通过知识讲座、专题培训等方式,组织学习党的十八大精神和区十一次党代会、区委十一届四次全会等会议精神,增强党的观念、大局观念、群众观念和法治观念,使常委会始终围绕中心开展工作,始终保持正确的政治方向。

大力倡导读书及学习交流活动,坚持常委会组成人员读书班、定期学法等制度,组织常委会组成人员及工作委员会成员学习人民代表大会制度、监督法、预算法、审计法和常委会议事规则等人大业务知识,提高依法履职能力。

(二)完善工作体系,提高工作水平。抓好机构建设,坚持新老结合,注重吸纳专业人士和基层工作经验丰富的代表,任命了常委会财经、城建、内务司法、教科文卫和农村五个工作委员会成员,以及24个人大街道工委主任和19个地区代表小组组长,健全了常委会工作机构。

深化调查研究,常委会主任、副主任牵头,常委会委员和各工作委员会参加,根据议题计划和工作安排,开展课题调研和专题调研,提出有分析、有对策、有深度的调研意见,为常委会审议打好基础。

综合运用多种监督方式,继续坚持联合监督、跟踪监督,加强与"一府两院"的工作沟通,提高监督实效。

(三)加强机关建设,提高服务保障能力。坚持以机关文化建设"十六字"方针为统领,发挥机关党组织作用,丰富学习教育、文体活动的形式和内容,推进学习型、研究型机关建设。

加强干部队伍建设,注重关心老同志,重视年轻干部培养,以专业化为方向,通过教育培训、学习交流等措施,促进年轻干部健康成长,激发了干部队伍活力。

加强信息宣传工作,创办《朝阳人大》杂志,编辑宣传图册,扎实办好人大信息、人大机关网站和朝阳报、朝阳有线电视人大工作栏目,不断拓展宣传载体,为坚持和完善人民代表大会制度,推进民主法治建设营造良好的舆论氛围。

常委会还积极配合市人大常委会,完成了《中关村国家自主创新示范区条例》的执法检查和《北京市村民委员会选举办法》等法规的立法调研等任务。

一年来,我们按照"四个坚持、四个服务"的总体目标要求,求真务实,积极探索,扎实推进届首之年的各项工作,实现了本届常委会工作的良好开局。区委书记程连元同志到任后不久,就专程来到区人大常委会调研,并对本届人大常委会工作列出"关于如何进一步畅通渠道,更好地了解、汇集和反映全区人民群众的共同需求"等八个方面的课题,充分体现了区委主要领导对人大工作的重视。我们真切地体会到,常委会一年来成绩的取得,是区委正确领导的结果;是全体常委会组成人员和人大代表共同努力的结果;是区政府、区法院、区检察院积极配合,各人大街道工委、地区代表小组辛勤工作,广大人民群众关心、帮助、支持的结果。在此,我代表区人大常委会,向各位代表、"一府两院"、人大街道工委、地区代表小组,向所有关心、支持人大工作的同志们、朋友们,表示衷心的感谢!

在总结工作的同时，我们也深切地感受到，常委会工作与发展中国特色社会主义民主政治的要求，与人大代表和人民群众的期望相比，还存在问题和不足：

一是对人民代表大会制度优越性的认识还有待深化，对新时期人大及其常委会工作特点及规律还需进一步把握。

二是常委会组成人员和机关干部的总体素质和能力有待提高，在如何充分履行宪法、法律赋予的职责，增强工作实效方面还需要改进，监督方式手段有待丰富，对决定事项和监督事项的效能评估需进一步加强。

三是服务保障代表履职、密切代表与选民联系工作还需完善，保证代表批评建议得到落实的渠道还需拓宽。

四是如何更好地指导乡人大发挥在推进基层民主政治建设和基层民主决策、民主管理、民主监督中的作用还需进一步探索与实践。

对以上这些问题和不足，我们将在认真听取代表意见的基础上，努力加以改进。

2013年工作任务

2013年是全面深入贯彻落实党的十八大精神的开局之年，是实施区"十二五"规划承前启后的一年，也是区人大常委会的深化监督年。区人大常委会将在区委的领导下，深入贯彻党的十八大和市十一次党代会、区委十一届五次全会精神，紧紧围绕全区中心工作，按照"四个坚持、四个服务"的总体目标要求，以监督工作为重点，依法有效行使宪法和法律赋予的各项职权，为推进"新四区"建设提供民主法治保障。

一、监督工作方面

认真贯彻监督法，立足人大监督的性质和特点，坚持围绕中心、服务大局，争取抓住朝阳区科学发展、民生幸福的重点、难点问题，根据实际需要积极稳妥地采取专题询问等监督方式，在依法有效开展监督方面有所进步。

做好计划和预算监督工作。依法开展对计划执行和"十二五"规划实施情况中期评估的监督，推进计划和"十二五"规划的顺利落实。研究改进区政府报告国民经济和社会发展计划的形式，为人代会审查批准计划以及常委会监督计划执行打下基础。加强预算决算和审计工作监督，促进依法理财和科学理财。落实北京市审计条例，加强对大额资金、重点项目资金使用的监督，提高财政资金使用效益。

听取审议"一府两院"6个专项工作报告。为促进朝阳区创建国家公共文化服务体系示范区工作，听取审议区政府关于推进朝阳区文化事业发展情况的报告。为加快朝阳区养老事业发展，加强养老服务体系建设，听取审议区政府关于养老设施建设情况的报告。为促进解决老旧小区改造工作中的困难和问题，听取审议区政府关于老旧小区节能抗震加固改造工作情况的报告。为提高农村集体资金、资产、资源使用效益，听取审议区政府关于农村集体"三资"管理情况的报告。为促进基层司法机构建设，听取审议区政府关于司法所建设情况的报告。为有效预防和打击未成年人犯罪，最大限度地保障未成年人合法权益，听取审议区检察院关于未成年人刑事检察工作情况的报告。

跟踪督办"推进朝阳区医疗卫生事业发展，提高人民健康生活水平"议案办理情况，确保议案办理的质量与实效。认真完成本次大会交办的议案和代表建议、批评、意见的督办工作。常委会还将配合市人大开展相关法律法规的执法检查。

二、代表工作方面

围绕培育"理性、平和、严谨、务实"的代表履职文化，以代表工作室为抓手，完善工作机制，创新活动平台，强化履职服务，提升代表工作整体水平。以法律知识培训为重点，提高代表依法履职能力。完善代表工作室建设，坚持代表向选民述职，促进代表密切联系选民。加强代表建议督办，科学分类，合理分配，积极探索建议督办的新方式，不断提高建议的落实率。健全代表履职登记反馈机制，调动代表履职的积极性。同时，做好新一届市人大朝阳团代表履职服务的各项工作。

三、常委会自身建设方面

认真学习贯彻党的十八大精神，围绕作风和能力建设，不断提高常委会履职水平，切实增强坚持和完善人民代表大会制度的自觉性和坚定性。做好"四个坚持、四个服务"实施意见的任务分解，加强各工作委员会之间的协调配合，抓好机关干部队伍建设，不断提高工作质量和实效。加强对乡人大的工作指导，研究制定指导意见，推进乡人大工作的规范化、制度化，切实发挥乡人大作用。

各位代表，朝阳已经进入转型发展的攻坚阶段，人大及其常委会的工作也在不断深化。我们要认真贯彻落实党的十八大精神，在区委的领导下，振奋精神、奋发有为，为推进朝阳区科学发展、民生幸福而努力奋斗。

名词解释

"四个坚持、四个服务"：坚持正确的政治方向，坚持依法有效履行职责，坚持充分发挥代表的主体作用，坚持民主务实的工作作风；更好地为推进科学发展服务，更好地为推进民生幸福服务，更好地为推进民主法治建设服务，更好地为代表依法履职服务。

中国人民政治协商会议
北京市朝阳区第十二届委员会常务委员会工作报告

——2013年1月7日在政协北京市朝阳区
第十二届委员会第二次会议上

朝阳区政协主席 辛燕琴

各位委员:

我受政协北京市朝阳区第十二届委员会常务委员会委托,向大会报告工作,请予审议。

2012年工作回顾

2012年是十二届区政协开局之年。在中共朝阳区委领导下,区政协常委会团结带领全体政协委员,认真学习贯彻中共十八大精神和市、区第十一次党代会精神,围绕区委总体部署和全区工作重点,按照推进思想理论建设再上新台阶、推进履行职能水平再上新台阶、推进汇聚和谐力量再上新台阶、推进政协自身建设再上新台阶的工作目标,牢牢把握团结和民主两大主题,认真履行政治协商、民主监督、参政议政职能,发挥好协调关系、汇聚力量、建言献策、服务大局的重要作用,为推动朝阳科学发展、民生幸福做出了积极贡献。

一、做好开局之年基础工作,营造同心同德履职氛围

常委会针对届首之年呈现出的领导班子组成人员新、委员队伍新、参加政协的各党派负责人新、机关委室主任新的特点,注重加强思想理论建设和组织机制建设,扎实做好强基固本工作。

发挥常委会集体领导作用。抓好主席班子和常务委员会建设,确定了五年工作思路和全年工作任务。统筹安排主席会议和常委会议议题,审议通过学习贯彻中共十八大精神的决议,安排听取经济发展、社会服务管理创新、文化建设和党风廉政建设等情况通报,进行专题协商,提出意见建议,强化了常委会的政治意识、大局意识和履职意识。审议通过相关工作规则和专委会主任、副主任以及界别组长人选任命,通过常委会工作要点、建议案等重要议题,组织常委和主席班子赴黑龙江、西藏等地学习考察,形成了讲大局、聚合力、干事业、有作为的新局面。

加强委员队伍建设。重视组织机制建设,组建了八个专门委员会,将全体委员纳入其中。按照界别设置,有序开展界别活动。召开社情民意信息工作会议和特约监督员工作座谈会,特邀48名委员担任区政协信息员,推荐18位政协委员担任特约监督员,加强了信息和特约监督工作。落实《关于加强政协委员队伍建设和管理的办法(试行)》,规范委员队伍管理,完善委员履职档案,激发了委员主体活力;按有关规定,及时妥善解决了个别委员因国籍变化提出的辞职问题。重视委员的学习培训,通过安排区情通报、人民政协理论和提案工作专题讲座,新任专委会主任、副主任、界别组长的专题培训与交流,举办本届第一期委员读书班,全年参加学习培训的委员达到450人次,为完成届内全员培训的目标打下了坚实基础。重视办好"委员报告厅",邀请社科院专家辛向阳、前外长李肇星、经济学家刘福垣、军事专家罗援作中共十八大精神解读、国际形势、经济形势、周边安全环境等专题报告,这对增进共识、提升委员素质起到了重要的作用。

重视理论与实践研究和制度建设。调整和完善区政协理论与实践研究会组织机制,充实研究队伍,召开研究会年会,听取中共十八大报告专题讲座,围绕协商民主主题进行专题座谈和研讨,研究和推进协商民主制度建设。重视理论研究与实践推进相结合,修订了常委会议、主席会议、秘书长会议工作规则和专门委员会通则等多个规范性文件,研究完善了界别工作意见,委员进社区工作实施意见,进一步推进了政协制度化、规范化、程序化建设,提升了工作科学化水平。

二、围绕中心工作履职有为,助推科学发展民生幸福

常委会重视做好协商议政、视察调研、提案督办等基础性全局性工作,积极为推进科学发展、民生幸福建言出力。

聚焦国际化发展协商议政。常委会认为,国际化是朝阳区最重要的特征，也是最大的发展优势，以国际化为主题构建以服务促发展新模式是朝阳区经济社会发展的重大课题。常委会议审议通过了《以国际化为主题率先构建以服务促发展新模式的若干建议》主报告，围绕深化国际化发展提出5个方面16条建议，并协调组织各专委会与区各民主党派、工商联进行联合调研，形成了涵盖国际化诸多方面的28篇专题报告。议政会上，6位主发言人和部分专题报告撰写人围绕国际金融、国际教育、国际卫生、国际传媒、国际组织等多方面作重点发言，就建设国际金融主聚集区、加强CBD——定福庄国际传媒走廊国际化服务设施建设、实施教育人才国际化战略、打造朝阳国际医疗服务聚集示范区、搭建公共服务平台引进国际组织等方面积极建言献策。区委书记程连元、区长吴桂英等领导到会听取意见，对议政会所提建议的前瞻性、实效性给予充分肯定，要求有关部门认真研究。会后，所提出的教育人才国际化素质培养问题得到区相关部门专题研究，国际医疗机构建设问题纳入区域医院布局规划之中，CBD——定福庄国际传媒走廊相关项目也正在研究推进。

搞好专题调研建言献策。一年来，围绕推进电子城科技园区产业发展、国家级财富管理中心建设、打造国际医疗服务聚集示范区、加强农村地区社区建设和社会管理、完善朝阳法律援助体系，以及教育国际化、历史文化遗产保护与利用、改善大气环境质量等八个调研课题，由主管副主席牵头，相关专委会组成调研组深入开展视察调研活动。通过召开委员恳谈会、企业家座谈会、区相关职能部门对口协商会，发放调查问卷，赴外区县学习考察，深入进行分析论证，完成8份调研报告。围绕电子城科技园区产业发展，提出了该园区产业结构调整的整体思路和加大园区硬、软环境建设的建议；针对区财富管理市场发展的优势、特点和问题，提出要规范整合、优化环境，把朝阳区建设成具有国际影响力的财富管理中心；针对朝阳区国际化特征突出，高端医疗服务对象和内容日益多样化的特点，提出打造朝阳国际医疗服务聚集示范区6项建议；围绕推进城乡一体化农村地区社区建设与管理，客观分析了农村地区发展状况和亟待解决的问题，提出要进一步谋划农村城市化建设，加快在有条件的地区撤乡建街、采取多种形式增加人员编制、加大资金支持力度等7项建议。同时，针对朝阳区历史文化遗产保护与利用、完善朝阳法律援助体系建设、大气控制PM2.5等方面提出了一批重要的意见和建议。相关调研报告及所形成的常委会建议案已报区委区政府决策参考。

加大提案办理工作力度。提案委员会对一次会议期间立案的267件提案，重视分析、梳理、分类和交办。协助区委办修订了《关于办理民主党派提案的办法》，坚持民主党派提案报送区委领导阅批制度，首次建立区政府向区政协常委会通报提案办理情况制度，增强了提案办理实效。围绕经济建设、城市建设、民生幸福、统战政法四个方面商定4件重点提案提请主席会议督办，带动了23件相关提案的办理。特别是督办《关于加快推广商务楼宇统战新模式》的提案，首次实现了区政协向区委系统党建工作领域开展提案督办，得到了区委组织部、区委统战部的高度重视并采纳。注重完善并深入推进提案集中办理新方式，就11名委员联名提出的3件提案召开协商会进行专题督办，对7件交通类提案及11件社区卫生类提案分别进行集中办理答复。加强与区委办、区政府办及承办单位的沟通协商，力求提案办理工作达到委员满意，承办单位乐意，事业发展和群众受益。

推进委员进社区工作。与区社工委、区农工委一起研究制定《关于深化政协委员进社区工作的意见(试行)》，组建22个委员社区活动联络小组，建立联络员队伍，进一步加强了组织机制建设。召开委员进社区工作会议，制定活动计划，加强工作交流，开展主题月活动，搭建了政协委员活动平台。委员们走进社区，带着责任、带着资源、带着热情开展视察调研，征集提案线索，了解民情、反映民意，促进了和谐社区建设和基层民主政治建设。

三、把握团结民主两大主题，广泛凝聚智慧和力量

常委会注重把握团结和民主两大主题，发挥人民政协组织优势，积极为促进社会和谐、民生幸福凝心聚力。

重视增进各族各界团结合作。建立政协领导联系民主党派、政协常委，专门委员会联系界别委员制度，全年走访慰问民主党派、工商联、委员企业和政协委员130多人次，加强了与各党派团体和各界委员的联系沟通。重视做好团结联谊工作，与区委统战部联合举办"携手同行，共创和谐"新春联欢会，与区妇联联合举行"相识在政协"三八妇女节联谊活动，加强了与社会各界人士的联系与沟通。与区各民主党派、团体一起积极参与区平原绿化活动，120多位政协委员参加义务植树，并为"朝阳政协委员林"揭幕。组织教育界委员开展视察座谈活动，共话朝阳教育发展。重视做好民族宗教工作，加强与民族宗教界人士的联系，主席会议听取关于加强朝阳区民族宗教工作建议案的落实情况，促进了相关问题的研究解决。以港澳台侨界委员为主体，邀请区委区政府领导与驻区市政协委员、区政协委员，以及台商、台湾学生一起举办"携手邀明月，同心共此时"迎中秋庆国庆音乐会，营造了团结祥和的良好氛围。

积极开展友好往来和交流。开展对外交流和友好往来是人民政协的一项重要工作。一年来,与区外办接待了澳大利亚新南威尔士洲上议院议员、反对党领袖阿曼达·法齐奥及澳大利亚华人协会会长、亚洲事务市长顾问饶国辉一行。港澳台侨委员会和区台办在望京科技创业园举办了入驻“台湾青年创业基地”企业揭牌仪式,召开了由区相关部门、在京台湾创业青年及企业家参加的座谈交流会,为台资企业和台湾青年在朝阳就业创业搭建了平台。与区台盟接待了台湾养老机构访问团来访考察,加强了两岸相关团体间的交流。参加全国部分省市区政协工作研讨会,接待全国政协、市政协、部分省市区政协来朝阳区交流考察 18 批次 200 多人次。按专委会组织委员外出学习考察,加强与市、区政协和外省市政协的联系,进行了多层面的工作交流。

重视政协特色的文化建设。本届一次会议提出要以重和谐、讲协商、求实效、谋创新、倡自律为重点加强政协文化建设。为丰富政协文化内涵,全年编印《朝阳政协年鉴》50 万字,《朝阳文史资料选编》(上下)75 万字,完成《朝阳文史》12 辑的征集出版工作,发挥了文史资料存史资政作用。编印《朝阳政协》期刊 5 期,《学习文选》8 期,《委员论坛》15 期,与广电中心合作制播“和谐在线”6 期,协助各大媒体报道政协工作的新闻稿件 200 篇次,36 名委员或受到专题访谈,荣登《朝阳政协》期刊封面,或在政协内刊、政协网站、电视新闻栏目建言立论,传播了政协理论,展示了委员风采。完善区政协“委员天地”、“提案工作”、“信息报送”和政协机关办公系统,建立政协委员微博群,搭建了委员交流平台,营造了良好的履职氛围和工作环境。

四、着力提升自身建设水平,形成履职尽责整体合力

常委会按照促进党派合作、突出界别特色、发挥委员主体作用、专委会基础作用、加强机关建设的“五位一体”要求,全面推进政协自身建设,不断提高工作的科学化规范化水平。

界别特色和作用有效体现。坚持和完善与区各民主党派、工商联联席会议制度,全年围绕学习贯彻中共十八大精神和市区党代会精神、区情通报、经济形势分析、议政会筹备等议题召开党派联席会议、秘书长会议 6 次,增进共识,共谋发展。全力支持区各民主党派、工商联等界别开展工作。一年来,区各民主党派、工商联提交的大会发言、集体提案、社情民意信息达 520 余件。重视依托常委会议、专委会议、秘书长会议和界别委员工作组四个平台,与区相关部门开展了 30 多次对口协商活动,召开了 5 次委员恳谈会,使视察调研、对口协商工作更加突出专业特点和界别特色,有效扩大了社会各阶层有序的政治参与。

委员主体作用得到充分发挥。十二届一次会议期间,全体委员以界别联组会、专题协商会、大会发言等多种形式,围绕区党代会提出的工作任务和区域经济、政治、文化、社会和生态文明建设中的重要问题,提出 10 个方面 200 余条意见建议。全年共召开常委会议、主席会议、秘书长会议、议政会、党派联席会等例会 22 次,提出提案 267 件,完成调研报告 36 份,形成常委会建议案 3 件,反映社情民意信息 432 件,组织视察考察、座谈研讨、情况通报等各类履职活动 218 次,出席委员达 1600 多人次,充分显示了政协委员的大局意识、责任意识和工作活力。

专委会基础性作用日益加强。八个专门委员会注重加强组织建设,召开主任会议、全体委员会议 32 次,研究计划,安排工作,充分调动了委员参与政协活动的热情和积极性。通过完善委员履职档案,健全联系走访制度,开展学习交流,举办委员培训班,做好提案、视察调研和反映社情民意信息工作,保证了委员在专门委员会这个平台上施展才华,展示风采。注重加强与党政部门、各党派团体之间的联系合作,形成了综合协调、信息沟通、上下互动、内外联系的整体合力。

机关工作科学化水平不断提高。围绕学习型、创新型、服务型、和谐型机关建设,重视加强机关党建工作,重视提高机关干部政治理论素质,重视加强青年干部培养,深化规范服务,展示良好作风,为委员服务的水平得到进一步提升。全年共承办各类会议和活动 150 多场次,得到了委员们的积极参与和充分肯定。

一年来,各位委员以高度的政治责任感和使命感,感情上真诚投入,工作上履职尽责,形成了凝聚力量、共谋发展的良好工作局面,形成了大团结、大联合的浓厚政治氛围。这是市政协指导,中共朝阳区委领导的结果,是区人大、区政府及各有关部门鼎力支持、积极配合的结果,是区政协各参加单位、全体政协委员团结奋斗、共同努力的结果,是社会各界及新闻媒体热情参与、关心支持的结果。在此,我代表区政协常务委员会表示衷心的感谢,并致以崇高的敬意!

总结一年来的工作实践,我们体会到,推进人民政协事业持续发展,必须把夯实基础、增进共识作为思想政治建设的根本;必须围绕中心,把调查研究作为建言献策的基础;必须牢牢把握团结和民主两大主题,积极营造大团结大联合的民主氛围;必须加强人民政协自身建设,在不断推进人民政协理论、制度、工作创新中提升政协工作科学化水平。但我们也要看到,与新形势新任务的要求和人民政协肩负的使命相比,我们的工作还存在着不足。比如:在如何拓展多形式的协商活动中,推进政治协商制度落实;在如何进一步提升履职实效中,更好地把民主监督寓于各项工作之中;在如何进一步做好委员的服务与管理上,切实发挥委员的主体作用;在如何进一步加强政协自身建设上,不断提升工作科学化水平等等,这些都需在今后工作中改进和加强。

2013年工作安排

新的一年,区政协工作的总体要求是:以邓小平理论、“三个代表”重要思想、科学发展观为指导,深入贯彻落实中共十八大和区委十一届五次全会精神,围绕全区总体工作部署和重点工作,团结和依靠全体政协委员,以国际化视野、前瞻性眼光、区域性优势和创新性精神履行三大职能,切实在发挥协商民主重要渠道作用上有新作为,在服务朝阳科学发展、民生幸福上有新成效,在促进工作科学化水平上有新提高。

一、加强学习研究,推进理论创新,在发挥协商民主重要渠道作用上有新作为

要把学习贯彻中共十八大精神同加强人民政协理论与实践研究结合起来,大力推进思想理论建设。要充分利用常委会议、主席会议、党派联席会议、秘书长会议和专题报告会、委员读书班等多种形式,深入学习和贯彻落实中共十八大精神和市、区相关会议精神,凝聚力量,增进共识,夯实共同的思想政治基础。要充分发挥人民政协作为协商民主重要渠道作用,加强与区委区政府工作对接,研究开展专题协商、对口协商、界别协商、提案办理协商的形式和内容,进一步推动政治协商制度的落实。要进一步将人民政协履行职能与党委、人大、政府工作有机衔接,推进政治协商纳入决策程序,提高协商议政的实效性。要进一步推进人民政协理论与实践研究工作,建立人民政协理论与实践研究基地,以理论研究成果提升政协工作科学化水平。要积极推动人民政协理论进干部培训课堂,配合做好对领导干部有关统一战线和人民政协理论知识的培训工作。要以协商民主为主题,承办好第七届全国部分省市(区)政协工作交流研讨会,深化对完善协商民主制度的认识与把握,活跃人民政协理论研究氛围。

二、加强调查研究,推进实践创新,在服务科学发展民生幸福上有新成效

坚持把推进科学发展作为履职第一要务,围绕优化产业结构、优化经济布局、优化发展环境等方面找准切入点开展调查研究,提出意见建议。跟踪常委会去年年底向区政府提交的《关于电子城科技园区产业发展的建议案》办理落实,继续关注功能区建设。以国际金融、国际合作、国际商贸、国际传媒、国际教育为视点,协调民主党派、工商联、区政协专门委员会,就促进金融与重点产业融合、推进企业国际合作、关注高新技术产业发展、统筹利用国际文化资源、加强国际教育交流与合作等方面开展调研活动,深化国际化研讨。适时举办“宏观经济形势分析报告会”,让委员们了解国际国内经济发展态势,加强相关问题研究,重点就推动经济发展方式加快转变提出意见建议。

坚持把关注民生、促进社会和谐稳定作为义不容辞的责任。围绕推进城乡一体化、深化社会建设和管理找准切入点开展调查研究,重点在就业、社会保障、教育、卫生和流动人口服务管理等方面提出意见建议。跟踪常委会去年年底向区政府提交的《关于打造国际医疗服务聚集示范区的建议案》、《关于加强农村地区社区建设和社会管理的建议案》办理落实,继续搞好相关调研工作。适时召开“提升城乡管理水平,加强生态文明建设”专题协商会,就建立城乡运行综合管理体系,深化村庄社区化管理和推进产业、人口、空间、土地、生态建设“五规合一”等方面提出意见建议。专题听取区水利工程建设进展情况通报,积极参与区域河道治理。适时召开“提高文化文明建设水平,提升区域软实力”专题座谈会,听取国家公共文化服务体系示范区创建情况通报,重点就构建覆盖城乡的公共文化服务体系、提高文化资源整合利用和产业转化水平、增强文化整体实力和竞争力等方面提出意见建议。开展好提案办理协商,抓好提案工作落实。推进委员进社区工作,组织委员积极参与社区建设和基层民主协商。综合运用视察、反映社情民意信息和特约监督、民主评议等多种议政监督形式,促进“十大民生工程”建设。

三、加强自身建设,推进制度创新,在促进工作科学化水平上有新提高

围绕促进党派合作、突出界别特色、发挥委员主体作用、加强专门委员会和机关建设“五位一体”工作格局,充分发挥政协作为各民主党派、工商联和政协委员履职平台的作用,健全界别召集人、政协机关和专门委员会联系界别制度,认真策划组织开展界别活动。重视发挥民族和宗教界委员的作用,巩固和发展民族团结、宗教和睦的良好局面。密切与港澳台侨界委员的联系,进一步扩大同台湾岛内有关团体、社会组织、各界人士的交往,组织好视察座谈和联谊活动。办好委员读书班,加强对口协商,畅通知情明政渠道。修订并落实《关于加强政协委员队伍建设和管理的办法》,充分发挥委员主体作用。完善专门委员会工作机制,加强专委会之间、与党派团体之间的联动合作,组织开展联合调研和视察考察,形成履行职能的整体优势。以思想、组织、作风和制度建设为重点,加强政协机关干部的政治理论学习和业务培训,加大干部的选拔、任用和交流力度,努力建设“学习型、服务型、创新型、和谐型”机关。重视将提案、视察、调研、反映社情民意、文史、对外交往等经常性工作中的成功经验上升为制度体系,进一步完善提案、调研视察、建议案跟踪、大会发言选题遴选和成果转化机制。以庆祝建区55周年和区政协成立55周年为契机,举办活动,大力宣传人民政协事业。继续坚持新春联谊会、三八节女委员联谊活动、教师节视察座谈活动和迎中秋庆国庆活动,并深化为特色品牌,努力增进社会各界的团结联谊。完善网上提案办公系统,以及委员履职管理和微博圈等功能,搭建政协委员网络履职平台。关心老政协委员联谊会工作,启动委员活动中心,组建适合各界委员活动的小组,增强政协工作整体活力。重视政协文化建设,加强《朝阳政协》、《朝阳政协年鉴》编印和文史资料征集工作。重视与新闻媒体的合作,广泛宣传政协委员履职活动和成效,全面展示委员风采,为朝阳区人民政协事业发展营造良好的舆论氛围。

各位委员,人民的期盼和厚望给予我们信心和勇气,责任和使命激发我们的智慧和力量。让我们更加紧密地团结在以习近平同志为总书记的中共中央周围,在中共朝阳区委的领导下,高举中国特色社会主义伟大旗帜,团结一切积极力量,调动一切积极因素,携手同心,开拓进取,为推进人民政协事业创新发展,为开创朝阳科学发展、民生幸福新局面做出新的更大的贡献!

朝阳区人民检察院工作报告

——2013年1月9日在朝阳区第十五届人民代表大会第三次会议上

朝阳区人民检察院检察长　王　立

各位代表:

我代表朝阳区人民检察院向大会报告工作,请予审议。并请区政协各位委员提出意见。

2012年工作回顾

一、积极参与社会管理创新,全力维护辖区和谐稳定

立足检察职能,全面贯彻宽严相济刑事政策,依法打击和防范严重刑事犯罪,把化解社会矛盾贯穿执法办案始终,服务党的十八大维稳安保工作,全力保障辖区安全稳定。

一是维护社会治安秩序,依法打击各类刑事犯罪。全年共审查批捕各类犯罪2809件3872人,审查起诉3760件4667人。突出打击危害国家安全和国家利益犯罪、多发性侵财犯罪和其他严重侵害群众权益的犯罪,办理涉枪涉爆案件25件26人、涉黄案件76件126人、涉毒案件259件283人,依法批准逮捕在五环路上多次结伙抢劫大货车的车东明等9名犯罪嫌疑人,依法公诉持械飞车抢劫路人财物24起的刘海涛等3名犯罪嫌疑人,切实维护社会稳定,提升群众安全感。

二是开展涉检信访化解,积极预防和化解社会矛盾。落实执法办案风险评估预警、释法说理、检调对接制度,从源头上减少信访矛盾发生。与公安机关和法院联合成立涉法涉诉信访工作联动领导小组,建立重大敏感案件分析研判制度,加强处置预案演练,提升对重大突发事件的预警和应对能力。全年接待群众控告申诉684批996人次,积极开展化解涉法涉诉信访案件专项活动,对缠访缠诉案件逐件排查处理,成功化解两起市院挂账案件。扎实开展领导干部大接访,十八大安保工作期间每天安排一名领导班子成员接待群众来访,坚持亲自办案,主动带案回访,协调解决制约息诉、稳控的难点问题。

三是以人为本、执法为民,切实维护和保障民生。惩治损害群众切身利益的犯罪,严肃查办危害食品药品安全、电信诈骗案件,对在造成多人死伤的“5.5”事故中负有玩忽职守责任的3名相关责任人员依法立案侦查,以案件为契机协助发案部门整章建制,提升管理科学化水平。健全联系群众工作机制,设立接待和查询“窗口部门”服务标准,推进检察工作重心下移,成立“朝阳检察官释法说理小组”,全年共开展法制宣讲、案件走访、专题调研活动15次,受教育群众3000余人次。

四是立足检察职能,参与和加强社会管理创新。进一步推进未成年人刑事检察专业化建设,制定“未成年人附条件不起诉制度实施办法”,做好未成年人犯罪案件处理前社会调查、结案后回访帮教等工作。进一

步完善行政执法与刑事司法衔接工作机制,完成信息共享平台建设。创新社区矫正监督方式,向社区矫正对象及其家属发放检察监督联系卡,畅通社区矫正人员诉求渠道。积极参与朝阳区党的十八大安保专项行动和平安朝阳建设,认真开展综治联系点工作,收集上报各类维稳信息369篇次。发挥检察建议作用,全年就办案中发现的相关管理漏洞发出检察建议257份,涉及商务部、农业部等机关及其他社会管理单位。

二、紧紧围绕主题和主线,服务加快转变经济发展方式

自觉把检察工作融入经济社会发展全局,为朝阳区实施创新驱动发展战略提供司法保障。

*一是依法加大打击严重经济犯罪力度。*依法批准逮捕非法集资、金融诈骗、非法传销等严重经济犯罪嫌疑人335人,提起公诉590人。参与整顿和规范市场经济秩序,协助公安机关开展打击经济犯罪专项行动。依法公诉制售假发票、非法经营票据结算业务1.4亿余元的犯罪嫌疑人邢利红等22人团伙;依法批捕以加盟合作高额返利形式非法集资20余亿元的犯罪嫌疑人朱梓君等24名犯罪嫌疑人、非法经营票据结算业务16亿元的王自起等4名犯罪嫌疑人。

*二是强化知识产权司法保护。*着力打击侵犯高新科技产业专利、驰名商标权、文化创意产业著作权等侵权犯罪,依法批捕相关犯罪嫌疑人101人,提起公诉193人。成立"知识产权司法保护工作领导小组",开展知识产权保护的刑事政策研究。组建知识产权案件办案组,提高办案的专业化程度和工作效率。依托两法衔接机制,与区工商、税务、质监等部门实现侵犯知识产权案件信息共享,形成打击侵权的合力,维护企业智力投入能够按照市场规则获得合理回报。

*三是积极服务保障文化产业发展。*参与文化领域综合治理,坚决惩治破坏文化市场秩序、危害文化产业发展的犯罪,配合政府部门开展"扫黄打非"以及整治网络色情和低俗信息等专项活动,推动整顿和规范文化市场秩序工作深入开展。妥善处理文化领域各类民事行政申诉案件,积极支持和保护文化企业健康发展。加强与文化主管部门协作,依托酒仙桥检察联络室平台,与798艺术区管委会建立工作联系,探索促进文化创意产业发展的法律服务。

三、加强查办和预防职务犯罪,严肃开展反腐败斗争

深入开展敏感行业和重点工程治理,加大查办职务犯罪案件力度,不断推进职务犯罪预防工作的制度建设。

*一是严肃查办贪污贿赂等职务犯罪。*全年受理案件线索83条,立案侦查各类职务犯罪案件27件31人,涉及处级以上干部4人,占涉案总人数的13%,涉案金额10万元以上大案15件,占案件总数的56%。深挖窝案串案,成功对收受贿赂的民航职业资格证书鉴定、考核、审查和申报工作人员立案5件6人,涉及违法违规办理民航安检资格证书450余本。

*二是加强反渎职侵权工作。*全年受理案件线索15件,立案5件9人。积极查办社会管理领域渎职犯罪案件,依法对违规办理房屋过户手续的朝阳区房屋权属登记事务中心工作人员立案3件3人。按照市院侦查一体化工作要求,参与"7·23"涌温线动车事故等专案办理和协查工作。

*三是深入开展职务犯罪预防。*坚持惩防并举、注重预防,结合办案剖析职务犯罪发案原因,向有关单位提出预防建议20份。开展廉政风险防控、"涉农惠民"、"CBD核心区"工程建设等专项预防工作,研究梳理行业和工程项目存在的职务犯罪风险,形成预防调查18篇。深入推进廉洁准入机制,对参与全区817个建筑工程及政府采购等项目的投标人进行审查,对有行贿污点的企业进行惩罚性排除。

四、加强对诉讼活动的法律监督,扎实推进公正司法

认真落实市人大关于加强诉讼监督工作的决议及区人大的相关要求,完善监督机制,促进解决执法不严、司法不公的突出问题。

*一是加强立案监督和侦查监督。*重点监督纠正有案不立、有罪不究、刑讯逼供、暴力取证、动用刑事手段违法介入民事经济纠纷等问题。对应当立案而不立案的,督促侦查机关立案13件;对不应当立案而立案的,督促撤案15件。对应当逮捕而未提请逮捕、应当起诉而未移送起诉的,决定追捕49人、追诉122人。落实审查逮捕阶段讯问犯罪嫌疑人、听取律师意见制度,对侦查活动违法提出纠正意见15件次。

*二是加强审判监督。*重点监督纠正适用法律错误、量刑畸轻畸重等问题,对认为确有错误的刑事裁判提出抗诉2件。加强民事行政检察工作,受理民事行政申诉案件129件,坚持依法监督、居中监督原则,对认为确有错误的民事行政裁判提出抗诉10件。

*三是加强刑罚执行和监管活动监督。*推进派驻检察室与监管场所的监控联网、信息联网和检察专网的支线建设,重点监督刑罚变更执行、刑事羁押期限、被监管人死亡等情况,认真查办刑罚执行和监管活动中职务犯罪案件。深入推进监管活动监督,共开展各类检查6825人次,纠正减刑、假释、暂予监外执行不当14人次,会同公安机关、人民法院集中清理久押不决案件11件。开展看守所械具和禁闭使用情况专项检察,促进依法文明监管,维护在押人员合法权益。

五、大力加强队伍建设,提高队伍整体素质和执法水平

把提升队伍素质和基层基础工作作为加强自身建设的根本任务来抓,不断提升检察文化的凝聚力以及高素质专业化队伍的战斗力。

*一是以主题实践活动为抓手,加大思想政治工作力度。*扎实开展"政法干警核心价值观"主题实践活动,围绕"政法干警核心价值观"、"北京精神"开展大学习大讨论,举办"忠诚、为民、公正、廉洁"主题演讲比赛,开设"朝阳检察文化长廊",建立思想政治教育常设性基地。加大典型选树力度,开展"感动在身边"主题活动,从"忠诚、为民、公正、廉洁"等角度分别树立先进典型。践行执法为民,深化"听呼声、走百家、送服务"为民实践活动,开展"检察开放日"、"政法机关爱民月"、正义网法博博友"走进女案组"等活动,增强检察人员倾听群众诉求、掌握群众心理、处理群众问题的能力和水平,以实际行动践行政法干警核心价值观。

*二是抓住时机,推动文化建设跨越式发展。*出台"关于进一步深化检察文化建设的实施意见",确立精神文化、制度文化、行为文化、物质文化"四位一体"的文化建设工作思路,被最高人民检察院评为"全国检察文化建设示范院"称号。深入开展检察职能宣传,注重塑造典型的立体性,全国两会、市党代会期间在电视台播出未检处付晓梅、公诉二处叶萍和女案组先进事迹。注重舆论引导,加大新闻发布力度,在中政委"聚焦执法公正"集中宣传活动中,开展"未成年人附条件不起诉"和"刑事和解十年回顾与展望"大型新闻发布活动,取得良好社会效果。

*三是强化教育培训,大力推进检察人才建设。*落实上级调训任务,选派检察人员参加各类培训 39 批 1100 余人次。结合刑事诉讼法修改带来检察业务的变化,组织编写侦查监督、检察理论调查研究等培训教材,面向全体检察人员开展"检察百题"考试,在民行检察、侦查监督、反贪等部门开展实训,将新业务知识放在具体案例和工作场景进行培训,提升检察人员实际应用能力。组织第二届"CYPP 发展团队"人才评选工作,经过层层筛选,评选出 8 名高层次人才、34 名骨干人才、78 名专项人才,营造人才集群优势。

*四是加大督察考核工作力度,促进公正廉洁执法。*出台《朝阳区人民检察院 2012 年检察工作要点》,将检察工作划分为三大项五十三条内容,明确责任部门和责任时间,本院检务督察委员会逐项督促落实。加强案件质量考核,探索预防型督察模式,当场对新任助理检察员出庭情况进行监督考察。深入推进检风检纪建设,认真开展以治庸、治懒、治散为重点的机关作风整顿。在各支部设立廉政联络员,配合开展廉政工作。加强对重大决策部署落实情况的监督,探索实行重大工作部署专项督办制度,确保检令畅通。

过去一年取得的成绩,是在区委、市检察院正确领导下,区人大及其常委会有力监督下,政府、政协高度重视,社会各界和人民群众关心、支持、帮助的结果。在此,我代表朝阳区人民检察院表示衷心感谢!

回顾一年来的工作,我们清醒地认识到检察工作还存在一些问题和挑战:一是法律监督职能的发挥与经济社会发展要求和人民群众的期待仍有不小差距,化解矛盾纠纷水平和做群众工作的能力有待进一步提高;二是服务大局意识和能力有待进一步增强,在把握结合点、切入点方面,在经验总结、机制创新等方面还需要加大力度、更加深入;三是队伍的执法观念和执法水平仍需提升,修改后的刑事诉讼法对检察工作提出了新要求,我们需要认真研究探索,更好地维护法律效果与政治效果、社会效果的有机统一。对于以上问题和挑战,我们将高度重视,认真应对。

2013 年工作思路

2013 年,朝阳检察院将深入学习贯彻党的十八大精神,紧紧围绕科学发展的主题和加快转变经济发展方式的主线,坚持以执法办案为中心,忠实履行法律监督职责,积极参与社会管理创新,全力为朝阳区经济社会发展提供坚强有力的司法保障。

*一是深入学习贯彻党的十八大精神。*充分理解坚持和发展中国特色社会主义的深刻内涵和重要意义,以科学发展观为指导,用更加坚定的信心、更加有力的举措、更加完善的制度,立足检察机关职能定位,发挥工作主动性,深入推进加强和创新社会管理,稳步强化法律监督、强化自身监督、强化队伍建设,努力取得检察工作的新进展。

*二是积极服务和保障经济社会科学发展。*服务加快转变经济发展方式,加大惩治严重经济犯罪力度,维护良好市场经济秩序。加强知识产权司法保护,促进自主创新,保障文化事业产业健康发展。更加关注民生,深入开展严肃查办危害民生民利渎职侵权犯罪专项工作,积极参与食品安全等行业综合治理和专项整治。完善落实联系群众、服务群众长效机制,坚持检力下沉,推进巡回检察、视频接访等工作,妥善解决群众合法诉求,引导群众理性维护权益。

*三是加强和改进对诉讼活动的法律监督。*推动完善两法衔接机制,继续加强对有案不移、有罪不究行为的监督。坚持惩治犯罪和保障人权并重,加强对刑讯逼供等违法取证活动的调查力度,坚决排除非法证据。深化量刑建议改革,促进量刑公正。加强派驻监管场

所检察工作,健全刑罚变更执行同步监督机制,监督刑罚执行和监管活动依法进行。自觉接受公安机关、人民法院在诉讼中的制约,完善保障律师执业权利、听取律师意见制度,共同维护法律的实施。

四是更加自觉接受人大监督、民主监督和社会监督。认真落实人大决议和要求,完善接受人大监督的制度措施。经常主动向政协通报检察工作情况,完善落实与各民主党派、工商联和无党派人士联系机制。加强与人大代表、政协委员的经常性联系,认真负责办理议案、提案和建议。进一步深化检务公开,完善民意收集、研究、采纳、回应机制,注重运用各种新媒体平台,听取群众意见,真诚接受监督。大力加强检察宣传,使人民群众更多了解检察工作,更好监督检察工作。

各位代表,新的一年里,朝阳检察院将在区委和市检察院坚强领导下,在区人大及其常委会监督支持下,深入贯彻落实科学发展观,坚定不移地强化法律监督、维护公平正义、推动科学发展、促进社会和谐,努力为服务和保障朝阳区的经济社会发展做出新的更大的贡献!

名 词 解 释

1. 宽严相济刑事政策:根据社会治安形势和案件情况的不同,依法区别对待不同犯罪,该严则严,当宽则宽,宽严适度。对严重刑事犯罪依法从严打击,对因婚姻家庭、民事纠纷引发的轻微刑事犯罪以及未成年犯罪、初犯、偶犯和过失犯罪,依法从宽处理,实现宽与严的有机统一、教育挽救被告人与保障被害人合法权益的有机统一、执法的法律效果与社会效果的有机统一。(见报告第1页11行)

2. 涉检信访化解:根据中央部署及最高人民检察院所确定的集中处理信访问题工作重点,集中处理不服检察机关处理决定的上访问题,以把问题解决在当地、排查化解矛盾为主线,以落实责任制和健全工作机制为重点,以全面清理、逐案审查、依法处理、就地消化为主要环节,解决涉检信访中的实际问题。(见报告第2页6行)

3. 执法办案风险评估预警:为及时有效化解各类涉检矛盾纠纷,对本院受理、办理的各类案件,是否可能引发群体访事件、个人极端行为或越级上访等涉检信访事项,进行风险评估预测,做到早发现、早疏导、早化解的工作机制。主要包括执法办案风险评估预警的原则、工作机构、范围、信访风险等级的划分、不同风险等级对应的不同工作流程、案件信访风险评估表、应急处置预案、首办责任部门及首办责任人的确定、责任追究以及信访风险评估预警工作领导小组的成立等内容。(见报告第2页6行)

4. 释法说理:检察机关对自身法律监督行为进行法律解释、举证说明、以理服人的过程。检察机关在批捕、起诉、监管、民行、控申等法律监督的各个环节开展释法说理,是加强法律监督能力建设的有效途径。检察机关做出的每一项具体执法行为,在严格遵守法律规定的同时,必须遵循严格的证明标准,根据事实和法律充分说理,确保做出的行为、决定有理有据,使当事人和其他诉讼参与人心悦诚服。(见报告第2页7行)

5. 检调对接:为进一步整合民事行政案件息诉以及司法局人民调解力量,区检察院、区司法局建立案件线索移送渠道。区检察院将办案中发现的典型案件、缠访缠诉、群体申诉等信息及时通报司法局,便于司法局及时掌握本地区矛盾排查和工作重点;司法局将区内矛盾纠纷热点、人民调解动态信息及时通报检察院,便于检察院提前掌握容易引发申诉的案件信息,双方共同做好民事纠纷的矛盾化解工作。(见报告第2页7行)

6. 涉法涉诉信访工作联动领导小组:为合力化解矛盾纠纷,重点处理集体访、告急访等7类社会影响较大的信访事项,朝阳检察院联合朝阳法院、朝阳公安分局制定了"信访事项联动工作机制",成立涉法涉诉信访工作联动领导小组,负责协调处置涉及三机关的信访工作,组长为三机关分管信访工作领导,领导小组在三机关分别下设办公室,负责联动协调。对于非正常上访,首先接访机关领导小组办公室调查情况,本机关能解决的直接协调解决;需要三机关联动的,本机关领导小组组长启动联动机制。(见报告第2页8行)

7. 朝阳检察院释法说理小组:为了联系群众、宣传检察职能、结合检察业务性质和职能要求,从全院参加检察联络室工作的人员中选拔宣讲人员,赴各街乡开展法律法规及检察工作的宣传巡讲,借此平台锻炼检察人员开展群众工作的能力。(见报告第2页最后1行)

8. 未成年人附条件不起诉制度:检察机关对某些符合起诉条件的未成年人犯罪案件,考虑到未成年犯罪嫌疑人的自身状况、公共利益以及刑事政策的需要,设立一定的考验期,期满后根据考察情况,对其做出不起诉或起诉决定的制度。附条件不起诉的适用范围为犯罪时年满十四周岁不满十八周岁的未成年犯罪嫌疑人,并且必须符合涉罪类型、事实、证据、认罪悔罪表现、被害人谅解、监护人配合等适用条件。(见报告第3页3行)

9. 行政执法与刑事司法衔接工作机制(两法衔接):《北京市开展对行政执法机关移送涉嫌犯罪案件专项监督活动的实施方案》中规定工商、税务、烟草、药监、质监等行政执法机关在依法查处行政违法行为过

程中,发现违法行为涉嫌犯罪的,依法向公安机关、检察机关等司法机关移送案件的一种工作衔接制度。(见报告第3页5行)

10. 侦查一体化工作机制:在人民检察院职务犯罪大案要案侦查指挥中心的统一组织指挥下,各级检察机关的职务犯罪侦查部门组成有机整体,对侦查力量、情报信息、侦查装备实行统一调度使用,对重大复杂案件、重要侦查活动实行统一组织指挥。(见报告第5页7行)

11. 刑事和解:对符合一定条件的轻微公诉犯罪案件,犯罪嫌疑人认罪、悔罪,双方当事人在自愿的基础上就民事赔偿达成一致,被害人谅解犯罪嫌疑人后,检察机关根据案件事实情况,依法对犯罪嫌疑人做出不起诉处理或建议法院从轻处理的一种案件办理机制。(见报告第7页17行)

12. 检察百题:以综合知识与所在部门业务知识为内容对检察人员进行针对性、专门性的考核,各部门检察人员既是出题者,也是应试者,在反复磨炼中不断强化知识储备,是朝阳院延续6年的教育培训项目。2012年初,朝阳院启动大规模题库更新工作,各部门根据新法规和新情况对原有题库进行了修改升级。(见报告第7页最后1行)

13. CYPP发展团队:全称为"朝阳区检察官职业人才发展团队",团队下设包括高层次人才、骨干人才和专项人才三类人才库以及一个青年检察官训练班,旨在通过对各类人才的分类管理和动态考核,打造一支高素质、可持续发展的检察专业化人才队伍。(见报告第8页3行)

14. 加强和创新社会管理:《国民经济和社会发展第十二个五年规划纲要》提出,要加强和创新社会管理,就是指要更加重视,继续保持、发挥并强化被实践证明有效的、正确的,对现实情况依然适用的做法,根据新情况、新问题,改善原有的做法,创造新的做法,形成社会管理的新方法、新手段、新制度、新机制。加强和创新社会管理,根本目的是维护社会秩序、促进社会和谐、保障人民安居乐业,为党和国家事业发展营造良好社会环境。(见报告第9页14行)

朝阳区人民法院工作报告

——2013年1月9日在朝阳区第十五届人民代表大会第三次会议上

朝阳区人民法院院长　李瑞翔

各位代表:

我代表朝阳区人民法院向大会报告工作,请予审议。

2012年,是我国政治生活中意义重大的一年,也是朝阳法院建院以来审判任务最重的一年。在区委的领导、区人大的监督、区政府、区政协的支持和上级法院的指导下,朝阳法院坚持以邓小平理论、"三个代表"重要思想、科学发展观为指导,牢牢把握"稳中求进"的工作总基调,抓审判服务大局,抓队伍提升素质,抓监督促进公正,各项工作取得了新的进展。

一、始终将服务辖区经济社会科学发展作为依法履行审判职责的重心所在,抓好执法办案第一要务

2012年,面对收案数量首次突破6万件的严峻挑战,围绕服务保障党的十八大召开这一首要政治任务,朝阳法院坚持把"为大局服务,为人民司法"的工作主题贯彻落实到执法办案全过程,审判、执行工作稳步向前推进。全年共受理各类案件60670件,结案58765件,均创历史新高,收案数、结案数、全院人均结案数均居全市基层法院之首。

(一)妥善审理与社会和谐稳定密切相关的案件,服务保障十八大胜利召开

着力发挥审判职能作用,维护社会稳定。全年共审结刑事案件3587件。严厉打击危害公共安全、抢劫、敲诈勒索等严重影响社会稳定的犯罪行为,其中判处5年以上有期徒刑犯罪分子448人,增强人民群众在朝阳生活的安全感;依法严惩贪污、贿赂、挪用公款、渎职等国家工作人员职务犯罪,审结此类案件20件,增强人民群众对反腐败的信心;贯彻宽严相济的刑事政策,推行"一二三四"亲情教育工作模式,教育、帮助失足未成年人重返社会,实现未成年被告人再次犯罪的"零"记录,获得"首都未成年人思想道德建设创新案例奖"。建立重大敏感案件风险防控机制,抓好立案审查、风险评估、依法裁判、舆论引导四个关键环节,妥善审理"3·10"特大跨境电信诈骗案、巨额非法吸收公众

存款案等带有群体性因素的重大案件。平稳执结涉及8000余户回族群众的南武圣庙地区清真寺、翠城经济适用房等市、区重点项目征地拆迁引发的行政、执行案件,在保障重点工程顺利进行的同时,把不安全、不稳定因素降低到最小限度。

着力推进社会矛盾化解,促进社会和谐。加强调解和解工作。与中国互联网协会调解中心等行业协会搭建联动平台,通过调解和解方式化解民商事纠纷22516件,案件调撤率同比提高4.4个百分点;从构建和谐政群关系出发,推进行政机关负责人出庭应诉工作,完善行政纠纷实质性解决机制,全年共审结行政案件354件,其中通过协调方式化解行政纠纷51件;建立执行裁决案件立案前审查调解机制,通过释法消除当事人的对立情绪,执行异议案件数量同比下降13.2%。因调解工作富有成效,朝阳法院被最高法院确定为北京市唯一一家诉讼与非诉讼相衔接的矛盾纠纷解决机制改革试点法院。做好涉诉信访工作。积极规范、引导人民群众依法理性表达诉求,努力确保当事人合法、合理的信访诉求都能得到司法救济;加强信访积案化解,将工作重点放在为群众解决实际困难上,建立领导干部约访制度,全年院领导约访31次,庭长接访1169次,化解疑难、复杂信访案件194件;注重信访源头治理,将工作重点放在规范审判、执行行为上,建立现案快速化解、风险评估排查、分析帮扶、责任倒查四项机制,深刻剖析、及时纠正工作中存在的问题和不足,努力减少和消除诱发信访的各类因素。

(二)妥善审理与人民群众切身利益密切相关的案件,服务保障民生幸福

努力解决人民群众最关心、最直接的问题,为推进朝阳区"十大民生工程"提供司法保障。加大对倒卖"地沟油"、制售假药等涉民生犯罪行为的刑事处罚力度,保障人民群众的生命健康权。全年共审结民事案件31457件,妥善审理涉及教育、医疗、婚姻家庭等关系民生的民事纠纷,弘扬社会公德,维护公序良俗。加强对涉家庭暴力案件的专业化审判,发布全市首例人身保护令,维护妇女、儿童等弱势群体的合法权益,被最高法院确定为涉家庭暴力案件审理试点法院。面对经济下行等因素引发的大量劳动争议纠纷,与区劳动人事争议仲裁院建立仲裁与诉讼工作衔接机制,依法保护劳动者合法权益。加大执行力度,快速执结以蕉叶集团拖欠员工工资案为代表的一批涉民生案件,共执结各类案件14629件,其中执结人身损害赔偿,追索劳动报酬,追索赡养费、扶养费、抚育费等案件2340件,涉及标的5570.5万元,执行案款发还率同比提升10.2%。积极探索更为有效的执行途径,办理了北京市第一起对被执行人"支付宝"予以强制执行案件,率先解决了网络虚拟账户的执行难题。

及时发现社会发展中的苗头性、倾向性问题,积极拓展服务民生的广度和深度。发挥审判调研优势,针对涉保障房民事纠纷多发趋势以及保障房政策运行中存在的问题提出应对建议,受到区委领导批示肯定;针对"7·21"特大暴雨可能引发的财产损害赔偿等一系列法律问题及时开展调研,为党委、政府提供决策参考。注重扩展审判效果,关于规范处方药销售管理的司法建议,因切实促进了人民群众的用药安全,被评为"全国法院十大司法建议";针对审理中发现的虚假申报医保定点机构资格、军车号牌管理疏漏引发交通安全隐患等情况发出的司法建议,受到北京市人力资源与社会保障局、解放军总政治部等单位高度重视,促进了人民群众的就医和出行安全。

(三)妥善审理与市场经济密切相关的案件,服务保障区域经济发展

依法调节经济关系,维护诚信有序的市场经济秩序。审结贷款诈骗、票据诈骗、非法经营等破坏市场经济秩序犯罪案件715件,挽回直接经济损失494.3万元,净化了朝阳区的经济发展环境。加大对涉房地产、借贷等合同类案件的审查力度,保护守约方的合法权益,加重对违约方的惩处,引导形成重信守诺的交易习惯,共审结商事案件7096件。主动为辖区相关部门、金融企业提供司法指导,规范金融创新、化解金融风险,共审结保险、融资、票据等案件642件。对于债权人矛盾激化、债务人弃企逃债等破产、清算类案件,做好国有资产处置和职工安置工作,依法规范商事主体市场退出制度,服务辖区加快转变经济发展方式。审结社会关注的"网店分割争议案",明确网店等新类型财产利益的法律属性,促进网络经济的有序发展。

加强知识产权司法保护,服务区域文化产业发展。在区域文化创意产业快速发展的背景下,针对涉及新兴产业、知名品牌等纠纷不断增长的态势,加大对侵犯知识产权行为的惩戒力度,共审结知识产权案件1523件。加强对网络著作权、计算机软件等新类型案件的专题研讨,提高知识产权审判水平。通过发布典型案例等形式,加大宣传力度,引导社会公众尊重知识、崇尚创新,努力营造保护知识产权的良好氛围。

二、始终将加强队伍建设作为做好法院一切工作的根本保证,全面提高队伍素质

着力加强理想信念教育,不断提升司法实务能力,努力打造一支既能正确适用法律法规、公正裁判各类案件,又能准确把握社情民意、妥善化解矛盾纠纷的法院队伍。

(一)以政法干警核心价值观教育为主线,进一步加强思想政治建设

深入开展"忠诚、为民、公正、廉洁"政法干警核心

价值观教育实践活动。注重理论联系实际,通过举办中层领导干部培训班、院领导讲党课等活动,从区域发展需求、群众司法期待等多个角度解读政法干警核心价值观的内涵和外延;注重丰富活动载体,通过组织主题征文、书画摄影作品展等更加鲜活的形式,确保教育实践活动既扎实有效,又生动活泼;注重体现自身特色,在全员参与、充分讨论、广泛认同的基础上,推出“崇法、明断、敬业、惟新”的院训,将政法干警核心价值观与朝阳法院精神有机结合;注重突出教育实效,通过开展政法干警核心价值观主题演讲比赛,用身边人、身边事来教育引导干警牢记宗旨、坚定信念,忠实地履行法律赋予的职责。因教育活动扎实深入,朝阳法院的审判工作赢得了越来越多的群众认可,2012 年,朝阳法院一审服判息诉率同比提高 3.5 个百分点。纪录朝阳法院执行法官真实工作状态的电视短片《执行“快手”于洋》播出后,得到社会各界的一致好评。

(二)以青年法官培养为重点,进一步加强司法能力建设

朝阳法院 35 岁以下的青年干警占全院干警总数的 69.2%。提高青年法官的司法能力,已经成为依法公正履行审判职责的关键。为此,朝阳法院出台了《关于加强司法能力建设的工作意见》,继续完善“1+4”青年法官培养模式,从理想信念、实务能力、办案经验等各个层面加强青年法官培养。强化案例教学的培养理念,通过“师傅带徒弟”、督导培养等方式,提升青年法官的司法实务能力。通过组织学术研讨、法官讲坛、案例评比等活动,提升青年法官的理论研究水平。2012 年,朝阳法院有 12 名法官被授予北京法院系统“双优法官”称号,5 篇论文在全国法院系统学术论文讨论会上获奖,31 篇案例入选《中国法院 2012 年度案例》,均居全市基层法院之首。

三、始终将强化监督制约作为实现司法公正的重要途径,确保司法公正廉洁

以确保当事人打一个公正、明白、便捷、受尊重的官司为目标,不断强化内部监督,主动接受外部监督,让审判权在监督制约下依法行使。

(一)坚持从严管理,不断强化内部监督

深化审判管理。牢牢守住司法公正这条法院工作的生命线,坚持把完善一体化审判管理作为破解工作难题的改革来推进,作为推动法院发展的科学来把握,作为确保司法公正的责任来强化。加强院级管理,发挥审判委员会办公室的统筹协调作用,坚持开展审判委员会评议机制,督促各项管理工作落实。深化庭级管理,狠抓案件评查、积案清理和均衡结案,提升精细化管理水平,确保管理的实效性。深入推进庭审和裁判文书“两评查”工作,对所有庭审全程录像、加强检查,对存在问题的裁判文书实名曝光、公开点评,努力确保每一次庭审都公正严谨,每一份裁判文书都说理透彻。2012 年,朝阳法院的审判质量进一步提升,案件发改率连续六年呈下降态势,低于全市法院平均值。改进司法作风。以提高人民群众满意度为目标,坚持开展形象作风专项整顿工作,通过联合检查、随机抽查等形式,定期对法官着装、接待态度等情况进行检查通报,使广大干警深受触动,推动了审判作风的进一步好转。出台《关于加强微博客管理的工作规定》,规范干警的网络言行。设立审务督察员,对不规范、不文明言行及时进行提醒和批评,督促干警养成良好的工作习惯。推进廉政建设。坚持“教育、制度、监督”并重,严格贯彻“五条禁令”和“五个严禁”要求,特别加强对领导干部“一岗双责”、“三重一大”制度落实情况的监督。认真落实最高法院有关任职回避的要求,对 3 名审判人员进行岗位调整,筑牢廉政防火墙。全面排查廉政风险点,针对案款、财务、赃证物等关键环节建立防范措施,加强监督检查,从源头上杜绝渎职侵权和廉政风险。

(二)不断拓展渠道,主动接受外部监督

主动接受人大监督。认真执行重要工作报告制度,就知识产权审判工作向区人大常委会做专题汇报。推动人大代表联络工作的常态化、制度化,邀请市、区人大代表 112 人次视察法院工作、旁听案件审理,认真听取代表声音。首次邀请人大代表对重点疑难信访案件进行公开听证,把监督拓展到法院工作矛盾集中的领域,以公开促进人大代表对法院工作的了解,以监督促进司法的公平公正。主动接受法律监督。建立邀请检察长列席审判委员会的常态机制,认真听取检察机关建议。邀请检察官观摩庭审,加强对庭审等环节的监督。主动接受社会监督。共邀请人民陪审员参与案件审理 4462 件,陪审率同比提高 13.8 个百分点。

各位代表,过去的一年里,朝阳法院在上一年获得“全国优秀法院”荣誉称号的基础上,主动查找差距,不断夯实基础,把人民群众对法院工作的迫切要求和法院自身发展需要紧密结合起来,把队伍建设与审判工作紧密结合起来,把科学从严管理与主动接受监督紧密结合起来,全面提升思想状态、精神状态和工作状态,各项工作水平进一步提高,先后荣获“北京市先进法院”、“首都文明单位标兵”等荣誉称号。在区委、区人大、区政府、区政协以及有关部门的关心支持下,新审判大楼建设已开始立项,功能齐全、设施完备的南磨房法庭新址投入使用。区委、区人大、区政府、区政协领导多次深入法院指导工作,各位人大代表就加强审判管理、规范司法行为等方面提出了许多诚恳的意见、建议,帮助法院解决了许多困难和问题。在此,我代表区法院,向一直以来关心、爱护、理解、支持法院工作的

人大代表和各级领导表示衷心的感谢!

各位代表,当前,越来越多的社会矛盾集中到法院寻求解决,越来越高的司法期待寄予到法院要求满足,越来越复杂的利益关系交汇到法院需要调整,法院承担的社会责任越来越重。与形势任务的要求相比,法院工作还存在一些问题和困难。一是审判队伍的司法能力、司法作风有待提高。在公开透明环境下,审判队伍严格依法办案的意识以及准确适用法律、妥善化解矛盾的能力都有待增强。少数法官的审判作风、精神状态不佳。二是法院自身管理水平有待提高。2012年,朝阳法院收案数量再创首都法院历史新高,比排在第二位的基层法院多出16000余件,相对于案件数量的持续大幅度增长,审判力量缺口较大,一线法官常年超负荷工作,队伍的稳定性受到影响。这些都对法院的审判管理、思想教育乃至队伍激励等提出了更高的要求。三是司法公信力有待增强。滥用诉权、虚假诉讼等不诚信行为影响了审判工作正常开展;抗拒执行、暴力抗法的情况时有发生;非正常访与过激信访行为等问题更加突出;司法活动亟须相关单位的进一步协助。对于这些问题,我们一直在努力寻求更有效的解决方法,也诚恳希望各位代表对我们的工作继续予以监督、指导和帮助。

2013年,是全面贯彻落实党的十八大精神的第一年,朝阳法院将紧紧依靠区委领导,深入贯彻党的十八大和市十一次党代会、区委十一届五次全会精神,以提升司法公信力为主线,以执法办案为第一要务,维护社会公平正义,确保司法公正廉洁。为此,重点是要强化四种理念:一是进一步强化公平正义理念。坚持做到实体正义和程序正义并重,不因外界关注而动摇裁判标准,不因案多人少而淡化审判程序,努力让当事人在每一个案件审理中都感受到公平正义。更加自觉地接受人大监督、政协民主监督、法律监督和社会监督,以监督促进司法公正,以司法公正提升司法公信。二是进一步强化服务大局理念。主动适应朝阳区经济社会的新发展、新变化,依法妥善审理执行各类案件,营造安全稳定的社会环境和公正高效的司法环境。三是进一步强化司法为民理念。密切与人民群众的联系,增进对人民群众的感情,不断满足人民群众对司法工作的新要求、新期待。四是进一步强化清正廉洁理念。加强纪律作风和反腐倡廉建设,从严要求、教育、管理和监督队伍。建立健全审判执行权运行管理机制,严肃查处违法违纪行为,保持队伍纯洁和司法廉洁。

各位代表,党的十八大提出了"全面推进依法治国"、"加快建设社会主义法治国家"的重要任务,明确了"科学立法、严格执法、公正司法、全民守法"的实现路径,既体现了党对司法工作的高度重视,也对司法工作提出了更高要求。今后,我们将在区委的领导下,更加自觉接受区人大及其常委会的监督,怀着为人民群众排忧解难的深厚情感,怀着服务辖区发展大局的责任意识,怀着对维护社会公平正义的不懈追求,始终保持为民司法,始终保持清正廉洁,始终保持求真务实,切实履行宪法和法律赋予的职责,努力为朝阳区科学发展、民生幸福作出新的、更大的贡献!

名词解释

1. 全年共受理各类案件60670件,审结案件58765件:刑事案件收3678件,结案3587件;民事案件收案32276件,结案31457件;商事案件收案7503件,结案7096件;行政案件收案355件,结案354件;知识产权案件收案1625件,结案1523件;执行案件收案15110件,结案14629件;再审案件收案47件,结案51件;申诉、申请再审案件收案17件,结案17件;诉前财产保全、管辖异议收案59件,结案51件。朝阳法院全年结案数同比提高3.7%,审限内结案率为99.8%。

2. 人员情况:朝阳法院现有人员707人,其中法官338人,平均年龄32岁。全院行政编制人员中,硕士以上学历296人,占58.3%。

3."一二三四"亲情教育工作模式:"一"是布置一个场所,即精心设计"亲情室",为亲情教育营造氛围。"二"是抓好两个环节,即抓好庭审中和宣判后两个亲情教育环节。"三"是调动三类人员,即充分调动合议庭组成人员、诉讼参加人及案外关系人的积极性。"四"是运用四种方法,即运用从审判实践中总结出的"成绩展示法"、"消除顾虑法"、"亲情传递法"、"特殊节日法"四种特色教育方法。通过这种工作模式,用"亲情"温暖、感化失足未成年人。

4."3·10"特大跨境电信诈骗案:2011年以来,国内相继发生多起涉案金额达百万元以上的电信诈骗案件。2011年3月10日,公安部与台湾地区警方联合成立了"3·10"专案组办理此案,后对106个分布东南亚不同国家的窝点实施追捕,控制598人,初步统计涉案金额超过7000万元。根据抓获被告人的不同窝点,共分成6个案件进行审理,朝阳法院承担其中一个案件的审判任务,共涉及92名被告人,公诉机关指控这92名被告人于2011年4月至6月间,在印度尼西亚、马来西亚等地,骗取100多名被害人共计人民币1000余万元。

5. 行政机关负责人出庭应诉工作:行政机关负责人出庭应诉为实现行政机关负责人与行政相对人之间直接的对话交流提供平台,可有效缓解行政纠纷并强化行政机关的依法行政意识,因此,朝阳法院一直积极推动该项工作。2012年,朝阳区房管局副局长刘涛、区人力资源和社会保障局副局长徐宝荣、黑庄户乡副乡长徐战虎分别作为所在单位的代理人出庭参诉。

6. 执行异议:人民法院在案件执行过程中,当事人、利害关系人认为执行行为违反法律规定并要求人民法院撤销或者改正执行的请求,或案外人对被执行财产的全部或一部分主张权利并要求人民法院停止并变更执行的请求。前一种异议为执行行为异议,后一种异议为案外人执行异议。

7. 快速化解、风险评估评查、分析帮扶、责任倒查四项机制:快速化解机制即把每日接待情况及时转交庭领导及承办人答复处理,并要求及时反馈处理情况;未能及时答复处理并反馈的,庭长亲自答复,问题仍未解决的,由院领导约访。风险评估评查机制即由信访办公室与审判委员会办公室、立案庭联席涉案庭室会商涉诉信访案件,制定工作预案和调处化解对策,确保对不稳定因素"早发现、早预防"。分析帮扶机制即通过对近三年信访情况的分析,确定信访多发人员范围,查找产生信访的原因,制定防范措施,对重点部门、重点人员提示、教育和督促整改。若半年内工作仍然起色不大,则由信访办建议政工部门、监察部门教育处理。责任追究机制即对因违纪违法或者工作不负责任引发的信访,严肃追究有关人员的责任。对于信访问题较多且长期没有改观的部门,限期整改。

8. 人身保护令:最高人民法院发布的《涉及家庭暴力婚姻案件审理指南》中规定的人身安全保护措施,以民事裁定的形式作出,旨在保护家庭暴力受害人及其子女和特定亲属的人身安全。内容一般为禁止被申请人殴打、威胁申请人或申请人的亲友,或者禁止被申请人骚扰、跟踪申请人等。被申请人在人身安全裁定生效期间有违反生效裁定行为的,法院可以根据民事诉讼法第102条相关规定,视其情节轻重处以罚款、拘留。构成犯罪的,移送公安机关处理,或者告知受害人可以提起刑事自诉。

9. 蕉叶集团拖欠员工工资案:北京亚洲蕉叶餐饮有限公司拒不履行向徐某某等四人支付违法解除劳动关系赔偿金、未签无固定期限劳动合同双倍工资差额等共计近10万元的判决,故徐某某等四人向法院申请执行。立案后,被执行人总以各种借口推脱拒不执行生效裁判。为了维护本案申请人的合法权益,朝阳法院于2012年8月8日至被执行人经营地进行强制执行,并根据被执行人拒不履行义务的情节,依法决定对其处以罚款10万元。8月9日上午,该公司负责人委派代理人按期到庭,并按照法院要求立即给付了所有欠款,并同意缴纳全部罚款。该案受到新华社、北京电视台、《北京青年报》等十余家媒体高度关注。其中,《京华时报》、《法制晚报》等分别以头版、整版形式予以报道。

10."支付宝"强制执行案:本案是北京市法院第一例对被执行人网络虚拟账户(支付宝账户)予以冻结并强制扣划的案例。2011年2月25日,申请人刘某因被执行人王某拒不履行朝阳法院民事判决书所判令其7日内偿还借款20万元的法律义务,向朝阳法院提起强制执行申请。立案后,王某到庭表示自己没有履行能力,刘某一方也无法提供明确的财产线索。后经朝阳法院查询王某曾通过网店形式进行销售,继而查找到其名下的淘宝商铺。执行法官与支付宝(中国)网络技术有限公司沟通后,支付宝公司表示只要收到法院邮寄的《协助执行通知书》(以下简称《通知书》)即可采取对被执行人支付宝账号以只进不出的冻结方式予以冻结。因目前支付宝公司尚不能将扣划款项直接转入法院账户,只能通过由案件申请人在支付宝平台开立属于自己的账户,再由法院出具《通知书》,支付宝公司根据《通知书》要求将被执行人账户内的相应款项转账至申请人的支付宝账户内,最后由申请人转账到本人银行账户予以兑现。4月10日,申请人到庭后在法官的协助下,在网上查询并确认法院扣划的款项7.5万元已转入其本人开设的支付宝账户内,并现场将支付宝账户内的款项成功转账到自己的银行账户内。王某在得知自己支付宝账户被冻结后,主动联系法院,表示愿意分期履行剩余未执行的款项。

11."7·21"特大暴雨可能引发的财产损害赔偿等一系列法律问题:主要有五类,即因道路拥堵导致的机动车交通事故责任纠纷,因水淹汽车、设施损毁、房屋坍塌导致的财产损害赔偿纠纷,紧急避险损害责任纠纷,因航班延误旅客滞留导致的运输合同纠纷,以及因灾害导致的生命权、健康权、身体权纠纷。8月2日,北京市委《北京信息》(综合快报第149期)刊登朝阳法院提出的应对"7·21"暴雨灾后纠纷的建议。

12."全国十大司法建议":最高人民法院于2011年9月启动第一届全国法院优秀司法建议评选工作,为此专门成立了有20个相关部门参加的第一届全国法院优秀司法建议评选委员会及其办公室。截止到2011年10月底,评选委员会办公室共收到全国各高级人民法院选送的200件司法建议。经过初评和复评程序,最终评选出了60件第一届"全国法院优秀司法建议",并从中评选出"全国法院十大司法建议",朝阳法院关于加强处方药销售渠道管理的司法建议,是北京市法院系统唯一一篇获此奖项的司法建议。

13. 伪造文件申报医保定点机构资格:朝阳法院在审理原告朱某某与被告北京朝阳弘医堂中医医院医疗损害赔偿纠纷一案中发现,"北京朝阳弘医堂中医医院”系由“北京中医药大学国医堂中医医院”更名而来，但原北京中医药大学国医堂中医医院已经因“法人或者其他组织依法终止”而注销医疗机构执业许可证，“北京朝阳弘医堂中医医院”未向北京市朝阳区人力资源和社会保障局申报此事，并向其提交了“朝卫字〔2009〕256号”标题为《关于北京中医药大学国医堂中医医院变更医疗机构名称的批复》的伪造文件作为变更依据，使北京朝阳弘医堂中医医院顺利取得基本医疗保险定点医疗机构资格。朝阳法院根据该案查明的事实及调查取证结果向北京市人力资源和社会保障局发送了司法建议，后该局依据朝阳法院司法建议作出了取消北京弘医堂中医医院基本医疗保险定点医疗机构资格的处理决定。

14. 军车号牌管理疏漏引发交通安全隐患：朝阳法院在审理被告人陈某盗窃武装部队专用标志罪一案中发现，军车号牌未按规定悬挂使用，给被告人实施犯罪以可乘之机，同时暴露出对军车号牌使用监管不力的问题。部队现役士官参与作案，也反映出部队在人员管理方面存在一定问题。建议中国人民解放军总政治部保卫部加强检查力度，规范军车号牌管理；加强内部管理，严格部队纪律要求；加强宣传教育，提高用车安全意识。中国人民解放军总政治部保卫部接到朝阳法院司法建议后高度重视，立即撰写报告报总政首长批示，并将司法建议抄送中国人民解放军总参谋部、中国人民解放军总后勤部、军事检察院、军事法院等有关部队单位，并回函表示将根据朝阳法院建议切实加强军车号牌管理工作。

15. 网店分割争议案：原、被告曾为夫妻。2008年，女方在淘宝网上注册了一家网店，到诉讼时交易次数已近200万次。2011年11月，双方离婚，协议将网店分给男方，但事后女方反悔，将支付宝内近150万元款项转出。男方为此诉至朝阳法院，要求女方履行协议、将网店转到自己名下、返还擅自转出的支付宝内金额。2012年5月，朝阳法院做出一审判决，确认该协议依法有效，该网店应按淘宝网交易规则由男方实名注册，女方返还相应金额。

16.“崇法、明断、敬业、惟新”：崇法，是朝阳法院院训的核心。即尊崇法律、敬畏法律、敬仰法律，以法为准、以法为绳。明断，是朝阳法院院训的精髓。即明辨是非，公正裁断。敬业，是朝阳法院院训的品质。即热爱本职，勤勉奉献。惟新，是朝阳法院院训的特征。即不断创新。

17.《执行“快手”于洋》在北京电视台播出后，获得社会各界一致好评：全国各地都有人打电话到电视台，希望他们的案子让于洋执行，以致电视台不得不在微博上发出提示：“是于洋的案子找于洋，不是所有的执行案件朝阳法院都有管辖权”。一次于洋乘坐出租车时被司机认出，下车时出租车司机坚持不收于洋的打车费，称：“法官也很辛苦，就不收你的钱了”。

18.“1+4”青年法官培养模式：即以“一个意见”为统领、“四个课堂”为支撑的“1+4”青年法官培养模式。“一个意见”即制定《关于加强青年法官培养的工作意见》；“四个课堂”即专家课堂、资深法官课堂、庭审课堂、窗口实践课堂。

19. 北京法院系统“双优法官”称号：即办案数量多、质量好的法官，具体表现为审结案件数量多，服判息诉率高，引发申诉、申请再审案件数量少，引发涉诉信访数量少。迄今为止共评选出两届“双优法官”，每届在全市法院系统评选出约50名法官。

20.5篇论文在全国法院学术讨论会上获奖：5篇论文中，1篇获二等奖，2篇获三等奖，2篇获优秀奖，并以全国基层法院第三名、首都基层法院第一名的优异成绩，连续第三年获得“全国法院系统学术研讨组织工作先进单位奖”。

21. 庭审和裁判文书“两评查”工作：庭审和裁判文书“两评查”工作是最高法院部署的全国法院加强司法能力建设的重要活动，最高法院专门下发了《关于在全员岗位大培训中开展庭审评查和裁判文书评查活动的通知》，对全国法院系统开展“两评查”活动进行了部署。北京市高院据此制定出台了《北京市法院系统开展庭审评查和裁判文书评查活动的实施方案》，在全市法院开展“两评查”活动。

22.“五条禁令”和“五个严禁”：“五条禁令”是针对在编人员的规定，即禁止超越职权、违反规定插手、干预案件审理和执行；禁止借招聘录用人员、选拔任用干部、工程建设、招投标、采购等事项谋取私利；禁止接受当事人及其律师的宴请、请托、钱物以及其他任何形式的财务支付；禁止为当事人介绍律师和为律师介绍代理案件；禁止私自指定、介绍中介机构，在评估、拍卖、司法鉴定等活动中徇私舞弊。“五个严禁”是针对非在编人员的规定，即严禁酒后驾车，严禁出入不健康娱乐休闲场所，严禁打架斗殴，严禁违反规定使用警车，严禁以公务身份从事业外活动。

23. 推动人大代表联络工作的常态化、制度化：通过“年初制订计划、全年均衡开展”的工作模式，分11个场次邀请市、区人大代表112人次参加旁听案件审理、跟随案件执行、调研专项工作、视察基层法庭等活动。院领导带头走访各级人大代表11人次，拓宽监督渠道，促进代表对法院工作的全面了解。全年共办理区人大代表提出的建议2件。

关于朝阳区2012年国民经济和社会发展计划执行情况与2013年国民经济和社会发展计划草案的报告

——2013年1月8日在朝阳区第十五届人民代表大会第三次会议上

朝阳区发展和改革委员会主任　常树奇

各位代表：

受朝阳区人民政府委托，向大会提交朝阳区2012年国民经济和社会发展计划执行情况与2013年国民经济和社会发展计划草案的报告，请予审议。

一、2012年国民经济和社会发展计划执行情况

2012年，在市委、市政府和区委的坚强领导下，在区人大、区政协的监督支持下，朝阳区牢牢把握"稳中求进"的总基调，努力克服外部需求乏力、经济下行风险加大的不利影响，面对经济结构深度调整的压力，坚定信心、凝聚力量、超前谋划、攻坚克难，通过强化统筹，确保了经济平稳增长；通过主动调控，优化了产业结构；通过项目落地，提升了区域功能；通过运行管理，强化了城市保障能力；通过资源投入，改善了社会民生。区域经济发展趋稳向好，预计能完成全年经济社会各项计划指标。

预计实现地区生产总值超过3600亿元，同比增长10%；实现区级财政收入348.6亿元，同比增长10%；实现社会消费品零售总额超过1830亿元，同比增长10.8%；实现全社会固定资产投资1180亿元左右，完成市级下达的任务；万元GDP能耗指标完成市级下达的任务。经济社会协同发展，预计城镇登记失业率控制在1.5%以内；城镇居民人均可支配收入同比增长11%、农民人均纯收入同比增长11%。

2012年计划任务执行的主要特点是：

(一)调结构、促升级，区域经济运行趋稳向好

优化增长结构，发展优势持续提升。紧紧围绕"转方式、调结构、稳增长"的要求，加大对投资、消费的统筹调度，强化国际商务中心功能。稳定投资规模，优化投资结构。健全工作机制，加强项目统筹，提升投资效率，保持了投资对增长的贡献。合理调整投资结构，加大政府在民生保障、环境建设领域的投入力度，完成基础设施投资331亿元，同比增长11.3%，在建政策性住房项目41个，投资规模同比增长57.9%。强化投资服务，新批复项目167个，47个重大建设项目纳入市级绿色审批通道。拓宽融资渠道，16亿元企业债二期获批，利用长、短期债管理政策调整的契机，积极研究中票、私募债等直接融资方式，启动了40亿元短融债券的发行对接。夯实投资增长基础，推进孙河、来广营等储备地块上市交易，拓宽了投资承载空间。挖掘内需潜力，扩大消费规模。增加商业设施供给，太阳宫凯德MALL等综合商业项目相继开业，新增外资零售店铺292家，同比增长35.8%；发挥品牌对消费的带动作用，宾利亚洲旗舰店等知名品牌落户，吸引更多消费聚集。推动电子商务发展，举办第三届中国网络商品交易会，开展第三方电子商务平台建设，培育网络销售等新业态发展。搭建消费促进平台，举办时尚消费节、推进古玩城等特色商业街区的设施改造，营造良好的消费氛围。积极适应居民改善型消费增长的需要，教育、医药、通讯器材等领域消费成为新的增长点。朝阳区消费中心地位进一步提升，社会消费品零售总额占全市比重达到23.5%。提高外资利用水平，国际化优势持续增强。坚持国际化和高端化的发展战略，加速吸引外资机构聚集，新增永旺投资、中粮置地等11家跨国公司地区总部，累计已达90家，占全市的70%；成功吸引了壳牌技术等世界500强企业项目20个，引进国际组织5家。加强了国际经贸合作交流，服务保障首届"京交会"，成功举办"北京CBD商务节"，组织"东非五国"等国际经贸活动，引进40场高端会展，提升了朝阳的国际影响力。区域外资利用水平不断提升，预计全年实际利用外资32亿美元，同比增长20.9%；朝阳区新设外资企业682家，其中投资额超过1000万美元的企业38家。

强化发展引导，重点产业加快升级。着眼于形成新的增长动力，进一步健全了产业促进机制，产业结构更趋优化。完善产业促进政策体系。制定金融等5大产业新三年行动计划，调整完善鼓励楼宇经济、中小企

业发展等11项促进政策,全年安排各类产业扶持资金超过6亿元,有效促进了重点产业的规模发展与功能提升。加大企业服务工作力度。巩固区领导与重点企业的沟通走访机制,主动解决企业遇到的发展难题,为驻区企业营造了良好的发展环境;发挥政府的沟通平台作用,组织中小企业银企对接会,通过集合信托等方式缓解融资难题;调动各类市场主体发展活力,加强区属国有企业市场化水平和监管力度,国有资本运营效益进一步提升,预计主营业务收入和利润同比增长10%以上。区域发展环境的持续优化吸引了企业加速聚集,新增工商注册企业3.9万家,其中注册资金过亿企业148家。加速重点产业高端项目落地。新兴金融快速发展,朝汇通等4家小额贷款公司开业,民生通海投资、现代汽车金融落户朝阳区,信诚人寿、英大基金等52家金融机构入驻,金融业态更加丰富完善。引导三星中国、亚马逊等总部设立结算中心,从管理型总部向实体型总部发展,提升了总部的经济贡献,服务贸易加快发展,现代服务业实现收入增长10%。引进了联发科技、奇虎360等企业入驻,全年新增国家高新技术企业预计超过100家,高技术产业实现较快发展。文化创意产业聚集能力进一步提升,北京国家广告产业园正式开园,三间房国家动画产业基地完成挂牌,新引进注册资金1亿元以上企业27家,规模以上企业数量达到1952家,资产规模同比增长15.7%,预计全年实现收入超过2100亿元。主动加强房地产调控,房地产业在经济总量和财税收入中的比重分别较调控前下降3.3和7个百分点。产业结构的优化调整对区域经济发展形成多元化支撑。商务服务业和批发零售业在经济总量中的比重提高了2.9个百分点,对财政收入的增长贡献达到31.5%,成为区域经济的有效支撑。金融业营业收入同比增长20%,对财政收入的增长贡献达到21%,对经济增长的拉动作用显著增强。

鼓励自主创新,资源利用水平更加高效。加快创新服务体系建设,望京科技园新增创业面积8000平方米,瀚海博智科技企业孵化器成为朝阳区第三家国家级孵化器;打造朝阳区－高校发展合作联盟,搭建企业需求与高校创新成果的有效对接平台,提高科技成果转化效率。引导企业加大创新力度,支持6家试点单位制定知识产权战略,22家企业通过专利试点验收,全区市级专利试点单位累计达到144家,提升了区域创新氛围。创新环境的优化促进技术市场交易活跃,全区专利申请18848件,同比增长28%;专利授权9006件,同比增长27%;技术合同成交额同比增长57%。注重资源集约利用。完善节能监管体系,建设朝阳区能耗监测服务平台,先期启动20家重点用能企业能耗在线动态监测,研究制订节能目标责任考核方案,增强了监管考核力度。加强用水定额管理,制定用水总量控制实施方案,广泛开展节水型单位、社区创建。严格的监管促进了资源的高效利用,预计全年万元GDP能耗完成市级下达的任务、用水量下降3个百分点。

(二)重统筹、强功能,区域协同发展能力不断提高

着力加速功能区发展,增长带动能力不断提升。完善实施机制,加强项目落地,三大功能区占全区GDP、财政收入比重分别达到90.2%和88%。CBD功能区聚集能力持续提升,预计营业收入超过1万亿元;中心区吸引注册资本过亿企业49家,规模以上企业数量达到2100家,永安里旧城区改建获得批复,国家级示范中央商务区称号申报完成。核心区8个专项规划编制完成,8个项目启动一体化施工,52万平方米公共配套设施土方工程基本完成,产业空间加速形成。东扩区土地收益返还政策取得阶段性进展,智能电网科技研发交流中心、北京联大商务学院、国华第一热电厂等一批重点项目加快推进,开发建设工作取得实质性进展。电子城科技园综合实力显著增强,总收入超过3500亿元,增速居中关村各园区之首,引入联发科技等300多个项目和企业;东区争取到2.05亿元资金支持;西区默沙东、时代凌宇完成奠基和容积率调整;北区规划局部调整获批,新增产业空间150万平方米;大望京25%项目封顶,2号地项目加快推进,完成市政道路施工5700米。奥运功能区核心功能开始显现,奥体文化商务园2号地完成立项,中国国学中心完成建筑设计方案招标,吸引北京中网公开赛体育推广有限公司等9家企业,成功举办活动近1000项,荣膺国家5A级旅游景区。

扎实推进在建区域建设,发展动力逐步形成。紧抓政策机遇,推动规划编制,完善设施配套,形成新的产业空间承载。强化温榆河绿色生态休闲区规划引导,完成产业规划研究,孙河商贸中心取得控规批复,围绕重点项目和农民安置组团,加快了长店北路等市政基础设施建设。加速金盏金融服务园区重点项目落地,中信金融后台综合基地等项目用地获市政府批准,民航清算中心项目正式签约,6条道路完成拆迁路段施工。促进CBD—定福庄国际传媒走廊产业聚集,通过空间、产业规划编制和懋隆文化产业创意园等项目建设,吸引中联百花影视等20家龙头传媒企业落户,预计规模以上文化创意企业收入超过1200亿元。加快垡头核心区空间拓展,原朝阳港项目地块一级开发拆迁顺利推进,产业空间有效整合。东坝国际商贸中心区完成控规申报,为项目引入创造条件。

强化城乡一体化建设,城市化进程有序推进。着眼空间统筹利用、产业高端发展和农民保障服务,全力推进城乡一体化。加快土地储备,稳妥推进土储新开

工项目,加速解决已进入土储地块的遗留问题,累计完成拆迁面积1858万平方米,龙爪树等3个重点村住宅拆迁基本完成;供应一般经营性用地44.8公顷,有效拓宽了产业空间。促进产业升级,出台“1+6”产业发展政策,制定专项资金使用方案,明确“三个一批”的产业转型升级路径,推动实施朝来科技产业园等34个重点项目。优化集体资产管理,出台“1+7”政策,形成监管“351”模式,推进黑庄户、豆各庄2个乡28个村产权制度改革,健全来广营、东坝等8个乡46个村级经济合作社,农村集体经济活力不断提升。加强服务保障,土储安置房竣工175万平方米,来广营等4个乡2.7万人实现回迁;实现就业管理城乡并轨,全部农村劳动力首次纳入失业登记,享受与城镇居民同等的就业优惠政策;扩大社会保险和医疗保险覆盖面,适龄农民参保率达到96.5%,新农合参合率达到99.7%,人均筹资超过市级标准180元。

(三)抓建设、强管理,城市运行水平进一步提升

优化交通出行,提高城市通行效率。推进设施建设,完成广渠路四环至五环段70%的拆迁建设任务,大望路中学北路等26条道路建设完工,大中修道路50条,渠化改造和打通断、堵头路15处,提升了交通承载能力;着力解决停车难问题,充分利用社区闲置用地和地下空间,新增停车位1万余个,逐步缓解停车压力。促进出行方式转变,四惠交通枢纽正式运营,有效提高了东南部地区换乘效率;为地铁6号线、10号线(二期)通车提供保障,区内地铁通车里程达到75公里;建成200多处自行车租赁站点,投放自行车3962辆,方便了市民出行。创新交通引导模式,以团结湖地区为试点,推进道路设施、交通运转、出行引导一体化管理模式,提升了交通综合运行能力。

提升服务水平,促进社会有序发展。推进智能城市服务,深化全模式社会管理系统的应用,积极构架城市物联网系统,增强了重点领域动态监测的能力。推动人口有序管理,研究制定人口服务管理方案,建立人口发展考核评价指标体系,把人口总量控制、结构调整与服务管理有机结合,引导人口合理流动。提升社区管理水平,推进社区规范化建设和“六型社区”建设,探索居民自治管理新模式,在156个小区推广社区单元化管理,解决了一系列社区服务管理的难题。加强平安朝阳建设,认真总结“7.21”特大自然灾害应对经验,针对全区205个积水点逐一落实应急预案,实施16项一期水毁应急抢修工程、32项防汛工程和6项农村雨洪工程,组织防汛实战演练和应急救护知识培训,提升防灾救灾和应急处置能力;实施“打非治违”等专项行动,拆除违法建设777处、61万平方米,取缔非法经营行为2000余起,整改安全生产隐患4.5万余项;开展近60次食品、药品安全专项治理,保障群众食品药品安全;积极创建国际安全社区,总数达到15个,占全市的68%,营造了居民生活的平安环境。

聚焦环境建设,打造生态宜居区域。加强水环境治理保护,大羊坊沟(横街子段)等3条河道整治工程竣工,北小河、亮马河等21公里河道水质改善工程主体完工,垡头、东坝污水处理厂和金盏长店组团等4个小型污水处理设施投入使用,水环境得到有效改善。落实清洁空气行动计划,PM2.5自动监测系统投入使用,淘汰老旧机动车7万余辆,改造777蒸吨燃煤锅炉,大气污染治理取得成效。推进城市绿化美化,完成农村地区平原造林和城市绿化任务,建成京城森林公园等6个郊野公园,新增、改造绿化面积927公顷;创建了20条优美大街和26个环境优美小区,城市景观得到提升。改善市政市容环境,整治传媒大学周边等800余个环境问题,消除京津城际铁路67处桥下隐患,建成143个垃圾分类达标小区,卫生环境不断优化。提高群众居住质量,完成了37个居民小区老旧供热管网改造,在完成新源里西11号楼、农光里17号楼抗震加固试点工程的基础上,全年共完成了330多万平方米的老旧楼房改造任务,惠及近4.8万户居民。

(四)提质量、扩保障,社会事业发展取得实效

就业和社会保障工作进一步强化。就业服务能力持续提升,结合产业发展和重点区域建设,开发就业岗位12万个,实现城乡登记失业人员再就业2.4万人,城镇登记失业率控制在1.5%以内;稳步推进就业技能培训,通过定岗、定向、订单培训,提高劳动力就业技能,累计培训城乡劳动力4503人;深入开展就业援助,通过摸底排查、个性帮扶、循环援助方式,帮助1.34万名就业困难人员实现就业。社会保障体系不断健全,扩大了社会保险覆盖面,城镇职工各项社会保险参保人数同比增长10%以上,五项社会保险基金征缴同比增长29.4%;加大社会救助力度,为1.58万名困难群众发放城乡低保金、粮油帮困金共计约8000万元,有效保障了困难群体基本生活;全力推进养老服务,鼓励社会力量兴办养老机构,新增养老床位1690张,朝阳区福利中心项目前期准备完成,养老服务能力不断提升。

公共服务水平进一步提升。加快教育事业发展,加大了优质教育资源引入力度,北师大三帆中学朝阳学校、新教育实验学校正式招生,北京二中朝阳学校加快建设,引进名校累计达20家;统筹城乡教育均衡发展,八十中学、陈经纶中学在农村地区设立3所中学分校,14所市区级示范校与21所农村校结成城乡教育发展共同体,在公办和民办学校就读的随迁子女比例上升到89.4%;积极缓解了入学难、入园难,新开办中小

学6所、幼儿园9所,新增学位1.1万个。提高健康服务水平,全力落实人大卫生议案要求,成功创建全国卫生应急综合示范区;在望京、常营和南部地区调整规划、创造条件,积极引进知名医院设立分院,垂杨柳医院与清华大学签约合作,区域医疗资源得到合理配置;建立以朝阳医院为龙头的中部医疗服务联盟,完善协作诊疗机制,开展中医专家进社区活动,提供就诊便利;开展13305人次的国民体质监测,提高群众健康水平。惠民工程效果显现,新建60个"一刻钟社区服务圈",在30个街乡开展农社对接,实现社区服务的高效便捷;保障房建设有序推进,新建、收购保障房源1.4万套,竣工各类保障房1.5万套,预计全年完成配租配售8156套,开展了对金泰丽富等6个保障房项目的核价,居民住房保障水平不断提高。

文化文明建设进一步深入。提高精神文明水平,建立资源统筹、部门联动的长效机制,全国文明城区创建工作中期考核及文明城区指数测评均位居全国前列;开展道德讲堂活动500余次,参与群众3万多人次;持续推进文明引导工程,以主要大街、繁华地点为重点,组织城市清洁日等系列志愿服务活动,以实际行动践行"北京精神"。增加文化服务供给,全力争创国家公共文化服务体系示范区,国际金融博物馆、垡头地区文化中心等设施投入使用,建成70个数字文化社区和100台24小时自助图书馆,街乡文化中心、社区(村)文化室实现街乡全覆盖,举办东岳论坛、北京民俗文化节等品牌活动;关注特殊人群文化生活,成立盲文图书馆,开展规模以上公益演出395场,为百姓提供了多样化的文化服务。

总体看,2012年国民经济和社会发展主要指标完成情况良好,全区经济社会实现了平稳健康发展,成绩的取得来之不易。但是我们必须深刻认识到,经过连续多年的高速增长,朝阳经济开始进入平稳增长周期,发展中存在的一些矛盾和问题需要高度关注:一是区域发展面临的外部环境复杂变化,加大了保持经济平稳增长的压力。近两年,世界经济持续低迷,国内经济下行压力加大,区域经济运行面临的不稳定、不确定因素逐渐增多。朝阳区作为一个开放型经济枢纽,国际化和市场化特征显著,更容易受到国际形势波动和外部环境变化的影响,确保经济平稳增长需要付出艰苦的努力。二是宏观调控政策的影响逐步加深,加大了调动经济发展活力的难度。国家、北京市对于房地产市场、融资环境等实施了严格的调控,由于房地产业、汽车批发和零售业在朝阳区经济发展中占有较高比重,区域经济增长对宏观调控的敏感度很高,投资、消费等重点指标受到的影响尤为明显。此外,在建设资金筹措方面,受清理地方政府融资平台影响,重点工程融资难度加大,功能区开发和基础设施建设受到不同程度制约,对区域经济长远发展优势的提升带来了一定影响。三是农村发展的政策优势逐步减少,制约了农村城市化的进程。朝阳农村在绿化隔离地区建设和筹备奥运等机遇的带动下,经历了城市化进程快速推进的阶段。近两年,随着北京城市建设重点向远郊区县转移,朝阳区农村城市化的政策优势逐步减少。同时,农村地区拆迁、安置、基础设施建设成本日益提高,农村产业发展仍处在调整转型阶段,推进农村城市化进程急需探索新的路径。四是人口资源环境矛盾日益凸显,促进区域协调发展的任务更加艰巨。随着区域发展和保障性住房项目的建设,区域人口规模持续扩大,人口结构更加多元,多种利益诉求集中显现,住房、就业、教育、医疗等关系群众切身利益的问题成为社会关注的焦点,为推动民生改善工作带来了新的挑战。

二、2013年经济社会发展计划总体考虑和初步安排

2013年是立足新起点、创造新优势的关键之年,是实施"十二五"规划承前启后的一年,稳增长、调结构、惠民生、促改革责任重大、任务艰巨,机遇与挑战并存。

一方面,经济社会发展面临诸多有利因素。一是党的十八大指明了发展方向,政策稳定性持续增强,市场信心不断提振;中央经济工作会议明确了稳中求进的总基调,实施积极的财政政策和稳健的货币政策,经济企稳的基础增强,区域发展的宏观环境将逐步改善。二是市十一次党代会胜利召开,随着"1+10"稳增长政策持续发挥作用,北京市创新引领和资源配置的独特优势进一步强化,有利于带动投资和消费的新增长。三是朝阳区十大发展基地建设加速推进,有助于进一步优化产业布局和空间承载能力,随着全区国际商务中心功能逐步提升,产业体系日趋多元,有利于形成企业聚集的持续吸引力,增强了经济增长的抗风险能力。

另一方面,当前朝阳区已进入发展压力凸显时期和增长动力转换阶段,面临的困难和挑战不容忽视。从宏观环境看,由于内外部需求不足,实体经济在短期内难以迅速恢复,融资环境没有得到根本性改善,经济回暖的基础还有待进一步夯实。从区域环境看,地区间发展竞争加剧,对于企业、项目的争夺愈加激烈,增加了引进项目的难度和存量企业的外迁风险。从增长支撑看,新兴重点产业的发展速度滞后于房地产业降幅,难以形成更多的增长贡献,短期内稳增长与调结构转方式的矛盾进一步凸显。

总体上看,2013年朝阳区发展面临的机遇大于挑战,我们将全面贯彻党的十八大精神,按照中央经济工作会议、市委十一届二次全会和区委十一届五次全会各项部署，紧紧围绕主题主线，牢牢把握朝阳区“六个阶段性特征”，深入落实“四个必须”工作定位，把握发展机遇，创新发展思路，破解发展难题，既要认清客观形势压力，更要凝聚信心、攻坚克难，促进经济平稳增长；既要坚持结构调整转型，更要发掘潜力、强化功能，建立长期发展优势；既要巩固现有工作机制，更要创新手段，全面谋划，提升区域发展动力，以更高的工作标准，更大的工作力度，加快推进“十二五”各项任务，为在更高层次上实现新发展创造条件。

2013年的主要预期发展目标是：地区生产总值增长8%，区级财政收入增长9%；全社会固定资产投资完成市级下达任务，社会消费品零售额增长8%；万元GDP能耗指标达到市级要求；城镇登记失业率控制在2%以内；城镇居民人均可支配收入和农村居民人均纯收入均增长8%。

(一)优化经济结构，培育经济增长新优势

巩固投资支撑，优化投资结构。通过加快储备项目审批、加紧推进项目开工、加速收尾项目完工，巩固投资对经济增长的贡献，发挥投资对提升区域功能、促进民生改善的带动作用。加快土地上市转化。梳理产业用地底数，科学安排土地供应时序，加快亮马、孙河组团等10个地块的一级开发和上市转化，支撑投资增长。多渠道筹措建设资金。做好政府重点工程的融资服务，增加基本建设资金投入力度；强化融资创新，在孙河等区域利用BT模式建设市政设施。促进投资结构优化调整。研究促进商务楼宇开发的相关政策，鼓励社会资金投资商务楼宇和产业项目，为经济发展提供空间承载；集中推进公共服务配套设施和基础设施建设，加快王四营官庄新村等重点村拆迁整治和安置房建设；鼓励大型工程建设、交通运输企业加大设备购置投资力度，深入挖掘投资增长潜力。推进重点投资项目落地。编制2013年项目投资计划，建立重点项目台账，全力推进CBD核心区、电子城北扩区等投资额度大、带动效果强的功能区重点项目建设。

提升消费贡献，巩固消费中心地位。以改善需求结构为着力点，丰富消费模式，强化朝阳消费中心功能。扩大消费规模。加大对侨福芳草地等新增商业设施的扶持力度，推进国际一线品牌和国际顶级零售商聚集；鼓励新光天地、赛特奥莱等高端商业企业加大对区外消费者的吸引力度，以品牌消费、时尚消费带动消费增长；积极吸引粮食、石油、汽车等大宗消费品领域的大型商业总部、结算中心落户，促进集中消费模式发展。创新消费模式。借助72小时免签政策契机，深化与中免集团合作，探索蓝色港湾离境免、退税商业试点。推动微软销售、亚马逊网上书城落户朝阳区，扩大网络消费规模。加快消费升级，依托三里屯等特色商业街区，大力发展体验消费、艺术品消费和文化演艺娱乐消费，重点发展和引进高品质教育、医疗、文娱等高端服务性消费。

(二)强化功能优势，促进产业结构新提升

加快结构调整，推动产业优化升级。加快重点项目落地，提升重点产业对区域经济的即期增长贡献；兼顾长远发展需要，加快产业核心功能的形成，构建可持续的发展竞争优势。提速国际金融产业发展。继续引进优质金融机构，全力推进太平保险、招商银行、首旅财务等项目落地，鼓励汽车金融、科技金融、股权投资基金等新兴金融业态发展，力争全年新增金融机构50家。着眼于区域国际金融通道的形成，加快CBD国际金融城建设，抓住国家深化金融体制改革的契机，推进扩大跨国公司外汇管理试点，吸引更多外资金融企业入驻。培育要素市场，支持文化产品艺术交易中心建设，研究推进北京大宗商品交易所和多伦多交易所开展合作，提高要素资源配置能力。增强现代服务业优势。着力提升总部经济的实质贡献，加速北汽销售、昆仑燃气等内资总部落地，重点吸引具有投资、结算、销售、采购等功能的总部型企业入驻，促进总部功能的实化。借助“京交会”平台，促进服务贸易发展，积极承接信息管理、数据处理等国际服务外包业务，形成国际服务贸易功能节点。提升文化创意产业贡献水平。依托北京国家广告产业园(二期)等文创聚集区域建设，争取吸引一批重大文化项目入驻，形成集聚示范效应，扩大产业规模。借助大山子文化保税中心成立契机，研究出台支持政策细则，扶持与国际交易形式接轨的艺术品拍卖市场发展，促进创意产品的市场转化，增强对区域经济发展的实际贡献。培育高新技术产业特色功能。加速高新企业聚集，重点开展对跨国高新技术企业总部的定向招商，促进霍尼韦尔等高科技企业项目落地，力争全年新增国家高新技术企业60家。促进科技与金融、商务服务和文化的融合发展，大力发展科技金融、技术咨询等科技服务中介机构，建成8－10个中小企业孵化器和创业基地，技术合同成交额同比增长20%以上，逐步推动朝阳成为科技成果转化应用高地。

完善产业服务促进机制，优化区域发展环境。遵循发展规律，发挥政府对产业的引导作用，强化市场配置、资源整合，加速产业发展。加大对产业引导的投入力度。结合区域发展新需求，主动调整支持政策，探索建立朝阳区产业发展引导基金，通过政府引导，鼓励社会资金投入，提升对产业的带动效应。健全重点产业选商机制。依托专业招商中介机构，围绕引资重点，梳理关键产业环节的龙头企业名单，在项目选择、政策推介、空间选址、手续办理等方面强化协调联动，通过个性化服务方案，吸引重点企业入驻。完善驻区企业长效服务机制。做好存量重点企业服务，强化区领导“一对一”联系制度，及时了解企业发展需求，提升服务水平。关注中小微企业健康发展，通过搭建企业沟通、融资对接等平台，调动多元化增长活力。

（三）继续深化体制改革，激发可持续发展的新动力

坚持超前谋划，以改革创新突破发展瓶颈。着力破解人口、资源、环境协调发展的难题。落实人口服务管理工作方案，统筹考虑产业发展需求、公共服务供给和空间承载能力，建立人口服务引导机制，使人口规模与城市资源环境承载能力更加适应。着力破解区域发展总体规划协同的难题。强化规划引导、全局发展的理念，在促进产业、土地、空间、人口“四规合一”的基础上，更加注重生态引领，建立起全方位、多层次、宽领域的规划引导体系。着力破解土地空间统筹使用的难题。抓住集体土地产权制度改革的契机，强化对区域整体空间的统筹考虑，优化产业用地与居住用地的配置管理，尝试建立产业、居住空间统筹布局、系统利用的模式。着力破解政府建设资金筹措的难题。基于区域长远建设需求，梳理未来3－5年建设资金需求，综合运用贷款、中票、私募债券等方式，做好建设资金与需求时点的有效对接，保障资金的持续周转，满足重点项目建设需要。着力破解节能降耗有序管理的难题。强化能耗在线监测平台功能，扩大重点用能单位监测范围，充分利用节能专项资金加大技改支持力度，调动企业、社会主动推进节能降耗的积极性。着力破解国有企业市场化发展的难题。建立现代企业制度，加快国有资产向优势领域集中，积极培育具有核心竞争力的大企业，提高国有资产整体质量和运营效率。着力深化医药卫生体制改革。按照北京市部署逐步推进公立医院和基层医疗卫生机构改革，进一步落实鼓励社会资本办医的各项政策，努力实现为群众提供满意的公共卫生服务。

积极增进国际交往，提升国际化水平。立足丰富的国际资源优势，打造国际资源配置的枢纽，全面提高区域国际化水平。提升国际交往功能。积极引入国际机构，通过与世界贸易网点联盟等国际组织合作，有效整合国际交往资源。加快品牌展会聚集，依托国家会议中心等场馆资源，力争引进50个国际高端会展落户。发挥国际经济连接优势。筹建北京CBD国际企业合作服务中心，为海外企业在朝阳投资提供个性化、专业化服务。建立支持国内企业“走出去”的服务平台，鼓励优秀企业通过兼并、收购等方式走向国际市场。促进国际信息枢纽交互发展。着力完善新闻机构重点集聚区的通讯设施，整合媒体信息资源，促进凤凰新媒体等国际传媒机构落户。建设国际人才流动枢纽。发挥“凤凰计划”等高层次人才引进机制，依托国内外人才培养及中介机构，加快CBD国际高端商务人才发展区建设；完善国际化医疗、教育等配套设施，打造国际化社区，服务国际高端人才生活需求。

（四）统筹十大基地建设，增强空间发展新活力

加速项目建设，提升三大功能区发展优势。着力功能培育和品牌打造，促进成熟区域优质资源扩张。提升CBD功能区对增长的带动作用。核心区保障重点项目建设，公共配套设施工程主体基本完工、中国国际期货有限公司等15个产业项目开工建设；东扩区继续完善规划综合方案和各专项规划，加快推进北京联大商务学院搬迁，完成国华第一热电厂项目搬迁准备；中心区开展化石营项目前期工作，加速电力能源中心等项目进度，发展楼宇经济，税收过亿楼宇达到30家，力争吸引40家注册资本过亿企业入驻；功能区实现生产总值和财政收入增速超过10%。提升电子城功能区的科技创新优势。加速重点项目建设，恒基伟业研发中心、研发园三期投入使用，爱立信二期、大望京1、3、4、5号地部分实现竣工，中国电信等6个项目开工；完成北区一期控规调整审批，促进东区、西区、北区和大望京四区协同发展；功能区实现项目开竣工面积100万平方米，引进2－5家战略性新兴产业项目或企业，总收入突破4000亿元。打造奥运功能区文体会展品牌。重点实施8个项目建设，力争瞭望塔、国家全民健身示范基地二期竣工、中国国学中心奠基。建立大型活动监测体系，聚集高端品牌活动，吸引文化、会展企业总部和国际组织，全力推进国家级文化体育创新示范区建设。

强化产业对接，促进在建区域功能形成。着力加强区级统筹，开展土地开发、政策引导和招商引资，加速企业的入驻和发展。促进CBD—定福庄传媒走廊产业集聚，加快八里庄文化创意产业园建设，吸引5家以上传媒龙头企业入驻；制定促进传媒走廊建设发展的政策意见，促进产业要素集聚。推动金盏金融服务园区重点项目落地，加快民航清算中心等项目的前期手续办理，确定区域功能及业态细化研究方案，推动控规调整。

确立发展导向，加速筹建区域开发建设。着力把握政策机遇，完善开发模式，推动筹建区域发展取得突破。垡头环渤海总部商务基地把握中关村政策扩区机遇，推动控规获批，创新体制机制，加快国有企业用地整合，促进焦化厂北京国际文化城等重大项目落地。东坝国际商贸中心加快供地，推进第四使馆区土地一级开发，力争取得控规批复。促进温榆河生态绿色休闲区建设，争取孙河商贸中心开工，完成赛特奥特莱斯等项目前期手续，推动长店北路完工、机场南线辅路实

施建设,提升基础设施水平。

(五)促进区域协同发展,探索农村城市化新路径

强化机制建设,努力破解发展难题。按照“四增五减”目标,细化工作方案,促进产业升级,完善保障体系,形成朝阳发展新动力。完善产业项目落地筛选机制,出台农村地区产业项目申报和企业翻建的政策意见,引导产业向高端化发展。探索产业发展基金新模式,尝试通过农民股份合作、引进社会资本等方式,盘活存量集体资金,解决新建项目融资问题。开展土地创新利用研究,探讨纳入土储区域的产业用地剥离问题。完善土储区域农民保障机制,从组织体系、督办机制和转居政策方面突破,尝试建立“征地转居为主、整建制转居为补充”的工作体系。

注重集中集约,促进农村产业高端化发展。盘活产业用地资源。按照 CBD 拓展区、服务区、配套区的功能定位,与十大基地加强对接,深入研究用地规划,推进孙河组团等成熟地块上市及东南三乡重点村整治,力争完成部分地块征地、拆迁,开展土地储备和重点村道路等项目建设。加速重点产业项目落地。结合区位特点,做好城区产业项目向农村延展的对接,引导产业高端化发展。切实做好集体资产的梳理。通过产权确权,建立清晰的集体资产台账;创新管理方式,全面实施合同联预审制度和重大项目招投标管理,提升资产收益水平。

优化管理保障,提升农民生活质量。健全社会管理体系。促进农村社区发展,新建 18 个社区和 33 个村级社区服务站。创新村级公共服务管理,研究促进村级社会管理服务总体意见,农村地区村庄社区化管理力争实现全覆盖,提升服务能力。强化城乡劳动力统筹就业。试点公益性岗位征集发布制度,鼓励城市化建设地区农村劳动力通过单位就业为主、灵活就业为辅的方式解决就业。加强农民社会保障。分类推进孙河等 11 个村、8337 人转居办理工作;试点将具有稳定工作的农村户籍职工纳入养老保险,提高农民保障水平。

(六)提升建设管理水平,打造生态宜居的城市发展新面貌

改善生态环境,优化城市景观。提升环境质量,实现社会发展与生态平衡的和谐统一。打造整洁的市容环境。开展京哈、京包两条铁路沿线的环境整治,打造进京第一印象工程;加强 6 号线等新开通城铁沿线、站口周边及四惠交通枢纽的环境治理,改善人流密集区的环境面貌;在窗口区域和重点街道,建成 10 条道路达标大街和 10 个环境优美小区,实现靓丽的景观效果。打造绿色的区域环境。持续在农村地区开展“万亩造林”工程,加大已建成区域绿化力度,新增、改造绿化面积 200 公顷,扩大城市绿化覆盖率。打造健康的大气环境。通过清洁空气行动计划,以 PM2.5 监测手段,实现污染物减排和浓度下降,进一步改善空气质量。不断优化水环境。着力解决防汛隐患和城市积水问题,实施 5 条中小河道防洪治理、23 条沟渠整治、14 项防汛工程、260 处水毁修复工程,治理 7 处下凹式立交桥积水,在清河营等 4 处郊野公园建设雨洪蓄滞生态区,加快推进定福庄、东坝再生水厂建设,在消除水患的同时改善水环境。深化垃圾分类工作。加大对农村地区的倾斜力度,提高垃圾分类管理标准,扩大农村地区环卫设施规模和垃圾处理能力,改善农村及城乡结合部环境面貌,实现垃圾的减量化和资源化。

加强设施建设,夯实硬件基础。围绕满足城市运转的刚性需求,将城市建设的重点向民生领域、农村地区倾斜,提升基本功能,保障城市运转有序。打通交通联络线和保障房项目周边道路,着力推进广渠路二期、东坝南二街等道路建设和 20 处道路微循环系统改造,不断提高道路通行能力。缓解停车压力,力争新增 3000 个停车设施。组织实施地铁 7 号线、14 号线朝阳段的房屋征收工作,扩大便民摆渡车和公共自行车站点的投放规模,推动低碳出行。继续推进老旧小区节能和抗震改造,完成 2012 年结转的项目和农村地区 1941 户农宅的抗震节能改造,改善居住条件。

细化管理手段,提升服务水平。围绕提高城市管理效率,创新信息化手段,促进管理科学化和服务人性化。加强城市薄弱环节的管理。防范安全隐患,继续开展“打非治违”工作,控制违法建设行为;对全区地下市政管线的底数进行普查,强化运行监管;推进安全生产标准化建设,加强对消防、施工建设等领域的联合执法,切实保障群众生命财产安全;深化智能交通管理,通过交通运行监测调度系统分中心等信息化项目,对违章行为实施网格化管理,提高管理效力。推进社区服务管理精细化。继续打造智能化的社区服务网络,丰富社区项目库,扩展服务事项,满足群众多元化的需求。创新社区管理方式,加大社会组织培育和管理力度,鼓励社会单位多方参与、共同治理;分类推动不同层级社区的居民自治工作,发挥群众参与社会管理的积极性,增强群众的凝聚力。

(七)加强保障和改善民生,着力打造和谐共享的社会发展新局面

加大投入力度,不断提高公共服务水平。完善健康服务体系。优化医疗资源布局,垂杨柳医院改扩建工程开工,推进医疗联盟建设,提升区域间医疗协作能力;引导建立丽都、CBD 区域国际医疗服务圈。增加全民健身设施投入,在团结湖、崔各庄等地区新建 135 处全民健身设施。推动教育质量提高。提升教育承载力,实施中小学建设三年行动计划,新开办小学 3 所、

幼儿园5所，多措并举新增学位7000个，缓解入学压力。继续优化教育资源，加快北京中学、北京二中朝阳学校建设；通过"一校一策"，推动新建校和名校引进，鼓励优质教育资源落户农村地区，协调城乡教育均衡发展；完善职业教育体系，重点发展劲松等3所职业学校，推进朝阳职教中心建设，提升职业教育水平。

加快推进精神文明建设，促进文化事业发展。提升朝阳人文精神。强化社会主义核心价值体系建设，加强道德模范、身边好人的宣传引领，开展"做文明有礼的北京人"系列活动，践行"北京精神"。深入开展群众性精神文明创建活动，全力做好第二次全国城市文明程度指数测评迎检工作，巩固文明城区建设成果。完善公共文化服务体系。力争以优异的成绩取得国家公共文化服务体系示范区称号，完善四级公共文化设施网络建设，朝阳区图书馆新馆投入使用，推进常营、劲松、香河园等地区文化中心改造，实施文化室达标工程，形成覆盖城乡的"一刻钟文化服务圈"，提高公共文化供给水平。发挥"社区一家亲"、"民工影院"、"书香朝阳"等品牌影响力，丰富群众文化生活。创新文化体制改革，以垡头地区文化中心为试点，探索基层公共文化运行机制。

继续扩大民生保障范围，不断提升群众幸福感。提高就业服务水平。推进就业服务精细化，依托重点项目大力开发批量就业岗位，通过校企联合、院校合作，围绕产业发展实施技能人才培养带动工程，确保城乡登记失业人员实现就业2.3万人，城镇登记失业率控制在2%以内。完善社保体系建设。不断扩大社会保险覆盖面，以建筑业、服务业为重点行业，以个体工商户、灵活就业人员、农民工为重点人群，加大扩面征缴力度。加大社会救助力度，深化"站校共建"机制，发挥高校系统帮扶和专业社工资源优势，拓宽社会救助惠及面。强化惠民工程效果。提升养老助残服务水平，建立三级养老管理服务机构，加快朝阳区福利中心项目建设，鼓励社会力量兴办养老机构，新增养老床位1000张。继续做好住房保障工作，完成市政府下达的老旧小区综合整治、保障房建设和配租配售任务，推进分钟寺桥西北侧地区回迁安置房、茶家坟、豆各庄二号院、世纪城市等项目建设，改善百姓居住水平。拓展社区便民服务，建设20个智慧社区试点，打造50个"社区规范化建设示范点"、10个星级"一刻钟社区服务圈"，不断满足百姓生活便利需求。

各位代表，2013年的任务充满挑战，但我们满怀信心。我们将在市委、市政府和区委的领导下，在区人大的监督指导下，用科学发展观统揽全局，巩固优势，开拓创新，扎实工作，务求实效，为推进朝阳科学发展、民生幸福而努力奋斗！

关于朝阳区2012年财政预算执行情况和2013年财政预算草案的报告

——2013年1月8日在朝阳区第十五届
人民代表大会第三次会议上

朝阳区财政局局长 邹立嵩

各位代表：

受朝阳区人民政府委托，向大会提交朝阳区2012年财政预算执行情况和2013年财政预算草案的报告，请予审议。

2012年财政预算执行情况

2012年是新一届区政府的届首之年，在市委、市政府和区委的坚强领导下，在区人大、区政协的监督支持下，全区上下贯彻落实科学发展观，牢牢把握稳中求进总基调，突出核心功能、文化驱动和发展惠民，坚持城乡统筹，努力增收节支，强化预算管理，稳步推进财政改革，认真落实区第十五届人民代表大会第一次会议确定的各项任务，全年财政预算执行情况良好。

一、2012年财政收支总体情况

2012年朝阳区区级财政收入完成3485818万元，比上年增加317488万元，增长10%。其中：公共预算收入3451946万元，增长10.4%；基金收入33872万元，下降16.3%。主要收入科目完成情况是：营业税1205288万元，完成预算的98.8%；企业所得税758906

万元,完成预算的 86.7%;增值税 355356 万元,完成预算的 121.2%;房产税 277601 万元,完成预算的 99.1%。

2012 年朝阳区当年财力完成 3017136 万元,比上年增加 371262 万元,增长 14%,完成预算的 116.9%。其中:区级财政收入 3485818 万元,扣除体制上解 1078880 万元,加上体制补助 57729 万元,体制财力为 2464667 万元;市追加专项 432203 万元,市财政定额及结算补助 120266 万元。动用上年结余 96330 万元,2012 年实际可用财力为 3113466 万元,安排支出 2793907 万元,当年专项结余 319559 万元。

2012 年朝阳区财政支出完成 2793907 万元,比上年增加 595229 万元,增长 27.1%,完成预算的 108.2%。主要支出科目完成情况是:一般公共服务 182518 万元,完成预算的 105.5%;国防 6728 万元,完成预算的 247.2%;公共安全 317081 万元,完成预算的 108.5%;教育 597876 万元,完成预算的 105.9%;科学技术 56075 万元,完成预算的 105.4%;文化体育与传媒 66321 万元,完成预算的 107%;社会保障和就业 535496 万元,完成预算的 107.7%;医疗卫生 238980 万元,完成预算的 108%;节能环保 58245 万元,完成预算的 107.9%;城乡社区事务 338038 万元,完成预算的 107.3%;农林水事务 220240 万元,完成预算的 108.2%;资源勘探电力信息等事务 76532 万元,完成预算的 286.6%;商业服务业等事务 15380 万元,完成预算的 111.4%;金融监管等事务支出 20000 万元,完成预算的 109.9%;国土资源气象等事务 823 万元,完成预算的 452.2%;住房保障支出 12376 万元,完成预算的 123.8%;粮油物资储备事务 2668 万元,完成预算的 98.7%;其他支出 48530 万元,完成预算的 104.4%。

其他需要说明的有:预备费支出 24500 万元,完成预算的 100%,主要用于提升民生保障能力、基层社会建设、食品安全监测等方面工作。国有土地使用权出让收入 271327 万元,北京市扣除应返还朝阳区的 50111 万元,直接用于教育、农田水利建设,朝阳区实际可使用国有土地使用权出让收入 221216 万元,其中 CBD 土地出让收入 120000 万元。朝阳区支出 143814 万元,主要用于偿还政府工程债务、环境整治及基础设施建设。

2012 年,实际收到土地储备前期成本 1009988 万元,其中:收到当年土地储备前期成本 681038 万元,收到往年土地储备前期成本 328950 万元。支出 977017 万元。

以上数字是按照预算执行的情况初步汇总的,在决算编成后,还会有所变化。

2012 年财政预算执行主要有以下特点:

一是财政收入稳中求进,实现了高基数上的持续增长。2012 年在"调结构、稳增长"的整体经济工作部署下,中央及北京市结构性减税政策逐步实施,房地产业、汽车销售行业调控效果明显,财政收入虽出现增减波动,但产业结构更趋优化,尤其是现代服务业发展态势良好,促使财政收入增收局面不断巩固,面对当前经济工作中的挑战和机遇,坚持可持续发展理念,落实各项产业政策,着力改善企业经营环境,引导企业经营不断向好,财政收入实现年初既定目标。

二是财政支出结构不断优化,着力加强财政资金管理。面对经济发展的不确定因素,以及各方面建设对资金的实际需求,坚持控制政府运行成本,强化预算监督管理,努力缓解收支矛盾。优先保障教育、农业、卫生等法定支出需求,统筹财力向民生领域倾斜;大力支持公共文化体系建设,努力提升区域可持续发展动力;稳步推进土地储备工作,继续加强土地储备资金监管。

三是加强财政资金统筹调度,保障市区重点工作有序推进。强化资金统筹平衡,确保各项资金的及时调度,积极落实北京市各项重点工作部署,在大力推进万亩造林、老旧小区综合整治工作的基础上,努力化解政府融资平台债务风险,确保财政资金安全高效运转。

二、2012 年财政管理工作

(一)优化结构稳增长,确保财政收入增势趋稳向好

全力以赴稳增长,积极转变发展方式,安排资金 152443 万元,将产业结构调整和税源建设工作有机结合,扭转年初财政收入增速下滑的不利局面,促进优势、特色、新兴产业的全面发展。一是支持"十大发展基地"建设。扎实推进 CBD 核心区建设和东扩工作,拓展奥运功能区文体娱乐、旅游会展的产业影响,促使电子城高科技产业要素的加快聚集,统筹有序推进储备区建设规划工作。二是支持提升高端产业体系的发展优势。巩固提升现代服务业主体地位,促进金融业快速发展,不断扩大文化创意产业规模,大力扶持信息服务、生物医药、新能源等产业集群的逐步形成,鼓励倡导节能降耗的可持续发展理念。三是积极发挥财政政策的引导作用,坚持税源建设工作体系,充分调动街乡涵养税源的积极性,大力支持招商引资工作,敦促企业规范纳税。

(二)惠民为先重保障,深化公共财政体系建设

以实现民生幸福为目标,完善大民生工作格局,安排资金 1530089 万元,大力支持"十大民生工程"实施,加强为群众办实事、解难题的资金保障,努力提高公共服务能力和水平。一是支持卫生事业加快发展,投入资金 238980 万元。努力解决卫生资源不足、布局不均

等问题，推进基层卫生服务体系建设，推广家庭医生式服务；率先搭建中医就诊平台，农村社区实现每星期有中医专家门诊；完善三级急救网络，成功创建全国卫生应急综合示范区。二是支持教育均衡优质发展，投入资金 715416 万元。加大优质教育资源引进力度，深入实施“双名工程”，努力创造人才成长环境；积极缓解入学难、入园难问题，新开办中小学 6 所，幼儿园 9 所；高度重视农村教育发展，鼓励国际、职业、民办等各级各类教育全面发展，教育质量稳步提升。三是支持就业和社会保障工作扎实推进，投入资金 535496 万元。多渠道增加就业岗位，努力挖掘就业潜力；支持城镇职工社会保险、农村养老保险、新型农村合作医疗等各项保障制度的贯彻实施；巩固完善养老助残体系，朝阳区福利中心启动建设，支持养老助残餐桌服务；加大对困难群体的救助力度，高度关注并努力解决城乡低保、低收入、残疾人家庭的实际生活困难；大力支持保障性住房及公共配套设施的建设和管理，努力缓解百姓住房困难。四是支持公共文化体系建设，投入资金 40197 万元。全面推进国家公共文化服务体系示范区创建工作，四级公共文化服务网络不断健全；实施文化惠民工程，垡头地区文化中心、100 台自助图书馆建成；鼓励社会力量广泛参与多种形式、内容、载体的文化建设活动，强化精神文明建设，健全文明城区创建长效机制，大力弘扬北京精神。

（三）建管并重促和谐，统筹推进城乡协调发展

全面加强城市建设管理，努力改善城乡面貌，安排资金 829499 万元，坚持高标准建设和精细化管理，构建繁荣、和谐、文明、宜居的城乡新环境。一是以党的“十八大”服务保障任务为重点，确保社会安定和谐。高度重视节点、街巷、小区的环境美化工作，率先开展老旧小区综合整治；大力支持综治维稳和社会面防控体系建设，支持生产、食品、药品、消防、防汛等各领域安全隐患防控；努力提高社区服务质量，全面推进“一刻钟社区服务圈”建设，营造平安和谐的社会氛围。二是以高标准建设宜居城市为目标，不断改善居民生活环境；完成道路大中修 50 条，打通断堵头路 15 处，支持公共自行车服务系统建设，努力缓解城市交通压力；不断改善生态环境，推进小型污水处理厂建设，建成 PM2.5 监测网络并开展清洁空气行动计划，推进万亩造林工程，新增、改造绿化面积 927 公顷；支持拆违控违工作，引导人口有序流动，确保城市运行平稳有序。三是以城乡一体化为抓手，投入资金 389335 万元，努力改善农村生产生活条件。积极发挥财政政策对农村产业发展的引导作用，强化农村与功能区联动发展，努力促进农民增收；大力支持农村地区的基础设施建设和环境整治工作，完善郊野公园建设和管理，促使农村地区整体环境质量全面提升，提高农民享受公共服务的水平和质量。

（四）深化改革抓管理，提高财政科学化精细化水平

统筹推进财政各项改革，切实提高财政监督管理和服务保障能力，确保财政资金安全高效使用。一是统筹兼顾保障重点，强化预算执行和管理。坚持节约型政府建设，重点保障公共服务领域的资金需求；加强政府性债务动态管理，建立科学可持续的政府融资偿债体系；高度关注土地储备工作的开展。二是加快财政改革步伐，推进部门预算改革，引入绩效预算理念，强化预算编制的科学性论证；全面推进国库集中支付改革，启动公务卡改革试点工作；加强政府采购专业化管理，扩大采购范围；探索资产专业化管理，提升资金分配、预算执行、监督检查等各个方面的管理效能；推进朝阳区会计委派工作，提高预算单位的财务管理水平。三是落实人大决议，积极接受社会监督，推进预算公开工作，50 家预算单位已在网上公开预算。

2012 年，财政部门在严格按照《北京市朝阳区预算监督办法》的要求和程序上报决算报告、预算上半年执行情况的基础上，一是加强与区人大常委会的沟通，了解人民代表对政府工作提出的要求和建议；二是积极落实人大决议，认真办理人大常委会各项审议意见，继续优化支出结构，不断提升财政管理水平。

2012 年，是经济发展稳中有进的一年，是社会事业加快推进的一年，是城市建设管理全面深化的一年。全区上下共同努力，成功应对国内外复杂经济形势的挑战，圆满地完成了年初财政预算任务。我们也清醒地认识到，2013 年宏观经济形势诸多不确定性依然存在，财政收入在高基数上持续增长的压力更大，各方面发展建设任务带来的收支矛盾更加尖锐，需进一步加强以下三方面工作：一是继续优化经济结构，完善税源涵养体系，以产业转型升级带动经济、税收的可持续增长；二是继续推进“大民生”工作格局，保障城乡社会事业发展，促进基本公共服务均等化的落实；三是继续强化对财政资金的监督和管理，坚决贯彻财政资金取之于民用之于民的基本理念，确保财政资金的安全高效使用。

2013 年财政预算草案和主要工作

2013 年是加快实施“十二五”规划，再创发展新优势的关键一年。总体工作思路是：全面贯彻党的十八大精神，认真落实中央经济工作会议、市委十一届二次全会和区委十一届五次全会的各项部署，紧紧围绕主题主线，牢牢把握朝阳区“六个阶段性特征”，深入落实

"四个必须"工作定位,深化改革开放,强化创新驱动,着力转变发展方式,着力推进城乡一体化建设,着力加强和改善民生,着力加强生态文明建设,坚持节约型政府理念,强化财政管理,全力推进朝阳科学发展、民生幸福。

一、2013 年预算草案

2013 年预算编制的指导思想是:紧紧围绕"推进科学发展、民生幸福"的行动纲领,牢牢把握"稳中求进"的总基调,突出国际化特征和国际商务中心功能,突出发展惠民,全面加快"新四区"建设步伐。进一步深化部门预算改革,完善预算管理制度,健全预算约束和激励机制,优化预算支出结构,提高预算支出绩效,促进预算公开透明。

按照上述指导思想,依据相关法律法规的要求,在充分听取人大代表意见的基础上,按照朝阳区经济社会发展的需要,区政府编制了 2013 年财政收支预算草案,提请大会审议:

财政收入 3800000 万元,比上年增长 9%;

当年财力 2847000 万元,比上年下降 5.6%,如剔除 2012 年不可预见的市追加专项,2013 年当年财力实际增长 6%;

财政支出安排 2847000 万元,比上年增长 1.9%。

财力与支出相抵,当年预算收支平衡。

2013 年财政支出预算安排的总体情况是:基本支出 726291 万元,其中人员支出 446654 万元,对个人和家庭补助支出 190053 万元,公用支出 89584 万元;项目支出 2120709 万元,其中预备费 28500 万元,占财政支出的 1%。

一般公共服务 185150 万元;国防 3079 万元;公共安全 326364 万元;教育 615775 万元;科学技术 57755 万元;文化体育与传媒 68602 万元;社会保障和就业 560351 万元;医疗卫生 247703 万元;节能环保 60096 万元;城乡社区事务 348816 万元;农林水事务 226809 万元;资源勘探电力信息等事务 27790 万元;商业服务业等事务 17881 万元;金融监管等事务支出 20400 万元;国土资源气象等事务 234 万元;粮油物资储备事务 2695 万元;预备费 28500 万元;其他支出 49000 万元。

二、2013 年财政管理工作

(一)注重"优化"调结构,保持财政收入平稳增长

深化经济增长结构调整,努力实现产业结构优化和财政持续增收的良性发展局面,安排资金 176379 万元,提高经济发展质量和水平。一是进一步支持"十大发展基地"建设。CBD 核心区建设工作全面开展,继续扩大奥运功能区文体活动综合影响力,支持功能性项目在电子城落地发展;支持大望京、温榆河、金盏金融园区的产业项目支撑,强化东坝、垡头等地区的规划引导,为朝阳区新一轮经济发展挖掘增长点。二是发挥财政政策对产业结构调整的积极作用。推进现代服务、金融、高新技术、文化创意等核心功能产业的发展,大力支持总部经济聚集,关注新一代移动通信、新生物医药、新能源和信息服务业等新兴产业的培育涵养,构筑战略性新兴产业群。三是把税制结构性调整作为税源建设工作新契机。总结税源建设工作经验,积极落实营业税改征增值税工作,支持税源涵养及招商引资,规范企业纳税行为,不断提高对企业的服务管理质量。

(二)注重"和谐"惠民生,提高社会事业发展水平

将群众实际需求作为财政资金投入的引导方向,加快实施"十大民生工程",安排资金 1584717 万元,推进"大民生"工作格局的开展。一是进一步支持医疗卫生服务体系的完善,安排资金 247703 万元。加快优质医疗资源引入,支持医疗设施建设,实现社区卫生服务网络全覆盖,推进社区卫生服务与二三级医院的联动发展,全面提升医疗服务水平。二是进一步促进教育优质均衡发展,安排资金 732463 万元。深化"双名工程",扩大优质教育资源聚集,优化教育资源布局,促进城乡义务教育均衡发展,努力缓解入园难入学难问题,继续支持多种教育形式发展,推动终身教育体系建设。三是进一步推进城乡统筹的就业和社会保障工作,安排资金 560351 万元。支持落实各项就业政策,强化就业援助和岗位开发储备;统筹推进城乡社会保障体系,加大对困难群体的救助扶持力度;提升养老服务水平,深化三级养老管理服务中心建设,支持多样化的居家养老服务模式;继续推进保障性住房建设。四是进一步促进文化繁荣发展,安排资金 44200 万元。大力支持争创国家公共文化服务体系示范区,提高区域公共文化服务能力和水平;推动文化创意产业与区域金融、商务、科技等重点产业的融合发展,激发朝阳文化发展的活力。

(三)注重"统筹"促发展,建设城乡一体化新格局

加强城乡环境和生态文明建设,提升城市管理现代化水平,安排资金 858629 万元,创建宜居优美的居民生活环境和平稳有序的城市发展环境。一是大力支持城乡环境建设。加大基础设施建设力度,推进道路建设及大中修工程;着力改善生态环境,支持北部水系改造等水环境治理工程,落实清洁空气行动计划,推进万亩造林绿化工作,大力倡导垃圾分类;加强市容环境治理,继续推进老旧小区节能和抗震改造。二是大力支持城市管理水平的全面提升。合理调控人口规模与城市资源环境相适应,着力缓解道路拥堵,加大对违法建设的查处力度;进一步提高社会服务管理水平,支持社会服务模式创新,推进社区服务平台建设,拓展便民服务圈的服务内容;全力保障安全稳定工作,做好处置

突发应急事件的资金保障，强化生产、食品、药品等监管工作。三是加快农村城市化进程，安排资金407333万元。促进农村地区发展与“十大发展基地”建设的有效衔接，提升农村地区发展动力，大力支持农民增收；不断完善道路、供水、供暖等市政基础设施，促进农村地区生态、卫生、文化环境改善。

(四)注重“科学”抓管理，不断提高财政精细化理财水平

坚持以科学化精细化为理念夯实财政基础工作，全面提升财政管理水平。一是继续强化预算管理和执行，坚持节约型政府建设，严格控制政府运营成本，集中财力向卫生、教育、社保等关系群众利益和国计民生的公共服务领域倾斜，促进经济、社会、文化的协调发展。二是深入推进部门预算、国库集中支付、政府采购、绩效评价、预决算公开等财政改革工作，试编制国有资本经营预算，发挥财政改革对资金管理的实效，优化支出结构，提高财政资金的使用效益。三是进一步夯实基础工作，强化制度建设，继续推进会计委派工作，把依法理财、为民理财、科学理财贯穿于财政各项职能工作中，努力提高财政优化配置资源的综合保障能力。

各位代表，2013年朝阳区站在新的历史起点上，发展蓝图催人奋进，预算任务光荣而艰巨。我们将在区委的正确领导下，在区人大、政协的监督和支持下，求真务实、锐意进取、改革创新，扎实工作，努力完成会议确定的各项预算任务，为构建和谐新朝阳而努力奋斗！

附件

相关问题的说明

一、关于对预计数和预算编制数口径差异的说明

(一)当年财力预计和预算编制的口径差异

2012年当年财力中包含：根据财政收入形成的体制财力2464667万元、市对区补助资金552469万元(包含市追加专项资金、市财政定额及结算补助)，2012年当年财力为3017136万元。

2013年当年财力预算数中包含：根据财政收入形成的体制财力2662538万元、目前可以明确市对区补助资金184462万元，2013年预算当年财力为2847000万元。

2013年预算当年财力2847000万元，比2012年下降5.6%。下降的主要原因是：目前在2013年预算中可以明确的市对区补助资金，比2012年已实现的金额少368007万元。

(二)财政支出预计和预算编制的口径差异

2013年财政支出预算数中包含：根据财政收入形成的体制财力2662538万元、目前可以明确市对区补助资金184462万元，2013年预算当年财力为2847000万元，全部安排支出。

2013年预算支出2847000万元，比2012年增长1.9%。口径存在差异主要反映在：一是预算支出不包含动用往年结余；二是2012年市对区补助资金支出额度比2013年已明确预算的额度多。

二、北京市财政局关于编制预算的要求

根据《北京市财政局关于做好2013年区县预算编制工作的通知》精神，2013年北京市财政局对部门预算编制的要求和重点是：与自身财力相适应，统筹兼顾编制部门预算；严格控制一般性支出，建立健全厉行节约长效机制；完善基本支出定员定额管理，提高基本支出预算编制的科学性和规范性；完善项目支出管理，建立健全项目支出定额标准化体系，推动项目支出预算科学化管理；推进预算绩效管理，提高财政资金使用效益；加强政府非税收入管理，推进综合预算编制，提高管理的精细化水平；规范政府采购行为，做好政府采购预算编制工作，完善政府采购制度；加强国有资产管理，完善资产购置预算编制工作，推进资产管理与预算管理有机结合；推进预算公开工作，提高财政预算透明度。

三、2012年部分收支科目完成情况的说明

(一)收入情况说明

增值税355356万元，增长34.7%。增幅较大的主要原因是：北京实施营业税改征增值税试点改革，增值税税源增加所致。

营业税1205288万元，增长7.0%。增幅较小的主要原因是：一是北京实施营业税改征增值税试点改革，营业税税源减少；二是在中央以及北京市房地产调控政策的影响下，朝阳区房地产业营业税出现减收。

企业所得税758906万元，下降4.9%。负增长的主要原因是：主要是涉外企业所得税减收所致。

城镇土地使用税18252万元，增长1.0%。增幅较小的主要原因是：该税种税收规模基本稳定。

耕地占用税5824万元，增长51.0%。增幅较大的主要原因是：朝阳区土地储备工作带动了该税增长。

非税收入94375万元，增长123.9%。增幅较大的主要原因是：一次性因素导致今年非税收入增幅明显。

(二)支出情况说明

国防6728万元，增长89.7%。增幅较大的主要原因是：追加区人民武装部993工程、区民防局民防工程等一次性项目所致。

资源勘探电力信息等事务76532万元，增长238%。增幅较大的主要原因是：新增中央补助新型显示器件创新发展专项资金60000万元所致。

商业服务业等事务15380万元,增长34.7%。增幅较大的主要原因是:市追加专项资金所致。

国土资源气象等事务823万元,增长354.7%。增幅较大的主要原因是:由于追加区国土分局土地整治规划等经费所致。

住房保障支出12376万元,下降57.4%。减幅较大的主要原因是:主要是上年住房补贴资金中含无房老职工一次性补差补贴资金所致。

粮油物资储备事务2668万元,增幅为零,该资金按照市财政局统一要求安排并拨付。

四、2013年部分预算支出科目的说明

国防3079万元,比2012年预计下降54.2%,主要是由于2012年追加区人民武装部993工程、区民防局民防工程等一次性项目所致。

资源勘探电力信息等事务27790万元,比2012年预计下降63.7%,主要是由于2012年新增中央补助新型显示器件创新发展专项资金60000万元所致。

国土资源气象等事务234万元,比2012年预计下降71.6%,主要是由于2012年追加区国土分局土地整治规划等经费所致。

住房保障支出2013年预算为零,主要是由于按照政府收支分类科目要求,在该科目核算的职工住房补贴资金纳入社会保障和就业科目。

五、2012年法定支出完成情况的说明

教育依法增长。《中华人民共和国教育法》、《中华人民共和国教育法实施细则》规定:教育财政拨款的增长应当高于财政经常性收入的增长,并按在校人数平均的教育费用逐步增长,保证教师工资和学生人均公用经费逐步增长。全国各级财政支出总额中教育经费所占比例应当随着国民经济的发展逐步提高。2012年教育总支出715416万元,占公共预算支出的26.01%,高于上年26.00%的比重;教育科目支出597876万元,比上年增长27.1%,高于财政经常性收入9%的增幅。

科技依法增长。《中华人民共和国科学技术进步法》规定:用于科学技术经费的增长幅度高于经常性收入的增长幅度。2012年科技法定支出56075万元,比上年增长27.3%,高于财政经常性收入9%的增幅。

农业依法增长。《中华人民共和国农业法》规定:对农业总投入的增长幅度应当高于财政经常性收入的增长幅度。2012年农业法定支出220240万元,比上年增长28.8%,高于财政经常性收入9%的增幅。

卫生依法增长。《中共中央、国务院关于卫生改革与发展的决定》规定:中央和地方政府对卫生事业的投入,要随着经济的发展逐年增加,增加幅度不低于财政支出的增长幅度。2012年卫生法定支出238980万元,比上年增长27.3%,高于财政支出27.1%的增幅。

文化依法增长。依据中央有关规定:对宣传文化事业的投入增加幅度不低于财政收入的增幅。2012年文化法定支出40197万元,比上年增长17.1%,高于财政收入10%的增幅。

人口和计划生育依法增长。根据朝阳区政府与北京市政府签订的人口与计划生育工作责任书,2012年区财政投入户籍人口人均计划生育事业费应为13元,按照2011年朝阳区户籍人口193.8万计算,应投入2519万元,2012年实际投入5993万元,高于依法增长要求。

六、关于土地储备收支情况的说明

2012年,朝阳区土地储备出让地块3个,应返前期成本690413万元,应返收益14354万元。实际收到当年前期成本559151万元,收益预计2013年到位。已收到前期成本支出559151万元,全部用于土地储备贷款偿还。

收到往年CBD项目前期成本返还项目2个,返还前期成本253818万元,支出253818万元。

收到企业为主体开发项目前期成本197019万元,支出126920万元,剩余70099万元。其中:收到当年前期成本121887万元,支出63058万元,剩余58829万元;收到往年前期成本75132万元,支出63862万元,剩余11270万元。

动用以前年度结余37127万元。

综上,从整体收支余数据看,土地储备前期成本收回1009988万元,支出977017万元。

七、"其他支出"项目明细情况

2012年,列"其他支出"科目额度为48530万元,主要项目是:风险准备金25000万元,市区配套政策解决历史遗留问题13000万元,世奥森林公园开发经营有限公司维养经费7169万元,彩票公益金、"7.21"特大自然灾害慰问等其他项目3361万元。

2013年预算编制工作,朝阳区坚决落实科学化精细化管理,将能够明确方向的支出进一步细化安排。2013年列"其他支出"科目额度为49000万元。主要项目是:增人增资及公用预留经费36000万元,营改增过渡性财政扶持专项资金10000万元,国资预算配套资金3000万元。

专 文

朝阳区2012年国民经济和社会发展统计公报

北京市朝阳区统计局
国家统计局朝阳调查队
北京市朝阳区经济社会调查队
(2013年5月23日)

2012年,面对复杂严峻的经济形势和区域转型的挑战,在区委、区政府的领导下,朝阳区积极落实科学发展观,牢牢把握稳中求进的总基调,努力促进经济发展方式转变和经济结构调整,全面推进"新四区"和"双十工程"建设,不断优化产业结构,着力推进社会和谐发展,全区经济实现又好又快发展,各项社会事业取得新的成就。

一、综合经济

◇ 经济增长

据初步核算数据显示:朝阳区全年实现地区生产总值(GDP)3632.1亿元,按现行价格计算,比上年增长11.0%。其中,第一产业增加值1.6亿元,比上年增长34.5%;第二产业增加值392.6亿元,比上年增长8.3%;第三产业增加值3237.9亿元,比上年增长11.3%。三次产业结构为0.04:10.81:89.15。

按常住人口计算,全区人均GDP达到98125元(按年平均汇率折合15545美元),比上年增长8.0%。

◇ 财政、金融

全年完成区级财政收入348.6亿元,比上年增长10.0%,其中公共财政预算收入345.2亿元,比上年增长10.4%,其中区级税收327.7亿元,比上年增长8.6%。分税种看:营业税实现120.5亿元,比上年增长7.0%;企业所得税实现75.9亿元,比上年下降4.9%;增值税实现35.5亿元,比上年增长34.7%;城市维护建设税31.4亿元,比上年增长17.4%,四大税种共完成263.3亿元,占区级财政收入比重的75.5%。

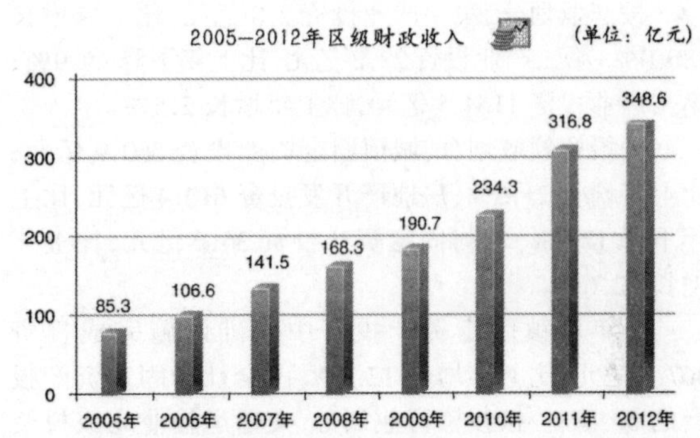

全年实现财政支出279.4亿元,比上年增长27.1%。其中,公共预算支出275.1亿元,比上年增长27.9%。公共预算支出中:教育、社会保障和就业、城乡社区事务、一般公共服务、医疗卫生支出分别为59.8亿元、50.6亿元、33.1亿元、18.3亿元和23.9亿元,增速依次为27.1%、28.5%、25.7%、16.2%和27.3%,上述五项支出合计占财政支出的66.5%。

截至年末,朝阳区中资银行人民币存款余额12163.4亿元,比上年增长7.8%。其中,企业存款余额6987.6亿元,比上年增长0.9%;储蓄存款余额4463.2亿元,比上年增长16.7%。全区中资银行人民币贷款余额5590.9亿元,比上年增长4.9%。其中,中长期贷款3875.4亿元,比上年下降1.3%;短期贷款1641.1亿元,比上年增长21.6%。

◇ 消费

全年实现社会消费品零售额1829.5亿元,比上年增长10.8%。其中限额以上单位实现零售额1724.3亿元,比上年增长9.5%。

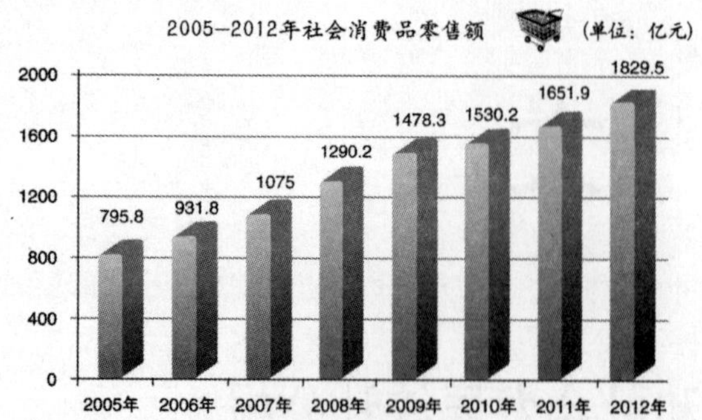

限额以上汽车及配件销售企业实现零售额568.0亿元,比上年增长10.4%;石油及制品销售企业实现零售额162.3亿元,比上年增长12.6%;百货、超市、便利店等综合零售企业实现零售额393.4亿元,比上年增长5.5%。

◇ 固定资产投资

按项目建设地口径统计,全年完成全社会固定资产投资1195.5亿元,比上年增长1.6%。

按产业划分,第一产业投资2.8亿元,比上年增长180.0%;第二产业投资28.2亿元,比上年下降29.9%;第三产业投资1164.5亿元,比上年增长2.5%。

按投资领域划分,城镇固定资产投资550.9亿元,比上年增长21.5%;房地产开发投资610.4亿元,比上年下降12.3%;农村固定资产投资34.2亿元,比上年增长22.6%。

全年城镇固定资产投资中基础设施完成投资367.7亿元,比上年增长12.3%,占全社会固定资产投资的30.8%。按投资行业划分,交通运输业完成投资315.6亿元,比上年增长19.6%;公共设施管理业投资29.3亿元,比上年增长2.8%;电力、燃气及水的生产和供应业投资25.0亿元,比上年下降25.3%。

◇ 对外经济

全年朝阳区进出口总额1724.6亿美元,比上年增长5.3%。其中出口127.0亿美元,增长3.7%;进口

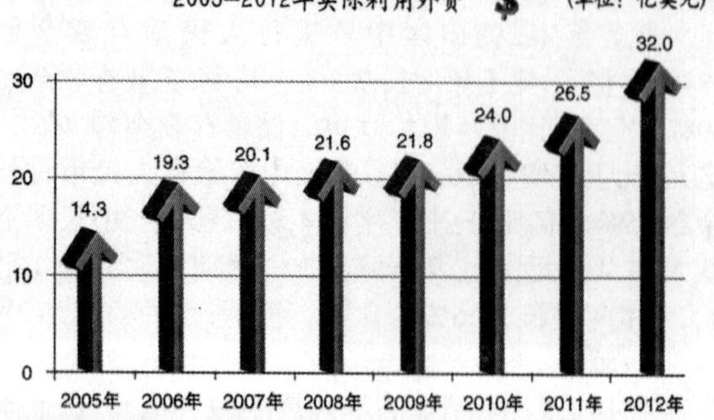

1597.5亿美元,增长5.4%。

全年新批三资企业682家,其中世界500强企业有20家。全年新增跨国公司总部11家。全年批准合同外资额53.3亿美元,比上年增长12.0%;实际利用外资额32.0亿美元,比上年增长20.9%。

二、行业发展

◇ 农业

农业全年实现增加值1.6亿元,比上年增长34.5%。

全年完成农林牧渔业总产值45142.2万元,比上年增长27.0%。其中,种植业产值7826.6万元,比上年下降29.1%;林业产值22951.3万元,比上年增长145.8%;畜牧业产值5984.6万元,比上年增长2.0%;渔业产值5580.6万元,比上年下降12.8%。

观光休闲农业发展良好。全区共有农业观光园14个;接待旅游人数132.6万人次,比上年增长8.3%;观光园总收入4.6亿元,比上年增长11.9%。民俗旅游接待户30户,接待旅游人数5392人次,比上年增长42.5%;民俗旅游总收入34.1万元,比上年增长22.2%。

◇ 工业

工业全年实现增加值298.5亿元,比上年增长8.4%,占第二产业增加值的76.0%,拉动第二产业增加值增长6.4个百分点。

全年规模以上工业企业实现现价工业总产值1210.1亿元,比上年增长2.5%。按行业类型划分,产值排名前三位的分别为煤炭开采和洗选业,开采辅助活动业,计算机、通信及其他电子设备制造业,实现现价工业总产值329.3亿元、170.0亿元和131.0亿元,分别比上年下降2.0%、增长23.1%和下降0.6%,上述三大行业共完成现价工业总产值630.3亿元,占全区规模以上工业企业总产值的52.1%。

1-11月,规模以上工业企业实现主营业务收入1099.1亿元,比上年增长2.7%;实现利润51.4亿元,比上年下降25.7%;企业亏损面为26.5%,比上年扩大4.6个百分点。

◇ 建筑业

建筑业全年实现增加值94.0亿元,比上年增长7.7%。

具有资质等级的总承包和专业承包建筑业企业完成总产值862.9亿元,比上年增长5.6%;全年累计签订合同额1597.3亿元,比上年下降1.5%;房屋建筑施工面积5219.1万平方米,比上年增长13.5%。

◇ 批发和零售业

批发和零售业全年实现增加值892.2亿元,比上年增长9.4%,占第三产业增加值的27.6%,拉动第三

产业增加值增长2.6个百分点。

1-11月限额以上批发零售业实现主营业务收入11619.0亿元，同比增长19.3%；实现利润365.5亿元，同比下降32.0%。

◇ 房地产业

房地产业全年实现增加值373.6亿元，比上年增长10.6%，占第三产业增加值的11.5%。

全年房地产开发完成投资610.4亿元，比上年下降12.3%。按商品房建设用途分，住宅投资293.7亿元，比上年下降7.6%；政策性住房投资192.8亿元，比上年增长95.5%，其中经济适用房投资15.8亿元。

全年商品房施工面积2732.4万平方米，比上年下降3.4%，其中政策性住房1035.0万平方米；商品房竣工面积560.1万平方米，比上年下降31.8%，其中政策性住房192.0万平方米。

全年商品房销售面积472.7万平方米，比上年增长21.4%，其中住宅销售面积334.3万平方米，比上年增长32.5%；商品房销售额1002.0亿元，比上年增长23.1%，其中住宅销售额701.9亿元，比上年增长39.0%。

◇ 金融业

金融业全年实现增加值382.7亿元，比上年增长17.7%，占第三产业增加值的11.8%，拉动第三产业增长2.0个百分点。

1-11月全区金融业单位实现收入合计1568.3亿元，同比增长22.8%，其中保险业、资本市场服务和货币金融服务收入合计分别为1244.1亿元、48.3亿元和235.2亿元，增速分别为22.5%、31.6%和21.1%。1-11月全区金融业单位实现利润665.8亿元，同比下降12.3%，其中保险业、资本市场服务和货币金融服务利润总额分别为518.5亿元、14.5亿元和102.9亿元，增速分别为-18.1%、99.6%和6.3%。

◇ 旅游业

全年实现旅游综合总收入728.8亿元，比上年增长13.2%。其中，旅游商业实现收入225.0亿元，比上年增长8.8%；旅行社实现收入256.7亿元，比上年增长19.6%；住宿业实现收入151.0亿元，比上年增长12.8%。全年接待国内外游客3900.8万人次，比上年下降0.5%，其中旅游景区接待游客2428.3万人次，比上年增长0.3%；住宿业接待游客1128.0万人次，比上年下降1.2%；旅行社接待游客211.3万人次，比上年下降10.6%；乡村旅游接待游客133.1万人次，比上年增长8.4%。

◇ 重点产业

高技术产业

1-11月全区规模以上高技术产业实现营业收入363.6亿元，同比增长6.8%。其中高技术制造业实现营业收入209.7亿元，同比增长5.1%；软件开发实现营业收入153.9亿元，同比增长9.1%。1-11月全区高技术产业实现利润36.9亿元，同比下降7.9%，其中高技术制造业实现利润23.3亿元，同比下降6.8%；软件开发实现利润13.6亿元，同比下降10.2%。

全年全区规模以上高技术制造业实现现价工业总产值227.3亿元，比上年增长3.6%，占全区工业总产值的18.8%。按行业划分，总产值排名前三位的分别是电子及通信设备制造业、医药制造业和电子计算机及办公设备制造业，实现现价工业总产值73.2亿元、66.2亿元和60.7亿元，增速分别为1.9%、17.2%和-3.5%。

现代服务业

1-11月全区规模以上现代服务业单位资产总计62587.9亿元，同比增长20.2%；实现收入合计6630.5亿元，同比增长13.2%。其中：商务服务业收入合计2877.7亿元，同比增长14.7%；科学研究和技术服务业收入合计619.2亿元，同比增长15.4%；信息传输、软件和信息技术服务业收入合计398.1亿元，同比增长9.6%。

1-11月全区规模以上现代服务业单位实现利润1467.4亿元，同比增长4.2%。其中：商务服务业实现利润588.8亿元，同比增长26.4%；科学研究和技术服务业实现利润57.9亿元，同比增长37.9%；信息传输、软件和信息技术服务业实现利润11.5亿元，同比增长25.2%。

文化创意产业

1-11月全区规模以上文化创意产业资产总计2045.7亿元，同比增长17.2%；实现收入合计1718.7亿元，同比增长5.1%。其中：广告会展服务，软件、网络及计算机服务，旅游、休闲娱乐业收入合计分别为381.6亿元、377.6亿元和314.6亿元，增速分别为-2.2%、9.1%和21.1%。

1-11月全区规模以上文化创意产业单位实现利润48.5亿元，同比下降37.2%。其中：广告会展，软件、网络及计算机服务，旅游、休闲娱乐业利润总额分别为13.0亿元、10.6亿元、7.2亿元，增速分别为-34.8%、30.1%、17.9%。

生产性服务业

1-11月全区规模以上生产性服务业单位资产总计60673.3亿元，同比增长22.2%；实现收入合计16315.4亿元，同比增长18.7%；实现利润1743.7亿元，同比下降3.5%。分领域看，流通服务收入合计10821.3亿元，同比增长19.8%；商务服务收入合计2905.4亿元，同比增长14.9%；金融服务收入合计

1568.3亿元,同比增长22.8%;信息服务收入合计398.1亿元,同比增长9.6%;科技服务收入合计619.2亿元,同比增长15.4%,五大领域收入占总体的比重分别为66.3%、17.9%、9.6%、2.4%和3.8%。

三、功能区发展

◇ CBD功能区

CBD功能区全年完成投资395.5亿元,比上年增长33.1%,占全区投资总量的33.1%。1-11月CBD功能区规模以上现代服务业实现收入合计4979.9亿元,同比增长13.9%,占全区现代服务业收入的75.1%,其中商务服务业收入合计2532.0亿元,同比增长16.9%,占全区商务服务业收入的88.0%;金融业收入合计1473.8亿元,同比增长22.4%,占全区金融业收入的94.0%。1-11月CBD功能区限额以上批发零售业实现主营业务收入6645.4亿元,同比增长40.8%,占全区批发零售业主营业务收入的57.2%;实现利润247.6亿元,同比下降31.9%,占全区批发零售业利润的67.7%。

按北京商务中心区东扩后6.99平方公里的范围统计,全年完成投资191.8亿元,比上年增长134.2%;实现社会消费品零售额406.3亿元,比上年增长13.1%。1-11月CBD规模以上现代服务业实现收入合计2342.8亿元,同比增长22.1%,占全区现代服务业收入的35.3%。1-11月CBD规模以上文化创意产业实现收入合计651.1亿元,同比增长7.4%,占全区文化创意产业收入的37.9%。1-11月CBD限额以上批发零售业企业实现主营业务收入1795.6亿元,同比增长7.9%。

◇ 电子城功能区

电子城功能区全年完成投资154.0亿元,比上年下降30.7%,占全区投资总量的12.9%;功能区内116家规模以上工业企业实现工业总产值283.5亿元,比上年下降1.7%,占全区工业总产值的23.4%。

1-11月电子城功能区规模以上高技术产业实现营业收入196.2亿元,同比增长3.7%,占全区高技术产业营业收入的54.0%。其中:高技术制造业实现营业收入157.7亿元,同比增长2.7%;软件开发业营业收入38.5亿元,同比增长7.8%。1-11月电子城功能区规模以上高技术产业实现利润22.7亿元,同比下降10.1%,占全区高技术产业利润的61.5%。其中:高技术制造业实现利润16.3亿元,同比下降2.4%;软件开发业实现利润6.4亿元,同比下降25.6%。1-11月电子城功能区限额以上批发零售业实现主营业务收入1318.5亿元,同比下降8.3%,占全区批发零售业主营业务收入的11.3%;实现利润81.6亿元,同比下降33.0%,占全区批发零售业利润的22.3%。

1-11月电子城科技园实现工业总产值737.7亿元,同比增长25.4%,其中新产品产值467.4亿元,同比下降4.6%;实现总收入3385.6亿元,同比增长173.4%,其中技术收入和产品销售收入分别为254.3亿元、734.8亿元,分别增长16.8%、17.0%;实现利润313.9亿元,同比增长197.8%。

◇ 奥运功能区

奥运功能区全年完成投资171.0亿元,比上年下降29.0%,占全区投资总量的14.3%。

1-11月奥运功能区规模以上现代服务业单位收入合计899.7亿元,同比增长8.7%,占全区现代服务业收入的13.6%;实现利润630.9亿元,同比增长29.4%,占全区现代服务业利润的43.0%。1-11月奥运功能区限额以上批发零售业实现主营业务收入2999.0亿元,同比增长3.3%,占全区批发零售业主营业务收入的25.8%;实现利润35.5亿元,同比下降26.7%,占全区批发零售业利润的9.7%。

四、人口、就业和人民生活

◇ 人口

年末全区常住人口374.5万人,其中常住外来人口169.5万人,占常住人口的45.3%。从性别构成看,男性人口193.1万人,占常住人口的51.6%;女性人口181.4万人,占常住人口的48.4%。从年龄构成看,0-14岁人口为34.5万人,占常住人口的9.2%;15-64岁人口306.0万人,占常住人口的81.7%;65岁及以上人口为34.0万人,占常住人口的9.1%。常住人口中:全年出生人数31842人,出生率为8.6‰;死亡人数13692人,死亡率3.7‰;自然增长率为4.9‰。

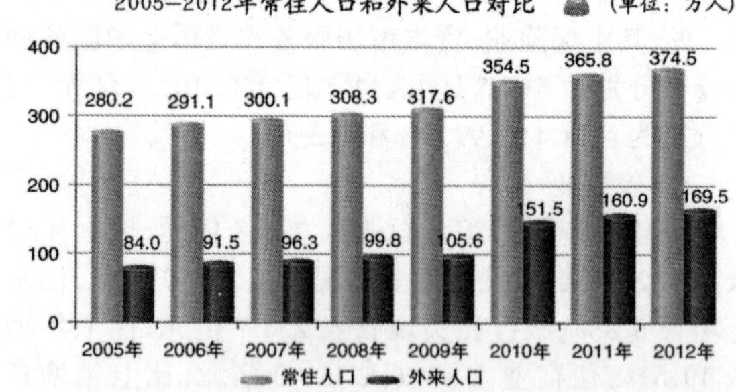

年末全区户籍人口198.1万人,比上年末增加4.3万人,增长2.2%。全区计划生育率为98.5%。

◇ 就业和社会保障

年末全区城镇登记失业率为0.88%,与上年末持平,低于2.0%的调控目标。全年开发就业岗位12.7万个,比上年增长13.7%。城乡登记失业人员就业人数2.7万人,比上年增长1.1%。

年末全区参加基本养老、基本医疗、失业、工伤和生育保险人数分别为246.2万人、265.4万人、212.2万人、183.3万人和176.1万人，比上年分别增长12.5%、9.9%、15.8%、4.3%和113.3%。城镇社会保险各项基金征缴额达365.3亿元，比上年增长27.3%，各项基金收缴率均达到99.0%以上。全区农民参加城乡居民养老保险人数8.1万人，比上年增长2.5%。参加农村新型合作医疗的人数达到11.8万人，新型农村合作医疗参合率达99.7%。全区最低生活保障救济人数15817人，比上年下降2.9%；最低生活保障金发放总金额9032.0万元，比上年下降0.4%。

◇ 居民生活

据抽样调查结果显示：全年城市居民人均可支配收入达到37883元，比上年增长11.3%；农村居民人均纯收入22152元，比上年增长11.7%。

全年城市居民人均消费性支出26785元，比上年增长8.0%，其中医疗保健、教育文化娱乐服务支出增长最快，增速分别为21.2%和15.7%；农村居民人均生活消费现金支出18381元，比上年增长8.8%，其中家庭设备用品及服务、医疗保健支出增长最快，增速分别为34.0%和23.3%。城乡居民恩格尔系数分别为30.9%、31.7%。截至年末，城市居民每百户家庭拥有家用汽车45辆，家用电脑126台，空调194台，手机232部。农村居民每百户家庭拥有家用汽车24辆，家用电脑100台，空调180台，手机232部。

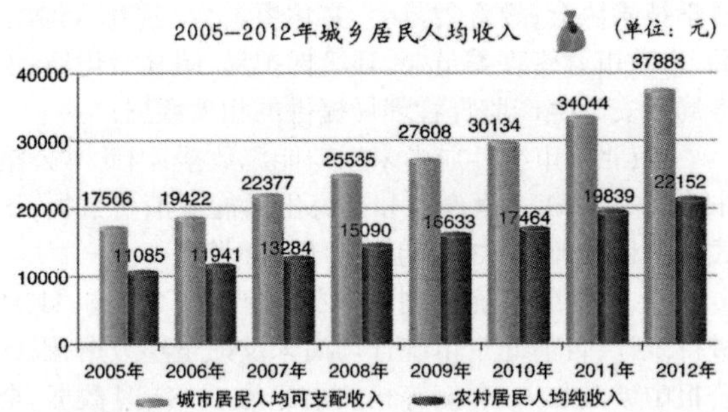

五、社会事业

◇ 科技

全年专利申请量和授权量分别为21088件和9993件，分别比上年增长28.4%和26.7%，其中发明专利申请量和发明专利授权量分别为11836件和3671件，分别比上年增长19.8%和32.0%。全年技术市场成交量7371项，比上年增长81.9%；技术合同成交额382.2亿元，比上年增长58.5%。全年科普投入1563.4万元，人均科普经费7.9元。

◇ 教育

年末全区共有幼儿园183所，在园幼儿56171人，示范幼儿园比例为21.6%；普通小学128所，当年招生21780人，在校生100220人，毕业生13221人；普通中学81所，当年招生20697人，在校生55458人，毕业生14206人。

社区教育中心（学校）、职业高中分别有43所、6所，朝阳区多种培养模式蓬勃发展。

◇ 文化

年末全区共有公共图书馆2个，社区图书馆43个，图书馆馆藏图书达216.2万册。全区共有博物馆58个，剧场、影剧院54个，街乡级文化服务中心41个，社区（村）文化活动室覆盖率100%。广泛开展基层文化演出，公益性演出3937场次；基层数字电影放映7458场次；文化广场达到181个。

◇ 卫生

年末全区共有卫生机构1243个：其中医院145个，社区卫生服务中心41个，社区卫生服务站221个。卫生机构共有床位17493张，卫生技术人员39188人，其中执业（助理）医师15271人，注册护士16562人。居民健康水平进一步提高，婴儿死亡率3.2‰；每十万人甲乙类传染病发病率157.7，比上年下降62.7；人均预期寿命83.81岁，比上年提高0.39岁。

◇ 体育

年末全区共有体育场地2347个；组织各项体育活动参与人数25万人；全民健身工程1020个，比上年增加135个；全民健身工程面积129.1万平方米，比上年增加6.8万平方米。全区共有专业体育运动员2779人，获得市级以上奖牌322枚，其中金牌117枚，银牌104枚，铜牌101枚。

六、城市建设与管理

◇ 道路

年末全区城市道路总长度1916.7公里，比上年增加4.3公里，其中高速公路181公里。新改扩道路长度61.3公里，其中新建、改建和大中修道路分别为4.8公里、5.5公里和51.0公里；路网密度达到每平方公里3.8公里。

◇ 环境保护

全区奥体子站和农展馆子站二级和好于二级的天数分别为264天和272天，占全年总天数的72.1%和74.3%。平均每月降尘量7.8吨/平方公里。

◇ 绿化

全年新增绿化面积82公顷；改造绿化面积203公顷；城市绿化覆盖率达到46.7%；人均公共绿地面积26.3平方米。

◇ 环卫

年末全区共有密闭压缩式垃圾转运站277个；生活垃圾无害化处理率100%。截至年末，全区共有公共卫生间1052个；公共卫生间达标率100%。

◇ 安全生产

全年共发生非正常死亡事故160起，非正常事故死亡人数175人。其中:生产安全事故16起,死亡21人;公共安全事故144起,死亡154人。亿元GDP安全生产事故死亡率为0.0482。

公报注释:

1、2012年地区生产总值及各产业增加值数据为北京市统计局反馈的初步核实数据;

2、本公报中的地区生产总值及各产业增加值均按现价计算;

3、本公报中所有增长速度指标均未扣除物价上涨因素;

4、本公报中如无特殊注明均为区域口径;

5、自2011年起,社会消费品零售额由"法人经营地"统计原则变更为"产业经营地"原则;2010年数据按"产业经营地"口径进行了调整,以前年份仍为"法人经营地"口径数据;

6、本公报中现价工业总产值指标为快报数据,正式数据以《2013年朝阳区统计年鉴》为准;

7、本公报中农村固定资产投资包括农村非农户固定资产投资和农村农户固定资产投资;

8、规模以上工业划分标准:年主营业务收入2000万元及以上的工业法人单位;限额以上批发业划分标准:年主营业务收入2000万元及以上的批发业法人单位,年经营性单位收入2000万元及以上的批发业产业活动单位,年营业收入2000万元及以上的批发业个体经营户;限额以上零售业划分标准:年主营业务收入500万元及以上的零售业法人单位,年经营性单位收入500万元及以上的零售业产业活动单位,年营业收入500万元及以上的零售业个体经营户;限额以上住宿业划分标准:星级饭店和星级饭店以外年主营业务收入200万元及以上的住宿业法人单位,年经营性单位收入200万元及以上的住宿业产业活动单位,年营业收入200万元及以上的住宿业个体经营户;限额以上餐饮业划分标准:年主营业务收入200万元及以上餐饮业法人单位,年经营性单位收入200万元及以上的餐饮业产业活动单位,年营业收入200万元及以上的餐饮业个体经营户;规模以上服务业划分标准:(1)执行企业会计制度的年营业收入500万元及以上的服务业法人单位,跨国公司地区总部,投资收益500万元及以上的企业总部管理、投资与资产管理法人单位;(2)执行行政事业会计制度或民间非营利组织会计制度的年收入合计500万元及以上的服务业法人单位;(3)全部旅行社;(4)A级及以上旅游区(点)和主要旅游区(点);

9、CBD功能区、电子城功能区和奥运功能区数据按照朝阳区"十一五"规划确定的统计口径计算,CBD是指北京商务中心区东扩后6.99平方公里的范围;

10、人口数据中,常住人口、常住外来人口、常住人口性别构成和年龄构成、常住人口出生人数、出生率、死亡人数、死亡率、自然增长率为北京市统计局反馈数据;2010年人口数据为第六次全国人口普查数据,之前年度未做历史调整;户籍人口取自北京市公安局朝阳分局;计划生育率取自朝阳区人口和计划生育委员会;

11、本公报部分指标数据取自朝阳区财政局、商务委员会、北京市公安局朝阳分局、人口和计划生育委员会、人力资源和社会保障局、民政局、科学技术委员会、科学技术协会、教育委员会、文化委员会、卫生局、体育局、市政市容管理委员会、环境保护局、园林绿化局、水务局和安全生产监督管理局提供的相关数据;

12、北京市统计局尚未反馈能源数据,因此本公报未公布2012年三次产业和人民生活能源消费数据,正式数据请参照《2013年朝阳区统计年鉴》;

13、根据国家统计制度,财务指标在2、5、8、11月进行统计,目前北京市统计局尚未反馈全年数据,因此公报中涉及收入、利润等相关指标为1-11月数据,全年数据请参照《2013年朝阳区统计年鉴》。

大 事 记

2012年朝阳区大事记

1月

6日 全区领导干部大会召开，提出2012年工作思路，部署重点工作。

10日 朝阳区会展业协会在天辰东路7号国家会议中心成立。

11日 第二十五次老干部座谈会暨新春团拜会召开。

17日 朝阳区音乐家协会成立。

18日 经济发展大会召开，常务副市长吉林出席会议并讲话。

18日至26日 “红半天女子鼓乐团”随市文化局表演团赴芬兰、爱沙尼亚参加“欢乐春节”演出活动。

是月 全球第二大医药企业默沙东亚洲研发总部落户望京科技园。

2月

8日 社会建设工作会议召开。

▲ 区委、区政府拟办的25件民生实事公示。

9日 中共中央政治局委员、北京市委书记刘淇到观复博物馆调研。

10日 党风廉政建设工作会议召开。

▲ 中央电视台北京记者站落户朝阳区。

20日 政法、信访、维稳工作会召开。

22日 “大接访”活动暨信访重点问题调度会举行，区委书记陈刚接待来访群众。

▲ 区长程连元到孙河乡农工商总公司下访，专题研究孙河乡信访维稳工作。

▲ 深化创建国家公共文化服务体系示范区暨文化工作会召开，文化部社会文化司司长于群提出指导意见。

23日 北京数字文化社区建设工程启动仪式在潘家园街道图书馆举行。

24日 农村城市化工作会议召开。

27日 112项区政府年度折子工程发布。

28日 广华新城小区保障性住房项目开工奠基仪式举行，国务院副秘书长兼国务院机关事务管理局局长焦焕成出席。

3月

1日 “践行雷锋精神，百万巾帼志愿者在行动”启动仪式举行，全国妇联主席陈至立、市总工会主席梁伟、市妇联主席赵津芳出席。

5日 《中共北京市朝阳区第十届委员会执政纪要》一书出版，全书60万字。

7日 民政工作会议召开。

11日 中央联席会议赴北京督导组到朝阳区督导全国“两会”期间信访和服务保障工作。

13日 中纪委机关事务管理局调研安贞国典经适房项目周边道路建设及环境整治情况。

15日 中共中央政治局委员、市委书记刘淇、市长郭金龙到高安屯电动汽车充换电站调研。

25日 区青少年代表队获第32届北京市青少年科技创新大赛一等奖9项、二等奖26项。

29日 地方志工作会议召开，启动《朝阳区大事记汇编》(季刊)编写工作。

4月

7日 第三届中国特色世界城市论坛举行，第十一届全国政协副主席厉无畏出席。

11日 全国妇联书记处第一书记宋秀岩率中央社会管理创新调研组到区调研。

19日　年度区级困难党员帮扶工作启动。

▲　高碑店村党总支书记支芬在首都精神文明建设大会上,代表全国文明村镇发言。

24日　美国国务院法律顾问、美国副总统办公室特别顾问、美国国务院助理法律顾问、美国国务院检察官顾问、美国国务院东亚与太平洋事务局官员等16人,参观区阳光中途之家并与"三无"人员、社区服刑人员交流。

26日　区政府与清华大学合作共建垂杨柳医院和华信医院签约仪式举行。

27日　庆"五一"表彰大会在北京国际会议中心举行。

是月　全市首例在华就业外籍人员"一次性养老金支付"业务完成。

5月

1日　中共中央政治局常委、国务院总理温家宝到奥林匹克公园慰问环卫职工。

6日　财政部部长谢旭人到区调研财政工作。

8日　全国人大常委会副委员长陈昌智到798艺术区调研。

9日　中国国际贸易中心三期B阶段工程建设启动。

14日　中央党校新疆地厅级班40名学员到高碑店村、奥林匹克公共区开展现场教学。

15日　首届朝阳区家庭文化节开幕式暨家庭文化收藏展在北京潘家园旧货市场举行。

16日　首个竣工入住限价房项目——东坝地区东泽园限价房项目正式交付。

▲　位于CBD核心地带的中央电视台新台址主楼竣工验收仪式举行。

19日至25日　全国科技活动周暨北京科技周在全国农业展览馆新馆举行。

20日　北京国声京剧团在美国纽约市布鲁克林区轮盘剧场举行文化交流义演。

23日　北京市首家残疾人家庭康复培训学校——朝阳区残疾人家庭康复培训学校在区残疾人综合活动中心成立。

26日　第八届农村地区全民运动会举行。

28日至6月1日　首届中国(北京)国际服务贸易交易会在国际会议中心举办,中共中央政治局常委、国务院总理温家宝出席并讲话。

29日　区直机关系统举行第九套广播操比赛。

30日　少先队北京市朝阳区第四次代表大会在北京润丰学校召开。

31日　北京国家广告产业园开园,国家工商总局局长周伯华出席开园仪式。

6月

5日　广州市党政代表团到区循环经济产业园考察。

6日　太阳宫热电厂氮气储气车间发生爆炸事故,2人死亡,1人受伤。

14日　区纪委监察局电子监察中心、电教中心"廉政朝阳"政务微博开通。

16日至17日　北京外语游园会在朝阳公园举行。

18日　区创先争优表彰大会在北京会议中心召开。

▲　三间房国家动画产业基地挂牌,国家广电总局宣传管理司司长金德龙出席揭牌仪式。

25日　首家两新组织网络化党建平台——新星网正式开通。

是月　北京现代汽车金融有限公司获银监会开业批复,落户冠城大厦。

是月　新一届大学生村官选聘工作结束。

7月

5日至15日　泥浆足球世界杯中国赛在奥林匹克公园中心区广场举行,全国32支队伍参赛。

10日　朝阳区科学技术协会第六次代表大会召开。

▲　人力资源和社会保障部组织全国仲裁工作负责人一行200余人到区劳动人事争议仲裁院参观调研实体化建设情况。

11日12时48分　金盏乡黎各庄村朝东鑫旺钢材销售有限公司在建礼堂发生坍塌,3人当场死亡,2人受伤。

13日　区长程连元会见韩国首尔松坡区区长朴春姬女士率领的区政府代表团一行6人,并签署两区《旅游推介宣传合作谅解备忘录》。

15日至20日　在第十二届中国青少年机器人竞赛中,望京实验学校取得VEX工程挑战赛全国亚军,陈经纶分校夺得机器人创意比赛金牌和VEX工程挑战赛初中组全国竞赛季军。

19日　庆"八一"军政领导座谈会召开。

21日　特大暴雨造成域内6人死亡,直接经济损失1.83亿元。

25日　朝阳区第三届职工职业技能竞赛举行。

▲ 19所高校32名博士生到区内27家单位挂职。

26日至8月10日 接待来自美国波士顿剑桥中文学校、葡萄牙里斯本中文学校、西班牙马德里爱华中文学校、瑞典瑞京中文学校华裔青少年夏令营一行42人。

27日 迎接十八大动员大会召开。

▲ 程连元任中共北京市朝阳区委书记。

30日 区法院刑二庭公开宣判国内“视频网站侵权被追刑责第一案”。

是月 全区3313个党组织晋位升级工作完成。

8月

10日 与国家开发银行北京分行共同举办2012北京CBD·国家开发银行“中非发展基金”非洲驻华大使讲习会,11个非洲国家大使或代表参会。

11日 2012意大利超级杯足球赛在鸟巢举行。

19日 伊斯兰教中的回族、维吾尔族、哈萨克族等10个少数民族的传统节日——开斋(尔代)节庆祝活动举行。

27日至28日 首届中非地方政府合作论坛在北京国家会议中心举行,中共中央政治局常委、国务院副总理李克强于27日出席论坛开幕式并致辞,区委书记程连元代表属地致辞。

28日 中共中央政治局委员、市委书记郭金龙带队到区调研老旧小区综合整治工作。

31日 奇虎360签约入驻电子城国际电子总部。

是月 日本驻华使馆周边地区,因日本非法扣押保钓人员、推动钓鱼岛所谓“国有化”等引发首都人民(26.3万人次)反日抗议示威活动。

9月

6日 第三届朝阳文化创意产业精英榜颁奖典礼在751时尚广场举行。

9日 “迎着朝阳歌唱—2012年教师节庆祝大会”在工人体育馆举行。

14日 国际金融博物馆开馆仪式在朝阳规划艺术馆举行,前中国银监会主席刘明康出席。

15日至22日 北京CBD国际商务节举行。

22日 中国文化产业30人高端峰会在朝阳规划艺术馆举行。

22日至10月21日 北京798艺术节举行。

25日 2012年第七届朝阳国际美食文化节闭幕式暨颁奖典礼举行。

▲ 朝阳区代表队获第九届北京百万家庭数字生活技能大赛家庭赛冠军。

26日 首批900余户中低收入家庭入住公租房。

29日至10月4日 “2012中国俄罗斯旅游年”完成15个俄罗斯家庭访京民宿接待任务。

是月 域内5家企业入选第五批国家文化产业示范基地。

10月

2日至3日 第九届北京双胞胎文化节在红领巾公园举办。

18日 区直机关系统创先争优总结会召开。

▲ 12家单位32台(合计772蒸吨)燃煤锅炉主体设施拆除,全年燃煤锅炉清洁能源改造任务完成。

22日 四惠交通枢纽建成正式运营。

23日 全区十八大安保维稳工作大会召开。

25日 区政协、区委统战部在二十一世纪饭店召开“聚焦国际化发展”专题议政会。

26日 北小河、酒仙桥有机生物处理站投入运行。

11月

5日至6日 朝阳区组团参加第十六届京港洽谈会。

11日至13日 朝阳区残疾人联合会第六次代表大会在北京会议中心举行。

12日 奥林匹克森林公园等4个敏感地区和建外街道等4个重点地区细颗粒物自动监测网络子站投入使用。

18日至20日 区第十五届人大第二次会议举行,选举出席北京市第十四届人民代表大会代表100名,选举吴桂英为朝阳区人民政府区长。

20日 年度军转干部双向选择会召开,96名军转干部、64家单位参加。

22日 第十五届京台科技论坛暨2012年北京台湾名品博览会开幕式在北京国贸大酒店举行,国台办主任王毅,代市长王安顺出席。

29日 区循环经济产业园获评“绿色中国2012杰出环境保护企业”。

是月 全区各界掀起学习党的十八大精神热潮。

12月

5日 国家行政学院一行40位局处级领导调研

朝阳区全模式社会服务管理系统。

7日　奥林匹克公园获评国家5A级旅游景区。

15日至23日　“2012北京朝阳大学生艺术节”在朝阳规划艺术馆举行。

20日至23日　第七届中国北京国际文化创意产业博览会在中国国际展览中心举行。

21日　北京798艺术区获2012“龙腾奖——第七届中国创意产业最佳园区”。

24日　市委常委、统战部部长牛有成代表市四套班子,到基督教朝阳堂和数千名宗教界人士共度平安夜并向信教群众祝贺节日。

是月　完成全年70家数字文化社区建设任务。

政党 团体

中国共产党北京市朝阳区委员会

概 述

2012年,是十一届区委届首之年。年内,区委坚持以科学发展观为指导,深入贯彻落实党的十八大和市十一次党代会精神,坚持总揽全局、协调各方,紧密贴近首都新的历史阶段特征,围绕区十一次党代会确立的"再创新优势,建设'新四区',为朝阳科学发展民生幸福努力奋斗"主题,科学判断区域所处历史方位,强化区域功能定位,突出"四个必须"工作定位,团结带领全区广大党员干部群众,坚定信心、迎难而上,完成各项目标任务,实现良好开局。

科学判断区域所处历史方位,大力优化发展战略。充分认识首都工作特殊重要性,把握朝阳在首都发展大局中的责任和使命,以"四个必须"的工作定位来全面融入首都大局,推动全区发展。一是必须强化首都意识,把朝阳建设成为实现首都功能的重要载体。二是必须增强服务理念,把朝阳建设成为落实首都职责的重要区域。三是必须发扬首创精神,把朝阳建设成为服务首都经济的重要支撑。四是必须坚持首善标准,把朝阳建设成为展示首都形象的重要窗口。深入对接首都新的历史阶段的新要求,全面审视全区所处历史方位,总结概括全区发展新阶段的"六大基本特征":在经济发展方面,已经进入转型攻坚的新阶段;在农村城市化方面,已经进入动力再造的新阶段;在城市建设管理方面,已经进入规范提升的新阶段;在社会建设和管理方面,已经进入共治共享的新阶段;文化建设方面,已经进入驱动发展的新阶段;在生态文明建设方面,已经进入促进人口资源环境相协调的新阶段。提出在新阶段要突出"四个更加注重"、实现"四个发展"。即:更加注重发展融合、更加注重创新驱动、更加注重精细管理、更加注重普惠民生,实现安全发展、依规发展、集约发展、协同发展。以"两个从严"、"四个坚决不允许"来发挥党建保障新阶段发展的重要作用,即:从严要求、从严管理,坚决不允许出现有令不行、有禁不止的现象,坚决不允许出现贪图私利、急功近利、损害发展大局的现象,坚决不允许出现民主集中制形同虚设、个人专权独断的现象,坚决不允许出现组织软弱涣散、干部脱离群众的现象。

正确处理稳增长与促转型关系,保持良好发展态势。把调整优化产业结构作为转方式的重点任务,着力强化现代服务业、金融业、文化创意产业、高新技术产业的引领和带动作用,巩固提升批发零售业,推动房地产业深度调整。推动"十大发展基地"产业聚集、项目落地,产业园区拆迁建设取得新进展,CBD、奥运和电子城功能区带动作用日益凸显,大望京科技商务创新区建设加快推进,发展布局进一步优化。积极服务保障并参加首届"京交会",签约额457.8亿元,对外经济合作迈上新台阶。注重挖掘新的经济增长点,一批国家级和市级重点产业项目、跨国公司地区总部等优质要素集聚朝阳。注重改善消费环境,消费拉动经济增长的作用不断增强。全年实现地区生产总值3632.1亿元,增长11.0%;完成区级财政收入348.6亿元,增长10%;城镇居民可支配收入37883元,增长11.3%,农民人均纯收入22152元,增长11.7%,主要经济指标保持全市前列。明确农村地区作为国际商务中心拓展区、配套区、服务区的功能定位,确定"四增五减"阶段性工作目标,深入探索农村城市化多种实现路径。出台"1+6"产业发展政策。土地储备平稳实施,累计实现4.1万腾退人口回迁安置。龙爪树、十八里店、官庄3个重点村整治第一阶段任务基本完成。25个郊野公园全部开园。构建起农村“三资”“351”监管模式,集体产权制度改革稳步推进。

加大解决民生问题力度,不断增进民生幸福。深入实施“十大民生工程”,城乡基本公共服务均等化水平进一步提高。以优异成绩通过全国城市文明程度指数测评,创建为民形成长效。优质教育资源加速聚集,城乡教育质量和水平明显提升。基层卫生服务体系建设和优质医疗资源引入取得重要进展,获得“全国卫生应急综合示范区”称号。国家公共文化服务体系示范区创建顺利推进,基本形成覆盖城乡、结构合理、功能健全、实用高效的公共文化服务体系。争创全国双拥模范城“六连冠”工作扎实开展。超额完成万套保障房建设任务,率先开展老旧小区综合整治,抗震节能综合改造住宅试点工作顺利完成。各街乡实现全模式社会服务管理系统全覆盖。探索出走动式、“三问”等工作方法,培育了一批群众工作亮点。加强街乡和部门联动,强化“以证管人、以房管人、以业控人”,建设实有人口管理体系,人口无序增长态势得到初步遏制。建成一批事关区域运行和群众生活的市政基础设施,集中开展环境建设“百日行动”,高水平完成以温榆河景观工程为代表的平原万亩造林任务,城乡面貌持续改善。完善数字化城市管理体系,针对“7·21”特大自然灾害加强防汛应急工作,城市运行保障能力进一步提高。深入实施十八大安保专项行动,加强社会面立体化防控,实现了“五个坚决防止”的目标。

以党的建设为统领,为完成各项任务提供坚强保证。针对干部队伍作风建设存在的突出问题,提出“两个从严”、“四个坚决不允许”的要求,深入开展“严肃党的纪律、加强作风建设”专项教育整顿活动,弘扬正风正气,保障政令畅通。深化干部人事制度改革,探索推行干部“德”的考核,公开推荐和竞争性选拔基层干部实现常态化。加强干部储备培养,集中开展处级后备干部调整,加大干部培训和关爱力度,实现了换届后班子、干部队伍整体稳定和能力提升。推进“人才强区”战略,启动了“CBD国际高端商务人才发展区”建设。深入实施“聚合力工程”,扎实开展基层组织建设年活动,对3313个基层党组织进行分类定级、整改提升,巩固了创先争优活动成果;率先推进功能区党建,社会领域、非公企业党建工作取得新进展,完善了商务楼宇党建工作模式,联动共促的区域化党建新格局逐步形成。高水平完成社区“两委”换届工作,在286个社区实行“大党委制”,统筹推进村“两委”换届。以制度建设为根本,制定实施了《关于进一步加强廉政风险防控管理的实施意见》等20余项制度。全面推进清理确认涉权事项工作,推广“四四五五四”廉政风险防控模式,严格重大项目资金监管。加大巡视工作力度,强化巡视成果运用。创新手段扩大廉政文化影响。加大对土地储备、重点村整治、违法建设、农村“三资”管理等监督检查力度,工程建设、教育、卫生、涉农等专项治理得到较好落实。

地址:日坛北街33号
电话:65094217
邮编:100020

(韩　旭)

主要工作和重大活动

【领导干部会议】 1月6日,召开领导干部会。区四套班子领导出席,区委副书记、政法委书记陈宏志传达市委十届十次全会精神;区委副书记、区长程连元部署2012年重点工作。经济发展方面,坚持稳增长、调结构,不断增强可持续发展能力。国际化建设方面,坚持国际视野、世界标准,不断提升国际商务中心功能。城市化建设方面,坚持分类推进、稳步实施,提高农村地区发展水平。在文化建设方面,坚持改革创新、文化惠民,提升文化软实力。城市建设管理方面,坚持建管并重、精细管理,提高区域综合承载能力。创新社会服务管理方面,坚持管理创新、服务为先,全力促进社会和谐稳定。保障和改善民生方面,坚持统筹兼顾、促进优质均衡,不断提高基本公共服务水平。政府自身建设方面,注重强化作风建设,优化政务环境;注重强化服务管理创新,提升行政效能;注重强化勤政廉政建设,努力建设廉洁政府。区委书记陈刚结合春节期间重点工作,提出维护社会和谐稳定、加大违法犯罪打击力度、关心群众生活、加强市场供应及严格执行党风廉政建设各项规定等要求,强调加强节日值班,加强值守应急和信息报送工作。

(韩　旭)

【老干部座谈会】 1月11日,召开第二十五次老干部座谈会暨新春团拜会。区领导陈刚、程连元、佟克克、陈宏志、张革、刘军胜、郑煌出席,程连元主持会议。陈宏志传达市第二十五次老干部座谈会精神;区委常委、组织部部长张革作《深入学习贯彻党的十七届六中全会精神,全面做好新形势下离退休干部工作》报告。陈刚向与会老干部通报区四套班子换届情况、过去五年区经济社会发展情况和今后五年发展思路,并强调从三个“着力”入手开展老干部工作。一是着力加强领导,抓好“五个带头”,抓好全区统筹,抓好队伍建设;二是着力掌握开展老干部工作的科学方法,重视制度建设、改革创新及落实工作;三是着力发挥老干部作用,健全机制,创新载体,为朝阳科学发展民生幸福提供有力保障。

(韩　旭)

【经济发展大会】 1月18日,召开经济发展大会。市委常委、常务副市长吉林,区四套班子领导出席,程连元主持会议。吉林就做好朝阳区2012年经济工作提出指导意见和工作要求;区委常委、常务副区长吴桂英作《坚定信心,稳中求进,推动朝阳经济发展再上新台阶》工作报告;张革宣读区委、区政府《关于表彰2011年度朝阳区经济贡献突出企业和优秀企业的决定》。陈刚强调,全区上下要充分认识2012年经济发展面临的挑战,同时抓住难得的历史机遇,围绕区第十一次党代会提出的"再创新优势,建设'新四区',为朝阳科学发展民生幸福努力奋斗"总体目标,落实"五个要求",努力形成"组群式"布局,发展高端型产业,增强国际化功能,实现高标准定位,促进包容性发展。强化"五个统一",做到当前发展与长远发展的统一,功能区发展与属地街乡发展的统一,硬实力发展与软实力发展的统一,区域发展与改善民生的统一,事业发展与干部成长的统一,高水平完成全年经济发展各项任务。

（韩　旭）

【社会建设工作会】　2月8日,召开社会建设工作会。市委常委、市人大常委会副主任梁伟,市有关部门领导王翔、宋贵伦、王智玲,区四套班子领导出席,程连元主持会议。梁伟提出指导意见和工作要求;区委常委、宣传部部长、统战部部长谢莹作《改革创新,锐意进取,努力开创社会建设工作新局面》工作报告。陈刚部署九个方面重点工作并作相关说明。九个方面重点工作为:社会管理创新综合试点工作、全国文明城区创建工作、社会建设领域的体制格局、全模式社会服务管理系统建设、市委和区委对文化建设和践行"北京精神"的考虑及安排、为民服务和创建品牌、当前社区建设层面存在的薄弱环节、加强社会工作者队伍建设及基层党组织建设等。

（韩　旭）

【党风廉政建设工作会】　2月10日,召开党风廉政建设工作会。市纪委副书记王海平,区四套班子领导出席,程连元主持会议。王海平提出指导意见和工作要求;区委常委、区纪委书记宋铁健作《服务科学发展,保障民生幸福,深入推进党风廉政建设和反腐败工作》报告。陈刚强调,要正确处理党风廉政建设工作中的"四个关系",即处理好反腐败与促发展的关系,处理好履行本职岗位管理职责和党风廉政建设管理职责的关系,处理好信任与监督的关系,处理好廉洁与为民的关系。要全面提高党风廉政建设工作水平,抓好干部的教育监督,抓好廉政风险防控体系建设,抓好联动格局的完善,抓好纪检监察干部队伍建设。

（韩　旭）

【政法、信访、维稳工作会】　2月20日,召开政法、信访、维稳工作会。市政府副秘书长、市信访办主任、市联席办主任薄钢,区四套班子领导出席,程连元主持会议。薄钢提出指导意见和工作要求;陈宏志作《服务科学发展,维护和谐稳定,全力以赴确保党的十八大胜利召开》工作报告;副区长王春作《全面加强信访排查调处工作,为朝阳科学发展民生幸福营造和谐稳定的社会环境》工作报告。陈刚强调,全区上下要把维护安全稳定作为2012年工作的头等大事和首要任务,通过"四个加大"推动安全稳定工作再上新水平。即加大力度,解决突出问题;加大投入,筑牢维稳防线;加大统筹,确保运行高效;加大考核,做到奖惩分明。陈刚要求,加强组织领导,采取有力措施,确保"大事不出、小事减少、管理严格、秩序良好",为全国"两会"顺利召开创造良好的氛围和环境。

（韩　旭）

【文化工作会】　2月22日,召开深化创建国家公共文化服务体系示范区暨文化工作会。文化部社会文化司司长于群,市有关部门领导王海平、王珠,区四套班子领导出席,程连元主持会议。于群、王海平提出指导意见;谢莹作《创新文化发展,服务民生幸福,深化创建国家公共文化服务体系示范区》工作报告;副区长张立新作《加快建设文化朝阳十大行动计划(2012-2015)》的说明。陈刚强调,朝阳区提出创建公共文化服务体系示范区,既是朝阳发展到现阶段的内在需求,也是全区确定的一项硬任务、一个新抓手。"十大行动计划"是认真总结朝阳区这些年文化发展的历程,按照党的十七届六中全会精神和市委关于建设先进文化之都的意见而制定的,要从今年开始到2015年,认真推动"十大行动计划"实施,推动朝阳区文化工作再上新台阶。

（韩　旭）

【农村城市化工作会】　2月24日,召开农村城市化工作会。区四套班子领导出席,程连元主持会议。区委常委、副区长陈涛作《转变发展方式,再创发展优势,全面推进朝阳区农村城市化进程》工作报告。陈刚强调,2012年农村工作必须重点关注、加快破解九个问题,即方向把握、产业发展、维护农民利益、农村地区安全稳定、违法建设、环境建设、工作方法、干部作风及基层党组织建设。

（韩　旭）

【基层组织建设年动员部署会】　3月30日,召开深化创先争优活动暨基层组织建设年动员部署会。区领导陈刚、吴桂英、陈涛、张革、刘军胜出席,张革部署全区基层组织建设年工作。陈刚强调,要深刻理解基层组织建设年活动的重要意义。开展基层组织建设年活动,是深化创先争优活动的内在需求,是朝阳夯实基层基础的内在需求,是朝阳科学发展民生幸福的内在需求。要严格落实中央和市委关于开展基层组织建设年活动的各项要求,吃透上级精神,突出工作重点,讲求方式方法,务求取得实效。要提高基层组织建设年活动的领导和保障水平,切实高度重视,精心组织实施,服务保障基层。

(韩　旭)

【第13次工会代表大会暨庆“五一”工作会】 4月27日,区总工会第十三次代表大会开幕式暨庆祝“五一”国际劳动节大会召开。市总工会党组书记、副主席曾繁新,区领导陈刚、陈宏志、张革、刘军胜、王亚贵、苑文新、郑煌出席。曾繁新提出指导意见。陈刚强调,全区各级工会组织要凝心聚力,紧紧围绕“十二五”时期目标任务,进一步倡导“劳动创造幸福”的理念,促进工会工作与全区重点工作紧密结合,在服务朝阳发展上建功立业。要以人为本,建立和谐劳动关系长效机制,深化为职工服务的职能,切实维护劳动者权益。要统筹资源,加强工作机制创新,加大党建带工建力度,提高工会干部队伍素质,在强化自身建设上有新作为。

(韩　旭)

【全国城市文明程度指数测评部署会】 5月24日,召开区文明委全委(扩大)会议暨迎接全国城市文明程度指数测评部署会。首都文明办副主任卜秀均,区四套班子领导出席。卜秀均提出指导意见;谢莹部署2012年精神文明建设重点任务及迎接全国城市文明程度指数测评工作;张革宣读《关于表彰2011年度朝阳区精神文明建设工作先进单位和文明家庭的决定》;张立新对区委、区政府《关于深化文明城区建设长效机制的意见》作说明。陈刚强调,要立足新起点,不断增强大局意识、主动意识,明确工作意义,避免厌战懈怠心理,确保思想认识不放松。要把握关键点,强化为民服务理念,深化责任落实,固化创建机制,确保长效建设见成果。要找准结合点,把迎接测评工作与迎接十八大工作相结合,与安全稳定工作相结合,与创建国家公共文化服务体系示范区相结合,确保整体工作统筹推进。

(韩　旭)

【老旧小区综合整治动员部署会】 6月12日,召开老旧小区综合整治工作动员部署会。区领导陈刚、程连元、辛燕琴、陈宏志、谢莹、陶晶、张革、宋铁健、刘军胜、李国、阎军、王春、苑文新、张树安出席,程连元主持会议。张革就市、区选派党员干部深入整治工程现场工作进行动员部署;副区长阎军传达北京市老旧小区综合整治工作精神,部署区域老旧小区综合整治工作。陈刚强调五点意见。一是思想认识要高,老旧小区综合整治是朝阳实现科学发展民生幸福的一个机遇,是对区政府整体工作能力的一次考验;二是组织领导要强,要加大工作统筹力度,充分发挥选派干部和联合党支部的作用;三是施工改造要精,要坚持科学施工,建管结合,确保质量第一;四是群众工作要细,要广泛宣传发动社会力量,广泛征求整治方案意见建议;五是考核监督要严,安全监察专项指挥部要健全各项监督管理制度,把在这项工作中的表现作为干部使用的重要依据。

(韩　旭)

【创先争优表彰大会】 6月18日,召开创先争优表彰大会。区四套班子领导出席,程连元主持会议。陈宏志宣读《中共北京市朝阳区委关于命名表彰朝阳区创先争优先进基层党组织优秀共产党员和优秀党务工作者的决定》。陈刚强调,要把创先争优的经验转化为加强党建的长效机制。要把增强党的先进性作为党建的核心来抓,把加强基层组织建设作为党建的基础来抓,把落实执政为民作为党建的根本来抓。要以创先争优为动力,扎实做好迎接市第十一次党代会和党的十八大工作,坚决完成全年经济发展任务,加大文化文明建设力度,全力维护社会和谐稳定。

(韩　旭)

【全区领导干部会】 7月4日,召开全区领导干部会议。市委常委、区委书记陈刚,区四套班子领导出席,区长程连元主持会议。吴桂英传达市十一次党代会精神。陈刚强调,要深入学习、宣传市十一次党代会精神,以贯彻落实市十一次党代会精神为契机,先行先试建设世界城市试验区,坚定不移推进城乡一体化建设,紧抓机遇促进文化文明建设,全面加强和创新社会服务管理,着力提高党的建设科学化水平,加快推进朝阳科学发展、民生幸福。

(韩　旭)

【区科协第六次代表大会】 7月10日,区科学技术协会第六次代表大会召开。陈刚,市科协党组书记、常务副主席夏强,区领导张革、刘军胜、朱春霞、汪洋、张树安出席会议。夏强提出指导意见;副区长汪洋致开幕词。陈刚强调,朝阳作为首都的城市功能拓展区,必须认真落实科技、文化创新“双轮驱动”的发展战略,充分发挥科协工作的突出作用。要围绕发展大局,在发挥科协组织优势中大有作为;要坚持科技惠民,在促进民生幸福中大有作为;要加强科技创新,在增强区域发展软实力中大有作为;要坚持开拓创新,在发展科普事业中大有作为;要加强自身建设,在提高服务水平中大有作为。

(韩　旭)

【迎接十八大动员大会】 7月27日,召开迎接党的十八大动员大会。区四套班子领导出席,吴桂英主持会议。陈宏志部署区迎接十八大信访维稳工作;谢莹部署迎接十八大为民办实事工作;王春部署迎接十八大环境整治工作;汪洋部署迎接十八大安全生产工作。区委书记、区长程连元强调,全区上下要贯彻落实中央和市委指示精神,坚持下先手棋、打主动仗,谋划和部署迎接十八大各项准备工作，高标准、高质量完成各项服务保障任务，为十八大营造和谐稳定良好环境。全区进入迎接十八大备战状态，必须保持高度的政治责任感和使命感，讲政治、顾大局，高标准完成十八大服务保障任务。要做好近期工作，全力做好迎接全国城市文明程度指数测评工作，坚决维护安全稳定大局，保障城市有效运行。

（韩 旭）

【区委十一届四次全体（扩大）会】 8月8日，区委召开十一届四次全体（扩大）会议，总结2012年上半年工作，研究部署下半年工作。区委书记程连元代表区委常委会作工作报告；区委副书记、代区长吴桂英作上半年经济社会发展情况和政府下半年重点工作的通报。会议审议通过《中共北京市朝阳区委十一届四次全体（扩大）会议决议》。程连元强调，要进一步把思想统一到全会精神上来，要以重点工作突破作为落实全会精神的具体体现，确保完成各项经济指标，圆满完成十八大服务保障任务，切实抓好文化文明工作。要严格要求，更加注重发扬优良传统，更加注重加强工作统筹，更加注重夯实基层基础。

（韩 旭）

【创先争优经验交流会】 9月28日，召开创先争优经验交流会。区领导程连元、吴桂英、佟克克、辛燕琴、陈宏志、陈涛、谢莹、张革、宋铁健、贾彦翎、刘军胜出席，吴桂英主持会议。程连元强调，要把创先争优活动转化为党的建设经常性工作，贯穿于基层党建的各领域和全过程，激励各级党组织和广大党员创在平时、争在本职。要把创先争优作为深入落实科学发展观的有效载体，作为服务首都大局的内在动力，作为加强基层党建的有效抓手。最后，程连元部署中秋、国庆“两节”期间安全稳定和服务保障等工作。

（韩 旭）

【十八大安保维稳工作会】 10月23日，召开十八大安保维稳工作会。区四套班子领导出席，吴桂英主持会议。陈宏志部署十八大安保维稳工作；张革宣读区委、区政府《关于对公安朝阳分局涉日维稳工作全体参战人员进行通报表彰的决定》。程连元指出，做好党的十八大服务保障工作，是当前全区首要政治任务和工作重中之重，各单位要贯彻落实中央、市、区有关工作部署，迅速进入临战状态，全力以赴为党的十八大胜利召开创造和谐稳定的社会环境。

（韩 旭）

【思想政治建设总结暨经验交流会】 10月31日，召开领导班子思想政治建设总结暨经验交流会。区四套班子领导出席，吴桂英主持会议，张革作《关于朝阳区领导班子思想政治建设情况的通报》。程连元强调，思想政治建设是管方向、管根本、管长远的建设，是领导班子建设的核心和灵魂，是系统推动全区科学发展的根本保证，必须高度重视新形势下领导班子思想政治建设工作。要牢牢把握加强领导班子思想政治建设的工作重点，勤修党性、践行宗旨、勇担责任、领导发展。要掌握加强领导班子思想政治建设的工作方法，抓书记、书记抓，抓制度、建长效，抓典型、带整体。

（韩 旭）

【区残联第六次代表大会】 11月12日，区残疾人联合会第六次代表大会开幕。市残联理事长吴文彦，区领导程连元、吴桂英、辛燕琴、陈宏志、刘军胜、王亚贵、张立新出席开幕式，张立新主持开幕式。吴文彦提出指导意见；吴桂英致开幕词。程连元代表区委、区人大、区政府、区政协祝贺大会召开，强调近年来区残联抢抓机遇、科学谋划、开拓创新，统筹有力度、工作有亮点、事业有成效，推动残疾人各项工作迈上新台阶。程连元指出，推动残疾人事业健康发展，事关党委政府形象，事关民生工作宗旨，事关社会和谐大局。要完善残疾人事业工作格局，加强残疾人社会保障体系和服务体系建设，加强残联组织自身建设。

（韩 旭）

【区第十五届人大第二次会议闭幕】 11月20日，区第十五届人民代表大会第二次会议闭幕。会议选举产生100名代表出席北京市第十四届人民代表大会，补选吴桂英为区长。

（韩 旭）

【人才工作会】 12月26日，召开人才工作会。区领导程连元、佟克克、辛燕琴、陈宏志、谢莹、张革、甘靖中、张立新、苑文新、张树安出席，陈宏志主持会议。谢莹宣读区委、区政府《关于授予“朝阳教育家”光荣称号、朝阳区突出贡献人才奖、国际人才奖、商务人才奖、创新人才奖、社会建设与管理人才奖、农村实用人才奖、优秀青年人才奖和朝阳区人才工作先进单位的决定》；张革作《深入学习贯彻党的十八大会议精神，加速实施人才强区战略》工作报告。程连元强调，要按照党的十八大提出“加快确立人才优先发展战略布局”和北京市建设世界高端人才聚集之都的目标要求，抓思想，提升工作理念；抓统筹，推进协调发展；抓创新，激发人才活力；抓保障，营造良好氛围。

（韩 旭）

【水利工程建设动员暨防汛总结会】 12月27日，召开今冬明春水利工程建设动员暨2012年防汛总结会。市水务局副局长潘安君，区领导程连元、吴桂英、佟克克、辛燕琴、陈涛、甘靖中、刘军胜、王春、汪洋出席，区委副书记、区长吴桂英主持会议。潘安君提出指导意见；王春部署全区今冬明春水利工程建设工作。程连元强调，此次水利工程投资大、时间紧、拆迁难度大、施工约束因素多，投入之大史无前例，全区上下一定要群策群力,健全“1+3+43”组织指挥体系,加强社会动员,形成统筹有力、联动有序、执行有效的工作格局。要把水利工程建设成为精品工程,实事实办,形成文化亮点。

(韩 旭)

【区委常委会】 年内,召开区委常委会31次,研究议题130个。议题涉及经济发展、社会建设和社会管理、党的建设等内容。

(韩 旭)

区委办公室工作

【概况】 中共北京市朝阳区委办公室,是负责协助区委领导处理日常工作,对区委各工作部门进行协调、组织和服务的综合办事机构。

地址:日坛北街33号

邮编:100020

电话:65094217

(董 艺)

【制度建设】 年内,出台《区委办公室主任办公会议制度》等文件20个;制发《朝阳区党委系统办公室工作指导手册》。修订《区委常委会讨论文件准备及报送工作规范》等文件49个。

(董 艺)

【综合协调】 年内,组织全区性大型会议活动67次;承办区委常委会、区委专题会等会议46次;接待中央、市领导调研25次;安排区委主要领导调研、会议、会见等各类活动179次。

(董 艺)

【文书工作】 年内,制发文件143份,处理收文和领导批示件1100余件,处理各类简报、信息等1万余件。

(董 艺)

【文稿起草】 年内,起草文稿360余篇、186.4万字。

(董 艺)

【信息工作】 年内,编发《朝阳信息》1147期,处理文字累计130万字。被《北京信息》采编605条(篇),在全市近200个局级单位中排名第一;市委、市政府主要领导批示6条,其他市领导批示8条,区委、区政府主要领导批示14条,其他区领导批示23条。

(董 艺)

【督查工作】 年内,督办各类事项90件,办理政协党派提案21件,刊发《督促检查工作》25篇。

(董 艺)

【调研工作】 年内,建立全区党委系统调研课题统筹管理制度,全年党委系统处级领导完成调研课题166个。

(董 艺)

【党委系统信息化工作】 年内,统筹党委系统信息化工作。制发《关于统筹推进朝阳区党委系统信息化建设的意见》,提出“两年建框架、三年显成效、五年上台阶”目标。启动区党委系统信息化网络暨电子政务内网机房工程项目建设。

(董 艺)

组织工作

【概况】 中共朝阳区委组织部是区委主管组织建设、干部队伍建设和人才队伍建设的职能部门。设干部科、干部监督科、人才科、组织科、党员教育管理科、干部教育培训科、调研室、党代表联络室、办公室等9个科室。截至年底,全区共有党员159276名,其中在岗职工党员51056名,占党员总数的32.06%;大专以上学历党员76229名,占党员总数的47.86%;离退休党员90787名,占党员总数的57%;女党员70691名,占党员总数的44.38%;少数民族党员6956名,占党员总数的4.37%;非公有制企业和社会组织从业人员中的党员共27697名,占党员总数的17.39%;城乡社区党员94169名,占党员总数的59.12%。年内,全区发展党员1530名,其中非公企业224名,占发展党员总数的14.64%。

地址:日坛北街33号

电话:65094313

邮编:100020

网址:http://www.chyzg.gov.cn

(李微微)

【处级领导班子综合考核】 年初,公布和反馈上一年度综合考核结果,对优秀班子兑现奖励,对考核结果处于中间和靠后的班子,采取书面、谈话谈心等方式反馈考核结果。年内,会同区纪委,协调相关部门,对全区143个处级班子进行综合考核。4月至12月,加强干部德的考核,撰写《领导干部德的考核评价标准与方法路径研究》调研报告,形成考德工作基本思路。

(李文君)

【干部监督】 年初,组织专项检查组集中检查12家企业单位,了解企业选人用人情况,发现和纠正突出问题。坚持重大事项报告、个人收入申报等监督制度,73名拟提拔的副处级干部进行有关事项报告;加大经济责任审计力度,进行离任审计22人、任中审计4人。加强“12380”举报电话受理工作,发挥群众监督作用。3月至12月,成立干部综合监督体系研究课题小组,开展关于完善干部综合监督体系的研究工作。

(李文君)

【十八大代表推荐提名】 1月4日,召开朝阳区党的十八大代表人选推荐提名工作动员部署会。1月12日,基层党支部产生推荐提名人选241名,占全区党员总数的0.16%。1月16日,基层党(工)委推荐提名88名,占全区党员总数的0.06%。1月18日,上报区委推荐提名人选8名。1月20日,区委召开常委会,陈刚和支芬作为推荐提名人选,提交全委会表决。2月8日,召开区委十一届二次全会,通过陈刚和支芬作为朝阳区党的十八大代表候选人推荐提名人选。2月20日,向各系统工委下发《关于做好北京市出席党的十八大代表候选人初步人选考察对象征求意见的通知》。同日，市委考察组一行6人到朝阳区考察党的十八大代表候选人初步人选考察对象支芬。4月18日，公示十八大代表候选人初步人选。

（陈 冰）

【党代表参与干部工作】 1月4日，推荐35名党代表参与中组部赴北京干部考察组对北京市委换届人选考察对象民意调查工作。1月31日，推荐5名党代表参与区委办局正职和街乡党委书记人选民主推荐工作。5月15日，推荐5名党代表参与干部公选。5月17日，推荐1名党代表担任干部公选考官。7月，推荐5名党代表参与全区领导干部大会推荐代区长。9月，推荐1名党代表参与干部竞争上岗工作，推荐5名党代表参与干部推荐工作。12月，推荐1名基层党代表担任干部面试考官。

（徐 辉）

【慰问党组织和党员】 1月20日，市委副书记、市长郭金龙，市委常委、常务副市长、市政府党组副书记吉林，市委常委、市委组织部部长吕锡文，在区长程连元陪同下，慰问区建国前老党员刘增、全国优秀共产党员叶如陵。1月，对部分建国前入党的老党员、困难党员、优秀党员和流动党员进行“两节”慰问。“七一”前夕，普遍开展走访慰问老党员、老干部、优秀共产党员、优秀党务工作者、先进基层党组织负责人和困难党员活动。年内，回拨基层慰问党员费用80万元，区级层面走访慰问党员24人、党组织5个，涉及资金7万余元。

（韩珊珊）

【三级联创】 2月7日，市委检查组到朝阳区，检查验收农村党的建设“三级联创”工作。抽签确定检查2个乡4个村的“三级联创”工作，全区、各相关乡、村分别向检查组汇报工作，检查组还检查了“三级联创”档案、环境等工作。

（陈 冰）

【推荐提名和代表选举】 2月24日，召开朝阳区出席市第十一次党代会代表的选举工作动员部署会，区委常委、组织部部长张革讲话。2月29日，市第十一次党代会代表选举推荐提名工作完成基层党支部推荐提名阶段，全区各系统所属基层党组织第一轮推荐提名人选667名，占全区党员总数的0.43%。3月2日，全区推荐提名人选370名，占全区党员总数0.24%。3月8日，各系统党（工）委推荐提名人选40名。3月14日至19日，对处级以下（含处级）考察对象进行组织考察，同时在市委组工网公示市党代表候选人初步人选考察对象名单。3月21日，区委召开常委会，确定33名代表候选人初步人选，报市委组织部同意，通过政务网和下发通知等方式予以公示。3月30日，区委召开向民主党派、工商联、无党派人士代表关于朝阳区出席北京市第十一次市党代会代表候选人初步人选情况通报会。4月9日，区委召开十一届三次全体会议，确定出席北京市第十一次党代会代表候选人预备人选33名。4月11日，市委同意朝阳区上报的33名代表候选人预备人选。同时，市委提名市人大常委会主任、党组书记杜德印和市人大常委会副主任、党组成员刘晓晨为北京市第十一次党代会代表候选人，由朝阳区党代表会议选举产生。4月16日，召开党代表会议，选举产生28名出席北京市第十一次党代会代表。

（陈 冰）

【社区“两委”换届选举】 2月29日，召开社区“两委”换届选举工作会，区委常委、组织部部长张革讲话。3月6日，召开社区“两委”换届选举督察工作会，部署社区换届督察工作。3月31日，346个社区党组织完成换届选举，其中337个社区采用直选方式，比例为97.4%；班子平均年龄46.7岁，比上届下降1.8岁；大专以上学历比例占75.6%，比上届提高9.1%。

（陈 冰）

【处级班子及干部队伍综合分析】 2月至4月，对全区处级班子的运行状况和干部队伍的结构、能力、作风情况进行综合分析，形成专题分析报告，向区委常委会汇报。3月，聚焦朝阳发展需求，确定“明确一条主线，推进五个重点，实施十项举措”总体思路。

（李文君）

【党建带团建】 3月6日，召开党建带团建暨全面推进共青团科学化建设工作会议。会议下发《中共北京市朝阳区委员会关于进一步加强新形势下全区党建带团建工作的意见》和实施细则。

（陈 冰）

【区委党建工作领导小组会】 3月6日，区委党建工作领导小组（扩大）会议召开。区委党建工作领导小组全体成员，各街乡党（工）委书记以及区委各工委副书记、其他区委直属党委书记参加会议。会议传达市委党建工作领导小组（扩大）会议主要精神，对区委党建工作领导小组2012年工作要点进行说明，讨论并通过2012年区委党建工作领导小组、区建设学习型党组织工作协调小组、区委创先争优活动领导小组工作要点。

（徐 辉）

【创先争优活动】 3月8日，印发《中共北京市朝阳区委深入开展创先争优活动领导小组2012年工作要点》，明确全年5大项13小项重点工作。年内，组织开展“创先争优从我做起”主题实践活动、党群共建创先争优、窗口单位和服务行业为民服务创先争优等各类集中性主题活动十余项，制定各类配套指导性文件13个，召开工作会议11次，刊发工作简报77篇,转发中央、市委工作简报汇编8期390篇,媒体宣传报道百余次。《北京支部生活》"部长论坛"开栏第一期专访区委常委、组织部部长张革,报道朝阳区创先争优活动经验做法。

(韩珊珊)

【参加全国非公企业党建工作会】 3月21日,中组部召开全国非公有制企业党的建设工作会。朝阳区《积极探索商务楼宇"三位一体"党建工作机制》作为交流材料下发与会代表,并参与小组交流讨论。4月9日,区委召开十一届七次常委会,通报全国非公企业党的建设工作会议精神。

(陈 冰)

【党代表培训会】 3月22日至23日,召开2012年基层党代表培训会。区第十一次党代会全体基层党代表、区委各工委副书记、党代表工作联络员、各街乡党(工)委副书记、组织科长参加会议。会上发放区第十一次党代会代表证,陈健、刘建文、任炜东3名基层党代表分别从联系群众、建言献策、调查研究三个方面介绍履职经验;区发改委副主任赵海东介绍朝阳区区情;中央党校蔡霞教授作"推动党内民主、发挥党代表作用"专题辅导;市委组织部组织指导处处长晋秋红讲话,介绍北京市党代表任期制工作开展情况,并就党代表如何发挥作用提出具体意见和建议。3月23日,基层党代表赴太阳宫地区"红芍社"和798艺术园区参观调研。

(徐 辉)

【基层组织建设年】 3月30日,在区委、区政府应急指挥中心召开深化创先争优活动暨基层组织建设年动员部署视频会议。区委书记陈刚讲话。区直机关工委书记刘军胜主持会议。区领导吴桂英,陈涛,张革出席主会场会议。区委各主管工委设立分会场。会议下发《关于在创先争优活动中扎实开展基层组织建设年工作的实施意见》,部署基层组织建设年工作。4月,区委各主管工委完成本系统基层党组织摸底工作,制定完成分类定级工作方案和测评指标,区委成立4个基层组织建设年工作指导检查组。4月25日,经过基层党组织自评、党员群众互评、上级党组织逐级评定等环节,完成全区3313家基层党组织分类定级工作。

(韩珊珊)

【"我身边的先锋"评选表彰】 3月30日,印发《关于开展"我身边的先锋"推选活动的通知》。4月至6月,评选产生区创先争优先进基层党组织117个,优秀共产党员100名,优秀党务工作者100名。其中,高碑店乡高碑店村党总支、叶青大厦党委荣获全国创先争优先进基层党组织称号。朝外街道芳草地社区党委等7个基层党组织获北京市创先争优先进基层党组织称号,梁会兰等9人获北京市创先争优优秀共产党员称号。6月18日,区创先争优表彰大会在北京会议中心召开。区委书记陈刚讲话。区委副书记、区长程连元主持会议。区四套班子领导和800余名党员群众参加会议。会议命名表彰区创先争优先进基层党组织、优秀共产党员和优秀党务工作者,获奖代表进行典型发言。9月,组织创先争优活动中涌现出的优秀党员、优秀党务工作者代表赴宁夏学习考察。

(韩珊珊)

【干部关爱工作】 3月至4月,分四批组织局处级干部225人集中学习;4月,组织全区346名局级和正处级领导干部进行健康检查;9月,为14名在基层工作多年、任正科实职时间长、默默无闻、实绩突出、群众公认的干部解决副处待遇;加强思想沟通,与处级干部谈话谈心,了解其想法、困难和需求。

(李文君)

【海外高层次人才政策资金】 4月28日,举办区第二批认定海外高层次人才政策资金兑现仪式,发放兑现资金890万元。

(李晓伟)

【代表选举考察】 4月,完成区出席北京市第十一次党代会代表选举工作。9月至10月,组织开展本区推荐的局级以下代表候选人人选差额考察。11月,配合区人大常委会筹备召开朝阳区第十五届人民代表大会第二次会议,完成北京市第十四届人民代表大会代表的选举组织工作。

(李文君)

【CBD高端人才发展区建设】 5月9日,召开"CBD国际高端商务人才发展区"建设推进会。区领导吴桂英、张革,区长助理李瑶以及区委组织部、区商务委、区人力社保局、区金融办、CBD管委会、区文创办等单位领导出席会议,区委组织部、区商务委汇报发展区建设背景、准备情况及初步计划,区领导肯定发展区建设并提出明确要求。

(李晓伟)

【电子城功能区区域化党建】 5月10日,召开电子城功能区区域化党建工作座谈会。6月25日,召开电子城功能区区域化党建启动工作会,区委常委、组织部部长张革讲话,副区长汪洋参加会议。会议出台关于进一步加强电子城功能区区域化党建工作实施方案,张革为电子城党建联络会揭牌。11月15日,召开功能区党建工作研讨会。CBD、电子城和奥管委分别汇报三大功能区党建工作开展情况。

(陈 冰)

【党代表读书月活动】 5月17日至6月底,在全体区党代表中开展"当好党代表,喜迎十八大——阅读·进步·履责"读书月活动。活动分为代表自学、交流研讨、撰写心得、评比选优和系统总结五个阶段。全区389名党代表参考区委组织部推荐书目,结合工作和自身实际,有针对性地选读有关书籍。党代表共提交读书心得近300篇。

（徐 辉）

【调研座谈】 5月18日，市委组织部在叶青大厦召开区商务楼宇党建工作座谈会，市委组织部组织处副处长阎潇毅出席会议。7月27日，市委常委、组织部部长吕锡文，市委常委陈刚参观平房乡雅成里社区服务站，听取平房乡和雅成里社区基层党建工作及“7·21”抗洪救灾工作汇报。8月17日，中组部组织二局、商务部外资司就外商投资企业党建工作进行专题调研。11月9日，市委组织部到电子城功能区调研非公企业党建工作，参观电子城功能区辖区企业和党建服务站，并召开非公企业党组织负责人现场座谈会。12月28日，市委组织部、宣传部、国资委到电子城功能区七星集团调研文化产业党建工作，与电子城管委会、798艺术园区管委会、七星集团和园区内非公企业座谈，探索文化产业党建工作新思路。

（陈 冰）

【学习交流】 5月22日，南京市玄武区委组织部到CBD功能区和八里庄街道华贸中心社区，学习功能区党建和社区党建工作。6月7日，中组部新疆维吾尔自治区基层党组织书记培训班240余人分两组到南磨房乡、高碑店乡高碑店村和八里庄街道华贸社区现场参观教学。7月10日，舟山市委组织部及定海、普陀、岱山、嵊泗等区委组织部到华贸社区学习交流楼宇党建和“两新”组织党建工作。7月18日，南京市白下区委组织部到亚运村街道调研商务楼宇党建工作。10月16日，中组部组干学院组织西城区基层党务工作者和非公企业党组织负责人到叶青大厦调研商务楼宇党建工作。

（陈 冰）

【“两新”组织党建工作联席会】 5月25日，召开“两新”组织党建工作联席会第五次会议，部署非公企业党建“百日攻坚工程”工作。12月13日，召开“两新”组织党建工作联席会第六次会议。会议传达全市非公企业党建工作现场推进会会议精神，部署推进非公企业党建工作，讨论《朝阳区关于进一步加强和改进非公有制企业党的建设工作的意见（征求意见稿）》。

（陈 冰）

【老旧小区综合整治】 5月31日，召开“落实市老旧小区综合整治工作”工作会，传达落实市老旧小区综合整治工作会议精神，建立协调工作领导机构。6月11日，召开党员干部深入老旧小区综合整治工程协调小组第一次会议，通过《朝阳区选派党员干部深入老旧小区综合整治工程项目现场工作实施方案》和《朝阳区老旧小区综合整治工程现场联合党支部组建及运行方案》。6月12日，召开全区老旧小区综合整治工作动员大会，副区长阎军部署工作，区委常委、组织部部长张革就选派党员干部深入老旧小区综合整治工作讲话，区委书记陈刚讲话。7月17日，张革到劲松街道调研老旧小区综合整治工作。7月17日，区委组织部常务副部长王小毛到区住建委研讨老旧小区综合整治工作。9月1日，全市召开老旧小区综合整治工作推进会，劲松街道做典型发言。9月6日，全市召开老旧小区综合整治工程联合党支部工作经验交流会，劲松街道就“五步工作法”作典型发言。9月7日，召开朝阳区老旧小区综合整治工作联合党支部工作经验交流会。11月9日，市委组织部、市重大项目办组成联合调研组到朝阳区，专题调研老旧小区综合整治工作。12月11日，召开2012年朝阳区老旧小区综合整治工程联合党支部工作总结会。

（陈 冰）

【成立党委】 5月，批复成立劲松街道白坏社区党委、和谐雅园社区党委、北京福建企业总商会党委、北京爱慕内衣有限公司党委、北京市朝阳区私营个体经济党委。6月，批复成立北京国际城市发展研究院党委。7月，批复成立崔各庄地区马南里社区党委。7月，同意“中共北京昆泰房地产开发集团委员会”名称变更为“中共北京昆泰房地产开发集团有限公司委员会”。11月，批复成立东坝地区大街社区党委、东坝地区高杨树社区党委、东坝地区中铁十六局社区党支部、管庄地区惠河西里社区党委、东风地区泛海国际南社区党委、汉能控股集团有限公司党委、北京阳光鑫隆集团党委。

（陈 冰）

【后备干部和年轻干部工作】 5月至9月，开展后备干部集中调整工作。确定100名左右处级正职后备和300名左右处级副职后备。5月，制定《2012年优秀年轻干部选拔工作方案》，选拔掌握100名左右1985年7月1日以后出生的优秀年轻干部进行战略培养。针对“80后”处级干部、街乡助理、优秀年轻干部的不同层面，制定专项调研工作方案，研究年轻干部成长规律和培养模式。

（李文君）

【驻区人力资源中介机构座谈会】 6月15日，在望京昆泰酒店召开首次“朝阳区驻区国际知名人力资源中介机构工作交流座谈会”，区委常委、组织部部长张革，人力社保部、市人力资源研究中心、区文创办、人保局、商务委、金融办、科委等单位领导出席。区人才办介绍朝阳发展优势及人才工作成效，14家国际知名人力资源中介机构负责人围绕“区域人才和人力资源整体开发”分别发言。

（李晓伟）

【基层党代表走访调研】 6月中旬至7月上旬，在区第十一次党代会全体基层代表中组织开展“下基层、履职责、访民情、促和谐”——迎“七一”走访调研活动。期间，每名基层党代表在本人选举单位至少联系1

个党支部、3名普通党员、5名群众。

（徐 辉）

【市基层党代表培训会】 6月20日,召开区市第十一次党代会基层代表培训会,14名市党代表集中学习中央、市委的有关精神。区委常委、组织部部长张革在会上传达中央、市委对市第十一次党代会代表的有关要求,对区市党代表提出四点要求。

（徐 辉）

【人才工作领导小组(扩大)会】 6月25日,召开全区人才工作领导小组(扩大)会议,50家单位一把手、主管副职和科长近150人参加会议。会议通报近期人才工作、人才表彰、人才服务及专家联系机制建设情况。邀请专家进行人才工作专题讲座,并分区域、领域开展分组研讨。

（李晓伟）

【发挥党组织作用】 "7·21"特大暴雨后,转发《中央创先争优活动领导小组关于在创先争优活动中进一步做好防汛抗洪抢险救灾工作的通知》。8月,联合区慈善协会、区委各主管工委,为在"7·21"特大暴雨灾害中受灾严重的党员和教育设施受损较大的基层党组织发放补助款32.8万元。其中,"共产党员献爱心"捐款5.05万元、党费27.75万元。共计修缮因灾受损的基层党员教育设施20个,慰问受灾党员群众57人。

（韩珊珊）

【创先争优常态化】 7月,转发中央创先争优活动领导小组《关于做好创先争优活动总结工作的通知》和《关于各地区各部门各单位建立健全创先争优长效机制的指导意见》,部署全区创先争优活动收尾阶段重点工作。8月底前,各级党组织完成创先争优总结报告。从"推动科学发展、促进社会和谐、服务人民群众、加强基层组织"四个方面建立创先争优长效机制。9月28日,创先争优经验交流视频会议在区委、区政府应急指挥中心召开。区四套班子主要领导,区委常委参加主会场会议。区委各主管工委设立分会场,基层党组织和党员代表交流发言。区委书记程连元作总结发言。

（韩珊珊）

【第七届"博士进朝阳"活动】 7月,启动第七届首都高校博士生、博士后和辅导员到区挂职锻炼活动。19所高校的32名博士生、1名博士后和1名辅导员走进27家单位挂职。结合专业特长和挂职岗位开展专题调研工作,形成调研文章30余篇。

（李晓伟）

【商务楼宇统战工作】 8月8日,区领导辛燕琴、张革、郑煌等会同部分区政协委员,到呼家楼街道、建外街道调研商务楼宇党建带统战工作。10月26日,区政协副主席郑煌、区委组织部常务副部长王小毛、区委统战部常务副部长胡杰华和区政协委员、提案执笔人崔向全在广电中心就《关于加快推广商务楼宇统战新模式的建议》接受和谐在线节目组访谈。

（陈 冰）

【基层党代表列席区委全会】 8月8日,区委召开十一届四次全体(扩大)会议。根据《中国共产党北京市朝阳区代表大会代表任期制实施细则(试行)》的规定,18名区第十次党代表大会基层代表应邀列席会议,听取区委书记程连元代表区委常委会做的工作报告。

（徐 辉）

【党代表工作室建设启动】 8月9日,崔各庄乡京旺家园社区党代表工作室揭牌,全区党代表工作室建设工作启动。区委常委、组织部部长张革为党代表工作室揭牌并讲话。截至年底,全区建成街乡级工作室43个,社区、村级工作室187个。

（徐 辉）

【调研聚合力工程】 8月28日,调研常营地区党员服务中心;调研双井街道党建工作。9月5日,调研博鼎诚党委党建工作。9月11日,调研区法院基层党建工作。9月12日,调研劳动局、房管局党建工作。9月13日,到管庄、东坝调研农村系统党建工作。9月14日,到蟹岛调研临时党委发挥作用情况。

（陈 冰）

【党建大项目支持计划】 8月,启动市、区两级党建大项目支持计划。11月中旬,完成"朝阳区城市社区党政群共商共治实施工程"项目在区县局级单位党建大项目支持计划的立项申报工作。12月14日,参加区县局级单位党建大项目评审会,区委常委、组织部部长张革做项目陈述和答辩。经市委组织部领导和党建专家评审,项目在区县系统排名第一。年内,指导区委各主管工委完成区基层党建大项目支持计划立项申报工作。

（韩珊珊）

【村"两委"换届选举】 9月27日,区委召开十一届22次常委会,汇报村"两委"换届选举工作。10月12日,召开村两委换届督查指导组工作会,传达市、区委关于村"两委"换届选举工作的指示精神,部署时间安排、选举方式和会议程序。11月5日,区委召开专题会研究村"两委"换届选举工作,听取区委组织部和区委农工委关于该项工作筹备情况和农村地区基层党建工作汇报。11月12日,区委村党组织换届选举督察指导组全体成员见面。11月21日,召开村"两委"换届选举工作推进会,区领导陈宏志、张革出席会议并讲话。11月30日,市村"两委"换届选举工作领导小组办公室成员全程观摩来广营乡红军营村等5个村党总支换届选举过程。12月6日,召开2012年朝阳区村党组织换届选举工作汇报会。12月19日,区委常委、组织部部长张革,区委农工委书记张树安等赴三间房乡东柳村、新房村视察换届选举工作。12月20日,市村"两委"换届选举工作领导小组办公室调研朝阳区村党组织换届选举工作。12月22日，区152个村党组织全部完成换届选举工作。选举产生委员718名，其中书记152名。女委员214名，占总数的29.81%，比上届提高2.21%；35岁以下的105名，占总数的14.62%；少数民族委员34名，占总数的4.74%；大专及以上学历的委员587名，占总数的81.98%。

（陈 冰）

【非公企业党建工作推进会】 9月27日，全市召开非公企业党建工作现场推进会。区委常委、组织部部长张革作“推行一委五站三服务工作法，加强商务楼宇标准化建设”交流发言。

（陈 冰）

【接收团职军转干部】 11月中旬，完成50名团职军转干部安置工作。

（李文君）

【派驻专职党务工作者工作】 11月30日，以中复电讯设备有限责任公司为试点，启动向重点非公企业派驻专职党务工作者工作。

（陈 冰）

【党建工作汇报会】 12月4日，区委党建工作领导小组召开街乡党（工）委书记抓党建工作汇报会。区委党建工作领导小组全体成员，麦子店、亚运村、机场、管庄、太阳宫、常营6个街乡党（工）委书记参加会议，部分区党代表、人大代表、政协委员列席会议。会议首先听取了6个街乡党（工）委书记汇报工作，区委社工委、农工委书记分别点评本系统党（工）委书记汇报。区委常委、组织部部长张革，区委常委、区委办主任、区直机关工委书记刘军胜分别作为区委党建工作领导小组副组长点评汇报。市委组织部组织指导处处长晋秋红结合十八大，介绍街乡党（工）委书记抓党建工作背景并点评汇报，提出下一步工作要求。区委副书记、政法委书记、区委党建工作领导小组组长陈宏志讲话。

（徐 辉）

【学习十八大精神】 12月6日至7日，举办全区基层党组织书记学习十八大精神集中培训班，全区各系统880名基层党组织书记参加培训。12月，发动全区各级党组织和党员群众参与中央组织部党员教育中心、人民出版社、共产党员网联合举办的学习党的十八大报告和党章知识竞赛活动。

（韩珊珊）

【党代表任期制工作会】 12月6日至7日，召开区2012年党代表任期制工作会暨十八大精神学习培训会。区第十一次党代会全体基层党代表、区委各工委相关负责人、各街乡党（工）委副书记、组织科长参加会议。区委组织部常务副部长王小毛作2012年朝阳区党代表任期制工作报告；2名街道和农村系统的党代表工作室负责人汇报工作室运行状况；5名机关、街道、农村、教育、政法系统基层党代表交流履职经验。中央民族大学副教授蒙曼作“流星王朝说大隋”专题讲座。市委党校教授周善红从“十八大精神针对的问题、核心思想、实现路径、根本保证”四个方面解读十八大精神；区十八大代表、高碑店乡高碑店村党总支书记支芬与党代表分享与会心得；区信访办副主任张振海讲解基层矛盾的分析与对策。区委常委、组织部部长张革出席会议并讲话。12月7日，基层党代表考察高碑店村新农村建设成果和麦子店街道社区服务中心。

（徐 辉）

【党管人才工作】 12月21日，制发《关于进一步加强党管人才工作的实施意见》。

（李晓伟）

【党统工作】 12月24日，召开全区2012年党内统计年报工作培训会，各系统330人接受年报表培训。

（陈 冰）

【人才工作大会】 12月26日，召开全区人才工作会议，总结近年来人才工作经验，部署下一阶段人才工作。市委组织部领导、区四套班子领导，区人才工作领导小组成员单位党政正职，区委、区政府各部委办局、各街乡、区属企业党政正职、主管领导等共900余人参加会议。区委常委、组织部部长张革作《深入学习贯彻党的十八大精神，加速实施人才强区战略》工作报告，区委书记程连元讲话。

（李晓伟）

【非公企业党建工作座谈会】 12月27日，区非公企业党建工作座谈会在慈铭大厦召开，区领导程连元、陈宏志、张革、刘军胜出席。

（陈 冰）

【处级班子思想政治建设】 年内，全区二级班子系统总结近年来加强思想政治建设的经验，查找分析不足，推进整改。9月底，在全区分为机关、街道、农村、国资四个系统，分别召开思想政治建设经验交流会。10月，召开全区领导班子思想政治建设总结暨经验交流会，总结通报五年来全区加强领导班子思想政治建设工作情况，明确下一阶段工作重点。

（李文君）

【第四届人才评选表彰】 年内，制定《朝阳区优秀人才评选表彰管理办法》和《朝阳区人才工作先进单位评选表彰管理办法》，设立区突出贡献人才奖、国际人才奖、商务人才奖、创新人才奖、社会建设与管理人才奖、农村实用人才奖和优秀青年人才奖七个奖项。评选60名优秀人才和20个人才工作先进单位，授予马芯兰“朝阳教育家”荣誉称号。

（李晓伟）

【实施人才工作项目管理】 年内，实施人才项目47个，其中，重大项目4个，重点项目9个，一般项目34个，投入资金225万元。

（李晓伟）

【处级班子调整】　年内,区委研究任命14名委办局正职、7名街道工委书记、5名乡党委书记。3月至5月,提名57名干部为街乡及委办局副职人选;全市范围公开选拔法院副院长、检察院副检察长、监察局副局长和奥管委部分处长等5个岗位,确定4名任职人选,其中3位为非中共干部。11月,对发改委、商务委、市政市容委、人力社保局、电子城管委会、司法局、文化委、城管监督中心共8家单位的8个副职岗位开展单位内部竞争上岗。年内,调整干部196人次,涉及班子87个,其中:提拔101人次(正职20人次),平职改任54人次,兼职任免11人次,免职退二线(退休)30人次。

(李文君)

【交流挂职】　年内,外派2名干部援藏,接收中央两部一委挂职干部2名和上海、重庆、内蒙古等省、市、自治区挂职干部22名,分别安置在相关委办局及部分街乡。

(李文君)

【干部人事档案数字化】　年内,推进干部人事档案数字化工作,完成在职处级干部人事档案1100余卷的整理审核和分类扫描。

(李文君)

【党建成果宣传】　年内,在《朝阳报》刊发5期"朝阳区深入推进创先争优活动巡礼"专版。在朝阳有线"朝阳新闻"节目开设报道专题,制作3期《和谐在线》节目。编印《创先争优铸辉煌——朝阳区创先争优工作回眸》画册、《我身边的先锋——创先争优优秀共产党员、优秀党务工作者事迹汇编》。联合区委宣传部、区广电新闻中心摄制《风展党旗,凝聚力量》、《创先争优在朝阳》2部专题片和10部优秀共产党员事迹宣传片。配合市委组织部、北京电视台摄制《为你而歌》(第十部)之"小巷总理"。

(韩珊珊)

【创先争优理论研讨】　年内,参与中央、市委创先争优理论研讨活动。区委副书记、政法委书记陈宏志撰写的论文《在创先中凝聚力量,在争优中凸显价值——拓展党员主体地位的实现途径》一文,获北京市创先争优理论征文一等奖,区委组织部获北京市创先争优理论征文组织奖。区委常委、组织部部长张革撰写的论文《创先争优活动对推进党的建设科学化的方法论意义》一文,入选全国创先争优理论研讨会。

(韩珊珊)

【优秀基层党建创新项目评比】　年内,出台《朝阳区优秀基层党建工作创新项目评比办法(试行)》,组织全区基层党组织参与市、区两级优秀基层党建工作创新项目评比活动,编写《朝阳区基层党建创新集萃》。经过各主管工委申报、审核评估等环节,共备案区级优秀基层党建工作创新项目59个,推荐备案市级优秀基层党建工作创新项目12个。

(韩珊珊)

【发展党员】　年内,发展党员1530名,完成年初计划1800名的85%。发展总数较上年减少237名,降低13.4%。其中发展35岁以下的党员952名,占发展总数的62.2%,比上年所占比例上升3.9%;发展非公有制经济组织和社会组织党员274名,占发展总数的17.9%,比上年所占比例上升0.9%;发展大专以上文化程度的党员1348名,占发展总数的88.1%,比上年所占比例上升3.6%;发展生产、工作第一线的党员1148名,占发展总数的75%,比上年所占比例降低3%;发展农民党员99人,占发展总数的6.5%;发展工人党员165人,占发展总数的10.8%;发展女党员835名,占发展总数的54.6%;发展少数民族党员64名,占发展总数的4.2%。年内,制定《关于进一步规范和加强推荐优秀团员作党的发展对象工作的实施意见》。

(韩珊珊)

【党员教育培训】　年内,先后举办新发展党员示范培训班、大学生村官和社区工作者党员培训班、"两新"组织党组织负责人培训班、区属国有企业基层党支部书记示范培训班、机关党务工作者示范培训班、社区党委书记示范培训班、党群共建示范培训班等区级示范培训12期,培训1676人次,其中54人赴新加坡参加境外培训。为2012年度"基层党员教育培训支持计划"10个重点项目拨付120万元支持资金。组织区内基层党组织负责人、党务工作者参加北京市机关基层党组织书记示范培训班、北京市现代远程教育管理员示范培训班和北京市党员干部现代远程教育课件制作人员培训班。先后接待中央组织部改进党员发展和教育管理服务工作专题研究班、新加坡和谐社区建设专家团、广西北海市委组织部党建工作考察组、门头沟农村党支部书记村委会主任培训班在朝阳区开展现场教学或考察交流。

(韩珊珊)

【党员电化教育】　年内,区委组织部获评市委组织部"北京市党员教育电视片观摩交流活动组织奖"。《做一辈子志愿者——叶如陵》等6部作品被评为北京市党员教育电视片观摩交流活动优秀作品;《默默耕耘的法律卫士——刘静》等4部作品被评为北京市"我眼中的共产党员"DV作品大赛优秀作品;"酒仙桥党建网站"被评为北京市党员教育电视片观摩交流活动优秀党建网站。18部党员教育电视片和12部DV作品被评为区级优秀作品。在北京市党员电教和党员干部现代远程教育"三个一百"评选活动中,区委党校大屯分校等5个站点被评为示范站点,金莹等5人被评为优秀站点管理员,刘强等5人被评为优秀学用个人。组织全区党员群众收看《雨中的树》、《人民的好儿女》、《信仰》、《为你而歌》(第十部)等教育影片。

（韩珊珊）

【现代远程教育站点建设】 年内，制发《朝阳区关于加强党员干部现代远程教育终端站点管理和使用工作的实施意见》。举办党员干部现代远程教育站点管理员培训班。4月，申报区委党校等6家单位作为北京市党员干部现代远程教育进机关、进企业、进“两新”组织工作试点单位。6月底，启动党员干部现代远程教育终端站点分类定级工作。7月中旬，完成对全区522个站点分类定级。12月中旬，完成全区522个站点整改落实工作。年内，向市委组织部上报《格桑花丛安吉拉——记援藏妇产科医生王立聪》等15部党员电教片片源，总计240分钟。

（韩珊珊）

【党员关心关爱】 年内，对建国前入党的农村户口老党员和不享受离退休金的城镇居民户口的老党员发放生活补助每人每月500元。上半年全区90人符合条件，下半年全区86人符合条件，全年总计发放补助金52.8万元。7月，对建国前入党的农村户口老党员和不享受离退休金的城镇居民户口的老党员一次性发放生活补助每人560元，全区90人符合条件，总计发放补助金5.04万元。2145名生活困难党员受到“朝阳区生活困难党员专项资金”帮扶，帮扶资金总额283.5万元。年内，联合区慈善协会、区委各主管工委开展“共产党员献爱心”捐献活动，收到10.3万人次捐款500余万元，所筹资金全部用于助老、助学、助困和助残等项目。

（韩珊珊）

【党员信息服务】 年内，以手机短信和语音呼叫方式，向全区党员发送教育、管理类短信13次，发送信息155.8万条，受众49万人次，党员回复短信1800余条。

（韩珊珊）

【党刊集中征订】 年内，开展2012年度党刊及党员电教光盘集中订阅工作。全区共订阅《北京支部生活》、《党建》、《党建研究》、《党课一小时》等8类党刊、党员电教光盘16000余套，订阅经费1490848.36元。

（韩珊珊）

【党费使用管理】 年内，检查上年度全区有党费留成单位党组织的党费收缴、管理、使用和上缴情况。集中返还上年度“两新”党组织上缴党费，返还金额561940元。通过朝阳政务内网、组工专网及各单位、各地区局域网等内部网络平台，向全区基层党组织和党员公示中管、市管、区管党费使用情况。向市委组织部上缴7名党员大额党费，总计21000元。

（韩珊珊）

【政工职称评定】 年内，完成常年政工职称评审工作，2人获高级政工师资格，25人获政工师资格，3人获助理政工师资格。

（曾 智）

【干部培训】 年内，共举办干部培训班30期，培训3035人次，其中处级干部2082人次。举办北京大学公共管理高级研修班、新任处级党政正职培训班、新任副处级干部培训班、处级干部进修班等主体班9期，培训393人次；举办“新四区”建设系列培训班、传统文化和人文修养培训班、高端大讲堂、新闻发言人培训班、文化创意产业培训班等专题班21期，培训2642人次。

（曾 智）

【在线学习】 年内，参加在线学习局级干部38人、处级干部1065人，全部达到市委组织部规定的40学时考核目标，人均62学时。

（曾 智）

【处级干部读书征文】 年内，继续采取下发推荐图书目录、干部自主选读的方式开展处级干部读书活动。开展“如何为政以德、加强官德修养”处级干部读书征文活动，收到征文1113篇。

（曾 智）

宣传与精神文明建设

【概况】 朝阳区委宣传部是主管本区意识形态、对外宣传的区委工作部门。朝阳区精神文明建设委员会办公室是区委、区政府精神文明建设工作的综合协调部门，也是区精神文明建设委员会的办事机构，设在区委宣传部。区委宣传部代行宣传系统工委职能，并负责区文化创意产业领导小组办公室日常工作。内设办公室、基层工作科、宣传科、理论科、综合科、创建科（志愿者工作科）、未成年人工作科、研究室、区委对外宣传领导小组办公室（区人民政府新闻办公室）、文化创意产业发展科、文化创意发展中心、区公共文明协调委员会办公室（协调办）。人员编制52人。

地址：日坛北街33号

电话：65099322

邮编：100020

（孙 翀）

【未成年人主题实践活动】 寒假期间，面向未成年人开展“践行北京精神——争当‘社区文明小使者’”主题教育实践活动。1576名中小学生参加500余项特色体验活动；4月2日至25日，区文明办、区教委组织未成年人开展“网上祭英烈”活动；4月，区文明办联合区教委，面向全区各中小学校开展“学雷锋 践行北京精神——做文明有礼的北京人”新童谣征集评选活动；5月31日，启动“学习雷锋、做美德少年”网上签名寄语活动；同日，在平房乡梨园郊野公园，区文明办联合区妇联、区教委、区图书馆、平房地区办事处举办“学习雷锋 争做文明好少年 书香朝阳 快乐成长”朝阳区庆祝“六一”国际儿童节系列活动，地区居民与少年儿童代表200余人参加；7月12

日,启动"践行北京精神——争当'学雷锋社区文明小使者'"主题教育实践活动,市(区)相关部门领导、安慧里中心小学部分师生、相关街道社区代表参加启动仪式;暑假期间,全区各学校、社区以"六小"道德实践活动为载体,动员中小学生参与礼仪、环境、秩序、服务、观赏、网络六大文明引导行动;11月11日,区文明办联合区教委在团结湖小学开展"学雷锋 做文明有礼的北京人"红领巾文明行动,首都文明办、市公共文明协调办相关领导以及全国劳模李素丽与团结湖小学师生、家长代表参加活动。

(李　娟)

【"三下乡"活动】 1月10日至12日,分别在管庄乡、孙河乡、将台乡举行春节文化、科技、卫生"三下乡"活动暨朝阳区第22届农民艺术节。内容包括文艺演出、写春联送春联、剪窗花送窗花、法律宣传、现场赠送图书、科普宣传、医疗义诊等。

(吴丁佳宝)

【北京朝阳国际风情节】 1月23日至28日,在朝阳公园举办"第十届北京朝阳国际风情节"。市委宣传部副部长、首都文明办主任陈冬,区政协主席辛燕琴,区委常委、宣传部部长谢莹等出席开幕式。

(吴丁佳宝)

【采访报道引导员和站台】 1月,中央电视台新闻联播、焦点访谈等栏目组,分别采访报道金牌文明引导员李家麒以及建外大街相关公交站台。

(张　川)

【获评先进城区】 2月8日,中央文明委召开全国未成年人思想道德建设工作视讯会议,朝阳区被评为第三届全国未成年人思想道德建设工作先进城区,中央政治局委员、中宣部部长刘云山出席会议并颁奖。

(李　娟)

【示范区宣传】 2月21日,20家媒体采访朝阳公共文化服务体系建设工作,累计报道百余篇/次。其中《北京日报》专版刊登《朝阳发挥文化整体优势 推动区域发展全面进步》报道;10月24日,北京电视台"基层看变化 喜迎十八大"专栏报道朝阳区构建完备公共文化基础设施相关内容;同日,邀请《新京报》总编及记者到垡头文化中心和潘家园街道社区图书馆调研区文化事业发展工作。11月2日,《新京报》头版导读《垡头尝鲜文化中心》,并用"走起来"专栏两个整版展示垡头文化中心风貌和区公共文化建设成就;12月,学习宣传贯彻党的十八大精神首都媒体采访团第八分团和第四分团分别到垡头文化中心和潘家园街道图书馆进行集中采访和实地调研,宣传数字图书馆和朝阳公共文化事业发展情况。

(姜丽钧)

【网络文明建设】 2月28日,在新浪微博平台开通"文明朝阳"政务微博。3月,通过微博开展"雷锋在我心中"寄语活动、发动网络文明志愿者摘编"学雷锋"实践案例并发表感言,收到志愿者原创微博197条,评论、转发785条,5名志愿者获优秀微博奖励。10月23日至11月8日,通过"文明朝阳"微博、"北京朝阳"微博群,开展"我的孝老敬老故事"微博征集互动活动。8月,中国文明网北京朝阳站正式上线。

(刘　莹)

【宣传思想和精神文明建设工作会】 2月29日,召开2012年朝阳区宣传思想和精神文明建设工作会。宣传部副部长李守民主持,常务副部长高春利传达北京市宣传部部长会议精神、总结2011年宣传思想工作,部署2012年工作。文明办主任吕岚总结2011年精神文明建设工作,部署2012年工作。区委常委、宣传部部长谢莹出席并讲话。全区各单位主管领导和工作人员400余人参加会议。

(吴丁佳宝)

【考察创建工作】 2月至5月,宁波市、天津市河西区、深圳市龙岗区、天津市武清区、上海市长宁区文明办五批52人到朝阳区考察交流文明城区创建工作。年内,海淀区文明办、门头沟区文明办、通州区文明办等30余人,先后到朝阳区考察文明城区创建和乡情村史陈列室建设工作。

(李孟阳)

【学雷锋宣传示范周】 3月5日,在朝阳公园南门广场举行北京市"弘扬北京精神 学雷锋做文明有礼的北京人"宣传示范周活动启动仪式。首都文明办、市公共文明协调办等市相关部门领导,区委常委、宣传部部长谢莹,副区长张立新,城六区公共文明引导员代表和学雷锋社会志愿组织代表参加活动。在全市宣传示范周总结表彰工作中,朝阳区获2项学雷锋服务创新活动、3个优秀学雷锋服务团队、17名学雷锋志愿服务星级引导员称号。

(张　川)

【志愿服务】 3月,下发《2012年朝阳区深入开展"学习雷锋、志愿朝阳"活动实施方案》;在朝阳公园南门广场举办"学雷锋志愿活动日"启动仪式;4月1日,区委宣传部、区文明办、区园林绿化局举办"绿化家园 美化首都"义务植树活动;7月4日,召开"关爱他人、关爱社会、关爱自然"志愿服务活动启动仪式暨学雷锋志愿服务工作推进会,中国志愿服务基金会副理事长段汝官、首都文明办副主任卜秀均、朝阳区委常委、区文明委副主任刘军胜出席会议;围绕中秋节、国庆节、"国际志愿者日"等重要节点,开展志愿服务活动;12月4日,举办志愿服务骨干培训班暨2013年项目招募会,与区住建委联合相关部门在十八里店乡周庄保障房施工现场举办关爱农民工志愿服务活动;在春节、全国"两会"、清明节、国庆节、十八大期间,在重要场所周边和重要交通路口开展志愿服务；中超联赛、亚冠赛期间，在工人体育场开展赛场文明引导志愿服务，在7个球迷看台共组织引导员1258人次参与，志愿服务超过4932小时；针对雨雪天气，动员街乡公共文明引导员在308个公交站台及周边路段开展扫雪铲冰志愿服务。

（李孟阳 张 川）

【做文明有礼的北京人】 3月，承办朝阳区“永远的雷锋——学雷锋活动日”启动仪式、全市“弘扬北京精神 学雷锋 做文明有礼的北京人”宣传示范周启动仪式、全市“学雷锋清洁城市志愿行动”主会场活动、“再生资源回收日 周六学雷锋志愿行动”等系列主题宣传活动。11月9日，在朝阳宾馆多功能厅举办2012年“做文明有礼的北京人——垃圾减量垃圾分类从我做起”知识竞赛。潘家园、小关和东湖代表队最终胜出并代表朝阳区参加北京市比赛，东湖街道代表队获第三名。

（刘 莹 张 川）

【我们的节日·清明系列文化活动】 4月1日，在日坛公园举办“感恩思源，传承文化”为主题的我们的节日·清明系列文化活动。内容分为：马骏墓修缮正式开放启动仪式；享丝竹雅乐之趣，品清明文化之味；清明芳菲游乐时，游园踏青闹春天三部分，千余名群众参与活动。

（吴丁佳宝）

【军警民共建】 4月18日，首都军警民共建指导小组副组长曹卫平、戚玉桥到区图书馆调研军警民工作开展情况；9月26日，北京市召开首都军(警)民共建活动30周年理论研讨会，区图书馆获“全国军民共建社会主义精神文明先进单位”称号。

（李孟阳）

【参加首都精神文明建设大会】 4月19日，区委副书记、区长程连元、区文明办主任吕岚及全国和首都级先进单位领导代表10人参加在北京国际饭店举办的首都精神文明建设大会。会上，市委书记刘淇为区长程连元颁发全国文明城区奖牌，高碑店村党总支书记支芬代表全国文明村镇发言。

（李孟阳）

【“高雅艺术殿堂文明行”活动】 4月，组织优秀妇女代表、离退休老干部、公共文明引导员、中小学生通过参观展览、艺术普及教育、高雅艺术体验互动、音乐欣赏等形式，参加国家大剧院“市民高雅艺术殿堂文明行”主题活动，并选送朝阳区优秀少儿节目参加国家大剧院“我的梦想——首都少年儿童文艺展演”。

（李 娟）

【培训班】 5月7日至11日，与区委组织部联合举办2012年区文化创意产业高级经营管理人才培训班，区相关部委办局及街乡主管领导和文化创意产业集聚区、重点企业负责人50余人参加培训；6月27日至29日，组织24名相关街乡文明专干和引导员骨干参与市公共文明协调办主办的“公共文明引导培训班”；8月10日至13日，联合专业机构，举办拟上市文化创意企业资本运营高级培训班，围绕文化创意企业上市政策和策略，邀请专家作讲座，22家拟上市企业的39名高级管理人员参加培训；8月22日至24日，与区委组织部、中国传媒大学电视与新闻学院联合举办2012年朝阳区新闻发言人培训班，70名来自全区委办局、街乡、公司、人民团体的新闻发言人和联络员参加培训；10月29日至31日，中央文明办在南京举办全国第二期未成年人心理健康辅导工作骨干人员培训班，朝阳区心理健康教育指导中心参加全国培训会并作经验交流。

（李强 王金凤 李娟 张川）

【公共文明引导行动动员会】 5月10日，209名公共文明引导员到北京会议中心参加“北京市公共文明引导行动动员大会”，“建国门外大街”被评为“2011年度公共文明引导示范街”；“公共文明引导员新浪官方微博活动”、“创新型排队候车线活动”被评为“2011年度公共文明引导品牌创新活动”；“张来勤学雷锋志愿服务团队”、“李家麒共产党员学雷锋志愿服务团队”被评为“2011年度公共文明引导名牌团队”。

（张 川）

【周末大讲堂】 5月11日，启动区首场社区大讲堂活动。全年在各街乡举办讲座17场，千余人次参加。内容涉及北京精神、基层党组织建设、急救知识等。

（吴丁佳宝）

【专项教育治理】 5月14日，区委书记陈刚及区委宣传部、区文明办等23个相关部门领导参加中央文明委组织的全国道德领域突出问题专项教育和治理视讯会。6月5日，下发《朝阳区关于开展道德领域突出问题专项教育和治理活动的实施方案》。6月13日，首都文明委召开电视电话会议，区委常委、宣传部部长谢莹在主会场发言，副区长张立新及各成员单位主管领导在朝阳分会场参加会议。7月18日，召开联席会，区委副书记、区长程连元出席并讲话，按照首都文明办工作部署，培育“鸟巢北岸”、“蓝色港湾”和新奥购物中心三条餐饮试点街。11月5日，首都文明办主任陈冬、首都文明办副主任卜秀均视察“鸟巢北岸”和蓝色港湾餐饮街“诚信做食品”活动开展情况；12月21日，首都“诚信做食品示范街”检查组一行12人检查验收蓝色港湾餐饮街“诚信做食品”工作，并观摩蓝色港湾餐饮街道德讲堂活动。

（李孟阳）

【公共文明引导报告会】 5月17日，区文明引导员报告团到区交通支队举办“我奉献 我快乐 爱岗敬业报告会”，倡导全区交通协管员学雷锋做文明有礼的北京人。7月19日，在朝阳宾馆举行朝阳区公共文明引导员市党代会精神宣讲报告会,首都文明办、市公共文明协调办、区文明办等单位领导出席活动,朝阳区300余名公共文明引导员及李高峰志愿服务团队现场学习、聆听宣讲团报告。

(张　川)

【区文明委全委(扩大)会议】 5月24日,召开2012年朝阳区文明委全委(扩大)会议暨迎接全国城市文明程度指数测评部署会议。区四套班子领导、首都文明办副主任卜秀均、武警北京总队政治部副主任、区文明委副主任周国平等出席大会。

(李孟阳)

【京交会宣传】 5月28日至6月1日,首届"京交会"在国家会议中心举办。会前,北京电视台进行领导专访,介绍区服务业发展总体情况。期间,分别对分销服务板块启动仪式、便利化论坛落户CBD、企业签约、首个国家级中央商务示范区落户CBD内容进行专题发布,并邀请媒体报道国家广告产业园开园情况。60余家媒体到场采访,累计报道500余篇(次)。

(姜丽钧)

【农村精神文明建设】 6月4日,印发《关于进一步加强新形势下农村精神文明建设工作的实施意见》,重点开展以"十二个一"为内容的文明创建工程。

(李孟阳)

【公共文明引导服务技能季赛】 6月11日,10名公共文明引导员作为朝阳区代表队,参加由首都文明办、市公共文明协调办举办的"文明引导出新招"公交站台服务技能竞赛(季赛)活动,获季军。

(张　川)

【街校共建文明站台】 6月14日,和平街街道与北京市樱花园实验学校共同举行"践行北京精神弘扬文明风尚"共建文明站台授牌仪式。共建文明站台设立于公交中日医院南行站,选派和平街街道公共文明引导员作为校外辅导员,学生志愿者在公共文明引导员的指导下,每周开展站台文明引导服务。

(张　川)

【庆祝建党91周年文艺展演】 6月26日,在朝阳剧场举办区宣传系统庆祝建党91周年文艺展演。区委常委、宣传部部长谢莹,宣传系统全体班子成员,宣传系统全体基层党组织书记和党员代表近600人参加活动。

(吴丁佳宝)

【创先争优活动】 8月2日,由区委组织部和区委宣传部联合下发通知,征集创先争优活动照片,制作完成"创先争优铸辉煌"画册、"创先争优在朝阳"电视片,完成朝阳区深入开展创先争优活动总结。

(吴丁佳宝)

【道德讲堂】 8月17日,在大屯街道召开区道德讲堂建设工作观摩会,区委常委、宣传部部长谢莹,区人大常委会副主任朱春霞,区委书记助理聂清凯,区委各工委及各街道主管领导参加。11月5日,在蓝色港湾传奇时代影城举办"诚信做食品"道德讲堂,市委宣传部副部长、首都文明办主任陈冬、首都文明办副主任卜秀均,区委常委、宣传部部长谢莹出席。12月21日,卜秀均到蓝色港湾餐饮街实地考察观摩"诚信做食品"道德讲堂。

(刘　莹)

【北京CBD商务节宣传】 9月15日至22日,开展第13届北京CBD商务节宣传,活动前组织媒体通气会和领导专访,发布商务节组织情况、北京CBD国际金融论坛、中国文化产业30人高端峰会等活动情况。期间,分别安排世界商务区联盟会、国际金融、智慧城市、文创等内容主题发布会,邀请媒体深入报道重点活动。60余家媒体到场采访,凤凰网财经频道进行专题推广,相关报道800余篇(次)。

(姜丽钧)

【推荐先进】 9月20日,推荐高碑店乡高碑店村、崔各庄乡何各庄村、平房乡平房村和黑庄户乡郎辛庄村参评首都文明示范村;推荐朝外大街、建外大街等10条大街(街区)参评首都文明示范街。推荐王东海等9人参评2011—2012年度"首都精神文明建设奖"。

(李孟阳)

【"书记(市长)访谈"朝阳专场】 10月17日,中央文明办开展"全国文明城市书记(市长)访谈"朝阳专场活动。邀请区委书记程连元与市民代表和网友,围绕文明城区创建及精神文明建设等话题进行交流。中国文明网、中国网络电视台、人民网、新华网全程直播。做客直播间的访谈嘉宾还有区委常委、宣传部部长谢莹,区委副巡视员刘英男及专家学者、相关部门负责人和各方先进代表等15人。

(李孟阳)

【"城乡一体化"建设宣传】 10月26日、12月6日分别组织《北京青年报》总编及记者和北京电视台、《北京日报》等10余家媒体到崔各庄乡、高碑店乡集中采访城乡一体化工作。11月6日,《北京青年报》"京郊文明行"专栏以《大望京村新生活保留文化"念想儿"》为题,半个版面报道大望京村村民搬迁上楼的生活情况,展现朝阳区城乡一体化建设成果。12月18日,《北京晚报》头版导读,整版以《高碑店改造人均住房至少大三倍》为题进行报道。

(姜丽钧)

【朝阳区发展成就展】 11月20日,由区委宣传部承办的"喜庆十八大"朝阳区"龙飞东方 凤舞朝阳"展览在首都博物馆大厅展出。展览内容分为凤舞朝阳、开放朝阳、文化朝阳、幸福朝阳四部分。

(吴丁佳宝)

【全国城市文明程度指数测评】 12月,根据全国城市文明程度指数测评和中央文明办反馈意见,朝阳区获直辖市9个全国文明城区第二名、北京市第一名。

（李孟阳）

【2013年"两报两刊"征订】 年末，完成2013年党报党刊征订工作。全区订阅《人民日报》4458份，《求是》杂志2815分，《北京日报》20874份、《前线》杂志4815份，《新华每日电讯》4446份。

（邹 明）

【十八大精神宣传】 十八大会议前夕，组织策划社会服务管理创新、公共文化建设、文化创意产业等主题宣传报道一千余篇。培育CBD、高碑店、太阳宫、朝外和奥运村五个基层典型在中央电视台、北京电视台、《北京日报》等主流媒体宣传。会议期间，组织10余家媒体报道朝阳区十八大代表支芬风采、区党员干部收听收看十八大会议实况。会议后，组织北京电视台、《北京日报》两家媒体对区党员干部群众学习贯彻落实十八大精神进行采访报道。

（姜丽钧）

【"中外记者看朝阳"系列外宣】 年内，与市外宣办联合组织"科学发展、辉煌成就"基层党组织建设集体采访活动。组织日本广播协会、凤凰卫视等媒体，参观采访麦子店街道社区服务中心、高碑店乡高碑店村，介绍北京市基层党组织创新城市社区服务、推进新农村建设等方面工作情况。全年接待英国、美国、德国、日本等十余个国家近20批次90名记者，采访拍摄高安屯生活垃圾填埋厂垃圾处理过程、望京方舟苑社区居委会党支部活动等题材，报道朝阳区发展经济、改善民生等方面的举措。

（王金凤）

【"北京朝阳"政务微博】 年内，利用微博集中宣传朝阳国际风情节、东岳庙春节文化庙会、潘家园第四届春节交易会（庙会）等活动，推出"雷锋在我身边"、"感动朝阳感动你我"、"聚焦党代会"等微话题，开展"朝阳区深化创建国家公共文化服务体系示范区暨文化工作会"等微直播。与区文明办联合举办"'公德接力'微活动"，推出"公德接力晒感动"、"'微征集'诚实守信三字经"话题征集，1416名网友参与活动，征集照片228张。获首都文明办"雷锋在我心中"微博寄语征集活动优秀奖。年末，有粉丝495797名，发布微博2826条，网友互动45897条，处置有效诉求730件。

（祁春娜）

【对外文化交流】 年内，蒙古主流媒体考察团一行20人参观798艺术区并座谈；安排巴西记者团参观鸟巢、水立方、国家体育馆等，了解北京奥运后发展情况。区对外文化交流协会先后出访希腊、西班牙、法国、瑞士，参观考察当地民间舞蹈节及街头艺术节。8月，与区文化馆一起赴英国携兵马俑灯参加斯托克顿国际河畔艺术节，"漂亮的兵马俑灯笼"展览5天接待观众万余名。

（祁春娜）

【扩充公共文明引导员队伍】 年内，在原有1107名公共文明引导员基础上，招募轨道交通新线和公交接驳站公共文明引导员236名。朝阳区公共文明引导活动现覆盖33个街乡，公共文明引导员1343名，公交站台306个，地铁站台56个。

（张 川）

【社会服务管理创新宣传】 年内，围绕社会服务管理创新工作，组织策划社区错时上下班、准物业管理等内容的专题发布。2月，组织《北京日报》、《北京晚报》等10余家媒体报道朝阳社区工作者错时上班制度。5月，组织《北京日报》、《北京晚报》、《北京青年报》等10余家媒体到团结湖街道集中采访老旧小区准物业管理相关内容。

（姜丽钧）

【身边好人和道德模范】 年内，在全区开展"我推荐、我评议身边好人"活动。全年推荐助人为乐、见义勇为、诚实守信、敬业奉献、孝老爱亲等五类身边好人26人，其中望京爱心车队入选2012年度"中国好人榜"。11月2日至12月上旬，开展"学习时代楷模，宣传树立'身边雷锋——最美北京人'活动"，向首都文明办推荐身边雷锋标兵3人，身边雷锋26人，身边雷锋团队标兵2个，身边雷锋团队5个。

（刘 莹）

【宣传系统获评先进】 年内，区文化委获首都劳动奖状；朝阳体育馆经营部获首都工人先锋号；刘振山、张春花、杨顺利、黄枢等4人获首都劳动奖章；王立聪获北京市创先争优优秀共产党员。区卫生局党委、区文化馆党支部、区图书馆党支部、区卫生监督所党支部、市垂杨柳医院党委、劲松社区卫生服务中心党支部、区中医院党总支、区体育馆党支部、区广播电视新闻中心第二党支部等9个党组织被评为区创先争优先进基层党组织；王立聪、刘世广、李萍、杨顺利、苗杰、梁雪琴、韩晓燕、景新等8人被评为区创先争优优秀共产党员；王楠、王荣英、石茂才、任艳华、杨怡、张育荣、张维维、欧阳辉等8人被评为区优秀党务工作者。

（蓝万荣）

【宣传系统基层组织建设年】 年内，召开宣传系统基层组织建设年工作动员部署会，开展调查摸底，制定分类定级指标体系。全系统136个基层党组织开展分类定级，"好"65个，"较好"50个，"一般"19个，"较差"2个。在此基础上，各基层党组织通过查找问题，落实整改措施，完成晋位升级工作。

（蓝万荣）

【第四届优秀人才评选表彰】 年内，开展区第四届优秀人才评选表彰工作。徐伟获区突出贡献人才奖，景新获创新人才奖，杨怡、徐唯获社会建设与管理人才奖，关昕获优秀青年人才奖，区文化委、区卫生局、垂杨柳医院获人才工作先进单位。

（蓝万荣）

【区委中心组学习】 年内,实施《2012年区委中心组学习计划》,中心组集中(扩大)学习12次。继续坚持区委中心组成员联系基层制度。每位区领导固定联系2至4个基层单位,定期开展调查研究,完成调研报告25篇。向市社科联推荐朝阳区哲学社会科学专著3部,参评"北京市第十二届哲学社会科学优秀成果奖",其中《学习型政党的理论与实践》获二等奖。

(权英淑 张秋佳)

【学习型党组织建设】 年内,实施《朝阳区建设学习型党组织工作协调小组2012年工作要点》和《关于进一步推进朝阳区学习型党组织建设工作实施意见》。利用《北京市建设学习型党组织工作简报》、《宣传文化学习咨询》专刊及《朝阳报》"学习型党组织建设"专栏,宣传推广基层学习型党组织和学习型非公经济党组织的典型经验。5月11日,在区法院接受市建设学习型党组织调研组调研。

(姜 磊)

【学习服务】 年内,通过编发《学习参阅》、与《前线》杂志社合作推出理论学习手机报、创办《宣传文化学习咨询》、《美言美文》杂志、编发《学习导读》、开展"好书推荐"活动和书籍配发、丰富《中心组学习园地》网络学习平台等方式,面向全区不同人群开展学习服务。全年编发《学习参阅》12期;推出理论学习手机报,每周一期,共36期;编发《宣传文化学习咨询》65期、3.25万册,《美言美文》杂志12期、6万册,《学习导读》8000册。为局处级领导干部配发各类书籍1200余套、6000余册,配送光盘80套、200余张。面向基层发放理论书籍3.5万余册及光盘600张。

(张秋佳)

【理论宣讲活动】 年内,建立5个市级"理论宣讲示范基地"。其中建外街道获"北京市优秀理论宣讲示范基地"称号。在《朝阳报》开设"谈体会 话发展"、"市十一次党代会报告解读"专栏,刊登处级领导撰写的学习市十一次党代会精神体会文章。北京市十八大宣讲团专家到朝阳互动宣讲6场,组建十八大基层讲师团在全区集中宣讲60场。区委宣传部被评为"2012年度北京市理论宣讲优秀组织单位"、南磨房乡被评为"2012年度北京市理论宣讲先进集体"、朝外地区非公党总支书记王晓辉被评为"2012年度北京市理论宣讲先进个人"。

(权英淑)

【百姓宣讲活动】 年内,在北京市百姓宣讲"双十佳"评选活动中,太阳宫乡芍药居二社区"幸福社区"宣讲团被评为"十佳基层百姓宣讲团",区委宣传部被评为优秀组织单位。组建北京市学习宣传贯彻十八大精神百姓宣讲团第八分团——朝阳区社区宣讲团。于12月17日至2013年1月18日参加全市巡讲,至12月31日,巡讲20场,中央电视台《新闻联播》栏目、人民日报等媒体关注报道。全年承办、配合上级部门举办各类百姓宣讲报告会23场,"幸福社区"宣讲团参加8场全市巡讲,刘爱英等4名宣讲员的宣讲视频在北京电视台播放。全年全区开展各类宣讲120余场,直接受众3.6万人次,宣讲视频点击数百万人次。

(姜 磊)

【基层思想政治工作调研】 年内,面向全区开展基层思想政治工作调研。27家单位申报课题31个,全部给予立项。联系重点课题单位,结合课题内容和选题角度与22家单位交流座谈。选编双井街道、望京街道、太阳宫地区等单位调研成果在上级刊物刊发。

(李文轩)

【舆情信息工作】 年内,完成各类舆情信息56篇。新编《朝阳区服务保障党的十八大宣传文化工作信息快报》,共编发17期,其中专报1期。获2010—2011年度市宣传系统舆情信息先进单位称号。

(李文轩)

【案例获奖】 年内,区人民法院报送的案例《法庭内架起亲情桥》获"2011年首都未成年人思想道德建设创新案例奖",区教委报送的案例《德育为先 花开满园》获"2011年首都未成年人思想道德建设创新案例提名奖"。

(李 娟)

【开设专栏专版】 年内,区文明办联合区新闻中心,在朝阳报、朝阳有线开设《朝阳区未成年人思想道德建设工作》专栏、专版。

(李 娟)

【"童心向党"歌咏活动】 年内,区文明办、区教委联合开展"童心向党"歌咏活动,通过拍摄MTV歌曲参加全国视频展播、组织歌咏比赛等形式参与活动。

(李 娟)

【社区和谐家庭指导站建设】 年内,区文明办、区妇联启动社区和谐家庭指导站平台建设,在全区街乡所有社区设置和谐家庭指导站。

(李 娟)

【观摩文明引导站台】 年内,全国文明办主任培训班观摩朝阳区文明引导站台。观摩区域为北四环大屯、亚运村、小关街道沿线站台,三元桥至京承高速段的香河园、左家庄和太阳宫站台。

(张 川)

【群众文化活动】 年内,各部门、各街乡围绕"北京精神"宣传、"我们的节日"、"文化、科技、卫生三下乡"等主题,开展重点文化活动100余项。

(吴丁佳宝)

【爱国主义教育基地】 年内,全区有市级爱国主义教育基地12处,区级爱国主义教育基地2处。

(吴丁佳宝)

统战工作

【概况】 中共朝阳区委统战部、中

共朝阳区委台湾工作办公室、朝阳区人民政府台湾事务办公室、朝阳区人民政府侨务办公室3个机构合署办公，人员编制19人。年内，区侨办获“全国侨办信访工作示范单位”称号、获“2012年度北京市侨务工作先进单位”。

地址：团结湖北五条5号

电话：65099438

邮编：100026

邮箱：chytzb@126.com

（姚德文）

【走访慰问】 元旦、春节期间，区委统战部、台办、侨办分别走访慰问所联系的党外代表人士、困难家庭、长期帮扶对象、民族宗教和部分活动场所教职人员、黄埔同学会老先生，台胞台属、归侨侨眷和重点台资、侨资企业。区领导走访慰问结交的党外朋友62人。1月12日，市侨办副主任初世敏、区侨办主任石延刚慰问三里屯街道幸福一村社区归侨荆其芳女士。春节前，与街道领导、社区干部一起看望慰问涉及16个街乡的30余名老归侨和困侨。

（姚德文）

【侨资企业新春联谊会】 1月10日，举办侨资企业新春联谊会。驻区侨资企业和侨界人士参加。市侨办副主任严卫群、调研员耿朝东、区领导高向宇等致辞。

（姚德文）

【市领导调研民族宗教工作】 3月28日，市委统战部副部长、市参事室党组书记张洋，市宗教局副局长赵宏生，市委统战部综合处处长周景晓、副处长张猛，市宗教局宗教二处副处长索燕一行到望京街道调研朝阳基督教服务管理工作及“以堂带点”服务管理模式。区委常委、宣传部部长、统战部部长谢莹，区委统战部常务副部长胡杰华等参加调研。

（姚德文）

【区领导调研统战工作】 4月5日，区领导陈刚、辛燕琴、谢莹、刘军胜、曾原纪、邢念增、高向宇、连玉明一行调研统战工作。区委办、区委组织部、区委宣传部、区委社工委、区农工委、区人力社保局（人事），八个民主党派和工商联主要负责人及无党派代表人士参加调研。常务副部长胡杰华汇报近年统战工作情况，与会人员进行座谈交流。

（姚德文）

【参加新任统战部长培训班】 4月19日，在东城区社会管理服务中心举行全国市（地、州）以上新任统战部长培训班现场教学。区委常委、区委办主任刘军胜、区委统战部常务副部长胡杰华、叶青大厦党委副书记于峰参加。会上刘军胜介绍朝阳区位、区情，社会领域统战工作开展情况；于峰介绍楼宇统战工作。

（姚德文）

【市侨办调研CBD侨务工作】 4月20日，市侨办副主任严卫群、副处长李德广调研CBD侨务工作。围绕CBD功能区内侨资企业基本情况、产业发展类型、已经利用和意向合作的侨务资源和世界华商中心区的建设与发展等情况进行座谈，就侨务资源和重点区域有效对接的工作机制交换意见和建议。

（姚德文）

【街乡基层统战座谈会】 4月25日至26日，分别在麦子店街道、平房地区办事处召开街道系统、地区系统统战工作座谈会。区委统战部常务副部长胡杰华，副部长、区台办主任黄亮，副部长、区侨办主任石延刚出席24个街道及19个地区工委座谈会。麦子店、小关、朝外、安贞、大屯、潘家园、望京、亚运村、平房、金盏、高碑店等街道和地区工委主管统战工作的副书记作交流发言。

（姚德文）

【侨务工作调研】 4月27日，市侨办副主任李纲一行5人到望京街道调研社区和商务楼宇侨务工作。区侨办主任石延刚汇报工作；与社区侨界代表及楼宇侨务工作者座谈交流；参观望京街道侨务工作活动站——望京文化乐园。

（姚德文）

【专题调研】 5月4日，全国人大常委会副委员长、民进中央主席严隽琪，全国政协副主席、民进中央常务副主席罗富和，全国人大常委、民进中央副主席刘新成，全国人大常委、民进中央副主席兼秘书长朱永新等，到建外街道SOHO商务楼宇服务站和朝外街道芳草地社区，调研朝阳区社会领域党建工作——商务楼宇党建和社会服务管理创新载体——一刻钟社区服务圈建设情况。

（姚德文）

【798艺术园区调研】 5月8日，全国人大常委会副委员长、民建中央主席陈昌智一行，到“798”艺术园区调研。市委常委、统战部部长牛有成，全国政协常委、民建中央副主席、中国通用技术（集团）控股有限公司总裁、董事李说，国家旅游局副局长杜一力，市委副秘书长赵玉金，市委统战部副部长张洋，民建市委常务副主委任学良，区领导陈刚、辛燕琴、谢莹、刘军胜、汪洋等陪同调研。

（姚德文）

【走访侨资企业】 5月10日，区侨办走访驻区侨资企业威尔普能源技术有限公司。侨办主任石延刚一行与公司董事长邓孝成、董事执行总裁孙阳光、总裁助理张健座谈，了解企业需求和生产经营情况，并就侨商会事宜征询企业建议。

（姚德文）

【会见美国亚特兰大中国商会会长】 5月20日，市侨办与区侨办共同会见美国亚特兰大中国商会会长倪健。

（姚德文）

【对台工作领导小组会议】 5月24日，召开对台工作领导小组（扩大）会议。区人大常委会副主任王亚贵传达中央对台工作有关精神，区政协副主席陈合庄总结2011年工作,区委常委、区委办公室主任、区直机关工委书记刘军胜主持会议。区委对台工作领导小组成员、区台胞权益保障协调小组成员单位有关负责人40余人参加会议。会议强调,继续围绕争取台湾民心这个主线,抓好长效机制建设,保障涉台局面稳定。

(姚德文)

【调研统战工作】 5月31日,市委常委、统战部部长牛有成,市委副秘书长赵玉金,市委统战部常务副部长闵克等到建外街道SOHO商务楼宇服务站和麦子店街道枣营北里调研统战工作,区领导陈刚、程连元、陈涛、谢莹、刘军胜等陪同调研。

(姚德文)

【搭建在京台胞创业平台】 5月31日,"搭建服务平台,促进两岸交流"主题活动暨企业入驻"台湾青年创业基地"揭牌仪式在望京科技创业园举行。活动邀请区政协港澳台侨委员会委员、区科委、文创办、工商分局、国税局和地税局相关负责人,与入驻企业代表和北京大学、清华大学、中国人民大学的台籍博士、硕士生交流互动,咨询创业政策,畅谈创业经历,分享创业经验。区台办主任黄亮主持活动。年内,8家创业企业依托"台湾青年创业基地"启动创业项目,4家创业企业在基地注册办公,企业类型涉及软件开发、文化创意、网络营销、管理咨询等台湾优势产业及台湾青年热衷的行业。

(姚德文)

【聘请第十届特约工作人员大会】 6月26日,在朝阳宾馆召开"朝阳区人民政府聘请第十届特约工作人员"大会。64人受聘担任区政府第十届特约工作人员。会议表彰周茂伦等14名表现突出的第九届特约工作人员,区委常委、宣传部部长、统战部部长谢莹宣读表彰决定,区长程连元为新聘代表颁发聘书。区领导陈涛、谢莹、苑文新及相关民主党派、无党派人士,64名受聘人员等共100余人出席大会。

(姚德文)

【专题座谈会】 7月17日,举办"服务台资企业发展,助推世界城市建设"专题座谈会。区委统战部常务副部长胡杰华、副部长胡文军(重庆来京挂职)等出席座谈会。区金融业、文化创意产业、现代服务业等行业的台资企业负责人等30余人参加座谈会。区发改委、商务委、金融办、文创办等单位相关负责人先后向与会台商介绍近期经济发展形势及区金融业、文化创意产业发展情况,并结合朝阳未来发展与台商交流互动。

(姚德文)

【涵养侨务资源】 7月25日,接待马来西亚华裔杰出青年访华团参观798艺术区;9月15日,邀请驻区10位侨资企业家参加北京CBD商务节开幕式;9月19日,侨商30人参加"庆中秋迎国庆"联谊会;多次约见接洽步长集团在朝阳区望京科技园投资兴建总部和研发中心事宜;推荐20名侨界人士为市侨办华侨科技创业者协会会员人选,为朝阳区科技驱动储备力量。

(姚德文)

【接待华裔青少年夏令营】 7月26日至8月10日,区侨办接待来自美国、葡萄牙、西班牙、瑞典4个国家的中文学校华裔青少年"中国寻根之旅——夏令营"一行42人。组织营员参观游览天安门、故宫、首都博物馆、长城、颐和园等名胜古迹,学习中国书法、手工和包饺子。

(姚德文)

【传统民族节日走访慰问】 8月19日,是回族、维吾尔族、哈萨克族、乌孜别克族、塔吉克族、柯尔克孜族、塔塔尔族、保安族、撒拉族、东乡族十个少数民族的传统节日——开斋节。区委统战部、民宗办、朝外街道、常营地区办事处相关领导分别到南下坡清真寺、常营清真寺,向穆斯林群众祝贺节日并送去慰问金。其他各清真寺所在地街、乡领导也分别到辖区清真寺向穆斯林群众祝贺节日。10月26日,是伊斯兰教传统节日古尔邦节。副区长苑文新及区有关部门、朝外街道、常营地区相关领导分别到南下坡清真寺、常营清真寺,向穆斯林群众祝贺节日并送去慰问金。其他各清真寺所在地街、乡领导分别到辖区清真寺向穆斯林群众祝贺节日。12月25日,朝阳区数千名信教群众分别在基督教朝阳堂、平房天主教堂欢度节日。市区领导等到教堂看望慰问宗教界人士,向信教群众表达节日祝贺。

(姚德文)

【哈尔滨市委统战部考察】 8月21日,哈尔滨市委统战部副部长赫永真带领辖区统战部部长一行18人,到朝阳区学习考察基层统战工作。参观建外街道红朝俱乐部、SOHO商务楼宇服务站、同心沙龙,观看商务楼宇统战工作宣传片,听取建外街道社会领域统战工作开展情况介绍;麦子店街道、团结湖一二条社区、望京阜荣街社区、朝外三丰里社区分别介绍街道、社区层面统战工作情况。

(姚德文)

【第16届中国国际投资贸易洽谈会】 9月8日至10日,区台办参加在厦门举办的第十六届中国国际投资贸易洽谈会暨朝阳区投资环境专场推介会等系列活动。朝阳专场推介会上,向参会企业尤其是台湾企业介绍朝阳区涉台投资环境。

(姚德文)

【台胞中秋联谊活动】 9月19日,在奥加饭店举办"朝阳区台胞中秋联谊"活动。市台办副主任王兰栋,区委常委、宣传部部长、统战部部长谢莹等出席,区台商及部分台资企业负责人代表30余人参加活动。

(姚德文)

【社区统战座谈会】 9月20日,召开社区统战工作座谈会,上年度23个统战工作先进社区书记参加座谈。团结湖街道一二条社区、朝外街道三丰里社区、望京街道阜荣街社区分别结合侨务特色、民族特色、宗教工作特色作典型发言。与会人员座谈交流各自社区统战工作开展情况和考核评比工作。

(姚德文)

【综合评价试点】 9月至10月,中央统战部在朝阳区开展中介组织从业人员代表人士综合评价试点工作。北京注册会计师协会、北京注册税务师协会、朝阳区律师协会推荐19名中介组织从业人员代表人士进行综合评价试点。10月底,完成中介组织从业人员代表人士综合评价软件使用、评价体系试点工作。11月22日,中央统战部六局副局长张明率四局、六局一行4人,就试点工作与市委统战部处长贺淑晶、区委统战部常务副部长胡杰华、市注册会计师协会党办主任任勇等座谈。《北京市朝阳区中介组织从业人员代表人士综合评价试点工作情况》在中央统战部《统战工作》上刊登。

(姚德文)

【第七届台商杯球类比赛】 10月27日,在首都体育学院大学生体育馆举行第七届"台商杯"球类比赛。区委统战部常务副部长胡杰华,副部长、台办主任李靓,副部长、侨办主任石延刚带队参加入场式和羽毛球比赛,区台办获优秀组织奖。

(姚德文)

【接受市级考核组测评】 11月12日,朝阳区申报的创建市级涉台宣传教育基地"望京实验学校"接受市考核组测评。考核组由市台办宣传处处长金秀清带队,市台办、市教委、北京联合大学台湾研究院专家参与。考核组参观学校校容校貌以及涉台宣教活动室,观看学校合唱团台湾歌曲表演,听取校方工作汇报,查阅涉台教育档案资料。12月27日,在北京市四中召开市青少年涉台教育基地挂牌表彰会,望京实验学校获"北京市青少年涉台教育基地"称号。

(姚德文)

【统战教育培训】 11月21日至22日,与社会工委在北京社会主义学院举办社会领域党组织负责人统战教育培训。各街道工委副书记、街道统战干部、社区党委书记、社区统战联络员、商务楼宇党建工作站负责人等120人参加培训。中央社会主义学院教授分别以《新时期统一战线形势与任务》、《城市民族、宗教工作》、《新的社会阶层统战工作》为题讲解统战知识。东城区东花市街道南里社区、朝阳区建外街道工委、团结湖街道一二条社区、朝外街道三丰里社区、呼家楼街道东大桥楼宇服务站分别发言。

(姚德文)

【京台科技论坛暨台湾名品博览会】 11月22日,第十五届京台科技论坛暨2012年北京台湾名品博览会开幕式在北京国贸大酒店群贤厅举行。中台办、国台办主任王毅,市委副书记、代市长王安顺,中国国民党副主席蒋孝严、台北世贸中心董事长王志刚等与京台两地500余位业界人士出席。本届论坛和博览会由国务院台办、北京市政府联合台北世贸中心、台湾工业总会等近20家台湾机构共同主办。论坛主题为"京台论坛十五载,两岸合作愿景新",开幕式后分别在北京和台湾举办专题活动。北京会场主要内容包括京台经贸交流与合作图片展、两岸服务业品牌论坛、文化创意产业论坛、首届京台创新教育论坛、海峡两岸投资保护与促进协议宣讲会等多场专题论坛。

(姚德文)

【中央统战部领导调研】 11月29日,中央统战部副部长陈喜庆一行到建外街道SOHO商务楼宇服务站调研,听取与中央统战部研究室五个处室结对子的海淀、朝阳、丰台、通州、昌平五区统战工作重点和难点情况汇报。

(姚德文)

【党外处级干部培训】 12月20日至21日,与区委组织部在区社会主义学院联合举办党外处级干部培训班,32名党外处级干部参加培训。

(姚德文)

【多党合作和政治协商】 年内,协助区委组织召开民主协商会1次、座谈会4次、情况通报会2次。先后就朝阳区出席北京市第十一次党代会代表候选人人选情况,区第十一次党代会工作报告,朝阳区情、半年经济形势,政府工作报告等,向各民主党派、工商联负责人和无党派人士通报情况,听取意见建议;与区政协共同组织召开议政会、党派联席会,围绕"聚焦国际化发展"、区委区政府重点工作和群众关心的热点、难点问题建言议政,加强党同各民主党派、工商联和无党派人士的合作共事。

(姚德文)

【拜访民主党派中央和市委】 年内,区委常委、宣传部部长、统战部部长谢莹带领班子成员先后拜访民盟、民建、民进、台盟等民主党派中央和民主党派市委,全面了解各方需求,就中央、市级统战资源和区级统战资源进行对接。

(姚德文)

【民主党派专项调研】 年内,支持民主党派围绕国际化发展和群众关注的宜居、环境、教育、医疗、养老、饮水安全等民生问题开展专项调研。形成党派专题调研报告近30篇,完成调研报告的评选表彰和汇编编印工作,其中21篇专项调研获奖。

(姚德文)

【和谐在线访谈】 年内,在朝阳有线"和谐在线"开辟专栏,组织各民主党派、工商联负责人和无党派人士11人,围绕民主党派自身建设、参政议政、社会服务和民主党派代表人士队伍建设情况作专题访谈5

期。

(姚德文)

【换届人选考察】 年内,为配合民主党派中央、全国工商联,民主党派市委、市工商联,市人大、市政协换届工作,共推荐、综合评价、考察公示112人。

(姚德文)

老干部工作

【概况】 中共北京市朝阳区委老干部局隶属区委组织部领导。负责落实党的老干部政策,为朝阳区离休和副处级以上退休干部开展服务工作,人员编制40人。年末,全区有离休干部582人,易地安置离休干部82人,副处级以上退休干部1071人。

地址:团结湖南里甲1号

电话:85975641

邮编:100026

网址:http://lgb.bjchy.gov.cn

(吴晓东)

【老干部座谈会暨新春团拜会】 1月11日,区委、区政府召开第二十五次老干部座谈会暨新春团拜会,传达北京市第二十五次老干部座谈会精神。区委书记陈刚肯定区老干部工作取得的成绩和老干部为区域发展做出的贡献,向与会老干部通报区四套班子换届情况、五年来区经济社会发展情况及今后五年发展思路,对2012年老干部工作提出要求。

(吴晓东)

【离退休制度纪念活动】 2月14日、4月26日,区委老干部局分别召开干部离退休制度建立30年座谈会,纪念中共中央《关于建立老干部退休制度的决定》颁布30周年。特邀市老干部局原副局长马为平、原副巡视员蒋玉珍和区委老干部局离休干部、第一任局长赵景岑、原局长马云庭、原副局长张禄解读老干部工作30年发展历程。

(吴晓东)

【离退休干部首届文化节】 4月24日,朝阳区离退休干部首届文化节开幕式在区委老干部活动中心举行,全区离退休干部及老干部工作人员代表100余人参加。本届文化节以"北京精神我践行,创先争优乐晚年"为主题,期间举办喜迎党的十八大主题演讲比赛、第六届"松鹤杯"象棋比赛、"诗书画影抒情怀,喜迎党的十八大"书法、绘画、摄影、手工作品展览和文艺汇演等活动,组织100名离退休老同志和老干部工作人员参加中组部、解放军总政治部、北京市委联合举办的"永远跟党走"首都老干部文艺演出大会。以联合工作站为平台,组织各街乡开展文化节系列活动。10月9日,在朝阳文化馆举行朝阳区离退休干部首届文化节闭幕式。市老干部局副巡视员刘冰,区委组织部副部长、老干部局局长郑晶出席并为文化节系列活动中获得优秀组织奖的单位代表颁发奖杯。

(吴晓东)

【区委老干部党校建校十周年】 6月19日至21日,召开老干部党校建设工作交流培训会,庆祝区委老干部党校建校十周年,交流研讨如何加强新时期老干部党校建设工作,区委老干部党校、老干部党校分校、老干部党校社区课堂主要负责人约80人参加会议。与会人员参观区离退休干部教育培训基地、潘家园街道华威西里老干部党校社区课堂,学习唐山市丰南区利用社区资源开展离退休干部服务工作经验,并就进一步加强老干部党校建设、引导离退休干部在社区发挥作用等进行座谈交流。

(吴晓东)

【离退休干部思想政治建设】 年内,加强离退休干部思想政治建设,注重政治理论学习,举办情况通报会、形势报告会、理论学习辅导讲座、读书班,组织老同志学习党的十七届六中全会、胡锦涛"7·23"重要讲话和党的十八大精神以及新《党章》。依托老干部党校(分校)、党校社区课堂、老干部大学(分校)等阵地,利用《北京老干部》杂志、《朝阳老干部》报等媒体,组织老同志开展经常性学习宣传活动。全年组织9期(含分校)党校学习班、12场报告会、6场座谈会,老干部大学及分校开设书法、绘画、摄影等30个专业38个班,1000余人次参加学习。加强离退休干部党支部建设,扎实开展基层组织建设年活动,对83个离退休干部党组织进行分类定级,培训离退休干部党支部书记。开展主题党日宣传片征集活动;召开区委老干部党校成立10周年工作交流会。开展"北京精神我践行,创先争优乐晚年"主题系列活动。召开2012年朝阳区离退休干部创先争优表彰会,通报表彰17个离退休干部党支部、78名"四好"党员并颁发奖牌和证书。六里屯街道离退休干部党支部、高碑店地区甘露园南里二社区离退休干部党支部、区人大原主任张万鹏发言。

(吴晓东)

【提高离退休干部生活待遇】 年内,为427名居住在区内的离休干部免费提供医疗服务;在团结湖街道社区卫生服务中心召开为离休干部提供社区家庭医生式服务工作现场会。在六里屯社区卫生服务中心开展离休干部护理院试点工作。提高离退休干部体检标准,增加体检项目。落实市委组织部2012年9号、10号和12号文件精神,100余名离休干部享受到政策带来的实惠。组织慰问区属老红军、高龄、重病、特困等离退休干部118人次,5次共组织286名老同志参观、疗养。

(吴晓东)

【离退休干部服务示范点评选】 年内,召开两次现场会,总结交流利用社区资源做好离退休干部服务工作经验。开展区级利用社区资源做好离退休干部服务工作示范点评选工作，全区推选出6个示范街道、7个示范社区。6个联合工作站发挥资源共享、典型共推功能。各社区发挥群众文化体育组织和社区活动站(点)作用，满足离退休干部“四就近”需要。

（吴晓东）

保密工作

【概况】 中共朝阳区委保密委员会办公室和区国家保密局是一套机构，两块牌子，既是区委保密委员会的办事机构，又是区政府管理保密工作的职能部门，由区委办公室管理。设综合科和检查技术科，人员编制8人。

地址：日坛北街33号

邮编：100020

电话：65094302

网址：http://bmj.chy.egov.cn

（郎春颖）

【四级管理“五送”服务】 年初，在2011年提出“1+3+3”模式基础上，实践“1+3+3+N”四级管理模式。“1”是区委保密委、“3”是区保密局三个服务小组、“3”是三类单位、“N”是各类单位保密干部、保密要害部门部位、计算机网络及相关设备。四级管理模式以区保密局三个服务小组和三类单位为主体。“五送”服务指保密管理五项新办法，即送保密干部一封信、送《保密服务管理手册》、送《保密技术应用手册》、送技术防护软件和设备、送保密技术培训。

（郎春颖）

【检查指导与交流】 1月5日，副区长苑文新、张立新检查指导保密工作，参观“朝阳区保密局防泄密监控报警中心”，肯定中心的硬件设备和技术水准并提出要求。1月9日，市保密局局长陈静和相关工作人员到区保密局指导工作，副区长苑文新陪同参观监控报警中心。陈静要求充分利用技术手段，防范泄密事件发生，朝阳区的保密工作要继续走在全市前列。2月9日，西城区保密局一行8名人参观监控报警中心，交流探讨保密工作。2月17日，区委常委、区委办主任、区委保密委主任刘军胜参观监控报警中心，提出工作要求。2月24日，区长程连元参观监控报警中心时提出，要用高科技武装保密工作，在落实防范措施上下功夫，重点是提高技术检查和监测预警水平，确保能够及时发现问题、及时采取措施、及时堵塞漏洞。2月29日，石景山区保密局4名工作人员参观监控报警中心，交流探讨保密工作。3月26日，区政协主席辛燕琴参观监控报警中心。年内，区档案局、区委办、区纪委等5家单位117名工作人员参观监控报警中心。

（郎春颖）

【区委保密委员会全体会议】 3月16日，召开区委保密委员会全体会议。区委常委、区委办主任刘军胜，副区长苑文新以及28个保密委成员单位领导参加会议。会议传达市委常委、市委秘书长李士祥讲话和市委保密委员会工作会议精神，总结2011年保密工作，通过2012年保密工作要点。

（郎春颖）

【体验式保密培训】 3月26日至4月5日，举办体验式保密培训。依托“朝阳区保密局防泄密监控报警中心”技术设备，学习掌握信息化条件下常见的技术窃密手段、泄密途径和防窃密、泄密技术措施，171家区属单位及部分驻区涉密单位的处级领导干部72人、保密干部280人参加培训。4月1日，举办全区军转干部保密培训班，110余名军转干部参加。培训结合真实案例，介绍保密工作形势任务、法律法规，讲述高科技条件下泄密事件发生原因，窃密手段及防护措施，计算机网络保密等业务知识。9月，组织77家重点保密单位的84名保密干部赴苏州学习保密先进管理经验。

（郎春颖）

【考试保密检查】 5月19日至20日，对全国卫生专业资格考试考点试卷保密室进行保密巡视检查。6月4日、5日、7日、8日，在高考试卷存放期间检查区考试中心，检查试卷保密室的防盗报警系统、监控系统、规章制度、工作人员配备、值班记录及周边环境。高考期间检查区招生考试中心和日坛中学(永安里校区)、陈经纶中学、一一九中学、八十中学(望京校区)、九十四中学(高中部)、西藏中学、华中师范大学一附属朝中、工大附中(垂杨柳校区)、和平街一中(和平街校区)、化工大学附属中学等高考考点保密室。10月13日、14日，在成人高校招生全国统一考试期间，对华中师范大学第一附属中学朝阳学校、北京青年政治学院附属中学、北京市东方培新学校、中国旅游学院附属中学(西校区)等四个考点试卷保密室进行保密检查，均符合保密规定。

（郎春颖）

【安装保密防护软件】 5月至6月，完成全区148家单位涉密计算机保密技术管理软件安装工作，统一配发用于存储涉密材料的保密U盘，用技术手段实现对全区涉密计算机的开机、违规外联、U盘使用、光盘刻录、打印等操作的监控和保护，指导各单位清理原有涉密硬盘、U盘、光盘，登记回收不再使用的涉密硬盘、U盘及光盘并统一销毁。

（郎春颖）

【定点印刷复制行业管理】 9月12日至14日，按照国家秘密定点印刷复制企业工作标准，对辖区5家定点单位进行保密检查，现场办理年审手续。

（郎春颖）

【武器装备科研生产单位保密管理】 9月14日、19日，根据《中华人民共和国保守国家秘密法》和《武器装备科研生产单位保密资格审查认证管理办法》及其他相关规定,对辖区3家武器装备科研生产单位进行初审。年内,对6家企业进行年审,通过听取各单位负责人工作汇报、现场查看方式,认定受检单位符合相关保密标准要求。

(郎春颖)

【再生资源回收单位保密管理】 9月,分别检查潘家园旧货市场和双桥路达再生资源回收市场,未发现非法交易涉密文件、资料现象。

(郎春颖)

【保密检查工作】 10月25日至11月20日,开展保密检查工作。对一类90家单位采取现场交流保密工作管理经验、查看保密管理材料、技术检测、现场反馈检查结果的方式进行检查;对二类53家单位要求按照《朝阳区2012年度保密工作管理手册》中的"工作要求"逐项自查,检查后,形成书面自查报告报送区保密局。

(郎春颖)

【销毁涉密载体】 年内,87家单位主动送销涉密载体,其中包括机密级和秘密级文件,内部文件约16吨,硬盘、U盘58个,光盘32张。

(郎春颖)

区直机关工委工作

【概况】 中共北京市朝阳区委区直属机关工作委员会,是主管区直属机关系统党的建设和思想政治工作的区委工作部门,领导区直属机关纪律检查委员会工作,人员编制12人。

地址:日坛北街33号

邮编:100020

电话:65094320

邮箱:cyjggw@126.com

(谭小昆)

【党建工作会】 3月7日,召开2012年区直机关系统党建工作会,70个单位党组织负责人80余人参加。机关工委常务副书记范少飞作工作报告,总结2011年党建工作,部署2012年任务;区市政市容委、人力社保局、住建委、财政局等四家单位分别从完善"深入基层,服务群众"工作机制、推进学习型党组织建设、加强机关反腐倡廉建设、推进机关文化建设等四个方面,介绍经验做法;区委常委、区委办主任、区直机关工委书记刘军胜讲话。会议下发《2012年区直机关系统党建工作要点》、《关于建立完善"深入基层、服务群众"工作机制的实施方案》、《关于做好"深入基层、服务基层"专题调研的通知》、《关于举办"践行北京精神 共建和谐机关"第九套广播体操比赛活动的通知》。

(谭小昆)

【绿化美化活动】 3月中旬至6月底,开展"认养一片绿、捐赠三株苗"绿化美化活动。机关系统共认养绿地24581平方米,折算完成3613株植树任务,收到捐款198112元,发放宣传材料109499份。

(谭小昆)

【基层党组织分类定级】 4月中下旬,在制定机关系统基层党组织分类定级工作方案和召开机关系统基层党组织分类定级工作部署会的基础上,开展机关系统直属和所属366个党支部的分类定级工作,完成基层组织建设年第一阶段任务。经过基层党组织自评、党员群众测评,工委评定,142个支部被评为"好",175个支部被评为"较好",45个支部被评为"一般",4个支部被评为"较差"。

(谭小昆)

【征文活动】 5月初,印发《关于在机关系统开展"践行北京精神、担当发展重任"主题征文活动的通知》,收到征文165篇。7月,选出30篇优秀征文编辑成《"践行北京精神、担当发展重任"主题征文优秀作品汇编》。

(谭小昆)

【广播操比赛】 5月29日,区政府在朝阳体育馆举办区直机关系统"践行北京精神,共建和谐机关"第九套广播操比赛。共有50支代表队、1180名机关干部参加比赛。区园林绿化局、环卫中心、房管局等10支代表队获优秀表演奖;区委宣传部、国土分局、国税局等20支代表队获风采展示奖;区委老干部局、药监局、国资委等20支代表队获组织参与奖。区领导为获奖代表队颁发奖杯。

(谭小昆)

【表彰创先争优活动】 6月15日,表彰机关系统创先争优先进集体和个人。授予区发改委机关党总支等18个党组织为机关系统创先争优先进基层党组织称号;马凌楠等55名党员为机关系统创先争优优秀党员称号;王文军等28名党务工作者为机关系统创先争优优秀党务工作者称号。

(谭小昆)

【演讲会举办】 6月21日,举办机关系统"践行北京精神,担当发展重任"主题演讲会,8名机关干部代表演讲身边的先进典型事迹。区直机关各单位领导班子成员及党员干部代表近千人参加。

(谭小昆)

【爱心捐款】 7月13日,开展共产党员献爱心捐款活动,累计捐款76.8万元。为机关驻地天福园社区捐款1万元,用于地区慈善事业。

(谭小昆)

【救灾捐款】 7月25日,启动"7·21"特大自然灾害救灾捐款活动。区直机关系统共捐款39万余元。

(谭小昆)

【观影活动】 7月底至8月初,组织各单位开展《一八九四·甲午大海战》观影活动。

(谭小昆)

【经验交流会】 10月12日,召开区直机关处级领导班子思想政治建设经验交流会,区住建委、园林绿化局、人力社保局、区法院、卫生局、区教工委7家单位就如何加强领导班子的思想政治工作进行交流。机关、政法、宣传、教育系统各单位主要领导80余人参加。

（谭小昆）

【**机关妇女工作委员会成立**】　10月18日，召开机关妇女工作委员会成立大会，各单位党组织负责人70余人参加大会。区妇联党组书记、主席李洁代表区妇联对机关妇女工作委员会提出希望和要求。会后，召开机关妇工委第一次会议，选举产生机关妇工委主任、副主任，审议通过《关于区直机关系统各单位组建妇女委员会的工作方案》。

（谭小昆）

【**党建研讨会**】　11月21日，召开“深入贯彻十八大精神，扎实推进机关党建工作”研讨会，区财政局、人力社保局、商务委、房管局、档案局等5个单位发言。区直机关工委常务副书记范少飞主持会议，区委常委、区委办主任、区直机关工委书记刘军胜讲话，机关系统党组织负责人70余人参会。

（谭小昆）

【**十八大精神座谈会**】　12月11日，与团区委共同召开朝阳区青年干部学习贯彻党的十八大精神座谈会，团区委书记王洪涛介绍朝阳青年学习贯彻党的十八大精神总体情况，青年干部代表作交流发言。机关工委常务副书记范少飞主持会议，区委常委、区委办主任、区直机关工委书记刘军胜讲话。区直机关、共青团系统优秀青年党员、团员代表等30余人参会。

（谭小昆）

【**党组织与党员基本情况**】　年内，机关工委所辖70个处级单位，设7个直属党委、4个直属机关党委、26个直属党总支、32个直属党支部（重点办党的关系并在政府办党总支）；在岗党员5177名，其中党政机关党员3133名，事业单位管理人员、专技人员党员2044名；离退休党员1051名。年内，29个直属党总支、支部完成换届改选工作；机关工委新发展党员59人，转正83人。

（谭小昆）

党校工作

【**概况**】　中共北京市朝阳区委党校是区委直接领导，培养领导干部、理论宣传干部和国家公务员的学校，兼有区行政干部学校、区社会主义学院、市委党校成人教育学院朝阳党校分院职能，是四块牌子一支队伍。内设校办公室、党群办公室、财务科、行政科、培训科、成教科、教学保障科、学员工作科、综合教研室、党建教研室10个科室。在职教职员工53人，其中教师8人。主要工作是轮训培训处级领导干部、中青年后备干部、国家公务员、基层党员和积极分子，成人学历教育等工作。

地址：朝阳区静安庄一区4号

电话：64651199

邮编：100028

（李　岱）

【**主体培训**】　年内，举办主体班、专题班33期，培训学员3290人次。举办主体班16期。其中副处级干部进修班4期、新任副处级干部培训班1期、青年处级干部培训班1期、军转干部培训班3期、科长培训班3期、副科长培训班3期，大学生“村官”在岗培训班1期，累计培训学员627人次；开办专题培训班20期，包括配合区委组织部举办新任处级党政正职干部培训班1期；法院处级干部进修班1期、文化创意产业专题班1期，转变经济发展方式专题班1期，公共管理专题班1期，传统文化与人文修养专题班1期，高端培训大讲堂1期，城乡一体化专题班1期，党组织负责人培训班1期，社区书记培训班1期，政法系统中青年干部培训班1期，国际化素质专题班1期，处级女领导干部、妇联执委培训班1期，党员积极分子培训班5期，街乡行政执法人员资格培训班1期，大学生“村官”专题培训班1期，累计培训学员2663人次；协助区非公经济工委举办2012年度基层党组织书记培训班1期，培训学员100人；配合区委宣传部、卫生局和非公经济党组织承办2012年度入党积极分子培训班，累计培训630人。

（李　岱）

【**党校分校工作**】　年内，召开党校工作会暨党校分校建设工作推进会，总结两批共23个街乡党校分校试点工作经验，在全区43个街乡全面推广党校分校工作并授牌，实现了分校建设工作在街乡的全覆盖。充实完善适合分校培训特点的专题库和区级层面共享的师资库。建立健全分校管理机制，成立由区委领导挂帅，组织部、党校、社工委、农工委组成的分校工作领导小组，区委党校成立分校工作办公室，各分校建立职责明确的组织机构。制发《关于进一步加强党校分校工作的指导意见》和《朝阳区委党校分校工作暂行办法（试行）》，促进党校分校工作制度化和规范化。成立5个调研小组，班子成员分别担任组长，在全区43家分校开展访谈活动。先后在管庄分校组织“党课基层行”活动，在金盏分校开展后备干部集中培训，在劲松分校开办青年干部培训班，为南磨房分校制订培训计划，为潘家园、王四营、机场、香河园、小庄、三间房、东坝、东风、太阳宫、来广营等分校讲授“市、区第十一次党代会精神”，“北京精神”，“入党程序及相关党务知识”、“新时期如何做好党支部工作”、“党的基本知识”、“如何发挥党员先锋模范作用”、“继承和发扬党的优良传统和作风”等课题，累计104场次，培训基层党员干部6300人次。

（李　岱）

【**网上党校**】　年内，加快网上党校建设，开辟党员在线学习网络课堂，开发应用电教片、网络课件等现代教学资源,完成网上党校教学软件的开发测试、学员信息和教学资源录入工作,累计注册学员用户信息8277个,在线课程信息398门。完善区干部培训信息管理系统V2的升级环节,解决原系统缺陷,增强数据统计及审核管理功能。完成全校计算机的更新调配,可满足未来3至4年应用需求。统计汇总全年主体班次教学管理数据,录制课程450讲,合计2万余分钟。

(李 岱)

【科研工作】 年内,成立党校科研工作领导小组和学术委员会,健全科研工作领导机制,修订《科研工作管理办法》,编制《2012年校级课题指南》。召开《朝阳区委党校研究式教学的实践与思考》、《加强基层党员教育培训研究》、《基层党员干部心理健康问题研究》、《新时期党员队伍数量与质量关系研究》、《关于中青年党政干部党性教育培训的思考》、《党校分校建设的理论与实践》6项校级课题结项和验收工作会。新立项科研课题7项,举行科研培训会2次。全年公开发表论文或工作体会文章18篇,主要刊发在《领导科学》、《学习时报》、《当代世界与社会主义》、《经济研究导刊》、《中国经贸导刊》、《学理论》、《发展》、《中外企业家》、《太原大学学报》、《学习月刊》、《朝阳报》等期刊、报纸、杂志上。

(李 岱)

【学历教育】 年内,完成市委党校成人学历教育收尾工作,组织27门次课程、794人次考务工作;完成中央党校在职研究生81人的入学考务工作,实际录取54人。

(李 岱)

党史工作

【概况】 中共朝阳区委党史资料征集办公室是中共朝阳区委主管党史工作的职能部门。9月24日,中共北京市朝阳区委党史资料征集办公室更名为中国共产党北京市朝阳区委员会党史工作办公室(简称区委党史办)。10月,相关手续办理完结,正式启用新名称办公。人员编制6人。

地址:朝外日坛北街33号

电话:65099228

邮编:100020

网址:http://chydsb.bjchy.gov.cn

(钱素君)

【领导调研】 1月9日,区委常委、组织部部长张革调研党史工作。党史办主任张前汇报党史办基本情况、工作职责和工作情况,张革就如何做好党史工作提出意见和建议。

(钱素君)

【优扶助残】 1月18日,党支部领导到石佛营西里社区走访慰问优扶助残对象仲文国全家,赠送慰问品和慰问金500元。

(钱素君)

【编纂出版执政纪要】 3月5日,60万字的《中共北京市朝阳区第十届委员会执政纪要》出版。该书编纂中国共产党北京市朝阳区第十届委员会(2006年12月—2011年12月)重要党史史料,包括区领导重要报告和讲话32篇、大事记1223条、区级组织机构16个和领导人员名录289人次,以及区“十一五”规划完成情况、区“十二五”规划纲要、区政府5年间为民所办的149件实事落实情况等。

(钱素君)

【编辑出版工作纪实】 3月,39.9万字的《耕耘与奉献—朝阳党史工作25年纪实》出版。该书以翔实的历史资料,再现区党史工作从1986年到2011年在组织、队伍、工作、活动等方面的沿革、发展及重大成果。

(钱素君)

【党史工作会】 3月21日,召开党史工作会议。市委党史研究室主任谢荫明、宣传教育处处长刘岳、区委组织部部长张革、区委党史办主任张前,副主任祁凤山、魏自强,区党史领导小组成员,各街乡(地区)主管领导及部分党史教育基地领导80余人出席会议。会议传达中央领导讲话精神和全国、北京市党史工作会议精神。总结2009年以来党史工作,部署下阶段党史工作任务。下发《北京市朝阳区2011—2015年党史工作规划》和《关于调整区委党史工作领导小组的通知》等文件。

(钱素君)

【编纂出版换届专辑】 4月18日,19万字的《北京市朝阳区2011年换届专辑》出版。该书编纂了2011年12月全区换届期间的重要资料,包括区第十一次党代会、区十五届人大一次会议和区政协十二届委员会一次会议三部分内容。其中,辑录了有关报告、讲话、名单、简介、公告等文件38篇,大会实况及合影彩图14张,区领导班子成员个人照片41张。

(钱素君)

【编辑出版期刊】 4月,《朝阳党史》2012年第一期出版。分三会专题、历史回眸、庆祝朝阳区获全国文明城区称号、创建国家公共文化服务体系示范区等15个栏目;12月,第二期出版。分17个栏目,以学习宣传党的十八大会议精神为主要内容。

(钱素君)

【编著地方史】 5月16日,召开《中共北京市朝阳区历史》编著工作启动会。该书编著体例为编年体和纪事本末体相结合,记录时间为新民主主义革命时期至朝阳区第十一次党代会召开。共八章,约40万字。参加编著的有熟悉朝阳区情况的退休干部、高校副教授、党史专业的博士、党校讲师、博士后及党史办干部。朝外街道、东坝乡同时启动本辖区地方党史编著工作。年底,完成初稿,进入征求意见阶段。

(钱素君)

【期刊协作会】 5月31日,全市党史期刊协作会在区政府518会议室召开。市委党史研究室副主任、《北京党史》编辑部主编陆兵,《北京党史》编辑部副主编乔文魁、相关区县党史办领导及党史期刊负责人22人参加会议。各区县党史办领导及党史期刊负责人分别交流本单位党史期刊出版情况、工作经验和存在的问题,对办好地方党史期刊起到推动作用。

(钱素君)

【党史研究会成立】 6月20日,朝阳区中共党史研究会成立大会在朝阳宾馆召开。市委党史研究室副主任李明圣、区委组织部部长张革及党史研究会全体会员出席会议。研究会由6名顾问、17名专家学者、28个区直单位会员、43个街乡单位会员、18名个人会员组成。顾问代表、专家学者代表及个人会员代表发言。市、区领导对党史研究工作提出要求。会议下发《关于朝阳区中共党史研究会开展工作的意见》和《2012年度党史研究课题申报表》。

(钱素君)

【朝阳党史大家谈座谈会】 6月29日,召开由区直属部门、街乡机关、企业、学校、社区、村和离退休干部代表等参加的"纪念建党91周年·朝阳党史大家谈"座谈会。

(钱素君)

【党史宣传教育月活动】 6月,在全区开展"党史宣传教育月"活动。与区委组织部联合下发《关于开展党史宣传教育月活动的通知》,号召全区各级党组织充分利用现有资源开展多种形式的党史宣传教育活动。与党校、老干部局等单位合作组建党史宣讲团,深入机关、街乡、企业、学校和社区进行党史宣讲教育,全年宣讲6场次。在机关、企业、学校、社区开展"朝阳党史大家谈"征文活动,收到征文28篇,其中17篇优秀作品在《朝阳党史》上刊登。在紫光影城设立党史教育影片播放点,组织区机关干部、社区党员干部200余人次观看革命历史题材影片《忠诚与背叛》和《走出西柏坡》。

(钱素君)

【课题研究】 10月,确定立项12个课题作为区党史研究会2012年度研究课题。年内,完成《北京使馆区的发展对朝阳区经济社会文化发展的影响》调研文章,刊登在《朝阳党史》2012年第1期和《当代北京研究》2012年第8期。参加区直机关工委开展的"深入基层、服务群众,千名干部下基层活动"专题调研活动,与呼家楼街道关东店社区共同完成《加强社区流动人口家庭计生服务的调查与思考》调研报告。

(钱素君)

【编纂出版《朝阳区社区一家亲文化活动十年记》】 10月,与区文化馆共同编写并出版发行。全书近10万字、照片100幅,用大事记的表现形式,一事一记,通过活动信息、新闻报道、活动方案、工作总结等文字及照片资料,再现朝阳区社区一家亲文化活动的变化和发展。该书在朝阳区各单位、街乡、社区、村发行。

(钱素君)

【学习宣传教育】 11月8日,组织全体干部收看中国共产党第十八次全国代表大会开幕式。购买《回顾辉煌历史,喜迎党的十八大——党的历次全国代表大会知识读本》和《中国共产党历史日志》500册,赠送给区四套班子领导、区党史工作领导小组成员单位领导、43个街乡图书馆及50个区自助图书馆;11月23日,召开"学习贯彻十八大精神学习座谈会";出版《朝阳党史——纪念中国共产党成立90周年专刊》,及时更新、充实网站内容,并在朝阳党史网站增设紫光影城党史教育影片播放点的链接和"中国共产党历史日志"专栏。年内,上报中央、市委党史研究室信息36条,《北京党史工作》采用15条,中共党史研究室《党史工作简讯》刊用1条。在区外刊物发表文章6篇。

(钱素君)

【学习考察】 11月26日,区委党史办4人参加市委党史研究室举办的党史干部培训班。年内,组织区、街、乡地方党史编纂人员10人赴湖南长沙党史研究室、湖北十堰市委党史办和广西南宁市委党史研究室学习考察,吸取兄弟单位先进经验,推进朝阳地方党史编纂工作。

(钱素君)

【赠送多媒体阅读机】 年内,为区委党校和朝外街道赠送"党史之窗"多媒体阅读机。该机囊括全国150家实时更新的电子报纸、《中共党史网》等多家权威党史网站,以及党史办近年出版的43本党史资料电子书籍。具有分类查阅、定期更新、远程维护等优势,能够方便快捷地满足读者全天候、多角度、全方位阅读中共党史知识和接受党史教育的需要。

(钱素君)

【清理确权工作】 年内,成立涉权事项清理确认工作领导小组,清理权力,确定内部管理涉权事项7项、纪检监察事项4项,查找岗位职责风险点7个,制定防控措施11条,完善制度22项。

(钱素君)

纪　检　监　察

【概况】 中共北京市朝阳区纪律检查委员会(以下简称“区纪委”)是主管本区党的纪律检查工作的区委工作部门;北京市朝阳区监察局(以下简称“区监察局”)是主管本区行政监察工作的区政府组成部门。区纪委与区监察局合署办公,在区委、区政府和市纪委、市监察局的双重领导下工作。内设办公室、干部室、研究室、审理室、宣教室、信访室、检查室、执法室、纠风室、自律室、行政投诉中心、联合纪检监察室(组)。区纪委、区监察局行政编制56名。

地址:日坛北街33号

电话:65099369

邮编:100020

电子邮箱:qjwbgsj@chy.egov.cn

(傅誉贤)

【烟花爆竹安全管理检查】 2011年12月至2012年2月,会同督察检查组其他成员单位,制发《朝阳区2012年元旦、春节烟花爆竹安全管理督察工作方案》,对辖区元旦、春节烟花爆竹安全管理工作实施专项检查。除夕、正月初五、正月十五等重点时段,区政府领导带队组成工作组,专项检查烟花爆竹安全管理工作。

(王雪飞)

【专项治理】 年初,制定《朝阳区2012年纠风专项治理工作实施方案》和《朝阳区纠风专项治理工作任务分解》,召开纠风专项治理工作会。明确纠风专项治理工作12个牵头单位、34个协办单位及各类专项检查90项。全年,直查教育乱收费、违章建筑、工作人员吃拿卡要、公车私用等21件群众举报案件,对查证属实的案件分别作出处理。

(李福顺)

【领导干部廉洁自律】 年初,下发《致全区党员领导干部的一封公开信》,要求“两节”期间党员领导干部做到“六个严禁”;3月14日,下发《2012年领导干部廉洁自律工作要点》,明确领导干部廉洁自律工作的8个方面和22项具体任务;年底,在全区范围集中开展党风廉政建设责任制专项检查,在全面自查基础上,区领导带队重点抽查部分单位贯彻执行党风廉政建设责任制、推进惩防体系任务完成情况。

(刘鹏远)

【区纪委十一届二次全会】 2月10日,召开区第十一届纪律检查委员会第二次全体会议暨2012年全区党风廉政建设工作会。区纪委委员参加会议,市纪委副书记王海平、区四套班子领导、区委、区政府各部委办局党政正职领导、纪(工)委书记、纪检组长和各人民团体负责人等出席大会。全会审议通过区委常委、区纪委书记宋铁健《服务科学发展,保障民生幸福,深入推进党风廉政建设和反腐败工作》报告。全会要求加大监督检查工作力度;加强领导干部作风建设;保持惩治腐败高压态势;深化廉政风险防控管理;强化对领导干部的教育监督。

(许恒富)

【党风廉政建设责任制】 2月10日,在全区党风廉政建设大会上,区委、区政府领导与分管单位和部门主要负责人签订党风廉政建设责任书;2月28日,下发《关于逐级签订党风廉政建设责任书的通知》。全年与各级党员领导干部签订责任书15616份;3月,下发《2012年朝阳区党风廉政建设和反腐败工作任务分工》;10月上旬,双管单位开展党风廉政建设责任制和惩防体系建设工作专项检查;11月29日,召开党风廉政建设责任制重点检查工作人员培训会,下发《关于2012年对部分单位贯彻落实党风廉政建设责任制推进惩防体系任务完成情况进行重点检查的通知》。

(刘鹏远)

【参与领导干部接访月活动】 3月3日至14日,11月8日至14日,在全国“两会”和十八大召开期间,配合领导干部大接访活动,每天安排专人参加区领导接访,对纪检监察范围内的信访件,做到高度重视、及时协调、快速调查。

(宇娅薇)

【保障性住房建设监督检查】 3月6日,制发《关于对住房保障工作开展立项效能监察的通知》,对区住房城乡建设委、区房管局、市规划委朝阳分局、市国土局朝阳分局、区财政局等部门在住房保障工作中履行职责情况开展专项效能监察。在工程建设手续、建筑材料安全、工程施工质量、施工安全管理等方面,开展检查170次。抽样检测主要建筑材料1574批次,查出带肋钢筋、电线电缆、防水卷等不合格材料33批次、工程建设手续不规范等问题6起、施工质量安全问题22批次,督促相关部门完成全部问题整改。

(王雪飞)

【廉政文化建设】 “三八”妇女节期间,与区妇联举办首届“我爱我家 快乐生活 家庭助廉大家谈”活动。基层纪委书记代表、妇联代表、社区干部、和谐家庭代表等50人参加座谈,发出《关于践行北京精神 廉洁治家 和谐安家》倡议书。指导街道系统、农村系统建立廉政文化宣传栏,覆盖率100%;开展廉政文化创建活动。区农委制作《农村系统党员干部廉政教育动漫宣传片》;太阳宫乡举办“清风廉韵伴我行,文化文明太阳宫”廉政文艺演出;金盏乡开展“三八家庭助廉,廉政知识竞赛”;将台乡组织“廉政文化大家谈”等活动。全区50余所中小学开展廉洁文化进校园活动。据统计,全区党员干部十余万人参与廉政文化创建活动。

(高 华)

【公务用车专项治理】 3月21日,下发《关于做好朝阳区党政机关违规超标车处理工作的通知》,核定全区车辆编制,分两个阶段清理纠正397辆违规公务用车;7月9日,召开区党政机关公务用车问题专项治理工作会,要求区委、区政府各部委办局,各街道办事处、地区办事处(乡政府),各人民团体公车治理工作做到组织有序、实施有方、监督到位、档案规范;11月19日,接受市公务用车问题专项治理工作领导小组办公室对全区公务用车专项治理工作检查,获高度评价。

(刘鹏远)

【完善信访接待工作】 4月6日,重新修订《领导干部接访工作制度》,将定点接访、重点约访、带案下访与领导包案结合起来,促进疑难信访问题的解决。5月,固定了接待场所,配备录音、录像、监控设备,制作宣传展板,营造良好的信访接待环境。

(宇娅薇)

【效能监察立项工作】 4月16日,制发《关于2012年度效能监察立项工作的通知》,要求各单位将2012年“5类经济工作折子工程、100项区政府折子工程、55项加快建设文化朝阳十大行动计划任务分工、130项创建国家公共文化服务体系示范区项目指标任务、25项在直接关系群众生活方面拟办的重要实事”等区委区政府重点工作,全部纳入立项范围。年内,全区实施效能监察立项517项。其中,区政府54个职能部门和4个区属事业单位立项220项,街道系统立项179项,农村系统立项118项。4月27日,制发《关于对党的十八大环境保障工作情况开展立项效能监察的通知》,对区市政市容委、区交通委、区住房城乡建设委、区园林绿化局、区城管大队等部门在十八大环境保障工作中履行职责情况开展专项效能监察;制发《关于对落实2012年缓解交通拥堵工作情况开展立项效能监察的通知》,对区交通委、区市政市容委、区住房城乡建设委等部门在缓解交通拥堵工作中履行职责情况开展专项效能监察。

(王雪飞)

【水务改革发展监督检查】 4月30日,会同区水务局制发《2012年水务改革监督检查工作方案》。年内,加大对水务建设项目的监督检查力度,将萧太后河综合治理等12个水务项目纳入电子监察系统,通过“制度+科技”手段,实现项目建设全过程规范化监管。围绕本区北部三条河流水环境治理、2012年防汛准备等重点工作,开展专项监督检查5次,督促相关街乡及职能部门落实水务工作年度目标任务。

(陈 征)

【推行纪检监察干部挂职锻炼制度】 4月,区纪委等五部门联合下发《关于纪检监察干部挂职锻炼的意见》,采取上挂下派和新任纪检监察科长挂职两种方式,全区纪检监察干部每年分期分批参加挂职锻炼。年内,10名纪检监察干部参加挂职锻炼。

(王东胜 姜肖华)

【行政审批制度改革】 4月,会同区法制办、区投促局开展调研,与20个重点审批部门座谈,督促相关审批部门优化审批流程,提高服务质量。9月,对全区39个审批部门行政审批业务开展情况,特别是《朝阳区行政审批事项目录》执行情况进行检查,对个别部门未严格执行《朝阳区行政审批事项目录》规定时限的问题,督促落实整改。10月24日,制发《关于进一步简化审批程序提升审批效率的通知》,要求全区各审批部门落实《朝阳区行政审批事项目录》,探索压缩新增审批事项审批时限,要求在现有基础上,将新增审批事项的办理时限再压缩50%。

(陈 征)

【食品安全控制立项效能监察】 5月初,与区食品办召开全区食品安全工作会,向全区43个街、乡及区食品办各成员部门部署2012年立项效能监察食品安全工作方案。确定食品安全成员单位职责、任务及工作目标;明确年内发生严重责任事故、违纪违法案件、影响社会稳定等有关问题的单位年终结合《朝阳区目标管理双百考核》工作采取一票否决制;对重大有影响的违纪违规单位或个人依据《北京市行政问责办法》追究责任。6月至8月,配合区食品办,检查相关食品办成员单位下辖的餐饮门店、超市、宾馆、食品加工企业、蔬菜养殖基地等20余家单位,对发现的问题提出整改意见。10月中旬,配合区食品办组织7个检查组,对全区43个街乡的食品安全工作进行检查和考核。

(赵 伟)

【工程建设领域突出问题治理】 5月9日,印发《2012年朝阳区工程建设领域突出问题专项治理工作要点及任务分解》。5月起,在全区开展项目信息公开和诚信体系建设、挂靠借用资质投标和违规出具资质专项清理工作。7月,印发《朝阳区工程建设领域项目信息和信用信息公开工作方案》,建立“谁审批、谁公开,谁主管、谁公开,谁公开、谁负责”的责任机制,推进朝阳区工程建设领域项目信息和信用信息公开共享专栏建设。全年公开相关信息1100条,开展招标投标专项检查60次,提出规范招标程序、落实廉洁准入制度等意见、建议近百条。

(陈 征)

【政务微博开通暨电教中心揭牌】 6月14日,举行“廉政朝阳”政务微博开通仪式暨电子监察中心、电教中心揭牌仪式。年底,政务微博拥有粉丝近3万,发布微博近400条。

(张 毅)

【纪检监察干部队伍建设】 6月,下发《关于加强纪检监察干部队伍建设的意见》,从加强干部选拔任用、强化实践锻炼、推进干部交流、深化派驻(出)机构统一管理、健全街乡和国企纪检机构、明确职责定位等方面提出具体措施。

(王东胜 姜肖华)

【规范纪检监察机构职责权限】 6月,制定下发《关于街道系统纪检机构若干问题的规定》、《关于农村系统纪检机构若干问题的规定》、《关于街道、地区办事处(乡政府)派驻监察科若干问题的规定》,从理顺领导体制和工作关系、明确职责与权限、完善干部管理、健全工作制度、加强后勤保障五个方面做出具体规定。

(王东胜 姜肖华)

【充实街乡纪检监察力量】 6月,制发《关于充实街乡纪检监察工作力量的通知》,要求各街乡"从党群或其他部门再明确1名同志专门负责纪检监察工作"。年内,全区43个街乡100%落实,基层纪检干部队伍有纪委书记、有监察科长、有业务骨干。

(王东胜 姜肖华)

【廉洁奥运主题文化园开园】 7月11日,廉洁奥运主题文化园在奥森公园建成开园。中央纪委副书记李玉赋,市纪委书记叶青纯,朝阳区委书记陈刚,中国新闻文化促进会会长、《廉洁奥运赋》作者李东东、军事博物馆书画院院长、《廉洁奥运赋》书写者李洪海等16位中央、北京市和朝阳区的领导参加揭牌仪式。文化园建有"阳光"、"奋斗"、"清风"和"向上"四个景区,及同心环雕塑、共铸辉煌雕塑、五环廊、志愿者雕塑、"十境"、静心池、《廉洁奥运赋》、LED大屏幕等8处景观。文化展馆从"科学决策、关口前移、全程介入、举世瞩目、总结经验"五个方面,展示"廉洁办奥运、节俭办奥运"目标。截至12月,接待参观团体92个,参观人数12751人次,征集基层党员干部观后感83篇。

(王建华 张 毅)

【重大资金项目风险防控管理】 8月14日,印发《关于加强重大资金项目廉政风险防控管理的实施意见》,成立区委、区政府主要领导任双组长的重大资金项目监管机构。以投资额在5000万元以上项目为重点,推进廉政风险防控项目化管理。区监察局牵头组织重点项目筛选,确定2012年区廉政风险防控重点项目库项目44个,涉及项目总投资约62亿元,将重点项目全部纳入电子监察重大资金项目监管子系统实施跟踪监督。

(陈 征)

【区纪委十一届三次全会】 8月20日,召开区第十一届纪律检查委员会第三次全体会。大会学习贯彻北京市第十一次党代会、半年经济形势分析会和区委十一届四次全会精神,总结今年以来全区党风廉政建设和反腐败工作,部署下一阶段重点任务。区委常委、区纪委书记宋铁健在会上就做好下半年工作讲话。

(许恒富)

【党务公开】 8月30日,向全区各单位党务公开工作领导小组下发《朝阳区关于开展党的基层组织党务公开工作专项检查的通知》,在全区开展党的基层组织党务公开工作专项检查;综合各单位情况形成《朝阳区开展党的基层组织党务公开工作自查报告》,填报《北京市党的基层组织党务公开工作情况统计表》、《北京市党的基层组织党务公开工作制度列表》上报市纪委;指导农工委制定《农村系统党务公开考核办法》等17项党务公开配套制度,不断推进"公开形式标准化、公开内容规范化和公开工作制度化"。

(刘鹏远)

【基层党风廉政建设】 8月30日,为落实《农村基层干部廉洁履行职责若干规定(试行)》,向各乡党委下发《朝阳区关于开展〈农村基层干部廉洁履行职责若干规定(试行)〉贯彻落实情况专项检查的通知》,组织各乡开展该规定落实情况专项检查。

(刘鹏远)

【法规制度建设】 9月21日,区委书记程连元主持召开十一届区委常委会第二十三次会议,听取区纪委监察局汇报全区反腐倡廉制度建设情况,并就深化反腐倡廉制度建设提出原则要求:一是强化制度流程化建设,增强制度针对性和约束力;二是强调制度系统化建设,加强顶层设计和系统研究;三是提高制度执行力,确保各项制度得到有效落实;四是整合监督力量,提高监督合力和实效;五是营造倡廉氛围,深化反腐倡廉宣传教育。

(胡 镔)

【十八大安保工作督查】 10月初,制定《朝阳区党的十八大安保工作督查考核专项指挥部工作方案》。10月至11月,开展专项监督检查2次,实地检查白鹿收费站等重点防控点位安保措施落实情况。将各单位十八大安保工作情况纳入"双百考核",结合"双百考核"中期检查,对重点部门、重点街乡安保防控情况开展督查。

(陈 征)

【联合纪检监察机构成立】 10月,成立联合纪检监察室(组)。该室(组)作为区纪委、区监察局内设机构,行政编制4名,其中主任(组长)1名,副主任(副组长)1名。联合纪检监察室(组)负责总工会、妇联、侨联、工商联、金融办、信访办、集体经济办、文联等8个单位的党风廉政建设工作,实现全区党组单位监督工作全覆盖。

(王东胜 姜肖华)

【机关干部队伍建设】 年内，推行“双挂职”干部锻炼机制，2名干部到街乡挂职。选调年轻干部参加市、区中心任务和重点工作，推荐12名干部参加市纪委机关和派驻机构干部选调工作。建立内部轮岗机制，21名干部轮岗交流；提拔8名干部到科级领导岗位。

（王东胜 姜肖华）

【廉政风险防控管理】 年内，制发《关于进一步加强廉政风险防控管理的实施意见》、《朝阳区关于清理确认涉权事项加强权力运行程序监督制约工作方案》。全年梳理全区涉权事项2113项，绘制流程图1409份。

（刘鹏远）

【作风建设】 年内，下发《朝阳区关于贯彻落实区委全会精神严肃党的纪律加强作风建设的通知》、《朝阳区贯彻落实区委十一届四次全体（扩大）会议精神严肃党的纪律强化作风建设有关学习资料》白皮书、《朝阳区落实“四个坚决不允许”工作专刊》。要求全区各级党组织自2012年8月中旬至10月中旬开展“严肃党的纪律，加强作风建设”专项教育整顿活动。指导、监督18家单位的专题班子会。配合区委召开“四个坚决不允许”教育整顿工作专题会，通报教育整顿活动工作情况。

（刘鹏远）

【违法建设治理】 年内，先后到区安监局、区市政市容委、规划朝阳分局等违法建设管控职能部门及违法建设多发地区进行工作调研，共同分析原因，研究提出对策，为区领导当好参谋助手。认真贯彻落实区委十一届四次全会“两个从严”、“四个坚决不允许”会议精神，约谈6个乡的主要领导或主管领导，严控新增违法建设上升趋势。多次会同区环境办、规划朝阳分局、国土分局、农委等部门，采取听取汇报、现场查看等形式，对农村地区19个乡违法建设情况开展联合检查，全年推进各地区拆除违法建设90万平方米。全年自办违建案件7起，配合调查违建案件5起。其中东都乐园涉嫌骗取的730余万元补偿款，经长期跟踪督办已全部追回；高碑店桥艺术中心东侧违法建设正在督促拆除；涉及三间房乡的“运河新时尚”、“北岸1292”、东柳村、白家楼村等违法建设案件调查工作已完成，报告已上报区政府。

（郝克敏）

【土地储备资金监管】 年内，先后36次组织资金监管小组成员单位，深入各相关乡召开会议，对基层单位在拆迁腾退过程中遇到的有关资金使用拨付、政策制定运用、面积同步复核、国有单位拆迁、安置房建设等问题，现场研究、协调、指导和督办。在前期调研基础上，召开7次资金监管小组联席会，研究解决东坝乡万博毛纺厂、来广营乡朗原基混凝土搅拌站、三间房乡星海钢琴集团有限公司等多个重大腾退项目补偿问题，以及崔各庄乡、东坝乡增加周转补助费资金预算方案，核减资金5000余万元。

（郝克敏）

【电子监察系统建设】 年内，在全市率先完成与市行政监察现代化二期工程业务办公子系统、行政投诉子系统的对接，完善全程代办、政民互动、效能监察等子系统数据采集工作，完成系统改版升级，固化朝阳特色模式。开发完成重大资金监管系统，完善重大资金事项审核立项、招标投标、进度拨付、结算决算、审计监督等全流程的无缝监管和权力运行过程的跟踪监督。继续开发建设具有朝阳特色的廉情分析、朝阳区政府信息公开和政务公开及专项资金监管等子系统。5月，在市纪委监察局召开的区县监察平台建设经验交流会上做重点介绍。8月，相关经验介绍材料被中纪委专刊印发。全年有9个省市区县相关单位赴朝阳区交流学习电子监察系统建设经验。

（王雪飞）

【行政投诉】 年内，接待投诉310件次，受理187件次，同比上升55%；办结180件次，办结率96.25%；直查87件次，同比上升30%，直查率46.5%。其中下发监察建议书2份；实施诫勉谈话4人，3人（处级2人，科级1人）做出书面检查。

（赵 伟）

【反腐倡廉宣传】 年内，宣传报道区委、区纪委监察局重点工作、各基层单位亮点工作。刊登新闻稿件137篇，其中中央级刊物15篇，市级刊物30篇，区级刊物92篇。自2004年以来，第8次获《中国纪检监察报》报社“优秀通联站”称号。

（张 毅）

【廉政教育】 年内，重点开展岗位教育、专题教育和警示教育。在岗位教育方面，组织全区纪检监察干部近300人开展综合业务集中培训；在专题教育方面，开展微博工作业务培训2次，请新浪微博专员和相关专家进行指导。组织基层纪检监察干部参加中央纪委、市纪委高端业务培训16次，参训50人次；在警示教育方面，依托区委党校、社区学院、人事局等部门，在处级、科级、复转军人和新任公务员中开展10次廉政知识教育和依法行政教育，参训2500人次。组织基层干部20批次近1000人到市监狱局参观。组织街道、农村、机关系统等10批次党员干部参加法庭庭审旁听。

（张 毅）

【绩效管理监察】 年内，开展绩效管理监察。分别对全区各单位以下五种情况开展监督检查：落实党风廉政建设责任制情况，落实《中国共产党领导干部廉洁从政若干准则》情况，主动查处违纪案件情况，保证政令畅通、开展政府效能情况，转变政府职能、加强政务服务建设情况。

（刘一凡）

【特约监察员工作】　年内,一是修订《朝阳区特约监察员管理办法》,为特约员开展工作提供保障;二是完成特约员换届工作,新一届特约监察员队伍新聘12名、续聘22名,共计34名,分别来自于区政府、区人大、区政协及各民主党派;三是加强了对新一届特约监察员的培训。5月4日,召开了特约监察员工作部署会。11月14日,召开了特约监察员民主评议工作总结会。

(袁　莹)

【政民互动】　年内,朝阳区政民互动(政风行风热线)网络平台受理信件36534件,办结33512件,办结率91.73%,群众反馈满意度87.39%;区行政投诉中心接待投诉291件,受理投诉192件,办结183件,办结率95%。重点督办百环家园小区停水停电、群租房扰民等6件热点难点问题。

(袁　莹)

【政务公开】　年内,下发《朝阳区关于开展依托电子政务平台加强政务公开和政务服务工作的实施方案》。在区人力社保局、亚运村街道、平房乡开展工作试点。全年梳理行政审批事项1073项。

(张　铮)

【目标管理双百考核】　年内,下发《朝阳区2012年目标管理双百考核工作实施方案》,修订《朝阳区效能监察考核指标体系》和《朝阳区优化发展环境考核指标体系》。综合运用职能部门评议、网上评议、民意测评、民主评议、主管领导评议、互查互评等6种考评方式,考核评议全区54个职能部门、4个区属事业单位和24个街道办事处、19个地区办事处(乡政府)。通过综合各种考核结果,确定45个目标管理双百考核综合先进单位和28个单项先进单位。

(袁　莹)

【民主评议基层站所】　年内,对全区482个基层站所(服务窗口)和10个公共服务行业基层站点的队伍建设、为民服务、政务公开、制度建设及依法行政等五个方面情况进行民主评议。全年,各职能部门及街乡自查自纠各类问题648个,制定整改措施353项,在全区公开服务承诺429项。

(袁　莹)

【信访举报受理情况】　年内,区纪委信访室受理信访举报467件次,初信初访215件次。按信访类别分,纪检监察范围内信访件450件次,纪检监察范围外信访件16件次,批评建议类1件,纪检监察范围内信访比上年下降15.11%。按信访形式分,来信370件次,来访20件次,电话举报29件次,网络举报48件次。信访谈话3人次,发信访通知书6件。为区组织部门选拔任用干部、区党代会代表人选及各部门评优提供干部廉洁自律情况证明450人次,单位廉洁自律情况证明76次。

(宇娅薇)

【案件查办】　年内,初核线索49件,转立案26件。其中区纪委直查案件8件,指导基层查办案件18件,移送司法机关8件8人。结案16件,处分16人,涉及处级干部1人,科级干部4人,一般党员11人。

(马程浩)

【案件审理】　年内,审结案件16件,涉及人员16人,其中给予开除党籍、开除公职双重处分5人,单纯给予开除党籍处分7人,给予留党察看一年处分3人、给予严重警告、行政记大过双重处分1人。16人中,处级党员领导干部1人,科级党员干部4人、一般党员、公务员11人。按违纪行为性质分类,贪污贿赂行为5件、妨害社会管理秩序行为8件、违反财经纪律行为2件、失职渎职行为1件。另外,对3名受到留党察看处分的党员恢复党员权利。

(胡　镔)

民　主　党　派

民革朝阳区委

【概况】　中国国民党革命委员会北京市朝阳区委员会(简称民革朝阳区委)下设参政议政、祖国统一、社会服务、信息、宣传、老龄、妇女、教科文卫体及《潮流》编辑部9个专委会。有党员758人,基层支部19个。

地址:团结湖北五条8号(党派楼)204室
电话:65094936
邮编:100026
电子邮箱:chymg4936@126.com

(秦　阳)

【祖国统一工作】　1月16日,区委祖国统一专委会召开会议,就新一届台湾地区领导人大选结果进行座谈,关注两岸和平发展进程。2月3日,区委祖国统一专委会召开工作会议,研究专委会下一阶段工作重点。6月3日,区委祖国统一专委会在蟹岛度假村召开扩大会议,市台办联络处副处长魏国富、民革北京市委联络处吴伟兴应邀出席会议并作报告。区委副主委姚国峰、专委会副主任宋志梅、樊甦以及部分委员和各支部负责祖统工作的党员共20余人参加会议。会议部署下一阶段工作,要求贯彻落实对台工作方针,牢牢把握两岸关系和平发展的主题，为促进祖国和平统一多做实事。7月26日，区委第七支部党员与台湾书法爱好者进行书法联谊活动，切磋书法，交融情感，增进两岸同胞友谊。

（秦 阳）

【思想组织建设】 1月至3月，进行支部换届工作。区委成立换届工作领导小组，制定换届实施细则，先后召开两次主委会、两次全委会以及区委全委（扩大）会议，传达换届文件精神并动员。第一次主委会议决定，每位区委委员牵头负责一个支部，指导监督支部换届工作。第一次全委会会议审议通过换届实施细则并举办支部换届工作辅导培训，全体区委委员参加。各支部原班子成员按照市委文件精神述职，并由区委委员组织支部党员进行民主评议，各支部将差额预选结果报至区委，区委经第二次主委会议和全委会议审议批复，统一制作等额选票并加盖区委公章，由负责相应支部的区委委员带到支部进行正式选举，并填报选举结果和支委分工，会上对委员进行第二次工作培训。最终，各支部均顺利完成选举，选出新一届支部领导班子。3月底，区委完成全部换届工作。本次换届共选出支委113人，其中男64人，女49人。新当选主委11人，支委66人。平均年龄46.8岁。35岁以下15人，占13%；35－44岁37人，占33%；45－54岁34人，占30%；55－64岁19人，占17%；65岁以上8人，占7%。大专及以下27人，占24%；本科51人，占45%；研究生30人，占27%；博士5人，占4%。高级职称25人，占22%；中级职称43人，占38%；中级以下和无职称45人，占40%。4月19日，在北京市民主党派"凝心聚力"工程总结大会上，区委获北京市民主党派基层典型经验奖，民革朝阳区委驻会常务副主委绛云代表区委作典型发言。9月7日至8日，区委召开迎接十八大、贯彻同心思想政治交接培训会议。会上宣读民革北京市委关于民革朝阳区委支部换届结果的审核意见。各支部新老支委分组讨论，交流如何加强自身建设、创新工作模式、开展支部活动等经验和心得。年内，区委共召开主委会议6次，全委会议4次，全委（扩大）会议4次，以区委为主导，以各专委会、支部为单位开展"喜迎十八大重温历史"、"切实加强民主监督"、"学习贯彻十八大精神"等各种形式的专题讲座、学习辅导、座谈以及参观考察活动等近百次。全年发展党员32人。年内，获民革中央颁发的"民革中央思想宣传工作先进个人"、"民革全国社会服务工作先进个人"、"为民革中央提案工作作出贡献奖"、"为民革中央社情民意工作作出贡献奖"等5人次；获中共北京市委统战部、民革北京市委颁发的"统战理论研究优秀奖"、"民革北京市委年度人物"、"民革北京市委参政议政先进个人"、"民革市委理论宣传先进个人"等7人次；获民革北京市委"民革工作创新成果"、"民革基层典型经验"2个奖项。年内，区委被民革中央评为"民革全国祖统工作先进集体"。

（秦 阳）

【参政议政】 2月14日，区政协召开各民主党派、工商联联席会，就政府工作及《区政协与区民主党派、工商联负责人联席会议制度》听取意见建议，区委主委张兴凯代表民革朝阳区委参加会议并发言。4月20日，区委参政议政专委会召开议政会，总结上年参政议政工作，宣读《关于民革朝阳区第三届委员会分工情况及相关工作的通知》、《参政议政专委会工作规则》、《关于<参政议政专委会工作规则>（草案）的说明》及参政议政专委会组织机构、组成人员名单，座谈下一阶段工作重点，征询各位区委委员对议政话题和调研报告选题的意见。8月4日至6日，民革中央与黑龙江省政协在大庆市共同举办"加强和创新社会管理研讨会"，党员岳运生和葛友山发言。8月27日，区委参政议政专委会调研组赴朝阳区水务局调研，就《青年路沟渠环境问题》及《朝阳区地下水资源问题》与区水务局交流探讨。11月28日，中共朝阳区委召开党派协商会，主委张兴凯代表民革朝阳区委作"贯彻落实十八大精神 畅想美丽朝阳"发言。年内，向区政协提交党派提案3件，其中《关于建立、完善和创新保障性住房退出机制问题的建议》在区政协十二届二次会议上获优秀提案奖。上报社情民意信息1000余条。向区政协议政会提交《违法建设对世界城市建设的反向拉动与应对措施》调研报告。在中共朝阳区委统战部举办的专项调研报告评选中，提交调研报告3篇，其中姜永海、姜汉执笔的《加强地下水保护、保障饮用水安全——推进朝阳区社会经济可持续发展》和姜汉、葛友山执笔的《借鉴国际城市经验，建设绿色宜居朝阳》获二等奖，姜汉、姜永海执笔的《青年路沟河道环境调查报告》获三等奖。

（秦 阳）

【社会服务】 8月30日，驻会常务副主委绛云带领民革朝阳区委一行近20人，赴位于昌平区的打工子弟京瑞学校开展爱心捐赠活动。民革北京市委经社处处长常桂云、宣传处处长王志新、中共朝阳区委统战部党派科副调研员景锡南等出席活动，共为京瑞学校提供价值2000余元的学习文化用品。10月24日，民革朝阳区委社会服务专委会与民革北京市委联合举办"庆重阳为老党员义诊活动"。医疗专家为民革老党员作健康保健讲座并开展义诊咨询，约80名民革老党员接受服务。

（秦 阳）

【宣传工作】 年内，民革朝阳区委潮流编辑部共出版《潮流》杂志4期，刊载中共中央关于多党合作的最新精神,传达民革中央、北京市委和朝阳区委有关工作精神,刊登各级文件、理论学习文章和党员投稿,发放至民革各省委、市委、县委和民革中央专委会委员以及朝阳区各民主党派、朝阳区政协委员以及海峡两岸特定对象。年内,《潮流》杂志获民革北京市委工作创新成果奖。

(秦　阳)

【理论学习】 4月17日,区委与民革市委宣传处联合举办统战理论建设座谈会,研究探讨新形势下参政党民主监督理论。区委驻会常务副主委、课题组长绛云介绍调研课题。8月25日,区委第二支部、第七支部、第十支部、第十三支部和第十四支部在京都律师事务所第一会议室举办"喜迎中共十八大召开,民革老党员重温历史系列座谈会"首期活动,由老党员代表讲授民革工作经验,丰富基层组织生活。9月13日,民革北京市委宣传处负责人王志新、干部谢力丹到朝阳区委调研,就如何增强中国特色的民主监督机制、创新社会管理方式座谈交流。12月20日,区委组织驻会干部、党员等15人参加中共朝阳区委统战部组织的学习贯彻十八大精神报告会。

(秦　阳)

【主要活动】 3月6日,区委妇女工作专委会举办庆"三八"讲座,近百名女党员参加。区委驻会常务副主委绛云、区委统战部党派科负责人参加活动。活动邀请中国妇女报记者胡杨主讲《告别女子伤学院》。5月19日,为纪念毛泽东延安文艺座谈会讲话,区委在望京科技创业园举行红五月歌咏比赛,60余名民革党员和民革市委宣传处的领导一起歌唱爱国歌曲。8月4日,在中国体育彩票开奖演播厅现场,区委进行党派监督彩票开奖活动。第二支部、第七支部、第十支部、第十三支部和第十四支部等5个支部的65名党员及家属参加。12月14日,区委和左家庄街道曙光里社区党委在区教研中心联合举办"党好、国好、日子好"主题歌曲阅读会,100余名社区居民参加演唱。

(秦　阳)

民盟朝阳区委

【概况】 截至年底,中国民主同盟北京市朝阳区委员会(以下简称民盟朝阳区委)下设基层委员会3个(各辖3个支部),基层支部36个,共有支部45个,盟员1353人。民盟区委下设参政议政、文化教育、经济、科技、社会法制、社会服务、青年、妇女、老龄9个专门工作委员会。有全国人大代表1名,市人大代表2名,区人大代表9名(其中区人大常委会副主任1名,常委1名),全国政协委员5名(其中常委1名),市政协委员6名(其中常委3名),区政协委员19名(其中常委3名)。部级特邀监察员2名。区政府特约工作人员9名。

地址:团结湖北五条8号楼203室

电话:65094938　65094058

邮编:100026

电子邮箱:cymm@bjchy.gov.cn

(衣　雪)

【主要活动】 1月11日,举办2012年新年联谊会。民盟中央副秘书长、组织部部长陈幼平,民盟北京市委专职副主委刘玉芳,中共朝阳区委常委、统战部部长谢莹出席会议并讲话,民盟北京市委副主委李德胜、办公室主任杨秀声,中共朝阳区委统战部常务副部长胡杰华、副部长石延刚等出席会议。常务副主委兼秘书长周道珍主持会议。会上,朝阳区人大常委会副主任、民盟朝阳区委主委曾原纪致新年贺词。民盟朝阳区委副主委闫永红代表民盟朝阳区委宣读对2011年优秀信息员进行表彰的决定。260余位盟员参加联谊会。春节前夕,组织慰问老领导、老盟员。3月7日,举办庆"三八"健康知识讲座,组织50余位女盟员学习养生保健知识并为她们体检,邀请中共朝阳区委统战部常务副部长胡杰华出席活动。10月17日,组织50余位老盟员欢度重阳节,参观北京中医药大学中医药博物馆。

(衣　雪)

【多党合作】 2月28日,中共朝阳区委常委、宣传部部长、统战部部长谢莹、区委统战部常务副部长胡杰华,副部长黄亮、石延刚,民盟朝阳区委常务副主委兼秘书长周道珍一行,到民盟中央拜访民盟中央副主席李重庵。民盟中央副秘书长、组织部部长陈幼平参加会见。谢莹介绍朝阳区统战工作、文化建设和社区工作。李重庵介绍民盟宣传和社会服务工作,双方探讨合作发展机制,并就借力提升朝阳区经济、社会和文化建设,培养和挖掘党派优秀干部等交换意见。2月29日,谢莹一行拜访北京市政协副主席、民盟北京市委主委葛剑平及民盟北京市委专职副主委刘玉芳并会谈。

(衣　雪)

【社会服务】 2月29日,民盟朝阳区委在花家地派出所举办"警徽在这里闪亮"书画笔会,邀请杨宪金、刘红选、刘溪境等著名书画家现场作画。4月13日,民盟朝阳区委整合盟内医疗专家资源,开展"医道春风,夕阳正红"——为朝阳区教委老干部义诊活动。北京中医药大学和北京广济中医医院医务专家一行10人,为老干部们进行中医诊断、测血压、血糖、心电图等健康指导,共诊疗192人次。5月19日,社会法制专委会邀请北京化工大学法学院教授王军仁在延庆宾馆作预防渎职犯罪与经济犯罪等专题演讲。5月31日,民盟朝阳区委与区妇联、区文明办、区教委、区图书馆联合举办"学习雷锋、争做文明好少年、书香朝阳、快乐成长——'庆祝六一国际儿童节系列活动'",为打工子弟学校

——安民学校的孩子们赠送书包。6月26日，在区教委举办“书画传情，共绘和谐”老教育工作者书画交流笔会，著名书法家孙四海、刘红选亲赴笔会现场，与70余位教育系统离退休书画爱好者交流书画技巧。12月4日，民盟朝阳区委组织15名医务专家前往大兴，为北京市劳教局所属7个劳教所120余名干警进行中医、心血管、呼吸、消化、耳鼻喉、精神心理、皮肤等方面的义诊。全国人大常委、民盟中央副主席李重庵，北京市政协副秘书长、民盟北京市委专职副主委刘玉芳，北京市劳动教养工作管理局局长戴建海出席活动并讲话。区人大常委会副主任、民盟朝阳区委主委曾原纪，民盟朝阳区委常务副主委兼秘书长周道珍参加活动。

（衣　雪）

【思想建设】　5月16日，召开四届四次全委（扩大）会，学习中共中央《关于加强新形势下党外代表人士队伍建设的意见》和区委书记陈刚调研统战工作时的讲话精神，区委委员和基层组织负责人参加会议。7月27日至31日，常务副主委兼秘书长周道珍，副主委王姮隽、阚存一及区委委员参加中共朝阳区委统战部组织的朝阳区民主党派领导机构成员培训班。9月4日，召开青年工作委员会（扩大）会议，组织青年盟员学习中共中央有关文件精神，统一思想认识，明确政治方向。中共朝阳区委统战部常务副部长胡杰华出席会议并讲话。会上，青委会主任王臻作“智慧朝阳”讲座，让青年盟员了解朝阳，关注朝阳，为做好参政议政工作奠定基础。9月7日，召开统战理论研究会工作会议，邀请民盟北京市委专职副主委刘玉芳、研究室副主任高嵩出席会议并讲话。会上增补了新会员。11月8日，区人大常委会副主任、民盟朝阳区委主委曾原纪，民盟朝阳区委常务副主委兼秘书长周道珍分别参加区人大、区委统战部组织的集体收看中共十八大开幕式活动。11月23日，召开学习贯彻中共十八大精神座谈会，组织区委委员、各基层组织负责人、青年盟员学习中共十八大精神。12月20日，组织15名盟员参加中共朝阳区委统战部在朝阳区社会主义学院举办的“学习贯彻十八大精神报告会”。中共朝阳区委统战部常务副部长胡杰华出席会议并讲话。民盟朝阳区委常务副主委周道珍、副主委阚存一参加报告会。

（衣　雪）

【组织建设】　6月17日至19日，在民盟北京市第十一次代表大会上，朝阳区盟员卞留念、李德胜、李刚、王姮隽、周道珍、闫永红、董明慧、殷培红、吕铮、王臻等10位盟员当选民盟北京市委第十一届委员会委员。卞留念、李德胜当选副主任委员，李刚、王姮隽当选常委。年内，推荐9名盟员担任第十届朝阳区政府特约工作人员，并积极协助特约单位完成考察工作。6月27日，区政府召开聘请第十届特约工作人员大会，常务副主委兼秘书长周道珍代表区民主党派、工商联和无党派人士讲话，盟员、第九届政府特约工作人员赵菊生和谢宝顺受到表彰。全年发展盟员71名，其中博士6名，硕士29名，年发展率5.54%。协助北京联合大学支部完成换届工作。全年召开主委会7次，全委会4次，参政议政工作会、调研工作会、青年工作委员会（扩大）会、统战理论研究工作会、暑期学习班会议、参政议政工作专委会暨社会服务工作专委会等30余次。

（衣　雪）

【基层组织活动】　年内，各基层组织结合自身特点和工作实际，举办多种形式的活动。其中：中国传媒大学支部召开座谈会，组织盟员学习中共十八大精神；北京中医药大学委员会先后三次组织学习会，学习中共十八大精神、全国“两会”精神和中央文件精神、中共中央《关于加强新形势下党外人士队伍建设的意见》等；对外经济贸易大学支部、北京化工大学支部、中日友好医院支部三个支部举办庆十八大联谊活动；北京工业大学委员会组织盟员交流览景；农业部委员会、北京电子科技职业学院支部和对外经济贸易大学支部开展联谊活动；石化支部、三支部、七支部分别组织盟员参观盟市委盟史展；民盟北京联合大学师范学院支部与民进支部联合到顺义秋游；一支部、二支部、四支部、六支部联合召开信息工作座谈会。

（衣　雪）

【参政议政】　年内，向区委统战部提交调研报告3篇，其中《关于CBD－定福庄国际传媒走廊国际化服务设施建设的建议》获一等奖，《借鉴国际经验，创新朝阳区社区养老服务模式》、《关于朝阳区医疗服务国际化发展的建议》获二等奖。在区政协十二届一次会议上，提交党派提案3件和委员提案29件。其中党派提案《关于全面提升我区物业管理水平，构建“和谐朝阳”的建议》得到区长程连元批示，并作为重点督办提案由区政协副主席张树安督办。委员提案《关于把朝阳区建设成国家级财富管理中心的建议》被区政协领导重点督办。向盟市委、区政协、区委统战部报送社情民意信息130余条，内容包括“7·21”特大自然灾害后的下水管道疏通问题、排查雨后地面塌陷险情、重大节假日取消高速公路收费、“小升初”严格执行派位制度等热点、焦点问题。方廷钰撰写的《关于北京市义务教育招生的建议》被市领导王安顺、赵凤桐、洪峰批示，《基层对台工作亟待加强》被民盟中央采编。图娅撰写的《“医药分开”需慎行》、钱克明撰写的《建议加强我国渔业资源环境调查》被民盟中央收入参政议政文集。10月24日，在朝阳区政协、中共朝阳区委统战部召开的“聚焦国际化发展”主题议政会上,中国传媒大学副教授李樱代表民盟朝阳区委作《关于 CBD - 定福庄国际传媒走廊国际化服务设施建设的建议》主题发言。区政协委员、首都经济贸易大学教授巩云华,北京中医药大学教授朱文涛分别作《把 CBD 建设成国家级财富管理中心》、《朝阳区医疗服务国际化发展》的补充发言。共有4篇发言材料被收入议政会材料汇编。

（衣　雪）

民建朝阳区委

【概况】 截至年底,中国民主建国会北京市朝阳区委员会(以下简称民建朝阳区委)有会员 1396 人,31 个支部,下设参政议政、组织、法制、经济、社会服务、妇女老龄、科技教育、文化宣传、信息 9 个专业委员会,1 个工作委员会:青年工作委员会。会员中,具有本科以上学历的占 64.65%,具有中级以上职称的占 64.94%;平均年龄 47 岁。有全国政协委员 1 名、北京市政协委员 7 名(其中副主席 1 名、常委 1 名)、区政协委员 28 名(其中常委 4 名)、北京市人大代表 5 名、区人大代表 11 名(其中常委 2 名)。

地址:团结湖北五条8号208室、209室
电话:65094054　65094934
邮编:100026
电子邮箱:chaoyangminjian@126.com

（李佳君）

【组织建设】 年初,民建朝阳区委召开主委会和全委会,对班子成员和区委委员进行分工,完善《区委委员联系支部和专委会制度》,保证每个支部都有区委委员负责联系和指导。6月,成立青年工作委员会,这是北京市民建系统的第一个青年工作委员会。全年共发展新会员 49 名,其中研究生以上文化程度 21 人,占 43%;具有中、高级职称的 19 人,占 38%,企业高级管理人员及在单位任中层以上职务的 37 人,占 75%;平均年龄 35 岁。

（李佳君）

【参政议政】 1月,在区政协十二届一次全会上,民建朝阳区委结合区热点、难点问题,提交党派提案两件,分别为《关于促进朝阳区中小型外商投资企业投融资服务体系建设的建议》和《关于在朝阳区成立“区域性设计创新服务公共平台”的建议》。委员崔向全、马凌云提交的《关于加快推广商务楼宇统战新模式》和委员肖文玖提出的《关于进一步完善我区公共文化服务体系的建议》等相关文化建设提案被列为朝阳区政协主席重点督办提案。党派提案《关于朝阳区引进国际组织的思考和建议》、委员解卫提交的《关于加快朝阳区战略新兴产业发展的建议》、委员许胜忠提交的《关于优化基本医疗促进经济发展与社会稳定的建议》、委员崔向全提交的《关于加快推广商务楼宇统战新模式的建议》、委员马嘉提交的《关于构建雅宝路品牌文化平台的思考和建议》被评为朝阳区政协 2012 年度优秀提案。2012 年下半年,在区政协议政会上,民建朝阳区委《关于朝阳区引进国际组织的思考和建议》发言受到好评。年内,向中共朝阳区委统战部提交调研报告 3 篇,分别为《关于创新我区政府融资渠道的建议》、《关于依托电子城打造我国国际化高端科技创新服务示范区的建议》和《“中国三大男高音”国际文化品牌建设的启示和政策建议》,在 2012 年度中共朝阳区委统战系统优秀调研成果评比中分获一、二、三等奖。参政议政专委会向民建北京市委提交调研报告 10 篇,其中《关于加强北京市公务员健康干预的建议》被北京市政协评为优秀提案。

（李佳君）

【特色活动】 6 月 21 日,民建朝阳区委法制专委会和经济专委会联合举办中小企业私募债市场架构及相关法律问题研讨会。各支部 30 余名会员参加会议。经济专委会依托朝阳区商务委员会,筹办“商务朝阳”银企对接会 3 次。通过系列活动,经济专委会部分委员和民建会员企业与银行、担保公司等金融机构开展深入沟通,促成中国工商银行贷款业务负责人到会员企业考察,会员企业北京奥尔金石油技术开发公司等获得贷款支持。经济专委会组织会员企业赴天津市参加“津洽会”,与天津市相关单位建立合作关系,会员企业在天津保税区成功投资设立企业并享受优惠政策。经济专委会组织部分委员参加中国与文莱、厄瓜多尔等国的商务交流活动,并与相关国家企业对接。

（李佳君）

【信息工作】 年内,300 余名会员参与信息撰写工作,编报各类信息 370 条,其中被民建中央采纳 24 条,被民建北京市委采纳 27 条,被朝阳区政协采纳 9 条。获得民建北京市委 2012 年度社情民意信息工作评比一等奖。

（李佳君）

【社会服务】 年内,确定“树立民建朝阳社会服务品牌、打造民建朝阳社会服务特色”工作目标,通过整合会内外资源,采取会内会外相结合,专委会与基层支部相结合,专委会与市会、中央专委会相结合的方式,为会员企业、社会弱势群体、社区等提供各种专题服务,抓好“一老一小”主题服务项目,全年举办活动 16 次。1 月 15 日,社会服务专委会代表民建华北五省基层支部为民建中央对口扶贫支援地区河北丰宁县的贫困家庭送去米、面及扶贫款。4 月 13 日至 16 日,社服专委会、科五支部以及 NGO 组织、基金会、央企职员、美国留学生和新闻媒体人员等一行 16 人组成志愿者团队,赴内蒙古和林格尔县白二爷基地,参加治沙行动。5 月 24 日,民建朝阳区委和安贞街道工委在泰利明苑商务楼

联合开展综合义务咨询活动，为职工提供党务、党派、社务、法律、心理及安全生产、劳动保障、医疗服务等咨询。6月3日，在“六一”国际儿童节之际，社服专委会与民建华北五省部分基层支部一行20余人赴河北省丰宁县苏家店中心小学捐赠价值2万元的校服、电视机、电脑、体育用品和图书等。重阳节前，社服专委会分别看望原民建中央主席成思危及部分老年会员。走访太阳宫老年公寓，向老人赠送礼品并为老人义诊。11月18日，与民建北京市委、卫生部、“有爱有未来”外企志愿行动以及可口可乐大中华区合作开展大型公益助学活动“为爱而走，2012温暖打工子弟学校冬季慈善健走活动”，旨在为北京地区打工子弟学校提供帮助，民建各区委、各支部近500名会员与来自可口可乐、联想、北京大学、北京黄城根小学在内的近40家跨国企业、知名大学和中小学志愿者共3000余人参与活动，并募得善款13万余元，款项全部用于北京地区打工子弟学校购买过冬食品和运动器材。11月28日，社服专委会部分委员和科一支部部分会员一行10余人到石景山区黄庄学校调研，为师生送去学习用品和现金。

（李佳君）

民进朝阳区委

【概况】 截至年底，中国民主促进会北京市朝阳区委员会（以下简称民进朝阳区委）共有会员622人，支部26个。年内发展会员50人，其中教育界27人，研究生学历11人。成立民进中国音乐学院支部，会员11人，其中副教授及以上会员7人。会员中，共有市人大代表2名、市政协委员3名（其中常委1名）、区人大代表4名（其中常委1名）、区政协委员23名（其中常委4名）、区政府特约工作人员7名。

地址：团结湖北五条8号党派楼211室

邮编：100026

电话：65094935

电子邮箱：chyminjin@126.com

（张　纯）

【会员活动】 2月22日，由朝阳民进会员、北京意知尚文化传媒有限公司董事长王瑜投资并创作的大型原创音乐剧《昆仑神话》首演启动仪式暨新闻发布会在北京锐创国际大厦演艺中心举行。民进北京市委副主委毛桂芬应邀出席并讲话。9月9日，民进朝阳区委组织部分教师会员到大兴区礼贤镇儿童福利院开展爱心捐赠活动，民进北京市委社会服务处处长陈平、朝阳区委主委张耘、副主委杨爱军、于欣，秘书长赵建萍及78名会员参加捐赠活动。民进朝阳区委捐赠电教设备80套（由对外经济贸易大学提供）并赠送学习用品及食品等，9月14日《人民政协报》予以报道。10月9日，民进朝阳区委组织30余名60岁以上会员，参观朝阳区规划艺术馆，游览朝阳公园庆祝重阳节。11月21日，民进朝阳区委与九三学社朝阳区委、农工党朝阳区委，在北京市党派团体办公大楼报告厅联合举办十八大精神专题辅导报告会。特邀中央社会主义学院副院长张峰，阐释十八大报告的深刻内涵，40余名民进会员参加活动。

（张　纯）

【思想与组织建设】 3月3日至4日，民进朝阳区委在蟹岛会议中心召开四届五次全委（扩大）会议。民进北京市委专职副主委毛桂芬，中共朝阳区委统战部常务副部长胡杰华、副部长石延刚等，以及民进朝阳区委委员、支部主任等30人出席会议。区委主委张耘代表民进朝阳区委总结2011年工作并通报2012年工作要点。各专委会和各支部分别总结工作。3月21日，在中国音乐学院举行中国音乐学院支部成立大会。民进中央副秘书长兼组织部部长王建国、民进北京市委副主委李焕喜、中共朝阳区委统战部常务副部长胡杰华、民进朝阳区委主委张耘、中共中国音乐学院党委书记闫拓时等出席。民进北京市委组织处处长鲁剑代表民进市委宣读民进中国音乐学院支部成立批准书和支部主任任命书，任命中国音乐学院教授王宁为支部主任。5月23日至25日，民进北京市第十一次代表大会在京召开。民进朝阳区23名会员作为代表出席大会。朝阳民进6名会员当选民进北京市第十四届委员会委员，其中1人当选民进市委副主委。6月27日，在朝阳区政府召开的聘请第十届特约工作人员大会上，7名民进会员被聘为第十届区政府特约工作人员。民进朝阳区委副主委杨爱军代表受表彰人员发言。9月，民进朝阳区经济二支部被民进中央授予“民进学习践行社会主义核心价值体系先进集体”称号。

（张　纯）

【社会服务】 7月20日至26日，民进朝阳区委以践行“同心”思想、加强领导班子凝聚力为主题，组织全体区委委员、支部主任赴吉林省延吉市等地开展集中学习和对口交流活动，体验改革开放成果，加强领导班子建设，提高对党派思想建设的认识。7月25日，民进一行与政协延边朝鲜族自治州州委领导座谈，民进区委驻会副主委于欣介绍民进朝阳区委的基本情况以及朝阳民进在发挥党派职能、促进社会和谐等方面的工作。政协延边朝鲜族自治州副主席赵龙介绍延边朝鲜族自治州经济建设和社会建设取得的经验。8月3日至7日，民进朝阳区委副主委杨爱军带领社会服务专委会40余名会员组成爱心团队，赴内蒙古自治区锡林郭勒盟东乌旗乌珠穆沁援助幼教，民进北京市委社会服务处副处长李永起参与活动。团队为乌珠穆沁童星双语艺术幼儿园捐赠电脑和学习用具。

（张　纯）

【参政议政】 年内,参政议政专委会委员深入基层调研,向中共朝阳区委统战部提交调研报告3篇,向区政协议政会提交报告1篇、提案3篇。内容涵盖完善朝阳区养老公共政策、政府行政态势改革、青少年职业能力教育现状研究、创新拔尖人才培养等问题。其中《基础教育阶段创新拔尖人才培养状况分析》、《青少年职业能力教育状况调查》、《改进行政态势:少些、慢些、保守些》3篇调研报告获朝阳区统战系统专项调研优秀成果三等奖;《关于加强应急避难场所建设和管理,完善区域防灾减灾体系的建议》提案被区政协评为2012年度优秀提案。年内,民进区委受区教委委托,就学生体质健康的家庭因素和影响效果开展调研,调研成果得到区教委及有关部门好评。5月4日,民进中央主席严隽琪、民进中央常务副主席罗富和率民进中央调研组到朝阳区调研社会管理创新工作。调研组在中共朝阳区委书记陈刚,区政协主席辛燕琴,区委常委、宣传部部长、统战部部长谢莹,区委常委、区委办主任刘军胜,副区长苑文新等陪同下,先后到建外街道SOHO商务楼宇服务站、建外街道芳草地社区和中共朝阳区委机关考察,对朝阳区商务楼宇党建,"一刻钟社区服务圈"建设,网格化、数字化社会服务管理运行系统及管理模式建设等工作表示肯定。

(张　纯)

农工党朝阳区委

【概况】 中国农工民主党北京市朝阳区委员会(简称农工党朝阳区委)于2001年9月28日成立,现为第三届委员会。截至年底,有22个支部,党员696名,主要由医药卫生界中高级知识分子组成。农工党朝阳区第三届委员会有委员17名,主任委员邢念增,副主任委员吕立秋(女)、秦小平、鲁建玲(女,专职)、张其成、罗凤基、张斌。区委机关秘书长鲁建玲,内设一室两部,分别为办公室、组织部和宣传部,分别为参政议政、社会服务、宣传、青年、老龄5个专门工作委员会。党员中,有高级职称398人,占57.2%;中级职称199人,占8.6%。2人享受政府特殊津贴。有全国政协委员1人、北京市政协委员5人、区人大代表5人(常委1人)、区政协委员22人(副主席1人,常委3人)、市级特邀监督员3人、区政府特约员7人。年内,组织党员认真学习贯彻落实中共十八大和农工党十五大精神,结合朝阳区医药卫生事业改革发展,发挥本党派优势,开展参政议政和服务社会活动,以配合农工党北京市委换届为契机,开展"组织建设推进年"活动,加强党派自身建设。

地址:团结湖北五条8号党派楼206室
电话:65094937
邮编:100026
电子邮箱:chyngd@163.com

(管文东)

【社会服务】 4月15日,区委联合民建大兴总支、台盟朝阳区工委在大兴区"北京永林医院"举办大型义诊活动。农工党精选以北京市著名中医专家葛美莲为首的9名专家为群众免费看诊和健康咨询。台盟朝阳区工委组织10名北京中医药大学台湾学生观摩学习,近300人次咨询问诊。5月27日,区委联合农工党北京市委与密云县政协、密云县工商联、密云县渔阳口腔医院联合举办第五届"中国环境与健康宣传周"大型医学专家义诊咨询及书画笔会活动,同时举办"情系百姓健康"义诊系列活动启动仪式。北京朝阳医院、煤炭总医院等医院的农工党医学专家为群众义诊咨询,农工党北京市东方书画研究会6名书画家现场创作23幅作品。活动现场,向群众发放第五届"中国环境与健康宣传周"活动手册及防病知识小册子、宣传画等近500份,并免费测量血压,近200名群众参与活动。6月至9月,区委以"情系百姓健康"为品牌,组织医学专家分别深入密云县新城子镇、石城镇和太师屯镇东学各庄村义诊,发放各种防病知识宣传卡片近千份,400余名居民问诊。7月25日,区委所属八里庄支部、中医药大学支部、团结湖支部、垂杨柳医院支部、朝阳医院支部、综合一支部党员代表联合到房山区河北镇黄土坡村,为遭受"7·21"特大自然灾害的村民捐赠价值9400元的生活用品。11月15日,贯彻《农工党北京市委关于开展第二十四届"国际科学与和平周"活动的通知》精神,组织医学专家走进左家庄街道新源里社区开展义诊咨询。针对老年人常见病、多发病、疑难病,区委派出6名中西医内科专家为近80名群众义诊咨询。12月13日,区委联合平谷区政府、卫生局在平谷区京东口腔医院举办"健康人生、幸福平谷"大型义诊活动。13名医学专家为近200名当地居民义诊。

(管文东)

【组织建设】 6月26日,在朝阳区政府聘请第十届特约工作人员大会上,7名农工党员被聘为特约工作人员。农工党员姚鸿健作为新一届特约工作人员代表发言。此外,4名农工党员被区监察局等部门聘为特约监督人员。7月2日,农工党北京市第十二次代表大会闭幕,区委所属34名党员代表参会,党员张斌、贾海忠、陈进林、曾成钢当选委员,其中张斌、曾成钢为常委,区委主委邢念增当选副主委。全年发展党员26名,农工党市委划转党员5名。

(管文东)

【理论学习】 11月21日,区委在北京市民主党派人民团体办公大楼举办第九期统战理论学习班。农工党北京市委专职副主委张新建作开班动员。培训班邀请中央社会主义学院副院长张峰解读十八大报告精神、农工党中央研究室刘晓蕾讲解如何写好社情民意信息。近100名农工党员参加培训。区委还向到场学员发放十八大报告单行本，组织区委委员、骨干党员分别参加农工中央和区委统战部组织的十八大学习座谈活动。

（管文东）

【参政议政】 年内，向农工党北京市委、中共朝阳区委统战部、朝阳区政协上报信息133条，其中社情民意类信息86条，占上报信息总数的64.7%。年内撰写《关于促进朝阳区高新技术企业创新发展的建议》、《关于提升朝阳区节水工作管理成效的建议》2件提案，提交朝阳区政协十二届二次会议。提案《关于加大我区文化惠农力度的建议》获区政协十二届二次会议优秀党派提案奖。3月至9月，区委完成调研报告3篇。在区统战系统优秀调研成果评比中，《关于在朝阳区打造国际化文创产品高端商业商务中心的建议》获一等奖，《加强重视 进一步提升朝阳区节水工作管理成效》和《关于促进朝阳区高新技术企业创新发展的调研报告》获二等奖。6月1日，朝阳区政协、区委统战部联合举办"聚焦国际化发展"专题议政会，北京元合天地科技股份有限公司执行董事、对外经济贸易大学客座教授、区委参政议政委员会委员姚鸿健以《关于在朝阳区打造国际化文创产品高端商业商务中心的建议》为题代表区委发言，所提建议受到在场领导及相关部门重视。

（管文东）

【思想建设】 年内，区委组织党员重点学习中共十八大、农工党十五大精神，并将学习活动与创新党派工作思路、履行党派职能有机结合，与参政党建设和参政议政实践有机结合，在指导和提高党员履行能力的同时，指导他们在本职工作岗位上做出成绩。

（管文东）

【组织生活】 年内，采取专委会分工负责制，组织开展符合各自专委会特点的活动。老龄委组织老年党员游览世界花卉大观园、延庆柳沟村等，青工委到京郊平谷开展义诊等。9月21日，区委艺术团到大柳树医院慰问精神病患者，表演文艺节目并赠送水果。农工党北京市委社会服务处副处长范琦及副调研员杨鸿斌代表市委，向患者赠送音乐邮票、书籍，艺术团团员联袂部分病人表演文艺节目，区委所属劲松支部党员参加活动。12月6日，中国农工民主党第十五次全国代表大会在京开幕。农工党朝阳区委专职副主委兼秘书长鲁建玲带领50余名朝阳区农工党员参加大会。农工党员韦唯、雪村等艺术家表演文艺节目，庆祝"十五大"召开。

（管文东）

致公党朝阳区委

【概况】 年内，致公党朝阳区委有党员466人，分为15个支部。其中男党员231人，女党员235人；归侨、侨眷、港澳台属、留学归国人员332人，占71%；大学以上学历362人，占78%；高级职称224人，占48%，中级职称229人，占49%。党员中有全国政协委员2人、北京市人大代表1人、北京市政协委员1人、区人大常委1人、区政协委员16人（其中副主席1人、常委3人、副秘书长1人、专委会副主任2人）。致公党中央委员2人（其中常委1人）、致公党北京市委委员8人（其中常委2人）。担任国土资源部特约监察专员1人、市级特约工作人员6人、区级特约工作人员7人。

地址：团结湖北五条8号楼207室

电话：65094933

邮编：100026

电子邮箱：zgdcyqw@126.com

（田丽华）

【思想建设】 4月14日，召开四届三次全委（扩大）会，学习《关于加强新形势下党外代表人士队伍建设的意见》。11月9日，召开四届十次主委会、12月2日，召开四届四次全委会（扩大），分别学习十八大报告精神并座谈、交流，撰写学习体会。11月21日，与农工党朝阳区委、民进朝阳区委、九三学社朝阳区委联合举办学习十八大精神报告会，邀请中央社会主义学院副院长张峰主讲。部分区委委员、各支部党员代表和机关干部参加学习。发挥区委委员联系支部制度的作用，委员参与支部活动时传达有关文件精神，带动支部党员的学习热情，了解支部党员思想动态。先后开展学习贯彻致公党北京市第八次代表大会精神，学习《践行同心思想 发挥"侨""海"优势为北京建设中国特色世界城市贡献力量》的工作报告等。通过支部及时了解党员在群众抗议日本政府非法"购岛"游行问题上的思想动态，避免发生过激行为，引导党员理智表达爱国热情。

（田丽华）

【主要活动】 4月21日，组织老党员赴大兴游览念坛湿地公园、梨花村并参观竹纤维工业园区；9月12日，举办"健康的血管决定寿命"保健知识讲座；10月18日，组织老党员欢度重阳节，游览海淀凤凰岭公园。区委领导春节前走访、慰问30余位老党员。5月25日，区委法律工作委员会举办"我国婚姻法理论体系及婚姻法解释三解析"专题讲座，讲解婚姻法的历史沿革、体系，并解读2011年7月颁布的婚姻法司法解释三的立法原意及法律适用。

（田丽华）

【参政议政】 年内，在区政协十二届一次会议上，提交2件党派提案，16件委员提案。其中《关于改进消费结构，不断增强消费对朝阳区经济拉动作用的建议》党派提案获区政协优秀党派提案。12月16日，参政议政工作委员会召开工作会，邀请党员中的专家研究商讨区政协十二届二次全会党派提案、大会发言和专题发言选题。围绕区政协、区委统战部“聚焦国际化发展”主题，组织相关专家开展调研，向区政协提交《充分发挥朝阳区涉外资源作用，提升朝阳区国际化发展水平》、《积极发展国际金融和新兴金融 促进朝阳区建设成为国际金融主聚集区》和《凝练国际化新优势，推动区域经济新发展》3篇报告，其中《积极发展国际金融和新兴金融 促进朝阳区建设成为国际金融主聚集区》作为议政会2篇重点发言之一在大会上进行交流。年初，召开工作会议，围绕北京市和朝阳区中心工作研究区委调研课题，确立《关于北京市居民食源性疾病患病及就医现状的调查报告》和《提高垃圾处理资源化水平，解决生物医疗垃圾处理问题的研究》两项调研课题，并成立调研组开展调研。9月底，完成调研报告，分别报送致公党北京市委和中共朝阳区委统战部，两个报告分获朝阳区统战系统优秀调研成果一等奖和三等奖，获致公党北京市委调研成果优秀奖。区委副主委高吉喜积极参加致公党中央调研。分别于4月参加由副主席杨邦杰、严以新带队的《环北京首都涵养区水资源协调发展》调研，并执笔完成调研报告和向中央建议稿，依托该调研报告完成的文章在《中国发展》刊登；5月参加由副主席杨邦杰、严以新带队的《陕甘宁革命老区可持续发展》调研，并参加调研报告编写讨论，该报告得到中央领导高度肯定；9月参加致公党中央中国发展论坛，并在大会上作《资源型城市现状与转型对策》报告。4月，致公党朝阳区委调整信息工作委员会，增加委员数量。5月12日，信息工作委员会召开信息员培训工作会。10月17日，召开信息工作委员会主任会议，总结1－8月信息工作情况。年内，共向致公党北京市委、朝阳区政协、区委统战部上报信息近百条，其中10条被致公党中央采用，2条被中央统战部采用，28条被致公党北京市委采用。高吉喜撰写的《构筑北京市生态涵养区生态补偿机制的建议》受到中共北京市委领导重视，也得到环保部有关领导肯定，并批示在中国环境报全文发表。韩桐利撰写的《关于废弃节能灯危害健康污染环境亟待建立市场回收渠道的建议》受到市领导重视。

(田丽华)

【组织建设】　年内，按照“注重质量、保持特色、优化结构”的组织发展原则，全年发展党员26人，新转入党员3人，平均年龄39岁。其中博士4人，硕士15人，15人具有侨、海身份或海外留学经历。年内，去世党员4人，转出党员7人，截至年底，区委共有党员466人。全年召开六次主委会和三次全委(扩大)会，完成市委第八次代表大会代表的推荐和选举工作及朝阳区政府第十届特约工作人员的推荐及考察工作。为理顺区委各项工作和完善区委委员联系支部制度，调整主委会班子成员分工和四支部领导班子。

(田丽华)

【社会服务】　年内，与北京西藏中学签署对贫困学生帮扶协议，选派有专业特长的党员为学生进行学习辅导，开展多种形式的活动。1月17日，由小关街道工委办事处主办、致公党朝阳区委协办，在北京西藏中学礼堂举办“汉藏一家亲”艺术团慰问演出。1月22日除夕夜，区委社会服务工作委员会委员邀请帮扶的11名藏族贫困学生到家中共度除夕，一起吃年夜饭、聊天、看春晚电视节目、放鞭炮、送红包、包饺子等，并在新年到来时共同送上祝福。2月26日，由致公党朝阳区委主办，北京西藏中学、49℃爱心文化基金、北京春益合一文化传播有限公司协办的“让快乐相伴，让真情永远”活动在北京西藏中学礼堂举行，46人参加活动。11月9日，致公党北京市委、致公党朝阳区委在北京西藏中学举行“致公天露助学工程”揭牌暨捐赠冬服仪式。致公党北京市委秘书长刘学增、北京西藏中学党委书记张丽共同为工程揭牌。12月16日，致公党朝阳区委向32名西藏中学贫困学生捐赠32件羽绒服，价值1.9万元。9月25日至26日，在致公党中央社会服务工作会议暨表彰大会上，党员徐琴媛和李立兵被致公党中央评为“中国致公党社会服务工作先进个人”，并在会上发言。

(田丽华)

九三学社朝阳区委

【概况】　九三学社北京市朝阳区委员会(以下简称九三学社朝阳区委)下设组织部、宣传部、参政议政第一委员会、参政议政第二委员会、社会工作委员会、老龄工作委员会、青年工作委员会和办公室。截至年底，有支社22个，社员946人，其中女社员452人，占47.8%。具有高级职称的社员703人，占74.3%，硕士以上社员324人(其中博士115人)，占34.2%。社员中，科技界占44.2%，高教界占29.9%，医药卫生界占17.5%，其他界别占8.4%。有全国人大常委1人，全国政协委员2人，北京市人大代表1人，北京市政协委员3人，朝阳区人大代表5人(其中常委1人)，朝阳区政协委员19人(其中常委4人)，区青联委员6人，朝阳区政府特约员10人，九三学社中央委员6人，九三学社北京市委委员12人(其中副主任委员1人、常委1人)，九三学社北京市委监督委员会委员2人(其中副主任1人)。全年发展社员33人。

地址：团结湖北五条8号205房间、229房间

电话：65094932、65094059

邮编：100026

电子信箱:jiusanchaoyang@sina.com

(刘 军)

【社会服务】 1月15日,九三学社区委召开2012年迎新春联欢会,历届社区委老领导及200余名社员参加。春节前,社区委主委会成员慰问部分老社员和患病社员。4月1日,社区委组织社员参加区政协组织的植树活动。8月24日,社区委主委张明森,社区委委员、社会工作委员会主任杨振宇接受朝阳有线电视台《和谐在线》栏目采访,介绍九三学社朝阳区委近年来在朝阳区开展社会服务工作情况。10月24日,社区委与六里屯街道办事处在六里屯社区宣教中心联合举办重阳节科普讲座。近80位来自各支社的老年社员及六里屯街道社区居民参加活动。12月14日,在九三学社北京市委2012年社会服务工作联席会上,社区委的轻工支社、中国化工信息中心支社被评为社会服务工作先进集体。社区委的张亚平等9名社员被评为社会服务工作先进个人。年底,社区委向全区各支社干部及80岁以上老社员寄送贺年明信片,送上新年祝福。

(刘 军)

【换届工作】 6月21日至23日,经社区委全体社员选举产生的34名代表参加九三学社北京市第十二次代表大会。社区委的侯义斌当选新一届九三学社北京市委副主委;张明森当选为市委常委;王强、王全辉、茅为中、王继英、宋飞、付志峰、李强、杜修力、范少辉、阎军当选市委委员;侯义斌当选监督委员会副主任,费珉当选监督委员会委员;6人当选九三学社第十次全国代表大会代表。11月30日至12月4日,九三学社第十次全国代表大会举行,选举产生九三学社第十三届中央委员会,社区委的侯义斌、张明森、宋飞、付志峰、王辉耀、严慧英当选为新一届中央委员。

(刘 军)

【参政议政】 年内,社区委参政议政委员会完成调研课题4个,其中《朝阳区贫困家庭子女义务教育救助情况调查与建议》、《加强金融生态环境建设,推进朝阳区金融业国际化发展》在朝阳区统战系统优秀调研成果评比中获二等奖,《打造国际化示范园区,推动文化创意产业发展》获三等奖。在朝阳区政协十二届一次会议上,社区委提交党派提案3件,其中《关于推进朝阳区失业人员职业技能培训工作的建议》被评为优秀党派提案。10月25日,区政协、区委统战部组织召开"聚焦国际化发展"专题议政会,社区委就"推进朝阳区金融国际化发展"和"营造国际化环境,推进朝阳区国际化发展"问题提交两份书面发言。社区委2012年报送信息130篇,化工信息中心支社的邹晶被九三学社中央授予2012年度信息工作贡献奖。在3月15日举行的九三学社北京市委2012年参政议政暨信息工作座谈会上,九三学社朝阳区委和朝阳综合支社被评为信息工作先进集体,朱良、王兢获参政议政工作突出贡献奖,刘耀威、杨泽霖、范少辉获参政议政工作贡献奖,茅玉麟等14人获参政议政工作优秀奖。年内,社区委参政议政委员会建立参政议政专家库制度。各支社推荐有特长、有意愿的社员进入专家库。参政议政工作委员从库中选择有合适专长及兴趣的社员参与区委参政议政工作。9个支社共推荐27名社员进入专家库。

(刘 军)

【思想建设】 年内,主委会通过各种形式,先后组织学习中共十八大精神、《中共中央关于加强新形势下党外代表人士队伍建设的意见》精神、九三学社全国代表大会精神等重要会议和文件精神。社区委组织社员近百人次参加中共朝阳区委统战部举办的朝阳区民主党派机构成员培训班、朝阳区统战系统学习贯彻十八大精神报告会,以及九三学社北京市委举办的市委委员培训班、"80后"青年社员座谈会等学习活动。4月22日,社区委召开专题会,学习讨论《中共中央关于加强新形势下党外代表人士队伍建设的意见》。5月3日,社区委青年工作委员会组织青年社员到圆明园开展弘扬爱国主义、纪念五四运动93周年活动。7月27日,社区委召开全委会传达中共北京市第十一次代表大会精神、九三学社北京市第十二次代表大会精神。中共十八大闭幕后,社区委向全区各支社发出通知,号召全区社员深入学习中共十八大精神。11月,社区委与农工党朝阳区委、民进朝阳区委、致公党朝阳区委联合举办中共十八大精神辅导报告会。九三学社第十次全国代表大会闭幕后,社区委召开专题全委扩大会,主委张明森传达大会精神。社区委号召全区社员深入领会九三学社全国代表大会精神,结合自己工作撰写心得体会。

(刘 军)

【组织建设】 年内,社区委发展社员33人,平均年龄40.2岁。其中具有高级职称的19人,占57.6%;具有硕士以上学位的25人(其中博士11人),占75.8%。调整化工研究院支社和煤炭科学院支社支委会。10人被朝阳区政府聘为第十届特约工作人员。

(刘 军)

台盟朝阳区工委

【概况】 台湾民主自治同盟北京市委员会朝阳区工作委员会是台盟北京市委员会派出机构(以下简称台盟朝阳区工委)。台盟朝阳区工委设委员7人,下设3个基层支部,共有盟员63人。其中,有北京市人大代表和政协委员3人,朝阳区人大代表和政协委员6人。

地址:团结湖北五条8号楼

电话:65094943

邮编 100026
电子邮箱:tmcygw@126.com

(李　力)

【组织建设】 年初,召开年度工作总结大会,通报区政府2012年工作重点,表彰在参政议政、信息工作中的优秀盟员。台盟北京市委副主委蔡勉,中共朝阳区委统战部常务副部长胡杰华出席会议,40余位盟员参加会议。2月,继续开展“温暖一家亲”活动,慰问17位老盟员。3月,召开区工委(扩大)会议,传达《台盟中央关于学习贯彻〈中共中央关于加强新形势下党外代表人士队伍建设的意见〉的通知》;审议通过区工委2012年工作计划。4月,组织离退休支部盟员参观顺义国际鲜花港,20余位老盟员参加。5月,区工委“夯实基础,强化组织建设”的事迹,获台盟市委2007－2012年创优工作成果奖。潘迎获北京市妇联2012年度“三八红旗手”称号。5月12日,离退休支部和信息小组获台盟北京市委2007－2012年“创优基层组织奖”;潘迎、于英、李力获台盟北京市委2007－2012年“创优先进人物奖”;陈弘、何标、李玲虹、易涛、黄正襄、张秀湖等7人获台盟北京市委2007－2012年“特别贡献盟员”。6月,高峰等15位盟员参加台盟北京市委第十次代表大会。9月,区工委书法兴趣班开班。北京文史研究馆馆员、中国三峡画院第一副院长、海峡两岸书画家联谊会副会长、盟员黄正襄担任主讲老师。10月,参加台盟北京市委“同心杯”趣味运动会,获团体第三名。11月,李秋玲等参加台盟中央纪念台盟成立65周年座谈会。12月,区工委在台盟北京市委“纪念台盟成立65周年和同心同行中的北京台盟”征文活动中,获特别优秀组织奖,8位盟员获个人奖项并获台盟中央“纪念台盟成立65周年征文活动”优秀奖。

(李　力)

【参政议政】 1月7日至9日,在朝阳区“两会”上,区工委提交党派提案1件,政协委员个人提案7件,人大代表建议3件。年内,区工委参加区政协和区委统战部召开的党派联席会、工作会14次,议政会1次,区委书记、区长与党派主委座谈会4次。3月,区工委召开参政议政、信息工作会议。3月25日,区工委2012年调研课题开题。6月,台盟北京市委主委蔡国雄、陈军应中共朝阳区委常委、统战部部长谢莹邀请,就进一步加强区委统战部与台盟北京市委联系,增进相互了解、沟通与协作进行互动交流。7月,召开2012年度调研工作中期推进会。7月26日,区工委“关注社区文化需求”调研组走访朝阳区图书馆。8月,区工委主任高峰接受朝阳有线“和谐在线”专访。9月,区工委主任高峰、副主任李秋玲陪同中共朝阳区委常委、统战部部长谢莹拜访全国政协副主席、台盟中央主席林文漪。10月,区工委副主任黄征率区工委“朝阳区居家医疗服务模式探讨”调研组走访朝阳区卫生局。11月,区工委《关于建立和完善朝阳区居家医疗服务模式的建议》和《扶持民办社区图书屋,助力我区国际化公共文化建设》调研报告分获朝阳区统战系统优秀调研成果评比一等奖和三等奖。12月,区工委召开2012年调研工作总结会。区工委全年上报信息40余条,其中被中共朝阳区委统战部采用35条,被台盟北京市委及有关部门采用13条。区工委提交的《关于加强与台湾文化产业交流合作,促进文创产业发展的建议》,获党派优秀提案奖。

(李　力)

【社会服务】 1月,组织朝阳区台商代表到黑庄户地区慰问15户贫困家庭,送去米面油、节日礼包等物品。4月,组织盟员连续第三年参加房山大石窝镇义务植树活动,获中华环境保护基金会“绿色助学公益植树活动”证书,高峰及盟员近20人参加活动。4月22日,开展“医心益行两岸情”公益义诊,组织中医和北京中医药大学台湾学生到团结湖社区开展义诊活动。9月,组织离退休支部“迎国庆 聚中秋 佳节同乐”联谊会,同时开展“医心益行同胞情”台湾医师、台生为老盟员义诊活动。在京部分台湾籍医师为到场盟员义诊咨询。

(李　力)

【对台工作】 2月,组织台商、台生16人参加朝阳区政协举办的春节联谊活动。3月,召开对台工作小组会议,区工委主任高峰到会并讲话。4月,组织在京台湾学生参与义诊活动,跟随北京市名老中医到大兴中医医院问诊见习。5月,区工委《以亲情乡情为纽带,深入做好台生工作》的事迹,获台盟北京市委2007－2012年创优工作成果奖。5月11日,接待台湾养老机构访问团22人,参观位于朝阳区的英智康复医院、东方养老院、星光养老院。5月31日,组织北大、清华、人大和中医药大学等高校台湾学生10余人到朝阳区望京“台湾青年创业基地”参观考察,参加“搭建服务平台,促进两岸交流”主题活动。8月,召开对台工作小组会,讨论下半年活动计划。9月,区工委班子成员及部分盟员10余人参加台盟北京市委主办的两岸“交流与共享”研讨会,互动交流京台两地文化、经济、教育。9月底,组织并邀请台商、台生14人出席区政协、区台办中秋联谊会。10月,组织中青年盟员和朝阳区台湾学生开展“爱国爱乡”主题活动,赴顺义焦庄户抗战纪念馆参观,同时“纪念台湾光复67周年”,副主任赖海权、李秋玲及盟员、台湾学生20余人参加活动。

(李　力)

【自身建设】 3月,召开第四届五次工委(扩大)会议,专题学习全国“两会”精神。5月,区工委组织10位盟员参加盟市委举办的“出席第十届盟员大会”代表培训。7月，区工委组织盟员学习中共北京市第十一次代表大会精神。区工委主任高峰传达会议精神，台盟北京市委秘书长彭京玉、台盟北京市委常委潘迎出席会议。7月27日至31日，区工委6名委员参加中共朝阳区委统战部举办的党派领导干部学习班。8月，举办2012年盟员暑期读书会。台盟北京市委常务副主委陈军、中共朝阳区委统战部常务副部长胡杰华出席，20余位盟员参加学习。11月，区工委班子成员集中学习十八大精神。11月23日，区工委副主任李秋玲等10位盟员参加中共朝阳区委统战部举办的民主党派骨干培训班。12月，李秋玲等10位盟员参加台盟北京市委举办的盟市委委员、中青年骨干培训班。年内，组织盟员先后参加台盟中央、台盟市委及中共朝阳区委统战部、朝阳区社院各类学习培训班8次，67人次，撰写学习体会、文章17篇。

（李　力）

团　　体

朝阳区总工会

【概况】 朝阳区总工会是朝阳区工会组织的领导机关。内设办公室、组织部、宣传教育部、经济技术部、权益保障部，编制28人，工勤人员3人。年内，全区有会员37.196万人；各街道、地区和商务中心区总工会44个，行业工会4个，直属工会31个，专兼职工会干部633人，基层工会4618个，涵盖单位17361个。

地址：日坛北街33号

电话：65099158

邮编：100020

电子邮箱：zyl9155@163.com

（张兰英）

【两节送温暖活动】 1月13日，在蟹岛举行2012年“两节送温暖”活动启动仪式。基层工会干部、爱心企业代表、爱心单位代表及困难职工代表共200余人参加启动仪式。有关领导为8名困难职工代表发放价值1500元的温暖包；为在“献慈善情、暖职工心”募捐活动中表现突出的17个单位颁发“爱心企业”和“爱心单位”奖牌和证书。

（张兰英）

【职工互助保障】 2月29日，中国职工保险互助会北京办事处副主任何跃红等到朝阳区帮扶中心调研互助保障工作。区总工会副主席石燕秋等陪同，并分别介绍互助保障工作情况及经验、做法和工作中遇到的问题，围绕即将开展的“在职职工医疗互助保障计划”进行业务交流。6月20日，召开朝阳区2012年职工互助保障工作《在职职工医疗互助保障计划》宣传推进会暨培训。全区各街乡、局、非公企业主管主席、经办人员及新闻媒体200余人参会，市总工会领导对2012年新推出的险种进行政策解读和网络操作培训。

（张兰英）

【“三八”女职工讲座】 3月5日，区总工会女职工委员会在朝阳宾馆多功能厅举办首都职工素质建设工程公益大讲堂，邀请北京奥运会中医国际形象大使、中国中医科学院西苑医院主治医生李智进行《春季养生》讲座。各街乡工会主席、女职工委员会委员及女职工代表200余人参加。

（张兰英）

【工资集体协商座谈会】 3月21日，召开区外资企业工资集体协商座谈会，摩托罗拉（中国）电子有限公司、电装（中国）投资有限公司等18家外资企业工会主席参加。市总工会党组副书记、副主席王北平及相关部门领导，区总工会主席尹秀峰、副主席石燕秋等陪同，听取各外资企业关于工资集体协商工作的意见、建议。10月15日，市总工会法律部部长莫剑彬及市政府法制办、市人力社保局劳动关系处领导一行5人，到朝阳区调研工资集体协商工作。听取沃尔玛（中国）有限公司大郊亭店等3家公司工会主席和企业行政方代表，就开展工资集体协商工作中遇到的困难和问题及需要政策法规进一步明确和保障方面提出意见建议。10月18日，市总工会领导会同市工商联、市人力社保局、市企联三方领导一行8人就朝阳和东城工资集体协商举行座谈，市总工会党组副书记、副主席王北平主持，区总工会主席尹秀峰、常务副主席李琪，东城区权益部长以及工会干部和全体工资集体协商指导员参加座谈。

（张兰英）

【先进人物事迹报告会】 3月30日，区总工会在朝阳宾馆举办2012年首都劳动奖章、奖状获得者先进事迹报告会。全国“五一”劳动奖章获得者张育荣、龚欣，外来农民工曹中希等6位先进人物代表作事迹报告。区直机关工委、区委宣传部、区委政法委、区委农工委、区委非公经济工委、区总工会相关领导及先进集体、先进个人所在单位职工代表等近300人参加报告会。

（张兰英）

【单身职工联谊】 4月7日，区总工会、区妇联主办，市妇女儿童社会服务中心、北京幸福之旅文化交流有限公司承办，在市妇女儿童社会服务中心举办第二季度单身联谊活动。区直机关、公安局、企事业单位50名单身工会会员参加。5月19日，市民政局、市妇联、北京卫戍区政治部联合主办，北京市妇联婚姻家庭咨询服务中心承办，区总工会协办的“鱼水情 幸福绽放在军营”军地联谊活动在北京卫戍区某部驻地举行。北京卫戍区政治部主任、少将马誉炜、北京市民政局副局长霍军、北京市妇联副主席李彦梅、区总工会副主席石燕秋等出席活动并致辞。400余名男女青年参加联谊活动。8月18日，区总工会组织全区231名单身职工参加北京职工婚姻家庭建设协会与民政部婚姻家庭建设工作委员会联合举办的“相约七夕 牵手鹊桥”活动，为单身职工婚恋交友搭建平台。

(张兰英)

【“五一”表彰大会】 4月27日，在北京国际会议中心举行朝阳区庆“五一”表彰大会。市总工会党组书记、副主席曾繁新、区委书记陈刚出席会议并讲话。会议由区总工会主席尹秀峰主持，并宣读表彰决定。区人大、政协领导以及区各委办局、社会团体、街道、地区党政一把手和主管领导、区总工会直属局工会主席出席会议。57名劳动模范和先进工作者代表，与800余名职工代表共同庆祝“五一”国际劳动节。会上，对慧远电线电缆有限公司、张育荣等4名全国五一劳动奖章获得者，眉州东坡餐饮管理(北京)有限等3个“全国工人先锋号”获得者，北京潮星控股集团有限公司等5个首都劳动奖状获得者，权福苗等25名首都劳动奖章获得者，首都机场南路东里社区等12个“北京市工人先锋号”获得者进行表彰。

(张兰英)

【工会系统工作专题调研】 5月14日，区总工会主席尹秀峰、工会副主席石燕秋等领导到慧远电缆有限公司等企业调研，并为慧远电缆有限公司颁发“全国五一劳动奖状”牌匾和证书。区工商联领导陪同。11月27日，区总工会副主席李扬陪同市技术交流中心副主任赵建军、市总工会职业介绍服务中心部长李红一行到朝阳区职工服务(帮扶)中心调研就业援助工作。

(张兰英)

【工资集体协商培训部署会】 6月26至28日，在华膳园举办“双百行动”试点单位培训班。区总工会副主席石燕秋、区人力社保局等有关部门领导出席会议。各街道、地区总工会主席、工资集体协商指导员、试点企业工会主席和区域联合工会主席等240余人参加培训。培训班针对百家企业、百人企业工资集体协商特点，企业单独签订和区域性签订操作程序以及区域性、行业性工资集体协商如何开展职代会工作等进行专题培训。7月13日，在华膳园召开朝阳区工资集体协商“双百行动”示范单位部署会，区总工会常务副主席李琪出席会议。10个街乡及区卫生局工会近30人参加会议。会议确定慧远电线电缆有限公司等10家企业、潘家园街道华威里社区联合工会等作为工资集体协商示范单位。

(张兰英)

【劳模管理工作】 6月，区总工会组织40余名在职全国和市级劳模，分两批前往重庆疗养。8月2至3日，在华膳园组织部分劳模学习培训，60余名劳模参加。9月14日，组织40名离退休劳模前往北京市规划展览馆、北京铁路纪念馆参观，丰富离退休劳模生活。9月27至28日，组织本区214名全国劳模和先进工作者、北京市劳模和先进工作者进行年度健康体检。

(张兰英)

【职工文体活动】 7月10日，区总工会在21世纪剧院举行职工“劳动者之歌”合唱决赛。全区26支代表队参赛并分别获一、二、三等奖。市总工会副主席潘建新、区委副书记陈宏志及相关委办局领导出席。区总工会主席尹秀峰致辞。9月21日，区总工会在北京工人体育馆举行职工第九套广播体操比赛，全区34个基层单位代表队参加。市总工会副主席潘建新、副区长苑文新及相关委办局领导出席。区总工会常务副主席李琪致开幕词。

(张兰英)

【社会工作者工会成立】 7月20日，区总工会召开专职工会社会工作者工会成立大会，200余名专职工会社会工作者出席大会。会议选举产生第一届工会委员会、经费审查委员会和女职工委员会。市总工会三级服务体系办公室主任蒋文云、区总工会常务副主席李琪出席会议并讲话，区总工会副主席李扬主持会议。

(张兰英)

【职工职业技能竞赛】 7月25日，区总工会举办第三届职工职业技能竞赛。经过预赛选拔，100余名优秀选手入围决赛。最终24名选手分获一、二、三等奖，大赛组委会为选手颁发奖品和荣誉证书。

(张兰英)

【矛盾调处】 8月17日至9月20日，区总工会会同有关部门调处摩托罗拉裁员事件。17日，区总工会主席尹秀峰主持召开会议，启动群体事件应急预案并向上级和联动机制相关成员单位通报情况。常务副主席李琪带领工作人员进驻企业，与企业工会沟通、指导企业建立沟通平台，及时了解、反映职工诉求，有效控制事态，使事件得到妥善解决。

(张兰英)

【经审工作会】 8月30日，在华膳园召开朝阳区总工会第十三届二次经审扩大会，下发《关于加强和改进朝阳区工会审计工作的意见(试行)》。区总工会常务副主席李琪出席会议,并就构建全覆盖的经审工作体系、增加工会经费使用透明度、合理合规使用经费、以社会审计的方式提高审计质量等提出要求。区总工会副主席、区经审委主任李扬部署下半年工作。8月30日下午,在华膳园召开区总工会经费税务代收阶段总结会,各街道、地区和商务中心区工会主席、副主席,各税务所所长参加会议。市总工会税务代收办公室主任梁怡,区政协副主席、区地税局局长陈合庄,区总工会主席尹秀峰、常务副主席李琪、副主席李扬,区地税局副局长王京秋出席会议。

(张兰英)

【系统工作会】 8月31日,召开朝阳区总工会十三届二次全委(扩大)会议,区总工会主席尹秀峰出席会议并讲话,全区122个基层单位工会主席和工会干部参加会议。会议传达中央、全总和市委领导对工会工作的批示及市党代会、区委全会精神,总结2012年上半年工会工作,部署下半年工作重点。区总工会常务副主席李琪主持会议,副主席李扬出席会议。6月27日,区总工会在南磨房成人教育中心举办社区、村专职工会工作培训班。对工会组建、税务代收等热点问题进行讲解。全区220名社区、村工会工作人员参加。12月6日,区总工会在华膳园举办全区工会系统学习宣传贯彻党的十八大精神研讨会。区总工会主席尹秀峰出席并讲话。区总工会常务副主席李琪主持会议。会议邀请十八大代表高碑店村支书支芬谈参加大会的体会。来自全区各行业工会干部代表、劳模代表、职工代表以及区总工会机关全体工作人员和老干部代表等90余人参加会议。

(张兰英)

【金秋助学】 9月27日,开展“金秋助学”活动,25家基层工会115名符合救助条件的在册困难职工子女得到救助。其中小学32人,初中21人,高中33人,大学29人。市总工会、区慈善协会投入资金13.42万元,中央财政专项资金帮扶30名在册单亲困难女工,金额8.15万元。

(张兰英)

【职工帮扶统计】 11月5日,根据中国职工保险互助会北京办事处的要求,对参加新农合的在职职工情况进行统计。涉及15个街乡的职工2890人。11月23日,对2012年困难职工进行摸底调查,319名符合条件的困难职工纳入全国帮扶管理系统,成为2013年主要救助对象。12月24日,区总工会职工互助保障工作负责人陪同中国职工保险互助会北京办事处副主任何跃红及事业发展部部长雷瑛一行到区调研新农合情况。

(张兰英)

【医疗卫生工会成立】 12月28日,在区卫生局召开朝阳区医疗卫生工会成立大会,130名会员代表经民主投票,选举产生朝阳区医疗卫生工会第一届委员会、经费审查委员会和女职工委员会。区总工会主席尹秀峰出席会议并讲话。

(张兰英)

【就业服务】 年内,区总工会结合各项市、区促进就业活动,与市总工会职业介绍服务中心及区人力社保局形成合力,联合各街乡共同举办招聘活动12次,服务单位232家,提供工种180个、有效岗位8880个,服务求职者5182人,达成初步意向1769人,成功入职501人。

(张兰英)

【爱心救助】 年内,区总工会为突发重大疾病或灾难困难职工、会员实施救助,共救助1355人,投入资金146.892万元。

(张兰英)

共青团北京市朝阳区委员会

【概况】 共青团北京市朝阳区委员会是中共北京市朝阳区委、共青团北京市委领导下的一级团委,是朝阳区先进青年的群众组织,负责全区共青团工作,领导少先队朝阳区工作委员会,指导朝阳区青年联合会、朝阳区青年志愿者协会,并承担朝阳区未成年保护委员会办公室的工作。机关下设办公室、组宣工作部、基层工作部、社会工作部,下辖事业单位朝阳区青少年指导服务中心,分别行使各自职责,共同开展朝阳区青少年工作。根据共青团基本信息采集数据,截至年底,全区有区属团员4.9万人,二级团组织136个,其中街道系统24个,农村系统19个,青工系统52个,非公企业和新社会组织团组织41个。

地址:日坛北街33号

电话:65094384

邮编:100020

电子邮箱:cytqw@aliyun.com

(孙晓辉 孙 赞)

【服务青年就业创业】 1月16日,在区文化馆举办“新青年·爱朝阳——朝阳区第十七届第二故乡送温情”活动,慰问在京就业创业青年;3月28日,召开见习基地例会,26家见习基地、4所驻区高校参加;4月14日,联合区商联会、区人力社保局,在朝阳人才服务中心举办2012年朝阳青年就业创业双选会,向新毕业大学生、大学生村官社工、下岗失业青年和青年农民工提供岗位见习机会;6月21日,在朝阳规划艺术馆举办“朝阳传统与创新青年大讲堂”2012年度首场讲座,200余名青年参与;9月27日,联合中国青年创业国际计划(YBC)北京办公室、三间房地区团委举办“朝阳传统与创新青年大讲堂”之企业家与创业青年面对面交流专场讲座。

(孙晓辉 孙 赞)

【青年国际交流】 2月28日至31日,韩国首尔市江南区青少年交流访问团到朝阳区进行友好交流活动;8月8日至14日,组织北京市求实职业学校10名优秀学生赴日本东京都大田区进行为期7天的交流访问;8月13日至17日,组织陈经纶中学14名优秀学生赴韩国首尔市,与江南区世宗高中师生进行为期5天的交流访问;12月中旬,接待世宗高中师生到陈经纶中学回访。

(孙晓辉　孙　赞)

【志愿服务工作】 3月4日,在奥林匹克志愿者广场举行"弘扬北京精神学雷锋我行动"志愿服务活动暨主题团日启动仪式;3月5日,团区委、区卫生局、区工商局等9家单位共同开展"践行北京精神,争做雷锋传人"朝阳共青团学雷锋主题团日活动;4月21日,青年志愿者协会、三里屯街道、首都师范大学在三里屯世茂广场共同开展2012世界地球日环保宣传活动;8月29日,与红丹丹教育文化交流中心在水立方举办第四届盲人趣味运动会;9月2日,召开朝阳区"蓝立方"青年志愿服务队2012年上半年工作总结会,颁布"蓝立方"城市志愿服务站点新版服务大纲、新版服务证明及纪念徽章;9月29日至10月4日,组织北京第二外国语学院15名俄语专业志愿者,为来到中国的俄罗斯家庭提供全程语言服务;10月31日,召开"2012年度朝阳区青年志愿者协会记者团换届暨年度总结会";11月3日,召开2012年第三季度"阳光伙伴"优秀项目评选会暨第七期沙龙活动;12月1日,组织近百名志愿者参与"行动起来,向零艾滋迈进"——防艾无国界冬季接力慢跑活动;12月4日至20日,承接团市委"毛主席纪念堂志愿服务项目"相关服务任务,选派12名志愿者参与为期17天的服务。年内,团区委发动全区111个单位参与"西部温暖计划"活动,为西部贫困地区募集物资46万件,占全市募集总数的80%以上;加强"蓝立方"城市志愿服务队伍建设,出版《朝阳区"蓝立方"城市志愿服务运行手册》,全年有12所高校和1所中学的1500余名志愿者参与服务;开展关爱孤寡老人和失能老人"青春伴夕阳"公益项目,组织爱心家园义工联等三个志愿服务组织对接185位孤寡老人;组织蓓蕾护航等两个社会公益组织对接80位失能老人,围绕亲情陪伴、文体娱乐、健康指导、法律援助、信息交流等"五个服务"开展工作。

(孙晓辉　孙　赞)

【党建带团建】 3月6日,区委召开党建带团建暨全面推进共青团科学化建设工作会议,印发《关于进一步加强新形势下全区党建带团建工作的意见》,区委组织部、团区委联合下发《关于进一步加强新形势下全区党建带团建工作的实施细则》。为落实党建带团建工作,团区委向区财政申请基层团建经费,开始将经费、资源等向基层倾斜,通过建设基层团建项目等方式,全面活跃基层团的工作,夯实组织建设。9月4日至5日,联合区委组织部举办"2012年朝阳区党群共建示范培训班",各街乡和非公有制经济组织团干部约150人参加。

(孙晓辉　孙　赞)

【青少年文体活动】 4月,动员全区青年参与平原万亩造林工程,组建50支青年植绿突击队,发动2000余名青少年参与平原地区造林项目,重点打造100亩朝阳青年林品牌项目,共植绿300余亩1.5万株;5月4日,团区委、区青联、第三职业戏剧联盟在东方梅地亚中心柏拉图剧场举办朝阳区纪念建团90周年话剧展演暨第三职业戏剧节开幕活动;"五四"期间,开展纪念建团90周年组织归属感强化行动、青年就业促进行动、青年先锋造林行动、青年环保骑行行动等九项活动;5月7日至6月1日,举办纪念建团90周年团史展,开展团史团情教育行动,展出中国共青团发展史和朝阳共青团发展史等;8月14日,将幽兰基金会的京剧课堂引入望京街道,为望京西园四区京剧爱好者及小朋友举办京剧表演和基本知识普及课程;12月5日,组织南沙滩小学100名师生参观北京天文馆。

(孙晓辉　孙　赞)

【少先队工作】 5月30日,在北京润丰学校召开少先队北京市朝阳区第四次代表大会,团中央少年部副巡视员陈冰清,团市委副书记杨立宪,团市委中少部部长任海宏等出席开幕式。

(孙晓辉　孙　赞)

【关爱农民工子女】 7月14日至20日,联合北京第二外国语学院在星河双语小学举办"筑梦星河——第三届星河双语打工子弟学校夏令营";10月16日,朝阳团区委、区青年志愿者协会组织朝阳区安民学校100名教师和农民工子女参观故宫博物院;11月1日,为驻区10个街乡的20名困难家庭品学兼优的中小学生发放2012年第二批北京市希望之星(1+1)奖学金。

(孙晓辉　孙　赞)

【博士进朝阳】 7月25日,区委组织部、团区委联合召开"2012年首都高校博士生、博士后和高校辅导员到朝阳区挂职锻炼动员部署会"暨第七届"博士进朝阳"项目启动仪式。全年有19所高校的32名博士生、1名博士后和1名辅导员到朝阳区27家单位挂职。

(孙晓辉　孙　赞)

【社区青年汇】 7月31日,举办朝阳区社区青年汇专职社工培训工作会,对即将上岗的青年社工进行岗前培训;9月17日,在老君堂社区青年汇组织流动青年开展"九·一八"爱国学习座谈活动;9月27日,到小关街道慰问示范社区青年汇专职社工并座谈交流;10月24日至31日,举办社区青年汇杯羽毛球比赛;11月11日,组织全区8家示范社区青年汇在望京街道开展"一个人的节日,我们一起过"青年男女交友联谊活动;11月17日,带领社区青年汇新青年城市体验营学员参观朝阳规划艺术馆；12月1日，在老君堂社区青年汇开展服务来京务工人员“送电影”活动。

（孙晓辉　孙　赞）

【青年思想引导】　10月19日，召开朝阳共青团十一届四次全委（扩大）会，学习党的十八大精神；12月11日，区直机关工委和团区委共同举办“朝阳区青年干部学习贯彻党的十八大精神座谈会”，15名朝阳区各单位青年干部代表参加；6月12日，区委组织部、团区委联合下发《关于进一步规范和加强推荐优秀团员作党的发展对象工作的实施意见》；12月26日，召开“2012年推荐优秀团员作党的发展对象”集体谈话会，团区委推荐10名优秀团员参会。

（孙晓辉　孙　赞）

【基层基础工作】　年内，依据“六个有”团（工）委强化建设单位和“六个有”团（工）委建设帮扶单位两个类别，分别向各街乡拨付基层团建经费；面向青工、非公系统开展基层团建经费项目申报工作，综合评估全区26个单位申报的39个基层团建项目，审批通过25个项目；全区“两新”组织新增建团640家，发现和培养示范性“两新”团组织，并为其中规模较大、工作开展较好的60家团组织逐一配备创先争优指导员。下半年，启动乡镇实体化“大团委”建设工作；10月22日，召开朝阳共青团2012年度青工、非公系统基层团建项目交流会；12月12日至13日，开展乡镇实体化“大团委”建设情况电话核查工作；在团中央对乡镇实体化“大团委”建设工作进行的二次核查中，朝阳区合格率100%，高于全市86.7%的平均水平。

（孙晓辉　孙　赞）

【青少年权益工作】　年内，分别于寒、暑假期间，联合区未委会组织全区43个街乡开展“青少年星光自护培训活动”，组织培训186场，受培训学生1万余人；3月9日，召开2012年朝阳区预防青少年违法犯罪和未成年人保护工作会；7月20日，联合区检察院、区教委在王四营敬老院开展关爱未成年人犯罪人员活动；8月1日，在区检察院举行朝阳区青少年法制教育基地成立揭牌仪式；8月，摸查全区188所中小学法制副校长情况，保证每所中小学配备1名，每学期授课1次。

（孙晓辉　孙　赞）

朝阳区妇女联合会

【概况】　朝阳区妇女联合会（以下简称区妇联）是中共朝阳区委领导下、北京市妇联指导下的群众组织，是党和政府联系妇女群众的桥梁和纽带。年内，区妇联以“双学双比”、“巾帼建功”、“五好文明家庭”、“大众读书会”等活动为载体，围绕党政所急、妇女所需、妇联所能，团结带领全区妇女积极投身朝阳各项事业建设。区妇联机关设5个部室、1个中心，分别为：办公室、组联部、事业发展部、维权部、妇女儿童工作委员会办公室、朝阳区妇女发展服务中心。

地址：朝阳区日坛北街33号
电话：65099410
邮编：100020
电子邮箱：chaoyang@bjwomen.gov.cn

（付剑梅）

【“两节”送温暖】　“两节”期间，区妇联以“营造温暖之家、共享美好生活”为主题，开展扶贫慰问送温暖工作。关爱单亲母亲，为1073户单亲特困母亲送去慰问金21.46万元，以贺卡形式慰问2149名单亲母亲。启动“寸草报晖”城市老年无业贫困妇女医疗救助项目，为1991名城市老年无业妇女发放医疗救助金796400元。争取北京妇女儿童发展基金会的资助，为15名老妇救会主任和170名单亲特困家庭发放救助金11.4万元。

（付剑梅）

【十二届一次常委会】　2月21日，召开区妇联十二届一次常委会，9名常委出席会议。会议审议并通过区妇联《围绕中心 服务大局 务实创新 推动朝阳区妇女工作新发展》工作报告，通报2012年“三八”活动安排计划。

（付剑梅）

【十二届二次执委会】　2月27日，召开区妇联十二届二次执委会议，36名执委出席会议。会议审议并通过区妇联《围绕中心 服务大局 务实创新 推动朝阳区妇女工作新发展》工作报告；通报2012年“三八”活动安排。区委副书记、政法委书记陈宏志出席会议并讲话指出，朝阳区妇女儿童工作要围绕科学发展，为朝阳发展凝聚女性力量；围绕民生幸福，为朝阳妇女群众办实事；坚持重心下移，在创新社会管理中彰显新优势；坚持固本强基，在推动自身建设上实现新突破。

（付剑梅）

【“庆‘三八’回娘家”联谊】　2月27日，区妇联在河南大厦举办“践行北京精神 凝聚女性力量 贡献朝阳发展”——朝阳区妇联系统“庆‘三八’回娘家”联谊活动。区妇联离退休干部及曾在区妇联和街乡妇联工作的妇联干部100余人参加活动。

（付剑梅）

【庆祝“三八”国际妇女节】　2月28日，区妇联、区女企业家协会（2011年成立，至2012年底共有会员120余人）共同举办“玫瑰馨香沁朝阳”——朝阳区女企业家协会庆“三八”盛典活动，协会会员和嘉宾100余人参加活动，表彰“协会爱心奖”会员6名、“协会建设贡献奖”会员19名、“妇女发展之友”11名。3月5日，区妇联与区政协共同举办“我们相识在政协”——政协女委员“三八”妇女节联谊会，132名女政协委员欢庆节日。3月6日，区妇联与区人大联合开展人大女代表庆祝“三八”妇女节活动，举办女性健康和着装知识讲座。

(付剑梅)

【"三八"妇女维权周启动】 3月1日,区妇联在区检察院二层会议厅举办"三八"妇女维权周启动仪式。市妇联、区委政法委、区检察院、区法院、区司法局、区劳动局、区妇联等单位及各街道、地区(乡)主管妇女工作的领导、妇联主席、社区干部、女干警、女检察官、女法官、女劳动仲裁员、女性社会组织代表、文体协会代表等近200人参加活动。仪式上,成立普法宣传服务队、文艺队、社区亲情关爱服务队志愿者队伍。

(付剑梅)

【巾帼志愿者践行雷锋精神活动】 3月1日,全国妇联"践行雷锋精神·百万巾帼志愿者在行动"活动在朝阳区和平街街道和平家园社区启动。全国人大常委会副委员长、全国妇联主席陈至立,全国妇联党组书记、副主席、书记处第一书记宋秀岩,市委常委、市人大常委会副主任梁伟,全国妇联书记处书记范继英,全国妇联书记处书记、办公厅主任张静,市妇联主席赵津芳,区委书记陈刚等领导出席活动。朝阳区和平街、安贞、左家庄、小关和东湖街道的500名巾帼志愿者参加活动。启动仪式上,宋秀岩致辞,区妇联主席李洁就朝阳区开展巾帼志愿服务工作情况作典型发言。仪式结束后,陈至立一行实地考察和平街街道和平家园社区巾帼志愿服务工作、参观卢仲勤巾帼志愿者服务站,走访由和平街街道十姐妹巾帼志愿服务队长期关怀帮扶的代表——李文兰。

(付剑梅)

【第二届巾帼书法展】 3月5日,区妇联与朝阳区诗书画研究会共同举办朝阳区第二届巾帼书法展,展出作品56幅。

(付剑梅)

【家庭助廉大家谈】 3月5日,区纪委、区妇联在双井街道举办"我爱我家 快乐生活"——家庭助廉大家谈活动。双井街道等部分街乡领导、妇联主席、纪检工作者、社区干部及和谐家庭、退休干部家属等各类代表40人参加座谈。

(付剑梅)

【"三八"妇女节主题教育活动】 3月7日,朝阳区举行"践行北京精神 凝聚女性力量 贡献朝阳发展"朝阳区社会各界纪念"三八"国际劳动妇女节主题教育活动。市妇联副主席常红岩,区四套班子领导程连元、辛燕琴、陈宏志、吴桂英、宋铁健、刘军胜、朱春霞、张立新、苑文新等出席活动。区相关部委办局领导、妇委会主任,各街道、地区(乡)领导、妇联主席,区妇联第十二届执委会委员,区女企业家协会、区港澳台侨胞联谊会、巧娘联谊会等女性社会组织代表,全国、市级"三八"红旗集体和"三八"红旗奖章获得者等女性先进代表500人参加活动。常红岩在讲话中,肯定朝阳区妇女工作取得的成绩。程连元代表区四套班子向全区各族各界妇女表示节日祝贺。北京市"三八"红旗奖章获得者、区妇女之友、巾帼文明岗、女企业家等各类先进代表分别表演文艺节目,小学生代表向全国"三八"红旗集体、"三八"红旗手标兵和北京市"三八"红旗集体、"三八"红旗奖章获得者献花。

(付剑梅)

【捐资助学】 3月9日,区妇联与区地税局共同开展"牵手延庆学子 践行北京精神"捐资助学活动。区妇联牵线搭桥,区地税局捐资5万元,资助延庆县沈家营镇的50名贫困学生。

(付剑梅)

【"幸福养老大课堂"一周年】 4月10日,在奥运村街道龙祥社区红立方党员活动中心,召开"幸福养老大课堂"走进朝阳社区一周年总结表彰大会。全国人大常委会原副委员长、中国关心下一代委员会主任顾秀莲,全国老龄委办公室副主任闫青春、袁新立,市委教工委副书记线联平,市委社工委正局级委员赵小卫,中共朝阳区委副书记、政法委书记陈宏志,朝阳区副区长张立新及相关市区领导,街乡妇联主席、优秀教学基地、管理员、学员代表等100人参加会议。会上表彰奥运村街道龙祥社区等5个优秀教学基地、金盏地区妇联等5个优秀组织单位、7名优秀管理员和6名优秀学员。

(付剑梅)

【抚州市妇联学习交流】 4月16日,江西省抚州市妇联主席梁安率妇联考察团一行6人到朝阳区学习交流。双方就妇联组织参与社会管理创新、妇女创业就业、妇女之家建设、家庭服务及儿童教育等问题展开交流。

(付剑梅)

【苏丹妇女代表团来访】 4月25日,苏丹妇女代表团一行7人访问朝阳区,参观燕京中药饮片厂和北京黑桥永顺华蔬菜种植专业合作社,并双方就妇女就业工作进行交流。

(付剑梅)

【社会组织公益文化季活动】 5月13日,由市妇联主办的"汇聚爱 为希望绽放"——妇女工作领域社会组织公益文化季活动在朝阳公园开幕。全国妇联书记处书记张静,市委副秘书长王翔,市委社会工委书记、市社会建设办主任宋贵伦,市妇联党组书记、主席赵津芳,团市委副书记杨海滨及市科协、市经信委、市民政局的领导及朝阳区领导陈刚、刘军胜、苑文新等出席开幕式。东风、麦子店、六里屯等街乡和中华女子学院的巾帼志愿者代表、巧娘代表等参加活动,朝阳区巧娘联谊会、女企业家协会等女性社会组织参加公益文化季展示活动,三里屯街道隔壁剧社表演家庭情景剧《家庭竞赛》。

(付剑梅)

【家庭文化收藏展】 5月14日至22

日，在潘家园现代收藏品大厅二楼展厅举办家庭文化收藏展，展览由区妇联和北京潘家园国际民间文化发展有限公司联合举办。本次收藏展共收到43个街道和地区（乡）200多个家庭交来的450余件展品。有反映家庭文化、历史变迁的老旧物件；有反映百姓身边的有故事、有纪念意义的老照片、老图片；还有记载时代变迁的票证、实物等，展出展品共计200余件。展览向市民免费开放。

（付剑梅）

【首届朝阳区家庭文化节】 5月15日，在潘家园旧货市场举办首届朝阳区家庭文化节开幕式暨家庭文化收藏展开展仪式。市妇联主席赵津芳，区委副书记、政法委书记陈宏志，区人大常委会副主任王亚贵，区政协副主席郑煌等市、区领导和相关委办局领导，以及43个街乡主管领导、妇联主席、居民代表400人参加开幕式。开幕式上表彰15户和谐家庭、学习型家庭、平安家庭、绿色家庭、环保家庭等特色家庭代表。开幕式结束后，与会人员参观家庭文化收藏展。

（付剑梅）

【捐助打工子弟学校】 5月28日，区妇联与民盟北京市委女委员会共同举办“庆祝六一国际儿童节，知识点亮智慧人生——捐助打工子弟学校图书室”活动，为打工子弟学校——百年实验学校捐赠图书，3名民盟委员被聘为该校义务校外辅导员。

（付剑梅）

【全国妇联调研】 5月29日，全国妇联宣传部部长王卫国一行10人到朝阳区调研基层妇联组织建设工作。调研组考察双井街道广外南社区的妇女之家、巧娘工作室、京粮大厦姐妹驿站以及高碑店乡高碑店村的妇女之家和巧媳妇工作室，参观高碑店村史博物馆，并召开现场座谈会。王卫国肯定朝阳区妇联在“一家一站”、“五大协会”等基层组织建设方面的创新实践，做到“妇联组织亮牌子、妇联干部亮身份、工作职责亮出来、服务活动记台账”，达到全国妇联关于“建好管好用好妇女之家”的工作要求，高度评价朝阳区基层妇联组织建设工作理念创新、职责明确、工作扎实、深受群众欢迎。

（付剑梅）

【家庭教育项目推进活动】 5月30日，区妇联举办“美丽女人·伟大母亲”——关注母亲 服务女性 保护儿童 美化家园暨“向日葵”家庭教育项目推进活动，北京市妇女儿童基金会、区妇联、六里屯街道办事处相关领导和社区居民代表等100余人参加活动。区妇联副主席杨丽为秀水社区和谐家庭指导站授牌，六里屯街道社区代表宣读环保倡议书，为地区环保优秀母亲代表赠送环保菜篮子。年内，全区4700人次妇女参与“美丽女人 伟大母亲”主题系列活动，学习科学教子方法，提高自身素质。

（付剑梅）

【庆祝“六一”国际儿童节】 5月31日，在平房乡郊野公园举办“学习雷锋 争做文明好少年 书香朝阳 快乐成长”朝阳区庆祝“六一”国际儿童节活动。活动由区妇联、区文明办、区教委、区图书馆、平房地区办事处联合主办。市妇联、市妇女儿童基金会、民盟朝阳区委、区妇联等部门相关领导出席，社会爱心企业代表、地区居民与少年儿童代表等200人参加活动。参会领导及社会爱心企业为20名打工子弟学校学生赠送书包作为节日礼物。活动现场，安排亲子图书、涂鸦绘画及医疗、法律咨询、家政服务、心理咨询等免费服务。市委宣传部、首都文明办共同编写的《北京精神启蒙读本》在现场首发150本。

（付剑梅）

【捐助白血病儿童】 “六一”期间，区妇联为3名白血病儿童争取到北京市妇女儿童发展基金会救助金，每人1000元。

（付剑梅）

【姐妹驿站工作推进会】 6月19日，区妇联、区委组织部在亚运村街道京民大厦召开朝阳区党建带妇建暨姐妹驿站工作推进会，下发《关于进一步加强新形势下全区党建带妇建工作的意见》。市妇联党组副书记陈玲，区委常委、组织部部长张革出席会议。区委宣传部、区直机关工委、社工委、农工委、政法委、教工委、国资委和非公工委等部门领导，各街道、地区（乡）工委书记、妇联工作主管领导、妇联主席、社区（村）妇联主席（妇代会主任）以及相关社会单位、社会组织代表300余人参加大会。区妇联党组书记、主席李洁部署姐妹驿站建设工作；与会领导为京粮大厦、北京图书大厦、劲松文体协会等商务楼宇、社会单位、社会组织代表颁发姐妹驿站站牌，授志愿服务队队旗；亚运村街道工委、金盏地区妇联和北京图书大厦作典型发言。张革就深化党建带妇建工作提出要求：各级党组织在党建带妇建工作中，要做到带思想建设要活、带组织建设要强、带队伍建设要优、带作风建设要硬、带阵地建设要实的“五带”工作目标。会后，陈玲一行参观亚运村街道五矿大厦商务楼宇姐妹驿站，对姐妹驿站建设经验给予肯定。

（付剑梅）

【社区妇联换届】 6月，全区352个社区妇联完成换届选举工作。选举产生352名社区妇联主席。新一届社区妇联主席平均年龄42岁；文化程度大学及以上181人，占51.4%；进两委人数352人，占100%。

（付剑梅）

【参与“7·21”特大自然灾害救灾】 7月23日起，区妇联贯彻落实区委、区政府关于“7·21”特大自然灾害救灾工作指示，详细了解受灾严重的困难妇女和妇字号基地企业情况，争取市妇联和北京妇女儿童发展基金会支持,协调专项资金进行救助。共走访慰问40名困难妇女和永顺华蔬菜种植专业合作社等两家妇字号基地企业,发放救助资金5万元。全区各界妇女参与市妇联发起的“灾害无情 人间有爱”——首都各界妇女把爱献给受灾的妇女儿童专项募捐行动,共捐款107464.73元。

(付剑梅)

【社会组织公益服务季启动】 7月24日,区妇联启动“健康靓丽,和谐幸福”——朝阳区妇女工作领域社会组织公益服务季暨“服务女性,服务儿童,高雅艺术进朝阳”活动,号召各女性社会组织发挥自身优势,开展丰富多彩的公益活动,为妇女儿童事业做出贡献。启动仪式上,广仁医院为北京妇女儿童基金会捐款2万元。

(付剑梅)

【十二届三次执委会】 7月31日,区妇联召开十二届三次执委会议,33名执委参会。会上,围绕学习贯彻市十一次党代会精神座谈,审议并通过区妇联2012年半年工作报告。区委副书记、政法委书记陈宏志到会并讲话,就做好下半年工作提出三点希望:一是紧紧围绕经济社会发展总体目标,找准妇女工作切入点和结合点,进一步为妇女参与经济建设搭建平台、搞好服务。二是将市十一次党代会精神与妇女儿童工作紧密结合,坚持突出密切联系妇女群众的组织优势。三是以党群共建创先争优为动力,进一步加强妇联组织建设、阵地建设、队伍建设,不断提高妇联组织的凝聚力、战斗力和影响力。

(付剑梅)

【承办京绣项目初赛】 8月15日,区妇联承办北京市第三届职业技能大赛京绣项目初赛,3位专家评委对参赛选手的作品打分评审,6个区县的19名选手进入决赛。

(付剑梅)

【获评全国家庭教育工作示范区】 8月,朝阳区被全国妇联、教育部、中央文明办评为全国家庭教育工作示范区,朝阳区和谐家庭教育指导服务中心(朝阳区妇女发展服务中心)被评为全国示范家庭教育指导中心。

(付剑梅)

【公益讲师团座谈会】 9月6日,区妇联召开公益讲师团座谈会,邀请讲师畅谈授课经验和参加公益事业的心得体会。区妇联主席李洁、副主席贾冬云及23名讲师代表参加座谈会。2011年9月至2012年8月,公益讲师团累计授课300余场次,受益群众累计近2万人次。

(付剑梅)

【践行北京精神做美丽的女教师】 9月7日,区妇联与区教委、小关街道办事处、中国妇女外文期刊社、北京泰易瑞亚医疗美容机构共同举办“践行北京精神 用美托起心中的爱 做美丽的女教师”活动。区优秀女教师代表、基层妇女工作者代表约120人参加。会上,向全体教师发出向“最美女教师”张丽莉学习的倡议,华堂商场、北京泰易瑞亚医疗美容机构、中国妇女外文期刊社向教师代表赠送节日礼物。

(付剑梅)

【处级女领导干部与妇联执委培训班】 9月10日至14日,区妇联与区委组织部、区委党校共同举办2012年度朝阳区处级女领导干部、妇联执委培训班,全区委办局及街乡各系统110名学员参加培训。培训包括和谐社会与妇女发展、女性领导干部形象塑造、心理健康、管理艺术与工作技巧等课程。市妇联党组书记、主席赵津芳讲授第一课——“首都妇女事业与发展状况”。

(付剑梅)

【澳门街坊总会与妇联总会来访】 10月16日,澳门街坊总会、妇联总会考察团一行20余人参观考察劲松街道和谐雅园社区。

(付剑梅)

【“十二五”妇儿规划培训班】 10月26日,区妇儿工委办公室举办朝阳区“十二五”妇女儿童规划培训班,各街道、地区(乡)妇儿工委办公室主任和区妇儿工委各成员单位联络员80人参加培训。年内,朝阳区在43个街道和地区(乡)成立妇女儿童工作委员会。

(付剑梅)

【家教研究会第四次会员代表大会】 11月5日,在朝阳区社区学院召开区家庭教育研究会第四次会员代表大会,通过第三届理事会、监事会工作报告,选举产生新一届理事会、监事会成员,成立由25个相关部门主管领导组成的朝阳区家庭教育工作联席会、由10名专家组成的朝阳区家庭教育研究会专家指导委员会。

(付剑梅)

【妇联系统干部培训会】 11月20日,区妇联在社区学院举办妇联系统干部培训会,就开办远程网络教学点及基层妇联的工作任务等进行培训。全区43个街道和地区(乡)妇联及352个社区妇联主席共计400余人参加培训。

(付剑梅)

【上海市妇联参观考察】 11月20日,上海市妇联主席张丽丽带领妇联考察团一行50余人到麦子店街道参观考察垃圾减量垃圾分类工作。

(付剑梅)

【学习贯彻十八大精神座谈会】 11月23日,区妇联召开各界妇女学习贯彻十八大精神座谈会,邀请十八大代表、高碑店村党总支书记支芬分享参会心得。全区各系统妇女代表和基层妇联干部代表30余人参加座谈。

(付剑梅)

【公益服务季总结活动】 11月26日,在潘家园社区服务中心举行“健康靓丽,和谐幸福”——朝阳区妇女工作领域社会组织公益服务季总结活动暨“乐活中国,健康生活进社区"活动启动仪式，全区 43 个街乡的基层妇联主席及社会单位、社会组织代表等 200 余人参加活动。"公益服务季"活动期间，广仁医院、大众读书会、区家庭教育研究会、北京民乐学会等多家女性社会组织为妇女群众提供文化、卫生服务。

（付剑梅）

【纳米比亚总统夫人访问朝阳】 12 月 11 日，纳米比亚总统夫人佩内瑚皮佛·波汉巴一行 10 人访问朝阳，参观劲松街道和谐雅园社区活动中心。全国妇联国际部部长牟虹、市妇联主席赵津芳、副区长张立新等陪同参观座谈。

（付剑梅）

【创评区级示范妇女之家】 年内，在全区开展区级示范妇女之家创评工作。12 月，评选出区级示范"妇女之家"12 个、示范"姐妹驿站"6 个、优秀活动项目 10 个。

（付剑梅）

【深化和谐家庭教育指导服务】 年内，建立起区、街（乡）、社区（村）三级家庭教育机构网络，在 43 个街道和地区（乡）建立"和谐家庭指导服务基地"，在 229 个社区建立"社区和谐家庭指导站"，为基层妇女和家庭提供家教指导服务。

（付剑梅）

【儿童伤害干预项目实施】 年内，区妇儿工委在 20 个街道和地区（乡）实施儿童伤害干预项目，区妇联、教委、卫生、安监、公安、交通、消防、法院、团委、财政等 10 个成员单位参与，成立消防安全服务队、交通秩序服务队、青春奉献服务队、法官志愿服务队、医疗卫生服务队；成立由学生代表组成的"安全督导小天使"、由家长和教师代表组成的"安全督导员"队伍，建立起政府、学校和社会共同保护儿童远离伤害的联动机制。

（付剑梅）

【妇委会（妇工委）建立】 年内，在党政机关、企事业单位、功能区、产业园区、市场等建立妇工委、妇委会，共新建基层妇联组织 123 个。

（付剑梅）

【妇联换届】 年内，全区 43 个街道和地区（乡）妇联进行换届选举，产生新一届街道、地区（乡）妇联执委 9 人，其中主席 1 人，副主席 2 人，委员 6 人。全区共选举产生 387 名街道和地区（乡）妇联执委委员，平均年龄 40 岁；执委委员中，大专以上学历的占 98%，其中研究生学历占总数的 10%，中共党员达到总数的 90%以上。

（付剑梅）

朝阳区青年联合会

【概况】 朝阳区青年联合会是朝阳区各族优秀青年的爱国统一战线组织。按委员代表性及职业，划分为社团劳模组、科教卫组、文体组、公有制经济组、非公有制经济组、新社会阶层组、公共管理组、政法组、新闻传媒组、港澳台侨民族宗教组，有委员 430 名，其中主席团成员 17 人，常委 44 人。"青年之友"联谊会（区青联的外围组织，区青联的一部分，会员主要包括因为超龄、卸职的青联委员和拟发展为青联委员的后备人员）有会员 109 名。

地址：日坛北街 33 号
电话：65099178 65094260
邮编：100020
电子邮箱：sgbcy@aliyun.com

（郭学渊　杨　柳）

【区青联常委会、全委会】 3 月 27 日，召开四届十一次常委（扩大）会议，增补区青联委员、区青联"青年之友"联谊会会员、区青联常委、区青联副主席，讨论《朝阳区青联 2011 年工作总结（草案）》、《朝阳区青联 2012 年工作要点（草案）》，审议《朝阳区青联四届五次全会工作报告（草案）》。同日，召开四届五次全委（扩大）会议，青联主席王洪涛作工作报告，会议通报四届四次全会以来增补的 57 名青联委员和 8 名"青年之友"联谊会会员名单，提出青联组织推动朝阳科学发展民生幸福新举措。10 月 19 日，召开四届十二次常委（扩大）会议，增补区青联委员、区青联"青年之友"联谊会会员、区青联常委。12 月 28 日，召开四届十三次常委（扩大）会议，增补区青联委员、区青联常委、区青联副主席，增加区青联各界别组组长和组织委员，调整区青联"青年之友"联谊会会长，并宣读《朝阳区青联委员学习贯彻党的十八大精神倡议书》。年内，区青联增补委员 43 名、区青联"青年之友"联谊会会员 3 名。

（郭学渊　杨　柳）

【外事交流】 8 月 8 日至 14 日，朝阳区青少年赴日交流访问团一行 13 人赴日本东京都大田区进行为期 7 天的交流访问。北京市求实职业学校推荐商务日语专业 10 名优秀学生参加拜访活动、参观活动和学生民宿活动。8 月 13 日至 17 日，朝阳区青少年赴韩交流访问团一行 14 人赴韩国首尔市江南区进行为期 5 天的交流访问，与韩国首尔江南区世宗高中师生进行深入交流。12 月 28 日至 31 日，韩国首尔江南区青少年交流访问团到朝阳区进行友好交流，区青联主席王洪涛接见访问团全体成员，双方围绕友城发展、教育事业等问题进行交流。

（郭学渊　杨　柳）

【界别组活动】 11 月，举办"'用心爱，用心生活'做健康人士，享美丽人生——朝阳区青联委员赴爱慕交流活动"。区青联主席王洪涛、常务副主席金华民、副主席张继明以及新社会阶层组和新闻传媒组的委员代表共 20 余人参加活动，深入了解爱慕公司企业文化，交流发展经验。

（郭学渊　杨　柳）

【健身温暖工程】 年内，"青春朝阳"羽毛球队、足球队坚持定期开展训练、比赛活动。8 月，足球队参加第三届 CBD 足球联谊赛；12 月，羽毛球队与北京中医药大学举办羽毛球友谊赛;继续深入开展区青联温暖工程,定期组织各种活动为委员举办集体生日会。

(郭学渊 杨柳)

【服务青年就业创业】 年内,区青联配合团区委青年就业创业工作,引导委员所在企业设立青年就业创业见习基地。举办青年就业见习双选会,为1520名青年提供就业见习岗位1341个。联合奥林匹克公园管委会举办"2012年大型人才招聘会",眉州东坡、世纪燎燃、闽龙陶瓷等12家公司和15家单位参加。

(郭学渊 杨柳)

朝阳区工商业联合会

【概况】 北京市朝阳区工商业联合会(简称区工商联)是中国共产党领导下的以统战性为主,兼有经济性、民间性的人民团体和民间商会。中共朝阳区委非公经济工作委员会(简称区委非公经济工委)与朝阳区工商联合署办公,工委书记由区工商联党组书记担任。行政编制11人,内设办公室和会员科。

地址:团结湖北五条8号楼

电话:65094397

邮编:100026

电子邮箱:chygsl@bjchy.gov.cn

(李汇涛)

【新春团拜会】 1月18日,在北京亚奥国际酒店举行区工商联、区商会、区委非公经济工委、区企业联合会、区新社会阶层人士联谊会暨2012年新春团拜会。中共北京市委统战部副部长、市工商联党组书记、第一副主席吴杰,市工商联副主席张卫江,市工商联秘书长王爱民,中共北京市委统战部工商经济处处长贺淑晶,区委常委、宣传部部长、统战部部长谢莹,副区长苑文新,区政协副主席陈合庄,区委组织部常务副部长、区工商联党组书记王小毛,区委统战部常务副部长胡杰华,区工商联主席、区商会会长叶青,以及北京市、朝阳区相关部门领导莅临现场,与300余名朝阳区非公经济界的企业家、新社会阶层人士代表、非公企业党组织和工会负责人、区企业联合会相关团体会员代表共庆佳节。

(李汇涛)

【慰问困难党员】 2月6日至8日,区委非公经济工委负责人分别到东都工贸有限公司、慈铭集团、交运投资公司等走访慰问周宝祥、王站平等困难党员,并送去慰问金和慰问品。

(李汇涛)

【非公企业调研服务】 2月7日至22日,区工商联会同区委统战部、发改委、商务委、住建委、科委、外办、人社局、工商分局、投促局、双高朝阳中心等特邀顾问单位,组成中小企业调研服务小组,走访京奥港集团、北京曲美家具、天利深冷、握奇数据、东芝医疗器械、达美投资、蓝地一族、金城同达律所、中银律所等22家工商联会员企业,了解企业生产经营情况,帮助协调"融资难"、"用工荒"等困难。8月24日,市委常委、市纪委书记叶青纯在区委书记程连元,区委副书记、代区长吴桂英等陪同下到蓝调庄园调研指导。9月20日,区委组织部常务副部长、区委非公经济工委书记王小毛,区委非公经济工委副书记赵宁江到汉能控股有限公司调研企业党建工作。9月21日,区委常委、宣传部部长、统战部部长谢莹,区委组织部常务副部长、区委非公经济工委书记王小毛,区委宣传部常务副部长高春利、副部长丰春秋走访神玉博物馆、小马奔腾集团,了解文化创意企业发展情况并与企业负责人座谈。

(李汇涛)

【《朝阳非公简讯》获评市联优秀刊物】 2月15日,北京市工商联2011年度优秀内报内刊表彰会在培新宾馆举行。《朝阳非公简讯》获评"2011年度优秀内报内刊"。

(李汇涛)

【银企对接会】 2月29日,区工商联在区慈善协会组织召开与民生银行战略合作协议签约仪式暨银企对接会。区工商联、民生银行、建设银行、中国银行、北京银行的有关领导,区工商联有融资需求的会员企业代表、下属行业商会领导及兄弟商会相关负责人参加会议。区工商联领导和民生银行总行营业部代表共同签署战略合作协议,为工商联和商会会员企业综合授信2亿元额度,并针对会员企业提供一定的优惠额度,帮助企业解决融资困难。

(李汇涛)

【非公党建部署会】 3月9日,区委非公经济工委在区慈善协会召开2012年度党建工作部署会,传达市、区组织工作会议精神,总结2011年党建工作,部署2012年工作要点,70余名基层党组织负责人参加会议。

(李汇涛)

【优秀非公企业系列访谈】 3月18日,区工商联与朝阳有线电视台联合推出的朝阳优秀非公企业系列报道首期专题访谈节目在北京新闻台播出。访谈以转变经济发展方式、"走出去"争创民族品牌、自觉履行社会责任、加强企业文化建设、非公企业党建、构建和谐劳动关系为主题,每期一个主题,共策划六期节目。北京握奇数据、慧远线缆、蓝地一族、福润达、京奥港、中复电讯、体之杰、易事达、叶青大厦、慈铭体检、均豪物业、海文资产等优秀非公企业家相继走进电视台演播室,介绍各自企业成长经历和先进经验,专家学者对企业的发展进行点评和指导,政府官员介绍政府在相关领域的鼓励政策。

(李汇涛)

【基层党组织分类定级检查】 4月27日,区委组织部巡视员刘宝珍、区委非公经济工委副书记赵宁江等一行4人,到慈铭集团党委亚运村分院党支部和伟利讯公司党支部，检查非公有制经济组织党组织分类定级工作。

（李汇涛）

【政策培训】　5月14日，区工商联举办就业政策专题培训会，35家会员企业负责人参加培训。区工商联特邀顾问单位——区人社局劳资培训科负责人讲解社会保险补贴、岗位补贴、税费减免、自主创业政策及具体申报时间和申报材料内容，并下发《朝阳区就业政策汇编》。8月16日，区工商联在区慈善协会组织召开朝阳区政策培训解读会，117家会员企业代表参加培训。区工商联通过收集和整理各职能部门优惠政策，归纳整理全区总部经济及服务业、高新技术产业、文化创意产业、农村产业、中小企业发展、企业上市、楼宇经济发展、节能减排、招商引资、海外高层次人才创业、国家广告产业园区等产业政策，向参会企业解读并现场答疑。

（李汇涛）

【工会建设】　5月14日，区总工会主席尹秀峰，副主席石燕秋，区委组织部常务副部长、区委非公经济工委书记王小毛，非公经济工委副书记赵宁江等调研慧远电线电缆有限公司、握奇数据有限公司民主管理厂务公开工作。两家公司工会主席分别汇报工作，尹秀峰对两家企业的和谐劳动关系、厂务公开民主管理制度、职代会制度等工作给予指导，向北京慧远电线电缆有限公司董事长李玉立颁发2012年度“全国五一劳动奖状”，向握奇数据有限公司总裁王幼君授予“首都劳动奖章”。10月10日，区工商联工会召开2012年组织工作年统会，40余名基层工会负责人参加会议。区委非公经济工委副书记赵宁江出席会议并对工会年度统计工作提出要求。

（李汇涛）

【民营企业招聘周】　5月15日，区工商联与区人社局、区总工会在三间房乡政府为民服务大厅联合举办“2012年朝阳区民营企业招聘周”。市、区人社局和工商联、区总工会相关领导及70家民营企业招聘单位代表出席。招聘周针对民营企业“用工荒”难题，在朝阳区酒仙桥人力资源市场举办民营企业专场招聘会，并在三间房乡为民服务大厅设立招聘现场，重点吸纳附近的中国传媒大学、北京第二外国语学院等高校毕业生及周边城乡就业困难人员及来京务工人员。

（李汇涛）

【第六届“闽龙”和谐企业杯乒乓球友谊赛】　5月18日，区工商联、区工商联工会在闽龙乒乓球俱乐部举办第六届“闽龙”和谐企业杯乒乓球友谊赛。33家会员企业的198名员工参赛。北京达美投资有限公司代表队获第一名、闽龙世纪建材市场有限公司代表队获第二名、慈铭健康体检管理集团代表队、叶氏集团代表队、周庄队和京朝出租汽车有限公司代表队分列第三至第六名。“七一”前夕，非公工委基层党组织分别在本单位开展2012年“共产党员献爱心”活动，党员、入党积极分子和员工骨干捐款363720.4元。

（李汇涛）

【参加“京交会”】　5月28日，区工商联和商会组织会员企业参加首届中国（北京）国际服务贸易交易会（简称“京交会”）。系统内32家企业、85名代表参加开幕式暨高峰论坛等系列活动。

（李汇涛）

【入党积极分子培训】　6月8日，区委非公经济工委在区委党校举办入党积极分子培训班，邀请区委党校党建教研室主任潘德金、教师史文瑞作专题党课辅导，工委系统40余家基层党组织的223名入党积极分子参加培训。

（李汇涛）

【创先争优表彰】　6月27日，区委非公经济工委在北京亚奥国际酒店举行纪念建党91周年暨创先争优表彰大会。北京市工商联副主席张卫江，区委组织部常务副部长、区委非公经济工委书记王小毛、区委统战部常务副部长胡杰华、区委社会工委副书记杨洪福等领导及基层党组织负责人、党员代表和非公企业家200余人出席大会。大会回顾非公工委创先争优工作，分别为先进集体和先进个人颁发奖杯及荣誉证书。

（李汇涛）

【学习市十一次党代会精神报告会】　7月18日，区委非公经济工委、区工商联“学习宣传贯彻市第十一次党代会精神报告会”在亚奥国际酒店召开。非公工委基层党组织负责人、区工商联执常委及工会组织负责人等200余人参加。会上，市第十一次党代会代表、区委非公经济工委委员、叶青大厦党委书记秦剑锋传达市第十一次党代会精神。学习贯彻市第十一次党代会精神宣讲团成员、北京市社会主义学院副院长陈剑就市第十一次党代会精神进行阐述和辅导。

（李汇涛）

【“7·21”爱心捐助】　7月21日，北京遭遇61年来最强降雨。区工商联、区委非公经济工委联合发出爱心捐助倡议书，北京叶氏企业集团及驻厦企业捐款捐物合计71.75万元、北京京奥港集团、北京闽龙世纪建材各捐款50万元、中复电讯设备有限责任公司捐款40万元、北京金吉列捐款30万元、爱慕集团捐款20万元、鸿天泽房地产、国遥新天地信息技术有限公司各捐款10万元，北京阳光金力科技等17家企业前往区民政局捐助。据统计，区工商联会员企业向区民政局、区慈善协会捐助307万余元。

（李汇涛）

【非公人士在市联、商会任职】　7月28日，在北京市工商联第十三次会员代表大会上，朝阳区工商联8名非公经济人士当选北京市工商联副主席;6名非公经济人士当选北京市商会副会长,40名非公经济人士当选执委。

(李汇涛)

【参观考察】 8月3日,区工商联部分企业代表参加市工商联赴河北省文安县参观考察活动,并与文安县招商团会谈。9月18日,区工商联组织叶氏集团、中复电讯、爱家集团、蓝地一族等28家有“走出去”意向的会员企业参加由商务部外贸发展局、市商务委、朝阳区政府主办、朝阳区商务委承办的以“促进沟通,增强合作”为主题的“2012北京CBD国际经贸洽谈会”。12月17日,浙江省宁波市江北区人大常委会副主任、工商联主席王伯宇,江北区人大常委会副主任陈炳祥,江北区委统战部副部长、工商联党组书记李鹤举一行到区工商联考察工作。

(李汇涛)

【非公工委妇女工作委员会成立】 8月14日,在慈铭集团召开区委非公工委妇女工作委员会成立大会。北京市工商联党组副书记张卫江,北京市妇联党组副书记、副主席陈玲,市妇联组织部部长孙凤兰,区妇联党组书记、主席李洁,区妇联副主席贾冬云以及70余位非公工委、工商联系统妇女代表出席大会。会议作筹备工作报告并任命杜玉莲等9人为区委非公工委妇女工作委员会委员,杜玉莲为主任。

(李汇涛)

【三间房企业联合会成立】 8月14日,北京三间房企业联合会成立大会召开。区委组织部常务副部长、区工商联党组书记王小毛,区民政局副局长司晓强、区地税局副局长王京秋、三间房地区工委书记冯永忠等,北京银行、兴业银行、民生银行等金融合作机构负责人,地区上百家企业负责人200余人参加。

(李汇涛)

【档案教育培训】 8月24日,区工商联在望京科技创业园E座会议室,举办非公企业会员档案工作培训会,70家非公企业负责人和档案工作负责人参加培训。区工商联档案工作负责人讲解会员企业档案的搜集、整理及更新的范围、流程、注意事项并现场答疑;档案工作先进企业叶氏企业集团和慈铭体检集团分别介绍经验。

(李汇涛)

【首届中国商务服务合作论坛举办】 9月20日,区工商联与世鳌国际商务中心合作,在北京嘉里中心大酒店举办2012首届中国商务服务合作论坛。42家会员企业代表参加活动,区商务委、北京外企服务集团(FESCO)和世鳌国际商务中心三家签署商务服务合作战略签约协议。到场专家、教授、企业家围绕国内外经济形势、行业运作、发展趋势等热点问题展开研讨。

(李汇涛)

【商务楼宇党建调研】 10月12日,市委副书记吉林到叶青大厦调研商务楼宇党建工作并座谈。叶氏企业集团董事长叶青、叶青大厦党委书记秦剑锋做随行汇报。

(李汇涛)

【创先争优活动总结会】 10月12日,在区慈善协会召开区委非公经济工委创先争优活动总结会,传达区委创先争优经验交流会主要精神,做非公工委创先争优活动总结报告。叶青大厦党委、慈铭集团党委和博鼎诚公司党委分别发言。市工商联副主席余运高,70余名非公经济工委系统基层党组织负责人参加会议。

(李汇涛)

【基层党组织书记培训班】 10月16日、18日,区委非公经济工委在区委党校举办基层党组织书记培训班。系统内200余名基层党组织书记、党务工作者和部分非公企业家代表参加培训。会上传达李源潮在创先争优活动总结交流会上的讲话精神,中央党校党建部政党制度室副主任蔡志强教授和党建原理教研室主任、博士生导师陈凯龙分别围绕《打造学习型党组织、推进党的建设科学化》、《如何做好非公党建工作》,进行系统阐述和辅导。

(李汇涛)

【十八大精神学习宣传】 11月8日,区委非公经济工委、区工商联组织50余名非公经济人士和基层党组织负责人在亚奥国际酒店收看中国共产党第十八次全国代表大会开幕式。叶青大厦党委、慈铭集团党委、中复电讯公司党委、东都工贸有限公司党委、交运投资公司党委、海文资产管理有限公司党委、万方集团党支部、海外学人中心党支部、达美公司党支部、昊天昊公司党支部、华汇集团党支部等基层党组织,在各自公司以收看电视、网络实况转播、收听广播的形式,组织党员、积极分子和群众收看和收听开幕式并座谈交流。11月30日,区委非公经济工委、区工商联在亚奥国际酒店举办学习宣传贯彻党的十八大精神报告会。中国社会科学院马克思主义研究院研究员李建国为非公系统250余名基层党组织、工会组织、会员企业负责人作学习十八大精神专题报告。12月17日,在蟹岛农五会议室举行北京市学习宣传贯彻党的十八大精神百姓宣讲团朝阳区委非公经济工委系统报告会,非公工委系统200余名党员、职工代表参加报告会。

(李汇涛)

【非公党建检查指导】 12月4日,区委常委、宣传部部长、统战部部长谢莹到慈铭集团党委检查指导党建工作,慈铭集团党委书记、董事长胡波陪同检查并汇报慈铭集团企业发展和党建工作情况。谢莹要求慈铭集团党委把“结合企业发展学习落实好党的十八大精神,用推动健康体检发展的实际行动贯彻十八大会议精神”作为今后企业发展的指导思想，扎实工作、科学发展，为提升健康医疗事业和区域经济发展做出应有贡献。

（李汇涛）

【项目洽谈会举行】 12月5日，区工商联召开“牵手民勤 合作共赢——朝阳区工商联与甘肃民勤县项目洽谈会”。市工商联领导、甘肃省民勤县政府领导、区工商联40余位企业家代表、民勤县在京15位企业家代表参加洽谈会，7家企业代表现场签约。

（李汇涛）

【商会文化创意产业分会成立】 12月8日，北京市朝阳区商会文化创意产业分会在王四营乡观音堂文化大道成立。

（李汇涛）

【表彰先进民营企业】 12月14日，在区慈善协会举行区工商联、区商会2012年度先进民营企业表彰会暨新会员新年座谈会。会议通报区工商联、区商会2012年度工作情况及2013年工作思路。宣读市工商联2010至2011年度“北京市就业与社会保障先进民营企业”、“参与首都社会主义新农村建设先进民营企业”表彰决定，批准福湄市场行业商会、中创江正投资管理有限公司等72家企业为朝阳区工商联（商会）会员。15家就业与社会保障先进民营企业、首都社会主义新农村建设先进民营企业代表和70余家新入会企业代表参加会议。到会领导分别为获奖单位颁发奖牌、荣誉证书，为新入会会员企业颁发会员证书。

（李汇涛）

【非公党建座谈】 12月27日，区领导程连元、陈宏志、张革、刘军胜带领区有关部门负责人，到慈铭健康体检集团调研，并与慈铭集团董事长兼党委书记胡波、叶青大厦总裁兼党委书记秦剑锋、博鼎诚工程设计公司党委书记程兴顺，京奥港集团董事长王子华、中复电讯董事长部武淳等非公经济代表、非公企业党建负责人座谈非公党建、企业发展等工作。程连元指出：加强非公有制企业党建工作，要完善体制机制，健全目标管理；要加强分类指导，实现“两个覆盖”；要夯实基础保障；要深化“双向挂职”，继续探索向非公企业选派党建指导员的机制；要建立健全双向互动机制、参与机制、服务协调机制；要注重统筹结合，将非公企业党建与社区党建及企业生产经营管理紧密结合，实现目标同向、互促共进。要进一步加大力度支持企业文化建设与非公党建相结合，要坚持支持企业人才管理与非公党建相结合，要坚持支持企业发展与非公党建相结合。非公企业党建要与政府、社会力量加强合作，发现工作着力点，培育工作亮点。

（李汇涛）

【参政议政】 年内，在区政协议政会上代表工商联界别作《进一步发挥社会组织作用，加快朝阳区国际化建设步伐》提案。为区人大、区政协换届举荐人选，43人当选区政协委员，13人当选区人大代表。

（李汇涛）

朝阳区归国华侨联合会

【概况】 朝阳区归国华侨联合会（以下简称区侨联），是在中共朝阳区委领导下，由朝阳区归国华侨、侨眷组成的人民团体，是党和政府联系归侨侨眷及海外侨胞的桥梁和纽带。年内，认真履行群众工作、参政议政、海外联谊、维护侨益工作职能，广泛开展各种活动。在市政协十二届一次会议、区政协十二届一次会议和区人大十五届一次会议期间，共提交团体提案2件，委员提案和人大代表建议24件。

地 址：团结湖北五条8号楼
联系电话：65094372
邮政编码：100026
电子信箱：chyqlyx@163.com

（刘玉安）

【“冬季恋歌，开启幸福”联谊活动】 1月8日，在西藏大厦与世纪佳缘网联合主办“冬季恋歌，开启幸福”大型联谊活动。活动旨在拓展为侨服务领域，为单身归国留学人员牵起姻缘之线、搭建相逢鹊桥。区侨联、世纪佳缘网、区侨联人才与归国留学人员工作专委会、朝阳区归国留学人员联合会、北京CBD跨国公司政府事务经理人俱乐部、北京CBD金融商会，北京朝阳海外学人俱乐部，北京市律师协会青年律师联谊会，北京朝阳区女企业家协会、北京五洲医院、北京西藏大厦等11家单位推荐400余人参加活动。

（刘玉安）

【为归侨侨眷送温暖】 1月10日，召开街乡侨联春节前夕开展慰问送温暖工作会，传达市区开展送温暖慰问工作精神，要求各街乡侨联在春节前夕广泛开展慰问困难归侨侨眷工作。截至1月20日，区侨联共计走访困难归侨侨眷51人，慰问金额3万余元。4月1日，区侨联慰问生病老归侨凌瑞荣。6月13日，区侨联到北京友谊医院探望原朝外街道侨联主席田景廉。“七一”前夕，组织基层侨联慰问辖区困难归侨侨眷34人。

（刘玉安）

【区侨联六届三次委员会议】 2月7日，区侨联在蟹岛度假村召开第六届三次委员会议，总结2011年工作并提出2012年思路。同日，在蟹岛度假村召开2012年朝阳区侨联工作研讨会，下发《朝阳区基层侨联换届工作的指导意见》，要求各街乡侨联6月30日前完成换届选举工作，23个基层党（工）委侨联工作负责人出席会议。

（刘玉安）

【志愿服务活动】 3月3日，区侨联开展“践行北京精神，学雷锋见行动”志愿者服务活动。号召各基层侨联组织归侨侨眷成立“文明志愿者”服务队。18个单位成立归侨侨眷“文明志愿者”服务队,志愿者500余人。

(刘玉安)

【区侨联常委会议】 4月9日,区侨联召开常委会,明确2012年在践行北京精神的主题下,进一步加强和改进新形势下侨联工作,充分发挥侨联组织联系归侨侨眷的桥梁纽带作用,实现凝聚侨心,汇聚侨力的工作目标。6月5日,召开常委(扩大)会,汇报1月至5月工作情况。

(刘玉安)

【学习参观】 4月27日,举办“中老年健康与运动”知识讲座,北京首批健康科普专家、有氧中心主任牛国卫主讲。6月8日,组织区属归侨侨眷一行40余人,参观首钢老工业园,进行爱国主义教育。8月7日,组织基层离职老主席郊游活动。9月20日,中秋节前夕组织归侨侨眷80余人参观东岳庙。

(刘玉安)

【组织建设】 5月25日,东湖地区办事处成立侨联组织,全区街乡侨联组织发展为24家。6月13日,副区长苑文新到区侨联调研。7月6日,召开朝阳区基层侨联换届工作总结大会,总结2012年基层侨联组织换届工作。8月3日,举办基层侨务干部培训班,近200人参加。12月20日,在朝阳宾馆召开第六届委员会第五次全体会议,选举曾旭为区侨联第六届委员会主席,并宣读任免决定:任命曾旭为区侨联党组书记并作为主席建议人选;黄亮因年龄原因不再担任现职,任调研员。

(刘玉安)

【宣传落实归侨侨眷权益保护法】 年内,开展“六五普法”宣传教育工作,贯彻落实《中华人民共和国归侨侨眷权益保护法》,全年发送宣传资料2000余份。特聘区侨联法律顾问——北京君合、万思恒律师事务所,全年为归侨、侨眷无偿提供法律咨询30余次。解决归侨、侨眷子女入学、房产纠纷等问题数十件。定期出版印发《朝阳侨之声》,宣传侨务政策,全年下发4000余册。

(刘玉安)

朝阳区科学技术协会

【概况】 朝阳区科协由区级学会、协会、研究会和街道、乡科协组成,同时对驻区中央市属、企事业单位科协进行联系和业务指导。朝阳区科协机关隶属于中共朝阳区委。

地址:日坛北街33号

电话:65099771

邮政编码:100020

电子邮箱:qingsong21518@sina.com

(陈　丹)

【工作会议】 1月4日至5日,区科委、科协召开朝阳区创新型科普社区工作会,13个街乡主管领导参加会议。各街乡介绍科普工作发展及创新型科普社区创建经验,进一步明确科普工作与文化大发展有机结合,推进全区精神文明建设的发展方向与工作思路。2月8日至10日,区科协参加北京市科协第八次代表大会。2月15日,在朝阳宾馆北六会议室召开朝阳区科协五届七次全委会。会议围绕区委组织部推荐杨绍磊为科协主席人选一题,按照科协章程履行选举程序。经民主表决,选举杨绍磊为朝阳区科学技术协会五届委员会主席,会议应到委员57名,实到45名,符合科协章程规定的法定人数,选举有效。3月20日至21日,在北京阳光丽城温泉酒店召开“朝阳区科普培训交流工作会”,43个街乡主管科普工作的领导参加。会上,中国科普研究所原教授翟立以“社区科普的功能和目标”为题作专题讲座;小关、安贞街道,南磨房、来广营地区办事处主管领导作典型发言;科协副主席姚树强代表科协回顾2011年工作并通报2012工作思路;科协主席杨绍磊强调提升朝阳区社区科普服务水平,提高科普工作影响力和覆盖面。7月10日,在亮马河饭店会议中心召开朝阳区科学技术协会第六次代表大会,听取和审议区科协第五届委员会工作报告,选举产生科协第六届委员会,委员63名,常务委员17名,科协主席由杨绍磊担任。240名代表出席。

(陈　丹)

【“三下乡”和农民艺术节活动】 1月10日至12日,在管庄地区举行朝阳区2012年春节文化、科技、卫生“三下乡”活动暨朝阳区第22届农民艺术节开幕式。活动由区委宣传部主办、区科协协办。活动期间,区科委、科协选派种植、养殖等方面专家,分别到管庄、孙河、将台乡开展科学种植、养殖咨询;利用科普展版,举办节能环保、健康生活展览;发放科普台历、科普图书等宣传资料1万余份(册)。

(陈　丹)

【社区科普中心项目评审】 2月18日,区科协聘请有关专家,对南磨房欢乐谷社区科普中心建设项目的设计方案进行专项评审,该项目是区科协落实2011年9月18日习近平副主席来辖区参加“全国科普日”活动,就进一步加强社区科普设施建设指示精神,更好发挥科普在“科技创新、文化创新”中作用的一项具体措施。

(陈　丹)

【竞技比赛】 2月19日,在陈经纶中学嘉铭学校举行第八届朝阳区青少年机器人大联赛。朝阳区20余所中小学生270余人参加“机器人工程设计比赛(机器人创意)’、“机器人足球竞赛”等5个项目比赛。经过角逐,产生15支出线队。3月2日至4日,15支出线队代表朝阳区参加北京市第12届青少年机器人决赛,获两个单项冠军(工业大学附属中学获VEX机器人工程挑战决赛冠军、第80中学获综合技能项目决赛冠军)。3月25日,在由市科协、教委、科委、知识产权局主办的第32届北京市青少年科技创新大赛中,朝阳区青少年代表队获一等奖9项、二等奖26项。7月15日至20日,在第十二届中国青少年机器人竞赛中,望京实验学校取得VEX工程挑战赛全国亚军,陈经纶中学分校夺得机器人创意比赛金牌和VEX工程挑战赛初中组全国竞赛季军。8月10日至15日,在第27届全国青少年科技创新大赛个人项目中,朝阳区选手获两个一等奖、两个二等奖;80中学获全国十佳科技教育创新学校大奖;青少年活动中心辅导员获"全国十佳科技辅导员"称号。9月22日,朝阳区代表队获第九届北京百万家庭数字生活技能大赛家庭赛冠军,区科协获大赛优秀组织工作单位一等奖,3个社区获数字魅力社区奖。

(陈　丹)

【数字科普宣传进社区】 3月,区科协主席杨绍磊带队到通州区调研社区数字科普视窗建设情况,并到东湖、奥运村、和平街、三里屯、垡头、来广营等街乡实地考察,完成10个安放地点选址工作。同时完成对南磨房乡欢乐谷社区科普教育馆的最后论证,参与六里屯街道十北社区公园规划设计——科普进公园的专家评定。年内,与北京工业大学达成战略合作初步意向。走访望京科技园,与综合开发公司共同探讨企业科协组织建立、与园区工程师俱乐部工作对接、参与为企业发展建言献策、为企业科技工作者服务等工作;走访区教委、文委、卫生局和体育局,达成相互配合沟通交流共识。

(陈　丹)

【科教进社区主题活动启动】 4月20日,启动"节约能源资源、保护生态环境、保障安全健康、促进创新创造"——2012年朝阳区科教进社区主题活动。中科院所、市区学协会、科普教育基地等30余家科技团体参加。居家生活、养生保健、安全避险、环境保护、节能减排、垃圾分类等项目成为本次活动重点内容。200余个街、乡社区根据群众需求完成项目选择。4月份,初步完成区科协与北京工业大学战略合作协议起草工作,合作内容包括共同筹办合作管理"朝阳区科技创新、科普文化联合会"、建立北京工业大学学生实践、实习基地(首批5名学生已到位)、发挥高校科技优势加强青少年科技教育、加强科普志愿者统筹管理、加强科技成果科技发展信息国际交流。

(陈　丹)

【"第十四届北京科普之夏"活动】 7月14日,以"保障食品安全,服务公众健康"为主题,在太阳宫公园举行"第十四届北京科普之夏"活动。主场活动中,区科协以科普展览的形式设立10个主题版块,市民通过亲身体验、参与游戏和现场咨询,了解最新科技成果在日常生活中的运用。活动期间,针对市民需求特别增设收藏品鉴定义务服务项目。

(陈　丹)

朝阳区残疾人联合会

【概况】 朝阳区残疾人联合会(简称区残联)是中国残联的地方组织,是朝阳区人民政府残疾人工作委员会的办事机构,是代表、服务、管理朝阳区残疾人的事业团体。朝阳区残联归口区委政法委员会管理,业务上接受市残联指导。内设康复部、教就部、组联部、宣文部、办公室、财务室6个科室。辖区43个街道办事处、地区办事处(乡政府)均设立残联,390个社区(村)成立残疾人协会,形成三级组织工作网络。

地址:建国路29号高碑店兴隆家园5号楼102号

电话:84552317

邮编:100123

网址:http://www.cycl.org.cn

(沈　立)

【主要会议】 2月28日,召开区政府残疾人工作委员会工作会议,听取并审议通过上年朝阳区残疾人工作总结及本年工作计划的报告,听取区民政局、卫生局、人力社保局、地税局汇报上年本单位责任制落实情况,审议通过调整后的区政府残工委成员名单和本年残工委成员单位责任制。3月6日,召开残疾人工作会议,观看上年残疾人工作回顾片,部署本年重点工作任务。团结湖街道残联主管主任周向上、南磨房地区残联理事长赵建民作典型发言。市政府残疾人工作委员会办公室主任厉才茂针对《北京市实施<中华人民共和国残疾人保障法>办法》作专题讲座。3月9日,召开区残联第五届主席团第五次会议,听取并审议通过区残联理事长赵玲代表执行理事会作的题为《加强残疾人"两个体系"建设,为实现朝阳区科学发展民生幸福而努力奋斗》工作报告,审议通过调整后的第五届主席团委员名单。10月24日,召开区残联第五届主席团第六次会议,听取区残联副理事长杨泰峰作的关于召开区残联第六次代表大会筹备工作的情况汇报,通过关于召开朝阳区残联第六次代表大会的决定,通过主席团副主席、区残联理事长赵玲代表第五届主席团提请区残联第六次代表大会审议的工作报告,提出区残联第六次代表大会执行委员会和代表资格审查小组建议名单。

(沈　立)

【街道(地区)残联换届选举】 3月20日,安贞街道作为试点单位召开街道残疾人联合会第六次代表大会,标志着朝阳区基层残联换届工作正式启动。至7月26日,完成本区43个街道(地区)残联换届选举工作。各街道(地区)均召开代表大会,共3619名代表参加街道(地区)

残联代表大会,其中残疾人及其亲友2430人,占代表总数的67%;选举产生街道(地区)残联主席团委员586人,其中残疾人及其亲友381人,占委员总数的65%;推选出席区残联第六次代表大会代表207名,区残联主席团委员候选人118名。通过换届选举,产生街道(地区)残联新一届主席团,推选出主席、副主席和执行理事会理事长。

(沈　立)

【“全国助残日”活动】　5月18日至20日,在地坛公园举办的北京市第二十二次“全国助残日”活动中,朝阳区残疾人作品被列入“爱立方”品牌工艺品成果展区,望京街道残疾人核桃皮工艺品在区县“一区一品一特色”项目展区展示,聋人胡雪琪现场展演手工剪纸,残疾人艺术团现场表演舞蹈《水姑娘》。

(沈　立)

【残疾人家庭康复培训学校成立】　5月23日,北京市首家残疾人家庭康复培训学校——朝阳区残疾人家庭康复培训学校在区残疾人综合活动中心挂牌成立。市残联副理事长唐海蛟、区残联理事长赵玲为学校成立揭牌。年内举办各类康复知识讲座及培训班45期,培训指导社区工作者、护理人员、志愿者及残疾人家属2150人次。

(沈　立)

【工会成立】　5月24日,召开区残联工会第一届第一次会员大会,选举产生区残联工会第一届委员会、经费审查委员会和女职工委员会。选举杨泰峰为第一届工会主席。

(沈　立)

【团支部成立】　5月24日,召开共青团区残联第一次团员大会,选举产生区残联第一届团支部委员会。选举刘洁为第一届团支部书记。

(沈　立)

【残疾人就业服务窗口设立】　5月25日,区残联、人力社保局、三间房地区办事处联合举办“就业路上,与您携手同行”促进残疾人就业专项活动,为全区45家公共就业服务机构授牌,标志着朝阳区率先在公共就业服务机构设立残疾人就业服务窗口。

(沈　立)

【中国盲文图书馆支馆建立】　10月15日,由中国盲人图书馆、区残联、区图书馆共建的中国盲人图书馆北京朝阳支馆揭牌,中国盲人协会副主席杨佳、中国盲文出版社社长张伟及43个街道(地区)的盲人读者参加揭幕仪式。支馆位于朝阳区图书馆(朝阳区朝外小庄金台里17号),在原图书馆盲人阅览室的基础上,实现全面升级,配置盲文图书100余种、1000余册,视听资源2000余件及扩视仪、听书郎、读屏软件等设备,并铺设盲道等无障碍设施,实现与中国盲文图书馆在文献资源、活动资源、培训资源及读者资源的共享。

(沈　立)

【区残联第六次代表大会】　11月11日至13日,朝阳区残疾人联合会第六次代表大会在北京会议中心举行,应到代表247人,实到代表220人,列席代表108人,特邀代表18人。大会审议通过区残联主席团副主席、区残联理事长赵玲代表第五届主席团作的题为《全面发展残疾人事业 实施社会融合发展战略 为朝阳科学发展民生幸福而努力奋斗》工作报告;选举产生新一届主席团委员(157名主席团委员候选人全部当选),主席团名誉主席、副主席(聘请辛燕琴为名誉主席,王亚贵、郑煌为副主席),主席团主席、副主席(选举张立新为主席,选举杨树旗、赵玲、陈庆华、张岩、吕明杰、杨桦,张骥良、李超、李楠、汤晓霞、杨晋秀为副主席),各专门协会主席、副主席(盲人协会主席张骥良,副主席曹军、张金英;聋人协会主席李超,副主席何　、王会青、恒淼;肢残人协会主席李楠,副主席舒广琪、朱辉、任云、周岩;智力残疾人亲友会主席汤晓霞,副主席郝云山、种芳;精神残疾人亲友会主席杨晋秀,副主席李文咏、马德颖、宋燕红);通过主席团执行理事会成员名单(赵玲担任理事长,赵亦洁、杨泰峰担任副理事长)和出席市残联第六次代表大会代表候选人及主席团委员候选人名单;通过大会决议。

(沈　立)

【区残联社会组织党建工委成立】
12月19日,召开区残联社会组织党建工作委员会成立大会,全区各残疾人社会组织的法人代表、党员、入党积极分子及其他党员代表100余人参加。朝阳区成为首个在北京城区成立残疾人社会组织党建工作委员会的区,全区22家残疾人社会组织全部纳入党建工作范畴,实现党的组织和党的工作全覆盖。

(沈　立)

【基层残疾人服务设施建设】　年内,出台《示范残疾人温馨家园运行经费补助办法》,加大扶持力度,建立长效运转机制。新建机场、常营、八里庄街道示范残疾人温馨家园,全区58家温馨家园强化特色服务和规范管理,其中45家为残疾人就近就便提供免费上网服务,23家建立法律服务工作站,配备综合服务志愿者32名。52家残疾人职业康复劳动基地开发创新出市场问卷调查录入、蘑菇种植等21个成规模、见效益的劳动项目,稳定安置残疾人1052名,劳动产品技术含量和产品附加值不断提升,其中多项产品入选“北京礼物”并参展北京文博会。出台《关于创建朝阳区示范性社区(村)康复站的实施意见》,创建41家示范性社区(村)康复站,配置康复训练器材,为残疾人就近提供康复医疗、训练指导、心理支持、知识普及等服务。

(沈　立)

【残疾人康复工作】　年内,完成白内障复明手术176例,免费植入人工晶体155例;给予精神病人入住康复基地训练补贴329人次,1800人享受免费服药,202人享受住院补贴;给予64名成年智力残疾人入住康复基地训练补贴;为13名听力残疾儿童给予免费植入人工耳蜗及耳蜗升级补贴;给予185名残疾儿童少年社区康复训练和康复机构训练补贴;为877名肢体残疾人提供社区康复训练服务;为10名肢体残疾人免费装配假肢;为残疾人提供辅助用品用具90件;为9名贫困残疾人实施股骨头置换手术给予救助;制订《关于调整对贫困精神残疾人、智力残疾人入住康复机构服务补贴标准的通知》,提高贫困精神、智力残疾人入住康复机构补贴标准。举办精神康复者职业技能大赛,134人参加。开展残疾预防工作,聘请北京同仁医院专家对407名致聋基因筛查阳性人员及其家属进行耳聋遗传知识培训。

(沈 立)

【残疾人教育培训】 年内,出台《朝阳区"十二五"时期特殊教育事业发展规划》,成立朝阳区特教中心,进一步确立特殊教育优先发展地位。积极推动新源西里小学实施融合教育。中小学在校随班就读残疾学生1420人,残疾儿童义务教育入学率94.6%。向188名残疾人学生和生活困难残疾人子女学生提供助学补助61.64万元,向33名考入高中和大学的残疾学生提供中高招奖励3.3万元。为4名残疾儿童提供"送教上门"服务。"六一"儿童节期间,为1310名残疾学生送去价值15万元的学习用品。开展定岗、定单、定向式培训,组织1120名残疾人参加动漫、电子商务、手工编织、软陶工艺制作、按摩等职业技能培训。以赛促训,519名残疾人参加市第六届残疾人职业技能竞赛并取得优异成绩。

(沈 立)

【残疾人就业】 年内,残疾人就业服务纳入全区公共就业服务体系,45家公共就业服务机构设立残疾人就业指导窗口,形成政府主导、部门配合、社会参与、服务专业的残疾人就业服务网络。探索残疾人高端就业新渠道,创新开发纳纱刺绣、动漫制作等残疾人居家就业新项目。新安置残疾人就业273人,其中,按比例安置159人,社区就业49人,集中安置12人,个体就业17人,其他形式就业36人。职介推荐就业26人。扶持残疾人自主创业个体就业4人,发放扶持资金14万元。提供就业服务521人,求职登记351人,完成职业能力测评36人。举办2期残疾人专场招聘会,50家单位提供200余个工作岗位,260余名残疾人应聘。对残疾人应届大学生实施就业服务,23名应届残疾人大学毕业生全部就业。新成立1家盲人保健按摩机构,安置盲人按摩师4人。35名盲人取得北京市盲人保健按摩师从业资格证书,组织9名盲人参加全国医疗按摩人员考试。对839家用人单位给予安排残疾人就业岗位补贴和超比例安排残疾人就业奖励1497万元。

(沈 立)

【按比例安置残疾人就业】 年内,审核社会单位10.246万家(其中网上审核3.5万家),按比例安置残疾人就业5455人,核收残保金4.78亿元。对4.1万家未进行上年残保金审核的社会单位进行催审。召开2011年度按比例安排残疾人就业工作表彰会暨2012年度残保金审核代征启动仪式,200余家按比例安置残疾人就业工作先进单位代表300余人参加。会议总结2011年按比例安排残疾人就业工作,部署2012年残保金审核代征工作,宣读《关于表彰2011年度朝阳区按比例安排残疾人就业工作先进单位的决定》,向按比例安置残疾人就业工作优秀单位代表颁发奖牌。北京七星华电科技集团有限责任公司等200家用人单位被授予"2011年度朝阳区按比例安排残疾人就业工作优秀单位"。

(沈 立)

【残疾人社会保障】 年内,7026名残疾人享受生活补助2226.124万元,5827名残疾人享受城乡居民养老保险参保补贴,7566名残疾人参加居民医疗保险和农村新型合作医疗,1763名个体就业残疾人享受社会保险补贴818.397万元,为持证残疾人统一投保意外伤害保险。为4437人次残疾人机动轮椅车车主发放燃油补贴115.362万元。

(沈 立)

【走访慰问】 年内,继续开展八大工委及武装部与贫困残疾人家庭结对子活动。全年走访慰问和临时救助残疾人11519人次、基层单位124家,送慰问款(物)655.99万元。

(沈 立)

【居家养老助残服务】 年内,7814名残疾人享受居家养老助残服务,962名残疾人享受"阳光家园"居家托养服务,为272户聋人家庭安装可视闪光门铃。依托社会资源在7个街道开展康复进家庭服务项目,为800人次提供居家康复服务。

(沈 立)

【残疾人文化体育活动】 年内,开展"文化助残",启动"走基层、送温暖"文化大礼包系列活动,为20个街乡的40户重度残疾人家庭送去文化大礼包,涵盖图书、画册、歌曲、舞蹈等形式。举办"阳光·牵手"残疾人专场音乐会、"我的朝阳我的家"残疾人小戏小品比赛、"阅读改变生活"征文比赛、"细致之美"首届残疾人个人画展和残疾人棋类比赛、乒乓球赛,组织残疾人到国家大剧院、梅兰芳大剧院、二十一世纪剧院欣赏交响乐、歌舞剧、话剧等,弘扬"特殊艺术、特殊魅力",丰富残疾人精神生活。区残疾人艺术团全年参加各级各类演出60余场,深入朝外、管庄等街乡举办"特别的爱给特别的你"和"绽放生命,放飞梦想"残疾人专场演出。举办残疾人温馨家园合唱指挥、声乐教员、舞蹈小教员等培训班,基层残疾人文化骨干队伍逐步形成。残疾人艺术团、体育队在华北五省区(市)舞蹈比赛、北京市第六届社区残疾人文艺汇演、基层残疾人群众体育成果展暨优秀残疾人体育项目展示交流活动、奥林匹克社区文化节、"品味书香,亲近阅读"北京市残疾人阅读沙龙暨残疾人征文比赛、第26届残疾人棋牌比赛、残疾人田径、游泳、乒乓球比赛、残疾人青少年羽毛球比赛、朝阳区"社区一家亲"戏曲小品比赛、"喜迎十八大·旋舞朝阳"昆泰杯朝阳区第五届舞蹈比赛等市区文体育赛事活动中取得优异成绩。视力残疾人袁艳萍在第十四届伦敦残奥会盲人柔道女子70公斤以上级比赛中获金牌,实现"两连冠"。残疾人文学沙龙举办"生命的支柱"交流活动,残疾人书画家联谊会到中国美术馆参观"明月清风——中国美术馆藏邓拓捐赠中国古代绘画精选"展览,残疾人摄影沙龙举办摄影技巧专题讲座。

(沈　立)

【无障碍环境建设】　年内,残疾人免费乘坐公交车、盲人免费乘坐地铁得到制度化保障。依法履行无障碍监督职责,开展1次无障碍推动日宣传活动和15次无障碍监督检查。为奥林匹克公园捐赠7辆无障碍电瓶车,实现无障碍游览,成为北京市第七家5A级国家旅游景区。联合首都汽车公司开展"扶残助行",义务接送残疾人参加社会活动。完成建外、朝外、奥运村、大屯等八个街道(地区)10个住宅小区无障碍设施改造。

(沈　立)

【宣传工作】　年内,举办"爱耳日"、"爱眼日"、"全国助残日"、世界精神卫生日等主题宣传教育活动。编发《朝阳区残联工作信息》38期,《朝阳区残联工作简报》12期、专刊4期。印制《"和你在一起"朝阳区残疾人事业2008—2012年工作回眸》、《"细致之美"罗丽艳工笔画选》画册。"春雨"残疾人宣讲团作为全市唯一一支由残疾人组成的宣讲团入选北京市百姓宣讲"双十佳"网络评选活动,市区巡讲10余场。朝阳有线台制作播出《同在蓝天下》栏目24期。《春雨》报改版发行12期,通过邮政直投和残疾人工作者送报入户的方式发到2.5万名残疾人手中。各类媒体报道残疾人事业新闻320余条。

(沈　立)

【维权信访工作】　年内,为4289名残疾人办理残疾人证。创建潘家园、双井、三里屯、三间房、常营等5个街道(地区)信访信息直报点,形成市、区、街道(地区)三级信访信息有效沟通。妥善回复和调处残疾人来信、来访、来电、网上咨询1854人次,有效处理残疾人合法诉求。法律援助工作站为残疾人提供咨询服务180人次,受理5件法律援助案件,非诉讼调解纠纷案件1起。配合公安、交管部门开展"321"打防管控一体化治理黑车专项行动,就残疾人机动轮椅车办理加油卡事项对100名残摩车主开展抽样调查征询意见。

(沈　立)

【枢纽型社会组织建设】　年内,发挥"枢纽型"社会组织作用,加大残疾人康复协会工作力度,提升康复机构运营管理和康复服务质量。审批成立2家肢体、成年智力康复机构。针对民办康复机构的会计制度、责任管理、安全责任等方面进行培训和教育,举办"中美认知语言康复"培训班暨民办康复机构法人培训班,组织康复机构法人代表赴台湾考察残疾人康复训练、职业康复等工作。为71家盲人保健按摩机构办理年检手续,为4家办理地址迁移手续,57家机构享受扶持补贴81万元。

(沈　立)

【交流与合作】　年内,接待韩国大田市市政厅政策公务员代表团、澳大利亚维多利亚精神病医院专家、非洲多国卫生医疗代表团、非洲非政府组织参观团、美国大学生代表团来访考察,与英国、加拿大、台湾省残疾人组织、青海省海东地区、江苏省南京市和扬州市、大连市、呼和浩特市残联等国内外残疾人组织加强交流与合作,学习借鉴先进理念和做法。承办内蒙古兴安盟残联系统业务培训班,组织130名学员开展理论学习和实地考察。

(沈　立)

【调查研究】　年内,开展《朝阳区残疾人就业状况调查及建议》、《关于建立和完善残疾人法律救助体系的思考》、《关于对六个街道"康复进家庭"重点项目实施情况的调查报告》、《关于北京市朝阳区基层残疾人体育健身现状与对策研究》等四项重点调研,形成调研报告。完成劳动年龄段24584名残疾人就业状况调查和信息采集系统更新工作。

(沈　立)

【残疾人专门协会工作】　年内,残疾人专门协会围绕宣传"北京精神",深入开展素质教育,组织各类活动121次,参与残疾人2500余人次。肢残人协会组织开展"寻找身边榜样、共享阳光生活"参观学习活动;聋人协会成立读书兴趣小组和摄影兴趣小组;盲人协会和智力残疾人亲友会组织残疾人参观天津平津抗日战争纪念馆;精神残疾人亲友会举办多场健康知识讲座。2012年伦敦残奥会女子盲人柔道冠军袁艳萍入选全国"残奥英模报告团"。肢体残疾人李将健获第三届全国残疾人"自强创业奖"。平房地区残疾人工作者周立军在全国首届社区残疾人就业指导员服务竞赛中获得由中国残联和英国大使馆文化教育处共同颁发的"社区残疾人就业服务之星”称号。盲人曹军参加“东方杯”第三届全国残疾人辅助器具创新设计大赛，其参赛作品《保益悦听手机读屏软件》获大赛创新型类三等奖。

（沈　立）

【残疾人党建】　年内，围绕“建组织、建阵地、建助残体系”目标，巩固基层残疾人党组织建设，6个街道残联党总支部和33个社区残协党支部开展党员活动140余次，配发2000余册图书，服务覆盖残疾人党员621人、入党积极分子37人。

（沈　立）

朝阳区红十字会

【概况】　朝阳区红十字会是区政府直接领导联系的社会救助团体。内设办公室和业务科，工作人员10名。年内，获中国红十字总会报刊宣传先进集体二等奖，应急救护知识普及工作获北京市红十字会人道公益品牌活动提名奖，“人道力量，学雷锋志愿者在行动”被北京市红十字会授予人道公益品牌活动。

地址：团结湖北五条8号楼

电话：65094673

邮编：100026

电子邮箱：chaoyanghonghui@163.com

（孙宏娟）

【募捐活动】　年内，共接收社会各界募捐款650.13万元，其中“博爱在京城、博爱在朝阳”捐款635.77万元，超额完成2012年市会下达的140万元任务指标，超额354.12％。接收社会各类捐助物资折合人民币30.27万元。基层红十字会动员辖区企业履行社会责任，为红十字事业做贡献。学校红十字工作委员会以创建红十字青少年示范校为重点，在红十字青少年中开展“博爱一元　捐一份爱”主题活动，募集善款23.93万元。在纪念第65个“5·8”世界红十字日和“5·12”全国防灾减灾日之际，各级红十字会广泛开展红十字博爱文化月活动，启动仪式上表彰2011年博爱募捐突出贡献单位13家，区委副书记、区政法委书记陈宏志，副区长、区红十字会会长张立新，区政协副主席郑煌等区四套班子领导为其授牌。双井、劲松、潘家园、呼家楼、东坝等红十字会通过举办“今日爱”红十字公益活动日、爱心义卖、设立募捐箱等形式，广泛宣传，募集善款。

（孙宏娟）

【救助活动】　年内，区红十字会加大救助力度，全年共救助困难家庭826户，使用博爱募捐款473.16万元，使用率74.4％。其中，博爱助医40万元；博爱助急25.59万元；少儿大病救助20万元；博爱助困8.75万元；博爱助老15万元；博爱助残4.69万元、非典定向救助14.4万元、对口援建救助60万元、基层救助284.73万元。“7·21”特大自然灾害，区红十字会系统及时启动应急预案，积极争取市红会救灾物资，在全区开展专项募捐，共募集粮油礼盒1000盒、棉被200床，及时将所募物资送到受灾较为严重的崔各庄、平房地区，与此同时，为在暴雨中亲人遇难的6户家庭提供12万元人道救助金。与区司法局联合实施针对特困社区矫正和刑释解教人员的“阳光救助”工程，救助社区矫正对象271名，救助价值52628.2元的生活物资。“两节”期间，对困难家庭、区域内18岁以下患有五种大病的特困少儿、非因公SARS后遗症患者、艾滋病患者、精神疾患、老年病医院和社会弃婴等不同阶层弱势群体给予人道救助，发放救助金39.14万元。

（孙宏娟）

【宣传活动】　年内，在纪念第65个“5·8”世界红十字日和“5·12”全国防灾减灾日之际，开展红十字博爱文化宣传月活动。“5·8”期间，印制发放捐献造血干细胞宣传画、博爱募捐倡议书等宣传资料3.5万余份，受众近10万人次；组织开展大型主题宣传活动近50次，区红十字会在《朝阳报》、朝阳有线播出新闻60余条，市红会网站、区政务内网、区红十字会网刊载信息100余条，上报区委、区政府信息30条，采用6条。2012年区红十字会获中国红十字总会报刊宣传先进集体二等奖。

（孙宏娟）

【志愿服务】　年内，区红十字会系统围绕全国文明城区复检工作，深化红十字志愿服务活动。春节期间，常务副会长王素荣带领全体机关党员到六里屯社区老年病医院开展志愿服务活动，为老人理发、剪指甲、打扫卫生、包饺子、送“福”字。“5·8”世界红十字日之际，在太阳宫公园举行朝阳区纪念“5·8”世界红十字日暨“人道力量、汇集朝阳——学雷锋朝阳红十字志愿者在行动”启动仪式。命名叶如陵等110名红十字星级志愿者、司　范爱心工作室等20个志愿服务基地，日坛中学、枣营小学2所红十字青少年示范校。区领导为红十字志愿服务之星颁发证书、为红十字志愿服务品牌授牌。区红会与和平街街道红十字会联合中医药大学组织志愿者开展捐献造血干细胞血样采集活动，区直机关系统公务员、大学生、外来务工人员参加捐献活动，66例造血干细胞血样成功采集入库。

（孙宏娟）

【应急救护教育培训】　年内，初级急救员取证培训开班246个，取证35584人，完成全年培训任务指标的118.61％。其中，街乡社区居民9065人；区教委系统师生20888人；重点行业（消防、公安干警）906人；公务员625人；其他（志愿者）4100人。救护知识普及培训15.5万人，完成全年任务指标的103.33％。全区应急救护知识普及39.5万人，完成《朝阳区红十字事业2010－2015年发展规划》指标的53％；全区初级急救员取证人数13万人，完成“规划”指标的87%。

(孙宏娟)

【红十字青少年活动】 年内,以红十字“人道、博爱、奉献”精神进德育课堂,安全应急救护知识进校园为重点,通过开展“博爱在朝阳——博爱一元捐　献爱心活动”、红十字青少年夏令营、应急救护知识培训等系列活动,深化红十字青少年工作。107所学区(学校)的20888名师生参加初级急救员取证培训;“博爱在京城—— 一元钱,献爱心”募款23.93万元;上报市会2012年“红十字青少年十佳活动”4项,18名学生获“百优红十字青少年”称号;27所学校挂牌市级健康促进校,创建区级健康促进校22所。

(孙宏娟)

【交流与合作】 年内,区红十字会先后到对口援建的西藏自治区拉萨市堆龙德庆县、湖北省十堰市、神农架林区、四川省什邡市红十字会进行项目考察,对口援建助学、备灾库专项经费75.9万元,棉被、衣物等物资折合人民币13.7万元。与密云县红十字会开展交流学习、送温暖活动,向其捐赠价值3万元善款及物资;组团赴东北、贵州等地学习借鉴红十字组织的先进理念和宝贵经验,加强与外省市红会组织的交流与合作,推动朝阳区红十字事业科学发展。

(孙宏娟)

朝阳区慈善协会

【概况】 北京市朝阳区慈善协会是非营利社会团体法人。成立于2005年6月,协会宗旨:“遵守国家宪法、法律和法规,维护国家统一和民族团结,发扬人道主义精神,弘扬中华民族扶贫、济困传统美德,依靠政府和社会力量,广泛募集慈善资金,大力开展社会救助,为困难群众服务,促进社会文明和谐”。协会主要任务,是在区委、区政府领导下,广泛动员社会力量,多方筹措慈善资金,积极实施助医、助学、助老、助残、助困等慈善救助活动,在发生重大自然灾害、突发公共事件时实施紧急救助。协会内设办公室、宣传部、募捐部,有工作人员16名。年内募集善款4552.93万元,使用善款4414.91万元,实施救助项目293个,惠及13906户家庭。

地址:朝阳公园南路19号

电话:65920669

邮编:100125

电子邮箱:cycs@bjchy.gov.cn

(王利华)

【救助患白血病志愿者王争】 1月9日,区慈善协会为患有“急性非淋巴细胞性白血病”的志愿者王争募集善款5.7万元,向北京市慈善协会申请救助款5万元,总计10.7万元。

(王利华)

【“两节”慰问活动】 1月10日,区慈善协会协助北京市慈善协会开展2012年“两节”期间“春雨”大病救助走访慰问朝阳区困难群众活动,协会领导陪同市慈善协会领导进行入户慰问。“两节”期间,市慈善协会共计向朝阳区慈善协会拨付15万元大病救助金,惠及12名困难群众。1月12日,区慈善协会开展2012年“两节送温暖”走访慰问重大疾病家庭活动。发放善款33.2万元,救助全区37家街道、地区慈善分会中的166户低保、低收入家庭。

(王利华)

【主要会议】 2月3日,朝阳区慈善协会在阳光丽城温泉酒店召开2011年度工作总结会,会长李靓就协会2011年工作进行总结,并对2012年工作提出新的标准和要求。3月14日至15日,区慈善协会分别在呼家楼街道、东风地区、望京街道、将台地区召开2012年区慈善协会第一季度分会片会,部署近期工作,对辖区失能老人情况进行摸底调研,研讨具有朝阳特色的助老救助项目。4月1日,朝阳区慈善协会召开全体会议,下发“慈善协会2012年折子工程”,对全年任务明确分工、责任到人,参照区民政局有关规定,出台“慈善协会绩效考核办法”,于4月1日起执行。3月20日,区慈善协会在协会多能厅召开“携手夕阳 关爱生活失能老人”项目座谈会,邀请区卫生局、区民政局、区老龄办、团区委志愿者协会及团结湖街道、劲松街道、平房地区、来广营地区四家试点分会参加。会议讨论“携手夕阳关爱生活失能老人”项目,团结湖街道作为试点单位介绍项目情况。4月12日至5月18日,区慈善协会联合区卫生局、团区委,以及团结湖街道、劲松街道、平房地区、来广营地区的慈善分会,召开“携手夕阳 关爱失能老人”项目研讨会,讨论项目实施细则,为下一阶段开展有针对性救助寻找依据。4月27日,区慈善协会召开2012年慈善分会工作会议,副区长张立新出席会议。6月15日,区慈善协会召开2012年第二季度分会工作会片会,重点总结2011年“衣恋圣秀”项目实施工作,部署该项目2012年工作。8月10日,区慈善协会召开工作会,总结上半年工作,布置下半年任务。10月10日,慈善协会召开全体会议,区委常委、组织部部长张革宣布“关于屈亚凤为朝阳区慈善协会会长人选,免去李靓朝阳区慈善协会会长职务”的建议。11月22日,慈善协会召开第四季度慈善分会片会,41家街道(地区)分会长参会,其他两个尚未成立分会的地区办事处领导列席会议。会议布置“12·3首都慈善公益日”、医疗卡年审、“两节”重大疾患人员慰问等活动。

(王利华)

【“衣恋圣秀慈善基金”助学】 2月7日,区慈善协会举行“衣恋圣秀慈善基金”第二批助学款发放仪式,发放善款15万元,100名学生受助。9月5日,慈善协会举行“衣恋圣秀慈善基金”第三批助学款发放仪式，发放善款15万元，100名学生受助。10月27日，北京市慈善协会、韩国衣恋集团在郡王府CBD会议中心联合举行“衣恋圣秀慈善基金”2012年受助学生主题班会，朝阳区35名受助学生代表参加。市慈善协会副秘书长张坤义、区慈善协会常务副会长晏昭、韩国衣恋集团社会责任部北京地区负责人高宽卓参加活动。11月19日，向50名受助学生发放2012年度“衣恋圣秀慈善基金”15万元。

（王利华）

【发放爱心卡】 2月14日，区慈善协会按照北京市慈善协会要求，向300名低保、特困群众发放每人每年1000元的“永辉超市爱心卡”，使用善款30万元。

（王利华）

【慰问贫困单亲母亲】 3月6日，在“三八”妇女节来临之际，区慈善协会携手金盏地区慈善分会、北京爱慕集团和北京金星佳业化工产品公司，慰问200名贫困单亲母亲。北京爱慕内衣有限公司捐赠200套、价值13.2万元的保暖内衣，慰问200名贫困单亲母亲，北京金星佳业化工产品有限公司捐赠2万元慰问40名贫困单亲母亲。

（王利华）

【学习考察】 3月6日，区慈善协会举办公文写作培训，邀请区政府办文书科专职人员为协会全体干部讲授公文写作知识。3月28日至3月31日，区慈善协会会长李靓带队，联合区卫生局、区老龄办、团区委以及团结湖街道分会、劲松街道分会、平房地区分会、来广营地区分会和协会部分工作人员一行13人赴福州市慈善总会，学习考察福州市慈善总会募捐与救助工作经验，重点学习福州市慈善助老做法，结合朝阳区情研发具有朝阳特色的助老项目。4月20日，慈善协会党支部组织开展信息写作培训。5月25日，开展“自我减压 培养阳光心态”心理培训。

（王利华）

【关注自闭症儿童】 4月2日，区慈善协会、金羽翼残障儿童艺术康复服务中心在三里屯3·3服饰大厦前广场共同举办“让爱点亮星空”暨金羽翼流动美术馆温暖启幕庆典，本次活动是在“世界自闭症日”向自闭症儿童献上的礼物。

（王利华）

【“阳光温暖回家路”活动】 4月20日，区慈善协会举行“‘阳光温暖回家路’——送大学生回家过年”项目款发放仪式。此次活动为朝阳区域内14所高校493名贫困大学生报销回家过年往返车票110762.50元。

（王利华）

【《慈善朝阳》报改版】 5月25日，《慈善朝阳》报改版。该报自2005年创刊以来，连续出版64期，累计发行128万份。

（王利华）

【“夏日送清凉”活动】 5月25日，区慈善协会开展“夏日送清凉”活动，为88位生活失能老人送去电风扇及床上用品。

（王利华）

【支部工作】 6月1日，区慈善协会党支部组织党员及入党积极分子前往东方博爱儿童福利院开展“庆‘六一’关爱孤残儿童活动”，送去价值8万元的奶粉、尿不湿、儿童服装等生活用品，并陪孩子们做游戏。6月28日，区慈善协会党支部联合区教委开展庆“七一”携手慈善关爱教育系统生活困难老党员活动，将12份电风扇及床上用品送到生活困难老党员家中。7月6日，慈善协会党支部召开“学习贯彻落实市第十一次党代会精神”工作部署会，会后组织全体党员、干部观看电视片《信仰》，组织讨论并撰写观后感。7月17日，慈善协会党支部组织开展协会内部的“共产党员献爱心”捐款活动，全体党员、干部捐款3700元。8月10日，党支部组织全体党员和入党积极分子参观全国爱国主义教育基地董存瑞烈士陵园，并就地召开党员大会发展1名预备党员。

（王利华）

【发放生活困难党员帮扶专项资金】 6月28日，在“七一”来临前，区慈善协会、区委组织部举行第九次“朝阳区生活困难党员帮扶专项资金”发放仪式，为全区1183名困难党员发放不同金额的专项帮扶资金153.5万元。

（王利华）

【共产党员献爱心活动】 7月12日至26日，区慈善协会与区委组织部、宣传部联合开展“2012年朝阳区共产党员献爱心”活动。103235人参与，其中党员81488人，群众21747人，募集善款501.49万元，连续两年位居全市16区县之首。

（王利华）

【“衣恋助学中韩学生联谊会”】 8月14日，在燕达国际健康城举行“衣恋助学中韩学生联谊会”，由韩国衣恋集团主办，北京市慈善协会协办。73名朝阳区“衣恋助学金”受助学生与130名韩国中小学生联谊。

（王利华）

【救助“7·21”特大自然灾害受灾党员】 8月16日，慈善协会对‘7·21’特大自然灾害受灾党员实施帮扶救助，使用善款10.1万元，惠及受灾党员57人。

（王利华）

【启动关爱失能老人项目】 9月初，慈善协会“携手夕阳 关爱失能老人”项目在劲松街道、团结湖街道、平房地区、来广营地区四家慈善分会启动，首批80名贫困失能老人享受医疗、家政、志愿服务等慈善救助。

（王利华）

【社区卫生服务中心救助项目】 9月7日，慈善协会实施六里屯社区卫生服务中心救助项目，联合区卫生局于10月19日在六里屯社区服务中心举行项目捐赠仪式。使用善款76万元,为老年病区建立两套中央监护系统。

(王利华)

【重阳节慰问活动】 10月24日,慈善协会开展"携手夕阳 关爱失能老人"重阳节慰问活动,会长屈亚凤带队入户,向79名贫困失能老人送上每人价值200元的慰问品。

(王利华)

【"首都慈善公益日"活动】 12月3日至12月9日,慈善协会组织全区41家分会开展"首都慈善公益日"活动,发放9945份宣传材料,号召24719人参与,收到各分会相关信息42条。截至12月14日,募集善款614082.93元,使用善款130500元,惠及困难家庭27户。

(王利华)

【成立分会】 12月10日,南磨房地区成立慈善分会。12月20日,孙河地区成立慈善分会。至此,朝阳区43家街道(地区)分会全部成立。

(王利华)

政权 政协

北京市朝阳区人民代表大会常务委员会

【概况】 北京市朝阳区人民代表大会常务委员会是朝阳区人民代表大会常设机构。年内,召开常委会会议8次,主任会议8次,审议议题38项;听取审议"一府两院"专项工作报告4个,计划、预算、决算、审计等报告8项;开展执法检查1项,作出决议、决定36项。坚持考核考试和任命标准,依法任免国家机关工作人员299人次。组织召开朝阳区第十五届人民代表大会第二次会议。

地址:安立路0号
电话:65094479
邮编:100107
邮箱:13671225057@163.com

(邢浩铭)

【主任会议】 2月9日,区十五届人大常委会召开第一次主任会议,初审区人大常委会第一次会议建议议题,决定常委会第一次会议有关事项。通过《北京市朝阳区第十五届人民代表大会常务委员会各地区代表小组组长及代表工作联络员名单》,修订通过《朝阳区人大常委会主任、副主任接待代表制度》。4月16日,召开第二次主任会议。初审常委会第二次会议建议议题,决定常委会第二次会议有关事项。通过《北京市朝阳区第十五届人民代表大会常务委员会农村工作委员会农村代表小组组建方案》和《北京市朝阳区第十五届人民代表大会常务委员会农村工作委员会农村代表小组代表名单》。6月6日,召开第三次主任会议,初审常委会第三次会议建议议题,决定常委会第三次会议有关事项。听取朝阳区住房城乡建设委员会主任吴凤岐作《关于朝阳区建设工程质量监督工作的汇报》,区人大常委会城建环保工作委员会主任张永贵作了对该汇报的调研意见说明;听取朝阳区农村工作委员会主任张树安作《关于推进农村集体产权制度改革情况的汇报》,区人大常委会农村工作委员会主任纪海义作了对该汇报的调研意见说明。7月30日,召开第四次主任会议,初审常委会第四次会议建议议题,决定常委会第四次会议有关事项。8月6日,召开第五次主任会议,初审常委会第五次会议建议议题,决定常委会第五次会议有关事项。听取朝阳区文化委员会主任黄晓伟作《关于朝阳区文化事业发展情况汇报》,区人大常委会教科文卫工作委员会主任张克成作了对该汇报的调研意见说明;听取朝阳区政府办公室主任张维刚作《关于朝阳区十五届人大一次会议"议转建"代表建议办理情况的汇报》。讨论通过《朝阳区人大常委会关于在街、乡建立人大代表工作室的实施方案》和《朝阳区人大"关注民生,代表行动"主题月活动方案》。8月6日,召开第六次主任会议,初审常委会第六次会议建议议题,决定常委会第六次会议有关事项。听取朝阳区人民政府民族宗教办公室主任王爱录作《关于贯彻实施〈北京市少数民族权益保障条例〉工作情况的汇报》,区人大常委会内务司法工作委员会主任侯湘君作了对该汇报的调研意见说明;听取朝阳区绿化隔离地区建设指挥部办公室主任李杰民作《关于朝阳区绿化隔离地区建设情况的汇报》,区人大常委会农村工作委员会主任纪海义作了对该汇报的调研意见说明。讨论通过《朝阳区第十五届人民代表大会常务委员会来广营等地区代表小组组长名单》和《朝阳区人大常委会关于补选区第十五届人民代表大会代表工作实施方案》。11月15日,召开第七次主任会议,初审常委会七次会议建议议题,决定常委会第七次会议有关事项。12月6日,召开第八次主任会议,初审常委会八次会议建议议题,决定常委会第八次会议有关事项。

(邢浩铭)

【常委会会议】 2月22日,区十五届人大常委会召开第一次会议。审议通过《朝阳区人大常委会2012年工作要点(草案)》,区人大常委会研究室主任杨立亭对该草案作说明。通过《北京市朝阳区第十五届人民代表大会常务委员会代表资格审查委员会主任委员、副主任委员、委员名单(草案)》、《北京市朝阳区第十五届人民代表大会常务委员会内务司法等五个工作委员会组成人员名单(草案)》、《北京市朝阳区第十五届人民代表大会常务委员会各街道工作委员会组成人员名单(草案)》。会议责成区人大常委会办公室将7个名单以常委会文件形式印发。根据区十五届人大常委会主任佟克克的提请,决定免去朱春霞北京市朝阳区人大常委会办公室主任职务;任命李振玲为北京市朝阳区人大常委会办公室主任。根据区人民政府区长程连元的提请,决定任命孙其军为北京市朝阳区教育委员会主任;王先勇为北京市朝阳区科学技术委员会主任;曲君为北京市朝阳区监察局局长;张岩为北京市朝阳区民政局局长;邹立嵩为北京市朝阳区财政局局长;吕明杰为北京市朝阳区人力资源和社会保障局局长;吴凤岐为北京市朝阳区住房和城乡建设委员会主任;张树安为北京市朝阳区农村工作委员会主任;宗永军为北京市朝阳区水务局局长;朱晟为北京市朝阳区商务委员会主任;黄晓伟为北京市朝阳区文化委员会主任;师伟为北京市朝阳区卫生局局长;史素珍为北京市朝阳区人口和计划生育委员会主任;刘野为北京市朝阳区审计局局长;张永新为北京市朝阳区社会建设工作办公室主任;张仲凯为北京市朝阳区安全生产监督管理局局长;王爱录为北京市朝阳区人民政府民族宗教办公室主任;张维刚为北京市朝阳区人民政府办公室主任;常树奇为北京市朝阳区发展和改革委员会主任;王远捷为北京市朝阳区司法局局长;康志华为北京市朝阳区市政市容管理委员会主任;关伟为北京市朝阳区环境保护局局长;王文远为北京市朝阳区人民政府国有资产监督管理委员会主任;马海鹰为北京市朝阳区体育局局长;王春平为北京市朝阳区统计局局长;胡良森为北京市朝阳区园林绿化局局长;兰学军为北京市朝阳区旅游局局长;闫宾为北京市朝阳区民防局局长;李瑶为北京市朝阳区金融服务办公室主任;李辉为北京市朝阳区人民政府外事办公室主任;马龙为北京市朝阳区人民政府法制办公室主任;王臻为北京市朝阳区信息化工作办公室主任;陈杰为中共北京市朝阳区委朝阳区人民政府信访办公室主任。黄晓伟和常树奇代表被任命人员做表态发言。根据区人民法院院长李瑞翔的提请,决定免去王远捷北京市朝阳区人民法院副院长、审判委员会委员、审判员职务;高嵩北京市朝阳区人民法院亚运村人民法庭庭长、审判员职务;牛冬华北京市朝阳区人民法院王四营人民法庭副庭长、审判员职务;邓益洲北京市朝阳区人民法院审判员职务;张洪喆北京市朝阳区人民法院审判员职务。根据区人民检察院检察长王立的提请,决定任命王方、叶萍、杨璐、张昊、周颖为北京市朝阳区人民检察院检察员。4月26日,召开第二次会议。听取并审议区财政局局长邹立嵩受区政府委托所作的《关于朝阳区2012年财政预算调整方案草案的报告》,区人大常委会财政经济工作委员会主任任敬东汇报对该报告的初审意见。会议表决通过《北京市朝阳区第十五届人民代表大会常务委员会关于批准朝阳区2012年财政预算调整方案的决议》。根据区人民法院院长李瑞翔的提请,决定免去李宝贵朝阳区人民法院民事审判第四庭庭长职务;刘玉清朝阳区人民法院刑事审判第一庭庭长职务;汪冬朝阳区人民法院执行第一庭庭长职务;徐悦朝阳区人民法院酒仙桥人民法庭副庭长职务;王巍朝阳区人民法院审判监督庭副庭长职务;李戈朝阳区人民法院南磨房人民法庭副庭长职务;江诗伟朝阳区人民法院奥运村人民法庭副庭长、审判员职务。决定任命亓纪、张维平、林子英、刘玉清为北京市朝阳区人民法院审判委员会委员;殷兵为北京市朝阳区人民法院执行第一庭庭长;徐悦为北京市朝阳区人民法院民事审判第一庭副庭长;王巍为北京市朝阳区人民法院民事审判第五庭副庭长;付艳为北京市朝阳区人民法院温榆河人民法庭副庭长;李戈为北京市朝阳区人民法院审判监督庭副庭长;伊莉为北京市朝阳区人民法院审判员。书面审议区十五届人大常委会第一次会议被任命人员就职报告。6月21日,召开第三次会议。听取并审议副区长苑文新受区政府委托所作的《关于贯彻实施〈中华人民共和国食品安全法〉工作情况的报告》;区人大常委会执法检查组副组长张克成作《关于检查〈中华人民共和国食品安全法〉实施情况的报告》。听取并审议区审计局局长刘野受区政府委托所作的《关于朝阳区2011年预算执行和其他财政收支的审计工作报告》。区人大常委会财政经济工作委员会主任任敬东汇报对该报告的初审意见。听取并审议区财政局局长邹立嵩受区政府委托所作的《关于朝阳区2011年财政决算的报告》,区人大常委会财政经济工作委员会主任任敬东汇报对该报告的初审意见。会议表决通过《北京市朝阳区第十五届人民代表大会常务委员会关于批准朝阳区2012年财政决算方案的决议》。听取并审议区发展和改革委员会主任常树奇受区政府委托所作的《关于朝阳区2012年国民经济和社会发展计划调整方案草案》,区人大常委会财政经济工作委员会主任任敬东汇报对该报告的初审意见。表决通过《北京市朝阳区第十五届人民代表大会常务委员会关于批准朝阳区2012年国民经济和社会发展计划调整方案的决议》。听取并审议区法院院长李瑞翔所作的《朝阳区人民法院关于知识产权审判工作的报告》;区人大常委会内务司法工作委员会主任侯湘君汇报对该报告的调研意见。根据区长程连元的提请,决定任命谭林坤为北京市朝阳区外事办公室主任;免去李辉北京市朝阳区外事办公室主任职务。根据区人民检察院检察长王立的提请,决定任命郗琳为北京市朝阳区人民检察院副检察长、检察委员会委员;吴斌为北京市朝阳区人民检察院检察委员会委员、检察员;马云星、王星、刘荣、孙莉婷、张福增、庞玮、秦梁、贾晓文、徐华玲、黄福涛、董彬、曾凌为北京市朝阳区人民检察院检察员。免去张朝霞北京市朝阳区人民检察院副检察长、检察委员会委员、检察员职务;高大中北京市朝阳区人民检察院检察委员会委员、检察员职务。区人大常委会内务司法工作委员会主任侯湘君对区检察院被任命人员作了考察报告。书面审议区十四届人大常委会第三十二次会议对区政府《关于土地储备定向安置房建设工作情况的报告》的审议意见的办理报告。8月2日,召开第四次会议。以举手表决的方式决定接受程连元辞去北京市朝阳区人民政府区长职务的请求。以无记名投票的方式,全票通过决定,由吴桂英代理北京市朝阳区人民政府区长职务。8月23日,召开第五次会议。听取并审议区发展改革委主任常树奇受区政府委托所作的《关于朝阳区2012年国民经济和社会发展计划上半年执行情况的报告》,区人大常委会财政经济工作委员会主任任敬东汇报对该报告的初审意见。听取并审议区财政局局长邹立嵩受区政府委托所作的《关于朝阳区2012年财政预算上半年执行情况的报告》,区人大常委会财政经济工作委员会主任任敬东汇报对该报告的初审意见。听取并审议副区长陈涛所作的《关于朝阳区农民社会保障工作情况的报告》,区人大常委会农村工作委员会主任纪海义汇报对该报告的调研意见。区人大常委会代表资格审查委员会主任委员李国作《朝阳区第十五届人民代表大会常务委员会代表资格审查委员会关于提请接受王玉华等5名代表辞职请求的报告》,举手表决通过《朝阳区第十五届人民代表大会常务委员会关于接受王玉华等5名代表辞职请求的决定》,决定接受王玉华、张克斌、张树宝、高永红、康志华辞去朝阳区第十五届人民代表大会代表职务的请求。区人大常委会代表资格审查委员会主任委员李国作《朝阳区第十五届人民代表大会常务委员会代表资格审查委员会关于代表资格的审查报告》,北京市朝阳区第十五届人民代表大会现有代表440名。举手表决通过《朝阳区人民代表大会常务委员会关于补选朝阳区第十五届人民代表大会代表的决定》,决定在左家庄地区、东湖地区、来广营地区、小红门地区、崔各庄地区补选朝阳区第十五届人民代表大会代表5名。区人大常委会代表联络室副主任王宁作《朝阳区人大常委会代表联络室关于补选朝阳区第十五届人民代表大会代表的情况说明》。举手表决通过《朝阳区人民代表大会常务委员会关于同意来广营乡、崔各庄乡补选乡第十六届人民代表大会代表的决定》。区人大常委会农村工作委员会主任纪海义作《关于部分乡补选乡人民代表大会代表有关情况的说明》。根据区人民法院院长李瑞翔的提请,以举手表决的方式,决定免去邹学东北京市朝阳区人民法院副院长、审判委员会委员职务,孙京昆北京市朝阳区人民法院望京人民法庭庭长职务,康海滨北京市朝阳区人民法院审判监督庭副庭长职务。以投票的方式,决定任命曹志刚、亓纪为北京市朝阳区人民法院副院长,孙京昆为北京市朝阳区人民法院审判委员会委员,贾丽英为北京市朝阳区人民法院刑事审判第二庭副庭长,普翔为北京市朝阳区人民法院民事审判第三庭副庭长,巴晶焱为北京市朝阳区人民法院民事审判第四庭副庭长、审判员,冯慧为北京市朝阳区人民法院双桥人民法庭副庭长,周维琦为北京市朝阳区人民法院酒仙桥人民法庭副庭长、审判员,刘黎为北京市朝阳区人民法院奥运村人民法庭副庭长,武楠为北京市朝阳区人民法院行政审判庭副庭长,梁志红为北京市朝阳区人民法院执行第二庭副庭长、审判员;王富博、陈轶、周昌昊、张济坤、杨兵、程屹、阮健、周维、苏志甫、李自柱、陈慧、赵世奎、白小莉、于爽、招霞、乔红星、蔡峰、袁冲、于洋、马建涛、田小村等21人为北京市朝阳区人民法院审判员。书面审议区十五届人大常委会第三次会议被任命人员郗琳的就职报告。10月25日,召开第六次会议。听取并审议副区长张立新所作的《区政府关于办理"推进我区医疗卫生事业发展,提高人民健康生活水平"议案情况的报告》,区人大常委会教科文卫工作委员会主任张克成汇报对该报告的调研意见。听取并审议副区长王春作《关于朝阳区大气污染防治工作的报告》,区人大常委会城建环保工作委员会主任张永贵汇报对该报告的调研意见。听取代表资格审查委员会关于代表资格的审查报告。区人大常委会代表资格审查委员会主任委员李国作《朝阳区第十五届人民代表大会常务委员会代表资格审查委员会关于提请接受崔铭代表辞职请求的报告》,举手表决通过《朝阳区第十五届人民代表大会常务委员会关于接受崔铭代表辞职请求的决定》,决定接受崔铭辞去朝阳区第十五届人民代表大会代表职务的请求。区人大常委会代表联络室主任孙立作《朝阳区人大常委会代表联络室关于补选朝阳区第十五届人民代表大会代表的情况报告》。区人大常委会代表资格审查委员会主任委员李国作《朝阳区第十五届人民代表大会常务委员会代表资格审查委员会关于代表资格的审查报告》,北京市朝阳区第十五届人民代表大会现有代表444名。举手表决通过《朝阳区人民代表大会常务委员会关于补选朝阳区第十五届人民代表大会代表的决定》,决定在太阳宫地区补选朝阳区第十五届人民代表大会代表1名。区人大常委会代表联络室主任孙立作关于补选朝阳区第十五届人民代表大会代表的情况说明。决定区十五届人大第二次会议有关事项。以举手表决的方式,通过《关于召开朝阳区第十五届人民代表大会第二次会议的决定》,会议决定朝阳区第十五届人民代表大会第二次会议于2012年11月18日至20日召开。并表决通过朝阳区第十五届人民代表大会第二次会议建议议程、朝阳区第十五届人民代表大会第二次会议代表分团及代表团召集人名单、朝阳区第十五届人民代表大会第二次会议主席团、秘书长建议名单。区人大常委会办公室主任李振玲作关于召开朝阳区第十五届人民代表大会第二次会议有关情况的说明。根据代区长吴桂英的提请,以投票表决的方式,决定任命甘靖中为北京市朝阳区人民政府副区长。任命赵红伟为北京市朝阳区农村工作委员会主任,赵年生为北京市朝阳区社会建设工作办公室主任,宋少伟为中共北京市朝阳区委朝阳区人民政府信访办公室主任。以举手表决的方式,决定免去张树安北京市朝阳区农村工作委员会主任职务,张永新北京市朝阳区社会建设工作办公室主任职务,陈杰中共北京市朝阳区委朝阳区人民政府信访办公室主任职务。根据区人大常委会主任佟克克的提请,以举手表决方式,决定任命李辉为北京市朝阳区人大常委会东湖街道筹备处工作委员会主任。书面审议区十五届人大常委会第五次会议被任命人员曹志刚、亓纪的就职报告。11月18日,召开第七次会议。听取并审议区人大常委会代表联络室主任孙立作《朝阳区人大常委会代表联络室关于补选朝阳区第十五届人民代表大会代表的情况报告》,11月9日,太阳宫地区燃气热电厂选区依法补选甘靖中为朝阳区第十五届人民代表大会代表。区人大常委会代表资格审查委员会主任委员李国作《朝阳区第十五届人民代表大会常务委员会代表资格审查委员会关于代表资格的审查报告》,经朝阳区第十五届人民代表大会常务委员会第七次会议确认,甘靖中代表资格有效。北京市朝阳区第十五届人民代表大会现有代表445名。12月20日,召开第八次会议。听取并初步审查区政府常务副区长甘靖中作《关于朝阳区2013年财政预算草案主要内容的报告》,会议决定,由区政府对报告进行修改完善后,提交区十五届人大三次会议审议通过。听取并审议常务副区长甘靖中作《关于办理朝阳区十五届人大一次会议代表建议、批评和意见的报告》,书面审议区法院《关于办理朝阳区十五届人大一次会议代表建议、批评和意见的报告》;区人大常委会代表联络室主任孙立作《关于朝阳区十五届人大一次会议代表建议、批评和意见督办情况的报告》。通过《朝阳区第十五届人大常委会关于落实"四个坚持、四个服务"的实施意见》。区人大常委会研究室主任杨立亭对该实施意见作说明。会议决定授权主任会议修改完善报告。决定区十五届人大三次会议有关事项。以举手表决方式,通过《关于召开朝阳区第十五届人民代表大会第三次会议的决定》,会议决定朝阳区第十五届人民代表大会第三次会议于2013年1月8日至11日召开,并表决通过朝阳区第十五届人民代表大会第三次会议建议议程(草案),代表分团及代表团召集人名单(草案),主席团、秘书长建议名单(草案),国民经济、社会发展计划和财政预算审查委员会主任委员、副主任委员、委员建议名单(草案),议案审查委员会主任委员、副主任委员、委员建议名单(草案)。表决通过会议列席人员的决定。区人大常委会办公室主任李振玲作相关说明。讨论《朝阳区人民代表大会常务委员会工作报告》,区人大常委会研究室主任杨立亭作报告起草情况的说明。会议决定授权主任会议修改完善报告,提交区十五届人大三次会议审议通过。常务副区长甘靖中受区长吴桂英的委托,作任免提请,以投票表决的方式,决定任命冯守华为北京市朝阳区科学技术委员会主任。以举手表决的方式,决定免去王先勇北京市朝阳区科学技术委员会主任职务。根据区人民法院院长李瑞翔的提请,以投票表决方式,决定任命臧德胜为北京市朝阳区人民法院刑事审判第一庭庭长,鲁曼为北京市朝阳区人民法院民事审判第四庭庭长,俞里江为北京市朝阳区人民法院亚运村人民法庭庭长,李铁为北京市朝阳区人民法院刑事审判第一庭副庭长、审判员,李增辉为北京市朝阳区人民法院民事审判第二庭副庭长、审判员,白小莉为北京市朝阳区人民法院南磨房人民法庭副庭长,李永一为北京市朝阳区人民法院王四营人民法庭副庭长、审判员,沈静为北京市朝阳区人民法院执行第一庭副庭长,刘燕为北京市朝阳区人民法院审判员。以举手表决的方式,决定免去康长庆北京市朝阳区人民法院审判委员会委员、审判员职务,臧德胜北京市朝阳区人民法院刑事审判第二庭副庭长职务,鲁曼北京市朝阳区人民法院民事审判第二庭副庭长职务，俞里江北京市朝阳区人民法院民事审判第一庭副庭长职务，陈闯北京市朝阳区人民法院民事审判第五庭副庭长职务，王静波北京市朝阳区人民法院审判员职务。书面审议区政府关于落实区人大常委会对《区政府关于2011年预算执行和其他财政收支审计工作报告》审议意见的报告、对《朝阳区2012年财政预算上半年执行情况报告》审议意见的报告、对《关于朝阳区2012年国民经济和社会发展计划上半年执行情况的报告》的审议意见的报告、对《关于朝阳区农民社会保障工作情况的报告》的审议意见的报告；书面审议区十五届人大常委会第六次会议被任命人员赵红伟、赵年生、宋少伟的就职报告。

（邢浩铭）

【工作会议】　3月1日，召开2012年区人大代表工作会。区人大常委会主任佟克克，副主任李国、王亚贵、张富生、朱春霞出席会议。区人大常委会专职委员、各委室主任，区人大常委会各街道工委主任、地区代表小组组长及代表工作联络员参加会议。李国通报2012年区人大常委会工作重点；区人大安贞街道工委、管庄地区代表小组就开展代表工作的做法和新一届代表工作的思路与大家展开交流；佟克克就深刻认识人民代表大会制度，本届人大工作的总体考虑及进一步做好代表工作提出要求。4月19日，召开2012年朝阳区人大代表培训会。区人大常委会主任佟克克，副主任李国、王亚贵、朱春霞出席，围绕政府职能介绍、代表议案建议办理、代表履职交流，为280余名区人大代表培训。

（邢浩铭）

【代表活动】　4月1日，区人大常委会组织328名市、区人大代表，在东坝坝河东岸开展“住朝阳、爱朝阳、建朝阳”主题植树活动。市人大常委会主任杜德印，市委常委、常务副市长吉林，市人大常委会副主任、秘书长唐龙，区委书记陈刚为“朝阳人大代表林”揭幕。区人大常委会主任佟克克致辞。市委副秘书长赵玉金，市人大副秘书长、办公厅主任赵传民，市园林绿化局党组副书记、巡视员刘宝军，区委常委、副区长陈涛，区委常委、区纪委书记宋铁健，区委常委、区委办主任刘军胜，区人大常委会副主任李国、王亚贵、张富生、朱春霞、曾原纪，区人大常委会老领导闫学锋、于五一、孔德琴参加活动。10月30日，区人大常委会依法组织全体区人大代表分别就城市建设管理、经济建设、农村城市化和社会事业发展等四个专题进行集中视察，为2013年召开的本届人大三次会议做好准备。区领导吴桂英、佟克克、张革、陈涛、李国、王亚贵、张富生、朱春霞、曾原纪以区人大代表身份参加视察。333名区人大代表参加活动。

（邢浩铭）

【领导调研】　6月19日，市人大常委会主任杜德印到朝阳区人大常委会机关，调研市人大代表换届选举工作。杜德印与朝阳区有关负责人和部分市人大朝阳团代表、朝阳区人大代表座谈。听取区人大常委会主任佟克克对市人大代表换届选举工作有关意见和建议的汇报。区领导陈刚、程连元、张革分别就市人大代表换届选举工作提出建议。

（邢浩铭）

【十五届人大二次会议】　11月18日至20日，在北京国际会议中心召开朝阳区第十五届人民代表大会第二次会议。会议主要任务是选举朝阳区出席北京市第十四届人民代表大会代表、补选北京市朝阳区人民政府区长。共举行三次全体会议。分组讨论区长候选人名单，市区各政党、人民团体联合推荐市代表候选人名单，代表10人以上联名推荐候选人。召开六次主席团会议和四次支部书记会。通过选举，100名同志当选北京市第十四届人民代表大会代表：马辛、马国勇、马建川、马璐、王力军、王幼君、王亚贵、王利如、王金南、王秋、元晓梅、方李莉、卢恩光、叶青、田树林、吉增和、吕莹、任亚光、任晓云、刘美莲、刘洪宇、刘晓晨、刘峰、关天罡、关玲、关瑞利、许杰非、孙连玉、苏煜、杜修力、杜德印、李小涛、李文杰、李有光、李军、李寿梅、李雨聪、李国、李娟、李象群、李超、李燕京、杨宜、杨清英、吴桂英、吴景刚、佟克克、闵庆文、汪建平、宋光成、张立玲、张永红、张克斌、张洋、张栗坤、张晓艳、张继胜、张清、陆海军、陈丹、陈巴黎、陈伟、陈华、陈宏志、邰武淳、金明秀、金星华、周国平、周建、郑金花、赵传民、赵志雄、胡越、洪波、姚飞、贺江川、骆路青、秦刚、秦红岭、徐世虹、徐贱云、高子程、高向宇、高峰、席文启、黄石松、黄勇、盛英波、阎晓明、梁广生、屠新泉、彭京玉、彭家鹏、韩峰、覃正标、景新、程红、程连元、谭放、霍晨光。补选吴桂英为北京市朝阳区人民政府区长。吴桂英与代表见面并发言；区委书记程连元致大会闭幕辞。11月19日，在望京昆泰酒店二层宴会厅A厅组织全体代表学习党的十八大精神，北京大学马克思主义学院院长郭建宁教授作报告。

（邢浩铭）

【自身建设】　年内，把政治理论学习放在首位，通过知识讲座、专题培训等方式，组织学习党的十八大精神和区十一次党代会、区委十一届四次全会等会议精神，增强党的观念、大局观念、群众观念和法治观念，使常委会始终围绕中心开展工作，保持正确的政治方向。倡导读书及学习交流活动，坚持常委会组成人员读书班、定期学法等制度，组织常委会组成人员及工作委员会成员学习人民代表大会制度、监督法、预算法、审计法和常委会议事规则等人大业务知识，提高依法履职能力。抓好机构建设，坚持新老结合，注重吸纳专业人士和基层工作经验丰富的代表，任命了常委会财经、城建、内务司法、教科文卫和农村五个工作委员会成员，以及24个人大街道工委主任和19个地区代表小组组长，健全了常委会工作机构。坚持以机关文化建设"十六字"方针为统领，发挥机关党组织作用，丰富学习教育、文体活动的形式和内容，推进学习型、研究型机关建设。

（邢浩铭）

【内务司法工作委员会】 年内，配合市人大组织开展对区政府贯彻实施《中华人民共和国出境入境管理法》情况调研，对区政府贯彻实施《北京市少数民族权益保障条例》情况进行调研。组织开展对区法院知识产权案件审判工作调研，对《北京市实施〈中华人民共和国村民委员会组织法〉的若干规定》和《北京市村民委员会选举办法》在朝阳区实施情况的调研，对区法院的审判管理工作、区检察院的打击和预防职务犯罪工作、区司法局的社区矫正工作专题调研。参与十八大安保专项行动督查工作，分组督查东风乡、将台乡、崔各庄乡和区城管大队、区残联的安保工作。

（邢浩铭）

【财政经济工作委员会】 年内，以法定议题监督为主线，做好对年度计划和"十二五"规划的监督，促进区域经济社会又好又快发展；做好对财政预算和审计工作的监督，推进预算信息和审计结果公开，促进财政管理和监督体系不断完善；组织部分委员开展《预算法》和《证券投资基金法》专题学习。在总结上届聘请财经顾问工作经验的基础上，本届继续聘请4名财经顾问参与业务培训、重要议题审议和重大问题研究。

（邢浩铭）

【城建环保工作委员会】 年内，组织委员和代表重点开展主任会议、常委会审议议题的视察和调研，组织对朝阳区"打非治违"、社会服务管理运行、迎"十八大"环境整治工作等专项视察调研22次，参与代表175人次。根据区委统一部署，对呼家楼、平房地区进行安全生产检查。先后学习《北京市垃圾管理条例》、《大气污染防治法》等法律法规，举办PM2.5来源及防治知识讲座。

（邢浩铭）

【教科文卫工作委员会】 年内，组织委员和代表重点开展主任会议、常委会审议议题的视察和调研。重点开展"推进我区医疗卫生事业发展，提高人民健康生活水平"议案办理的督办工作；完成对区政府贯彻实施《食品安全法》情况的执法检查；配合市人大完成《中关村国家自主创新示范区条例》实施情况执法检查。全年共组织开展六次调研与视察活动，市区人大代表150人次参加。

（邢浩铭）

【代表联络室】 年内，丰富闭会期间代表活动，促进代表履职。参加各类培训、会议和视察调研活动的代表1390人次。在全区43个街乡的179个选区建立代表工作室，242名代表走进工作室，接待群众2852人次。借助人大机关网站，建立代表"微博群"，作为人大代表与常委会机关的信息直通车，连接人民来信，为代表了解社情民意、加强工作交流搭建新平台。继续坚持当面述职与书面述职相结合，组织121名代表当面述职。加大对代表集中关注问题的督办力度，主任会议专题听取本届人大一次会议16件"议案转建议"办理情况的汇报，建议中涉及的55个具体问题落实28个，其余由承办部门继续办理。本届人大一次会议交由区有关部门办理的198件建议，其中解决的57件，占28.8%；取得进展或列入计划的141件，占71.2%。完成选举朝阳区出席北京市第十四届人民代表大会代表的组织工作，以及6名区人大代表、2名乡人大代表补选工作。

（邢浩铭）

【农村工作委员会】 年内，邀请市人大民侨委主任席文启对各乡人大主席、副主席、人大办主任以及部分乡人大代表进行业务培训。借助《朝阳人大》杂志平台，对优秀乡人大代表进行宣传。结合区人大代表补选，完成来广营、崔各庄两位乡人大代表的补选工作。配合市人大农村办及有关委室完成北运河水系综合整治视察工作以及湿地保护条例、北京市实施村民委员会组织法若干规定、村民委员会选举办法等法律法规的征求意见工作。

（邢浩铭）

【信访办】 年内，常委会受理来信122件，来访197批次415人次，集体访12批次218人，办结率95%。编写重大、疑难、典型案件以及预警类信息21件，及时报送区委、区人大、区政府领导及区信访办、市人大。在区域范围内，充分发挥信访联席会议的作用，召开三次联席会，对7个重大信访案件及时通报，进行动态分析和处理。

（邢浩铭）

北京市朝阳区人民政府

概 述

年内,完成党的十八大服务保障任务,实现经济平稳运行,社会民生持续改善,区域发展迈上新台阶。主要经济指标继续保持全市首位,地区生产总值实现3632.1亿元,增长11.0%。城乡居民人均收入分别增长11.3%和11.7%。区级财政收入348.6亿元,增长10%。

稳中求进、迎难而上,经济发展取得新成果。落实国家、北京市宏观调控部署,完善工作机制,出台一系列政策措施,加强统筹调度,全力稳增长、调结构、转方式,保持经济平稳较快发展。产业结构调整成效显现。三次产业结构达到0.04:10.81:89.15,第三产业比重上升1.12个百分点。金融、文化创意等重点产业增势明显,战略性新兴产业加快发展;批发零售等传统产业支撑作用进一步巩固,增强了区域经济抗风险能力。现代服务业、金融业、文化创意产业、高技术产业实现收入分别增长10%、20%、8%和5%,金融业对全区财政收入增长贡献率21%。国际商务和贸易功能更加完善。新增跨国公司地区总部11家、世界500强企业投资项目20个,实际利用外资和进出口总额分别增长20.9%和5.5%。技术合同成交额增长57%。产业布局调整深入推进。"十大发展基地"建设步伐加快,CBD核心区公共配套设施等一批项目开工,国家广告产业园等一批重点工程竣工,温榆河生态绿色休闲区、CBD—定福庄国际传媒走廊、东坝国际商贸中心区等区域的规划编制工作加快推进,实现年初确定的有进展、有突破、有实效的目标,多点支撑、协调联动的空间布局特点进一步显现。CBD功能区聚集能力持续提升,产业培育成效明显,营业收入突破1万亿元。电子城功能区实力进一步增强,总收入超过3500亿元,增速居中关村各园区之首,北扩区规划局部调整获批,大望京25%的建设项目实现封顶。奥运功能区旅游会展功能特色显现,管理机制、环境建设、场馆资源利用同步深入,成为国家5A级旅游景区。农村地区后发优势逐步显现。更加注重区域统筹,强化农村与功能区联动,推进城乡一体化发展。出台"1+6"产业发展政策,围绕农村地区功能定位和"四增五减"目标,加快重点建设,腾退发展空间,30多个产业项目加快推进,形成良好态势,为今后发展奠定基础。与此同时,多措并举,全力推进重点村整治,解决农民转居转工、回迁房建设等关系农村地区发展的关键问题,统筹推进土地储备和供应,抓好农村集体产权制度改革和"三资"监管工作,农村发展活力不断增强,生产生活环境进一步改善,城市功能和产业的承接能力开始显现。贴近需求、服务百姓,民生建设取得新成效。统筹各方资源,完善服务体系,推进"十大民生工程",解决群众关心的热点、难点问题,社会民生持续改善,群众生活水平进一步提高。教育卫生事业加快发展。引进名校累计20所,人大附中朝阳学校等18所学校实现招生,北京中学、北京二中朝阳学校的规划建设加快推进。八十中学、陈经纶中学在农村地区设立分校,示范校与农村校互动共建更加紧密。教师队伍建设深入推进。教育教学质量不断提升。高考本科上线率、中考综合及格率分别达到82.7%和97.4%,高于全市平均水平近30个和10个百分点。以办理十五届人大一次会议代表议案为契机,加强基层卫生服务体系建设,构建医院与社区卫生机构协作模式,在望京、常营和南部地区调整规划、创造条件,引入优质医疗资源,完善三级急救网络,以优异成绩获全国卫生应急综合示范区称号。城市文化文明建设深入推进。积极创建国家公共文化服务体系示范区,创建工作在文化部中期督导中位居前列。完善四级公共文化服务网络,加强基层和农村文化设施建设,建成70个数字文化社区、100台24小时自助图书馆,街乡文化中心、社区(村)文化室覆盖率100%,国际金融博物馆、垡头地区文化中心、盲文图书馆投入使用。加强文化遗产保护和利用,建成11个传统文化传承基地和6个民俗文化活动基地。健全文明城区创建长效机制,巩固创建成果,以优异成绩通过全国城市文明程度指数测评。为群众办实事工作全面开展。深入推进社区规范化和六型社区建设,在156个小区推广社区单元化管理,在30个老旧小区推行准物业管理,认真解决农村城市化过程中社区建设的实际问题,在31个村庄推行社区化管理,为民服务基础进一步夯实。统筹城乡就业服务管理,把农村劳动力纳入城镇就业失业登记,城镇登记失业率控制在1.5%以内。在全市率先开展老旧小区综合整治,完成农光里17号楼和新源里西11号楼抗震加固试点工程,在工作组织推进、工程改造方式、群众动员与利益维护等方面,进行有益尝试和探索,全年完成330万平方米的老旧楼房改造任务。新开工各类保障性住房1.4万套、竣工1.5万套、配租配售8156套。在11个街道运行社区服务管理平台,建成60个“一刻钟社区服务圈”,新增养老床位1690张。在全面落实25件区级实事的基础上,在街乡、社区各个层面为民办实事,通过维修小区道路、治理路面积水、设立便民菜站等,为群众解决出行难、买菜难等实际问题,群众生活环境进一步改善。夯实基础、精细管理,城市环境实现新提升。坚持建管并重,深入开展环境秩序问题百日整治和九大专项行动,全面加强环境整治,全力维护安全稳定,完成十八大服务保障任务,城市环境质量和管理水平进一步提升。环境建设重点任务有效落实。高标准实施城乡绿化美化建设,完成农村地区平原万亩造林任务,建成20条环境优美大街、26个环境优美小区和6个郊野公园,新增、改造绿化面积927公顷。水环境治理不断深化,北小河、亮马河、坝河治理工程主体完工,垡头、东坝污水处理厂和长店组团等4座小型污水处理设施投入使用,第十水厂和南水北调东干渠工程拆迁工作基本完成。深化垃圾分类工作,建成143个达标小区。落实清洁空气行动计划,建成PM2.5自动监测系统,改造燃煤锅炉777蒸吨,加强工地管理和扬尘治理,大气污染整治取得新成效。城市运行管理深入推进。从道路建设、停车管理、倡导绿色出行等方面入手,努力改善交通出行条件。积极打通断堵头路,建成大望路中学北路等26条道路,完成广渠路四环到五环路段70%的拆迁建设任务。新增停车位1万余个。认真总结“7·21”特大自然灾害应对经验,对全区200多个积水点逐一制定和完善防汛应急预案,实施近50项防汛工程和水毁应急抢修工程,并举一反三,转变理念,加强对城市运行基础设施的监控和管理,对全区各类地下管线进行安全排查,改造37个居民小区老旧供热管网,努力提高防灾救灾和应急管理能力。安全稳定工作持续加强。全面运行全模式社会服务管理系统,形成标准化、数量化、常态化的社会服务管理局面。成立朝阳社会组织综合服务中心,加大社会组织培育力度。推进安全社区创建工作,国际安全社区达到15个,占全市68%。坚持以群众工作统揽信访工作,群众反映的重点矛盾化解率达到90.7%。积极推进平安示范小区创建工作,深入开展治安重点地区排查整治,实施社会面等级防控,可防性刑事案件下降18.7%,群众安全感不断提升。深入开展“打非治违”专项行动,加大治理力度,拆除违法建设770余处、60多万平方米,取缔非法经营行为2000余起。完善食品安全三级组织体系,推行食品安全远程追溯和基本药物电子监管。加强人员密集场所、建筑工地、危险化学品、消防等领域的安全监管,努力维护群众生产、生活和生命安全。同时,区政府坚持依法行政,认真执行区人大及其常委会决议和决定,认真听取区政协、民主党派和人民团体意见,认真办理“推进我区医疗卫生事业发展,提高人民健康生活水平”议案以及500多件人大代表建议和政协委员提案。全面加强政府自身建设,切实转变工作作风,着力提高行政效能,全力推进了工作落实。

(常凤娟)

主要工作和重大活动

【领导干部会议】 1月6日,召开区领导干部会议,区四套班子领导出席。会议传达市委十届十次全会精神,部署2012年全年工作任务。区委书记陈刚在讲话中全面分析本区面临的挑战和机遇,提出明确要求。区委副书记、区长程连元从经济发展等八个方面安排部署2012年全区重点工作。

(常凤娟)

【经济发展大会】 1月18日,召开2012年朝阳区经济发展大会,市委常委、常务副市长吉林,区四套班子领导出席会议。会议总结区2011年经济工作,围绕“十二五”规划目标,部署2012年经济工作任务。区委书记陈刚、区长程连元代表区委、区政府与区商务委、奥林匹克公园管委会等单位签订2012年经济工作责任书。

(常凤娟)

【水务工作调研】 2月1日,区委副书记、区长程连元等领导率区发改委、区农委、区财政局等相关部门负责人,调研区水务工作。区长程连元要求全区各有关部门抓住机遇、协调联动,实现“清水朝阳”建设新跨越。

(常凤娟)

【社会建设工作会】 2月8日,召开2012年社会建设工作会,市委常委、市人大常委会副主任梁伟,市委副秘书长王翔,市委社会工委书记、市社会办主任宋贵伦,区四套班子领导出席会议。会议总结2011年区社会建设工作,部署2012年重点任务。会议强调:要围绕推进全模式这个重要抓手,把握社会服务管理创新这条主线,深入推进社区管理服务规范化、社会组织工作标准化、社会工作队伍专业化、城市管理精细化。

(常凤娟)

【卫生工作调研】 2月8日,区委副书记、区长程连元率队到区卫生局调研公共卫生工作。区长程连元强调要加强抢抓机遇意识、扩大开放意识、增强人才为本意识,以持续提升人民生活品质为目标,打造健康朝阳。

(常凤娟)

【市领导调研博物馆建设】 2月9日,市委书记刘淇围绕“践行北京精神,推动博物馆建设与发展,提升公共文化服务水平”主题到朝阳区调研。

(常凤娟)

【污水处理工作调研】 2月17日，区委副书记、区长程连元带队，实地调研潘家园街道松榆里社区污水处理及利用工程，强调要切实加强源头治理，实现污水达标排放，并对下一阶段水务工作提出要求。

（常凤娟）

【数字文化社区建设工程启动】 2月23日，北京数字文化社区建设工程在潘家园街道图书馆启动。文化部社会文化司司长于群，市委宣传部副部长张淼及区领导陈刚、谢莹、刘军胜等出席启动仪式。

（常凤娟）

【农村城市化工作会议】 2月24日，召开2012年农村城市化工作会议，区四套班子领导参加会议。会议全面总结2011年农村发展成就，分析当前形势，部署2012年主要工作。

（常凤娟）

【学雷锋志愿活动日】 3月10日，北京市“学雷锋志愿活动日”活动在工人体育场北门举办，来自社会各界的朝阳志愿者开展宣传咨询、清洁城市等现场志愿服务。

（常凤娟）

【市领导调研高安屯充换电站】 3月15日，市委书记刘淇，市长郭金龙等到位于循环经济产业园的高安屯电动汽车充换电站，围绕“坚持稳中求进，践行北京精神，率先实现创新发展格局”主题进行调研。

（常凤娟）

【绿化美化总结动员大会】 3月17日，召开2012年绿化美化总结动员大会，区四套班子领导出席会议。会议总结2011年全区绿化美化工作，安排部署2012年重点工作。区委书记陈刚强调，要高度重视绿化美化工作，努力整合社会各方力量，共同为绿化美化事业做出积极贡献。

（常凤娟）

【人口计生工作会】 3月19日，召开2012年人口和计划生育工作会议。会议总结2011年人口和计划生育工作，部署2012年工作任务。

（常凤娟）

【文化部检查】 3月19日至21日，文化部督查组到朝阳区，检查创建国家公共文化服务体系示范区和“三馆一站”免费开放工作。文化部部长助理高树勋、社会文化司司长于群、财务司司长赵雯，市有关部门领导王海平、张文华、王珠参加督查工作，区领导谢莹、张立新陪同检查。

（常凤娟）

【城乡环境建设委员会会议】 3月20日，召开2012年全区城乡环境建设委员会全体（扩大）会。会议总结2011年环境建设工作成绩，分析环境建设面临形势，部署2012年任务。区委副书记、区长程连元强调要牢固树立大局意识和全局意识，开展五大工程，统筹推进市容、生态、设施、秩序“四大环境”建设，创造更加和谐宜居的城市环境。

（常凤娟）

【卫生工作大会】 3月20日，召开2012年全区卫生工作大会，总结2011年全区卫生工作，部署2012年主要任务。区委副书记、区长程连元讲话，要求各部门提高三大意识，围绕“强基础、提速度、上水平、出特色”四个方面办实事，提升人民群众的健康幸福指数。

（常凤娟）

【交通工作大会】 3月22日，召开2012年交通工作大会，总结2011年朝阳区交通缓堵工作取得的成绩，部署2012年重点任务。

（常凤娟）

【第三届中国特色世界城市论坛】 4月7日，第三届中国特色世界城市论坛在朝阳区举办。本届论坛以“推进公共文化服务，建设先进文化之都”为主题，来自国内外的知名学者、政府官员、企业家代表等400余人参与主论坛和三个分论坛的主题演讲和交流活动。

（常凤娟）

【检查抗震节能综合改造工程】 4月18日，区委副书记、区长程连元到劲松街道农光里17号楼检查区住宅抗震节能综合改造工程进展情况，要求相关部门树立责任意识，细化改造方案，把好质量关，加快改造、积极建设。

（常凤娟）

【区领导会见美国友好人士代表团】 4月20日，区委副书记、区长程连元会见由美国纽约市布鲁克林区副区长桑德拉·查普曼率领的美国友好人士代表团。双方就朝阳区国声京剧团赴布鲁克林区演出以及向布鲁克林区捐赠唐人街牌楼项目进行洽商。

（常凤娟）

【国际化社区建设调研】 4月23日，中央外办副主任、机关党委书记裘援平带领调研组到麦子店街道，调研国际化社区建设相关工作。

（常凤娟）

【市领导调研CBD核心区建设】 4月24日，市委常委、市委秘书长李士祥，副市长陈刚等领导调研CBD核心区建设工作。李士祥、陈刚分别讲话，充分肯定朝阳区在CBD核心区建设过程中的拆迁腾退等工作，并对下一阶段工作提出明确要求。

（常凤娟）

【共建垂杨柳医院和华信医院】 4月26日，区政府与清华大学就合作共建垂杨柳医院和华信医院正式签约。合作将带动区域临床医学与学科发展，实现区域资源共享、互惠互利。

（常凤娟）

【国贸三期B阶段工程启动】 5月9日，中国国际贸易中心三期B阶段工程正式启动。工程完成后，国贸中心将成为全球规模最大的世界贸易中心。

（常凤娟）

【文明委全委（扩大）会议】 5月24日，召开2012年文明委全委（扩大）会议暨迎接全国城市文明程度指数测评部署会。区委书记陈刚要求全区上下要在精神文明建设工作中立足新起点、把握关键点、找准结合点,确保思想意识不放松,长效机制见成果,为全面提升朝阳区文化文明水平奠定基础。

(常凤娟)

【签署合作协议】 5月30日,在中国(北京)国际服务贸易交易会上,世界贸易网点联盟、亚马逊集团和中国免税品集团有限公司分别与朝阳区签署合作协议。副市长程红、世界贸易网点联盟主席布鲁诺、区长程连元等参加签约仪式。

(常凤娟)

【北京国家广告产业园区开园】 5月31日,北京国家广告产业园区开园。该园区是CBD—定福庄国际传媒产业走廊上的大型综合性新建项目,将依托首都优势和产业基础,重点打造五个中心,搭建五个平台,着力建设国家一流广告产业园区。

(常凤娟)

【绿化及防汛工作检查】 6月5日,区委副书记、区长程连元带队检查全区绿化及防汛工作,强调绿化、防汛两项工作与城市建设和居民生活密切相关,各相关部门要加强组织领导,给予高度重视,高标准、高质量完成既定工作任务。

(常凤娟)

【老旧小区综合整治动员部署会】 6月12日,召开老旧小区综合整治工作动员部署会,区四套班子领导参加会议。区委书记陈刚讲话指出,老旧小区综合整治是事关群众切身利益的重大民生工程,全区各部门、各街乡要提高思想认识、加强组织领导,把老旧小区综合整治工程建成“民心工程”、“安全工程”、“优质工程”、“阳光工程”和“廉政工程”。

(常凤娟)

【廉政风险防控管理工作推进会】 6月25日,召开廉政风险防控管理工作推进会,北京市预防腐败局副局长张岚、区四套班子领导出席会议。会议总结全区上半年廉政风险防控试点工作,部署下半年任务。

(常凤娟)

【聘请第十届特约工作人员大会】 6月27日,区政府召开聘请第十届特约工作人员大会,表彰14名表现突出的第九届特约监督员。

(常凤娟)

【首届经贸合作洽谈会开幕】 7月6日,以“促进沟通,增强合作”为主题的朝阳区首届经贸合作洽谈会暨东非五国经贸合作洽谈会开幕。中国商务部外贸发展局副局长朱仲星,区委常委、常务副区长吴桂英以及东非五国驻华大使、参赞等领导和来宾出席洽谈会。

(常凤娟)

【廉洁奥运主题文化园开园】 7月11日,廉洁奥运主题文化园正式开园。中纪委副书记李玉赋,市委常委、市纪委书记叶青纯,全国政协委员、中国新闻文化促进会会长李东东,市委常委、朝阳区委书记陈刚,市纪委副书记、监察局局长王海平,区委副书记、区长程连元等出席开园仪式。

(常凤娟)

【韩国首尔松坡区代表团来访】 7月13日,区委副书记、区长程连元会见韩国首尔松坡区区长朴椿姬一行,双方签署旅游推介宣传合作谅解备忘录。

(常凤娟)

【道德领域专项教育和治理联席会】 7月18日,召开道德领域突出问题专项教育和治理活动联席会。

(常凤娟)

【“7·21”特大自然灾害应急处置】 7月21日,61年来最大的暴雨袭击北京。当晚,市委常委、区委书记陈刚,区长程连元指挥各单位应急抢险工作。7月22日,区领导程连元、陈涛、王春、张树安先后到出现险情的双井、十八里店、酒仙桥及崔各庄等街乡,实地察看防汛工作,要求各有关部门和街乡加大防范力度,做好物资储备,提升应急处突能力,全力做好夏季防汛工作。

(常凤娟)

【农村地区产业发展大会】 7月23日,召开农村地区产业发展大会。会议下发“1+6”产业发展政策,明确农村地区产业发展的资金激励、项目准备和保障措施。区委副书记、区长程连元强调农村地区产业发展要坚持四个原则,做到“五个强化”,坚定发展信心,坚定转变方式,实现发展惠民,为农村地区人民幸福做出历史性贡献。

(常凤娟)

【防汛调研】 8月4日,区委副书记、代区长吴桂英带队调研全区防汛工作,指出要保持高度警觉,不放松、不懈怠,按照市委、市政府要求高标准做好当前防汛工作,同时着力解决城市运行中暴露的问题,研究防汛工作长效机制,在治本上多下工夫。

(常凤娟)

【市领导专题调研】 8月28日,市领导郭金龙、赵凤桐围绕“落实市第十一次党代会、上半年经济形势分析会精神和灾后恢复重建工作,坚持稳中求进,加快转变经济发展方式”主题到朝阳区调研。市长郭金龙在讲话中充分肯定朝阳区经济社会发展成绩,强调朝阳区要牢牢把握区域功能定位,牢牢把握发展阶段特征,进一步增强转变发展方式的自觉性和主动性,努力使各项工作走在全市前列。

(常凤娟)

【调研老旧小区综合整治】 8月30日,市委常委、副市长陈刚,市委副秘书长张玉平等调研朝阳区老旧小区综合整治工作。

(常凤娟)

【奥林匹克公园发展高峰论坛】 8月31日,2012年北京奥林匹克公园发展高峰论坛在国家会议中心举行。第十届全国人大常委会副委员长、中国关心下一代工作委员会主任顾秀莲，商务部原副部长、中国国际经济交流中心秘书长魏建国，北京市副市长、北京奥运城市发展促进会常务副会长刘敬民，全国政协教科文卫体副主任、北京奥运城市发展促进会副会长、第29届奥运会组委会执行副主席蒋效愚，北京市社会科学院党组书记、院长、北京世界城市研究基地主任谭维克，区委书记程连元出席论坛活动。

（常凤娟）

【文化创意产业精英榜揭晓】 9月6日，“第三届北京朝阳文化创意产业精英榜颁奖典礼”在751D·PARK北京时尚设计广场举行。活动以“荟萃精英人物集群创意产业”为宗旨，吸引并支持海内外文化创意产业高层次人才进驻朝阳、投资朝阳，推动文化创意产业持续健康发展。

（常凤娟）

【调研国土资源管理工作】 9月11日，区委副书记、代区长吴桂英率区规划分局、区发改委等部门，调研区国土资源管理工作。

（常凤娟）

【国际金融博物馆开幕】 9月14日，国际金融博物馆《中英金融史特展》开幕。前银监会主席、国际金融博物馆名誉主席刘明康，全国工商联常务副主席孙安民，中国人民银行行长助理金琦，区领导程连元、吴桂英出席活动。

（常凤娟）

【2012年北京CBD商务节开幕】 9月15日，2012年北京CBD商务节开幕。本届商务节历时7天，围绕“商务引领，创新驱动，建设国际商务中心区”主题，分主题展览、论坛会议、商务活动与文化活动5大部分、20余场活动。开幕式上，金融、文化传媒等多个领域的12个项目签约落户朝阳。

（常凤娟）

【第六届“锐动金秋”政企联谊会】 9月20日，电子城科技园第六届“锐动金秋”政企联谊会举行。

（常凤娟）

【798艺术节开幕】 9月22日，以“艺象·幻彩”为主题的798艺术节在798艺术区开幕。

（常凤娟）

【首批公租房入住】 9月26日，朝阳区首批公共租赁住房迎来第一批住户，900余户中低收入家庭入住。

（常凤娟）

【应急委员会(扩大)会议】 9月26号，区突发事件应急委员会第六次全体(扩大)会议暨区安全生产委员会(扩大)会议召开。区委副书记、代区长吴桂英强调三点意见：一是统一思想、高度重视，充分认识做好应急管理和安全生产工作的重要意义；二是突出重点、加大力度，全力抓好应急管理和安全生产工作；三是加强领导、统筹推进，确保各项工作落实到位。

（常凤娟）

【调研农村地区工作】 10月10日、11月2日、11月15日、12月11日、12月12日，区委副书记、区长吴桂英先后五次到农村地区，调研产业发展、环境建设等工作，强调农村地区要统一思想，通过环境提升、布局提升、产业提升，带动整体工作上台阶。

（常凤娟）

【市领导调研综治工作】 10月11日，市委副书记、市政法委书记吉林，市委常委陈刚等到高碑店村调研综治工作。

（常凤娟）

【市领导调研经济社会发展】 10月15日，市委常委、常务副市长李士祥带领市有关部门领导到朝阳区，调研经济社会发展情况。

（常凤娟）

【市领导调研公共卫生事业】 10月26日，副市长丁向阳到八里庄社区卫生服务中心调研公共卫生事业发展情况。

（常凤娟）

【儿童福利机构和养老服务调研】 11月27日，区委副书记、区长吴桂英率有关部门到太阳宫、崔各庄等地区，调研儿童福利机构和养老服务事业发展情况。吴桂英强调，全区上下要把民政工作放在重要位置抓好抓实，加快各项规划进度，创新工作方法，为全面实现“民生幸福”目标贡献力量。

（常凤娟）

【朝阳京剧文化艺术中心启用】 12月2日，北京朝阳京剧文化艺术中心启用仪式暨京剧名家演唱会在东风乡举行。

（常凤娟）

【婚姻登记处新址揭牌】 12月2日，举行区婚姻登记处新址揭牌仪式。婚姻登记处新址位于广渠路28号院，按照国家5A级硬件标准建设，立足于建设“以人为本，为民服务”的文明窗口。

（常凤娟）

【水利建设工作部署会】 12月27日，召开电视电话会议，部署今冬明春水利工程建设工作，四套班子领导参加会议。水利工程以“区域防洪安全”为目标，以五环内中小河道和五环外骨干排水沟治理为重点，分为“启动准备、项目前期、工程实施、验收考核”四个阶段。

（常凤娟）

【区政府常务会、区长办公会】 年内，召开10次政府常务会、44次区长办公会。研究综合经济、城乡建设、城市管理、民生发展、“双十工程”建设、公共文化服务体系示范区创建、安全生产、社会治安、食品安全、环境绿化、防汛抗旱、劳动人事等方面工作。

（常凤娟）

区政府办公室工作

【概况】 北京市朝阳区政府办公室是协助区政府领导处理区政府日常工作的机构，行政编制56名。全年围绕全区经济社会发展大局和政府中心工作,政府办公室按照“主动、规范、严谨、稳重、思考”的总体要求,从工作制度、业务流程、干部培养等各方面,加大工作力度,提升综合办事效能。

地址:日坛北街33号

电话:65094221

邮编:100020

电子邮箱:zfbmsk@bjchy.gov.cn

(常凤娟)

【应急演练】 5月11日,区应急委在世贸天阶广场举办“2012年朝阳区‘防灾减灾日’主题活动——市民防灾减灾应急体验暨消防安全宣传片发放仪式”。年内,全区开展区级专项应急预案演练64次。

(常凤娟)

【办公室主任会】 6月29日至30日,召开政府系统办公室主任会议。就做好信息、应急等业务知识进行专门培训,并开展以参观、调研、座谈为主题的片区交流活动。政府系统135名办公室主任参加会议。

(常凤娟)

【绩效管理】 10月16日,北京市朝阳区人民政府绩效管理办公室成立,在区政府督查室加挂牌子,行政编制3名。12月24日,市绩效管理领导小组首次组织17家市有关部门,集中检查朝阳区经济、民生、社会、生态和政府自身建设等32项重点工作。

(常凤娟)

【值班值守】 年内,处理各类会议(活动)通知、请柬2432件。严格执行24小时值班制度,规范领导邀请、钥匙使用、值班管理、车辆调度等工作流程,完善各项值班值守工作制度。

(常凤娟)

【会务办理】 年内,组织区政府常务会10次、区长办公会44次,电视电话会议26次,接待中央和市领导调研35次、外省市领导考察41次,承办区政府领导会议和调研活动、视频会议等1700余次。

(常凤娟)

【文秘工作】 年内,制发公文670件,流转中央、国务院、市委、市政府机要文件630余件,收集整理归档文件2446件,按程序向区档案馆移交2011年度机要文件295件,编辑政府公报4期。起草区政府工作报告、区政府领导讲话及区政府向人大汇报材料等文稿260余篇、共80余万字。

(常凤娟)

【调查研究】 年内,开展《城市化进程中产业演变规律及城乡结合部管理的国际国内比较研究》、《信息化促进城市管理现代化的若干思考——探索CBD区域城市精细化管理实现途径》等17项调研工作。全年起草调研报告、领导参阅、领导批示研究等研究性报告101篇。由区政府主要领导主持的《朝阳区土地、空间、产业、人口“四规合一”研究报告》课题,获市委、市政府关注课题一等奖。

(常凤娟)

【信息编发】 年内,编发各种信息刊物650期,其中,市区领导批示74条;采编基层信息4552条。向市政府报送各类信息498期,被采用236条,获市委市政府主要领导批示信息6条。信息工作按照分数排名位列十六区县第二名。

(常凤娟)

【督查督办】 年内,承办市、区各类折子、实事191件,其中,市政府折子16件,市政府实事7件,区政府折子100件,区政府实事25件;办理其他市级折子43项。跟踪督查区政府常务会、区长办公会、区政府专题会议定的事项1379项次。编发决策督查报告35期,同比增长12.9%。接办市、区专项督查任务,完成专项督查报告138期,同比增长64.3%。

(常凤娟)

【应急管理】 年内,区应急办接报突发事件1631起。其中,自然灾害类事件5起,事故灾难类事件380起,公共卫生类事件4起,社会安全类事件1242起。组织全区有效应对“7·21”特大自然灾害,制定和完善全区205处积水点防汛应急预案;妥善处置“5·5”十八里店西直河房屋坍塌等重大伤亡事故;完成十八大等大型活动会议安全服务保障任务。

(常凤娟)

【办理建议、提案】 年内,区政府办理全国、市、区三级人大代表建议和政协委员提案548件,交由政府系统96家部门承办,全部按期办复,同意、满意率100%。全年接待市、区两级人大代表政协委员视察29次。

(常凤娟)

【外联服务】 年内,走访驻区中央单位40余家,为驻区中央单位解决企业经营中的实际困难。与区发改委制定《内蒙古丰镇市关于与北京市朝阳区区域合作对口帮扶实施方案》,成立对口帮扶领导小组,明确成员单位及职责。协调区级部门与丰镇市对口部门、企业对接,形成互访对话机制。

(常凤娟)

【队伍建设】 年内,选派1名干部到市委组织部借调、1名干部到市政府办公厅以干代培、1名干部到市委研究室以干代培,组织基层工作经历不满2年的18名干部到街乡挂职锻炼。

(常凤娟)

政府信息公开

【概况】 朝阳区政府信息公开办公室是朝阳区政府办公室内设机构,负责推进、指导、协调全区政府信息公开工作和区政府、区政府办的政府信息公开具体工作。编制6人,其中公务员4人,事业编2人。

地址:日坛北街33号

电话:65090089
邮编:100020

（叶易棠）

【年度报告】 3月30日,按照《中华人民共和国政府信息公开条例》规定,全区各政府信息公开工作机构统一向社会公布本单位2012年度政府信息公开工作年度报告。报告包含概述,主动公开政府信息情况,依申请公开政府信息情况,因政府信息公开申请导致行政复议、提起行政诉讼的情况,政府信息公开工作存在的不足及改进措施等内容。

（叶易棠）

【主动公开政府信息】 年内,全区各政府信息公开工作机构共主动公开政府信息11247条,其中,机构职能类信息156条,占总数比例1.39%;法规文件类信息382条,占总数比例3.4%;规划计划类信息30条,占总数比例0.27%;行政职责类信息106条,占总数比例0.94%;业务动态类信息10573条,占总数比例94.01%。

（叶易棠）

【依申请公开政府信息】 年内,全区各政府信息公开工作机构受理申请总数1862件,其中区政府和区政府办357件,区级机关和区属机构1052件,街道办事处和地区办事处453件。除申请人自愿撤销的11件外,其他1851件均按期答复,其中同意公开206件,同意部分公开10件,不予公开62件,信息不存在的409件,非本机关掌握的583件,申请内容不明确的75件,非政府信息的165件,已移送档案馆的47件,其他294件。申请内容主要涉及房屋权属、物业管理、住房保障、房屋安全鉴定、非住宅房屋租赁备案、绿化隔离地区建设征地拆迁、土地腾退等。

（叶易棠）

【行政复议】 年内,涉及政府信息公开的行政复议申请438件,全部办结,办结率100%。其中,市法制办收到93件,全部维持;区法制办收到345件,不予受理的178件,维持行政机关具体行政行为的124件,驳回申请的27件,确认行政机关违法,责令重新答复的14件,申请人主动撤回的2件。

（叶易棠）

【行政诉讼】 年内,涉及政府信息公开的行政诉讼140件,结案135件,办结率96.4%。其中,北京市第二中级人民法院受理126件,全部裁定驳回原告起诉;朝阳法院受理14件,中止审理5件,判决被告败诉、要求履行职责3件,裁定驳回原告起诉的2件,原告撤诉2件,判决驳回原告诉讼请求1件,裁定移送1件。

（叶易棠）

【年度考核】 年内,综合考评2012年度全区各政府信息公开工作机构,评出政府信息公开工作优秀单位42个,其中政府部门21个,街道系统11个,农村系统10个。

（叶易棠）

【更新公开指南】 年内,更新编制《北京市朝阳区政府信息公开指南(2012版)》,在区域内各级各类信息公开窗口免费向公众发放,在政府信息公开专栏同步更新。

（叶易棠）

【场所建设】 年内,升级改造区政府信息公开综合服务窗口,配备自动查询和排号机,安装摄像头和语音电话,实现了对窗口的视频监控和语音监控。

（叶易棠）

人事管理

【概况】 朝阳区人力社保局是负责全区人力资源和社会保障工作的区政府工作部门。区编办是北京市朝阳区机构编制委员会的常设办事机构,负责全区行政管理体制和机构改革以及机构编制日常管理工作,既是区委工作机构,也是区政府工作机构,与区人力社保局合署办公。人员编制48人。

地址:日坛北街33号
电话:65099577
邮编:100020
网址:http://rsj.bjchy.gov.cn

（丁明圆）

【年度考核】 1月至3月,全区各单位参加年度考核共计8333人(处级1127人),其中优秀等次1620人(处级220人),未定等次396人,不称职2人。

（丁明圆）

【商务人才中心成立】 2月7日,成立CBD国际高端商务人才中心,为CBD区域内现有企业提供人才寻访、人才测评等服务。

（丁明圆）

【培训工作】 3月,采用情景教学、现身说法、案例分析等形式,组织军转干部赴西柏坡、延安等地开展公务员异地体验式培训。5月,将事业单位管理岗位青年人才纳入培训范围,实现事业单位新聘用人员全员培训。6月,发挥部队院校优势,将部队院校纳入培训基地建设范围。9月,与清华大学合作举办朝阳区优秀公务员社会管理创新(暨领导力提升)高级研修班,调训优秀青年公务员39人。

（丁明圆）

【公务员招考】 3月至11月,全区招录公务员259人,其中大学生村官13人、退役大学生士兵12人、应届毕业生92人。面向社会组织两次纳入机关工资规范单位工作人员招录工作,录取58人。配合城管体制改革,开展城管队员补充招录工作。

（丁明圆）

【规范公务员津贴补贴】 4月至6月,完成规范公务员津贴补贴工作,保证全区13373名在职人员和22285名离退休人员的工资套改和补发工作顺利实施。

（丁明圆）

【启动事业单位职员晋升试点】 4月至10月，制定《朝阳区事业单位管理岗位聘任管理办法(试行)》，提出在事业单位设置八级以上普通管理岗位，遴选12家事业单位在全市范围内率先启动事业单位职员晋升试点工作，解决11名管理人员职务待遇问题。

(丁明圆)

【评选表彰】 6月至12月，开展第四届优秀人才和人才工作先进单位评选表彰工作，表彰全区各领域61名优秀人才和20家人才工作先进单位。

(丁明圆)

【人才引进】 年内，引进非京生源毕业生677人。其中引进教育人才31人，卫生人才5人，金融、文化创意等区域重点产业人才10人。

(丁明圆)

【清理规范事业单位】 年内，撤销、整合事业单位20个，核减事业单位编制1127名。结合市编办批复的处级事业单位清理规范意见以及科级事业单位清理规范结果，重新核定全区事业单位机构名称、规格、人员编制和领导职数等事项。

(丁明圆)

【规范公开招聘工作】 年内，研究制定事业单位公开招聘工作人员《面试实施细则》、《面试考官及工作人员职责与操作程序》和《考察实施细则》，明确面试、监督、考官要求及考察程序，为面试和考察工作提供政策依据。全年公开招聘的事业单位193家，实际录用188人。

(丁明圆)

民族　宗教

【概况】 朝阳区民族宗教办公室是主管全区民族宗教事务的政府职能部门，下设综合科、民族科、宗教科三个职能科室，人员编制13人。全区有汉、回、满、蒙、朝、藏等56个民族，少数民族人口约20万人(包括流动人口)。区内有民族工作重点街道、民族乡各1个，民族村11个；民族中、小学校7所；经批准的清真饮副食餐馆、专柜180余家。区内有伊斯兰教、基督教、天主教、道教等4个传统宗教，爱国宗教团体3个、庙管会1个；有伊斯兰教清真寺9座，基督教、天主教教堂各1座，道教东岳庙1座；依法批准的基督教聚会点6个、涉外宗教临时活动场所2处；宗教教职人员47人，宗教信徒约6万余人；外国信徒约7000余人。

地址：团结湖北五条8号

电话：65094755

邮编：100026

电子邮箱：http://mzb.bjchy.gov.cn

(张婉月)

【《条例》实施情况检查】 3月6日，市人大常委会民宗侨办主任席文启带领市人大常委会少数民族权益执法检查组到朝阳区，检查《北京市少数民族权益保障条例》实施情况。检查组实地考察朝外街道三丰里民族社区建设、管理、服务情况和常营回族乡"清真食品一条街"的执法、管理、服务情况。朝外街道、常营回族乡主要负责人汇报社区民族工作。副区长苑文新从区政府层面汇报实施《条例》、推进少数民族经济社会发展和民族团结情况。检查组对朝阳区贯彻《条例》情况给予肯定。

(张婉月)

【南上坡清真寺移建】 4月，选定在潘家园地区松榆北里地块新建南上坡清真寺。

(张婉月)

【规范宗教界公益慈善活动】 5月30日，指导区基督教"三自"爱国运动委员会联系东方博爱儿童福利院，向孤残儿童祝贺"六一"国际儿童节，捐赠食品、日常用品和3万元慰问金。上半年，落实国家宗教局《关于鼓励和规范宗教界从事公益慈善活动的意见》，培育区域宗教界公益慈善队伍，逐步形成宗教界开展公益慈善活动长效机制。

(张婉月)

【少数民族文艺会演接待】 6月7日至7月6日，第四届全国少数民族文艺汇演在北京举行。完成与区政府办对口接待云南省代表团工作任务；协助完成涉区6家酒店住宿接待及世纪剧院演出等保障任务。6家酒店分别接待广东、湖北、黑龙江、江苏、北京、新疆生产建设兵团等代表团。

(张婉月)

【宗教政策法规学习月活动】 6月13日，开展宗教政策法规学习月活动。通过组织动员部署、专题培训、学习讨论、交流考察、主题宣传等方式，与"六五"普法相结合，与加强各宗教团体自身建设相结合，与创建和谐寺庙教堂相结合，切实加深宗教工作"三支队伍"和广大信教群众对宗教政策法规的理解。

(张婉月)

【开斋节前慰问清真寺】 8月13日，在伊斯兰教斋月期间，区民宗办到区内清真寺进行节日慰问，送去慰问金。民宗办主任王爱录听取各寺寺管会主任介绍开斋节庆祝活动准备情况，对各寺在斋月期间严守工作岗位表示肯定。

(张婉月)

【穆斯林群众欢度"开斋节"】 8月19日，是信仰伊斯兰教的回族、维吾尔、哈萨克等十个少数民族传统节日——开斋(尔代)节。全区5432名中外穆斯林群众(其中外宾162人)分别在南下坡、常营等9所清真寺参加节日会礼庆祝活动。区委统战部常务副部长胡杰华、副部长石延刚、区民宗办主任王爱录等分别到南下坡、常营清真寺向穆斯林群众祝贺节日，并送去慰问金。各清真寺所在地街、乡领导也分别到辖区清真寺向各地穆斯林群众祝贺节日。

(张婉月)

【调研《条例》落实情况】　9月20日，区人大常委会副主任王亚贵带领部分代表和委员到常营回族乡，调研全区落实《北京市少数民族权益保障条例》情况。区人大内司委主任侯湘君、区民宗办主任王爱录、常营乡党委书记吉广平、乡长王刚等陪同调研。王爱录代表区政府汇报《条例》执行情况并提出相关建议；王刚汇报地区落实《条例》和经济社会发展情况。区人大常委、区伊协会长丁清光阿訇、劲松街道工委书记郑霞、团结湖街道南北社区书记闫红霞等代表和委员参观常营穆斯林殡葬服务中心、清真食品一条街和常营清真寺，肯定全区落实《条例》取得的成绩。

（张婉月）

【宗教慈善周活动】　9月21日至27日，区基督教"三自"爱国运动委员会代表全区广大基督教信众，到大柳树医院精神病康复中心、区精神病托管中心看望残疾人士，向两家医院捐赠200套服装。区基督教"三自"爱国运动委员会名誉主席于新粒、主席尹惠慈、秘书长刘宁花代表全区信众向区残疾人联合会捐赠300套服装。

（张婉月）

【穆斯林群众欢度"古尔邦节"】　10月26日，是信仰伊斯兰教的回、维吾尔、哈萨克、乌兹别克、塔吉克、柯尔克孜、塔塔尔、保安、撒拉、东乡等十个少数民族的传统节日——古尔邦节（宰牲节）。上午，全区3318名中外穆斯林群众（其中，外宾93人）分别在南下坡、常营等9所清真寺参加节日会礼庆祝活动。当天全区9所清真寺宰牛60只，宰羊146只。副区长苑文新在区委统战部常务副部长胡杰华、副部长石延刚、区民宗办主任王爱录等陪同下，到南下坡清真寺向穆斯林群众祝贺节日并送去慰问金。各清真寺所在地街、乡领导也分别到辖区清真寺向各地穆斯林群众祝贺节日。区公安分局国保支队、各清真寺所在地派出所等有关单位加强安保工作，保证节日活动顺利开展。

（张婉月）

【天主教基督教界欢度圣诞节】　12月24日晚，约4000名信教群众到基督教朝阳堂参加圣诞礼拜仪式；1200余名信徒参加平房天主教堂举行的2场弥撒。市委常委、统战部部长牛有成、市人大常委会副主任马振川、副市长程红、市委副秘书长赵玉金、市委统战部副部长张洋、市宗教局局长池维生及朝阳区领导程连元、吴桂英、陶晶、王亚贵、苑文新、张树安等到教堂看望慰问宗教界代表人士，向信教群众表达节日祝贺。节前，区民宗办认真审查基督教、天主教活动场所圣诞节活动安排，实地走访南沙滩聚会点和红庙聚会点，部署圣诞节期间工作，要求各有关单位排查隐患，落实安全责任；组织属地街乡及公安、城管、交通等部门加强宗教场所周边环境治理，保障场所周边秩序井然。圣诞节期间，全区各有关宗教场所活动正常，秩序良好。

（张婉月）

外事工作

【概况】　朝阳区人民政府外事办公室（简称区外办），是负责朝阳区对外国际交往和处理涉外及港澳事务的区政府工作部门，又是区委外事工作领导小组的办事机构。内设综合科、因公出入境管理科、国际交流科，行政编制10人。

地址：日坛北街33号

电话：65099237

邮编：100020

网址：http://wsb.bjchy.gov.cn

（蔡　萌）

【鼓乐团赴国外演出】　1月，应赫尔辛基市文化局和塔林市文化遗产局邀请，组织"红半天女子鼓乐团"随市文化局表演团组赴芬兰、爱沙尼亚参加"欢乐春节"系列演出活动。

（蔡　萌）

【中奥企业家见面会】　3月20日，区商务委、CBD管委会、奥林匹克公园管委会、电子城管委会、区工商联等单位及7家企业与奥地利企业家举行见面会。

（蔡　萌）

【外事会见】　3月21日，区长程连元、副区长张立新会见到访的友好城市奥地利萨尔茨堡州代表团一行；3月26日，程连元、张立新会见捷克友好人士访华代表团，交流探讨城市规划、产业发展、资源管理、基础设施建设、民生项目等领域工作，与奥斯拉特发市市长彼得凯纳尔就两地区域内重点企业搭建合作平台达成共识；4月20日，友好城区美国纽约布鲁克林区副区长桑德拉·查普曼率代表团来访，程连元会见代表团，沟通5月国声京剧团赴美演出和向布鲁克林区捐赠牌楼事宜；10月10日，张立新会见捷中友协主席杨·高厚德率领的捷克医疗代表团一行，探讨医疗卫生领域合作事宜，在医疗器械生产、药物研发、医生互访、医疗废物清理等方面达成合作共识；10月16日，代区长吴桂英、副区长张立新会见瑞士卢加诺市市长乔治·朱迪奇一行，确定医疗与金融两个重点合作方向；11月13日，代区长吴桂英会见瑞典西曼兰省省督因格玛·斯科格一行13人，介绍朝阳区经济社会环境，希望搭建双方企业交流合作平台，西曼兰省省督邀请吴桂英方便时率团往访，期待在节能环保、道路交通、城乡统筹、机械自动化及文化教育等领域开展交流与合作。

（蔡　萌）

【第三届中国特色世界城市论坛】　4月7日，第三届中国特色世界城市论坛在国贸三期举办。论坛主题为"推进公共文化服务，建设先进文化之都"，400余名国内外知名学者、政府官员、企业家代表等参与主论坛及三个分论坛的主题演讲和交流活动。区委副书记、区长程连元主持开幕式和主论坛。

(蔡　萌)

【承办外事任务】 4月23日,中央外办副主任裘援平率团到麦子店街道调研国际化社区工作;7月20日,外交部邱小琪大使(副部级)率团到金盏乡调研中国外交干部学院选址工作,金盏乡政府根据外交部需求提出建议方案;8月18日,外交部第3期地方外办中层干部培训班到奥林匹克中心及798艺术区考察;8月29日,承办2012全市区县外办主任会,为各区县外办主任提供交流平台。

(蔡　萌)

【国声京剧团赴美演出】 5月20日,北京国声京剧团赴友城美国纽约市布鲁克林区轮盘剧场举行专场文化交流义演。中国驻纽约总领馆副总领事董晓军、副区长汪洋和布鲁克林区区长马克维兹与各界人士一起观看演出。

(蔡　萌)

【外语游园会】 6月16日,北京市民讲外语活动组委会、市政府外事办公室联合区政府在朝阳公园举办北京外语游园会。北京市民讲外语活动组委会向区外办颁发"2011年北京外语游园会最具人气奖"。

(蔡　萌)

【获外交部嘉奖】 6月,外交部首次表彰全国地级行政区外事工作先进集体。区外办获"服务国内发展突出贡献奖"。

(蔡　萌)

【签署备忘录及意向书】 7月13日,区长程连元与韩国首尔松坡区区长朴春姬签署《旅游推介宣传合作谅解备忘录》,继韩国首尔江南区之后,松坡区成为与朝阳区签约的第二个韩国友城;7月31日,朝阳区代表团访问瑞士卢加诺市,副区长张立新与卢加诺市市长乔治·朱迪奇签署友好交流合作意向书。双方承诺积极推动两地友好往来,建立政府、企业、服务机构之间互惠联系,加强经济、文化、教育、卫生、体育、旅游等交流,特别是金融、保险、现代服务业、生命科学及高新技术等产业的务实合作。

(蔡　萌)

【中非地方政府合作论坛】 8月27日,首届中非地方政府合作论坛在北京国家会议中心开幕。来自中国和非洲40个国家的首都城市和其他主要城市的地方政府代表以及部分企业家代表近2000人出席会议。中共中央政治局常委、国务院副总理李克强出席论坛开幕式并致辞。本届论坛主题是"推动地方合作、促进共同发展"。中非地方政府合作论坛是中非合作论坛框架下首个中非地方政府领导人集体对话平台。区长程连元代表朝阳区向与会代表介绍朝阳区社会概况及发展特色,总结与非洲国家经贸合作方面的成绩,并诚挚邀请中非地方政府合作论坛今后永久落户朝阳区。

(蔡　萌)

【国际义卖】 9月15日,"大爱无国界——资助健康快车光明行"国际义卖活动在朝阳公园举行。朝阳区企业SOHO中国有限公司为活动捐款50万元人民币。

(蔡　萌)

【太极拳交流大会】 11月17日,2012北京国际太极拳交流大会在区体育馆举办,主题是"太极中国,活力北京",英、美、日、越等国家100余名选手及多家国内代表团参与,区长吴桂英代表朝阳区政府致开幕词,副区长张立新主持颁奖仪式。

(蔡　萌)

【外事调研】 11月,撰写完成《浅析美国应对飓风桑迪的经验教训》和《关于江南STYLE走红借鉴意义的研究报告》

(蔡　萌)

【接待党宾国宾参观团】 年内,完成中联部、外交部、市外办、区政府交予的党宾、国宾及高层政府官方代表团参观接待任务,共40团组近600人次,比上年分别增长78%和20%,其中重点团组包括:2月23日,韩国京畿道军浦市副市长任命镇一行14人参观世贸天阶;2月24日,韩国忠清北道清州市市长韩凡德一行7人参观798艺术区相关韩国画廊;4月12日,哈萨克斯坦总统助理兼安全会议秘书塔仁一行7人参观798艺术区;5月24日,太平洋岛国政治家联合考察团一行19人参观考察高碑店乡新农村建设;6月9日,巴西众议长代表团一行10人到秀水市场购物;6月13日,斯里兰卡议长代表团一行15人参观奥林匹克中心区国家体育馆及高碑店地区紫檀博物馆;7月9日,圣马力诺外交、政治、电信和交通部长穆拉罗尼一行3人参观东岳庙;9月25日,第三批美国媒体人士代表团一行9人参观798艺术区;10月23日,香港特区政府新闻主任国情研修班一行22人参观798艺术区;10月30日,越南省部级党政干部考察团一行15人参观考察CBD;11月3日,韩国国家战略研究院代表团一行7人考察望京街道望京园社区的社区服务及建设情况;11月28日,美国全国州议会会议代表团参观了解798艺术区园区设计理念与发展模式。

(蔡　萌)

【办理因公出访】 年内,办理各类因公出访团组130批次、414人次,其中党政218人次。与上年出访情况基本持平。

(蔡　萌)

【APEC商务旅行卡申办】 年内,受理26家企业70人办理申请,发放APEC商务旅行卡28张。

(蔡　萌)

【筹建APEC商务旅行卡企业俱乐部】 年内,与区金融办、投促局、工商联、商务委、国资委、CBD管委会等部门筹建朝阳区APEC商务旅行卡企业俱乐部。

（蔡 萌）

【涉外单位资质检查与年检】 年内，配合区人力资源和社会保障局、区教委、区公安分局等部门完成20余家涉外单位、学校的资质检查和年检工作。

（蔡 萌）

【为外国驻华使馆提供服务】 年内，协助丹麦驻华使馆开展自行车绿色出行活动；对朝阳公园内境外题材雕像进行统计和调研，为满足各国使馆文化展示需求提供服务；协助波兰使馆举办足球友谊赛；协助乌克兰使馆为其诗人雕塑献花；协助美国大使馆绿化等事宜。

（蔡 萌）

【外语人才培养】 年内，开展为期12周的英语口语中、高级培训，50余名外语人才参加；向20余家重点涉外部门、街乡、窗口单位发放北京外国语大学外语在线学习卡。3月，选送求实职业学校日语教师李慧赴日本长野县上田女子短期大学留学半年。据统计，全区外语人才同比增长64%。

（蔡 萌）

【信息工作】 年内，刊发《朝阳外事通讯》43期；向市外办《外事和港澳通讯》刊物投稿36篇，刊登近30篇；公开政府信息35条。

（蔡 萌）

法制工作

【概况】 朝阳区人民政府法制办公室是区政府负责法制工作事务的工作部门，对区政府法制工作负有统筹规划、指导、协调、组织和监督职责。内设综合调研科、行政执法监督指导科、行政复议应诉科、信访事项复查科、规范性文件审查科，编制20人。年内，获评北京市政府法制工作先进单位、法制信息宣传工作先进单位；区法制办安果丽、张秀梅、区人力社保局唐玥、区地税局易明荣获评市政府法制工作先进个人。

地址：日坛北街33号

电话：65094421

邮编：100020

网址：http://fzb.bjchy.gov.cn

（王喜庆）

【依法行政教育培训中心成立】 3月15日，召开依法行政工作会暨依法行政教育培训中心成立大会。区长程连元、市法制办党组书记周继东为培训中心揭牌。培训中心以区委党校为依托，以区委组织部、区法制办、区人力社保局为教务委员会，建立区政府法制教育培训长效机制，将区依法行政教育培训工作纳入科学化、系统化、规范化轨道。年内，全区40批4000余人次参加依法行政教育培训。

（王喜庆）

【行政执法监督指导】 3月，下发《朝阳区2011年依法行政考核情况通报》，通报24个街道，19个地区办事处和37个委、办、局2011年依法行政考核得分情况及存在的问题，并提出下一步工作要求。4月，组织区人力社保局、区卫生局、区工商分局、区国土分局、区房管局、区城管大队等部门召开行政执法部门联席会议2012年第一次工作会，交流行政机关实施行政强制措施和强制执行过程中遇到的问题。5月，下发《朝阳区加强和改善行政执法工作的意见》，从加大日常监管力度、改善行政执法效果、规范行政执法程序、实现执法工作信息共享、塑造良好执法形象、强化法制机构作用等方面提出要求，着重解决有法不依、违法不究、效率不高突出问题。

（王喜庆）

【依法行政机制创新】 4月，区行政执法与刑事司法衔接工作信息共享平台正式启动。5月，下发《关于进一步加强区属各行政机关法定代表人应诉代理工作的通知》，对出庭应诉、复议代理、案件协调、涉诉矛盾化解、司法，复议文书执行等方面工作提出具体要求。出台《朝阳区行政执法人员资格管理办法》，明确规定执法资格培训制度、年度审验制度、动态管理制度、证件管理制度。开展全市首家街乡行政执法人员资格集中培训和考试，全区108名街乡执法人员获行政执法资格。8月，区行政复议委员会制发《朝阳区开展行政复议案件相对集中办理工作意见(试行)》，建立由专家、律师、专职复议人员及基层法制干部组成“四位一体”复议案件办理新模式。

（王喜庆）

【法律服务】 5月，编制《政府法制工作手册》和《村(居)民委员会法律知识读本》，向区属各行政单位和村(居)民委员会发放，为全区行政执法人员和村(居)民委员会干部在工作实践中掌握必备的法律知识和政策提供便利。

（王喜庆）

【基层法制机构和队伍建设】 8月，下发《进一步加强基层法制机构和队伍建设的意见》，要求区属各行政机关成立依法行政领导小组，确定专职法制工作人员。年底，由40个委办局法制科或兼职法制科室、43个街乡行政办兼职法制机构组成的涵盖200余名法制干部的基层法制机构和人员队伍基本形成。

（王喜庆）

【规范性文件合法性审查】 10月25日，印发《关于做好区政府重大行政决策合法性审查工作的通知》，就健全区政府重大行政决策合法性审查工作，对有关合法性审查的范围、合法性审查的主体、合法性审查的程序以及工作要求等事项提出具体要求。全年审核规范性文件12件，包括《朝阳区政府投资建设项目审计监督办法》、《朝阳区关于推进国家广告产业示范区建设的实施意见》等。审核各类决策及合同、协议等82件，提出修改意见210余条。

（王喜庆）

【规范性文件清理】 11月22日，正式发布规范性文件清理结果。认定保留规范性文件43件,废止4件。年内出台《北京市朝阳区人民政府办公室进一步加强规范性文件备案审查工作的通知》、《关于开展规范性文件清理工作的通知》,清理上年前发布的行政规范性文件。

(王喜庆)

【行政执法案卷评查】 年内,组织全区各行政执法部门开展行政执法案卷评查工作。对从31个具有行政处罚职能的执法部门抽取的60余本行政处罚案卷、从26个具有行政许可职能的执法部门抽取的52本行政许可案卷进行分组评查,将评查结果在全区通报。年内办理拆违复审案件23件,均为查处的违法建设案件。

(王喜庆)

【行政复议】 年内,收到行政复议申请449件,同比增长256%。审结复议案件433件(含上年结转18件)。其中维持156件,驳回41件,责令履责2件,确认违法2件,撤销1件,终止34件(申请人主动撤回),调解1件;不予受理13件。纠错率2%(以责令履责、确认违法、撤销为纠错案件计算)。发告知书178件(因复议申请不符合条件),逾期未补正视为放弃复议5件。对行政机关具体行政行为存在瑕疵,但不导致败诉的案件,区法制办向行政机关制发《行政复议意见书》6件。全年化解行政复议案件40余件,指导全区工作部门化解行政争议33000余件。

(王喜庆)

【应诉案件代理】 年内,行政应诉案件(包括被诉和被复议)370件,同比增加1221%(上年同期28件)。主要涉及不服信息公开告知、不服集体土地建设用地使用证发证、不服行政复议不予受理等。其中信息公开类案件342件,占案件总量的92.4%。年末,审结243件,其中维持95件,驳回起诉146件,原告撤诉2件。未结案127件,无败诉案件。

(王喜庆)

【信访事项复查】 年内,接待信访复查来访群众138批次760人,办理信访复查案件58件,其中受理54件,不予受理4件,办理案件总量与上年同比下降38.5%。办结已受理的复查案件53件,其中:维持31件,责令原办理机关重新答复14件,撤销6件,纠错率37.7%;不予复查1件;因信访人撤回复查申请而终止审理1件。收到市政府信访复核意见书20件(含上年流转3件),复核案件总量与上年同比下降43.5%,全部维持区政府复查意见。

(王喜庆)

信息化工作

【概况】 朝阳区信息化工作办公室(简称区信息办)是全区信息化工作主管部门,负责指导、组织和实施辖区内信息化建设。下设电子政务与社会信息化科、软件与信息服务业科、综合管理科和信息网络中心,人员编制29人。

地址:日坛北街33号
电话:65094288
邮编:100020
网址:http://xxb.bjchy.gov.cn

(刘润军)

【信息服务业产业发展】 1月至11月,全区共有规模以上软件与信息服务业企业563家,实现营业收入484.9亿元,同比增长8.4%。

(刘润军)

【智慧城市专题研讨】 9月21日,2012北京CBD商务节"智慧城市与智慧CBD"专题研讨会在区规划艺术馆举行。会议由国家工信部支持、市经信委和区政府主办、CBD管委会和区信息办承办。工信部信息化推进司司长徐愈、国务院参事牛文元、市政府副秘书长朱炎、市经信委副主任童腾飞等出席会议;韩国驻华大使馆参赞李元宰、区政府相关委办局领导、业界专家学者和企业代表近200人参加会议。会上,国内外各界高层人士共同分享先进国家和城市在人口管理、智能交通、应急指挥、民生服务等方面的经验,深入研讨如何运用新一代信息技术打造智慧城市,提升城市生活品质,以此带动区域经济创新发展。美国商业软件联盟(BSA)向朝阳区颁发"优秀软件知识产权保护支持单位"奖项。

(刘润军)

【城市信息化基础设施】 年内,完成政务专网向社区、村延伸,形成覆盖"市、区(县)、街道(乡)、社区(村)"互通的四级政务专网。全区43个街乡带宽升速到50-100兆,完成街道(乡)汇聚节点建设,完成500余个社区(村)接入带宽2兆的任务;推动建设覆盖全区的无线宽带政务专网,满足政府部门基层节点日常办公需要和应急指挥快速接入要求;实现光纤到企入户。重点社区实现20兆入户、重点企业实现100兆接入、高端企业实现10千兆接入;应用3G/LTE、WIFI等技术扩大无线宽带网络在公共区域的覆盖,基本建成移动互联的"无线城市";推进"三网融合",扩大高清交互电视网络覆盖。

(刘润军)

【创新社会服务管理模式】 年内,深化政府门户网站为民服务资源应用,依托3G网络,推行"朝阳区一刻钟社区服务圈移动应用",为群众提供便捷的社区服务信息查询;完成人口信息采集和共享,准确掌握全区实有人口状况,研究基于人口数据的应用模型,建设人口数据智能化统计分析平台,建设全区统一的人口数据应用基础平台,推进人口数据与社会为民服务资源的关联应用;推进"三网融合"工程,依托互联网和交互式数字电视网络建设各类社区服务平台,整合社区服务信息资源。在东湖街道部分社区,利用物联网技术打造"智慧社区"、"平安社区”,推动在基层选举和社区事务治理中应用信息化、网络化方式,支撑社区自治和新型社区文化建设。

(刘润军)

【智能交通监控试点项目完成】 年内,结合东湖地区物联网平台,试点安装智能交通道路感知系统,在东湖地区安装32个站点,156个路感器,实时监测32个路段的交通流量情况,通过无线传输方式上传至数据中心并实时发布,同时公众用户可登录相关网站查询。城市管理、监督、执法等移动智能终端从2G升级到3G。应用3D、增强现实、视频等技术,建设城市运行虚拟实景平台,实现市政建设、城市规划、土地使用、水务管理等领域数字化、可视化管理。

(刘润军)

【民生服务领域信息化】 年内,推进农村党员干部远程教育网、“村村通”、“校校通”等网络建设,通过网络促进市民终身学习教育。

(刘润军)

【物联网管理平台建设】 年内,完成区级物联网管理平台建设。在取暖期前完成新增12000个有毒有害气体探测传感器的任务,保障已建系统正常运营,继续完善农村出租房屋“五级报警,四级管理”防控体系;完成东大桥路、望京北路和望京东路三条区内主要道路、5个路侧停车场总计587个车位的智能停车管理系统试点;推进图像信息资源整合共享,深化图像信息资源应用,加强城市应急管理决策支持和通信保障系统建设,实现应急处置的快速响应、部门联动和智能决策。

(刘润军)

【智慧朝阳建设】 年内,对接《智慧北京行动纲要》,结合朝阳区实际,召开39个单位参加的智慧北京、智慧朝阳重点项目征集会。以区政府名义印发《关于落实智慧北京行动纲要,推进智慧朝阳建设的实施意见》;开展智慧朝阳顶层设计工作,制定初步设计方案。在奥林匹克公园筹备建设智慧朝阳展示中心。

(刘润军)

【组织项目资金征集】 年内,与电子城管委会合作,组织60个项目的初审和专家评审,形成专项资金实施方案,26个项目获区级资金近1200万元支持。

(刘润军)

【大型电子商务活动】 年内,与工信部合作举办“央企电子商务发展研讨会”,吸引央企电子商务项目在朝阳区落地,形成央地合作模式。参与组织工业和信息化部与市政府共同主办的“两化融合深度行—北京行动”活动。在开幕式上,区政府与北京移动签署“移动电子商务合作框架协议”,在朝阳区率先开展移动电子商务“1+3+X”应用,为全市推广领先的移动电子商务进行示范。组织电商企业参加京交会电子商务专题展、“两化融合”成果展等典型经验交流、高峰对话等活动。协助区商务委组织电商企业参加“网交会”活动,为电商企业提供线上产品线下交易窗口,促进企业之间业务交流,为区域企业创造多样营销渠道。组织企业参加商务节活动——“智慧朝阳、智慧CBD研讨会”,实现朝阳区企业优势与智慧城市项目更好衔接。

(刘润军)

【功能园区建设】 年内,电子城移动谷建设进展有序。签署移动电子商务合作协议、引进信息服务业企业落户电子城。利用现有的电子城资源和区内政策,扶持电商服务业发展。推进垡头新一代信息技术产业园建设,长峰集团、人人网等7家信息服务业和电子商务企业集体到垡头产业区管委会考察,介绍垡头功能区核心区的现状和控制性规划编制情况,奠定“国际智慧谷”建设基础。

(刘润军)

【信息服务业监测和服务平台建设】 年内,研发朝阳区信息服务业监测和服务平台,包括企业信息管理、资金项目申报、产业数据监测等系统。

(刘润军)

【政务信息资源基础数据标准体系】 年内,制定政务信息资源基础数据标准体系,初步形成全区政务信息资源管理体系,促进各部门政务信息资源全面共享。

(刘润军)

【81890为民服务平台建设】 年内,完成81890为民服务平台顶层设计工作,整合服务资源,为百姓提供全天候、全方位、全过程的便民服务,实现“拨一拨就灵”的为民服务体系。

(刘润军)

【GIS平台建设】 年内,进行GIS平台三期项目建设,同时启动GIS平台四期项目建设准备工作。

(刘润军)

【区政府门户网站建设】 年内,制定2012年区政府门户网站工作方案、任务分解表、网站评分细则等文件,明确网站信息更新责任,做好区政府网站内容建设和管理保障工作。移动政民互动平台应用系统案例获“全国政务服务类电子政务优秀应用案例推选活动优秀案例奖”。

(刘润军)

【网上监察系统建设】 年内,整理规范524个效能监察项目数据和进展情况。与财政局对接20个重大项目,共享交换发改委核准金额、贷款申请、合同金额、项目金额明细等数据项目,初步完成统一认证对接。梳理朝阳区查处和禁止违法建设业务流程,对数据项目进行标准化和规范化建设,奠定下一步对接基础。初步完成党政领导干部廉政档案业务调研工作并整理需求。梳理400余项政务公开和政务服务事项,确认政务公开信息管理流程,完成政府服务外网专栏设计和后台政务公开信息管理系统设计工作。

(刘润军)

【电子政务云建设启动】 年内,正式启动电子政务云技术框架和实施指南、电子政务云建设规划、政府电子政务云社区网站项目。

(刘润军)

【信息安全保障】 年内,完善信息安全防范和应急处置体系,针对全区约250条政务网专线、150台网络设备、300台应用服务器进行信息安全监控、风险评估、安全加固。协调处理网络与信息安全重大事件,做好电子政务信息安全,保障防火墙、网页防篡改、安管平台、漏洞扫描、入侵监测等信息安全产品的维保服务,开展信息安全三级测评,引入专业技术团队和专家进行评估、调查、处置并监督整改,提高信息安全整体水平。

(刘润军)

【无线电管理】 年内,按照市无线局要求,启动无线电台站核查清理工作,完成核查单位253个,组网对讲机1200余台,非组网对讲机2500余台。

(刘润军)

【提案办理】 年内,办理政协委员提案“关于以资源整合,信息共享为核心,建立朝阳区信息资源管理中心;关于完善数字朝阳的建议;加大朝阳区物联网战略性新兴产业发展力度,确保经济继续保持快速增长;推进朝阳区政务外网建设的建议”4件。

(刘润军)

信访工作

【概况】 中共北京市朝阳区委、朝阳区人民政府信访办公室,挂北京市朝阳区社会矛盾调处中心牌子。内设综合办公室、来信受理科(北京市朝阳区人民政府人民建议征集办公室)、来访接待科、排查科、矛盾调处室(重大矛盾研究室)、联席会议办公室和督查督办科,行政编制26人。

地址:日坛北街33号

电话:65099121

邮编:100020

网址:http://xfb.bjchy.gov.cn

(刘福森)

【接访调研】 1月4日,区委副书记、政法委书记陈宏志,副区长王春到区信访办参加2012年首次周三领导接待日并调研信访工作。陈宏志肯定上年全区信访工作,并对区信访办及全区基层信访干部表示慰问。

(刘福森)

【市信访办指导春季大调研】 1月12日,市信访办纪检书记侯志光带领市信访办调研组,到区指导春季调研活动。调研组分别在大屯街道办事处、来广营地区办事处和大屯慧忠北里第二社区调研座谈,实地查看矛盾调处工作站和群众服务室建设情况,听取基层关于重点矛盾和积案化解工作情况、群众工作统揽信访工作进展情况及“创先争优”活动开展情况汇报。

(刘福森)

【信访系统年终总结会】 1月14日,召开全区信访系统年终总结会。市政府副秘书长、市信访办主任薄钢,区委副书记、政法委书记陈宏志,副区长王春出席。相关职能部门信访工作主管领导,各街乡信访工作主管领导、信访办主任参加总结会。陈宏志致辞,薄钢提出2012年信访工作要求。

(刘福森)

【区领导调研】 1月16日,副区长王春到区信访办调研。区信访办主任陈杰汇报2011年全区信访工作情况及2012年总体工作安排。1月31日,区委副书记、政法委书记陈宏志到区信访办调研。陈宏志指出,全区信访系统要全面落实“领导干部接访、信访积案化解、体制机制创新”三项重点工作,着力构建“源头预防、调处化解、整体联动、控增减存”的信访工作新模式。

(刘福森)

【党政领导干部接访月活动】 2月22日,区委、区政府部署2012年全国“两会”期间党政干部接访月活动。2月22日至3月16日,区委、区政府领导班子正职、副职在区信访办每日轮流接待群众来访,相关部门工作人员陪同接待。各街乡、各部门领导班子正职、副职在各自单位固定接待场所排班轮流接待,时间不少于半天。区委书记陈刚参加接访月首次接访,接待市残疾人服务中心残疾人职工代表及高安屯反映补偿不合理问题的群众代表,调度研究重点村拆迁腾退及转工转居引发的矛盾纠纷问题。截至3月16日,区领导接访调度43次,各街乡、各部门领导接访调度444次,化解区级重点矛盾纠纷9件,化解疑难矛盾纠纷76件。

(刘福森)

【调研突出信访问题】 2月23日,区委副书记、区长程连元到孙河地区办事处,研究当地突出信访问题。程连元听取区信访办及孙河地区办事处近期信访工作情况汇报,现场调度研究可能影响全国“两会”期间社会稳定的涉及土地储备拆迁腾退安置等相关问题。

(刘福森)

【中央联席会议督导组检查】 3月11日,国家信访局督查专员、督查室主任胡冰带领中央联席会议督导组,到朝阳区督导检查全国“两会”期间信访工作和服务保障工作。区委副书记、政法委书记陈宏志汇报朝阳区总体形势、“两会”期间信访工作、服务保障工作落实情况及下一步工作安排;区委书记陈刚重点汇报“两会”信访工作责任认识、牢牢抓住工作关键点和服务保障体会三个方面工作。中央联席会议督导组对朝阳区工作给予肯定,指出朝阳区认识到位领导重视、形势分析研判准确、工作开展扎实有效、信访问题有效解决、服务保障措施到位,要求朝阳区继续扎实做好信访工作,在全国和北京市发挥示范作用。

(刘福森)

【青年干部信访锻炼座谈会】 3月30日，召开2011年第二期（总第19期）优秀青年干部到信访部门锻炼工作座谈会。4名到区信访办锻炼的优秀青年干部发言，各指导科长和各主管副主任分别讲评其挂职表现和调研报告，第19期锻炼干部代表表态发言，区委组织部、区委社会工委、区委农工委、区信访办领导分别讲话。

（刘福森）

【信访系统工作会暨培训会】 4月9日，召开2012年度信访系统工作会暨培训会。会议通报上年全区信访排查调处工作考核情况，部署2012年度信访排查调处工作，对办理群众来信、接访调处，信访宣传、信访复查及排查督查等工作提出具体要求。

（刘福森）

【信访条例宣传月活动】 5月12日，全区开展“包容、有序、和谐”信访条例宣传月启动活动。各街乡在辖区内群众来访接待场所设立宣传站点，向群众发放宣传材料，宣传依法信访观念，引导群众依法行使民主权利，理性有序信访。各宣传站点组织律师、法律工作者、心理咨询师和调解员深度开展政策法规暨咨询服务，以现场受理信访、调处矛盾纠纷等形式开展活动。启动活动日当天，全区设立宣传站点325个，悬挂横幅365条，张贴宣传画249套，发放“包容、有序、和谐”宣传折页32384套和宣传环保手提袋11780件，向群众提供《信访条例》21411本。282名街乡领导干部、2499名社区（村）干部参加宣传活动，接受群众咨询229人次，25265名群众参与活动。

（刘福森）

【信访督导】 7月24日，市信访办副主任张宗林带领市信访工作督导组，到区内检查督导信访工作。区信访办汇报全区上半年信访工作开展情况和中央信访工作督导组迎检准备情况，张宗林提出完善相关工作的意见及要求。

（刘福森）

【迎接十八大信访工作部署会】 7月31日，召开全区迎接党的十八大信访工作部署会，副区长王春，区群众工作领导小组成员单位及各街乡信访工作主管领导参加会议。王春部署领导干部接访月、摸排化解矛盾纠纷、加强基层基础建设、解决信访积案和完善疏导应急机制等相关工作。

（刘福森）

【中央信访工作督导组督导】 8月10日，中央信访工作督导组由国家人力社保部党组副书记、副部长杨志明带队，到朝阳区检查督导信访工作。区委书记程连元汇报朝阳区信访总体形势、领导干部接访下访、矛盾纠纷排查调处、信访积案化解、初信初访办理及信访工作机制创新等情况。中央信访工作督导组实地检查奥运村地区办事处南沙滩社区“用群众工作统揽信访工作”开展情况，听取奥运村、小关、大屯、亚运村和十八里店地区相关工作汇报。

（刘福森）

【专项整治月部署会】 8月31日，区委、区政府召开信访矛盾化解和秩序维护专项整治月活动部署会。区委常委、公安朝阳分局局长陶晶通报近期全区信访群体性事件处置情况，安排部署十八大期间信访群体性事件疏导处置工作。

（刘福森）

【十八大信访排查调处部署会】 10月26日，召开党的十八大期间信访排查调处工作部署会。区信访办科级以上干部，各街乡信访工作主管领导和信访办主任，部分职能部门信访工作主管领导和信访工作负责人参加会议。会议传达北京市联席会第25次全体会议精神，通报十八大前期全区信访形势及情况分析，部署十八大期间信访信息报送等工作。

（刘福森）

【信访情况】 年内，区信访办受理群众来信来访9059件（批）次，比上年下降2.0%。受理来信6457件，比上年下降6.4%，其中联名信243件24600人次，比上年件次上升6.1%、人次上升43.7%；接待来访3528批16644人，比上年批次上升8.4%、人次上升39.2%。到市集体访25批，比上年上升4.2%。所反映的问题主要为拆迁安置、社会保障和住房三类问题，分别占信访总量的14.1%、10.0%和8.6%。

（刘福森）

【人民内部矛盾排查】 年内，区排查办组织开展3次排查工作，立案21件，全部实行区领导包案。年内结案20件，化解率95.2%。

（刘福森）

【督查督办】 年内，挂账上级机关交办的督办事项和区内重点矛盾纠纷77件，结案69件，结案率89.6%。

（刘福森）

档案工作

【概况】 朝阳区档案局与朝阳区档案馆合署办公，为区政府直属事业单位，经费由财政全额拨款。区档案局为区政府负责辖区档案事业行政管理的主管部门，履行档案工作行政管理职能；区档案馆负责辖区档案及有关资料的收集、保管和开发利用等工作。内设办公室、业务科、法规科、收集科、保管科、利用科、整理科、信息化科8个科室，编制46名。

地址：日坛北街33号

电话：65094976

邮编：100020

网址：http://www.dangan.bjchy.gov.cn

（杨馨珠）

【档案培训】 3月26日至30日，举办全区档案人员岗位培训班，区属机关、企事业单位近一年内新上岗的专（兼）职档案人员104人参加培训。培训分为面授和网上两部分，完成面授、网上培训全部课程的学员获区档案局颁发的档案专业知识培训证书。9月26日至27日，举办全区档案人员档案法规暨继续教育培训班。区属单位120人参加培训。

(杨馨珠)

【档案馆爱国主义教育基地】 6月8日，与区文化委、区非物质文化遗产保护中心在朝阳文化馆二层展厅联合举办“国色天香——朝阳区非物质文化遗产保护成果展”，并作为区“非遗”文化展示系列活动之一，接待社会各界观众参观。开展当日，接待观众100余人。展览以朝阳区非物质文化遗产保护工作开展情况及区属国家级、市级非物质文化遗产项目为主要内容，展示7年来朝阳区在非物质文化遗产保护与传播、成果转化等方面所做的工作。全年累计接待参观20730人次。9月5日，“岁月寻珍——朝阳区馆藏档案展”向社会开放，全年累计接待参观5710人次。

(杨馨珠)

【执法检查】 7月至9月，对全区72家单位进行档案行政执法检查。期间，按2012年2月10日起施行的《北京市区县机关档案工作测评办法》，测评其中16家原市档案目标管理一级单位。在对街道、地区办事处的执法检查中，抽查社保所、社区居委会和行政村的档案工作。

(杨馨珠)

【首批市级优秀单位】 年内，区委办公室、区文化委、朝外街道办事处、王四营地区办事处等15家原北京市档案目标管理一级证书期满单位通过市档案局审批，成为朝阳区首批市区县机关档案工作测评市级优秀单位。

(杨馨珠)

【档案管理】 年内，扫描3万余卷、190万余页，完成馆藏67个全宗的扫描工作。年末，馆藏数字化原文1100万余页，近15万卷，占馆藏全部纸质档案的52.6%。

(杨馨珠)

【档案收集】 年内，接收38家单位纸质档案14125卷9770件，其中专业档案11279卷，占接收进馆档案总量(以卷为单位)的80%；征集照片档案493张，主动拍摄照片1525张；向社会征集各种图书资料60余册。

(杨馨珠)

【档案鉴定开放】 年内，开放审查馆藏94个全宗满30年74737件档案，向社会开放使用19650件，控制使用55087件。鉴定馆藏1962年44个全宗761卷原长期文书档案，自鉴定之日起保管期限变更为永久的有757卷，自鉴定之日起满保管期限应销毁设置10年搁置期的有4卷。鉴定馆藏1997年(包括少部分1992年)19个全宗371卷3562件原短期文书档案，自鉴定之日起保管期限变更为永久的有1395件；自鉴定之日起延长保存至2027年(30年)保管期限的有532件；自鉴定之日起满保管期限应销毁设置10年搁置期的有1635件；鉴定馆藏1997年12个全宗667卷原保管期限15年的会计档案，自鉴定之日起满保管期限设置10年搁置期的有667卷。

(杨馨珠)

【政府信息公开】 年内，接收83家单位移送的主动公开的政府信息目录886套，电子目录9983条，接收正式文本260份，发放政府公报470份。

(杨馨珠)

【档案利用】 年内，利用档案12170人次，日均接待48.9人次，其中公民个人利用档案占总人次的92.06%；调阅档案6233卷、181件；出具证明9416份；复制档案32173页；处理电话咨询、代查5940人次。

(杨馨珠)

【档案编研】 年内，《北京朝阳档案史料》(第四辑)初稿编撰工作基本完成，进入审查校对印刷阶段。该专辑内容包括“建国初期朝阳区农田水利基础设施建设”、“朝阳区水资源污染情况”以及“东岳庙文物普查”等三部分，录入档案材料27篇，84166字，制表9张；完成东岳庙文物普查图表编制145篇；搜集馆藏农业及水污染相关内容照片80余张，选定32张。

(杨馨珠)

地方志工作

【概况】 朝阳区地方志编纂委员会办公室(简称区志办)，是区政府主管本行政区域地方志工作的机构。主要职责是：组织、指导、督促和检查全区地方志工作；拟订朝阳区地方志工作规划和编纂方案；组织编纂地方志书和地方综合年鉴；收集、整理、保存地方志文献和资料，组织整理旧志；组织开发利用地方志资源；推动方志理论研究和学术交流，组织开展业务培训。人员编制7人。

地址：日坛北街33号

电话：65094347

邮编：100020

网址：http://qzb.bjchy.gov.cn

(党京华)

【《朝阳大事记汇编》启动】 1月3日，启动编写《朝阳大事记汇编》(季刊)工作。按季度搜集区四套班子、各部门各街乡、区属国有企业的大事、要事进行汇总、编印，发放范围为区四套班子领导和全区各单位党政主要领导及主笔人。9月25日，召开《朝阳大事记汇编》(季刊)编写工作培训会议，全区186个承编单位的主管领导和主笔人参加会议。全年编印发行4期，100万余字。

(王　源)

【地方志工作会议召开】 3月29日，召开“2012年朝阳区地方志工作会议”，总结2011年《北京朝阳年鉴》编纂工作，部署2012年《北京朝阳年鉴》和《朝阳大事记汇编》编写工作。市志办副主任谭烈飞，副区长、区地方志编委会常务副主任苑文新出席会议并分别讲话。

（王　源）

【完成《北京年鉴》供稿任务】　3月底，按照市地方志办公室、北京年鉴社要求，收集整理《朝阳概况》相关资料报送市年鉴社，刊于当年发行的《北京年鉴》。《朝阳概况》全文近万字，客观反映上年全区政治、经济、文化和社会各方面发展变化。

（党京华）

【获奖情况】　4月13日，在北京市地方志工作会议暨“双先”表彰大会上，区志办被市志办、市人力社保局评为“2011年北京市地方志系统先进集体”、“2011年《北京年鉴》编纂工作先进集体”；10月19日，朝阳区5部年鉴在北京市首届年鉴编校质量评比中获奖。《朝阳区统计年鉴》获一等奖，《北京朝阳年鉴》、《朝阳园林绿化年鉴》、《北京市药品监督管理局朝阳分局年鉴》获三等奖，《北京朝阳政协年鉴》获参与奖。7月，区武装部被总参谋部评为全军军事志编修工作先进单位。

（王　源）

【志鉴体系建设启动】　7月26日，围绕《朝阳区地方志工作发展规划(2011－2020年)》提出的朝阳区志鉴体系建设目标，区志办会同民进朝阳区委组织开展“关于推进朝阳志鉴体系建设的调查与思考”专题调研，标志着朝阳志鉴体系建设正式启动。

（王　源）

【中国地方志指导小组办公室调研】11月26日，中国地方志指导小组办公室有关处室负责人到区志办进行随访调研，对朝阳区在二轮修志中一些好的做法以及编印《朝阳大事记汇编》、《朝阳方志报》给予肯定。

（王　源）

【区县志办主任例会】　11月28日，市志办在朝阳区组织召开全市16区县志办主任例会，参观798艺术区，研讨二轮修志中存在的问题。

（王　源）

【修志业务学习】　11月29日至30日，组织区志编辑部编辑人员赴云南省昆明市地方志办公室，进行二轮修志业务学习和交流。

（王　源）

【年鉴编纂出版与发行】　年内，编纂出版2012年卷《北京朝阳年鉴》。年鉴系统反映全区各单位在政治、经济、文化、社会各个领域，各项事业发展变化基本情况和大事、要事、新事及新建设、新成就、新进展。全书有正文622面，彩页42面，照片226张，除各栏目概况外，共3380个条目。年鉴发行至区属各单位、部分市属单位，累计2700余册。

（党京华）

【编印发行《朝阳方志》报】　年内，完成9期《朝阳方志》报编印发行工作。同时，改进版面设计，增强业务指导性、可读性和实用性。一版除会议信息外，增加了深度报道、基层动态、图片新闻等；二版加大信息量，增加了国家、市、区及外地行业新闻、新闻人物等。三版选取专业文章及相关信息；四版突出“朝阳风物”，还推出“历史回放”。

（王　源）

【推进全区二轮修志】　年内，全区二轮修志进入到区志编辑部组织指导各承编单位补充完善资料长编、完成初稿分撰阶段。区志编辑部与各单位加强互动，加强业务指导服务，组织召开初稿修改对接会，以及编辑部内部小组研讨会、工作推进会、业务培训会、阶段总结会等百余个(次)。制定“朝阳区二轮志书初稿审阅阶段性标准”。调整志书部分篇目设置，志书整体布局更加科学合理。集中开展二轮修志资料阶段性搜集、汇总和归档，完成归档资料100余卷(册)，约2000余万字。

（王　源）

机关后勤管理服务

【概况】　朝阳区机关后勤服务中心是区政府所属正处级全额拨款事业单位。内设党办、行办、财务科、生活科、管理科、接待科、经营科、车管科、安全保卫科和交换站。下属单位有：朝阳住房中心、朝阳区机关餐饮中心、朝政物业管理中心、区政府幼儿园、朝政汽车检测场、朝政汽车修理厂、欧陆风韵会议中心、京朝苑饭庄、京朝花园农业发展中心，其中幼儿园为差额拨款事业单位。编制104名，在岗人员83名，内退人员10名。

地址：日坛北街33号

电话：65099458

邮编：100020

网址：http://203.86.55.120/wygl/index.aspx

（李芯蕊）

【基层组织建设年】　年内，中心下属7个党支部完成“初步分类定级”和“整改提高、晋位升级”工作。3个达到“好”标准，4个达到“较好”标准；开展基层组织建设年活动。各党支部完成支委换届，修订完善“三会一课”制度等。组织党员开展“强组织、增活力、创先争优迎十八大”主题学习教育活动，开展党员干部职工学习优秀共产党员先进事迹，“学先进、见行动”活动。

（李芯蕊）

【清理确认涉权事项】　年内，开展清理确认涉权事项工作。编制职权目录138条，绘制权力运行流程图57份。确定“高、中、低”三个风险等级风险点75个，提出相应防控措施106条。

（李芯蕊）

【后勤保障】　年内，收发全区编号文件1.8万余件、无编号文件50万余件；转发国家、市机要文件4.1万余件；收发市机要局档案892件、机要件8288件、市委内刊8万余册；发放报纸杂志1000余种200余万件；

收发挂号信、快递等各种信件16万余件。完成会议服务5040次,服务117219人次。其中,服务市级以上领导78次、外宾9次,礼仪服务31次、重要接待196次。新增资产105件,新增资产总额2815281.54万元。完成机关44个部门固定资产核对,共核查资产17927件,固定资产总值3.63亿元;固定资产累计报废330件,报废总额152.22万元;维修办公设备和办公家具220件,维修费用27万元。全年完成日常维修8760人次,保障电视会议54场次、更换灯管2500支,维修排风扇42处、配电柜18处,维修和新安装电话单机300部次,安装热水器分时用电装置10套,网络布线和工位改装18处,更换办公室单联开关180个,维修食堂电器设备230余件次。完成机关北院空调机房冷却水、冷冻水和生活热水泵改造,北院茶炉房纯净水设备、纯净水管道安装改造,石佛营消防设备改造,工商局和交通指挥中心中央空调系统清洗维护等20余处维修改造工作。完成全区690家公共机构节能工作统计,对区人大和区政协新址、交通指挥中心、团结湖北五条8号院、一站式服务大厅等办公区实行垃圾分类,全年发放垃圾容器2556个。中心各部门举办安全生产图片展5次,播放安全生产教育片2000小时。召开安全生产、消防、道路安全交通和食品安全等会议37次,参加人员900余人次。各部门利用不同形式组织应急及消防演练5次,参加演练315人次,发放安全生产宣传资料110余份。

(李芯蕊)

中国人民政治协商会议北京市朝阳区委员会

【概况】 中国人民政治协商会议北京市朝阳区委员会(简称区政协)是朝阳区地方政协组织。其主要职能是政治协商、民主监督、参政议政。区政协第十二届委员会设提案委员会、学习委员会、文史委员会、经济科技委员会、教文卫体委员会、城建环保委员会、社会法制与民族宗教委员会、港澳台侨委员会等8个专门委员会。机关设办公室、研究室、专委会工作一室、专委会工作二室、专委会工作三室、专委会工作四室、专委会工作五室等7个处室。

地址:安立路0号

电话:65094484

邮编:100107

电子邮箱:cyzx@bjchy.gov.cn

(许　治)

【新春联欢会】 1月20日,区政协、区委统战部、区各民主党派、工商联、区民宗办、区侨联在二十一世纪饭店多功能厅,联合举办“携手同行,共创和谐”新春联欢会。区政协主席辛燕琴、区委常委谢莹等出席。

(许　治)

【各党派联席会议】 2月14日,召开各党派联席会议。区委副书记、区长程连元到会通报区政府2012年重点工作。

(许　治)

【形势报告会】 2月24日,举办形势报告会,邀请前外交部部长李肇星作形势报告。区委书记陈刚与区四套班子部分领导到会听报告。

(许　治)

【常委会议】 3月1日,召开十二届一次会议。区委常委、纪委书记宋铁健到会作区党风廉政建设工作情况通报。会议审议通过《政协北京市朝阳区委员会常务委员会工作规则》(修订草案)、《政协北京市朝阳区委员会专门委员会通则》(修订草案);审议通过《政协北京市朝阳区第十二届委员会常务委员会2012年工作要点》(草案);审议通过《政协北京市朝阳区第十二届委员会关于设置专委会及任命主任、副主任的决定》(草案)和《政协北京市朝阳区第十二届委员会关于任命副秘书长的决定》(草案),会议决定十二届区政协设提案委员会、学习委员会、文史委员会、经济科技委员会、教文卫体委员会、城建环保委员会、社会法制与民族宗教委员会、港澳台侨委员会等8个专门委员会,任命郭秀芬等51名委员为专门委员会主任、副主任,任命李冬军等11名委员为区政协第十二届委员会副秘书长,并颁发任命证书。会议书面通报各专委会工作计划(征求意见稿)和《委员进社区工作实施办法》(修订稿),要求各专委会根据常委会工作要点安排,进一步研究修改,抓好工作落实。7月6日,召开十二届二次(扩大)会议。传达学习中共北京市第十一次代表大会精神;听取副区长王春所作的社会服务管理创新情况通报。部分常委和委员从不同层面和角度,就社会服务管理创新全模式十大模块落地与对接、枢纽性组织建设、流动人口服务管理、虚拟网络管理、精细化管理等方面提出意见和建议。9月27日,召开十二届三次(扩大)会议。代区长吴桂英通报区经济社会发展情况。区委常委、副区长陈涛通报区政府办理区政协十二届一次会议以来的提案情况。会议审议《以国际化为主题率先构建以服务促发展新模式的若干建议》(草案),同意修改后提交议政会作主题发言。会议书面通报区政协常委赴黑龙江学习考察情况,观看学习考察录像片。11月30日，召开十二届四次会议。会议传达学习中国共产党第十八次全国代表大会精神；审议通过《关于学习贯彻中国共产党第十八次全国代表大会精神的决议》（草案）；审议通过《关于接受张兰委员辞去政协北京市朝阳区第十二届委员会委员的决定》（草案）。12月25日，召开十二届五次（扩大）会议。副区长阎军到会，通报区政府落实区政协2011年《关于统筹研究解决我区保障性住房区域公共服务设施和体制机制支撑问题的建议案》情况。会议审议《关于优化提升我区电子城科技园区产业发展环境的建议案》、《关于打造朝阳国际医疗服务聚集示范区的建议案》、《关于推进朝阳区城乡一体化农村地区社区建设与管理工作的建议案》及相关调研报告（草案），同意作进一步修改后提交区委、区政府决策参考。会议审议通过政协北京市朝阳区第十二届委员会第二次会议议程（草案）、日程安排（草案），审议通过政协北京市朝阳区第十二届委员会第二次会议决议起草委员会名单（草案）。会议审议区政协常委会工作报告（草案）、提案工作报告（草案），同意作进一步修改后提交十二届二次会议审议。会议还通报2012年区政协委员在提案、专委会活动、学习培训、反映社情民意、委员进社区等方面工作的履职情况。

（许　治）

【“朝阳政协委员林”揭幕仪式】　4月1日，在东坝乡东小井村举行“朝阳政协委员林”揭幕仪式，组织义务植树活动。辛燕琴等领导及老委员联谊会领导，部分市、区政协委员，以及区各民主党派、工商联，区政协机关干部近200人参加活动。

（许　治）

【2012年委员读书班】　4月19日至20日，在昌平举办2012年委员读书班。邀请著名经济学家、中国人力资源开发研究会会长刘福垣教授作宏观经济形势专题报告；请十一届区政协副主席关三多就人民政协基础知识和如何当好政协委员作辅导讲座；请孟照春委员讲解“国学智慧应用”。辛燕琴等领导参加读书班。

（许　治）

【区委书记调研】　5月15日，区委书记陈刚到区政协调研工作，听取政协工作情况汇报，并提出4点希望。区委副书记、政法委书记陈宏志，吴桂英、谢莹，区委常委、区委办主任刘军胜等参加调研。9月19日，区委书记程连元到区政协调研工作。辛燕琴汇报十二届区政协的总体情况、工作思路、工作开展情况以及相关建议。程连元谈了对政协工作的认识，并对区政协工作提出三点要求。

（许　治）

【信息工作会议】　5月22日，召开信息工作会议。传达市政协信息工作会议精神，组织学习《关于加强反映社情民意信息工作办法（试行）》和《关于反映社情民意信息工作的评比奖励办法》。会议宣读《政协北京市朝阳区第十二届委员会关于聘请特邀信息员和信息员的决定》，党派代表和特邀信息员代表作经验介绍，进行反映社情民意信息工作知识辅导。辛燕琴等领导、各民主党派、工商联主管信息工作的负责人、各专委会主任和特邀信息员60余人参加会议。

（许　治）

【人民政协理论与实践研究会】　6月21日，在二十一世纪饭店召开2012年人民政协理论与实践研究会会员大会。研究会秘书长董伟作《关于朝阳区人民政协理论与实践研究会组成人员调整情况的说明》，协商通过政协北京市朝阳区十二届委员会党组关于《北京市朝阳区人民政协理论与实践研究会组成人员的建议名单》，聘请中国人民政协理论研究会秘书长原冬平等10人为顾问，并颁发聘书。会上，北京市人民政协理论与实践研究会副会长张平夫作《人民政协理论的发展及研究状况》辅导报告。辛燕琴及市政协副秘书长、研究室主任陈煦等出席。

（许　治）

【常委暑期学习班】　7月9日至14日，区政协举办深入学习贯彻市第十一次党代会精神常委暑期学习班，赴黑龙江齐齐哈尔和黑河市学习考察。

（许　治）

【党派联席（扩大）会议】　8月9日，召开党派联席（扩大）会议，传达近期中央及市、区重要会议精神，研讨部署2012年区政协议政会相关事宜。

（许　治）

【主席班子赴西藏学习考察】　8月20日至27日，主席班子一行赴西藏拉萨市、林芝地区、堆龙德庆县等到地学习考察，慰问援藏干部，支持西部发展，考察特色地区，共叙汉藏情谊。

（许　治）

【迎中秋庆国庆音乐会】　9月25日，在蓝地时尚会所举办迎中秋庆国庆——“携手邀明月　同心共此时”音乐会。市政协人事联络室副主任李莹，区领导程连元、吴桂英、辛燕琴、谢莹、陶晶、张革、宋铁健、贾彦翎、刘军胜等，区各民主党派工商联负责人，驻区市政协委员，区政协全体委员，台商及台湾学生，部分街乡委办局领导参加活动。

（许　治）

【市政协调研文化创意产业】　10月18日，市政协党组副书记、副主席沈宝昌带队，市政协联络室主任王荔茹、副主任李莹，部分区县政协领导一行到辖区调研文化创意产业发展情况。

（许　治）

【“聚焦国际化发展”专题议政会】　10月25日，区政协、区委统战部在二十一世纪饭店召开“聚焦国际化发展”专题议政会。11名委员围绕国际化议题提出意见和建议。

(许 治)

【委员集中视察】 11月16日,在区政协十二届二次会议召开前,组织政协委员分三路集中视察朝阳区经济建设、城市建设管理、农村城市化、社会事业发展等工作,了解辖区经济和社会发展情况。

(许 治)

【专题研讨会】 11月30日,朝阳区人民政协理论与实践研究会组织召开“学习贯彻十八大精神、推进协商民主建设”专题研讨会。会议邀请北京市委学习贯彻十八大精神宣讲团成员、中国社会科学院马克思主义研究院研究员、博士生导师辛向阳作学习贯彻十八大精神辅导报告。北京市人民政协理论与实践研究会副会长张平夫、原北京市社科院副院长马仲良、全国政协研究室理论研究处处长韩冬梅出席会议并就“推进协商民主建设”专题作主题研讨发言。

(许 治)

【党派联席(扩大)会议】 12月12日,召开党派联席(扩大)会议,区各民主党派主委、副主委,区工商联、区侨联负责人分别讨论常委会工作报告(讨论稿)、十二届二次会议议程、日程安排(草案)并提出修改意见;交流党派提案征集情况。

(许 治)

【提案委员会工作】 年内,收到提案294件,经审查立案267件,其中民主党派、工商联提案21件,界别提案2件,委员提案244件。未立案提案10件,超出辖区事权范围转交市有关部门5件,作为社情民意和信息向有关部门反映12件。区委、区政府高度重视政协提案办理,年内全部办理完毕。2012年提案及办理特点:一是关注经济建设,着眼转变发展方式;二是关注城市管理,改善城市发展环境;三是关注民生,着力为民办实事;四是关注统战与法制建设,维护社会和谐稳定。

(许 治)

【学习委员会工作】 年内,加强专委会自身建设,“重学习,重机制,重落实”。联合区侨联,专题调研辖区教育国际化发展状况,召开4次研讨会,3次考察,完成《朝阳区教育国际化研究调研课题》第一阶段《关于推进朝阳区教育国际化发展的几点建议》报告,并在“聚焦国际化发展”专题议政会上作重点发言。组织专题报告会,邀请前外长李肇星作形势报告;举办委员摄影讲座,邀请中国摄影家协会会员、国家检查学院老师金福平授课;组织2012年委员读书班,邀请著名经济学家、中国人力资源开发研究会会长刘福垣教授作宏观经济形势专题报告;组织召开学习十八大精神座谈会和贯彻市十一次党代会精神座谈会。健全工作机制,深化委员进社区工作,委员参与各街乡进社区活动80余次。召开委员进社区工作会,加强研究,指导街乡开展工作。举办政协委员新春联谊会、“我们相识在政协”女委员联谊会。完成2012年委员履职情况分析报告,完成向区政府有关部门推荐特约监督员工作。组织常委赴云南腾冲学习考察。

(许 治)

【文史委员会工作】 年内,抓住专委会特点,突出全年工作思路,重点学习十八大精神和有关重要文件精神,加强区情学习,组织委员调研朝阳区传统文化遗产保护和利用情况,提出4条意见和建议,供政府有关部门参考;参加教文卫体委员会组织的专项视察活动,视察潘家园社区图书馆和国粹苑艺术品交易中心;编辑完成《朝阳文史资料选编》,编辑完成《朝阳文史》第十二辑并出版发行,协助并完成全国政协、市政协文史委交办的有关工作。继续做好与《朝阳报》联合编辑的“朝阳风物”专栏工作;组织成立民办博物馆专项资金进行第三方监督咨议小组,监督博物馆资金使用情况;组织委员参加政协举办的学习、培训、视察、参观、联谊等活动。

(许 治)

【经济科技委员会工作】 年内,加强专委会的组织制度建设,组织学习十八大精神。重点围绕国际化和电子城科技园区发展开展调研,形成《把CBD建设成国家级财富管理中心》和《关于朝阳区电子城科技园区产业发展环境的调研》专题调研报告。春节前到电子城科技园区走访慰问园区企业和政协委员,组织与经济界委员的联谊座谈活动;举办经济界女委员联谊会;组织专委会乒乓球友谊赛;组织部分经济和科技界委员赴上海参观海运集团,了解大型国有企业发展历程和改革开放成果;组织开展“军事日”活动,到北京航天城参观学习;组织委员赴重庆学习考察经济和社会发展情况。

(许 治)

【教文卫体委员会工作】 年内,组织委员学习座谈党的十八大精神和各种专业知识,加强区情学习,增进共识。围绕合理布局全区卫生资源,整体提高医疗卫生综合服务能力开展调研,组织调研组开展《医疗服务国际化》专题调研并形成调研报告。结合朝阳区实际,形成树立医疗服务国际化理念、遵循国际规划与国际接轨实现医疗服务国际化、梳理现有医疗机构基本情况等17条意见和建议。组织委员视察潘家园社区图书馆和国粹苑艺术品交流中心,了解情况,提出建议。举办第28个教师节庆祝活动。组织委员参观北京电视台演播大厅、新闻演播厅及观景台,视察郎园文化创意产业园区。接待外省市政协来朝阳区参观考察。配合相关部门组织新年茶话会、新春联谊会及中秋节联欢等文艺活动,开展走访慰问委员活动。

(许 治)

【城建环保委员会工作】 年内,开

展履职等活动30余次,参与委员300余人次。结合大气污染原PM2.5这一社会热点,成立由环境保护、建筑供暖和城市管理等领域委员组成的课题组,开展调研,形成《关于改善朝阳区大气环境质量的调研报告》,对空气质量改善提出针对性建议,为区下一步深化综合治理工作提供参考。开展委员进社区活动5次,参与委员50余人次,内容涉及社区管理、“一刻钟社区服务圈”建设、老旧小区物业管理、节能改造、保障房建设等;组织委员视察劲松农光里17号楼抗震节能改造、高碑店半壁店村西店重点村整治情况、来广营乡北苑村回迁安置房项目建设等情况,提出意见和建议;加强与政府对口部门联系,互相通报工作;举办专题讲座,邀请市南水北调工程投资中心总经理、原北京市水务局副局长毕小刚,为委员举办《北京的水》专题讲座;组织委员赴黑龙江、吉林考察民族宗教和城市建设管理工作,加强与兄弟区县政协的交流与沟通。

(许 治)

【社会法制与民宗委员会工作】 年内,根据专委会特点开展工作。通过举办专题讲座、专题学习座谈、参观考察等,加强对委员的学习培训,提高履职能力。成立调研组,就朝阳区推进城乡一体化过程中农村地区社区建设与管理问题开展专题调研,形成《关于推进城乡一体化农村地区社区建设与管理专题调研报告》,经常委会审议形成常委会建议案,送区委区政府研究参阅。深化委员进社区工作,内容涉及社区建设与管理、新农村建设、民族宗教工作等;组织委员视察北京基督教会朝阳堂、区社保中心、区阳光中途之家、区民族宗教工作、社会保障和民主法治工作,并提出意见和建议;协助做好主席会议《关于加强我区民族宗教工作的建议案》督办工作;加强与兄弟区县政协和外省市政协交流与沟通,两次赴海淀区和密云县政协交流工作;参加市政协组织的“宗教活动及场所布局”座谈会及“民族和宗教文化在践行北京精神构建和谐社会中的独特作用”专题研讨会;组织委员赴黑龙江、吉林学习考察民族宗教和城市建设与管理工作。

(许 治)

【港澳台侨委员会工作】 年内,根据专委会特点开展履职活动。组织委员学习座谈十八大精神和市第十一次党代会精神。会同经济科技委员会,调查研究国际化和电子城科技园区发展两个方面工作,形成《把CBD建设成国家级财富管理中心》和《关于朝阳区电子城科技园区产业发展环境的调研》报告。与区台盟工委一起接待台湾养老机构相关产业的经营商、投资商、专家学者30余人考察团来辖区参观交流;与区台办联合举办“台湾青年创业基地”揭牌仪式。走访并慰问电子城园区企业和委员;组织委员参加区政协举办的学习、联谊、培训、座谈、参观等活动;组织港澳台侨专委会主任、副主任赴广东学习考察;采取多种措施加强委员会委员之间沟通交流,增进了解和友谊。

(许 治)

【自身建设】 年内,常委会按照促进党派合作、突出界别特色、发挥委员主体作用、专委会基础作用、加强机关建设的“五位一体”要求,全面推进政协自身建设。坚持和完善与各民主党派、工商联联席会议制度,围绕学习贯彻中共十八大精神、区情通报等召开党派联席会议,增进共识,共谋发展。全年提出提案267件,完成调研报告36份,形成常委会建议案3件,反映社情民意432件,组织履职活动218次,出席委员1600多人次。委员主体作用得到充分发挥。专委会基础性作用日益加强。机关建设不断加强,科学化水平不断提高。围绕学习型、创新型、服务型、和谐型机关建设,重视加强机关党建工作,重视提高机关干部政治理论素质,重视加强青年干部培养,深化规范服务,展示良好作用,进一步提升为委员服务的水平。全年承办各类会议和活动150余场次。

(许 治)

政法 军事

政 法

政法委员会工作

【概况】 中共北京市朝阳区委政法委员会(简称区委政法委)是领导全区政法工作的区委工作部门。内设科室10个,有公务员50人,工勤编5人,处级干部5正4副,科级干部10正7副。年内,紧紧抓住影响社会和谐稳定的源头性、根本性、基础性问题,深入推进社会矛盾化解、社会管理创新、公正廉洁执法和政法队伍建设四项重点工作,为党的十八大胜利召开,为全区经济社会发展创造安全稳定的环境。政法委政治部获北京市“三八”红旗集体称号。

地址:日坛北街33号

电话:65099200

邮编:100020

(王 洋)

【政法、信访、维稳工作会】 2月20日,召开2012年政法、信访、维稳工作会。市政府副秘书长、市信访办主任、市联席办主任薄钢,区委书记陈刚,区委副书记、区长程连元,区人大常委会主任佟克克,区政协主席辛燕琴及各街乡主要领导和有关方面负责人出席会议。区委副书记、政法委书记陈宏志作《服务科学发展,维护和谐稳定,全力以赴确保党的十八大胜利召开》工作报告,副区长王春作《全面加强信访排查调处工作,为朝阳科学发展民生幸福营造和谐稳定的社会环境》工作报告,会议部署全国“两会”安保工作。陈刚对2011年全区政法、信访、维稳工作成绩予以肯定,对2012年全区安全稳定面临的形势和任务进行分析,提出具体要求。薄钢对朝阳区政法、信访、维稳工作给予肯定并提出指导性意见。

(王 洋)

【全国政法委书记培训班学员考察】 3月31日,全国政法委书记首期培训班学员到朝阳区考察社会管理创新工作。中央政法委副巡视员张思剑及内蒙古、江西、广东、新疆、江苏、山东、湖北、西藏等地的政法委书记113人参加考察调研活动。区委副书记、政法委书记陈宏志汇报朝阳区基本情况和社会管理创新及政法综治维稳工作总体情况,培训班学员实地考察区司法局阳光中途之家、高碑店村、建外街道办事处的社会管理创新工作。

(王 洋)

【“警民一家亲”主题活动】 4月21日,在朝阳公园礼花广场举办“忠诚为民 公正 廉洁”朝阳区政法系统“爱民月”暨“警民一家亲”主题活动日启动仪式。市区领导向胡耀芳等11名同志颁发朝阳区政法系统公正廉洁执法执纪特邀监督员聘书。

(王 洋)

【区委政法委机关党委成立】 4月27日,在瑞海姆田园度假村召开朝阳区委政法委机关党委成立大会。第一届机关党委委员会由杨树旗、邢伟、王春发、姜金平、刘建芳、许智勇、王一凡等7人组成。杨树旗任机关党委书记,邢伟任机关党委副书记。

(王 洋)

【政法英模媒体推介会】 6月19日,召开朝阳区政法系统区领导接见公安英模代表暨“人民满意政法干警(单位)”媒体推介会,区委书记陈刚,区委副书记、区长程连元,区委副书记、政法委书记陈宏志,区委常委、政法委副书记、公安分局局长陶晶,区委常委、区委办主任、区直机关工委书记刘军胜,副区长王春,区检察院检察长王立,区法院院长李瑞翔,区委书记助理聂清凯,区委政法委常务副书记、维稳办主任杨树旗等参加活动并接见优秀干警代表。

(王 洋)

【政法系统优秀中青年干部培训班】 7月30日至8月10日,举办全区政法系统第一期优秀中青年干部培训班，政法委、公安分局、检察院、法院、司法局、残联、安全分局、民政局、交通支队等单位的42名优秀中青年干部参加。培训分为区委党校集中培训和井冈山异地教学两部分。7月30日至8月3日集中培训期间，邀请区人大常委会主任佟克克、中央综治办二室主任田大忠等领导以及国防大学、北京警察学院、国家行政学院、中国人民大学危机管理研究中心、中央电视台的专家、教授对全体学员进行政法工作形势任务及政法工作业务培训。8月5日至10日在井冈山异地教学期间，通过专题教学、现场教学、体验教学、互动教学等形式对全体学员进行革命传统和理想信念教育。8月6日，区委副书记、政法委书记陈宏志，区委政法委常务副书记、维稳办主任杨树旗与全体学员就"如何做一名合格的政法干警"进行座谈。

（王　洋）

【开展公开承诺活动】　11月8日至14日，区委政法委政治部按照《朝阳区委政法委关于在十八大安保决战阶段进一步加强思想政治工作的通知》要求，组织政法委机关党委开展以"为十八大保平安、为党旗添光彩"为主题的党员公开承诺活动，区委政法委49名党员作出承诺，并将承诺制作成展板接受群众监督。

（王　洋）

【廉政建设】　年内，坚持教育为先导，制度为保证、监督为关键、活动为载体，全面加强政法委自身廉政建设。按照区反腐倡廉总体要求和工作部署，认真落实"一岗双责"责任制，逐级签订责任书21份。通过书记主任办公会、政法委全体干部会等形式，贯彻落实"四四五五"廉政风险防控工作模式，认真查找廉政风险点，全委共梳理查找风险点126个，制定防范措施168条，规范工作流程138项。清理涉及人、财、物管理和三重一大事项、公共和服务管理事项、特定职责涉权事项等3大类56项涉权事项，制订权力运行流程图46份。在政法委办公平台上开设党务公开专栏，公开党员发展、党费收缴、优秀党员评选表彰、科级干部公开竞聘上岗、纪检监察信访举报等内容。开通基层党组织短信发送平台，定时将重要信息、新政策等发送给基层党组织负责人，提高党务公开的时效性。

（王　洋）

综合治理

【概况】　朝阳区综治办是区综合治理委员会的常设办事机构。年内，综治工作以全面贯彻中央关于深入推进社会矛盾化解、社会管理创新和公正廉洁执法"三项重点工作"为重点，紧紧抓住全国和北京市社会管理创新综合试点机遇，突出工作重点，努力破解难题，积极构建具有时代特征、首都特色、朝阳特点的综治工作新格局。

地址：日坛北街33号

电话：85613366。

邮编：100020

（宛　煜）

【社会管理综合治理委员会成立】　2月29日，区社会治安综合治理委员会正式更名社会管理综合治理委员会，并召开第一次全体（扩大）会议。区委副书记、政法委书记、综治委主任陈宏志，区委常委、综治委副主任、公安分局局长陶晶，综治委副主任、区人大常委会副主任王亚贵，综治委副主任、副区长王春，综治委副主任、区政协副主席张树安，综治委副主任、区法院院长李瑞翔，区委政法委常务副书记、区维稳办主任杨树旗，区委政法委副书记、区综治办主任战玉贵，区综治委委员，各街乡党政主要领导、主管领导、综治办主任、流管办主任、综治主任助理和部分社区、村代表及社会管理创新亮点单位代表共计300余人出席会议。陈宏志讲话；陶晶传达首都社会管理综合治理委员会第一次全体（扩大）会议精神；总结2011年工作，通报考核结果，表彰先进单位和个人；部署2012年工作，签订责任书和任务书。

（宛　煜）

【全国"两会"安保】　年内，全国"两会"在朝阳共有代表委员驻地5处，分别是：北京会议中心、北京会议中心9号楼、河南大厦、广西大厦、歌华开元大酒店。驻地及行车路线共涉及潘家园、安贞、劲松、双井、建外、亚运村、和平街、朝外、奥运村、来广营、十八里店等11个地区。为确保"两会"期间全区社会面的绝对安全，区委区政府周密部署，区委书记陈刚，区长程连元，区委副书记、政法委书记陈宏志对"两会"安全保卫工作进行动员部署，提出工作要求。区领导深入基层单位检查督促"两会"安保工作落实情况。区综治办充分发挥统筹协调作用，各相关单位、各街乡通力协作，全面落实各项安保措施，完成全国"两会"期间的安全保卫工作。"两会"期间未发生危及社会安全的暴力恐怖事件；未发生敌对势力和"法轮功"等邪教组织捣乱破坏事件；未发生拦截代表车队、到代表住地上访告状情况；未发生群死群伤重大责任安全事故。

（宛　煜）

【十八大期间社会面控制】　年内，区出台《朝阳区关于党的十八大期间严厉打击违法犯罪的工作意见》，加大对扰乱社会秩序等六类违法犯罪案件的查处打击力度。综合运用打、防、控等手段，不间断开展拉网式、地毯式排查整治，有效遏制全区可防性案件高发势头。在长安街沿线、CBD、使馆区周边及治安重点地区集中开展清理整治专项行动，11个市级高发案重点地区入室盗窃案件同比下降33.9%。8个市级高发案社区可防性案件同比下降51%，全区可防性案件同比下降38.6%。以打攻坚、打团伙、打系列为主攻方向,破获刑事案件15066起,刑事拘留5085人,同比分别上升10.5%和8.2%。组织开展"3+3+1"专项打击行动,总结推广"化石营"整治经验,在三环路、四环路及代表行车路线周边地区集中开展环境整治工作,启动"扫黄打非"专项行动,加大对非法出版物特别是政治性非法出版物的打击力度,取缔黑开场所402家,查获犯罪嫌疑人2015人。组织开展包括水电气热设施、地下室、建筑工程、火灾隐患、危险化学品在内的十项安全生产专项执法检查和隐患排查,检查行业场所3.3万处次,消除各种安全隐患2万余件。

(宛 煜)

【社会管理创新】 年内,抓住全国和北京市社会管理创新综合试点机遇,把握构建朝阳区全模式社会服务主线,着力破解思想认识、管理格局、信息支撑、管理方式、利民惠民等方面难题,探索形成五大工作模式。即:深入推进村庄社区化管理,探索形成城乡结合部地区综合整治新模式;深入推进国际化社区建设,探索形成外籍人员服务管理新模式;深入推进新居民互助服务站建设,探索形成流动人口服务管理新模式;深入推进"阳光中途之家"建设,探索形成社区服刑和刑释解教人员服务管理新模式;深入推进商务楼宇党建工作,探索形成"两新"组织服务管理新模式。建立由35个区级、29个街乡级、36个社区(村)级共100个创新管理新模式组成的群众工作创新项目库。按照"党委领导、政府负责、社会协同、公众参与"的要求,整合各方力量和资源,逐步形成由区委社会工委牵头并侧重社会建设和社会服务、政法委和综治办分工协作并侧重社会管理的工作格局。深化全模式社会服务管理系统构建工作,通过以"1网"(朝阳区社会服务管理网)集成"10个模块"(应急管理、城市管理、综治维稳、安全生产、社会事业、社会保障、社会服务、经济动态、法律司法、党建工作)的信息管理系统,实现对全区人、地、事、物、组织等各类社会服务管理信息的全方位采集与系统分析,全面对接民生需求及群众最关心的社会服务管理问题,全区社会服务管理运行机制发生深刻变化,形成社会各方合作开展社会服务管理的新局面。建成121个"一刻钟社区服务圈"和175个规范化社区,为群众办理涉及停车、绿化、养老、便民服务等10余项内容的实事约300件,推动"公共服务型政府、公共治理型社区"建立。

(宛 煜)

【村庄社区化建设】 年内,在2011年高标准完成第一批村庄社区化建设之后,全面启动第二批31个村庄社区化建设工作。全区投入一次性建设资金8185.2万元,建成"三站两室"29个,围墙3.76万延米,探头930个,智能化停车管理系统88个,治安岗亭195个,便民服务设施155处,配备通讯手台441部,10月31日全部通过验收,全面完成31个村庄社区化基础建设。

(宛 煜)

【综治维稳工作站建设】 年内,重点推进社区、村综治维稳工作站建设。制定《朝阳区关于延伸街乡综治维稳中心网络在全区社区、村组建综治维稳工作站的意见》和《朝阳区社区、村综治维稳工作站检查验收标准》,在香河园街道、大屯街道和将台乡、东风乡进行试点,探索社区服务站、村庄社区化和其他综治维稳工作站三种建站模式,实现"五统一",即:统一综治维稳工作站的组织架构、职责任务、工作流程、制度规定及门牌标识。截至年底,全区所有469个社区、村基本建成综治维稳工作站,初步形成街乡综治维稳工作中心、社区(村)综治维稳工作站、综治维稳工作小组及楼(户)门长"四级管理"格局。

(宛 煜)

【社会面防控网格化】 年内,对接城市管理监督网格,以社区、村为基础单元,科学确定469个社会面防控工作网格,明确网格内专业力量、专职力量、社会力量的工作任务。为服务保障党的十八大安保工作,进一步完善"123568"工作模式,创新建立五项监督机制,提升全区网格化社会面防控体系建设水平。坚持把综治维稳工作中心、站的规范运行与网格化社会面防控体系建设有机结合,统筹推进,深化"五联机制"、完善"八项制度"。

(宛 煜)

【城市综合管理指挥中心建设】 年内,推进城市综合管理指挥中心建设工作。区政府下发《发挥街乡综合管理指挥中心作用,科技创安覆盖率达到95%》通知,按照每个街、乡(地区)每年60万元的标准,从街乡财政预算体制中下拨各街乡城市综合管理指挥中心运行保障经费2580万元。

(宛 煜)

【区政府实事和折子工程】 年内,区综治办会同区财政局、区社会办、区信息办、公安分局等部门,在24个街道分别选择1个建设年代早、人防物防技防薄弱的老旧小区开展"平安示范"小区创建工作,全年新建、维修围墙10280延米;新建、维修大门57个;在小区主要出入口新建、维修岗亭49个;安装电动伸缩门或抬杆27套,施画停车泊位3208个;安装监控探头489个,建立小区内监控室17个;新建门禁系统445套、楼宇对讲7619个,维修门禁3426个、对讲4017套;建设巡更系统和电子提示屏,累计设置巡更点位95个,电子显示屏16块。维修保养全区现有26700套老旧门禁设备,集中更换建成年代早、破损严重,无法正常维修和使用的2000套门禁。该项实事工程实施后,24个小区中有10个小区实现“零”发案，总体可防性案件同比下降38.6%。

（宛　煜）

【“三电”及护路护线联防】　年内，根据首都护路办“大排查、大调解、大整治”专项行动要求，对全区铁路沿线进行安全隐患大排查，查出隐患16处，自行解决12处，其余4处与首都护路办共同研究解决方案。

（宛　煜）

【最高法接待室周边安全稳定】　年内，坚持每月召开一次会商会，协调区卫生局、公安分局、朝阳交通支队等单位，通过实行“两控两联”机制（严格控制上访人员租住房屋，严格设置非法关押场所；开展联合执法、召开联席会议）、设立120急救站、建设停车场、派专人负责交通疏导、清理非法咨询、严管出租房屋、及时化解矛盾纠纷等举措，保障最高法接待室周边安全稳定。十八大安保进入实战阶段后，启动接待室周边一级超常防控方案，工作人员和社会志愿者350人全部到岗加强社会面巡逻，建立由95人组成的应急处突队伍，应对突发事件。

（宛　煜）

【民办学校、幼儿园安保】　年内，在全区推进“一校两保安”、“紧急报警铃”、“监控探头接入指挥中心”、“消防安全责任制”等四项重点工作，全区469所民办和自办学校、幼儿园中，362所学校建设或自建监控系统；226所学校监控探头接入指挥中心；356所学校落实“一校两保安”工作；377所学校落实“紧急报警铃”安装工作；445所学校落实消防安全责任制，并配备设施设备。区政府对“紧急报警铃”和“监控探头接入指挥中心”两项工作提供500万元经费保障。

（宛　煜）

【直排式燃气热水器置换】　年内，持续开展全区直排式燃气热水器置换工作。全年置换2497台，其中，出租房屋置换577台，常住户置换1877台，低保户置换43台。

（宛　煜）

维护稳定

【概况】　区维护稳定工作领导小组办公室（简称区维稳办）为区维护稳定工作领导小组的常设办事机构。年内，维稳办以党的十八大安保维稳工作为中心任务，以情报信息收集研判为切入点，以网络舆情监测处置为突破点，以重点人排查稳控和矛盾纠纷排查化解工作为重点，真抓实干，圆满完成全国“两会”、区党代会、“9·18”涉日和十八大等重大安保维稳工作任务，妥善处置“世茂奥林小区纠纷”等敏感案（事）件，确保了“两节”、全国“两会”、“六四”等重大节日、敏感节点安全稳定。

地址：日坛北街33号

电话：85613366。

邮编：100020

（李渊峰）

【全国“两会”安保维稳】　3月1日至14日，全国“两会”期间，充分发挥安保维稳工作体系机制在沟通协调、整体作战、资源整合配置、信息综合处理等方面优势，启动工作会商、三级督查等工作机制，区委书记陈刚，区委副书记、政法委书记陈宏志，副区长王春等领导多次参加会商会。采取主动防控、源头治理等方法，强化敏感群体和重点地区的动态控制，化解各种矛盾纠纷，确保全国“两会”期间全区社会秩序总体平稳，圆满完成全国“两会”安保维稳任务。

（李渊峰）

【上合峰会与少数民族文艺会演维稳】　6月6日至7日，“上合组织”峰会、第四届全国少数民族文艺会演在北京召开，朝阳区负责北京国际俱乐部饭店驻地的服务保障工作。维稳办研究制定《朝阳区上海合作组织峰会和第四届全国少数民族文艺会演维稳工作方案》，成立朝阳区“上合组织峰会”和“少数民族文艺会演”维稳工作领导小组。维稳办负责活动期间日常值班，统筹协调涉疆涉藏事件处置工作。

（李渊峰）

【保护音像表演外交会议安保维稳】　6月20日至26日，世界知识产权组织保护音像表演外交会议和展览在中国国际贸易中心举行。区委成立维稳工作领导小组。区委政法委常务副书记、维稳办主任杨树旗任组长，信访办主任陈杰、公安分局副局长马曦初任副组长，负责协调会议期间全区各项维稳工作的落实。

（李渊峰）

【市第十一次党代会安保维稳】　6月29日至7月3日，北京市第十一次党代会在北京会议中心召开。区成立由区委副书记、政法委书记陈宏志，区委常委、公安分局局长陶晶，副区长王春任组长，区委政法委、区社工委、区农工委等22个相关维稳成员单位组成的安保维稳工作领导小组。启动全区社会面等级防控，每天投入警力2000多人，专职巡防队员5400多人，志愿者10万多人，民兵300多人，补充力量5500多人，对会场、住地、路线、代表可能涉足场所等重点地区，充分预测可能发生的情况和问题，严密方案预案，细化防范措施，配备充足的警力和群防群治力量，保证上述区域秩序良好、绝对安全。启动战时会商和“零报告”机制，加强情报信息搜集、研判、报送工作。

（李渊峰）

【涉日维稳】　8月15日始，日本非法扣押中国保钓人员、推动钓鱼岛所谓“国有化”等一系列做法，引发全国性反日抗议示威活动。朝阳区作为日本驻华使馆所在地，区域内涉日敏感部位多、日资企业机构多、日籍居住人员多，涉日维稳工作任务重、压力大、涉及面广。区委区政府落实市委、市政府涉日维稳工作总体要求，建立“1+10+43”组织指挥体系,成立由区委书记程连元,区委副书记、代区长吴桂英等主要领导任组长的维稳工作领导小组。截至9月23日,投入各类治安志愿者88万余人次,公安警力2.9万余人次,武警1.7万余人次,疏导抗议群众26.3万人次。

(李渊峰)

【重大决策社会稳定风险评估实施细则】 9月2日,正式下发《朝阳区重大决策社会稳定风险评估实施细则(试行)》,推进全区开展风险评估工作,强化维稳关口前移意识,指导各单位更加科学、规范地开展风险评估工作。

(李渊峰)

【十八大安保维稳】 11月,区成立十八大安保"1+10+43"组织指挥体系("1"指1个区级层面的指挥调度机构。"10"指反恐防暴、社会矛盾及信访秩序、突出治安问题和城市秩序、民族宗教和防范邪教、公共安全、流动人口、重点人及特殊人群、社会组织、社会舆情及信息网络、督察考核等10个专项指挥部。"43"指43个街乡分指挥部),制定《朝阳区关于党的十八大安保专项行动工作方案》和《朝阳区关于十八大安保专项行动考核评比办法》,全面落实十八大安保工作。全区投入稳控力量13256人,其中警力1484人,群防群治力量11772人,实现"五个坚决防止发生"工作目标。

(李渊峰)

流动人口服务管理

【概况】 北京市朝阳区流动人口和出租房屋管理委员会办公室(简称区流管办),与区综治办合署办公。年内,流动人口和出租房屋管理服务工作在市流管办、区委区政府和区委政法委的领导下,认真贯彻落实市、区加强流动人口管理的部署和要求,以确保党的十八大胜利召开为目标,以夯实流管工作基础为出发点,以优化流动人口结构、调控流动人口规模为重点,以服务管理创新为主线,不断提升流动人口居住安全感,扎实推进流动人口服务管理各项工作。

地址:日坛北街33号

电话:65094940

邮编:100020

(杨京恋)

【"流动人口服务管理"专项行动】 2月21日、3月1日,先后两次召开街乡流管办主任会,结合全国"两会"安保工作,开展"流动人口服务管理"专项行动。全国"两会"期间,出动各类人员63533人次,累计检查流动人口687812人,排查发现并报告可疑情况242人次,检查出租房屋485458间,排查发现并整改出租房屋隐患2867处,开展宣传发动1970场,发放宣传材料190372份,组织流动人口及出租房主参与安保45317人次。

(杨京恋)

【流动人口调查】 2月至11月,结合不同时期重点工作,开展三次基础调查,掌握流动人口和出租房屋底数。第一阶段,结合全国"两会"安保工作;第二阶段,结合公安分局实有人口基础信息大调查、"百日攻坚战"等活动;第三阶段,结合十八大安保工作。调查期间,各部门、各街乡通过控制各类违法建设及地下空间、群租房和出租大院、整治"五小七黑"、"六小门店"、加强出租房屋管理等措施和手段,保持流动人口总量平稳态势。至年底,全区有流动人口172.2万人,比上年减少4.5万人。

(杨京恋)

【"员包户实名制"机制】 3月初,在流动人口管理中,探索建立"员包户实名制"工作机制,先后制作《流动人口管理员实名制包片包户总表》、《流动人口管理员实名制包片包户明细表》等表格,按照"工作落实到具体流管员个人,以房分片分人,人房对应,不留空挡全覆盖"的要求,建立和完善全区流管员与全区出租房屋的人房对应关系,明确工作要求和工作责任,实现地区无缝对接,人房无缝对接,强化对重点人、重点房和各类安全隐患的排查管控。

(杨京恋)

【外国人协管员培训班】 3月16日,区流管办联合区外办、公安分局出入境管理大队及社区学院,在朝阳社区学院举办外国人协管员培训班,培训全区50名外国人协管员。区流管办主任王春增、区外事办主任李辉、公安分局出入境管理大队队长王利群及朝阳社区学院院长马金东参加开班仪式。培训班从证件识别、出入境登记、相关法规等方面对协管员进行全面培训。

(杨京恋)

【外籍人员服务管理模式创新】 3月中旬,在前期调研和望京、麦子店、建外、双井等街道试点的基础上,按照"外国人聚居地区做出特色、重点地区做出成效、一般地区打牢基础"的标准,构建外籍人员服务管理中心、服务管理站、服务管理点等服务场所分层、分步推进,整体提高的新模式。总结推广望京街道"1356"(1站:一个外籍人员服务管理站;3个支撑:信息系统、专业队伍、长效机制;5项服务:语言服务、生活服务、专项服务、文化服务、紧急求助服务;6个促进:促进外籍人服务管理创新、促进中外居民交流、促进地区经济发展,促进国际化社区建设,促进中外文化融合,促进和谐稳定)外籍人服务管理模式。4月11日,中央社会管理创新调研组实地考察望京街道外籍人员服务管理模式并给予肯定。

(杨京恋)

【政法委书记培训班学员调研】 3月31日,全国政法委书记首期培训班学员到高碑店乡高碑店村参观考察流动人口管理服务站,中央政法委副巡视员张思剑及内蒙古、江西、广东、新疆、江苏、山东、湖北、西藏等地的政法委书记113人参加调研活动。

（杨京恋）

【"三化一体"交通安全教育活动】6月27日，在朝阳公园南门召开"朝阳区推进流动人口规范化、属地化、常态化'三化一体'交通安全教育活动启动仪式。区综治办、流管办、交通委、社区学院有关领导及街乡安办主任、综治办主任、流管办主任、群众代表、民警代表300余人参加仪式。区委副书记、政法委书记陈宏志动员并部署"三化一体"交通安全教育活动，对在一线维护交通安全的同志表示慰问。该活动由区流管办、区综治办、交通支队、区机关等单位联合举办。

（杨京恋）

【流管系统应急防汛宣传】 7月25日，全区流管系统开展应急防汛知识普及和《市民安全防汛常识》发放工作。在区委宣传部印制5万册的基础上，各街乡又加印27万册。全区出动8329人，发放宣传材料233346册，发放至150601户。

（杨京恋）

【十八大安保专项行动】 8月23日，副区长王春主持召开全区流动人口服务管理专项行动部署会，部署十八大安保"十大专项行动"和流动人口服务管理专项行动工作。各街乡主管领导、流管办主任，公安、住建委、房管、社会办、农委等相关单位主管领导参加会议。十八大期间，全区各流管部门加强组织领导，加强统筹协调，加强重点工作，落实"五查"（大普查、大核查、大检查、大排查、大调查）、"三防"（防止个人极端行为、防止出租房内出现重点安全事故、防止出租房内发生有影响的重大案事件），在流动人口管理上做到"八到位、八确保"。（即：调查摸底到位，做到底数清、情况明，确保不留死角；重点人管控到位，做到知、管、控、处落实，确保万无一失；房屋排查到位，做到不漏房、不漏险，确保绝对安全；矛盾排查化解到位，做到及时发现、及时化解，确保地区稳定；责任落实到位，做到责任到户到人，确保全面覆盖；督导检查到位，促进问题及时发现、解决，确保工作落实；协调配合到位，做到整体快速联动，确保最大成效；队伍管理到位，做到稳定、主动，确保完成任务），实现"十八大"安保"大事不出，小事也不出"工作目标。

（杨京恋）

【日本驻华使馆及周边维稳】 9月17日，启动四级联动机制（区流管办、街乡流管办、基层流管站、一线流管员），开展日本驻华使馆及周边安全稳定工作。下发《关于加强流动人口宣传教育工作的紧急通知》，在使馆区周边敏感区域安装隔离护栏。各街乡发动流管员，向流动人口宣传"理性表达诉求，凝聚爱国力量"，保证日本驻华使馆及周边"9·18"前后安全稳定。

（杨京恋）

【涉藏涉疆少数民族服务管理】 年内，针对涉藏涉疆少数民族群众服务管理，开展"九服务一赠送"工程。"九服务"，即：培训、就学、免疫接种、孕妇（幼儿）保健、租房、文娱、安全保障、节日走访、就业等九项服务，"一赠送"，即：赠送书籍。4月19日，召开新疆少数民族群众在京务工经商服务管理工作专题会。下发《朝阳区关于进一步做好新疆少数民族群众在京务工经商服务管理工作的意见》和《朝阳区关于做好新疆少数民族群众在京务工经商服务管理重点工作的通知》等文件。5月9日，区流管办主任王春增带队到新疆驻京工作站，对接加强新疆少数民族群众在朝阳区务工经商服务管理工作。为服务管理工作任务重的社区（村）配备专（兼）职流管员，全区共调配流管员200余人。解决新疆籍少数民族群众就医、子女入学、生产经营、权益保障等方面困难86件，发现并妥善处置矛盾隐患39件。

（杨京恋）

公　安

【概况】 北京市公安局朝阳分局担负辖区刑侦、治安、预审、巡逻、户籍、消防、外事警卫等工作。全年接报"110"警情60.4万余件，同比上升20.2%。其中刑事类警情1.2万件，同比下降3.1%；破获各类刑事案件18547起，破获经济案件2295起，挽回经济损失4479.4万元，铲除犯罪团伙657个，抓获团伙成员2971人。命案侦破率100%。组织安保力量19万余人次，完成468项1726场次大型活动安保任务；办理犬类登记、年检手续12万余只；查处各类治安案件6.9万余起。将141名社招大学生和军队转业干部全部充实到巡警轮值轮训队、看守所和部分警情高发的派出所，为刑侦支队置换具备专业能力的警力30余人。16人通过竞争选拔走上领导岗位。将每年六月的第二个周五定为"双警日"。投入359万元，发放爱警套餐，包括订报卡、购书卡、健康应急箱、生日蛋糕卡和保健减压光盘。为68名住房困难民警申请公租房。筹措资金1764万余元，维修、改（扩）建一线单位办公用房。投入资金2490万元，保障十八大各项安保工作顺利开展。十八大安保期间，对19名民警和1个集体予以战时一线表彰。投入资金160万元，分5批次组织功模人员200余人，赴海南、云南及广东等地学习。党委班子成员及各党（总）支部正、副书记145人集中脱产培训，学习党的十八大精神。

地址：道家园1号

电话：85953429

邮编：100025

电子邮箱：cyfgda@sina.com

（王　晖）

【年度表彰会】 1月19日,召开2011年度表彰大会,表彰2011年度先进集体和个人。市区及分局相关领导出席表彰会。受表彰的单位和个人,以及民警和保安代表850余人参加会议。与会领导为立个人三等功代表颁发证书和奖章。

(王　晖)

【为在押人员发放节日食品】 1月22日(除夕)、23日(大年初一),看守所领导深入监区,将糖果、瓜子、苹果、脐橙、饺子等节日食品发放到每一位在押人员手中,让在押人员品到"年味"。

(冀治龙)

【"1·26"黑庄户杀人案告破】 2月15日,市局副局长姜良栋、刑侦总队总队长叶国清、分局长陶晶等赴京港澳高速杜家坎收费站,迎接"1·26"黑庄户杀人案专案组凯旋。1月26日23时许,朝阳区黑庄户地区发生一起一人死亡、两人重伤的故意杀人案。案发时正值春节期间,各级领导高度重视。专案组连续出差19天,辗转云南大理、山西忻州、太原、河北保定等地,行程6000余公里,历时21天破获案件。

(王　晖)

【装备财务处更名】 2月17日,按照市公安局文件通知,原"北京市公安局朝阳分局装备财务处"更名为"北京市公安局朝阳分局警务保障处",并启用"北京市公安局朝阳分局警务保障处"印章。

(李燕霞)

【改善小关派出所办公条件】 2月22日,区财政拨款73万余元,改扩建小关派出所,并配齐办公家具及设备。改建后派出所于5月中旬正式投入使用,办公面积由原来的1595平方米扩至3200平方米。

(王　晖)

【案件侦破】 2月,破获巨鑫联盈公司非法吸收公众存款案。公安分局通过情报调研,掌握北京巨鑫联盈科贸有限公司(以下简称"巨鑫公司"),以招收投资加盟、返还高额利润为名,向不特定公众吸收投资款案,涉及群众2万余人,涉案金额10余亿元。5月10日,出动700余名警力,抓获肖某某(男,1971年3月出生,浙江省新昌县人,巨鑫公司总裁)等200余名涉案人员,查扣现金人民币2200万余元、冻结涉案赃款4.24亿元人民币。经审查,肖某某等对犯罪事实供认不讳。3月5日,全国"两会"期间,一位政协委员停放在朝阳区姚家园路华纺易城小区外的生活用车被撬,车内大量财物被盗。分局会同相关单位,经过缜密侦查,锁定两名可疑人员,专案组于4月27日在朝阳区平房乡抓获宗某某(男,1979年12月出生,河南省项城县人)、李某(男,1989年12月,河南省项城县人)。经审查,嫌疑人交代了包括"3·05"案件在内的撬砸机动车盗窃车内财物,作案10余起的犯罪事实。3月15日,朝阳区来广营中铁国际城小区发生一起强买强卖装修材料,砸坏装修商货车、打伤员工的恶性案件。分局会同相关部门通过调查取证,于4月1日在来广营中铁国际城小区西门一举抓获有组织犯罪团伙成员张某(男,1984年1月出生,山东省单县人)等5人。经审查,该团伙对其自2011年12月起在该小区内垄断装修材料生意共计盈利16万元人民币的犯罪事实供认不讳。5月14日至17日,侦破特大系列入室盗窃案。2011年以来,朝阳区常营、王四营等地连续发生多起针对高档小区一层住户入室盗窃案件。在市局相关单位协助下,串并系列案件82起,涉及朝阳、丰台、通州等地,涉案金额200余万元。专案组先后抓获嫌疑人沈某某(男,1980年2月出生,黑龙江省富锦市人)、张某(男,1973年10月出生,黑龙江省望奎县人),当场起获作案踏板摩托车等作案工具和大量赃物。经审查,嫌疑人对2011年以来在京、津、冀、陕、吉等地流窜入室盗窃作案200余起的犯罪事实供认不讳。8月4日10时许,分局会同市局相关单位,根据知情人提供的关于"怀疑有人将一女子杀害并抛尸于顺义杨各庄地区"的信息,快速锁定嫌疑人抛尸位置,并于8小时内在东城区香河园路西口北侧平房内抓获犯罪嫌疑人刘某某(男,1968年9月出生,安徽省安庆市人)。经审查,嫌疑人刘某某交代了事主曾偷窃其4000元现金,为报复杀害后抛尸的犯罪事实。8月17日,破获金台路沿线系列持刀抢劫案。7月底以来,朝阳区金台路、红庙周边连续发生嫌疑人尾随单身女性持刀抢劫案件,个别案件存在强奸行为。经工作,抓获嫌疑人宋某某(男,1975年9月出生,北京市朝阳区人)及收赃人唐某某(男,1979年3月出生,湖南省常德市人)。经审查,嫌疑人宋某某对其自2011年6月以来连续在金台路周边实施持刀抢劫30余起的犯罪事实供认不讳,唐某某对收售赃物手机的犯罪事实供认不讳。9月10日,公安分局在前期缜密侦察的基础上,出动警力200余名,采取多警种多部门联合作战方式,集中对位于朝阳区亮马桥路枫花园汽车电影院内涉嫌利用德州扑克方式聚众赌博的"爱酷思益智文化俱乐部"开展统一行动,行动中抓获吕某(男,1973年6月出生,本市海淀区人)、赵某(男,1981年12月出生,本市西城区人)、陈某某(男,1973年10月出生,本市海淀区人)3名主要组织者,冯某某(男,1994年5月出生,河北省鹿泉市人)等21名团伙成员,及李某某(男,1980年7月出生,本市海淀区人)等72名涉嫌赌博、为赌博提供条件人员,当场收缴台面筹码150万余元、电脑30台、账本、收据等若干。经审查,以上人员均对自己的违法犯罪行为供认不讳。10月7日,分局接报,事主桑某于10月2日5时许从朝阳区工体北门离开后下落不明，专案组于10月12日17时30分在朝阳望京地区抓获嫌疑人陈某（男，1981年12月出生，本市密云县人）。经审查，嫌疑人对其于2011年、2012年先后杀害事主于某、桑某及在朝阳区崔各庄乡盗窃一辆出租车的犯罪事实供认不讳。11月6日18时30分，分局接到报警，世贸天阶ZARA服装店发现三名外籍盗窃嫌疑人，民警工作中，当场起获被盗服装10余件。经工作，抓获黄某（男，1986年5月出生，越南河内人），阮某（男，1984年7月出生，越南河内人）等6名越南籍嫌疑人，起获ZARA、HM等品牌服装300余件。经审查，黄某等6人对10月以来多次在朝阳区世贸天阶、蓝色港湾等商场采用大型挎包内铺满锡纸以逃避商铺磁感报警装置检测的方式盗窃服装的犯罪事实供认不讳。12月14日14时许，分局接到报警，一名韩国女子边某称，当日11时许，她委托司机黄某某（男，1982年4月出生，吉林省敦化市人）到昌平区回龙观少林武校接其10岁的儿子金某回家。14时许，边某接到勒索电话，要其准备赎金100万元人民币，否则撕票。经工作，侦查员快速锁定司机黄某某有重大作案嫌疑，根据突审结果，于18时成功解救被绑架人质，21时抓获同伙作案人员弥某某（男，1976年4月出生，四川省剑阁县人）和邓某某（男，1988年3月出生，四川省剑阁县人）。经审查，3人对预谋绑架金某的犯罪事实供认不讳。

（周　霞　隋新宇　杨春华）

【全国“两会”安保】 3月1日，分局召开全国“两会”安保誓师大会，区委书记陈刚、区长程连元等出席会议，调研指导维稳工作并慰问公安民警。3月5日至14日（全国“两会”期间），公安分局出动安保力量4万余人次，执行警卫勤务202起。其中出动安保力量9280人次，完成住地警卫23起；出动警力1.2万人次，完成大会路线警卫97起；出动警力1.2万人次，完成抵离京路线警卫62起；出动警力3108人次，完成代表、委员集体活动警卫7起；出动警力75人，完成党和国家领导人到住地参加活动13起。3月7日，分局召开全国“两会”安保战时表彰大会。分局长陶晶等领导出席会议。受表彰的民警及所属单位双正职领导50余人在主会场参加会议。

（王　晖　郑加祥）

【慰问受伤民警】 3月3日，市委常委、市公安局党委书记、局长傅政华前往武警北京总队医院，看望慰问在抓捕系列扎车胎案嫌疑人过程中负伤的团结湖派出所民警张超，宣布授予张超个人一等功。张超住院期间，市、区及家乡承德市市委书记等前往探望。

（王　晖）

【成功处置聚集事件】 3月18日，上百名群众因合同纠纷，在朝阳区东坝煤厂公司门口聚集。分局主管领导、主管单位及周边派出所支援警力赶赴现场开展工作。通过有效引导人群、构建对话平台、参与当事人双方谈话等方式，安全疏导分离聚集人群，妥善处置了这起群体性事件。

（王　晖）

【成功处置跳楼事件】 3月21日，一名男子因物业纠纷，坐在亚运花园小区2号楼17A室窗外欲跳楼。分局值班局长赴现场，采用对话交流劝解和内线突破营救双管齐下的方法，在市局特警配合下，历时4个多小时，有效化解事件。

（王　晖）

【邸伟救落水女子】 4月8日，因出警左脚踝软骨骨折在家休养的朝阳公安分局垡头派出所民警邸伟，在家人陪同下坐轮椅到龙潭公园散心。途经公园西门时发现一女子在湖水中挣扎。邸伟跳下轮椅拄拐冲向岸边纵身跃下救起落水女子。4月24日，市委常委、市局党委书记、局长傅政华专程到邸伟家中看望邸伟及其家属，宣布授予邸伟个人二等功。

（王　晖）

【“警营开放日”活动】 4月13日，分局非涉密下设单位同步举办“警营开放日”活动。分局在办证大厅门前设主会场，局属部分单位主要领导和100余名社会各界群众代表出席活动。本次活动设置“三访三评”成果展、参观分局勤务指挥大厅、巡特警武器装备展示、现场咨询互动及群众评议等五项内容。主会场及57个分会场共接待群众7.5万人，解答咨询3100余人次，发放宣传材料7.6万份。

（王　晖）

【接待中国传媒大学师生参观团】 4月13日“警营开放日”，分局看守所接待中国传媒大学师生参观团一行8人，参观看守所总控值班室、综合接待大厅、律师及在押人员家属会见室、999驻所医疗站、被监管人员食堂、提讯大厅和女筒分控室，对在押人员羁押期间的日常生活、医疗保障、会见接待等合法权益方面有了客观真实的了解。

（冀治龙）

【完成总理视察活动警卫任务】 5月1日，国务院总理温家宝到奥林匹克公园环卫保障管理中心视察工作、慰问环卫工人。分局出动警力124人严密布控，完成奥林匹克公园现场及外围安全警卫工作。

（郑加祥）

【青年民警主题宣讲及安保誓师大会】 5月3日，在世纪剧院举行“青年民警忠于党”主题宣讲活动暨青年民警十八大安保工作誓师大会。市委常委、市局党委书记、局长傅政华，区委书记陈刚等出席活动。市局、分局、区委相关领导及局属各单位团支部书记、青年民警代表、保安员、群众代表等1500余人参加活动。

（王　晖）

【中日韩领导人会议安全警卫】 5

月13日、14日,中日韩三国领导人第五次会议在京举行,日本首相野田佳彦和韩国总统李明博应邀出席。分局主要担负长富宫饭店住地、抵离京以及住地往返人民大会堂的路线警卫任务。分局出动警力717人次,完成现场警卫勤务11起、路线警卫勤务13起。

(郑加祥)

【首届"京交会"安保】 5月28日,国务院总理温家宝等及卡塔尔首相、老挝总理、津巴布韦总理、肯尼亚副总统、萨摩亚副总理等重要贵宾出席首届中国国际服务贸易交易会(简称"京交会")开幕式活动。按照市公安局总体部署及《2012年首届中国(北京)国际服务贸易交易会国家会议中心安全保卫工作分方案》,分局承担国家会议中心现场、外围安全警卫工作,出动警力155人次,完成中央首长和国内外政要的安全保卫任务。

(郑加祥)

【小警属"六一"联欢】 5月31日,在朝阳公园举办"快乐成长,放飞梦想"小警属"六一"联欢活动。分局主管领导与局属57个单位的900余名小警属及他们的父母共同欢庆"六一"儿童节。

(王 晖)

【成功处置"6·12"劫持人质事件】 6月12日,朝阳区王四营北路观音堂桥下,一男子持刀劫持一名妇女和一名儿童。分局接报后,立即组织驻区特警及高碑店、南磨房等15个派出所130余名警力赶赴现场,开展现场处置工作。按照市局"一报直报"要求,同步将现场情况上报市局。现场民警试图与该男子对话谈判,但该人不予理睬,且用刀将儿童左腿和头部划伤,将倚靠的轿车引擎盖扎破,一再扬言将儿童杀死后自杀。鉴于嫌疑人情绪极度狂躁,随时存在失控危险,经市局、分局现场指挥的主要领导商议,决定将嫌疑人当场击毙。19时04分,市局特警总队狙击手成功击毙嫌疑人,2名人质安全获救。

(王 晖)

【区长慰问一等功臣张超】 6月20日,区委副书记、区长程连元等慰问分局优秀党员、一等功臣张超,并赠送慰问金。

(王 晖)

【组织在押人员《弟子规》知识竞赛】 6月21日,分局50余名在押人员在监区活动室参加《弟子规》知识竞赛。活动中,在押人员还根据《弟子规》内容,自编自演快板书、小品和相声等文艺节目。

(冀治龙)

【内保大队迁址】 6月28日,分局内保大队由分局办公大楼整体迁至朝阳区星火西路(东风派出所院内西配楼),6月29日正式对外办公。区财政投入建设资金82万元。

(聂建平)

【接待全国新任市(县)公安局长培训班】 7月13日,第二期专题培训班一行40余人到分局进行社区民警驻区制现场教学。公安部人事训练局、公安大学进修部、市局教育训练处等单位领导参加活动。

(王 晖)

【成功阻止在押人员预谋脱逃】 7月17日,朝阳区看守所三中队管教民警李国栋对在押人员杨某进行谈话教育时,了解到在押人员郑某某绘制地图、制订计划、拉拢煽动同监室潘某等4人预谋脱逃的重要线索,立即将情况报告所领导。此时,郑某某正在由分局预审大队民警押解前往西客站辨认作案地点的途中。因增派警力及时赶到,成功阻止了这起在押人员预谋脱逃事件,李国栋受到市局通报表彰。

(冀治龙)

【向"7·21"受灾群众捐款】 7月25日,分局举行向"7·21"受灾群众捐款仪式。分局党委班子成员及100余名干部、民警在分局主楼参加捐款仪式。一线所、队干部、民警在各自单位捐款。共募款17.8万余元,全部上交市局。

(王 晖)

【涉日抗议活动处置】 8月,针对日本非法扣押香港保钓人员引发国民不满,部分网民利用互联网煽动、串联到日本驻华使馆门前抗议、示威,特别是日本政府非法购买钓鱼岛及其附属岛屿后,国内民众反日情绪日趋激烈,到日本使馆门前抗议人数急剧上升等情况,分局依照市局提出的"有序引导、理性表达、柔性处置"工作理念,科学划分控制区域,有效引导抗议群众。期间,调整勤务方案12次,出动警力1.1万人次,妥善处置抗议活动26.3万人次。

(门之凯)

【区人大代表向看守所赠书】 9月12日,区人大代表、管庄刨花板市场经理、看守所特邀警风监督员曹学文向看守所赠送一批图书,支持看守所文化建设。捐赠仪式上,副分局长郎顺田代表分局接受捐赠。看守所30余名民警参加捐赠仪式。

(冀治龙)

【网球公开赛安保】 9月23日至10月7日,北京国家网球中心举办为期17天的"2012年中国网球公开赛"。共举办316场比赛,现场观众28万人次。分局共组织警力681人次完成安保工作。

(王海波)

【环北京职业公路自行车赛安保】 10月9日、10日,2012年环北京职业公路自行车赛在北京举行,分局主要负责第一、第二赛段安保工作,组织安保力量5564人次,协调组织相关执勤单位落实安保措施,完成赛事安保任务。

(王海波)

【布防保障十八大安全】 10月25日起至十八大会议召开期间,启动超常规巡控设卡方案,每日17时30分至23时30分设置固定巡逻卡点230个、重点巡控路段60个,投入警力1066人，最大限度提高街面见警率、发现率和管事率，盘查核录可疑人员11.6万余人、可疑车辆5919台，查扣“三无一遮挡”车辆、“黑摩的”388辆，百警核录率居各分县局首位。在十八大开、闭幕式和十八届一中全会期间，在农展馆和工人体育场分别组织50名警力屯兵备勤，执行社会面维稳处突任务。同时部署巡警12个机动车巡组和2个摩托车巡组，编成2个巡逻单元，形成“巡逻车串”在三环、四环进行巡逻震慑，提高快速反应速度。

（孙玉玲）

【警用多功能健身房投入使用】 11月7日，分局警用多功能健身房正式投入使用。健身房划分为重型器械区、普通器械区、跑步区、力量训练区、休息区及浴室等区域，总面积450平方米。

（李燕霞）

【妥善处置“12·9”维权聚集事件】 12月9日，朝阳区罗马嘉园、十里堡北里、国美第一城、华纺易城小区约500余名业主因疑虑京沈高铁建设项目会对自身利益造成影响，聚集到位于朝阳北路罗马嘉园小区门前维权。分局出动警力200名，会同市局相关单位开展工作，及时劝回聚集居民，避免事态恶化。

（王 晖）

【“金盾杯”游泳比赛决赛】 12月12日，在郡王府游泳馆举行“金盾杯”游泳比赛决赛。比赛决出女子50米蛙泳、男子40岁以下50米蛙泳、男子40岁以上50米不限泳姿、男子40岁以下50米自由泳四个项目冠、亚、季军。分局政委高岩等为获奖选手颁发荣誉奖牌。

（王 晖）

【集中销毁赌博机活动】 12月12日，北京市公安局在鸟巢东北角举行全国公安机关“铲赌患·正风气”集中销毁赌博机仪式北京主会场活动。分局局长陶晶代表分局参加活动。

（王 晖）

【外国友好使团参观访问】 年内，先后接待马来西亚内政部代表团、韩国庆尚北道警察厅代表团、克罗地亚内务部代表团、北欧警察代表团等4个国家56人次外国友好使团参观访问。分别就“110接处警”、视频图像监控系统、花家地辖区华鼎世家涉外警务站运行管理模式、涉外警务服务工作模式等工作开展警务交流和研讨。

（王 晖）

【友好单位参观交流】 年内，分别接待内蒙古鄂尔多斯市公安局、浙江省绍兴市公安局、天津市公安局南开分局、河南省延津县公安局等4个地区36人次警务参观交流代表团，就勤务指挥、队伍管理、智能化枪库、应急装备库、机关食堂和民警公寓、警务创新等方面的经验和方法交流学习。

（王 晖）

【打击整治突出治安问题】 年内，打掉娼赌黄及非法出版物、盗版侵权、制贩三假等违法犯罪团伙窝点883个，抓获拘留以上处理的犯罪嫌疑人4537名，收缴赌资242.4万余元、淫秽物品1724件、盗版侵权及非法出版物40万余件。

（杨春华）

【打击专项专案行动】 年内，先后组织开展打击重点地区站街招嫖、坐店招嫖、发廊足疗店及“楼风”招嫖、电子游艺赌博机等专项行动。先后侦破“2·11”专案、“3·11”非法出版物专案、“9·10”德州扑克聚众赌博团伙专案等有影响的典型案件，共端掉涉黄涉赌等违法犯罪团伙窝点40个，抓获拘留以上处理犯罪嫌疑人594人。抓获处理坐店招嫖嫌疑人645人，查处关停发廊、足疗等场所230余家。

（杨春华）

【打击盗贩自行车】 年内，组织17个警情高发派出所组建打击小分队，共打掉盗窃自行车团伙39个，查获窝点18个，处理盗贩自行车违法犯罪嫌疑人454名，收缴自行车1312辆。

（徐 建）

【治理“黑车”专项行动】 年内，分局牵头组织交通、城管、工商、交管等部门，以治理黑车“波次”行动为抓手，开展持续不断的专项治理工作，行政拘留“黑车”扰序人员350人，查扣“黑车”2217辆，其中机动车103辆、“摩的”1342辆、人力三轮772辆。

（徐 建）

【清理整治治安重点地区】 年内，针对3处市级挂账、12处区级挂账治安重点地区，持续开展专项行动，出动警力1.5万人次，其他力量3.8万人次，开展专项整治236次，抓获处理各类扰序人员580名，其中“黑车”扰序236人、散发小广告193人、无照游商80人、倒卖有价票证40人、贩卖盗版光盘26人、医院“号贩子”5人。年底，15处两级挂账地区全部撤销挂账。

（徐 建）

【预防煤气中毒】 年内，采取调查摸底、确定重点、推磨检查、约谈督促、建立机制、落实责任、召开现场会等措施，会同区农委、流管办、监察局等部门开展预防煤气中毒宣传检查工作。共发生煤气中毒死亡事故3起，死亡4人，比上一取暖季下降25%。

（徐 建）

【大型群众性活动治安秩序维护】 年内，全区举办展览展销、文艺演出、体育比赛等大型活动468项1726场次，接待群众654万人次。期间组织安保力量19万人次，保证中超及足协杯赛、意大利超级杯赛、朝阳国际风情节、首届“京交会”、环北京职业公路自行车赛、中国网球公开赛、北京马拉松赛等各项活动治安秩序良好。

（王海波）

【治爆缉枪专项行动】 年内，收缴猎枪、气枪、自制枪等各类枪支238支，仿真枪299支，制式子弹411发、猎枪子弹336发,管制刀具1072把,钢镖80支,妥善处置废旧手雷、手榴弹、迫击炮弹5枚,黑火药1500克。处理涉案人员94人。

(姜海红)

【烟花爆竹安全管理】 年内,发挥烟花爆竹安全管理主管机关牵头作用,组织各执法部门加大执法检查力度,元旦、春节期间查处非法烟花爆竹案件22起,行政拘留20人;收缴非法烟花爆竹957箱,约2.67万公斤。

(姜海红)

【保安服务业监管】 年内,保安服务业管理工作由内保系统划归治安系统监管,分局抽调专人成立保安管理组,从调查摸底、建章立制、严格考评等方面入手,对38家保安公司、949个驻勤点,240个自行招用保安员单位,2.78万名保安员统一监管。

(王连勇)

【校园安全"十个一"保障机制】 年内,内保大队指导十八里店派出所摸索出"十个一"校园安全保障机制。即:一名法制副校长包校机制、一部面向校园师生的专线电话、一套全天候视频监控系统空中巡视、一次参观教育宣传活动、一支家长信息员队伍、一次月安防知识宣传、一次月校园联席会、一次应急演练、一系列便利服务措施、一片关爱解决流动人口子女实际困难。6月27日,在八十中学望京校区召开专门会议,正式推广十八里店派出所校园安全"十个一"保障机制和经验做法。

(聂建平)

【安全大检查和隐患排查】 年内,对加油站、物流寄递、商(市)场开展专项安全大检查。与辖区单位签订《治安保卫责任书》,签订率100%。检查单位11762家,重点防范部位5300余处,制作检查笔录860份,发现和当场整改隐患270处,发放《责令限期改正通知书》190份,组织防恐防暴、紧急疏散等演练267次。

(聂建平)

【社区民警驻区制警务建设】 年内,全力推进社区民警驻区制警务建设。量化社区民警每日下社区时间、网上签到、入户走访、搜集社情民意、社区巡逻、检查出租房等12类工作内容。期间,入户走访14万户,化解各类矛盾纠纷3万余件,检查出租房屋13万余户,发现整改隐患5190处,提供线索2088条,破获各类案件395起,抓获拘留以上处理人员428人。

(徐肖鹤)

【流动人口聚居区治安整治】 年内,制定《流动人口聚居区专项整治工作方案》,以地下空间、群租房、自建楼、地处偏僻出租房、管辖区域交界地带出租房、出租大院、独门独院等七类出租房屋为重点,进行再入户、再走访、再检查、再核录,分类登记造册,实现聚居区实有房屋和居住人员底数清。共发放各类宣传材料6000余份,检查流动人口1.2万人,新登记办证3251人。检查出租房屋1.3万户3万余间,地下空间251处,出租大院152个,排查发现安全隐患352处。训诫教育211人,取缔黑开场所5家。发放限期整改通知63份,整改63处,处罚违法出租房主16人。破获各类案件3起,抓获拘留以上处理违法犯罪嫌疑人5名。

(刘金岩)

【推广户政接待窗口评价系统】 年内,为局属48个户籍派出所户政接待窗口安装服务质量电子评价仪160台,并全部投入使用。

(冯彦超)

【视频巡控】 年内,为派出所三级视频巡控平台统一印发《视频巡控工作交接班登记簿》、《图像监控资料采集记录簿》、《视频监控室勤务检查登记簿》、《视频巡控打击战果情况登记簿》、《视频巡控工作会议记录簿》等工作台账;为上岗的三级视频巡控员统一制发胸卡。探索创新"日常视频巡控工作法"和"人机互动抓捕法"等视频巡控工作法,指导三级监控平台开展打击防范工作,抓获各类违法犯罪嫌疑人986名。

(孙玉玲)

【驻区涉外警务】 年内,推行涉外警务工作驻区制,完成三个批次93个社区的建设,编制2版《涉外警务驻区制工作问答》,刊发专项工作简报30期。

(邢宇虹)

【打击"三非"百日专项行动】 年内,开展为期3个月的打击非法入境、非法居留、非法谋职等"三非"违法犯罪外国人专项行动,累计处理"三非"等违法犯罪外国人273人,其中非法居留249人、非法工作21人、非法入境3人。拘留审查76人,拘留以上处理22人。

(邢宇虹)

检　察

【概况】 朝阳区检察院是国家法律监督机关。全年审查批捕各类犯罪2809件3872人,审查起诉3760件4667人。突出打击危害国家安全和国家利益犯罪、多发性侵财犯罪和其他严重侵害群众权益的犯罪,办理涉枪涉爆案件25件26人、涉黄案件76件126人、涉毒案件259件283人。参与整顿和规范市场经济秩序,依法批准逮捕非法集资、金融诈骗、非法传销等严重经济犯罪嫌疑人335人,提起公诉590人。落实执法办案风险评估预警、释法说理、检调对接制度,从源头减少信访矛盾发生。全年接待群众控告申诉684批996人次,开展法制宣讲、案件走访、专题调研活动15次,受教育群众3000余人次。发挥检察建议作用,全年就办案中发现的相关管理漏洞发出检察建议257份。推进未成年人刑事检察专业化建设,制定《未成年人附条件不起诉制度实施办法》,创新社区矫正监督方式,向社区矫正对象及其家属发放检察监督联系卡,畅通社区矫正人员诉求渠道。全年受理贪污贿赂犯罪案件线索83件,立案侦查各类职务犯罪案件27件31人,涉及处级以上干部4人,占涉案总人数的13%,涉案金额10万元以上大案15件,占案件总数的56%。全年受理渎职侵权案件线索15件,立案5件9人。做好职务犯罪预防工作,坚持惩防并举、注重预防,结合办案剖析职务犯罪发案原因,向有关单位提出预防建议20份。开展廉政风险防控、"涉农惠民"、"CBD核心区"工程建设等专项预防工作,审查参与全区817个建筑工程及政府采购等项目的投标人。加强诉讼法律监督、立案监督、侦查监督。对应当立案而不立案的,督促侦查机关立案13件;对不应当立案而立案的,督促撤案15件。对应当逮捕而未提请逮捕、应当起诉而未移送起诉的,决定追捕49人、追诉122人。落实审查逮捕阶段讯问犯罪嫌疑人、听取律师意见制度,对侦查活动违法提出纠正意见15件次。加强审判监督。对认为确有错误的刑事裁判提出抗诉2件。加强民事行政检察工作,受理民事行政申诉案件129件,对认为确有错误的民事行政裁判提出抗诉10件。监所部门推进派驻检察室与监管场所的监控联网、信息联网和检察专网的支线建设,重点监督刑罚变更执行、刑事羁押期限、被监管人死亡等情况,全年开展各类检查6825人次,纠正减刑、假释、暂予监外执行不当14人次,会同公安机关、人民法院集中清理久押不决案件11件。开展"政法干警核心价值观"主题实践活动,举办"忠诚、为民、公正、廉洁"主题演讲比赛,开设"朝阳检察文化长廊"。开展"感动在身边"主题活动,树立先进典型。践行执法为民,深化"听呼声、走百家、送服务"为民实践活动,开展"检察开放日"、"政法机关爱民月"、正义网法博博友"走进女案组"等活动。出台"关于进一步深化检察文化建设的实施意见",确立精神文化、制度文化、行为文化、物质文化"四位一体"的文化建设工作思路。年内,朝阳区人民检察院被评为"全国检察文化建设示范院"。落实上级调训任务,选派检察人员参加各类培训39批1100余人次,面向全体检察人员开展"检察百题"考试。组织第二届"CYPP发展团队"人才评选工作,选出8名高层次人才、34名骨干人才、78名专项人才。

地址:道家园17号

电话:59553208

邮编:100025

网址:http://www.bjjc.gov.cn

(白富强)

【区领导调研】 1月16日,区委副书记、政法委书记陈宏志,副区长王春到检察院调研、慰问。陈宏志指出,要继续深化三项重点工作,立足执法办案的基本职能,加强调查研究,不断提升业务水平,在维护稳定与保障发展方面发挥更大作用,推动首都和朝阳区"十二五"规划顺利实施。

(白富强)

【市委领导慰问干警】 1月20日,市委副书记、市政协主席、政法委书记王安顺到检察院干警庄福京家中慰问。

(白富强)

【首期心理咨询师培训班结业】 1月,联合北京华夏心理培训学校开办"国家心理咨询师培训班",首期35名学员通过国家心理咨询师资格认证考试,获国家三级心理咨询师资格。

(白富强)

【获示范单位称号】 2月,检察院法警大队构建的"四高"发展模式获上级机关肯定。法警大队被高检院授予"全国检察机关司法警察编队管理示范单位"称号。

(白富强)

【制订文化建设实施意见】 3月2日,制定出台《北京市朝阳区人民检察院关于深化检察文化建设的实施意见》,提出"四个明确":一是明确以主题实践活动引导队伍树立正确价值理念;二是明确以检察文化管理促进队伍创新发展;三是明确以文化社团工作模式推动检察工作科学发展;四是明确以"开放型"检察文化促进与区域公共文化发展融合。

(白富强)

【"法博博友基层行"活动】 3月6日,与正义网联合举办"法博博友基层行,走进朝检女案组"活动,邀请正义网法博博友走进检察院,开展"三个一"活动,即:旁听一次女案庭审,了解办案流程;组织一次座谈,倾听女检察官心声;参观一次女案组荣誉成就展,全面了解女案组工作情况。

(白富强)

【派驻检察联络工作会】 3月6日,联合区委社工委、区委农工委召开朝阳区2012年度派驻检察联络工作会议。区委社工委纪委书记郑珍平、区委农工委纪委书记李华及各街乡、管委会检察联络员参加会议。

(白富强)

【释法说理小组成立】 3月9日,成立"朝阳检察官释法说理小组"并由预防处与教育培训处共同组织首轮培训活动。

(白富强)

【派驻检察联络室考评细则出台】 3月12日,在上年创立检察联络室"6+2+N"模式基础上,完善检察联络室工作制度,经过充分调研,制定三章十六条工作制度。

(白富强)

【"党风廉政联络员"述职】 3月15日,检察院纪检组、机关党委召开2011年"党风廉政联络员"述职大会,21个支部推选出的21位联络员就2011年履职情况进行述职。

(白富强)

【"政法干警核心价值观"演讲比赛】 3月30日,区检察院举办"政法干警核心价值观"主题演讲比赛。

(白富强)

【社区矫正检察监督联系卡建立】 3月,创新社区矫正监督方式,设立社区矫正检察监督联系卡,在全区43个街乡社区矫正对象及其家属中发放。联系卡上列明社区矫正检察官名单、联系方式及检察监督事项等内容,畅通社区矫正人员诉求渠道,提供法律咨询、解答疑惑等服务,保护社区矫正人员合法权益。

(白富强)

【朝阳检察院介绍经验】 4月2日,在朝阳检察院召开全国部分省级检察院文化建设调研座谈会,最高人民检察院政治部常务副主任王少峰、副主任胡尹庐,北京市院党组成员、政治部主任张幸民出席。北京、江苏、陕西、吉林、浙江、安徽、福建、广西等8个省、自治区、直辖市院有关领导参加会议。朝阳检察院探索"精神文化、制度文化、行为文化、物质文化"的"四位一体"检察文化管理模式的经验做法,获与会人员一致肯定。

(白富强)

【案件督查模式获市院领导批示】 4月6日,北京市检察院检察长慕平对区检察院总结案件督查模式的工作简报——《朝阳院五个"强化"扎实开展案件质量考核工作》做出批示:"朝阳院是一种模式,在质量督查工作基础上形成案管部门。"

(孙利国)

【澳门代表团来院调研】 4月6日,澳门特区新一届司法官培训课程实习员代表团访问区检察院。双方就大陆及特区基层检察制度、检察机关职能、案件管辖、贪污贿赂案件办理、特殊人群权益保护、检察机关在民事行政案件中的作用等共同关心的法律制度及实践问题进行交流。

(白富强)

【行政执法与刑事司法衔接启动仪式】 4月12日,举行朝阳区行政执法与刑事司法衔接信息共享平台启动仪式,北京市检察院副检察长伦朝平、北京市政府法制办副巡视员鲁安东、副区长王春、区纪委常务副书记、区监察局局长曲君,以及朝阳区行政执法机关有关领导及相关人员参加会议。王春在讲话中强调,要提高认识,切实加强组织机构建设,认真履责,积极做好案件移交与衔接,加强监督,依法做好责任追究工作。

(白富强)

【国企廉政风险防控座谈会】 4月18日,在区检察院召开北京市国资委预防职务犯罪网络朝阳区小组"国有企业廉政风险防控专题座谈会"。市国资委纪委副书记王献吉、市检察院预防处处长杨舒雅到会并讲话,住总集团、中铁十六局、能源投资集团等九家网络小组成员单位纪检监察负责人参加会议。

(白富强)

【获"青少年维权岗"称号】 4月,检察院未成年人案件检察处被朝阳区未成年人保护委员会授予"青少年维权岗"称号,获百日行动优秀奖。

(白富强)

【五四青年节主题活动】 5月4日,区检察院团总支组织开展纪念建团九十周年、"践行北京精神 缅怀爱国伟人"五四青年节主题活动。青年干警骑自行车从区检察院出发至宋庆龄故居参观,了解宋庆龄生平,接受爱国主义教育。

(孙利国)

【公诉首例非法出售"地沟油"案件】 5月11日,朝阳区首例非法出售"地沟油"案件被告人王多好因犯生产、销售有毒、有害食品罪被区检察院依法提起公诉。

(孙利国)

【获DV作品大赛最佳奖】 5月,区检察院制作的《默默耕耘的法律卫士—刘静》视频片,在2011年北京市组织开展的"我眼中的共产党员"DV作品大赛中获最佳奖。

(孙利国)

【制订《社区矫正检察工作规范》】 6月19日,制定《朝阳区人民检察院社区矫正检察工作规范》,明确社区矫正的重点、内容、方式、方法及监督纠正程序等内容。

(孙利国)

【获示范院称号】 6月19日,全国检察机关文化建设工作会议在长春召开,朝阳院受到大会表彰,获首批"全国检察文化建设示范院"称号。

(孙利国)

【建党91周年表彰大会】 7月1日,召开纪念建党九十一周年暨表彰大会。表彰5个五好党支部、5名优秀党务工作者和10名优秀共产党员。全院22个党支部签署政法核心价值观承诺书。

(孙利国)

【举报宣传周活动】 7月4日,以"惩防并举保障民生"为主题,在奥林匹克管委会检察联络室开展举报宣传活动,邀请奥林匹克公园管委会机关干部及在场群众参观,并在活动现场布置涉农惠农案例展板,播放举报宣传片,发放法制宣传手册。

(高哲远)

【公诉"3·10"特大跨国电信诈骗案】 7月10日,对"3·10"特大跨国电信诈骗专案共7件91人提起公诉。该案为公安部统一部署、跨境侦办,案件涉及印度尼西亚、马来西亚等东南亚多国。

（高哲远）

【人大代表听取专项汇报】 7月26日，就查办工程建设领域职务犯罪专项工作向市、区级人大代表及特约监督员、人民监督员做专题汇报。代表们听取汇报后，表示对朝阳检察院反贪工作有了进一步理解和认识，充分肯定该院近年查办工程建设领域职务犯罪专项工作的进展情况，并建言献策。

（高哲远）

【青少年法制教育基地揭牌】 8月2日，举办朝阳区青少年法制教育基地成立揭牌仪式。区司法局、团区委、区教委相关负责人参会。与会单位会签《关于对附条件不起诉的非在校未成年人实行"监督考察"工作的实施办法》等三项文件。

（高哲远）

【制订实施《反贪案件管理流程》】 8月9日，检察院反贪局制定《案件管理流程》，完善案件全程动态监控管理，强化案件管理过程中的"案件专号管理，个案档案管理，每月总结管理，季度分析管理"四项工作。

（高哲远）

【救灾捐款】 8月10日，全体党员干部为"7·21"特大自然灾害捐款18010元。

（高哲远）

【首例制造毒品案获判决】 8月27日，区检察院办理的被告人李全立、余晓波、胡开平、李宝峰涉嫌制造毒品罪一案获法院一审判决。该案件为区检察院办理的首例制造毒品案，受到多家电视、电台及报刊等媒体广泛关注及相关法制节目的专题报道。

（高哲远）

【公诉非法销售未上市原始股案件】 9月6日，以涉嫌非法经营罪对非法向社会公开转让3家上市公司股东未上市原始股1.7亿余元的被告人周国兴提起公诉。

（杨圣坤）

【全市首个未成年人教育谈话室】 9月10日设立该谈话室，不仅是案件承办人提讯未成年人、约谈监护人、不起诉宣布教育的指定地点，还为考察小组定期会议、研讨，开展未成年考察对象谈心教育与心理辅导等活动提供专门场所。

（高哲远）

【团委与天安门公安分局共建】 9月15日，检察院团委与天安门公安分局巡警一中队联合开展"重温誓词、坚定信念"主题教育活动暨团组织共建启动仪式。深入了解天安门公安分局职责及日常工作，更加准确、全面地认识当前综治维稳和群众工作的重要性、紧迫性。

（高哲远）

【未成年人刑事案件不起诉研讨会】 9月18日，与《人民检察》杂志社共同举办"未成年人刑事案件不起诉法律适用问题研讨会"，围绕未成年人刑事案件不起诉制度的相关问题进行探讨。

（高哲远）

【检校共建】 9月18日，与北京政法职业学院召开检校共建座谈会，双方签署《关于加强和改进检校共建工作的意见》。双方就新刑诉法背景下未成年人刑事案件社会调查等方面工作展开协商。

（高哲远）

【新闻通气会】 9月25日，召开"聚焦执法公正——刑事和解十年回顾与展望"新闻通气会。检察日报、法制日报、人民网等20余家媒体实地采访检察院刑事和解工作，介绍刑事和解成果。

（高哲远）

【检察院团委成立】 10月10日，召开共青团朝阳区人民检察院委员会成立暨团支部建设动员大会。团区委书记王洪涛与检察院党组副书记、副检察长、机关党委书记陈旭参加会议并讲话。

（白富强）

【案件管理办公室成立】 10月16日，成立案件管理办公室，形成专门的案件监督管理平台，主要职能是"管理、监督、服务、参谋"。办公室借助信息化网络办案系统，通过"统一受案、全程管理、动态监督、案后评查、综合考评"，管理案件办理全过程。

（白富强）

【法警大队获多项荣誉】 10月23日，检察院法警大队在市院组织开展的"做忠诚卫士展法警风采"主题活动中，获集体荣誉一项，个人荣誉三项。

（杨圣坤）

【与999急救中心签署合作协议】 10月23日，率先与北京市红十字会999急救中心签署保障办案安全的医疗救助合作协议。

（杨圣坤）

【《公诉案件刑事和解工作办法》出台】 10月26日，制定《公诉案件刑事和解工作办法》，从组织机构、案件范围、刑事和解程序等方面，对公诉案件刑事和解工作作出详细规定。

（杨圣坤）

【"两法衔接"汇报会】 11月6日，召开"两法衔接"专项工作汇报会，向14名市人大代表、市院特约监督员、市院人民监督员汇报朝阳检察院行政执法与刑事司法工作情况。

（杨圣坤）

【信访事项联动机制出台】 11月13日，联合朝阳法院、朝阳分局制定《北京市公安局朝阳分局、北京市朝阳区人民检察院、北京市朝阳区人民法院信访事项联动工作机制》，在区委政法委的领导和协助下联动开展信访接待工作。

（杨圣坤）

【"检校合作"预防职务犯罪研讨】 11月16日，朝阳区"检校合作"暨高校财务管理领域职务犯罪预防工作专题座谈会召开。北京工业大学、北京化工大学、北京服装学院等16家网络小组成员单位纪检监察负责人、财务管理负责人参加会议。与会人员交流各高校在财务管理领域的廉政风险防控及职务犯罪预防经验及做法。

(杨圣坤)

【社区矫正专项工作汇报会】 11月20日,召开社区矫正专项工作汇报会,向11名市、区人大代表和特约监督员汇报检察院社区矫正检察工作。

(杨圣坤)

【第三期京华法治论坛】 12月7日,承办第三期"京华法治论坛——新刑事诉讼法背景下,刑事和解制度回顾与展望"。

(杨圣坤)

【远程视频讯问系统建设】 12月11日,在办公区建设远程视频讯问系统,为实现检察人员远程异地讯问涉案犯罪嫌疑人奠定基础。

(杨圣坤)

【新任检察官宣誓仪式】 12月20日,举行新任检察官宣誓仪式,党组书记、检察长王立出席仪式并讲话。

(杨圣坤)

【调研成果获奖项】 年内,两篇调研成果获中国法学会奖项,其中《司法机关链接信用征信机制对社会诚信体系的补强研究》获"中国诚信法治论坛"二等奖,《论新刑事和解制度之风险防控》获中国法学会青年论坛二等奖,七篇调研成果获最高检内设机构、中国法学会内设机构奖项。

(高哲远)

审　　判

【概况】 年内,朝阳区法院有行政编制616人,事业编制88人,内设部门40个。受理各类案件60670件,结案58765件。其中,受理刑事案件3678件,结案3587件;受理民商事案件39779件,结案38553件;受理行政案件355件,结案354件;受理知识产权案件1625件,结案1523件;受理执行案件15110件,执结14629件;再审案件收案47件,结案51件;申诉、申请再审案件收案17件,结案17件;诉前财产保全、管辖异议收案59件,结案51件。全年结案数同比提高3.7%,审限内结案率99.8%。全年获104项区级以上荣誉,其中包括"北京市先进法院"、"首都文明单位标兵"、"全国法院第二十四届学术讨论会组织工作先进奖"等荣誉称号,王四营法庭被评为"全国三八红旗集体",臧德胜获"全国法院办案标兵"荣誉称号。年内,区法院被最高法院确定为涉家庭暴力案件审理试点法院及诉讼与非诉讼相衔接的矛盾纠纷解决机制改革试点法院。

地址:朝阳公园南路甲2号
电话:85998362
邮编:100026
电子邮箱: bjcyqfy-mygt @ chinacourt.org

(李默菡)

【司法能力建设】 3月,出台《关于加强司法能力建设的工作意见》,结合法院队伍结构实际,继续完善"1+4"青年法官培养模式,从理想信念、实务能力、办案经验等各个层面加强青年法官培养。强化案例教学培养理念,通过"师傅带徒弟"、督导培养等方式,提升青年法官司法实务能力。通过组织学术研讨、法官讲坛、案例评比等活动,提升青年法官理论研究水平。年内,12名法官被授予北京法院系统"双优法官"称号,5篇论文在全国法院系统学术论文讨论会上获奖,31篇案例入选《中国法院2012年度案例》。

(李默菡)

【纪律作风专项整顿】 3月,出台《关于在全院开展纪律作风整顿活动的工作意见》,通过联合检查、随机抽查等形式,定期检查通报法官着装、接待态度等情况,全年在法院院网发布纪律作风专项检查通报11期。出台《关于加强微博客管理的工作规定》,规范干警网络言行。设立审务督察员,及时提醒和批评干警不规范、不文明言行。

(李默菡)

【知识产权典型案例】 5月16日,依法对摄影家薛华克诉油画家燕娅娅侵犯著作权案做出一审判决。此案被北京市高级人民法院评为"2012年北京法院十大知识产权典型案例",入选最高法院"2012年中国法院知识产权司法保护50大典型案例"。原告薛华克为摄影家,系中国摄影家协会会员;被告燕娅娅系油画专业创作者。原告薛华克认为被告燕娅娅擅自演绎其摄影作品《次仁卓玛》为油画作品《阿妈与达娃》,并进行展览、出版、拍卖。薛华克请求被告燕娅娅停止侵权,在《中国摄影报》及一家全国性美术报刊上公开赔礼道歉,赔偿经济损失1.5万元,与翰海拍卖公司共同收回已拍卖成交的侵权作品并予以销毁。被告燕娅娅辩称涉案被控侵权的油画作品是其独立创作完成,不存在侵犯薛华克著作权的行为。被告翰海拍卖公司辩称其尽到了法定的注意义务,拍卖涉案油画不存在过错,不应当承担侵权责任。区法院经审理,认定薛华克为涉案摄影作品拍摄者,依法享有著作权。认定燕娅娅在绘制涉案油画时参照了薛华克的摄影作品。燕娅娅的涉案行为属于在不改变作品基本内容的前提下,将作品由摄影作品改变成油画作品的行为,构成了对薛华克摄影作品的改编,侵犯了薛华克对涉案摄影作品享有的改编权,应当承担停止侵权、赔偿损失的法律责任。对于薛华克要求燕娅娅赔礼道歉,与翰海拍卖公司共同收回已拍卖成交的侵权作品并予以销毁的诉讼请求,区法院认为,首先,薛华克本案仅主张燕娅娅侵犯了其改编权,该权利系财产性权利,不适用赔礼道歉的责任方式。其次,销毁侵权作品并非法律明确规定的责任承担方式,判令燕娅娅停止使用涉案侵权油画以及承担相应赔偿责任,足以起到停止侵害并弥补薛华克因涉案侵权行为所受损害的作用;并且,涉案侵权油画在拍卖结束后,其本身的所有权已经发生转移,客观上不便于执行。此外,根据我国《拍卖法》的相关规定,拍卖人在接受委托拍卖物品时,其注意义务主要限于审核委托人的身份、拍卖物品的来源、瑕疵以及委托人有权处分拍卖物品的证明材料等。本案中,翰海拍卖公司已经尽到合理的注意义务,其对涉案油画的拍卖主观上不存在过错,不应承担侵权的法律责任。因此,对薛华克的上述诉讼请求均不予支持。综上,朝阳区法院判决被告燕娅娅停止使用涉案侵权油画的行为,赔偿原告薛华克经济损失 1.5 万元,驳回原告薛华克的其他诉讼请求。一审宣判后,原告薛华克、被告燕娅娅均不服提起上诉。市二中院审理过程中,双方当事人自愿达成和解协议。

(李默菡)

【淘宝网店分割争议案】　5 月 23 日,依法对王永青诉吴薇网店分割争议案做出一审判决。判决原告王永青与被告吴薇签订的《离婚协议书》有效;淘宝网“飞来飞去”母婴用品店归王永青使用、经营,王永青应关闭“永志飞翔”网店后,再根据淘宝网卖家实名认证流程进行实名经营,“飞来飞去”网店所有债务由王永青承担法律责任;吴薇返还王永青 87 万余元。原告王永青与被告吴薇曾为夫妻,2007 年登记结婚,2008 年,夫妻俩用吴薇的身份证在淘宝网注册了一个账户,用“飞来飞去”的店名出售荷兰奶粉。2011 年 11 月 22 日,二人在民政局办理离婚,离婚时二人将所有婚姻关系存续期间财产进行协议分割,其中“飞来飞去”网店的资产被双方协商为 80 万元,协议约定由王永青继续经营,王永青给付吴薇 40 万元,变更为王永青实名经营前吴薇配合办理相关手续。2012 年 3 月 20 日,王永青起诉到区法院,称吴薇采用欺骗手段将账户绑定的手机取走,修改了密码导致其无法正常经营,同时吴薇还利用掌握的支付宝密码从支付宝账户中提现,从离婚后到 2012 年 3 月 6 日共取走现金 1108694 元,2012 年 3 月 6 日之后又以交易为名将支付宝账户中款项转到他人名下 676726 元。故起诉要求吴薇提供有关密码将“飞来飞去”淘宝网店变更为王永青,并返还其取走的全部款项。吴薇辩称,“飞来飞去”网店一直是自己经营,钱是自己的,和王永青无关,双方的离婚财产分割协议是在受到威胁的情况下签订的,除了给自己的财产条款外,给王永青财产的条款应为无效。区法院经审理后做出上述判决。一审宣判后,被告吴薇不服提起上诉。市第二中级人民法院经审理后,于 2012 年 10 月 10 日驳回上诉,维持原判。此案是淘宝网上线以来的首例网店分割争议案件,也是全国首例对网络店铺进行裁判的案件。

(李默菡)

【涉家暴案件专业化审判】　5 月,区法院被最高法院确定为涉家庭暴力案件审理试点法院,成为全国法院系统唯一一家在民事、刑事两个审判领域进行反家庭暴力试点法院。法院在王四营法庭设立审理涉家庭暴力民事案件专门合议庭,在刑一庭设立审理涉家庭暴力刑事案件审判组。多次邀请家庭暴力问题专家、最高人民法院应用法学研究所副研究员陈敏对该院近 50 名法官进行家庭暴力案件审理技能培训,并与最高法院刑一庭涉家庭暴力刑事案件审理课题组举行调研座谈。10 月,区法院就一起离婚纠纷案件出具全市首例人身保护令,依法维护妇女等弱势群体的合法权益。

(李默菡)

【收购废弃油脂转卖他人案】　7 月 2 日,依法以生产、销售有毒、有害食品罪,判处被告人王多好有期徒刑 2 年,罚金人民币 4 万元。被告人王多好 2004 年以来,以收购贩卖烤鸭店废鸭油、厨余剩油和垃圾为业,赚取差价。2010 年左右、2011 年 9 月份,王多好将废鸭油卖给老乡炸薄脆。至案发时共贩卖废油 100 余吨,得款 20 余万元。王多好被抓时,公安人员从其暂住地起获存油:大汽油铁皮桶 2 桶、大塑料桶 23 桶、5 升装小塑料桶 9 桶。区法院经审理认为,被告人王多好目无国法,使用餐厨废弃油脂等非食品原料生产、加工“食用油”并予以销售,其行为触犯了刑律,已构成生产、销售有毒、有害食品罪,依法应予惩处。据此,做出上述判决。一审宣判后,被告人未上诉。

(李默菡)

【庭审和裁判文书“两评查”活动】　年内,开展庭审和裁判文书“两评查”活动。通过全院抽查、部门间互查及部门自查多种途径,采取庭审光盘评查、现场观摩评查及法官案件质量自律委员会集中评查等方式,共评查庭审 541 件,占在审案件总量的 6.7%,评查裁判文书 2282 份,占生效裁判文书总量的 6.8%,对庭审中的不规范行为逐项梳理、督促改进,对存在问题的裁判文书实名曝光、公开点评。在北京市高院“两评查”活动评比中,区法院 12 篇裁判文书被评为北京法院优秀裁判文书,7 个庭审被评为北京法院优秀庭审,同时获“优秀裁判文书评比组织工作先进单位”和“优秀庭审评比组织工作先进单位”两项集体荣誉。刑二庭法官刘砺兵撰写的“(2011)朝刑初字第 54 号判决书”被评为全国法院“两评查”活动优秀裁判文书。

(李默菡)

【核心价值观教育实践活动】　年内,开展核心价值观系列教育实践活动,弘扬“忠诚、为民、公正、廉洁”

政法干警核心价值观。一是举办中层领导干部培训班、院领导讲党课等活动,从区域发展需求、群众司法期待等多个角度,解读政法干警核心价值观的内涵和外延;二是组织主题征文、书画摄影作品展等活动,确保教育实践活动既扎实有效,又生动活泼;5月,推出"崇法、明断、敬业、惟新"院训,将政法干警核心价值观与朝阳法院精神有机结合;三是开展政法干警核心价值观主题演讲比赛,用身边人、身边事教育引导干警牢记宗旨、坚定信念,忠实履行法律赋予的职责。纪录法院执行法官真实工作状态的电视短片《执行"快手"于洋》播出后,受到社会各界好评。

(李默菡)

【化解涉诉信访】 年内,区法院加强信访积案化解,规范信访接待办理工作流程,建立领导干部约访制度,全年院领导约访31次,庭长接访1169次。注重信访源头治理,将工作重点放在规范审判、执行行为上,建立现案快速化解、风险评估排查、分析帮扶、责任倒查四项机制,深刻剖析、及时纠正工作中存在的问题和不足,努力减少和消除诱发信访的各类因素。全年化解疑难、复杂信访案件194件。

(李默菡)

【调研宣传】 年内,在北京市高院各项工作评比中,区法院调研、信息、案例、司法统计、刊物、年鉴、司法建议等工作共获各类奖项22项,并囊括全部集体最高奖项。在第二十四届全国及北京市法院系统学术讨论会中,区法院以全国基层法院第三名、首都基层法院第一名的成绩,连续第三年获"全国法院系统学术研讨组织工作先进单位奖",9篇论文分获北京市法院第二十四届学术讨论会一、二、三等奖。全年在各类媒体发表稿件5868条,以总分23469分位居全市法院首位,获"北京市法院新闻宣传工作先进单位"、"北京日报《法官讲坛》栏目优秀组织奖"、"网络宣传先进单位"3个集体奖项和北京市法院新闻宣传工作先进个人等3个个人奖项。

(李默菡)

司法行政

【概况】 朝阳区司法局机关内设科室10个,分别为:办公室、法制科、政工科、基层工作科、法制宣传教育科、公证工作管理科、律师业务指导和执业监管科、律师证照和综合科、法律援助工作指导科和矫正帮教科。由区纪委派驻纪检组、监察科各1个。司法局下设科级事业单位3个,分别为:法律援助中心、阳光矫正管理培训中心和正阳公证处。其中,法律援助中心为全民所有制事业单位,工作人员参照公务员制度管理,经费纳入区财政预算,全额拨款;阳光矫正管理培训中心是全额拨款事业单位,纳入区财政预算;北京市正阳公证处为全民所有制自收自支事业单位。至2012年,连续四年获首都"人民满意的政法单位"称号,连续八年被区政府授予"目标管理双百考核综合先进单位"。

地址:六里屯西里5号

电话:65025495

邮编:100026

电子邮箱:webmaster@bjchy.gov.cn

(陈　昕)

【社会矛盾多元调解】 年内,承担区综治委社会矛盾多元调解专项组办公室职能,重新修订相关制度和考核办法。全区共调处各类纠纷128897件。其中人民调解各类纠纷45062件,调解成功43046件,成功率95.5%;行政调解受理纠纷64379件,成功调处57504件,成功率90%;司法调解以调解、和解方式调处案件19456件。

(陈　昕)

【社区矫正和安置帮教】 年内,采取三项措施开展社区矫正和安置帮教工作。一是强化统筹,完善组织体系。成立由主管区长任组长,由相关单位组成的特殊人群专项组,形成司法局总牵头,司法、公安和卫生及各成员单位相互协作、密切配合的特殊人群管理服务工作模式。二是多措并举,完善矫正帮教工作。设计矫正工作流程,进一步规范矫正工作环节。同时,进一步明确公、检、法、司机关职责,加强联动配合。三是强化教育帮扶,完善中途之家工作模式。与结对监所密切沟通,在临释人员出监所前,第一时间得到基本信息;加强对三无人员、老病伤残无缝衔接重点人员临释前安置维稳工作。年内,研究确定新接收社区矫正人员基本培训框架,该类人员100%接受法制教育;强化社会适应性帮扶,开展心理矫治,就业指导、技能培训等服务。

(陈　昕)

【律师和公证管理】 年内,采取四项措施开展律师和公证管理工作。一是落实律师党建工作。重点开展党支部分类定级工作,进一步强化"创先争优跟党走,服务社会做贡献"管理理念,夯实党在律师队伍的工作基础。年底,举办首届朝阳律师论坛,反响良好。二是落实区政府法律顾问团工作。组织区政府法律顾问团律师为区政府及有关部门就5项重大涉法事件提供10余次法律论证,协助区政府妥善处理和平街"4·11"燃气爆燃、十八里店乡"5·5"厂房垮塌、东山墅"10·22"塌方事故善后工作等重大涉法事务。律师参与区领导信访接待46次,涉及912批6941人。三是落实"法律服务村居行"工作。105家律师事务所参与,实现每个社区、村律师与群众"点对点"服务。四是落实公证规范化服务工作。从公证程序和调查取证入手,杜绝不法分子利用公证书侵害国家和公民的利益。公证处全年办理各类国内案件4649件,同比增长16%;涉外案件6690件,同比增长25.5%。

(陈 昕)

【法律援助】 年内,承办各类法律援助案件1653件。其中,民事、行政976件,刑事677件,接待群众来访来电咨询32718人次。区法援中心获北京市政法系统为民服务创先争优示范窗口称号,并成为全区政法系统唯一一个"政法先锋号"党支部。在482个社区建立法律服务室,群众15分钟内能够得到法律咨询服务。建立法律援助网上审批系统,形成以区法律援助中心为龙头、以街道(地区)法律援助工作站为骨干、以社区法律援助窗口为补充的三级法律援助网络。在22个社区建立"温馨家园"法律服务站,面向残疾人提供法制宣传教育和法律服务。成立由检察官、律师组成的刑事和解办公室,提高刑事和解案件质量。继续开展"农民工法律援助服务月"活动,未发生因农民工讨薪维权导致的群体性事件。

(陈 昕)

【"六五"普法】 年内,"六五"普法活动取得显著成绩。一是法制宣传教育保障有新突破。调整充实区依法治区领导小组成员单位领导;将全区常住人口人均1元的普法经费标准固化;指导各普法责任单位落实普法责任制。二是重点对象和主题法制宣传教育有新成效。深入开展"践行北京精神,做讲法制守纪律的北京人"、"维稳定、促和谐"法律大讲堂社区行等活动,发放致广大市民的一封信和普法宣传折页,实现所有社区、村全覆盖。在朝阳电视台公共频道播出公益广告,利用区委组织部党员信息平台向全区党员发送普法维稳短信。三是日常法制宣传教育工作有新推进。在"3.15"、"12.4"等节点,组织全区开展相应的法制宣传活动;继续做好创建"法治朝阳"调研工作;全区6个村被评为全国和市级民主法治示范村。四是法治文化阵地及法宣载体建设有新举措。在全区开展法治书画作品、法治文艺节目评选活动,在"北京市青少年法治文艺大赛"中获优秀组织奖;利用《朝阳报》、朝阳有线等载体,集中报道全区开展"六五"普法的经验典型和创新举措。

(陈 昕)

交通管理

【概况】 北京市公安局公安交通管理局朝阳交通支队对朝阳区道路交通依法实施管理。支队全员人数865人,其中民警854人,职工11人。内设政秘科、勤务指挥科、警保科、安监科、交通科、事故科、法制科7个机构。下属呼家楼大队、高速路大队、东外大队、亚运村大队、劲松大队、双桥大队、机场大队、奥运村大队8个单位。年内,加强指挥调度和路面指挥保障。全年接警833761起,回访8.3万起,群众满意率99%;利用电视监控系统直接发现问题47450起,其中交通事故13140起,车辆故障8760起,交通拥堵2555起,其他22995起;各级指挥领导上路2140人次,发布指挥调度令4万余次,上报路况信息17000条。强化路面秩序管理,增强管控力度,开展夜查"酒后"专项行动246次,全年查获酒后驾车违法行为3545起,较上年减少46%;行政拘留醉酒驾车司机63名;现场处罚闯红灯违法行为83325起,较上年减少12%;处罚"涉牌"违法46201起,较上年增加51%;扣留非法"摩的"、三轮摩托车、人力三轮车共计489辆,较上年减少94%;处罚货车违法257117起,较上年减少28%。全年执法总量68万起,罚款总额8557万元。其中非现场执法处罚170万起,占全年执法总量的72%,非现场执法罚款2亿元,占全年罚款总额的76%。年内现场执法处罚总量同比上年的74万起增加91%;非现场执法罚款总额同比上年的8898万元增加110%。交通事故预防工作成效显著。管界共发生交通事故65166次,伤11987人,亡151人,与上年比,次数下降6.7%,伤、亡人数分别下降39.1%和3.2%。死亡人数比控制指标减少3人。在事故总数中,快速处理64824起,占99.5%;一般程序处理342起,占0.5%。加强交通安全宣传教育,驻区交通参与者交通安全防范意识明显提升。组织开展交通安全各类主题宣传活动841次,发放各类宣传材料、宣传品67.9万份,受教育70.2万人次;在广播、电视、报刊等媒体刊播稿件912篇。强化交通疏堵,交通设施完善取得新进展。制定设施改造和道路优化方案302个,安装路口信号灯10处,安装各类护栏25534米;安装各类交通标志772套,其中禁令标志83套,警告标志71套,指路标志277套,指示标志341套;施划、复划道路标线28505米;打桩127根;调整信号配时113次,检查保修交通设施258次。办理危化品运输证20张,办证车辆未发生重大交通事故和严重交通违法行为。外埠通行证9000张;办理驾驶证审验手续1.2万余件,换证6.9万余个。

地址:百子湾西里303号

电话:68399501

邮编:100124

电子邮箱:1114918329@qq.com

(吴晓萌)

【抓获网上通缉逃犯】 8月29日16时许,一操河南口音的男子到平乐园车管分站窗口,持姓名为"袁帅"的驾驶证要求办理年审手续。窗口民警在进行"三问、两核、一比对"程序时,发现该男子为网上在逃人员。办事民警一面以网络故障为由稳控住该男子,同时通知支队事故科办案民警。事故科副科长伊光旭同办案民警胡爱国立即赶到现场对嫌疑人进行控制。经查,该男子名叫袁帅,河南省遂平县文城乡魏湾村赵庄人,于2011年4月29日伙同他人在遂平县褚堂乡褚堂街“尊贵生活电器店”内,无故打伤魏明尚,并将店内电视、冰箱等物损坏后逃跑,被河南省遂平县公安机关列为网上通缉逃犯。经讯问,袁帅对上述犯罪事实供认不讳,并于当夜被送往朝阳分局看守所羁押。

(吴晓萌)

【侦破“9·05”敏感逃逸案】　9月5日22时35分,支队指挥中心接报案称:在国贸桥下,1人被撞,肇事车辆逃逸。经核实身份,伤者闫某为市人大常委会信访办主任。案发正值十八大保卫工作的重要时期,市人大、市局及朝阳分局各级领导高度重视。朝阳支队抽调事故科追逃组精干警力成立“9·05”专案组,全力开展案件侦破工作,于11月10日晚,将涉嫌交通肇事逃逸、盗窃的嫌疑人颜世芳抓获。

(吴晓萌)

【特勤警卫】　年内,完成全国“两会”、上合峰会、中非论坛、“中国网球公开赛”、“2012年环北京职业公路自行车赛”、中共十八大等重大交通安保任务。支队全年接布勤务2945次,其中一级勤务162次,二级勤务916次,三级勤务1867次,出动警力65412人次。

(吴晓萌)

【突发事件处置】　年内,按照不同时期、不同敏感地点等因素,在汇总前期制定的各类专项处突方案基础上,不断积累新的经验和方法,制作专项处置突发事件预案,逐步健全处置突发事件指挥系统,明确支队各级领导职责分工;明确突发事件核心区、控制区、外围疏导区岗位设置标准及职责;加强与区应急指挥部门和朝阳公安分局的沟通联系,建立健全应急指挥协作机制。“7·21”特大自然灾害期间,支队反应迅速、组织到位、周密部署,有效保证勤务路线安全及雨天交通安全,未因交通问题造成人员伤亡;涉日维稳期间,处置方案周密,警力测算精准,保障措施到位,完成上级各项工作要求。

(吴晓萌)

【规范净化道路环境】　年内,严管“四种车”违法行为,压减交通事故。在环路、主干路设置10处货车专项整顿岗,在京津塘、京沈、京承等高速公路进京检查站设置24小时卡控岗,坚持对7座以上客车、大货车和危化车逢车必查,大力整治客车超员,大货车、危化车超载、闯禁行等违法行为。做好“321”打防一体化,全面净化全区秩序环境。按“点、线、面”三个层面全方位开展打击,严格落实“全员执法、守土有责”要求,强化“摩的”、残疾车、电动三轮车等违法车辆的排查、处罚,切实做到“见一辆、查一辆、罚一辆”。全年行政拘留非司机619人,比上年减少35%。全力做好静态停车秩序整治工作。组织各大队以CBD地区、奥运中心区、望京地区、酒仙桥地区、三环路等重点地区为突破口,狠抓严格执法。支队全年录入违法停车432609起,比上年增加12%;拖移违法机动车288辆。

(吴晓萌)

【监管宣传】　年内,对违法超标和发生严重违法的6830家次单位采取责令限期改正执法措施,限改执法力度同比上升69%;对3171家次单位采取禁止机动车上路行驶执法措施,禁驶执法力度同比上升83%。排查交通安全隐患地点104处、事故黑点1处,排查力度居全局前列,100%治理完成全部105处隐患地点。制作2万张劝阻酒后驾车宣传画、4万个桌牌和10万张提示卡,元旦、春节、“欧洲杯”、端午节等重大节日活动期间,组织深入各大餐饮娱乐场所,开展劝阻酒后驾车宣教活动。结合“1·26”亡两人事故、“2·22”亡两人事故、“5·13”亡四人事故,相继向辖区所属车辆发生重大事故的黑庄户乡、东坝乡政府发出《重大交通事故警示通知书》,问责相关单位领导、驾驶人11人次。年内,支队组织开展各类交通安全宣传和培训活动841场次,印发宣传材料53万余份,发放宣传品9.1万余份,摆放宣传展板3700余块,发放宣传光盘5.8万余张,累计教育群众70.2万余人次。

(吴晓萌)

【疏堵治堵机制建设】　年内,建立堵点、乱点动态排查机制。针对非偶发性拥堵点段,以122拥堵报警数据为依据,综合分析,确定每月拥堵治理重点,形成“堵点跟着警情走,警力跟着堵点走”的动态治堵治乱机制。针对偶发性拥堵点段,发挥单兵定位系统及警车GPS定位系统作用,第一时间调集民警处置,指挥室通过监控画面实时指导,坚持“迅速反应、迅速清除”。深化警情研判工作,科学合理设置岗位及部署警力。本着保证处警率、提高民警责任心、提高疏堵效果的原则,在保证民警正常公休的前提下,排除122处警、堵点疏导、乱点治理等因素,重新设定2012年各类执勤岗位安排,重新调整现有执勤岗位,实行警区民警分段分片管理、责任无缝连接制度。在原有个性化疏导方案的基础上,结合管界实际情况,增加5项个性化疏导方案。通过电视监控系统、流量监测系统、122报警系统,实时监测路面交通变化情况,强化警情研判,适时启动个性化疏导维护方案。

(吴晓萌)

【交通执法】　年内,开展执法监督检查活动66次,考核兑现98起执法不规范问题。对涉及十八大的敏感案件,主要领导专项盯办,及时、正确、妥善处置。全年审理行政拘留案卷617宗;办理醉酒驾车刑事案件160宗;审理重大事故案卷170宗,审理一般事故案卷135宗;办理行政复议案件15宗,比上年17宗减少2宗;办理行政诉讼案件6宗。比上年3宗增加3宗,无撤变情况发生；接待群众来访653起，电话咨询1000余起；审理安全监管案卷2948宗，比上年同期1824宗增加1124宗。

（吴晓萌）

【队伍建设】　年内，调整干部27名；分23批组织领导干部参加各种培训教育活动400余人次；以民主生活会、日常考评、跟进督导、定期述职"四个手段"，切实提高各级领导干部驾驭复杂局面、破解工作难题的能力。全年1个集体立二等功、4个集体立三等功；1名民警立个人二等功、70名民警立个人三等功、210名民警获局嘉奖，173名民警被评定为优秀公务员。为群众做好事3031件，收到感谢信188封、锦旗87面。

（吴晓萌）

军　　事

人民武装

【概况】　中国人民解放军北京市朝阳区人民武装部（简称区武装部），负责朝阳区的军事工作，受北京卫戍区和中共朝阳区委、朝阳区政府的双重领导，既是朝阳区委的军事部门，又是朝阳区政府的兵役机关，部内设军事、政工、后勤3个科。年内，开展大规模国防教育宣传活动两次，组织形势报告会32场，协调驻区部队参加地方各项建设和防汛抢险及绿化美化环境整治工作，协调地方政府为部队排忧解难，在家属工作安置、子女入学方面下工夫，取得较好成绩。年内，获得"全军军事志工作先进单位"，被北京市和卫戍区评为先进人武部、征兵工作先进单位，被卫戍区评为新闻宣传工作先进单位，区委书记程连元被北京军区评为党管武装新闻人物，区委常委、武装部部长贾彦翎当选为北京军区军人代表，另有4人受到北京卫戍区表彰。

地址：朝阳区麦子店正街80号

邮编：100125

电话：65021043

（黄丙起　李玉国）

【民兵军事训练】　2月23日，按照全国"两会"安保要求，会同区公安分局巡警支队对执勤民兵进行看桥护路培训，150人参加训练。7月24日至25日，组织全区43个街乡、25家企业、17所高校的武装部部长，在区国防后备力量基地进行集训和比武竞赛，学习研讨征兵、射击教学、实弹射击、国家安全形势、国家反恐形势、经验交流等工作。各街乡武装部部长、干事、民兵连长、排长、班长各1人参加。215人参加比武竞赛，从300道理论题中随机抽取100题，进行笔试答题。实弹射击使用81—1式自动步枪，卧姿有依托距离100米，发射5发。共评出单位一等奖1个、二等奖2个，三等奖3个，竞赛先进个人10名。6月22日至29日，组织女子民兵高炮连在区民兵训练基地进行为期8天的专业训练，学习高炮性能、实际操作、班排协同等知识，北京卫戍区对训练成果进行了考核验收。8月12日至9月1日，组织民兵应急分队200人在区民兵训练基地进行防汛抢险、反恐维稳集中训练。8月31日，接受北京卫戍区考核验收，总评成绩优秀，获北京市民兵应急分队实兵实装拉动演练优秀单位。7月，武装部机关干部参加卫戍区组织的基础训练比武竞赛活动，民兵导弹分队、防汛冲锋舟分队、通信分队骨干在市民兵高炮指挥训练中心进行集训。

（黄丙起　李玉国）

【民兵整组】　3月至5月，在采取"属地编、单独编、行业（系统）编"三种编组方式基础上，整组全区民兵组织的编制、结构和布局，按照哪里有"兵"就在哪里编组的原则，在驻区高等院校建立民兵组织。全区共编3种队伍，基干民兵由1.35万人调整为1万人，分布在43个街、乡和14所高校。4月下旬，北京卫戍区、区武装部检查验收民兵应急营。

（黄丙起　李玉国）

【平原植树造林】　4月18日至19日，协调组织驻区部队、民兵参加朝阳区平原地区植树造林活动，8支部队共出动官兵3000人次、车辆100余台，43个街乡、部分大专院校出动民兵3000人次、车辆200余台，完成500亩、2万株植树任务。

（黄丙起　李玉国）

【国防动员】　4月，会同区教委普查全区高级中学学生军训情况。年内，完成325名军队转业干部和415名退伍士兵的预备役登记并按时上报各种数据。开展军地专业对口登记工作，夯实兵员动员基础。

（黄丙起　李玉国）

【"铸盾－2012"首长机关军事演习】　6月11日至15日，参加北京军区、北京卫戍区铸盾—2012战役集训演习。进行网上理论研讨、战备等级转换、综合防卫、联合反击、维稳处突、平战转换等演练，完成作战文书109份。

（黄丙起　李玉国）

【征兵工作】　10月26日，在北京国际会议中心召开朝阳区征兵动员大会。适龄男青年上站1028人，合格率65%。完成511名新兵（其中女兵71名）征集任务。12月9日召开欢送新兵大会,10日开始起运新兵,至14日新兵全部送入服役部队。

(黄丙起　李玉国)

【党委班子建设和思想政治建设】 年内,坚持周一大交班、周五学习教育日和每月组织生活等制度,参加北京卫戍区组织的理论集训和异地同步理论学习,开展"讲政治、顾大局、守纪律"和"赞颂科学发展成就,忠实履行历史使命"教育活动,巩固和深化"警卫战士忠于党"系统教育。积极响应北京卫戍区党委关于向高铁成学习的号召,组织女民兵到医院看望慰问高铁成,在部机关和民兵中广泛开展"学习时代楷模、做党和人民忠诚卫士"活动。十八大召开后,及时组织收看大会实况、跟踪媒体学习、传达上级指示精神、下发学习资料,同步参加北京军区、北京卫戍区组织的集中学习,采取观看光盘辅导、组织体会交流、制作展板提示等形式深化学习。部党委坚持把理论学习摆在自身建设首位,做到三个坚持:坚持落实学习制度、坚持学习情况定期检查讲评制度、坚持理论联系实际。根据北京军区、北京卫戍区总体部署,党委一班人认真学习《基层建设纲要》、《政工条例》、《军队党委工作条例》和军区党委提出的"六个强化、六个反对"。按照党委工作"十六字"方针,严格规范党委议事决策行为。坚持实事求是,在工作中不弄虚作假、不欺上瞒下、不报喜藏忧,特别是在安全稳定、制度落实等重大问题上始终保持清醒头脑。结合落实北京军区八个方面安全工作规范,区武装部对办公规划秩序、保密工作软硬件、营院安防设施、营区整洁美化等进行彻底改革。在"五用一履行"集中教育整顿活动中,采取"一个科室一个科室过、一个人头一个人头查、一台车辆一台车辆清、一笔账目一笔账目算"的方法,进一步完善《朝阳区人武部管理规范》。

(黄丙起　李玉国)

【战备工作】 年内,完成北京卫戍区赋予的情报侦察任务。在"六四"、全国"两会"、企业军转干部上访、"涉日维稳"和十八大敏感期间,全区各信息点均加强对敏感部位、热点地区的情报侦察并每天上报。修改完善作战、动员、维稳、抢险救灾等15种战备方案,加强战备值班和民兵应急分队的战备演练。在元旦、春节、全国"两会"、国庆、十八大等节日和重要敏感期,组织战备教育,每天安排5个单位,不少于250人的战备值班分队随时应对突发事件。

(黄丙起　李玉国)

【民兵应急分队建设】 年内,在加强八里庄、奥运村、亚运村、大屯街道和高碑店、平房乡民兵应急分队建设基础上,完成北京市赋予的200人、区委区政府赋予的200人的民兵应急分队编组任务。投资300万余元,配备民兵指挥通信器材、运输、炊事车辆、冲锋舟等应急装备。

(黄丙起　李玉国)

【防汛工作】 年内,调整民兵和驻区部队防汛指挥部领导成员,完善防汛方案,组织防汛演练。区防汛抢险队有7500人。其中,驻区解放军部队500人,武警部队1800人,民兵5200人,编为3个梯队和1个预备队。6月中旬,组织召开各任务单位领导参加的任务部署会,明确各单位任务和抢险地域。组织驻区66322部队、66194部队、武警北京总队九支队和民兵在高碑店大闸进行防汛实地演练。

(黄丙起　李玉国)

【武器装备管理】 年内,加强基础设施建设,检修加固训练基地的仓库电网、监控系统和铁丝网,擦拭保养炮库存放的高炮、高机等武器装备,更新仓库部分消防器材。加强对库管人员的教育管理,坚持每周政治、业务学习制度,武器装备管理连续46年无事故。

(黄丙起　李玉国)

【维稳工作】 年内,根据北京市、北京卫戍区统一部署,全区18个街道和地区396名民兵共担负53处目标(立交桥25座,过街天桥20座,地下通道7个,铁路桥1座)的定点守护任务。根据桥梁的大小及复杂程度,每处设置1至2个哨位,按照每个哨位部署2人的标准,53处桥梁共设置55个哨位,按照三个班次,共组织民兵330人,同一时间部署民兵110人。3月1日7时(全国"两会"期间),执勤民兵全部按规定时间、岗位上岗执勤,3月16日12时撤勤。十八大期间,执勤民兵10月25日上岗执勤,11月16日撤勤。区武装部成立检查督导组,每天分别按上午、下午、晚上检查督导执勤情况。9月16日至23日,根据区委、区政府指示精神并报北京卫戍区批准,组织20个街乡的450名民兵应急分队,定点看护辖区282处涉日企业和日本驻华使馆部分区域。

(黄丙起　李玉国)

【规范办公秩序和安全保密】 年内,重新修订完善各项规章制度,层层签订安全管理责任书,规范办公秩序。检查办公计算机,安装保密系统和计算机信号干扰器,为每名干部配备电子密码柜,在文印室配备处理地方上报信息的"摆渡机",为所有办公室加装防盗网,安装门禁系统。更换保密室文件资料柜,重新登记归类文件资料。邀请区保密局领导现场授课,开展安全保密教育整顿和"两防"及专项治理整顿活动。对政治性重点人员管控、手机网络使用管理、失泄密、官兵心理疾患、车辆运行管理、枪支弹药管控、官兵及家庭涉法涉诉、重要目标安全警卫等问题进行专项摸底,研究制定整改计划和方案。用近两个月时间开展专项整治。

(黄丙起　李玉国)

【国防教育】 年内,加强各级领导和民兵骨干的国防教育,协调军事专家、教授开展形势讲座，组织形势报告会32场，各级领导到部队过军事日21次，组织文艺演出27场。7月27日，区武装部组织区四套班子领导和部分委办局领导过“军事日”。区四套班子领导观看武警特警学院全面建设录像片、女子特战队快速精准射击、特战小组战斗射击、应用射击、特战小组乘车追击行动及综合演练等课目。9月22日，朝阳区举行第八届少年军校军训成果汇报表演，36所少年军校参加检阅。20所少年军校进行分列式表演，16所少年军校表演特色项目。1所少年军校获特等奖、4所少年军校获一等奖、5所少年军校获二等奖、8所少年军校获三等奖。

（黄丙起　李玉国）

【民兵政治教育】　年内，下发民兵政治教育教材和民兵之歌。开展学刊、用刊活动，开展职能任务、形势政策、爱国主义、遵纪守法以及相信科学、破除迷信等教育。全区订阅《中国民兵》、《华北民兵》、《国防》、《环球军事》、《中国国防报》等报刊1200份，所有民兵连均有订阅。加大宣传报道力度，全年在各种报刊、杂志、电台、电视台刊稿51篇。

（黄丙起　李玉国）

【后勤管理】　年内，清理登记公用物品。组织专人全面清查现有公用物品，统一登记造册并实行专人负责。加强对驾驶员、车辆、油料的管理。在全体司机中进行交通法规和安全常识教育；在车辆、油料使用上，实行专车、专卡、专人负责，统一管理；坚持“日检查、周维修、月保养”车辆维护制度；采取“定点式”修车方法节约经费。年内，区武装部车辆累计行驶近26万公里，安全无事故。

（黄丙起　李玉国）

【《北京市朝阳区军事志》出版发行】　年内，《北京市朝阳区军事志》出版发行。该书于2006年3月开始编写，2012年3月3日印刷完成。《北京市朝阳区军事志》70万字，分11篇，主要有军事地理、军事机构与驻军、民兵预备役、兵役、战事、人民防空、交通战备、国防教育、双拥共建、军事人物和法规文献等内容。

（黄丙起　李玉国）

人民防空

【概况】　朝阳区民防局成立于2006年12月26日，是区政府所属的正处级行政机关，是区国防动员委员会常设机构，也是区政府主管人民防空工作的职能部门。机关内设科室5个，下设事业单位3个，编制总数88人。年内，区民防局认真落实北京市、朝阳区相关要求，以抓好基层党建为统揽，以推进人防工程清理整治为重点，开创了民防工作新局面。区民防局先后被国家人防办授予“人防工程科研创新和成果转化应用先进单位”、“全国人民防空信息化建设先进单位”；被市国防动员委员会评为“北京市人民防空工作先进单位”；被区文明委授予“朝阳区创建全国文明城区突出贡献单位”。

地址：甜水园东街7号院

电话：65851275

邮编：100026

电子邮箱：qiuyunbo@bjchy.gov.cn

（邱云波）

【领导检查调研】　1月20日，副区长王春到区民防局调研，围绕确保安全、推进整治和公益服务等工作，对民防工作提出具体要求。2月17日，区人大常委会副主任李国一行5人到区民防局调研，肯定“大民防”工作思路。4月18日，市民防局局长刘宝杰一行8人到区民防局检查指导工作，听取区民防指挥体系建设和人防工程清理整治工作进展汇报，肯定朝阳区民防工作。5月4日，市民防局管理处处长周响平一行3人，到区民防局调研“规范化使用管理现场会”前期准备工作，实地考察三间房地区办事处所属的1处人防工程。6月6日，市民防局会同市住建委、市安监局、市公安局、市消防局等部门，到区民防局检查地下空间清理整治工作，听取区民防局人防工程清理整治工作汇报，提出下一步工作意见和建议。6月19日，市民防局检查组检查朝阳区人防信息化建设情况并给予肯定。7月19日，区委第一巡视组组长霍文礼带队到区民防局开展巡视工作。7月24日，市民防局到区民防局检查应急志愿者服务队组建情况，肯定应急志愿者队伍建设工作。8月29日，市委常委、北京卫戍区司令员郑传福，在区常委、区武装部部长贾彦翎陪同下，参观朝阳区民防局防空防灾通信指挥中心和区地震局应急物资库。9月6日，市民防局副巡视员许金宝一行3人到区民防局调研十八大安保工作及人防工程清理整治情况。9月13日，市民防局副巡视员许金宝带队到区民防局调研，部署十八大安保工作，并提出具体要求。9月27日，市民防局副巡视员许金宝、工程管理处处长周响平、法制处处长董涛到区民防局调研人防工程清理整治工作。国庆节前，区委常委、区武装部部长贾彦翎，副区长王春带队到大屯街道欧陆经典小区，指导检查人防工程清理整治工作。10月24日，市民防局副巡视员许金宝、工程管理处处长周响平率北京市安全生产委员会联合督导组成员单位领导，到朝阳区民防局检查地下空间十八大安全保障暨安全生产“护航”行动，抽查水碓子北里2号楼人防工程。11月6日，区委组织部部长张革、常务副部长王小毛到区民防局检查人防工程安全管理工作，要求区民防局抓好人防工程安全管理，确保十八大期间安全稳定。11月22日，市民防局副巡视员许金宝、工程管理处处长周响平到区民防局检查全市人防工程清理整治工作朝阳区试点观摩会准备情况，研究确定相关事宜。11月30日，市民防局在朝阳区召开人防工程公益化利用、精细化管理现场观摩会，市民防局局长刘宝杰、朝阳区副区长王春等出席会议，区民防局作典型发言。12月4日，全国人防宣传教育高级研修班到望京街道民防宣教中心参观，各省、自治区、直辖市人防分管宣传教育工作的副主任和业务处室领导80余人参加。

（邱云波）

【宣传培训】　3月1日（国际民防日），联合麦子店、六里屯街道办事处在朝阳公园南门开展“防空防灾，民防为民”主题宣传活动；3月15日，参加区司法局在朝阳普法广场举办的大型法制宣传咨询活动；3月30日，联合东风地区办事处在石佛营西里社区开展“五进”宣传咨询活动。5月11日，参加区“防灾减灾日”宣传活动，发放防灾减灾宣传材料，设立展台接受市民咨询。5月12日，联合安贞、小关街道办事处和将台地区办事处，开展防灾减灾公共安全知识进社区宣传活动。5月18日，邀请中国农业大学原副院长郑大玮为安贞西里社区开展突发事故与应急避险基础知识培训。6月10日，在朝阳公园南门参加全区安全生产大型宣传咨询活动，开展人民防空、防灾避险、社区安全知识宣传。6月18日，联合麦子店街道办事处在农展南里社区开展宣传咨询活动。7月27日，联合北京工商银行朝阳支行开展公共安全知识“进企业”宣传活动。9月19日，聘请北京民众安全应急救援研究所副院长杨艳武在区委党校为30余名处级干部进行防灾知识培训。9月28日，邀请国防大学教授王宝付为民防、地震系统干部职工及各街道(地区)武装部部长共计90余人进行国防知识培训。10月12日，以“战时防空，急时应急，平时服务”为主题，在高碑店地区办事处兴隆家园社区开展“民防知识进社区”宣传活动。10月23日，聘请区红十字会专家宋虹对全区160余名人防工程管理人员及机关干部开展安全教育培训及自救互救技能培训。年内，累计发放各类宣传资料2.3万份，利用建成的14处宣教中心接待参观2.8万人次，组织培训2.6万人次。

（邱云波）

【防灾减灾演练及应急救援】　4月24日至26日，指挥中心2名工作人员参加市局组织的防空警报器培训。5月4日，在花家地供热厂参加北京市压减燃煤工作领导小组会议第一次全体会议暨2012年燃煤锅炉清洁能源改造启动仪式，完成视频传送花家地供热厂燃煤锅炉房输煤廊拆除画面任务。5月9日，在高碑店兴隆公园应急避难场所内举行地震安全社区志愿者队伍演练，中央电视台、新华社、北京日报、法制晚报、朝阳有线等多家媒体现场采访并报道。5月11日（全国消防日），组织开展消防安全大检查和消防演习活动。6月6日，协助京能集团太阳宫燃气热电有限公司，处置热电厂氮气厂房爆炸事故。6月29日，召开民防应急志愿者服务队成立大会，成立9支应急志愿者服务分队，共310人。7月21日，紧急启动人防工程防汛预案，为5处人防工程进行防汛排水。8月13日，参加“8·13”儿童坠井事故打捞救援。8月27日，接区应急办紧急通知，赴双桥积水点，协助处置双桥中路铁路桥下积水问题。9月15日，到日本大使馆前中日青年交流中心，全程保障区委、区政府领导前线指挥，完成保障任务。10月25日，联合区红十字会、四惠消防中队及高碑店地区办事处在兴隆小学以“战时防空，急时应急，平时服务”为主题，开展安全疏散演练。11月21日至23日，组织特种救援队及应急志愿者50余人进行专业培训。

（邱云波）

【党建工作】　年内，落实党组班子和党员干部理论学习工作，围绕十八大报告和“北京精神”开展理论研讨，参加“践行北京精神、担当发展重任”主题征文活动。在科级以上干部中签订党风廉政建设责任书。党组书记、局长闫宾结合身边案件讲授党课，教育党员干部正确行使手中权力。组织查找廉政风险点、民主评议基层站所等工作，排查、堵塞廉政漏洞。开展“廉洁从政，秉公用权”教育学习月活动，牢固树立立党为公、执政为民理念。制定党务公开工作方案，加强党内监督，发扬党内民主，党风廉政建设明显加强。年内发展2名预备党员，推荐2人参加区直机关工委组织的入党积极分子培训。开展机关党员干部下基层活动，安排党员干部参与麦子店街道安全知识宣传、八里庄街道早期人防工程回填和兴隆家园地震安全示范社区建设三个结对联系点工作。

（邱云波）

【人防工程整治】　年内，将264处工程列入挂账任务，分解到所属街乡进行清理。对大屯街道北苑路172号院欧陆经典小区、国美第一城小区、雅成里、八里庄青年汇佳园小区等20余处人防工程开展联合执法。组织3支施工队伍对56处工程开展拆除小房间工作，共拆除小房间2200余间，拆除门窗1562个，清运渣土3826立方米，拆除面积2.7万平方米。全年清退工程68处。着眼消除人防工程安全隐患，落实火灾防控、防汛工作，完成61处公用住人人防工程限电改造。制定完善《十八大安全保障方案》、《朝阳区人防工程处置突发事件预案》等文件。年内，制作并安装人防工程安全使用制度牌1.8万块，禁烟标识5000余块，喷涂警示标识3000余处。以缓解停车难问题为切入点，在平房、将台和垡头开展“两乡一街”试点工作，审批人防汽车库工程91处，提供车位1.8万个。与区工商、文委、环卫等单位协调，建立集体宿舍、文化站、员工休息室等样板工程50余处。利用人防工程开展建立农产品配送网点试点工作，缓解市民买菜难、买菜贵问题，东环18便民菜市场经北京电视台、《北京日报》等媒体报道，社会反映良好。完成朝八干线北京印染厂段、热电厂宿舍段早期人防工程报废回填和28处工程维护维修工作。编制《朝阳区人防工程维护管理实施方案》，完成28处破损较为严重的人防工程维护维修工作。

（邱云波）

【民防体系建设】　年内，完成新建认可工程188处，建筑面积54.5万平方米。为高碑店、管庄、平房、来广营和东坝地区规划急救医院、救护站、社区指挥所、宣教中心、应急物资储备库、社区文化场所等9处。完成垡头地区和东风地区高点监控建设任务。

（邱云波）

【行政执法】　年内，检查工程2000余处，下发各类改正通知书800余份，立案处罚140起，开具罚单61.824万元，收缴罚金52.32万元。代表市民防局和区法制办，参加市法制办组织的全市执法单位案卷评查，均获优秀。

（邱云波）

产业 商贸 旅游

工　　业

【概况】 年内,实现地区生产总值3632.1亿元。其中第一产业增加值1.6亿元,同比增长34.5%;第二产业增加值392.6亿元,同比增长8.3%;第三产业增加值3237.9亿元,同比增长11.3%。三次产业结构为0.04:10.81:89.15。工业经济继续保持增长。全年规模以上工业企业实现现价工业总产值1203.4亿元,比上年增长1.5%。按行业类型划分,产值排名前三位的分别为煤炭开采和洗选业,开采辅助活动业,计算机、通信及其他电子设备制造业,实现现价工业总产值329.3亿元、181.8亿元和132.1亿元,分别比上年下降2.0%、增长23.6%和5.2%,上述三大行业完成现价工业总产值643.2亿元,占全区规模以上工业企业总产值的53.4%。高技术制造业产值增长。101家高技术制造企业,全年实现工业总产值229.1亿元,同比增长7.2%,占全区工业决产值的19.04%。实现主营业务收入234.5亿元,利润总额30.1亿元。

(陈　珊)

【产业发展】 年内,地区工业共涉及30个行业。6大支柱行业:煤炭开采业、石油和天然气开采辅助活动、计算机、通信和其他电子设备制造业、电力热力的生产和供应业、电气机械及器材制造业、非金属矿物制品业,分别实现工业总产值329.3亿元、181.8亿元、132.1亿元、118.5亿元、75.7亿元和73.0亿元。

(陈　珊)

【产业结构调整】 年内,完善产业促进政策体系。制定金融等5大产业新三年行动计划,调整完善鼓励楼宇经济、中小企业发展等11项促进政策,全年安排各类产业扶持资金超过6亿元。发挥政府沟通平台作用,组织中小企业银企对接会,通过集合信托等方式缓解融资难题。加速重点产业高端项目落地。新兴金融快速发展,朝汇通等4家小额贷款公司开业,民生通海投资、现代汽车金融落户朝阳区,信诚人寿、英大基金等52家金融机构入驻。引导三星中国、亚马逊等总部设立结算中心,从管理型总部向实体型总部发展。服务贸易加快发展,现代服务业实现收入增长10%。引进联发科技、奇虎360等企业入驻,高技术产业实现较快发展。文化创意产业聚集能力进一步提升,北京国家广告产业园正式开园,三间房国家动画产业基地完成挂牌,引进注册资金1亿元以上企业27家,规模以上企业1952家,资产规模同比增长15.7%。

(陈　珊)

【企业固定资产投资】 年内,核准、备案工业及软件类企业固定资产投资项目92个,项目以电子信息、生物医药、通信设备等高技术产业投资、技术改造为主,总投资额103.23亿元。

(陈　珊)

【9家企业入选"十百千工程"】 年内,辖区内9家企业入选中关村"十百千工程"第三批重点培育企业名单。分别是:北京中电华大电子设计有限责任公司、人民网股份有限公司、安世亚太科技股份有限公司、华润赛科药业有限责任公司、北京奥科瑞丰新能源股份有限公司、西门子(中国)有限公司、北京兆维电子(集团)有限责任公司、北京蓝色光标品牌管理顾问股份有限公司、艺龙网信息技术(北京)有限公司。

(陈　珊)

【科技项目认定】 年内,经科技部、环境保护部、商务部、国家质量监督检验检疫总局等四部委评审认定,4家企业的科技项目被认定为2012年国家重点新产品。分别是:北京强进科技有限公司的"太阳能光热转化选择性吸收材料”、北京双鹤药业股份有限公司的“新型降血脂药物匹伐他汀钙及片剂(冠爽)”、北京魁方时业新型建筑材料技术有限公司的“KF幕墙式轻质防火保温装饰干挂板系统”和北京名昂瑞祥科技有限公司的“嘉玥增强保水剂”。

（陈　珊）

高新技术产业

【产业发展】　1月至11月,高新技术产业发展平稳。资产总计842.8亿元,同比增长11.6%,营业收入实现363.6亿元,同比增长6.8%,利润总额实现36.9亿元,同比下降7.9%。高新技术产业专项资金6000万元支持域内57家高新技术企业的57个项目及10个重点功能产业园。主要支持新一代信息技术、生物医药、新能源战略性新兴产业发展和重点功能园区建设发展。全年征集20家企业的286项发明专利及10家企业的23项技术标准申报中关村专利促进资金及技术标准资助资金,认定国家级高新技术企业46家,中关村高新技术企业206家,63家企业获北京市和中关村各类资金支持2000万余元。5名青年英才进入创新实践基地工作站攻关,13个岗位入选引进人才专项计划,23名人才申报千人计划、高聚工程、创新人才。施耐德电气跻身“全球可持续发展企业100强”第26位,时代凌宇获“百家最具影响力信用企业”称号。

（赵志岩）

商务　现代服务业

【概况】　朝阳区商务委是负责本区内外贸易、对外经济合作和现代服务业发展的区政府工作部门,挂北京市朝阳区人民政府口岸办公室(简称区口岸办)牌子,人员编制46名。全年新批三资企业682家,其中世界500强企业20家。全年新增跨国公司总部11家。全年批准合同外资额53.3亿美元,比上年增长12.0%;实际利用外资额32.0亿美元,比上年增长20.9%;进出口总额1724.6亿美元,比上年增长5.3%。全年出口127.0亿美元,增长3.7%;进口1597.5亿美元,增长5.4%。离岸服务外包合同执行金额14.4亿美元,同比增长105.4%。受理境外投资项目56个,投资金额3.7亿美元,千万美元以上项目7个。

地址:日坛北街33号

电话:65099185

邮编:100020

（马浩然）

【领导调研】　2月23日,商务部副部长姜增伟带队到域内北京青龙河经济技术开发有限公司调研再生资源回收体系建设工作。该公司是一家综合型环保企业,属朝阳区再生资源回收体系建设试点企业。

（马浩然）

【服务贸易交易会】　5月28日至6月1日,中国(北京)国际服务贸易交易会在北京国家会议中心举办。交易会主题为“CBD—联结世界的贸易分销中心”。世界12个国家和地区的120家分销企业参展,签约活动31场,总签约额457.8亿元。

（马浩然）

【经贸合作洽谈会】　7月9日,以“促进沟通,增强合作”为主题的“朝阳区首届经贸合作洽谈会暨东非五国经贸合作洽谈会”在北京昆泰嘉华酒店举行。中粮集团、中石油、中石化、城建集团等域内近100家企业参加。区商务委首次被区政府授权与卢旺达、坦桑尼亚以及乌干达5个东非国家分别签订合作协议。

（马浩然）

【第三届中国网络商品交易会】　8月2日至4日,在中国国际贸易中心举行第三届中国网络商品交易会。年内,天猫、京东、当当、亚马逊、凡客、阿里巴巴、环球资源网等知名“电商”总部或区域总部陆续落户朝阳区,网交会也落户朝阳区。

（马浩然）

【CBD国际经贸洽谈会】　9月18日,举办2012年北京CBD商务节系列活动之一——2012北京CBD国际经贸洽谈会。分别与16个中东欧国家签署战略协议。中国企业与外方签约集中在医疗卫生、基础设施建设等领域,签约金额6.5亿美元。

（马浩然）

【赴英经贸活动】　10月28日,组织近30家区内优秀企业赴英国伦敦举办“时尚中国秀”经贸对接活动。英国上议院勋爵Lord Clement Jones出席活动并现场致辞。英国商贸协会(CBBC),英国金融协会携50余家英国企业参加;1500名中英政府官员、商界精英与时尚人士参加;英国文化部、英国投资贸易局、伦敦市长办公室、创意产业部等多位官员出席。10月29日,在伦敦举办中英经贸金融洽谈会。朝阳区分别在国际商务、文化创意、电子商务、服装产业、国际金融等方面开拓英国市场。

(马浩然)

【特色商业街】 12月26日,全市特色商业系列宣传推广活动中,酷车小镇正式获市级特色商业街称号。至此,域内拥有市级特色街11条,占北京市的42.3%。市级特色街还包括秀水街市场、潘家园旧货市场、蓝色港湾、世贸天阶、北京古玩城等消费集聚区。

(马浩然)

【社区蔬菜零售网点全覆盖】 年内,为方便居民生活,新建、改造各类蔬菜零售网点40家,发展直营、直供蔬菜零售网点10家,实现区域社区蔬菜零售网点全覆盖。

(马浩然)

【外贸转型升级示范基地】 年内,与6家金融机构签订战略合作协议;与中国出口信用保险公司签订合作协议。召开国家外汇管理局领导与雅宝路地区外贸企业专题座谈会,给予朝阳区首个跨境第三方支付企业试点。

(马浩然)

【引进高端会展活动】 年内,引进中国(北京)国际服务贸易交易会、北京国际视听集成设备与技术展览会、国际医疗仪器设备展览会、中国会展业发展大会、中国文化贸易发展高层论坛、中国国际经济合作"走出去"发展战略研讨会等32个国际高端会展活动入驻朝阳区。

(马浩然)

【现代服务业发展】 年内,全区规模以上现代服务业单位资产总计62587.9亿元,同比增长20.2%;实现收入合计6630.5亿元,同比增长13.2%。其中商务服务业收入2877.7亿元,同比增长14.7%;科学研究和技术服务业收入619.2亿元,同比增长15.4%;信息传输、软件和信息技术服务业收入398.1亿元,同比增长9.6%。

(马浩然)

【CBD商务区经济】 年内,CBD功能区全年完成投资395.5亿元,比上年增长33.1%,占全区投资总量的33.1%。1-11月CBD功能区规模以上现代服务业实现收入4979.9亿元,同比增长13.9%,占全区现代服务业收入的75.1%,其中商务服务业收入2532.0亿元,同比增长16.9%,占全区商务服务业收入的88.0%;金融业收入1473.8亿元,同比增长22.4%,占全区金融业收入的94.0%。1-11月CBD功能区限额以上批发零售业实现主营业务收入6645.4亿元,同比增长40.8%,占全区批发零售业主营业务收入的57.2%;实现利润247.6亿元,同比下降31.9%,占全区批发零售业利润的67.7%。

(马浩然)

朝阳副食品总公司

【概况】 北京市朝阳副食品总公司是区国资委直接监管的国有企业。主要承担国有资产保值增值、商业网点管理、离退休人员及内部退休、待岗人员的管理工作,负责区粮食局的全面委托管理。持有北京京客隆商业集团股份有限公司股份1.67亿股,占其总股本的40.61%;对北京市腾远兴业汽车服务有限公司投资3280万元,占其总资本的82%;对北京富安小额贷款有限公司投资2980万元,占其总资本的29.8%。年内,管理职工6187人,其中离退休职工5434人,在岗职工433人,内部退休职工221人,内部待岗职工99人。托管粮食局离退休职工988人。全年实现收入29595万元,资产总额109666万元,净资产总额88250万元。按时上缴国有资产收益400万元。

地址:姚家园路石佛营101号

电话:65867726

邮编:100025

电子邮箱:ses-23@163.com

(王海峰)

【上市公司股权管理】 年内,履行股东职责,完成解决与京客隆关联交易问题系列后续工作,帮助其办理与公司有关各类重大事项,配合有关部门做好对国有股东的各项调查访谈和出具相关文件资料,支持京客隆回归A股上市。收回2011年投资回报3348万元。

(王海峰)

【下属企业管理】 年内,支持下属企业腾远公司在北京汽车限购政策影响下,调整发展方向及策略,加强市场分析、减少各项费用开支。实现收入24885万元;实现利润635.11万元,同比增长26.43%。

(王海峰)

【投资企业管理】 年内,加强北京富安小额贷款有限公司经营情况分析、监管。公司实现利息收入3345万元,同比增长35.53%;实现净利润1777万元,同比增长64.84%;收回2011年投资回报160.61万元。

(王海峰)

【股权转让工作】 年内,解决所持有的北京天利人股份有限公司股权转让问题,收回转让款60万元。

(王海峰)

【商业网点租赁】 年内,改扩建优化商业网点质量,扩大商业网点面积;及时收回低租金网点,有效利用国有资产。商业网点租赁实现租金收入4980万元,同比增长18.88%。

(王海峰)

【商业网点维修】 年内,投入48.7万元,对14处、总面积5500余平方米的商业网点房屋进行防水维修。

(王海峰)

【商业网点开发】 年内,完成平房综合楼项目全部前期手续，取得施工许可证；取得三丰南巷工程规划意见书、用地预审批复。

（王海峰）

【不动产登记】 年内，根据区国资委关于不动产登记工作统一安排，按期完成不动产登记工作。

（王海峰）

【职工宿舍管理】 年内，出资近37万元，解决职工宿舍跑冒滴漏、管道堵塞、设备保养等各类问题73项。

（王海峰）

【困难职工帮扶】 年内，为310名不在岗职工每人每月上调工资80元。筹集困难补助资金43.7万元，帮扶802名困难职工。落实《在职职工医疗互助保障计划》，259名在岗职工获3.8万元医疗补助，为157名在职职工申请保险理赔款6万余元。

（王海峰）

【服务职工】 年内，利用和转换医保中心数据，实现药费报销电算化。为5815人次办理社会保险基数和养老金的审查、核定、调整等工作。为职工补报药费17862笔，支付企业补报金额181.41万元。组织380余名在岗及未在岗职工健康体检。

（王海峰）

【粮食局托管工作】 年内，完成粮食局商业网点89处、职工宿舍35处、离退休干部职工1008人的接收工作。与粮食局4家改制企业签订《协议书》，变更国有土地使用费收费主体，明确使用期限，理顺托管后的国有土地使用管理关系。分析研究粮食局资产、人员、财务管理工作现状，完善各项资料流程。协调解决粮食局会计档案移交和规范整理问题，按时完成向区档案局移交粮食局2000年至2002年档案工作。实现租金收入490.37万元。

（王海峰）

【财审工作】 年内，将原财计部改名为财审部，充实审计人员，建立公司审计制度及工作流程。规范会计基础工作，取得公司本部及合并口径的“标准无保留意见”审计报告。

（王海峰）

【法律工作】 年内，通过法律途径办理房屋租赁、房屋侵占、房屋相邻关系、供暖合同等案件16件，收回房屋2处，收回案款15万元。

（王海峰）

【安全工作】 年内，聘请区安监部门的专家进行安全教育讲座。开展拉网式安全检查，检查租赁网点780店次，发放安全生产通知2240份，督促整改各类安全问题53项。作为区国资委六家试点单位之一，开展安全生产标准化建设工作，下属单位腾远公司5家4S店通过复审，成为安全生产标准化管理达标单位。

（王海峰）

【竞聘工作】 年内，开展新一轮竞聘工作，增加3名企业中层管理人员。

（王海峰）

【企业宣传】 年内，编发朝副信息107期，企业内部电子刊物《食力》6期，被上级单位采编16篇。

（王海峰）

【妇委会成立】 年内，召开第一次妇女代表大会，选举产生由5人组成的第一届妇女工作委员会。

（王海峰）

【爱心捐助】 年内，公司371名职工参加“献慈善情、暖职工心”募捐活动，捐款6035元。409名职工参加“7·21”募捐活动，捐款15631元。99名党员和积极分子参加“共产党员献爱心”活动，捐款11740元。

（王海峰）

【发展党员】 年内，发展党员4名，组织7名入党积极分子参加培训。

（王海峰）

【创先争优活动】 年内，公司和下属单位腾远公司获评“创建全国文明城区先进单位”，1人获突出贡献奖，39人获评先进个人。公司1个党支部被授予区国资委先进基层党组织荣誉称号，2人分获优秀党务工作者和优秀党员称号。

（王海峰）

【清理确认涉权事项】 年内，清理确认涉权事项104项，制定工作流程图15个。

（王海峰）

【党务公开】 年内，成立党务公开工作领导小组，设立工作办公室，落实责任人。公开公示和部署党务工作30件。

（王海峰）

【工会工作】 年内，召开第五次职工（会员）代表大会，完成工会组织换届改选，并组建女工委员会。以“怡情俱乐部”为平台开展职工教育和文娱活动，累计900人次参加活动。

（王海峰）

蓝岛大厦

【概况】 北京蓝岛大厦地处朝阳区朝外大街东大桥路口，毗邻CBD，分东、西区，总建筑面积4.5万平方米，营业面积2.5万平方米。大厦东、西两个经营区域由2、3、4层的连廊贯通，东区负1层至6层经营食品、滋补品、药品、日用品、化妆品、珠宝首饰、钟表、男女服装、运动服装、运动器材、家居用品、家用电器、儿童用品、办公用品和美食街；西区1层至4层经营鞋帽、箱包、休闲服装、内衣、针织服饰类商品。在职员工1006人。

地址：朝外大街8号

电话：85634422

邮编：100020

网址：http://www.ldds.com.cn

（龚立卓）

【便民服务】 1月5日，蓝岛便民服务队到芳草地社区，开展“携手共建和谐，蓝岛便民服务进社区”活动，为居民提供量血压、珠宝鉴定、钱币收藏、毛衣去球、皮革保养等十余项便民服务，向社区居民发放“福”字。

3月5日,通州店服务小分队到通州区大稿村中泽家园社区开展“学雷锋”活动,为社区居民提供首饰清洗、钟表维修、测量血压等服务项目,开展废旧电池换取环保购物袋活动,回收废旧电池二百余节。9月15日,由副总经理冯亦娜带队,全国商业服务明星、首都劳动奖章获得者张桂红等服务明星为芳草地社区居民提供毛衫清理、义务理发、眼镜修理、皮革保养、测量血压等便民服务,并现场免费为社区居民办理“蓝岛友情卡”。

(龚立卓)

【迎新春消费者联谊会】 1月10日,举办迎新春消费者联谊会。团结湖工商消费者协会代表、芳草地社区代表及消费者代表30余人与公司党委副书记刘彦娟交流企业发展等情况。

(龚立卓)

【工会慰问】 1月19日,工会主席刘彦娟带领工会人员慰问困难职工及病困劳模,并送去慰问金及慰问品。“两节”期间,上门慰问患病职工、困难职工、劳模及街乡残疾人共计24人次,送去慰问品价值4886元,发放慰问金60030元。

(龚立卓)

【消防及安全生产检查】 2月15日,市商务委、消防局、安全监管局和工商局联合检查组到公司检查消防和安全生产工作。总经理李伟汇报消防和安全生产工作情况,检查组分别检查了监控中心、地下超市和六层食街。5月9日,朝阳消防支队副支队长门永贵带领消防安全检查组检查公司消防安全工作。

(龚立卓)

【职工代表大会】 2月20日,工会召开第四届第八次职工(第三次会员)代表大会,审议通过《北京蓝岛大厦有限责任公司2012年工作报告》、《北京蓝岛大厦有限责任公司2011年度业务招待费使用情况的报告》,公司领导及12个分会113名职工代表出席大会。

(龚立卓)

【微博营销培训】 2月28日,营销策划部组织各部门人员参加微博使用培训。蓝岛大厦微博于2011年12月29日开通。

(龚立卓)

【获得荣誉】 2月,被市发改委评为“全国价格监测定点单位”;3月,被中国商业联合会、中华全国商业信息中心联合授予“全国重点百货零售企业”;安全保卫部被市公安局授予“2011年度北京市单位内部安全保卫工作集体三等功”;通州店被市防火安全委员会评为“北京市2011年度消防工作先进单位”;4月27日,安全保卫部主任于晓明被授予“首都劳动奖章”;5月,被中央精神文明建设指导委员会授予“全国文明单位”;6月18日,公司党委被市委授予“北京市创先争优先进基层党组织”;6月21日,被中国商业联合会、中华全国妇女联合会授予“2010—2011年度全国商业服务业‘巾帼文明岗’”;8月16日,被首都精神文明建设委员会授予“二〇一一年首都精神文明单位标兵”;8月,被中华全国商业信息中心评为“二〇一二年度全国大型零售企业统计信息工作一等奖”;12月2日,服务管理部主任李世民被授予“北京市商业企业服务管理先进工作者”;化妆首饰卖场营业员吕雯晶和通州店楼层主管马超分别被授予“北京市商业服务明星”;12月,获“北京市第三届职业技能大赛朝阳赛区组织奖”;运动休闲卖场曹勇获“北京市第三届职业技能大赛朝阳赛区职业技能风采展示活动优秀表演奖”。

(龚立卓)

【通过质量管理体系复评】 4月24日至26日,通过北京联合智业认证有限公司审核小组对公司ISO9001质量管理体系的全面复评,获推荐保持认证注册资格。

(龚立卓)

【继续教育培训班】 4月,举办高级商品营业员继续教育培训班。学习团队合作与沟通、零售服务心理及技师销售技巧交流三门课程,20名具有高级商品营业员资格的员工参加。

(龚立卓)

【消防疏散演习】 5月10日,与朝外街道办事处、朝阳门消防中队联合举行消防疏散演习,演习范围覆盖蓝岛大厦各岗位人员。

(龚立卓)

【职工运动会】 5月12日,举办第十六届职工运动会。家居儿童分会、女士服装分会、通州分会分获团体总分前3名。

(龚立卓)

【安全生产培训】 5月16日至17日,举办安全生产培训班。市安全生产监督协会总工程师俞胜章和市安全生产技术标准委员会总工程师胡加庆讲解安全生产知识,解读理论知识和事故案例,公司领导班子成员及各部门第一责任人、附属单位负责人40余人参加培训。

(龚立卓)

【结构改造】 6月16日至7月中旬,对东区二层办公区域进行结构改造。改造后,扩大了经营面积,调整了经营布局。

(龚立卓)

【张桂红当选市党代表】 6月20日,女士服装卖场营业员张桂红在区党代会上当选朝阳区出席中国共产党北京市第十一次代表大会代表。

(龚立卓)

【献爱心活动】 7月10日,通州店金利来专柜1名信息员身患重病,需要支付高额手术费用,通州店全体员工捐款19198元助其治疗。7月31日,公司各党支部为北京“7·21”暴雨灾害捐款32702元。

(龚立卓)

【专业培训】 7月26日,举办《食品标签国家标准即GB7718—2011》专业培训。市食品质量检验三站专业人员讲解食品标签国家标准相关规定并答疑。联审部、服务管理部、蓝岛超市等部门人员参加培训。

（龚立卓）

【承办职业技能大赛】 7月至8月，分别承办市第三届职业技能大赛系列活动——朝阳区营业员、收银员职业技能大赛初赛和复赛。171名营业员、129名收银员参赛，经过笔试和实操项目考核，18名营业员、3名收银员进入市总决赛，运动针织卖场曹勇获全区复赛第一名。

（龚立卓）

【店长培训】 8月14日至16日，服务管理部举办“蓝岛文化二十年，做合格的店厅管理者”店长培训班。培训以企业文化、店长职责、服务意识、诚信经营和职业道德等为主要内容，268名店长参加培训。

（龚立卓）

【知识竞赛】 9月12日至13日，举办安全生产知识竞赛。18个支部54名选手参加比赛，女士服装代表队、党工团纪代表队和服务管理代表队获比赛前三名，通州店代表队获最佳组织奖。

（龚立卓）

【广播体操比赛获奖】 9月21日，在朝阳区总工会主办的“朝阳区第九套广播体操比赛”中，公司职工代表队获“朝阳区第九套广播体操比赛”一等奖。

（龚立卓）

【职业技能大赛表彰会】 11月22日，举办2012年营业员、收银员职业技能大赛风采展示暨表彰大会，总经理李伟、副总经理冯亦娜观看比赛并为获奖选手和进入北京市总决赛的18名员工颁发奖品。

（龚立卓）

【建店二十周年庆祝活动】 11月28日，在朝阳剧场举办“蓝岛大厦建店二十周年庆祝大会”。区国资委常务副主任邵建云、公司董事会和监事会成员、领导班子成员、部分老领导以及员工代表750余人参加活动。12月6日，在渔阳饭店举办“北京蓝岛大厦建店二十周年供货商联谊会”，供货商代表和公司领导班子及部分中层管理人员出席联谊会。12月20日，召开“回眸蓝岛20载——亲历蓝岛大厦筹备、发展的老领导座谈会”，区国资委书记、原北京蓝岛大厦党委书记吴金龙，原亲历北京蓝岛大厦筹备、发展的10余位老领导应邀出席座谈会。会后，老领导们前往营业现场参观、指导工作。

（龚立卓）

【营销活动】 年内，推出“19周年庆蓝岛购激情”、“元宵佳节有奖猜谜”、“女人我最美 乐享三八节”、“爱尚夏日 慰劳妈妈”、“快乐一夏童趣乐园”、“清凉夏日 陪老爸过节”、“粽情欢畅”、“欢度国庆”、“温暖金秋 舞动重阳”、“浓情圣诞”等系列促销活动；举办“新春杯”开门红、第十届“舞动金秋”购物节暨“金秋杯”、“双超十”销售冲刺等系列促销竞赛活动。

（龚立卓）

京客隆集团

【概况】 北京京客隆商业集团股份有限公司是以经营日用消费品零售及批发业务为主的商业企业，遍及北京市16个区县及河北廊坊地区。京客隆下辖朝批商贸有限公司、欣阳通力商业设备有限公司、京客隆（廊坊）有限公司等5个子公司，以天津、青岛、石家庄、太原、唐山、济南六个外埠子公司为辐射基地。自建有常温和生鲜两个现代化配送中心。京客隆拥有230万名会员，名列中国连锁经营百强第46位，中国快速消费品连锁零售百强第19位，中国服务业500强第208位。年内，销售总额126.33亿元。怀柔店店长孙健与廊坊店店长刘进获中国连锁经营协会2012年度“CCFA金牌店长”称号；员工李超和张爱林在北京市第三届职业技能大赛收银员决赛中获冠亚军；京客隆获北京市第三届职业技能大赛朝阳赛区组织奖；朝批公司获北京市“全国巾帼文明岗”称号；朝批公司物流配送中心获北京市“工人先锋号”称号。

地址：新源街45号楼

电话：64688233

邮编：100027

网址：http://www.jkl.com.cn

（邢茹玉）

【物流配送】 8月20日，常温配送中心在各店铺推行直配商品“零”验收，简化商品配送流程。11月1日，生鲜食品配送中心日配中转车间建成投入使用，集中配送中小型及偏远店铺日配商品，改变以往缺货、到货不及时等现象。年内，朝批物流分销中心完成四号库扩建改造工程，增加面积2000平方米；启动小型自动拆零分拣项目，完成设备选型、方案规划、价格谈判及签约工作；启动7—11共配中心建设项目，业务合作中推行送货免验、流理箱铅封送货、交差运转出库模式，推进物流创新。

（邢茹玉）

【经营规模】 年内，新开店铺17家，包括大卖场2家，综合超市4家，便利店11家；装修改造店铺5家；京客隆店铺总数达到250家，其中百货店2家，大卖场10家，综合超市78家，便利店160家；朝批公司新增天华和盛隆2个子公司。

（邢茹玉）

【市场促销】 年内，完成分业态促销方案。首次推出团购手册专刊、手册式礼品券、网站下载优惠券等促销方式，开展运作厂商周、满额送电影票兑换券以及与银行合作等活动，使商品促销向活动促销转化。

（邢茹玉）

【客户服务】 年内，引进“万博思”便民二通服务项目，实现预约挂号、购买彩票、电影票预订等功能；推出

"会员家庭卡",包括一张主卡、两张副卡,实现多人使用电子零钱包;第三方商业消费卡——"福卡"支付平台在京客隆首批试点的37家店铺上线,实现系统内使用"福卡"结算。

(邢茹玉)

【送温暖活动】 年内,拨款61.63万元慰问一线员工、劳动模范和优秀员工代表;慰问困难员工32人,发放慰问款及慰问品1.6万元;拨款"特困基金"12.55万元资助37人;拨款120万元为全体在岗、内待、内退的6700名员工进行健康体检。

(邢茹玉)

弘朝伟业公司

【概况】 弘朝伟业国有资产经营有限责任公司作为朝阳区政府授权的资产运营机构,对原社区办、工业局和物资局三家单位及所属企业的国有资产行使监督、运营和管理职责,并管理授权范围内的城镇集体资产。公司注册资本1000万元人民币。年末,公司在职职工1126人,离退休人员10058人。资产总额13亿元,净资产6亿元。

地址:芍药居北里208、209楼底商

电话:84645512

邮编:100029

(崔庆菊)

【年度工作会】 1月5日至6日,在昆泰大酒店召开2012年度工作会议。会议总结上年工作,部署2012年重点工作;分别与4家代表企业签订经营目标责任书和安全责任书,与3家单位签订党风廉政建设责任书。公司系统37家单位的领导班子成员参加会议。

(崔庆菊)

【董事选举】 2月6日,按照区国资委文件精神,经职工代表大会投票,经理办公室主任崔庆菊当选公司第一届董事会董事。

(崔庆菊)

【一届一次董事会会议】 2月14日,召开第一届第一次董事会会议。董事会全体成员5人参加,公司领导班子成员3人列席会议。会议讨论通过《北京弘朝伟业国有资产经营有限责任公司董事会议事规则》、《关于下属企业拟出资参股设立北京市朝阳区国融小额贷款公司的请示》,通报2012年重点工作和1月份经营成果。12月27日,召开第一届董事会第九次会议,通过2012年工作总结和2013年工作思路、聘任崔虹为公司总经理、上报区国资委2013年国有资本预算数额、增加对市融川商贸公司投资、通过新修订的公司章程、董事会议事规则、聘任崔庆菊任公司董事会秘书等七项议题。

(崔庆菊)

【改制调研】 3月8日,区国资委书记吴金龙调研事业单位改制情况。强调宣传好改制的必要性、研究好撤并方案、处理好人员分流、资产清晰划转、经营工作的连续性等问题,对下一步工作提出具体要求。3月14日,区国资委主任王文远、副主任邵建云、高梦龙等一行7人调研事业单位改制情况。8月30日,区国资委书记吴金龙再次到公司调研事业单位转企改制情况。

(崔庆菊)

【组建监事会】 6月7日,区国资委副书记张中华到公司宣布公司监事会成员组成名单,组建国有独资公司监事会。

(崔庆菊)

【提高退养职工待遇】 6月30日,公司为系统1940名退养人员每月增发生活补助300元,累计支出698.4万元。退养人员医疗补助三项报销累计最高限额为每人每年1万元。

(崔庆菊)

【公司转企改制获批准】 8月29日,公司下属事业单位整体转企改制及区物资局转企、区物资总公司改制申请获区国资委批准。9月,改制企业物资局获新营业执照,名称为"朝阳区物资有限公司"。

(崔庆菊)

【总经理调整】 11月8日,区国资委任命崔虹为公司总经理。

(崔庆菊)

招商引资

【概况】 朝阳区投资促进局是区政府直属事业单位,负责推介区域投资环境和重点发展产业,搭建多种形式投资促进服务平台,开展有针对性招商引资活动;负责企业投资前的咨询,投资中的注册登记及投资后的跟踪服务;负责管理朝阳区"一站式"投资服务大厅,协调开展网上审批工作等。内设办公室、调研科、大厅管理办公室、资讯中心、投资服务科、投资推广科、投诉中心等7个科室,人员编制30人。

地址:霄云路霄云里1号三层

电话:84681251·8·9

邮编:100026

网址: http://www.investchaoyang.gov.cn

(米子龙)

【投资促进活动】 5月,召开项目会商工作会;5月底,参与第十五届科博会;9月,参与厦门投资洽谈会;同月,CBD商务节上进行主题推介;10月底,在朝阳规划艺术馆举行"朝阳区投资环境推介会暨BOMA国际会员商业地产投资联谊酒会";11月,参加第十六届北京·香港经济合作研讨洽谈会。

(米子龙)

【媒体宣传】 年内,利用《商务朝阳》杂志和"投资朝阳"网站宣传区域经济和投资环境,与新浪、搜狐、百度、央视、北视、凤凰卫视、阳光卫视、香港文汇报、第一财经日报、BOMA等国内外重要传媒机构合作,宣传推介"十大发展基地",制作出版"朝阳投资宣传片"(包含"朝阳形象宣传片"

和“十大基地产业规划讲解片”两部分)，展示本区国际化环境、外向型区域特征和浓厚商务氛围。

(米子龙)

【中介招商】　年内，49 家中介机构与投促局签约，提供重要投资信息源 60 余条。其中北京世博仁达文化发展有限公司等 4 家优秀中介机构受到区投保局表彰。

(米子龙)

【企业入驻】　年内，引进注册资金亿元以上重点企业 21 家。5 亿元以上企业主要有：正大侨商开发有限公司(注册资本金 47 亿元)、中国能建成套装备公司(注册资本金 31 亿元)、中国航空工业集团投资控股公司(注册资本金 25 亿元)、国民银行(中国)有限公司(注册资本金 25 亿元)、北京首都航空控股有限公司(注册资本金 14.5 亿元)等，引入资金约 236 亿元(含注册资本金和新增投资金额)。

(米子龙)

【服务企业】　年内，走访、接待企业来访 427 次。为亚萨合莱(中国)投资有限公司等 8 个企业和项目开通办理“绿色通道”。先后陪同市区领导走访中国神华能源股份有限公司、国华电力研究院有限公司等 6 家重点税源企业，为山重融资租赁有限公司、中国中煤能源集团等企业协调解决生产经营困难。

(米子龙)

【优化投资服务大厅环境】　年内，投资服务大厅接待咨询 132 万人次，同比增长 6%；受理各类申请 672446 件，审批 671277 件，同比减少 12%。大厅工商分局窗口新批内资主体 26801 家，同比减少 6%；新批 500 万－5000 万元规模的企业 1627 家，同比增长 6%。大厅商务委窗口新批外资企业 569 家，同比减少 25%。大厅内 3 家银行共入资 304 亿元，同比增长 16%。

(米子龙)

文化创意产业

【概况】　朝阳区文化创意产业领导小组办公室设在区委宣传部，负责全区文化创意产业发展的日常联络和促进工作。

地址：日坛北街 33 号

电话：65099322

邮编：100020

(孙　翀)

【文化创意产业行动计划】　1 月 9 日，第 2 次区长办公会审议通过《“十二五”时期朝阳区文化创意产业发展三年行动计划(2012—2014)》，明确 2012 年至 2014 年朝阳文化产业的发展目标、发展重点和工作措施。

(李穆明)

【调研文化创意产业】　1 月 30 日、3 月 13 日，市委常委、宣传部部长、副市长鲁炜分别到北京国家广告产业园和北京 CBD—定福庄国际传媒产业走廊调研，听取相关工作汇报，对北京 CBD—定福庄国际传媒产业走廊规划建设工作提出意见；5 月 8 日，全国人大常委会副委员长、民建中央主席陈昌智一行到 798 艺术区调研；10 月 18 日，市政协党组副书记、副主席沈宝昌一行赴朝阳规划艺术馆和郎园文化创意产业园调研朝阳文化创意产业发展情况。

(郭　琪)

【文创园项目获立项】　3 月 14 日，北京 CBD—定福庄国际传媒产业走廊重点项目——八里庄文化创意产业园项目获市发展改革委立项批复。该项目由北京华腾八里庄文化创意发展有限公司开发建设，规划占地面积 4.2 万平方米，建筑规模 12.6 万平方米，计划投资 51976 万元，吸引电影、动漫、传媒等类型企业入驻。

(冯伟林)

【世界城市论坛】　4 月 7 日，举行第三届中国特色世界城市论坛。活动期间，近 50 家媒体到场采访，报道近百篇/次。同日，在朝阳规划艺术馆举办中国特色世界城市论坛分论坛——“2012 中国文化产业资本论坛”，论坛以“创新金融服务体系，助推文化产业发展”为主题，邀请政府领导、专家学者、金融机构和大型文化投资集团负责人、文化创意产业企业家 200 余人，围绕“金融扶持文化产业的政策解读与前瞻，文化创意产业多层次金融服务体系建设，文化产业私募股权融资模式与趋势”3 个话题展开探讨交流。

(丛军刚　姜丽钧)

【64 个项目获资金支持】　5 月 30 日，召开 2011 年北京市文化创意产业发展引导资金拨付工作会。区 64 个重点项目获市 2011 年度文化创意发展重点项目专项资金支持，总额度 6374.124 万元。

(冯　芳)

【北京国家广告产业园区开园】　5 月 31 日，由国家工商总局授牌的北京国家广告产业园区开园。国家工商总局局长周伯华，市领导郭金龙、程红等出席开园仪式。同日，出台《朝阳区促进广告产业发展加速国家广告产业园区建设的办法(试行)》。

(吕　洋　党　妙)

【第三届文创产业精英榜颁奖】　9 月 6 日，第三届朝阳文化创意产业精英榜颁奖典礼在 751 时尚设计广场第一车间举行,10位精英人物、5位新锐人物获奖。

（冯伟林）

【文化创意产业精英俱乐部成立】 9月6日,北京朝阳文化创意产业精英俱乐部正式揭牌。

（武艺琳）

【中国文化产业30人高端峰会】 9月22日,2012年中国文化产业30人高端峰会在朝阳规划艺术馆举行。30位国内文化产业领域知名专家学者,外省市文化机构代表及乌克兰、希腊、比利时、泰国、菲律宾驻华使馆文化参赞代表,文化创意产业重点企业代表,以及20余家新闻媒体记者200余人参加。

（丛军刚）

【北京大山子文化保税中心揭牌】 11月3日,全国首个文化保税中心——北京大山子文化保税中心成立仪式在798艺术区举行。

（李　强）

【第十六届京港洽谈会】 11月5日至6日,第十六届京港洽谈会在香港举行。朝阳文化创意产业项目总签约额58.6亿元人民币,项目涵盖古玩艺术品交易、文化资本投资、版权贸易、文化传媒等领域。赴港前期,相关领导接受《香港经济日报》采访,介绍朝阳区经济发展现状、投资服务环境等。洽谈会期间,组织现场新闻发布会和领导专访,推介朝阳区"十大发展基地",发布知名港资企业与朝阳区签署战略合作协议等事项。20余家国内媒体和港媒到场采访,报道近百篇/次。

（冯　芳　姜丽钧）

【北京懋隆文化产业创意园开园】 12月19日,北京懋隆文化产业创意园(一期)正式开园。北京佳美丽家陶瓷公司、北京华映星球国际文化发展有限公司等16家文创企业签约入驻。

（武　雯）

【第七届中国北京国际文创产业博览会】 12月20日至23日,组织100余个文化创意产业精品园区项目和品牌企业参加第七届中国北京国际文化创意产业博览会。朝阳区在中国国际展览中心主会场设立1278平方米展区,组织17个分会场活动,展会期间接待观众超过30万人次,发放宣传册1万余册,40余家中央、市属媒体报道朝阳区文化创意产业发展相关内容300篇(次)。区委宣传部获文博会组委会颁发的最佳展示奖和最佳组织奖。

（郭　琪）

【文化创意产业发展】 年内,在区工商局注册文化创意企业41574家,其中新增注册资本过亿元的企业27家。规模以上文创企业年收入突破2100亿元。资产存量超1975.2亿元,同比增长15.7%。文化创意产业实现增加值480亿元,占全区GDP13.2%。实现区级财政收入80.1亿元。

（丛军刚）

【获评国家文化产业示范基地】 年内,辖区中国木偶艺术剧院有限责任公司、北京万豪天际文化传播有限公司和北京通惠坊投资有限公司获文化部第五批国家文化产业示范基地称号。

（冯伟林）

【项目获市专项资金支持】 年内,朝阳区72个项目获2012年市文化创新发展专项资金支持,金额14348万元。

（郭　琪）

798艺术区

【概况】 北京798艺术区管理委员会成立于2010年7月。负责798艺术区综合协调、监督管理、产业促进和接待服务等工作;对艺术区实行统一规划、统一管理、统一服务和统一推介,优化周边交通环境和园区内公共服务设施,建立长效统一管理和联动机制。下设综合协调办公室、警务工作站、文化执法分队、安全生产和城市管理办公室、服务保障办公室。12月21日,获2012"龙腾奖——第七届中国创意产业最佳园区奖"。

地址:酒仙桥路2号院A04楼3层

电话:57626176

邮编:100015

网址: http://798.bjchy.gov.cn

（季　昕）

【发展管理领导小组成立】 1月20日,市委常委、宣传部部长、副市长鲁炜在798艺术区管委会主持召开北京798艺术区发展管理工作领导小组会议。市委宣传部常务副部长王海平,市文化局局长肖培,市委宣传部副部长张淼,市国资委副主任张宪平,市文化执法总队队长王英偶,市文化局副局长关宇,朝阳区委书记陈刚,区委常委、宣传部部长谢莹,电控集团董事长王岩,京城机电控股党委书记、董事长任亚光等市区部门及相关企业领导出席会议。会议宣布成立北京市798艺术区发展管理工作领导小组,鲁炜担任组长。会上,鲁炜高度评价前一阶段区委、区政府和电控集团在落实10月16日798艺术区发展管理工作会议精神中所取得的成绩,部署下一阶段环境整治、"十个一"工程、文化安全、规划设计等方面的工作。会议通报市委近期将发布的《关于798艺术区发展管理的指导意见》。

（季　昕）

【北京798印象艺术展】 2月16日至21日,"北京798印象艺术展"作为海峡两岸城市文化互访系列之北京文化周的重要内容之一,在台北松山文化创意园举办。市长郭金龙及台北市市长郝龙斌亲临现场,共享艺术盛宴。展览展示了从798艺术区百余家艺术机构、艺术家选送的千幅作品中精选的37组优秀艺术作品,内容涵盖油画、摄影、雕塑、装置等多种类别,是798艺术区作为整体品牌走出大陆的首次展出。

（季　昕）

【"两会"维稳】 3月1日,召开由文化执法、公安、安监、国保、物业、798文化公司等多部门及单位参加的798艺术区全国“两会”维稳工作会议,制定《迎“两会”暨“十八大”798艺术区文化安全管理工作方案》。3月12日,区委常委、宣传部部长、统战部部长谢莹到798艺术区实地检查园区文化安全工作并提出要求。

(季 昕)

【参观调研】 3月5日至13日,全国“两会”期间,湖北省政协主席杨松,浙江省委常委、宣传部部长茅临生,安徽省委常委、宣传部部长臧世凯、福建省委常委、副省长张志南以及中国驻朝鲜大使刘洪才等先后参观798艺术区;4月9日,北京市文化执法总队队长王英偶,市文化执法总队副总队长周大庆等督导调研798艺术区;4月12日,哈萨克斯坦总统助理兼安全会议秘书塔仁(副总统级)一行到798艺术区参观;4月27日,拉萨市委副书记、市长多吉次珠带领拉萨市党政代表团30余人到798艺术区参观;5月8日,全国人大常委会副委员长、民建中央主席陈昌智率民建中央调研组一行到798艺术区调研。5月21日,北京海外联谊会青年委员国情研习班一行25人到798艺术区参观;6月5日,北京市人大常委会副主任刘晓晨、天津市人大常委会副主任李润兰、重庆市人大常委会副主任王洪华等京、津、渝人大常委会领导一行20人参观798艺术区;6月15日,湖南省委常委、宣传部长许又声到798艺术区参观;7月3日,台湾前民进党籍“立委”沈富雄到798艺术区参观;7月6日,市知识产权局副巡视员付晓辉一行到798艺术区调研,了解798艺术区在艺术授权、艺术衍生品研发、设计师概念产品等知识产权保护方面的情况,实地走访园区艺术机构,与机构负责人交流。10月6日,台湾维新基金会董事长谢长廷及夫人一行参观考察798艺术区;10月12日,国家旅游局局长邵琪伟、副局长杜一力带领国家旅游局各司相关负责人一行到798艺术区参观;10月31日,安徽省委常委、宣传部部长曹征海一行到798艺术区参观;12月6日,美国全国州议会代表团一行20人到798艺术区参观。

(季 昕)

【录制《城市1对1》谈话节目】 3月28日,管委会常务副主任张国华作为特邀嘉宾参加中央电视台四频道《城市1对1》栏目谈话节目录制。该期节目分别以北京798艺术区及伦敦克勒肯维尔创意园区为案例,讨论两个城市文化创意产业的特点和差异,为创意城市发展提供思路和借鉴。

(季 昕)

【艺术委员会会议】 4月12日,召开798艺术区艺术委员会工作会议。会议就艺术区交通停车方案、园区绿化及2012年艺术节筹备等议题征求委员意见和建议。9月5日,召开798艺术区艺术委员会扩大会议。管委会常务副主任张国华通报2012北京798艺术节筹备工作进展情况,展望798艺术区发展前景。区文化、安监、城管等执法部门负责人就文化安全、生产安全以及园区经营秩序等问题提出具体工作要求。园区艺术家及艺术机构代表100余人参加会议。

(季 昕)

【“走进798艺术区专场”活动】 4月19日,798艺术区管委会与中国银行北京市分行共同主办小微企业金融服务宣传月“走进798艺术区专场”活动。活动宗旨为促进798艺术区小微企业快速发展,在第一时间为园区各机构提供零距离、全面、快捷、有效的金融服务,搭建文化创意产业融资服务平台。

(季 昕)

【城管进园区】 4月28日,区城管监察大队派驻798艺术区的城管小分队正式到位,小分队4名队员与酒仙桥街道城管分队的1名队员共同负责园区内游商整治及环境秩序维护工作。

(季 昕)

【督导检查】 6月6日,全国“扫黄打非”工作小组办公室专职副主任、新闻出版总署反非法和违禁出版物司司长周慧琳率督导检查组,督导检查798艺术区查堵非法出版物专项行动情况。798艺术区管委会常务副主任张国华介绍园区非法和违禁出版物管理情况;11月6日,全国“扫黄打非”办公室第一督查组组长、中央宣传部出版局副巡视员张凡一行到798艺术区督查指导工作。

(季 昕)

【参加“2012北京国际友好城市展览会”】 6月26日至28日,北京798艺术区参加在国家会议中心举办的“2012北京国际友好城市展览会”。园区管委会运用沙盘、LED大屏、展板、宣传册等形式展示10余年来艺术区发展历程及多元、包容的精神风貌,成为会场最吸引眼球的展览区域。

(季 昕)

【“2012北京798艺术节”】 9月22日至10月21日,在798艺术区创意广场举办“2012北京798艺术节”。市委宣传部常务副部长王海平出席活动并致辞,市文化局副局长关宇、市文物局副局长于平、中关村管委会副主任于凤英、市贸促会副会长林彬,区领导程连元、吴桂英、谢莹,及艺术区相关机构代表、专家顾问代表共300余人出席开幕式。艺术节以“艺象·幻彩”为主题,集艺术展览和文化活动为亮点,是社会公众与各界人士广泛参与的综合国际交流活动。历时一个月的艺术嘉年华,向公众呈现包括主题系列展、同盟展、特别展、系列活动、音乐演出、电影、学术研讨、夜场活动等十大项近百小项活动。

(季 昕)

【北京大山子文化保税中心揭牌】 11月3日,北京大山子文化保税中心在798艺术区798百雅轩艺术中心举行揭牌仪式。市委常委、宣传部部长、副市长鲁炜,副市长程红共同为文化保税中心揭牌。

(季 昕)

【参加京港文化创意产业洽谈会】 11月6日,798艺术区参加第十六届京港文化创意产业项目推介洽谈会,受到香港各文化机构关注。

(季 昕)

国有资产监督管理

【概况】 朝阳区人民政府国有资产监督管理委员会代表国家履行国有资产出资人职责。年内,监管企业资产总额703.7亿元,同比增长5.1%;净资产213.5亿元,同比增长5.6%;监管企业累计实现主营业务收入166.4亿元,同比增长12.3%;实现利润6.5亿元,同比增长12.1%。

地址:日坛北街33号
电话:65099193
邮编:100020

(薛皎薇)

【实施业绩考核暂行办法】 1月1日起,实施新修订的《朝阳区国资委监管企业负责人经营业绩考核暂行办法》。

(薛皎薇)

【实施重大事项管理暂行办法】 1月9日起,实施新修订的《朝阳区国资委监管企业重大事项管理暂行办法》。

(薛皎薇)

【系统安全稳定会议】 1月10日,召开系统安全稳定会议。贯彻区安委会(扩大)会议精神,总结2011年国资系统安全稳定工作,部署2012年重点工作。区国资委副主任高孟龙,区信访办副主任张振海,区安监局副局长刘洪及国资委21家监管单位50余人参加会议。

(薛皎薇)

【系统工作会】 1月13日,召开2012年系统工作会,国资委领导、系统各单位领导班子成员及三总师等130余人参加会议。国资委党委书记吴金龙主持会议,国资委党委副书记、主任王文远总结2011年工作,部署2012年主要任务。区委常委、常务副区长吴桂英讲话。会上,国资委与19家单位签订2012年度经营业绩责任书、安全生产责任书和党风廉政责任书。

(薛皎薇)

【专题会议】 1月20日,召开解决国有企业职教幼教退休教师待遇问题专题会议,相关企业主管领导和具体工作人员参加会议。会议通报此项工作进展情况,并进行再动员再部署。

(薛皎薇)

【国有企业“十二五”规划审核】 1月31日,开展国有企业“十二五”发展规划审核工作,完成对京客隆等13家单位规划的审核。

(薛皎薇)

【工作调研】 1月31日,区委常委、组织部部长张革调研区国资委系统领导班子及领导人员队伍建设情况;2月9日至16日,区国资委班子成员分别带队调研走访系统内各单位。

(薛皎薇)

【推荐党代表候选人】 2月20日,全系统推荐北京市第十一次党代会代表候选人3名。

(薛皎薇)

【撤并交接】 2月28日,召开北京市朝阳城市建设综合开发公司、温榆河土地开发分公司撤并交接工作会,温榆河土地开发分公司撤销,由北京市朝阳城市建设综合开发公司接手其全部工作。区国资委宣布交接工作方案,交接双方签订《交接协议书》。

(薛皎薇)

【财务决算审计】 2月,完成监管企业2011年度财务决算审计工作。

(薛皎薇)

【完成首例委托监管】 3月6日,由区政府授权,区国资委委托朝阳循环经济产业园管理中心监管其下属企业经营性国有资产。

(薛皎薇)

【“五一”劳动节表彰推荐】 3月9日,全系统推荐北京市“五一”劳动节表彰人选,推荐首都劳动奖章候选人2名,劳动奖状候选人1名,工人先锋号候选名额1个。

(薛皎薇)

【推荐党务先进】 3月15日,全系统推荐北京市先进基层党组织1个、优秀共产党员1名,推荐朝阳区先进基层党组织80个、优秀共产党员10名、优秀党务工作者10名。

(薛皎薇)

【入党积极分子培训】 3月19日至23日,举办第七期入党积极分子培训班,区属企事业单位、双管单位128名入党积极分子参加培训。

(薛皎薇)

【产权登记年度检查】 3月31日,完成上年度企业国有资产产权登记年度检查。参加年度检查的国有企业、国有控股企业和国有参股企业共计198户。截至上年末,产权登记涉及国家资本金366878.40万元,国有法人资本金395939.20万元,国有资产总额1919696.10万元(国家资本及权益总额)。

(薛皎薇)

【监管企业决算会审】 3月,完成监管企业决算数据审核,共审核企业176户,资产量682.6亿元。是月26日,通过市国资委的决算会审。

(薛皎薇)

【后备队伍调整】 4月至6月,开展系统领导人员后备队伍调整充实工作,确定56名后备人员(其中正职后备22名,副职后备34名),纳入区国资委系统后备人才库统一管理。

(薛皎薇)

【规范实物资产转让管理】 4月14日,面向监管企业下发《关于转发市国资委<关于加强企业实物资产转让管理工作的通知>》,规范监管单位实物资产转让工作,促进国有资产保值增值。

(薛皎薇)

【经济运行分析会】 4月18日,召开监管企业一季度经济运行分析会。部分企业汇报一季度经济运行情况,国资委副主任高孟龙通报全系统一季度经济运行情况,国资委主任王文远通报区一季度经济运行总体情况并讲话。11月1日,召开监管企业经济运行分析会,企业汇报1—9月经济运行及重点工作进展情况,预测全年指标完成情况,国资委主任王文远肯定各企业前三季度经济运行取得的成绩,并提出下一步工作要求。

(薛皎薇)

【培训】 4月18日至22日、5月23日至27日,选派15名企业副职领导参加第十八届高级职业经理人资质评价培训班,培训重点为市场营销、危机管理、经营决策、人力资源等。4月24日至25日,召开全系统一季度安全生产专题培训会议。4月25日,聘请专家对企业财务人员进行监管企业税收筹划与资本运作培训会。5月23日,举办区国有企业法律顾问制度建设培训会;9月3日至6日,举办区国资委系统后备人员培训班,19家企业54名正、副职后备人员参加培训。

(薛皎薇)

【农村集体土地确权动员会】 5月9日,召开系统农村集体土地确权工作动员部署会,传达有关政策,明确工作步骤,提出具体工作要求。

(薛皎薇)

【出台管理办法】 5月,出台《朝阳区区属国有企业监事会工作暂行办法》;7月,出台《朝阳区区属国有企业监事会成员管理暂行办法》;8月,出台《朝阳区国资委监管企业投资监督管理暂行办法》;12月,出台《朝阳区区属国有企业董事会工作指导意见》、《朝阳区国有资本控股公司、国有资本参股公司董事会工作指导意见》和《朝阳区国资委监管企业董事会成员管理暂行办法》。

(田 水)

【安全生产标准化管理】 6月11日,邀请区安监局领导及中介机构专家,对系统首批推行安全生产标准化管理的6家试点单位现场辅导并答疑,推行全系统"安全生产标准化"工作。

(薛皎薇)

【制发资产损失责任追究办法】 6月15日,制发《朝阳区国资委监管企业资产损失责任追究暂行办法》,7月1日起执行。

(薛皎薇)

【国有资本经营预算工作会】 6月25日,区国资委、区财政局召开国有资本经营预算工作会,双方共同讨论国资委监管企业推行国有资本经营预算面临的相关问题并达成初步意见。区财政局和区国资委主要领导、主管领导及相关科室负责人参加会议。

(薛皎薇)

【完善信访工作】 6月27日,制发《朝阳区国资委系统企(事)业单位信访工作暂行办法》,印发之日起执行。

(薛皎薇)

【抽查专项行动落实情况】 6月28日至29日,分4组抽查京客隆集团、弘朝伟业公司等单位安全生产和"打非治违"专项行动落实情况,重点检查所属单位在无证或证照不全的房屋内从事生产经营活动情况。

(薛皎薇)

【清理涉权事项】 7月13日,召开清理涉权事项工作动员部署会。昆泰集团、宝嘉恒公司作为试点单位交流经验。会议明确国资委系统清理确认涉权事项工作的具体内容、工作标准和要求。7月15日至9月30日,国资委系统和国资委机关开展清权确权工作。制发《朝阳区国资委系统清理确认涉权事项加强权力运行程序监督制约工作方案》和《朝阳区国资委机关清理确认涉权事项加强权力运行程序监督制约工作方案》。

(田 水)

【自然灾害捐款】 7月30日,系统各单位17115名干部职工参加"7·21"特大自然灾害捐款活动,捐款478963元。

(田 水)

【企业改制】 8月29日,批准北京昆泰房地产开发集团有限公司所属北京昆泰嘉禾酒店、北京朝阳静安庄综合市场中心、北京三里屯雅秀服装市场中心、北京三里屯雅秀服装市场中心互联港百货市场等4家全民所有制企业改为国有一人有限公司。

(田 水)

【廉洁从业教育活动】 9月20日,组织国资委系统企业领导人员40余人到廉洁奥运主题文化园开展廉洁从业教育活动。通过参观室外景观廉洁奥运主题文化园和廉洁奥运主题展馆,倡导各单位学习、借鉴廉洁奥运的成功经验,提升廉洁从业意识。

(田 水)

【妇工委成立】 9月26日,召开区国资委妇工委成立大会,国资委领导、系统各单位主管妇女工作的领导参加,区妇联主席、党组书记李洁到会。会议推选邵建云为第一届妇女工作委员会主任,刘文瑜为副主任,并推选7名委员。

(田　水)

【创先争优经验交流大会】　9月28日,召开国资委系统创先争优活动暨处级领导班子思想政治建设经验交流大会。总结系统3年来创先争优活动情况,10家单位和部分个人发言,下发国资委系统开展创先争优活动长效机制汇编。

(田　水)

【投资计划工作会】　11月22日,召开监管企业2013年度投资计划工作会,20家监管企业负责投资的主管领导和部门负责人参加会议。会议对《监管企业投资监督管理暂行办法》和《关于做好2013年度企业投资计划报送的通知》进行政策讲解和工作布置。

(田　水)

【国有资本经营预算动员部署会】12月6日,召开2013年度国有资本经营预算动员部署会。区财政局、区审计局、区国资委主管领导分别提出要求。会议对《朝阳区国有资本经营预算暂行办法》和《朝阳区国有资本收益收缴暂行办法》进行政策讲解。

(田　水)

【选拔任用工作检查】　12月10日至18日,分三组专项检查系统12家企业中层管理人员选拔任用工作。384人参加民主测评,213人进行个别谈话。检查组根据检查结果,梳理经验作法及存在问题,并提出整改建议。

(田　水)

【新产权登记信息系统】　12月10日至21日,完成新产权登记信息系统填报工作。新系统共登记243户企业,其中20户一级监管企业,183户下属企业,60户非监管企业。

(田　水)

【企业财务决算工作会】　12月19日至20日,召开2012年度朝阳区国有企业财务决算工作会,通报2011年度财务决算工作情况和全区国有资产统计工作成果,部署2012年度企业财务决算、2013年度财务预算及财务快报工作。

(田　水)

安全生产

【概况】　朝阳区安全生产监督管理局是负责全区安全生产综合监督管理工作的职能部门,下设局办公室、安全生产综合管理科(区安全生产委员会办公室、区道口管理办公室)、事故调查科、事故处理科、法规培训科、工业安全管理科、危险化学品管理科、职业危害监督检查科、安全抢险协调科(应急指挥部办公室)等9个科室,核定编制46人。下属单位区安全生产执法总队(含安全生产综合执法一队、二队、三队、四队),核定编制22人。区安全生产委员会办公室设在区安监局。全年发生生产安全、火灾等非正常死亡事故164起死亡180人,其中生产安全事故16起死亡21人。

地址:朝阳区百子湾西里303号楼

电话:87312475

邮编:100124

网址:http://aqscj.bjchy.gov.cn

(余慧云)

【安全生产总结暨部署会】　1月10日,召开2011年安全生产工作总结暨2012年工作部署会。会议总结上年安全生产主要工作完成情况、存在的问题,提出2012年十项重点工作。副区长汪洋提出“三个只能增强、不能削弱”意见。即责任重于泰山,抓安全生产的意识只能增强、不能削弱;防范胜于救灾,抓安全生产的力度只能增强、不能削弱;成效在于落实,抓安全生产的合力只能增强、不能削弱。

(余慧云)

【全国“两会”安全生产保障】　2月9日至15日,组织4路执法人员对全国“两会”代表、委员驻地周边200米生产经营单位进行调查摸底,建立生产经营单位台账52家。2月16日至20日,全区10个直接保障成员单位派出15个执法小组,检查52家生产经营单位,发现并整改各类安全隐患47项;40个外围保障成员单位派出40个执法小组,深入辖区人员密集场所、地下空间、液化气钢瓶使用单位、危险化学品经营、储存单位进行执法检查。检查各类生产经营单位302家,发现安全隐患467项,督促落实整改448项。

(刘　宁)

【安监系统依法行政工作会】　2月29日,召开安监系统依法行政工作会,市安监局副局长汪卫国、副区长汪洋出席会议。会议总结上年度安监系统依法行政工作,表彰15个安全生产先进单位和51名先进个人,部署2012年依法行政工作。

(姚　遥)

【整治京津城际铁路隐患】　3月19日,副区长汪洋在十八里店乡组织召开京津城际铁路朝阳段沿线安全隐患调度会。北京铁路局副局长王庆等参加会议。会议听取十八里店乡政府、区安监局、北京铁路局关于沿线安全隐患整治情况的汇报。年内,沿线65处安全隐患全部整治完毕。

(余慧云)

【整改潘家园沼气池隐患】　3月28日,市安监局副局长陈清、处长吕海光一行到潘家园街道松榆里社区,查看社区内11个沼气池的整改情况。潘家园地区11个沼气池,累计投入整改资金1538.2万元(其中市级财政投入718.2万元、区级财政投入820万元)。9月3日与10月11日,分别上报市安委会销账,潘家园市级挂账安全隐患整改任务完成。

(余慧云)

【区领导督导调研】 5月7日至14日,区四套班子领导分成25个工作组,包片督导全区43个街乡安全生产工作,重点检查包片各街乡辖区内非法建设停工情况和安全隐患排查整治情况。9月5日,区委副书记、代区长吴桂英带队调研全区安全生产工作。吴桂英视察小红门地区和王四营地区安全生产情况并现场办公,随后到区安监局听取安全生产工作汇报。

(余慧云)

【"防灾减灾日"活动】 5月12日,在朝阳公园南门开展安全生产"防灾减灾日"活动。活动主办方向生产经营单位代表和过往群众发放安全生产月科普宣传片、《安全法律法规手册》、《急救手册》、《居民安全知识手册》等资料,区危险化学品应急抢险队进行防灾救灾器材示范表演。

(王世会)

【"打非治违"工作会议】 5月31日,召开安全生产领域"打非治违"专项行动动员部署会。贯彻国务院、北京市相关文件精神,部署"打非治违"工作。市安监局副局长陈清,区领导陈刚、程连元、佟克克、陈宏志、吴桂英等参加会议。7月19日,召开全区安全生产"打非治违"办公室工作会议。区安监局、区市政市容委、区城管监督中心等17个安委会办公室成员单位主管领导汇报近期工作情况。

(余慧云)

【市督察组检查指导】 6月5日,市委、市政府督察组一行在市安监局副局长贾太保的带领下到区安监局,督察《关于贯彻落实国务院安全生产工作部署进一步加强首都安全生产工作的实施意见》落实情况。贾太保要求区安监局进一步发挥安委会综合治理的职能,举一反三扎实开展"打非"行动,加强隐患排查治理工作的主动性。

(余慧云)

【聘任安全标准化评审单位】 6月14日,召开区安全标准化评审单位聘任仪式暨工作部署会,中安质环技术评价中心有限公司等6家单位正式受聘为区安全生产标准化评审单位。

(陈 京)

【"安全生产月"活动】 6月,以"践行北京精神,弘扬安全文化,推进安全发展城市建设"为主题,开展第十一个"安全生产月"活动,组织宣传咨询日、"打非治违"专项行动、安全文艺基层巡演、安全培训、应急演练等18项活动。全区各企事业单位投入经费270万元,参与活动86万人,开展各类宣教活动4.3万场次,受教育128万人。

(余慧云)

【检查非煤矿山企业安全】 6月,配合非煤矿山企业"安全生产月"活动,保障非煤矿山企业汛期安全,开展非煤矿山专项检查。针对企业特点,重点检查企业安全生产责任制度落实、非煤矿山安全生产费用提取、安全教育培训、汛期应急演练等情况,抽查部分企业在外区的生产现场,增强企业安全意识。

(陈 京)

【安全生产标准化部署会】 7月16日,召开安全生产标准化建设动员部署会。传达国家安监总局全国安全生产标准化建设工作推进会精神,部署和安排全区安全生产标准化建设重点任务和工作措施,学习借鉴各地先进经验做法,落实《朝阳区安全生产标准化建设工作方案》。10月12日,召开安全生产标准化建设再动员再部署会,推动安全生产标准化创建工作。制订机械、冶金、建材、轻纺、危险化学品、非煤矿山、人员密集场所、建筑施工企业、汽修行业的46个区级评审标准。3家危险化学品生产单位、158家危险化学品经营单位、70家工业企业、9家非煤矿山企业和12家人员密集场所经营企业通过区安全生产标准化达标考核。年末,全区有标准化达标企业252家,其中一级企业1家、二级企业2家、三级企业249家。

(陈 京)

【有限空间巡查】 7月17日晚至19日凌晨,分别由市安监局副局长常纪文和处长丁大鹏带队,与区安监局两级联动,在全区开展2夜1天的有限空间日夜巡查行动。检查有限空间作业现场12处,与往年相比,作业现场内监护人员持证上岗率、检测仪器配备率、通风设备配备率、作业现场警示标识设置率等有明显提高。

(蒋昌启)

【督察"打非治违"和"护航"行动】 8月10日,副市长苟仲文率队赴朝阳区督察调研"打非治违"和"护航"行动进展情况。督察调研组实地查看亚运村街道和东湖街道违法建设拆除情况,听取区政府有关情况汇报,查看各类档案、台账建立等情况;副区长汪洋代表区政府汇报工作。区委副书记、代区长吴桂英总结全区安全生产特点,提出下一步工作意见和建议。苟仲文肯定朝阳区工作并提出三点意见:一是"打非治违"既要"稳中狠",又要区别情况、稳步推进;二是"打非治违"要打"持久战";三是希望市政府针对"打非治违"涉及的历史遗留问题,研究制定解决措施,为区县提供帮助。

(余慧云)

【职业健康管理员培训】 8月13日至22日,组织三批392人参加职业健康管理员培训,其中345人考核合格取得《北京市职业卫生管理员培训合格证》。年内,全区630人取得市安监局颁发的培训合格证书,辖区80%以上的用人单位配备专(兼)职职业健康管理员。8月,组织13678名职业危害接触人员和管理人员参加全国职业病防治法知识竞赛。

(蒋昌启)

【整治危险化学品储存】 8月至9

月,组织全区19个地区办事处,专项排查全区各类工业企业、仓储物流中心仓库、出租房屋,对查出的76处有储存情况逐个落实处理措施。

(夏旭昀)

【监管危险化学品】 9月25日,召开危险化学品相关单位负责人会议,全区700余人参加,市安监局、公安、环保、质监等相关部门负责人出席会议。会议对"十八大"期间危险化学品监管工作进行全面部署:采取"停管限"措施,降低危险化学品突发事件的发生几率和影响后果;严格落实重点品种的销售流向实名登记制度,严防危险品流入非法渠道。

(夏旭昀)

【应急管理培训】 9月26日,组织43个街乡安监科长、法制员及局科室执法人员100人,开展生产安全事故应急管理专题培训,市安监局应急处副处长方钢授课。

(王世会)

【"十一"安全检查】 9月26日,副市长苟仲文带队对区域工业企业及地铁运营单位进行安全检查。区委副书记、代区长吴桂英带领区安监、质监、工商、旅游等部门负责人,检查全区"十一"期间安全生产情况。9月29日,区委、区政府领导及各部门负责人兵分七路,检查节日期间全区大型活动、涉日维稳、地下空间、人员密集场所、食品安全、进京车辆疏导等方面工作。

(刘　宁　余慧云)

【信息化调研】 10月10日,国家安监总局副局长孙华山、监管四司司长欧广、监察专员杨占科、培训中心副主任相桂生、办公厅主任高建民一行5人到区安监局调研安全生产综合监管信息平台建设使用,以及隐患自查自报和安全生产标准化工作。

(余慧云)

【专项行动指挥部会议】 11月4日,区公共安全专项行动指挥部召开工作会议,区政府21个职能部门参加。副区长汪洋主持会议。区安监局通报《朝阳区党的十八大公共安全专项行动指挥部工作方案》。公安朝阳分局、区应急办、区住房城乡建设委、朝阳消防支队、朝阳交通支队分别汇报十八大安全保障工作开展情况。区委常委、公安朝阳分局局长陶晶提出两点要求:一是各职能部门把所有的规定动作做一遍,责任履行一遍,工作有力度,有具体措;二是明确水电气热等城市运行领域和政府主管的行业部门职责任务,突出保护人民群众生命财产安全,严防各类公共安全事故。

(余慧云)

【执法检查】 11月8日至15日,十八大会议召开期间,出动执法检查人员344人次,184车次,与43个街乡安监科执法人员一起,对全区的危险化学品生产经营企业、工业企业、职业危害场所、人员密集场所以及大型活动安全保障进行执法检查和督察。检查生产经营单位1716家,发现并整改安全生产隐患2035项,下达整改指令书1373份,现场检查记录887份。年内,配合市安监局执法总队、区有关单位及街乡开展各类专项联合检查18次,出动执法人员214人次、车辆112台次;全区负有安全生产监察职责的部门检查生产经营单位22.5万家次,消除安全隐患4.5万项,行政处罚7764起,打击非法违法、治理纠正违规违章行为2.3万起,处罚金额3054.7万元;区安监系统检查生产经营单位34927家次,同比上升11.8%,占全年计划的123%;立案处罚1235起,同比上升5.1%;处罚总额1035.84万元,同比下降5.1%,占全年计划的105.7%。其中43个街乡检查生产经营单位32402家次,立案处罚1108起,处罚总额605.64万元,占全年计划的106.25%。

(余慧云)

【应急救援桌面推演】 12月18日,开展区危险化学品事故应急救援桌面推演。区应急办、朝阳消防支队、区卫生局等各指挥部成员单位协同参加。区安监局局长张仲凯担任演习总指挥,区应急办副主任文波点评、总结演练。演练包括加油站火灾事故的企业自救、人员疏散、消防救援等科目。

(王世会)

【安全生产监管调度项目结题】 12月20日,完成区科委立项的《安全生产综合监管调度系统的应用与推广》项目结题验收。结合项目要求,先后于3月和10月对全区21个负有安全生产监管职责的部门和43个街乡执法人员进行培训;对全区危化企业、规模以上工业企业、职卫企业、人员密集场所等重点企业开展系统使用培训;通过区文化委、体育局、商务局和旅游局等委办局对所监管企业进行培训,培训各类企业4000余家。

(杨　毅)

【梳理执法涉权事项】 年内,梳理执法涉权事项。清理出行政执法涉权事项125项,其中行政处罚事项120项,行政许可事项2项,行政审批事项2项,行政强制事项1项。

(姚　遥)

【安全生产行政应诉】 年内,召开案审会35次。2月和9月,分别对两起拒不缴纳罚款的当事人申请强制执行。经过申请、谈话、调查等环节,朝阳法院下达准予强制执行的裁定。

(姚　遥)

【重大活动动态监管】 年内,对"中国特色城市论谈"、"北京电影节"、"京交会"、"CBD商务节"、"上合组织峰会"、"第七届中国北京国际文化创意产业博览会"以及多个大型商业演唱会等活动实施全程动态监管。配合区政府及各相关职能部门参与各类大型活动安全保障115次,出动人员345人次,车辆289台次，消除各类隐患547项，立案处罚1起，罚款金额2000元。

（刘 宁）

【排查别墅区安全生产隐患】 年内，对全区12个街乡的24处别墅区及封闭式高档小区内生产经营单位开展安全生产隐患大排查。检查37家生产经营单位，发现各类隐患90项，消除安全隐患67项。

（刘 宁）

【职业病危害项目申报】 年内，全区68家用人单位申报职业病危害项目，注销113家。年底，全区有申报单位765家。

（蒋昌启）

【有限空间工作】 年内，召开质监、市政、住建委、房管、水务、发改委、安监等部门参加的有限空间工作部署会。利用《朝阳安全生产报》平台，组织相关行业管理部门和街乡，动员有限空间作业承发包单位负责人、作业人员及监护人员等8000余人参加答卷。

（蒋昌启）

【危险化学品专项整治】 年内，联合公安、环保、质监、消防等部门及属地街乡安监科队，以油库、加油站、气体站、建材市场、易制毒和易制爆化学品等生产经营单位为重点，对全区所有危险化学品从业单位分街乡逐个开展安全生产大检查。累计检查危险化学品从业单位1021家次，查处各类危险化学品违法案件4起，移交公安机关处理3人，经济处罚10.6万元。累计完成各类危险化学品行政许可案件161件，其中甲证许可68件、乙证许可93件；完成二三类非药品类易制毒化学品生产经营备案28家。年末，持有本局发放的二三类非药品类易制毒化学品生产经营备案证明的单位71家，其中易制毒化学品生产企业1家，经营企业70家。全区有危险化学品重大危险源4处。

（夏旭昀）

【烟花爆竹经营许可监管】 年内，累计许可烟花爆竹零售网点154家，与上年相比网点数量明显减少。具体分布为：二至三环网点21家、三至四环网点33家、四至五环网点60家、五环以外网点40家。154家网点中，1家为固定网点，153家为临建网点。各网点累计进货量约9.6万箱，累计退货量约1.7万箱，实际销售烟花爆竹约7.9万箱（根据三家批发单位上报数字统计），与上年相比略有减少。年内，累计出动2306人次，对全区154家烟花爆竹销售网点检查1153次（不含属地街道、公安派出所、工商所对每家网点每天两次的巡查），下达执法文书256份，发现和督促整改安全隐患434项。

（夏旭昀）

【事故隐患自查自报系统】 年内，召开4次行业部门和属地街乡会议，部署在全区生产经营单位中开展隐患自查自报系统的推广及应用工作。年末，事故隐患自查自报系统注册企业9705家，其中3508家通过本系统进行隐患自查自报工作，上报率36%；上报信息83607条，其中一般隐患929条，重大隐患1条，无隐患信息82677条。

（杨 毅）

【安全生产培训】 年内，安全生产培训94303人次。其中各地区培训23000人次，各部门培训39303人次，联合中介机构培训32000人次。全区有三级特种作业培训机构11家，培训工种包括电工作业、焊工作业、建筑脚手架拆装、高处悬挂建筑物表面清洗、企业厂（场）内机动车辆驾驶、制冷与空调作业、地下有限空间监护，培训考核特种作业人员22611人次，合格发证15883人次。

（陈宣英）

【应急救援】 年内，完成288家规模以上工业企业应急预案备案工作；督查指导区内5个重大危险源单位应急预案的编制与备案工作；组织开展“安全生产月”应急演练周活动；制定完善应急救援方案1280件，应急预案581件，开展各类演练532次，27505人次参加演练。

（王世会）

【安全生产举报投诉】 年内，受理市“12350”举报、网络举报、群众来信来电和区政民互动平台投诉393件，办结率和回复率100%。

（刘 宁）

旅 游

【概况】 7月12日，北京市朝阳区旅游局更名为北京市朝阳区旅游发展委员会（以下简称区旅游委）。区旅游委是负责本区旅游业管理的区政府工作部门。下设办公室、产业促进科、行业管理科、安全生产管理科和北京旅游咨询服务中心朝阳服务站。年内，累计实现旅游综合收入728.8亿元，同比增长13.2%，占全市十六区县总量27.2%，居十六区县之首。旅游接待3901万人次，占全市总接待量的11.3%。全区旅游三大核心行业——旅行社业、住宿业和旅游商业运行状况良好，旅行社业实现综合收入256.7亿元，同比增长19.6%；旅游商业实现综合收入225.0亿元，同比增长8.8%；住宿业实现综合收入151.0亿元，同比增长12.8%。三个行业占全区旅游综合收入的86.8%。年末,纳入统计住宿业单位809家,其中星级饭店111家。旅行社320家。旅游景点37家,其中A级景区13家。

地址:团结湖北五条5号

电话:65094924

邮编:100026

网址:http://www.bjtravel.gov.cn

(牛宇阂)

【旅游发展大会】 2月28日,召开区旅游发展大会。局长兰学军作"发挥核心功能,创新文化驱动,实现发展惠民确保朝阳区旅游产业运行稳中求进"工作报告。会议总结2011年全区旅游业发展情况,部署2012年重点工作;表彰在2011年朝阳区文明城区创建工作中发挥突出作用的旅游企业及一线员工。市、区旅游委相关负责人,区政府相关委、办、局和街、乡领导,旅游行业代表及新闻媒体记者等共计300余人参加会议,会议还邀请部分区人大代表、政协委员作为特约监督员参加。

(牛宇阂)

【社会单位旅游开放日】 5月19日,在朝阳规划艺术馆举办北京地区百家社会单位设立旅游开放日启动仪式。区域内12家单位确定为首批旅游开放单位。分别是:奥运工程建设馆、朝阳规划艺术馆、区图书馆、区文化馆、朝阳循环经济产业园、国家游泳中心、酒厂艺术区、莱锦文化创意发展有限公司、鸟巢、神玉艺术馆、玲珑塔、紫檀博物馆。

(牛宇阂)

【"最美朝阳"摄影大赛】 6月20日至9月30日,举办"最美朝阳"摄影大赛。评出收藏作品10幅,优秀作品20幅。12月20日,举行摄影大赛颁奖仪式。

(牛宇阂)

【旅游环境提升】 年内,升级改造北京欢乐谷、元大都城垣遗址公园、北京中国紫檀博物馆、红领巾公园4家A级旅游景区16个旅游厕所,通过市旅游委专家组验收;确定鸿博公园、将府公园、常营公园、白鹿公园、老君堂公园等5个郊野公园的停车场、厕所、休闲广场、休憩小品及垃圾桶、座椅等公共服务设施项目设计、预算、实地勘察和申报,其中常营公园、白鹿公园、老君堂公园通过项目评审,拨付财政资金944.98万元;为景区安装自助导游系统,供游客随时下载使用;建立区旅游景区道路标志牌维护管理档案,确定北京欢乐谷、中国紫檀博物馆、中国科技馆、元大都城垣遗址公园等4家A级旅游景区35块道路标志牌的安装位置及预算,其中24块道路标志牌通过评审;为12家A级旅游景区和87家三星级(含)以上旅游饭店配备触摸屏;在87家三星级以上饭店、12家A级旅游景区开展无线宽带网工程建设。

(牛宇阂)

【标准化试点】 年内,北京欢乐谷通过市旅游委专家组检查验收,成为市第一批旅游标准化试点单位。确定康辉国旅为北京市第二批旅游标准化试点单位。

(牛宇阂)

【旅游示范基地】 年内,中国藏学研究中心北京藏医院藏医药文化展示中心获市第二批中医药文化旅游示范基地,北京中研万康中医医院、北京平心堂金阳中医门诊、北京国葆堂中医门诊部获北京中医药文化旅游示范基地建设单位。

(牛宇阂)

【星级饭店复核】 年内,全区20家星级饭店接受旅游星级饭店复核,其中四星级饭店6家,三星级饭店14家。17家饭店达标,国玉大酒店、安徽大厦和巴渝宾馆3家饭店限期整改。

(牛宇阂)

【A级景区评定与复核】 年内,开展A级旅游景区评定工作。按照《旅游景区质量等级评定管理办法》,指导奥林匹克公园、22院街区和蓝调庄园参加A级景区评定工作。22院街区完成初步评定工作,奥林匹克公园被评为5A级景区,蓝调庄园被评为3A级景区;完成元大都城垣遗址公园4A级旅游景区复核。

(牛宇阂)

【景区电子票结算和验证】 年内,北京欢乐谷、国家游泳中心、国家体育场、中国紫檀博物馆等景区实行电子票结算,完成景区电子票结算验证工作。

(牛宇阂)

【旅行社管理】 年内,完成旅行社服务网点备案103家,变更地址、名称或负责人10家,注销33家,完成旅行社分社备案14家,变更地址、名称或负责人6家、注销2家。查处违法分社、网点7家。发放国内游合同7000份、出境游合同15000份。

(牛宇阂)

【节能减排】 年内,制定区旅游委"十二五"节能减排工作规划,完成区"十二五"重点行业领域节能目标分解工作,确定年耗能2000-5000吨标煤的21家旅游饭店为重点用能单位,签订《朝阳区重点用能单位节能减排目标责任书》。开展节能宣传,向150家旅游饭店下发4500份《公建节电秘笈》,组织企业参加节能培训。

(牛宇阂)

【职业技能大赛】 年内,市旅游委举办北京市饭店行业职业技能大赛。全区30余家旅游饭店或酒店集团800余名选手报名参加8个工种9个项目的初赛选拔。200人进入复赛,占全市复赛人数9.5%;70人进入决赛,占全市11%。决赛中,西式烹调、西式面点、中餐宴会摆台、西餐宴会摆台、中式烹调、中式面点和调酒师等项目分获一等奖1人,二等奖7人,三等奖7人。区旅游委获优秀组织奖。

(牛宇阂)

【安全管理】 年内,完成元旦、春节、清明节、“五一”、端午、中秋节、“十一”等重大节日和全国“两会”、首届京交会、全国少数民族文艺汇演、国际排联沙滩排球世界大满贯北京赛、国际版权博览会、世界旅游城市联合会成立大会等重大活动安全保障工作。全年检查住宿业1643家次,景区景点41家次,下发整改文书1684份,对1家旅游企业进行行政处罚,对1家企业实行立案挂账督查。对43个街乡三星级以下住宿业800余名安保经理或安全生产负责人进行安全生产系统培训,编写、发放《朝阳区非星级宾馆安全生产工作指导手册》。8月,从900余家旅游企业中选拔40名代表参加市旅游安全生产技能大赛,朝阳区获团体第一名。

(牛宇闳)

【旅游环境秩序整治】 年内,继续将旅游环境秩序整治列为全年重点工作,打击散发“小广告”、“黑车”、“黑导”各类非法违法行为。开展联合检查20余次,出动检查人员1200余人次,检查旅游企业60余家,查处非法、违法扰乱市场秩序行为10余个。重点地区整治成效明显,实现区域旅游市场管控全覆盖,全年未发生重大旅游投诉事件。在首都综合治理绩效考核中连续三年获得满分。

(牛宇闳)

【旅游“十个一”便民服务】 年内,开展“十个一”便民服务。主要包括:编辑《朝阳故事》一书;制作5万张《朝阳旅游一图通》和10万张《朝阳旅游手撕图》;在景区内建设北京礼物店,推出具有朝阳特色的北京礼物;建立一支旅游志愿者服务队伍;建设一套旅游安全应急信息管理系统;推荐蟹岛绿色生态度假村的满族风味“蒙古大营餐厅”和“八大锅餐厅”特色美食产品;确定12家单位为首批旅游开放单位,以及完善旅游导览标识,建设旅游新项目等。

(牛宇闳)

【旅游促销】 年内,采取多种方式开展旅游促销活动。一是与主流媒体合作加强宣传力度。在《朝阳报》“社区生活”周刊开办《在朝阳》专栏,每月2期,全年开办20期;在《北京日报》“畅游北京”专栏宣传朝阳特色景区、精品线路、节庆活动;编纂朝阳故事《IN朝阳》,包括政区概况、社会发展、名胜旅游、著名人物等。区广电中心拍摄“在朝阳”之“炫朝阳”30秒宣传片,在美国纽约时代广场大屏幕播放130余次;北京电视台拍摄“在朝阳”之“夜朝阳”系列宣传片。二是组织区内企业参加各类旅游博览会。6月,组织北京神舟国际旅行社集团有限公司、北京青年旅行社股份有限公司等旅游企业参加区首届经贸、投资及合作大使论坛会,北京神舟国际旅行社集团有限公司与肯尼亚大使签订旅游合作协议书。宣传“2012中国俄罗斯旅游年”俄罗斯家庭访京民宿交流活动,该活动自9月29日始,至10月3日结束。三是组织旅游企业参加第九届北京礼物大赛。通过朝阳赛区评选活动,征集特色旅游商品、纪念品百余件,评出金奖2名、银奖3名、铜奖4名;编印《朝阳礼物》旅游商品纪念品手册。报送优秀作品参加“第九届北京礼物大赛”,获金奖2名、银奖2名、铜奖3名、优秀奖8名;区旅游委获最佳组织奖。

(牛宇闳)

【首批文化旅游示范单位】 年内,开展全区旅游业首批“文化旅游示范单位”评选活动。在餐饮、会所、时尚、博物馆、特色街区等五个方面评出九朝会、科举匾额博物馆、潘家园旧货市场等25家特色企业。

(牛宇闳)

【旅游黄金周】 年内,纳入旅游统计监测的17家主要旅游景区元旦假期接待中外游客21.31万人次,实现旅游综合收入386.23万元;春节期间接待93.65万人次,实现旅游综合收入1562.43万元;清明假期接待33.75万人次,实现旅游综合收入1355.37万元;“五一”假期接待53.21万人次,实现旅游综合收入2405.85万元;端午节假期接待39.96万人次,实现旅游综合收入1531.62万元;中秋、“十一”期间共接待137.35万人次,实现旅游综合收入5206.71万元。

(牛宇闳)

【改造旅游咨询站点】 年内,全区有旅游咨询站点32个。改造提升现有32家站点,安装背景板,更换咨询台、资料架、标志牌,在三里屯中心站及奥林匹克公园4号精品站增添WLAN无线网络设施。7月,奥林匹克公园4号站被列入全市首批十佳精品咨询站。

(牛宇闳)

【旅游咨询服务】 年内,纳入统计范围的咨询站全年接待游客近60万人次,直接来访游客约50万人次,电话来访10万人次。

(牛宇闳)

【旅游投诉协调处理】 年内,受理旅游投诉50余起。其中市旅游委转发21件,电话投诉30余起。涉及住宿业投诉30余起,景区投诉20余起,办结率100%,满意率100%。与上年相比,投诉案件呈明显下降趋势。

(牛宇闳)

农业 水务 气象

农 村 经 济

【概况】 北京市朝阳区农村工作委员会(简称区农委),挂北京市朝阳区动物卫生监督管理局(简称区动物卫生监管局)牌子,与中共北京市朝阳区委农村工作委员会(简称区委农工委)合署办公。区委农工委是负责朝阳区农村工作的区委派出机构,区农委是负责朝阳区农村发展和农村经济工作的区政府工作部门。区委农工委主要职责是贯彻执行党在农村的路线、方针、政策,市委、区委的决议、决定,研究朝阳区新农村建设、城乡一体化和农村改革发展过程中的重大问题,向区委提出报告和建议。指导朝阳区农村系统党的基层组织建设、思想政治工作、宣传教育工作、精神文明工作和党员队伍建设。协助区委组织部做好本区农村系统二级班子建设,处级干部、青年干部的考察、培养、任免工作。指导朝阳区农村系统的统战、群团、民族、宗教、科技工作,负责农委系统安全稳定工作,配合有关部门协调指导农村社会治安综合治理和农村系统维护社会稳定工作。负责农委系统党风廉政建设、纪律检查工作,协调指导农村党风廉政建设和行政监察工作。区农委主要职责是贯彻执行国家和北京市关于新农村建设、城乡一体化、农村经济管理的方针、政策、法律、法规、规章,结合朝阳区农村实际,进行综合性调研,向区政府提出报告和建议。协调、指导和推进朝阳区农村的改革,指导农村集体经济产权制度改革,研究制定农村经济发展规划和年度计划并组织实施,组织拟订财政支农资金计划并协调相关政策落实。协调、督促城乡一体化建设的行业(专项)规划和产业发展规划的落实;参与乡域规划调整方案的制定,协调指导农村土地开发建设工作。参与农村基础设施和公共服务设施等农村基本建设和重大项目建设的规划方案制定工作并协调督促落实。研究提出农村产业发展功能定位并指导产业结构优化升级,负责农村经济发展主导产业的培育和重点项目的引进工作。负责农村环境建设、能源建设的组织协调工作,配合有关部门开展农村社会治安综合治理、安全生产和流动人口管理工作。负责动物卫生监督管理工作,承担兽医医政、兽药药政、动物防疫及检疫工作,监督兽医、兽药的地方性标准执行情况。组织实施种植业、畜牧业、水产业、农业机械化行业的行政执法和法制宣传教育工作,负责渔政管理工作。区委农工委、区农委(区动物卫生监管局)行政编制53名,设12个内设机构。年内,农村地区实现经济总收入1066.8亿元,同比增长10.0%;利润总额49.0亿元,同比增长7.9%;税金总额35.0亿元,同比增长14.5%;形成区级财政收入58.7亿元,同比增长33.8%;农民人均纯收入2.2万元,同比增长11.7%。产业结构进一步优化,农村地区三次产业比重为0.4:24.7:74.9。年内,获第十届中国国际农产品交易会北京团优秀组织奖、北京市抗击“7.21”特大自然灾害先进集体、北京市2012年度重大动物疫病防控工作优秀单位、朝阳区社会管理综合治理先进集体。

地址:日坛北街33号

电话:65099262

邮编:100020

邮箱:cyngw(内网)

(曹 义)

【文化创意产业】 年内,高碑店、三间房、王四营、管庄等地区文化创意产业得到较快发展,特别是京通传媒商务轴和通惠河沿岸显示出强劲发展动力。昊成谷地、华声天桥、运河新时尚、万豪天际、观音堂文化大道等传媒文化产业项目全年实现经济总收入14.6亿元、利润1.2亿元,同比分别增长35.3%和23.5%。

(曹 义)

【现代商贸业】 年内,以东方盛泽商贸集团、亮都投资有限公司、朝龙新兴五金交电市场、崔各庄奥特莱斯商贸有限公司为代表的现代服务业实现经济总收入209.3亿元、利润9.5亿元,同比增长11.2%和20.5%,分别占农村经济总收入和利润总额的19.6%和19.4%，对经济总收入和利润的贡献率为21.7%和45.0%。

（曹　义）

【农村企业发展】　年内，农村地区规模以上企业620家，其中收入超亿元企业186家，同比增加13家。农村地区规模企业收入957.9亿元、利润48.5亿元，比上年同期增长10.8%和7.9%，对农村地区经济总收入、利润总额贡献率分别为96.9%和99.2%。

（曹　义）

【高新技术产业】　年内，以ABB电气传动系统有限公司、新华都特种变压器、睿达森化工、燕京医药公司等电子信息、生物医药、化工技术为代表的高新技术和高科技制造企业实现收入59.4亿元、利润7.5亿元，同比增长4.1%和17.0%。

（曹　义）

农村城市化

【概况】　朝阳农村城市化进程取得积极进展，农村经济实现稳中有进，重点区域建设稳步推进，城市建设管理水平不断提升，农村社会建设不断加强。年内，土地储备拆迁累计腾退住宅682万平方米（17986个院、57293人），完成住宅腾退总量的96.4%；腾退非住宅899.5万平方米（2304家），完成非住宅腾退总量的81%，定福庄西村等13个村地上物腾退全部完成，豆各庄5号地等5个地块达到上市条件。年内土地储备回迁安置房竣工175万平方米，来广营、金盏等4个乡2.7万人迁入新居。

（曹　义）

【农村城市化工作会】　2月24日，朝阳区召开2012年农村城市化工作会，区四套班子领导出席，区委书记陈刚作总结讲话。区委副书记、区长程连元主持，区委常委、副区长陈涛作题为《转变发展方式再创发展优势　全面推进朝阳区农村城市化进程》的工作报告。报告回顾2011年工作，提出2012年工作目标与要求。区委、区政府相关部、委、办、局党政正职，各地区机关科级以上干部，村、社区书记、主任等1000人出席大会。

（曹　义）

【土地储备】　年内，土地储备拆迁腾退收尾工作稳步推进，累计腾退住宅682万平方米（17986个院、57293人），完成住宅腾退总量的96.4%；腾退非住宅899.5万平方米（2304家），完成非住宅腾退总量的81%，定福庄西村等13个村地上物腾退全部完成，豆各庄5号地等5个地块达到上市条件。年内土地储备回迁安置房竣工175万平方米，来广营、金盏等4个乡2.7万人迁入新居。

（曹　义）

【重点村整治】　年内，全力推进官庄、十八里店、龙爪树3个重点村整治工作，十八里店村住宅腾退1505个院36.26万平方米，非住宅142个18万平方米。龙爪树住宅腾退1338个院28.8万平方米，非住宅144个61.66万平方米；官庄住宅腾退907个院22.93万平方米，非住宅179个27.55万平方米。同时，210万平方米安置房建设陆续动工。

（曹　义）

【社区“两委”换届】　年内，126个符合条件的社区党组织进行换届选举，其中118个社区采取召开党员大会方式进行直接选举，直选率94%，选举产生656名党组织委员。完成第八届社区居委会换届选举工作，137个社区居委会一次性选举成功，其中36个社区采取直选方式，直选比例26.2%，居委会成员当选得票率97.7%。

（曹　义）

【农村社区建设】　年内，推进社区便民服务建设，完成60个社区服务站标准化建设和61个社区用房改扩建项目，“一刻钟社区服务圈”覆盖121个社区。落实《北京市六型社区指导标准细则》，围绕“干净、规范、服务、安全、健康、文化”六大主题，25个“六型社区”开展创建活动。推进社区信息化建设，社区全部开通为居民服务的网站和社区微博，方便居民办理事务。

（曹　义）

【村庄社区化管理】　年内，村级公共服务水平显著提高，16个村试点建立村级社区服务站，84个村建立村邮站，50个村庄通过村庄社区化管理验收。

（曹　义）

【新农村建设】　年内，推进高碑店乡西店村新型农村社区建设与崔各庄乡何各庄村民居改造工程。西店村改造工程中高压线迁移、自来水、雨水、污水、消防等五项市政基础设施完成；何各庄村雨水、污水、给水工程等全面完成。推进高碑店乡高碑店村西区新型农村社区建设，建成184栋农民新居，各项市政工程手续报装完毕，启动公厕、饮水、雨排水、粉饰外立面、消防、燃气等市政基础设施建设。投入4800万元，加大道路硬化、绿化、公厕、饮水、污水、雨排水、电力、垃圾楼、综合服务站等项目建设力度，持续改善农民生产生活条件。

（曹　义）

【农民住宅抗震节能改造】 年内，全面启动4154户农民住宅抗震节能改造工程。西店村944户农民住宅抗震节能改造全部完成。

(曹　义)

【基础设施建设】 年内，康营东路等10条安置房周边市政规划道路竣工，长店北路等36条道路加紧施工。

(曹　义)

【环境整治】 年内，拆除各类违法建设597处、61.9万平方米。垡头、东坝2处污水处理厂投入使用。实施点位环境提升工程，太阳宫乡盛馨家园等11个小区、东风乡星火西路等8条大街实现绿化美化和铺装硬化，100余处挂账环境脏乱点得到全面改观。高碑店乡高井村获“北京最美的乡村”称号。

(曹　义)

【郊野公园建设】 年内，完成平原地区造林任务642.13公顷，形成温榆河、东晓景等4处精品工程。京城森林公园等6个新建郊野公园全部建成开园。

(曹　义)

【文化体育和教育】 年内，21所农村校与14所市区级示范校互动共建，城乡教育均衡化水平逐步提升；推进豆各庄、太阳宫文化中心整合达标，加快崔各庄文化中心建设，完成平房等17个乡30处室外文化广场建设，社区(村)文化活动室达标率88%。组织第八届农村地区全民运动会等文体活动2800项(次)，群众参与80万人次。

(曹　义)

【劳动就业】 年内，推动城乡就业管理制度并轨，全部农村劳动力首次纳入失业登记，落实产业带动就业，多种渠道促进农民就业，实现转移就业7.2万人，劳动力就业安置率97.3%。

(曹　义)

【社会保障】 年内，积极扩大社会保障覆盖面，适龄农民参保率96.5%；以转居促保障，实现农民转居5096人；新型农村合作医疗率先在全市实现区级统筹，参保人数11.75万人，覆盖率99.65%，筹资标准由720元增至820元。农村低保与城市低保实施统一标准，每年低保标准随着城市标准进行调整，2012年为每人每月520元。

(曹　义)

【“三起来”工程】 年内，实施“亮起来”、“暖起来”、循环起来”三起来工程。其中“亮起来”工程，安装太阳能路灯5156盏、更换户用节能灯170万只、更换村内直管荧光灯11.6万只、新建成太阳能光伏电站10座。“暖起来”工程，建设太阳能公共浴室7处，完成1214户农宅抗震节能系统录入工作。“循环起来”工程，新建雨洪利用工程15处，新建大中型沼气工程1处。

(曹　义)

【“三资”管理】 年内，来广营、太阳宫、十八里店、平房、黑庄户、金盏6个乡完成乡集体资产监督管理委员会名称规范和组建工作。崔各庄、金盏、孙河、来广营、小红门、东坝、王四营、平房、黑庄户、豆各庄10个乡97个村健全村经济合作社，完善社员代表大会制度，选举产生新一届社员代表3076人，完成90083名社员登记工作。完成13个乡、116个村、163份协议续签工作，16个乡、136个村实行村账托管，19个乡、154个村实行会计电算化，完成财务管理规范化建设工作。完成19个乡、154个村集体经济组织产权登记证年检工作。完成3个乡联社、42个村股份经济合作社证书审核发证工作，完成8个乡联社、154个村合作社证书年检工作。完成朝阳区东坝七棵树加油站集体企业改制工作，确认资产总额46.98万元，净资产46.98万元。

(曹　义)

【集体经济合同清查】 年内，开展农村经济合同清查调整规范工作，统一合同文本、规范签订流程、统一卡片填报，建立合同台账。开发农村经济合同管理系统，完成“一卡一账对三图”软件系统研发和数据上传工作。完成10个乡、32个村、7580亩土地的流转情况调查。完成农民负担执法检查，未发生农民负担案(事)件。

(曹　义)

【集体经济在线审计】 年内，完成19个乡、154个村的“两金”审计，审计金额2684万元。按照试点先行、稳步推进、全面推广的思路，完成黑庄户、十八里店、东坝、豆各庄、平房、金盏、崔各庄7个乡22个村在线审计试点工作。

(曹　义)

农村经济管理

【概况】 朝阳区农村集体经济办公室是区政府农村经济管理部门，正处级参照公务员管理事业单位，编制37名，内设办公室、统计科、集体资产管理科、调研科、合同管理科、财务审计科、产业发展科、信息培训科。主要负责开展朝阳区农村集体经济产权制度改革工作并组织实施，负责农村集体企业和集体经济组织改制的资产评估和资产归属确认，负责农村经济统计工作并对农村经济运行情况进行监测和分析，负责农村集体经济合同纠纷调解仲裁委员会办公室和农村负担监督管理领导小组办公室的日常工作，负责农村土地承包经营权流转工作并对农村土地承包合同和农村经济合同进行监督管理，负责监督、指导农村财务管理、财务公开工作，指导农村集体经济组织开展日常审计工作。年内，农村地区围绕全面加快农村城市化进程的中心任务，扎实推进农村三资管理、农村产权改革、农经统计、政策调研等工作，农经管理工作取得积极进展，农村经济健康发展。

地址：团结湖北里9号楼

电话：85962684

邮编：100026

邮箱：chyhtk@163.com

（方学清）

【产权制度改革】 年内，完成黑庄户、豆各庄等7个乡55个村的产权制度改革任务，55个村健全社员代表大会制度，完成社员登记工作。截至年底，全区累计完成或基本完成改革的单位103个，其中完成改革的村98个，占村级改革总数的68%。

（方学清）

【集体资产管理】 年内，全区19个乡完成乡集体资产监督管理委员会组建任务，明确乡集体资产管理委员会机构设置、工作职责、议事规则、人员名单。对19个乡级集体经济组织、154个村级集体经济组织进行集体资产产权登记年检工作，截至年底，全区集体资产总额588.2亿元，负债总额433.5亿元，所有者权益154.7亿元，集体净资产总额136.3亿元，土地资源面积23278公顷。

（方学清）

【集体资金管理】 年内，完成19个乡154个村农村集体基础会计规范化任务，实现会计基础工作“四统一”，即统一财务登记账软件、统一会计科目设置、统一会计核算内容、统一会计摘要中的关键词。推进会计电算化工作，完成23个村实行会计电算化的工作任务，截至年底，全区农村村级组织会计电算化覆盖100%。完成专项审计任务。审计财政专项补助资金2684万元，其中，村级公益事业专项补助资金1232万元，村级组织正常补助资金1452万元；完成上年度农村年终收益分配审计任务，全区19个乡展开对年度财务收支、经济效益和经营成果的真实性、合法性、集体资产保值增值等情况的审计；完成日常审计任务，累计审计项目609个，审计金额185.4亿元，提出审计建议146条，被采纳105条，查处损失浪费351万元，促进增收节支228.2万元。

（方学清）

【集体经济合同管理】 年内，完善管理制度，朝阳区农村集体资金资产资源管理领导小组印发《朝阳区农村集体土地资源和经济合同管理工作方案》和《朝阳区建立农村经济合同联预审机制工作方案》。开展农村经济合同清查调整规范工作，统一合同文本、规范合同签订流程、健全合同卡片、完善合同台账。截至年底，签订各类农村经济合同8283份，标的面积9812.86公顷，标的金额226682.87万元，其中，土地承包合同754份，标的面积561公顷；场地租赁合同7360份，标的面积8660.86公顷；合作联营合同169份，标的面积591公顷。推进合同约定土地测绘工作，完成金盏、来广营、崔各庄等3个乡合同约定土地测绘任务，测绘合同1953份。

（方学清）

【土地确权与流转】 年内，全区13个乡121个村土地实行确权确利维护农民土地承包经营权，签订确权确利协议书52983份，涉及农民116840人，土地面积8745.07公顷，确权确利收益5928.7万元；截至年底，全区10个乡、32个村505.33公顷承租（包）土地完成向集体经济组织流转。

（方学清）

【合同纠纷调解】 年内，发挥与法院合同纠纷调解联动机制的作用，依法解答和调解涉及土地承包、土地流转及土地确权等问题引起的纠纷。调解处理崔各庄、小红门、黑庄户等3个乡农民上访纠纷6起，涉及30人。

（方学清）

【农村政策研究】 年内，围绕农村资金资产资源管理（以下称：农村三资管理），展开政策研究，完善和规范农村集体经济管理的体制机制。健全农村三资管理制度，研究形成朝阳区农村三资管理“1+7”政策体系，“1”即区政府出台《关于加强农村集体资金资产资源管理工作的意见》；“7”即农村三资领导小组出台集体土地资源和经济合同管理、经济合同联预审、在线监管平台建设、组建集体资产监督管理委员会、健全集体经济组织、规范委托中介代理服务、加强农村三资管理考核等7个配套文件。围绕“三方监管”、“五项制度”和“一个平台”，构建农村三资监管“351”模式。“3”即健全社员、中介、政府三方监管的组织体系；“5”即制订资金、资产、资源、产权改革、考核评价5项制度；“1”即搭建农村集体经济在线监管平台，实现对农村三资在线动态监管。研究成果逐步转化，编发《农村三资管理专刊》18期、《产权制度改革专刊》24期，总结、宣传、推广典型经验、调研成果，推进各项农经管理政策的贯彻落实。

（方学清）

【信息化建设】 年内，完成乡村两级210名农村信息化管理人员培训工作，对24名新任信息员颁发上岗资格证书。对159台村及村管电脑、22台区乡服务器、52台触摸屏、184台扫描仪进行系统维护。

（方学清）

种植养殖服务

【概况】 朝阳区种植业养殖业服务中心是负责朝阳区畜牧兽医、农业、农机、水产管理服务工作的区政府直属部门,归口区农委管理,全额拨款正处级事业单位,事业编制47名。内设10个科室,下设朝阳区动物疫病预防控制中心、植物保护检疫站、鱼种场3个事业单位。主要职能是贯彻执行国家和北京市有关畜牧兽医、农业、农机、水产发展的法律、法规和方针、政策,实施朝阳区动物防疫、农作物检疫工作,贯彻落实中央和市、区政府重大动物、农作物疫病的防疫、检测和强制免疫工作,负责人畜共患重大动物、农作物疫病的诊断、疫情监测、疫病净化,动物疫情预报、预测和强制免疫用药供应,应急防疫物资和技术储备及重大动物疫病的扑灭工作,负责动物源性食品的安全以及农作物种子及产品产地检疫、水产品的产地检疫和外埠进京动物源性食品、农作物种子及产品的复检工作,负责动物、农作物品种资源保护工作、农作物种子质量检验工作,负责农情信息调查、农作物病虫、草及鼠害的预报和防治工作。年内,全区存栏牛2508头,其中农场局四个规模场存栏2308头,散养户存栏200头;散养羊23户1912只;特禽11户4099只;马属动物17户503匹,注册犬58072条;鸽子4086户144326只。动物诊疗机构62家,兽药生产、经营单位31家。经营肉类产品的超市153家、市场97家,肉类半成品加工单位14家。全区池塘面积261.67公顷,其中闲置水面31.47公顷,水生植物种植12.4公顷,水产养殖面积为217.8公顷,包括观赏鱼养殖面积165.6公顷、食用鱼养殖(含垂钓)面积52.2公顷;设施渔业面积18.25公顷,其中观赏鱼11.79公顷,食用鱼5.53公顷,垂钓0.93公顷。观赏鱼养殖户69户,食用鱼养殖户(含垂钓)28户,水生菜种植11户。年内,朝阳区疫控中心获北京市水产技术推广站技能竞赛集体一等奖,获朝阳区创先争优先进基层党总支;在2012年全市农产品质量安全监管示范创建活动总结考评中,区种养中心所属鱼种场获得全市农产品质量安全优秀示范基地称号;区永顺华蔬菜基地被评为“2012年北京市菜篮子工程优秀级标准化生产基地”

地址:东坝红松园14号
电话:65495193
邮编:100018
邮箱:zyzx@chy.egov.cn(内网)

(曹惠鑫)

【联防联动】 4月,召开朝阳区第四届重大动物疫病防控暨动物源性食品安全联席会,又有5个动物防疫机构加入联席会,廊坊、大厂等7个外埠地区和通州、大兴等15个兄弟区县动物防疫机构的领导参加会议并建立联动网,确保动物源性食品安全和正常供应秩序。

(罗建华)

【考核评比】 12月17日至28日,由区种养中心、区疫控中心、区农业综合执法大队组成3个联合检查组对全区43个街乡全年动物防疫工作进行全面考核。考核内容包括防疫领导机构组建、工作机制建立、防疫责任制建立、防疫人员资金配套、组织发动落实、信息数据上报、技术培训、重大动物疫病防控八个类别41个项目。

(罗建华)

【宣传培训】 年内,开展动物法制宣传培训月活动,在小红门、亚运村、十八里店等地区以动物产品安全知识、动物疫病防控知识为主题进行人畜共患病的宣传,发放《致养犬人的一封信》和《文明养犬手册》、宣传海报、动物源性食品安全手册等宣传材料16万份。对全区检疫人员、商场超市和涉及出市销售动物产品的单位进行培训,培训检疫证明及检疫标志使用单位167家,各级防疫员1万余人次,发放各类宣传材料80万份;对全区43个街乡489名村(社区)级防疫员开展防疫知识培训,实地为左家庄、香河园、东坝等13个街乡的200余名动物防疫人员讲课。4月、12月,分别举办朝阳区村、社区动物防疫员培训班,500余人参加培训。

(罗建华 冯 岳)

【制订动物疫病防控方案】 年内,制定《2012年春季重大动物疫病防控工作意见》、《朝阳区2012年度狂犬病防控工作方案》、《2012年秋季重大动物疫病防控工作意见》、《动物疫病监测方案》、《村级(社区)防疫员配需考核办法》、《街乡动物防疫工作检查通知》等8个工作意见及方案,召开15个工作部署会。

(罗建华)

【畜牧兽医工作精细化管理】 年内,起草《朝阳区畜牧兽医工作精细化管理执行手册》,明确各项动物防疫工作的内容、依据、流程和标准,整理涉及畜牧兽医工作法律法规18个、规章条例9个、规范性文件100个。

(罗建华)

【风险评估】 年内,收集全球、国内、北京市、朝阳区的疫情报告,结合实验室监测数据、动物养殖情况、环境情况等20多个风险因子做出风险评估报告,每季度上报一次。通过《重大动物疫情应急预案》规定的专家论证，完成该预案修订。

（罗建华）

【疫病防控】 年内，设立23个流动免疫点、45个固定免疫点。全年结合免疫，全区狂犬病免疫39595条，应免率100%。全区口蹄疫、禽流感等疫病免疫率100%。与疾病预防控制中心开展布病防控，监测4个牛场的40名饲养员，未发现布病阳性病例。检测2522头奶牛，未发现阳性。

（罗建华 冯 岳）

【督导检查】 年内，对朝阳区相关被管理单位、养殖户逐一进行检查。开展春、秋防期间的督查、狂犬病免疫等专项督查、年底考核督查、日常督查等，及时整理存档，检查各类管户400余户。

（罗建华）

【春防秋防】 年内，在全区开展春、秋防工作。对全区奶牛进行牛结核、布病检疫净化，对马属动物进行马传贫、马鼻疽的检疫净化，无阳性；加强抗体监测，经检测抗体水平均在有效保护范围；集中发放消毒药品36.499吨，同时对各街乡防疫人员和489名村级（社区）防疫员发放毛巾、手套、消毒液等防护用品2000余套。

（冯 岳）

【动物及动物产品检疫】 年内，检疫各类动物3.35万头（条、只、羽、匹），对肉类批发市场和京客隆生鲜配送中心实行24小时全程监管。对外埠进京动物和动物产品的检验检疫，实行24小时昼夜值守，把好门户关，认真查证、验物和消毒。检疫外埠进京猪肉3200万千克、鸡肉790万千克、鸭肉180万千克、牛肉1700万千克、羊肉690万千克。

（冯 岳）

【设立官方兽医】 年内，设立6个官方兽医室，签约兽医25名。

（冯 岳）

【经营单位督导】 年内，纳入监测的肉类经营市场97家，摊位1671个，纳入监测的商场超市153家，加工配送单位14家，外埠进京换证的52家，检疫标志使用单位167家。

（冯 岳）

【动物疫病监测】 年内，接收动物血清样品2631份，开展7890份次实验室检测。检测项目包括：马传贫、马鼻疽、奶牛结核、布病、口蹄疫、高致病性禽流感、狂犬病、弓形虫等。

（冯 岳）

【动物产品药残检测】 年内，接收畜禽产品2261份，水产品602份，进行10045项次实验室检测，包括沙丁胺醇、克伦特罗、莱克多巴胺、孔雀石绿、氟喹诺酮、呋喃唑酮、氯霉素、已烯雌酚等。

（冯 岳）

【水产渔业】 年内，监测水环境样本35份，开展560项次实验室检测，包括pH值、溶解氧、COD、亚硝酸盐、非离子氨、总磷、总氮、重金属含量等；接收516尾草金鱼进行182项次检测，包括鲤春病毒、锦鲤疱疹病毒、嗜水气单胞菌、杀鲑单胞菌等。

（冯 岳）

【防疫体系建设】 年内，完成村级（社区）防疫员的培训、考核、聘任工作，在全区设立489名村级（社区）防疫员，巩固区三级动物防疫网络建设。

（冯 岳）

【落实责任制】 年内，组织全区开展一、二、三级防疫责任书签订工作，签订责任书10571份，明确2012年防控目标和重点工作，完成覆盖区、乡（街道）、村（社区）的三级防控责任体系。

（冯 岳）

【疫病净化】 年内，对全区存栏马属动物进行两次马鼻祖、马传染性贫血病两种国家二类动物疫病的检疫净化，检疫马属动物913份，未发现阳性动物。对全区存栏奶牛进行两次牛布鲁士杆菌病、结核病两种国家二类动物疫病的检疫净化，检疫牛341份，未发现阳性动物。

（冯 岳）

【招标采购】 年内，完成上年“瘦肉精”体系建设6台套仪器设备的招标、采购工作；完成2012年食品安全监测项目《实时荧光梯度定量PCR仪》招标、采购工作。

（冯 岳）

【科技项目】 年内，完成上年朝阳区科学技术委员会《朝阳区宠物（犬、猫）人畜共患病防控》项目验收工作。

（冯 岳）

【实验室资质认定】 年内，区疫控中心实验室通过市质量技术监督局组织的实验室资质认定（计量认证）复评审和扩项现场评审；取得由北京市质量技术监督局颁发的资质认定计量认证证书，检测能力覆盖兽医与兽药、畜禽产品、水产（渔业）三个方面共66个参数。

（冯 岳）

【水产品质量安全】 年内，承担市水产技术推广站《水产品质量安全调查与分析》、《水产品安全生产田间督导》两个水产品质量安全项目。组织开展水产养殖过程中风险情况调查，协助项目单位完成水环境、水产品、鱼药及饲料等投入品采样工作，协调各乡农服中心及养殖单位确定全区水质、鱼病定点监测点。

（简 洁）

【水产养殖结构调整】 年内，协助小鲁店高产高效养殖基地开展品种结构调整，先后引进匙吻鲟、罗非鱼和草鱼等食用鱼养殖品种，协助郁金香锦鲤俱乐部举办郁金香杯锦鲤若鲤大赛和“锦鲤跃龙门”专场拍卖会。

（简 洁）

【景观水域调研】 年内，对景观水域进行调研，全区景观水域40处，面积194.6公顷。其中：市属景观水域4个，区属景观水域8个，郊野公园14个，度假村、村属景观水域14个。

（简 洁）

【增殖放流】 年内，在奥林匹克森

林公园、红领巾公园、鸿博公园、东坝郊野公园等7个景观水域开展春季增殖放流活动,放流面积49.6公顷,共放流6650千克鱼种,其中白鲢鱼2300千克,花鲢鱼550千克,红鲫鱼2800千克,草鱼1000千克,折合约6万尾。

(简　洁)

【特种养殖调研】 年内,开展特种养殖现状调研,完成《2012年朝阳区畜禽特种养殖情况表》和《2012年朝阳区水产特种养殖情况表》,撰写《朝阳区特种养殖发展现状与建议》的调研报告。

(简　洁)

【观赏鱼创新团队项目】 年内,引进日本锦鲤夏花2万尾,二龄金鱼900余尾作为后备亲鱼;主要推广技术有金鱼小池精养技术、优质金鱼人工挑选技术操作规程、优质锦鲤人工初选技术操作规程、锦鲤扬色饲料等新技术和产品;组织观赏鱼养殖技术培训班,40多个观赏鱼养殖单位(户)参加培训;组织从业人员参加观赏鱼文化宣传等活动。

(简　洁)

【水域养殖证管理】 年内,续签水域养殖(临时)使用证4本,续签面积43.32公顷。

(简　洁)

【淡水鱼供应】 年内,为北京"两会"供应草鱼719.25千克、鲫鱼15千克、花鲢鱼15.5千克,合计749.75千克;为"十八大"供应鲜活鱼5379.2千克。

(杨静蕾)

【农机购置补贴】 年内,落实市级补贴资金154.4万元,购置温室卷帘机59台,保温被12万平方米。

(漆　龙)

【三夏三秋及秸秆禁烧】 年内,三夏、三秋农机作业投入机具70台次,培训农机操作人员41人次。机播玉米78.6公顷,机播小麦14公顷,机收玉米78.6公顷,机收小麦50公顷。期间,技术人员深入田间作业现场督导、检查秸秆禁烧执行情况。

(漆　龙)

【货车通行证办理】 年内,为11个农业企业62辆货运车办理152张通行证。

(漆　龙)

【政策性农业保险投保】 年内,全区5家农业企业投保政策性农业保险中的桃、枣、梨、葡萄、苹果、温室大棚等6个险种53.33公顷,保费共20万元,其中市财政补贴10万元,区财政补贴6万元,企业自缴4万元。4家企业因"7·21"特大自然灾害获赔34.9万元。

(漆　龙)

【蔬菜生产示范点】 年内,确定蟹岛、朝来、永顺华三家园区为"三百"工程示范园区;全年安排11个示范点,上半年安排冬春茬1个春大棚、6个温室,7个示范点。下半年安排1个秋大棚、3个温室、4个示范点。

(于洪伟)

【引进良种】 年内,引进观赏型春播油菜,在蓝调庄园、都市农汇、缤纷四季郎枣园、蟹岛等园区种植13.33公顷;在蓝调庄园等园区引进种植秋播油菜13.33公顷,引进观赏型向日葵,用以装点薰衣草园周边景观,引进廊架新品种,形成300米长廊景观。

(于洪伟)

【城市空间立体栽培技术】 年内,在都市农汇、蟹岛、蓝调庄园三个园区进行展示,在都市农汇应用立体管道式、浇灌式水培,气雾培,折叠式、爬藤式、立柱式、阶梯式基质栽培,在蟹岛安装立体基质栽培生态绿化墙,在蓝调庄园建立草莓立体种植景观示范温室,有槽式立体栽培、基质袋培、立柱式基质栽培、摇臂式基质栽培等。

(于洪伟)

【政策补贴】 年内,在全区推广政策补贴有机肥1000吨,二氧化碳吊袋1500袋,配方肥40吨,以及番茄授粉器、番茄防折环等。

(于洪伟)

【农业用地调研】 年内,完成农业用地调研工作。全区农业用地面积共1611.08公顷,其中蔬菜140.69公顷,粮食79.93公顷,果树395.95公顷,苗木808.84公顷,花卉110.2公顷,商业草坪75.47公顷。

(于洪伟)

【粮食直补】 年内,落实国家惠农政策,粮食直补工作实现全过程公开、透明,确保粮食直补资金足额发放到农户手中。全区小麦直补发放补贴资金10.4万元;玉米直补发放补贴资金8.14万元。

(于洪伟)

【蔬菜普查】 年内,对涉及蔬菜生产的7个乡开展蔬菜普查工作,全区菜田总面积140.69公顷,其中设施蔬菜面积55.22公顷,露地蔬菜面积85.47公顷。全区蔬菜播种面积212.71公顷,其中春播面积83.66公顷,夏播面积38.63公顷,秋播面积50.17公顷,冬播面积40.25公顷。

(于洪伟)

【农情上报】 年内,通过市农业局农情信息调度系统报送农情信息12条;农情报表127套;农业局蔬菜处平台报表22套;粮食种植档案5套;其他报表57套;报表共211套。数据上报共4万余个。小麦收获面积50公顷,秋季小麦播种面积14公顷,集中在金盏乡、黑庄户乡。玉米播种、收获面积78.6公顷,其中春玉米35.67公顷,夏玉米42.93公顷。

(于洪伟)

【221信息平台业务数据更新】 年内,完成市级"221信息平台"业务数据在线更新工作,其中包括15张业务数据表、6大类共2500余个业务数据的收集、整理和录入工作。

(黄业中)

【果类蔬菜创新团队建设】 年内,开展果类蔬菜高产高效技术示范与推广应用培训等工作。建立3个高产高效示范点，示范推广新品种3个、新技术7项，全年组织农民活动日18次，其中开展技术培训7次、观摩学习活动6次、技术研讨活动1次。年底，朝阳区农民田间学校工作站通过果类蔬菜创新团队年度工作考评。

（黄业中）

【信息化培训】 年内，组织开展朝阳区农业农村信息化创新应用培训，各乡农服中心、重点园区及相关农村社区的负责人共60余人参加培训。

（黄业中）

【金桥工程】 年内，“设施蔬菜连作障碍防范技术集成应用”项目获得北京市金桥工程二等奖。

（黄业中）

【科普宣传】 年内，与区科协、农业科普示范基地、农业园区及农业科技公司等社会力量，在北京科学嘉年华、北京科普之夏、朝阳科技周主会场、首都图书馆、蟹岛农耕节上，开展“倡导绿色生活，共建和谐家园”主题科普宣传活动，发放宣传册和调查问卷2.5万份。获得2012年北京市全国科普日活动优秀组织单位奖。

（黄业中）

【植物检疫】 年内，在相关作物上进行黄瓜绿斑驳病毒病、果斑病、番茄溃疡病、美国白蛾、扶桑绵粉蚧、红火蚁、稻水象甲、大豆疫病等危险性有害生物普查，未发现危险性有害生物。

（新 为）

【调运检疫】 年内，调运检疫78批次共4430千克蔬菜种子，未发现危险性有害生物。

（新 为）

【执法宣传检查】 年内，加强农业植物检疫执法检查，重点检查调运植物产品有无植物检疫证书，督促建立植物检疫证书登记档案。执法人员对全区20多家种业公司、门市部进行执法检查及植物检疫知识宣传培训，发放宣传材料200余份。

（新 为）

【毒饵站灭鼠】 年内，完成6666.7公顷春季农区灭鼠工作；完成1066.7公顷秋季农区灭鼠工作；毒饵站示范面积666.7公顷。

（新 为）

【农残检测】 年内，检测农贸市场、基地及配送企业、超市的16364个蔬菜水果样品，合格率99.9%（农贸市场合格率99.9%，农产品生产基地及配送企业合格率99.9%，超市合格率100%），定量检测120个蔬菜水果样品，合格率98.3%。

（新 为）

【食用农产品监控网】 年内，为朝阳区各监控点统一配备检测用品，设立专人管理网络上传及数据审核，保证食用农产品监控网正常运行。

（新 为）

【农产品质量安全综合质检站项目】 年内，区植保站承担的“朝阳区农产品质量安全综合质检站项目”通过农业部、市农业局、市发改委、区发改委的正式立项批复，项目总经费394万元，院内地面硬化400平方米，改造化验室480平方米，实施二次招投标工作，全面完成该项目工作，10月，“朝阳区农产品质量安全综合检测站”正式挂牌。

（新 为）

【植保站项目】 年内，承担区科委2011年项目《朝阳区食用农产品安全技术集成研究》并通过验收；承担区科委项目《朝阳区植物外来危险性有害生物监控技术研究》，年底完成结项；承担市植保站《北运河流域减少农药用量控制面源污染》2011年子项目，在金盏乡蓝调庄园完成；申报市植保站《北运河流域减少农药用量控制面源污染》2012年子项目。在黑庄户、金盏、豆各庄乡建成3座太阳能臭氧污水处理厂。

（新 为）

【农产品质量安全监管追溯体系】 年内，对14个项目监控点检测室运行情况做到每日电询、每周抽查、每月普查，确保三级管理高效通畅。累计检查基层检测点80人次，解决数据传输、登记书写、样品记录等各类情况120个次。执行日报、周报、月报工作制度，提供及时、准确、翔实的检测数据。迎检接待相关部门90余人次。

（李雅娟）

【农产品质量安全监管培训】 年内，对17个园区生产基地、加工配送企业、大型农贸市场负责人及基层农产品检测员70余人进行培训。发放《农产品质量安全100问》、《农产品质量安全实施技术》等材料1500份。

（李雅娟）

【农产品质量安全普法宣传】 年内，联合区农委、区食品办、区科协、区农业执法大队等部门，开展全国食品安全宣传周、市科学嘉年华、“送法下乡”宣传月、朝阳科技周、“农产品安全社区行”等宣传活动。发放《农产品质量安全法》、《农产品质量安全100问》、《农产品质量安全实施技术》等宣传材料近5万份。

（李雅娟）

【三品认证管理】 年内，对都市农汇、黑桥常珍种植专业合作社、大运河翰林农业科技公司首次申报的25个品种进行网上申报、文书申报以及现场认定检查。对永顺华、方圆平安、蟹岛、朝阳水科园等生产规模大、品牌知名度高的无公害农产品认证企业进行全方位检查；对京客隆酒仙桥店、家乐福姚家园店和永旺大悦城店、永辉、华堂等大型商场超市、批发市场的无公害农产品标识、地理标志使用情况进行专项调查。推行“三品”备案规范管理制度，对12个园区基地35个无公害、112个有机食品认证品种进行备案；对全区从事三品管理与认证的17名检查员、20名内检员进行备案。

（李雅娟）

【农产品质量安全自检】 年内，全区11家生产、加工配送、销售单位全年自检农产品样品172062个,合格率98.9%。其中蔬菜样品133910个,合格率98.7%;水果样品5128个,合格率99.7%;畜禽样品24911个,合格率99.9%;水产样品8113个,合格率99.9%。自检样品合格率比上年增加0.1个百分点。

(李雅娟)

【农兽药检测装备配发】 年内,全市统一配发给朝阳区5套农兽药残留、非法添加物等快速复查和应急综合检测装备。区农委、区种养中心按照种植、畜牧、水产三类产品统筹考虑,为植保站配备2套、疫控中心配备3套数字化农产品检测设备,并明确检测室标准、设备运行维护、检测任务、检测数据报送等事宜。

(李雅娟)

【检测试剂补贴】 年内,对蟹岛、永顺华、东郊市场等11个试点企业进行统一检测配套,补贴检测酶2000份,补贴克伦特罗、莱克多巴胺、孔雀石绿检测卡及耗材10190份。

(李雅娟)

【农产品质量安全调研】 年内,经过5个月工作,区种养中心于9月底完成2012年朝阳区农产品质量安全课题调研。

(李雅娟)

农业综合执法

【概况】 朝阳区农业综合执法大队是区农委直属行政执法机构,加挂区动物卫生监督所的牌子,机构规格副处级,编制75名。内设办公室、组织科、法制科、执法一科、执法二科、执法三科、执法四科、执法五科、白鹿公路动物防疫监督检查站、动物收容站、应急处理科等11个机构。主要职责是负责区内兽医卫生防疫、检疫及种畜禽引进的检查监督工作;负责屠宰场点、肉类市场门店等肉类经营性场所和饭店、宾馆、餐厅、食堂的检查监督工作;负责宠物防疫,兽药研制、生产、经营、进出口和使用的检查监督工作,饲料及饲料添加剂生产、经营的检查监督工作;负责渔业资源、渔业生态环境和水生野生动物资源保护的检查监督,水产品运输、贮藏、经营的检查监督工作;负责种子、农业转基因生物及其产品生产、经营的检查监督,农药、肥料生产、经营及使用的检查监督等9项行政执法监督职能。全年出动执法人员9821人次,执法车辆2644车次,检查各类管理相对人6607家次;签订责任书、发放告知书318份,制作监督笔录及意见书2130份;查处各类涉农违法案件609件,罚没款总额70万元;检疫监督运输外埠动物及动物产品进京车辆2.9万车次,检查活体动物296万头只、动物产品21.6万吨,劝返不符合规定运输车辆49车次;收容无主动物29只;开展联合执法行动57次;处理举报77起。全年协助农业部、市农业局等单位开展抽样检查活动9次,对15家单位55类产品抽取样本123个。全年开展大型集中宣传11次,发放各类宣传材料3.73万份,接受群众现场咨询1398人次;举办管理相对人培训班18次,培训管理相对人551家、1068人次。1月10日,朝阳区农业综合执法大队获北京市农机监理总站颁发的全国农机安全监管知识竞赛"市级集体组织奖";区农业综合执法大队被农业部命名为"全国农业综合执法示范窗口"。

地址:团结湖北三条甲8号

电话:85979209

邮编:100026

网址:http://nyzf.bjchy.gov.cn

邮箱:cynyzfdd@bjchy.gov.cn

(白国辉)

【联合监督检查】 1月12日,与区种植业养殖业中心组成联合检查小组,到朝阳区北京永顺华蔬菜种植有限公司和北京蟹岛种植有限公司进行监督检查和现场指导。检查内容包括农药和肥料等农业投入品安全使用、绿色无公害认证标签使用、药物残留监测等18项。结果显示,两家农产品生产企业各项管理制度健全,保障措施执行到位,生产记录齐全、完整,成绩均达到优秀。

(白国辉)

【GSP资质调查统计】 2月10日,完成全区兽药经营单位GSP资质的调查统计工作。全区有17家兽药经营单位,10家取得GSP资质认证。

(白国辉)

【农机集中检验】 2月21日至24日,组织开展全区农机检验工作,完成十八里店等5个乡的29台农机集中检验任务。对15台能正常使用、符合安全技术条件要求的"北京B"牌证车辆进行换发"京01"牌证的准备工作(发动机及车架号拓膜、车辆拍照等);对各乡在册老旧农机注销规范管理工作落实情况进行检查督导。

(白国辉)

【取缔非法窝点】 2月22日,联合东风乡及公安、工商、卫生、城管等部门,对东风乡将台洼村六家加工猪产品的窝点进行依法取缔,没收非法加工的猪副产品400千克,并进行无害化处理。

(白国辉)

【联合执法检查】 2月23日,联合孙河乡农业服务中心,对月亮湾马术培训中心、亚萨园马术俱乐部和花园马房进行联合执法检查,重点检查3家养殖单位的动物免疫档案、调入调出登记、消毒登记等各项记录和无害化处理设施建设等情况。经查,三家养殖场的168匹马均进行了免疫,并建立动物健康免疫档案,按规定建立各种记录,但个别马场存在消毒记录登记不全面、大门入口未设车辆消毒池等现象,执法人员责令其立即整改。同时,要求乡农服中心加强日常监管,共同做好动物防疫工作,从源头切断重大动物疫病发生。

（白国辉）

【动物产品仓储监管模式调研】 2月28日,市动物卫生监督所会同区农业综合执法大队、区动物疫病预防控制中心执法人员到京客隆生鲜配送中心和东郊批发市场进行现场调研,就加强动物产品仓储企业管理和动物检疫监督工作进行交流探讨。

（白国辉）

【首批动物检疫专用识读器启用】 3月8日,"中国动物检疫专用识读器"首次在朝阳区动物卫生监督执法中启用。动物及动物产品检疫合格证明是动物及动物产品调运、上市销售必备的凭证,是重大动物疫病防控的重要一环。作为辨别动物及动物产品检疫合格证明真伪的专业工具,专用识读器的精确判断,取代以往执法人员凭经验、目测识别检疫证明真伪,减少了不确定性,使检疫证明真伪的判定更加科学、客观、准确。首批启用的8台识读器,能对伪造、变造的动物检疫合格证明进行精确辨别,是执法人员的得力助手。

（白国辉）

【设施农机联检】 3月13日至15日,会同区种养中心、区安监局、各乡农服中心等部门,在全区范围组织开展春季设施农机安全生产专项治理联检工作。联检人员到9个乡、16家农产品(蔬果)生产基地进行检查。出动执法人员166人次,执法车辆53台次,检查大棚355个,卷帘机636台,微耕机8台,割灌机88台,打药机278台、草坪机2台、拖拉机38台。发放《微耕机操作规程》、《卷帘机安全操作要点》等便利贴500余张。检查现场未发现质量不合格的机具。针对个别单位存在电工操作证到期未年检、电线私接乱拉、卷帘机配电箱未装锁等安全隐患问题,执法人员当场提出整改建议,要求乡级监管人员督促落实。

（白国辉）

【企业培训】 3月23日,举办种子企业培训班,为朝阳区种子经营企业开展培训,引导企业在新形势下规范经营行为。27家种子经营单位参加培训,发放宣传培训材料162份。

（白国辉）

【动物诊疗机构培训】 3月28日,与区疫控中心联合对全区55家动物诊疗机构的法人或负责人进行诊疗行业相关业务知识培训。培训会通报2011年度动物诊疗机构执业兽医执业活动情况,对2012年执业兽医注册事项进行部署;55家动物诊疗机构签订动物卫生责任书。

（白国辉）

【春季"绿剑护农"】 3月30日,由区农业综合执法大队主办、东坝乡综治办协办、区安监、质监、工商、交通支队、种养中心、东坝乡农服中心等多部门参与的朝阳区2012年春季"绿剑护农"农资打假暨农机安全生产大型宣传活动在东五环商品市场举行。现场发放宣传材料3200余份,接待群众咨询100余人次。

（白国辉）

【老旧农机注销】 3月31日,完成8个乡、1个市属单位,共196台在册老旧农机的报废、注销工作,实现在册老旧农机第一期注销办结率达到50%以上的既定目标。据统计,朝阳区有16个乡和2家市属单位的350余台在册老旧农机已经达到相关报废、注销标准和条件。

（白国辉）

【春季田间灭鼠】 3月,将160千克鼠药、520个毒饵站、1000面警示旗发放到全区13家水产养殖场(户),开展春季田间灭鼠行动。此次活动统一使用环保防潮防霉的灭鼠药,慢性低毒,能有效避免人畜误食后引发的中毒。

（白国辉）

【宣传培训月】 3月,大队开展针对涉农管理相对人的"宣传培训月"活动,各执法站按责任片区对管理相对人进行法律法规培训,开展大型集中宣传2次,发放各类宣传材料2万余份,接受群众现场咨询200余人;开展相对人培训班7次,培训管理相对人单位146家、207人次,与140余家管理相对人签订责任书。

（白国辉）

【普法宣传】 3月,与种养中心联合开展主题为"保消费者权益 促社会和谐"的"3·15"普法宣传活动,农业执法人员分别在京客隆甜水园店和酒仙桥久隆百货广场开展大型定点宣传。现场展示近年来朝阳区实施放心农资、农副产品工程及食品安全监管成果,宣传农业法律法规,介绍日常购买油、奶、水产品、肉类等食品安全消费常识。此次活动出动宣传人员80余人次,发放宣传资料2万份,接受群众现场咨询560人次。

（白国辉）

【市渔政站调研】 4月20日,市渔政监督管理站站长张清一行5人,到朝阳水产科技园对水产品质量安全情况进行调研,区农业综合执法大队副大队长王建民陪同。

（白国辉）

【协助外省市处理涉农案件】 4月26日,湖南省邵阳市种子管理站到朝阳区处理因种子质量问题导致农民歉收的民事赔偿案件。由于对涉案企业情况不熟悉,因此恳请大队帮助解决。案件关系农民合法权益,大队派出两名执法人员、一部执法车辆,带领湖南省邵阳市种子管理站、人民法院工作人员及农民代表一行8人前往涉案企业,为双方沟通洽谈提供了有利条件。通过沟通协调,双方当事人初步达成履行判决的协议。

(白国辉)

【服务保障电影节】　4月27日至28日,大队执法人员对第二届北京国际电影节朝阳区驻地七家餐饮单位(凯迪克格兰云天大酒店、北辰汇园酒店公寓、国家会议中心、北辰洲际酒店、五洲大酒店、亚奥国际酒店、元辰鑫国际酒店)及周边商场、超市进行监督检查。出动执法人员285人次,执法车辆65车次,检查宾馆酒店65家次、商场超市8家次、批发市场6家次、农产品认证生产基地4家次,确保电影节期间的食品安全。

(白国辉)

【捣毁肉类加工黑窝点】　4月28日,根据群众举报,由区公安分局经侦队牵头,区食品办(工商)、区农委(区农业综合执法大队、区疫控中心)、区质监局、区卫生局、区进出境检验检疫局等部门配合,晚上23点到孙河乡上辛堡村某大院进行突击检查,对院内3个加工点的操作人员分别控制。现场查扣已经制卷的肉品和其他未加工的动物产品约3500千克。据当事人交代,3个加工点没有任何合法资质,主要利用猪肉掺入羊油、牛油、鸭油、碱面后分别冒充羊肉卷、牛肉卷销售,所有动物产品都没有动物检疫合格证明,猪肉主要来自天津宝坻,都是私宰后送到北京,其他动物油脂是从附近市场收购。此次执法行动到29日凌晨4点结束,违法嫌疑人被公安机关带走,货物就地封存。

(白国辉)

【增殖放流】　截至5月3日,对朝阳区红领巾公园、奥林匹克森林公园、朝阳公园等7家单位开展增殖放流工作,投放草金鱼4.34万尾。

(白国辉)

【市动物卫生监督所督导】　5月8日,市动物卫生监督所第三督查督导组一行4人来朝阳区督导工作,对北京好友巡天有限公司和北京立时达药业有限公司两家饲料添加剂生产单位进行实地检查,两家生产单位都能按照饲料和饲料添加剂管理条例的规定生产添加剂和添加剂预混合饲料。

(白国辉)

【市农机监理总站调研】　5月30日,市农机监理总站副站长孙烈到朝阳区就“准确掌握农机数量,力促‘三率’水平提升”进行调研座谈。区种养中心对全区农机数量和国补机具管理现状进行说明;区农业综合执法大队汇报全区牌证管理系统农机在册数量、年检数量、农机注销工作进展情况以及存在的困难。

(白国辉)

【水产品快速检测设备】　6月11日,大队领回水产品快速检测设备,派出3名执法人员参加设备使用培训。6月12日起检测设备在朝阳区水产品监管中投入使用。该设备可快速、准确检测氯霉素、孔雀石绿、硝基呋喃代谢物、五氯酚钠四个项目,可在短时间内定量测出水产品中所含违禁药物及添加剂的种类和数量。

(白国辉)

【检查农产品基地】　6月21日至26日,由区农委牵头,区农业综合执法大队和区种养中心组成联合检查组,分别对朝阳区12家食用农产品认证基地和3家农产品配送企业进行检查。重点检查企业的投入品种类、质量,田间生产管理,尤其是农药购进、管理、使用和上市前的农药残毒检测工作。结果表明,朝阳区农产品生产、经营状况总体良好。

(白国辉)

【联打行动启动】　6月28日,全国联打行动启动仪式在朝阳区北京古玩城举行。农业部水生野生动植物保护办公室常务副主任陈毅德、公安部治安管理局副局长阎正斌、海关总署缉私局副局长、北京市农业局副局长及市渔政站站长等领导参加启动仪式。

(白国辉)

【农业部调研】　9月12日,农业部法规司领导一行3人在市农业局法规处的陪同下,到大队考察农业综合执法示范窗口创建工作。大队长张思忠对大队执法工作情况及成效作汇报,考察组重点查看文件类、工作类、表彰类、制度类等四大类材料,并对大队成立背景、执法经费保障、人员编制、执法运行机制、未来城市农业执法创新等情况进行询问。区农委副主任张晓宁就朝阳区如何在大都市里更好开展农业执法工作,结合农村城市化和产业结构调整,从农业发展转型、农业执法的职能变化、工作创新及特色做法等方面进行介绍。

(白国辉)

【农法研讨交流】　9月21日,区农委组织区农业综合执法大队、区植保站、区农委行政许可大厅的执法人员,举办“2012年农法研讨交流”活动。

(白国辉)

【水生野生动物保护执法】　9月26日前,区农业综合执法大队结合本区域野保市场特点开展专项执法行动,完成对区内古玩市场的专项检查。执法人员在对以前有违法行为的市场和商户进行重点告知的同时,对市场管理部门下发执法监督笔录,指出存在问题和改正意见,提高市场及商户守法经营意识。此次专项行动查处违法行为1起,依法没收鲟鱼14尾,罚款1564元。

(白国辉)

【“三秋”农机安全生产】　10月15日,区秋粮机收和小麦冬播工作完成。秋粮机收面积153.27公顷,其中玉米(青饲)145.27公顷(春玉米78.6公顷,夏玉米66.67公顷),大豆8公顷;冬播小麦14公顷。投入作业农机具32台套,其中玉米(青饲)收获机械2台,大中型拖拉机6

台,小型拖拉机2台,小麦播种机4台,其他配套农机具18台件。“三秋”期间,出动执法人员21人次,执法车辆9台次;开展一期农机安全监管培训,培训区、乡农机监管人员和机手24人次;组织农机安全生产大型宣传活动1次,发放农机法规读本和宣传材料2700份;对投入作业的农机具田间地头巡检2次;组织农机集中交通安全治理行动1次。

(白国辉)

【区人大调研】 10月24日,区人大常委会副主任张富生、区人大农村工委主任纪海义、区人大专职常委张建顺等领导,到区农业综合执法大队调研本区农业综合执法工作。

(白国辉)

【“鳄鱼生态村”事件】 11月15日,《法制晚报》以“千条鳄鱼 潜伏沙窝村”为题,对位于朝阳区金盏乡沙窝村的“北京鳄鱼生态村”进行报道,质疑生态村开展鳄鱼探险、驯鳄表演等活动的合法性。11月20日,北京市农业局水产处、朝阳区农业综合执法大队、区种植业养殖业服务中心的领导及执法人员到“北京鳄鱼生态村”调查了解情况。“北京鳄鱼生态村”隶属于北京兆璟生态科技开发有限公司,2011年7月25日经过中华人民共和国渔政局批准,取得《中华人民共和国水生野生动物经营利用许可证》和《中华人民共和国水生野生动物驯养繁殖许可证》,有效期均至2016年7月25日,所载明的物种学名是暹罗鳄,批准的经营方式是销售。该单位负责人向检查组介绍单位基本情况,表示目前未开放和销售鳄鱼产品,即便开业以后也未打算增加人与鳄鱼互动的表演项目。检查组明确指出,一要严格按照所取得的两种《许可证》批准的物种进行驯养繁殖和销售,明确经营范围内不包括表演和展示项目;二要加强对养殖场所的安全管理。

(白国辉)

【农机销售维修企业联检】 11月20日,会同区质监局、区工商分局及金盏乡,开展农机销售、维修企业联检行动。出动执法人员10人次,执法车辆4台次,检查1家农机配件经营部和1家农机销售、维修门店,重点检查销售企业是否建立销售记录、维修企业是否持有维修技术合格证书、主要维修设施状况和维修人员持证上岗情况。

(白国辉)

【农机联检排查隐患】 11月21日至29日,大队与区安监局、区种养中心和各乡农服中心(农机主管部门)组成联合检查组,在全区开展设施农业装备安全生产联检行动。对朝阳区13个乡、39家涉及设施农机使用单位进行检查,排查治理设施农业装备安全隐患。出动执法人员204人次,执法车辆91台次,检查大棚472个,各类机械923台(其中卷帘机476台,微耕机13台,饲料粉碎机3台、割灌机158台,打药机123台、草坪机41台、增氧机70台、拖拉机39台),发放《农机安全操作规程》、《卷帘机安全操作要点》等宣传材料500份。

(白国辉)

【白鹿公路检查站搬迁】 12月26日,白鹿公路检查站办公场所搬迁至原址北侧30米处的新址。新址于7月18日动工。搬迁后的公路检查站最大限度消除了安全隐患,办公条件和生活条件得到很大改善,特别是新配置的新型消毒通道替代原有老旧、故障频发的消毒通道,使经过本站的运输动物及动物产品的车辆消毒更加彻底。

(白国辉)

【排查“山东速成鸡”】 年内,针对媒体报道的“山东速成鸡”事件,根据《北京市动物卫生监督所关于加强山东六和集团进京肉鸡产品监管的紧急通知》,大队对朝阳区范围内经营动物产品的市场进行全面执法检查、对储存动物产品的冷库进行全面排查,检查经营动物产品的市场、超市15家次,检查储存动物产品的冷库87家次,检查禽产品经营摊位178个次。发现嘉信恒泰商贸有限公司库存山东六和鸡产品89.7975万千克。执法人员对样品进行采集送检,一周后检测结果表明该批产品没有问题。

(白国辉)

【农用运输车辆打非治违】 年内,大队会同朝阳交通支队和相关乡农服中心,在城乡结合部主要路口,对途经农用运输车辆开展“打非治违”联检宣教行动6次,对上路行驶的农机交通违法行为开展联检宣教行动,出动执法车辆21台次,执法人员41人次,检查农用运输车辆31台次,查处农机违法行为2起,罚款150元。

(白国辉)

农村人才培训

【概况】 北京市朝阳区农村人才培训中心(北京中华会计函授学校朝阳区分校,北京市朝阳区农村劳动力教育培训服务中心)隶属于区农委,主要职责是协助区农委进行农村劳动力转移就业教育培训的管理和服务工作,承担农村劳动力职业技能培训和引导性培训工作,负责农村专业技术人员和管理人员的培训工作,负责农村劳动力就业指导、岗位开发及统计分析工作,负责农村人培训就业网络的开发、维护工作。属正科级全额拨款事业单位,设科室5个、编制26人,有专、兼职教师23人,培训工种16个。年内配合区农委及各乡政府进行朝阳区农村地区人员教育培训工作,培训6540人次。

地址:东坝红松园13号

电话:65493070

邮编:100018

邮箱:461413606@qq.com

网址: http://ncpx.bjchy.gov.cn

(李　勇)

【市民终身教育培训】 年内,区农村人才培训中心为市民终身教育项目送课下乡(街道)累计112课时,培训900余人次。其中包括金盏乡沙窝村、黎各庄村,东坝乡红松园社区、朝阳新城社区、三岔河村等。授课内容包括传统养生与保健,心脏病、高血压防治和健康心态快乐人生等内容。

(李　勇)

【职业技能培训】 年内,为豆各庄乡、东坝乡举办"主食制作"非等级培训,累计培训非等级(主食制作和保洁绿化工)433人次。

(李　勇)

【农民市民化培训】 年内,根据区农委统一部署,培训中心为东坝、豆各庄、太阳宫等11个地区开展农民市民化培训及技能培训5934人次。

(李　勇)

【农村地区社会工作协会】 年内,朝阳区农村地区社会工作协会举办社工职称全国统一考试考前免费培训,17个乡的113个社区近400名社区工作者参加;举办朝阳区农村地区社会工作案例撰写专题培训班,117人次参加培训;为东风乡社区工作者分两期(每期4天)进行社工入职培训,东风乡全体社区工作者89人参加培训。

(李　勇)

水　务

【概况】 朝阳区水务局是负责水行政管理工作的区政府工作部门。主要职能是贯彻落实国家、北京市有关水务工作的法律、法规、条例和政策,研究制定朝阳区水务中长期发展规划和年度计划并组织实施;负责管理朝阳区水资源(地表水、地下水、再生水),组织实施水资源调查、评价、规划、综合开发利用和保护等工作;负责再生水利用、水资源循环利用等工作,指导饮用水水源保护工作;负责节约用水工作,编制节约用水规划并监督实施;监督和指导排水、污水处理、水环境治理工作;负责区属河道保护范围内的绿化、林木管理养护、森林防火和林政工作;负责河道、湖泊、坑塘、堤防的管理和保护工作,承担区防汛抗旱指挥部的具体工作责任,组织、监督、协调、指导朝阳区防汛抗旱工作;负责水政监察和行政执法工作,依法负责水务方面的行政许可工作。公务员编制50名,内设机构10个,下属事业单位12个。年内,为消除区域防洪安全隐患,改善区域水环境,区水务局开展以"7543N"(即7条河道治理工程、5座再生水厂建设、4项郊野公园雨洪利用工程、3条河道水质还清工程、N项水务重点工程)建设项目为主线的水务工程建设。获市委、市政府颁发的北京市抗击"7·21"特大自然灾害先进集体称号。

地址:朝阳区团结湖北路1号

电话:85970772

邮编:100026

邮箱:swjchy@sohu.com

(刘　洋)

【地下水观测工作会】 1月10日,召开朝阳区2011年地下水观测工作会议。总结2011年朝阳区地下水观测及水文水资源调查等工作情况,提出2012年工作计划,并对地下水观测工作中表现突出的集体与个人进行表彰奖励。

(刘　洋)

【排查排水管道设施】 1月17日至18日,区水务局组织人员对所属雨、污水管道排水设施情况进行排查,对重点居民区雨水管线井盖和雨水篦子进行安全检查,对井盖压碎、箅子丢失等问题,通过工程手段更换补齐。同时宣传提醒市民在燃放烟花爆竹时远离城市排水设施,不要在排水设施周围从事其他明火作业等活动,以免引燃、引爆排水管道中残留的易燃、易爆气体,造成人身伤害和财产损失。

(刘　洋)

【领导调研】 2月1日,区长程连元,副区长王春带领区环保局、区发展改革委、区农委、区财政局、规划朝阳分局、国土资源朝阳分局、区社会办、区园林绿化局等单位,到区水务局调研。2月10日,北京市水务局局长程静,副局长张萍、潘安君一行在副区长王春、区水务局领导班子及相关委办局领导陪同下,调研朝阳区污水治理工作。程静一行首先查看了北甸污水处理站及萧太后河(通惠排干-通马路)综合治理工程现场,随后听取区水务局关于朝阳区污水处理设施分布、现阶段处理能力及今后规划等情况的汇报。2月17日,区长程连元、副区长王春在区水务局、潘家园街道及相关委办局陪同下,视察位于潘家园松榆里社区公园内的生活污水处理及中水回用工程。该污水处理站采用全地埋式设计,占地面积约310平方米,处理能力为500立方米/天,处理站出水可回用于绿化及景观补水。2月28日,区委副巡视员张和平率温榆河管委会主管领导到区水务局调研温榆河地区污水处理工作,区水务局党委书记闻惠友、副局长刘明辉陪同调研。4月19日,市人大常委会农村办公室主任徐再城带领部分市人大代表到朝阳区调研北运河水系综合治理工程进展情况,市水务局、区人大有关领导陪同。代表们分别实地调研萧太后河下段综合治理工程及北甸污水处理站,并召开座谈会。6月5日,区长程连元、副区长王春在区水务局局长宗永军、副局长刘明辉陪同下,调研朝阳区防汛及河道治理工作。程连元先后查看防汛物资储备库物资储备情况、萧太后河(通惠排干－通马路)综合治理工程现场。8月2日,北京市卫生局副局长雷海潮及朝阳区卫生局相关领导一行10余人调研豆各庄水厂。雷海潮等查看水厂供水设施,了解水厂相关情况,特别是在"7·21"强降雨中的运行及受损情况。8月6日,区纪委副书记高大中调研区水务局防汛和廉政建设情况。8月10日,区人大常委会副主任张富生带队调研水务工作,区人大农工委主任纪海义、城建委主任张永贵、专职常委张建顺陪同视察,区水务局领导班子成员参加调研。

(刘　洋)

【豆各庄水厂解决居民水质质疑】 3月2日,豆各庄水厂启用新的加氯设备对生活用水进行消毒处理,以保障饮水安全。自3月5日起,以万科青青家园为主的居民,从各种渠道反映饮水有异味,对水质产生质疑。区水务局和有关部门高度重视,水厂人员通过电话沟通的方式向居民解释说明供水技术和水质标准。区卫生防疫部门3月7日至9日连续3天在水厂现场检测水质,检测结果均符合国家标准,新京报记者于3月9日到水厂进行采访,相关报道刊登于3月10日《新京报》A17版。为消除居民疑虑,水厂及时采取措施,将出厂水二氧化氯余量降低到国家标准范围内的最低值,增加对水质化验频次,做好检测记录,同时联系加氯设备厂家,从设备技术角度研究解决办法。3月14日,朝阳区卫生监督所、谱尼测试(国家认证水质检测部门)、区水务局、豆各庄水厂、物业公司及社区居委会等相关工作人员,到反映强烈的青青家园居民家中现场检测,从技术角度予以说明。

(刘　洋)

【常营中心沟朝阳段河道疏浚工程竣工】 3月6日,常营中心沟朝阳段河道疏浚工程竣工验收会召开,工程的建设、设计、施工、监理、管理和质量监督等各单位主要领导及具体负责人出席会议。工程竣工验收委员会认定工程总体质量达到设计要求,同意通过竣工验收。

(刘　洋)

【水务普查数据录入】 3月18日,按照北京市水务普查总体要求,朝阳区水务普查办公室开展普查数据录入工作。在各街乡、单位责任领导和普查员的支持努力下,近百人参与数据录入,3月25日15时,朝阳区百万普查数据录入工作在全市率先完成,并全部通过系统审核。市水普办副主任、市水务局副巡视员杨进怀通过市水务短信平台对朝阳区水普工作进行表扬。

(刘　洋)

【国务院水利普查办检查】 3月20日,国务院水利普查办公室副主任黄河、副处长程益联、海委水普办总工吴大光,在市水务局副巡视员杨进怀、市水务局政策研究室主任丁跃元、市水普办副主任郝仲勇、市水务局计划处副处长赵茜等人陪同下,检查朝阳区水务普查工作开展情况,并给予高度肯定。

(刘　洋)

【水资源调查通过专家评审】 3月27日,《北京市朝阳区水资源调查与评价》项目评审会举行。北京市水务局政策研究室主任丁跃元、地勘院总工叶超、中国农业科学院教授龚道枝、北京市水科所相关技术负责人及朝阳区水务局副局长彭庆彬出席会议。该项目利用GMS地下水模拟软件,对区域浅层、深层地下水资源量进行评估,结合近十年水资源开发利用情况,对朝阳区水资源及其开发利用存在的主要问题进行分析。与会专家对项目提出建设性建议,项目通过专家审查。

(刘　洋)

【北小河污水排放情况调查】 4月9日至13日,根据北京市水务局"北小河水质改善"专题会议精神,配合朝阳区北部三条河流(亮马河、北小河、坝河)水系还清工程,区水务局对排入北小河的黄庄沟上游雨水管线污水排入情况进行调查。内容包括:排水户污水是否排入雨水管线、排水户是否取得排水许可证书或排水登记证书。调查范围东至小营路、南至北土城路、西至安立路、北至小营北路,结果显示,排入黄庄西排水沟流域雨水管线的排水户共22家,其中餐饮酒店6家,居民小区7家,社会单位5家,写字楼3家和在施工地1家。累计发放《排水设施违法行为告知单》22份,要求存在违法行为的排水户停止违法行为,在10个工作日内采取整改措施,并向朝阳区水环境联合执法办公室提交整改方案和排水设施基础资料。

(刘　洋)

【磨房北里污水管线应急工程完工】 4月,磨房北里污水管线应急工程完工。该社区污水管线老化多处渗漏,污水已经渗入小区暖气管沟,造成暖气阀门无法正常开启,对小区居民冬季供暖将造成影响。2011年11月朝阳区水务局组织实施抢修，铺设雨污水管道631米，道路破除与恢复1928.5平方米。

（刘　洋）

【市农村水务建设检查】　5月15日，由市水务局、市发改委、市国土局及各区县水务局组成的北京市农村水务建设检查组，对朝阳区2011年农村水务建设情况进行检查评比。区水务局局长宗永军、副局长李国臣及各相关部门领导参加。检查组先后到崔各庄樱桃园雨洪利用工程、南皋组团定向安置房污水处理站、北京市燕京药业有限公司、郭家场村农民用水者协会分会、萧太后河(通惠排干－通马路)综合治理工程、东南郊水务管理所6处进行检查，现场听取相关人员汇报，对朝阳区一年来的农村水务工作给予肯定并提出建设性意见。

（刘　洋）

【接受市局检查】　5月30日，由市监察局副局长杨小兵、市水务局副局长潘安君带队，就《中共北京市委、北京市人民政府关于进一步加强水务改革发展的意见》贯彻落实情况对朝阳区进行监督检查，区监察局、区水务局主要领导陪同。检查组首先对萧太后河(通惠排干—通马路)综合治理工程和大柳树沟(五环路—通惠排干)治理工程进行现场检查，并听取区水务局汇报。

（刘　洋）

【萧太后河综合治理工程竣工验收】　5月31日，萧太后河(通惠排干—通马路)综合治理工程竣工验收会召开。工程建设、设计、施工、监理、管理、质量监督等单位出席会议。在听取参建各方具体汇报和内外业验收后，竣工验收委员会认为本工程总体质量达到设计要求和验收条件，同意竣工验收并进行验收备案。

（刘　洋）

【水务普查汇总上报阶段宣传】　5月31日，北京市水普办与朝阳区水普办联合在团结湖公园西门广场以“做好水务普查，服务首都发展”为主题，开展水务普查汇总上报阶段宣传活动，通过悬挂宣传横幅、发放宣传品、现场介绍水普知识等方式，广泛宣传水务普查工作的意义。

（刘　洋）

【化石营排水管道工程完工】　5月底，呼家楼街道化石营地区排水管道应急改造工程完工。化石营东巷平房区排水管道为雨污合流管道，建设年代久远且产权不明，管道老化严重，且外来人口聚集，污水排放量日益增大，污水、雨水冒水渗漏事件时有发生，造成当地环境脏乱并威胁房屋结构安全。经区水务局与呼家楼街道、市排水集团深入现场研究，决定对该地区排水管道进行系统改造。工程于2011年10月开工，主要内容为拆除老旧管线，新建污水管线1300米，新建雨水方沟1500米，沥青道路3685平方米，步道840平方米等。

（刘　洋）

【黄庄沟上游雨水管线复查】　6月，区联合执法办联合区水政监察大队及市排水集团，对排入北小河的黄庄沟上游雨水管线中的22家排水户的排水许可办理及其排水管线整改情况再次进行执法检查。13家排水户已办理排水许可，9家正在办理。对新发现的2家未办理排水许可的单位进行行政处罚，对未完成排水管线改造的15家单位进行调查取证。

（刘　洋）

【市委书记郭金龙调研】　8月28日，市委书记郭金龙调研朝阳区工作，现场考察王四营桥积水缓解工程，区委书记程连元、副区长王春、区水务局局长宗永军、副局长刘明辉陪同调研。

（刘　洋）

【广州市水普办来访交流】　9月8日，广州市水普办与朝阳区水普办沟通，交流水普信息平台建设工作。双方就各自信息平台建设构思与成果进行深入研讨。

（刘　洋）

【供水安全管理培训会】　10月24日至26日，区水务局召开供水安全管理培训会，全区120余名供水管理人员参加会议。北京市郊区水务事务中心专家就供水应急事件的处理进行案例分析；中国水利水电科学研究院专家对供水法规、安全饮水标准以及供水工程运行管理维护进行讲解；自备井消毒设备厂家对消毒设备日常维护规程及异常情况的紧急处理措施进行说明。

（刘　洋）

【大羊坊沟水环境改善工程竣工】　12月6日，大羊坊沟(横街子村段)水环境改善工程竣工验收会召开。工程竣工验收委员会认为该工程总体达到预期目标，在工程质量、造价、安全等方面符合工程规范，同意通过竣工验收。

（刘　洋）

【防汛总结会议】　12月27日，朝阳区召开“今冬明春水利工程建设动员暨2012年防汛总结”电视电话会议。区四套班子领导、市水务局副局长潘安君、区水利工程建设总指挥部成员单位主要领导参加会议。区长吴桂英主持会议，区委书记程连元讲话，副区长王春部署今冬明春朝阳区水利工程建设工作。区水务局局长宗永军总结2012年防汛工作并汇报今冬明春水利工程建设任务推进情况，区财政局、王四营乡和大屯街道主要领导做表态发言。今冬明春(2012年11月—2013年5月底)，朝阳区以“7543N”水利工程项目建设为主线，在全区掀起以中小河道防洪治理为重点的水利工程建设高潮。

（刘　洋）

气象与服务

【概况】 朝阳区气象局由朝阳区政府和北京市气象局双重领导，是以上级气象主管机构领导为主的管理机构，承担辖区内气象数据收集整编、预报服务、科技服务、科研及行政管理职能。年内，根据北京市气象局《关于开展区县气象局机构综合改革试点工作的通知》，进行机构调整。将原有的业务科、办公室和综合科，按照职能调整为气象行政机构(综合办公室、业务管理科、社会管理与法制科)，气象事业单位〔预报服务中心(气象台)〕及社会气象服务机构(科技服务中心)，共三部分5个科室。全局有职工17人，其中事业编制职工8人、外聘职工9人。年内，会同北京市气象局装备中心，为高碑店兴隆小学建设红领巾气象站，为科技教师进行气象知识系列培训；“3·23”世界气象日，气象局面向区小学生开放，为小学生讲解气象预报知识，发放气象科普材料；“5·12”防灾减灾日，参加区综合防灾减灾科普宣传活动，面向社会公众发放宣传材料，参加高碑店兴隆社区综合应急演练；8月中旬，为南磨房地区办事处200余名干部和社区负责人进行气象防灾减灾知识培训，为参会的38家单位赠送暴雨、雷电宣传挂图和气象灾害避险指南；为区人力社保局80余名安全负责人进行气象应急管理知识培训；联合区应急办为全区532个社区制作发放暴雨、大风、冰雹、雷电、大雾等气象灾害防御挂图。年内，气象局被区委、区政府评为“朝阳区创建全国文明城区突出贡献单位”，被首都精神文明建设委员会评为“首都文明单位”，被中共北京市气象局党组评为“创先争优推进工作先进单位”。

地址：酒仙桥东风南路6号
电话：64378628，64378211
邮编：100016
电子邮箱：Chyqxj@bjchy.gov.cn

(张子曰)

【异常天气及气候】 4月、5月气温比历年同期平均值分别明显偏高2.0℃和3.1℃；12月气温比历年同期平均值明显偏低2.9℃。12月最低气温-14.9℃，为1987年以来同期月最低气温值，12月月平均气温-4.6℃，为1959年有气象记录以来同期第二低，仅次于1967年12月月平均-5.4℃；2月无降水，比历年同期平均值明显偏少；4月、7月、9月、11月、12月降水比历年同期平均值分别明显偏多1.2倍、1.1倍、1.4倍、11.0倍和2.6倍。7月降水量394.5毫米，7月21日11时至22日04时，辖域内出现特大暴雨，朝阳国家一般气象站监测降水量为223.0毫米，仅次于1963年8月8日08时至9日08时400.7毫米，21日日降水量158.5毫米，为有气象记录以来日最大降水量第三位。11月降水量85.5毫米，为有气象记录以来同期月最大降水量；11月3日09时至4日18时，朝阳国家一般气象站出现雨雪天气，降水量74.9毫米，11月4日日降水量54.0毫米，为有气象记录以来同期日最大降水量。12月降水量8.9毫米，为1978年以来同期月最大降水量；全年总降水量924.5毫米，为1970年以来年最大降水量。7月降水总量、12月降水总量、2012年降水总量为有气象记录以来同期降水总量第三位。

(张子曰)

【气候概况】 年内，平均气温12.6℃，比历年平均值12.0℃偏高0.6℃。年度冬、春、夏、秋季平均气温分别为-2.2℃、14.9℃、26.0℃、12.7℃，与历年同期平均值-2.2℃、13.2℃、24.9℃、12.3℃相比，春、夏、秋季分别偏高1.7℃、1.1℃和0.4℃，冬季与历年同期持平。极端最高气温为37.7℃，出现在6月17日，极端最低气温为-14.9℃，出现在12月24日。年度降水量924.5毫米，比历年平均值581.6毫米偏多59.0%。本年度冬、春、夏、秋季降水量分别为3.8毫米、79.2毫米、613.2毫米、223.0毫米，与历年同期平均值9.6毫米、61.3毫米、432.5毫米、78.2毫米相比，春、夏、秋季分别偏多29.2%、41.8%、185.2%，冬季偏少60.4%。年度一日最大降水量为158.5毫米，出现在7月21日；最长连续降水日数为4天，降水量为11.9毫米，出现在7月4日至7月7日；最长连续无降水日数为53天，出现在1月8日至2月29日。全年蒸发量为1422.5毫米，日照时数为2541.2小时，有80天有降雨天气，14天有降雪，最大冻土深度为39厘米，霜日为154天(2011年10月24日至2012年3月25日)。

(张子曰)

【气象灾害】 年内，出现扬沙1次，浮尘1次，3日大雾，31日雷暴，6日大风天气。出现7次暴雨，1次暴雪过程；其中1次暴雨过程达到特大暴雨量级，1次暴雪达到特大暴雪。7月21日至22日特大暴雨灾害造成朝阳区经济损失2.21亿元，受灾人口2.7万人，6人因灾死亡(溺水、触电)。降水造成道路低洼地区多处积水，京密路大望京公园周边、马泉营路口与来广营东路交叉口、北五环北苑东路桥、顾家庄桥北、望京地区等地积水严重，最深处达2米，多辆汽车被淹。崔各庄乡多处房屋进水，积水最深1.5米，转移受灾居民20余户。全区19个街乡受灾，损坏房屋3893间，农田受灾337.63公顷，19 条大小河道 251 处共 1520 米受损。11 月 3 日至 4 日历史罕见雨雪天气过程，造成辖域内部分地区树木倒伏断枝，数辆汽车被砸，安贞五联建小区居民供电线路被砸中，断电 9 个小时。年内，收到群众上报各类气象灾害事件 86 件。

（张子曰）

【气象服务】 年内，提供常规气象服务 4030 余件次，其中转发北京市气象台各类灾害预警信号 90 期，提供重大天气过程及重大节日气象服务 80 余期。对“朝阳国际风情节”、“东岳庙春节文化庙会”、“沙滩排球世界大满贯北京赛”、“环北京公路自行车赛（朝阳段）”等 8 次重大活动提供气象服务保障工作。向区应急人员及气象信息员发送预警和重大天气过程短信息 200 余条、4 万余人次。开展信息员培训 2 次。

（张子曰）

【防雷减灾管理】 年内，避雷装置安全检测东区分中心对辖区内 1500 余家单位进行防雷检测，对 1200 余家单位提出整改意见。

（张子曰）

【依法行政】 年内，审批施放气球作业 306 件，审批施放升空气球 2454 个；受理防雷行政许可报批 83 件，其中设计审核 33 件，竣工验收 50 件，执法检查 50 余次。

（张子曰）

（注：上述历年平均值统计值采用新 30 年气候平均值（1981 - 2010 年）。暴雨过程采用 12 小时 30.0 - 69.9 毫米，特大暴雨采用 12 小时大于 140.0 毫米，特大暴雪采用 12 小时大于 15.0 毫米标准。）

功能区建设

北京商务中心区

【概况】 北京商务中心区(CBD)管委会为北京市政府在商务中心区设立的行政机构,代表市政府统一行使北京商务中心区开发建设和管理职能,由朝阳区政府代管。年内,CBD核心区建设由前期准备阶段进入全面施工阶段,集交通、市政、景观以及综合防灾功能为一体,总规模52万平方米的公共配套设施工程可施区域土方基本完工(至-26米),开挖184万立方米;东部管廊结构封顶,西部管廊正在进行地连墙导墙施工,东扩区重点项目取得实质性进展。中心区新增企业4023家,总注册资本276亿元,其中注册资本过亿元企业50家;新增企业实现税收1.1亿元;注册资本过亿元50家企业总注册资本179亿元,实现税收718万元;中心区税收收入275亿元,同比增长15.32%,占全区的20.5%;实际利用外资12.35亿美元;税收过亿楼宇40座,其中6座超过10亿元,国贸中心税收最高,为31.6亿元。功能区税收收入812亿元,占全区的60.5%;实现区级财政收入207亿元,占全区的59.4%;实际利用外资31.82亿美元。

地址:朝阳区东大桥路8号SOHO尚都北塔A座7层

电话:58780000

邮编:100020

(龚双红)

【领导调研】 1月5日,国家环境保护部部长周生贤调研CBD核心区施工扬尘控制情况,要求加大力度控制扬尘,加强环境监管。4月24日,市委常委、市委秘书长李士祥,副市长陈刚调研CBD核心区建设,提出“加大力度,加快进度,统筹推进”工作要求。5月3日,原中共中央政治局常委、书记处书记、中央纪委书记、中华全国总工会主席尉健行到CBD调研指导,肯定CBD规划建设工作所取得的成绩。5月9日,国家商务部副部长王超,市委常委、市委秘书长李士祥,副市长陈刚等调研中国国际贸易中心三期B阶段工程建设情况。8月28日,市委书记郭金龙,市委常委、市委秘书长赵凤桐到CBD调研,提出“贯彻落实科学发展观,把握区域功能定位,把握发展阶段特征,实现经济又好又快发展”要求。10月25日,市委副书记、代市长王安顺调研CBD核心区施工工地,实地察看核心区规划建设情况。

(龚双红)

【入驻机构】 1月11日,北京恒升阳光成长投资管理中心(有限合伙)入驻北京财富中心,注册资本10亿元;1月19日,北京三星置业有限公司入驻招商局大厦,注册资本26.9亿元;3月7日,江西铜业(北京)国际投资有限公司入驻世纪财富中心,注册资本10亿元;5月11日,壳牌(中国)项目技术有限公司入驻国贸中心,注册资本1.2亿元;5月30日,世界500强之一的亚马逊集团将其亚太区总部及其原在美国的云计算中心落户CBD,整个项目投资金额2.9亿美元;7月13日,正大侨商房地产开发有限公司入驻CBD,注册资本43.2亿元。

(龚双红)

【CBD东扩区进展】 1月18日,CBD东扩区华北电网智能研发中心奠基。9月26日,人民日报社报刊综合业务楼工程结构封顶。

(龚双红)

【“十二五”时期发展规划发布】 2月,正式印发《CBD功能区“十二五”时期发展规划》,明确CBD功能区“十二五”时期的发展目标、重点任务及主要措施。

(龚双红)

【CBD核心区建设】 3月2日,取得CBD核心区基础设施建设工程两个标段的施工许可证；6月5日，区编委批复增设核心区建设现场管理机构，成立秘书处、工程管理处和工程协调处，增加行政编制15名；6月14日，核心区一工区与公共配套设施工程一体化施工正式启动；9月17日，CBD核心区内部市政道路设计方案正式取得市规划委批复。

(龚双红)

【产业服务】 3月28日，召开楼宇经济发展座谈会，表彰2011年度做出突出贡献的国贸中心、华贸中心、东方梅地亚等21座楼宇。10月31日，联合区域内国税所、地税所，面向企业免费开展“营业税改增值税”专项培训，友邦保险、大众汽车、金杜律师事务所等30余家企业50余名高管及财务人员参加培训。12月12日，举办“2013经济形势报告会”，邀请中央党校教授蔡霞、国家信息中心预测部宏观经济研究室主任牛犁为跨国公司管理层解读十八大精神，分析2013年经济形势。

(龚双红)

【重点项目】 5月16日，中央电视台新台址主楼竣工。主楼位于CBD核心地带，高234米，由裙楼、两个塔楼和悬臂结构组成。6月8日，市政府批复同意永安里中国国际商务中心项目纳入旧城区改建，此为自《国有土地上房屋征收与补偿条例》颁布实施后，全市第一个以旧城区改建方式实施的房屋征收项目。7月6日，北京财富中心金融中心结构封顶，该项目高265.3米，按照国际甲级写字楼标准建设，属北京市重点建设项目。

(龚双红)

【商务活动】 5月28日至6月1日，参与首届中国(北京)国际服务贸易交易会，与中国商务区联盟作为跨国公司板块的主办单位，主办“省市长与跨国公司CEO高峰会和跨国公司展览”等活动。年内，分别参与组织第三届中国特色世界城市论坛、第五届跨国公司领袖圆桌会、京港洽谈会、第七届文博会等大型活动。

(龚双红)

【市政基础设施】 7月31日，跨朝阳路三号天桥工程完工。该天桥位于小庄路口东侧，横跨朝阳路，北连朝阳区第二医院，南接第一商城，总长56.5米，桥面宽4米，为CBD区域内第一座大型人行过街天桥。年内，完成针织路和郎家园西路建设收尾工作。

(龚双红)

【2012北京CBD商务节】 9月15日至22日，举办2012北京CBD商务节，主题为“商务引领，创新驱动，建设国际商务中心区”。商务节举办了开幕式、主题展览、论坛会议、商务活动、文化活动等5大类20余场活动。期间，首度与央视合作，录制以商务区发展为主题的《对话》节目，并在央视财经频道播出；20余个项目签约落户朝阳区或形成战略合作关系；举办世界商务区联盟年会和中国商务区联盟年会，并连任世界商务区联盟轮值主席；中国商务区联盟新吸纳宁波南部中央商务区、长沙芙蓉区中央商务区、西安碑林区3家单位，成员单位增至20家。

(龚双红)

【环境优化】 年内，完成央视新台址周边环境改造，推进静态交通环境整治；集中整治黑摩的、人力三轮车和游商摊贩；实施区域自行车服务系统布点规划，在贵友大厦、金台夕照地铁口等3点位各存放20辆自行车供市民租用；在区域内12条主要道路170个点位安装329个垃圾桶；启动东三环沿线楼宇夜景照明升级改造；消防监督员入驻CBD，成立网格工作小组，对区域内消防安全实行网格化管理。

(龚双红)

【党工团组织建设】 年内，CBD区域成立3个党支部，发展党员27名；对281个基层党支部进行分类、定级；区域内有工会组织300余家，会员3万余人；《北京CBD探索“四务合一”》商务楼宇党建模式被区委组织部推荐上报为市级党建创新项目；CBD总工会调研报告《CBD员工价值取向和发展需求》在全国总工会主办的《工会博览》上发表。

(龚双红)

【考察交流】 年内，接待各级领导考察、省级交流、国内外考察团92批次近2000人次。

(龚双红)

北京奥林匹克公园

【概况】 北京奥林匹克公园管理委员会为市政府派出机构，委托朝阳区政府代管。内设综合处、安保交通处、综合治理处、大型活动处、发展处和市政管理处6个处室，下设1个城管分队和1个服务中心。公务员编制100名，全额拨款事业编制25名。主要职责：贯彻执行国家及本市有关法律、法规和政策。负责研究提出奥林匹克公园发展规划和相关政策，并组织协调市、区有关部门及区域内企事业单位共同落实。参与拟订奥林匹克公园的建设规划工作。负责区域内大型活动的组织管理和服务保障工作。负责组织协调区属各单位开展区域内社会秩序、市政基础设施、城市绿化、市容和环境卫生等工作，统筹园区及周边景观管理工作，实施标准化城市管理。按照功能区建设要求，组织、协调、统筹区域内的产业发展和促进工作。负责统筹区域应急管理工作。负责组织协调有关部门及区域内的企事业单位，开展食品卫生、防火安全、生产安全、交通管理、社会治安、旅游市场管理等工作。负责市、区政府交办的其他工作。年内，完成固定资产投资14.7亿元。接待游客5800万人次，比上年增加约5%。接待省部级以上参观团56批次、共计941人。完成区级收入约53.69亿元，同比增长17.58%，超额完成全年任务(51.5亿元)，占全区的15.4%，贡献比重比上年增加一个百分点。

地址：朝阳区北辰东路15号

电话：84972647

邮编：100101

网址：www.bogac@sina.com

（赵振霞）

【全民健身示范基地】 年初，启动"全民健身基地"二期工程建设工作，建设完成一个气膜网球馆，修建一处室内乒乓球室。

（金　虎）

【区域党建】 11月1日，由北京奥林匹克公园管委会和奥运村街道办事处联合组织的"北京奥林匹克公园商务楼宇服务站"在奥林匹克公园下沉商业区(下沉商业区是以新奥购物中心为主体的商业服务体系，因位于北京奥林匹克公园下沉花园内，称为下沉商业区)正式授牌成立。该服务站采取奥管委、奥运村街道、新奥和元公司三位一体运行机制，履行党建工作站、社会工作站、工会工作站、共青团工作站、妇联工作站、统战服务站等六项服务职能，区域内50余家两新组织能够零距离享受政府的社会化服务。

（张志丹）

【国家5A级旅游景区】 11月26日，奥林匹克公园获全国旅游景区质量等级评定委员会授牌，成为朝阳区首个取得5A资质的旅游景区。

（丁　军）

【税源建设】 年内，奥运功能区促成北京海亚投资集团有限公司、北京房地置业发展有限公司、北京地铁16线投资有限责任公司等11家单位回迁。协助街乡引入金晟保险经纪公司、中色金昊(北京)信息科技有限公司、索尼(中国)有限公司、凯德嘉茂太阳宫店等项目。

（金　虎）

【产业扶持】 年内，为国家体育场"欢乐冰雪季"、"我的奥林匹克——鸟巢儿童体验项目"2个项目，国家游泳中心"2011年第六届国际泳联花样游泳大奖赛"、"美的2012年国际泳联世界跳水系列赛(北京站)"、"水立方大众游泳健身俱乐部"3个项目，世奥森林公园"奥林匹克森林公园北园乐跑健走道"、"国家网球新馆项目"2个项目，申报北京市体育产业发展引导资金共1437.38万元。为北京欢乐水魔方水上乐园有限公司"水立方戏水乐园项目"、北京国家游泳中心有限责任公司"水立方2012伦敦奥运主题旅游体验项目"、北京鸟巢风采文化有限责任公司"《鸟巢·吸引》大型驻场演出项目"申报市区两级产业扶持资金共1134.56万元。

（金　虎）

【大型活动和会议展览】 年内，园区共举办包括"王力宏火力全开"2012年鸟巢演唱会、五月天诺亚方舟演唱会、国际泳联短池锦标赛、《鸟巢·吸引》驻场演出等文体活动及首届京交会、第二届北京国际电影节等会展项目927项，参与人数103.7万人次。

（丁　军）

【国际赛事】 年内，举办中网公开赛、2012年环北京国际自行车锦标赛、北京国际马拉松比赛、沸雪国际单板滑雪比赛等国际性活动87项，数量是2011年的5倍。

（丁　军）

【奥体南区建设】 年内，奥体文化商务园区2号地块项目立项。该项目为天圆置业写字楼，由两栋楼宇组成，总规划建筑面积约20万平方米，其中地上规划建筑面积13.2万平方米，项目建筑高度140米，总投资27.1亿元。一栋为天圆置业自持，一栋与中国铝业界第三大企业、民营第一大企业——北京鑫恒集团公司(目前在西城区)合作，用于该公司总部办公。项目于2012年3月开工建设，计划2015年竣工。年内，开元国际广场建设全面开工，截至2012年底已完成投资近1亿元。广场位于奥体南区3、4、5号地块，由中建国际建设有限公司和北京保利兴房地产开发有限公司联合体于2009年12月以48亿元摘牌，项目总建筑面积约37万平方米，总投资约93.5亿元，定位为国家级、国际级企业总部聚集区，由中国建筑大厦等5栋国际甲级写字楼以及配套商业建筑组成。其中，中国建筑大厦为中建国际建设有限公司(注册地为朝阳区麦子店盛福大厦)和其母公司——中国建筑股份有限公司(目前在海淀区中建大厦)总部办公楼；另外一栋为中国外运长航集团有限公司(目前在海淀区金运大厦)总部办公楼。该项目计划2014年6月竣工。

（金　虎）

【工程建设】 年内，完成中国美术馆第一轮建筑设计招标。完成中国国学中心建筑设计方案招标，中标单位为东南大学。完成中国工艺美术馆建筑设计方案评标和可研报告初稿编写工作。奥运博物馆基本具备对外开放条件，预计展出图片765张，文物601件。完成奥林匹克公园瞭望塔项目主体施工。

（金虎）

【产业服务】 年内，协助北京天圆祥泰置业有限公司、百盛太阳宫店完成项目立项和工商注册资金增资等工作。

(李　博)

【奥运功能区发展联盟】 年内,7家单位成为奥运功能区发展联盟成员,分别为爱乐活(北京)科技有限公司、北京北奥大型文化体育活动有限公司、北京工美集团新奥工美文化发展分公司、北京击缶而歌国际管理顾问有限公司、北京文创国际集团、北京卓众出版有限公司和国际商业机器(中国)有限公司(IBM)。2008年奥运会后至2012年,联盟成员单位已有41家企业。(奥运功能区发展联盟是由北京奥林匹克公园管理委员会牵头,功能区内优势企业及相关事业单位本着自愿、平等、互利、合作的原则组成的开放性、非盈利性的联合组织。奥运功能区总规划面积67.4平方公里,以北京奥林匹克公园为核心,包括奥运村、亚运村、大屯、安贞、小关、来广营西部、和平街、香河园、太阳宫北部等9个街乡)

(李　博)

【执法检查】 年内,取缔无照经营2.68万起,罚没非法经营工具及商品123.27万件、罚款金额11.55万元。

(张金彪)

【入园安检】 年内,安检物品921万件,查处禁限带物品2.5万件。其中管制刀具321把、限带刀具17653把、工具1988件、仿真枪支2支、手铐48副、甩棍98根、拳刺21件、警械(含电击器)1把、易燃易爆罐装气体12支。

(彭　伟)

【安全生产】 年内,出动安全检查人员380人次,检查相关单位90家次,发现安全隐患20余处,下发安全整改指令书和安全检查记录100余份。

(张金彪)

【国家文化体育创新示范区】 年内,完成国家文化体育创新示范区建设系列文件编制工作。编制完成《北京奥林匹克公园国家体育产业示范基地专项发展规划》,以区政府名义出台《朝阳区促进北京奥林匹克公园大型品牌活动加快聚集的若干措施(试行)》,制定《北京奥林匹克公园创建国家体育产业示范基地工作方案》。

(金　虎)

【媒体接待】 年内,接待新华社等国内媒体采访117批次468人次、美国全国广播公司等外国媒体16批次108人次。

(崔　念)

电子城科技园

【概况】 中关村科技园区电子城科技园管理委员会是负责电子城科技园规划、建设和管理等行政职能的区政府派出机构。年内,电子城科技园有中关村高新技术企业1061家,从业人员16.7万人。电子信息、新能源、先进制造是电子城3大支柱产业。年收入3845.2亿元,同比增长106.7%,有过亿元企业157家,其中,7家超百亿元,31家过10亿元;实缴税费541.0亿元,同比增长501.9%;实现利润总额366.5亿元,同比翻了一番;完成工业总产值849.0亿元,同比增长24.2%。

地址:朝阳区酒仙桥路甲12号电子城科技大厦15层

电话:64311811 64317300(传真)

邮编:100015

电子邮箱:64317300@163.com

(苏　姗)

【招商推介活动】 1月11日,在电子城西区举行电子城第一届招商投资推介会,和运集团、第一视频、华盛康城、千橡网4家企业分别与电子城建设、电子城投资、松下彩管及国投尚科4家产业园签订入驻协议,望京科技创业园、高创中心、IT产业园、叶青大厦、798艺术区等14家产业园和商务机构被授予“中关村电子城重点功能产业园”称号。

(苏　姗)

【11家企业获技术创新资金资助】 1月20日,市科委网站公布2012年度北京市科技型中小企业技术创新资金立项项目名单,阳光金力、华特恒信等11家园区企业项目获批立项,共获得360万元资金支持。

(赵　剑)

【电子城北区建设规模调整】 2月7日,市规划委主任邱跃到朝阳区召开现场会,听取电子城北扩整体控规研究情况、先期启动北扩部门地块控规调整情况及望京研发创新基地、摩托罗拉三期容积率调整情况工作汇报。会议同意电子城北区总建筑规模为550万平方米,先期启动七星华创、华锐风电、地铁站点周边等地块的控规调整,调整摩托罗拉三期,默沙东、时代凌宇等项目容积率。

(王　谦)

【企业创新发展政策宣讲会】 2月20日,电子城管委会联合市科委在望京科技创业园举办“促进中关村科技园区电子城科技园企业创新发展政策专题宣讲会”。市科委、市地税局、市技术合同登记处相关人员分别解读企业研发机构认定政策、企业研发费用加计扣除政策、高新认定企业认定办法、北京市技术合同认定登记管理办法及税收优惠政策等文件,近百家企业研发人员、财务负责人到场听讲。

（赵 剑）

【知识产权宣讲会】 2月24日，电子城服务中心与朝阳区知识产权服务中心合作，邀请中关村知识产权促进局及相关中介机构，在望京科技创业园A座报告厅举办知识产权政策宣讲会。园区78家企业140余人参加。

（司 维）

【校园招聘会】 3月13日，电子城管委会会同朝阳人才服务中心带领京东方科技集团、七星华创、捷通机房、瑞利分析等园区16家高新企业，赴西安电子科技大学、西安科技大学、西安邮电学院3所高校参加校园招聘会。面向硕士及本科毕业生提供工作岗位100余个，专业需求排名为电子、通信、计算机等专业。20名应聘者与16家企业达成就业意向。

（司 维）

【高新技术企业专场招聘会】 3月30日，电子城服务中心会同朝阳人才服务中心举办2013年首场面向社会人员招聘会。招聘会为电子科技类专场，七星华创、金汉王科技、瑞利分析、国遥新天地等57家高新技术企业提供软件工程师、技术开发、人力资源、销售等600余个岗位，近千人应聘。

（司 维）

【高新技术企业认定培训会】 3月30日，电子城管委会在望京科技创业园举办高新技术企业认定培训会。园区70家企业近百名企业代表参加培训。年内，电子城科技园区44家企业通过国家高新技术企业认定，102家2009年认定的国家高新技术企业通过复审。至此，电子城科技园共有国家高新技术企业348家。

（赵 剑）

【工商年检】 3月，电子城管委会会同酒仙桥工商所、望京工商所、奥运村工商所，为园区高新技术企业提供集中工商年检服务。年检为期一周，园区300余家高新技术企业参加并通过年检。

（司 维）

【技术合同执法检查】 4月5日，北京技术市场管理办公室专家组到电子城科技园区技术合同登记处，对2011年认定登记的700份技术合同及资金使用情况进行执法检查。经查，受检合同及资金使用情况全部合格。

（苏 姗）

【完成A10－1和A10－2地块入市交易】 4月11日，电子城西区A10－1和A10－2地块完成投标程序。A10－1地块建设用地面积48900平方米，地上建筑规模78240平方米，中标人为太极计算机股份有限公司和北京市天利科技有限公司联合体，中标价37700万元；A10－2地块建设用地面积18672.135平方米，地上建筑规模29875平方米，中标人为北京东方国信科技股份有限公司和北京叶氏企业集团有限公司联合体，中标价14041.25万元。

（王 谦）

【6家企业获北京市科技奖】 4月13日，市科委网站公布2011年度北京市科学技术奖励名单。电子城园区6家企业参与或独立完成的7个项目获奖。北京城建勘测设计研究院参与完成的“北京地铁工程建设安全风险控制及信息化管理平台的研究与应用”项目获一等奖；北京北方微电子基地设备工艺研究中心有限责任公司独立完成的“大产能高亮度LED刻蚀机研发及产业化”项目，北京超图软件股份有限公司独立完成的“面向服务的数字城市地理信息共享平台”项目，中国建筑科学研究院参与完成的“多层地下综合交通枢纽安全设计技术”项目，分获二等奖；北京瑞利分析仪器有限公司独立完成的“AF－610D2色谱—原子荧光联用仪”项目，信诺美（北京）精细化工有限公司独立完成的“SHOP法生产α－烯烃的环保高效催化剂的产业化研究”项目，中国建筑科学研究院参与完成的“国家博物馆改扩建工程钢结构设计与施工关键技术研究”项目，分获三等奖。

（赵 剑）

【先启区域规划调整】 4月19日，电子城北区先行启动区域（4、6号地）规划调整事项在市规划委中心城控规动态维护工作会上原则通过。本次规划调整涉及用地面积72.38万平方米，其中建设用地44.34万平方米；建设规模从84.89万平方米调整为127.63万平方米，新增约43万平方米。

（王 谦）

【知识产权园区行活动】 4月19日，中关村知识产权局联合电子城科技园管委会在望京科技创业园举办以政策宣讲、服务对接、数据发布为重点宣传题材的知识产权园区行宣讲活动，园区近百家企业参加。

（赵 剑）

【中关村创新示范区羽毛球赛】 4月21日至22日，在朝阳区体育馆举办中关村国家自主创新示范区第三届运动会羽毛球比赛。电子城管委会连续两届承办该赛事。各园区18支代表队、近200名运动员参赛。亦庄管委会代表队、丰科园商务公司代表队、北京七星华电科技集团有限责任公司代表队分获冠、亚、季军。

（李 哲）

【电子城企业获专利资助】 4月26日，正式启动2012年度中关村专利促进资金申报工作。电子城园区22家企业申报国内专利238项，237项通过审核并获得118.5万元专利促进资金资助；京东方科技集团股份有限公司申报国际专利79项，51项通过审核并获得153万元专利促进资金资助。

（赵 剑）

【刘威入选“千人计划”】 4月，望京创业园入园企业北京默凯斯能源技术有限公司总经理、博士刘威入选中组部“千人计划”(海外高层次人才引进计划)。此为继精进电动公司博士蔡蔚以来,第二位通过园区自身孵化入选中组部海外高层次人才引进计划的创业者。

(赵　培)

【大望京专场投资推介会】　5月31日,在第一届中国(北京)国际服务贸易交易会分销服务板块推出大望京国际科技商务创新区投资推介专场活动。绿地中心、浦项中心、远洋万和公馆、保利中央公园、保利国际广场等建设项目整体亮相,并由上海绿地能源(集团)有限公司、浦项(中国)投资有限公司与电子城管委会签署战略合作协议。

(黄雅卿)

【2号地项目公司成立】　6月7日,北京昆泰房地产开发集团、中航投资控股有限公司和北京融侨置业有限公司共同投资的北京乾景房地产开发有限公司完成工商注册。大望京国际科技商务创新区2号地建设项目占地30.55公顷,规划总建筑面积39.2万平方米,为商业金融、文化娱乐用地,由上述3家公司于2011年4月15日联合投标竞得。

(黄雅卿)

【3号地工程竣工验收】　6月18日,国际电子总部3号地工程竣工验收,正式投入使用。国际电子总部是电子城科技园发展高新技术产业的重要平台,占地8.6公顷,总建筑规模50万平方米。其中3号地工程总建筑面积13.5万平方米,入驻项目包括中国移动、联发科技、奇虎360等重点企业的总部及产业项目。

(王　谦)

【上市企业培训】　6月19日,电子城科技园安世亚太科技(北京)有限公司等13家拟上市企业参加“北京科技”专题培训。本次培训为2012年北京市第二场拟上市企业培训,由北京市金融工作局主办。

(苏　姗)

【区域化党建联络会揭牌】　6月26日,举行电子城功能区区域化党建启动暨党建联络会揭牌仪式。区委常委、组织部部长张革,副区长汪洋及电子城管委会工委书记王文军为联络会揭牌。

(赵　培)

【社会保险法规培训】　6月28日,电子城科技园服务中心与区人力社保局合作,为园区企业举办《中华人民共和国社会保险法》培训。园区近百家高新技术企业人力资源部门负责人参加培训。

(司　维)

【13家企业获创新基金支持】　7月6日,科技部科技型中小企业技术创新基金网站公布2012年科技型中小企业技术创新基金立项项目名单,中科宇图、奥科兴源等13家园区企业获得该基金支持,以无偿资助、贷款贴息等方式共获得885万元资助。

(赵　剑)

【创新实践基地和工作站评估】　7月6日,电子城管委会召开2012年度创新实践基地和工作站评估工作说明会,园区德信无线通讯科技(北京)有限公司、鼎桥通信技术有限公司、北京合众思壮导航技术有限公司、北京超图软件股份有限公司等4家工作站负责人员及主管领导参加会议。

(苏　姗)

【默沙东亚洲研发总部奠基】　8月2日,在电子城西区B12地块举行默沙东亚洲研发总部项目奠基仪式。默沙东公司系全球第二大制药公司,世界五百强企业之一。默沙东亚洲研发总部项目总建筑面积8万平方米,其中一期工程办公室和实验室总面积47000平方米,预计2014年完工,主要用于药物研发、转化性研究、临床开发、注册事务及外部研发等业务。

(王　谦)

【营改增政策辅导会】　8月9日、15日,电子城管委会与区国税局合作,在望京科技创业园举办企业营业税改征增值税政策辅导会,园区高新技术企业共600余人接受辅导。

(司　维)

【奇虎360入驻电子城】　8月31日,奇虎360公司正式与北京电子城投资开发股份有限公司签约,入驻中关村电子城国际电子总部。

(赵　培)

【大望京工地施工临电到位】　8月,大望京国际科技商务创新区4、5号地建设项目施工临电实现通电,标志着大望京工地施工临电整体到位。电子城管委会于2月中旬确定临电管线建设方案,3月初施工,7月初完成管线建设及有关手续,7月11日临电管线正式供电,至8月10日,各工地按需求完成接电工作。

(黄雅卿)

【项目准入管理意见出台】　9月4日,电子城管委会《中关村科技园区电子城科技园项目准入管理意见》正式出台。

(王　谦)

【中关村信用政策宣介会】　9月7日,高企协在望京科技创业园举办“中关村信用政策宣介会”,园区近百家企业到会。中关村信用促进会副秘书长、业务主管讲解中关村科技金融政策法规和中介服务支持资金补贴等政策。

(李　哲)

【“锐动金秋”政企联谊会】　9月20日,在望京昆泰酒店举行电子城科技园第六届“锐动金秋”政企联谊会暨党建服务和招商引资工作站“双站”启动仪式。电子城科技园是中关村“一区十园”中首个采用“双站”模式发展的园区,“双站”服务是园区的创新尝试。

(赵　培)

【20%建设项目提前封顶】　9月,大望京国际科技商务创新区20%建设项目实现主体结构封顶。封顶面积23万平方米,其中1号地613地块

结构封顶,615 地块 3 号楼、6 号楼结构封顶,4、5 号地 630、632、635 地块整体结构封顶。封顶建筑面积 1 号地约 6.87 万平方米,4、5 号地约 16.13 万平方米。

(黄雅卿)

【自主创新示范区空间调整获批】 10月 13 日,国务院下发《关于同意调整中关村国家自主创新示范区空间规模和布局的批复》,中关村国家自主创新示范区空间规模和布局调整获正式批准。电子城科技园纳入中关村国家自主创新示范区的土地面积由原来的 16.8 平方公里增加到 18.09 平方公里。除原有 4 个区域面积有所调整外,新增望京地区。

(王 谦)

【青年英才进入创新实践基地】 10 月,5 名青年英才(具有博士学位,45 周岁以下,以科研项目为依托从事研发工作的专业技术人员)进入合众思壮创新实践基地工作站,开展国家 863 项目"导航与位置服务系统关键技术及应用示范"研究。

(赵 培)

【将台路西段拓宽改造工程启动】 11 月 20 日,电子城管委会召开将台路西段拓宽改造正式启动工作会,将台地区、酒仙桥街道、电子城投资开发股份有限公司及相关拆迁、咨询公司负责人参会。将台路位于电子城东区,西起京顺路,东至酒仙桥路,长 1.2 千米,是电子城东区对外联络的重要次干路。

(王 谦)

【中关村标准创新试点单位】 11 月 26 日,中关村标准创新服务中心网站公布中关村标准创新第二批试点单位名单。京东方科技、鼎桥通信、超图软件等 10 家园区企业入选。至此,电子城科技园"中关村标准创新试点单位"达到 22 家。

(赵 剑)

【企业进校园系列招聘会】 11 月,电子城服务中心借助"朝阳新芽人才计划"平台,组织园区企业开展系列校园招聘活动。活动自 10 月开始至 11 月结束,园区近 50 家企业分别参加了 10 所高校的校园双选会、一所高校的招聘宣讲会,提供岗位近 200 个。

(司 维)

【第三届"协会杯"羽毛球联赛】 12 月 7 日,在朝阳体育馆举办电子城第三届"协会杯"羽毛球联赛。比赛由电子城管委会与朝阳区高新技术企业协会合办。七星华电、华润双鹤、区人事局等 16 支队伍参赛。七星华电队获得冠军,区人事局、京东方集团分获亚军、季军。

(李 哲)

【大望京 5 号地 635 地块竣工验收】 12 月 10 日,大望京国际科技商务创新区 5 号地 635 地块工程通过朝阳区建设工程质量监督站竣工验收,质量合格。

(黄雅卿)

【大望京 2 号地建设项目开工】 12 月 18 日,2 号地建设项目开工,占地 30.55 公顷,规划地上建筑规模 39.2 万平方米,计划建成商业中心、高档写字楼。至此,大望京所有出让土地全部开工建设。

(黄雅卿)

【10 家企业入选"十百千工程"】 12 月 28 日,中关村国家自主创新示范区网站公布中关村国家自主创新示范区"十百千工程"第三批重点培育企业名单。电子城管委会推荐的捷通机房、西门子(中国)等 10 家企业入选。至此,电子城科技园"十百千工程"企业数量达 31 家。

(赵 剑)

【电子城企业获专项资金支持】 12 月,由电子城管委会负责落实的朝阳区高新技术产业发展专项资金支持方案获区产业领导小组会正式通过,园区 30 家高新技术企业和 10 家重点功能产业园获得 3910 万元资助,另有 50 家通过 2011 年国家高新技术企业认定的企业获得审计费补贴共计 61.5 万元。

(赵 剑)

温榆河生态走廊

【概况】 北京市朝阳区温榆河生态走廊建设管理委员会(简称温榆河管委会)成立于 2009 年 8 月,为区政府派出机构。负责温榆河地区开发建设管理和协调服务工作。主要职责:负责研究编制温榆河地区总体规划、控制性详细规划和各专项规划,制定地区发展规划、相关政策和开发建设计划,并组织实施;负责统筹温榆河地区市政基础设施建设、产业发展和生态环境建设,制定地区土地开发建设计划,并组织实施;负责协调建设用地的征地、拆迁、转工、转居工作,制定征地拆迁安置计划和政策;负责温榆河地区开发建设项目的初审和报批工作,并协助相关部门开展对工程项目的财务管理和审计监督工作;负责研究温榆河地区的财政、金融运行态势,组织对外宣传和招商引资。管委会机构规格为正处级,公务员编制 15 名。管委会设机构 3 个,分别为办公室、规划建设科、资源利用科。下属差额拨款事业单位北京市朝阳区温榆河生态走廊服务中心,机构规格为正科级。年内,完成固定资产投资 29.68 亿元。

地址:朝阳区金盏乡金盏街 9 号

邮编:100018
电话:84334239
电子邮箱:wenyuriver@163.com

(金丽坤)

【重要会议】 2月23日,区委常委、副区长陈涛在温榆河管委会召开工作会,研究落实“双十工程”和2012年区政府折子工程中涉及温榆河地区任务。7月9日,区委书记程连元主持召开会议,研究温榆河绿色生态休闲区产业规划工作,原则同意温榆河管委会提出的《温榆河绿色生态休闲区产业规划研究》意见。11月29日,区委书记程连元主持召开会议,专题调度孙河地区产业发展工作。

(金丽坤)

【市政基础设施建设】 3月14日,金盏2.5兆帕高压B燃气调压站开工建设,6月15日完工。调压站位于金盏乡进站路口西北侧,占地面积约1800平方米,建筑面积380平方米,设计规模15万立方米/小时。同日,金盏小店110KV变电站规划方案获市规划委同意,7月,该项目完成红线范围内场地拆迁。4月1日,长店北路开工建设,道路全长2.7千米,红线宽度40米。年内,该项目完成道路红线范围内拆迁、树木移伐及管线拆改移工作,完成道路东段1.4千米雨污水、自来水管线建设工程,东段1.4千米主路南半幅建成通车。6月10日,长店、南皋、康营组团临时污水处理设施开工建设,年内完成主体工程建设。温榆河大道:6月25日,温榆河大道雷庄村墓地排水工程完工。11月完成金盏乡东窑村、雷庄村影响电力施工的11户民宅拆迁。年内完成电力竖井36个(共40个),所占路面恢复完毕。

(金丽坤)

【重点项目】 年内,确定两项区域重点项目。一是孙河商贸中心项目,由孙河乡农工商公司作为立项主体,采用定向出让方式供应土地。二是孙河乡集体产业项目(暂定名:孙河国际商务园),由温榆河管委会与区规划局、孙河乡共同牵头,按照商务功能的发展定位编制项目控制性详细规划。

(金丽坤)

【产业规划研究】 年内,编制《温榆河绿色生态休闲区产业发展规划研究》。《规划研究》以“低密度、低强度、高品质的绿色生态休闲区”为发展目标,突出区域产业公益性、服务性和休闲性特点,重点明确产业类型、产业功能、用地规模与发展空间格局,按照“集中与分散、业态与生态、高端与特色”布局原则,打造绿色办公、绿色消费、绿色休闲和绿色养老产业“绿链”,重点发展高新技术产业、金融服务业、旅游休闲产业、养老居住产业、现代服务业和文化创意六大类产业,形成“一廊五区”(一廊即温榆河绿色生态走廊;五区包括以电子城北扩区为主的高新技术服务区、以金盏金融园区为主的金融服务区、旅游休闲区、综合服务区和文化创意区)空间格局。结合东三乡(金盏乡、孙河乡、崔各庄乡)重点产业项目发展工作,管委会会同市、区相关职能部门及市规划院,修改完善《规划研究》,确定以“新发展一批、转型升级一批、拆除腾退一批”为切入点,重点研究地区新建产业项目、现状企业保留、改造与提升以及逐步腾退低级次产业等工作。7月9日,第23次区长办公会原则通过《规划研究》。

(金丽坤)

金盏金融服务园

【概况】 金盏金融服务园区东至温榆河大道,南至坝河北滨河路,西临机场第二高速路,北至规划东坝路,占地面积约595公顷。金盏金融服务园区管委会是负责金盏金融服务园区规划、发展、建设、管理和综合协调工作的区政府派出机构。具体负责研究制定园区中长期发展规划、年度计划和相关政策,参与编制园区市政基础设施、配套服务设施等各类专项规划,负责园区对外宣传、产业促进、招商引资、项目建设和综合协调等工作,贯彻执行国家相关法律、法规、政策及区委、区政府决议和决定,协助区政府开展重大项目的引进研究和决策工作,负责园区开发建设项目管理工作,并对园区规划落实、土地利用、项目建设情况进行监督管理,负责市、区相关专项资金的使用和监督管理工作,负责园区社会化服务管理、信息化建设和统计分析等工作。管委会行政编制12名,下设办公室、综合科。年内,园区完成固定资产投资约2.08亿元。
地址:朝阳区东坝大街(楼梓庄路)9号
电话:84398989
邮编:100018
电子邮箱:jzyqgwh@bjchy.gov.cn

(杨 雪)

【组织机构】 1月1日,原区国资委下属企业北京金盏融信投资中心划归金盏金融服务园区服务中心管理。12月6日,北京金盏融信投资中心下属子公司北京恒信久通市政工程有限公司、北京恒信森通绿化工程有限公司成立。

(杨 雪)

【项目建设】 1月9日,园区与中信金盏(北京)投资有限公司正式签署中信集团金融后台项目《入驻意向书》,项目一期主要建设统一客户服务中心、证券客户资料中心、证券数据中心等。5月28日,园区金融后台项目安邦财产保险股份有限公司全国后援中心项目一期获市政府批准按协议出让方式供应土地,项目一期位于1号地块中1113-25地块,用地规模4.17公顷(62.6亩)。8月16日,园区与中国民用航空局清算中心签署资金管理及数据处理中心项目《入驻意向书》,项目位于2号地块中1113-13地块,用地规模1.27公顷(19亩),拟在园区建设数据处理中心、资金管理监控中心、科研创新基地等工程。9月1日,东北师大附中项目一期投入使用,正式开学,该项目一期用地面积9公顷,建筑面积6.35万平方米。9月10日,区政府原则同意广发银行北京金融服务中心项目入驻园区。广发银行拟在园区建设全行信息中心、运营中心、呼叫中心等后台项目。9月11日,园区金融后台项目中信集团有限公司金融后台综合基地项目一期获市政府批准,按协议出让方式供应土地。项目一期位于4号地块中1111-28、1111-29地块,用地规模7.64公顷(114.6亩)。

(杨　雪)

【基础设施建设】 4月,园区东坝大街道路绿化工程完工,栽植乔木、灌木、花卉等植物39500平方米。12月,楼梓庄110KV变电站建成并投入使用,为园区供电。

(杨　雪)

【领导调研】 6月8日,区财政局局长邹立嵩、副局长韦小平到园区调研管委会办公场所迁址工作。同意给予园区新办公楼搬迁资金支持。7月11日,常务副区长吴桂英调研园区规划调整、招商项目推进、市政道路建设等重点工程进展工作,提出4点要求:一是加快各项工作进度;二是细化园区控规调整方案;三是统筹考虑各地块使用性、功能性,加大园区宣传推介力度,做好地块分阶段入市的配合工作;四是加快东坝路等6条市政道路建设。11月12日,区委常委、副区长陈涛调研园区重点工作进展情况,提出协调周边产业布局,带动区域经济社会发展;把握发展节奏,协调推进基础设施建设的要求。

(杨　雪)

【控规调整】 6月15日,邀请市规划设计研究院总工程师王引、详规所所长许槟和区规划分局副局长倪锋,召开园区部分地块控规调整专题会。会议议定:在空间布局、功能定位、城市设计导则等空间形态不发生重大调整的前提下,可适度调整园区部分地块控规方案。园区委托全国工商联房地产协会、上海经纬建筑规划设计研究院负责控规方案调整工作。全国工商联房地产协会、上海经纬研究院根据园区功能定位及产业业态发展方向,研究制定初步调整方案并向管委会汇报。园区提出"按照上位规划,细化规划指标并调整用地地块性质"等意见。根据园区意见,上海经纬研究院经综合分析研究,制定6个增加建筑面积方案。按此方案调整,园区整体增加建筑面积分别为25.14万平方米、35.69万平方米、46.38万平方米、59.35万平方米、61.88万平方米、181.77万平方米。

(杨　雪)

【防汛工作】 7月21日,应对北京强降雨,园区启动防汛应急预案,组织机关及相关施工单位出动抢险人员35人,防汛设备23台(套)开展排水作业。累计抽出管道及道路积水8000立方米。雨后,组织检查工程质量。经查,园区已完工道路、地下管线、变电站等基础设施运转正常,未发生断电、排水不畅等现象。

(杨　雪)

【劳动力安置】 9月10日、12日,副区长阎军及区农委分别组织召开园区劳动力安置会议。区农委、区国土分局、区土地储备分中心、金盏乡政府及园区负责人参加会议。会议议定由土地储备分中心测算园区劳动力安置资金及安置资源,确定测算数据后由金盏乡政府协调相关部门提出最终劳动力安置意见报区政府。

(杨　雪)

【宣传推介】 9月15日,参加2012北京CBD商务节"十大发展基地"主题展览,重点推介园区发展优势及产业规划。11月5日至6日,园区管委会主任张树宝参加第16届京港洽谈会并出席北京市政府组织的项目推介会,推介园区国际金融中心项目。该项目占地面积3.07公顷,建筑面积约7万平方米,总投资约10亿元,是园区内首座低碳建筑。项目分两期建设,一期建筑面积约1万平方米,已具备入驻条件;二期建筑面积约6万平方米,已取得立项和土地证等相关手续,进入勘察和设计阶段。

(杨　雪)

【财务管理】 9月26日,委托赛可思(北京)财务管理咨询有限公司,负责园区管委会、园区服务中心、服务中心下属的北京恒信达通劳务派遣有限公司和北京金盏融信投资中心(不含其子公司)的财务账务处理、资金监控、合同监管、预算控制和内部审计等工作。

(杨　雪)

【园区标识A1变更】 10月29日,变更园区标识。新标识将"J"字母演绎为钱币图形,以金色为底色,寓意金融行业特征及园区名称(金盏J)和谐一致、共同发展。

(杨　雪)

【管委会迁址】 11月26日,园区管委会迁址至朝阳区东坝大街(楼梓庄路)9号。

(杨　雪)

【团支部成立】 12月28日,共青团北京市朝阳金盏金融服务园区管委会支部成立,有团员14人。

(杨　雪)

垡头文化休闲产业区

【概况】 垡头产业区规划范围15.6平方公里,总建筑规模约2100万平方米,毛容积率约1.3,建设用地平均容积率约2.4。规划范围位于四环、五环之间,东至通惠灌渠西路,西至垡头西路,南至大洋坊路、孔家井北路,北至京哈高速。垡头文化休闲产业区管理委员会是区政府派出机构,负责垡头产业区规划、发展、建设、管理和综合协调工作,下设办公室、产业科、规划科,管委会机构级别为正处级,行政编制10名。主要职责为:负责垡头产业区整体规划的统筹协调和组织推进工作;负责研究制订产业区发展规划和相关配套政策;负责协调推进产业区重大项目落实、优化项目布局、促进产业升级工作;负责组织协调产业区市政基础设施、配套服务设施建设以及环境治理、景观提升工作;负责产业区内重点企业和社会单位的信息联系和综合协调工作。垡头功能区也是朝阳区"十二五"时期重点建设的十大发展基地之一。

地址:朝阳区南磨房金蝉西路欢乐谷社区西侧楼

邮编:100023

电话:65094663

电子邮箱:huangshan6730@yahoo.com.cn

(黄　珊)

【领导调研】 2月2日,副区长苑文新到管委会调研产业区规划建设工作,就产业区规划报批、基础设施建设、重点项目突破和区域宣传推介等提出3点要求:①规划报批之前论证审视功能区产业定位、功能布局;②制定化工路拆迁项目具体方案,包括测算拆迁成本、确定拆迁主体、基础设施建设等内容。③先行推进焦化厂、欢乐谷三期项目,逐步引进功能性、代表性项目,争取实现产业区建设项目"零"突破。4月23日,苑文新到管委会调研天坛周边简易楼改造项目,该项目计划将焦化厂部分建设用地作为东城区天坛周边简易楼改造项目拆迁安置房用地,苑文新提出3点要求:①加大与规划部门沟通协调力度;②与规划部门论证拆迁成本;③拆改项目技术层面符合产业区大规划布局。8月3日,苑文新到管委会调研,提出推进化工路拆迁项目建设要求。化工路位于窑洼湖桥至化工桥之间,是贯穿垡头核心区的城市主干路,长度约6.6公里。年内,该项目取得市规划委批复,通过区国土分局建设用地预审。

(黄　珊)

【宣传推介】 4月26日,参加北京市投资促进局与朝阳区政府组织的"驻京中外知名企业投资朝阳行"活动。9月8日至11日,参加第16届中国国际投资贸易洽谈会(投洽会),宣传产业区规划及区域优势,奠定招商引资和项目引进基础。9月14日至22日,参加2012北京CBD商务节,围绕"商务引领,创新驱动,建设国际商务中心区"主题,展示首都世界城市发展形象,宣传未来城市集约发展与商务区价值提升空间。11月20日至23日,参加第7届中国北京国际文化创意产业博览会(文博会),宣传产业区资源、交通、环境优势,吸引知名企业投资入驻。吸引5家企业咨询洽谈。

(黄　珊)

【垡头中心区获国务院批复】 12月7日,获国务院批复:垡头中心区纳入中关村国家自主创新示范区。

(黄　珊)

【控规编制】 年内,编制完成《垡头地区控制性详细规划方案》,主要包括功能定位和产业发展、土地使用强度、地区规划、用地功能规划、道路交通规划等内容。10月,管委会以区政府名义将《垡头地区控制性详细规划方案》上报市规划委审查。

(黄　珊)

【重点项目】 年内,推进焦化厂"国际文化城"重点项目建设。"国际文化城"项目选定北京焦化厂工业园旧址,管委会聘请专业机构,结合地铁7号线车辆段建设,在开展《焦化厂剩余用地开发策略研究》的基础上,协调市规划、国土、文资办等部门,制定并完善项目规划方案,推进项目落地。该项目被市文资办列为市级重点文化产业项目。

(黄　珊)

定福庄传媒文化产业区

【概况】 定福庄传媒文化产业区管委会是区政府临时派出机构，行政编制5名，行政级别正处级，下设办公室。负责定福庄产业区规划建设、产业发展、统筹协调等工作。年内，围绕“十大发展基地”建设，启动CBD——定福庄国际传媒走廊空间发展研究工作，加速现有低级次产业转型，着力培育影视制作、动漫网游、内容创意、传媒商务等重点产业集聚发展。有规模以上文化创意企业28个，营业收入8.1亿元，利润总额1.1亿元，平均从业人员1556人，规模以上文创企业数量比上年增长16.7%，营业收入比上年增长72.3%，利润总额比上年增长175%，从业人员增加18.5%。年内，规模以上工业企业18个，营业收入35.4亿元，利润总额5.3亿元，工业企业数量比上年减少5.3%，营业收入比上年增长4.4%，利润总额比上年增长1.9%。

地址：朝阳区建国路15号院甲1号
（华文国际传媒大厦12层）
电话：65420802
邮编：100024
电子邮箱：dfzgwh@126.com

（王建军）

【传媒走廊空间资源梳理】 年初，根据区政府“建设中国国际信息传媒中心”战略构想，启动CBD——定福庄国际传媒走廊空间资源整体研究，梳理走廊范围内17个街乡可用于产业发展的空间资源。结果显示：走廊范围内可利用空间570万平方米，完全能够支撑园区产业发展需求。

（王建军）

【领导调研】 3月13日，市委常委、宣传部部长，副市长鲁炜调研定福庄产业区内的东亿国际传媒文化产业基地。该基地内含创新人才培养、影视制作、传媒总部和创意孵化4个板块。

（王建军）

【三间房动漫园授牌】 6月18日，三间房动漫园被国家广电总局授牌“国家动画产业基地”。国家动画产业基地建设目标为集内容原创、制作生产、投资交易和国际交流于一体的动漫产业中心。

（王建军）

【纪实影像创意产业基地揭牌】 7月24日，由朝阳区政府、中国电视艺术家协会、中国传媒大学、北京电视台等共同打造的国内首个纪录片生产基地——北京国际纪实影像创意产业基地（简称BIDC）举行签约及揭牌仪式。基地规划总建筑面积25万平方米，一期10万平方米落户定福庄传媒文化产业区。该基地以纪实节目的生产、制作、销售为主要产业链，融国内外纪录片研发、制作、业务合作、学术交流、节目贸易、会展经济、播出渠道创新、新媒体运营为一体，形成辐射全国并具有国际影响力的中国纪实影像文化创意产业平台。

（王建军）

【国家文化产业示范基地命名】 8月24日，产业区内的北京万豪天际文化传播有限公司被文化部命名为“国家文化产业示范基地”。万豪天际年动画制作量1万分钟以上，占北京市的1/3。

（王建军）

【懋龙文化创意园赴港招商】 11月5日，在第16届京港洽谈会上，产业区内的懋龙文化创意园与香港艺术品商会签约，签约金额8亿元人民币，双方合资建设运营创意园二期工程，拟规划建设约12万平方米建筑群，包括创意园展示、创意、销售基本功能及配套服务设施等项目。该工程为京港两地重大合作项目，一期4.6万平方米改造已完成。佳美丽家陶瓷有限公司、华映星球动画工场、北京博观公司等16家企业入驻。

（王建军）

【参与文博会】 12月20日，参加第七届北京文博会，同日在定福庄产业区内设立3个分会场并开展活动。分别是：①动漫三间房，举办动漫产业论坛、漫画作品展、动漫人才招聘会、动漫创意集市；②乐动三间房，举办北京国家音乐产业基地发展论坛；③举行懋龙创意园二期开园仪式。

（王建军）

【宣传推介】 年内，采取多种方式宣传定福庄传媒走廊的规划建设方案及未来发展潜力。吸引中国文化传媒集团、中国动漫集团、暴利传媒、A8数字传媒、乐视网、正大置业、中国纪录片产业基地、文化部文化艺术人才培训实践基地、加拿大马戏团等集团和机构到园区洽谈选址。

（王建军）

【核心地块概念设计完成】 年内，委托上海规划设计院进行核心地块概念性城市设计并确定最终方案。方案明确：以地铁八通线双桥站和地铁六号线褡裢坡站南北两个地铁站点为端点，打造“一轴两级”（以双桥路为轴，地铁双桥站和褡裢坡站为两级）规划结构，在双桥路两边规划建设传媒企业总部区、展示交流区、内容制作区以及传媒景观大道。

（王建军）

东坝航空商务区

【概况】 东坝航空商务区,即东坝国际商贸中心区,地处东坝边缘集团的东坝北区,规划范围约6.21平方公里,总建筑规模(地上)约810万平方米,建筑高度控制在200米,用地范围涉及东坝乡、金盏乡。规划四至范围:西至东五环,东邻机场二通道(距首都机场约8公里),南侧以坝河为界与东坝南区相邻,北至东坝路。北京市朝阳区东坝航空商务区管理委员会为区政府临时性派出机构,代表区政府承担东坝航空商务区的开发建设管理和协调服务工作。管委会下设办公室,承担管委会日常工作,核定行政编制6名。主要职责:负责东坝航空商务区规划的研究制定和报批工作;协调推进商务区内的建设用地拆迁、农民安置和劳动力就业等工作;组织协调市政基础设施、配套服务设施规划建设工作;负责商务区内的社会化服务工作。

地址:朝阳区东三环北路辛2号迪阳大厦18层
电话:84537821
邮编:100027
电子邮箱:dbhkgwh@126.com

(孙　晔)

【招商引资】 9月15日,参加2012北京CBD商务节,展示东坝国际商贸中心区最新规划成果。区政府与云南文化产业投资控股集团签订《关于东南亚·南亚文化商贸综合体项目入驻朝阳的意向书》。9月16日,在"双十"(十大发展基地、十大民生建设工程)工程推介会上,与北京五洲投资有限公司签订《东坝国际商贸中心区国际医院项目战略合作框架协议》。11月5日至6日,参加第16届京港洽谈会。区政府就东坝国际商贸中心区顶级品牌总部街区项目与香港奥美妮亚集团正式签订《入驻朝阳意向书》,确定在东坝国际商贸中心区内建设顶级品牌总部街区项目。该项目总投资约60亿元人民币,未来建设目标为集国际顶级品牌研发、设计、推广、营销于一体,具有全球影响力的顶级消费品牌交易中心。

(孙　晔)

【编制控规成果】 年内,与北京市城市规划设计研究院、伍兹贝格设计公司、中国传媒大学以及数家企业会商,优化调整会展核心区、文化剧场、东南亚商贸板块、顶级品牌总部街区、北京中学等重点区域的规模和布局,并形成控规成果报告。该报告经区长办公会、区委常委会审议通过,于7月12日正式上报市规划委审查。

(孙　晔)

【协调第四使馆区建设】 年内,外交部第四使馆区落户东坝边缘集团北区。第四使馆区总用地面积约83.6公顷,与东坝国际商贸中心区相邻。为使园区与使馆区建设相互协调,管委会协调并参与外交部项目规划研究及土地一级开发成本测算等工作。12月13日,北京市土地储备中心朝阳分中心与外交部正式签署《北京市朝阳区东坝边缘集团外交部用地土地开发补偿协议》。

(孙　晔)

北京国家广告产业园区

【概况】 北京国家广告产业园区成立于2011年11月,是国家工商总局首批认证的9个国家级广告园区之一,由政策区和核心区构成,区域覆盖北京CBD核心区、定福庄文化传媒走廊大部分区域,东邻通州区,西抵东城区,北起朝阳北路,南至京秦铁路,面积约40余平方公里,是一个独立完整、专门用于广告产业发展的园区。核心区位于北京电视台南侧,通惠河南岸,占地面积约35万平方米。年内,园区核心区一期投入使用,吸引北京国际广告传媒集团、阿里巴巴、联动文化等数十家广告传媒企业入驻。北京国家广告产业园区管理办公室是北京国家广告产业园区行政管理部门,行政编制5名。负责北京国家广告产业园区规划建设、产业发展、统筹协调等工作。

地址:朝阳区西大望路甲12号
电话:010－67730990
邮编:100124
电子邮箱:Adpark@126.com

(薛　琳)

【开园仪式】 5月31日,北京国家广告产业园正式开园。

(薛　琳)

【政策支持】 年内,区政府出台《朝阳区促进广告产业发展加速国家广告产业园区建设的办法(试行)》,为入园企业提供奖励政策。奖励政策包括企业规模、对园区贡献、企业日常经营管理和优秀广告创作等项目。

（薛　琳）

【重点项目】 年内，重点打造五大中心，即全国广告产品交易中心、广告产业公共服务中心、广告产业创新发展中心、广告产业人才培养中心和优势广告企业聚集中心。重点搭建广告产业公共服务中心四大平台，即公共技术服务平台、公共信息发布平台、广告展示平台及政府综合服务平台。公共服务中心平台总面积约3000平方米，包括多功能展示大厅、多媒体远程互动平台、广告电子信息资料库、环幕显示系统以及多点触摸互动屏等设施，可实现展示、发布、检索、推介及一站式服务等现代化功能。搭建网络公共服务中心平台，目的是为驻园企业提供线上线下全方位服务。

（薛　琳）

【宣传推介】 年内，参加2012北京CBD商务节、第19届中国国际广告节、第16届京港洽谈会、第15届京台科技论坛及第7届文博会，千余家广告公司前来咨询、洽谈。

（薛　琳）

综合经济管理

发展和改革

【概况】 朝阳区发展和改革委员会(简称"区发改委)是负责朝阳区国民经济和社会发展统筹协调、经济体制改革综合协调的区政府工作部门。行政编制55人,有10个科室,实有人数48人。年内,在投资、消费、税源建设等领域实施一揽子保增长、促发展的政策措施,经济企稳回升,完成年初确定的各项任务。全年实现地区生产总值(GDP)3632.1亿元,按现行价格计算,比上年增长11.0%,占北京市GDP比重超过20%。实现区财政收入348.6亿元,同比增长10.0%;社会消费品零售额1829.5亿元,同比增长10.8 %,占全市的23.8%;全社会固定资产投资1195.5亿元,占全市的18.5%;实际利用外资32亿美元,同比增长20.9%,占全市的40%。

地址:百子湾西里303号

电话:65012644

邮编:100124

(张晓楠)

【《发展与改革》创刊】 1月1日,《发展与改革》(周刊)正式创刊。该刊旨在为区级领导及相关职能部门领导了解世情、国情、市情和发改委工作提供便捷服务,为区内相关部门和委内各科室搭建业务交流平台。刊物报送范围:区四套班子领导29人,相关委办局、功能区管委会、街道、地区办事处83家单位,发改委领导及各职能科室。全年编发普刊41期、特刊12期。

(李　蔓)

【专项稽查市政府投资项目】 1月16日,市发改委重大建设项目稽查办公室委托区发改委对全区2011年市政府投资项目进行专项稽查。2011年,全区使用市政府投资最终批复资金10.12亿元,2011年底完成投资金额7.97亿元,达到78.7%。结果表明:项目总体执行情况较好,建设进度基本正常,招投标工作符合规定,监理工作基本到位,财务账目、票据合法、合规,无超合同支付。

(张跃华)

【"双十工程"2012年度实施方案】 1月18日,发布《朝阳区"双十工程"2012年度实施工作方案》。方案明确了2012年度十大发展基地和十大民生工程的具体实施内容、牵头领导、责任单位、责任人和配合单位,完善了领导组织体系和实施机制。

(魏　乐)

【"3·15国际消费者权益日"活动】 3月15日,发改委法规科、价格举报中心、电力节能执法科在小庄"普法广场"设立咨询台,开展"3·15国际消费者权益日"法制宣传活动。活动围绕与群众生活密切相关的停车、物业、电力三个领域工作,解答群众咨询并接受投诉,现场发放相关法律法规和政策文件200余份。

(李　蔓)

【2011年度节能工作考核】 4月10日至11日,市节能目标责任考核组专项考核朝阳区2011年度节能工作。市考核组听取了发改委节能工作汇报,审查了落实节能措施的相关证明材料,实地检查了高安屯卫生填埋气场发电并网项目、劲松既有建筑节能改造两个节能示范项目,最后就检查情况与区节能领导小组交换了意见。

(薛　蕾)

【落实市重大项目稽查办会议精神】 4月11日,发改委制定4项措施,落实北京市重大项目稽查办项目稽察工作会议精神。一是实施约谈机制,加强问题项目整改工作;二是做好工程建设领域突出问题专项治理工作;三是加强调查研究,为项目管理提供政策性建议;四是抓好稽查队伍建设。

(张跃华)

【审议、发布"十二五"专项规划】 截至5月10日,完成40个"十二五"专项规划的审定、印发工作;完成《经济发展篇》、《和谐社会建设篇》、《城市建设和管理篇》专项规划汇编工作,印制300套,发至区内相关单位。

(魏　乐)

【首届“京交会”供电保障】 5月,第一届中国(北京)国际服务贸易交易会(简称京交会)开幕前,发改委对6处“京交会”市级挂账电网安全隐患进行专项检查,协调电力企业对重点保电线路、直供变电站每日进行保电特巡,相关街乡每日安排人员检查并巡线。5月28日至6月1日“京交会”期间,北京国家会议中心(京交会会场)区域内电网安全稳定。

(余合喜)

【2012全国节能宣传周活动】 6月10日至16日,朝阳区举办2012全国节能宣传周活动。宣传周采取“6+2”方式,重点突出“节能低碳、绿色发展”活动主题。“6+2”即6项活动、2项检查。6项活动是:①参观北京国际节能环保展览会;②中小学节能主题教育;③新闻媒体宣传;④节能产品宣传;⑤节能宣传进社区;⑥节能图片、展板巡展。2项检查是:①大型公建节能检查;②公共机构节水检查。

(薛　蕾)

【中介机构库管理】 6月19日,按照朝阳区政府投资建设项目“中介机构库”组建要求,采取公开招标方式完成中介机构的评审入库工作。8月1日,“中介机构库”正式启用,凡在区政府投资基本建设专项计划内实施,需使用咨询、评估、评审、招标代理等4类中介机构服务的项目,必须从中介机构库中采取随机抽取的方式确定中介机构。

(王之静)

【能耗监测平台建设】 6月20日,召开朝阳区能耗监测平台建设项目启动工作会。区发改委副主任赵海东主持会议。委内经济信息分析和研究室、资源办、电力节能执法检查室及北京国盛华誉能源科技有限公司、北京方正建设工程有限公司参会。两个公司分别介绍项目施工组织方案和项目监理计划。会议要求承建单位以“最高的标准、最大的投入、最好的保障”,保质保量完成项目工程,将工程建设成为“绿色北京”的标杆示范项目。7月13日,区发改委会同区农委、区社会办召开能耗监测平台建设项目推进会。建外、朝外、南磨房、金盏等21个街乡及40家重点用能企事业单位参会。会议印发《关于开展朝阳区重点能耗单位用能在线动态监测工作有关事项的通知》,部署能耗监测平台建设项目相关工作。

(李　蔓)

【区政府投资基本建设项目申报】 9月10日至28日,面向全区组织2013年区政府投资基本建设项目申报工作。征集项目166个,总投资178.5亿元,其中申请区政府投资基本建设专项资金93亿元。

(王之静)

【“双十工程”主题展】 9月16日,在朝阳规划艺术馆举办2012北京CBD商务节“双十工程”主题展暨十大发展基地推介会。推介会采用主题展板及沙盘形式,介绍十大发展基地空间、政策、环境优势,展示十大民生工程内容、特色、重点项目,推介朝阳区“双十工程”发展载体,部分重点项目在会上签约。

(魏　乐)

【获评十八大电保先进单位】 12月27日,区发改委被北京市电力事故应急指挥部办公室评为“中国共产党第十八次全国代表大会电力保障先进单位”。

(余合喜)

【税源建设】 年内,按照财税收入增长9%的目标,加强税源建设工作,继续完善税源建设工作机制,编写区税源建设周刊25册、财税收入形势分析15册。

(张晓楠)

【融资服务】 年内,收集全区重点项目建设资金需求计划,形成2012年重点项目建设资金融资方案建议。协调组织区市政市容委、财政局、国资委、宝嘉恒公司等单位,研究“缓解区交通拥堵行动计划细化工作方案”,提出朝阳区未来五年道路建设计划及资金安排方案。与农行北京分行签署战略合作协议,为2013年乃至未来发展提供资金支持。委托中信建投等金融机构发行国资中心第二期企业债券,募集资金16亿元。

(张晓楠)

【基本建设专项资金使用计划】 年内,全区下达5批基本建设专项资金下达计划,涉及计划项目72个,计划金额11.39亿元。召开项目调度会7次,结合项目实施进度及时安排资金计划。

(王之静)

【争取市级资金支持】 年内,市政府投资计划安排3批资金使用计划,全区获各项补助金额4.27亿元,涉及25个建设项目。区发改委争取市政府资金按时足额到位,每月定期向市发改委汇报市补资金项目的实施进度及资金使用情况,按时完成各项数字统计等汇报工作。

(王之静)

【“代建制”项目实施】 年内,全区采取“代建制”组织实施的政府投资基本建设项目共4个,分别是:垡头文化中心建设工程、朝阳区防病保健中心二期工程、和平医院扩建及朝阳公安分局看守所装修改造项目。组织召开项目专题会6次,协调解决相关问题,推进在施项目工程进度及已完工项目结算审计工作。

(王之静)

【绿色审批通道工作】 年内,区域内CBD核心区商业金融项目、保障性住房、能源资源类等55个项目纳入市级绿色审批通道,项目总投资928亿元。

(于　洋)

【固定资产投资目标】 年内,制定2012年朝阳区全社会固定资产投资预期完成目标任务分解方案,将投资促进任务分解落实到全区14个职能部门。1月至12月,全区全社会固定资产投资完成1195.5亿元,同比增长1.6%。

(于 洋)

【固定资产投资项目审批】 年内,区域内新批复项目立项217个,总投资约368亿元,其中审批政府投资项目80个,批复企业投资项目核准96个,批复项目备案41个。

(于 洋)

【争取上级资金支持】 年内,争取中央、市级资金3.6亿元,支持万亩造林工程等10个项目建设。

(于 洋)

【梳理公检法、消防基础设施】 年内,梳理全区公检法、消防等基础设施项目现状及"十二五"时期建设项目,形成《关于朝阳区公检法等基础设施项目建设情况及"十二五"时期建设规划的报告》,并上报区政府。

(于 洋)

【编制"十二五"规划】 年内,完成《朝阳区"十二五"时期社会公共服务设施建设规划》编制工作,涉及教育、卫生、文化、体育、社会福利和社区公共服务等6个方面内容。

(于 洋)

【道路基础设施采用BT模式研究】 年内,起草《关于孙河乡土地储备区域大市政基础设施采用BT方式建设有关问题的报告》,并经区长办公会审议通过。确定孙河乡土地储备区域大市政开展BT方式(BT:政府利用非政府资金进行基础非经营性设施建设项目的一种融资模式)建设试点工作,并委托北京市工程咨询公司编制BT实施方案。

(于 洋)

【取得2012年商品房屋投资计划】 年内,区域内65个计划建设商品房项目纳入北京市2012年商品房屋投资计划,建设面积1147.6万平方米,其中:住宅562.5万平方米、公寓3.2万平方米、办公用房168.9万平方米、商业用房120.5万平方米、其他292.5万平方米。

(于 洋)

【北京市2012年重点建设项目】 年内,区域内36个项目列入北京市重点建设项目。其中交通类项目10项、现代产业项目6项、民生保障项目6项、生态环境建设7项、能源资源项目7项,项目总投资4103亿元;33个项目列为北京市2012年重点前期项目,总投资约1593亿元。

(于 洋)

【梳理可利用土地资源】 年内,开展区域内可利用产业空间调查,形成《关于朝阳区可利用土地资源调查情况的报告》报区政府。经调查,区域内14个街道、12个地区办事处共反馈可利用地块资源111个,其中街道62个、农村地区49个,土地总规模约792万平方米,规划总建筑面积约688万平方米。

(于 洋)

【梳理工业、科研用地】 年内,开展朝阳区工业、科研用地现状调查,形成《关于朝阳区工业、科研用地现状调查情况的报告》报区政府。经调查,朝阳区取得国有土地使用证的工业、科研用地共657个地块,总占地面积2026.2公顷,总建筑面积2617.4万平方米。经初步筛选,除去规划用途为居住、绿地、市政以及占地面积较小的地块外,占地面积在1000平方米以上的工业、科研用地共306个地块,总占地面积1259.0公顷,规划建筑面积约1895.1万平方米。

(于 洋)

【实地检查高尔夫球场】 年内,会同区规划分局、国土分局、水务局、园林绿化局等部门,核查辖区内14个高尔夫球场,根据核查结果,逐个出具检查情况说明及审查意见。配合"中央加快转变经济发展方式检查组",实地检查观唐假日高尔夫球场、常赢绿洲假日高尔夫球场。对观唐假日休闲运动俱乐部下达"停止建设及经营高尔夫球场项目的通知"。

(于 洋)

【压减燃煤改善空气质量】 年内,按照市压减燃煤工作领导小组《"十二五"时期加快压减燃煤促进空气质量改善工作方案任务分解》要求,从中分解涉及朝阳区的工作任务,起草《朝阳区"十二五"时期加快压减燃煤促进空气质量改善工作任务分解》(内容包括《朝阳区"十二五"时期加快压减燃煤促进空气质量改善工作方案》、《朝阳区压减燃煤工作领导小组组织机构及责任分工》、《2012年朝阳区加快压减燃煤促进空气质量改善工作计划》等三个文件)。

(于 洋)

【梳理产业公建写字楼项目】 年内,梳理朝阳区2012年在建及开展前期建设的产业、公建、写字楼项目,形成《关于朝阳区产业、公建及写字楼项目情况的报告》报区政府。梳理结果:区域内在建及计划建设的产业项目、公建和写字楼项目共计100个,总投资2049.7亿元。其中CBD、电子城、金盏金融园区、农村地区在建及拟建产业项目55个,总投资1273亿元,2012年计划投资263亿元。在建及办理前期手续的公建、写字楼(含住宅混合公建项目)45个(完工和在建35个、办理前期手续10个),总投资776亿元,2012年计划投资138亿元,计划开发面积约730万平方米,写字楼、公建面积约445万平方米。

(于 洋)

【编制2013年重点建设项目图册】 年内,编制2013年重点建设项目图册,梳理汇总区域内重点建设项目60个,其中CBD功能区17个、奥林匹克功能区7个、电子城功能区11个、金盏金融园区3个、安置房13个、其他产业及政府投资9个。总投资约2068亿元。

(于 洋)

【2013年计划投资项目】 年内，根据2012年固定资产投资项目建设情况，结合2013年重点建设项目征集、政府投资基本建设项目征集、项目审批及2013年商品房计划上报情况，初步梳理汇总区域内2013年计划投资项目254个，总投资约3875亿元。

（于 洋）

【节能形势分析预警】 年内，建立协调联动和分析预警机制，每季度分析全区节能形势和重点用能单位能耗情况。掌握区内前20名重点用能单位能耗数据，每月分析节能形势，加强节能服务管理。加强与中央、市属重点用能单位沟通联系，针对能耗较高的发电企业，研究制定节能措施，督促重点用能单位落实节能措施并加强技术改造。

（吴清溶）

【制定实施节能考核方案】 年内，下发《朝阳区"十二五"节能目标责任评价考核工作方案（试行）》。按照《方案》要求，参照北京市"十二五"行业领域节能目标，分解节能指标到各行业主管部门和重点用能单位。以区政府折子工程和《经济工作责任书》形式，下达各行业主管部门节能指标；以签订《节能目标责任书》形式，下达重点用能单位节能指标。

（吴清溶）

【修订节能引导资金管理办法】 年内，修订完善《朝阳区节能发展引导资金管理办法》，资金额度由每年不少于3000万元增加到5000万元，明确支持范围和标准，将原来按节能项目投资额比例给予补助，改为按项目节能量给予补助。

（王春元）

【完成能源审计工作目标】 年内，完成7家年耗能2万吨标煤以上重点用能单位能源审计工作。7家单位为：北京望京蓝天供热中心、北京北汽九龙出租汽车股份有限公司、北京北辰实业股份有限公司、北京市恒安物业有限公司、北京市朝阳区房管局供暖中心、北京城建沥青混凝土有限公司、中石油北京天然气管道有限公司。

（薛 蕾）

【绿色建筑试点】 年内，联合CBD管委会，组织CBD区域内30余家大型公建负责人参观西门子（中国）有限公司绿色建筑项目。西门子公司演示楼宇节能科技发展及资源与环境解决方案，区发改委介绍建筑节能相关政策和支持措施，并选取2—3家节能潜力大、示范效应好的地标性建筑，在CBD区域开展绿色建筑试点建设。

（邢春生）

【合同能源管理培训】 年内，分两次组织合同能源管理（EPC）专题培训，区内80余家重点用能企业参加培训。

（薛 蕾）

【排查电力安全隐患】 年内，联合区安监局、市电力输电公司组成联合执法和协调工作小组，重点开展"两节"、"两会"、"京交会"、国庆节、"十八大"期间电力安全隐患排查工作，消除安全隐患28处，解决"十八大"重要客户用电安全隐患2处。

（余合喜）

【改善居民用电】 年内，改造9个老旧小区电力设施。期间，协调相关街乡开展招投标、选择施工单位工作，协调产权单位或物业公司签订运行维护协议，保证改造后用电设施管理明确、产权分明、用电安全。9个老旧小区分别为：惠康苑小区、南太平庄北里小区、建筑木材总厂宿舍、北沙滩8号院小区、香河园中里2号楼多层、酒仙桥小区多层、和平里小区、砖角楼小区高层和小关东街乙2号楼。

（余合喜）

统 计 管 理

【概况】 北京市朝阳区统计局是朝阳区政府负责综合统计工作的职能部门，国家统计局朝阳调查队、北京市朝阳区经济社会调查队为国家统计局北京调查总队和北京市经社会调查总队的派出机构，与区统计局合署办公，局长对本地区统计工作负总责。内设11个科室、派驻1个科室，编制66人，其中行政编制47人，专项编制19人；下属5个事业单位，编制40人，均参照公务员管理；下设43个街乡统计所，编制176人，其中行政编制105人，专项编制71人。年内，局队围绕区政府主要经济社会发展目标和区政府折子工程，履行信息、咨询、监测职能，以地区生产总值核算为主线，强化统计监测，全力服务"保增长"工作，提高统计数据质量，提高统计服务水平，加强执法检查，加强管理制度建设，完成了各项工作任务。年内，被国家统计局评为全国企业"一套表"联网直报先进集体，被市统计局评为市政府统计系统第五届文化艺术节《青年统计业务能手竞赛》二等奖、《青年风采大赛》二等奖，《朝阳区统计年鉴》（2011年卷）获得第一届北京市年鉴编校质量评比一等奖。

地址：日坛北街33号区政府北院南楼四层
电话：65094641
邮编：100020
网址：http://www.chystats.gov.cn

（李海林）

【服务“保增长”】 年内,配合区政府办、区发改委测算各行业、各功能区和各街乡 GDP 目标,制定《2012 年朝阳区促 GDP 增长工作方案》;按季度对各部门和各街乡 GDP 完成情况进行测算反馈;组织召开 GDP 核算小组例会,分析 GDP 核算相关指标变动情况,预测 GDP 走势;组织召开工作会,总结部署促 GDP 增长工作;推出《朝阳区促 GDP 增长专刊》,宣传 GDP 核算知识,提供工作指南;对部分单位开展 GDP 核算知识培训;系统内制定落实《2012 年朝阳区统计局 调查队促 GDP 增长工作实施细则》。

(李海林)

【统计服务】 年内,抓好 GDP、全社会固定资产投资、社会消费品零售额等指标的动态监测,以《统计快报》和《统计专报》等形式报送预警;建立完善“十二五”指标监测体系、CBD 综合指数和民生幸福指数等三个指数监测体系;构建模型完成下半年 GDP、投资、零售额、财政收入指标预测;立项课题《朝阳区人均 GDP 达到 10000 美元后经济发展特点及对策研究》结题;根据区领导提议,组建课题组完成《朝阳区十五末、十一五末产业结构演变、重点产业发展情况及对十二五末的预测》、《朝阳区 GDP、收入、应交税金与区级税收的对比分析——找寻朝阳区可进行税收挖潜的单位》、《农村地区经济发展状况》等分析;前瞻性撰写《朝阳 离世界城市还有多远》、《从 GDP 看城六区经济实力及产业结构、变迁与比较优势》等分析材料;发挥统计咨询服务职能,向区委办公室、区政府办公室、区发改委、CBD 管委会、区商务局等部门提供统计信息 245 篇、统计分析 184 篇、统计报告 52 篇、统计快报 20 篇、统计专报 14 篇;继续做好《统计经纬》编辑与发行工作;编纂出版《2011 年统计年鉴》。

(李海林)

【六措施提高统计数据质量】 年内,采取六项措施,强化基层基础,狠抓数据质量。①抓入口,做到应统尽统。继续完善与税务、工商等部门的联动机制,建立信息共享制度,联合督促在朝阳区经营但未办理统计登记的单位依法纳统。②落实准规模查找工作。发动统计所通过电话、实地踏查等方式在地查找,共找到 3250 家单位。③制定、修订《朝阳区“三上”企业审批管理办法》、《基本单位名录库维护管理办法》、《朝阳区统计登记(单位)办理流程》等制度,规范基本单位名录库管理,严格“二上一内”(规模以上、限额以上、资质以内)审批管理工作。④开展数据质量评估。严格执行《北京市统计数据质量全过程控制办法》的有关规定,加强报表审核、查询、验收、上报、评估等各个环节的质量控制;严格执行科室专业评估会、月度调度会、局级经济形势分析会三位一体的数据质量评估制度。⑤分层次开展业务培训,提升统计从业人员业务水平。⑥全力做好年报工作。

(李海林)

【统计专项调查】 年内,组建社情民意调查中心,拓宽政府统计服务职能;开展 CBD 规模(限额)以下单位抽样调查、商务楼宇经济调查和总部经济调查;完成市局总队布置的《2012 年党风廉政建设民意调查》、《2012 年国有企业反腐倡廉民意调查》、《2012 年全市组织工作满意度民意调查》、《2012 年非公经济及中小微型企业发展状况调查》等调查任务;配合区委组织部完成组织工作满意度调查、全区二级单位处级领导班子满意度调查。

(李海林)

【2%人口抽样调查】 年内,完成 2%人口抽样调查任务。朝阳区共抽中 37 个街乡、71 个社区居、村委会的 142 个调查小区,调查时点为 11 月 1 日零时。调查工作先后成立区、街道和地区办事处人口抽样调查办公室,依次完成调查员选调、动员培训、普查小区划分、清查摸底、登记复查、数据处理和资料开发等工作。抽样调查数据显示,调查户数为 20120 户,登记人口为 49893 人,常住人口为 43866 人,常住外来人口为 18570 人,出生人口为 302 人,死亡人口为 129 人。依据调查资料推算朝阳区 2012 年末,常住人口为 374.5 万人;其中,男性 193.1 万人,女性 181.4 万人;0－14 岁人口 34.5 万人,15－64 岁人口 306.0 万人,65 岁以上人口 34.0 万人;常住外来人口 169.5 万人;2012 年 1－12 月,出生人数 31842 人,出生率 8.60‰,死亡人数 13692 人,死亡率 3.70‰。

(李海林)

【统计信息化建设】 年内,推进朝阳区统计专网建设,完成 43 个统计所光纤铺设以及局域网接入工作;建设朝阳统计系统培训平台,开展相关培训;继续完善 OA 系统,开通统计所人员 OA 权限,局队 OA 系统全面使用;根据《朝阳统计局网站渗透测试报告》,对“朝阳统计信息网”进行全面安全检查、整改。

(李海林)

【统计执法检查】 年内,着眼服务区域经济发展和“保增长”工作,完善审理制度,规范执法流程;重点执法检查不办理统计登记、不配合统计工作和异地纳统单位;年报前督导检查对朝阳区 GDP 影响较大的 15 家商业和 12 家服务业单位;落实日常执法检查,将统计执法作为提高源头数据质量的重要手段。全年共检查 954 家单位,处罚 204 家,其中,行政警告 138 家,行政罚款 66 家,罚款金额 32.69 万元。

(李海林)

【统计普法宣传】 年内,完善“立案案卷审核台账”和“执法监督审核表”,审理立案处罚案卷 56 卷;回访、检查 10 家被处罚企业的整改情况;加强统计从业资格认定工作,2555人报考资格考试,实考1677人,合格1041人;为224人办理统计从业资格证书。

(李海林)

【统计队伍建设】 年内,提拔局机关、统计所8名干部担任科级领导职务,提拔统计所15名干部晋升科级非领导职务;公开招录8名统计干部。建立与现行工作体制相适应的管理机制,制定下发《朝阳局队机关工作程序》、《朝阳局队固定资产管理制度》、《朝阳统计所统计工作考核办法》等27项工作制度,并编印成册。

(李海林)

劳动和社会保障

【概况】 朝阳区人力资源和社会保障局(以下简称区人社局),是综合管理区劳动和社会保障工作的职能部门。全局行政编制738个,内设15个科室,下辖10个事业单位。其中副处级事业单位3个,人员编制分别为:社会保险事务管理中心230个、医疗保险事务管理中心102个、劳动人事争议仲裁院61个;正科级事业单位7个,人员编制分别为:职业技能培训管理中心41个、职业介绍服务中心110个、就业促进中心15个、职业技能鉴定所10个、劳动能力鉴定中心7个、劳动服务管理中心30个、劳动监察大队65个。区人社局主要负责拟订区人力资源和社会保障事业发展规划,组织实施和监督检查;负责建立统一规范的人力资源市场,依法管理人力资源市场,促进人力资源合理流动、有效配置;负责区劳动力资源和就业(失业)工作,城乡社会保险工作,劳动关系、劳动监察和劳动人事调解仲裁等工作的统筹管理。年内,开发就业岗位14万个,城镇登记失业率0.88%,培训城乡劳动者4731人;社会保险征缴365.29亿元,同比增长27.27%,累计支出233.93亿元,比上年增支22.97%;行政区域内企业劳动合同签订97.59%,地方企业劳动合同续订率99.03%,集体合同及工资集体协商覆盖面100%。被评为“全国人力资源社会保障系统先进集体”、“全国新型农村和城镇居民社会养老保险工作先进单位”。

地址:大柳树甲100号

电话:84541542

邮编:100023

网址:cyld.bjchy.gov.cn

(王祎楠)

【调整社会保险待遇】 1月30日,调整工伤职工及工亡人员供养亲属工伤保险定期待遇,涉及466人,93070元。其中工伤职工179人,金额50020元;供养亲属287人,金额43050元。2月25日,调整365431名退休职工的退休金待遇8656.86万元;为符合条件的退休职工补支1、2月份退休金17310.84万元。3月,调整城乡无社会保障老年居民福利待遇,为36421人补发养老金300.39万元。4月起,农民工基本医疗保险缴费人员类别变更为农村劳动力,缴费标准按照城镇职工缴费标准执行,为其制作社会保障卡18.2万张。

(狄凌霄)

【医保监察大队成立】 1月,组建打击医疗骗保执法队伍“医保监察大队”。6月5日,区编委正式批复成立朝阳区医保监察大队,主要负责监督检查骗取医保基金情况,查处违法行为。

(韩运旗)

【职业技能大赛朝阳赛区活动】 3月,举办北京市第三届职业技能大赛朝阳赛区活动。全区参赛选手9000余人,竞赛58场次,参与单位108家,评判人员300余人。28人在市级决赛中取得名次,主要集中在营业员、餐厅服务员、西式面点师、维修电工等42个工种。朝阳区荣获“北京市第三届职业技能大赛优秀组织奖”。大赛于11月结束。

(左云帆)

【劳动用工规范一条街工程】 3月至9月,各街乡劳动监察小组组织实施“劳动用工规范一条街工程”,并将该工程与日常巡查、劳动用工书面审查相结合。责令14家企业为91名劳动者补缴社会保险1.86万元;为42家企业185名劳动者解决工资待遇51.5万元;为36家企业135名劳动者补办职业资格证书;规范用人单位3794家。劳动者劳动合同签订率、社会保险参保率和持证上岗率均达到100%。

(韩运旗)

【农民工劳动合同签订“春暖行动”】 4月9日至6月9日,开展农民工劳动合同签订“春暖行动”。期间举办宣传活动上百场,检查企业2738户,用人单位与农民工劳动合同签订率96.73%,为农民工追讨工资770.28万元。

(李雯)

【工伤保险宣传日活动】 4月25日,在朝阳万达广场举办“贯彻工伤保险法律法规,维护职工工伤保险权益”工伤保险宣传日活动,通过展板展示、现场咨询、发放宣传材料等形式,宣传工伤保险各项法律法规。共有500余人参加,现场发放宣传材料5000余份,中央电视台、北京日报等20余家媒体进行现场报道。

(杨婧垚)

【数字档案管理系统】 5月1日,启用自主研发数字档案管理系统,全区15万份流动人员人事档案实现数字化管理。

(曾　孝)

【医疗保险即时审核管理系统】 5月2日,启用自主研发医疗保险即时审核管理系统,区医疗保险费用即时审核业务办理过程实现对经办人员、审核人员、管理者同步公开。

(李曼丽)

【退休人员系列文体活动】 5月10日至11日,在闵龙乒乓球俱乐部举办朝阳区第五届"闵龙杯"退休人员乒乓球比赛。258人参赛。7月17日,在安贞西里社区文化广场举办退休人员"健康生活每一天"活动,100人参与活动。9月26日,在北京剧院举办"迎国庆·庆中秋"——朝阳区第五届退休人员文艺汇演,1000人参与活动。

(柴君丽)

【朝阳阳光招聘网】 6月1日,公益性招聘网站"朝阳阳光招聘网"投入使用,企业和个人可在网上免费发布招聘及求职信息。

(曾　孝)

【跨区域促进就业招聘会】 6月28日,组织上海圆通速递有限公司、北京七九七华音电子有限责任公司、松下电器客服中心、大成永和餐饮有限公司,赴内蒙古通辽市参加内蒙古与北京市跨区域促进就业招聘会,现场34人与朝阳区相关企业达成初步就业意向。

(曾　孝)

【劳动能力鉴定中心成立】 6月,经区编制委员会批准,成立朝阳区劳动能力鉴定中心,负责贯彻落实有关劳动鉴定工作的政策、规定;鉴定工伤、职业病致残程度和劳动能力丧失程度等。

(杜　明)

【医保档案通过国家、市级验收】 7月10日,朝阳区医疗保险业务档案通过市级验收,成为全市首家医保业务档案达标验收优秀等级医疗保险办事机构。10月26日,通过全国社会保险档案工作验收。

(李曼丽)

【社保经办机构改革】 8月29日,根据《关于印发北京市朝阳区社会保险基金管理中心和北京市朝阳区医疗保险事务管理中心"三定"规定的通知》,朝阳区社会保险基金管理中心(简称社保中心)、朝阳区医疗保险事务管理中心(简称医保中心)机构规格由相当正科级调整为相当副处级参照公务员管理事业单位。社保中心编制230人,内设机构14个,主要负责社会保险登记、费用征缴、保险待遇支付和保险关系转移接续,指导并受理社保经办业务等。医保中心编制102人,内设机构10个,主要负责基本医疗保险、生育保险、失业保险、工伤保险医疗费用审核结算,基本医疗保险特殊病种、异地就医审批,定点医疗机构、定点零售药店医保经办管理等工作。

(狄凌霄　李曼丽)

【劳动科社保所星级评估】 9月10日至14日,开展2012年劳动科、社保所评估工作。实地检查劳动科、社保所基础设施设备、基础工作、队伍建设、业务工作、监督评议和工作创新等六方面工作。年内,评定社保所:五星级17家、四星级24家、三星级2家;评定劳动科(社会事务管理科):五星级10家、四星级25家、三星级5家、二星级2家,取消十八里店社会事务管理科评估资格。

(曲　靖)

【定点医疗机构签署医保服务协议】 11月15日,区医保中心与中国医学科学院肿瘤医院472名医师现场签署服务协议。至此,除总额预付试点医院(朝阳医院、垂杨柳医院)外,358家定点医疗机构全部参加医保服务医师管理。

(李曼丽)

【职业技能大赛风采展示】 12月4日,举办北京市第三届职业技能大赛朝阳赛区风采展示活动,60家职业技能学校、40家乡镇街道社区、90家企业参与活动。

(左云帆)

【就业援助】 年内,为就业困难人员提供日常援助48625次,重点援助29681人次,托底援助218人次,就业困难人员实现就业1.6万人,就业困难人员就业率66.68%。面向就业困难人员组织系列公共就业服务活动。"就业援助月"活动期间,走访就业困难人员和零就业家庭1514户,援助776人,实现就业385人,零就业家庭人员实现就业4人。"送温暖"活动期间,走访慰问就业困难人员867人,其中重点走访户15人,发放慰问金及慰问品折合人民币36.3万元。5月25日,在三间房乡举办"就业路上,与您携手同行"系列活动之促进残疾人就业专项招聘会。全区45个公共就业服务机构设立"残疾人就业指导窗口",30余家用人单位现场招聘,150名残疾人应聘。7月31日,在区人力资源市场举办"就业路上,与您携手同行"系列活动之促进随军家属就业招聘会,33家用人单位现场提供800个就业岗位,133名随军家属应聘,82人达成初步就业意向。年内,社区岗位安置就业困难人员12201人,同比增长49.61%。

(曾　孝)

【城镇登记失业人员就业】 年内,城镇登记失业率0.88%,登记失业人员就业率71.76%。城乡登记失业人员实现就业2.66万人,其中就业困难人员实现就业1.6万人。全年开发就业岗位14万个。岗位开发总量连续7年突破10万个。

(党志杰)

【城乡就业管理制度并轨】 年内,实现城乡就业管理制度并轨,将因土地功能转换、无法从事农业生产经营活动的农村劳动力7.4万人纳入城镇失业登记范围,享受全市统一公共就业服务和政策扶持，建立城乡一体化就业管理制度。

（党志杰）

【农村劳动力就业】　年内，出台《北京市朝阳区人民政府关于进一步做好农村劳动力就业工作的意见》，要求公益性就业岗位优先安置农村劳动力，制定对用人单位集中批量安置劳动力给予最高不超过100万元一次性奖励等奖励性就业政策，建立农村劳动力就业工作联席会议制度，把农村劳动力就业工作实施情况纳入各委办局、各地区办事处（乡政府）年度考核范围。落实《朝阳区鼓励农村劳动力转移就业奖励办法》，为1382家用人单位拨付社会保险补贴14765.32万元，为朝阳区户籍农村劳动力拨付资金6808.76万元，该政策带动农村劳动力就业33708人次。开发适合农村劳动力的就业岗位7.1万个，向土储乡输送岗位6558个。

（曾　孝　党志杰）

【就业失业登记证】　年内，首批城市化建设地区农村劳动力纳入就业失业登记管理系统，涉及92个村55041名农村劳动力，为农村劳动力换发《就业失业登记证》53573个，换证率99.54%。

（曾　孝）

【高技能人才队伍建设】　年内，召开2012年度高技能人才队伍建设工作大会，表彰120名优秀中青年高技能人才、29名技能领军人才和8家高技能人才队伍建设先进单位，发放奖励性津贴39.8万元。组织召开高技能人才专项工作会，25家大中型企业、5所北京市知名职业院校和4名高技能人才代表研讨首席技师工作室建立、校企合作培养制度、高技能人才评选表彰、技师研修培训等工作。启动技师研修培训试点工作，31名技师、高级技师到实训基地参加智能楼宇管理师研修培训。全年为311名高技能人才申请培训补贴38.76万元，选拔推荐8人参加第三批北京市突出贡献高技能人才评选，9人参加享受北京市政府技师特殊津贴人员评选。

（党志杰）

【城乡劳动力职业培训】　年内，重新修订《朝阳区定点培训机构职业培训工作流程》。认定并公布11家定点培训机构。全年培训城乡劳动者7543人，其中，失业人员6644人、本市农村劳动力899人、创业人员133人，指标完成率179.6%，培训后就业率60.35%。审批职业培训补贴3356人，审批资金152.457万元。

（党志杰　黄　姗）

【公共职业介绍服务】　年内，开展公共职业介绍服务活动。采集空岗信息126556个，开展职业指导84358人次，推荐失业人员再就业11516人。举办招聘会195场，参会单位2075家，提供岗位69067个，参会人数22669人，达成初步就业意向7675人。

（曾　孝）

【公共就业服务专项活动】　年内，相继开展“春风行动”、“民营企业招聘周”、“2012年北京地区高校毕业生供需见面、双向选择招聘月活动”等6项公共就业服务专项活动。累计发放宣传材料79198份，开展针对性职业指导活动9场，招聘会99场，提供就业岗位51892个，为32266人进行求职登记，6986人达成初步就业意向。

（曾　孝）

【职业技能鉴定】　年内，组织两次职业技能鉴定全国统考。12284名考生在朝阳区报名，资格审核通过9836人；15289名考生在朝阳区考场参考，考生数量同比增长53.98%。全区共设考点12个、考场517个。

（左云帆）

【退休人员管理】　年内，全区退休人员累计455035人，其中，社会化管理退休人员91626人，转接退休人员档案9844份；为41个街乡社保所社会化管理退休人员4163人申请自采暖补贴347.5万元；分10批组织2420名退休人员参加平谷碧海山庄的休（疗）活动，退休人员安全休（疗）养指标完成率100%。

（柴君丽）

【社会保险政策宣传】　年内，统一制作宣传画、宣传折页，43个街乡悬挂标语横幅、拍摄宣传片，宣传社会保险政策。为农民工发放宣传材料1000套。为300余家市属、区属机关事业单位开展宣传动员和政策培训。

（杨婧垚）

【城镇职工社会保险】　年内，养老保险、失业保险、医疗保险、工伤保险、生育保险缴费人数分别为149.94万人、157.11万人、209.05万人、151.92万人、146.69万人，分别比上年增长9.31%、11.05%、11.05%、10.45%、116.27%。其中农民工养老、医疗保险参保人数分别为33.7万人、36.01万人。基金累计征缴365.29亿元，比上年增长27.27%；累计支出233.93亿元，比上年增支22.97%。

（狄凌霄）

【城乡居民养老保险】　年内，城乡居民养老保险累计参保人数9.14万人，累计收缴保费5.76亿元。城乡居民养老保险缴费人数共计5.76万人。其中农村居民5.02万人，城镇居民0.74万人，续保率99%。全年收缴保费7926.11万元，其中个人缴费2680.52万元，集体补助2152.24万元，财政补贴3093.35万元。享受城乡居民养老金待遇1.67万人，支出养老金7837.07万元，其中个人账户养老金1195.19万元，基础养老金5661.14万元，中央财政补贴455.69万元，继承金28.86万元，清算金469.98万元，转移支出26.21万元。历年累计支出养老金2.59亿元。

（徐　凤）

【养老保险退休和补缴审批】　年内，审批退休18411人，同比增长

18.6%,其中特殊工种5160人,同比增长6.9%。建立特殊工种基础数据库,单位备案350余家,20000余人;调查档案102人次,问题档案15份。原行业统筹单位20家和非时政类报刊单位8家退休核准工作下放到区县。全年养老保险补缴预约8965人次,涉及单位2658家,审批补缴职工4693人,同比减少13.57%,其中外埠补缴1283人,同比减少39.62%;实地调查补缴1年以上人员,涉及532人次,存在问题17人次。

(杨婧垚)

【劳动能力鉴定】 年内,劳动能力鉴定1653人,同比减少1%,其中,工伤职业病鉴定1425人,同比减少4%,因病鉴定228人,同比增加17%。

(杨婧垚)

【工伤认定】 年内,受理工伤认定申请2653件,同比减少9%。其中单位申请2559件,同比减少10%;个人申请94件,同比增加38%。工伤康复212人,同比增长44%,指标完成率213%。

(杨婧垚)

【医保监察】 年内,医保监察立案120起,约谈参保人146人次;检查定点医疗机构55家,其中,立案调查3家,给予2家定点医疗机构、5名参保人行政处罚,分别罚款5.2万元、5万元,追回医保基金7.8万元,给予7名骗保人停卡处理,对14名超量开药人员给予限报处理。

(韩运旗)

【医保服务医师管理】 年内,全区签约医保服务医师总数11000人,违规扣分医师累计1116人次,32名医师被黄牌警告,暂停医保服务医师资格6个月。

(李曼丽)

【城镇居民基本医疗保险】 年内,城镇居民基本医疗保险参保人数221368人,其中无保障老年人23370人,本市学生、儿童197998人,本市城镇劳动年龄内无业居民7569人。

(杨丽艳)

【医疗保险审核】 年内,审核支付各险种基金70.6亿元,同比增幅30%,绝对增长额16.4亿元。其中,审核支付持卡结算门诊费用37.9亿元,同比增长36%,涉及交易3783万笔;审核支付持卡结算住院费用29.1亿元,同比增长29%,涉及35.7万人次;审核支付各类手工报销险种费用3.6亿元,同比下降3%,涉及16万人次。

(李曼丽)

【医疗保险总量控制】 年内,对305家医疗机构下达总量控制指标,占区医疗机构的98%,区总量控制指标57.38亿元。全年基金申报64.32亿元,总控指标使用112.09%。其中14家三级定点医疗机构基金申报43.81亿元,基金总量控制指标使用率114.15%;13家二级定点医疗机构基金申报6.68亿元,基金总量控制指标使用率116.02%;79家一级及以下定点医疗机构基金申报4.62亿元,基金总量控制指标使用率109.12%;198家社区定点医疗机构基金申报9.21亿元,基金总量控制指标使用率102.23%。

(杨丽艳)

【推进劳动合同制度】 年内,网格化系统显示,朝阳区行政区域内监控的各类企业劳动合同签订率97.59%;地方企业劳动合同续订率99.03%;新增备案集体劳动合同6218户,涉及职工192333人。

(李　雯)

【表彰和谐劳动关系单位】 年内,区人力资源和社会保障局、区总工会、区企业联合会对获得“2011年朝阳区和谐劳动关系单位”称号的23家企业作出表彰决定。

(李　雯)

【劳动监察执法检查】 年内,劳动监察执法检查用人单位1.78万家,立案7118件,其中投诉举报立案3339件,巡查立案3327件;为7060名劳动者追讨工资4209万元,为112名劳动者追缴社会保险费33万元,责令用人单位与29名劳动者补签劳动合同。开展劳动监察专项检查行动9次,涉及农民工工资支付、节假日加班工资支付、整顿人力资源市场秩序、《社会保险法》和《劳动合同法》遵守情况、劳务派遣企业用工情况等,检查用人单位6166家,涉及劳动者16.7万人。

(韩运旗)

【劳动保障监察网格化管理】 年内,完成用人单位信息采集64202家;对街乡一级监察小组下达指定巡查任务5124条,完成巡查4841条,完成率94.5%,发现违法行为613起,立案576件;下达指定用人单位信息采集任务633条,反馈完成采集622条,完成率97.8%。

(韩运旗)

【劳动人事争议仲裁】 年内,接收劳动人事争议案件14552件,其中,立案受理13115件,同比增长25.33%,不予受理1437件,同比下降8.2%;集体争议案件701件,涉及劳动者4167人,同比增长分别为32.03%、38.58%。仲裁结案率97.26%,调解率38.16%。

(于　飞)

【街乡调解组织全覆盖】 年内,指导43个街乡社保所开展劳动争议调解工作,设立调解工作室,负责调解区内用人单位与劳动者之间劳动争议案件。全年街乡调解组织覆盖率100%。

(于　飞)

工商行政管理

【概况】 北京市工商行政管理局朝阳分局(简称工商朝阳分局),主要负责辖区内市场经济主体登记注册、商标广告监管、经济合同监管、食品质量与安全监督管理、市场竞争监管、打假维权以及规范市场经济秩序等工作。全局下设39个部门,其中18个职能科室、15个工商所、1个执法检查队、5个事业单位,共有干部职工615人。年内,启动北京国家广告产业园区、八里庄文化创意产业园等一批重点项目。坚持执法警示与行政指导并重,全年发起行政指导7578次。深入学校、市场、商务楼宇以及互联网等行业企业,开展送法律、送服务活动;举办大学生就业创业政策讲座、"4·26商标授权经营制度现场会"等活动;引导拉手网等大型电子商务企业建立消费争议解决绿色通道;开展合同示范文本和推荐合同文本推广、预付费消费行为指引活动等。工商朝阳分局奥运村所、十八里店所被市局评为"2012年度先进工商所";消保科被市局评为"2012年度先进科室";信息中心被市局评为"2012年度先进事业单位";奥运村所、消保科被市人力社保局、市工商局评为"2010－2012年度北京市工商行政管理系统先进集体"。

地址:朝阳区霄云路霄云里1号

邮编:100125

电话:51069009

网址:www.hd315.gov.cn

(曹发来)

【格式条款专项检查】 2月至10月,各工商所开展利用合同格式条款侵害消费者合法权益专项检查行动。全年检查主体1028户,检查格式合同954份,主要涉及美容美发、洗染(洗衣)、房屋中介、文化创意、健身等行业,对其中23户经营者进行书面行政指导;发现存在问题的消费类格式条款51份,均记入检查台帐并立案处理,罚没款共计15万元。

(曹发来)

【北京国家广告产业园开园】 5月31日,举行北京国家广告产业园开园仪式。园区位于朝阳区西大望路甲12号,是全国首批9个国家广告产业园中较早投入使用的园区之一。截至2012年底,朝阳区新增专营广告企业315户,新增注册资本3.82亿元;园区新增专营广告企业134户,新增注册资本1.26亿元。联动文化、引力传媒、阿里巴巴等近10家国内知名广告和新媒体企业入驻园区核心区经营。

(曹发来)

【私个协党委成立】 5月,经区委组织部批准,成立中国共产党北京市朝阳区私营个体协会党委。

(齐学义)

【广告监督管理】 年内,监测、录入媒体广告75万余条次,发现并制止涉嫌违法广告8449条次。电话叫停违法广告并未再发布的780条次,制发责令改正通知书205件。开展广告经营资格检查和文创企业数据调查工作。广告经营资格检查全区应参检279户,全年实检269户,参检率96.42%。发现18户企业有违法行为,均给予行政处罚。全年查处各类违法广告案件147件,罚没款548.05万元。其中户外违法广告案件7件,平面媒体违法广告案件72件,广播电台违法广告案件7件,印刷品形式的违法广告案件61件。

(曹发来)

【查处发布虚假广告案】 年内,查办《时尚》杂志社发布虚假广告案,罚没款322万元。该案是近十年来,分局查办案件中定性为虚假广告的第一案。经查,《时尚》杂志社在2011年1月号至7月号的杂志上,为上海艾怡美容制品有限公司发布标称为"BRAVA"产品广告,共计7条次,收取广告费80.5万元。7条次"BRAVA"产品广告文字表述失实,相关数据未标明出处,对于"BRAVA拥有全球12项相关专利"涉及的专利产品未标明专利种类和专利号,其行为属发布虚假广告。依据《中华人民共和国广告法》规定,责令《时尚》杂志社立即停止发布行为,并处没收广告费80.5万元;罚款241.5万元。

(曹发来)

【合同监督管理】 年内,进行拍卖会会前备案451场,会后备案415场,现场监拍33场,检查确认书2.76万份,成交额826632.2万元。全年办理动产抵押备案100件,帮助企业融资106.4亿元,盘活动产价值140.9亿元。

(齐学义)

【食品安全监督管理】 年内,分局举办两次食品安全业务培训,全区43个街乡的食品安全监督员参加培训。各街乡面向食品安全监督员和从业人员,举办食品安全业务培训100余场次。分局受理食品流通许可申请7004件,发放食品流通许可证6772件;办结食品类案件224件,罚没金额336.72万元,没收侵权酒类商品3589瓶;抽取食品样本4281件,检出不合格食品样本141件,合格率96.7%。开展党的十八大食品安全专项执法检查,截至9月底,出动执法人员近1.2万人次,检查农产品基地9次、食品生产企业108户、建筑工地食堂450户次、学校食堂362户次、餐饮企业5857户次、露天餐饮94次、市场430家次、商场超市2044户次,立案69起,查处无照经营320户,查处无证(照)餐饮单位870户,取缔无照游商136户,罚没款总计10.23万元。

(曹发来)

【查处未取证食品案件】 年内,查处柒一拾壹(北京)有限公司销售未取得食品生产许可证食品案。经查,柒一拾壹(北京)有限公司于2009年6月1日至2012年3月31日期间,在其所属各门店销售北京灵生食品有限责任公司生产的牛板筋产品,经向北京市质量技术监督管理局发函询问,北京市质量技术监督管理局回函确认该产品未取得食品生产许可证。截至2012年3月31日,柒一拾壹(北京)有限公司已售食品销售金额总计7059445元,违法所得1653922元。另经查,当事人于2012年1月1日至2012年3月31日期间,在其所属各门店销售海皇食品(天津)有限公司生产的"7P日式鸡汤味薯条"、"7P烤肉味薯条"、"7P香辣味薯条"等食品,经向天津市质量技术监督管理局发函询问,天津市质量技术监督管理局回函确认上述食品未取得食品生产许可证。截至2012年3月31日,当事人已售食品销售金额总计320577元,违法所得78695元。至此,当事人销售的上述四种食品销售金额合计7380022元,违法所得1732617元。柒一拾壹(北京)有限公司的上述行为构成违法行为,依据《中华人民共和国工业产品生产许可证管理条例》第四十八条之规定,给予没收违法所得1732617元、罚款200000元的处罚。

(曹发来)

【数据查询服务】 年内,信息档案中心向区有关部门累计提供数据43次,计13.28万条。新增档案及文书5780卷。完成《朝阳区文化创意产业发展情况分析——辖区文化创意产业特色与规划》调研报告。全年修补企业问题数据5544条,个体工商户问题数据231条。2011年11月至2012年9月,对外查询70872次,日均查询量306次,比上年同期增长20.5%。其中本企业查询63415次,占总查询量的89.48%;公检法机关查询2502次,占总查询量的3.5%;外部一般查询4955次,占总查询量的7%。

(曹发来)

【外资监督管理】 年内,将外资年检年报咨询纳入朝阳区政府服务热线96105服务范围,年检期间接听咨询电话6047个。全年全区应检外资企业10219户,已检9693户,未检526户,年检率94.85%;应报代表机构5623户,已年报2993户,未报2603户,年报率53.23%。对外资企业、代表机构行政指导176户,责令改正398户,办结外资监督类案件197件,罚没款261万余元。

(曹发来)

【企业年检和个体验照】 年内,开展年检年报验照工作。2011年度朝阳区内资企业年检率92.6%,外资企业年检率94.9%,外国企业驻京代表机构年报率53.2%,个体工商户验照率88.9%。

(曹发来)

【有形市场监督管理】 年内,以食品安全工作为主线,按照"批发市场抓准入、零售市场抓规范"原则,规范食品退出机制,在全区市场内制定、落实"临近保质期限食品销售区"制度,在现有大洋路市场推行的基础上,驻场监管盛华粮油、朝来万通、盛华宏林、新发地、双桥等区域性批发市场。依托中国农业大学科技力量,以大洋路市场为基地,研发"朝阳区食品安全远程追溯系统",并在全区农副产品市场上线试运行,初步实现食品安全"实时监控、远程追溯"核心要求。年内,完成全区95家农副产品市场食品安全远程追溯系统业务培训,41家市场使用该系统每周上传检测数据。巩固分局、工商所、市场主办单位三级食品安全监控体系,严格落实问题食品的下架与退市规定。完成市局下达的各类抽检任务,截至9月底,市局统一监测与监督抽检样本249个,其中不合格样品11个;各工商所上报抽检数据3308个,检测结果均合格;各市场共上报自检数据93103个,其中不合格样品数123个。

(曹发来)

【消费者权益保护】 年内,开展消费教育引导工作253场次,直接受众10万人次,解答咨询5970人次,发放宣传材料93.4万份,解决投诉58件。分局在完成市局委托样品抽检任务外,还对辖区内的成人服装、床上用品、成人鞋、儿童服装、通讯器材、电器、眼镜镜片、电子产品、电线电缆、家具板材、电动自行车、儿童玩具、童车、童鞋插座和应急灯等280种商品进行抽检。办结不合格商品质量案件31个,罚没款18.3万元,下架商品39个。

(曹发来)

【查处涉嫌吸收公众存款案件】 年内,查办北京巨鑫联盈科贸有限公司、美佰(北京)电子商务科技有限公司、北京兴方通网络科技有限公司涉嫌非法吸收公众存款案。在未经金融等部门批准的情况下,3家公司采取人传人、口传口形式,以"交3万返27万"高额返利为诱饵,以购买一定数量的商品为前提,向社会不定性人群,主要是北京地区退休人员和外埠社会闲散人员公开招募加盟商,非法吸收公众存款。其运作模式涉嫌非法吸收公众存款和集资诈骗。5月10日,公安、工商联合采取执法行动,在全市范围取缔上述3公司。现场控制群众208人,管理人员55人,职员239人,对55名管理层人员实行刑事拘留。北京现场暂扣现金1486.2564万元,并在3公司设立的关联公司账号中暂扣上海账号现金60余万元，暂扣江苏账号现金5800万元；冻结银行账户资金3.6亿元；共计4.186亿元。此案值4.2亿元。于5月10日移交公安机关追刑。

（曹发来）

【专项整治】 年内，开展十八大市场秩序专项整治活动。利用三级网格体系，遵循“自下而上”原则，准确掌握市场秩序风险点数据台账，并集中执法力量，全面排查清理风险点。9月30日前，清除474个风险点。十八大期间出动执法人员1990人次，执法车辆987车次，检查各类经营主体4328户。

（曹发来）

【联合整治】 年内，联合区文化委、教委、公安、城管，开展20余项专项整治行动，查处取缔黑网吧、黑摩的、拼装改装车、复印印刷、扫黄打非、一日游等违法经营活动和行为。全年开展联合执法专项行动58次，排查整顿重点区段16个，查办违法案件8起，抓获违法当事人40余名。

（曹发来）

【北京商务中心区工商所】 年内，北京商务中心区工商所辖区各类市场主体28027户。按主体类型统计，内资企业（含个人独资及合伙企业）20336万户、外商投资企业3304户、外国企业在华常驻代表机构1970户、个体工商户2417户。有形市场2个。企业年检应检企业20348户，通过年检企业18972户，综合年检率93.24%。个体验照应验3030户，已验2679户，验照率88.42%。全年查处违法行为案件183件，向违规企业发出行政提示3524份，口头提示4106次，责令改正1100份。

（曹发来）

【私营个体协会】 年内，区私营个体协会落实中央文明办和首都文明办《关于开展道德领域突出问题专项教育和治理活动的实施方案》，开展“讲文明树新风”活动，倡导节俭用餐、文明用餐。与中国民生银行北京劲松支行召开贷款融资推介会议，搭建小微企业贷款平台，推荐会员成功申请贷款200余万元。辖区18个私个协分会继续落实《法律咨询服务平台服务接待制度》，截至9月，接待、解答法律咨询1200余人次。

（齐学义）

【工商登记注册】 截至年底，全区登记注册市场主体273343户，同比增长9.5%，占全市19%，居全市首位，其中，内资企业主体174185户，同比增长16.9%；外资企业主体15478户，同比降低9.9%；个体工商户83680户，同比增长0.2%。全年新设立市场主体42152户，占全市23.8%，居全市首位，其中，新设立内资企业主体27277户、新设立外资企业主体1611户、新设个体工商户13264户。

（齐学义）

【商标监督管理】 截至年底，全区商标注册97935件，其中中国驰名商标17件、北京市著名商标65件。帮助8家企业获得商标质押贷款2.2亿元，推荐龙菲食品、绿茵天地等企业获得朝阳区知识产权质押贷款贴息31.7万元。鼓励企业争创驰（著）名商标，从纳税额500万以上的企业中挑选490家补充进入商标储备库，分梯次推进驰（著）名商标培育和自主商标品牌群建设工作。深化商标授权经营制度，更新相关系统，免费提供给有形市场、商场、重点商区使用，提高管理者就商标注册、授权使用、商品来源、认证标志等方面对商户及商品的审查把关能力，有21家商场、市场、特色品牌聚集区录入商标信息1125件。查处载思（北京）商贸有限公司北京朝阳分公司商标侵权案，罚款1100万元。

（曹发来）

物　价　管　理

【概况】 朝阳区发展和改革委员会价格管理科负责全区物价管理工作，物价检查所依法进行物价监督检查、接待并处理群众来信来访等。物价检查所为参公管理事业单位，编制44人，实有43人，内设科室6个；区发改委下设价格认证中心，系自收自支事业单位，编制10人，实有2人。价格认证中心负责司法领域涉案财物价格鉴定工作，其出具的《涉案财产价格鉴定结论书》是司法部门办案依据。

地址：百子湾西里303号

电话：65012644

邮编：100124

电子邮箱：chaozhk66@sina.com

（李永宇）

【首批市价格监测定点单位】 2月23日，朝阳区京客隆针织路店、北京创益佳（双井店）、天宇市场、首汽油料公司、北京城外诚家居广场等5家企业被北京市价格监测中心授予首批北京市价格监测定点单位。

（罗凤鸣）

【办理人大代表建议】 3月8日，办理完成区人大代表“关于建立社区工薪阶层幼儿园建议”事项，从5个方面加强学前教育收费管理，分别是：①教委、发改委、财政局、纪检监察等部门分工负责、齐抓共管、综合治理；②强化收费监督检查；③实行收费公示制度;④加强经费使用监督检查;⑤加强收费政策宣传。

(罗凤鸣)

【实施经适房价格管理办法】 3月26日,发布并实施《朝阳区经济适用住房价格管理办法(试行)》,明确经适房价格制定的基本原则,规范价格制定的基本程序和操作办法。该办法分总则、价格制定、机构及职责、工作程序、监督检查和附则等条款,共6章25条。

(罗凤鸣)

【行政事业性收费许可证年审】 4月2日至5月26日,区发改委组织开展2011年度行政事业性收费年审。全区共审验《收费许可证》346个,年审率96%,全区2011年度行政事业性收费总额53555万元。178个单位接受年审检查,其中幼儿园58个,学校(学区)70个,行政单位33个,其他事业单位17个。年审中,发现个别单位存在违规收费现象,主要表现为:①部分体制改革幼儿园收费标准未执行新生新办法、老生老办法的收费原则。②个别企业办幼儿园利用周末时间开办亲子班,并开具行政事业统一收费票据。③部分幼儿园以捐资、赞助等形式变相收费。④个别行政机关收费许可证变更和到期换证不及时。上述现象已在规定期限内整改完毕。

(李永宇)

【检查民办幼儿园收费】 6月13日,市发改委收费处检查组到朝阳区伊顿棕榈泉园、二十一世纪国美园、启明东润珠江园和向日葵赛洛城园等民办幼儿园检查收费情况。检查组根据相关标准,了解并检查了各园办园规模、招生及资金投入、收费标准和收退费政策执行情况等工作,对受检园收费管理工作相关做法给予肯定,并对办园环境表示满意。

(罗凤鸣)

【保障性住房价格审核】 7月16日,区发改委委托中冶京诚工程技术有限公司编制完成《北京市朝阳区金泰丽富嘉园定向安置房项目成本测算报告》,并上报区政府。

(罗凤鸣)

【价格综合调控任务分解】 7月20日,区发改委拟制《朝阳区2012年价格综合调控分解落实重点工作任务方案》,8月27日经区政府第30次区长办公会审议通过。该方案主要有6项内容:①持续推进“菜篮子”工程建设;②稳定房屋市场租金;③提升价格综合调控能力;④加强价格监测和分析预警;⑤构建价格监管长效机制;⑥提高城乡居民物价承受能力。

(罗凤鸣)

【检查教育收费】 9月4日,联合区教委组织召开全区幼儿园教育收费政策培训、专项检查工作部署会,部署幼儿园收费专项检查工作。辖区200余家幼儿园园长参会。会后,组织218家幼儿园自查,检查幼儿园28家。经查,个别幼儿园收取捐资助学费、赞助费,共计644.45万元,责令清退297.85万元(301人);收取办班费、教材费,共计2359913元,责令全部清退(1213人次)。

(李永宇)

【检查商品房销售明码标价】 9月10日至10月30日,成立商品房销售明码标价专项检查工作领导小组,区发改委主任常树奇任组长,区物价检查所所长郑光瑞任副组长。领导小组带领相关科室,根据国家发改委《关于立即开展商品房销售明码标价专项检查的通知》要求,检查辖区商品房经营者执行《北京市<商品房销售明码标价规定>实施细则》情况。26家商品房销售单位接受检查,对检查发现的个别明码标价不规范问题予以纠正。

(李永宇)

【大型活动停车计次收费】 9月18日,区发改委批准在“2012年中国网球公开赛”期间(9月23日至10月7日),奥林匹克森林公园临时停车场实行计次收费,收费标准为小型车10元/次,大型车20元/次。

(罗凤鸣)

【调整朝阳公园门票价格】 9月30日至10月7日,朝阳公园举办“2012年(第六届)北京朝阳国际旅游文化节”。期间,公园门票价格由5元调整为10元。

(罗凤鸣)

【审核民办学历教育收费标准】 11月17日,区发改委批准区教委审核的北京市朝阳区弘善学校和北京朝阳区金地老君堂实验学校学费标准。自2013年9月1日起,弘善学校学费标准为2800元/学年·生,金地老君堂实验学校学费标准为4000元/学年·生。

(罗凤鸣)

【价格监督检查及价格举报】 年内,加大市场监督检查力度,检查辖区1788个单位的价格执行情况,54个单位存在违规现象,给予经济制裁31.118万元。其中没收18.816万元、退还2.152万元、罚款10.150万元;协调解决投诉15件,为消费者挽回经济损失565.757万元。全年受理2571件价格咨询与举报,其中价格咨询2278件、价格举报293件。在293件价格举报中,机动车停车收费问题119件,占41%,其他收费问题81件,占28%,明码标价问题63件,占22%,价格问题18件,占6%,物业收费问题7件,占2%,非机动车收费5件,占1%。

(李永宇)

【检查流通环节收费】 年内,全面排查交通运输行业监管范围内涉及物流领域的收费项目,开展“鲜活农产品运输‘绿色通道’及规范和降低批发市场、农贸市场摊位费”等政策执行情况专项检查。开展大型零售企业向供应商乱收费专项检查。开展超市、家电等企业收费及明码标价执行情况专项检查。共检查单位65家,合格62家,明码标价不规范超市3家。

(李永宇)

【检查涉农价格和收费】 年内,根据《转发国家发展和改革委关于开展涉农价格和收费专项检查文件的通知》精神,区物价检查所制定《关于开展涉农价格和收费专项检查工作实施方案》,重点检查区植物检疫站、区动物疫病预防控制中心、北京市饲料监察所和王四营、小红门、十八里店、来广营等乡及部分村落实国家强农惠农富民政策执行情况,包括"收费项目、收费标准、明码标价、政府定价、指导价及涉农收费公示制度"等项目。检查中未发现价格违法行为。

(李永宇)

【检查机动车停车场收费】 年内,检查辖区内机动车占道停车经营单位收费情况。共派出68个检查组,出动检查人员173人次,检查100个停车场。10月1日后,实行占道停车企业收费"五统一"(即统一停车收费人员服装、统一收费证、统一占道停车位编号、统一停车场标价牌式样、统一制发价格手册)规定。配合该规定实施,召开占道停车企业动员大会,宣传"五统一"政策,发放价格收费手册,督促经营单位严格执行收费政策,规范占道停车秩序及收费行为。

(李永宇)

【检查医药工作】 年内,完成望京医院、安贞医院、朝阳医院、306医院、区疾控中心收费价格专项检查。结果显示:望京医院通过分解收费项目、重复收费、扩大收费范围等方式变相提高收费标准,安贞医院及朝阳医院超出政府指导价浮动幅度收费,306医院自立收费项目、重复收费、超标准收费,上述单位分别被处以没收50164.80元、42269.98元、49340.70元、45981.60元的行政处罚。

(李永宇)

【节点、节假日价格监测检查】 年内,组织实施节日、重大会议期间价格监管工作,完成元旦、春节、元宵节、"两会"、清明、"五一"、端午、中秋节、"十一"以及十八大等期间市场价格监督检查和价格秩序保障工作。

(李永宇)

【市场监测检查】 年内,开展以粮油肉蛋菜为主要内容的市场监测检查工作,重点监测检查大洋路、盛华宏林粮油批发市场、家乐福、京客隆等市场供应情况及价格执行情况,实行检查结果周报制度,每周向市物价检查所报送检查情况。全年向经营企业发出规范价格行为告诫函200余份。

(李永宇)

【创建价格诚信街区】 年内,开展"创建价格诚信示范街、区"工作。创建范围包括工体北路至朝阳公园南路、广顺大街、劲松路至南磨房路两侧、朝阳公园西路等四条大街,涉及望京、东湖、麦子店、团结湖、三里屯等街道办事处。区物价所全年走访、登记沿线企业949家,宣传政策法规,开展"价格诚信"业务培训。

(李永宇)

【价格鉴定】 年内,完成涉案财产价格鉴定业务7884件,标的金额20232.08万元。鉴定案件数量比上年同期下降9.44%,鉴定金额比上年同期增长175.62%。

(李永宇)

【价格诚信街区检查】 年内,检查价格诚信街、区283家企业明码标价工作。结果显示:12家企业存在明码标价不规范问题,区物价检查所提出整改意见,要求相关企业限期整改。

(李永宇)

质量技术监督

【概况】 朝阳区质量技术监督局是北京市质量技术监督局派出机构,负责朝阳区质量技术监督管理工作。局机关设7个职能科室,1个稽查队。局下设直属事业单位4个,行政编制44人,行政执法编制12人,工勤编制5人,事业编制129人。现有职工171人。年内,受理行政许可和服务类申请4551件,开展行政执法活动2033起,查处案件76起,受理投诉咨询举报案件582起;检验特种设备41281台件,检验收入2613万元;产品质量检验样品11045件,检验收入682.2万元;检测计量器具113959(台/件),检测收入554.1万元,办理组织机构代码证书76387份,备案企业标准933个。年内,获北京市组织机构代码及行政许可受理工作先进集体(2011年度),十八大服务保障特别贡献奖。

地址:朝阳区平房乡姚家园村8号

电话:85576988

邮编:100123

电子邮箱:cyj@bjtsb.gov.cn

(李　娟)

【"3·15"国际消费者权益日】 3月15日,协助国家质检总局和朝阳区司法局分别开展宣传咨询服务活动。国家质检总局主办的咨询服务活动在安贞华联商厦举行,主题为"落实《质量发展纲要》,提振安全消费信心"。活动现场设立咨询区、检测区和图片展示区,为消费者提供产品质量咨询、检测等服务。区司法局主办的咨询服务活动在朝阳区普法广场举行,主题为"消费与安全”。宣传人员现场讲解质量技术监督法律法规,并发放《质量安全知识手册》等宣传资料200余份。

(李　娟)

【“5·20”世界计量日】 5月18日,开展两项活动纪念“5·20”世界计量日。①在东湖街道望京西园社区开展“关注民生,计量惠民”宣传服务活动,向社区居民讲解计量知识,发放宣传材料,为居民免费检测血压计、体重秤20余台。②开展计量实验室开放日活动,邀请相关企事业单位工作人员参观实验室,免费检测当日送检的民用计量器具12台。

(李　娟)

【食品标签技术培训】 5月29日,为配合2013年1月1日开始实施的《中华人民共和国食品安全法》之《预包装食品营养标签通则》GB 28050-2011法律规定,组织“预包装食品营养标签”业务培训,辖区117家食品生产加工企业,23家食品相关产品生产企业参加。通过培训,明确《通则》与原规定的差异之处,指导企业尽快掌握新标准,杜绝标签违法行为。

(李　娟)

【专项治理道德领域突出问题】 5月至12月,结合“质监利剑”、“打四黑除四害”等专项活动,以整治食品、特种设备两大领域为重点,开展质量安全风险排查整治和道德领域突出问题专项教育治理活动。在工业、食品生产领域,出动执法人员1505人次,排查消防产品、危险化学品等生产企业239家次,检查计量器具5874台件,取缔9个生产加工食品黑窝点;在特种设备领域,检查生产单位213家次、各类设备2939台,覆盖城市轨道交通、商场超市、居民住宅、活动会议保障、气瓶充装、起重机械等领域。

(李　娟)

【“质量月”活动】 9月19日,会同东湖街道筹备处联合举办主题为“贯彻《质量发展纲要》,建设质量首善之区”的“质量月”宣传咨询服务活动。为群众讲解质量安全常识、特种设备使用常识、计量常识及质监法律法规等专业知识,免费检测血压计、体重秤3台件,发放宣传材料300余份,接待群众咨询100余人次,登记、受理投诉举报2件。

(李　娟)

【燃煤锅炉改造】 年内,开展燃煤锅炉改造工作。朝阳区有燃煤锅炉205台,其中10吨及以上锅炉146台。热力集团22台、中国航空工业集团公司北京航空制造工程研究所4台锅炉完成改造任务。

(李　娟)

【食品生产企业监管】 年内,出动执法人员740人次,对辖区内134家食品生产加工企业、20家食品相关产品生产企业、4家化妆品生产企业开展巡回检查,共检查325家次。对辖区内食品企业产品进行全覆盖抽样,涉及饮料、糕点、糖果、白酒、淀粉、粮食加工品、调味料等21大类,共抽取样品630批次,其中合格样品603批次,不合格样品27批次,样品总合格率95.71%。27批次不合格样品中,标签不合格21个,卫生指标不合格5个,重金属超标1个。对27家次企业生产不合格产品行为,除督促企业立即查找原因及时整改外,均按照质量技术监督法律法规给予行政处罚。

(李　娟)

【打击食品非法添加】 年内,与辖区内食品生产企业签订《防止非法添加和滥用食品添加剂责任人责任书》,并对食品生产企业食品添加剂使用情况开展专项检查,检查企业70家次,涉及乳制品、饮料、大米、糕点制品、食用油、蜜饯、肉制品、其他粮食加工品、果酱、糖果、冷冻饮品、膨化食品、速冻食品、白酒、方便食品15大类产品,未发现企业存在违法添加非食用物质和滥用食品添加剂情况。

(李　娟)

【打四黑除四害】 年内,开展“打四黑除四害”(“四黑”即制售假劣食品药品的“黑作坊”、制售假劣生产生活资料的“黑工厂”、收赃销赃的“黑市场”和涉黄涉赌涉毒的“黑窝点”)专项行动。共排查质检机构9家(次),机动车检测机构65家(次),食品生产企业340家(次),农资和建材等工业品生产企业379家(次),查处取缔食品类黑作坊30个,黑心棉被加工窝点1个。

(李　娟)

【“质监利剑”专项行动】 年内,开展“质监利剑”行动。行动包括食品打假利剑行动战役(全年)、农资打假利剑行动战役(3月1日至4月30日)、汽配打假利剑行动战役(3月1日至5月30日)、建材打假利剑行动战役(6月1日至9月30日)、化妆品打假利剑行动战役(9月1日至11月30日)。共出动执法人员550人次,检查各类单位257家。

(李　娟)

【标准化工作】 年内,落实市质监局《首都标准化战略纲要》和中关村科技园区高新技术产业国家级标准化示范区建设要求,鼓励企业参与标准化建设工作。区域内18家单位的28项技术标准获156万元市级补助资金,19家单位的41个技术标准获303万元区级财政资金资助。

(李　娟)

【计量监督检查】 年内,分别对超市、集贸市场、加油站等重点行业79家单位进行计量监督,检查贸易结算用计量器具2740台件、抽查定量包装商品55批次、自包装230件。

(李　娟)

【特种设备安全保障】 年内,出动检查人员346人次,检查单位171家次,完成28次重大项目和23次大型群众性活动特种设备安全保障任务。其中“十八大”、全国“两会”等会议保障6次,“春节”等节日保障6次,“上合组织峰会”等国际重大活动保障12次,“第四届全国少数民族文艺汇演”等其他重要活动保障4

次;“蟹岛啤酒节”、“2012 浪琴表北京国际马术大师赛”等大型群众性活动 23 次。

(李 娟)

【查处黑窝点】 年内,查处取缔假冒伪劣及无证生产等违法加工点 30 个,其中食品类 29 个,涉及桶装水、肉制品、熟食等,另有 1 个为无证无照生产黑心棉被加工点。

(李 娟)

【检验检测机构监管】 截至年底,全区共有检验机构 53 家,其中质检机构 44 家、机动车检测场 9 家。确定不同时间分类检查 20 家质检机构,对 12 家质检机构开展年度审查,对 8 家质检机构开展日常监督检查;专项检查机动车检测场 65 家次。全年出动执法人员 240 余人次,基本实现检验检测机构监管全覆盖。

(李 娟)

【工业产品许可证管理】 截至年底,全区共有获证工业产品生产企业 306 家,其中工业产品生产许可证获证企业 208 家,强制性认证产品获证企业 98 家。对上述企业,质监局采取建立“企业名录”及“企业质量档案”方式,为全部获证企业建档,实现“一企一档”目标。

(李 娟)

审 计 监 督

【概况】 北京市朝阳区审计局是负责朝阳区审计监督工作的政府职能部门,实行双重领导,对区政府和北京市审计局负责并报告工作,审计业务受北京市审计局指导。年内,编制 67 人(含工勤编 3 人),在编 63 人。内设 9 个科室。下设审计指导中心,属全额拨款事业单位,编制 16 人,在编 15 人。2012 年度获全国审计宣传工作优秀单位、北京市应用京 AO 先进单位、北京市审计系统信息工作优秀单位称号,2 人分别获得北京市审计系统优秀信息工作领导者和优秀信息员称号。

地址:朝阳区北三环东路甲 26 号

邮编:100013

电话:84272266

电子邮箱:cysj@bjchy.gov.cn

(贾春泽)

【经济责任审计】 9 月 17 日,中央经济责任审计联席会议办公室主任、审计署党组成员、总经济师李勇库带领中央检查组,专项检查朝阳区贯彻落实中央两办《党政主要领导和国有企业领导人员经济责任审计规定》执行情况,区审计局局长刘野代表朝阳区经济责任审计联席会做工作汇报;中央检查组对朝阳区工作给予肯定。9 月 24 日、27 日,刘野分别向第 8 次区政府常务会和第 22 次区委常委会汇报经济责任审计工作情况。11 月 9 日,区审计局负责起草,区纪委、组织部等 7 部门联合印发《关于进一步加强经济责任任中审计意见》。全年完成 17 个单位 26 名领导干部的经济责任审计。

(贾春泽)

【固定资产投资审计】 12 月,起草并以区政府名义发布《北京市朝阳区人民政府投资建设项目审计办法》,加强政府投资建设项目审计,规范投资项目管理,提高投资效益。制定并落实《朝阳区政府投资建设项目过程跟踪审计操作规程》,加大跟踪审计规范化管理力度。完成土地储备、CBD 核心区二期土地一级开发和东南三乡重点村整治等 28 个政府投资建设项目审计。

(贾春泽)

【预算执行审计】 年内,代拟《关于朝阳区 2011 年预算执行和其他财政收支的审计工作报告》。《报告》结合经济责任审计和专项资金审计;着重强化资金安全性审计和效益性审计。6 月 21 日,经区第十五届人大常委会第三次会议审议通过。

(贾春泽)

【专项资金审计】 年内,对社区卫生服务体系建设及运行情况、城市道路停车占用费征收管理情况等开展审计,共涉及 7 个项目,同比增加 75%,其中 4 个为绩效审计项目,重点关注政策执行效果和资金使用效益,将查处问题与完善制度、规范管理相结合,注重分析深层次原因,从促进完善机制和制度层面提出审计建议,服务宏观决策,促进依法行政。

(贾春泽)

【企业审计】 年内,对朝阳区国资委监管的 7 家企业 2010 年至 2011 年度资产、负债及损益情况进行审计,着重检查相关会计信息的真实性,分析评价企业运营状况和资产保值增值情况,为政府决策提供参考。

(贾春泽)

【审计基础管理】 年内,对全部一级预算单位实行分类管理,明确有资金分配权、掌握资金规模大的重点部门两年审一次的规定。修订并正式印发审计项目时长时限管理、审计统计报表等制度,建立审计问题库。落实经责和预算执行审计业务“双统筹”,严格项目审理复核,加大审计项目执法检查力度,实行重大项目主管领导担任组长,局长办公会评议和审定审计报告等规定。在继续开展审计业务测试基础上,首次组织“审计业务知识竞赛”,继续组织50余名业务干部赴专业院校封闭学习。27人具备审计组长资格,新聘请6名民主党派成员为特约审计员。

(贯春泽)

【审计成果】 年内,完成审计(调查)项目67个,查处各类问题金额104300万元,其中促进增收节支3184万元、核减工程款6081万元。提交审计报告、信息397篇,被批示或采用260篇次,提出审计建议267条,促进被审计单位出台12项制度规定;完成各类调研、征文30篇。北京市审计局在全市区县范围内评选出6个优秀审计项目,朝阳区审计局组织实施的两个经济责任审计项目均入选。

(贯春泽)

【内部审计】 截至2012年末,朝阳区13个单位建立内审专职机构,专、兼职人员700余人。结合贯彻《北京市审计条例》要求,举办了5场委办局、街乡、企业分类分层内审专题培训,140余家单位、200余人参加。完成对10家民营企业和10家重点单位内部审计开展情况的专项调查工作。

(贯春泽)

烟 草 专 卖

【概况】 朝阳区烟草专卖局(朝阳烟草公司)负责朝阳区行政辖区内的烟草专卖管理、卷烟市场供应和卷烟销售网络建设。设五科一室,包括营销网建科、专卖监督管理科(内部专卖管理监督科)、法制科、人事劳资科(政工科)、财务科、办公室(安保科、企管办)。职工197人。专卖监督管理科下设4个市场检查大队、3个稽查大队和1个货运场站监管队,其中市场检查大队又细分为10个市场检查中队。全年办理涉烟违法案件2282起;查获违法卷烟1727.72万支,总案值1264万元;查办5万元以上大要案155起。破获网络涉烟违法案件6起,同比增长20%,其中以朝阳区局为主2起。全年销售卷烟14.48万箱,同比增长4.47%;实现利税合计7.38亿元,同比增长17.6%。获2012年市级交通安全先进单位。

地址:和平街十三区甲17号

电话:64206977

邮编:100013

电子邮箱:bjcyyc@163.com

(丁 鑫)

【破获销售假烟网络】 1月5日,朝阳区、顺义区、丰台区、东城区、延庆区、海淀区、铁路烟草专卖局及大兴区烟草专卖局,在朝阳、顺义、东城、丰台等区公安部门配合下,破获以主犯浙江籍方立朱、山东籍赵延贞为首的销售假冒卷烟网络案件,查获违法卷烟162.28万支,总案值141万元,抓获涉案嫌疑人6人,刑拘5人,查扣车辆6台,捣毁库房8个。5月21日,联合通州、东城、顺义、大兴烟草专卖局,在朝阳、通州、东城、顺义等公安部门配合下,破获以主犯河南籍田玉彬为首的销售假冒卷烟网络案件。查扣违法卷烟186.7万支,总案值1065254.5元,抓获涉案嫌疑人6人,刑拘4人,查扣车辆3台,捣毁库房和囤假窝点5个。

(丁 鑫)

【专项市场调查】 3月至7月,开展卷烟营销和专卖管理专项市场调查工作。通过摸底调查,掌握不同档位类别的客户和24个重点品牌规格卷烟的库存情况。泰山(望岳)、利群(长嘴)、黄鹤楼(软论道)、南京(佳品)、黄金叶(软大金圆)等品牌规格卷烟在5、6、7档零售户中的存销比(存销比指在一个周期内,商品库存与周期内日均销量的比值,是用天数来反映商品即时库存状况的相对数。而更为精确的法则是使用日均库存和日均销售的数据来计算,从而反映当前的库存销售比例)都大于1,最高达到4。芙蓉王(软蓝)、玉溪(软)、云烟(软珍品)、玉溪(硬)、芙蓉王(硬)等品牌规格卷烟的存销比在各个档位均小于1,说明供给小于需求,有增量的可能性。

(丁 鑫)

【“12313”举报电话】 年内,区烟草专卖局共接“12313”举报电话1217起,其中假冒卷烟583起,咨询634起,其中值得深度挖掘侦破涉烟违法大要案线索36条,通过线索查办5万元以上大要案31起,同比增长6.9%。

(丁 鑫)

【错时执法】 年内,烟草专卖执法人员在工作日的夜间、周六日及法定节假日,通过错时执法,提高市场监管效率;与公安、工商管理部门开展8次联合执法,出动执法人员240人次,取缔无证经营户368户,规范市场经营秩序。

(丁 鑫)

【物流货运环节监管】 年内,会同朝阳交通执法总队第五执法大队开展联合执法,监控辖区内货场、货企、交通运输环节,堵截部分卷烟违法流入。共办理运输环节大要案17起,同比下降39.3%,查获涉案卷烟138.56万支,同比下降48.3%,案值132.67万元,同比减少27.1%。

(丁 鑫)

【涉烟犯罪移送追刑】 年内,向公安机关移送涉烟犯罪案件8起，其中被公安机关刑事拘留8人，法院判刑8人。

（丁　鑫）

【法律法规培训】 年内，四个季度分别组织专卖执法人员对行政强制法、行政执法案卷制作、烟草专卖执法资格及烟草专卖执法相关制度的法律法规知识培训，提高执法人员依法行政能力。组织2600户次违法零售户进行烟草专卖法律法规培训，并与其签订《守法经营承诺书》，提高零售户守法经营意识。

（丁　鑫）

【清理规范性文件】 年内，开展规范性文件清理工作。1991年建局以来，烟草专卖局共制定各类文件684个，此次废止规范性文件23个，保留10个。其余651个文件按档案管理有关制度处理。

（丁　鑫）

【规范内部生产经营】 年内，规范烟草专卖局内部生产经营工作。每月内管人员核查上月销售数据，对存在异常销售情况的零售户，采取质询客户经理及经营人员，提取监听电话录音，核实相关票据，实地核查等措施核实数据并依法处理。全年处理完成内管系统异常预警2621个，未发现违规经营问题。

（丁　鑫）

【企业精细化管理】 年内，颁布实施《朝阳烟草综合制度汇编》，共收录74项管理制度和规定。编制《员工手册》，从三个方面规范员工行为。一是将工作目标与岗位职责相联系，明确绩效考核针对性；二是统一员工责、权、利，明确违纪违规处理程序；三是落实整改和反馈监督机制，强化员工责任意识。

（丁　鑫）

财政　税务　金融

财　政　管　理

【概况】 朝阳区财政局(简称区财政局)是区政府领导下主管本区财政收支和财政监督工作的职能部门。设办公室、综合科、预算科、资产管理科、国库科、街乡科、行政政法科、教科文科、政府采购办公室、经济建设科、社会保障科、农业科、产业资金科、会计科、财政监督科、法制监察科、人事科。下属监督检查所、国库集中收付中心、预算编审中心、绩效考评中心4个事业单位,全局行政编制101人,事业编制71人。截至年底,完成区级财政收入3485818万元,比上年增加317488万元,增长10%。完成财政支出2793907万元,比上年增加595229万元,增长27.1%,完成预算的108.2%。

地址:日坛北路3号
电话:65090308
邮编:100020

(霍宗达)

【产业结构调整及税源建设资金】 年内,安排产业结构调整和税源建设资金152443万元。

(霍宗达)

【支持“十大民生工程”实施】 年内,安排资金1530089万元,支持“十大民生工程”实施。其中卫生238980万元;教育715416万元;就业和社会保障535496万元;公共文化体系建设40197万元。

(霍宗达)

【城市建设管理】 年内,安排资金829499万元,加强城市建设管理,改善城乡面貌。包括:综合整治老旧小区;建设综治维稳和社会面防控体系,防控生产、食品、药品、消防、防汛等各领域安全隐患;强化农村与功能区联动发展,整治农村地区基础设施建设和环境;推进万亩造林工程;拆违控违;完善郊野公园建设和管理。

(霍宗达)

【预算网上公开】 年内,推进预算公开工作,50家预算单位在网上公开预算数据。

(霍宗达)

【队伍建设】 年内,完成党总支、团总支换届选举,健全公会组织,推进党务公开。持续开展创先争优及与街乡结对共建活动。梳理各项工作流程,修订业务制度并汇编成册。将档案管理纳入科室年终考核。开展财政工作人员教育培训工作,开展清理确认涉权事项工作,强化廉政风险防控。强化党风廉政建设,层层签订党风廉政建设责任书。

(霍宗达)

国　家　税　务

【概况】 朝阳区国家税务局是北京市国家税务局派出机构,其政策业务、机构设置、干部管理、人员编制和经费由市国家税务局垂直管理。主要职能:贯彻执行国家税收法律、法规和规章,组织中央税收收入和中央、地方共享税税收和部分地方税税收收入,维护和规范税收秩序,为促进市、区的改革开放、经济建设服务。内设机构13个、直属机构2个(其中稽查局内设机构7个)、事业单位3个、派出机构11个(其中3个办税服务厅、5个管理所、1个CBD综合税务所、1个大企业所、1个纳税评估所),干部职工637人。截至年底,有税务登记开业纳税人

175661户，其中增值税企业纳税人154738户，企业所得税纳税人77039户。年内，组织税收收入692.2亿元，同比减收40.7亿元，下降5.7%。其中区级税收收入104.9亿元，同比减收1.6亿元，下降1.6%。不含营改增的增值税完成227亿元，同比增收15.3亿元，增长7.2%；企业所得税完成424.5亿元，同比减收62亿元，下降12.8%；消费税完成2.8亿元，同比增收0.28亿元，增长11%；车辆购置税完成22.6亿元，同比增收5.3亿元，增长30.3%；个人所得税完成0.04亿元，同比减收0.1亿元，下降76.1%；营业税和城建税分别完成0.59亿元、0.04亿元；营改增增值税完成14.5亿元。

地址：左家庄东里甲3号
电话：64653418
邮编：100028
电子邮箱：gsj@bjchy.gov.cn

（赵　婕）

【车辆购置税征收管理分局迁址】 1月4日，车辆购置税征收管理分局办公地点由姚家园路甲1号东方基业4层迁至甲1号东办公楼。

（赵　婕）

【营业税改征增值税试点】 3月5日，成立营改增试点工作领导小组，研究制定具体工作方案、部门分工和时间表。6月5日，召开全局营改增工作动员大会，统一全局干部思想。7月，分3个层级（新增一般纳税人、涉及营改增业务的原增值税一般纳税人、小规模纳税人）对涉及营改增的近3万户企业举办40场次培训辅导。利用服务大厅公告栏、外网网站、12366远程坐席、短信平台等方式，宣传营改增工作意义、政策、注意事项。与地税局互派工作人员，同时抽调业务科室人员在办税服务厅成立咨询小组，开展政策宣传、咨询解答、涉税引导等工作。8月，制定应急工作预案，成立应急小组，下设政策咨询、流程辅导、技术保障、秩序疏导4个分组。9月1日凌晨，组织8户试点单位运行开票程序，某货运企业开出第一张增值税专用发票，营改增开票系统正式上线运行。年内，营改增增值税收入完成14.5亿元，其中区级7.2亿元。

（赵　婕）

【税收宣传】 4月11日，与三间房动漫产业园14家企业座谈文化产业税收优惠政策。4月18日，联合区地税局、工商局等部门，到北京联合大学开展涉税咨询活动，宣传自主创业开办流程及相关税收政策。4月21日，联合区地税局、区公安分局经侦大队举办“打击发票违法犯罪宣传日”活动。开展纳税“诊所”进驻办税服务厅活动，由税务干部和注册税务师组成税收志愿者服务队，为企业提供纳税申报、税法政策援助、纳税人权益保护等指导服务。

（赵　婕）

【税源专业化管理】 6月，制定《规范一线 推进税源专业化管理实施方案》。7月1日，全面启动税源专业化管理改革，减并过去5个办税服务厅，设立左家庄、十里河及姚家园3个办税服务厅。统一办理涉税事项的受理、审核、审批（报批）及办理结果反馈等事项，实现受理、核查、终审按环节分离。整合管理职能，合理设置专业税源管理机构，保留原有5个管理所和1个全职能税务所，成立纳税评估所和大企业管理所。

（赵　婕）

【启用新七彩办公区】 7月2日，启用新七彩办公区。办公区总面积3008平方米，第三税务所（姚家园办税服务厅）、第四税务所（大企业管理所）、第八税务所（纳税评估所）、进出口税收管理科在此办公。

（赵　婕）

【货物和劳务税管理】 年内，办理增值税即征即退税额4.02亿元。挖掘车辆购置税增长点，累计征收车辆64838辆，实现税款22.62亿元，同比增长30.3%。

（赵　婕）

【企业所得税管理】 年内，实现企业所得税入库424.5亿元（不含预提所得税），汇算入库75.06亿元，汇算退税7.45亿元。落实小微企业税收优惠政策，全区8623户小型微利企业享受减免税优惠897万元。

（赵　婕）

【出口退税】 年内，办理出口退税4.67亿元，免抵调2.71亿元。

（赵　婕）

【国际税收管理】 年内，与马士基（中国）航运有限公司续签2012至2016年度双边预约定价执行协议，成为市国家税务局参与续签的第一例双边预约定价执行协议。加强非居民税收专业化管理，调查清理2094户外资企业股息红利所得税扣缴情况，追缴税款3.22亿元。非居民企业税收收入67.43亿元，同比增长16.5%。

（赵　婕）

【纳税评估】 年内，累计评估526户纳税企业，组织入库税款0.1亿元。

（赵　婕）

【税务稽查】 年内，完善管理部门与稽查涉税事项传递办法，启动疑点信息联动机制，稽查局累计入库2.79亿元，其中税款2.44亿元、滞纳金0.26亿元、罚款0.09亿元。

（赵　婕）

【大企业管理】 年内，采取三项措施，实施大企业管理。①制定大企业税收专业化管理初步方案，调查研究重点税源企业经营情况、行业特点、盈利模式，监控税负、物耗、成本费用率等日常预警指标。②建立“两函一书”风险管理制度，利用税务文书的形式提示、指导大企业防范税务风险。③利用数据平台，设计指标模型，尝试建立具有实操性的税源监控预警体系，提升税源管理精度。

（赵　婕）

地　方　税　务

【概况】　朝阳区地方税务局受北京市地方税务局和区政府双重领导，在朝阳区行政区域内行使地方税收管辖权。主要职责：负责辖区内宣传、贯彻、实施有关地方税收工作的法律、法规及规章；根据市地税局和区政府确定的预算收入计划指标，负责编制辖区地方税收计划并组织实施；负责依法实施征管范围内各种税、费的征收和管理工作；监督检查辖区纳税义务人依法履行纳税义务的情况，并对各种涉税违法、违规行为进行行政处罚；实施辖区税收政策咨询和纳税服务工作；研究税收理论和税收政策，分析税收信息，掌握税收动态。内设15个科室(含后勤服务中心)，15个税务所，1个稽查局(下设检查科4个，立案科、审理科各1个)，1个税务学会。总计601人，其中干部571人、工人24人、事业编6人。男298人，女303人；党员332人，团员19人；大专以上文化程度571人，大专以下文化程度30人；中层干部78人，其中科级64人、处调兼任科级14人。年内，累计组织各项税费收入6486000万元，同比增收488000万元，增长8.14%。其中地方公共财政预算收入4985000万元，同比增收325000万元，增长6.98%，完成市局下达收入计划4985000万元的100.5%。区级收入2304000万元，同比增收208000万元，增长9.94%。被区委、区政府评为“朝阳区创建全国文明城区突出贡献单位”，计划财务科被评为“北京市三八红旗集体”。

地址：安苑东里3区1号
电话：64919340
邮编：100029
网址：http://www.bjltb.gov.cn

(徐　铳)

【税务登记】　年内，税务登记户数214276户，其中内资企业170760户(包括国有企业1849户、集体企业2409户、股份制企业3101户、联营企业79户、有限责任公司69640户、股份有限公司1092户、私营企业89681户、其他企业2909户)，港澳台商投资企业4256户，外商投资企业7353户，个体工商户31907户。

(徐　铳)

【税源建设】　年内，加强重点地区、行业和企业税源监控工作，确定市级重点税源户384户，与1260户重点税源企业建立收入预测沟通机制。局领导带队走访重点税源企业，了解和把握重点税源企业税收预期，为企业提供上门服务。

(徐　铳)

【税务管理】　年内，开展企业所得税税源清理试点工作，清理2786户。规范委托代征工作，与189个单位签订委托代征协议，代征个人出租房屋税款51800万元。严格欠税管理，清理欠税1915万元，加收滞纳金615万元。深化征管指标量化考核管理，平均申报率99.77%，平均入库率99.90%，平均迟报催缴率63.51%，逾期未办理税务登记率为0。为公、检、法出具发票鉴定2200余份。开展税控机具升级和发票换版工作，完成税控机具升级3.2万台。建立全区各职能部门数据共享机制，与区工商局、区国税局初步拟定三方定期交换信息工作方案，实现数据共享1.3万余条。向区发改委、区金融办等单位提供数据及政策支持，共同维护税源持续稳定增长。

(徐　铳)

【纳税评估】　年内，对全区广告业企业开展两批次评估辅导工作，在市局纳税评估工作会上作经验介绍。对保险业、建筑业、国家商品储备行业开展专项评估。全年评估1.3万户，发现问题5852户，评估补缴税款、滞纳金及罚款12000万元。

(徐　铳)

【信息化建设】　年内，开展信息化安全巡检及软、硬件日常维护工作，加强“两率”考核，聘请朝阳公安分局网监大队评估全局网络风险，降低信息网络安全风险。

(徐　铳)

【税政建设】　年内，完成个人所得税自行纳税申报17.24万份，超额完成市局任务28%。继续落实限售股转让所得征税工作，预扣税款4061.88万元。开展资产损失申报登记，对清单申报、专项申报以及抵免税款予以台账登记。开展土地增值税差别化预征和清算，审核项目16个，审核完毕归档项目8个，清算补缴税款77400万元。开展土地增值税自查，6户企业补缴税款及滞纳金325万元。开展存量房评估试点，受理存量房申报价格偏低1.07万套，计税价格调增302500万元，评估后调增税额21000万元。开展地方教育附加征收工作，征收90900万元。开展税源监控平台疑点比对工作，158户企业补缴税款及滞纳金1379万元。开展工会经费代收工作，代收缴费单位2.2万户，入库金额85900万元。开展残保金代征工作，累计审核10.1万户，入库金额47400万元。落实结构性减税政策，支持高新技术、文化创意、现代服务业等产业发展；扶持中小企业，落实下岗再就业、残疾人福利企业等税收优惠政策，减免税627万元。

(徐　铳)

【营改增】　年内，开展营业税改征增值税试点改革。完成1.2万户企业典型税源调查。自主研发营改增税源户核实软件,完成5.68万户企业税源户核实。制定《营改增试点工作交接方案》及《工作应急预案》。全局纳入营改增范围企业4.6万户,缴销税控器1056户,缴销发票24776份。

(徐 毓)

【纳税服务】 年内,实施差异化纳税辅导,建立辅导数据定期报送制度,开展各类纳税辅导178场次,辅导纳税人2万余人次。区地税网外网点击量400万次。咨询受理中心受理纳税咨询9.1万条。制定完善《纳税服务投诉管理办法(试行)》。参加北京地税网站在线答疑活动,即时解答问题30个。上报纳税热点问题18条,信息9篇。

(徐 毓)

【税法宣传】 年内,联合北京交通广播电台制作播出"税收伴您同行——办税我帮您"税法宣传特别节目;与首都经济贸易大学联合举办第四届"朝阳地税杯"税收专业知识展示大赛;开展"税法宣传走进使馆"主题活动,邀请美、英、澳等8个国家使馆工作人员,解读车船税法及使领馆免税政策,印制发放使领馆车辆车船税减免双语业务指南;与朝阳有线合办《地税你我他》专栏。组织各类税法宣传活动20余次。

(徐 毓)

【依法治税】 年内,建立完善重大行政决策工作机制,制定重大行政决策听取意见、集体决定、实施后评估、决策听证、合法性审查、责任追究等六项制度。修订《朝阳区地方税务局行政执法工作责任书》。办理行政复议案件5件,应诉行政诉讼案件1件。开展国际税收管理工作,开具居民身份证明53份,对外提交税务证明3699份,征收税款123800万元。

(徐 毓)

【税务稽查】 年内,专项立案检查商贸企业、房地产、建筑安装、餐饮娱乐、资本交易项目、地方股份制银行等行业。开展大企业自查工作,涉及128户企业,入库税款7691.44万元,滞纳金226.36万元。配合区商务委,对零售商开展税收检查,依法处理涉嫌违法商户。召开审理会8次,审议通过案件111件。全年检查237户,其中检查完毕148户,存在问题的144户查补税款931.65万元,滞纳金247.17万元,罚款1222.9万元。

(徐 毓)

【内部审计】 年内,开展财政部专员办和区审计局审计工作。完成对7名正科级领导干部的审计,均未发现重大问题。开展"小金库"专项治理后续检查工作,经查,不存在设置"小金库"问题。

(徐 毓)

【党建工作】 年内,完善党建制度体系,梳理1994年以来制定的各项党建制度。落实党务公开制度,梳理全局党务公开工作。发展党员15名,14名预备党员按期转正。《朝阳区地方税务局基层建设》电子专刊发刊13期,累计发刊34期。部署"道德讲堂"活动,倡导"四德"建设。开展税法宣传,学雷锋活动和"我心中的标兵"主题演讲活动。举办2012年迎新春趣味联谊会、庆祝"三八"国际妇女节、"亲子亲情"、"送温暖"等活动。局文体队获北京市地税系统第七届运动会特别优秀组织奖。

(徐 毓)

【队伍建设】 年内,开展"五个十"暨"立足岗位做奉献,创先争优当标兵(能手)"评选活动,评选"征管能手"、"纳税服务标兵"、"稽查能手"、"服务基层标兵"、"优秀科所长"各10名。开展行政效能督察工作,成立行政管理督导检查工作领导小组,检查全局各部门10次。举办全局公务员更新知识培训1030人次;对税收管理员进行财会基础知识培训398人次;选送6名业务骨干参加市局组织的税收会计知识"小教员"培训班。组织开展初级会计知识培训338人次。对全局干部进行舆情和《电子签名法》培训。

(徐 毓)

【行政管理】 年内,全面梳理现行政务流程和管理制度,形成政务流程目录和制度目录。逐项落实市局86项流程目录和332项制度目录,各单位整理流程、制度目录346项,组织召开审查会12次。全部清理、更新往年所有主动公开的政府信息,并开展两次自查。召开"两个服务"调度会11次,整合布置工作502项。加强财务预算执行,合理安排预算资金使用。装修改造双井税务所、十里堡税务所。完善司机安全管理制度。

(徐 毓)

【廉政建设】 年内,落实党风廉政建设责任制,逐级签订责任书。民主评议基层科所。举办第八届社会特约监察员换届聘任会,10人受聘。政民互动平台受理信件62件,全部办结。开通廉政微博,向区纪委监察局官方微博"廉政朝阳"报送微博信息10篇,被市纪委采用1篇。

(徐 毓)

金　　融

【概况】 朝阳区金融服务办公室(简称区金融办)是负责促进本区金融发展、金融服务工作的区政府工作部门。内设综合科、金融发展科、金融服务科、金融市场科。行政编制18名。年内,吸引重点金融机构52家,注册资本42.8亿元。其中法人金融机构18家,外资金融机构17家。截至年底,全区金融机构总数增至1315家,其中,银行类机构782家,证券类机构158家,保险类机构284家,其他金融机构91家。其中法人金融机构264家,占全市三分之一;外资金融机构279家,占全市65%以上。

地址:京广中心商务楼1009室

电话:65978750

邮编:100020

(潘朝峰)

【金融机构新春联谊酒会】 1月19日,在嘉里中心饭店举办"金融机构新春联谊酒会"。区主要领导、蒙特利尔银行、韩国国民银行、中邮储银行、中金公司、中德证券、中国中期、英大基金、友邦保险、中美大都会、弘康人寿等金融机构近30名高层代表参加。

(潘朝峰)

【民营小额贷款公司开业】 1月,市金融局正式批准北京商络小额贷款有限责任公司、北京朝汇通小额贷款股份有限公司的开业申请。上述两家公司为全区第6、第7家小额贷款公司,均为区首批民营企业牵头的小额贷款公司。

(潘朝峰)

【融资性担保公司工作会】 2月17日,召开全区融资性担保公司工作会。会议主要针对前期现场检查要求整改的21家融资性担保公司。会上,区金融办介绍朝阳区金融业整体发展情况和对融资性担保公司初审工作开展情况,通报现场检查中存在的问题,并根据市金融局相关精神,对企业整改情况上报材料及期限提出具体要求。

(潘朝峰)

【市区联合检查交易所】 2月20日至22日,市金融局、北京市证监局、市工商局、区金融办以及相关会计师事务所、律师事务所组成检查组,现场检查北京大宗商品交易所有限公司、九歌艺术品交易所有限公司、北京华彬艺术品产权交易所有限公司、北京国际版权交易中心、北京新传德国际版权交易中心有限公司、联合产权交易所有限公司6家交易所。检查经营范围是否存在国发〔2011〕38号中所禁止的业务,以及财务、法律、交易等情况。

(潘朝峰)

【中国人民人寿总部入驻】 2月29日,会同朝外街道办事处前往联合置地房地产开发公司,现场沟通协调中国人民人寿总部进场装修等事宜。

(潘朝峰)

【北京CBD金融商会联谊会】 3月6日,北京CBD金融商会举办"巾帼魅力时尚,汇聚融金朝阳"2012年共迎国际妇女节联谊会。市、区领导与金融机构企业家等齐聚一堂。活动现场特邀高级花艺师辅导特色园艺插花,专业化妆师演示妆容打造,相关专家讲解色彩艺术搭配,著名摄影师冯刚拍摄艺术照。

(潘朝峰)

【"普华永道亚太金融精算中心"揭牌】 3月8日,在世纪财富中心举行"普华永道亚太金融精算中心"揭牌仪式,该中心的设立将加速聚集一批复合型高端金融人才。

(潘朝峰)

【检查中金小额贷款公司】 3月13日,再次现场检查中金小贷公司。逐一检查核实公司高管任命、内控制度、业务制度、信贷合同、档案管理等工作,听取公司高管汇报,要求中金小贷公司加强学习市区相关法律法规及政策制度,健全管理机制,关注区域经济发展,为三农及中小企业提供必要支持。

(潘朝峰)

【金融城课题筹备】 3月23日,区金融办前往中国国际期货有限公司,专程沟通金融城课题前期筹备工作,双方初步探讨朝阳区金融城的地理方位、产业指标、规划建设以及公共服务等问题。

(潘朝峰)

【2012中国文化产业资本论坛】 4月7日,在朝阳规划艺术馆举办第三届中国特色世界城市论坛——2012中国文化产业资本论坛。论坛由第三届世界城市论坛组委会主办,北京市文化创意产业促进中心、区委宣传部、区金融办等单位承办。本届论坛以"创新金融服务体系,助推文化产业发展"为主题,围绕"金融扶持文化产业的政策解读与前瞻"、"文化创意产业多层次金融服务体系建设"、"文化产业私募股权融资模式与趋势"三个话题展开深度探讨交流。

(潘朝峰)

【便民金融服务周启动】 4月,便民金融服务周——"北京'三通'通到家"系列活动在将府家园启动。市金融局党组书记霍学文、副巡视员沈鸿,市社会办副巡视员王智玲,拉卡拉公司副总裁姚凯出席活动,银联北京分公司和拉卡拉公司工作人员现场演示拉卡拉小型缴费终端使用方法并解答咨询。50余台拉卡拉小型缴费终端免费送到社区居民手中，居民可以在家中缴纳各种公共事业及相关便民服务费用。

（潘朝峰）

【CBD金融商会会议】 5月3日，在北京CBD商务会所举办北京CBD金融商会第八次理事和会员代表大会暨宏观经济形势分析会。国务院参事、国务院发展研究中心金融研究所所长夏斌及区政府相关负责人出席。美国大都会人寿保险公司中国区首席代表马思中主持会议。夏斌作2012年宏观经济形势分析报告，研判2012年国际、国内宏观经济形势和政策调控措施。重点包括：欧债危机下的国际宏观经济形势；央行实施稳健货币政策；财政部运用积极财政政策；社会融资总量微调手段；房地产市场调控方向；地方政府融资平台创新；中小企业融资难问题等内容。

（潘朝峰）

【国家及市外汇管理部门调研】 5月15日，国家外汇管理局经常项目管理司司长杜鹏，北京外汇管理部副主任单强到朝阳区外贸转型升级服装产业示范基地调研外汇结算相关情况，并参观日坛国际贸易中心。区政府相关部门以及日坛国际贸易中心、北京第一雅宝商业管理有限公司、北京爱缔生国际贸易有限公司、科拉思纳有限公司等近10家外贸出口企业，北京首采联合电子商务公司、北京爱农驿站科技服务公司等第三方支付企业参会。各参会外贸企业负责人依次发言，表达申请成为跨境第三方支付试点企业的意愿。

（潘朝峰）

【高尔夫球赛暨颁奖晚宴】 5月18日，北京CBD金融商会在北京叠泉高尔夫乡村俱乐部举办“宝马金融—北京CBD金融杯高尔夫球赛暨颁奖晚宴”。本次球赛特设爱心慈善洞，并在颁奖晚会上举办“关爱下一代，爱心助学活动”仪式，获得赛事总杆一等奖的选手将爱心慈善洞筹得的6400元善款交给区博雅学校。商会为新入会会员单位举行授牌仪式。本次有9家金融机构加入商会并派代表参加授牌仪式，分别是：英大期货有限公司、弘康人寿保险有限公司、盛京银行北京分行、大连银行北京分行、澳西银行北京分行、荷兰合作银行北京分行、永亨银行北京分行、日本财产保险北京分公司、国华人寿保险北京分公司。

（潘朝峰）

【民生通海投资有限公司落户】 5月，民生证券有限公司的全资子公司民生通海投资有限公司正式在中宇大厦选址注册，注册资本3亿元。该公司是经中国证监会批准，由民生证券有限责任公司全资设立的投资公司。主要经营范围：使用自有资金对境内企业进行股权投资；为客户提供股权投资的财务顾问服务；设立直投基金，筹集并管理客户资金进行股权投资。

（潘朝峰）

【羽毛球比赛】 6月30日、7月7日，在朝阳公园羽毛球馆分别举办“大众汽车金融—2012北京CBD金融杯”羽毛球精英赛、团体赛。赛事由北京CBD金融商会与大众汽车金融（中国）有限公司联合举办。

（潘朝峰）

【青年精英联谊会】 7月29日，由北京CBD金融商会主办的“2012朝阳公园海洋沙滩狂欢节——北京CBD金融商会青年精英联谊会”在朝阳公园举办，60余家金融机构的近500名员工参加。

（潘朝峰）

【朝阳区首家公募基金开业】 8月28日，英大基金管理有限公司开业仪式在英大国际大厦举办，这是首家落户朝阳区的公募基金单位。

（潘朝峰）

【弘康人寿保险公司开业】 8月28日，在北京建国饭店举行弘康人寿保险股份有限公司开业典礼暨国人保险保障充足度调研报告发布会，中国保险行业协会会长金坚强，市金融工作局副局长张幼林，区发改委、区金融办等单位负责人出席，30余家首都金融机构高层代表和相关新闻媒体参加典礼。

（潘朝峰）

【区政协督办重点提案】 9月4日，区政协副主席陈合庄带队对区金融办承办的重点提案“关于把朝阳区建设成国家级财富管理中心”的建议进行重点督办并召开座谈会，副区长苑文新、区金融办党组书记及区政协提案处、经济处等相关人员参会。

（潘朝峰）

【国际金融博物馆开馆】 9月14日，在区规划艺术馆举行国际金融博物馆开馆仪式。中国并购公会会长、国际金融博物馆馆长王巍主持仪式。该馆由朝阳区政府发起建立。

（潘朝峰）

【2012北京CBD国际金融论坛】 9月17日，在区规划艺术馆召开“2012北京CBD国际金融论坛”。论坛由中国社会科学院金融研究所、区政府、北京CBD商务节组委会主办，北京CBD国际金融研究院承办，北京CBD金融商会、北京CBD金融企业家俱乐部协办。中国社会科学院学部委员、副院长、北京CBD国际金融研究院院长李扬主持论坛。中国证监会首任主席刘鸿儒、中共北京市委常委陈刚、北京CBD国际论坛理事长龙永图、朝阳区代区长吴桂英等为国际金融博物馆揭牌。

（潘朝峰）

【马来亚银行北京分行开业】 10月15日，马来亚银行北京分行开业庆典在朝阳区举办。该行是马来亚银行集团在中国继香港、上海之后设立的第三家分行，营运资金2亿元人民币。

（潘朝峰）

【银行开业】 11月21日，国民银行

(中国)有限公司及北京分行举行开业典礼,韩国驻华大使李揆亨,人民银行货币二司司长李波,区委常委、常务副区长甘靖中,市金融工作局局长助理梁偎,区长助理、区金融办主任李瑶等出席。该行是2012年中国银行业监督管理委员会批准成立的唯一一家外资法人银行,注册资金25亿元。该行北京分行同时成立,均落户朝阳区。韩国国民银行1963年成立,是韩国国内第一大商业银行,在香港、英国、柬埔寨设有海外独立法人机构。

(潘朝峰)

【朝阳金融讲堂】 12月7日,在北京CBD商务会所召开"朝阳金融讲堂——宏观经济形势分析会"。邀请知名经济学家、国务院发展研究中心金融研究所所长张承惠作"中国经济与金融现状及发展趋势"讲座,重点结合十八大金融改革精神,进行解读,并与金融机构高管讨论。区长助理、区金融办主任李瑶通报朝阳区金融业发展形势,介绍朝阳区政策创新、服务创新等下一步工作措施。

(潘朝峰)

【日本保险有限公司落户】 年内,东京海上日动火灾保险(中国)有限公司北京分公司在长富宫饭店举行开业庆典。

(潘朝峰)

【新设或迁入金融单位】 年内,信诚人寿保险有限公司正式落户朝阳区;北京现代汽车金融公司在朝阳区正式开业;中英益利资产管理公司相继新设或迁入朝阳区。

(潘朝峰)

【跨国公司外汇管理改革试点】 年内,针对CBD跨国公司高度聚集的特点及需求,推进跨国公司外汇管理改革试点工作。3季度,国家外汇管理部门原则通过壳牌、施耐德、三星、卡特彼勒、中粮集团5家跨国公司首批试点工作方案。

(潘朝峰)

中国银行北京朝阳支行

【概况】 中国银行北京朝阳支行下设9个部室,1个营业部和23家经营性网点支行。共有职工629人,其中网点行长以上级别管理人员75人。年内,实现考核利润95098万元,同比增幅27.99%;年底,支行资产汇总折合人民币总额488.26亿元,比年初增长60.56亿元。

地址:东三环北路霞光里18号

电话:59207155

邮编:100027

(赵凌波 王 倩)

【存贷款】 年内,人民币存款余额444.66亿元,比上年增长82.35亿元;外币存款余额6.22亿美元,比上年减少0.41亿美元;人民币贷款余额100.04亿元,比上年增长24.7亿元。

(赵凌波)

【中间业务】 年内,实现中间业务收入2.99亿元,比上年增长0.76亿元。

(赵凌波)

【网点建设】 年内,2个网点迁址:原花家地支行迁至红领巾桥,原西坝河支行迁至望京西路甲50号1号楼一层。

(赵凌波)

【一分钟工程】 年内,开展以"让客户少一分钟等待、让员工早一分钟回家"为主题的创先争优活动,采取流程优化、渠道建设、制度保障等一系列措施,提升客户满意度,增加员工凝聚力,提高工作效率。

(赵凌波)

中国银行北京商务区支行

【概况】 中国银行股份有限公司北京商务区支行内设8个部室,下辖20家经营性物理网点,均可开办包括对私结售汇、外汇汇款、个人理财、银行卡业务以及对公结算、国际结算、金融机构业务等全部个人、公司金融业务。共有职工484人,其中基层经营管理人员55人。年底,实现拨备前利润7.66亿元,比年初增长2.29亿元,本外币存款总额折合人民币366.46亿元。

地址:东三环北路乙19号

电话:85731825

邮编:100020

(沙海萍)

【存贷款】 年内,人民币存款日均余额355.02亿元,比年初增长64.07亿元,增幅22.02%,其中人民币公司存款日均余额249.24亿元,比年初增长56.43亿元,增幅29.27%;人民币储蓄存款日均余额105.78亿元,比年初增长7.64亿元,增幅7.78%。外币存款日均余额6.34亿美元,比年初增长1.76亿美元,其中外币公司日均存款4.18亿美元,比年初增长1.63亿美元,增幅63.99%;外币储蓄日均存款2.15亿美元,比年初增长0.13亿美元,增幅6.29%。

(沙海萍)

【中间业务】 年内,实现中间业务收入2.48亿元,同比增长0.34亿元。

(沙海萍)

【网点建设】 年内,原工体东路支行迁址更名为十里堡支行(八里庄东里1号A区306);新开业自助银行2家:分别是上地东路自助银行(上地东路35号)、酒仙桥自助银行(亮马桥南路9号);升级改造网点2家:支行营业部、四方新区支行。

(沙海萍)

【服务提升】 年内,针对个人中高端客户提供理财咨询、设计理财规划、贵金属定制、建议投资产品等服务;利用海内外资金平台联动优势,为企业国际化战略提供金融支持;提供投资银行、供应链融资业务。延伸融资业务,为客户提供快捷融资模式及投资渠道。

(沙海萍)

【内控安保】 年内,成功堵截8起电信诈骗,为客户挽回经济损失224万元,市公安局授予辖属大望路支行、白家庄支行集体三等功、集体嘉奖等称号。

(沙海萍)

中国工商银行北京朝阳支行

【概况】 中国工商银行股份有限公司北京朝阳支行内设13个部室,下辖物理网点24家、离行式自助银行5家。有财富中心1家、贵宾理财中心15家、理财网点5家、金融便利店3家,其中财富中心和贵宾理财中心网点占比为66.7%。辖内24家网点均可开办包括对私结售汇、外汇汇款业务在内的全部个人金融业务,其中21家网点可开办人民币对公业务、外汇对公存款及对公结售汇业务。共有职工809人。年内,实现拨备前利润14.76亿元,比上年增长3700万元。获中国企业文化研究会颁发的"2012年度全国企业文化建设优秀单位"。

地址:朝外大街1号金麒大厦

电话:65991155

邮编:100020

(杨 健)

【存贷款】 年内,本外币各项存款余额791.9亿元,比上年减少83.05亿元。其中人民币对公存款余额361.63亿元,比上年减少1.65亿元;人民币储蓄存款余额421.1亿元,比上年减少8.71亿元。本外币各项贷款余额167.85亿元,比上年减少3.32亿元。其中人民币公司贷款余额109.89亿元,个人贷款余额35.83亿元。

(杨 健)

【中间业务】 年内,累计实现本外币中间业务收入4.17亿元,比上年减少3200万元。

(杨 健)

【网点建设】 年内,新建网点1个、迁建网点2个、新建离行式自助银行(含1个"1+2+N"自助银行)2个。

(杨 健)

中国工商银行北京九龙山支行

【概况】 中国工商银行股份有限公司北京九龙山支行内设8个一级部室和3个二级部室,下设15家营业网点(财富中心1家、贵宾理财中心8家、一般理财网点6家),其中综合网点12家,单一网点3家。离行式自助银行2家,自助机具77台。共有职工400人。年内,实现拨备前利润4.57亿元,同比增长5858万元,增幅14.7%。

地址:广渠路甲40号

电话:87783294

邮编:100021

(尹兴田)

【存贷款】 年内,本外币全部存款时点余额270.54亿元,比年初增长31.56亿元。人民币存款时点余额267.91亿元,比年初增长31.71亿元。储蓄存款(含保本、机构性理财)余额201.15亿元,比年初累计净增27.11亿元。对公存款(含同业和保证金)时点余额72.85亿元。外币存款时点余额4221.97万美元。贷款余额68.74亿元,比年初增长7.25亿元。人民币贷款余额67.56亿元,比年初增长6.38亿元。法人人民币贷款余额46.89亿元,比年初增长1.88亿元。个人贷款余额20.56亿元,比年初增长4.38亿元。外币贷款余额1886.08万美元,比年初增长1409.53万美元。

(尹兴田)

【中间业务】 年内,实现中间业务收入1.44亿元,比上年增长2655.72万元。其中人民币对公结算收入1352.49万元,比上年增长84.68万元;代理及个人理财类收入3984.57万元,比上年增长627.51万元;信用卡收入3447.51万元,比上年增长544.19万元。

(尹兴田)

【网点建设】 年内,迁址升格网点支行一家:金都杭城网点支行。

(尹兴田)

中国工商银行北京亚运村支行

【概况】 中国工商银行股份有限公司北京亚运村支行成立于1999年8月,从业人员411人,平均年龄34岁。内设部室10个,其中营销部室5个,保障部室5个;内设15个网点,其中3家财富中心、7家贵宾理财中心、5家一般理财中心。综合网点15个,其中11个综合网点开办对公业务。附行式自助银行15家,离行式单台自助机具21台,离行式自助银行2家。自助设备170台,其中自动取款机56台,存取款一体机51台,自助终端63台。年内,实现拨备前利润5.90亿元,同比增长8636万元,同比增幅17.15%。获市金融团工委颁发的"北京市金融团工委优秀团组织"称号,员工刘 获"北京市金融团工委优秀团干部"称号。

地址:慧忠北里407号

电话:64863545

邮编:100010

(王玉丹)

【存贷款】 年内,本外币存款余额336.02亿元,比年初增长34.87亿元。人民币存款325.1亿元,比年初增长29.63亿元。其中对公存款(含同业)余额85.65亿元,比年初增长4.85亿元;储蓄存款余额239.45亿元,比年初增长24.78亿元。外币存款1.7亿美元,比年初增长8496万美元。本外币贷款余额60.07亿元,比年初增长12.84亿元,首次突破60亿元大关。人民币贷款余额60.07亿元,比年初增长15.59亿元,其中人民币法人贷款余额30.21亿元,比年初增长10.5亿元,支行个贷余额29.82亿元,比年初净增长5.06亿元。

(王玉丹)

【中间业务】 年内,实现中间业务收入2.22亿元,同比增长2157万元,增幅10.76%。

(王玉丹)

【网点建设】 年内,实现世纪村支行重装开业。迁址升格一家综合网点:青年城支行。惠新里储蓄网点改造成24小时自助银行,惠新网点支行的贵宾理财中心升格为财富中心。

(王玉丹)

中国工商银行北京望京支行

【概况】 中国工商银行股份有限公司北京望京支行内设11个部室、1个营业部,下设24个网点支行、1个分理处、2个储蓄所及1个附属机构。共有职工689人。年内,实现拨备前利润8.13亿元,同比增长0.44亿元。

地址:酒仙桥路甲10号星城国际大厦C座

电话:64368822

邮编:100015

(陈全中)

【存贷款】 年内,本外币存款时点余额480亿元,同比增长52亿元。其中储蓄存款331亿元,同比增长31亿元;对公存款149亿元,同比增长21亿元。人民币对公贷款规模91.3亿元,比年初减少11.3亿元。外币各项贷款余额5.91亿美元,比年初增长3.04亿美元。个人贷款时点余额11.73亿元。

(陈全中)

【中间业务】 年内,实现中间业务收入3.46亿元,比上年增长0.79亿元。其中国际业务的中间业务实现收入1.20亿元。

(陈全中)

【网点建设】 年内,在北京空港物流基地物流园八街1号建成一家24小时自助银行。

(陈全中)

中国工商银行北京商务中心区支行

【概况】 中国工商银行股份有限公司北京商务中心区支行内设8个部室,1个营业部,下设12个网点支行。共有职工427人,其中党员(含预备党员)150人。年内,实现分行口径本外币拨备前利润7.88亿元。

地址:建国路108号

电话:65669958

邮编:100022

(王　东)

【存贷款】 年内,各项存款余额420.70亿元,其中人民币对公存款(含同业)时点余额217.14亿元,储蓄存款194.42亿元,外币存款4.32亿美元。实现储蓄存款增存24.24亿元。各项贷款余额75.52亿元。

(王　东)

【中间业务】 年内,实现中间业务收入2.41亿元,人均中间业务收入56.28万元,网均中间业务收入1853.15万元。

(王　东)

【网点建设】 年内,建成永安里支行。

(王　东)

中国建设银行北京朝阳支行

【概况】 中国建设银行股份有限公司北京朝阳支行下设3个部室、1个中心、1个营业部、5个升格支行、12个储蓄所。有中长期劳动合同人员397人,平均年龄33.38岁,其中本科及以上学历人员230人;劳务人员27人,平均年龄23.52岁,其中本科及以上学历人员1人。年内,实现本外币账面利润10.22亿元。中间业务收入2.62亿元。

地址:朝阳门外大街乙10号

电话:65994549

邮编:100020

(贯　放)

【存款】 年内,本外币全口径存款时点612.2亿元,比年初增长141.39亿元。本外币一般性存款时点余额530.43亿元。

(贯　放)

【网点建设】 年内,合并升格支行5个,储蓄所8个。新开设星火西路支行、青年路支行、甜水园支行、东坝中路支行。

(贯　放)

中国农业银行北京朝阳支行

【概况】 中国农业银行股份有限公司北京朝阳支行成立于1984年,是北京市分行在朝阳区最早设立的处级分支机构。设机关部室8个、营业机构28家。全行在职员工543人。年内,实现拨备前利润11.96亿元,同比增长27.37%。

地址:工体路东2号

电话:65522914

邮编:100020

(田　慧)

【存贷款】 年内,本外币各项存款余额518.1亿元,比年初增长85.8亿元。其中储蓄存款余额192.2亿元,比年初增长32.3亿元。各项贷款余额246.2亿元,比年初增长47.2亿元。

(田　慧)

【中间业务】 年内,实现中间业务收入1.58亿元,同比增长4037.8万元。

(田　慧)

【网点建设】 年内,定福庄分理处等7家营业网点升格为二级支行;新建开业人工网点:南湖中园支行,盛华粮油、管庄、道家园自助银行。

(田　慧)

中国农业银行北京朝阳东区支行

【概况】 中国农业银行股份有限公司北京朝阳东区支行内设4个部室，下设7个支行网点，全行员工128人，其中机关30人、网点98人。硕士研究生25人，大学本科67人。全年实现拨备后利润17117.9万元。

地址：光华路4号

电话：85718517

邮编：100026

（顾晨颖）

【存贷款】 年内，本外币各项存款余额98.53亿元，比年初增加34.98亿元，其中本外币对公存款余额67.55亿元，比年初增加28.62亿元，本外币储蓄存款余额30.98亿元，比年初增加6.36亿元；各项贷款余额67.20亿元，比年初增加40.5亿元，其中个人贷款余额2.82亿元，比年初增加1.55亿元。

（顾晨颖）

【中间业务】 年内，实现中间业务收入3384万元，比上年增加1396万元，增长70.22%。

（顾晨颖）

【网点建设】 年内，王四营支行和朝阳大悦城支行开业。

（顾晨颖）

北京国际信托有限公司

【概况】 北京国际信托有限公司（简称北京信托）是北京市国资控股、外资参股的大型金融企业，注册资金14亿元。内设部室24个，其中业务部门15个（比上年增加3个），业务支持部门5个，综合管理部门4个。共有员工176人，其中博士11名、硕士96名、本科52名、专科17名。年内，净资产32.81亿元，实现收入总额13.3亿元，实现净利润7.21亿元，固有资产总额35.03亿元，负债总额2.22亿元，不良资产率为零，税收贡献4.16亿元。获区委、区政府授予的“2012年度朝阳区经济贡献突出企业”称号。

地址：安立路30号院1、2号楼

电话：59680888

邮编：100012

（王连顺）

【业务发展】 年内，新增信托财产规模919.08亿元，受托管理的信托财产余额1134.53亿元，向信托受益人分配收益93.61亿元。

（王连顺）

【服务“三农”】 年内，联合市农村经济研究中心和门头沟区委、区政府，针对农民拆迁款等个人财富及农村集体资产理财需求，为门头沟区永定镇2个村集体经济组织定制发行“富民1号集合资金信托计划”，募集资金1.6亿元，首次尝试以信托制度服务农村长期财富管理。

（王连顺）

【中小企业金融服务】 年内，新增131家中小企业，贷款规模16.3亿元，年末余额16.75亿元。发行45个中小企业系列信托产品，为281家中小企业提供融资，信托贷款资金总规模34.3亿元。

（王连顺）

【参与生态环境整治】 年内，融资36亿元综合治理无锡太湖北岸（北区）农村面源污染。

（王连顺）

【支持新型城镇化建设】 年内，与镇江市人民政府合作，募集33亿元建设镇江市水利、农田、港口等基础设施；以信托融资方式支持江苏常州木渎镇、江苏大丰港、江阴森茂汽车城、天津武清区等城镇基础设施建设。

（王连顺）

【支持灾区重建】 年内，信托融资13亿元，用于四川成都龙泉驿区茶店镇胜利村生态移民项目建设，支持该地区在汶川特大地震后的城镇化改造建设工作。

（王连顺）

【业务创新】 年内，以43亿元信托资金通过公开市场产权交易并购取得成功。这是北京国际信托有限公司第一次通过信托型基金参与重大资产并购、整合、重组。

（王连顺）

【支持保障性住房建设】 年内，以信托资金参与保障房建设，投资75亿元，参与北京南苑棚户区改造等项目。

（王连顺）

【公益慈善】 年内，推出“希望之星2号”长期可存续慈善信托业务。接受委托人王保东委托的100万元，无偿帮助委托人管理此项助学基金，用理财所得收益作为资助贫困学生助学金来源。

（王连顺）

保 险

中国人寿保险股份有限公司北京市分公司

【概况】 中国人寿保险股份有限公司北京市分公司(以下简称中国人寿北京市分公司)有内勤员工1000余人,营销人员、理财经理、客户经理、电销坐席等各类销售人员近8000人。年内,实现总保费收入72.23亿元,其中个险渠道规模保费收入27.84亿元,团险渠道规模保费收入5.87亿元,银保渠道规模保费收入35.84亿元,电销渠道规模保费收入2.68亿元。为139万市民提供个人寿险保障,为7.7万家大中型企业提供员工人身意外、企业养老、医疗保障等团体寿险服务。处理各种赔付、给付近27万人次,金额6.36亿元。在廉政检查和效能监察专项检查活动中,综合排名居全国系统第一位。财务管理中心连续3年获总公司"财会工作先进集体"银奖。国寿e家新单保费占比居全系统首位。在全国系统内部考核中,新闻宣传工作达标率、品牌标识管理达标率考核均获第一。获东城区政府颁发的"2013年—2014年度东城区绿卡企业"。在《新京报》、新浪网等多家媒体组织的"金保单"2012北京保险行业年度评选活动中,获"北京保险行业最受喜爱保险企业"和"北京保险行业综合实力十强"。在《信报》与搜狐理财联合主办的"2012金融业服务创新大赛"中,获"年度最具影响力金融机构"。

地址:朝外大街16号

电话:85615141

邮编:100020

(徐福军)

【签约中国国家女排】 7月20日,与中国国家女排在国家体育总局训练局举办"携手国家女排,共创奥运辉煌"签约仪式,北京国寿向参加奥运比赛的国家女排教练、队员及相关工作人员提供总保额约5600万元的保险保障和参赛期间的康复保健药品。

(徐福军)

【钻石承诺日主题活动】 10月6日,中国人寿与中网组委会联合举办"钻石承诺、巨人见证——中国人寿钻石承诺日"活动。中国人寿形象代言人姚明和北京国寿近千名员工参加活动。

(徐福军)

【主要业务】 年内,个险渠道首年期交保费、10年期及以上首年期交保费、长险首年标保和短险保费目标完成率分别为91.7%、109.7%、96.8%和110.2%。银保渠道实现长险首年标保1亿元,增长47.5%,完成率105%;实现首年期交保费4.44亿元,完成率109.8%。团险渠道实现短险保费2.94亿元,其中意外险保费1.68亿元,增长5.1%,渠道创费1.28亿元。电销渠道地位基本稳定,实现新单实收保费7930万元。

(徐福军)

【队伍建设】 年内,整合经营机构,规范岗位设置和劳动用工,深化干部人事制度改革,完成员工职务套改和主管提聘。银保渠道实现客户经理、理财经理两套"基本管理办法"全市统一,理财经理队伍722人。团险渠道完成销售人员职级套改和销售人员管理系统上线运行,净增代理制销售人员50人。电销渠道坐席人力532人,增长17%,月人均产能超过2万元。

(徐福军)

【慰问活动】 年内,组织慰问直系亲属去世职工、看望生病住院职工60余人次,送慰问金11万元;走访慰问丰台支公司、房山支公司和门头沟支公司在"7·21"暴雨中受灾严重的职工和营销员。

(徐福军)

【保险服务】 年内,与市委组织部合作,推进大学生村官保险,为近4000名大学生村官提供重大疾病和人身意外伤害综合保险;与市计生协合作,在13个区县开展计划生育家庭意外伤害保险业务;与房山区政府合作,为近20000名低保人员开办小额人身保险业务;连续12年为市公安局民警和职工提供保险保障服务。

(徐福军)

中国太平洋财产保险股份有限公司北京市朝阳支公司

【概况】 中国太平洋财产保险股份有限公司北京市朝阳支公司成立于1994年4月,内设经理室、业务管理科、客户服务科、综合管理科、车险业务一至五科、非车险业务一至三科。员工近100人。业务范围:承保人民币和外币各种财产保险,包括机动车辆保险、财产损失保险、工程保险、责任保险、信用保险、短期人身意外伤害保险等保险业务;办理各种法定财产保险业务;与国内外保险机构建立代理关系和业务往来关系,代理国外保险机构办理对损失的鉴定和理赔业务及其委托的有关事宜;《保险法》所规定的资金运用业务;经批准参加国际保险活动;经中国保险监督管理委员会批准的其他业务。市内拥有100余家合作伙伴，包括专业保险代理公司、保险经纪公司、保险公估公司和兼业保险代理机构等。获“北京分公司年度综合经营体先进单位第一名”。

地址：霄云路霄云里6号楼城宝饭店配楼

电话：84482495

邮编：100125

（杨 静）

【规范经营】 年初，规范整合核保、核赔规程，分公司集中管理车险理赔科，支公司负责车险核保及非车险初级核保及核赔。强化目标责任制管理，定期召开业务经营分析会及科务会，检查指导各科室业务经营情况。经理室成员实地检查内部制度、财务管理、业务经营以及核保权限执行情况等，加大非车险应收保费清收力度，杜绝发生违规违纪案件。全体员工参加网络合规承诺活动，执行年度操作自评，完成年度合规达标工作。

（杨 静）

【抗灾查勘定损服务】 7月22日起，公司车险条线数10名干部员工协助客户安排救援、受理报案、指导定损理赔，全体查勘人员停休，实现迅速查勘定损服务。

（杨 静）

【主要业务】 年内，营销类业务全部整合到分公司。实现保费收入35353.7万元，其中车险24804万元（同比增长5790万元，增速为30.45%，高于分公司增速近10%；车商渠道实现保费收入占比80.8%，同比增长8009万元，增速66.58%，非车商渠道实现保费收入占比13.9%，同比增长989万元，增速为22.26%）、非车险10549.7万元（同比增长589万，增速5.91%，直接业务实现保费收入占比43%，专业代理为27%，经纪公司为19%，重大客户实现保费8952.3万元）。

（杨 静）

【内部管理】 年内，完成销售组织架构改造。加强销售成本管控，加大内勤科室后援支持力度，提升经理室层面学习、创新能力，加快调整业务发展不平衡现象。

（杨 静）

【新型保险业务】 年内，成立农业保险业务科及银行保险业务科，涉足新型保险业务领域。承保分公司农业险第一单“北京永顺华蔬菜种植有限公司政策性农业保险项目”。

（杨 静）

友邦保险有限公司北京分公司

【概况】 友邦保险有限公司北京分公司（简称友邦北分）内设20余个科室，共有员工200余人。设朝阳亚运村营销服务部、朝阳建国路营销服务部、东城长安营销服务部、朝阳三元桥营销服务部、通州营销服务部及昌平营销服务部。业务范围：承保人身寿险、意外及健康险等。

地址：建国门外大街8号IFC国际财源中心五层

电话：57835556 8008203588
4008823588

邮编：100022

（王昌夏）

【竞赛活动】 1月29日至5月31日，举办友邦北京第十届“极峰 高峰”竞赛，推动公司业绩增长。

【保险服务】 2月8日至4月30日，推出2012年度准VIP客户新“贵”升级计划。

（王昌夏）

【合开“友邦保险体验馆”】 3月1日，与知名儿童职业体验机构“蓝天城儿童素质训练基地”合作开设蓝天城“友邦保险体验馆”。该体验馆旨在提升公司品牌形象，满足高端客户与年轻父母群体潜在保险需求。

（王昌夏）

【表彰活动】 3月8日，在北京千禧大酒店举办“2011年度荣誉会表彰晚宴”，对优秀业务同仁进行表彰。6月21日，在培训中心召开“精彩十年 感谢有你——友邦保险北京分公司十周年特别员工月会”，表彰长期服务的友邦员工。

（王昌夏）

【业务发展】 3月20日，在营销员渠道销售《友邦金福尊享两全保险计划》。该计划不仅可满足客户锁定未来资产、完善养老规划的需求，而且能够分享浮动收益，成为客户家庭理财工具。4月6日至6月30日，推出“喜‘新’恋‘旧’老客户重大疾病保障升级计划”，将现有保单重大疾病种类增至34种。6月1日至11月20日，举办“团险送大礼 积累高端准客户”业务推动活动。7月9日，在营销员渠道销售《友邦全佑一生“七合一”保障计划》。该计划新增“癌症康复保险金利益”，在解决客户一次性癌症治疗费用的基础上，兼顾后续康复费用及生活保障。8月16日至11月15日，举办“友邦北京第九届诚信竞赛——江山如此多娇”赛事，8月16日举办“友邦北京第九届诚信竞赛”启动大会，激励全体业务同仁共同实现“守正维新，全力以赴，再创新局”的年度目标。9月3日，在营销员渠道销售《友邦双盈人生Ⅱ终身寿险（投资连结型）》，同时推出《友邦附加双盈人生Ⅱ豁免保险费疾病保险》作为双盈人生Ⅱ的专属附加合同，客户可根据自身需求灵活选择基本保险费和额外保险费，兼顾保障和投资。10月5日，在营销员渠道销售《友邦安盈人生保险计划》。该产品将传统险与投连险的优势相结合，以“安固本，盈无尽”的投资理念，向客户提供相对安全且增值潜力较大的长期投资型保险产品。

（王昌夏）

【客户嘉年华活动】 7月21日、12月9日，在蓝天城分别举办十周年大型客户嘉年华活动。数千名儿童在家长陪同下畅游蓝天城。

（王昌夏）

【建国营销服务部迁址】 9月14日,举办建国营销服务部迁址典礼,新址位于建华南路6号院1号楼长安驿5层。

(王昌夏)

【第四届"友邦北京保险高端金融论坛"】 10月21日,举办第四届"友邦北京保险高端金融论坛",邀请知名理财规划师、国家理财规划师专业委员会秘书长刘彦斌为客户作"寻找金融改革中的国民理财新机遇"主题讲座。

(王昌夏)

【颁发助学金】 10月30日,在培训中心举行友邦保险北京分公司第八届助学金颁发仪式,北京大学、中国人民大学、中央财经大学的30位品学兼优但家庭困难的保险系学生获每人3000元助学金。

(王昌夏)

城乡建设

城　乡　规　划

【概况】 北京市规划委员会朝阳分局是北京市规划委员会(原首都规划建设委员会办公室)派出机构。负责组织实施朝阳区行政区域内规划编制、规划审批和规划监督工作。内设纪检监察科、法制科、综合业务科、规划用地科、建设工程管理科、市政交通工程管理科、办公室、朝阳区规划监察执法队和朝阳区规划设计服务中心。现有公务员40人、事业编人员14人、工勤人员4人。年内,开展人口、产业、土地、空间、生态"五规合一"研究,推进六大功能区建设,推进城乡一体化进程,整治城乡结合部环境,建设农民安置房等工作。引导京沈客专定线,推进东北热电中心、望京东交通枢纽、中央农产品批发市场等一批重点工程落地。推进政策性住房、教育、医疗等一批民生工程建设。加强城乡规划监督,严厉打击城乡违法用地及违法建设。年内,被评为2011年度市规划委优秀分局、2011年度政务信息工作先进单位、2011年度朝阳区创建全国文明城区突出贡献单位。

地址:农业展览馆南路5号
电话:58670333
邮编:100125
电子邮箱:ghfzbgsh@sina.com

(张创国)

【建设项目规划受理】 年内,受理建设项目1364件,同比下降35%,其中建设工程315件,同比基本持平;市政工程501件,同比下降47.6%;规划监督285件,同比下降39.6%;公共服务253件,同比下降25.8%;乡村工程10件,同比下降23%。

(张创国)

【建设项目规划许可】 年内,办结建设项目1363件,同比下降35.2%,其中核发选址及条件类项目用地规模1583.3万平方米,同比下降28.1%;许可建设用地规模457.2万平方米,同比增长24%;许可建筑工程面积651.9万平方米,同比下降2.4%;许可市政工程建筑规模15.27万平方米,同比下降65.4%;许可各类管线总长度16.4万延米,同比下降70.2%。许可住宅面积286.66万平方米,同比基本持平,其中含农民回迁安置房70.47万平方米、商品房123.91万平方米、政策性住房92.28万平方米。许可商业、科研及办公面积246.5万平方米,同比下降10%;许可配套公建面积60.19万平方米,同比增长97.2%;许可其他工程58.55万平方米,同比下降27.4%。

(张创国)

【规划研究】 年内,完成《朝阳区文化设施空间布局专项规划研究》、《朝阳区温榆河绿色生态休闲区产业规划研究》、《朝阳区政策性住房和定向安置房配套设施规划研究》、《朝阳区轨道交通一体化规划研究》、《朝阳区雨洪调控与资源化利用规划研究》、《朝阳区慢行交通系统规划研究》、《朝阳区产业发展及重点功能区评估研究》、《朝阳区总体规划住房实施评估专题》等17项规划研究课题。

(张创国)

【民生工程建设】 年内,开展16项210万平方米政策性住房方案审查;推动126处老旧小区改造和125栋简易楼核查,落实10小区无障碍改造折子工程;完成周庄村、官庄村、龙爪树村等3个市级重点村农民回迁安置房项目规划设计方案,规划地上住宅建筑规模约111.5万平方米;完成12所优质教育资源规划审批;快速应对7·21灾害,开展雨洪利用研究,推进下凹式立交桥改造、雨水泵站建设;配合"万亩绿化"、"清水朝阳"、"清洁能源计划",完成9500余亩绿化造林,6条水系截污还清,10余家燃煤锅炉房清洁能源改造。

(张创国)

【市政设施建设】 年内,推进东北热电中心、京沈动车运用所、东三乡小店变电站、望京东交通枢纽等市区重点工程建设。审批完成洼里五号地保障房项目、东坝保障房项目、管庄土储项目等民生工程的周边道路、电力、雨、污水管线等配套市政工程。配合市规划委完成地铁6号线、7号线、8号线、10号线、14号线、15号线等轨道交通线路建设,开展地铁6号线交通接驳方案研究。推进2012年计划道路、社会公共停车场、公交场站、30余条断堵头路等工程建设。

(张创国)

【规划监督执法】 年内,为新建工程办理开工验线41件,总建筑面积约185.8万平方米;办理竣工项目规划验收169件,总建筑面积约437.6万平方米,其中含保障性住房及配套26件、建筑面积约104.5万平方米,中央单位及驻京部队项目6件、建筑面积约3.9万平方米。完成验收的项目中,住宅类工程占75%,商业及办公类工程占13%,教育类工程占4%,医疗、文体、科研类工程各占1%,其他类占5%。完成卫星遥感核查工作6次,核实图斑345处。通过卫星遥感、审批系统核对、GPS踏勘定位、群众举报等途径定期监测区域违法建设,及时界定和按职查处。发现违法建设587处,违法建筑面积约230万平方米。审核认定197处进入城管执法程序的违法建设,认定面积约16万平方米,比上年增长67%。

(张创国)

建　设　工　程

【概况】 朝阳区住房和城乡建设委员会(简称区住房城乡建设委)是负责朝阳区住房和城乡建设行政管理的区政府工作部门。主要职责:贯彻落实国家及北京市关于房地产开发管理的政策、法规和措施、办法;贯彻国家及北京市关于工程质量管理的政策、法规,研究制定朝阳区监督工程质量管理措施;负责区域内房地产开发业的行业管理;负责区属房地产开发企业的资质审核;负责朝阳区城市建设综合开发的监督管理等。内设办公室、建设综合开发和危旧房改造办公室、住房保障建设办公室等9个机构,编制51人。下属3个全额拨款事业单位(北京市朝阳区建筑行业管理处、北京市朝阳区建设工程质量监督站、北京市朝阳区建设工程施工安全监督站),1个自收自支事业单位(北京市朝阳区建设工程发包承包交易中心)。年内,完成全社会固定资产投资1195.5亿元、同比增长1.6%;完成基础设施投资367.7亿元、同比增长12.3%,占全社会固定资产投资30.8%;完成房地产开发投资610.4亿元、同比下降12.3%,其中住宅投资293.7亿元、同比下降7.6%,政策性住房投资192.8亿元、同比增长95.5%,含经济适用房投资15.8亿元。房地产业实现增加值375.7亿元、同比增长11.3%,占第三产业增加值的11.6%;建筑业实现增加值94.0亿元、同比增长7.7%,具有资质等级的总承包和专业承包建筑业企业完成总产值862.9亿元、同比增长5.6%;累计签订合同额1597.3亿元、同比下降1.5%;房屋建筑施工面积5219.1万平方米、同比增长13.5%。商品房施工面积2732.4万平方米、同比下降3.4%,其中政策性住房1035.0万平方米;商品房竣工面积560.1万平方米,同比下降31.8%,其中政策性住房192.0万平方米;商品房销售面积472.7万平方米、同比增长21.4%,其中住宅销售面积334.3万平方米、同比增长32.5%;商品房销售额1002.0亿元、同比增长23.1%,其中住宅销售额701.9亿元、同比增长39.0%。

地址:呼家楼向军北里23号
电话:65001782
邮编:100020
电子邮箱:cyzjw@bjchy.gov.cn

(高雅琪)

【施工安全监管】 年初,修订《朝阳区建设工程施工安全监督管理工作规定》、《朝阳区建设工程施工突发事故应急预案》、《朝阳区建设系统防汛应急预案》等管理制度,规范安全监管工作行为。继续实行施工安全形势季度分析会制度,及时通报施工安全工作情况,分析安全生产形势,明确工作重点,提高安全管理工作水平。6月,开展"朝阳区建设系统安全生产月"活动,期间召开属地会议45次,下发宣传资料8692份,1446家参建单位全部参加。各建设工程悬挂宣传横幅1925条,张贴宣传画7349张,发放宣传材料21632份,设置宣传专栏板报10660个,参加"农民工夜校"安全生产知识培训69234人次。有针对性地开展防汛、防火等应急演练,制定施工方案1158件,应急预案1213件;组织各种演练531次、15603人参加。配合市、区相关部门开展深基础工程、施工现场扬尘治理、预防煤气中毒、卫生应急管理、食品安全、防火、防汛、燃放烟花爆竹管理等专项检查,加强全国"两会"、春节等重点时期、重大节日、重点活动安全保障。开展全区施工项目全员安全教育培训和安全生产月活动,加大安全生产检查执法和抽查力度，处置违法行为。全年办理建筑起重机械设备登记编号备案335台，其中塔式起重机195台、施工升降机96台、物料升降机44台；使用登记备案583台，其中塔式升降机242台、施工升降机216台、物料升降机125台。检查施工工地7655项次，责令限期整改违法行为及安全隐患4925项次、停工整改217项次，行政处罚1025起、罚款323.08万元，其中简易处罚829起、罚款82.9万元，立案处罚196起、罚款240.18万元；发生建筑施工安全生产亡人事故1起、死亡1人，未发生影响较大的突发事件和较大以上建筑施工安全生产事故。

（李　纯　高雅琪）

【老旧小区综合整治】 年初，建立《朝阳区老旧小区基本情况数据库》及各街道（地区）办事处分数据库。6月，成立区老旧小区综合整治总指挥部，办公室设在区住房城乡建设委，制定《朝阳区老旧小区综合整治工作实施方案》。区住房城乡建设委根据《北京市人民政府关于印发北京市房屋建筑抗震节能综合改造工作实施意见的通知》等文件要求，加快办理此类工程施工许可审批手续，加大劳务用工管理、施工安全和质量监督等方面监管力度。8月，完成新源里西11号楼和农光里17号楼两个房屋建筑抗震节能综合改造住宅试点项目，涉及建筑面积0.62万平方米、住户108户。年底，完成既有非节能居住建筑供热计量及节能改造330万平方米，涉及110个小区、598栋建筑。

（弓世平　高雅琪）

【专项整治房屋私自拆改】 2月至7月，完成劲松大街住宅楼首层居改商专项整治工作，22户住宅房屋恢复原貌，33家商户迁离。全年，受理房屋私自拆改信访事项128起，调查处置128起，结案86起；下发行政执法文书53件；调解拆改事项引发矛盾72件，其中群体性矛盾9件，未发生矛盾激化情况。

（段玉霞　高雅琪）

【质量安全工作大会召开】 4月24日，在北京会议中心召开全区建设工程质量安全工作大会。区住房城乡建设委主任吴凤岐作“全面提升管理水平，推进朝阳区城市建设科学发展、民生幸福”工作报告，总结上年建筑质量安全生产工作，部署2012年城市建设工作任务。表彰上年度获“朝阳杯”工程和“市文明安全工地”、“市文明安全样板工地”称号单位。印发《朝阳区2012年建设工程施工安全和绿色施工管理工作要点》、《朝阳区2012年建设工程施工管理工作要点》和《朝阳区2012年建设工程质量管理工作要点》。市、区相关部门及区域内在施工程建设、监理、施工单位负责人参加会议。

（李　纯　高雅琪）

【行业教育培训】 4月，与区建筑业联合会联合举办3期施工项目劳务及用工规范管理从业人员再教育培训班，全区参建企业1151名劳务管理人员参加培训并取得《朝阳区施工项目劳务及劳动用工规范管理培训登记证》。6月，举办3期朝阳区建设工程安全生产全员培训班，全区在建工程建设单位、监理单位、施工单位主要负责人和各大专业及劳务分包项目负责人、专职安全员1242人参加培训并取得《朝阳区建设工程安全生产继续教育结业证书》，上述学习人员并被聘为教员，负责组织各施工项目部全体管理人员和施工人员安全教育培训，3.72万人参加培训并取得上岗证书。

（张　婷　高雅琪）

【施工现场监管】 4月，举办“2012年文明朝阳杯知识竞赛”，全区43个街道（地区）办事处729个在施工程项目近7万名施工人员参与。

（苏志成　高雅琪）

【获评“北京市文明安全工地”】 4月，开展评优活动。采取施工企业和工程项目自愿申报、选拔、初审推荐方式，经市住房城乡建设主管部门评定，中铁十九局集团有限公司施工的北京地铁14号线工程土建施工18合同段等81项工程获评“北京市文明安全工地”，其中“北京市朝阳田华建筑集团公司施工的研发中心2号楼地上部分6项”等15项工程获评“北京市文明安全样板工地”。

（苏志成　高雅琪）

【房屋结构拆改专项科学试验】 10月，联合中国建筑科学研究院启动房屋结构拆改专项科学试验。

（段玉霞　高雅琪）

【保障性住房建设】 年内，保障性住房开复工面积1123.6万平方米，其中新开工103.7万平方米，涉及建设项目46个。可提供房源96613套，其中经济适用房9486套、限价房17060套、公租房和廉租房21811套、定向安置房48256套；竣工项目18个，竣工各类保障性住房19799套，完成投资74.9亿元。

（卢苍山　高雅琪）

【危旧房屋改造】 年内，完成京棉危改2栋回迁楼建设工程，回迁居民732户；截至年底，京棉危改二期工程开工建设面积55.9万平方米、竣工住宅楼23栋、回迁居民5893户、滞留居民170户。北内农光里1—4号楼解危排险项目179户居民全部搬迁，两栋回迁楼建设结构封顶。甜水园二期危改项目287户居民签订拆迁协议。方诚苑危改项目完成企业拆迁工作，居民拆迁正在协调启动。垂杨柳危改项目，已搬迁居民部分入住东柳周转房，其余领取周转补助费。酒仙桥、定福西街、中纺里、茶家坟、豆各庄等危改项目，协调相关单位按新征收政策研究启动方法。

（温慧琴　高雅琪）

【周转房建设】 年内，用于解危排险及重点工程拆迁的王四营周转房建设工程竣工。工程位于王四营桥北侧，总用地面积2.54万平方米，规划建筑面积 1.97 万平方米,可安置 414 户周转居民。

(温慧琴　高雅琪)

【轨道交通建设拆迁】　年内,承担 6 号线、7 号线、10 号线二期、14 号线、15 号线西段 5 条轨道交通建设拆迁工作,涉及车站 42 座、车辆段 4 个,朝阳区段长度为 56.86 千米。截至年底,地铁 6 号线拆迁居民 3 户、拆除 180 平方米,实现通车;地铁 7 号线拆迁企业 18 家、拆除 63300.05 平方米;地铁 10 号线二期拆迁居民 3 户、拆除 664 平方米,实现通车;地铁 15 号线西段拆迁企业 9 家、拆除 8696.48 平方米。

(戴晓宽 高雅琪)

【房地产开发管理】　年内,加强房地产开发管理。实施存在问题开发项目和正在办理手续开发项目专项协调跟踪制度,实行住宅小区教育配套设施预警机制。加强与各相关职能部门协调、监督、检查力度,做好审核、整合和收缴配套设施工作。

(高雅琪)

【房地产开发项目审核】　年内,审核居住小区 22 个,总建筑面积 617.69 万平方米(含住宅建筑面积 415.99 万平方米,配套面积 34.03 万平方米),其中新建小区 16 个,总建筑面积 377.15 万平方米(含住宅建筑面积 228.49 万平方米,配套面积 27.87 万平方米),全部在市住房城乡建设主管部门网上公示。审核房地产开发项目手册 53 项,实地检查项目 53 个。办理开发项目产权初始登记前配套落实 56 项。

(樊　玲　高雅琪)

【房地产开发配套设施收缴和公示】　年内,收缴各类配套设施 67 项、总面积 17.09 万平方米,其中教育配套设施 11 项(幼儿园 5 所、小学 2 所、中学 2 所、九年一贯制学校 2 所)、12.8 万平方米;文化配套设施 12 项、1.39 万平方米;卫生配套设施 6 项、0.24 万平方米;养(敬)老院 4 所、0.43 万平方米;社区办公配套设施 17 项、1.69 万平方米;综合服务配套设施 8 项、0.35 万平方米;其他市政公用设施 9 项、0.19 万平方米。完成新建小区配套设施公示 12 个,涉及住宅总面积 298.63 万平方米,配套设施总面积 58.75 万平方米,配套项目 170 个,居民 3.03 万户、8.78 万人。公示率 95%以上。

(郝一方　高雅琪)

【房地产开发企业资质管理】　年内,办理房地产开发企业各项资质审批 202 件,其中新设立 23 件,暂定延期 35 件,变更 55 件,重新核定 70 件,网上激活 19 家。截至年底,共有开发企业 438 家,位列全市第一(含内资企业 366 家、外资企业 72 家),其中一级 18 家、二级 36 家、三级 55 家、四级 200 家、暂定 129 家。获"北京市房地产开发企业资质审批工作标兵单位"。

(荀丽娜　高雅琪)

【落实区域劳务联动监管体系】　年内,落实"一二三四五"(即一项纲领、两个体系、三色预警、四方责任、五级备案)工作机制。与区人力社保局、43 个街道(地区)办事处、各省(直辖市)驻京建管处、各建筑集团总公司共同落实区域劳务用工联动监管体系;召开联动监管单位、各层级参建企业管理人员培训部署会 4 次,1300 余人次参加。截至年底,全区 1068 个施工项目中,绿色规范管理达标工程 897 项,占工程总量 84%,同比增加 1%;黄色轻微隐患工程 160 项,占工程总量 15%,与上年持平;红色重大隐患工程 11 项,占工程总量 1%,同比减少 1%。行业管理初步完成从联动应急向联动监管的转变。

(苏志成　高雅琪)

【劳务用工监管】　年内,通过运行"朝阳区施工劳务网络监管平台",和区人力社保局、各街道(地区)办事处实现管理资源实时共享、管理信息全程对接,实现对施工项目劳务及劳动用工规范管理情况动态联动监控。全年劳务执法检查工地 932 次、拉网式联合检查 3 次、节能改造工程专项检查 1 次,行政处罚违法用工 13 起,罚款 8.8 万元;协调解决工程合同纠纷 318 起,涉及金额 2550 万元;劳务纠纷发案率 4.7%,同比减少 0.9%。协调解决 6 起施工扰民纠纷。

(苏志成　高雅琪)

【工程质量监管】　年内,继续实行参建各方主体责任"一书两公示"(即在办理监督注册时工程参建各方签订《项目法人责任书》,工程开工时建设单位要在施工现场主要出入口明显位置设置"参建各方质量责任公示栏",住宅工程竣工验收前建设单位要在工程楼体明显位置安装"责任主体公示牌")。制定《关于加强朝阳区建设工程建筑材料使用管理的若干规定的通知》、《关于加强朝阳区保障性住房工程房屋渗漏防治管理工作的通知》等管理措施。2 月,配合国务院办公厅督察全区保障性住房工程分配及质量监管工作;5 月,代表北京市接受建设部全国保障性住房工程质量检查。全年,监督房建工程 2243 项、2901 万平方米,市政工程 521 项、21.4 亿元。截至年底,在监房建工程 2034 项、2342 万平方米,在监市政工程 521 项、362 千米、21.4 亿元。房建工程竣工 209 项、559 万平方米;市政工程竣工 23 项、7.71 千米、2.27 亿元。在监工程未发现重大质量安全隐患。办理质量监督注册房建工程 826 项、822.7 万平方米,市政工程 123 项、67 千米、5.6 亿元。行政处罚质量违法行为 47 起,罚款 90.02 万元;简易行政处罚安全违法行为 219 起,罚款 21.9 万元。执行动态管理记分 442 起、881 分,其中企业 375 分、总监理工程师 68 分、监理工程师 63 分、企业负责人 41 分、项目负责人 334 分。

(刘　祎　林　湖　高雅琪)

【优质工程评选】　年内,申报创"朝阳杯”工程项目82项、502万平方米;检查工程66项、362万平方米;16项工程跨转2013年度。获2012年度建筑结构“朝阳杯”工程60项(金奖21项、银奖39项)(详见《2012年度“朝阳杯”工程获奖名录表》),淘汰6项工程。区质量监督站监督工程获2012年度市建筑结构“长城杯”工程82项(金奖18项、银奖64项),建筑竣工“长城杯”工程14项(金奖7项、银奖7项)。

(刘志伟　刘　祎　高雅琪)

2012年度“朝阳杯”工程获奖名录表

建筑结构“朝阳杯”金奖工程(21项)

序号	工程名称	建筑面积(平方米)	建设单位	施工单位	监理单位
1	北京工业大学实验楼	47601	北京工业大学	河北建设集团有限公司	北京光华建设监理有限公司
2	东坝七棵树经济适用房1、2、3、5、6、9#楼及16#车库	230292	北京东坝基础设施开发建设有限公司	北京鼎华建筑工程有限公司	北京旭日明建设工程监理有限公司
3	朝阳区大望京620地块居住及公建项目	20803	北京远豪置业有限公司	北京建工集团有限责任公司	北京中景恒基工程管理有限公司
4	朝阳区大望京615地块居住及公建项目	123734	北京远豪置业有限公司	北京建工集团有限责任公司	北京中景恒基工程管理有限公司
5	朝阳区大望京613地块居住及公建项目	34114	北京远豪置业有限公司	北京建工集团有限责任公司	北京中景恒基工程管理有限公司
6	检验认证综合实验楼	19276	中国建筑材料科学研究总院	北京建工集团有限责任公司	杭州中新建筑工程监理有限公司
7	东坝驹子房二期F区10#11#楼	32936	北京市朝阳城市建设综合开发公司	北京日盛达建筑企业集团第五公司	北京大正建设监理有限公司
8	东坝驹子房二期F区01#02#03#楼	52136	北京市朝阳城市建设综合开发公司	北京市朝阳区建筑工程公司	北京大正建设监理有限公司
9	东坝驹子房二期F区5#6#楼及车库	73063	北京市朝阳城市建设综合开发公司	北京市朝阳田华建筑集团公司第七分公司	北京大正建设监理有限公司
10	东坝驹子房一期C区05#－09#楼	62676	北京市朝阳城市建设综合开发公司	北京市朝阳田华建筑集团公司第七分公司	北京金海城工程建设监理公司
11	三间房回迁安置房D区C2区1#楼	24002	北京京通天泰房地产开发有限公司	北京京通天泰建筑工程有限责任公司	北京旭日明建设工程监理有限公司
12	三间房回迁安置房D区C2区3#楼	32481	北京京通天泰房地产开发有限公司	北京京通天泰建筑工程有限责任公司	北京旭日明建设工程监理有限公司
13	爱立信研发中心2#楼	79649	北京中关村电子城建设有限公司	北京市朝阳田华建筑集团公司第五分公司	北京同发建设工程监理有限公司
14	远洋一方嘉园42#地块20#24#27#28#楼	12954	北京中联置地房地产开发有限公司	北京建工集团有限责任公司	北京银建建设工程管理有限公司
15	望京SOHO中心T1工程	191699	北京望京搜侯房地产有限公司	中国建筑第八工程局有限公司	北京时创项目管理有限责任公司
16	望京SOHO中心T2工程	175416	北京望京搜侯房地产有限公司	中建三局建设工程股份有限公司	北京兴电国际工程管理有限公司
17	望京SOHO中心T3工程	164250	北京望京搜侯房地产有限公司	中建一局集团建设发展有限公司	北京双圆工程咨询监理有限公司
18	中国电子科技集团公司第三研究所科研楼	17316	中国电子科技集团公司第三研究所	北京城建九建设工程有限公司	北京市五环建设监理有限公司

序号	工程名称	建筑面积(平方米)	建设单位	施工单位	监理单位
19	研发楼B座等3项	41452	北京康瑞普冶金设备有限公司	北京金基成建筑工程有限公司	北京远达国际工程管理咨询有限公司
20	京棉新城危改小区A1区非配套公建项目	88000	北京远翔置业有限公司	远洋国际建设有限公司	北京方圆工程监理有限公司
21	北苑医院主楼项目	38577	北京市土地整理储备中心朝阳分公司	北京城建七建设工程有限公司	北京方圆工程监理有限公司

建筑结构"朝阳杯"银奖工程(39项)

序号	工程名称	建筑面积(平方米)	建设单位	施工单位	监理单位
1	姚家园新村C-1#楼	23848	北京聚鑫城房地产开发公司	北京市朝阳田华建筑集团公司第六分公司	北京光华建设监理有限公司
2	姚家园新村C-2#楼	24967	北京聚鑫城房地产开发公司	北京市朝阳田华建筑集团公司第六分公司	北京光华建设监理有限公司
3	东坝限价房14、15、19#楼	33004	北京城建房地产开发有限公司	北京城建道桥建设集团有限公司	北京旭日明建设工程监理有限公司
4	北花园居住区D4 D6住宅楼	79572	北京国隆置业有限公司	北京建工路桥建设有限责任公司	北京国建工程监理公司
5	星海乐器厂及土储地块经济适用房1#2#楼	26044	华纺房地产开发公司	河北天宏建筑工程有限责任公司	北京京朋工程监理有限责任公司
6	星海乐器厂及土储地块经济适用房3#4#楼	23804	华纺房地产开发公司	锦宸集团有限公司	北京京朋工程监理有限责任公司
7	星海乐器厂及土储地块经济适用房5#6#楼	22254	华纺房地产开发公司	四川住业建设有限公司	北京京朋工程监理有限责任公司
8	远洋一方嘉园42#地块15#16#22#26#32#33#34#楼2#车库	36572	北京中联置地房地产开发有限公司	北京建工集团有限责任公司	北京银建建设工程管理有限公司
9	远洋一方嘉园42#地块19#21#25#29#30#31#35#楼	28434	北京中联置地房地产开发有限公司	北京建工集团有限责任公司	北京银建建设工程管理有限公司
10	远洋一方嘉园42#地块14#18#23#楼3#车库	39256	北京中联置地房地产开发有限公司	北京建工集团有限责任公司	北京银建建设工程管理有限公司
11	孙河乡康营组团三期P1 P2楼	23262	北京市朝阳区孙河农工商联合公司	北京市朝阳田华建筑集团公司昊阳五公司	北京银建建设工程管理有限公司
12	广渠路15#地项目A4-10地块工程	96230	中化方兴置业北京有限公司	中国建筑第八工程局有限公司	中咨工程建设监理公司
13	润景茗苑C2#楼工程	24551	北京春光置地房地产开发有限公司	北京城建二建设工程有限公司	建通工程建设监理有限公司

序号	工程名称	建筑面积（平方米）	建设单位	施工单位	监理单位
14	东坝驹子房一期 B 区 1#－5#楼	65925	北京市朝阳城市建设综合开发公司	北京日盛达建筑企业集团第五公司	北京建扶工程建设监理有限责任公司
15	东坝驹子房一期 B 区 6#－8#楼	64287	北京市朝阳城市建设综合开发公司	北京日盛达建筑企业集团第五公司	北京建扶工程建设监理有限责任公司
16	东坝驹子房一期 C 区 1#－4#楼及车库	85485	北京市朝阳城市建设综合开发公司	北京日盛达建筑企业集团第五公司	北京金海城工程建设监理有限公司
17	东坝驹子房二期 D 区 1#2#3#楼	56223	北京市朝阳城市建设综合开发公司	北京市富天玺建筑工程有限公司	北京旭日明建设工程监理有限公司
18	东坝驹子房二期 D 区 07#08#09#楼	45432	北京市朝阳城市建设综合开发公司	北京市朝阳田华建筑集团公司第七分公司	北京旭日明建设工程监理有限公司
19	东坝驹子房二期 D 区 04#05#06#楼及 D－D 车库	60772	北京市朝阳城市建设综合开发公司	北京市朝阳田华建筑集团公司第七分公司	北京旭日明建设工程监理有限公司
20	东坝驹子房二期 F 区 04#08#09#13#14#楼	48898	北京市朝阳城市建设综合开发公司	北京市朝阳区建筑工程公司	北京大正建设监理有限公司
21	东坝驹子房二期 F 区 7#12#楼	21991	北京市朝阳城市建设综合开发公司	北京市朝阳田华建筑集团公司第七分公司	北京大正建设监理有限公司
22	东坝驹子房二期 F 区 15#16#17#楼	39894	北京市朝阳城市建设综合开发公司	北京日盛达建筑企业集团第五公司	北京大正建设监理有限公司
23	平乐园住宅小区东六区 6#7#8#楼	22054	北京鸿坤新业房地产开发有限公司	北京市朝阳田华建筑集团公司第四分公司	北京精正兴监理有限公司
24	通盈中心（酒店、公寓、商业项目）	122670	北京通盈房地产开发有限公司	中建三局建设工程股份有限公司	北京帕克国际工程咨询有限公司
25	金盏乡长店组团农民定向安置房二期配套幼儿园工程	7478	北京金色朝阳房地产开发有限公司	北京城建六建设工程有限公司	北京高屋工程咨询监理有限公司
26	老年活动站	3535	北京诚讯商网科技有限公司	江苏省苏中建设集团股份有限公司	北京建研凯勃建设工程咨询有限公司
27	三间房回迁安置房 D3 区 4# 5#楼	21632	北京京通天泰房地产开发有限公司	北京京通天泰建筑工程有限责任公司	北京旭日明建设工程监理有限公司
28	三间房回迁安置房 D3 区 1#楼	37154	北京京通天泰房地产开发有限公司	北京京通天泰建筑工程有限责任公司	北京中建协监理公司
29	教学主楼等三项工程	23000	北京金隅嘉业房地产开发有限公司	华北建设集团有限公司	北京市新森置业工程咨询有限公司
30	2#3#4#楼工程	86667	北京金隅嘉业房地产开发有限公司	河北玉川建筑工程有限公司	北京建拓工程管理有限公司
31	水岸庄园 B06 区 7#8#楼	33000	北京润泽庄苑房地产开发有限公司	北京金通远建设工程公司	北京中联环建设工程管理有限公司
32	崔各庄安置房 C2 地块 6#7#8#楼	27036	北京六合天地置业有限公司	北京城建亚泰建设工程有限公司	北京中联环建设工程管理有限公司
33	单店住宅小区二期 B 区 25#－28#楼	13550	北京首开天成房地产开发有限公司	北京市朝阳田华建筑集团公司第七分公司	北京金海城工程建设监理有限公司

序号	工程名称	建筑面积(平方米)	建设单位	施工单位	监理单位
34	单店住宅小区二期B区29#-32#楼	14008	北京首开天成房地产开发有限公司	北京市朝阳田华建筑集团公司第七分公司	北京金海城工程建设监理有限公司
35	单店住宅小区B区24#楼	6420	北京首开天成房地产开发有限公司	北京怀建集团有限公司	北京金海城工程建设监理有限公司
36	管庄新村一期D区7#-9#楼及1#车库	53729	北京顺长房地产开发有限公司	北京市朝阳田华建筑集团公司第十五分公司	中航工程监理(北京)有限公司
37	管庄新村一期D区10#-12#楼	50000	北京顺长房地产开发有限公司	北京市朝阳田华建筑集团公司第十五分公司	中航工程监理(北京)有限公司
38	崔各庄大望京630地块居住及公建项目	79356	北京保利营房地产开发有限公司	广州富利建筑安装工程有限公司	北京京津建设工程监理有限公司
39	崔各庄大望京632地块居住及公建项目	57068	北京保利营房地产开发有限公司	广州富利建筑安装工程有限公司	北京东方华太建设监理有限公司

【工程建设概况】 年内,全区开复工施工工程1068项,比上年减少4.39%,建筑面积4125.8万平方米,比上年增加6.63%,道路管线长度293.95千米。其中房建工程796项,3608.33万平方米;拆除工程17项,41.81万平方米;市政工程109项,34.91万平方米,道路管线239.33千米;地铁工程40项,108.14万平方米,施工线路54.62千米;老旧小区综合改造工程106项,332.61万平方米。截至年底,竣工工程300项,954.17万平方米,道路管线22.15千米。其中房建工程272项,939.02万平方米;拆除工程8项,9.46万平方米;市政工程19项,4.1万平方米,道路管线17.9千米;地铁工程1项,1.59万平方米,施工线路4.25千米。

(李　纯　高雅琪)

【全国文明城区指数测评】 年内,制定并下发《关于做好全国城市文明程度指数测评实地考察环境保障工作方案》。要求各建设工程参建单位做好绿色施工管理工作,保证现场围挡、场容整洁规范,严格落实"五个100%"(工地沙土100%覆盖、工地路面100%硬化、出工地车辆100%冲洗车轮、拆除房屋的工地100%洒水压尘、暂时不开发的工地100%绿化)降尘措施。

(李　纯　高雅琪)

【远程监察系统平台建设】 年内,安装远程监察设备150余套,拆除设备70余套,在线设备82套,实现全天候、全过程动态监管建设工地。北京紫光软件系统有限公司与安全监督站、质量监督站等相关科室对接信息平台后续使用管理工作,保证远程监察系统平台规范、高效、稳定运行。

(王　静　高雅琪)

【施工许可与合同履约监管】 年内,整顿和规范区域有型建筑市场秩序,推进区域城乡建设稽查执法工作,排查施工合同履约风险160项,处理120项。清理上年以来公开招标项目130项。核发建设项目施工许可证317项、建筑面积702.06万平方米,同比减少7.98%。市政道路管线5.82万米,同比减少12.35%。投资180.71亿元,同比减少0.3%。其中新建93项,建筑面积385.62万平方米,合同金额119.49亿元;农民回迁房14项,建筑面积106.32万平方米,合同金额30.01亿元;政策性住房9项,建筑面积57.57万平方米,合同金额11.05亿元;装饰装修176项,建筑面积152.55万平方米,合同金额16.02亿元;市政工程25项,道路管线5.82万米,合同金额4.14亿元。查处违法建设、违章施工工程32项,罚款161.41万元。

(王　静　高雅琪)

【招投标与商品房预售资金监管】 年内,办理招、投标及直接发包工程491项,建筑面积1637.92万平方米,同比减少23.95%。市政管线10.13万米,投资合同金额184.71亿元,同比减少0.02%。其中施工工程292项,702.06万平方米,176.57亿元;监理工程156项,935.86万平方米,3.88亿元;市政工程43项,10.13万米,4.26亿元。完成商品房预售资金监管任务62项,281万平方米,96.45亿元。

(王　静　高雅琪)

【建筑节能与建材管理】 年内,继续实施"三房"(经济适用房、限价房、廉租房)和农民定向安置房项目建材采购备案,分别办理网上备案信息确认618条、书面备案信息确认1774条。启动建设工程材料和设备采购备案,督促81个项目按进度开展网上申报。收缴112个建设项目缴纳新型墙体材料专项基金

5183.9万元,散装水泥专项资金350.9万元。返退79个建设项目新型墙体材料专项基金3600.7万元、69个建设项目散装水泥专项资金210.3万元。办理建筑节能设计审查备案102项,建筑节能竣工验收备案178项,建设工程材料供应备案5家、产品5项。

(张 强 高雅琪)

【信访与信息公开】 年内,区信访建设分中心接待处理群众来信、来访1017件次,其中市建委转信127件,区转信36件,直投信130件,依托网上办公系统接收724件。市长信箱418件、信访系统149件、政民互动157件。办复1013件,办复率99.61%。接待集体访19批次、207人,重复访37批次、117人。主要涉及老旧小区综合整治、危改、房屋质量、私自拆改、施工扰民等。信访工作总体形势平稳,初信化解率95%,重信重访化解率97%,未发生越级访和大规模集体上访等突发性事件。信息公开232项,其中主动公开173项、依申请公开59项。

(刘茂武 高雅琪)

【行政诉讼和复议】 年内,办理行政诉讼案件1件,一审胜诉。行政复议案件11件,其中向市住房城乡建设委申请复议10件,向区政府部门申请复议1件;涉及信息公开10件,其中9件维持不予公开,1件重新答复;不履责复议1件,驳回申请。

(刘晓亭 高雅琪)

【获奖建筑业企业和人员】 年内,北京奥杰装饰装修有限公司、北京迪迈建筑装饰工程有限公司、北京中航弱电系统工程有限公司、北京日盛达建筑企业集团、北京市朝阳田华建筑集团公司、北京中建华威机电设备安装工程有限公司、北京万峰建筑技术发展有限公司、北京市朝阳区建筑工程公司、北京鸿屹丰彩装饰工程有限公司、北京鼎华建筑工程有限公司、北京润安市政工程有限公司、北京瑞祥涂料有限公司、北京市朝阳水利工程公司被评为"2011年度北京市建设行业诚信企业",其中北京市朝阳田华建筑集团公司、北京中建华威机电设备安装工程有限公司、北京中航弱电系统工程有限公司、北京市朝阳水利工程公司、北京迪迈建筑装饰工程有限公司、北京市日盛达建筑企业集团有限公司被评为诚信3A企业。北京市朝阳田华建筑集团公司被评为北京市优秀施工企业,其公司张晓唯、秦树龙、高富增分别被评为北京市建筑业优秀企业家、北京市建筑企业优秀项目经理及北京市优秀建造师。北京市朝阳田华建筑集团公司四公司攀岩QC小组、华侨城A1-1楼QC小组、第十五分公司窦小茜QC小组、第十六分公司京旺家园QC小组、第二分公司唐飞QC小组获北京市工程建设优秀质量管理小组优秀奖。

(张 婷 高雅琪)

【监理人员分级管理】 年内,继续实行《朝阳区监理人员分级管理办法(试行)》,开展建设工程监理人员分级管理培训考评工作。会同区建筑业联合会举办监理人员业务培训,127家监理单位1326人参加,1144人考核合格领取相应等级胸卡,其中A级225人、B1级84人、B2级588人、C级247人。培训合格人员可担任区内各类项目总监理工程师、非强制性监理项目总监、总监代表及各类项目专业监理工程师或监理员。

(张 婷 高雅琪)

【建筑业企业资质和人员管理】 年内,受理新设立建筑业企业资质申请35家,升级17家,增项13家,变更222家,转出9家,转入9家。纳入朝阳区管理的建筑业企业754家,其中一级81家、二级175家、三级430家、其他68家,涵盖房屋建筑工程等48个施工专业(详见"2012年朝阳区建筑业企业施工专业一览表")。完成二级建造师执业资格初始注册578人,变更注册382人,注销102人,办理企业负责人、项目负责人和专职安全员《安全生产考核证书》续期1405人。

(章 骅 高雅琪)

2012年朝阳区建筑业企业施工专业一览表

单位:家

序列	专业类别	一级	二级	三级	不分	合计
施　工 总承包	房屋建筑工程	12	23	31		66
	公路工程	1				1
	市政公用工程	5	10	9		24
	机电安装工程	1	3	—		4
	矿山工程	1				1
	电力工程	1	1	4		6
	化工石油工程		1	—		1
	水利水电工程		1			1

序列	专业类别	一级	二级	三级	不分	合计
小计	涵盖8个专业	21	39	44		104
专业承包	地基与基础工程	2	6	1		9
	土石方工程			7		7
	建筑装修装饰工程	29	54	166		249
	建筑幕墙工程	1	2	1		4
	预拌商品混凝土	—	23	10		33
	混凝土预制构件	—	3	2		5
	园林古建筑工程		1	1		2
	钢结构工程	1	2	14		17
	消防设施工程	6	6	9		21
	附着升降脚手架	1		—		1
	金属门窗工程	1	4	6		11
	建筑防水工程	—	2	10		12
	预应力工程	—	1	—		1
	机电设备安装工程	6	5	46		57
	爆破与拆除工程		9	13		22
	建筑智能化工程	7	2	22		31
	电子工程	1	1	6		8
	电信工程	1	1	2		4
	隧道工程		1	—		1
	防腐保温工程			4		4
	环保工程		2	13		15
	机场空管工程	1	3	—		4
	公路交通安全设施分项	—	—	—	2	2
	铁路电务工程	1				1
	送变电工程			24		24
	石化管道设备安装工程			1		1
	城市及道路照明工程		6	23		29
	起重设备安装工程	1		2		3
	体育场地设施工程	1	2	3		6
	特种专业工程	—	—	—	43	43
小计	涵盖30个专业	60	136	386	45	627
劳务分包	混凝土作业分包				1	1
	水暖电安装作业分包				8	8
	焊接作业分包				1	1
	钢筋作业分包				3	3
	抹灰作业分包				2	2
	砌筑作业分包				1	1
	油漆作业分包				2	2
	木工作业分包				3	3
	石制作分包				1	1
	模板作业分包				1	1
小计	涵盖10个专业	—	—	—	23	23
合计	涵盖48个专业	81	175	430	68	754

【奥体中心装修工程竣工】 1月4日,奥林匹克体育中心装修工程竣工。工程位于安定路1号,为国家奥林匹克体育中心北门室外篮球场装修项目。建筑面积0.58万平方米,工程总投资283.66万元。2011年5月19日开工。国家奥林匹克体育中心建设,北京市建筑设计研究院设计,北京绿茵天地体育产业股份有限公司施工,北京建宇工程管理有限责任公司监理。

(林 湖 高雅琪)

【交叉研究及信息处理中心工程竣工】 1月5日,交叉研究及信息处理中心工程竣工。工程位于大屯路甲4号。建筑面积10000平方米,地下1层、地上9层、檐高35.5米。框架结构,工程总投资3989.49万元。2010年8月20日开工。中国科学院青藏高原研究所建设,中外建工程设计与顾问有限公司设计,南通四建集团有限公司施工,北京中科国金工程管理咨询有限公司监理。

(林 湖 高雅琪)

【京通苑商业配套内装修工程竣工】1月9日,京通苑商业配套内装修工程竣工。工程位于管庄京通苑30号楼。建筑面积1.92万平方米,地下1层,地上1-3层,檐高15.15米。工程总投资3501.29万元。2011年6月8日开工。北京华润京通房地产开发有限公司建设,北京市冠亚伟业民用建筑设计有限公司设计,中铁建设集团有限公司施工,北京帕克国际工程咨询有限公司监理。

(林 湖 高雅琪)

【润泽庄苑住宅小区配套工程竣工】1月10日,润泽庄苑住宅小区配套工程竣工。工程位于来广营乡清河营村,为润泽庄苑住宅小区A06地块1009号配套商业设施。建筑面积1.42万平方米,地下1层,地上6层,檐高23.95米。框架剪力墙结构,工程总投资1560.3万元。2010年9月25日开工。北京润泽庄苑房地产开发有限公司建设,华通设计顾问工程有限公司设计,北京市朝阳三建第五建筑工程公司施工,北京中联环建设工程管理有限公司监理。

(林 湖 高雅琪)

【中石油机关住宅外墙保温工程竣工】 1月11日,中石油机关住宅外墙保温工程竣工。工程位于安贞西里一、二区,华严北里,包括安华28号楼、华严北里63-65号楼、安贞27号楼。建筑面积5.85万平方米,其中安贞27号楼地上24层、檐高70米,安华28号楼地上21层、檐高62米,华严北里63-64号楼地上18层、檐高53米,华严北里65号楼地上6层、檐高18米。框架结构,工程总投资739.29万元。2011年3月12日开工。中国石油天然气集团公司机关服务中心建设,北京方州基业建筑设计有限公司设计,北京新兴诚信防腐保温工程有限责任公司施工,北京兴油工程项目管理有限公司监理。

(林 湖 高雅琪)

【奥林匹克花园8项工程竣工】 1月16日,奥林匹克花园8项工程竣工。工程位于东坝乡,包括A地块500、503、507-508、511号住宅楼,520-522号配套(地下车库),建筑面积5.86万平方米。其中500号住宅楼地上9层,檐高27.4米;503号住宅楼地下1层,地上9层,檐高26.05米;507-508号住宅楼地下1层,地上8层,檐高24.75米;511号住宅楼地下2层,地上8层,檐高23.20米;520、521号配套(地下车库)均为地下1层;522号配套(地下车库)地上1层,檐高5.55米。剪力墙结构,工程总投资9137.40万元。2008年4月30日开工。北京奥林匹克置业投资有限公司建设,凯里森建筑设计(北京)有限公司设计,中建六局建设发展有限公司施工,北京金海城工程建设监理公司监理。

(林 湖 高雅琪)

【山水文园小区10项工程竣工】 1月16日,山水文园小区10项工程竣工。工程位于十八里店乡周庄村,包括9、11-19号住宅楼,建筑面积0.98万平方米,全部地上3层,檐高12米。其中9号住宅楼地下3层,11-19号住宅楼地下2层。剪力墙结构,工程总投资1371.31万元。2006年4月5日开工。山水文园凯亚房地产开发有限公司建设,北京世纪安泰建筑工程设计有限公司设计,北京中关村开发建设股份有限公司施工,广州广保建设监理有限公司监理。

(林 湖 高雅琪)

【东郊二级货运枢纽站3项工程竣工】 1月17日,东郊二级货运枢纽站3项工程竣工。工程位于东坝乡后街村,包括办公综合楼,汽修车间,非燃品库房。建筑面积0.25万平方米,其中办公综合楼地上5层、檐高18米,汽修车间地上2层、檐高10.5米,非燃品库房地上1层、檐高9.1米。框架结构,工程总投资466.58万元。2009年6月15日开工。北京交运通华运输有限责任公司建设,中国建筑北京设计研究院有限公司设计,国都建设(集团)有限公司施工,北京旭日明建设工程监理有限公司监理。

(林 湖 高雅琪)

【东泽园2项工程竣工】 1月18日,东泽园2项工程竣工。工程位于东坝乡驹子房,包括6号住宅楼、2号配套商业。建筑面积2.71万平方米,其中6号住宅楼地下1层、地上21层、檐高60米,2号配套商业地上2层、檐高10.8米。剪力墙结构,工程总投资3028.2万元。2010年3月15日开工。北京东泽房地产开发有限公司建设,北京华茂中天建筑设计有限公司设计,北京房地集团有限公司施工,北京英诺威建设工程管理有限公司监理。

(林 湖 高雅琪)

【香江西路市政4项工程竣工】 2

月17日,香江西路市政4项工程竣工。工程位于崔各庄乡马泉营村,包括排水、电力管井、污水、道路工程。其中排水管径1200×1800毫米、长0.69千米,电力管井管径150毫米、长1.1千米,管径400－1050毫米、长4.16千米,道路工程长4.16千米。工程总投资7236.61万元。2010年10月10日开工。中国水电建设集团房地产有限公司建设,北京市京联设计事务所、北京市三电迅捷电力工程设计有限公司设计,中国水利水电第十三工程局有限公司施工,北京中城建建设监理有限公司监理。

(林　湖　高雅琪)

【东郊仓库一路道路工程竣工】 2月20日,东郊仓库一路道路工程竣工。工程位于广渠东路33号,长0.41千米,工程总投资182.98万元。2008年3月20日开工。北京高盛房地产开发有限公司建设,北京市京联设计事务所设计,北京华厦恒市政建筑工程有限公司施工,深圳中海工程顾问有限公司监理。

(林　湖　高雅琪)

【将台商务中心办公楼工程竣工】 2月20日,将台商务中心办公楼工程竣工。工程位于将台乡驼房营。建筑面积8.73万平方米,地下3层、地上24层、檐高99.99米。框架剪力墙结构,工程总投资7484.66万元。2008年12月1日开工。北京麟联置业有限公司建设,中国建筑科学研究院设计,中建国际建设有限公司施工,北京银建建设工程管理有限公司监理。

(林　湖　高雅琪)

【平房企业园区配套工程竣工】 2月22日,平房企业园区配套工程竣工。工程位于平房路69号,为1号生产车间及配套用房。建筑面积3.37万平方米,地下1层,地上5层,檐高21.45米。框架结构,工程总投资7901.51万元。2010年9月6日开工。北京市民政工业总公司建设,中国天地都市建筑设计有限公司设计,北京市民政建筑安装工程有限公司施工,北京华厦工程项目管理有限责任公司监理。

(林　湖　高雅琪)

【北京制浆造纸试验厂6项工程竣工】 2月28日,北京制浆造纸试验厂6项工程竣工。工程位于广渠门外大街29号,包括1－4号科研楼,东、西区地下室(车库、库房、设备用房等)。建筑面积5.7万平方米,其中1号科研楼地上4层,檐高14.7米;2号科研楼地上7层,檐高32.15米;3号科研楼地上6层,檐高24.9米;4号科研楼地上9层,檐高34.8米;东、西区地下室(车库、库房、设备用房等)地下3层。框架剪力墙结构,工程总投资17658.3万元。2009年5月25日开工。北京制浆造纸试验厂建设,北京龙安华诚建筑设计有限公司设计,北京天盛建筑工程有限公司施工,中国水利水电建设工程咨询北京公司监理。

(林　湖　高雅琪)

【秦城监狱职工住宅楼工程竣工】 3月16日,秦城监狱职工住宅楼工程竣工。工程位于来广营乡红军营村甲2号,建筑面积0.8万平方米,地下1层,地上10层,檐高30米。剪力墙结构,工程总投资1712.38万元。2010年4月26日开工。秦城监狱建设,中国建筑技术集团有限公司设计,北京城建七建设工程有限公司施工,北京中外建工程管理有限公司监理。

(林　湖　高雅琪)

【智选假日酒店装修工程竣工】 3月20日,智选假日酒店装修工程竣工。工程位于东郊农场。建筑面积0.83万平方米,地下1层,地上5层,檐高18米,工程总投资1848.09万元。2011年7月28日开工。北京国轩房地产开发有限公司建设,北京市建筑设计研究院设计,北京市建筑工程装饰有限公司施工,北京双圆工程咨询监理有限公司监理。

(林　湖　高雅琪)

【金盏纵二路市政5项工程竣工】 3月21日,金盏纵二路市政5项工程竣工。工程位于金盏乡北马房村至雷庄村,包括电力管线,雨、污水管线,道路,再生水管线,给水管线工程。其中电力管线长1.38千米;雨、污水管线长2.54千米;道路工程长1.2千米;再生水管线管径200毫米,长1.16千米;给水管线管径300毫米,长1.13千米。工程总投资2998.68万元。2010年8月25日开工。北京市土地整理储备中心朝阳分中心建设,北京广联惠供用电工程设计有限公司、北京科智成市政设计咨询有限公司、北京中领工程咨询有限公司、北京自来水设计公司设计,北京市公路桥梁建设集团有限公司施工,北京方圆工程监理有限公司监理。

(林　湖　高雅琪)

【仓储配送中心精装修工程竣工】 3月28日,仓储配送中心精装修工程竣工。工程位于小营北路13号。建筑面积0.77万平方米,装修层数为地上1、5－10层。框剪结构,工程总投资1106.41万元。2011年11月1日开工。北京欣和投资管理有限公司建设,北京市建筑设计研究院设计,江苏省建工集团装饰工程有限公司施工,北京市驰跃翔工程监理有限责任公司监理。

(林　湖　高雅琪)

【周庄C区17号配套工程竣工】 3月28日,周庄C区17号配套工程竣工。工程位于十八里店乡周庄。建筑面积2.57万平方米,地下2层,地上5层,檐高24米。框架结构,工程总投资5685万元。2006年11月1日开工。北京大洋房地产开发有限公司建设,北京中天元工程有限责任公司设计,北京市朝阳田华建筑集团公司施工,北京金海城工程建设监理公司监理。

(林　湖　高雅琪)

【垡头文化中心工程竣工】 3月28日，垡头文化中心工程竣工。工程位于化工路5号。建筑面积0.55万平方米，地下3层，地上5层，檐高23.85米。框架剪力墙结构，工程总投资3218.46万元。2009年7月20日开工。北京市曙光影剧院建设，北京龙安华诚建筑设计有限公司设计，中煤建设集团工程公司施工，北京京大信诚工程监理有限责任公司监理。

（林 湖 高雅琪）

【华贸城29号住宅楼工程竣工】 3月29日，华贸城29号住宅楼工程竣工。工程位于来广营乡清河营村。建筑面积2.64万平方米，地下1层，地上27层，檐高74.35米。框架剪力墙结构，工程总投资4061.81万元。2010年5月1日开工。北京华贸奥苑房地产开发有限公司建设，北京市建筑设计院设计，中国建筑第五工程局有限公司施工，北京赛瑞斯国际工程咨询有限公司监理。

（林 湖 高雅琪）

【凤凰苑东区酒店G座工程竣工】 3月31日，凤凰苑东区酒店G座工程竣工。工程位于左家庄三元桥。建筑面积2.30万平方米，地下3层，地上19层，檐高84.65米。框架剪力墙结构，工程总投资2617.21万元。2007年12月11日开工。北京华润曙光房地产开发有限公司建设，中国航空规划建设发展有限公司设计，中国建筑第八工程局有限公司施工，北京帕克国际工程咨询有限公司监理。

（林 湖 高雅琪）

【高安屯11项公建工程竣工】 4月5日，高安屯11项公建工程竣工。工程位于高安屯，包括餐厨垃圾处理车间、天然气供气站站房、废水处理辅助用房、消防泵房、门卫房及地泵房、地泵、压缩天然气站、除油沉淀池、消防水池、高油脂废水处理用池、洗车场。建筑面积1.20万平方米，其中餐厨垃圾处理车间地上1层、檐高17.8米，天然气供气站站房地上1层、檐高4.2米，废水处理辅助用房地上1层、檐高7.5米，消防泵房地上1层、檐高4.5米，门卫房及地泵房地上1层、檐高3.75米。钢结构，工程总投资3440.64万元。2009年4月15日开工。北京市朝阳循环经济产业园管理中心建设，城市建设研究院设计，北京城建远东建设投资集团有限公司施工，北京致远工程建设监理有限责任公司监理。

（林 湖 高雅琪）

【美景东方2项工程竣工】 4月8日，美景东方2项工程竣工。工程位于松榆南路38号院，包括16号住宅楼、人防出入口，建筑面积7.58万平方米。其中16号住宅楼地下2层、地上20层、檐高60.7米，人防出入口地上1层、檐高4.8米。剪力墙结构，工程总投资15817万元。2008年3月30日开工。北京达义兴业房地产开发有限公司建设，汉嘉设计集团股份有限公司设计，浙江横店建筑工程有限公司施工，北京东方华太建设监理有限公司监理。

（林 湖 高雅琪）

【住欣家园D-01号配套工程竣工】 4月16日，住欣家园D-01号配套工程竣工。工程位于常营乡。建筑面积0.61万平方米，地上3层，檐高12米。框架结构，工程总投资730.57万元。2009年11月25日开工。北京住总房地产开发有限责任公司建设，北京市住宅建筑设计研究院有限公司设计，北京住总集团有限责任公司施工，北京光华建设监理有限公司监理。

（林 湖 高雅琪）

【北四环东路2项公建工程竣工】 4月18日，北四环东路2项公建工程竣工。工程位于北四环东路，包括文体活动站、公厕。建筑面积0.1万平方米，其中文体活动站地上3层、檐高11.8米，公厕地上1层、檐高4.7米。框架结构，工程总投资1620.95万元。2009年2月23日开工。远洋地产有限公司建设，北京市建筑设计研究院设计，中建国际建设有限公司施工，北京银建建设工程管理有限公司监理。

（林 湖 高雅琪）

【东隆住宅小区45项工程竣工】 4月19日，东隆住宅小区45项工程竣工。工程位于孙河乡，包括D北区D1~3、D3A、D5~13、D13A、D15~22号住宅楼，C北区C1~3、C3A、C5~13、C13A、C15~23号住宅楼。建筑面积3.92万平方米，全部地下1层、地上2层。D1、D2、D5~6号住宅楼檐高9.98米，D3、D8~D9、D15~D18、D21号住宅楼檐高10.2米，D7、D10、D12、D13A号住宅楼檐高8.9米，D3A、D11、D13号住宅楼檐高9.6米，D19~20、C1、C12~13、C13A、C17、C20号住宅楼檐高9米，D22号住宅楼檐高10.1米，C2~3、C3A、C5~11、C15~16、C18~19、C21~23号住宅楼檐高10米。框架剪力墙结构，工程总投资7909.45万元。2010年9月30日开工。北京东隆房地产开发有限公司建设，北京冠亚伟业民用建筑设计有限公司设计，远洋国际建设有限公司施工，北京赛瑞斯国际工程咨询有限公司监理。

（林 湖 高雅琪）

【管庄乡锅炉房工程竣工】 4月20日，管庄乡锅炉房工程竣工。工程位于管庄乡。建筑面积0.12万平方米，地下1层，地上3层，檐高9米。框架剪力墙结构，工程总投资294.21万元。2011年4月1日开工。北京中联置地房地产开发有限公司建设，北京市建筑设计研究院设计，远洋国际建设有限公司施工，北京地厚工程管理有限公司监理。

（林 湖 高雅琪）

【康惠园1号住宅楼工程竣工】 5月4日，康惠园1号住宅楼工程竣工。工程位于三间房。建筑面积3.3万平方米，地下2层，地上20

层,檐高56.1米。剪力墙结构,工程总投资3969.03万元。2009年5月1日开工。北京金隅嘉业房地产开发有限公司建设,华优建筑设计院设计,四川华蓥建工集团有限公司施工,北京日日豪工程建设监理有限责任公司监理。

（林　湖　高雅琪）

【财富公馆32项工程竣工】　5月8日,财富公馆32项工程竣工。工程位于孙河乡,包括D1－D9、D11－12、14－D16、D18－19、D21－22、D25－27、D30－40号住宅楼。建筑面积5.54万平方米,全部地下2层、地上2层、檐高7.85米。框架剪力墙结构,工程总投资13890.22万元。2009年7月10日开工。北京财富花园房地产开发有限公司建设,北京市建筑设计研究院设计,北京建工集团有限责任公司施工,北京光华建设监理有限公司监理。

（林　湖　高雅琪）

【新天地地下车库工程竣工】　5月9日,新天地地下车库工程竣工。工程位于杨闸环岛东北侧,为北京新天地东区B4号楼地下车库工程。建筑面积1.15万平方米,地下1层,剪力墙结构,工程总投资1434.5万元。2007年2月9日开工。北京硕和房地产开发有限公司建设,广州市住宅建筑设计院有限公司设计,中国航空港建设总公司施工,北京中协成建设监理有限责任公司监理。

（林　湖　高雅琪）

【康城花园二期4项工程竣工】　5月16日,康城花园二期4项工程竣工。工程位于双桥东路,包括44－46、180号楼。建筑面积0.17万平方米,均为地下1层、地上2层、檐高7米。剪力墙结构,工程总投资296万元。2005年4月20日开工。北京银信兴业房地产开发有限公司建设,北京维拓时代建筑设计有限公司设计,保定兴华建筑有限公司施工,北京方恒基业工程咨询有限公司监理。

（林　湖　高雅琪）

【博瑞大厦3项工程竣工】　5月16日,博瑞大厦3项工程竣工。工程位于白家庄东里,包括办公商业楼,1、2号楼人防出入口。建筑面积7.83万平方米,其中办公商业楼地上25层,檐高99.95米;1、2号楼人防出入口地上1层,檐高3.75米。框架剪力墙结构,工程总投资13122.41万元。2009年3月5日开工。北京特尔特置业有限公司建设,北京维拓时代建筑设计有限公司设计,北京六建集团有限责任公司施工,北京日日豪工程建设监理有限责任公司监理。

（林　湖　高雅琪）

【豆各庄社区服务楼工程竣工】　5月19日,豆各庄社区服务楼工程竣工。工程位于豆各庄。建筑面积0.26万平方米,地上4层、檐高19.8米。剪力墙结构,工程总投资411.87万元。2010年11月16日开工。北京华恩房地产开发有限公司建设,广州市住宅建筑设计院有限公司设计,广州天力建筑工程有限公司施工。

（林　湖　高雅琪）

【万科蓝山8项工程竣工】　5月21日,万科蓝山8项工程竣工。工程位于西大望路,包括3、5、7号住宅楼,6号幼儿园,8号配套公建,D2地下车库人防出入口,7号住宅人防出入口,人防室外口通道及地面管理用房。建筑面积7.29万平方米,其中3号住宅楼地上5层、檐高16.1米,5号住宅楼地下2层、地上25层、檐高76.4米,7号住宅楼地下2层、地上26层、檐高79.4米,6号幼儿园地上3层、檐高12.6米,8号配套公建地下2层、地上2层、檐高11.4米,D2地下车库地下2层,7号住宅人防出入口地下1层、地上1层、檐高3.6米,人防室外口通道及地面管理用房地上1层、檐高3.3米。框架剪力墙结构,工程总投资11802.39万元。2010年1月30日开工。北京万科企业有限公司建设,中国建筑设计研究院、北京市建筑设计研究院设计,江苏省华建建设股份有限公司施工,北京赛瑞斯国际工程咨询有限公司监理。

（林　湖　高雅琪）

【大西洋新城5项工程竣工】　5月25日,大西洋新城5项工程竣工。工程位于南湖渠,包括311－313号住宅楼(地上部分)、315号配套商业(地上部分)、地下车库。建筑面积8.56万平方米,其中311－313号住宅楼(地上部分)地上27层、檐高80米,315号配套商业(地上部分)地上2层、檐高7.8米,地下车库地下3层。剪力墙结构,工程总投资15861.66万元。2009年10月15日开工。北京北顺房地产开发有限公司建设,圣帝国际建筑工程设计有限公司设计,江苏省建工集团有限公司施工,建研凯勃建设工程咨询有限公司监理。

（林　湖　高雅琪）

【原叶美苑4项工程竣工】　5月25日,原叶美苑4项工程竣工。工程位于来广营乡红军营村,包括8－9号住宅楼、8－9号住宅楼人防出口。建筑面积4.94万平方米,其中8－9号住宅楼地下2层、地上28层、檐高80米,8－9号住宅楼人防出口地上1层、檐高3.45米。剪力墙结构,工程总投资9240.4万元。2010年3月10日开工。北京城建兴华地产有限公司建设,北京市建筑设计院设计,北京城建亚泰建设工程有限公司、北京城建远东建设投资集团有限公司施工,北京方程建设监理有限公司、北京中建工程顾问有限公司监理。

（林　湖　高雅琪）

【仓储新型建材研发楼工程竣工】　5月28日,仓储新型建材研发楼工程竣工。工程位于下甸甲3号院。建筑面积2.56万平方米,地下2层,地上5层,檐高18米。框架剪力墙结构,工程总投资11993万元。2007年2月15日开工。北京市新型建筑材料供应公司建设,北京冠亚伟业民用建筑设计有限公司设计,中扶建设有限责任公司施工,北京和创润生工程项目管理咨询有限公司监理。

(林　湖　高雅琪)

【芳草地小学改扩建工程竣工】 5月31日,芳草地小学改扩建工程竣工。工程位于日坛北路1号。建筑面积1.02万平方米,地下3层,地上4层,檐高18米。框架结构,工程总投资3849.59万元。2010年3月19日开工。北京市朝阳区教育国有资产管理中心建设,中科院建筑设计研究院有限公司设计,北京中关村开发建设股份有限公司施工,北京中外建工程管理有限公司监理。

(林　湖　高雅琪)

【单店住宅小区配套工程竣工】 6月4日,单店住宅小区配套工程竣工。工程位于东坝,包括幼儿园、初中部教学楼、传达室。建筑面积0.99万平方米,其中幼儿园地上3层、檐高10.8米,初中部教学楼地下1层、地上4层、檐高16.3米,传达室地上1层、檐高4.4米。框架剪力墙结构,工程总投资2300.03万元。2010年7月15日开工。北京首开天成房地产开发有限公司建设,北京市建筑设计研究院设计,北京市朝阳田华建筑集团公司施工,北京市康实工程建设监理有限责任公司监理。

(林　湖　高雅琪)

【北汽一厂修理车间装修工程竣工】 6月4日,北汽一厂修理车间装修工程竣工。工程位于花虎沟2号。建筑面积0.25万平方米,地上1层,檐高8.7米。钢结构,工程总投资633.21万元。2011年9月30日开工。北京祥龙博瑞汽车服务(集团)有限公司一分公司建设,北京东方华脉工程设计有限公司设计,中太建设集团股份有限公司施工,北京建扶工程建设监理有限责任公司监理。

(林　湖　高雅琪)

【财源国际中心装修工程竣工】 6月4日,财源国际中心装修工程竣工。工程位于建国门外大街8号北京财源国际中心A座33层2单元。建筑面积0.039万平方米,钢结构,工程总投资133.59万元。2012年2月13日开工。东京海上日动火灾保险(中国)有限公司建设,北京中建华腾装饰工程有限设计,北京中建华腾装饰工程有限公司施工,无监理。

(林　湖　高雅琪)

【北京市方志馆项目工程竣工】 6月8日,北京市方志馆项目工程竣工。工程位于东三环南路88号。建筑面积6.7万平方米,地下2层、地上10层、檐高49.95米。框架剪力墙结构,工程总投资36298.68万元。2009年3月30日开工。首都图书馆建设,北京市建筑设计研究院设计,中建二局第三建筑工程有限公司施工,北京建工京精大房工程建设监理公司监理。

(林　湖　高雅琪)

【广渠路加油站3项工程竣工】 6月11日,广渠路加油站3项工程竣工。工程位于广渠路36号地内,包括加油站管理用房、加油站罩棚、加油站围墙。建筑面积0.06万平方米,其中加油站管理用房地上2层、檐高6.5米,加油站罩棚檐高6.5米,加油站围墙檐高6.5米。砌体结构,工程总投资563.63万元。2010年10月5日开工。北京制浆造纸试验厂建设,北京东方科旅建筑勘察设计有限公司设计,北京珍嘉建筑安装工程有限责任公司施工,北京磐石建设监理有限责任公司监理。

(李笑颜　高雅琪)

【朝阳新城3项工程竣工】 6月14日,朝阳新城3项工程竣工。工程位于东坝,包括F3~4号住宅楼、F3号人防出入口。建筑面积2.96万平方米,其中F3号住宅楼地下2层、地上21层、檐高60米,F4号住宅楼地下2层、地上8层、檐高23.79米,F3号人防出入口地上1层、檐高3.35米。剪力墙结构,工程总投资4430.29万元。2010年7月1日开工。北京金隅嘉业房地产开发有限公司建设,凯里森建筑设计(北京)有限公司设计,北京住总第二开发建设有限公司施工,北京帕克国际工程咨询有限公司监理。

(林　湖　高雅琪)

【芍药居东区6项配套工程竣工】 6月20日,芍药居东区6项配套工程竣工。工程位于太阳宫,包括芍药居东区2组团2号-A地块11号配套、2号-B地块4号楼(开闭站、配电室)、2号-B地块8号配套、2组团2-1地块幼儿园传达室及教学楼。建筑面积1.87万平方米,其中2号-A地块11号配套地上2层、檐高9.2米,2号-B地块4号楼地下1层、地上1层、檐高4.65米,2号-B地块8号配套地上3层、檐高14.1米,2组团2-1地块幼儿园传达室地上1层、檐高3.4米,教学楼地上3层、檐高12米。框架剪力墙结构,工程总投资1143.96万元。2009年5月22日开工。北京懋源置业有限公司、北京信远筑诚房地产开发有限公司建设,北京维拓时代建筑设计有限公司、北京世纪中天国际建筑设计有限公司设计,保利建设开发总公司、江苏南通三建集团有限公司、江苏省苏中建设集团股份有限公司施工,北京方恒基业工程咨询有限公司、北京建院金厦工程管理有限公司监理。

(林　湖　高雅琪)

【光熙家园7号住宅楼工程竣工】 6月21日,光熙家园7号住宅楼工程竣工。工程位于柳芳北街。建筑面积6.69万平方米,地下3层、地上22层、檐高70米。框架剪力墙结构,工程总投资10812.07万元。2010年1月1日开工。北京阳光城房地产有限公司建设,北京市建筑设计研究院设计,河北建设集团天辰建筑工程有限公司施工,北京双圆工程咨询监理有限公司监理。

(林 湖 高雅琪)

【合生望京文化娱乐项目2项工程竣工】 6月26日,合生望京文化娱乐项目2项工程竣工。工程位于望京,包括4号地下车库及文化展示、影剧院及配套设施。建筑面积4.26万平方米,其中4号地下车库及文化展示地下2层、地上29层、檐高91.25米,影剧院及配套地上3层、檐高18.6米,框架剪力墙、框架结构,工程总投资10914万元。2008年11月20日开工。北京合生望景房地产开发有限公司建设,天津美新建筑设计有限公司设计,北京市朝阳区田华建筑集团公司施工,广东珠江建设工程监理有限公司监理。

(林 湖 高雅琪)

【中国特色经济之窗2项工程竣工】 6月28日,中国特色经济之窗2项工程竣工。工程位于常营,包括南3-4号办公楼。建筑面积3.35万平方米,其中南3号办公楼地下1层、地上3层、檐高16.45米,南4号办公楼地下3层、地上16层、檐高79.9米。框架剪力墙结构,工程总投资4243.7万元。2010年12月15日开工。北京中弘投资有限公司建设,北京中联环建文建筑设计有限公司设计,北京市朝阳田华建筑集团公司施工,北京国建工程监理公司监理。

(林 湖 高雅琪)

【小红门新村一期13项工程竣工】 6月28日,小红门新村一期13项工程竣工。工程位于小红门,包括B26-29、B30-31、B32-37、C-1号住宅楼。建筑面积2.36万平方米,其中B26-29、B30-31、B32-37号住宅楼地下1层,地上3层,檐高10.5米;C-1号住宅楼地下1层,地上6层,檐高18米。框架剪力墙结构,工程总投资15861.66万元。2009年10月10日开工。北京江南投资集团有限公司建设,北京中外建建筑设计有限公司设计,河北沧贸建筑安装工程有限公司施工,北京融源建筑设计有限公司监理。

(林 湖 高雅琪)

【环球金融中心东塔2项工程竣工】 7月13日,北京环球金融中心东塔2项工程竣工。工程位于东三环中路1号,包括环球金融中心东塔6层1-16单元、7层5-8单元。建筑面积0.68万平方米,钢结构,工程总投资785万元。2011年5月5日开工。捷讯移动科技(中国)有限公司建设,穆氏建筑设计(上海)有限公司设计,穆氏建筑设计(上海)有限公司施工,北京市工程咨询公司监理。

(李笑颜 高雅琪)

【环球金融中心西塔装修工程竣工】 7月13日,环球金融中心西塔装修工程竣工。工程位于东三环中路1号,为环球金融中心西塔11~13层。建筑面积1.36万平方米,框架结构,工程总投资498万元。2012年3月15日开工。北京高亿房地产开发有限公司建设,北京金碧合力建筑设计工程有限公司设计,北京金碧合力建筑设计工程有限公司施工,无监理。

(林 湖 高雅琪)

【远洋一方润园23项工程竣工】 7月16日,远洋一方润园23项工程竣工。工程位于管庄乡小寺村,包括19-1~10号住宅楼,1~7号人防出口及通道,19-3、5~6、8~10号地下室,20号幼儿园,传达室。建筑面积13.2万平方米,其中19-2、4、7号住宅楼地下2层,地上11层,檐高31.9米;19-1、3、5~6、8~9号住宅楼地下2层,地上18层,檐高51.5米;19-10号住宅楼地下2层,地上21层,檐高59.9米;1~7号人防出口及通道地下1层,地上1层,檐高3.5米;19-3、5~6、8~10号地下室地下1层;20号幼儿园地上3层,檐高12米;传达室地上1层,檐高3.75米。剪力墙、框架剪力墙结构,工程总投资17798.28万元。2010年3月25日开工。北京中联置地房地产开发有限公司建设,中国建筑设计研究院设计,北京市朝阳田华建筑集团公司、远洋国际建设有限公司施工,北京银建建设工程管理有限公司监理。

(林 湖 高雅琪)

【中关村电子城4项工程竣工】 7月16日,中关村电子城4项工程竣工。工程位于酒仙桥路万红里,包括3号地块1~2号办公楼(地上)、人防室外出口、地下车库。建筑面积13.53万平方米,其中3号地块1号办公楼地上14层、檐高55.8米,2号办公楼地上19层、檐高74.8米,人防室外出口地上1层、檐高3.95米,地下车库地下3层。框架结构,工程总投资36820.53万元。2010年6月1日开工。北京电子城有限责任公司建设,北京构易建筑设计有限公司设计,北京城建建设工程有限公司施工,北京京龙工程项目管理公司监理。

(林 湖 高雅琪)

【管庄乡3项工程竣工】 7月16日,管庄乡3项工程竣工。工程位于管庄小寺村,包括24-11号开闭站、24-12号调压站、24-10号密闭式清洁站。建筑面积0.07万平方米,其中24-11号开闭站地下1层、地上2层、檐高8.15米,24-12号调压站地下1层,24-10号密闭式清洁站地上一层、檐高6.5米。框架结构,工程总投资101.26万元。2009年11月23日开工。北京中联置地房地产开发有限公司建设,中国建筑设计研究院设计,北京市朝阳田华建筑集团公司施工,北京银建建设工程管理有限公司监理。

(林 湖 高雅琪)

【太阳宫花园住宅小区配套工程竣工】 7月16日，太阳宫花园住宅小区配套工程竣工。工程位于太阳宫，为太阳宫花园综合服务性建筑。建筑面积0.69万平方米，地下1层，地上2层，檐高9米。框架剪力墙结构，工程总投资1503万元。2009年1月12日开工。朝阳区园林绿化局建设，北京中天元工程设计有限责任公司设计，江苏南通三建集团有限公司施工，北京建院金厦工程管理有限公司监理。

（林 湖 高雅琪）

【电子城西区中路市政2项工程竣工】 7月16日，电子城西区中路市政2项工程竣工。工程位于来广营中街至电子城西区一号路，包括雨、污水管线，道路工程。其中雨、污水管线管径300－500毫米，长0.34千米；道路长0.22千米。工程总投资150.65万元。2010年9月10日开工。北京中关村电子城建设有限公司建设，北京市龙泰工程设计咨询有限公司设计，北京中基市政工程有限公司施工，北京国金管理咨询有限公司监理。

（林 湖 高雅琪）

【红军营西路电力隧道及管线工程竣工】 7月16日，红军营西路电力隧道及管线工程竣工。工程位于来广营乡红军营西路，管径100毫米，长1.53千米，工程总投资1942.01万元。2010年9月10日开工。北京市土地整理储备中心朝阳分中心建设，北京广联惠供用电工程设计有限公司设计，北京市市政一建设工程有限责任公司施工，北京建工京精大房工程建设监理公司监理。

（林 湖 高雅琪）

【清河营南街电力管线工程竣工】 7月16日，清河营南街电力管线工程竣工。工程位于来广营乡清河营南街，管径100毫米，长1.74千米，工程总投资1942.01万元。2010年9月10日开工。北京市土地整理储备中心朝阳分中心建设，北京广联惠供用电工程设计有限公司设计，北京市市政一建设工程有限责任公司施工，北京建工京精大房工程建设监理公司监理。

（林 湖 高雅琪）

【常营东路天然气管线工程竣工】 7月19日，常营东路天然气管线工程竣工。工程位于常营东路朝阳北路至辛庄路，其中朝阳北路至幺家店路段管径300～500毫米、长1千米，幺家店路至辛庄路段管径300～600毫米、长2.4千米。工程总投资1128.09万元。2008年3月25日开工。北京市土地整理储备中心朝阳分中心建设，北京市公用工程设计监理公司设计，北京城建道桥工程有限公司、北京市市政三建设工程有限责任公司施工，北京宏远工程建设管理有限责任公司监理。

（林 湖 高雅琪）

【电气工程学校改扩建4项工程竣工】 7月24日，电气工程学校改扩建4项工程竣工。工程位于管庄，包括1～2号教学楼、实训楼、办公楼。建筑面积2.62万平方米，其中1号教学楼地上5层、檐高21米，2号教学楼地上4层、檐高17.7米，实训楼地下1层、地上5层、檐高21.9米，办公楼地上4层、檐高17.3米。框架结构，工程总投资6625.63万元。2010年3月22日开工。北京市朝阳区教育国有资产管理中心建设，北京燕华建筑设计有限公司设计，中国航空港建设总公司施工，北京中景恒基工程管理有限公司监理。

（李笑颜 高雅琪）

【东镇欣园5项工程竣工】 7月25日，东镇欣园5项工程竣工。工程位于来广营乡清河营，包括5～8号住宅楼、2号地下车库。建筑面积9.77万平方米，其中5号住宅楼地下2层、地上22层、檐高65.8米，6号住宅楼地下1层、地上4层、檐高20.4米，7号住宅楼地下2层、地上21层、檐高63.8米，8号住宅楼地下2层、地上11层、檐高33.88米，2号地下车库地下1层。剪力墙、框架剪力墙结构，工程总投资15138.39万元。2010年3月26日开工。北京将台房地产开发有限公司建设，北京新纪元建筑工程设计有限公司、山西省第二设计院设计，永同昌建设集团有限公司施工，北京旭日明建设工程监理有限公司监理。

（林 湖 高雅琪）

【东外斜街小关村危改工程竣工】 7月26日，东外斜街小关村危改工程竣工。工程位于东直门外斜街小关村8号。建筑面积6.1万平方米，地下3层、地上30层、檐高99.9米。框架剪力墙结构，工程总投资10766.47万元。2007年2月14日开工。北京莱福世纪置业有限公司建设，建研建筑设计研究院有限公司设计，中国新兴保信建设总公司公司施工，北京京建华工程监理有限责任公司监理。

（林 湖 高雅琪）

【高碑店乡北花园2项工程竣工】 7月30日，高碑店乡北花园2项工程竣工。工程位于高碑店乡，包括B－1、B－5号住宅楼。建筑面积6.29万平方米，全部地下2层，地上29层，檐高79.98米。剪力墙结构，工程总投资17488.42万元。2011年5月8日开工，2012年竣工。北京国隆置业有限公司建设，北京奥兰斯特建筑工程设计有限责任公司设计，北京建工路桥工程建设有限责任公司施工，北京国建工程监理公司监理。

（李笑颜 高雅琪）

【小红门居住区6项工程竣工】 8月6日，小红门居住区6项工程竣工。工程位于小红门乡，包括R5－J、R5－F、R1－4住宅楼，R1、R5地下车库，R1－4住宅楼人防出入口。建筑面积6.38万平方米，其中R5－J、R5－F住宅楼地下1层，地上11层，檐高32.87米；R1－4住宅楼地下2层，地上16层，檐高47.47米；

R1 地下车库地下 1 层,地上 1 层,檐高 3.2 米;R5 地下车库地下 2 层;R1－4 住宅楼人防出入口地上 1 层,檐高 3.3 米。框架剪力墙结构,工程总投资 10126.57 万元。2010 年 6 月 30 日开工。北京嘉益德房地产开发有限公司建设,北京市住宅建筑设计研究院有限公司、北京市建筑设计研究院设计,中国建筑第五工程局有限公司、中建一局集团第五建筑有限公司施工,北京思创建设监理有限责任公司监理。

(林　湖　高雅琪)

【小红门住宅小区配套 2 项工程竣工】 8 月 6 日,小红门住宅小区配套 2 项工程竣工。工程位于小红门,为小红门居住区一期 D 地块教育配套小学、幼儿园。建筑面积 0.86 万平方米,其中小学地上 4 层、檐高 16 米,幼儿园地上 3 层、檐高 10.4 米。框架剪力墙结构,工程总投资 1303.35 万元。2010 年 3 月 1 日开工。北京嘉益德房地产开发有限公司建设,九源(北京)国际建筑顾问有限公司设计,中国航空港建设总公司施工,北京思创建设监理有限责任公司监理。

(林　湖　高雅琪)

【工美欧陆风情园商办楼工程竣工】 8 月 7 日,工美欧陆风情园商办楼工程竣工。工程位于石佛营东里,建筑面积 1.17 万平方米,地下 1 层,地上 6 层,檐高 24.7 米。框架结构,工程总投资 1389 万元。2003 年 5 月 5 日开工。北京工美欧陆风情园旅游服务有限责任公司建设,中外建建筑设计有限公司设计,北京城建一建设发展有限公司施工,北京博建工程监理有限公司监理。

(林　湖　高雅琪)

【绿城·北京城园 5 项工程竣工】 8 月 9 日,绿城·北京城园 5 项工程竣工。工程位于南沙滩东路 3 号,包括 A－2、B－2 号住宅楼,C－1～2 号配套商业楼,C－3 号设备用房。建筑面积 2.95 万平方米,其中 A－2 号住宅楼地下 1 层、地上 17 层、檐高 55.75 米,B－2 号住宅楼地下 1 层、地上 13 层、檐高 42.5 米,C－1 号配套商业楼地上 2 层、檐高 8.7 米,C－2 号配套商业楼地上 2 层、檐高 9.2 米,C－3 号设备用房地上 1 层、檐高 5.1 米。剪力墙结构,工程总投资 3766.13 万元。2009 年 9 月 10 日开工。北京亚奥绿城房地产开发有限公司建设,浙江绿城建筑设计有限公司设计,中国建筑一局(集团)有限公司、浙江省建工集团有限责任公司施工,北京中外建工程管理有限公司监理。

(林　湖　高雅琪)

【平乐园小区 3 项工程竣工】 8 月 13 日,平乐园小区 3 项工程竣工。工程位于南磨房乡,包括东六区 1～4 号住宅楼。建筑面积 1.61 万平方米,全部地下 1 层、地上 4 层、檐高 13.2 米。框架结构,工程总投资 3286 万元。2010 年 7 月 3 日开工。北京鸿坤新业房地产开发有限公司建设,九源建筑设计有限公司设计,北京朝阳田华建筑集团公司施工,北京精正兴工程建设监理有限公司监理。

(李笑颜　高雅琪)

【常营北一路市政工程竣工】 8 月 13 日,常营北一路市政工程竣工。工程位于常营乡常营北一路,双桥东路至辛庄路,包括道路、雨、污水管线工程,长 969.5 千米,其中雨、污水管线管径 400～700 毫米。工程总投资 312.6 万元。2010 年 3 月 1 日开工。北京北辰实业股份有限公司建设,北京市市政工程设计研究总院设计,北京市市政三建设工程有限责任公司施工,北京帕克国际工程咨询有限公司监理。

(林　湖　高雅琪)

【亚运新新家园 8 项工程竣工】 8 月 21 日,亚运新新家园 8 项工程竣工。工程位于辛店路 1 号,包括丁 2A、丁 4～5、丁 9～13 号住宅楼。建筑面积 2.71 万平方米,全部地下 1 层、地上 3 层、檐高 10.1 米。框架剪力墙结构,工程总投资 4778 万元。2007 年 11 月 18 日开工。北京京伯房地产开发有限公司建设,北京尚驰环球建筑设计事务所及北京中建恒基工程设计有限公司设计,中建一局集团第五建筑有限公司施工,北京建院金厦工程管理有限公司监理。

(李笑颜　高雅琪)

【芍药居住宅小区 7 项工程竣工】 8 月 21 日,芍药居住宅小区 7 项工程竣工。工程位于芍药居小区,包括地下车库、宿舍楼、小学部、中学部、风雨操场、传达室、幼儿园。建筑面积 4.5 万平方米,其中地下车库地下 1 层、地上 1 层、檐高 4 米,宿舍楼地下 1 层、地上 6 层、檐高 22.8 米,小学部地下 1 层、地上 5 层、檐高 20.85 米,中学部地上 5 层、檐高 20.85 米,风雨操场地下 1 层、地上 2 层、檐高 8.05 米,传达室地上 1 层、檐高 4 米,幼儿园地上 3 层、檐高 12.3 米。框架剪力墙结构,工程总投资 11828.07 万元。2010 年 8 月 25 日开工。北京市东城区住宅发展中心建设,亚瑞建筑设计有限公司、北京炎黄联合建筑设计有限公司、北京阳光建筑设计事务所设计,北京东兴建设有限责任公司施工,北京英诺威建设工程管理有限公司监理。

(林　湖　高雅琪)

【常营经济适用房 8 项配套工程竣工】 8 月 29 日,常营经济适用房 8 项配套工程竣工。工程位于常营,包括 C 标段 1、2、6 号教学楼,3 号图书馆及办公楼,4、7 号风雨操场及食堂,5 号学生宿舍、人防出口。建筑面积 5.72 万平方米,其中 1、6 号教学楼地上 5 层,檐高 20.85 米;2 号教学楼地下 1 层,地上 5 层,檐高 23.25 米;3 号图书馆及办公楼地下 1 层,地上 4 层,檐高 18.6 米;4 号风雨操场及食堂地下 1 层,地上 2 层,檐高 16.4 米;5 号学生宿舍地上 6

层,檐高21.3米;7号风雨操场及食堂地上2层,檐高16.35米;人防出口地下1层,地上1层,檐高4.3米。框架剪力墙结构,工程总投资14367.65万元。2010年7月8日开工。北京住总房地产开发有限责任公司建设,北京东方华太建筑设计工程有限责任公司设计,北京住总第四开发建设有限公司施工,北京建基业工程管理有限公司监理。

(林 湖 高雅琪)

【康城二期会所工程竣工】 8月30日,康城二期会所工程竣工。工程位于双桥东路。建筑面积0.25万平方米,地下1层,地上2层,檐高7.2米。框架结构,工程总投资585万元。2007年11月19日开工。北京银信兴业房地产开发有限公司建设,北京维拓时代建筑设计有限公司设计,北京蓝天建筑工程有限公司施工,北京方恒基业工程咨询有限公司监理。

(李笑颜 高雅琪)

【姚家园路114号4项工程竣工】 8月30日,姚家园路114号4项工程竣工。工程位于姚家园路114号,包括地下室、商业B~D号楼。建筑面积2.09万平方米,全部地下2层,其中地下室地上6层,檐高20米;商业B、D号楼地上3层,檐高12.8米;商业C号楼地上4层,檐高15米;地下室地下2层。框架剪力墙结构,工程总投资8390.95万元。2011年4月29日开工。北京华纺旺泰房地产开发有限公司建设,北京市建筑设计研究院有限公司设计,安徽三建工程有限公司施工,北京市驰跃翔工程监理有限责任公司监理。

(林 湖 高雅琪)

【国家网球中心新馆工程竣工】 8月31日,国家网球中心新馆工程竣工。工程位于奥运村。建筑面积5.12万平方米,地下1层,地上1层,檐高45.35米。框架剪力墙结构,工程总投资45421.8万元。2010年7月10日开工。北京世奥森林公园开发经营有限公司建设,中国建筑设计研究院设计,中建一局集团建设发展有限公司施工,北京蔷薇工程监理有限责任公司监理。

(李笑颜 高雅琪)

【北小河北滨河路市政2项工程竣工】 9月3日,北小河北滨河路市政2项工程竣工。工程位于金盏乡北马房村雷庄村,包括道路,雨、污水管线工程,长1.77千米,其中雨、污水管线管径700~1400毫米,工程总投资581.59万元。2005年9月15日开工。北京中关村电子城建设有限公司建设,北京市龙泰工程设计咨询有限公司设计,北京光亚市政公司施工,北京致远工程建设监理有限责任公司监理。

(林 湖 高雅琪)

【三里屯北十五楼室内装修工程竣工】 9月6日,三里屯北十五楼室内装修工程竣工。工程位于三里屯北十五楼,包括1-4层。建筑面积0.18万平方米,砖混结构,工程总投资180万元。2011年5月27日开工。太古地产(中国)投资有限公司建设,北京都林国际工程设计咨询有限公司设计,北京大信施装饰工程有限公司施工,无监理。

(李笑颜 高雅琪)

【华贸城8项工程竣工】 9月12日,华贸城8项工程竣工。工程位于来广营乡清河营村,包括3、4、27、28号住宅楼,27、28号住宅楼人防出入口,A1地下车库,车库人防出口。建筑面积12.83万平方米,住宅楼、地下车库均为地下2层,其中3号住宅楼地上26层、檐高81米,4号住宅楼地上27层、檐高81米,27、28号住宅楼地上16层、檐高80米,27、28号住宅楼人防出入口地下1层,A1地下车库地上1层、檐高4.9米,车库人防出口地上1层、檐高4.4米。剪力墙、框架结构,工程总投资24053.42万元。2010年3月19日开工。北京华贸奥苑房地产开发有限公司建设,北京市建筑设计研究院设计,中建二局第三建筑工程有限公司、中建三局建设工程股份有限公司施工,北京赛瑞斯国际工程咨询有限公司监理。

(林 湖 高雅琪)

【芍药居东区住宅小区装修工程竣工】 9月13日,芍药居东区住宅小区装修工程竣工。工程位于太阳宫,包括1、3、6号住宅楼。建筑面积3.94万平方米,均为地下2层,地上25层,檐高79.98米。框架剪力墙、剪力墙结构,工程总投资4741.46万元。2012年1月10日开工。北京懋源置业有限公司建设,北京中建装饰工程有限公司设计,北京东方达美建筑装饰工程有限公司施工,北京方恒基业工程咨询有限公司监理。

(林 湖 高雅琪)

【双合家园8项工程竣工】 9月19日,双合家园8项工程竣工。工程位于王四营乡,包括A1~5号住宅楼、A1~3号人防出入口。建筑面积11.15万平方米,其中A1~5号住宅楼均为地下2层、地上22层、檐高59.98米,A1~3号人防出入口地上1层、檐高3.65米。剪力墙结构,工程总投资16642.71万元。2011年9月1日开工。北京建工集团有限责任公司建设,北京市建筑工程设计有限责任公司设计,北京建工一建工程建设有限公司施工,北京双圆工程咨询监理有限公司监理。

(李笑颜 高雅琪)

【北苑南区13项工程竣工】 9月25日,北苑南区13项工程竣工。工程位于来广营乡,包括1~3、5~7号住宅楼,1~3、5、7号楼人防出口,Q2至3号配套公建楼。建筑面积16.93万平方米,住宅楼均为地下2层,其中1号住宅楼地上28层,檐高81.15米;2号住宅楼地上27层,檐高81.05米;3号住宅楼地上14层,檐高41.85米;5、7号住宅楼地上28层,檐高82.5米;6号住宅楼地上24层,檐高70.9米;1至3、5、7号楼人防出口地上1层,檐高3.45米;Q2至3号配套公建楼地下1层,地上2层,檐高10米。剪力墙结构,工程总投资27670.78万元。2010年3月17日开工。北京城建兴华地产有限公司建设,北京市建筑设计研究院设计,北京城建七建设工程有限公司、北京城建五建设工程有限公司、北京城建远东建设投资集团有限公司、北京城建六建设工程有限公司、北京城建北方建设有限责任公司、北京城建一建设发展有限公司施工,万宇国际工程咨询(北京)有限公司、北京中建工程顾问有限公司、北京方程建设监理有限公司监理。

(李笑颜　高雅琪)

【C3号公建楼工程竣工】 9月25日,C3号公建楼工程竣工。工程位于北四环东路。建筑面积13.59万平方米,地下3层,地上19层,檐高85.15米。框架剪力墙结构,工程总投资27116.8万元。2010年10月25日开工。远洋地产有限公司建设,北京市建筑设计研究院设计,中建城市建设发展有限公司施工,北京银建建设工程管理有限公司监理。

(林　湖　高雅琪)

【祥弘维修车间装修工程竣工】 9月25日,祥弘维修车间装修工程竣工。工程位于德外双泉堡花虎沟2号。建筑面积0.47万平方米,地上1层,檐高8.7米。框架结构,工程总投资937.06万元。2012年6月27日开工。北京博瑞祥弘汽车销售服务有限公司建设,北京东方华脉工程设计有限公司设计,华北建设集团有限公司施工,北京建扶工程建设监理有限责任公司监理。

(林　湖　高雅琪)

【芍药居东区4项工程竣工】 10月8日,芍药居东区4项工程竣工。工程位于太阳宫,包括2组团2号-B地块1~2、5号住宅楼,1组团1号住宅楼。建筑面积10.07万平方米,2组团2号-B地块住宅楼全部地下3层,其中1~2号住宅楼地上25层、檐高79.3米,5号住宅楼地上22层、檐高70米,1组团1号住宅楼地上27层、檐高79.8米。剪力墙结构,工程总投资20133.96元。2009年11月15日开工。北京信远筑诚房地产开发有限公司建设,北京中天元工程设计有限责任公司设计,江苏省苏中建设集团股份有限公司、江苏南通三建集团有限公司、北京天润建设工程有限公司施工,北京建院金厦工程管理有限公司监理。

(林　湖　高雅琪)

【和平街西苑小区市政工程竣工】 10月10日,和平街西苑小区市政工程竣工。工程位于小黄庄前街,为电缆预留管井,管径150毫米,长225.86千米,工程总投资297万元。2006年5月30日开工。北京市通达房地产开发建设总公司建设,北京鑫业博诚电力设计有限公司设计,北京朝方供用电安装中心施工,北京光华建设监理有限公司监理。

(林　湖　高雅琪)

【嘉铭中心酒店工程竣工】 10月12日,嘉铭中心酒店工程竣工。工程位于白家庄。建筑面积5.52万平方米,地下4层,地上25层,檐高100米。框架剪力墙结构,工程总投资11864.2万元。2009年10月15日开工。北京康拉德房地产开发有限公司建设,北京市建筑设计研究院有限公司设计,中建一局集团第五建筑有限公司施工,北京帕克国际工程咨询有限公司监理。

(林　湖　高雅琪)

【商务中心区3号天桥工程竣工】 10月15日,商务中心区3号天桥工程竣工。工程位于朝阳路小庄,建筑面积0.01万平方米,长56.5米,宽4米,檐高5米,钢结构,工程总投资1376.99万元。2011年10月3日开工。北京商务中心区管理委员会建设,北京市市政工程设计研究总院设计,北京政平建设工程有限公司施工,北京鸿祥工程建设监理有限责任公司监理。

(李笑颜　高雅琪)

【朝丰家园21-2号住宅楼工程竣工】 10月14日,朝丰家园21-2号住宅楼工程竣工。工程位于豆各庄。建筑面积0.34万平方米,地下1层,地上12层,檐高38.3米。剪力墙结构,工程总投资1000万元。2009年11月1日开工,2011年竣工。北京市朝阳城市建设综合开发公司建设,北京中京惠建筑设计有限责任公司设计,北京鼎华建筑工程有限公司施工,北京百事百达工程建设监理有限责任公司监理。

(林　湖　高雅琪)

【区国税局税务所装修工程竣工】 10月16日,区国税局税务所装修工程竣工。工程位于姚家园石佛营路101号,为区国税局重点税源、涉外企业征收税务所。建筑面积0.3万平方米,地上4层,檐高9.25米。钢结构,工程总投资362.01万元。2012年5月2日开工。区国家税务局建设,亚瑞建筑设计有限公司设计,北京中建华腾装饰工程有限公司施工,北京华建项目管理有限公司监理。

(李笑颜　高雅琪)

【办公室装修工程竣工】 10月17日,办公室装修工程竣工。工程位于建外大街甲8号IFC大厦25层。建筑面积0.36万平方米,钢结构,工程总投资882.01万元。2012年6月15日开工。苹果采购运营管理(上海)有限公司北京分公司建设,北京中建科装饰工程有限责任公司设计,北京大信施装饰工程有限公司施工,北京北辰工程建设监理有限公司监理。

(李笑颜　高雅琪)

【商业楼等4项工程竣工】 10月22日,商业楼等4项工程竣工。工程位于广渠路36号地,包括B、C座酒店及商业,地下车库及设备用房,人防出口。建筑面积8.37万平方米，其中B、C座酒店及商业地上16层，檐高80米；地下车库及设备用房地下3层；人防出口地下1层。框架剪力墙结构，工程总投资20000.68万元。2009年12月31日开工。北京首城置业有限公司建设，中房集团建筑设计有限公司设计，中国新兴保信建设总公司施工，北京旭日明建设工程监理有限公司监理。

（李笑颜 高雅琪）

【D1号配套商业楼工程竣工】 10月23日，D1号配套商业楼工程竣工。工程位于广渠门外10号地。建筑面积0.08万平方米，地下2层，地上1层，檐高8.15米。框架结构，工程总投资315.6万元。2010年2月20日开工。北京富力城房地产开发有限公司建设，广州市住宅建筑设计院有限公司设计，广州天力建筑工程有限公司施工，广州广骏工程监理有限公司监理。

（李笑颜 高雅琪）

【朝科F路排水工程竣工】 10月23日，朝科F路排水工程竣工。工程位于五环路南辅路，长3.33千米，工程总投资630万元。2006年3月1日开工。北京中关村电子城建设有限公司建设，北京市京联设计事务所设计，北京住总市政工程有限责任公司施工，北京兴电国际工程管理公司监理。

（李笑颜 高雅琪）

【G1会所工程竣工】 10月26日，G1会所工程竣工。工程位于南磨房乡四路通住宅小区A1区，建筑面积0.41万平方米，地下1层，剪力墙结构，工程总投资1400万元。2004年11月2日开工。山水文园凯亚房地产开发有限公司建设，北京新纪元建设工程设计有限公司设计，北京市朝阳田华建筑集团公司施工，北京帕克国际工程咨询有限公司监理。

（李笑颜 高雅琪）

【豆各庄住宅小区2项工程竣工】 11月2日，工程位于大鲁店北路北侧，包括C区医疗中心、2号办公配套楼。建筑面积2.62万平方米，全部地下1层，其中C区医疗中心地上5层、檐高23.85米，2号办公配套楼地上19层、檐高63.95。剪力墙、框架结构，工程总投资4753.73万元。2011年9月21日开工。北京华恩房地产开发有限公司建设，广州市住宅建筑设计有限公司设计，广州天力建筑工程有限公司施工，广州广骏工程监理有限公司监理。

（林 湖 高雅琪）

【北苑南区5项工程竣工】 11月6日，北苑南区5项工程竣工。工程位于来广营乡红军营村，包括地下车库，车库人防出口1、2，Q1、Q4号配套公建。建筑面积3.82万平方米，其中地下车库地下1层；车库人防出口1～2地上1层，檐高3.45米；Q1、Q4号配套公建地上2层，檐高10米。框架剪力墙、框架结构，工程总投资8381.05万元。2010年3月25日开工。北京城建兴华地产有限公司建设，北京市建筑设计研究院有限公司设计，北京城建道桥建设集团有限公司、北京城建北方建设有限公司施工，北京方程建设监理有限公司监理。

（李笑颜 高雅琪）

【北花园16项工程竣工】 11月8日，北花园16项工程竣工。工程位于三间房乡北花园路，包括2至3、5至11号办公楼，1至2号地下车库，2至4号车库车辆出入口，2至3号车库人员出入口。建筑面积12.43平方米，其中1号地下车库地下1层；2号地下车库地下2层；2、5、8号办公楼地下2层，地上9层，檐高29.7米；11号办公楼地下3层，地上9层，檐高29.7米；3、6至7号办公楼地下2层，地上14层，檐高45米；9至10号办公楼地下3层，地上14层，檐高45米；2至4号车库车辆出入口地上1层，檐高3.6米；2至3号车库人员出入口地下2层，地上1层，檐高4.8米。框架剪力墙、剪力墙结构，工程总投资35828.73万元。2010年9月14日开工。北京智地普惠房地产开发有限公司建设，中国建筑设计研究院设计，中建国际建设有限公司施工，建研凯勃建设工程咨询有限公司监理。

（李笑颜 高雅琪）

【外经贸大学科研楼工程竣工】 11月12日，对外经济贸易大学科研楼工程竣工。工程位于惠新东街10号。建筑面积2.45万平方米，地下1层，地上11层，檐高45米。框架剪力墙结构，工程总投资9862.9万元。2010年4月1日开工。对外经济贸易大学建设，北京东方畅想建筑设计有限公司设计，中城建第五工程局有限公司施工，中咨工程建设监理公司监理。

（林 湖 高雅琪）

【福熙大道A11号住宅楼工程竣工】 11月13日，福熙大道A11号住宅楼工程竣工。工程位于来广营乡清河营村。建筑面积2.59万平方米，地下1层，地上30层，檐高83米。剪力墙结构，工程总投资2800万元。2010年7月1日开工。北京春光置地房地产开发有限公司建设，北京维拓时代建筑设计有限公司设计，北京大龙建设集团有限公司施工，建通工程建设监理有限公司监理。

（林 湖 高雅琪）

【世华泊郡家园8项工程竣工】 11月19日，世华泊郡家园8项工程竣工。工程位于来广营乡，包括1至2、4至6、12至14住宅楼。建筑面积14.64万平方米。其中1至2、4至6、12号住宅楼地下2层，地上27层，檐高80米；14号住宅楼地下1层，地上7层，檐高21米。剪力墙结构，工程总投资22628.22万元。2011年2月10日开工。北京世纪鸿城置业有限公司建设，华通设计顾问工程有限公司设计，北京城建七建设工程有限公司、北京城建八建设工程有限公司、北京城建九建设工程有限公司、北京城建北方建设有限责任公司、北京城建十建设工程有限公司施工，北京方程建设监理有限公司、万宇国际工程咨询(北京)有限公司、北京东方华太建设监理有限公司、北京华城建设监理有限责任公司监理。

(李笑颜　高雅琪)

【华贸城7号商业楼工程竣工】 11月19日，华贸城7号商业楼工程竣工。工程位于来广营乡清河营。建筑面积0.34万平方米，地下1层，地上2层，檐高12.5米。剪力墙结构，工程总投资15686.29万元。2010年7月28日开工。北京华贸奥苑房地产开发有限公司建设，北京市建筑设计研究院设计，中建三局建设工程股份有限公司施工，北京赛瑞斯国际工程咨询有限公司监理。

(李笑颜　高雅琪)

【天津市驻京办事处改造工程竣工】 11月20日，天津市驻京办事处改造工程竣工。工程位于和平里十二区五号楼，建筑面积0.65万平方米，地下1层，地上6层，檐高23.55米。框架结构，工程总投资5179万元。2012年1月20日开工。天津市人民政府驻北京办事处建设，天津市建筑设计院设计，天津三建建筑工程有限公司施工，天津建华工程咨询管理公司监理。

(李笑颜　高雅琪)

【工体北路给水管线工程竣工】 11月21日，工体北路给水管线工程竣工。工程位于工体北路至盈科南路，管径300毫米，长0.56千米，工程总投资136万元。2010年9月16日开工。北京启夏房地产开发有限公司建设，北京市自来水设计公司设计，北京市清泉市政工程有限公司施工，无监理。

(林　湖　高雅琪)

【文翔苑住宅小区23项工程竣工】 11月22日，文翔苑住宅小区23项工程竣工。工程位于来广营乡清河营，包括1、4、5、7、8、13、18至26号住宅楼，1、2号地下车库，3号地下车库二段，1、2号人防室外出口，人防室外出口及地面管理用房，人防室外出入口及地面管理用房，人防出入口及地面管理用房。建筑面积24.19万平方米，其中1号住宅楼地上6层，檐高17.85米；4~5号住宅楼地下2层，地上21层，檐高59.7米；7号住宅楼地下2层，地上26层，檐高73.7米；8号住宅楼，地下2层，地上28层，檐高79.3米；13号住宅楼地下2层，地上19层，檐高55米；18至23号住宅楼地下2层，地上6层，檐高17.65米；24至26号住宅楼地下3层，地上24层，檐高76.35米；1、2号地下车库地下1层，地上2层，檐高4.35米；3号地下车库二段地下1层，地上1层，檐高3.7米；1、2号人防室外出口地上1层，檐高4.2米；人防室外出口及地面管理用房地上1层，檐高3.6米；人防室外出入口及地面管理用房地上1层，檐高3.7米；人防出入口及地面管理用房地上1层，檐高4.2米。剪力墙结构，工程总投资48992.51万元。2009年12月20日开工。北京第六大洲房地产开发有限公司建设，华通设计顾问工程有限公司设计，中铁十二局集团建筑安装工程有限公司、中铁建设集团有限公司、北京城建亚泰建设工程有限公司施工，北京华城建设监理有限责任公司、北京菲尔建设监理有限公司监理。

(林　湖　高雅琪)

【广渠门外十号地4项工程竣工】 11月22日，广渠门外十号地4项工程竣工。工程位于广渠门外，包括A1~3、A5、B1~3号住宅楼。建筑面积7.62万平方米，全部地下2层，其中A1、A3号住宅楼地上18层，檐高59.6米；A2号住宅楼地上18层，檐高60米；A5号住宅楼地上9层，檐高31.3米；B1~3号住宅楼地上3层，檐高11.85米。剪力墙结构，工程总投资23872.3万元。2010年5月30日开工。北京富力城房地产开发有限公司建设，广州市住宅建筑设计院有限公司设计，广州天力建筑工程有限公司施工，广州广骏工程监理有限公司监理。

(高雅琪　李笑颜)

【万科蓝山2项工程竣工】 11月22日，万科蓝山2项工程竣工。工程位于西大望路27号，包括G3配套楼、巡警队G7号办公楼。建筑面积0.92万平方米，其中G3配套楼地上7层、檐高24米，巡警队G7号办公楼地上6层、檐高23.4米。框架剪力墙结构，工程总投资2578.25万元。2011年8月30日开工。北京万科企业有限公司建设，北京市建筑设计研究院、中国建筑设计研究院设计，北京市朝阳田华建筑集团公司、北京房修一建筑工程有限公司施工，北京赛瑞斯国际工程咨询有限公司监理。

(林　湖　高雅琪)

【安雅苑4项工程竣工】 11月27日，安雅苑4项工程竣工。工程位于来广营乡红军营村，包括1、2号住宅楼，地下车库，人防出入口。建筑面积2.07万平方米，其中1号住宅楼地下1层、地上10层、楼高29.2米，2号住宅楼地下2层、地上11层、楼高32米，地下车库地下1层，人防出入口地上1层、檐高3.4米。框架、剪力墙结构，工程总投资6360.64万元。2010年9月16日开工。中交第四公路工程局有限公司建设，中房集团建筑设计有限公司设计，中交第四公路工程局有限公司施工，北京京朋工程监理有限责任公司监理。

(李笑颜　高雅琪)

【广渠路36号地公建工程竣工】 11月29日，广渠路36号地公建工程竣工。工程位于广渠路36号，为A1-1-a地块商业办公项目。建筑面积2.45万平方米，地下3层，地上

15层，檐高60米。框架剪力墙结构，工程总投资10603.41万元。2010年5月31日开工。北京一轻控股有限责任公司建设，中房集团建筑设计有限公司设计，中国建筑第二工程局有限公司施工，北京海鑫工程监理公司监理。

（林 湖 高雅琪）

【翠成馨园7项工程竣工】 12月3日，翠成馨园7项工程竣工。工程位于垡头，包括D-2~4、D-6号住宅楼，E-20号配套公建，锅炉房，地下车库。建筑面积13.4万平方米，其中D-2~4、D-6号住宅楼地下2层，地上28层，檐高80米；E-20号配套公建地下1层，地上2层，檐高9.15米；锅炉房地下1层，地上1层，檐高3.6米；地下车库地下3层，地上1层，檐高4.5米。剪力墙、框架结构，工程总投资55771.78万元。2010年9月25日开工。北京住总房地产开发有限责任公司建设，北京市住宅建筑设计研究院有限公司设计，北京住总第三开发建设有限公司、北京住总集团有限责任公司、北京住总第四开发建设有限公司施工，北京光华建设监理有限公司、北京旭日明建设工程监理有限公司监理。

（林 湖 高雅琪）

【世华泊郡家园3项工程竣工】 12月4日，世华泊郡家园3项工程竣工。工程位于来广营乡清河营村，包括18号配套公建、20号密闭式清洁站、地下锅炉房。建筑面积0.26万平方米，其中18号配套公建地上3层、檐高11.4米，20号密闭式清洁站地上1层、檐高6米，地下锅炉房地下2层。框架结构，工程总投资455.43万元。2011年2月10日开工。北京世纪鸿城置业有限公司建设，华通设计顾问工程有限公司设计，北京城建九建设工程有限公司、北京城建十建设工程有限公司施工，北京华城建设监理有限责任公司、万宇国际工程咨询（北京）有限公司监理。

（李笑颜 高雅琪）

【医院翻建工程竣工】 12月5日，医院翻建工程竣工。工程位于北苑路91号，建筑面积1.72万平方米，地下1层，地上5层，檐高21.75米。框架剪力墙结构，工程总投资3936.18万元。2009年12月30日开工。朝阳区卫生局建设，大地建筑事务所（国际）设计，北京建工一建工程建设有限公司施工，北京希达建设监理有限责任公司监理。

（李笑颜 高雅琪）

【东湖湾名苑5项工程竣工】 12月7日，东湖湾名苑5项工程竣工。工程位于望京北小河，包括501~503、505~506号住宅楼。建筑面积13.23万平方米，全部地下3层、地上28层、檐高85米。框架、剪力墙结构，工程总投资46246.38万元。2009年12月28日开工。北京市东湖房地产有限公司建设，北京维拓时代建筑设计有限公司设计，北京城建亚泰建设工程有限公司、北京城建二建设工程有限公司施工，北京五环建设监理公司监理。

（林 湖 高雅琪）

【电子城2项工程竣工】 12月7日，电子城2项工程竣工。工程位于酒仙桥北路甲10号，为北京电子城IT产业园A7厂房、C4工业厂房。建筑面积5.8万平方米，均为地上7层，檐高30米，其中C4工业厂房地下1层。框架结构，工程总投资3220.95万元。2011年1月5日开工。北京电子城有限责任公司建设，北京市工业设计研究院设计，北京城乡建设集团有限责任公司施工，北京大正建设监理有限公司监理。

（林 湖 高雅琪）

【晨光家园C区11项工程竣工】 12月7日，晨光家园C区11项工程竣工。工程位于十里堡，包括1~5号住宅楼、6号配套商业楼、Ⅰ~Ⅱ号地下车库及人行出入口、1~3号传达室。建筑面积15.62万平方米，其中1号住宅楼地下2层，地上22层，檐高64.68米；2、3号住宅楼地下2层，地上25层，檐高71.38米；4、5号住宅楼地下2层，地上28层，檐高78米；6号配套商业楼地下2层，地上2层，檐高9.25米；Ⅰ号地下车库及人行出入口地下1层、地上1层、檐高4米，Ⅱ号地下车库及人行出入口地下2层、地上1层、檐高3.6米，1~3号传达室地上1层、檐高3.6米。框架结构、剪力墙结构，工程总投资32934.71万元。2010年11月1日开工。北京住总房地产开发有限责任公司建设，北京中鸿建筑工程设计有限公司设计，北京住总集团有限责任公司施工，北京旭日明建设工程监理有限公司监理。

（李笑颜 高雅琪）

【远洋一方嘉园46项工程竣工】 12月10日，远洋一方嘉园46项工程竣工。工程位于管庄乡，包括1~10、15、16、18~35号住宅楼，14号配套公建，居住公共服务设施楼，2、3、7号地下车库，垃圾站，5、7号楼自行车出入口，7-1~4号人防出入口及人防管理室，2-1号自行车库出入口及人防管理用房，2-1号地下车库室外疏散口，1、2、3、4号连接体。建筑面积20.64万平方米，其中1~3号住宅楼地下2层，地上17层，檐高49.1米；4号住宅楼地下2层，地上16层，檐高46.3米；5、7号住宅楼地下2层，地上15层，檐高43.5米；6号住宅楼地下2层，地上10层，檐高30.5米；8号住宅楼地下2层，地上18层，檐高55.9米；9~10号住宅楼地下1层，地上14层，檐高40.7米；15、16号住宅楼地下1层，地上9层，檐高26.1米；18号住宅楼地上18层，檐高32.89米；19号住宅楼地下1层，地上6层，檐高18.3米；20、21、24、25号住宅楼地下1层，地上7层，檐高20.6米；22、26、31号住宅楼地上9层，檐高25.95

米;23号住宅楼地上11层,檐高31.7米;27、28号住宅楼地下1层,地上11层,檐高31.7米;29~30号住宅楼地下1层,地上5层,檐高15.4米;32~34号住宅楼地上6层,檐高17.7米;35号住宅楼地上9层,檐高25.95米;14号配套公建地上2层,檐高9.25米;居住公共服务设施楼、2号地下车库地下1层;3、7号地下车库地下2层;垃圾站地上2层,檐高6.5米;5、7号楼自行车库出入口地下1层,地上2层,檐高3.8米;7-1~4、号人防出入口及人防管理室、2-1号地下车库室外疏散口地下1层,地上1层,檐高4.3米;2-1号自行车库出入口及人防管理用房地下1层,地上1层,檐高3.05米;1-2、3-4连接体地下2层。剪力墙、框架剪力墙结构,工程总投资157270.31万元。2007年10月22日开工。北京中联置地房地产开发有限公司建设,北京市建筑设计研究院设计,远洋国际建设有限公司、北京建工集团施工,北京地厚工程管理有限公司、北京银建建设工程管理有限公司监理。

(林　湖　高雅琪)

【金茂家园9项工程竣工】　12月10日,金茂家园9项工程竣工。工程位于广渠路15号,包括1~3、5~10号住宅楼。建筑面积14.78万平方米,其中1~3、5~9号住宅楼均为地下2层,地上18层,檐高60米;10号住宅楼地下3层,地上24层,檐高79.6米。剪力墙结构,工程总投资17091.48万元。2010年9月20日开工。中化方兴置业(北京)有限公司建设,悉地(北京)国际设计顾问有限公司设计,中国建筑第八工程局有限公司、北京城建集团有限责任公司施工,中咨工程建设监理公司、北京兴电国际工程管理公司监理。

(林　湖　高雅琪)

【京达花园J8附属楼工程竣工】　12月10日,京达花园J8附属楼工程竣工。工程位于朝阳公园西路,建筑面积0.66万平方米,地下1层,地上5层,檐高23.7米。框架结构,工程总投资644万元。2009年8月14日开工。北京怡和投资管理有限公司建设,北京三磊建筑设计有限公司设计,中城建第六工程局集团有限公司施工,中航工程监理(北京)有限公司监理。

(李笑颜　高雅琪)

【金茂家园4项工程竣工】　12月10日,金茂家园4项工程竣工。工程位于广渠路15号,包括A4-4小学教学楼、A4-1地下车库、1~2号人防室出入口。建筑面积4.6万平方米,其中A4-4小学教学楼地下1层、地上4层、檐高18米,A4-1地下车库地下2层,1~2号人防室出入口地下1层、地上1层、檐高4.1米。框架剪力墙、框架结构,工程总投资13263.02万元。2011年9月6日开工。中化方兴置业(北京)有限公司建设,中建(北京)国际设计顾问有限公司、悉地(北京)国际设计顾问有限公司设计,中国建筑第八工程局有限公司施工,中咨工程建设监理公司监理。

(李笑颜　高雅琪)

【华严北里46号住宅楼工程竣工】

12月11日,华严北里46号住宅楼工程竣工。工程位于华严北里46号。建筑面积1.24万平方米,地下3层、地上10层、檐高29.8米。剪力墙结构,工程总投资2327.06万元。2010年11月1日开工。北京市凌云宇阳房地产开发有限公司建设,大地建筑事务所(国际)设计,北京住总第二开发建设有限公司施工,北京华建恒工程建设监理有限公司监理。

(李笑颜　高雅琪)

【保利中央公园5项工程竣工】　12月13日,保利中央公园5项工程竣工。工程位于崔各庄乡大望京村,包括12~15号住宅楼、3号地下车库。建筑面积4.57万平方米,其中12号住宅楼地下1层、地上15层、檐高46.05米,13号住宅楼地下1层、地上18层、檐高55.05米,14号住宅楼地下2层、地上15层、檐高46.05米,15号住宅楼地下2层、地上18层、檐高52.59米,3号地下车库地下2层。框架、剪力墙结构,工程总投资7832.65万元。2011年7月7日开工。北京保利营房地产开发有限公司建设,筑博设计股份有限公司设计,华都国际建设集团有限公司施工,北京旭日明建设工程监理有限公司监理。

(林　湖　高雅琪)

【奥林匹克体育中心7项工程竣工】

12月13日,奥林匹克体育中心7项工程竣工。工程位于安定路1号,包括国家奥林匹克体育中心检录处改造,足球、垒球练习场配套,综合训练馆改扩建部分一、二,食堂改扩建,体育场改扩建部分一、二工程。建筑面积1.42万平方米,其中检录处改造地上1层,檐高3米;足球、垒球练习场配套地下1层,地上1层,檐高4.5米;综合训练馆改扩建部分一地上4层、檐高20.3米,部分二地上3层、檐高16.8米;食堂改扩建地上1层,檐高6.1米;体育场改扩建部分一、二地上1层,檐高4.5米。钢、框架结构,工程总投资3639.72万元。2011年3月3日开工。国家奥林匹克体育中心建设,北京市建筑设计研究院、中国建筑设计研究院设计,北京市第三建筑工程有限公司、中集建设集团有限公司、中煤建设集团工程有限公司、北京建工集团有限责任公司施工,北京建宇工程管理有限责任公司、北京方达工程管理有限公司监理。

(林　湖　高雅琪)

【首开常青藤18项工程竣工】　12月14日,首开常青藤18项工程竣工。工程位于东坝乡,包括D1~17住宅楼、D-1号地下车库。建筑面积8.97万平方米,全部地下1层,其中D1、D4号住宅楼地上9层,檐高

27.4米;D3、D5～17号住宅楼地上6层,檐高18.5米。剪力墙结构,工程总投资20082.85万元。2009年6月16日开工。北京首开天成房地产开发有限公司建设,北京市建筑设计研究院设计,北京金港机场建设有限责任公司、北京城建十建设工程有限公司、北京第二建筑工程有限责任公司施工,北京北辰工程建设监理有限公司、北京精正兴工程建设监理有限公司、中航工程监理(北京)有限公司监理。

(李笑颜　高雅琪)

【保利东郡苑7项工程竣工】 12月17日,保利东郡苑7项工程竣工。工程位于东风乡高井村,包括2、4、6至8号住宅楼,北区地下车库,人防出入口。建筑面积9.51万平方米,住宅楼均为地下2层、地上18层,其中2号住宅楼檐高58.65米,4、6号住宅楼檐高57.7米,7号住宅楼檐高57.35米,8号住宅楼檐高59.75米;北区地下车库地下1层;人防出入口地上1层、檐高3.65米。剪力墙结构,工程总投资14839.21万元。2010年9月13日开工。北京保利营房地产开发有限公司建设,深圳市筑博工程设计有限公司设计,江苏南通二建集团有限公司、广州富利建筑安装工程有限公司施工,北京旭日明建设工程监理有限公司监理。

(林　湖　高雅琪)

【保利东郡苑5项工程竣工】 12月17日,保利东郡苑5项工程竣工。工程位于东风乡,包括9号公建,1、3号办公及商业楼,5号商业楼,南区地下车库。建筑面积7.61万平方米,其中9号公建地下2层,地上10层,檐高38.55米;1、3号办公及商业楼地下3层,地上17层,檐高59.33米;5号商业楼地下3层,地上3层,檐高13.27米;南区地下车库地下2层。框架剪力墙结构,工程总投资13519.18万元。2010年11月18日开工。北京保利营房地产开发有限公司建设,筑博设计股份有限公司设计,广州富利建筑安装工程有限公司、江苏南通二建集团有限公司施工,北京旭日明建设工程监理有限公司监理。

(林　湖　高雅琪)

【金泰丽富嘉园2项工程竣工】 12月17日,金泰丽富嘉园2项工程竣工。工程位于东坝乡,包括4号住宅楼地上配套公建、地下工程。建筑面积1.45万平方米,其中4号住宅楼地上配套公建地上3层、楼高12.9米,地下工程地下1层。剪力墙结构,工程总投资3044.79万元。2010年1月5日开工,2012年竣工。北京丽富房地产开发有限公司建设,华优建筑设计院设计,北京矿建建筑安装有限责任公司施工,北京东方华太建设监理有限公司监理。

(李笑颜　高雅琪)

【金泰丽富嘉园7项工程竣工】 12月17日,金泰丽富嘉园7项工程竣工。工程位于东坝乡单店村,包括金1～2、4～6、9号住宅楼,1号配电所。建筑面积7.67万平方米,全部地下1层,其中1、2号住宅楼地上9层,檐高25.8米;4号住宅楼地上19层,檐高54.9米;5号住宅楼地上20层,檐高54.9米;6号住宅楼地上21层,檐高57.6米;9号住宅楼地上12层,檐高36.6米;1号配电所地上1层,檐高4.5米。剪力墙结构,工程总投资14836.01万元。2010年1月5日开工。北京丽富房地产开发有限公司建设,华优建筑设计院设计,北京矿建建筑安装有限责任公司、北京市田华建筑集团公司施工,北京东方华太建设监理公司监理。

(林　湖　高雅琪)

【东镇欣园公交场站工程竣工】 12月17日,东镇欣园公交场站工程竣工。工程位于将台乡驼房营,建筑面积0.36万平方米,地下1层,地上5层,檐高19.2米。框架结构,工程总投资360万元。2010年11月5日开工。北京将台房地产开发有限公司建设,山西省第二建筑设计院设计,四川星星建设集团有限公司施工,无监理。

(李笑颜　高雅琪)

【远洋万和润园2项工程竣工】 12月18日,远洋万和润园2项工程竣工。工程位于北四环东路73号,包括C1～2号住宅楼。建筑面积3.35万平方米,其中C1号住宅楼地上10层、檐高32.45米,C2号住宅楼地上12层、檐高28.65米。框架剪力墙结构,工程总投资6577.59万元。2010年11月22日开工。远洋地产有限公司建设,北京市建筑设计研究院设计,远洋国际建设有限公司施工,北京银建建设工程管理有限公司监理。

(林　湖　高雅琪)

【润景明苑5项工程竣工】 12月19日,润景明苑5项工程竣工。工程位于来广营乡清河营村,包括3～4号配套商业及大门,锅炉房,热力点,开闭站。建筑面积1.09万平方米,其中3～4号配套商业及大门地上2层,檐高10米;锅炉房、热力点地下1层;开闭站地下1层,地上2层,檐高8.55米。框架结构,工程总投资5095.7万元。2010年12月31日开工。北京春光置地房地产开发有限公司建设,北京维拓时代建筑设计有限公司设计,北京大龙建设集团有限公司施工,建通工程建设监理有限公司监理。

(李笑颜　高雅琪)

【太平洋城A6号楼工程竣工】 12月20日,太平洋城A6号楼工程竣工。工程位于将台乡酒仙桥村。建筑面积10.44万平方米,地下3层、地上19层、檐高58.05米。框架剪力墙结构,工程总投资22227.18万元。2009年6月15日开工。北京太平洋城房地产开发有限公司建设,北京新松建筑设计研究院有限公司设计,大连阿尔滨集团有限公司施工,北京海鑫工程监理公司监理。

(李笑颜　高雅琪)

【太阳宫新区9项工程竣工】 12月21日,太阳宫新区9项工程竣工。工程位于太阳宫乡太阳宫新村,包括2~7号公寓楼、地下车库、地下室出口、垃圾投放站。建筑面积7.44万平方米,住宅楼均为地下3层,其中2、6、7号住宅楼地上26层,檐高78.8米;3、4号住宅楼地上10层,檐高32.3米;5号住宅楼地上16层,檐高48.8米;地下车库地下3层;地下室出口、垃圾投放站地上1层,檐高5.4米。剪力墙、框架结构,工程总投资10306.53万元。2009年10月30日开工。北京冠城新泰房地产开发有限公司建设,中国建筑科学研究院设计,江苏省建工集团有限公司施工,北京华清技科工程管理有限公司监理。

(李笑颜　高雅琪)

【华园饭店改扩建工程竣工】 12月27日,华园饭店改扩建工程竣工。工程位于东三环霄云路28号,建筑面积3.58万平方米,地下3层,地上16层,檐高88.95米。框架剪力墙结构,工程总投资70891万元。2009年8月17日开工。北京华园饭店有限公司建设,北京九源三星建筑师事务所(普通合伙)设计,北京崇建工程有限公司施工,北京赛瑞斯国际工程咨询有限公司监理。

(李笑颜　高雅琪)

【第三代避孕药项目安装工程竣工】 2011年11月8日,第三代避孕药项目安装工程竣工。工程位于朝阳北路27号,为第三代避孕药系列产品的产业化及国际化项目W-F-E车间机电安装工程(内部改造)。建筑面积0.2万平方米,工程总投资700.62万元。2010年12月28日开工。北京紫竹药业有限公司建设,山东省医药工业设计院设计,中国电子系统工程第四建设有限公司施工,无监理。

(林　湖　高雅琪)

【吉乐电子集团装修工程竣工】 2011年11月11日,吉乐电子集团装修工程竣工。工程位于酒仙桥南路5号,为北京吉乐电子集团有限公司青年职工宿舍1~5层装修工程。建筑面积0.51万平方米,框架结构,工程总投资1204.61万元。2010年4月26日开工。北京吉乐电子集团有限公司建设,深圳市华南装饰设计工程有限公司施工,北京中外建工程管理有限公司监理。

(林　湖　高雅琪)

【吉乐电子集团装修工程竣工】 2011年12月16日,吉乐电子集团装修工程竣工。工程位于望京中环南路5号,为经济管理职业学院3号楼。建筑面积0.58万平方米,框架结构,工程总投资869.56万元。2011年6月25日开工。北京经济管理职业学院建设,北京市建筑设计院有限公司、北京中建华腾装饰工程有限公司设计,北京首华建设经营有限公司施工,北京市工程咨询公司监理。

(林　湖　高雅琪)

【天力生产研发楼工程竣工】 2011年12月19日,天力生产研发楼工程竣工。工程位于来广营乡,建筑面积4.79万平方米,地下2层,地上13层,檐高59.9米。框架剪力墙结构,工程总投资14537.90万元。2009年4月30日开工。北京天利深冷设备股份有限公司建设,中国中建设计集团公司设计,中国新兴保信建设总公司施工,北京中外建工程管理有限公司监理。

(林　湖　高雅琪)

【佳兴园6号楼装修工程竣工】 2011年12月22日,佳兴园6号楼装修工程竣工。工程位于北苑5号院,建筑面积0.61万平方米,地下1层,地上4层,檐高18.6米。框架结构,工程总投资2027.86万元。2011年3月20日开工。北京东方置地投资发展有限公司建设,北京世纪安泰建筑工程设计有限公司设计,北京侨信装饰工程有限公司施工,北京中景恒基工程管理有限公司监理。

(林　湖　高雅琪)

【常赢绿洲假日运动中心2项工程竣工】 2011年12月23日,常赢绿洲假日运动中心2项工程竣工。工程位于常营乡,包括A地块A-3楼、C地块A-4楼。建筑面积0.3万平方米,均为地下1层,地上3层,其中A地块A-3楼檐高9米、C地块A-4楼檐高8.95米。框架结构,工程总投资666.55万元。2009年5月20日开工。北京常赢绿洲假日运动中心有限公司建设,马建国际建筑设计顾问有限公司设计,中国新兴建设开发总公司施工,北京东方天利建设工程监理有限公司监理。

(李笑颜　高雅琪)

【金枫大厦商业办公楼工程竣工】 2011年12月30日,金枫大厦商业办公楼工程竣工。工程位于南皋乡彩虹路18号,建筑面积2.43万平方米,地下3层、地上14层、檐高60米。框架剪力墙结构,工程总投资5903.4万元。2009年4月13日开工。北京中商联房地产开发有限公司建设,中国中建设计有限公司设计,正太集团有限公司施工,北京菲尔建设监理有限公司监理。

(林　湖　高雅琪)

宝嘉恒基础设施投资有限公司

【概况】 北京宝嘉恒基础设施投资有限公司隶属于区国资委,是朝阳区基础设施建设核心企业,性质为国有一人有限公司,注册资金119966万元。设八部一室,包括前期计划部、拆迁部、财务部等。共有职工41人,党员16人。主要负责朝阳区域内主次干路的拆迁建设任务,利用企业道路建设的优势和朝阳区加大功能区建设的发展趋势,开发及建设道路两侧土地资源。全年净利润1927万元,上缴税金1005

万元。年内,被评为2011年朝阳区创建全国文明城区突出贡献单位。党总支被区委评为朝阳区创先争优先进基层党组织。被区委、区政府评为朝阳区人才工作先进单位。被区安全生产管理协会评为2011年度朝阳区安全生产管理先进单位。

地址:小亮马桥东方东路6号

电话:84551546

邮编:100027

(郝　晶)

【断、堵头道路建设】 年内,完成十里堡中路北段竣工验收,完成大郊亭二街西段面油铺设,完成三丰胡同、秀水河胡同北段200米底油铺设。双桥路、双桥东路取得项目可行性研究批复,麦子店西路取得项目可行性研究批复及初步设计概算。南湖渠西一路、南湖渠西路、南湖北一街完成前期规划立项等工作。

(郝　晶)

【次干路续建】 年内,基本完成胜古中路、国典中路、胜苑路建设。完成电力架空线入地工程,四清环卫外电源工程土建工程、电缆敷设,三间房东路北段(朝阳北路—幺家店路)道路建设,和平东路北延西半幅主路路床施工。配合热力集团完成现况热力管线改移。东高路1号标常营沟箱涵完工,并完成铺设雨水管线200米,3号标完成西侧900米挡土墙施工。铺设幺家店路2号标雨污水管线400米。完成定福庄西路南段150米道路施工。

(郝　晶)

【新建次干路】 年内,辛庄路完成前期手续、施工、监理招标。

(郝　晶)

【新建项目】 年内,广顺北大街二期雨水泵站项目取得项目可行性研究批复。北小河污水闸井改建项目委托市排水集团研提改移方案。

(郝　晶)

【续拆主干路】 年内,广渠路二期集体企业拆迁基本完成,启动四环至五环段宅基地居民拆迁。水南庄平改立、高碑店路一期宅基地拆迁完成70%。新国展联络线完成树木补偿、集体企业拆迁和部分居民拆迁。

(郝　晶)

【前期研究道路】 年内,马各庄东路、高安屯6、7、8号路等4条道路取得道路规划方案批复,雨污水排除规划、其余道路建设方案正在研究中。

(郝　晶)

昆泰房地产开发集团有限公司

【概况】 北京昆泰房地产开发集团有限公司成立于1992年,是由区国资委监管的国有独资公司,有全资及参股企业22家,开发项目和所属物业超过20个,资产超过100亿元。在职员工1471人,其中集团本部129人、管理人员27人、技术人员33人,研究生以上学历14人。内设职能部门11个。开发建成昆泰国际中心、昆泰大厦、昆泰商城、丰联广场、泛利大厦、联合大厦、昆泰望京项目、三亚昆泰酒店、青城山昆泰山庄、昆泰农业生态园等大型公建项目,拥有昆泰酒店、昆泰嘉华酒店和昆泰嘉禾酒店3家自营高端酒店,雅秀服装市场、静安庄综合市场、昆泰科技商厦等多家专业化市场和商业设施,已发展成为跨房地产开发建设、酒店管理、商业运营管理等多领域综合性企业。

地址:朝外大街10号昆泰大厦

电话:65995801

邮编:100020

(解　芳)

【完成改制】 5月25日,完成由全民所有制企业改制为国有有限责任公司的改制,并取得“北京昆泰房地产开发集团有限公司”营业执照和组织机构代码证,昆泰集团正式更名为“北京昆泰房地产开发集团有限公司”。

(解　芳)

【昆泰酒店工程获奖】 7月18日,昆泰酒店工程被市优质工程评审委员会评为“2011－2012年度建筑长城杯金质奖工程”。

(解　芳)

【二十周年庆典活动】 8月18日,在昆泰酒店举办“平凡铸造,成长跨越”20周年庆典活动,回顾昆泰集团20年发展历程。

(解　芳)

【大望京2号地项目】 年内,以昆泰集团为主导,与中航投资控股有限公司、北京融侨置业有限公司合作开发大望京2号地项目。该项目位于崔各庄乡大望京村,总用地面积305509.974平方米,总建筑面积约58万平方米,定位为写字楼、商业、公寓及文化设施。6月,确定由世界排名第二的建筑事务所美国凯达环球有限公司进行规划方案设计。

(解　芳)

北京华阳经济开发公司

【概况】 北京华阳经济开发公司是区政府投资的国有企业,公司职能为扶持本区集体经济发展和新技术开发,会同其他省市兄弟公司开展经济联合、对外根据国务院和市有关部门的规定开展活动。下属企业是华阳安派能源科技(北京)有限公司和北京市朝阳华阳饭店服务公司,参股企业有北京京广中心有限公司和北京华阳房地产发展有限责任公司。内设办公室、经营部、财务部。有职工14人,其中12人在岗、2人内退。截至年底,资产总额1.14万元,同比减少5%,主要原因为华阳公司年内解决了历史债权债务问题。全年累计实现主营业收入总额为830万元,同比增长122%,主要原因为华阳安派能源公司收入增加。

地址:呼家楼京广商务楼718室

电话:65978762

邮编:100020

(杨　静)

【拓展新项目】 2月,华阳饭店服务公司针对京广中心酒店停业装修业务量减少现象,寻求新物业项目,接管大兴地税局部分物业服务工作。

(杨　静)

【办公地址变更】 10月25日,华阳公司办公地址搬至北京京广中心商务楼。

(杨　静)

【房屋出租】 年内,整体装修原办公楼和40套空置房屋,并整合固定资产,出租原办公楼、西侧新建二层楼及40套空房。

(杨　静)

【安派能源公司实现起步】 年内,安派能源公司处于创业阶段。公司引进节能减排领域领军人才,在能源咨询、公共建筑节能改造及在线监测方面探索以技术整合、资源整合为手段,以合同能源管理为合作模式,以实现共赢为目标的发展道路,实现公司起步。

(杨　静)

【签订经营责任书】 年内,首次与两家下属企业签订经营责任书,要求安派能源公司收支平衡,华阳饭店服务公司经营收入360万元,利润5万元。年底,两家企业完成目标。

(杨　静)

【注销下属企业】 年底,注销北京华阳电子技术通讯有限公司。

(杨　静)

朝阳城市建设综合开发公司

【概况】 北京市朝阳城市建设综合开发公司是区属国有房地产企业,内设10个职能部门及5个项目部。在职职工84人,其中在岗职工55人。专业技术人员36人,其中具有中高级职称专业技术人员17人。年内,资产总额43.2亿元,净资产4.53亿元,完成经营收入8.85亿元,实现利润1760万元,上缴税金7653万元。有东坝基础设施开发建设有限公司、深圳北京酒店、北京迪阳房地产有限公司、北京绿岛白帆俱乐部有限责任公司等权属或参股公司。

地址:东三环北路辛2号迪阳大厦15层

电话:84536699

邮编:100027

(孙　研)

【业务拓展】 6月,与北京颐德房地产开发有限公司、北京中传资产管理有限公司共同出资组建北京东坝文化产业有限责任公司。公司欲依托"北京东坝国际商贸中心"项目发展契机,为将要建成的国际会议会展中心、世界文化主题街区及大型剧院提供全程文化产业链服务。注册资本2000万元,其中北京市朝阳城市建设综合开发公司出资800万元,占40%股权。

(孙　研)

【项目建设】 年内,实现开复工面积109万平方米。12月,豆各庄二期北区12万平方米及驹子房C区15万平方米竣工交用。驹子房一期B区、二期D、F区共57万平方米工程全部实现结构封顶。七棵树项目一期25万平方米基本实现结构封顶。金盏项目1、2号地全部及3、4、5、7、8、9部分地块共109万平方米达到"三通一平"(通临时道路、通临时水、通临时电、土地平整)标准并纳入看护范围。全长17.9千米的温榆河大道上水管线建设工程全部完成,其中DN800段16.4千米管线与市供水管网接通,完成通水工作。

(孙　研)

【安全生产】 年内,对各在建项目及27处地下人防工程、人员密集场所组织各类安全检查28次,发现安全隐患378件,下发整改通知67份,整改率为96%。

(孙　研)

【经营管理】 年内,组织合同会审会25次,审查合同116份,审核预算63项,累计审减金额4600万元。

(孙　研)

【清洁能源改造】 年内,完成六里屯、南小营及绿岛白帆俱乐部有限责任公司的燃煤锅炉清洁能源改造任务,总改造容量达230蒸吨,约占全区年度改造指标的50%。

(孙　研)

【物业管理】 年内,参与全区老旧小区综合整治,范围涉及惠新里、南湖西里、柳芳南里、柳芳北里、十里堡东里、西坝河南里等6个小区共92栋住宅楼,总建筑面积56万平方米。改造内容为外墙保温、外立面粉刷及屋面防水工程等。

(孙　研)

【房改售房】 年内,办理完成91户城镇居民的房改售房,共收房款450万元。

(孙　研)

【薪酬调整】 年内,在保持原有薪酬框架体系不变的前提下,对职工工资总额按照11.85%的增长比例进行调整。调整后,职工岗位工资占其工资总额的47.87%,比调整前提高6.27%。完善岗位绩效工资制度,坚持"按岗位定酬、按资质定酬、按绩效付酬"这一主线,逐步建立起岗位靠竞争、收入靠贡献的动力机制,初步形成岗位能上能下,人员能进能出,工资能增能减的用人制度和分配制度。

(孙　研)

朝阳区建筑工程公司

【概况】 朝阳区建筑工程公司是区属国有建筑企业。截至年底,在职职工336人,200人在岗。专业技术人员99人(高级职称6人、中级职称17人、初级职称76人),国家一级建造师6人,二级建造师15人,工程技术人员55人。年内,产值3.94亿元,开复工面积12.85万平方米,企业资产总额3.56亿元,其中固定资产净额536万元,营业收入21469万元,亏损1374万元,上缴税金717万元。获2011年度北京市建设行业诚信企业称号,东坝驹子房二期F区01#02#03#楼被评为2012年度朝阳杯金奖工程,东坝驹子房二期F区04#08#09#13#14#楼被评为2012年度朝阳杯银奖工程。

地址:花家地金兴路6号楼

电话:64744601

邮编:100102

网址:www.bjcj.com.cn

(王凤兰)

【民生工程】 年初,慰问1596人次,慰问金额47.59万元。年内,为在职职工办理"京卡·互助服务卡"152张;为381名职工办理"安康住院保险",用款1.91万元;为15名职工办理"住院保险"赔付,花费2.19万元。

(王凤兰)

【领导调研】 2月21日,副区长阎军一行3人到公司调研,听取领导班子关于公司总体情况和开发、建筑、市政、装饰、物业工作情况汇报,阎军提出领导班子要以能力建设为核心,认真研究解决困难的办法,带领职工实现企业更好发展。

(王凤兰)

【建设工程】 3月30日,第二项目部承接大郊亭小学教学办公楼改建工程开工,建筑面积2662平方米,地下一层,地上四层,框架结构,造价582.41万元,工期310天。7月4日,第一项目部承接东坝驹子房农民定向安置房二期F09#楼工程开工,建筑面积10849平方米,地下一层,地上十四层,框架剪力墙结构,造价2043.37万元,朝阳城市建设综合开发公司建设,朝建公司第一项目部施工,北京大正建设监理有限公司监理。12月,第五项目部承接郡王府内河畔修缮改造工程开工,建筑面积4300平方米,地下一层,地上一层,框架结构,造价950万元。

(王凤兰)

【"3·24"结核病日宣传活动】 3月22日,在东坝驹子房农民保障房工地举办"3·24世界防治结核病日"宣传活动。活动由区卫生局、区建委主办,区疾病防控中心、区土木学会及朝建公司承办。通过健康咨询、义诊、发放宣传资料、现场有奖问答、免费检查、锣鼓快板、"三句半"等形式宣传结核病防治知识,近百名农民工参与。

(王凤兰)

【职代会暨2012年会】 3月29日至30日,在顺义金航线大酒店召开朝建公司五届七次职代会暨2012年工作会。会议审议通过企业行政工作报告、企业2011年-2013年滚动计划报告、2011年企业招待费使用情况报告。职工代表及中层干部70余人参加会议。

(王凤兰)

【捐款活动】 6月30日,开展公司"共产党员献爱心"活动,捐款7570元。7月,为"7·21"特大自然灾害捐款6180.6元。

(王凤兰)

【法规培训】 7月5日,举办"工资集体协商"法规专题培训。区总工会指导员陈恺主讲,内容为工资集体协商专项合同签订的意义、目的、程序及签订技巧。各项目部工会主席、工会委员及劳资干部20余人参加。

(王凤兰)

【变更企业法人营业执照】 8月27日,企业法人营业执照变更注册号为110105002071174,法定代表人由马印秋变更为张瑞,注册资金由2000万元变更为3200万元。法定代表人名章从9月3日启用。

(王凤兰)

【保持"三个体系"认证注册资格】 9月12日,经北京华夏认证中心有限公司技术委员会审议决定,保持朝建公司质量管理体系、环境管理体系、职业健康安全管理体系认证注册资格。

(王凤兰)

【老旧小区节能保温工程】 年内,承接老旧小区节能保温工程,涉及16个街乡的21个项目、168栋高层及多层楼房,总面积71.03万平方米,总中标价30972万元,占全年产值的62%。

(王凤兰)

【综合治理】 年内,与6个基层单位负责人签订《安全生产责任书》、《社会治安综合治理责任书》、《消防安全责任书》、《治安保卫责任书》。对所属施工现场、幼儿园和出租单位消防安全检查36次,查出治安消防隐患7起,整改7起。更换灭火器70具,新购置灭火器180具,花费金额2.6万元。

(王凤兰)

【安全教育与专项检查】 年内,面向新开工、复工工地的员工开展三级安全生产教育;组织施工管理人员学习《安全生产隐患排查治理暂行规定》,培训500余人次。开展迎"两节、全国"两会"、十八大"安全月活动,冬季、雨季施工中,检查所有工地安全。

(王凤兰)

【经营核算】 年内,投标工程22项,中标16项,签订建设工程施工合同(含协议书、意向书)121份,合同签订金额约4.18亿元,合同草案评审率100%。编制审核工程预决算101项。编制投标预算、报价及审核结算金额约4.07亿元。

(王凤兰)

【培训】 年内,完成高级职业经理、一级建造师、专业技术人员等29项培训,培训1343人次,其中在职培训243人次,劳务队伍入场安全教育1100人次。

(王凤兰)

【企业管理制度建设】 年内,制定《2011-2013年三年滚动实施计划》、《党员教育服务工作实施细则》、《基层党支部工作实施细则》、《企业法人组织章程》、《综合计算工时工作制实施细则》、《关于女职工退休问题的决定》、《企业管理制度汇编》等管理制度。

(王凤兰)

【劳务分包管理】 年内,劳务分包队伍继续坚持月检制度。检查工地16次,发出违章通知书2份,均已整改。与外地劳务队伍签订劳务合同2份,备案劳务人员74人。全年支付劳务费144万元。

(王凤兰)

【法律维权】 年内,处理执行案件9起,各类诉讼案件76起,涉案金额7452万元,避免经济损失650万元。审核各类经济合同61份,书写法律文书180份。

(王凤兰)

【房地产开发】 年内,开发公司实现销售收入4102万元,纳税226万元。其中平谷迎宾花园项目实现销售额800万元,纳税44万元;海拉尔金领佳苑项目实现销售额3302万元,纳税182万元。

(王凤兰)

【物业管理】 年内,物业公司实现房屋租赁收入163.97万元,完成年计划的81.98%,平谷物业管理费收入34.7万元。

(王凤兰)

【东坝驹子房保障房项目验收】 年内,结构"长城杯"、"朝阳杯"验收专家组分别对第一项目部施工的东坝驹子房保障房项目进行二次验收,认为受检工程符合结构"长城杯"、"朝阳杯"规定标准,同意该项目通过验收。该项目也通过市住房城乡建设系统绿色施工文明安全工地二次验收。

(王凤兰)

【解决职工供暖费遗留问题】 年内,核查职工房产,发放166名职工供暖费及28.37万元清洁能源补贴,其中彻底解决7名职工供暖费遗留问题,发放资金5.97万元;解决9名职工部分供暖费遗留问题,发放资金2.53万元。

(王凤兰)

田华建筑集团公司

【概况】 田华建筑集团公司是国家一级资质建筑施工企业,履行对朝阳区农口建筑业管理、服务的协调职能。内设工程科、技术科、质监科、安全科、经营科、财务科、培训科、宣传科、企业管理办公室、标准化管理办公室、人力资源管理办公室、行政办公室、党办。在职人员80人,退休人员34人。年内,签订施工合同170项,合同金额65亿元。完成总产值42亿元,实现开复工面积528万平方米,上缴利税1.5亿元。获北京市"结构长城杯"奖13项,其中田华十五公司4项,田华五公司3项,田华二公司、四公司、六公司、八公司、九公司和十六公司各1项;获市级安全文明工地9项,其中田华四公司4项,田华七公司3项,田华五公司和昊阳五公司各1项。五项QC成果获2012年北京市工程建设质量管理小组优秀奖。其中田华四公司2项,二公司、十五公司、十六公司各1项;19项工程获"朝阳杯"奖;被评为"2012年全国保障性安居工程质量安全管理先进单位";连续3届获评"北京建设行业诚信企业",被北京市建筑业联合会授予"北京建设行业AAA信用企业",通过AAA资信等级复审和三大体系认证复审。

地址:金台里乙25号楼

电话:85994451

邮编:100026

(吴　国)

【老旧小区改造工程】 年内,承接93万平方米老旧小区改造。成立集团、分公司、项目经理部三级领导小组,落实岗位责任制,执行倒排工期,质量、安全监督部门每周至少巡查各项改造工程一次,发现问题及时提出,并监督整改到位。

(吴　国)

【引进人才】 年内,逐步落实《人才储备方案》,直接投入资金过百万,集团及各分公司招聘各类专业人员近百人。

(吴　国)

【业务培训】 组织各分公司开展继续教育,及时学习新规范、新标准。举办施工管理、工程创优、技术应用和取证班等各类培训10余次,参训专业技术人员近2000人次。组织各分公司科室主要负责人和项目管理人员参观考察和现场观摩活动。

(吴　国)

【安全管理】 年内,与各分公司签订《安全质量责任书》,制定《加强和规范内部管控体系文件》,明确项目管理、合同、劳务、财务等方面职责和权限,规范管控流程。

(吴　国)

【安全联合检查】 年内,组织分公司联检,检查在建工程近50项,总面积超过400万平方米。特别是在"7·21"特大暴雨中,立即启动防汛应急预案,落实汛期安全生产措施,有效避免施工现场突发事故。在十八大期间组织各分公司开展安全联合大检查。根据冬季施工特点,重点检查临时用电、脚手架、安全防护、机械设备、消防、食堂、民工宿舍等安全情况。

(吴　国)

【第二届职工运动会】 5月27日,在北京市城建学校举办田华集团第二届职工运动会,各分公司职工参加。运动会设竞技赛和趣味赛。对团体、个人竞技比赛和趣味赛前3名分别颁发奖状和奖品,并设立团体优胜奖和团体最佳组织奖。

(吴　国)

国 土 资 源

【概况】 北京市国土资源局朝阳分局(简称“市国土局朝阳分局”)作为北京市国土资源局派出机构,负责组织实施本行政区域内土地、矿产资源行政管理工作。内设8个职能科室,下属8个事业单位。全局有正式在编人员118人,平均年龄39岁。公务员32人,机关工勤2人,事业编制84人。具有大学本科以上学历的干部87人,占干部总数的74%。

地址:奥林匹克森林公园北园

电话:88982879

邮编:100107

(井 鹏)

【干部队伍建设】 年内,新任正处级干部1人,向区委区政府推荐任用80后副处级干部1人,新任科级干部13人,其中正科级领导职务2人,副科级领导职务7人、科级非领导职务4人,面向社会组织招聘事业单位工作人员4人。

(井 鹏)

【政府土地储备开发】 年内,启动小红门、十八里店、王四营重点村整治工作。土地储备项目(包括东南三乡)实现住宅腾退约1080户,约31万平方米,实现非住宅腾退290余家,约94万平方米;取得征地批复4宗(孙河组团、东坝南区、东坝2号地、东坝国管局用地),总征地面积4.9955平方千米,对接转居安置指标13931人;先后与14家国有土地使用单位共计19个地块就收储事宜达成一致意见;与12家国有单位共计16个地块签订收储协议,涉及土地面积182亩,涉及收储补偿金额8.6亿元;修建完成4.26千米城市道路及路下管线;完成4所学校的148万平方米配套建设,是全市第一个由土地储备中心为主体组织实施的教育配套建设。

(井 鹏)

【建设项目用地预审】 年内,调整建设用地预审工作程序。完成建设项目用地预审71件,涉及土地面积478.85万平方米,其中国有土地417.29万平方米、集体土地61.56万平方米。

(井 鹏)

【土地划拨审批】 年内,办理划拨批复12件、用地面积77.50万平方米,划拨决定书8件、用地面积56.74万平方米,建设用地批准书2件、用地面积1.74万平方米。完成代征绿地移交手续5件,涉及占地面积21.36万平方米。

(井 鹏)

【征收及农转用项目用地管理】 年内,受理集体土地征收前期工作申请5个,用地总面积88.08万平方米;受理农用地转为建设用地前期工作1个,用地总面积3.25万平方米;办理建设项目征地结案5件,用地总面积339.85万平方米。梳理朝阳区2005—2011年度取得征地批复的征地项目,其中结案的征地项目92个,共征收集体土地1842.118万平方米,安置转非劳动力14385人、超转人员6591人,征地费用总计136.48亿元。

(井 鹏)

【签订耕地保护责任书】 年内,制定《北京市朝阳区地区办事处(乡政府)耕地保护责任目标考核办法》,完成年度区、乡及乡、村两级《耕地保护目标管理责任书》签订,共涉及14个乡、79个村。

(井 鹏)

【编制土地综合整治项目】 年内,上报土地综合整治项目5个,建设总规模132.13万平方米,拟新增耕地115.21万平方米,完成3个整治项目的系统报备工作。

(井 鹏)

【土地供应】 年内,公开供应一般经营性用地9宗,供地体量约80万平方米,其中成交一般经营性用地6宗,供地体量约35.72万平方米。建设用地面积约23.98万平方米,建筑规模约47.26万平方米,成交价约61.11亿元,实现政府土地收益约15.84亿元。推进保障房项目供地工作,完成供地项目6个,供应土地面积约194.59万平方米。推进东坝外交部项目、和平村项目、总装项目及社科院、中组部等项目服务保障,保证重大项目落地。

(井 鹏)

【地籍管理和土地登记】 年内,累计完成国有土地使用权登记3450宗,包含驻京军队、在京中央单位、保密单位、区土地储备用地,占全市43%。办理国有土地抵押登记1873宗,占全市34%。涉及贷款金额1900.75亿元,占全市31%。

(井 鹏)

【农村土地确权登记颁证】 年内,完成集体土地所有权外业权属调查、指界签字、外业测绘及确权登记颁证工作,涉及集体土地所有权宗地1163宗,面积179.69平方千米。填制地籍调查表2317宗,绘制宗地草图2317幅,张贴公告1150宗。发出确权指界通知书1379份。组织51个相邻国有用地单位进行指界签字,填制地籍调查表874份。有权属争议宗地217宗,其中涉及集体土地所有权争议宗地132宗、集体土地所有权宗地与国有土地使用权宗地之间的权属争议85宗,解决权属争议204宗。截至年底,全区农村集体土地确权登记颁证工作调查率100%、确权登记率98.88%,通过市级验收。

(井 鹏)

【国土资源执法】　年内,依法查处土地违法案件。立案 95 件,下达《行政处罚决定书》104 份,涉及土地面积 99.962 万平方米,收缴罚款 695.69 万元,没收建筑物面积 31.80 万平方米,拆除建筑物 32.18 万平方米。处理全区新增违法用地 66 宗,其中按非立案拆除或清理处理 17 宗,面积 14.5653 万平方米。按立案处理 49 宗,面积 41.2667 万平方米。调查清理全区 15 家高尔夫球场用地情况,对其中 11 家下达《国土资源行政处罚决定书》,收缴罚款 5857.57 万元。对占用耕地的部分用地,整改完毕,全部复耕。摸底调查全区小产权房情况,未发现存在 2008 年以后在建在售小产权房。

（井　鹏）

【土地批后监督管理】　年内,梳理 2007—2012 年国有土地出让在建项目 139 宗,核查出让未开工项目 54 宗,督促其中涉嫌闲置的项目尽快开工。执行外业巡查制度,累计外业巡查 430 余次,核实地块情况 400 宗次,其中 5 宗涉嫌闲置地块已开工。

（井　鹏）

【地质矿产管理】　年内,修订《朝阳区突发性地质灾害应急预案》,建立健全汛期值班、地质灾害报告制度。调查处理非法采矿信访问题 8 件,发现制止非法采砂问题 4 起,完成建设项目用地地质灾害危险性评估备案 21 件,建设项目压覆重要矿产资源核查 6 件。抽查 8 家地质勘查单位。完成 11 家探矿权项目年检,纠正 2 家未按时开工的勘探项目。配合市局现场核查 4 家报废地热井,完成登记注销工作。

（井　鹏）

房　屋　管　理

【概况】　北京市朝阳区房屋管理局挂北京市朝阳区人民政府住房保障和改革办公室、北京市朝阳区人民政府房屋征收办公室牌子,是负责全区房屋行政管理、住房保障和住房制度改革以及房屋征收与补偿工作的行政机构。主要职责为贯彻执行国家及北京市有关房屋管理、住房保障、住房制度改革、房屋征收的法律、法规和政策;负责全区房屋登记管理工作;负责全区房屋市场管理工作,承担全区房地产经纪活动监督管理责任等。有机关行政编制(公务员及机关工勤)65 名;工资规范单位 4 个,人员编制 158 人;全额拨款事业单位 10 个,人员编制 86 名;差额拨款事业单位 9 个,人员编制 1665 名;自收自支事业单位 5 个,人员编制 299 名;企业 1 个。有在职职工 1028 名(其中在岗职工 935 名),离、退休职工 1635 名,科级以上干部 116 人。年内,按照“加强行政管理、做好服务工作、确保安全稳定、努力增收节支”工作方针,贯彻落实区委、区政府要求,较好完成了房屋拆迁、物业管理、房屋管理、住房保障等民生服务工作。获 2011 年首都文明单位、北京市住房城乡建设系统模范执法示范岗、十八大安保专项行动先进单位、信访矛盾纠纷排查调处工作先进单位、维稳情报信息报送先进单位、区政府信息公开工作先进单位等称号。

地址:三里屯南 56 号
电话:64186060
邮编:100027
电子邮箱:fgj64186060@126.com

（唐　珺）

【保障性住房管理】　年内,保障性住房初步形成“租售并举,以租为主”的保障模式。组织保障性住房配租配售 8 批次,其中廉租住房 1 批,公共租赁住房 2 批,经济适用住房 1 批,限价商品住房 4 批;配租配售保障性住房 8085 套,超额完成市政府下达的工作指标,其中廉租住房 232 套,公共租赁住房 1502 套,经济适用住房 867 套,限价商品住房 5484 套。入住的公共租赁住房家庭中有 927 户家庭符合租金补贴申请条件,发放公共租赁住房租金补贴 147 万元。

（唐　珺）

【房屋权属登记管理】　年内,执行“限购令”,使用身份证识别器查验申请人身份证真伪,加大房屋登记质量抽检力度;使用“声明书”代替新建商品房网签合同办理房屋登记,减轻房屋登记档案存储压力。完成各类房屋登记 17.39 万件,其中存量房屋买卖登记 4.2 万件。

（唐　珺）

【房屋拆迁和征收管理】　年内,重点推进翠成经济适用房四期项目、和平一二三村土地储备项目、地铁十四号线与六号线甜水园换乘站等项目拆迁工作。翠成经济适用房四期项目被拆迁居民于 8 月全部完成搬迁。加强检查、巡视及滞留项目现场管理,制定补偿安置方案,完成裁决资料的准备工作。北京市垂杨柳医院改扩建项目、北京市地铁 10 号线二期宋家庄停车场工程、人民日报社报刊综合业务楼建设项目、国家计算机网络与信息安全管理中心机房楼项目经区政府同意均纳入征收范围。

（唐　珺）

【物业行业管理】　年内,开展物业服务企业“等级评定及三优评选”工作,对辖区内 238 个申报“优秀”的物业服务项目及项目负责人进行承接验收、岗位职责及制度设定等 26 个大项 187 个小项的专业检查考评，最终评选优秀企业 46 家，优秀物业服务住宅项目 142 个，优秀物业服务住宅项目负责人 30 名。对全区注册的 483 家物业服务企业进行等级评定，评出 A 级企业 18 家、B 级企业 39 家、C 级企业 317 家、D 级企业 109 家。

（唐　珺）

【房地产经纪机构管理】　年内，召开朝阳区房地产经纪机构规范服务工作部署会，以“一书两查三重点”形式（“一书”即与各机构签订《房地产经纪机构房屋租赁经纪责任书》，落实安全责任；“两查”即日常巡查与备案前现场检查相结合，对不认真贯彻落实政府相关规定的不予备案，对日常巡查中发现的违规行为坚决查处；“三重点”是对投诉较为集中的重点机构、房屋租赁中的重点问题、十八大相关的重点地区，会同公安、工商等部门开展联合执法行动）加强行业监管，采取告诫、约谈、政策宣传等方式规范其经营行为。针对群众投诉较多、未按规定进行资质备案等经纪机构，开展各项整治检查活动和联合执法行动，整改经纪机构恶意网签、拒不配合等行为。受理房地产经纪机构（分支机构）备案 1043 件，受理投诉 1500 起，同比减少 13%，为群众挽回经济损失 160 万元。受理商品房预售许可证申请、延期申请 100 个，预售资金监管项目 45 个。

（唐　珺）

【房屋修缮及节能改造】　年内，完成新源里西 11 号楼抗震节能综合改造试点项目，解决顶层住户“夏季不隔热、冬季不保暖”问题；完成 86 幢 49.5 万建筑平方米节能改造项目，受益居民 8000 余户；对 165 部电梯实施远程监控改造工程，实现电梯 24 小时不间断运行；完成 50 幢 3.98 万平方米楼房防水，16 间 342.6 平方米平房挑修，4 间平房新作顶棚，109 幢 2278 平方米楼房补漏，52 处厨房、厕所及地下室渗漏维修，6 部电梯改造，7 部电梯大修。

（唐　珺）

【城镇房屋与设备普查】　年内，出动查房小组 794 个、2081 人，普查城镇房屋与设备，实查房屋 10418.34 万平方米、电梯 15889 部、二次供水设备 7884 台、避雷设备 29760 个，查出城镇房屋严重积水区域 58 处。

（唐　珺）

【地下室管理】　年内，组织联合执法 112 次，检查普通地下室 380 处，下发责令改正通知书 133 份，关闭住人普通地下室 18 处，指导全区各街乡巡查普通地下室 20997 处，处罚 84000 元，完成普通地下室备案 135 件。

（唐　珺）

【房屋安全管理】　年内，检查全区 356 处（共 346.83 万平方米）玻璃幕墙，督促产权单位维修存在安全隐患的 14 处（共 43.44 万平方米）玻璃幕墙。检查全区 148.3138 万处空调机架，存在问题机架 10.1644 万处，修复 8.2133 万处。审核商品住宅专项维修资金 4961.03 万元，涉及业主 46713 户。核准使用 66 个住宅项目的 332 个工程项目。

（唐　珺）

【房屋行政执法】　年内，完成各类房屋行政执法检查 4270 次，出动 11863 人次，下发责令改正通知书 584 份，立案 190 件，作出行政处罚 179 件，罚款 185.5 万元。

（唐　珺）

【信访维稳】　年内，修订、完善《朝阳区房屋管理局信访工作实施意见》，制定《朝阳区房屋管理局信访工作管理办法》。成立信访维稳工作领导小组，制定《十八大期间信访工作方案》，采取包案分工方式化解矛盾纠纷。接待群众来访 1309 批次，接受政策性咨询、解答 3440 人次，处理群众来信 658 件。

（唐　珺）

公　用　事　业

供　电

【概况】　朝阳供电公司是北京市电力公司直属供电企业，担负朝阳区工农业生产、政府部门、各大商户及居民生活供用电任务，供电区域 470.8 平方千米。负责辖区内 110 千伏及以下电网建设、调度、运行、10 千伏及以下电网检修维护、应急抢修和营销服务工作，担负市内约占全市三分之二的星级饭店、外国驻华使馆区、奥运中心区、中央商务区、大型商业区、工业、农业、涉外企业及居民生活等电力供应，保证地区安全可靠供电和政治供电任务。设置 11 个职能部门，业务支撑与实施机构 2 个，职能部门下设班组 9 个，检修中心与运维检修部合署办公，客户服务中心与营销部合署办公，运检部、营销部下设班组 44 个。全民所有制在册职工 518 人，集体所有制在册职工 68 人，社会化用工 1043 人。具有高级职称 39 人，中级职称 93 人，大学毕业及以上 338 人，大学专科毕业 552 人。年内，获首都文明单位标兵、朝阳区创建全国文明城区工作突出贡献单位、华北电力公司系统先进工会、北京市质量管理小组活动优秀企业、北京市电力公司先进单位、北京市电力公司文明单位等称号。截至年底,售电量150.86亿千瓦时,同比增长7.98%。管辖110千伏变电站41座,35千伏变电站3座,安装主变127台,主变容量5935.8兆伏安。10千伏开闭站219座,小区配电室1739座、箱式变压器486座。配电变压器4351台,变压器总容量3457390千伏安。10千伏架空线路278路,线路总长度2215.7千米;低压架空线路3520千米。10千伏电缆8360条,总长4304.7千米,低压电缆25016条,长度3755.1千米。

地址:关东店24号

电话:63661136

邮编:100020

(欧阳昕倩)

【电网规划】 年内,开展保障性住房、轨道交通等民生工程前期工作,完成酒仙桥220千伏变电站易址工作。持续改善电网建设外部环境,启动110千伏输变电项目前期23项,签署协议19项,完成项目可研16项。滚动调整电网发展规划,优化投资和建设时序,落实2012年固定资产投资计划,涉及项目93个,投资规模5.8亿元。

(欧阳昕倩)

【服务“十大发展基地”建设】 年内,建立地区规划与电网规划联动机制,编写《朝阳区“十大发展基地”配套电力规划专题报告》。通过“十大发展基地”配套规划解决电网“卡脖子”问题,提高供电能力。优化电网结构,制定电网结构优化调整方案,提高两级配电网供电可靠性。

(欧阳昕倩)

【电网建设】 年内,楼梓庄110千伏输变电工程和三元110千伏扩建工程等8项工程按期建成投运。完成四惠等5座充(换)电站建设,新装充电桩114个。黄杉木店二期扩建工程在施工中。国贸、马泉营、望京东三项110千伏变电站工程获国家电网公司优质工程称号,工程创优率100%。

(欧阳昕倩)

【安全生产】 年内,开展隐患排查治理,发现、整改各类问题210件,治理事故隐患34项,隐患治理完成率100%。开展电网薄弱环节分析,加强运维检修力度,完成主网176项变电站设备检修;完成17条架空线路清扫和4条架空线路防雷改造及综合整治;完成80台配电变压器检修及35台重载变压器临时分装工作;完成97个台区低压线路改造更换任务;完成变电站调控一体化接入工作,调控接入率100%;完成AVC系统上线,实现朝阳地区43座变电站全覆盖。

(欧阳昕倩)

【“安全年”活动】 年内,开展“安全年”活动。以“大安全”理念为指导思想,围绕“三集五大”(人、财、物集约化管理和大规划、大建设、大运行、大检修、大营销)体系建设,从安全生产、建设质量、队伍稳定、优质服务、依法治企、品牌建设等方面采取措施,健全并落实安全生产责任制,开展隐患排查、深化安全管理过程评价和风险管控、状态检修等工作,保证公司安全生产。

(欧阳昕倩)

【政治供电保障】 年内,完成63项政治供电保障任务,保电天数198天,参与保电人数10800人次,完成3个百日安全生产长周期,实现政治供电“零闪动”、安全生产“零死亡”目标。3月1日至16日全国“两会”保电期间,按照一级供电保障标准,累计出动保障人员3996人次、1230车次。10月31日至11月16日,开展十八大供电保障工作,投入保电保障人员6054人次、保障车辆1070辆次、应急抢修队伍33支、抢修人员3690人次、抢修车辆810辆次。

(欧阳昕倩)

【应对恶劣天气】 7月21日,应对北京特大暴雨,投入抢修车辆104辆,完成43座变电站、30座重点防汛开闭站与配电室、30路防汛重点路的隐患排查,完成各类报修230余件。11月4日,应对强降雪,出动保障抢修队伍21支、保障抢修人员1200余人、各类抢修车辆100余辆,处理故障12起。

(欧阳昕倩)

【春检工作】 3月1日至6月30日,实施13项度夏大型技改,实施石佛营和棕榈泉开闭站切改、48台柱上变压器分装、50座农网配电室改造以及5座老旧小区低压线路改造工程,保证电网安全度夏。

(欧阳昕倩)

【防汛工作】 年内,制定《防汛保障工作方案》,梳理防汛重点设施及单位电源基本情况,落实以行政领导负责制为主要内容的防汛责任制,做好电力设施安全度汛各项准备工作,并为区内各防汛重点设施、单位及防汛重要客户内部提供电力保障。

(欧阳昕倩)

【营销服务】 年内,开展“塑文化、强队伍、铸品质”供电服务提升工程,针对CBD、驻华使馆等269户重要用电客户实施差异化服务。开展第三方评价活动,提高营销服务管控能力。完成15个保障性住房和5个轨道交通项目工程接电工作。加强居民阶梯电价政策宣传引导,建立突发事件联动应对机制。提升风险管控力度,提炼出4类、17项、26个风险点,制定风险点防范措施,防控营销服务风险。加大电费催缴力度,完善客户信用等级评价体系和电费风险预警机制,回收欠费900余万元。开展警企联动,有效打击窃电及违约用电行为,完成违约使用电费909.66万元追缴。推进用电信息采集系统建设,完成8万具表计装换任务,智能表抄通率99.07%,二次下发成功率99.94%。深化“百日攻坚”活动,加大增供扩销力度,累计完成接电容量142.88

万千伏安,完成节约电量5800.34万千瓦时,节约电力1.15万千瓦。

(欧阳昕倩)

【老旧小区改造】 年内,完成老旧小区配电设施改造工程8项,新建箱变4座,新装及更换315千伏安柱变6台,敷设10千伏电力电缆5.2千米、低压电力电缆14.6千米,安装计量表计2852具,惠及居民3700余户。

(欧阳昕倩)

【共产党员服务队】 年内,开展暖心、放心、连心、舒心"四心"工程,推进"六进三送"活动。与31个社区挂牌联建,与147户孤残用户确立帮扶关系,开展3所儿童福利院(儿童希望之家、新运弱智儿童养育院、天使妈妈儿童福利院)、11所农民工子弟小学(安民小学、同心希望小学等)、3所社会福利院(北京市第一社会福利院、东方博爱社会福利院、来广营乡老年乐园)三类公益性客户用电服务,累计开展活动556次,惠及群众1.8万人次。党员服务队被推荐为"全国能源化学系统工人先锋号",队长王小宁被评为"2012年度北京好人",同时被推荐为"首都精神文明建设奖"候选人。

(欧阳昕倩)

【经营管理】 年内,梳理制度753项;梳理公司适用标准4194项,其中涉及业务流程691项。编制全部供电公司级24项管理标准,绘制管理流程54个,编制营销专业工作标准82项。

(欧阳昕倩)

邮 政 通 信

【概况】 北京市东区邮电局(以下简称东区局)是北京市邮政公司(以下简称市公司)直属二级通信企业。承担北京市东城、朝阳两个行政区域505平方千米400余万人口的邮政通信服务工作。区局机关设办公室、党群工作部、人力资源部、计划财务部、运行维护部、市场经营部、监督检查与安全保障部、监察室、工会。下设邮票公司、报刊发行分局、商函分局、代理金融分局、电子商务分局5个专业公司。另有账务中心、大客户中心、培训中心等支撑部门。经营和代办经营的主要业务包括:国内、国际函件(如信件、商函、印刷品等),国内、国际包裹,国内、国际特快专递,国内报刊订阅、零售、集邮业务及邮品制作,邮送广告及邮政商函制作、邮政物流、邮政电子商务、代理保险、邮政储蓄、邮政汇款及以代销(如基金、债券等)、代收(如水、电、燃气费等)、代发(如退休金、工资等)为主的邮政金融业务。下辖32个邮政支局,144个邮政所,信筒信箱468个。辖区内每一邮电局所平均服务面积6.56平方千米,服务人口2.26万人。年内,从业人员2591人,人均劳动生产率24.67万元。固定资产总额2.94亿元,资产净值1.42亿元。完成业务收入8.79亿元,高效收入6.36亿元,收支差额完成2.43亿元,全员劳动生产率24.67万元。连续九年获"首都文明单位标兵"称号,被区委、区政府授予"朝阳区创建全国文明城区工作突出贡献单位"。东区团委获评北京市"五四红旗团委",东四邮政支局党支部被授予北京市国资委系统学习型党组织建设示范点,东四邮政支局营业组获北京市青年文明号服务创新大赛一等奖,陈兰颖当选北京市十一次党代会代表。慈云寺邮政支局李恩波代表北京市邮政公司参加第三届全国邮政通信特有职业技能竞赛,获团体第四名和个人优秀奖。

地址:金台北街6号

电话:65006003

邮编:100026

电子邮箱:dq-post@126.com

(胡丹丹)

【雍和宫推出新春祈福幸运封】 1月6日,雍和宫与北京市东区邮电局联合推出新春祈福有奖幸运封,这是雍和宫第四枚新春祈福幸运封。"雍和宫新春祈福幸运封"是在中国邮政有奖幸运封基础上,专为雍和宫设计的贺卡式幸运封,每枚均配有收藏证书,编号为000001号幸运封被中国邮票博物馆收藏。

(胡丹丹)

【服务重要活动】 年内,在全国"两会"期间,为首都大酒店、内蒙古大厦、北京饭店、贵宾楼、京东宾馆、汉华国际酒店、歌华开元大酒店、北京国际饭店、北京会议中心、河南大厦、广西大厦等驻会网点参会代表、委员及随行人员提供服务143次、出车125次,收到表扬信28封,收寄"两会"封31.22万件、包裹715件、特快专递695件,出售邮册1.53万册,创收1624.09万元,同比增幅9.03%。第二届北京国际电影节期间,现场设立3个临时邮局,为电影节制作两枚纪念封、"第二届北京国际电影节"专用纪念戳以及多种影视艺术题材邮品。在首届中国(北京)国际服务贸易交易会期间,现场提供信函、包裹、特快专递等收寄服务,出售各种与服务贸易领域相关题材的集邮产品,为参展单位制作个性化邮品,免费加盖风景日戳和纪念戳。为京交会制作主题邮折和纪念封各5000枚,个性化邮册3650册。北京市第十一次党代会期间,选派员工驻场提供邮政服务。北京市第十三次团代会期间,选派青年文明号班组负责人及优秀青年员工服务大会。十八大期间,为首都大酒店、北京国际饭店、北京饭店住宿代表提供服务200余人次,收寄大会封、包裹、特快专递等邮件2万余件,出售首日封、纪念封37万枚,邮册(折)2.2万册。收到大会和代表表扬信、感谢信、题词32件。北京国际邮票钱币博览会期间,设立临时邮局提供邮政服务,准备50余种特色邮品,加盖"福邮局"纪念戳。首届北京国际动漫节期间,设立临时邮局提供邮政服务,制作动漫明信片。

(胡丹丹)

【"双学双促、创先争优"座谈会】 2月3日,东四邮局党支部与交通运输部道路运输司党支部举行"双学双促、创先争优"学习型党组织建设交流座谈会。交通运输部党组成员、纪检组长、部直属机关党委书记杨利民出席会议。

(胡丹丹)

【领导调研】 3月22日,市委副书记、市政协主席、市委政法委书记王安顺调研什刹海地区,参观大清邮政信柜,试盖"大清邮政"邮戳,接受邮政工作人员赠送的"北京精神"明信片。

(胡丹丹)

【市领导慰问】 6月29日,市委副书记、市政协主席、市委政法委书记王安顺慰问服务市党代会的邮政工作人员。8月21日,团市委副书记杨立宪到市团代会邮政服务驻点慰问邮政工作人员。

(胡丹丹)

【公安部领导调研】 10月12日,公安部治安管理局副局长马维亚调研东区邮局网点安防工作。在建内大街邮电局观看包裹收寄流程,询问禁寄物品查验情况以及化工产品收寄种类。

(胡丹丹)

【推出"U·信"服务】 年内,将二维码技术与直邮产品相结合,研发出直邮产品——U·信。受信者通过扫描信封上的二维码,与邮政客户实现网上互动。

(胡丹丹)

【成立"中国福"邮局】 4月27日,中国首家"中国福"邮局在恭王府开业。该邮局为游客提供国内外寄送、邮资票品出售以及定制邮品等个性化服务,并运用邮政独有的"戳"文化元素,特别设计"中国福(临)"日戳、"天下第一福"、"水寿亭"风景日戳,供游客加盖。推出"福"字邮资明信片、"天下第一福"邮折等邮政文化旅游产品。

(胡丹丹)

【通过ISO9001质量管理认证资格】 7月2日至4日,环通认证公司审核东区邮局ISO9001:2008质量管理认证资格,获准延续ISO9001:2008认证资格。

(胡丹丹)

【来广营邮电所重新开业】 6月27日,来广营邮电所重新开业,开办邮政寄递类业务、集邮业务、金融业务及报刊收订、零售等业务。

(胡丹丹)

【北双桥邮电所开业】 9月18日,北双桥邮电所开业,开办收寄信函包裹、速递物流、汇兑、代收水电费、邮政贺卡、邮政储蓄等业务。

(胡丹丹)

【金融高端客户系统上线】 10月,金融高端客户系统正式上线,该系统由东区局用时一年多自主研发,可实现对价值客户的动态管理,增强从产品销售到售后服务等诸多环节的管理与控制。

(胡丹丹)

【朝阳区村邮站投入使用】 10月底,朝阳区19个乡84个村邮站正式投入使用,123名村邮员持证上岗。

(胡丹丹)

【创新功能型贺卡产品】 年内,与茶文化结合,通过"茶+贺卡",传递"亲手奉上一杯茶"贺卡情谊。产品形式设计为"星期茶套装",一周5天工作日,5张图案不同的贺卡,5种不同口味的茶包;制作"U盘"贺卡。在贺卡中嵌入U盘,主要用于企业定制,根据客户需求定制U盘中存储的内容,以及二维码植入等。

(胡丹丹)

【开发"福"有奖明信片】 年内,以恭王府花园内"天下第一福"为主题元素开发"福"有奖明信片,运用清代康熙、雍正、乾隆、嘉庆、道光5位皇帝亲笔御书的"福"字设计,突出体现"纳福藏瑞、祈福迎祥"的中国传统文化。圣诞、元旦和春节三个时点开启与"福"有奖明信片配套的福邮箱,加盖中国福邮局日戳及五福纪念戳进行邮寄,增强明信片的时点性和长效性。

(胡丹丹)

【开发诺贝尔文学奖纪念明信片】 12月10日,中国作家莫言在2012年诺贝尔文学奖颁奖现场,向瑞典科学院赠送一套精装版的《莫言文集》,文集内夹着一枚由东区局开发的"莫言获得诺贝尔文学奖纪念"邮资明信片。该明信片正面是莫言照片,背面盖有"中国作家莫言荣获诺贝尔文学奖"纪念戳,是莫言获得诺贝尔文学奖唯一官方纪念品,此枚明信片1.5万张,与精装版《莫言文集》随书赠送。

(胡丹丹)

【金融业务】 年内,累计实现业务收入2.1亿元。金融余额18.93亿元,完成126.79%。时点余额净增14.47亿元,余额规模120亿元,58个金融网点点均余额规模超过2亿元。新增代理保费1.32亿元,期缴保费占比59%。中邮保险4792万元,中邮占比45%;中邮期缴保费1096万元,率先完成全年中邮期缴指标。个金余额净增、理财销售两项净增额绝对值列城区局首位。理财经理累计业绩8.5亿元,同比增长83%,近半数理财经理业绩在千万元以上。

（胡丹丹）

【邮务类业务】 年内，累计实现业务收入5.79亿元。函件业务实现业务收入2.29亿元。集邮业务实现业务收入2.58亿元，同比增长3.77%。个性化邮票、企业年册、企业专题册分别完成1924万元、1679万元、6747万元。新邮预定套票完成7.4万套，预订年册完成2.3万册。报刊业务累计实现收入5520万元。2013年度报刊收订流转额实现2.21亿元，同比增长6.87%。电商业务累计实现业务收入1827万元，同比增长21.15%；短信业务收入785万元，同比增长18.18%；销售机票11.5万张，同比增长15.5%。

（胡丹丹）

【速递物流业务】 年内，速递物流业务结算后收入2776万元。

（胡丹丹）

【营销项目闭环式管理体系】 年内，整合建立以BIU团队、直邮团队为主体的平台支撑体系，以大客户中心为主体的项目支撑体系，以专业局设计、报审团队为主体的环节支撑体系，构成由区局、专业局、大客户中心共享的项目支撑管理体系，形成营销项目从挖掘、发起、提升、支撑、分析、改进的精细化闭环式管理体系，营销立项2958个，同比增长11%，其中赢单1449个，成单率49%，同比增长8%，25个项目获市公司“营销成果奖”及“营销创新奖”。

（胡丹丹）

【实行“项目接待日”制度】 年内，将每周一确定为“项目接待日”，主管相关业务的副局长、市场部、大客户、专业局以赢单为目的，开展针对性项目研讨，对支局进行支撑，确实解决支局在项目营销中遇到的问题和困难。

（胡丹丹）

【搭建产品研发平台】 年内，搭建邮政文化创意研发平台，形成以天安门邮局、大清邮政、中国福邮局为品牌的邮政文化创意产品研发、生产、销售链条。

（胡丹丹）

【CBD区域营销平台】 年内，立足CBD区域市场及客户资源，提升全营销支局的运营模式，树立邮政CBD高端商务服务品牌，为客户量身定制个性化邮政服务产品，研发“好易邮”、三星按效果付费、CBD班车广告等平台型业务。

（胡丹丹）

【设立“直邮走训班”】 年内，设立“直邮走训班”制度，以团队融入、贴身培训的模式，分6期对27名营销员进行培训，在实战中学习陌生拜访、客户甄选、需求分析、方案策划、沟通引导、实施执行等技巧，27名营销员均成为所在营销团队主力。

（胡丹丹）

【掌握客户动态信息】 年内，通过考核机制和分析通报制度，加大协议客户、大客户开发力度；通过提供重点服务、综合服务，激活睡眠客户等形式，改善客户增长乏力的局面，新增协议客户1000户。加强资源客户信息收集，实现资源客户信息3.5万条，制定资源客户共享机制，使资源客户成为促进经营发展的动力。

（胡丹丹）

【调整修订全员绩效考核办法】 年内，精简指标体系，设置收入规模、收支差额、资金管控、劳产率、专业管控和营销体系建设六大指标；突出营销体系建设，重点加强营销项目支撑、推进、监控和考核；加强资金管控，结合支局报账实际情况，重点加强营收资金上缴管理力度，依据北京市邮政公司内部借款实施细则强化各单位资金预算，合理安排资金支出；充实加分指标内容，突出正向激励机制，引导各单位提高营销收入和金融业务收入占比，扩大收入规模，合理调整工效挂钩比例，提高对一线员工的激励水平。

（胡丹丹）

【调整工效挂钩办法】 年内，加大与关键效益指标挂钩力度，并增设效益贡献奖。加大专业局与支局挂钩力度，对商函、集邮公司新增“全区本专业支局累计高效收入”挂钩指标替代“本单位高效收入”挂钩指标。

（胡丹丹）

【完善员工福利保障制度】 年内，为全局1412名合同制员工建立企业年金，缩小了员工退休前后的生活收入落差，完善了企业薪酬福利结构。

（胡丹丹）

【规范服务管理】 年内，实施《营业厅规范管理方案》，从营业厅类型、局所产权属性、网点业务构成三个方面梳理全局159个营业网点，优选出营业厅环境示范网点和达标网点。加强网点宣传广告、标识、标牌管理，建立专业间协调沟通机制，规范宣传品张贴上报审批制度。

（胡丹丹）

【精细财务管理】 年内，完善支局盈利能力考核，加强日常消耗型成本费用的定额管理，出台《东区邮电局库存定额限量管理办法》。深化网点损益核算。闲置场地对外出租或调配到其他支局使用。强化资金控制，以各单位实际收现情况安排报销进度。强化业务资金管理，重点加大业务资金回笼情况检查和考核力度。

（胡丹丹）

【安全防范建设】 年内，开展平安邮政创建活动；推进安全教育“五个一”工程（每年组织一次基层安全宣传教育骨干培训班；每月以基层为单位，举办一次专题知识讲座；举办一期安全宣传教育黑板报；组织开展一次全局安全演讲比赛；每个基层单位举办一次安全演练），做到全员培训；开展百日安全生产大检查；强化安防基础建设，改造29个金融网点联动门，修缮19个局所消防设备，完成42个网点消防证取证。

（胡丹丹）

【优化人力资源配置】 年内,盘活人力资源 99 人,储蓄人员占比由 15%增至 19%;实行营销员零业绩淘汰制,40 名营销员退出补充到其他岗位,择优选用新营销员 13 名;金融网点理财经理配备到位,专职队伍 61 人。

(胡丹丹)

【员工培训】 年内,以远程视频、现场模拟、经验交流等形式组织全员培训 52 项,133 期,1446 课时,5774 人次。员工职鉴持证率 95.58%,其中持高级工、技师证书员工 19.51%;持双证、多证员工 31.24%。深化"首席员工"评聘活动,154 名员工参加邮政营业、储蓄、财务、营销及司机岗位评比,王伟等 21 名员工获评区局级首席员工,唐蓉等 38 名员工获评支局首席员工。组织 304 名邮政营业员和 275 名储蓄营业员参与操作技能培训。

(胡丹丹)

【推进网点建设】 年内,推进东四邮局、大郊亭邮局建设;统建配套项目接收大屯邮电局、远洋一方邮电所、晨光家园(润枫嘉尚)邮电所;完成更新、补建已建楼房信报箱基础数据核准;装修改造大市场所、望京局、双桥所。

(胡丹丹)

【增加网点专业设备】 年内,更新增加 234 台套邮政设备。

(胡丹丹)

【支部工作规范化】 年内,出台《党支部工作规范化实施方案》,统一党支部工作标准,细化党务公开、党员设岗定责等制度,从工作资料梳理、活动阵地规范、工作程序严谨、考评机制科学、档案管理明晰等方面形成规范要求。

(胡丹丹)

【党员发展】 年内,发展新党员 44 名。加大培养生产一线和青年骨干新党员的力度,吸收首都五一劳动奖章获得者周彤、市青年岗位能手王伟等青年入党。

(胡丹丹)

【弘扬东四精神】 年内,坚持亮标准规范服务流程、亮身份明确岗位责任、亮承诺接受内外监督的做法,多工种"共产党员先锋岗"引领示范,落实北京邮政两大服务规范,发挥东四局模范窗口、双井局旗舰店示范作用,开展"东四式"主题系列争创评比活动,组织技能比武业务练兵;实施基建改造项目百余项,用户满意度保持在 89 分以上;完善固化群众评议、公开透明、计划推进和创意创新四项机制,确保创先争优工作常态化。

(胡丹丹)

【"一支部一品牌"活动】 年内,基层党建工作开展"一支部一品牌"活动。各基层党支部围绕"管理、育人、服务、经营、创新",形成一批基层党建工作品牌。有东四局"全程关注式服务"、建内局"智能营销创效"、工体局"寻找幸福感"、地安门局"创意邮文化"、农光里局"聚细沙成宝塔"、双井局"旗舰精神领航"、亚运村局"一百加一分理念"等。

(胡丹丹)

【共建活动】 年内,坚持区域共建、跨业共建,总结推广东区邮局与朝阳区委、北京热力集团,以及东四局党支部与交通部道路运输司党支部"双学双促"等共建经验。东四局党支部持续与保定客运站郭娜陆地航空班、热力三所党支部开展共建活动;亲情服务共建区与国际邮电局开展"学业务,强本领,做表率"共建活动;慈云寺局联手东区发行公司为华贸写字楼上门服务。

(胡丹丹)

【志愿服务】 年内,东四局与史家小学定期开展邮政服务进校园科普宣传活动;地安门邮局在什刹海特色邮电所举办"小学生邮政课堂";区局团委开展"志愿导邮员"活动,为用户提供陪伴式用邮体验服务,并满足用户多项延伸服务需求;各党支部开展"党员志愿服务日"活动,完善营业厅志愿服务功能,到社区为群众提供用邮咨询及便民服务;组织各支局安全员参加北京邮政红十字应急救援和救护培训。

(胡丹丹)

【宣传工作】 年内,利用东区邮政报、党群工作信息、党建网等平台报道工作成果。编发党群工作信息 65 期,在北京市邮政公司党建网登载信息 500 余条,市公司、邮政集团和市国资委信息简报 45 次报道东区局党建工作;《邮政周报》数次整版报道东区局优势业务发展经验,发布东区局各种营销案例数十次,与北京邮政电视月刊双双开设《陈兰颖服务经验谈》专栏;与外媒组织生肖邮礼文化节、全国"两会"服务、大清邮政信柜、中国福邮局、首款奥运新闻明信片等重点选题的宣传;在各主流媒体刊发新闻信息 2000 余条。

(胡丹丹)

【工会活动】 年内,组织"发展杯"劳动竞赛、"先锋"班组建设、劳模创新工作室以及合理化建议等活动;收集员工代表提案 80 余件、合理化建议 2100 条;完成第六轮集体合同续签工作;组织员工疗休养 261 人;完成员工年度体检;开展员工常态化文体活动,投入资金 40 万元,升级改造全局 32 个"职工小家";帮扶救助困难员工;全局员工人均收入增幅 11.79%。

(胡丹丹)

城乡管理

市 政 管 理

【概况】 朝阳区市政市容管理委员会是负责朝阳区城乡环境建设统筹协调、城市综合管理协调和交通基础设施、环卫基础设施、公用事业、市容环境卫生监督管理和统筹协调辖区交通秩序管理的政府工作部门。业务关系受北京市市政市容管理委员会、首都城市环境建设办、北京市交通委、北京市爱卫会的监督、指导。加挂朝阳区城乡环境建设委员会办公室、朝阳区交通委、朝阳区爱国卫生运动委员会办公室、朝阳区人民政府供暖办公室和朝阳区国防动员委员会交通战备办公室牌子。年内，打通15条断堵头路；实施35条道路大中修和路平工程；协调区域公交线路开通；做好应急保障工作；开展居住区停车设施建设工作，共建停车位10205个；增大增强交通协管员队伍；推行公共自行车工作，投入3962辆公共自行车；推进路侧停车电子化收费工作；开展停车秩序整顿；建设停车示范区；推进交通战备工作。完成各项环境保障工作。创建5条市级、20条区级优美大街；26个环境优美小区；整治17条街巷胡同、8个平房区、17个集贸市场周边环境；重点整治报刊亭、电话亭、公交站亭、“数字北京”信息亭等设施，完成文明城区复检工作，完成十八大各项整治保障任务。实施东三环景观照明提升工程，北起三元桥、南至十里河桥，全长10.6公里，涉及各类建筑物167栋。全年发现新增违法建设1415处250.8万平方米。其中，国有土地185处5.8万平方米，集体土地1230处245万平方米。处理1200处193.1万平方米，其中拆除362处36.8万平方米。共拆除既有违建415处23.8万平方米，其中强制拆除1处1700平方米。

地址：松榆东里甲38号楼

电话：67325578

传真：67327299

邮编：100021

电子邮箱：gw302@163.com

（于　洋）

【停车管理检查】 1月10日，区交通委联合区农委、社会办、城管监督中心、城管大队、交管和属地办事处等部门开展节前路侧停车管理检查，对发现的问题要求停车企业及时整改，并复查整改结果。2月16日，区交通委联合区发改委、地税局、工商分局、交通支队和城管大队召开停车管理检查工作部署会，部署检查工作，并印发《朝阳区规范占道停车企业管理专项检查工作方案》。

（张明君）

【学雷锋活动】 3月8日，区市政市容委在朝阳公园组织开展“宣传垃圾分类、倡导低碳生活”学雷锋活动，全区20多家单位的130余名学雷锋积极分子参加。现场设置8块知识教育展板，安排专人宣传讲解，并发放宣传品。

（于　洋）

【区域缓堵工作总结部署】 3月22日，区交通委组织召开朝阳区2012年交通工作会。市区各级领导及相关部门、街道、地区办事处、社会单位代表参加会议，对2011年缓解交通拥堵工作进行总结表彰，并部署2012年缓解交通拥堵工作任务。

（周　韬）

【停车企业中高层管理人员培训】 4月11日，区交通委组织辖区停车企业参加市交通委运输局组织的停车企业中高层管理人员培训会，全区65名企业中高层管理人员参加培训。

（祖　钢）

【规范建筑垃圾运输车辆会】 4月27日，召开区规范建筑垃圾运输车辆及加强渣土管理工作部署会。区住建委、城管大队、建外街道、来广营地区办事处干部参加会议。会议下发《朝阳区规范建筑垃圾运输车辆及加强渣土管理工作实施方案》

和《朝阳区建设工程施工现场扬尘治理专项行动方案》。

(于 洋)

【控制违法建设长效机制调研】 4月27日,区人大常委会副主任李国,区人大城建环保委主任张永贵及部分人大代表到区市政市容委调研控制违法建设长效机制工作。

(于 洋)

【市交通委调研】 4月27日,市交通委副主任方平、委员容军组织相关单位及公联公司到区调研交通工作和广渠路工程二期进展情况。调研组听取朝阳区工作汇报后,就重点道路建设、加强养护管理、推进疏堵工作、开展代征代建道路清理和管理等工作展开讨论。北京交通发展研究中心和市公联公司分别汇报朝阳区缓堵工作取得的成绩和下一步建议、广渠路二期进展情况及存在的问题。方平肯定朝阳区成绩并提出工作要求。5月12日,市交通委副主任刘缙到区调研路侧停车电子收费工作,肯定朝阳区停车电子收费试点工作进展。7月3日,市交通委副主任刘缙到区调研居住区建设停车设施情况,参观六里屯甜水园北里小区、平房乡姚家园西小区、将台乡卡布奇诺小区,肯定朝阳区在居住区"见缝插针式"新建停车设施,充分挖掘资源建设绿荫式停车场的做法,要求以此为示范,推动居住区新建停车设施工作,进一步缓解居住区停车难问题。11月14日,市交通委委员容军率市交通委、市公安交管局等部门到团结湖街道调研交通示范区创建工作。

(张斌源 张明君)

【停车电子收费系统试点】 5月10日,区交通委组织在辖区10条道路开展市路侧停车电子收费试运行工作,涉及停车管理公司5家,停车场13个,停车位972个。

(朱星岩)

【参加区第九套广播体操比赛】 5月29日,区交通委参加区直机关系统第九套广播体操比赛,获二等奖。

(秦 磊)

【完成广告产业园开园保障任务】 5月,区交通委全力调度属地办事处、区养护中心制订紧急建设方案,突击奋战16昼夜,打通搁置多时的大望中学北路,保证北京国家广告产业园开园仪式暨"京交会"朝阳分会广告展活动顺利开展。

(张斌源)

【十八大环境百日行动部署会】 6月14日,召开区迎接党的十八大城市环境建设百日集中行动动员部署会。副区长王春及区住建委、区农委、区社会办、区城管监察大队、区城管监督中心等部门和各街道、地区办事处主管领导参加会议。会议部署朝阳区开展迎接党的十八大城市环境建设和环境秩序问题百日集中行动工作。

(于 洋)

【燃气安全进社区宣传活动】 6月17日,区市政市容委、区安监局、东湖街道办事处筹备处、市燃气集团等单位在东湖北小河公园联合举办"燃气安全进社区、燃气安全大家说"主题宣传活动。会场设立燃气安全宣传专栏、宣传横幅,发放宣传品,各社区组建代表队参加燃气安全知识竞赛,燃气公司专业人员向居民讲解安全用气小知识,提醒居民随时观察燃气灶具安全状况、定期置换胶管等事项。

(于 洋)

【参加合唱比赛】 7月10日,区市政市容委参加朝阳区职工合唱比赛,获一等奖。

(秦 磊)

【垃圾减量日宣传活动】 7月12日,由首都文明办、市市政市容委、市妇联、朝阳区政府联合主办的"做文明有礼的北京人——2012年垃圾减量垃圾分类宣传活动走进家庭"在团结湖街道举行。活动首先播放《绿蛙在行动》垃圾分类宣传动画片,通过团结湖幼儿园的小朋友们表演自编自导的低碳生活节目,宣传辖区垃圾减量垃圾分类开展情况,社区家庭代表畅谈垃圾减量垃圾分类感受,区妇联向全市妇女发出垃圾减量垃圾分类倡议。

(于 洋)

【完成南影路铁道桥排水】 7月21日,特大暴雨过后,电影博物馆南影路铁道桥下积水深达3米。区交通委联合区道路养护中心安排3支抢险队伍赶赴现场排水。24日凌晨5时,桥下积水全部排出,道路恢复通车。

(高金锁)

【"7·21"灾后环境卫生恢复工作】 7月22日,区启动环境卫生保障工作红色预警,共出动人员2468人、车辆192车次,其中扫尘车64车次、多功能车28车次、降尘车24车次、小型清扫车76车次。清运树叶垃圾杂物211吨,推水面积400余万平方米。22日14时,辖区全面完成暴雨后主要道路恢复工作。

(于 洋)

【城市文明程度指数测评检查】 8月18日至25日,区市政市容委牵头组成3个检查组,对全区43个街乡迎接全国城市文明程度指数测评环境保障工作进行联合检查。围绕主要道路、街巷平整情况,公共场所环境卫生、环境秩序、绿化、公服设施、广告牌匾等展开。针对发现问题,检查组每日汇总,建立台账,督促责任单位及时整改。同时,要求责任单位认真按照测评标准,加大检查督促力度,提高作业标准,保证全区环境干净、整洁、有序。

(于 洋)

【规范停车行业工作部署会】 9月6日,区交通委会同区发改委、工商、城管、交通等部门召开区规范停车行业工作部署会,要求停车行业加强自身管理,树立良好形象。

(祖 钢)

【区领导调研】 10月9日,区委副书记、代区长吴桂英,副区长王春率队到区交通委调研。区交通委汇报班子队伍基本情况、全年工作进展、下一步工作计划、主要问题及建议。王春进一步明确交通委今后工作重点。吴桂英详细分析城市管理工作现阶段的特点和发展趋势,并对区交通委提出要求。

(于　洋)

【市领导调研施工工地及渣土运输】 10月26日,市委常委、副市长陈刚率队到区调研施工工地及渣土运输工作,听取区市政市容委工作汇报。

(于　洋)

【全国无烟示范学校调查评估】 12月17日,由市爱卫办、市疾控中心、中国烟协及市烟协相关专业人员组成专家组,采取听汇报、查阅资料和现场检查的方式,对劲松职业高中和陈经纶中学两所参与创建全国无烟示范试点学校的控烟工作进行终期调查与评估,并检查验收控烟工作。评估组认为两所试点学校控烟工作领导重视、组织机构健全、标识设置到位、宣传培训形式多样、档案材料齐备,能够依据《创建全国无烟示范学校试点项目北京实施方案》的要求做好控烟工作。

(于　洋)

【电动环卫车示范工作】 年内,朝阳区完成交付2吨电动环卫车211辆,8吨机扫车33辆,16吨电动洒水车9辆。全区运行电动环卫车61辆,累计安全行驶13万公里。年内,建成呼家楼桥、北苑场站、弘燕桥、惠新西桥、四元桥西桥、环卫场站等6处充电站群,可同时满足250辆电动车的停车充电需求。

(于　洋)

【老旧供热管网改造工程】 年内,区老旧供热管网改造工程共15项,涉及锅炉房17个,居民小区37个,改造室外供热管线25146米、室内供热管线36399米,受益供热面积275.43万平方米。

(于　洋)

【非采暖季供热设施设备检修】 年内,结合"供热行业打非治违排查消除安全隐患专项行动"、"地下管线隐患排查治理"等工作,全年非采暖季检修供热设施设备358处。

(于　洋)

【燃气安全宣传】 年内,结合"安全生产月"、"5·12"防灾减灾日、每月7日"安全宣传日",全区开展"燃气安全进我家"、"燃气安全进工地"、"燃气安全进校园"、"燃气安全进社区"、"燃气安全大家说"等主题宣传活动100余场,近200家企业,1万余人参加活动,发放宣传材料万余份。

(于　洋)

【市容环境卫生排名提升】 年内,朝阳区获北京市城区市容环境卫生综合考评第二名,在全市排名连续两年实现提升。完成温榆河大道环境整治,新增绿化35万平方米,在带状公园30米扩拆区新增绿地81.5万平方米。创建环境优美大街54条。完成长安街延长线、朝外大街等重点道路14.6公里夜景照明亮化工程。集中整治51条重点大街户外广告、牌匾标识。积极推进43条道路架空线入地,清除废旧无主线缆杆141根。完成地铁15号线综合整治,清理建筑垃圾15万立方米,拆除违建450平方米,新建绿化35万平方米。改造老旧小区37处,完成绿化补建11.9万平方米,修复甬路18.3万平方米,粉刷楼体12.4万平方米,安装公共照明117套,新增停车位900余个。完善施工工地环境及渣土管理联动机制,规范施工工地27处。

(于　洋)

【北京国家广告园开园环境整治】 年内,完成北京国家广告园开园环境整治任务。完成19个大院3300平方米及大望路中学周边18间平房1500平方米的拆迁腾退工作。光辉里一号桥建成通车,实施道路硬化1.3万平方米,便道铺装1400平方米,园区主广场铺装8000平方米,园区主体基础装修7000平方米。完成道路两侧及园区绿化任务3.5万平方米,粉刷楼体1.7万平方米。

(于　洋)

【制定年度缓堵方案】 年内,研究制定朝阳区2012年缓解交通拥堵工作方案,涉及4个方面22项任务。

(周　韬)

【细化缓堵工作考核方案】 年内,结合朝阳区2012年缓解交通拥堵工作任务,区交通委牵头制定考核评比方案,明确考核对象、考核指标和奖惩办法,召开两次考核工作部署会,12月底组织由区监察局、社会办、农委、交通支队、交通委组成的考评工作组到街乡进行年终检查考评,保证辖区交通缓堵工作落实到位。

(周　韬)

【推进主、次干路建设】 年内,建成电子城西区5号路、大望京街、康营东路等26条道路,另有63条道路正在进行拆迁建设,其余5条完成前期手续,具备开工建设条件。

(张斌源)

【打通断堵头路】 年内,完成15处断堵头路改造,涉及光辉里西街、大望路中学北路、化工设备厂东路北段等,畅通微循环道路系统13公里。全部完成百子湾南路、七星路和太阳宫南街等10处常规疏堵改造工程。

(张斌源)

【代征代建道路摸底及清理移交】 年内,区交通委组织调研并协调市测绘院先期完成全区范围内代征地底数的普查。

(张斌源)

【实施道路大中修工程】 年内,完成顺源街、白家庄路、团结湖南里路等50条区属道路大中修工程,共完成道路施工面积34万平方米,投资1.1亿元。

(高金锁)

【道路路平工程】 年内,区交通委组织各街乡进行"路平"工程需求申报并实施维护,共完成"路平"工程维护面积约8万平方米。

(高金锁)

【公共自行车服务系统建设】 年内,朝阳区公共自行车系统建成站点117个,投放自行车4000辆进行试运营。

(张云鹏)

【协调开通区域公交线路】 年内,区交通委征求街乡、社区民意,征集10条需求强烈的公交线路报市交通委路政局。经协调,公交集团拟调整988路终点至孙河公交场站,解决康营小区有路无车问题。相继开通从大北窑南到九龙花园北的专5公交线路,往返城铁传媒大学站的专36公交线路和从慧忠里到林翠东路的专40公交线路,解决了沿线地区短期接驳、有路无车问题。

(张云鹏)

【居住区停车设施建设】 年内,配合居住区新建停车设施"区配市奖"政策,区交通委组织各街乡对居住区停车设施现状和拟建停车位进行调查摸底,共组织上报拟新建停车位15874个。经现场核实并组织施工,共完成65个居住区10205个停车泊位建设,其中平面停车位10026个,立体式停车位179个。其中5208个车位通过市交通委运输局验收,第一批申请市级奖励资金509万元,在城六区中总量排名第一。

(张明君)

【施划居住区周边路侧停车位】 年内,区交通委组织属地办事处施划13个街道、44个老旧小区周边3322个临时占道停车位,缓解老旧小区周边停车难问题。

(祖 钢)

【建设公共停车楼】 年内,区交通委组织社会单位参与建设完成鹏龙大厦机械式立体停车楼和万科蓝山小区机械式立体停车楼建设,提供车位212个。

(张明君)

【错时停车】 年内,区交通委组织属地办事处和社会单位开展错时停车,完成朝外地区华普大厦和吉祥园小区等16个小区与14家社会单位错时停车工作,解决车位2088个。

(张明君)

【停车秩序整治和停车企业监管】 年内,区交通委定期检查路侧停车占道经营企业。其中联合区发改委、工商局、地税局、城管监察大队、朝阳交通支队检查6次,联合城管队、交通支队检查20次,共检查路侧停车场115个,检查街乡24个,检查企业43家,对发现的问题要求企业限期整改。

(张明君)

【停车管理员持证上岗】 年内,区交通委督促辖区路侧停车企业持证上岗,共为停车企业办理上岗证952个。

(祖 钢)

【增加交通协管员编制】 年内,朝阳区在206名区属交通协管员的基础上新增100名交通协管员编制。增编后,全区共有306名区属交通协管员。

(张明君)

【创建交通管理示范区】 年内,区交通委在团结湖地区开展交通管理示范区建设工作,示范区力争实现道路设施优质、交通工程优化、公共交通优秀、停车秩序优良、绿色出行优先的"五优"目标,建立可持续运转的交通管理机制。已完成方案设计,部分措施已落实。

(高金锁)

【交通战备】 年内,区交通委抽样复核民用运力、加油站和汽修厂普查数据,更新数据。开展大型装卸装备调查及抽样复核工作。

(高金锁)

【道路防汛】 年内,区交通委汛期组织区道路养护中心防汛备勤59次,出动巡查车辆143车次,巡查人员416人次,抢险人员681人次,备勤人员2860人次。改造延静里中街等5处积水点,排查区属桥梁,专项维护沙子营桥。

(高金锁)

【TOCC建设】 年内,完成区级TOCC建设方案,建设交通综合监测、停车管理考核、公共自行车运营监管、交通基础设施管理、交通应急指挥等8个业务子系统,逐步实施交通网格化管理。该项目通过区长办公会审议,12月初完成资金立项。

(朱星岩)

【编制公共停车场规划】 年内,完成朝阳区公共停车场规划编制工作,经征求意见并通过专家论证后,上报市规划委。

(周 韬)

【违法停车监测系统建设】 年内,在违章停车乱点新建机动车违章停车自动监测系统27套。

(朱星岩)

【办理建议提案】 年内,区交通委处理回复政民互动案件584件,并保持按期回复率100%。接待群众来电84起。办理人大建议和政协提案74件,办理结果均为满意。

(高金锁)

【化工设备厂东路北段建成通车】 年内,化工设备厂东路北段建设完工,双向通车。道路北起百子湾路,南至百子湾南路,全长386米。

(张斌源)

【十八大环境保障】 年内,对"三环四线、七类场所、七条进京通道"及相关重点区域加强环境整治。对违法建设、暴露垃圾、非法张贴物、公服设施缺失、绿化缺损等环境问题建立工作台账,督促相关单位及时解决。对环境秩序问题高发地区和高发时段加强盯守,落实全时段巡查、管控机制。配合完成环路、长安街延长线、代表驻地的景观布置,完成四元桥等10处城市景观和建国路等41条道路花卉布置任务,实施东三环景观照明提升工程。加强重点地区、代表驻地周边交通管理力度,实现"五优"目标。建立环境保障问题快速发现、反馈、解决机制，全面排查供热、燃气、地下管线、市政道路、防汛等重要城市运行系统，保证路、气、热、地下管线等安全运行无事故。

（于 洋）

【铁路沿线环境整治】 年内，实地勘察京包、京哈、双丰铁路沿线环境状况，对突出的710个环境问题建立工作台账，并分解任务。要求属地街乡按照铁路沿线两侧30米内“五无”、100米内“六无”标准进行整治。全年拆除违法建设9300平方米，查处违规广告牌匾78起，清理垃圾渣土及堆物堆料6800余吨，治理污水横流800平方米，清理违法经营200平方米，清理白色污染1万余平方米。

（于 洋）

【规范建筑垃圾运输车辆】 年内，按照2月17日北京市规范建筑垃圾运输车辆动员会精神，全区于3月启动整治行动。完成市里下达的任务指标（500辆）。全年规范运输企业21家，规范符合“四统一”标准的运输车辆560辆（占全市20%）。

（于 洋）

【生活垃圾分类】 年内，朝阳区生活垃圾分类达标小区共143个，占全市总任务量的24%。70余个居住小区基本完成垃圾分类达标工作，整体完成70%。制订完成《朝阳区2012年143个居住小区垃圾分类达标工作方案》，并建立工作台账；召开各街道工作会部署任务；改造完毕143个小区涉及的23座垃圾楼，使之具备硬件分类条件；区政府安排专项资金，用于户用桶、公用桶站、电动车辆等垃圾分类物资配备，使之达到分类投放和运输条件，并将垃圾分类运行经费纳入各街道预算；以宣传贯彻《北京市生活垃圾管理条例》为切入点，制订工作方案，开展宣传教育和培训活动。

（于 洋）

【应急储煤工作】 年内，组织辖区5家大型燃煤供热企业落实区政府应急储煤工作，截至9月底，完成储煤2万吨，占全区储煤任务的80%。

（于 洋）

【解决八通线群众如厕难】 年内，责成区环卫中心为八通线（四惠至管庄）沿线4座卫生间加装导向牌12块。

（于 洋）

【绿化美化】 年内，完成三环路央视周边3000平方米、分钟寺周边11000平方米和外二环路16206平方米的景观绿化提升任务，共计32956平方米。完成提升绿地面积约50公顷，栽植各类苗木约17.9万株。设计朝外大街、新东路等主要大街景观布置，确定12个大型立体花坛布置方案，完成建国路等主要道路花卉布置任务，全区新增、改造绿化面积259公顷，栽植各类乔木4.5万株，灌木约24万株。

（于 洋）

节　　水

【概况】 朝阳区节约用水办公室负责全区节约用水工作。另设朝阳区节约用水管理中心，为局属全民所有制事业单位。

地址：团结湖北路1号

邮编：100026

电话：85978122

电子邮箱：swjchy@sohu.com

（刘 洋）

【节水大检查】 3月22日起，区水务局、区城管监察大队、区节水管理中心、区水政监察大队及相关街道办事处组成用水情况联合执法小组，每周2次对全区用水单位进行“节水大检查”，包括：用水单位性质、单位用水概况、使用水源、公共用水部位是否使用节水型器具；是否存在跑冒滴漏现象、是否按规定安装循环水设施以及冷却塔有无补水表等。共完成4个办事处，20余家党政机关、企事业单位、餐饮、住宿以及洗浴、洗车等特殊行业的执法检查。对存在问题的用水单位下达《节水执法检查整改通知书》，并下发《节水管理工作要求》，协助各用水单位做好节水工作。

（刘 洋）

【节水大讲堂活动】 3月，区节水管理中心联合各街道办事处陆续深入辖区用水单位，以“节水宣传大讲堂”的形式开展节水知识宣传、节水法规培训活动。左家庄街道办事处召开年用水量在2000立方米以上单位及社区节水工作培训会；六里屯街道举行节水培训讲座；东湖街道办事处摸底调查辖区用水单位，并培训用水大户主管人员；大屯街道开展“节约用水，从我开始”系列节水主题宣讲活动。

（刘 洋）

【节水宣传周系列活动】 5月13至19日是2012年全国城市节约用水宣传周，主题是“倡导低碳绿色生活，推进城镇节水减排”。活动以贯彻《国务院关于实行最严格水资源管理制度的意见》为原则，以建立水资源管理“三条红线”制度为核心，进一步加强城市节约用水宣传，推动节水型城市创建。宣传周期间开展了五项活动：①利用水务局协同办公平台发送节水宣传信息，倡导建设节水型机关，呼吁市民节水。

②组织各街乡利用LED大屏播放节水宣传短片、本年度节水宣传周宣传主题及口号,倡导建设节水型社会。③自3月始,开展联合执法,对全区用水单位入户进行节水检查。④深入农村,开展节水宣传。5月18日,联合金盏乡小店村举办“节水宣传走进小店村”宣传活动。会场制作《节水承诺书》,悬挂大幅《金盏乡小店村节水倡议书》,村民在《节水承诺书》上踊跃签字,节水志愿者发放宣传材料千余份。⑤节水宣传进学校。5月18日,联合朝阳区金盏学校举办节水宣传活动,200余人参加。

(刘　洋)

【节水喷头换装】 6月,朝阳区党政机关、事业单位及居民家庭新型节水喷头免费换装工作结束,共换装新型节水喷头38333套。根据中央电视台10频道《无限创新》栏目测算报道:新型节水喷头比传统水龙头在同等使用时间内可节水50%-80%。

(刘　洋)

【自愿停水1小时】 年内,响应市水务局和首都文明办号召,深入开展“做文明有礼北京人,节水护水我先行”主题宣传实践活动。8月,区各党政机关结合自身实际,陆续开展“自愿停水1小时”活动,倡导“节水光荣、护水高尚”的新风尚。

(刘　洋)

防　　汛

【概况】 朝阳区人民政府防汛抗旱指挥部办公室负责制定全区防汛抗旱规划、年度工作计划、责任制和防汛抢险预案,并督促检查落实情况;负责协调解决排水矛盾;负责雨洪利用技术研究、应用和推广工作;负责防汛工程和雨洪利用工程实施。“7·21”特大暴雨历史罕见,“11·4”降雨破历史同期极值,全年雨情呈现降水总量多、强度大、频率高、时间跨度大的特点。全区上下众志成城,最大限度保障了人民群众生命财产安全,确保城市基本运行秩序。本年全区累计平均降雨量869.8毫米,自1979年以来降雨总量首次突破800毫米,也是自1969年以来平均降雨量最大的一年。其中,汛期(6月1日至9月15日)累计平均降雨量648.9毫米,同比增加11.1%。先后出现16次强降雨,是自1959年来暴雨出现最早和最晚的一年。本年最早暴雨出现在4月24日,全区普降大到暴雨,最大雨量点楼梓庄43.5毫米,最晚暴雨出现在11月3日至4日,全区平均降雨量81.4毫米。

地址:团结湖北路1号
邮编:100026
电话:85975066
电子邮箱:swjchy@sohu.com

(刘　洋)

【防汛设备汛前检修】 2月29日至3月21日,区防汛办委托专业公司检修、清理全区23处防汛雨量遥测设备。朝阳区遥测雨量系统于2005年安装投入使用,至今已运行7年。按照遥测设备电瓶设计使用寿命,全部电瓶已超期服役2年,个别设备机箱锈损。此次检修改移观测点1处,更换23块电瓶、3个机箱。经检测,全部达到正常使用要求。

(刘　洋)

【驻区部队防汛工作会】 5月23日,朝阳区召开2012年驻区部队防汛工作会。区防汛抗旱指挥部办公室、区气象局、区武装部、驻区部队等单位代表参加会议。区气象局局长陈秀杰介绍本年汛期气象形势,区防汛办通报朝阳区2012年防汛工作安排、四河系防汛抢险预案,区武装部部署2012年驻区部队、民兵防汛抢险任务,武警十三支队副支队长江华代表驻区部队官兵表态。区武装部政委贺秋刚,区防汛抗旱指挥部副指挥、区水务局局长宗永军讲话并提出要求。

(刘　洋)

【区防汛工作会】 6月1日,召开2012年朝阳区防汛工作会。区防汛抗旱指挥部常务副指挥、副区长王春主持会议。区防汛抗旱指挥部成员单位,区水务局相关人员、各街道、地区办事处领导参加会议。区气象局介绍并预测本年汛期天气形势,区防汛办部署2012年防汛工作。区社会办副主任时春岗、区农委副主任王刚分别对街乡防汛工作提出要求。王春要求充分认清2012年防汛形势,加强防汛隐患排查,做到心中有数,提高防汛应急保障能力,做好重点项目、在施工程防范工作,严防死守,做好防汛各项准备工作,全面提升区域排水系统的排水能力,确保全区安全度汛。

(刘　洋)

【区防汛抗旱指挥部工作会】 7月11日,区防汛抗旱指挥部常务副指挥、副区长王春主持召开朝阳区防汛抗旱指挥部工作会。区防汛抗旱指挥部25个成员单位领导在区政府主会场参会,43个街道、地区办事处防汛分指挥部成员参加视频会议。区气象局分析入汛以来天气形势,区住建委汇报在施工地、危改区防汛工作情况,区市政市容委汇报城中村、区管道路防汛工作情况,区应急办汇报防汛应急工作情况,区防汛办汇报全区防汛工作开展情况并布置下一步工作。

（刘　洋）

【应对"7·21"特大自然灾害】 7月21日13时前后，全区普降大暴雨。截至22日6时，全区累计平均降雨量201.1毫米，最大降雨点太阳宫254.5毫米，最小降雨点朝外111.5毫米，坝河出口最大洪峰流量530立方米/秒，接近50年一遇。区防汛抗旱指挥部办公室于7月20日下午接到市防办明传电报《关于做好应对强降雨的通知》，将通知精神传达到区防汛抗旱指挥部成员单位、各分指挥部。要求各单位加强值守，领导在岗在位，密切关注天气状况，提前布控，积极应对，保障通讯畅通，及时报送信息，确保防汛安全。21日9时30分，市防汛办发布暴雨蓝色预警，区防汛办公室立即向全区各防汛分指挥部发出预警通知，认真做好防范工作。21日19时10分，市防办发布橙色汛情预警信息，区防汛办公室立即通知全区各防汛分指挥部，启动2级应急响应。区委书记陈刚、区长程连元在区应急指挥中心指挥，副区长陈涛在区防汛办公室指挥，各分指挥部、水务系统全员上岗，重点部位提前布控，抢险队伍现场巡查。全区出现安立路等严重积水点13处（均为下凹桥区），致断路，22日4时前交通恢复；较严重积水点41处，经处置未产生突出影响，22日8时，41处地区积水全部排除。19个街乡3893间居民房屋受损，农田受灾面积5064.5亩，19条大小河道251处水毁，全区溺水死亡4人，触电死亡2人，直接经济损失1.83亿元。全区先后投入抢险人员7662人次，动用抢险运输设备343班次，机械设备123台班。

（刘　洋）

【市区领导查看"7·21"灾情】 7月23日，市委常委、区委书记陈刚，区委副书记、区长程连元带队，查看受7月21日暴雨影响较为严重的地区。陈刚一行先后查看安华桥和崔各庄乡奶西村，听取相关部门工作汇报。陈刚对参加"7·21"抢险救灾的干部表示慰问，要求把抢险、救灾、维稳作为当前一项重要工作抓好落实。尽快在全区范围内开展防汛安全检查和危房整体排查，各街乡按照属地负责的原则，调查这次强降雨引发的各种矛盾，采取必要措施积极解决，全力确保汛期安全和社会稳定。陈刚强调，要全面梳理和检查降雨造成的潜在隐患及遗留问题；相关部门要支持推广基层单位在防汛工作中好的做法；加大宣传力度，及时报道救灾工作中涌现的好人好事。

（刘　洋）

【"7·21"救灾安置】 7月23日，区防汛办下发《关于进一步做好应对"7·21"暴雨后续相关工作的通知》。7月30日，区委、区政府成立"7·21"特大自然灾害遇难者善后处置工作小组；紧急购置物资分发至各街乡；抢修萧太后河小武基村段河道水毁；安装1500块河道警示牌；实现全区205处积水点"一处一预案（防汛应急预案）"；形成相关职能部门雨天联合办公、集中调度机制；区捐赠中心紧急调拨民政局备灾库救灾帐篷190顶、睡袋120个、折叠桌20张、折叠椅40把、雨衣160件、棉被300条等共计1110件、价值34万元的物资发放给受灾群众；市政、绿化、环卫等部门开展环境卫生清理整治，卫生部门监测暴雨受灾疫情，下发漂白粉40箱、消毒药片10箱等药品，应对灾区肠道传染病和病媒生物侵害，防止灾后次生衍生灾害发生。

（刘　洋）

【防汛工作紧急布置会】 8月1日，召开防汛工作紧急布置会，贯彻落实区防汛抗旱指挥部下发的《关于进一步加强安全防护措施确保汛期安全的通知》精神和区委书记程连元7月30日视频会议指示精神，布置重点立交桥积水区、道路积水点防汛应急任务，明确各个积水点主体单位、负责人及联系方式。区应急办、公安朝阳分局、朝阳交通支队、公安朝阳消防支队、区市政市容委、区社会办、区农委、潘家园街道办事处、安贞街道办事处、小红门地区办事处、市排水集团、市公联公司等单位参加会议。

（刘　洋）

【降雨积水实战演练】 8月1日，落实市区领导"不死人、不泡车"指示精神，完善下凹式立交桥积水应对预案，区防汛办会同区应急办在潘家园桥开展应对降雨积水实战演练。市防汛指挥部督导组、市排水集团、公安朝阳分局、朝阳交通支队、区市政市容委、区社会办、区农委、区水务局抢险队、潘家园街道办事处等单位参与演练。共投入抢险人员80余人，调动排水设备5台、消防车1部、工程车5辆及相应救援装备。

（刘　洋）

【吴桂英调研水务工作】 8月4日，代区长吴桂英实地调研指导全区防汛工作，区领导王春、张树安参加。吴桂英一行先后前往小红门乡肖村桥、小红门乡龙爪树村一建宿舍平房区及高碑店乡广渠路方家村铁道桥，听取有关部门及所在地区汇报，了解"7·21"特大暴雨汛情及后续措施，要求有关单位和部门提高思想认识，始终绷紧防汛抗灾这根弦，早谋划早安排，把困难估计得更多一些，把措施准备得更充分一些，切不可掉以轻心、麻痹大意。随后召开专题会，听取区防汛办、区民政局、区维稳办等单位关于应对"7·21"特大自然灾害及后续防汛工作安排的情况汇报。吴桂英指出：一是高度警觉，不懈怠；二是做好当前工作；三是开展危险隐患排查工作；四是明确道路、管网等基础设施的权属，优先审批水利工程；最后强调各部门要加强联动配合，区防汛办充分发挥协调作用,本着对百姓负责的态度,做好各项防汛工作。

(刘 洋)

【积水缓解工程竣工验收】 9月14日,王四营乡高碑店路积水缓解工程通过竣工验收。该工程是本年防汛应急工程之一,主要解决京哈高速王四营桥下积水问题。王四营桥区由于地势低洼、排水不畅,加上周边市政管线不完善,汛期极易积水。2011年8月26日,朝阳区普降大雨,该区域降雨量120.5毫米,导致桥下积水40厘米,影响车辆通行,"童话大王"郑渊洁受困3个小时。事后,郑渊洁以纳税人身份在微博上问责,要求时任区长程连元答复,程连元当即指示区水务局迅速查明原因、提出治理措施。2011年汛期过后,区政府安排应急资金605.7万元用于治理王四营桥下积水顽疾,区水务局负责实施。工程于2012年5月20日开工,6月20日主体工程完工。进入主汛期后,区域多次降雨,特别是"7·21"特大暴雨中,桥区无积水。7月21日,郑渊洁冒雨驱车赶往王四营桥查看排水情况,在微博中写道:"现在北京又降暴雨,我冒雨专程到王四营桥,看到路面没有积水",并配大拇指图。

(刘 洋)

【11月3日降雨应对】 11月3日9时至4日17时,全区平均降雨量80.1毫米,最大降雨点楼梓庄105.5毫米。11月3日上午9时30分,区防汛办通过短信平台向各街乡防汛办公室、区防汛指挥部各成员单位发信息,要求做好本次降雨应对工作。上午10时,区防汛办及6支抢险队伍全部到岗备勤,密切关注降雨情况,同时加强对河道沟渠、易积滞水点的巡查和抢险应对部署。15时左右,降雨强度逐渐加大,区防汛办依次落实降雨超过15毫米以上地区应对工作。4日7时,区防汛办向各成员单位和各街乡下发《关于做好雨雪应对工作的紧急通知》,传达市、区关于本次雨雪天气应对工作的要求。截至11月4日17时,共接报道路积水15起,均及时处置。

(刘 洋)

防 火

【概况】 朝阳区公安消防支队隶属于北京市公安消防总队,为公安现役部队副师级建制单位。支队机关设司令部、政治处、后勤处和防火监督处。下辖红庙、酒仙桥、垡头、亚运村、百子湾、楼梓庄、建国门、四惠、华威、奥运村、奥林匹克公园、望京、左家庄、搜救犬、朝阳门、十八里店十六个消防中队。

地址:朝阳区北豆各庄甲1号

邮编:100025

联系电话:85851300

(张德刚)

【扑救金台西路2号院火灾】 4月1日21时47分,朝阳区金台西路2号院发生火灾。119指挥中心接到报警后,先后调集总队、支队两级全勤指挥部,红庙、左家庄、建国门、朝阳门、华威5个消防中队和南区供水分队,共30部消防车,210名官兵到场处置。23时25分火灾被彻底扑灭,成功疏散被困群众14人,抢救人民币现金5万余元及200余万元物资,搬出氧气储罐4个、液化石油气储罐2个、乙炔储罐2个,防止火势蔓延至建筑北侧的两栋居民住宅楼、医疗所、库房、车库等建筑。

(陈 力)

【处置西直河村在建工程坍塌事故】 5月5日下午13点42分,西直河文化广场561车站旁一在建工地发生坍塌事故,数名工人被埋废墟中。119指挥中心接到报警后,先后调集总队、支队两级全勤指挥部,朝阳支队重型地震救援队,朝阳支队垡头、华威、左家庄、搜救犬、望京、红庙中队,教导大队高米店中队,丰台支队右安门中队,开发区支队亦庄中队等9个消防中队,25部消防车,175名消防官兵赶赴现场处置。此次救援,共搜救被埋压人员10人,其中6人受伤,4人当场死亡。

(陈 力)

【处置朝东鑫旺公司坍塌事故】 7月11日12时48分,位于朝阳区金盏乡黎各庄村朝东鑫旺钢材销售有限公司(原京运铸造厂)礼堂(翻建中)发生坍塌。119指挥中心接到报警后,迅速调集总队、支队两级全勤指挥部,支队楼梓庄、搜救犬、望京中队、教导大队高米店中队、开发区支队亦庄中队和总队铁军攻坚组集训队,共计14部消防车130余名官兵赶赴现场救援,同时报告区应急办,调集社会联动力量协助处置。此次救援,成功搜索营救被埋压人员5人,其中2人受伤,3人当场死亡。

(陈 力)

【抗击"7·21"特大自然灾害】 7月21日8时30分至22日8时30分,消防支队共接抽水抢险任务278起,出动中队303队次、车辆303车次、人员2121人次,疏散被困群众364人,解救被困群众25人,据不完全统计,抽水4652吨。

(陈 力)

【处置东山墅施工现场坍塌事故】 10月22日14时23分,朝阳区东四环北路7号东山墅062号、063号独栋别墅外侧私自新建地下一层酒窖施工现场在施工过程中发生坍塌。119指挥中心接到报警后，先后调集总队、支队两级全勤指挥部，朝阳支队重型地震救援队，酒仙桥中队、望京中队、搜救犬中队3个消防中队，10部消防车，80余名官兵赶赴现场处置。此次救援，成功救出9名被困人员，其中6人当场死亡、3人重伤。

（陈　力）

【推行“昼夜勤务式”检查模式】 11月8日至14日，十八大保卫期间，全面推行“昼夜勤务式”检查模式，77名监督员全部下沉到43个街乡大网格，并整合司、政、后部门力量10余人充实监督执法一线。白天出动43个检查组，晚上以5大战区为单元出动17个检查组，采取“43+17”、“白加黑”模式在全区范围内开展全天候、全覆盖消防安全检查。在攻坚决战最后72小时，全警出动，连续3天每晚组成62个检查组，对全区开展“拉网式”消防安全检查，同时发动各街乡、委办局、分局各警种及派出所开展部门联动、警种联查，十八大期间全区火灾形势稳定。

（李久才）

【消防灭火现场会】 11月9日，在古盛发家具广场举行多种形式消防队伍暨最小灭火作战单元现场会。市消防局局长张高潮，副局长武志强、谭林峰，副区长王春等参加会议。十八里店乡义务消防队、村（社区）专职消防中队、乡消防大队及十八里店中队四级联勤联动力量，按照“1.3.5.10”最小灭火作战单元初期火灾处置预案，对古盛发家具广场二层预设火情进行有序处置；十八里店乡领导介绍地区推进消防队伍建设、组建最小灭火作战单元工作经验；参加活动的领导为区城市监督管理指挥中心的网格监督员代表发放《消防监督管理培训手册》，在全区范围内正式启动城市监督管理全模式消防网格联勤联动工作机制。副区长王春就最小灭火作战单元建设和消防网格化管理提出要求。

（李久才）

【十八里店消防中队揭牌】 11月9日，朝阳消防支队举行十八里店消防中队揭牌仪式。市消防总队相关领导宣布《关于成立十八里店消防中队的决定》和《十八里店消防中队干部任职命令》，市消防总队政治部主任于永林和副区长王春共同为十八里店消防中队揭牌。

（张德刚）

【重大活动现场消防保卫】 年内，加大活动场所和周边地区消防监督检查力度，合理调配灭火救援力量，组织各中队检查保养所属车辆、器材装备，制订、修订消防预案并组织实战演练。出台《朝阳支队重大活动现场消防勤务工作规范》。全年执行勤务324场次、出动425车次、3591人次。完成全国“两会”、涉日维稳、十八大安保以及各种节日、大型活动场所的消防安全保卫任务。

（曹　灿）

【灭火救援】 年内，接警出动7658起，其中火警4582起，出动消防车10744车次，警力74876人次；抢险救援3076次，出动消防车3609次，警力25263人次。

（曹　灿）

【建筑固定消防设施测试】 年内，分别在将台商务中心“颐堤港”和京广中心举行建筑固定消防设施示范性测试活动，使部队进一步掌握灭火救援车辆、器材装备与建筑固定消防设施的联合使用方法，提高部队整体灭火救援能力，得到总队领导肯定，并形成典型经验在全总队及全国消防部队推广。

（陈　力）

【成立十八大抢险救援攻坚队】 年内，成立60人的十八大消防保卫灭火抢险救援攻坚突击队。攻坚队模拟建筑倒塌、化学恐怖袭击情景和大跨度、大空间场所火灾，开展灭火救援攻坚队实战拉动演练，全面提升消防部队灭火、抢险、防化实战攻坚能力，为完成十八大消防保卫任务提供有力保障。

（陈　力）

【消防行政审批】 年内，受理消防行政许可项目4086项，其中建设工程消防设计审核2789项（备案206项）；建设工程消防验收2378项（备案155项），公众聚集场所投入使用、营业前消防安全检查758项，施工现场许可3767项。审批结案项目4769项，其中建设工程消防设计审核2562项；建设工程消防验收2187项，公众聚集场所投入使用、营业前消防安全检查750项，施工现场许可3767项。网上备案4388项（消防设计备案抽查2618项，竣工验收备案抽查1770项），备案抽中1355项，抽中并送抽查材料361项。

（王华君）

【消防专项治理】 年内，围绕十八大安保重点，以清剿火患战役和平安系列专项行动为主线，先后开展商市场、出租房屋及流动人口、建筑工地、平安社区创建、打非治违等20余项专项整治行动。召开会议274次，领导带队检查320余次，出动警力115037人次，检查单位56811家，发现各类消防安全隐患113837件，下发责令改正通知书49266份，罚款1716.95万元，“三停”1299家，临时查封1476家，拘留490人。

（李久才）

【全模式消防网格联勤联动机制启动】 年内，联合区城市管理监督指挥中心启动城市监督管理全模式消防网格联勤联动机制，共同制定10小类33细类消防安全工作标准，完善隐患处置流程，研发管理系统，实现系统资源共享，提升防控效能。健全网格管理机构，发动全区专职巡防队员、治安志愿者、社区楼门组长和单位安保队伍等群防群治力量，组建"橙丝带消防志愿者服务队",构建层级明晰、全面覆盖、机制健全的消防安全三级网格管理体系,开展"全天候"、"全覆盖"、"地毯式"隐患排查和宣传培训,效果显著。

(张 燕)

【"会诊式"检查和"约谈"执法】 年内,依托防火委平台,全面整合监督、建审、验收、法制、宣传力量,推动安监、城管、工商等部门和派出所,按照"部门警种联动、专家骨干参与,全方位排查、零容忍执法、精细化指导、贴心化服务"工作要求,对全区有影响的重点隐患区域进行"会诊式"联合检查和"约谈"执法,实现对突出隐患单位的有效震慑。

(余 东)

【消防宣传培训】 年内,协调新闻媒体累计在中央级、市级、区级媒体刊播报道分别为720条次、500条次、331条次,同比增长41%。其中,中央电视台《新闻联播》对119消防宣传月启动仪式、全市"安正杯"消防安全知识竞赛进行报道。依托消防教育基地、"119消防联播网"、行业系统消防培训平台三大宣传阵地,组织社会单位开展消防演习1100余次,消防培训1250余次,发放消防宣传材料150万余份。

(许志乾)

【立功受奖】 年内,4个集体获评"两节"、全国"两会"消防安保先进工作集体,10人获评"两节"、全国"两会"消防安保先进个人;1个集体获评拥政爱民先进集体,4人获评拥政爱民先进个人;在年终总评中,1人获二等功,58人获三等功,371人获嘉奖。

(王 攀)

【党风廉政建设】 年内,支队党委先后召开27次党委会专题研究党风廉政建设工作,开展各种集中警示教育活动15次、各类查摆剖析活动103次、建立问题查摆台账65份、制定整改措施305条,编印下发《党员干部廉政风险防范手册》。全年出动督察警力423人次、185车次,开展现场检查和视频督察530余次,督促整改问题110余件。在财务监督方面,支队出台13项廉政制度。支队在服务窗口建立全程监控系统,设立服务评价器,制作廉政监督回访卡,聘请消防廉政监督员。

(王 攀)

【涉日维稳执勤保卫】 年内,按照市局、总队涉日维稳整体工作部署,妥善处置涉日游行示威活动。消防支队派遣力量参与日本大使馆周边执勤任务,截至11月15日,消防支队共派遣执勤车辆155车次,人员1686人次,有效处置焚烧日本国旗、反日标语等突发事件8件。

(陈 力)

防 震

【概况】 朝阳区地震局是区政府负责防震减灾工作的职能部门。内设办公室、监测震防科、应急救援科。年内,深入学习贯彻党的十八大精神,按照区委区政府、市地震局的工作部署,全面推进防震减灾各项工作。

地址:亮马桥路34号

电话:64617795

邮编:100125

电子邮箱:dzjbgs@bjchy.gov.cn

(王 森)

【考察调研】 1月11日,北京市地震局副局长陶裕录一行4人到区地震局检查指导防震减灾工作。1月29日,区副区长王春到地震局调研工作。要求区地震局加快应急避难场所、地震安全社区和地震安全示范学校建设,加强地震安全知识宣传,不断提高群众防震减灾意识。2月14日,市地震应急指挥部办公室副主任、市地震局副局长胡平带领市地震应急指挥部各成员单位共17人组成的联合检查组,到区检查应急避难场所建设情况。检查组对区应急避难城市建设工作给予肯定,并相互交流应急避难场所建设有关问题。2月17日,区人大常委会副主任李国一行5人到区地震局调研防震减灾工作。4月18日,市民防局局长刘宝杰一行8人到区地震局检查指导工作,参观区防空防灾通信指挥中心,查看区地震应急物资储备库,并对进一步做好地震应急管理工作提出要求和希望。8月29日,市委常委、北京卫戍区司令员郑传福在区委常委、区武装部部长贾彦翎陪同下,到区地震局考察应急工作情况,要求区武装部和区民防局、区地震局共同加强应急救援和应急志愿者队伍建设,增配应急救援装备,加强教育和培训。

(王 森)

【震情会商及跟踪】 1月,制订年度震情跟踪工作措施和方案,及时上报观测数据。严格执行震情会商制度,按时完成周会商意见,并在重大节日及两会等重要时段,增加会商次数。编写完成2012年年中及年度地震趋势会商报告。严格落实24小时震情值班及领导带班制度,在春节、全国"两会"、国庆及十八大期间等特殊时段实行"双岗双班"。

(王 森)

【地震观测台站建设管理】 年初,组织召开地震台站观测员会议,结合监测仪器设备的使用维护、地震基本知识等对观测员进行培训,并签订观测员协议书。要求各观测员充分认识地震监测工作的重要性，进一步增强责任感，确保观测系统正常运转，观测数据连续、准确。7月10日，召开压磁地应力地震前兆观测研讨会，邀请原中国地震局地壳应力研究所原副研究员黄相宁作《地质与地震预测和地应力异常》报告，各区县地震局派代表出席会议。11月6日，召开地震观测暨灾情速报培训会议，作《地震与城市安全》、《地震灾情速报工作现状及展望》报告，全区前兆及宏观观测人员参加培训。

（王　森）

【地震安全示范社区建设】　年初，在安贞街道安贞西里社区、高碑店地区兴隆家园社区建设2处地震安全示范社区。该项目被列为朝阳区2012年为民办实事工程，主要责任单位为区地震局，协办单位为区社会办和区农委，相关街乡为承办单位。3月28日，区地震局召开2012年朝阳区建设地震安全示范社区工作会议，部署地震安全示范社区建设工作，市地震局处长杨国宾提出要求。项目建设内容包括：设立组织机构、加强日常防震减灾宣传、在社区内设立小区应急疏散图、楼宇内设置家庭地震应急对策宣传版、制定社区及家庭疏散预案、进行辖区内房屋抗震等级调查等12项工作。该项目于11月底建设完成。11月28日，区地震局联合区财政局、区农委对高碑店地区兴隆家园、安贞街道安贞西里地震安全示范社区建设项目完成验收。

（王　森）

【地震应急演练】　年初，制定朝阳区地震应急演练计划并按计划组织演练。4月11日，指导府学胡同小学朝阳学校进行全校地震应急疏散演练。5月9日，在高碑店地区兴隆家园社区和兴隆公园应急避难场所举行“5·12”地震应急演练。8月13日，联合八里庄街道办事处在朝阳无限社区举办“防灾减灾”应急演练。11月10日，在汉威大厦写字楼举行应急疏散救援演习，北京市民众安全应急救援研究院教官现场指导。

（王　森）

【防震减灾宣传】　3月30日，区民防、地震局联合东风地区办事处武装部在石佛营西里社区，开展公共安全知识“进社区”宣传咨询活动。5月11日，参加区应急委、公安消防支队、CBD管委会、区红十字会在世贸天阶共同主办的“防灾减灾日”主题活动——市民防灾应急体验暨消防安全宣传片发放仪式。CBD区域写字楼白领及周边社区居民参加活动。区地震局发放《公众地震应急避险要诀》、“地震灾害自救与互救”折页等宣传品5000余份。5月11日，区地震局组织和指导各街道、地区办事处及驻区社会单位开展为期一周的“弘扬防灾减灾文化，提高防灾减灾意识”社区防灾减灾日宣传活动。5月18日，在安贞街道举办防灾减灾公共安全知识讲座，特邀原中国农业大学副院长郑大玮授课，安贞西里社区90余名居民参加培训学习。7月27日，在唐山大地震发生36周年之际，联合安贞街道办事处，在安贞西里社区开展防灾减灾公共安全知识进社区宣传活动，发放宣传品6000余份。8月14日，在六里屯街道办事处举办“灾害来了我该怎么办”主题防震减灾、应急救援知识讲座，内容包括防震减灾自救、互救及应急处置常识，并结合“7·21”北京特大暴雨救援情况讲解水中逃生与救援知识，传授救生衣使用方法。六里屯街道各社区居委会主任到课听讲。10月12日，联合高碑店地区办事处在兴隆家园社区开展地震知识“进社区”宣传活动。10月25日，聘请区红十字会、四惠消防中队、高碑店地区办事处，在兴隆小学开展防震减灾公共安全知识“进学校”宣传活动，组织在校学生开展安全疏散演练。12月10日、18日，联合区教委，邀请北京民众安全应急救援研究院教官为朝师附小太阳星城校区师生举办防灾救护安全讲座。年内，在北小河公园和兴隆公园地震应急避难场所组织应急知识宣传活动，向群众发放宣传材料5000余份，制作应急避难场所资料汇编和朝阳区地震应急志愿者培训宣传片。中央电视台对兴隆公园地震应急演练和兴隆家园社区应急志愿者培训给予报道。

（王　森）

【应急避难场所建设管理】　3月，下发街乡临时应急避难场所申报通知，要求各街乡申报临时应急避难场所地址和基本情况，6月完成申报收集工作。对街乡申报的30处简易应急避难场所逐个进行现场考察审核。10月，根据区政府第九次常务会议精神，全面推进区级简易应急避难场所建设。制定简易应急避难场所方案，全年建成简易避难场所23处，总面积442.75万平方米，可容纳近192万人。年内，启动重兴寺公园应急避难场所建设工作。先后3次到机场办事处现场勘查，委托中国城市建设研究院完成应急避难场所建设项目的规划设计工作。组织召开朝阳区应急避难场所管理工作会，制定应急避难场所管理制度，与应急避难场所所在场地产权单位、管理单位签订委托管理协议书，明确管理责任。制作《朝阳区应急避难场所资料汇编》。维修更新兴隆公园应急避难场所标志牌。配合区审计局完成北小河公园、红领巾公园、兴隆公园、京城梨园应急避难场所建设项目结算和决算审计，召开避难场所建设项目结算审计工作会，完成结算审计。配合区审计局开展应急避难场所建设管理专项审计调查，现场勘查每个避难场所，检查应急设施、管理状况及财务、资产管理情况。

（王　森）

【区政府常务会研究地震工作】　10

月16日,区政府召开第9次常务会议,贯彻落实市防震抗震工作领导小组会议精神,研究部署朝阳区地震工作。代区长吴桂英主持会议,区政府领导班子成员、各部门主要领导和各街乡主要领导150人参加会议。区地震局局长陈钰汇报近年来朝阳区防震减灾工作总体情况,提出进一步加强全区防震减灾工作的具体措施和需要研究解决的主要问题。会议邀请市地震局副局长徐平作《地震与城市安全》专题讲座。与会区领导及相关部门针对如何开展防震减灾工作,尤其对地震知识宣传教育、应急演练、应急避难场所及应急救援队伍建设等方面工作提出意见和建议。吴桂英提出六点要求:一是提高意识、加强领导;二是做好基础性工作,提高防震减灾能力;三是扎实推进房屋抗震加固工作;四是全面推进应急避难场所建设工作;五是进一步完善应急队伍组织体系建设,充分挖掘社会组织的力量,做好政府—社会组织—民众的联动;六是完善地震应急预案。

(王　森)

【创建地震安全示范学校】 年内,与区教委联合开展地震安全示范学校建设和评定工作。制定中小学防震减灾宣传教育计划、《朝阳区地震安全示范学校创建标准》和实施方案,经过初评和复评,最终确定30所学校达到示范学校标准,被授予首批朝阳区地震安全示范学校称号,其中中学7所,小学23所。12月18日,区教委、区地震局及各学校负责人在朝阳师范附属小学太阳星城校区,举行地震安全示范学校颁牌仪式。

(王　森)

【应急志愿者队伍建设】 年内,完成朝阳区地震应急志愿者招募登记注册工作,注册志愿者310余人。6月29日,组织召开朝阳区民防地震应急志愿者服务队成立大会。成立朝阳区民防地震应急志愿者服务队和高碑店、小关、安贞、八里庄、建外、垡头、机场、望京、三间房、平房和CBD、奥林匹克公园、区教委分队14支应急志愿者服务队,志愿者人数430人。制定《朝阳区民防地震应急志愿者章程》及《2012年民防地震应急志愿者培训方案》,与北京有备科援科技有限公司签订应急志愿者培训协议,开展应急救援志愿者队伍培训。组织14支应急志愿者服务分队的430多名应急志愿者参加培训,共培训13期,培训内容包括:常见灾害风险常识和安全意识养成、火灾及地震逃生知识、灾害现场搜索、现场应急抢救、患者分区管理、伤员安全转运、轻型救援装备使用等。每期培训结束后组织开展相应应急救援科目的地震应急演练。经过培训,所有志愿者均掌握了灾害应急救援的基本知识和基本技能,达到初级应急救援员标准。

(王　森)

【政协党派提案办理】 年内,政协北京市朝阳区委员会十二届一次会议关于《进一步加强我区应急避难场所的建设和管理,完善区域防灾减灾体系》(第121816号)提案由区地震局主办。区地震局召开提案办理工作协调会,征求各单位对避难场所建设的意见和建议,并与民进朝阳区委沟通意见,形成提案办理工作报告,正式上报区委办公室。

(王　森)

【地震信息数据收集】 年内,开展朝阳区地震信息数据调查和收集工作。区地震局委托北京万里前程科技有限责任公司承担电子地图和矢量、空间信息的收集和制作。完成数据信息调查和收集,制作地震应急服务信息数据库和电子图。

(王　森)

城市管理监察

【概况】 北京市朝阳区城市管理监察大队(以下简称“城管监察大队”)成立于1998年12月1日,是区政府所属的正处级行政执法机关。大队机关内设科室6个,下设10个直属督察队、47个街乡城管分队,编制总数1192人。城管分队行政关系隶属所在地街道办事处、乡政府(地区办事处)、奥林匹克公园管理委员会,对外以城管监察大队名义行使执法权,负责本辖区行政执法工作。城管监察大队机关及直属督察队负责本系统城管执法工作的法制指导、指挥调度、统筹协调和督促检查,负责全区范围内重大案件、跨区域案件、专业性较强案件的执法工作。2012年,区城管监察大队以18处市级挂账乱点、50处区级挂账乱点为重点,加大街面环境秩序整治力度;实施违法建设案件三级督办机制,受理各类违法建设案件5253件;对施工工地管理类案件实施三级督办,严查运输车辆不苫盖、苫盖不严、泄露遗撒、乱倒乱卸等违法行为,完成十八大环境秩序保障、全国城市文明程度指数测评等重点工作。年内,区城管监察大队被北京市评为“北京市城管综合执法系统先进大队”、“2012年度环境秩序整治先进单位”,被区综治委评为“朝阳区社会管理综合治理2012年度先进集体”。

地址:西大望路36号

电话:87718506－301

邮编:100022
电子邮箱:lijinyu1966@126.com

(李晋豫)

【综合治理呼家楼化石营地区】 7月17日至20日,按照区综治办关于《呼家楼化石营地区综合治理工作方案》要求,协调公安、工商等部门,组织相关城管分队,集中整治化石营地区无照经营、侵街占道、私搭乱建、乱堆乱放等问题。期间,发放《关于对呼家楼化石营地区开展环境联合整治的通告》300份,出动执法人员450余人次、执法车辆72车次,规范有照经营商户48家,劝导无照经营商户自行关闭132家,清理非法食品加工摊点5处,收缴非法兜售药品100余盒,拆除违法建设2200余平方米,清理路面、台阶1900余平方米,规范垃圾点管理2处,清理堆物堆料及各类垃圾82吨。

(李晋豫)

【环境秩序整治】 年内,以市级18处挂账乱点、区级50处挂账乱点为重点,组织主要大街、重点观光娱乐购物场所、主要旅游景点、施工工地、地下通道、人行过街天桥、校园医院周边、立交桥下空间等52个专项整治行动,有效打击无照经营、违规条幅及灯杆旗、违规指示牌、非法停车场、烧烤排档、散发张贴小广告、黑车运营、机动车和农用车进城售货等违法行为,群众满意度同比由77.1%提升至84%。组织中央和市区领导调研、世界知识产权表演外交会、中超联赛等大型比赛,朝阳流行音乐周、少数民族文艺汇演、上合组织领导人峰会、北京国际电影节等环境保障147次。配合公安、工商、文化、卫生等部门,开展打击街头犯罪巡控设卡、食品检查、扫黄打非等行动,强化社会面综合管控。城管系统全年出动执法人员832004人次、执法车辆110195车次;查处无照游商16668起、露天烧烤和大排档2503起、道路遗撒356起、违法洗车912起;规范"门前三包"63717起、店外经营11303起、灯箱横幅1836起;暂扣非法书籍和盗版光盘1683张、水果蔬菜33060公斤;查扣各类黑车、黑摩的、黑三轮1522辆;救助495人次;没收非法小广告310889张,审核非法小广告号码8691个,上报市局停机处理5664个。

(李晋豫)

【文明程度指数测评环境整治】 年内,开展全国城市文明程度指数测评环境整治工作。成立党政一把手任组长、副大队长任副组长的领导小组,主要领导亲自挂帅,主管领导分片包干,亲临一线全程跟进。对照《朝阳区迎接全国城市文明程度指数测评工作方案》要求,制发《朝阳区城管大队迎接全国城市文明程度指数测评实施方案》,细化分解测评指标,城管监察大队主要领导与主管领导、主管领导与分管的科室队、大队与分队,分三个层次签订责任书,明确标准、任务、责任,城管执法人员全员停休上岗,确保涉及城管系统3个类别、7个测评项目落实到位。

(李晋豫)

【环境秩序考核督办】 年内,按照大队制定的千分制考核办法,在做好日常考核的基础上,针对环境秩序类违法行为易发时间、地段规律,通过全面督查、重点抽查、跟踪专查的方式,对全区主要大街、重点地区、重点点位管控以及人盯车巡情况,加强早、午、晚等特殊时段考核,并运用大队综合业务平台,第一时间向分队反馈存在问题,动态反映环境秩序,督促分队整改。年内,考核分队800余队次、考核主要大街3000余条次,制发《督察动态》37期、《千分制考核情况通报》10期、《热线受理周通报》39期、《热线分析》39期、督办件354件。

(李晋豫)

【执法装备保障】 年内,协调北京市城市管理综合行政执法局,升级改造50套车载监控系统,配发执法现场记录仪500部、手持电台32部,维修手持电台75部、升级写频430部。组织综合巡查系统试运行培训工作会,推广"巡查即录入"和"一表化"工作模式。

(李晋豫)

【违法建设查处】 年内,实施三级督办机制查处违法建设案件。建立案件办理登记归档和日常联络制度,定期检查分队拆违专项组台账,做到全程跟踪、协助、指导。编撰《强制拆除违法建设考核程序》和《违法建设案件办理手册》,进一步细化案件办理流程、规范办案程序。严把违法建设案件报审环节,先后指导潘家园清真寺、运河新时尚、国美第一城等20余起重大违建案件,审核235卷违法建设类案卷,制发76件《限期拆除通知书》、21件《限期拆除决定书》,报区政府11件审批强制执行。年内,大队通过热线信访、部门移交、政民互动、领导交办等渠道,共受理各类违法建设案件5253件,涉及6448处,拆除87处,面积3.6万余平方米。针对7月22日东山墅别墅区6死3伤恶性事故,大队会同区住建委等五部门联合下发《关于禁止和查处别墅区及封闭居住区违法建设的紧急通知》,紧急部署全区城管分队排查违法建设,做好查处和控违工作。成立专项工作组配合东风分队检查东山墅别墅区内违法建设。联合区住建委召开全区物业管理工作会,要求物业公司全力做好所辖小区的违法建设巡查、举报工作。

(李晋豫)

【施工工地管理】 年内,成立施工工地管理联动领导小组,在负责专项执法的督察九队设立联动办公室,加强对分队的督办、指导、协调。按照《朝阳区城市管理监察大队施工工地管理督办考核通报程序》,对街乡城管分队辖区内的施工工地管理类案件,实施三级督办,保证案件办理、回复、考核、通报工作落实到位。专项执法队调整执法力量,设立8个夜查小组,每天夜查。4个小组在重点区域、点位、道路设卡检查渣土运输车辆,另4个小组巡查重点施工工地、道路遗撒易发路段,突出工地源头管控和路面布控检查"两个执法",有效遏制运输车辆不苫盖、苫盖不严、泄露遗撒、乱倒乱卸等现象。5月中旬,北京市市政市容管理委员会、北京市城市管理综合行政执法局先后到朝阳大队调研考察施工工地管理情况。8月至10月,大队按照区政府"源头严管,路上严处,部门联动,齐抓共管,有效衔接,闭合管理"的要求,牵头成立联勤联动执法队,针对渣土夜间运输的特点,组织夜查60余次,规范渣土运输车辆260多台次、施工工地40余处,暂扣不符合规定运输车辆78台,查处道路遗撒等违法行为356起。

(李晋豫)

【法制建设】 年内,《中华人民共和国行政强制法》(以下简称《强制法》)正式施行后,针对强制拆除违法建设适用问题,与市、区法制部门沟通,修订《限期拆除决定书》、《催告通知书》等格式文书,制发相关法规条款的适用性指导文件。结合自由裁量权的应用,深化"六单制"行政指导方式,转变执法理念,强化普法宣传,改进执法手段,减少执法冲突,降低执法风险,实现执法绩效与社会效益双赢。加大案卷评查力度,评查一般程序执法案件5003卷,审核力度卷196卷,向2个分队制发法制工作建议书。创新法制培训形式,坚持分级管理、分层培训、分类施教原则,组织法制员培训10期、层级培训10期、集中培训1期。针对《强制法》有关执行问题,邀请区法制办、区法院举办讲座2次,并到30余个分队进行"一对一"授课。创新开展"城管进法庭"活动,组织2次常务副分队长、法制队长、法制员旁听行政诉讼案件。通过模拟常用执法案由情景模式,改进现场执法考核。全年考核86名队员,准确查找和纠正执法人员在执法过程中存在的问题,达到培训工作扩大化、深入化、实用化。

(李晋豫)

【廉政建设】 年内,认真落实区纪委"四四五五四"廉政风险防控管理模式要求,加强权力运行程序的监督制约,认真办理各类执法风纪案件,从严查处吃、拿、卡、要和执法不规范等严重损害城管形象的问题,坚决杜绝失职渎职、弄虚作假行为,确保令行禁止。大队领导与科、室、队负责人层层签订廉政建设责任书,落实领导干部"一岗双责"制度,抓好责任分解、责任考核、责任追究工作。城管执法人员人人签订廉洁自律承诺书,切实强化廉洁自律意识。严格执行罚没款缴存管理制度,按月上缴,不缓缴、不留用。严格执行财务制度,加强经费管理,重视节能减排,有效控制公用经费人均物耗水平。

(李晋豫)

【创先争优】 年内,开展争先创优活动。落实专人负责和"三个联系"制度,抓好接收、办理、回复、反馈"四个环节",信访件、人大议案、政协提案办理质量不断提高。全年受理人大议案、政协提案34件,受理市、区人民来信来访、本人来访、市局转办、区政府督办1161件,办理率100%。城管热线接各类热线举报82139件,办结率95.4%。大队党委坚持每季度召开一次党支部书记例会制度,分析城管队伍建设中存在的问题,研究相应的办法措施。3月底,组织全区城管系统53名党支部书记进行两天培训研讨会。9月初,大队组织党支部委员封闭学习两天,提升全体党员干部认真履职的主动性和自觉性。年内,在党员干部中开展"亮标准、亮身份、亮承诺"活动;在城管队员中开展"比技能、比作风、比业绩"活动;在推动工作方面,开展"群众评议、党员互评、领导点评"活动,建外分队和劲松分队常务副分队长封刚分别被北京市评为"市民群众喜爱的首都城管执法系统十佳城管分队"和"十佳城管队员"。

(李晋豫)

【文化建设】 年内,结合"强化服务意识、强化形象意识、强化规范意识、强化执行意识,为开创首都环境秩序建设新局面而奋勇争先"主题教育活动,继续深化"三个崇尚"教育,在思想上树立"围绕大局,服务中心"的宗旨意识;在纪律上坚决执行区委的各项决策,有令则行,有禁即止;在工作上认真履行岗位职责,规范执法,提升城管队伍执行力。6月底,组织"创先争优比贡献,城管岗位展风采"庆"七一"迎接十八大主题演讲比赛,全面展示朝阳城管基层党支部、党员群体或个人立足本职岗位、积极创先争优、发挥先锋作用的精神风貌。年内,推荐"细节决定成败"一书,深化"一年读一本好书"活动,教育引导城管执法人员养成爱读书、读好书、善读书的习惯。

(李晋豫)

【执法宣传】 年内,以街面环境秩序整治、施工工地管理、违法建设查处、重要会议和重大活动保障等工作为重点,加大对外宣传力度,相关媒体刊登、播出、播报有关城管报道618条。8月31日,《北京晚报》刊登《每日巡视16小时护一方净土》的报道,是第一篇报道全市挂账乱点整治的新闻。加强社会舆论监督,主动与京华时报、北京晨报、96310移动电视、朝阳有线、朝阳报等主流媒体沟通,在做好正面报道的同时,有效避免13起可能出现的负面报道。在"双护工程"推进期间,大队在全区设立22个宣传站点,展开全方位、立体式宣传攻势,营造声势,展示形象。加强内宣工作,6月下旬制作《创先争优比贡献 城管岗位展风采》党建专题片,全面介绍大队党建工作;7月,围绕全国文明城市文明程度指数测评工作,编辑《城市文明测评专刊》15期;8月,围绕十八大环境保障重点工作,增设《环境秩序整治专刊》14期;全年自编“城管播报”等专题片15部。

(李晋豫)

【城管开放日展示形象】 年内,先后在大屯分队、朝外分队、酒仙桥分队、孙河分队、双井分队组织城管开放日活动。大屯分队开放日主题为“创新城管工作思路,提升文明城市形象”,其“小广告兑换日用品”管理机制,对发动市民参与城市管理起到积极作用。京华时报、北京晨报、96310移动电视、朝阳有线、朝阳报等媒体予以全面报道。

(李晋豫)

数字化城市管理

【概况】 朝阳区城市管理监督指挥中心是负责城市服务管理监督与评价工作的区政府正处级行政机构,内设10个科室,35个监督分队,行政执法专项编制76名。2009年,增设事业单位北京市非紧急救助中心朝阳分中心,编制5名。经过8年实践,逐步健全和完善以政府为主导、社会为主体,以朝阳社会信用体系为支撑的常态化、精细化、高效化的全模式社会服务管理系统。年内,系统平台完成1128841项任务,上报7494175件案件,问题解决率85.53%。

地址:日坛北街33号

电话:65094697

邮编:100020

电子邮箱:cyjdzx2012@126.com

(朱 婧)

【区领导慰问】 1月1日,区委书记陈刚、副区长王春等到区城管监督中心96105热线呼叫中心,慰问节日期间坚持工作的机关干部和坐席员。监督中心主任皮定均汇报呼叫中心工作及刚开通的“北京朝阳”政务微博运行情况。陈刚肯定呼叫中心工作,提出两点要求:一要熟悉业务,工作到位;二要热情为老百姓服务。

(朱 婧)

【全模式社会服务管理培训】 1月31日至2月16日,区城管监督中心深入基层,对43个街乡开展全模式社会服务管理培训。内容包括:全模式社会服务管理系统十大模块运行情况、无遗漏常态化基础数据管理、人口服务管理、数字化为民服务、区96105热线以及全模式社会服务管理体制下的评价体系等。

(朱 婧)

【全模式社会服务管理系统推开】 2月,按照“一口受理、分层办理、闭环运行”工作要求,进一步规范立案结案、处置、复查核查和考核评价等程序。以该系统为载体,试点推进综治维稳中心、城市管理指挥中心、社区服务中心等机构的整合工作。加大资源整合力度,建立健全会商、社会参与、闭环运行机制。推进微博技术应用,实现微博系统与全模式系统对接。完善与北京大学中国信用研究中心合作开发的“朝阳社会信用评价系统”,与人民大学合作开发的政府、企业、市民决策支持系统,拓展全模式社会服务管理系统的应用领域。截至2月底,应急管理、综治维稳、社会事业10大模块3452个细类,95%纳入系统业务。

(朱 婧)

【《合作治理与社会服务管理创新》出版】 3月,与人民大学合作的《合作治理与社会服务管理创新》一书出版。该书在概述社会管理创新的时代背景、理论基础、实践发展基础上,系统剖析朝阳模式的系统结构、运行流程、管理方法、实际成效和社会反响,分析了朝阳模式的制度特色。

(朱 婧)

【2012中国信用4·16高峰论坛】 4月21日,在全国政协礼堂召开2012中国信用4·16高峰论坛,围绕“社会诚信建设的中国模式”主题,研讨社会诚信建设,交流社会服务管理和城市信用建设的创新经验。区城市管理监督指挥中心主任皮定均就朝阳区城市管理创新模式,作题为“社会服务管理创新与城市行政管理体制改革”发言。

(朱 婧)

【智能化“门前三包”正式运行】 5月29日,农村地区智能化“门前三包”责任单位服务管理工作正式运行。依据“门前三包”责任单位上一年度平均发案数的情况(年平均发案数等于上一年度该社会单位总发案数除以该社会单位监督次数),监督周期共划分四个级别,并且区域放射线、环线、建成区和纯农村地区分别适用两个不同标准。本着对发案数多的单位重点检查原则,监督员按照“门前三包”责任单位监督周期级别要求,监督分管辖区“门前三包”责任单位。

(朱 婧)

【数量化社区监测评价】 5月,召开数量化社区监测评价系统研讨会,邀请14个街道和地区办事处、26个社区和8个职能局领导深入研讨数量化社区监测评价工作。

(朱 婧)

【十八大安保】 9月,落实《朝阳区关于党的十八大安保专项行动考核评比办法》,采取三项措施。一是成立以监督中心主任为组长,班子副职为副组长,相关业务科室负责人为成员的安保专项行动工作领导小组;二是制定监督中心十八大安保专项行动方案,细化任务,责任到人,落实到位;三是有针对性地加强监督工作,及时发现、上报问题,快速、高效处置各类突发事件、百姓诉求,特别是十八大期间重点区域案件及重点问题。

(朱　婧)

【数字化工作“三个率先”】 年内,深入推进全模式社会服务管理工作及数字化文明城区常态化建设,数字化工作在全市(全国)实现“三个率先”。一是率先实现建立在政府主导、社会主体制度架构基础上的社会服务管理领域主要方面工作的标准化、数量化、常态化,正在积极推进智能化;二是率先实现全国文明城区建设监测评价工作的数量化、常态化;三是与人民大学合作,率先实现依托数字化系统平台建立政府、企业、市民决策支持系统。

(朱　婧)

【81890为民服务系统建设】 年内,将现有区政府热线96105更名为81890热线,建立区81890为民服务中心。将各职能部门和公共服务企业的热线合并到81890热线,搭建“一号受理”平台。截至3月,整合热线9条,实现“一号受理”;初步整合热线16条,完成业务对接工作。整合96105社区服务网及各单位、各公共服务企业为民服务网络,搭建“一网服务”平台。

(朱　婧)

园　林　绿　化

【概况】 朝阳区园林绿化局是对全区城乡绿化美化施行统一建设管理的职能部门,隶属朝阳区人民政府,业务归市园林绿化局和市公园管理中心领导及监督指导。截至年底,全局在职职工975人;机关设置正式科室10个,下设基层单位18个。年内,全区新增、改造绿化面积285万平方米,平原造林工程642.13万平方米。城市绿化覆盖率46.65%,森林覆盖率19.38%。按照市委、市政府部署,全区启动今后五年内实现绿化面积2000万平方米平原造林工程,区园林绿化局参与资质审核、方案审核及招投标工作,监督并管理工程质量,并重点实施温榆河大堤东侧造林工程,栽植植物11.3万余株,完成全长12千米、总面积84万平方米造林任务。实施“增绿添彩”工程,改造、提升区域内三环路、四环路、五环路78万平方米绿地。四环路建成南四环城外诚两侧带状绿地、十八里店桥、朝阳公园桥3处景观节点。建成奥林匹克花园等6处大绿地和10处小绿地。完成朝阳路、京通路、京哈高速等18条区域重点道路的绿化改造,建成和谐雅园、广泉社区等24个环境优美示范小区,完成31个老旧小区改造、18处农村居住区和农民新建小区绿化工作。完成798艺术园区、机场二通道等处垂直绿化1.5万延米,完成7处、2万余平方米屋顶绿化。继续推进花卉常态化建设,栽植各类花卉800万株(盆)、11.1万平方米,栽植立体花树95个,花钵1307个。以喜迎十八大反映党的光辉历程、欢度国庆佳节为主题,设置大型立体花坛12处。加大绿化养护管理力度,重新制订《专业绿地养护质量检查考评办法》。通过日常检查、定期检查、网格巡查、街乡及相关部门反馈问题等渠道,查找和发现绿地死角,协调、督促相关养护单位解决问题。采取控制养护成本、提高工作效率、加强技术培训等措施,提高养护精细化管理水平。加大对社会单位绿地、认建认养代征绿地的职能管理,对其开展监督检查、技术培训及业务指导等多项管理。全区各公园立足对内突出特色,对外打造品牌,不断完善服务功能。9家公园完成区城市文明程度指数测评复查工作,奥林匹克森林公园入选全市十大公园创新服务民生品牌项目,10家精品公园完成市园林绿化局复查工作,大望京公园在2012年全市精品公园创建中综合考评得分第一。截至年底,全区创建市级精品公园11家。各公园按照“一园一品牌”要求,举办红领巾公园“双胞胎文化节”、日坛公园“春分朝阳祭日表演”、元大都城垣遗址公园“海棠花节”等30余项文化活动。组织团结湖公园等5家公园参加市文化局、北京电视台等单位联合组织的“唱响北京”——北京市公园群众文艺活动比赛。坚持规划引导,完成《森林资源保护利用规划方案》编制工作,搭建完成全区绿化资源动态管理数据库平台。坚持依法行政,全区审核审批伐移树木189件,株数2.81万株。审核征收占用林地面积68万平方米,其中临时占用20万平方米。全年办理建设工程附属绿地及绿化方案审批75件。与11家社会单位签署《代征绿地移交协议》,收回代征绿地39.6万平方米。强化林业执法、野生动物和古树名木保护工作,开展严厉打击破坏森林资源违法犯罪专项行动,接群众举报林业违法案件106

起，其中行政立案9起，补种树木90株。全区未发生动物禽流感病例。完善森林防火责任体系、预警监测、应急通讯及指挥扑救体系，清除林地可燃物6666.67万平方米，全区未发生森林火警、火灾。研究、应用并推广园林废弃物再利用和生物防治技术，完善与周边各区联防联治机制，全区未发生林木有害生物灾情。创新社会参与绿化美化机制，以平原造林为重点，采取多种形式，举办宣传活动，营造全民参与的良好社会氛围。重点组织市区人大代表、政协委员、区四套班子以及市保障性住房建设投资中心、北京奥运城市发展促进会、区绿委成员37个单位、驻区部队等8项大型春季义务植树活动。全区以各种形式参加义务植树近50万人次，同比增长66.7%，植树面积212.07万平方米，植树157万株。在首都第28个全民义务植树日(4月1日)，全区参与植树和宣传活动的市民人数同比增长50%，植树10.5万株、同比增长275%。区直关工委系统在全区范围内率先开展"认养一片绿，捐赠三株苗"活动，截至年底，全区2578人捐赠绿化基金15.68万元。年内，创建首都绿化美化花园式单位10个、花园式社区8个、首都绿色村庄2个。

地址：道家园路甲16号
电话：65042115
邮编：100025
电子邮箱：lhjbgs-3004@163.com

（康雅文）

【2012年绿化美化总结动员大会】
3月17日，在北京会议中心召开朝阳区2012年绿化美化总结动员大会。区四套班子领导，区绿化委员会成员单位主要领导，区委、区政府各部委办局及区属企事业单位、人民团体主要负责人，各街乡办事处主要领导及辖区中央、市属单位代表，以及驻区武警部队官兵代表1000余人参加大会。会议全面总结2011年绿化美化工作，部署2012年任务，动员干部群众和社会各界积极投身绿化美化建设，为改善生态环境，促进全区经济社会可持续发展做出新贡献。区长程连元主持会议，副区长王春作《提升生态文明、坚持科学发展，开创朝阳绿化美化建设新局面》报告，团结湖街道、东坝地区和崔各庄地区领导分别发言，区委书记陈刚讲话。

（冀晓娜）

【区四套班子参加义务植树活动】
3月17日，区四套班子领导带领区各部门及街乡办事处主要领导到大望京公园参加义务植树活动。朝阳区团员青年、妇女代表、教师、武警官兵、媒体记者、体育界人士、大学生以及志愿者等1000余人参加活动。栽植油松、白皮松、华山松、国槐、银杏、白蜡、榆叶梅、西府海棠等树木10余种700余株，挖种植穴700个，清运渣土200余立方米，回填好土200余立方米。活动现场，区绿委办发放《积极履行公民义务，广泛开展植树造林运动——致全区人民的倡议书》、《首都义务植树尽责形式》等宣传材料2000余份。活动结束后，区领导为团区委、区文明办、区妇联、区教委、北京国安足球俱乐部、北京师范大学、京华时报、武警北京总队第五支队等8个单位颁发义务植树组织工作先进单位奖。

（冀晓娜）

【首都第28个全民义务植树日】 4月1日是首都第28个全民义务植树日。市人大常委会主任杜德印，市委常委、常务副市长吉林，市人大常委会副主任、秘书长唐龙和区委书记陈刚、区人大常委会主任佟克克等市、区领导及市、区人大代表300余人，在温榆河景观大道绿化带共同植下"朝阳人大代表林"。区政协委员200余人到东坝乡东晓景万亩平原造林现场参加义务植树。区文明办组织市民寻访团服务队、青年志愿者服务队、社会招募义务植树志愿者服务队、公共文明引导员服务队200余人，在温榆河大道植下"朝阳志愿者林"。区绿化委员会办公室在朝阳公园南门举行"弘扬生态文明 共建绿色家园"大型义务植树宣传咨询活动。全区43个街乡和8个专业公园分别设立宣传站(点)，通过展板、横幅、宣传车、锣鼓队、秧歌队、发放宣传材料等形式宣传义务植树。据统计，当天全区30万人参加植树活动，植树10.5万株，挖坑8.8万个，动土近12万立方米，养护各类树木120.5万株，清扫绿地422.6万平方米，设宣传站202个，出动宣传车51辆，发放宣传材料12.4万份，出动绿色小信使1.8万人，悬挂横幅、标语501条。

（冀晓娜）

【打击网络犯罪和非法贸易】 4月9日至16日，区森林公安处在全区范围内组织开展打击、遏制野生动物及其制品网络犯罪和非法贸易活动专项执法行动，整治网上网下两类市场，有效保护野生动物资源。期间，排查案件线索8条，出动39人次、车辆13台次，清理整治古玩城、花鸟市场7处，清理小摊点、柜台7个，整治网站和论坛6个，清理屏蔽网上违法信息6条，收缴北京市二级保护动物八哥26只、丝光椋鸟43只，养殖白腰文鸟62只，合计131只，开展集中宣传4次，发放宣传材料200余份。

（英　皞）

【金盏生态林平原万亩造林工程】
4月28日，金盏乡温榆河大堤东侧地块春季平原万亩造林工程开工，全长12千米，面积84万平方米，5月8日竣工。区园林绿化局7支专业队伍1.5万人次、武警朝阳支队1500余名官兵参与工程建设。工程本着"临河为主，临路为辅"原则，结合立地条件，采用高大乔木，适当配置小乔木及花灌木，营造色彩、层次丰富的植物景观。栽植落叶乔木

3.6万株、常绿乔木1.4万株、灌木0.7万株。

(崔 北)

【道路绿篱色块修剪比赛】 5月28日至29日,组织专业养护道路绿篱色块修剪比赛,采取提前申报参赛赛点的形式,邀请两位专家评委对24处参赛道路的绿篱色块修剪情况进行现场打分。京通快速(大黄庄苗圃)、和平里西街(绿化二队)获一等奖;阜通东大街(绿化二队)、二环路(绿化一队)、东四环四惠桥北辅路西侧(绿化一队)获二等奖;坝河绿地(绿化二队)、外国专家大厦(绿化二队)、工体西路(绿化一队)、金桐东路(绿化一队)、工体东路(绿化一队)、林萃路(元大都城垣遗址公园)获三等奖。赛后为获奖单位颁发证书,发放小型园林机械设备和工具予以奖励。

(王 倩)

【季度综合专业养护检查】 6月20日,组织季度综合专业养护检查。副局长郝宝刚带队,13个局属单位的主任和养护主管主任、2位专家评委参与,检查33处专业养护道路绿地。此次检查是《专业绿地养护质量检查考评办法(试行)》实施以来首次季度综合专业养护检查,突出"细致检查"、"新工检查"、"不定向检查"三大特点,涉及植物长势、病虫害控制、绿地卫生状况、植物修剪效果、草坪地被覆盖度、死树枯枝清理、杂草杂树萌蘖控制等多方面养护工作。检查组根据各单位实际,将三个绿化队和两个苗圃作为一组、八个公园作为一组分别进行打分评比。绿化队、苗圃组:绿化一队获一等奖,大黄庄苗圃获二等奖,绿化二队获三等奖。公园组:大望京公园获一等奖,日坛公园获二等奖,四得公园获三等奖。

(王 倩)

【首次代征绿地养护管理检查】 8月9日,组织首次代征绿地养护管理检查。副局长郝宝刚带队,邀请各养护单位代表参与检查,聘请专家根据实际绿化和养护效果进行现场打分。涉及12家开发或物业管理企业,检查面积近40公顷。经打分评比,北京星河湾生态公园获一等奖;北京工业大学东南区城市代征绿地和林达海渔广场代征绿地获二等奖;望京A1区代征城市公共绿地和盘古大观南侧代征绿地获三等奖。检查结束后,对获奖单位发放园林设备和工具予以奖励。

(王 倩)

【节前森林防火检查】 9月21日至27日,区森防办开展节前森林防火工作检查,涉及辖区19个地区办事处及3个有林单位。检查分南北两片,重点检查各地区郊野公园、重点片林和主要道路两侧林地。检查内容包括:林地可燃物清除是否符合标准、是否有半专业森林消防队伍、是否有森林火灾扑救预案、是否有扑火工具库且专人管理、是否有专人值班、林地是否实行挂"双牌"管理。检查组进行现场评比打分,南片:王四营乡85分、平房乡85分、十八里店乡80分、小红门乡80分、南磨房乡80分、管庄乡80分、三间房乡80分、常营乡80分、黑庄户乡80分、豆各庄乡80分、高碑店乡80分、东风乡80分;北片:奥林匹克公园90分、孙河乡80分、来广营乡85分、崔各庄乡85分、东坝乡85分、将台乡85分、金盏乡80分、太阳宫乡80分、区水务局80分、市二大队85分。检查结果显示:绝大多数单位重视森林防火工作,各郊野公园林地内可燃物清除及时,监控措施得力,少数单位对林地内可燃物清除督促力度不够,有清除可燃物不彻底、不及时、"双牌"不全等现象。检查组现场给8个单位下发火灾隐患通知书16份,要求节前整改完毕。

(英 頔)

【打击破坏野生鸟类资源行动】 10月30日至12月15日,在全区范围组织开展打击非法破坏野生鸟类资源行动,以打击非法捕鸟、非法出售、收购和运输野生鸟类等违法犯罪行为为重点,检查全区林地、片林、市场,督促林权单位设立、完善禁止狩猎宣传标志。期间,出动警力74人次、其他林业执法人员84人次,出动车辆56台次,检查重点场所、林地及野生动物活动区域63处。

(英 頔)

【大望京公园获评市精品公园】 10月,市园林绿化局根据《北京市精品公园标准》,组成验收评审团,开展一年一度精品公园验收评比活动。10月10日,评审团检查验收大望京公园。公园主任李大鹏作"争创北京市精品公园"汇报。评审团听取汇报并到公园实地检查验收,肯定公园细致化管理模式及城市公园韵味。经验收评比,大望京公园获评北京市精品公园。截至年底,全区11家公园(其中区园林绿化局直属公园7家)获评北京市精品公园。

(郝海英)

【工程管理培训】 12月5日至7日,举办工程管理培训班。邀请北京市建委造价处工程预算定额编制组专家顾问张吉亮、北京铭正洋林监理公司王在广分别讲解园林绿化工程预结算编制及工程资料管理知识。直属单位预结算编制人员、工程资料员、主管工程副主任、管理人员及区属绿化部门相关人员等80余人参加培训。

(王 惠)

【"国庆"花卉布置】 年内,开展庆祝建国63周年及迎接十八大花卉布置工作。全区布置大型立体花坛10个,花树95个,地栽花卉11.4万平方米,用花450万盆。其中四元桥"北京精神"立体花坛以北京斗拱元素为框架,以中国书法和图片寓意的形式突出展现北京精神;工体东门"平安如意"花坛以谐音元素表达对人民幸福生活的美好祝愿;元大都城垣遗址公园"光辉历程、辉煌永驻”大型立体花坛，以党旗、幕布和电影胶片等构图元素辅以夜景照明，寓意中国共产党从一大到十八大一路走来的光辉历程及辉煌成就。

（王　惠）

【三、四环路增绿添彩工程】 年内，实施三环路、四环路增绿添彩工程，绿化面积53公顷，栽植乔木3.7万株、花灌木8.2万株、宿根花卉12.4万株。其中三环路完善提升绿化面积3公顷，通过增加彩叶植物和月季及补植乔木等方法增加植物层次，完善三环路城市花环绿化定位；四环路完善提升绿化面积50公顷，重点改造景观效果较差的四惠桥至榴乡桥段，并建成南四环城外诚两侧带状绿地、十八里店桥、朝阳公园桥3处景观节点。

（崔　北）

【重点道路绿化改造工程】 年内，完成朝阳路、京通路、林萃桥北隔离带大绿地等18条区域重点道路绿化建设和改造提升工程，绿化改造面积61万平方米，栽植常绿乔木2193株、落叶乔木6588株、花灌木16万株、色带76万株。

（崔　北）

【绿化资源管理】 年内，加强古树名木保护管理和征收占用林地及移伐树木审核审批制度管理。5月，区园林绿化局检查验收农村更新造林任务和2011年林木采伐限额执行情况。结果显示：全区更新造林合格林带2条，栽植各种乔木132株，成活率95%以上；全区2011年实际采伐林木3389.26立方米，没有超限额审批，发证合格率100%。继续规范各乡林木采伐验收回执管理；制定、落实古树名木保护工作方案；严格审核征收占用林地申请。审核、审批伐移树木223件，伐移4.67万株；接待来访900余次，勘察现场260余次；审核征收占用林地10件、122.41公顷。

（王桂花）

朝园弘园林绿化有限责任公司

【概况】 朝园弘园林绿化有限责任公司隶属区园林绿化局，是全民所有制企业单位，国家城市园林绿化一级资质企业。先后通过ISO9001质量管理体系、ISO14001环境管理体系和OMS18000职业健康安全管理体系认证；2004－2012年度守信企业；2010－2012年资信等级AAA级；2008－2012年度全国城市园林绿化企业50强；北京市林业工程建设施工、林业勘查规划设计甲级资质。公司承揽园林绿化、园林机械、花卉苗木、环保技术开发等业务。截至年底，公司在岗职工41人，内退职工1人。公司被市政府、首都绿化委员会评为2012年度首都绿化美化先进集体。

地址：朝阳北路147号

电话：85841343

邮编：100025

电子邮箱：cyhcyh2009@sohu.com

（赵梦梦）

【工程项目】 年内，公司承接设计项目近20项；完成投标任务100项，中标金额6亿余元；参与建设朝阳区万亩造林温榆河段、五环路绿化改造工程等项目；完成2012年绿化美化工程、2012年重点道路绿化改造工程等局属工程20项，改造面积130.28万平方米。工程合格率100%，总收入6.5亿元。

（赵梦梦）

【共建苗圃基地】 年内，与北京武警总队建立军民共建苗圃基地，面积13.33万平方米，购进苗木2.12万株。

（赵梦梦）

【组建工程质量监督站朝阳分站】 年内，初步完成北京市园林绿化工程质量监督站朝阳分站组建工作。

（赵梦梦）

【获奖】 年内，温榆河景观大道绿化工程获中国风景园林学会2012年度“优秀园林绿化工程”金奖；三环路增绿添彩及代征绿地项目保利公园获北京市园林绿化企业协会2012年度精品工程奖；三环路增绿添彩项目、代征绿地项目城开公园及莱太大厦项目园林绿化景观专业工程分获北京市园林绿化企业协会2012年度优质工程奖。

（赵梦梦）

日坛公园

【概况】 日坛公园隶属区园林绿化局，是全民所有制差额拨款事业单位。公园位于朝阳门外使馆区，占地面积20.62万平方米，绿化面积17.11万平方米，绿化覆盖率83%。实有树木1.076万株，其中乔木5010株、灌木5750株；月季950株，攀缘植物5000株，竹子2000墩，绿篱6000延米，宿根花卉8000平方米，草坪7.45万平方米。公园在岗员工80人，其中女工33人；退休人员100人。年内，公园强化内部管理，通过落实人员、责任、监督管理等措施，防汛、防火、园林安全生产防范到位、保障有力。与班组签订《百分考核责任书》，明确双重考核标准与奖惩制度。完成古建二期修缮招投标工作，签订施工合同，工程项目包括具服殿及东西配殿、影壁门，建筑面积422平方米，具服殿内院墙长度31米；钟楼一层现状修缮和二层修复工程建筑面积246平方米。完成公园基础设施园路整修、排污排水改造及古建周围绿化改造提升。改造打通游乐场东南角和马骏墓西北角下水管道；改造绿地1.8万平方米；“五一”期间，栽植四季海棠、蝴蝶花、美女樱、串红等草花4万余盆，“十一”期间摆花3.5万盆。公园有古树44株，以侧柏和桧柏为主，树龄均为400～500年，树龄最大的九龙柏有1000余年。采取掘建古树复壮井、防腐处理、增加防雷设备等古树保护措施。完成北五环东湖日坛段、东大桥三角地等5条道路绿化养护任务,养护面积15.23万平方米。承接美罗城百盛广场、十里堡北里小区等5项绿化工程,施工面积近6万平方米;完成顾家庄桥区节水工程项目建设,项目全长3500米,其中顶管过路210米,沟槽2300米,管材铺设2500米,井室砌筑20座;完成北五环东湖日坛段4号地节水改造及2号地补植绿植任务。公园与区文化委、朝外街道办事处共同举办第六届春分朝阳民俗文化节,通过百姓共同参与太阳祭礼,普及和传承祖国古代礼乐文化;主办秋季晨练汇演;承办"感恩思源 传承文化——清明系列文化活动",接待游客近1万人。马骏纪念室发挥爱国主义教育基地作用,提供讲解、资料等接待服务,"清明"和"七一"期间免费接待参观团体及个人1300人次。为中小学生提供蓝天工程卡相关服务工作,为各中小学举行入队仪式、开展社会实践等活动免费提供场地和讲解。年内,北京社会大课堂向马骏纪念室发放由市教委颁发的北京市中小学生社会大课堂资源单位牌示。公园被评为和谐共建先进党组织和朝阳区交通安全先进单位。全年接待游客276万人次。

地址:日坛北路6号

电话:85619984

邮编:100020

电子邮箱:ritan3249@163.com

(续　丹)

【第六届"春分·朝阳"文化节】　3月18日,第六届春分朝阳民俗文化节在日坛公园开幕,文化节由朝外街道、区文化委、区园林绿化局共同主办,包括文艺演出及绝活儿街、春食街、健身娱乐区、游艺竞技区、祭日表演等特色活动。祭日表演通过在场群众共同参与太阳祭礼,普及和传承古老礼乐文化。活动主会场设在公园南门壁画区,著名艺术家游本昌、石维坚、姜嘉锵为观众讲述太阳文化。上千名社区群众现场观看演出并参与活动。

(续　丹)

【清明系列文化活动】　4月1日,在日坛公园举行"感恩思源 传承文化——清明系列文化活动",区委宣传部、区文明办、区文化委主办,日坛公园承办。活动分3个区域,烈士祭扫区设在马骏烈士墓前,教师学生、武警战士扫墓并敬献花篮;丝竹演奏区设在玉馨园,社区居民表演丝竹乐器的同时,进行"清明文化我知道"互动问答;健身活动区设在具服殿门前,展示清明节放风筝、扫墓、踏青等民俗体育活动,现场为游客提供放风筝、抖空竹、跳房子、踢毽子、跳绳、拔河等体验活动。接待游客近1万人。

(曹　伟　续　丹)

【绿化工程】　4月,进行顾家庄桥区节水项目施工建设。工程全长3500米,其中顶管过路210米,挖沟槽2300米,管材铺设2500米,井室砌筑20座。绿地恢复播种冷季型草籽1500平方米,栽八宝景天2500株。8月6日,位于东四环美罗城百盛至迪卡侬商场前的三处绿地及东四环四方桥南侧海渔广场绿化改造工程开工,绿化改造面积3万平方米,9月24日竣工。整地3万平方米,外运渣土1000立方米,伐死树23株;加装800米快速取水管线及装置;栽植落叶乔木224株,铺冷季型草坪1.5万平方米。

(詹成娟)

【晨练汇演】　9月20日,在日坛公园南门壁画区域举办2012年晨练汇演开幕式。活动由日坛公园、朝外街道办事处联合主办,主题为"晨练一小时 健康每一天"。数十家民间团体参与开幕式表演。日坛歌友队、太极神韵晨练队、朝外办事处舞蹈队分别表演《我的北京我的家》、《歌唱祖国》、太极剑及佤族舞蹈《抹泥黑》等歌舞节目。

(续　丹)

团结湖公园

【概况】　团结湖公园隶属区园林绿化局,是全民所有制差额拨款事业单位。公园地处东三环北路,毗邻CBD中央商务区,占地12.3万平方米,其中绿地4.2万平方米、水面5.4万平方米、道路0.8万平方米、建筑占地0.4万平方米、铺装1.5万平方米,绿化覆盖率80%。实有树木2.3万株,其中乔木2214株、灌木1.94万株、其他1456株。公园管理处在编职工59人,其中女职工35人。年内制定"规范服务标兵"、"规范服务班组"考核细则和实施方案,制定实施公园消防制度和考勤制度;加强公园绿化、保洁,绿地养护执行特级标准,补种草坪1万平方米,播种草籽100千克;"五一"、国庆节前地栽一串红、万寿菊、小凤仙等花卉7万株,摆放大型花卉150株;整形修剪柳树、国槐300株;对园内碧桃、榆叶梅进行花后修剪;栽植苔草500平方米;防治病虫害打药200千克。维修路椅260条、路灯75盏、垃圾筒60个,加固维修水阁荷香房坍塌屋顶,修补环波桥顶棚,维修更换全园箱式变压器主要部件。安全工作围绕"安全第一、预防为主、综合防治"方针,全年实现"双无"目标。举办第六届赏菊观鱼游园会、协助地区办事处和相关单位举办"健康口腔,幸福家庭"宣传活动、第二届团结湖地区"科学健身、低碳生活、文明出行"环湖健步走及朝阳科普周启动仪式。承接京顺路出京方向重点道路绿化改造、798艺术区绿化建设工程、老旧小区环境改造等工程,施工面积6.8万平方米;完成大屯文化广场、鼎城路、京顺路、将台东路、团结湖地区等绿化养护面积近30万平方米。年内,公园被评为北京市公园绿地协会优秀会员单位。全年接待游客460万人次。

地址:团结湖南里16号

邮政编码:100026
联系电话:85973603
电子邮箱:tuanjiehugongyuan@163.com

(李洪静)

【绿化工程】 4月27日,工体西里小区绿化工程开工,绿化改造面积2000余平方米,5月12日完工。栽植乔木52株、灌木319株、色块1020株、竹子100株、花卉9550株、色带411平方米、丹麦草1735平方米。4月27日,安贞地区安华西里二区绿化工程开工,绿化改造面积2000余平方米,5月12日完工。栽植灌木903株、色带7900株、花卉7480株、丹麦草580平方米。4月,安贞地区五联建小区绿化改造工程开工,5月完工。栽植灌木1127株、色块1080株、竹子1200株、月季3270株、地被花卉3万株、丹麦草1575平方米。同月,安贞地区安贞西里二区绿化改造工程开工,5月完工。栽植灌木113株、地被花卉6000株、月季400株、绿篱5598株、丹麦草510平方米。5月28日,朝外地区三丰里小区绿化工程开工,6月30日完工,栽植灌木1588株、色块2100株、月季300株、地被花卉2500株、丹麦草2100平方米,安设造景假山石16吨。5月28日,朝外地区社管中心摆花工程开工,6月30日完工。制作安装花钵70余个,栽植花卉2000余株。8月11日,京顺路出京方向绿化改造工程开工,9月29日完工。栽植乔木52株、灌木319株、色块1020株、竹子100株、花卉9550株、色带411平方米、丹麦草1735平方米。9月21日,酒仙桥街道大山子地区798小区绿化工程开工,绿化改造面积3万平方米,10月10日完工。栽植乔木26株、灌木2130株、色带5.29万株、攀缘植物200株、宿根花卉6928株,铺草坪1500平方米。11月27日,大黄庄市场周边环境改造工程开工,12月6日完工。栽植乔木123株、灌木1233株、丹麦草1260平方米。11月27日,农光里市场周边环境改造工程开工,12月6日完工。栽植绿篱3000株、丹麦草183平方米。11月27日,双井周边的黄木厂路绿化改造工程开工,12月6日完工。栽植乔木118株。11月27日,芍药居地区紧邻地铁13号线的太阳宫村街边绿化改造工程开工,12月6日完工。栽植乔木54株、灌木4036株、竹子1314株、花卉1220株,铺冷季型草坪800平方米。11月27日,北京会议中心东侧路北湖渠村街边绿化改造工程开工,12月6日完工。栽植乔木245株、灌木8127株、绿篱2651株、花卉3500株。

(韩晓楠)

【第六届赏菊观鱼游园会】 9月28日,“迎秋月 赏菊韵 相约欢乐团结湖”暨团结湖公园第六届赏菊观鱼游园会在团结湖公园中心岛开幕。市公园绿地协会秘书长景长顺,市园林绿化局风景园林处处长张亚红,区园林绿化局副局长郝宝刚及区园林绿化局各基层单位领导出席开幕仪式。社区居民近500人参加开幕式。

(李洪静)

红领巾公园

【概况】 红领巾公园隶属区园林绿化局,是全民所有制差额拨款事业单位。公园位于东四环与朝阳北路交汇处东北角,面积41.99万平方米,其中水面16.09万平方米,绿化14.07万平方米,铺装6.86万平方米,建筑占地1.43万平方米,外单位占地3.55万平方米。实有树种105种,树木4.46万株,其中乔木5893株、灌木3.87万株;其它攀缘植物等1.19万株。绿化覆盖率94%。截至年底,公园有职工75人,其中管理人员21人、专业技术人员11人、工勤人员43人。年内,全面实行预算管理,严格执行审批程序,利用预算对园内各部门的费用支出进行分配、考核、控制。创新管理理念,规范工作流程,通过管理软件办公平台控制管理公园行政办公及日常业务。与北青集团、红通社合作,以“践行北京精神,红领巾在行动”为主题,按照“爱国区、创新区、包容区、厚德区”布置园区环境,设立红领巾展室、红领巾主题文化墙、革命传统教育长廊。逐步改造完善基础设施,投资20万元装修改造东门厕所,增设无障碍厕位和婴儿换尿布台;局部修葺湖岸、花坛;维修更换园内路椅、秋千、垃圾筒;改造提高园内绿化景观,移植树木35株,补植小檗、女贞及各类花卉4万余株;节假日栽摆盆花5.39万盆;举办第十二届红领巾科普游园会暨2012年“六一”科普玩具欢乐汇、第九届北京双胞胎文化节,协助相关单位及属地街道办事处举办“接送流浪孩子回家”宣传活动、“烟草危害图形说”控烟主题健康教育活动、“自然与人”大众环湖长走等22项活动。发挥校外教育基地与课外大讲堂作用,免费为北京小学、海淀区金典小学入队仪式、“金帆情”北京市学生金帆艺术团建团25周年专场演出、“师爱无尘”北京市庆祝2012年教师节暨现代教育大讲堂特别行动提供场地及服务。完成顾家庄桥区、来广营桥区、北苑桥区、辛店路、温榆河3、4标段绿地养护任务,养护面积30万余平方米。承接重点大街京包国美第一城西侧绿地改造项目、东泽代征绿地、奥林匹克花园西侧代征绿地等绿化工程2万平方米;完成孙河乡康营组团安置房东区11条配套道路工程——香江北路两侧275株法桐的种植工作。年内,公园被北京市公园绿地协会评为优秀会员单位。全年接待游客500万人次。

单位地址:后八里庄5号
邮政编码:100025
联系电话:85839070
电子邮箱:hljbgs@sina.com

(王 玲)

【绿化工程】 4月1日,东泽代征绿地绿化工程开工,绿化面积2348平方米,投资93万元,5月20日竣工。新植常绿乔木30株、落叶乔木187株,落叶灌木179株,播种花籽2348平方米;块砖铺装684平方米,砌路牙525米;回填好土2500立方米。4月1日,奥林匹克花园西侧代征绿地绿化工程开工,绿化面积4045平方米,投资117万元,5月20日竣工。新植常绿乔木60株、落叶乔木311株、落叶灌木28株、花卉50平方米,播种花籽4045平方米;砌路牙450米;回填好土2160立方米。8月11日,京包铁路国美第一城绿化工程开工,绿化面积1.2万平方米,工程投资270万元,9月29日竣工。新植常绿乔木32株、落叶乔木239株、常绿灌木15株、落叶灌木715株、色块(带)1846株、竹类1300株、攀缘植物200株、花卉2.03万株、地被596.5平方米,铺冷季型草坪1.03万平方米;更换路椅10条、垃圾桶13个;拆除原有道路216立方米,运出渣土1176立方米,回填好土1500立方米。

(李印超　王　玲)

【第十二届红领巾科普游园会】 5月26日至27日,在红领巾公园举办第十二届红领巾科普游园会暨2012年"六一"科普玩具欢乐汇。活动由区教委、区科协、区园林绿化局主办,区青少年活动中心和红领巾公园承办。活动以毛泽东题字"又学习·又玩耍"为主题,设置游戏通关区、学校特色展示与擂台赛区、资源单位互动区、科普知识介绍区、玩具交换区、图书交流区、爱国主义教育区等。推铁环、抽陀螺、拆九连环等"跨世纪"玩具和机器人及主题搭建等现代玩具近300余种齐聚公园,活动期间接待游客4万余人,其中少年儿童2万余人。

(牟毅卉　王　玲)

【第九届北京双胞胎文化节】 10月2日至3日,在红领巾公园举办"北青·玉金樽 第九届北京双胞胎文化节"。活动由区园林绿化局主办,红领巾公园和北京天际东方影视文化传媒有限公司承办。文化节以"相亲相爱,相助相守"为主题,设置才艺比拼、亲子互动游戏等活动。公园职工及现场游客为来自内蒙古的贫困双胞胎兄弟捐款1万余元。近700对双胞胎参与活动。

(牟毅卉　王　玲)

元大都城垣遗址公园

【概况】 元大都城垣遗址公园朝阳段位于中轴路东西两侧及中华民族园南侧,隶属区园林绿化局,是全民所有制差额拨款事业单位。公园在岗职工115人,其中管理人员18人、专业技术人员10人、工勤人员87人;退休人员142人,离休干部1人。全年经济创收4954.22万元,固定资产1.56亿元。公园面积67.01万平方米,其中绿化43.65万平方米、水面6.49万平方米、建筑6.03万平方米、铺装10.84万平方米。实有树木20.72万株,其中乔木1.43万株、灌木15.99万株、月季与攀缘植物3.30万株;竹子1.07万株,绿篱色块35.65万株,宿根花卉13.43万株,草坪面积37.26万平方米。绿化覆盖率82%。年内,公园制定年养护方案及各阶段病虫害防治计划。五号景区东部大树下及小月河北岸绿地地被恢复面积8000平方米。海棠花节、"五一"、国庆、十八大期间,公园在四海宾朋、海棠花溪、安定生辉及大都鼎盛景区栽、摆时令花卉8万余株,主题花坛2处。完成重点大街改造、老旧小区改造、节水改造、常态化花卉管理等工程。4月中旬举办"海棠香自有寻芳在花溪"第十五届海棠花节,接待游客30万人次。年内,通过北京兴源认证中心复审和4A级景区复核;获评市公园绿地协会"2012年优秀会员单位"。全年接待游客461.2万人次。

地址:朝阳区惠新东街
邮政编码:100029
联系电话:84648252
电子邮箱:yddgy001@126.com

(程桂清)

【绿化工程】 4月3日,林翠桥北小绿地改造工程开工,改造面积3430平方米,工程投资50万元,4月25日竣工。栽植常绿乔木20株、落叶乔木49株、落叶灌木1152株、色带749平方米、月季79平方米、宿根花卉81平方米,铺草坪2600平方米。4月5日,安贞华联广场改造工程开工,改造面积1.02万平方米,工程投资130万元,4月30日竣工。栽植常绿乔木80株、落叶灌木70株、色带212平方米、月季178平方米、宿根花卉1077平方米,铺草坪2500平方米。修复铺装2500平方米,新装路椅18条。4月5日,安贞西里花园改造工程开工,改造面积9000平方米,工程投资120万元,4月30日竣工。栽植常绿乔木10株、落叶乔木34株、常绿灌木2株、落叶灌木197株、竹子144平方米,色带261平方米、月季58平方米、宿根花卉1800平方米、丹麦草3100平方米,铺草坪1500平方米。4月5日,林翠公寓小区绿地改造工程开工,改造面积5300平方米,工程投资50万元,5月12日竣工。栽植常绿灌木3株、落叶乔木27株、落叶灌木535株、月季67平方米、色带25平方米、宿根花卉800平方米,铺草坪4500平方米。5月10日,林萃桥北中央隔离带大绿地改造工程开工,改造面积2.27平方米,工程投资272万元,6月25日竣工。栽植常绿乔木132株、落叶乔木308株、落叶灌木207株、色带332平方米、月季160平方米、宿根花卉8360平方米,铺草坪1.4万平方米。

(温晓峰)

【第十五届海棠花节】 4月13日,区园林绿化局和亚运村街道办事处主办的元大都城垣遗址公园“第十五届海棠花节”在海棠花溪景区开幕，以“海棠香自有，寻芳在花溪”为主题，倡导低碳生活、绿色北京环保理念。公园设置多个展区，向游园市民宣传应急避难知识、介绍海棠花品种，并展示周边社区市民业余文化活动。当天游园1万人次。

（赵　洋）

四得公园

【概况】　四得公园隶属区园林绿化局，是全民所有制差额拨款事业单位。公园位于将台地区，东四环路四元桥东南角。东临机场路辅线，西靠机场高速路，南接坝河，北邻将台西路(原赵酒路)。占地16.13万平方米，其中绿地11.9万平方米、水面0.57万平方米、铺装1.77万平方米，其它1.89万平方米。绿化覆盖率73%。实有乔木3417株、灌木2.28万株，宿根花卉1019平方米，绿篱1500平方米，竹子250平方米，草坪10.5万平方米。截至年底，在职员工28人，其中干部13人，工人15人。年内，公园绿地按照特级养护标准，改造提升园内景观，更换冷季型草坪7400平方米，补植绿篱2500余株，调整油松、桧柏、白皮松、西府海棠、金星海棠等乔灌木50余株。利用现有植物资源，有计划分栽玉簪、景天、马蔺、丹麦草等宿根植物和地被植物，分栽3000余平方米。开展大型乔木整形修剪，防止倒伏，保证其生长势。加强美国白蛾等危险性有害生物防控，全年无大面积病虫害发生。“国庆”前夕，公园在东门摆放一组大型立体造型花坛，在园内主干道两侧栽植一串红、鸡冠、鼠尾草等花卉2万余株。年内完成五环路、京顺路地铁15号线孙河段、常营代征绿地、望京SOHO售楼处的养护工作。其中五环路养护绿化面积8万平方米，全长1350米，补植马蔺800平方米、小蘗1500株、黄杨1000株；京顺路地铁15号线孙河段1.41万平方米；望京SOHO售楼处9200平方米；常营代征绿地1.86万平方米。完成康营小区绿化一期新建工程，栽植法桐、五角枫、银杏、栾树等442株，清运渣土635.9立方米，回填种植土423.93立方米。举办“乐嘉杯”2012年北京学生定向联赛第三站比赛、迎接第十七个“世界读书日”百姓读书活动、为艾滋病患者筹善款——爱心义卖等活动。全年接待游客178万人次。

地址：朝阳区将台西路

邮政编码：100016

联系电话：64384057

电子邮箱：sidepark@163.com

（关春明）

【百姓读书活动】　4月7日，四得公园、将台地区办事处、区妇联和北京图书大厦在公园广场联合举办百姓读书活动。北京图书大厦文化下乡志愿者在公园设置临时书摊。区妇联借活动契机，同时启动“践行北京精神、阅读经典好书、提升文化修养、创建和谐家庭”好书推荐微博征文活动。活动还安排律师、医学专家分别提供法律咨询和健康指导等。

（关春明）

【绿化工程】　9月15日，孙河乡康营小区绿化一期工程开工，清运渣土635.9立方米，回填种植土423.93立方米。栽植树木438株，其中法桐204株，银杏94株，五角枫100株，栾树40株。9月29日竣工。

（关春明）

北小河公园

【概况】　北小河公园隶属区园林绿化局，系全民所有制差额拨款事业单位。公园位于东湖地区，东至望京西路，西至京承高速路，南至南湖渠路，北至利泽西街，占地24.8万平方米，其中陆地24.1万平方米，水面0.7万平方米。截至年底，在岗员工27人，其中管理岗19人，专业技术岗3人，编外合同工5人。年内，调整园内观花区、观叶区、常青区植物布局；公园湖面50平方米的水浮床栽植水生花卉1000余株；路椅周边硬化处理29处，硬化87平方米。按一级养护质量标准养护公园绿地，修剪冷季型草坪15次，修剪落叶乔木3968株、灌木1.14万株、绿篱色块260株。全园栽植时令花卉6.79万余盆、宿根花卉1160盆(芽)、卡盆花卉1.6万盆，更换草坪3000平方米。加强美国白蛾等危险性有害生物防治，全年无大面积病虫害发生。8月，通过文明城区复查。“国庆”前夕，在公园东门摆放“新篇章”主题花坛，迎接十八大会议召开。引入“书香朝阳”项目，在公园东门设置24小时自动图书馆。开展群众参与性强的小型活动，举办为民服务月系列活动，邀请区红十字会、区地震局、区循环经济产业园区管理中心和市农业局水产技术推广站等4家单位，为游客讲解日常生活急救知识、地震应急知识、垃圾分类常识、家庭观赏鱼养殖常识。开展安全检查、教育和培训工作，制定驻园单位管理制度、月安全大检查制度、月安全例会制度；组织消防安全知识培训及应急演习2次，开辟安全教育橱窗。规范行业管理，保安、养护管理工作公开招投标，签订保安服务合同1份、养护合同6份。承担望京、东湖、大屯街道和崔各庄、孙河地区绿地养护90.53万平方米。完成新建和改造绿化工程15项，绿化面积6.32万平方米，节水覆盖面积10.18万平方米，工程投资1461.87万元。栽植乔灌木2163株、色带9.31万株、花卉51.1万余株，草坪3.30万平方米、混播花籽1.92万平方米；清运渣土1792.65立方米，回填种植土1500立方米；园路工程724.02平方米，挖土方27立方米，建路牙1101米、挡墙133.3米、汀步122.4平方米、树池围牙150米、挡车杆30个,砌筑升降窨井2座,拆除侧缘石176米;管道铺设4.17万延米,安装取水器537个、阀箱603个、喷头1068个、喷体321个,进排气阀69个、手动泄水阀60个、自动泄水阀33个、闸阀1个、球阀14个、水表8个,砌筑手动控制阀井72座、给水主控井84座、水源井11座、泄水井3座、阀门井13座,方砖破碎及恢复面积15.75平方米。全年接待游客28万人次。

地址:望京东湖路1号

邮政编码:100102

联系电话:64708518

电子邮箱: bxhpark@163.com

(王继芳 张阿青)

【绿化工程】 3月15日,望京街道和东湖街道道路节水改造工程开工,包括利泽中街(利泽东街)、利泽西二路、利泽东一路、利泽东二路、屏翠西路、屏翠东路、广顺北大街、望京新干道,湖光中街桥区等道路节水改造工程,绿化面积10.18万平方米,工程投资484.94万元,5月13日竣工。管道铺设2.96延米,安装取水器412个、阀箱479个、喷头1046个、进排气阀69个、自动泄水阀33个、闸阀1个、水表8个,砌筑手动控制阀井72座、给水主控井84座、水源井10座,安装手动泄水阀60个,方砖破碎及恢复15.75平方米。8月6日,鹿港三环、四环路改造提升工程开工,绿化面积0.09万平方米,投资49.49万元,9月24日竣工。栽植落叶乔木44株、落叶灌木122株,铺草坪562平方米;清运渣土292.65立方米,园路工程659.02平方米,砌树池围牙150米、升降窨井2座,安装挡车杆30个;管道铺设274延米,安装取水器6个、球阀4个,砌筑泄水井3座。8月11日,京承高速重点道路绿化改造工程开工,绿化面积3.15万平方米,9月29日竣工。栽植落叶乔木380株、落叶灌木428株、色带6300株、花卉3820株、草坪1.39万平方米,混播花籽1.92万平方米;园路工程65平方米,挖土方27立方米,砌路牙276米,拆除侧缘石176米,建汀步122.4平方米;管道铺设6551延米,安装取水器55个、阀箱60个、喷头22个、喷体292个、球阀5个,砌筑阀门井8座、水源井1座。8月11日,京顺路(进京)重点道路绿化改造工程开工,绿化面积2.05万平方米,9月29日竣工。栽植落叶乔木223株、落叶灌木822株、色带2.02万株、花卉1.32万株、草坪1.85万平方米;砌挡墙133.3米、路牙825米;管道铺设5293延米,安装取水器64个、阀箱64个、喷体29个、球阀5个,砌筑阀门井5座,工程投资259.23万元。8月17日至26日,9月20日至10月20日,实施京承高速花卉常态化工程,栽植面积6780平方米。地栽品种有一、二年生花卉一串红、小菊及宿根花卉金叶甘薯、福禄考等,种植两茬花卉46.54万株,工程投资299.85万元。11月27日,湖光中街绿化工程开工,绿化面积3000平方米,工程投资79.91万元,12月3日竣工。栽植常绿乔木52株、落叶乔木52株、色带64739株、花卉1.15万株,清运渣土1500立方米,回填种植土1500立方米。11月27日,河荫路绿化工程开工,属区2012年创建环境优美大街绿化工程,绿化面积550平方米,12月3日竣工。工程在原有基础上补植色带1800株,更换草坪100平方米,栽植落叶乔木24株、落叶灌木16株、花卉1.7万余株,工程投资11.68万元。

(田 菲)

【防震避震知识宣传】 5月14日,邀请区地震局在公园东门广场举办“防震避震知识”宣传活动。发放宣传手册800余册;“地震灾害 预防为主”公交月票卡200余份;“关注建筑安全减轻地震灾害”环保袋400余个。

(张 婷)

庆丰公园

【概况】 庆丰公园隶属区园林绿化局,是全民所有制差额拨款事业单位。公园位于东三环中路,通惠河北路南侧,面积20.21万平方米,其中陆地20.01万平方米,水面0.2万平方米。实有园林绿地19.64万平方米。实有树木35.01万株,其中乔木3.23万株、灌木29.65万株、竹子2.13万株;花卉15.12万株,冷季型草坪11.38万平方米。年内,公园在职职工28人,其中管理人员15人,专业技术人员8人,工勤人员5人。固定资产总值36.45万元,全年收入1240万元。完成城外诚家居广场对面拆迁绿地工程、十八里店北桥东南绿地城际拆迁绿化工程、和谐雅园小区改造工程,总面积6.27万平方米,工程投资727万元。接待市级、区级领导调研2次。开展义务植树和绿地认养宣传,提供影视拍摄场地服务。“五一”、“十一”、全国城市文明程度指数测评和十八大期间,在公园门口、重点景观设置主题花坛和花境1322平方米。为东园古树丝棉木和国槐安装避雷设施。“7·21”特大暴雨冲毁通惠河岸部分基础设施及园林植物,全园受灾面积2.5万平方米。《朝阳报》刊登《流不尽的运河 说不尽的繁华——记通惠河庆丰公园》报道。在新浪微博发布300余条信息。全年接待游客30万人次。

地址:朝阳区厂坡村甲2号

邮政编码:100022

联系电话:67780738

电子邮箱:qfgyggyx@sohu.com

(房桂娟)

【绿化工程】 8月6日,城环诚家居广场对面拆迁绿地工程开工,面积1.57万平方米,投资168万元,9月24日竣工。清运渣土1.2立方米,回填种植土3000立方米,种植常绿乔木86株、落叶乔木529株、常绿灌木3000株、落叶灌木1690株、竹子800株、宿根花卉600株，铺草坪5000平方米，种草籽1万平方米。8月6日，城际拆迁绿化工程开工，面积1.2万平方米，投资205万元，9月24日竣工。清运渣土1万立方米，回填种植土1万立方米，种植常绿乔木168株、落叶乔木340株、常绿灌木1800株、落叶灌木80株、竹子800株，铺草坪5800平方米，种草籽7200平方米。9月21日，和谐雅园小区改造工程开工，面积3.5万平方米，投资354万元，10月10日竣工。种植常绿乔木145株、落叶乔木921株、常绿灌木1750株、落叶灌木1412株、竹子750株、宿根花卉1万株、时令花卉1.52万株、色块1025平方米、丹麦草1600平方米，铺草坪1.54万平方米。

（李 腾）

大望京公园

【概况】 大望京公园隶属区园林绿化局，是全民所有制差额拨款事业单位。公园位于崔各庄地区，北靠北小河，东南临京顺路，东北至五环路，西接望京规划路，占地33.04万平方米。其中绿地26.33万平方米、铺装4.36万平方米、水面2.34万平方米。绿化覆盖率87%。实有树木2.89万株，其中乔木8299株、灌木1.33万株、月季7175株、攀缘150株；竹子6.03万株，色带5433平方米，宿根花卉16.81万株，草坪22.88万平方米。截至年底，在职职工27人，其中管理人员19人、专业技术人员6人、工勤人员2人。年内，公园调整银杏、金叶榆、紫叶李、红瑞木等色叶树种331株，黄杨800株，金叶女贞1200株，铺种草坪8000余平方米。进行园区节日花卉布置，栽植矮牵牛、三色堇、一串红、海棠、凤仙、玉簪等花卉11.7万余株。承担竹藤大厦、来广营北路、来广营西路、远洋万和城、大望京公园15号线、万和公馆、北小河休闲公园、七棵树、东五环路外场“同一个世界、同一个梦想”、五环路（草场地）绿地、春华路、红军营东路、北苑二号路、北苑四号路、望京街道办事处，海军701厂、麦子店地区小区等17项绿化养护任务，养护面积24.68万平方米。完成新建绿化工程4项，有老虎团工程、温榆河工程、北纬40度代征绿地十友园景观工程、保利中央公园一期景观工程，绿化17.45万平方米，铺装0.8万平方米，种植常绿乔木1101株、落叶乔木5974株、常绿灌木4株、落叶灌木2053株、色块72平方米，铺草坪0.35万平方米；完成绿化改造工程7项，包括南磨房法院工程、安慧里小区改造工程、望馨花园小区改造工程、卧龙小区改造工程、望京里外里停车场改造工程、大屯辖区动物医院边角绿地绿化工程、中环南路5号院围墙及车棚围栏绿化改造工程，改造面积4.21万平方米，种植常绿乔木22株、落叶乔木235株、常绿灌木116株、落叶灌木6751株、色带2089平方米、花卉3130平方米、攀缘植物2235株，铺草坪3.66万平方米，安设景石1块。完成地栽花卉项目4项，包括望京西路花卉布置工程、望京体育广场花卉布置工程、望京办事处花卉布置工程、悠乐汇花卉布置工程，摆放花卉3799盆。举办“保利—大望京·儿童成长节”、区四套领导班子植树、皮卡书屋英文图书馆公益派对、广发银行义务植树等活动。组织职工参观抗日战争纪念馆及卢沟桥。全年开展安全检查12次，发现并纠正隐患（问题）9处。

地址：望京东路甲6号

电话：84762917

邮编：100102

电子邮箱：dwjgy@sohu.com

（李 坤）

【皮卡书屋英文图书馆公益派对】 4月8日，皮卡少儿中英文图书馆组织馆内1～3岁小朋友到大望京公园举行复活节公园动物狂欢节派对活动，同时开办小型跳蚤市场，小朋友在此出售自己的玩具、图书等物品，并可将售卖款项捐给小天使行动基金会，用于资助打工子弟小学音乐教育。

（李 坤）

【绿化工程】 4月21日，东邻通州区国际友谊林和朝通嘉园，西临管庄，南临朝阳路，北临地铁6号线和连心园G区的老虎团绿化工程开工，绿化面积4000平方米，工程投资12万元，5月26日竣工。种植落叶灌木54株、色块73平方米、地被3500平方米。4月25日，大屯辖区动物医院边角绿地绿化改造工程开工，绿化面积3661平方米，工程投资77.54万元，6月1日竣工。种植常绿乔木15株、落叶乔木67株、常绿灌木12株、落叶灌木307株、色带129平方米、花卉1.99万株、攀缘植物720株、地被2600平方米，安设景石1块。4月29日，温榆河工程大望京公园段开工，绿化面积16万平方米，5月8日完成可施工区域工作。施工人员3000余人，使用机械580余台班。栽植常绿乔木1188株、落叶乔木6433株、花灌木2108株。8月，完成来广营北路十友园绿化工程，绿化3万平方米。9月21日，亚运村街道安慧里小区改造工程开工，绿化面积7546平方米，铺装30平方米，工程投资63.2万元，10月10日竣工。种植落叶乔木4株、常绿灌木7株、落叶灌木11株、花卉5.83万株、地被6000平方米。9月21日，亚运村街道卧龙小区改造工程开工，绿化面积2.25万平方米，铺装314平方米，工程投资171.11万元，10月10日竣工。种植常绿乔木3株、落叶乔木60株、常绿灌木28株、落叶灌木6318株、色带718平方米、花卉8.9万株、攀缘植物850株、地被21.9万平方米。9月21日，望京街道望馨花园小区改造工程开工,绿化面积2465平方米,铺装207平方米,工程投资48.37万元,10月10日竣工。种植落叶乔木23株、常绿灌木5株、落叶灌木38株、色带675平方米、花卉2.7万株、地被1500平方米。11月8日,南磨房法庭改造工程开工,绿化面积5301平方米,工程投资47.38万元,11月14日竣工。种植常绿乔木1株、落叶乔木36株、常绿灌木64株、落叶灌木65株、色带354平方米、花卉6525株、攀缘植物665株、地被4328平方米,安设景石1块。11月8日,望京里外里停车场改造工程开工,绿化面积523.5平方米,工程投资12.15万元,11月14日竣工。种植常绿乔木3株、落叶乔木45株、落叶灌木12株、色带213平方米、地被311平方米。

(李坤　侯洁)

【北京保利·大望京儿童成长节】 6月16日至17日,由保利地产北京公司和大望京公园主办的"北京保利·大望京儿童成长节活动"在大望京公园举行。大望京公园主任李大鹏、尚8红点(北京)咨询策划有限公司总经理"点子大王"何阳、保利地产北京公司营销中心总经理牛毅出席开幕式。此次活动是以儿童体验式角色扮演为主要形式的假日公园亲子系列活动,整个活动家长不花一分钱,均由孩子通过参与各项活动,从中获取"大望京公园银行"内部发行的"公园币",兑换各类商品。孩子据此可亲身体验第一次"挣"钱给大人花,"不用花钱还赚钱"的乐趣。

(李坤)

区绿化一队

【概况】 区绿化一队隶属区园林绿化局,是全民所有制差额拨款事业单位。队部位于团结湖路15号。其主要职能是管理园林绿地、美化城市环境。截至年底,在职职工128人,其中管理人员25人、专业技术人员25人、工勤人员78人。离休干部3人。退休职工155人。全年经济创收1.57亿元,固定资产5305.20万元。年内,首次对部分养护工程、绿化工程、绿地保洁、渣土清运实行公开招标。加强掌控养护作业各个环节;加强病虫害巡查和防治力度。连续两个季度获区园林绿化局生产检查第一名。绿化网格件结案率100%。绿化养护面积335.77万平方米,养护道路绿地166条,其中特级道路绿地38条、一级道路绿地84条、二级道路绿地44条。养护树木59.54万株,其中乔木7.65万株、灌木20.61万株、月季27万株(3万平方米)、攀缘4.28万株(4519平方米);竹子21.14万株(8854平方米),绿篱色块343.89万株(15.39万平方米),草坪98.61万平方米。完成绿化改造工程7项,包括三环路绿化改造工程、四环路绿化改造工程、外二环路绿化改造工程、新姚家园路绿化改造工程、外交部南楼门前增绿工程、劲松大街园林科普街绿化改造工程、天力街绿化改造工程,绿化面积13.47万平方米,工程投资2042.63万元,种植乔木1614株、灌木3万株、绿篱色块10.25万株、竹子2.06万株、宿根花卉13.86万株、月季2.63万株、时令花卉14.2万株、草坪7.23万平方米。完成新建绿化工程2项,包括朝阳路绿化工程和温榆河万亩造林绿化工程,绿化面积25.43万平方米,工程投资1436.04万元,种植乔木1.69万株、灌木2449株、绿篱色块9.44万株、竹子6600株、宿根花卉2.34万株、月季1.86万株、时令花卉3.63万株、草坪5280平方米。在三环路、四环路、农展南路、通惠河北路、工体北路、朝外大街、东大桥等主要路段布置迎国庆、迎十八大花卉,栽摆时令花卉75万株。完善应急预案,配备必需装备,层层落实安全生产责任制,与各班组、各施工队、租赁单位签订安全责任书。全年安全检查32次,举办安全培训2次、消防演练1次。全年无安全责任事故发生。

地址:团结湖路15号
邮编:100026
电话:85967276
电子邮箱:lhydbgs@163.com

(张静)

【绿化工程】 4月1日,四环路霄云桥至慈云寺桥内环段绿化改造工程开工,绿化改造面积6.7万平方米,工程投资802.52万元,5月15日竣工。种植乔木894株、花灌木9224株、月季类1.34万株、绿篱色块2.95万株、宿根花卉8.54万株、竹类1.6万株、时令花卉10万株,铺草坪2.54万平方米,移植树木404株。4月1日,朝阳路慈云寺桥至大黄庄桥段绿化工程开工,绿化面积2.33万平方米,工程投资459.09万元,5月15日竣工。整地2.16万平方米,清渣土2352立方米,进好土1050立方米,施草炭土120吨、鸡粪26吨。栽植常绿乔木159株、落叶乔木505株、落叶灌木2327株、常绿灌木102株、绿篱色带9.44万株、宿根花卉2.34万株、月季1.86万株、早园竹6600株、时令花卉3.63万株,铺草坪5280平方米。4月1日,姚家园路姚家园村段绿化工程开工,绿化面积3万平方米,工程投资338.57万元,5月15日竣工。栽植乔木489株、灌木174株、绿篱色块4800株、早园竹3200株、月季2600株,铺草坪2.6万平方米。4月1日,外二环路广渠门桥至左安门桥段绿化改造工程开工,绿化面积1.62万平方米,工程投资193.97万元,5月15日竣工。栽植乔木72株、花灌木1883株、竹子753株、时令花卉2.65万株,铺丹麦草1.04万平方米,清理渣土505立方米,回填好土350立方米,安装栏杆352延米。4月28日,温榆河万亩造林金盏段绿化工程开工,造林面积23.1万平方米,工程投资976.95万元,5月8日竣工。种植常乔7397株、落乔8822株、灌木20株。6月9日,外交部南楼门前增绿工程开工,绿化面积300平方米,工程投资70万元,6月16日竣工。栽植乔木13株、灌木540株、绿篱色块300株、花卉类5375株、月季100株。6月12日,劲松大街园林科普街工程开工,绿化面积6235平方米,工程投资353.05万元,7月26日竣工。种植乔木43株、灌木1.07万株、绿篱色块3.24万株、宿根花卉3.71万株、月季4560株、竹子600株、时令花卉1.23万株,铺草坪600平方米。7月28日,天力街绿化改造工程开工,绿化面积1000平方米,工程投资21.55万元,8月10日竣工。种植乔木32株、灌木200株、绿篱色块4000株,铺草坪600平方米。

（张静　冯刚　李洋　姚燕博）

【"国庆"花卉布置】　"国庆"前夕,在重点道路(区域)布置各类花卉75万株。包括农展南路朝阳公园桥旁跨河桥两边栏杆、农展南路分车带绿地、三环路、通惠河北路、东四环路景观大道、工体北路、农展南路、朝外大街和东大桥路。

（张　静）

区绿化二队

【概况】　区绿化二队隶属区园林绿化局,全民所有制差额拨款事业单位,队部位于柳芳北里小区。主要职能是管理、规划、建设园林绿地,美化城市环境。截至年底,在职职工144人,其中管理人员16人,专业技术人员19人,工勤人员100人,编外合同工9人。固定资产2104.16万元。全队养护道路200条(块),园林绿地374.49万平方米,实有乔木17.3万株、灌木63.7万株、绿篱色块786.05万株、竹子22.41万株、垂直绿化10.29万株、月季6093万株、草坪131.56万平方米。养护绿地范围东至驼房营,西至八达岭高速路,南至四惠桥,北至昌平交界。年内,绿化养护管理采取责任划分办法,明确工作范围,便于追查责任;全年养护检查9次。在区园林绿化局组织的绿篱色块修剪及国槐修剪比赛中,11人获奖。完成健翔桥、北四环、广顺南北大街等60余条道路绿地内苗木补植。完成专业绿化改造、代办工程10个,包括朝阳区三环、四环路改造提升工程——三环路安贞桥东北角及双全广场、四环路健翔桥区、安慧桥区、石林广场、朝阳公园桥、远洋天地等绿化工程;区2012年部分优美小区绿化建设工程——柳芳北里小区绿化工程;区2012年创建环境优美大街绿化工程——安华路、太阳宫中路绿化工程;区2012年街巷道路集贸市场周边等绿化改造工程——小营路绿化工程;区2012年重点道路绿化工程——燕莎绿地、和平街绿地、丽都路绿地绿化工程;新建城市绿地——金泰大厦代征绿地工程;2012年常营地区道路绿化养护改造工程——高安屯路、常营北路、常营南路等15条道路绿化工程;完成北辰东路、朝阳公园西路、农展桥、中轴路立体、安定路立体、民族大地道栽、广顺南大街主要道路常态化及国庆立体花坛布置工程;节水工程投资1500万元。清查固定资产,杜绝资产流失。与各班组、外包方和租赁单位签订《安全生产目标责任书》、《社会治安综合治理责任书》、《消防、用电、交通安全责任书》。修订抢险救灾应急预案,全年安全检查29次,安全培训7次,安全教育11次。出版各类期刊15期,制作宣传栏38期,报送信息56条。通过北京兴源体系认证中心ISO9001国际质量体系、ISO14001环境体系及OMS职业健康安全体系认证外审。

地址:柳芳北里3号楼西侧
邮编:100028
电话:84515379
电子邮箱:lhedscz@163.com

（刘晓兰　张　潇）

【绿化工程】　4月10日,金泰大厦代征绿地工程开工,绿化面积2142平方米,工程投资65万元,5月10日竣工。栽植常绿乔木27株,落叶乔木50株,落叶灌木263株,色带绿篱2330株,早园竹1008株,宿根花卉2808株,草坪1400平方米。8月6日,区2012年三环、四环路改造提升工程开工,包括三环路安贞桥东北角及双全广场、四环路健翔桥区、安慧桥区、石林广场、朝阳公园桥、远洋天地等绿化工程,绿化面积16.4万平方米,工程投资1853万元,9月24日竣工。栽植苗木38.4万株、花卉22.5万株、草坪3.9万平方米。8月11日,燕莎绿地、和平街绿地、丽都路绿地绿化工程开工,绿化面积1.71万平方米,工程投资413万元,9月29日竣工。栽植苗木6.83万株、花卉16.05万株、草坪9524平方米,安装栏杆366米,铺装620平方米,清运渣土420立方米。9月21日,柳芳北里小区工程开工,绿化面积9034平方米,工程投资50万元,10月10日竣工。栽植苗木1.29万株、花卉3.79万株、麦冬1792平方米。10月20日,常营地区道路绿化养护改造工程开工,包括高安屯路、常营北路、常营南路、常新路、常和路、草房西路、常顺路、幺家店路、常营中路、管庄路、东十里堡路、建材院中路等15条道路。绿化面积8万平方米,工程投资950万元,11月8日竣工。栽植乔灌木4.93万株、绿篱色块54.62万株、宿根花卉84.09万株、草坪11.83万平方米、月季3.1万株、早园竹2.57万株、麦冬1792平方米、地被1.9万平方米,撒花籽1307平方米,安装栏杆366延米,嵌草铺装620平方米。11月27日,安华路、太阳宫中路等道路绿化工程开工,绿化面积2924平方米,工程投资115万元,12月3日竣工。栽植苗木9126株、花卉1013株、草坪270平方米,撒花籽1307平方米。11月27日,小营路绿化工程开工,绿化面积1529平方米,工程投资50万元,12月6日竣工。栽植落叶乔木5株、常绿乔木3株、落叶灌木97株、常绿灌木2株、色带1.90万株、竹子748株、地被8812株、草坪150平方米。

(任　爽)

【花卉栽植】 8月17日,区2012年常态化及国庆立体花坛工程开工,包括北辰东路、朝阳公园西路、农展桥、北四环花箱、东四环花槽、中轴路立体、安定路立体、安立路立体、惠新西街地栽、北辰东路地栽、民族大道地栽、广顺南大街地栽、北四环隔离带地栽、新东路地栽等18条道路,绿化面积1.4万平方米,工程投资1000万元,8月26日竣工。栽植时令花卉202.35万株,绿植233株。

(任　爽)

区绿化三队

【概况】 区绿化三队位于东四环姚家园路口北侧,隶属区园林绿化局,是全民所有制全额拨款事业单位。主要负责区域内农村道路绿化、路树养护,城市园林系统规划、绿地建设与养护工作。截至年底,在职职工43人,其中管理人员13人、专业技术人员9人、工勤人员21人。退休人员8人。全年经济创收4908.77万元,固定资产606.54万元。养护绿地289.65万平方米,其中专业道路绿地112条209.65万平方米,道路绿化长度210千米;东风乡郊野公园面积80万平方米,其中乔灌木10万余株,竹子0.02万平方米,绿篱色块2.48万株,地被植物23万平方米,宿根花卉38.64万株,水生植物0.76万株。年内,健全养护管理制度,明确责任,奖罚分明;加强市场化管理,绿地管理走向市场。防治病虫害工作坚持"以防为主,综合防治",选用环保低毒药物,消除死角隐患。加大执法力度,增设专门检查人员监督检查绿地养护质量及绿地保洁。接收处理局网格案件2060个。开展养护知识培训,对民工进行现场修剪实操演练,提高绿化养护水平。完成酒仙桥小绿地、酒仙桥大街、平房西路及朝阳新城路绿地改造工程,绿化面积2.91万平方米,工程造价888.57万元,栽植乔木0.06万株、灌木0.26万株、色带0.32万株、草坪2.12万平方米、花卉15.82万株,铺装2500平方米;完成喷灌节水工程6个,包括酒仙桥中路、来广营东路、姚家园北路、红霞中路、红霞路、南春路,工程造价263.35万元。制订环境保障应急抢险工作预案,与各班组民工负责人签订《交通安全及安全生产》责任书。全年报送区园林绿化局信息45条,制作宣传展板3期。

地址:东风乡将台洼甲1号

邮编:100016

电话:84301230

电子邮箱:lhjsd3042@163.com

(彭桂英)

【绿化工程】 8月11日,朝阳新城绿化改造工程开工,绿化面积1.84万平方米,投资532.49万元,9月5日竣工。栽植乔木405株、灌木1891株、色带1820株、花卉6.07万株、草坪1.51万平方米。8月11日,酒仙桥绿化改造工程开工,绿化面积5230平方米,投资172.47万元,9月5日竣工。栽植乔木77株、灌木458株、色带391株、花卉1.33万株、草坪3080平方米,铺装3800平方米。8月11日,平房西路步道外绿化改造工程开工,绿化面积5500平方米,投资163.68万元,9月5日竣工。栽植乔木159株、灌木207株、色带974株、花卉3.92万株、草坪3080平方米。

(刘　超)

大黄庄苗圃

【概况】 大黄庄苗圃位于东五环大黄庄桥东与平房路路口北侧交汇处。隶属区园林绿化局,全民所有制自收自支事业单位。主要负责道路养护管理,园林绿化设计及施工,绿化苗木、花卉生产与销售等。截至年底,在职职工117人,其中管理人员10人,专业技术人员17人,工人90人;退休人员125人。全年经济收入1.29亿元,固定资产3384万元。养护道路绿地497.81万平方米,其中特级道路5条、162.47万平方米,一级道路15条、113.12万平方米,二级道路18条、51.22万平方米,高安屯垃圾处理中心,养护171万平方米。养护绿地内实有乔木6.63万株,灌木12.62万株,沙地柏158.63万株,绿篱472.74万株,攀缘植物59.2万株,竹子5.23万株,宿根花卉101.95万株,地被6.01万平方米,草坪61.21万平方米。绿化覆盖285.40万平方米。年内,围绕创建全国文明城区复检工作,制定环境保障方案,出动保洁员480余名,面包车、货车、水车及应急抢险车辆70台次,完成东南四环路及京通路等应急保障任务5处。养护路段补植及改造栽植乔灌木1.5万株、金娃娃、鸢尾等宿根花卉13万盆,铺设草坪3.2万平方米。实施养护市场化管理,辖区道路分为18个标段招投标,与中标单位签订《园林绿化养护合同》、《2012年度养护考核管理办法》。实施重点路段精细化管理,在完善冬季树木修剪的基础上,探索夏季树木修剪,示范绿地北苑公园、望京沟、京通路五号桥大绿地、八里桥绿地,树木长势良好。年内防治叶柄小蛾、蚜虫、红蜘蛛等病虫害,全年无大面积病虫害发生。"五一"、国庆前夕,在望京沟、东南四环路、京通快速路、朝阳北路、北苑公园栽摆鼠尾草、海棠、串红、凤仙等花卉36.54万盆。完成京通路管庄段、朝阳路二期、大黄庄桥区、东南四环路"增绿添彩"绿化改造工程及温榆河万亩造林任务。绿化工程46.47万平方米。东南四环路改造新增大规格银杏、美国红栌、金枝国槐等彩叶树种,在重要节点地段增加彩叶植物及花灌木,丰富景观效果。完成13.33万平方米温榆河造林任务,栽植苗木6700株。鸢尾、马莲、假龙头、狼尾草等宿根花卉播籽繁殖成功并试播,蛇梅、三七景天等植物扦插繁殖成功。联合行业单位开展义务植树宣传活动,发放宣传材料1000份。年内,被评为朝阳区2012年度义务植树先进单位,大黄庄苗圃生产工程组获北京市总工会2012年"工人先锋号"称号,京通路辅路绿地获全区绿篱修剪比赛集体一等奖。

地址:大黄庄35号
邮编:100024
电话:65711286
电子邮箱:bgs1286@163.com

(李　颖)

【绿化工程】 4月29日,区2012年度平原地区万亩造林追加工程3标段开工,绿化面积13.60万平方米,投资600万元,5月8日竣工。种植常绿乔木1408株,落叶乔木3847株,落叶灌木1445株。8月6日,东南四环路绿化改造工程开工,绿化面积22.98万平方米,投资3469.82万元,9月24日竣工。外购土方7.26万立方米,种植常绿乔木2316株、落叶乔木5422株、落叶灌木8164株、常绿灌木10株、色带苗木12.71万株、月季300株、时令花卉7.63万株、宿根花卉3.68万株、攀缘植物5000株、草坪11.36平方米。铺设管道1.89万延米,安装喷头888个、快取193个、阀门440个,砌筑阀井148座,报装自来水水源井3座。铺装透水砖950平方米,混凝土地面56.67平方米,砌筑挡墙1847.8平方米,挡墙抹灰2600平方米,安装铁艺围栏964.17米,维修更换道牙1284米,铺青石板汀步石面积39.76平方米。8月11日,京通快速路管庄段改造工程开工,绿化2.21万平方米,投资368.08万元,9月29日竣工。栽植乔木681株、灌木1690株、色带苗木1.96万株、宿根花卉9.79万株、月季6676株,铺设草坪1.02万平方米。铺设管道2318延米,安装喷头145个、阀门40个,砌筑阀门箱井20座。8月11日,朝阳路二期绿化改造工程开工,绿化2.63万平方米,投资990.39万元,9月29日竣工。种植乔木1114株、灌木756株、色带苗木53.41万株、宿根花卉10.59万株、月季2.4万株、时令花卉5.43万株、从生竹2726株,铺设草坪3861平方米,清理渣土4545.8立方米。全线铺设喷灌,安装阀门井9座、泄水井14座、自来水报装井2座、水表井2座。8月11日,大黄庄桥区绿化改造工程开工,绿化5.05万平方米,投资1185.55万元,9月29日竣工。外购土方1.89万立方米,种植常绿乔木396株、落叶乔木1788株、落叶灌木1483株、常绿灌木9株、色带苗木2261平方米、时令花卉1552平方米、月季448平方米、攀缘植物1700株、从生竹1280株、草坪4.67万平方米、宿根花卉409平方米。铺装941.67平方米,砌路牙1802延米,安装铁艺围栏1622.6平方米。铺设喷灌管道2804延米,安装快速取水器168个,砌筑阀门井9座、泄水井14座、自来水报装井2座、水表井2座。

(李　颖)

北花园苗圃

【概况】 北花园苗圃位于高碑店乡北花园村南,面积22.40万平方米。隶属区园林绿化局,是全民所有制自收自支事业单位。主要负责区域内农村道路养护管理,园林绿化设计及承揽绿化工程,道路绿地巡查,绿化苗木及花卉培育等工作。截至年底,在职职工34人,其中管理人员10人、专业技术人员5人、工勤人员19人。退休人员6人。年内,养护道路绿地面积111.59万平方米,其中特级道路绿地7条38.76万平方米、一级道路绿地20条54.02万平方米、二级道路绿地18条18.81万平方米。实有乔木4.65万株,灌木18.36万株。养护绿地内新植、补植乔木90株,灌木430株,沙地柏9700株,宿根花卉6.51万株,绿篱色块331平方米,草坪1.10万平方米。制定养护道路绿地责任制,签订养护道路绿地责任书。开展美国白蛾、国槐尺蠖、草坪褐斑病、月季白粉病、红蜘蛛及松树枯叶病等危险性有害生物防控,全年无大面积病虫害发生。完成紫南环路绿化改造工程、国防训练基地绿化改造工程、黑庄户乡郎各庄村绿化改造工程、金蝉小区绿化改造工程、京哈高速绿化改造工程,绿化12.53万平方米。栽植落叶乔木1129株、常绿乔木139株、落叶灌木9750株、常绿灌木2.41万株、宿根花卉4.8万盆、竹子3100株、月季930株、绿篱色块11.3万平方米、草坪4.38万平方米、地被1.1万平方米。完成垡头街、弘燕路、北辰西路花卉布置工作,摆放各类花卉49.44万盆。完成"朝阳区人大代表植树"活动技术指导工作。查处绿化违章50余件,均依法处理,全年未发生矛盾纠纷事件。圃内调整苗木800余株,其中常绿乔木90株、落叶乔木400株、花灌木400余株。

地址:高碑店乡北花园村南
邮编:100024
电话:87739429
电子邮箱:bhymp@sina.com

(伏乃红)

【绿化工程】 2月1日,黑庄户乡绿化改造工程开工,属郎各庄村环境整治工程,绿化改造2.5万平方米,4月30日竣工。栽植常绿乔木42株,落叶乔木103株,落叶灌木2902株,常绿灌木9400株,地被1.1万平方米。3月12日,京哈高速绿化改造工程开工,绿化改造6万平方米,投资900万元,6月30日竣工。栽植落叶乔木600余株、灌木3000余株、绿篱色块11.3万余株,宿根花卉8000余盆、草坪4万平方米。4月1日,国防基地绿化工程开工,绿化改造8800平方米,4月30日竣工。栽植常绿乔木18株,落叶乔木46株,落叶灌木469株,常绿灌木4806株,花卉1万余盆,竹子1200株。4月13日,金蝉小区绿化改造工程开工,改造3850平方米,5月16日竣工。栽植常绿乔木5株、落叶乔木56株、常绿灌木706株、落叶灌木673株、绿篱2.15万株、竹子1900株、地锦470株、宿根花卉8300株、月季930株,草坪1900平方米。8月21日,紫南环路绿地改造工程开工,改造2.76万平方米,9月29日竣工。栽植常绿乔木74株,落叶乔木324株,落叶灌木2706株,常绿灌木9200株,花卉2.17万株,草坪1900平方米。

(伏乃红)

林业工作站

【概况】 朝阳区林业工作站位于平房乡姚家园村,占地0.73公顷。隶属区园林绿化局,是林业工作站和果树工作站合并的。全额拨款事业单位。固定资产总值130万元。截至年底,单位职工17人,其中管理人员7人、高级工程师3人,工程师4人,初级技术人员3人。主要负责区域林木有害生物防治、预测预报、检疫工作;依法开展林木种苗生产、经营监督管理工作;拟定区域果树、林木种苗产业发展规划以及相关管理规范和技术标准,并组织实施;组织指导果树、林木种苗新品种和新技术引进、试验、推广、技术培训等工作;负责林果及蜂产品质量监督管理、跟踪检查标准实施与技术指导服务工作;开展林木种苗与食品安全方面的法律法规、林业果树技术、林木有害生物防治与检疫技术培训,并指导街乡林业工作。年内,全区以防治美国白蛾、春尺蠖、国槐尺蠖、蚜虫等林木有害生物为主,普遍防治6次,防治面积9333公顷。至10月28日,开具产地检疫证书190批次,植物检疫证书2240批次,木材运输证2170批次。加大对管庄、东坝木材市场300余家木材经销商管理,开展不定期检疫检查。四率指标完成情况为成灾率0、无公害防治率100%、测报准确率98%、种苗产地检疫率100%。全区累计监测美国白蛾成虫1151头,累计发生量是上年的42%,其中越冬代成虫813头、第一代成虫190头、第二代成虫148头;发生美国白蛾幼虫60处,涉及街乡19个,危害树木694株,与上年相比,美国白蛾成虫数量明显减少,幼虫发生量有所上升,特别是第三代危害株数上升明显。全年未发生美国白蛾灾害。年内,果树面积548.27公顷,年产量290万千克,总产值1400万元,增加农民就业1500人。全区接待观光采摘游客2万人次,观光采摘收入500万元。结合全区绿化总体规划,开展种苗统计、生产管理、技术服务等工作。全区初步形成以国有苗圃为主体,社会育苗为补充的苗木生产体系。截至年底,全区苗圃34个,育苗面积594.73公顷,可育苗面积510.06公顷。育苗398.2万株 。

地址:姚家园村84号

邮编:100025

电话:51193981

电子邮箱:liuchuanmin@aliyun.com

(刘传敏)

园林绿化综合服务中心

【概况】 朝阳区园林绿化综合服务中心成立于2006年3月,隶属区园林绿化局,是行政支持类差额拨款事业单位。位于东四环红领巾桥东北角。截至年底,在职人员18人,退休职工2人。主要职责是协助有关科室开展伐移树木审批前后相关服务工作、监督检查绿地控制线范围内建设情况、收缴绿化经费及统计工作。年内,中心与11家社会单位签署《代征绿地移交协议》,涉及代征绿地41.4公顷,完成收缴收回7块31.3公顷,其中2.8公顷移交工程部实施绿化,3.9公顷移交养护部管理,24.6公顷建成大望京公园;与2家社会单位签署《代征绿地认养协议》,收取绿化经费115万元;配合局绿化办公室完成绿地率审核78件;办理土地证7宗36公顷;进入窗口,正在指界中的有7宗14.2公顷;全区323块代征绿地数据库动态更新1次;与局养护部完成对接,将15家社会单位认建认养的代征绿地、面积48.5公顷纳入行业监督管理。

地址:朝阳北路147号院1号楼

邮编:100025

电话:85974268

电子邮箱:jdk6@sohu.com

(王 君)

朝阳区公共安全馆

【概况】 朝阳区公共安全馆隶属区园林绿化局,系公益性科普型事业单位。位于元大都城垣遗址公园5号景区。2010年3月施工,2011年6月竣工。建筑面积2400平方米,其中地上展厅600平方米,地下展厅1800平方米。2012年7月,区公共安全馆管理机构正式成立。截至年底,有工作人员2人,其中正科级1人、副科级1人。主要职能是传播公共安全知识,提升公民安全意识,最大限度降低和减少各种灾害和突发公共安全事件所造成的损失,构建"平安和谐朝阳"。该馆是集宣传、教育、互动演练于一体的综合性安全教育展馆,最大展区为消防展区,总面积330平方米。地上展厅从宏观角度综合介绍朝阳区公共安全发展情况，地下展厅由与公共安全相关的消防安全、卫生健康、生产安全、交通安全、人民防空、治安反恐、自然灾害等7个主题展区组成。展馆设置电子沙盘查询、免费上网区、4D影院等项目。通过场景模拟、互动体验、新媒体技术和活动训练场等方式，展示公共安全馆使用功能和教育效果。年内，该馆配合朝阳有线《朝阳新闻》栏目组、朝阳有线《和谐在线》栏目组和区《生产安全报》记者进行相关新闻报道。参与区应急委员会在世贸天阶举行的“防灾减灾日”主题活动和元大都城垣遗址公园“第十五届海棠花节”，向群众介绍、展示互动体验项目。全年接待参观3万余人次。

地址：元大都城垣遗址公园5号景区

邮政编码：100029

联系电话：84636652

电子邮箱：cyqggaqg@163.com

（高　明）

【参观接待】 年内，接待中国土木工程集团有限公司、中国民航大学、知识产权局专利局、北京招商局、北京北辰实业有限公司、东城区邮电局、国家会议中心、北京新奥集团、北京热力公司、北京有色金属研究总院、航天神州投资管理有限公司、北京世奥森林公园、北京东城特教学校、大连市金州新区等57个团体参观游览。

（高　明）

区绿指办

【概况】 北京市朝阳区绿化隔离地区建设指挥部办公室（以下简称区绿指办），为正处级单位，编制10人。设综合科、绿化科、规划科3个科室，有正处级1名，副处级2名。下辖一个事业单位——北京市朝阳区郊野公园管理中心，中心有工作人员10人。绿指办主要职能：贯彻执行上级关于绿隔地区的绿化政策，研究制定朝阳区相关政策和中长期发展规划，并负责督促落实；调研绿隔建设重大问题；调整、协调绿隔地区控制性详细规划、产业用地规划和新村用地；负责绿隔地区产业用地项目的规划建设、调整和初审，以及产业用地定向出让试点、保留企业改造升级和绿色产业项目规划建设；协调解决绿隔地区整建制转居、产权制度改革、新村建设、农民上楼及农民剩余自住房转商；协调推进绿隔地区农民新村市政基础设施建设和市政用地补征政策落实；推进绿隔地区绿化建设、郊野公园建设、绿地提升、养护和管理；协调绿隔地区中央、市属单位拆迁腾退等工作。郊野公园管理中心主要职责：负责组织落实郊野公园行业标准，制定朝阳区郊野公园管理办法和措施；负责对朝阳区郊野公园的景观保护、绿化养护等管理服务工作进行业务指导、监督和考核；管理及使用郊野公园专项补助资金。

地址：南磨房乡金蝉西路欢乐谷社区西侧

电话：65094699

邮编：100023

电子邮箱：cylzb4699@163.com

（张　森）

【万亩造林施工设计方案获批】 3月29日，市园林绿化局批复朝阳区2012年万亩造林施工设计方案。朝阳区2012年平原地区造林工程建设总面积7580亩，共10个项目，全部为景观生态林建设工程。涉及孙河、崔各庄、来广营、将台、东坝、金盏、常营、王四营、豆各庄、黑庄户等10个乡。

（白景元）

【平原万亩造林施工启动】 4月19日，区万亩造林办公室组织召开“朝阳区2012年度平原地区万亩造林工程施工招标开标会”，完成本年度朝阳区平原万亩造林施工招标工作，标志着朝阳区平原造林施工工作全面展开。中标单位：春植设计为中外园林建设有限公司、北京山水心源景观设计院有限公司和北京创新景观园林设计有限责任公司。春植施工为北京安盛绿化工程有限公司、江苏大自然环境建设集团有限公司、北京园中园园林景观工程有限公司、北京丹青园林绿化有限责任公司、北京圣隆园林工程有限责任公司、河南省天域园林工程有限公司、河南省豫南园林绿化有限责任公司和北京市花木有限公司。秋植设计为中外园林建设有限公司、北京山水心源景观设计院有限公司和北京腾远建筑设计有限公司。秋植施工为江苏大自然环境建设集团有限公司、北京丹青园林绿化有限责任公司、河南金卉园林绿化工程有限公司和北京朝园弘园林绿化有限责任公司。

（白景元）

【市领导调研绿隔建设】 10月24日，市城乡结合部建设领导小组办公室常务副主任王广双到朝阳区，调研指导绿隔地区建设相关工作。区绿指办负责人汇报工作。王广双对朝阳区工作表示满意，提出市城乡办拟在朝阳区选择试点乡，研究解决绿隔遗留问题的思路和政策。

（白景元）

【农村地区产业项目建设】 截至年底，为小红门乡海宁中国皮革城、平房乡数字文化发展产业园、三间房乡文化传媒动漫展示交易中心等11个绿隔产业项目和豆各庄乡金田酒宫、平房乡垂钓休闲园2个3%－5%绿色产业项目办理意见函。上述项目总占地61.6公顷，总建筑面积157.8万平方米，总投资86.9亿元，项目建成后，可安排13007名劳动力就业。

（白景元）

【平原万亩造林工程完成】 年内，完成平原万亩造林工程建设总面积9632亩，种植乔木37.86万株，涉及10个乡（孙河、崔各庄、来广营、将台、东坝、金盏、常营、王四营、豆各庄、黑庄户），全部为景观生态林建设工程。其中春季批复7580亩,涉及10个乡(与上同),实施造林7479亩,王四营乡101亩改为秋季实施。经验收核查,朝阳区春季平原造林共种植乔木29万株,其中常绿乔木8.1万株,落叶乔木21.2万株;秋季批复任务2052亩,实施2153亩,涉及4个乡(崔各庄、金盏、黑庄户、王四营),秋季种植乔木8.47万株,其中常绿乔木2.74万株,落叶乔木5.73万株。其中,东坝乡东晓景地块、豆各庄乡东马庄地块、孙河乡1号地、来广营乡北湖地块与周边林地连带成片,森林景观初步显现。

(白景元)

【转居转工试点】 年内,启动常营乡整建制转居转工试点工作。制订试点方案,将常营乡整建制转居人口纳入该乡1、2号地土地储备项目实施转居。该方案在市政府朝阳调研专题会上获原则同意。

(白景元)

世奥森林公园开发经营有限公司

【概况】 奥林匹克森林公园位于北京城中轴线北端,南起科荟路,北临清河,东至安立路,西至林萃路。公园占地680公顷,以五环为界,分为南、北两个园区,南园占地约380公顷,北园占地约300公顷,横跨北五环路的生态廊道将南北园区连为一体。公园水面67.7公顷,绿化面积478公顷。森林公园有乔灌木58万余株,植物品种280种,绿化覆盖率95.61%。是北京市内最大的城市公园。2012年11月6日,被全国旅游景区质量等级评定委员会评定为国家AAAAA级旅游景区。北京世奥森林公园开发经营有限公司隶属于区国资委,为国有独资企业。截至年底,全园职工2500人。年内,在岗职工1409人,退休职工569人,其他不在岗职工522人。全年接待游客817.7万人次。获评国家体育总局“2012年全民健身活动先进单位”,获国家环境保护部和国家科学技术部联合授予“国家环保科普基地”称号。

地址:奥运村地区北五环仰山桥西
电话:64529010
邮编:100107
电子邮箱:shiaogongsi@sohu.com

(周　硕)

【全国体育进社区交流活动】 3月21日,举办“第四届全国体育进社区优秀健身项目进社区交流活动”。活动由中央精神文明建设指导委员会、国家体育总局、北京市人民政府、中央电视台主办,首都文明办、市体育局、朝阳区政府承办。国家体育总局选派的西部地区省市群体工作者代表、社会体育指导员代表,朝阳区各单位、社区群众体育工作者、朝阳区社会体育指导员代表及朝阳区部分健身爱好者近3000人参加活动。

(周　硕)

【廉洁奥运文化展馆设计研讨会】 3月23日,召开廉洁奥运主题文化展馆设计、建设研讨会。市委党校副校长、原奥组委信息中心主任、新闻宣传部副部长徐达,区委常委、区纪委书记宋铁键,北京市社会主义学院办公室副主任、原奥组委新闻宣传部编辑出版处副处长左继军,北京体育大学出版社社长董英双,市纪委宣教室副主任杜晓光,区委宣传部常务副部长高春利,奥林匹克公园管委会副主任赵建民,世奥公司总经理田锦秈等出席会议。

(周　硕)

【奥运工程建设者纪念林】 3月31日,在公园南区设立“奥林匹克森林公园建设者纪念林”,旨在纪念奥运工程建设者为公园建设所做的不懈努力和无私奉献精神。朝阳区原常务副区长戴继楼等及世奥公司领导班子共19人,作为公园建设者与管理者参加纪念林植树活动。

(周　硕)

【气膜网球馆工程竣工】 5月20日,奥林匹克森林公园气膜网球馆工程竣工。工程位于奥林匹克森林公园体育园内,于2011年11月8日开工,总建筑面积9700.12平方米,包含红土场地2片、丙烯酸场地10片及淋浴室、更衣室、卫生间、贵宾休息室等配套设施,由北京世奥森林公园开发经营有限公司建设,北京迪赛尔建筑技术咨询有限责任公司设计,北京润安市政工程有限公司负责基础施工,北京约顿气膜建筑技术有限公司负责膜主体施工,北京华体体育场馆施工有限责任公司负责红土和丙烯酸面层施工。

(周　硕)

【赠送《廉洁奥运赋》】 5月26日,在清华大学召开的“廉洁奥运精神”研讨会上,全国政协委员、中国新闻文化促进会会长李东东和军事博物馆书画院院长、著名书法家李洪海,向奥林匹克森林公园廉洁奥运主题文化园赠送《廉洁奥运赋》文字作品及书法作品。

(周　硕)

【精品公园复查】 6月4日,由市园林绿化局公园风景区处副处长尹俊杰带队,对奥林匹克森林公园进行精品公园复查。公园获市园林局通报表扬。

(周　硕)

【《廉洁奥运赋》作者调研】 6月6日,《廉洁奥运赋》作者、全国政协委员、中国新闻文化促进会会长李东东及中国军事博物馆书画院院长、著名书法家李洪海到公园“廉洁奥运赋雕塑”施工现场指导雕塑施工工作。6月8日,李东东及李洪海视察雕塑施工现场,确认《廉洁奥运赋》书法作品的雕刻位置。雕塑位于廉洁奥运主题文化展馆东北侧,雕塑高6.5米,展开长度22米,材质选用花岗岩。雕塑以画卷为造型,通过舒展大方的构图将“廉洁奥运赋”的镌刻文字和体现奥运会运动项目的浮雕相结合,画卷大气洁简,气势绵长不失庄重。

（周 硕）

【传统文化艺术博览园项目签约】 6月15日，在世奥公司举行“朝阳区传统文化艺术博览园项目签约仪式”。中华砚文化发展联合会会长、武警部队原副司令员刘红军，区领导陈刚、吴桂英、刘军胜及区委书记助理聂清凯等出席签约仪式。北京祥圣源文化发展有限公司董事长李晓雪与北京世奥森林公园开发经营有限公司董事长兼总经理田锦和签署《朝阳区传统文化艺术博览园合作框架协议》。

（周 硕）

【奥林匹克宣言广场落成】 6月23日，在公园南园举行奥林匹克宣言广场落成典礼，副市长、北京奥运城市发展促进会常务副会长刘敬民；北京奥运城市发展促进会副会长蒋效愚；区长程连元及世奥公司总经理田锦和等出席揭幕仪式，同时举办健康跑活动。刘敬民致揭幕辞并为健康跑活动鸣枪。奥运功能区发展联盟15家企事业单位，约500人参加健康跑。

（周 硕）

【廉洁奥运主题文化园竣工验收】 6月28日，完成廉洁奥运主题文化园验收工作。包括：绿化景观调整、广场道路、五环亭及周边绿化、雕塑《十境》、《奥运廉洁赋》、《奉献》、《共铸辉煌》安装及周边绿化等工程。

（周 硕）

【市纪委领导调研】 6月30日，市纪委副书记王海平、宣教室主任杜淑华，区纪委书记宋铁键、副书记刘丽平等到廉洁奥运主题文化园调研。查看廉洁奥运主题文化园的游览线路及沿线景观布置，听取廉洁奥运主题展馆全程讲解，对展馆展陈设置提出具体修改意见。

（周 硕）

【庆祝建党91周年】 7月1日至22日，在北园花田野趣景区举办以“朵朵葵花向太阳，喜迎建党91周年”为主题的“奥林匹克森林公园花卉观赏季——百亩葵花展”活动。期间接待游客703万人次。

（周 硕）

【廉洁奥运主题文化园开园】 7月11日上午，奥林匹克森林公园廉洁奥运主题文化园正式开园。中纪委副书记李玉赋，市委常委、市纪委书记叶青纯，市委常委、朝阳区委书记陈刚，全国政协委员、中国新闻文化促进会会长李东东，中纪委宣教室主任杨小平，市纪委副书记、监察局局长王海平，朝阳区区长程连元，军事博物馆书画院院长、著名书法家李洪海及市纪委、16区县纪委、市纪委部分派驻纪检组的有关领导出席仪式。陈刚主持开园仪式，程连元介绍廉洁奥运主题文化园建设情况，叶青纯讲话。随后，李玉赋、叶青纯、陈刚、程连元共同推动启动器，宣布廉洁奥运主题文化园正式开园。

（周 硕）

【奥林匹克公园瞭望塔工程封顶】 7月26日，奥林匹克公园瞭望塔工程封顶。该工程于2010年12月开工，位于北京奥林匹克公园中心区东北部，总建设规模18900平方米，由5个高低、直径各不相同的单塔组合而成，其中主塔高246.8米，是整个片区的制高点，登塔可俯瞰整个奥体中心和奥体公园，还可远眺北京城市风光。该工程由北京世奥森林公园开发经营有限公司建设，中国建筑设计研究院设计，北京建工集团有限责任公司施工，北京华城建设监理有限责任公司监理。

（周 硕）

【世纪东方网球学校进驻国家网球中心】 9月1日，北京市朝阳区世纪东方网球学校进驻国家网球中心。

（周 硕）

【安监总局检查瞭望塔施工现场】 9月14日，国家安监总局应急中心副主任王晋中、国家安监总局二司副司长官山月；市安委会副主任、市安监局局长张家明，市安监局副局长蔡淑敏、贾太保等国务院安委会督查组、北京市政府及市重大办、市住建委等有关领导，到奥林匹克公园瞭望塔工地施工现场检查安全生产工作。

（周 硕）

【花卉观赏季】 9月30日至10月31日，在公园北园花田野趣景区举办“奥林匹克森林公园花卉观赏季——秋日波斯菊展”，向游人免费开放，接待游客114万人次。10月20日至10月31日，在公园南园举办“奥林匹克森林公园花卉观赏季——秋日彩叶展”，向游人免费开放，接待游客35.4万人次。

（周 硕）

朝阳公园

【概况】 朝阳公园是一处以园林绿化为主的综合性、多功能的大型文化、休闲、体育、娱乐公园，是国家AAAA级旅游景区、北京市重点公园和精品公园，是北京市四环以内最大的城市公园。公园位于朝阳区中部繁华地段，北至亮马桥路，西至朝阳公园路，东至东四环路，南至朝阳公园南路，规划总面积288.7公顷，其中水面68.2公顷，陆地220.5公顷，绿化覆盖率87%。其中建筑占地10.4公顷，道路广场铺装21公顷，绿化145公顷，其他占地44.1公顷。2008年第29届北京奥运会沙滩排球比赛在朝阳公园举办，2009年建成沙滩主题乐园。朝阳公园建有中央首长植树林、生命之源、艺术广场、卧龙叠水、春花园等30余个景点；建有勇敢者天地游乐园、网球中心、羽毛球馆及索尼探梦、小人国、乐高小镇等体育文化娱乐项目。2006年7月，公园被区政府授予“朝阳公园国际文化展演聚集区”，形成“春节·朝阳国际风情节”、“五一·朝阳流行音乐周”、“十一·朝阳国际旅游文化节”三大国际时尚文化活动品牌。“海洋沙滩狂欢节”被评为北京市优秀文化活动。北京朝阳公园开发经营公司全园共有职工1946人。其中在岗870人,退休966人,内退110人。全年接待游客826.7万人次。2012年获"北京春节庙会·灯会·文化活动"评选创意奖;公园合唱队在朝阳区"劳动者之歌"职工合唱比赛中获二等奖;南门检票班获评2011-2012年度"全国青年文明号"。

地址:朝阳公园南路1号

电话:65940972

邮编:100125

电子邮箱:docu@sun-park.com

(孔　雁)

【游园活动】 1月23日至28日(农历大年初一至初六),举办第十届"北京朝阳国际风情节",邀请英国、法国、荷兰、俄罗斯、希腊等国家近百名艺术家、9个艺术团体参加演出,游园人数51.13万人,经营收入744万元。4月29日至5月1日,举办第七届朝阳流行音乐周分会场、朝阳公园首届牡丹花展、2012乐高世界畅游之旅启动仪式。期间接待游客19.9万人,经营收入358万元。6月16日至9月2日,在公园沙滩主题乐园举办第四届"北京海洋沙滩狂欢节"开幕式。"海沙节"由北京新维体育文化发展有限公司主办,佳兆业地产(绥中)有限公司冠名。主办方联手BTV说客、腾讯微博和新浪微博向公园电子屏幕及手机用户传送现场画面。北京国安队、新科CBA冠军北京金隅队及部分奥运会冠军和演艺明星参与现场活动。"海沙节"在延续以往巴西风情舞、小丑表演、滑翔"水上漂"等项目基础上,新增奇幻魔术、佤族吞火表演两个节目,历时79天,接待游客15万余人次。6月16日至17日,"2012年北京外语游园会"主会场活动在朝阳公园举办。游园会由北京市民讲外语活动组委会、市政府外办、市委宣传部、首都文明办、市总工会、市残联、朝阳区政府等联合主办。市委常委、常务副市长、北京市民讲外语活动组委会主任吉林出席开幕式并宣布外语游园会开幕。13个驻华使馆的40余名官员参加活动。期间接待游客10万余人。

(孔　雁)

【市体育产业发展座谈会】 2月27日,副市长刘敬民带领市体育局、市发改委、市地税局、市政府研究室等单位相关负责人到朝阳区,调研北京市体育产业发展工作。刘敬民一行查看位于朝阳公园的"李宁体育园"后,在朝阳公园会议室召开"北京市体育产业发展专题座谈会"。李宁(中国)体育用品有限公司、国安俱乐部、国家体育场、北京高德体育文化有限公司、体之杰体育产业集团、北京青鸟健身俱乐部等体育机构和企业人员参会。

(孔　雁)

【张革调研朝阳公园工作】 3月1日,区委常委、组织部部长张革到朝阳公园调研,听取公园党建和企业经营管理工作汇报,实地考察体育中心、沙滩主题乐园、婚庆礼堂、中心岛剧场和北部园区。张革肯定公园各项工作,希望公园抓住旅游发展、文化发展机遇,尽快实现园林景观向文化园区的转型。要求公园加强党建工作,着力培养专业经营管理人才,为朝阳区人才储备做贡献。

(孔　雁)

【主题活动】 3月5日至11日,在公园南门广场举行"学雷锋做文明有礼的北京人宣传示范周活动"启动仪式。活动由首都文明办、市公共文明协调指导小组、区委区政府联合主办。启动仪式上,"京城活雷锋"孙茂芳、全国劳动模范李素丽和相关市、区领导共同为北京市20支学雷锋志愿服务队授"学雷锋志愿者服务队"队旗,朝阳区学雷锋志愿服务团队宣读倡议书。当日约有600名市民报名加入"学雷锋志愿服务队"。4月12日,天安门广场大屏幕宣传片"青春中国"摄制组在朝阳公园健身步道、李宁体育园足球场、李宁体育园乒乓球场等区域取景拍摄部分画面。该宣传片以"青春"为主题,旨在纪念中国共产主义青年团成立90周年,5月1日起在天安门广场大屏幕循环滚动播放。4月21日,由区政法委主办的"朝阳区政法系统'爱民月'活动暨'警民一家亲'主题活动"在公园礼花广场举办。启动仪式上宣读《朝阳区政法委聘请政法系统执法执纪特邀监督员》决定,向10位特邀监督员颁发聘书,赠送法律、消防书籍,特警展示擒拿格斗技能并进行警犬表演。4月22日,在公园礼花广场举行"节约资源、呵护地球"纪念第43个世界地球日暨中华环保联合会成立7周年系列活动,通过文艺表演、展板展示、法律咨询等形式,宣传节约环保的生产方式和消费模式,倡导社会各界共担节约资源、保护环境之责。5月12日,区安监局在公园举办"5·12"防灾减灾日宣传活动,现场进行安全生产专题展览,防灾减灾、应急救援知识咨询及移动指挥所集结与测试演练。6月14日至15日,19日至22日19:00~21:00时段,在公园中心岛剧场举办"2012京剧进社区专场演出"活动。活动由区委宣传部、区文委、区文联携手北京国声京剧团联合举办,演出5场京剧,观众5000余人次。6月27日,在公园南门广场举行朝阳区推进流动人口"三化一体"交通安全教育启动仪式,部署《朝阳区推进流动人口交通安全教育规范化、属地化、常态化管理工作方案》。活动由区交通安全委员会主办,相关市、区领导及社会各界代表300余人参加启动仪式。8月8日,在公园南门外广场举行朝阳区晨晚练辅导站"全民健身日"健身交流展示活动,旨在落实《朝阳区全民健身实施计划(2011-2015年)》,宣传"8·8全民健身日"。活动现场,各街道晨晚练辅导站队伍、健身队伍分片区展示健身项目。9月15日,在朝阳公园举行"大爱无国界——资助健康快车光明行”国际义卖活动。活动由外交部名誉扶贫大使乐爱妹女士发起，乐爱妹参赞、驻华外交使团团长、多哥驻华大使阿马、中华健康快车管委会主任、卫生部副部长黄洁夫、中华健康快车基金会副理事长范徐丽泰、北京市外办主任赵会民、朝阳区代区长吴桂英及有关企业代表为活动开幕剪彩。当天募集80万元人民币善款，用于为河南省新乡市贫困地区1500名白内障患者免费实施复明手术。活动当天公园代售门票884张，6000余人参与义卖。11月27日，区总工会组织全区劳模志愿服务队在公园南门广场开展“志愿服务日”活动。40余名劳模及数十位志愿者为200余名农民工和劳务派遣职工讲解卫生常识，演示垃圾分类，提供法律咨询及理发、测量血压等服务。

（孔　雁）

【首届“春花节”】　4月1日至5月31日，在公园北部园区举办朝阳公园首届“春花节”。公园在南门设立宣传展板，公园周边主要道路设立引导牌，并开设春花园电瓶车专线。邀请朝阳有线为“春花节”拍摄宣传片。期间接待游客2万余人次。

（孔　雁）

【张立新检查音乐周筹备】　4月28日，副区长张立新带队检查朝阳公园“2012朝阳流行音乐周”分会场筹备工作，区委宣传部、文化委等单位（部门）负责人参加。本届音乐节主会场设在朝阳体育中心。

（孔　雁）

【“北京礼物”店开业】　4月28日，朝阳公园“北京礼物”店正式营业。该店是市旅游委批准的首批20家“北京礼物”店之一，位于朝阳公园游乐区7号商亭。店内面积70平方米，专营北京特色工艺美术品、书画制品、都市工业品，以及民族文化与首都景区景点等地域特色相结合的旅游纪念品，共200余种、1000余款。

（孔　雁）

【2012世界沙排大满贯北京赛】　5月7日至13日，在朝阳公园沙滩排球主赛场举办“2012世界沙滩排球大满贯北京赛”。60余个国家和地区的400余名运动员参赛。赛事由国家体育总局排球运动管理中心、市体育局、朝阳区政府联合主办，市体育竞赛管理中心、朝阳区体育局、北京电视台、朝阳公园协办。副市长、赛事组委会名誉主席刘敬民为女子组颁奖。朝阳公园开发经营公司总经理田锦秈为获奖男选手颁奖。

（孔　雁）

【吴桂英检查黄金周节前安全】　9月26日，代区长吴桂英、副区长汪洋带领检查组到朝阳公园，进行“十一黄金周”节前安全大检查。区安监局、区旅游局等部门负责人一行约30人随同检查。吴桂英提出3点要求：①开展所有大型游乐设施安全检查工作；②部署落实节日期间领导带班值守和应急保障工作；③上报每日入园人数。

（孔　雁）

中华民族园

【概况】　中华民族园位于北四环与北辰路（中轴路）交会的西南角，东至北辰路西红线，西至北辰西路，南至北土城路北红线，北至北四环路南红线。占地28.2万平方米，其中绿地17.26万平方米；道路、广场2.96万平方米；水面4.3万平方米；建筑面积3.68万平方米。行业管理隶属于区园林绿化局，属自收自支、独立核算、自负盈亏的民办事业单位。截至年底，在职职工390人（男职工156人，女职工234人），干部50人，专业技术人员19人，高级职称2人，中级职称9人，初级职称8人。全年经营收入720万元，其中门票收入621万元。全年接待游客14.17万人次，其中购票11.62万人次、免票2.55万人次。年内，被区委、区政府授予“朝阳区创建全国文明城区突出贡献单位”称号；获“第四届全国少数民族文艺汇演志愿服务突出贡献奖”；民族园少数民族舞蹈获“2012北京青年艺术节第二届青春艺术节最佳表演奖”。

地址：民族园路1号

电话：62063646 62063647

邮编：100029

电子邮箱：emuseum@sina.com

（汪　昆）

【庆“三八”少数民族姊妹节】　3月8日至10日，开展“庆‘三八’少数民族姊妹节”活动。主要有：与羌、傣、土、藏、蒙、土家、鄂伦春等民族姊妹共度节日，亲身体验少数民族文化风情。期间，环球电广公司工会组织百余名女员工与民族园少数民族员工举办趣味运动会。

（汪　昆）

【越南大使夫人参观访问】　3月9日，越南人民主义共和国驻北京大使夫人谢樱桃一行参观民族园，并参加民族园“三八”妇女节庆祝活动。

（汪　昆）

【汇文中学高三学生成人礼】　4月11日，北京市汇文中学2012届300名高三学生在民族园北园傣族曼飞龙广场举行18岁成人礼仪式。该仪式是民族园与汇文中学10年合作项目。民族园作为中小学生爱国主义教育基地，与20余所中小学校保持合作关系。

（汪　昆）

【明光美术学校写生活动】　4月21日至22日，北京市明光美术学校师生及学生家长8000人到民族园，开展“民族风景写生”活动。

（汪　昆）

【首届亚运村文化艺术节】　4月25日，在南园三塔广场举行“首届亚运村文化艺术节”开幕式。活动由区委宣传部、区委社会工委等单位主办；北京中华民族博物院等承办。区域内相关单位及职能部门主要负责人、各界代表800余人参加活动。

开幕式上举行文艺表演、亚运村街道群团组织“争先创优”颁奖仪式,并成立亚运村街道职工艺术团。

(汪 昆)

【藏族风情节】 4月,在藏族分馆举办藏族风情节专场庆祝活动。包括藏传佛教祈福仪式、原生态歌舞演出、传统手工艺(玛尼石雕刻、藏绣)展示、土特产品展卖及藏族文化系列6个专题展览等。青海海南藏族自治州藏族艺术团主持活动。累计接待游客3万人次。

(汪 昆)

【“5·18”博物馆日特别活动】 5月18日,四川绵阳北川羌乡美艺术团一行40余人在民族园羌族博物馆开展文化交流活动,庆祝“5·18”国际博物馆日。包括与民族园少数民族演员同台表演羌族歌舞,举办少数民族非物质文化遗产项目展示等活动,展示羌、土、藏、土家、苗、傣族织染绣、藏族玛尼石雕刻和白族银器打造等传统手工技艺 。当日接待游客3000余人。

(汪 昆)

【民族歌舞公益演出】 5月27日,在傣族主表演场举办“唱响红五月民族歌舞公益演出”活动。演出由市民族联谊会主办、民族园协办。北京市少数民族民间艺术团体、市民族联谊会文艺界理事(国家级文艺团体的专业演员)及民族园艺术团少数民族演员130人参加演出。1000余人观看演出。

(汪 昆)

【白族绕三灵】 5月,在白族分馆举办白族绕三灵主题庆祝活动。主要有:白族本主庙祈福、贴太阳膏(白族祈福风俗);白族原生态情歌对唱、舞蹈;学跳白族集体舞;白族土特产、特色小吃、工艺品展销等。累计接待游客2.1万人次。

(汪 昆)

【傣族八角亭展陈】 6月8日,傣族八角亭对外开放。八角亭位于傣族广场东南角,1比1仿建云南景真八角亭,建筑面积28平方米。亭内按照傣族小乘佛教习俗布陈。年内接待游客5万人次。

(汪 昆)

【羌族端午节】 6月22日至24日,在羌族博物馆举办羌族传统特色端午节活动。主要有:敲羌族羊皮鼓祈福、羌族传统歌舞表演;羌族端午习俗展示、包粽子比赛、羌族推杆游戏、学跳羌族萨朗舞等。累计接待游客2000余人次。

(汪 昆)

【羌族瓦尔俄足节】 6月,在羌族分馆举办羌族瓦尔俄足节主题庆祝活动。主要有:羌族原生态歌舞演出;羌族传统游戏——推杆;给女孩子戴耳环;学跳羌族萨朗(羌族集体舞);羌族刺绣工艺表演等。

(汪 昆)

【蒙古族马奶节】 7月,在蒙古族分馆举办蒙古族马奶节主题庆祝活动。主要有:祭敖包仪式;蒙古族歌舞、呼麦、长调、马头琴表演;蒙古族射箭游戏;蒙古族集体舞大家跳;蒙古族工艺品及小吃展销等。累计接待游客1万余人次。

(汪 昆)

【夏令营闭营式】 8月9日,在民族园举办“2012年度中华大家园全国关爱各族少年儿童夏令营闭营式暨文艺联欢晚会”。活动由中国关心下一代工作委员会、国家民委、联合国儿童基金会联合主办。夏令营营员——全国各地各民族少年儿童游园后举行闭营仪式。

(汪 昆)

【中华传统农具展】 9月1日,中华传统农具展对外开放。展览位于北园黎族景区主房,布展面积235平方米。展品包括中国传统农具和农业加工用具等,材质有木、石、藤、草、金属等,展出文物85件(套),展品征集自全国各省市,年代从清代到近代不等。年内接待游客3万人次。

(汪 昆)

【为明幼教亲子游园】 9月25日,北京市为明幼教在南园三塔广场举行“童心向祖国”亲子游园活动,1000名家长及儿童参加活动。

(汪 昆)

【贵州织金旅游文化宣传周启动仪式】 9月27日,在北园傣族广场举行“走进中华民族博物院——贵州织金旅游文化宣传周启动仪式”。活动由贵州省织金县政府主办,民族园承办。仪式后,织金县政府在民族园开展为期一周的旅游宣传推介活动。

(汪 昆)

【国庆黄金周活动】 9月30日至10月7日,举办少数民族大联欢和民族节庆系列活动。期间,主场演出“祝福祖国 少数民族大联欢”、“少数民族红歌会暨民族服装展演”;各民族分馆举办“土族中秋节”、“蒙古族马奶节”、“土家族风情节”等活动。累计接待游客1万余人次。

(汪 昆)

【土族安昭纳顿节】 9月,在土族分馆举办土族安昭纳顿节主题庆祝活动。主要有:土族原生态歌舞、土族婚俗表演“迎亲”、趣味民俗游戏“运土豆比赛”、土族集体舞大家跳、土族工艺品和土特产展销等。累计接待游客1万余人次。

(汪 昆)

【土家族风情节】 10月,在土家族分馆举办土家族风情节庆祝活动。主要有:摆手堂祭祀祖先仪式;土家族原生态歌舞;土家族非物质文化遗产展示;土家族摆手舞大家跳等。累计接待游客2.5万人次。

(汪 昆)

【羌历年庆祝活动】 11月8日,在羌族分馆举行羌历年庆祝活动,主要有祭祀禹白塔、喝咂酒、歌舞联欢、推杆游戏、跳萨朗舞等,200余名在京羌族人士参加。活动协办单位有:阿坝州驻北京联络处、北川羌族自治县人民政府、茂县人民政府、汶川县人民政府、理县人民政府、北川羌族自治县擂鼓镇人民政府、中央民族大学民族博物馆。

(汪 昆)

【绿化及野生鸟类资源管理】 年内,园内有野生植物品种35科80余种,观赏价值较好的品种主要有:蒲公英、紫花地丁、蛇莓、点地梅、旋复花、苦荬、牵牛、荠菜、马齿苋、车前草、鸭跖草、大小蓟、夏至草、莎草、白茅根、芦苇等。野生鸟类有雨燕、野鸭、喜鹊、啄木鸟、翠鸟、池鹭、杜鹃等20余种。

(汪 昆)

【节日花卉摆放】 年内,完成节日摆花任务。"五一"在门区广场和园内主要景区摆放花坛3个,用花1.25万株;"十一"在门区广场和园内主要景区摆放花坛4个,用花1.28万株。

(汪 昆)

【绿地建设】 年内,实有绿地17.26万平方米,全部为自管绿地,绿化覆盖率90.6%。植株总数297106株,其中乔木4403株、灌木9195株、月季类1932株、攀援5926株;竹子169150株;绿篱3000株,340平方米;宿根花卉3万株;水生植物3500株;草坪2万平方米;一、二年生草花14000株;庄稼地2800平方米,种植农作物25种40个品种5.6万株。

(汪 昆)

【绿地养护】 年内,养护绿地17.26万平方米,乔灌木193606株,宿根花卉3万株,水生植物3500株,一、二年生草花1.4万株,农作物5.6万株。修剪、整形公园乔灌木,控制建筑周边高大乔木树形,补植沙地柏300平方米;专人负责梯田、稻田、菜地、花卉养护管理,营造田园景观环境;引进观赏花卉品种5种,在道路两边、玛尼堆、村寨口等处,散点式种植草花,制造自然野趣,切合民族园"都市里的村庄"主题;繁殖蛇莓、垂盆草等耐旱、耐阴地被品种;采取疏密措施,适当砍伐密度过大竹林;挖排水沟人工排水,应对湖面水位上升导致的绿地土壤水分饱和现象。年内,锈病和松稍螟蛾发生较严重,下半年发生区域性美国白蛾虫害,公园采取安装黏胶树环措施,预防幼虫上树,取得较好效果;5月、9月,为防治蚜虫、红蜘蛛和毛虫等虫害,全园打药2次,共计35车;局部病虫害打药9次;物理除虫6次,主要防治松稍螟蛾和介壳虫。

(汪 昆)

【工程建设概况】 年内,针对博物院的民居、建筑景观、服务设施等开展大规模维修、建新工作。总投资238.3万元。

(汪 昆)

环 境 管 理

【概况】 朝阳区环境保护局是区政府领导下的环境保护专职机构,负责辖区内环境管理工作。年内,超额完成年度污染减排任务,二氧化硫减排效益735吨,氮氧化物减排效益6021吨。环境执法能力进步明显,行政处罚403件,同比增长125%,罚款354万元,同比增长183%,处罚案件和罚款金额居全市第一。获国家环保部颁发的全国环境统计工作先进集体。严把环境准入关,做出一般建设项目和辐射项目行政许可2125件。完成污染源活动水平调查工作,申请登记污染源单位9427家,是市政府下达任务量的两倍。处理影响群众生活的环境信访投诉案件2793件,处理率100%。

地址:农展南路5号

邮编:100125

电话:65085178

电子邮箱:bjcyhbj@263.net

(胡朝颖)

【采暖季锅炉监察】 2011年11月15日至2012年3月15日,完成采暖季燃煤锅炉监察工作,检查锅炉246台次,监测127台次,所有锅炉均达标排放。

(胡朝颖)

【领导检查指导】 1月5日,国家环保部部长周生贤到华能北京热电有限责任公司和CBD商务中心基础建设工程现场调研。1月9日,国家环保部主要污染物总量减排核查组核查朝阳区2011年总量减排工作及重金属污染排放工作。2月6日,副市长洪峰到朝阳区奥体中心子站调研,了解朝阳区大气污染防治各项措施落实情况。2月9日,市委常委、市公安局局长傅政华,副市长苟仲文等到京承高速大货车进京检查站,调研整治车辆违法及尾气超标专项检查工作。5月23日,市环保局、市监察局和市政府督查室组成联合督查组对朝阳区大气污染防治措施和污染减排等重点工作开展联合督查。8月30日,环保部华北督查中心、市环保局领导一行3人,对危险废物规范化管理情况进行督查考核。9月3日,环保部总工程师万本太一行5人到奥体中心、农展馆国控子站调研PM10、PM2.5空气质量监测工作。9月17日,环保部核与辐射安全监管三司副司长赵永明等检查考核北京市辐射安全监管工作,朝阳区因辐射监管到位,代表北京市接受环保部检查。

(胡朝颖)

【污染源申报登记】 2月10日,完成2012年污染源申报登记工作。对市控、国控重点单位、区属重点单位、印刷、机械、电子、汽修、科研院所、医院、加油站、搅拌站、餐饮及其他工业企业等1673家单位进行申报登记,审核录入数据10万余个。同比增加140家,增长率9.13%。

(胡朝颖)

【建立空气质量联动机制】 2月,联合区委农工委、区委社工委、42个街乡,依托大气环境质量自动监测系统平台,建立空气质量周报联动机制。周报内容包括辖区两个国控子站及42个街乡每周的二级天数与比例,并将大气环境质量情况通报区长、主管区长、区委农工委、区委社工委及各属地街乡。

(胡朝颖)

【环境监测】 3月13日,朝阳区环境保护监测站通过北京市质量技术监督局计量认证。年内,取得监测数据4.2万余个,出具数据、文字监测报告4000余份,完成监测收费208万元。

(胡朝颖)

【扬尘污染控制】 3月,联合区城管大队、住建委等部门开展春季扬尘污染治理专项检查。8月至9月,联合街乡等开展施工工地执法月行动。年内,检查施工工地3000余家次、责令停工整改213项、限期整改1296项。此外,多部门联合加强渣土运输车辆管理,规范车辆1400多台次,规范施工工地98处,暂扣、处罚违规车辆456台,罚款38.2万余元。增加道路洒水压尘频次,全区道路机扫作业率83%,道路冲刷作业率99%。

(胡朝颖)

【环保宣传】 4月1日,联合区教委、垂杨柳教辅中心、香河园少年之家、酒仙桥少年之家、黑庄户教辅中心,举办朝阳区第十六届中小学生“我爱地球妈妈”演讲比赛。41所中小学300余名选手参加。4月22日,中华环保联合会主办、区环保局、地球·唯一村庄大型公益活动组委会协办,在朝阳公园举行“节约资源、呵护地球”纪念第43个世界地球日环保活动。6月5日,世界环境日期间,开展多项环保主题宣传活动:①以“参与节能减排 享受低碳生活”为主题的环保知识巡回展;②在街道、社区播放宣传片《探索中国环境保护新道路》;③联合区教委举办第十六届中小学生环保演讲比赛;④在街乡张贴“六五”环境日主题宣传海报、悬挂横幅、展出低碳知识展板和板报,发放宣传资料,向居民宣传环保知识;⑤通过朝阳环保青年微博发出倡导,积极推动公众参与绿色环保公益行动。

(胡朝颖)

【环境统计年报】 4月11日,完成环境统计年报工作。调查对象包括工业源64家、农业源4家、集中式污染治理设施9家,填报调查表77份。更新全区工业、农业和集中式污染治理设施等污染源基本情况,掌握2011年全区二氧化硫、氮氧化物等主要大气污染物和化学需氧量、氨氮等主要水污染物的产生和排放情况。

(胡朝颖)

【调整环委会成员】 5月9日,区政府调整区环境保护委员会成员名单。区长程连元担任环委会主任,副区长王春担任常务副主任,区发改委、市政市容委、环保局主要领导任副主任,25个部、委、办、局主管环境保护工作的领导任委员。

(胡朝颖)

【污染源总量减排】 6月7日,区长办公会专题研究“十二五”时期主要污染物总量减排工作。会议决定成立全区“十二五”时期主要污染物总量减排工作领导小组,制定下发《北京市朝阳区“十二五”时期主要污染物总量减排工作方案》。主管副区长牵头,区环保局、区发展改革委、区市政市容委、区人口计生委、区社会办、区农委等24个委办局及42个街乡组织实施,确保至2015年二氧化硫排放总量削减25%,氮氧化物削减20%,农业化学需氧量和氨氮削减12%。

(胡朝颖)

【辐射安全监管】 8月9日,完成2011年辐射安全评估,检查辐射单位391家。截至2011年底,全区有放射性同位素持证工作单位45家,放射源2048枚,射线装置工作单位346家,射线装置1041台,放射工作人员年人均有效剂量0.459mSv(毫希弗),放射工作人员工作环境安全。年内,坚持环保、公安、卫生三部门联席会制度,开展辐射行政许可、核技术利用单位专项检查等工作,检查单位661家次,对19家违法单位罚款32万元,全市辐射监察系统排名第一。完成Ⅲ类射线装置生产、销售、使用活动辐射类环评审批、验收124件,放射性同位素备案204件。

(胡朝颖)

【PM2.5监测网络建成】 8月,区长办公会研究决定在辖区内建设细颗粒物自动监测网络。12月,在已建成的覆盖各街乡大气颗粒物自动监测网络基础上,投资近600万元建设细颗粒物自动监测网络,投入试运行。

(胡朝颖)

【区环保学会会员代表大会】 10月22日,召开朝阳区环保学会会员代表大会,研讨环境保护事业发展。市环保学会会长潘曙达、市环科院院长潘涛、区科协主席杨绍磊、区民政局副局长谭孔辉、区科委副主任戚道铎、区环保局领导班子及80家会员单位代表参会。

(胡朝颖)

【机动车及加油站管理】 年内,开展入户检查、路检路查、遥感监测、进京口检查、年检场监管、加油站检查等工作,加大机动车尾气污染监管力度。淘汰老旧机动车82618辆,检查机动车57万余辆,处罚超标机动车2427辆,检查和处罚量居全市第一。加强油气回收系统日常检查,检查加油站1306家次,监测142

家,处罚16家。

(胡朝颖)

【环保专项行动】 年内,联合12个部门开展环保专项行动。对重金属排放企业、减排重点行业加强监管,检查汽修、拆解企业100余家次。开展生活污水、小餐馆污水、挥发性有机物污染问题整治,专项检查全区76家印刷企业,要求存在问题的29家单位限期整改。检查9个居民小区污水排放情况,未发现生活污水私接乱排现象。检查240家小型餐饮企业污水排放情况,对隔油池安装使用、排水许可证办理存在问题的16家单位下达整改通知书。对1200余家大中型餐饮企业、餐饮街、群众反映强烈的餐饮单位进行专项检查,有效维护百姓环境权益。

(胡朝颖)

【燃煤锅炉改造】 年内,完成14家35台777蒸吨燃煤锅炉清洁能源改造任务。

(胡朝颖)

环境卫生

【概况】 朝阳区环境卫生服务中心是朝阳区环境卫生专业作业服务队伍,区属全额拨款正处级事业单位,主要负责全区环境卫生服务性、技术性和事务性工作,担负全区主要干路的清扫保洁、喷雾降尘、垃圾清运、粪便抽运及处理、公厕管理与保洁等环卫作业生产工作。中心下设环卫一、二、三、四队,第一、二、三、四清洁车辆场和环卫服务开发中心共九个基层作业单位。年内,完成区属干路清扫1241条、面积约3185万平方米,保洁过街天桥149座、地下通道49座,保洁清掏果皮箱6500个。管理保洁公厕1042座、垃圾楼267座,粪便清运44万吨,垃圾清运138万吨。完成春季扫雪铲冰工作;积极应对"7·21"特大暴雨灾害,恢复市容环境。年内,完成"两节"(元旦、春节)、全国"两会"、"十一"黄金周、市领导到辖区调研等重大节日及活动的环境卫生保障工作。

地址:朝阳区香河园中里

电话:64628653

邮编:100028

电子邮箱:hwzxbgs@bjchy.gov.cn

(邢 伟)

【扫雪铲冰工作】 1月7日、3月17日、11月3日、12月20日,全市降雪,环卫中心及时启动扫雪铲冰应急预案,采取多项措施开展扫雪铲冰工作。总计出动多功能除雪车与融雪车497车次,出动人员近9000人,使用干撒融雪剂368吨,水溶融雪液1840吨。

(邢 伟)

【区领导调研】 1月12日,副区长王春到区环卫中心调研,中心处级领导、机关科长参加调研会。会上,观看环卫中心2011年工作短片,中心主要领导汇报2011年工作成绩和2012年工作思路。王春肯定辖区环境卫生保障工作,提出2012年工作要求。

(邢 伟)

【春节期间环境保障】 1月22日至28日,出动保障人员36897人次,车辆9216台次,清除小广告等非法宣传品15897次,清理树挂、白色污染24689次,运送垃圾26145吨,清运粪便6012吨,完成春节期间环境保障任务。

(邢 伟)

【区人大调研】 3月13日,区人大常委会副主任李国、人大城建环保委主任张永贵等一行4人到环卫中心调研。在听取中心主要领导关于环卫中心2011年工作总结和2012年工作计划的汇报后,肯定环卫中心工作成绩,并针对辖区环卫事业发展目标与存在的问题提出指导意见与建议。

(邢 伟)

【作业演示】 5月24日,全国市长之家培训班相关领导到区环卫中心所属的二道沟密闭式清洁站视察垃圾分类情况并观看作业演示。中心安排洗地车、洒水车和小扫车对该清洁站周边道路进行清扫洗地作业,并在清洁站前准备单臂吊车和电动车,为参观人员演示作业过程。

(邢 伟)

【"7·21"灾后市容恢复工作】 7月21日傍晚至22日凌晨,北京市突发暴雨天气,降水量平均超过200毫米,部分路段积水现象严重。针对本次降水突然、持续时间长、降水量大等特点,环卫中心认真落实市、区防汛有关指示精神,按照《北京市市政市容管理委员会关于做好降雨期间道路推水工作的通知》要求,采取多项措施,全面开展雨后推水及市容环境卫生恢复工作。22日早,启动环境卫生保障工作红色预警,各基层单位作业人员、车辆全部准备到位,按要求开展多路段应急推水工作,同时充分发挥信息指挥调度平台中心三级检查机制作用,通过视频监控和路面巡查,加大雨后推水和市容环境恢复工作的检查频次及力度,发现问题及时安排相关作业单位解决。期间,出动各岗位人员2468人,作业车辆192辆次,其中:扫尘车64车次、多功能车28车次、降尘车24车次、小型清扫车76车次,清运树叶、垃圾、杂物211吨,推水面积400余万平方米。

(邢 伟)

【有机生物处理站升级改造】 9月5日、10月26日,酒仙桥、北小河有机生物处理站升级改造项目通过验收。至此,2012年辖区两座有机生物处理站改造升级工作全部完成并投入运行。此次升级改造配备了主流的计算机监控系统,实现了对设备生产过程的智能化管理;采用先进除臭工艺和有机生物处理工艺,抑制异味产生,改善工作环境;扩大了调节池容积,使原来的一年两次清淤降为六年一次,全区粪便日处理能力提升到每天1400吨。

(邢　伟)

【国庆节环境保障】 10月1日至7日,每日出动作业人员1258人,清理卫生死角1437处,清除非法小广告6.5万张,清除白色污染6.2万处,清除暴露垃圾782吨,完成国庆黄金周环境保障任务。

(邢　伟)

【全国“两会”环境保障】 年内,全力做好全国“两会”环境保障工作。出动人员70823人次、三轮车1187辆次、电动自行车525辆次、电动三轮车1131辆次、小型机扫车45车次、扫尘车1445车次、洗地车415车次、降尘车362车次、小广告冲刷车424车次、水车15车次、垃圾清运车10865车次、吸粪车2100车次;处理突发事件32次;清除垃圾58266.2吨、白色污染183175余处、小广告93267张、树挂904处、遗撒108处、泥饼3100余处;清运粪便15100吨;使用中水9912吨。

(邢　伟)

朝阳循环经济产业园管理中心

【概况】 北京市朝阳循环经济产业园管理中心为区政府直属事业单位,机构规格相当正处级,经费形式全额拨款,归口区市政市容委管理。主要承担朝阳区固体废弃物无害化处理和垃圾处理循环利用项目的规划、建设和管理工作。核定全额拨款事业编制36名,其中书记1名、主任1名、副主任3名。园区内建有高安屯卫生填埋场、生活垃圾焚烧发电厂、餐厨垃圾处理厂、医疗垃圾处理厂、电动汽车充换电站。年内,北京市朝阳生活垃圾综合处理厂焚烧中心项目可行性研究报告获得市发改委批复。填埋气并网发电项目完成建设并通过验收实现并网发电。园区生活垃圾年消纳100.72万吨,填埋场填埋残渣23.11万吨,高安屯生活垃圾焚烧发电厂年处理生活垃圾75.44万吨,北京朝阳餐厨废弃物处理厂年处理餐厨垃圾1.67万吨,北京市高安屯医疗垃圾焚烧厂年处理医疗垃圾0.5万吨。高安屯卫生填埋场年处理渗沥液6.82万吨,填埋气收集处理471万立方米(其中利用418万立方米)。高安屯生活垃圾焚烧发电厂年上网发电2.29亿度。11月,获绿色中国2012杰出环境保护企业奖。

地址:金盏乡高安屯村
电话:65417429
邮编:100024
电子邮箱:ljcl7429@sina.com

(李佐娟)

【填埋气并网发电项目建成】 1月14日,填埋气并网发电项目完成建设并通过华北电力质检站验收,实现并网发电。年内累计总发电306万度,上网电量278.6万度,电费收入99.65万元。该项目运行后,实现了填埋气完全收集利用。

(李佐娟)

【领导调研】 2月10日,市委常委赵凤桐率队到园区充换电站调研,重点听取充换电站主要功能、运营系统功能介绍。观看了乘用车、环卫车(2吨、8吨、16吨)充换电过程,并到参观平台重点了解换电流水线布局和功能。3月15日,市委书记刘淇就“坚持稳中求进,践行北京精神,率先实现创新发展格局”主题,到高安屯电动汽车充换电站调研。市委副书记、市长郭金龙,国家电网公司党组书记、总经理刘振亚,市领导李士祥、赵凤桐、苟仲文,市政府秘书长孙康林一同调研。刘淇、郭金龙全面了解电动汽车智能服务网络运行和充换电站建设情况。充换电站每天能满足400辆纯电动环卫车的充换电需求,预留的电动公交车换电工位每天可为100辆公交车提供服务,年累计换电服务能力14.6万车次。高安屯电动汽车充换电站投入运营,标志着北京市新能源汽车运行工作全面提速。4月19日,全国政协副主席、致公党中央主席、科技部部长万钢到高安屯电动汽车充换电站调研,现场观摩乘用车、16吨环卫车、8吨环卫车等换电流水线换电操作演示,并视察雨水回收系统及电动车应急充换电装备。8月24日,市委常委、市纪委书记叶青纯率队到园区,调研高安屯生活垃圾焚烧发电厂、卫生填埋场、餐厨垃圾处理厂及电动汽车充换电站,听取管理中心领导对已建运行设施、项目建设风险防控及制度情况汇报,对朝阳区重大项目廉政风险防控工作和园区建设以及运行管理模式给予肯定。

(李佐娟)

【考察交流】 2月10日,上海市绿化和市容管理局党组书记、副局长陆月星率队到园区考察交流。听取管理中心领导关于园区规划建设及主要设施情况介绍,实地参观焚烧发电厂、卫生填埋场、充换电站及餐厨垃圾处理场,了解各设施项目运行情况及生产工艺。6月5日,广州市市委书记万庆良,市委副书记、市长陈建华率广州市党政代表团百余人到园区考察。万庆良表示:北京市朝阳循环经济产业园的建设和管理模式为兄弟城市提供了很好的示范作用,广州市将以此园区为参照,建设好、管理好、发展好广州市的固废处理和循环经济产业。

(李佐娟)

【焚烧中心报告获批】 2月16日，北京市朝阳生活垃圾综合处理厂焚烧中心项目可行性研究报告获市发改委批复。批复总投资116912万元(含外汇3815万美元)，其中市政府安排58456万元。

(李佐娟)

【环境园区建设与管理论坛】 2月17日，中国环境园区建设与管理论坛在上海举行，北京市朝阳循环经济产业园管理中心吴选辉被推选为中国环境园战略联盟执行理事长，率队参加并主持本次论坛，作题为《循环经济产业园区发展模式的探索与实践》报告。全国各地近30家环境园战略联盟成员及相关单位领导和专家参加论坛。

(李佐娟)

【建园十周年纪念会】 5月16日，召开建园十周年纪念大会，中心主任吴选辉作"激情跨越，十载携手建园区；光荣承载，开启发展新篇章"主题发言，区人大常委会副主任李国代表区领导致辞，市市政市容委固废处处长李向东、中国城市建设研究院院长徐文龙到会祝贺。园区职工代表及驻园企业代表先后发言。市、区相关部门领导、媒体记者及园区周边社会单位、园区职工等近400人参加会议。

(李佐娟)

【吴选辉当选绿色中国年度人物】 6月12日，原北京市朝阳循环经济产业园管理中心主任吴选辉当选由中央宣传部、全国人大环资委会、全国政协人口资源环境委员会等部门共同举办的"2010－2011绿色中国年度人物"。"绿色中国年度人物"评选活动始于2005年，旨在通过树立绿色环保典范，鼓励包括学术、文艺、传媒、民间各界在内的一切力量，为落实科学发展观，建设生态文明和资源节约型、环境友好型社会而努力奋斗。此届评选对象是2010、2011两年中，在国家环保公益事业中做出巨大贡献，并产生广泛影响的中国公民或外籍人士。评选内容和标准包括公益、行为和影响等。

(李佐娟)

【垃圾焚烧发电厂通过综合评估】 8月20日，组织完成高安屯垃圾焚烧发电厂生产运行、组织管理和财务管理综合评估工作。

(李佐娟)

【环境监测与监控系统一期工程竣工】 8月26日，园区环境监测与监控系统一期工程竣工并通过验收投入使用，形成安全监控、环境监测、办公系统、网络四大平台。

(李佐娟)

【获绿色中国2012杰出环保企业奖】 11月29日，由联合国环境规划基金会、内地及港澳台环境保护协会联合主办的绿色中国2012环保成就奖评选活动结果揭晓，朝阳循环经济产业园获绿色中国2012杰出环境保护企业奖。

(李佐娟)

【《国家循环经济教育示范基地实施方案》复审】 12月7日，《国家循环经济教育示范基地实施方案》复审会在园区管理中心召开，国家发改委资源节约和环境保护司副司长马荣率评审专家及国家、市发改委相关领导9人，对园区申报"2012年国家循环经济教育示范基地"进行复审。评审团成员实地考察园区垃圾处理设施、填埋气发电并网项目及雨水回收利用系统，听取《国家循环经济教育示范基地实施方案》汇报，评审团成员一致认为园区硬件设施完备、管理规范、接待能力较强，在生活垃圾等废弃物无害化处理及资源化利用方面意义重大，有较强的教育示范作用，是一座有特色、符合循环经济理念的园区。

(李佐娟)

【课题验收】 年内，"北京市朝阳循环经济产业园垃圾处理设施对周边环境的影响分析及环境风险性评价"和"生活垃圾填埋场渗滤液高效脱氮和膜浓缩液处理关键技术开发"两课题通过区科委验收。课题研究成果为园区设施运行和监管提供了重要理论依据和数据支持，为渗沥液车间运行参数优化及确定浓缩液处理方案提供了重要依据。

(李佐娟)

【对外开放接待】 年内，完成接待383批次，9152人次，接待日194天。其中，党政机关调研127批次，2658人次；中外媒体29批次，97人次；国际交流访问21批次，206人次；同行业及社会单位参观交流125批次，1609人次；学校师生团体34批次，1152人次；居民及"垃圾文明一日游"参观47批次，3430人次。

(李佐娟)

【国际业务交流】 年内，接待韩国、印度、巴西、德国等22个国家和地区的环保企业(组织)到园区参观交流，加强相互间了解，开展行业互利交流合作。

(李佐娟)

【设施运行】 年内，高安屯卫生填埋场在北京市同行业检查评比中，连续9个月获得满分。高安屯垃圾焚烧发电厂在市级考评中，全年平均成绩在99分以上，处于同行业领先水平。

(李佐娟)

【媒体报道】 年内，《中国质量报》、《中国环境报》、《科技潮》等报纸杂志对园区做专题报道；中央电视台、北京电视台等拍摄专题片，《北京您早》专题报道园区设施及管理情况；公交移动新媒体拍摄《创新之路》宣传片，滚动播放园区垃圾处理设施情况。

(李佐娟)

科技　教育

科　　技

【概况】　朝阳区科学技术委员会(简称区科委)是区政府主管全区科技工作的综合职能部门。区知识产权局与区科委合署办公,负责朝阳区知识产权保护组织协调和专利工作。设办公室,综合科,计划管理科,高新产业科。编制17人,其中行政编16人,工勤编1人。下设朝阳区生产力促进中心和朝阳区知识产权服务中心两个事业单位,编制分别为6人。年内,全区技术交易额382.2亿元;专利申请量21088件,授权量9993件。区知识产权局获全国专利系统先进集体称号。区科委获评"2012年北京市科学技术普及工作先进集体"。

地址:朝阳区日坛北街33号
邮编:100020
电话:65099678 65099677(fax)
电子邮箱:kewei0001@yahoo.com.cn

(李小骏)

【获全国专利系统先进集体】　1月5日,区知识产权局获全国专利系统先进集体称号。

(李小骏)

【北京技术市场金桥奖】　1月10日,区内8家单位获得第13届北京技术市场金桥奖。分别为:中色地科矿产勘查股份有限公司、朝阳区生产力促进中心、中科宇图天下科技有限公司、北京索为高科系统技术有限公司、中国航空工业集团公司北京航空制造工程研究所、中国煤炭科学研究总院、北京天立环保工程股份有限公司、北京工业大学。

(李小骏)

【科普统计工作】　1月至2月,完成全区2011年科普统计数据的收集、汇总、录入工作。统计结果显示,2011年全区有科普人员3727人,科普经费筹集额12085.99万元,科普场馆21个,非场馆科普基地41个,出版科普图书38种,年出版总数23600册,发放科普读物和资料380万余份,全年举办科普(技)讲座11578次,参加人数68万人次。

(李小骏)

【科技人才政策培训】　3月5日,召开科技人才政策培训会。培训内容:人才引进、人才测评、解决夫妻两地分居、科技北京领军人才、北京市科技新星计划、人才培养工程的申报条件及程序。区内20余家高新技术企业相关负责人参加培训。

(李小骏)

【科技课题验收】　3月6日,市科委绿色通道课题"朝阳区生活垃圾分类体系的研究与示范"课题通过市科委验收。8月30日,2011年度市科委区县科技专项课题"朝阳区新型农村科技服务体系建设及都市农业设施栽培关键技术集成与示范"课题通过市科委验收。该课题由区科委、区生产力促进中心、区种养中心和派得伟业科技公司等单位共同完成。

(李小骏)

【科技工作会】　3月8日,在蟹岛度假村召开2012年朝阳区科技工作会。会议总结2011年科技工作,部署2012年任务;颁发2011年朝阳区企业研发投入资助计划项目证书;为专利成果转化示范单位授牌;现场解答朝阳区2012年科技计划(知识产权)项目申报工作相关问题,讲解技术合同登记政策;区内高新技术企业代表——北京天立环保工程股份有限公司董事长王立品、科技人才代表全维智码信息技术(北京)有限公司董事长张涛发言。

(李小骏)

【领导调研】　4月19日,科技部部长万钢、市委常委赵凤桐、副市长苟仲文一行到朝阳区高安屯电动汽车充换电站,调研新能源汽车示范运行情况。万钢一行听取工作汇报,参观换电流水线布局及纯电动环卫车、乘用车的充换电过程。10月11日,市科委主任闫傲霜、副主任伍建民,中关村管委会副主任杨建华、周国林等一行到朝阳区调研,分别参观高新技术企业——精进电动科技公司研发中心和中启创科技公司数字出版云体验中心。闫傲霜讲话指出：朝阳区要利用优势资源，鼓励区域内企业在竞争中寻找合作伙伴，促进科技成果聚集和转化。要利用中科院科技资源，着重抓好1-2个核心产业，形成有区域特色的创新体系，市科委将在创新体系建设上给予资金支持。杨建华表示，继续支持朝阳区科技项目与市级项目对接，希望朝阳区发挥国际化优势，抓住机遇，更好发展。

（李小骏）

【知识产权宣传周活动】 4月20日，在望京科技园举行主题为“培育知识产权文化，促进社会创新发展”的“朝阳区‘4·26’知识产权宣传周启动仪式”。市知识产权局副巡视员付晓辉出席仪式。区知识产权联席会议成员单位、区知识产权顾问团成员、专利服务机构代表、知识产权志愿者代表、部分专利试点单位主管领导、区内重点企业知识产权工作负责人等120余人参加活动。区知识产权局局长王先勇、副局长高连顺分别介绍2011年朝阳区知识产权工作情况和“宣传周”活动内容；相关市、区领导向区内8家北京市专利试点单位代表颁发证书，并向社区代表赠送知识产权宣传品；朝阳区知识产权志愿者代表发起“知识产权保护，从我做起”倡议。启动仪式后，在望京科技园举办朝阳区知识产权知识竞赛，来自区内高校、社区和企业的18支代表队参赛。惠河西里社区代表队、北京信息科技大学代表队和北京中电华大电子设计有限责任公司代表队分获社区组、高校组、企业组第一名。“宣传周”期间，区科委还组织了文化创意企业知识产权沙龙、知识产权案件庭审旁听活动。

（李小骏）

【世界知识产权日活动】 4月26日（第12个世界知识产权日），在蓝色港湾国际商区中央广场举行主题为“商标驱动价值，品牌筑赢未来”的朝阳区全面推行商标授权经营制度现场会。市工商局、工商朝阳分局、区知识产权局、区文化委、区商务委及朝阳区重点商业企业代表100余人参加活动。

（李小骏）

【获评市级先进】 5月2日，区科委获评“2012年北京市科学技术普及工作先进集体”，区科协副主席姚树强、来广营乡副乡长韩潮获评“2012年北京市科学技术普及工作先进个人”。

（李小骏）

【科普电影周活动】 5月19日至25日为第18届北京科普电影周。区科委组织创新型科普社区开展科普电影巡映活动，在各街乡放映电影150场次，观众约12000人次。

（李小骏）

【科技周活动】 5月22日，组织北京联合大学、中华女子学院、电子科技职业学院、北京青年政治学院的600余名师生在全国农业展览馆新馆参加北京科技周现场活动。

（李小骏）

【技术合同登记培训】 7月10日，联合北京市技术市场、市科委，组织召开技术合同登记培训暨首都科技条件平台朝阳工作站推介会。区内技术合同登记重点企业、新认定高新技术企业、科研院所、首都科技条件平台朝阳工作站成员等单位170余名科技工作负责人参加培训。

（李小骏）

【首都科技条件平台】 11月13日至14日，联合北京工业大学共同举办首都科技条件平台朝阳工作站与北京工业大学研发实验服务基地对接交流会。北京工业大学软件学院、建工学院、环能学院、电控学的专家，中铁十六局、全维智码、释码大华等20余家企业负责人参加会议并座谈交流，初步达成合作意向近10项。

（李小骏）

【入围2012年度市级孵化器】 年内，区科委推荐的3家孵化器入围2012年度市科委支持的北京市级孵化器和大学科技园专项项目。分别是：北京牡丹科技孵化器有限公司、北京瀚海博智科技孵化器有限公司和北京望京科技孵化服务有限公司。

（李小骏）

【获市科学技术奖】 年内，区科委74个项目获2010年度、2011年度北京市科学技术奖，占申报总数的18%。其中一等奖15个，二等奖14个，三等奖45个。获奖成果中，区科委推荐的6个项目获市科委表彰。其中二等奖2项，三等奖4项。分别是：北京第七九七音响股份有限公司的“天安门城楼及周边地区扩声系统”项目、北京世纪国瑞环境工程技术有限公司的“城市粪便处理工艺及成套设备技术”项目、北京航空制造工程研究所的“军用宽幅铝合金船板搅拌摩擦焊制造装备和技术研究”项目、中国科学院动物研究所的“心力衰竭的分子机制研究”项目、北京超图软件股份有限公司的“面向服务的数字城市地理信息共享平台”项目、信诺美（北京）精细化工有限公司的“SHOP法生产α-烯烃的环保高效催化剂的产业化研究”项目。

（李小骏）

【知识产权质押贷款】 年内，区内19家北京市专利试点单位及中小型科技企业通过银行知识产权贷款，贷款总额5.04亿元。其中，知识产权质押贷款累计2.98亿元，2012年对正常还贷并符合资助条件的8家中小型科技企业，区财政予以贴息资助159.575万元。

（李小骏）

【资助技术标准制（修）订】 年内，联合区质监局开展技术标准制（修）订资助评审工作，区科委确定资助19家单位（区内北京市专利试点单位，科研院所，高新技术企业，其他科技企业)的41项技术标准。其中,国际标准1项,国家标准20项,行业标准14项,地方标准6项,资助总额303万元。

(李小骏)

【专利资助及奖励】 年内,受理专利资助奖励申报4339件,受理量比上年增长58.7%。为144家单位、31名个人兑现专利资助奖励金370.6万元,资助额比上年增长39.2%。

(李小骏)

【专利试点单位】 年内,新增市级专利试点单位22家,协助市知识产权局累计认定朝阳区122家专利试点企业。

(李小骏)

【专利申请和授权】 年内,朝阳区专利申请量21088件(其中发明专利占56%),比上年增长28%;专利授权量9993件(其中发明专利占37%),比上年增长27%;PCT专利申请881件。企业作为技术创新主体,专利申请和授权均占朝阳区总量的63%。

(李小骏)

【高新技术企业认定】 年内,全区高新技术企业认定申报企业79家,75家通过市科委评审并公示,通过率94.9%。75家企业中,园区外企业54家,电子城科技园区企业21家。截至年底,区内高新技术企业764家。其中园区外企业346家,电子城科技园区企业418家。

(李小骏)

【市优秀创新型科普社区】 年内,来广营乡茉藜园社区、小关街道惠新北里社区和双井街道富力社区获"北京市优秀创新型科普社区",香河园街道柳芳北里社区获得"北京市优秀创新型科普社区鼓励奖",区科委获得"北京市创新型科普社区考评工作优秀组织奖"。

(李小骏)

【区级科技项目立项】 年内,受理科技计划项目(课题)申报230项,确定立项项目(课题)71项。其中,以"三新"产业为重点的重点企业科技支撑计划和中小企业技术创新计划项目30项,安排科技经费1000万元,项目单位配套研发经费8340万元;社会发展与可持续促进计划项目41项,安排科技经费600万元,项目单位配套经费1800万元。

(李小骏)

【市级以上科技项目】 年内,北京强进科技有限公司的"太阳能光热转化选择性吸收材料"等4家企业的科技项目被认定为2012年国家重点新产品。"有声书出版发行关键技术攻关及产业化"等4个项目被列入文化与科技融合专项,获市科委400万资金支持。"农产品流通体系中食品安全关键控制技术研究与使用"项目列入市科委绿色通道项目,获400万元市级科技资金支持。"朝阳区典型区域PM2.5监测系统建设及监测数据分析"获区县科技基础专项180万元资金支持,"电动汽车电动助力转向系统研制及整车集成应用研究"项目获市科委"新能源汽车关键零部件技术研究"专项资助,资助金额300万元。

(李小骏)

【科技人才】 年内,出台《关于加强科技人才队伍建设的意见》,建立由487人组成的朝阳区科技人才骨干库。6人次分别获国家千人计划、北京海聚工程、市委组织部人才培养资助、区凤凰计划、人才表彰奖励等奖项,4家单位分获区人才团队及创业项目、人才工作先进单位等支持。

(李小骏)

教　　育

【概况】 朝阳区教育委员会(简称区教委)是区政府主管教育工作的职能机构。区委教育工作委员会(简称区教工委)是区委负责全区教育系统党的建设、思想政治工作和干部教育管理工作的派出机构,与区教委合署办公。年内,教育经费总投入708730万元,教育财政拨款609106万元,比上年增加140107万元,增长29.87%,高于财政经常性收入增长20.87%,生均教育事业费支出30843元,比上年增加6166元;生均公用经费15634元,比上年增加1559元。预算内教育经费支出(含城市附加)715417万元,占财政支出2751023万元的26.01%,比上年提高0.01个百分点。改扩建学校设施及修缮投入147919万元,设备购置投入47168万元。固定资产总额764452万元,校舍总占地面积5237859.82平方米,总建筑面积2655768.96平方米,学校图书馆藏书860万册。中小学占地面积3668174.3平方米、建筑面积2083865.9平方米,图书馆(室)藏书773.58万册,固定资产598488万元。全年教育经费投入554716万元,其中,国家拨款498153万元、自筹经费56563万元。小学128所(不包括25所一贯制学校),其中教育部门办124所。班级数3348个。全区小学招生21780人,毕业生13221人。在校生正式生42743人,借读生57477人;教职工7241人,其中专任教师6553人。小学入学率100%,巩固率100%,毕业率99.76%。民办中小学19所,班级数800个。完小招生

3574人，毕业2432人，在校正式生15148人，借读生3119人。打工子弟学校（未批自办校）18所，班数2269个，在校生11811人。特教学校、小学附设特教班7所，在校学生数268人，教职工79人，专任教师79人。残疾儿童入学率100%，巩固率100%。民族学校4所，在校正式生649人，借读生1792人，正式生中少数民族学生数285人，占43.91%，教职工220人，少数民族教职工34人。中学81所（公办70所、民办11所；初中31所、完中16所、高中2所、一贯制学校32所）。毕业14206人（初中9482人、高中4724人），招生20679人（初中15381人、高中5298人），在校生55458人（初中39170人、高中16288人）。初中入学率100%，巩固率100%，毕业及格率99.91%，应届毕业生高考本科上线率82.68%，教职工9091人，其中，专任教师7246人。校外教育单位7个，教职工158人，其中，专任教师115人。中小学特级教师（含引进未认定）78人（小学8人，中学70人）。高级专业技术职务教师1602人（小学75人，中学1527人）。幼儿园186所，其中区教委直属幼儿园33所、单位办园61所、部队办园6所、民办园86所。离园幼儿11109人，入园18704人，在园人数56171人，入园率93%。教职工10448人，其中专任教师5573人。年内，市、区财政投资33863万元改善幼儿园办园条件，扩班56个，增加625个学位。区内北京市示范性幼儿园10所，北京市一级一类园88所，二级一类园1所，一级二类园20所，二级二类园19所。北京市社区早教基地70个。职业教育学校5所。国家级重点学校3所，即北京市劲松职高、北京市电气工程学校、北京市求实职业学校。毕业3203人，招生3305人，在校生9706人，社会培训2万余人。教职工1062人，其中，专任教师768人。专任教师中高级专业技术职务220人，市级学科带头人5人，市级骨干教师18人，区级学科带头人5人，区级骨干教师22人。学校占地面积46.99万平方米、建筑面积27.8万平方米。全区成人教育中等专业学校1所，开设专业1个，在校生94人，其中，中专94人。开设短期培训班62个，培训5046人。固定资产总值34173万元。全年教育经费投入78960万元，其中，国家拨款76222万元，自筹经费2738万元。成人学校（职工大学）占地面积3.4万平方米，总建筑面积2.7万平方米，使用面积2.03万平方米。图书室藏书7.6万册。固定资产总值4904.17万元。全年教育经费总投入4652.14万元，其中，国家拨款3053.45万元；自筹经费1598.69万元。

地址：石佛营西里2号
电话：85851086
邮编：100025
网址：zw.bjchyedu.cn

（赵　光）

【区领导调研】　2月17日，区委常委、组织部部长张革，副区长张立新到教委调研朝阳区“十二五”民生十大工程之首——“教育质量提升工程”进展情况。张立新指出，“教育质量提升工程”要围绕“质量”、“提升”两个关键环节深化认识，针对难点、瓶颈问题加大协调推进力度。张革强调，要深入研究“教育质量”、“办人民满意教育”内涵意义，加强对教师职业发展的研究和指导，把师德建设放在突出位置，加强师资队伍建设；聚集、调动各方面智力资源帮助朝阳教育发展；重视校园安全工作，做到有制度、有措施、有规划。

（黄阳艳）

【基础教育体系工作会】　2月22日，朝阳区召开优质均衡基础教育体系建设工作推进会，讨论《构建朝阳区优质均衡开放多元现代基础教育体系》项目研究情况、朝阳各个主体功能区的存在形态及教育特色发展方向、创新发展教育模式行动策略等内容，部署优质均衡基础教育体系建设工作。

（黄阳艳）

【“一校一策”工作】　2月22日，区教委主任孙其军主持召开“一校一策”专题工作会（“一校一策”，即针对新建学校的“一校一方案、一校一政策”支持策略），确定新建校办学定位和三年整体规划，形成针对性配套支持方案，支持学校特色化发展。年内，全区有20所“一校一策”学校。

（石　淳）

【合作办学】　2月24日，区教委与北京新教育研究院举行合作办学签约仪式。协议约定：朝阳区教委委托北京新教育研究院在常营地区承办北京市新教育实验学校，学校性质为9年一贯制公办学校。4月10日，区教委与北京师范大学、北京市三帆中学签署合作办学协议，确定创办北京师范大学三帆中学朝阳学校。三帆中学朝阳学校为大西洋新城小区配套9年制学校，占地面积20769平方米，建筑面积20271平方米，36个教学班。为全额拨款事业单位。2012年9月开学，招收小学一年级和初中一年级共7个班。三帆中学隶属于北京师范大学，是北京市优质初中校。

（赵　光）

【“读书与做人”主题报告】　2月28日，著名华裔数学家、数学界最高荣誉菲尔兹奖得主、哈佛大学终身教授、清华大学数学科学中心主任丘成桐院士到清华附中朝阳学校，作“读书与做人”主题报告。

（王建平）

【用行动续写雷锋日记】　3月2日，在朝师附小太阳星城校区召开由市教委主办，朝阳区教委、朝师附小承办的“用行动续写雷锋日记，践行北京精神”主题教育活动。活动展示了朝师附小弘扬雷锋精神、开展学生教育活动的探索与实践。

(梁　赛)

【素质教育重点工程启动会】 3月12日,区教委召开"北京市朝阳区素质教育重点工程启动会暨2012年小学校长工作会"。教研中心小教研主任高萍解读《朝阳区小学生学习习惯培养工程实施方案》,并围绕"把握科学方法,提质减负"说明本学期小教研重点工作。小教科科长曾广华解读《朝阳区教育系统未成年人思想道德建设工程实施方案》、《朝阳区中小学生心理健康关爱工程实施方案》,并通报2012年小学教育教学重点工作。近200名小学校长参加会议。

(张丽娟)

【中小学城乡一体化建设】 3月16日,举行朝阳区中小学城乡一体化建设启动会暨"发展共同体"签约仪式。7所中学市级示范校与14所农村中学、7所小学区级示范校与7所农村小学在城乡学校发展共同体合作协议上签字。八十中学与温榆河双语学校;陈经纶中学与黑庄户中学、民族学校;日坛中学与七十一中;十七中学与豆各庄中学、楼梓庄中学;朝师附小与大黄庄小学;白家庄小学与八里桥小学结成发展共同体。共同体目标:以"平等,互动、共赢"为价值取向,以提升办学质量为核心,以队伍建设为引领,以课堂改革为突破,以学生素质提升为重点,促进学校共同发展。

(陈　宇　赵　光)

【交流合作】 3月23日,区教委在八十中学与加拿大不列颠哥伦比亚省(BC省)教育行政官员代表团会晤,并与BC省素里教育局签订合作意向书。合作内容:①高层教育行政管理人员、校长的互访交流及培训项目;②学校间的师生交流、交换生项目;③包括国际资质证书培训在内的英语教师培训及其他教师的互访交流;④在素里地区建立孔子课堂;⑤联合加方学校在朝阳区开设中外合作办学项目;⑥其他学术研讨交流。素里教育局是BC省最大的教育局,现有中小学校120所,学生超过7万人,教职工4000人,另设有职业教育培训机构及素里学院。2010—2012年,朝阳区与加拿大、美国、澳大利亚等6个国家相关地区的教育行政部门分别建立了交流合作关系。

(高　峰)

【农村学校教师培训项目】 3月29日,启动"十二五"朝阳区农村学校教师专项培训助力项目。该项目旨在通过构建支持农村学校校本培训的各项管理机制,开发校本培训管理工具和支持性课程,构建区域校本培训的网络平台和培训资源库,促进农村学校校本培训能力提升,解决农村学校干部教师可持续发展的动力、策略等问题。该项目培训方式为组建指导片组,每个指导片组有固定的指导团队,每个片组内包含若干农村学校,保证每一所农村学校有固定的培训联络系统。

(耿　健)

【职高职业能力培养工程启动】 3月30日,区教委召开职业高中学生职业能力培养工程启动会。119中学与求实职业学校合作,高一年级开设《职业生涯规划》研学课,高二年级开设茶艺、表演、书法等选修课,学生可根据个人兴趣选择课程。在启动会上,还举办了高中学生人生规划家长专题讲座。

(王　清)

【体育设施向社会开放先进单位】 3月,市体育局、市财政局、市教委评出全市100所学校为"北京市学校体育设施向社会开放先进单位",并予以表彰、奖励。朝阳区首批有83所学校体育设施向社会开放,12所学校获奖。其中,兴隆小学获一等奖;南湖东园小学、求实职业学校获二等奖;劲松三小、豆各庄中学、国美家园小学、十八里店小学、朝阳实验小学、白家庄小学、花家地实验小学、南湖中园小学、管庄中心小学获三等奖。

(鲍国栋)

【基层组织建设年动员部署会】 4月5日,区教委首次采用视频会议形式,召开"朝阳区教育系统开展基层组织建设年工作动员部署会"。区教工委副书记董健动员并部署教育系统基层党组织分类定级工作。区教工委书记周炜阐述开展基层组织建设年活动的意义并提出要求。区教委主任孙其军、教工委书记周炜、区政府教育督导室主任滕国清等出席主会场会议,各基层单位党支部在270个分会场参加会议。

(赵　光)

【"十二五"规划课题发布会】 4月6日,在蟹岛举行朝阳区"十二五规划立项课题发布会"。第一批来自全区中学、小学、幼儿园、职业高中和直属的100家单位的240项课题,经区教委审议通过。课题涉及学校管理、教育教学、德育心理、学前教育、职业教育等13个领域。区教委投入450万元为课题提供经费资助。

(赵艳玲)

【第五届中国儿童阅读日活动】 4月6日,区教委在南湖中园小学召开朝阳区第五届中国儿童阅读日活动,主题为"儿童阅读:从积累到表达"。中国少年儿童新闻出版总社向全区小学捐赠图书。著名作家、剧作家,现中国电影集团编剧、中国作家协会儿童文学委员会副主任张之路作主题讲座;南湖中园小学、酒仙桥中心小学、北皋小学、高家园小学、北苑小学等400余名师生参加活动。

(张丽娟)

【身边的好学校】 4月6日,三里屯一中、望京实验学校、首师实验学校、东方德才学校、教科院附中、高家园中学6所初中被评为"身边的好学校"。此活动由教育部基教一司和市教委基教一处组织。海淀、朝阳、东城、西城、丰台5个区的60所中小学被列为“身边的好学校”重点宣传单位。

（苏纪玲）

【推进义务教育均衡发展论坛】 4月8日至9日，举办“全国推进义务教育均衡发展论坛”暨“义务教育均衡发展下的学区化管理、学校创新机制及特色学校观摩活动”。活动由教育部小学校长培训中心、《辅导员》（教学研究）编辑部主办，朝阳区垂杨柳学区、劲松第三小学承办。垂杨柳学区管委会主任、劲松第三小学校长钟亚利作《学区管理创新视野下义务教育均衡发展的实践探索》专题报告。教育部基础教育课程教材发展中心常务副主任曹志祥，教育部小学校长培训中心副主任、北京师范大学校长培训学院院长陈锁明，朝阳区教工委书记周炜、区政府教育督导室主任滕国清、区教工委副书记董健等出席会议。山东、河北、吉林、内蒙古等省（自治区）教育部门的相关人员围绕义务教育均衡发展的理念、特色及做法展开研讨。全国各地300余位中、小学校长参加活动。

（黄阳艳）

【教师健康体检项目启动】 4月18日，区教工委、教委在区第二医院举行朝阳区教师健康体检启动仪式。年内，区教工委、教委出台并下发《关于在教育系统实施“园丁幸福工程”的意见》，统一部署全区教师体检工作。

（王明洁）

【首批环保小卫士】 4月19日，启动《北京市“十二五”节能减排全民行动》。活动由市教委、市发展和改革委主办，北京教育科学研究院、北京节能环保中心及北京广播电台承办。朝阳区陈经纶中学、八十中学、白家庄小学、朝阳实验小学4所学校的8位同学被评为首批节能减排小先锋，并作为全市中小学生代表上台接受市领导赠书与授旗，白家庄小学的环保服装创意秀参加演出。

（教研中心）

【家庭教育指导】 4月，区教委召开“关于进一步加强家庭教育工作的意见”研讨会，采取八项措施加强家庭教育工作。①成立朝阳区教委家庭教育指导工作小组，将家庭教育纳入社区教育公共服务体系，列入教育发展规划，建立和完善家庭教育管理体系；②定期培训中小学校长、德育主管、教师、家长，建设家庭教育骨干队伍，构建覆盖全区未成年人的家庭教育指导体系和网络；③组织编写系列家庭教育指导手册，构建适合朝阳区儿童特点的家庭教育内容体系；④整合优质家庭教育资源，建设朝阳区家庭教育指导专家资源库，为学校开展家庭教育工作提供智力支持；⑤利用信息技术优势，试点使用家庭教育指导短信息“即时通”，为家长提供即时指导；⑥建设家庭教育网络学习平台，各学校普遍建立家长学校，建立和完善区、校两级家长委员会；⑦建立家庭教育表彰奖励机制，树立家庭教育先进典型，弘扬家庭道德教育主旋律；⑧对特殊儿童、特殊家庭加强教育指导，满足个性化需求。

（杨 帆）

【全国五四红旗团委】 5月3日，朝阳区陈经纶中学被共青团中央授予2011年度“全国五四红旗团委”称号。年内，全国有5所中学获此称号，陈经纶中学是北京市唯一一所获奖中学。

（程木昌）

【“红领巾在行动”主题大队会】 5月8日，在慧忠北里第二小学召开“续写雷锋日记 践行北京精神——红领巾在行动”主题大队会。活动由区教育少工委、安贞里学区、酒仙桥学区联合主办。朝阳区少先队系统通过“少先队志愿行动”、“少先队环保行动”等形式，开展“续写雷锋日记 践行北京精神”活动，为雷锋精神赋予新时代内涵。

（邢丽国）

【首批市民终身教育服务中心】 5月9日，区教委召开首批市民终身教育服务中心研讨会，确定求实职高、劲松职高、东方职业学校、垂杨柳教辅中心、酒仙桥教辅中心、香河园少年之家、区农村人才培训中心7家单位为首批市民终身教育服务中心。市民终身教育服务中心主要职能：①为街乡提供公益性“菜单＋订单”课程服务，满足居民学习需求；②发挥教育资源优势，为街乡社区教育教材建设、品牌建设以及学习型社区创建工作提供支持与服务；③研究、探索建立居民学习成果认证制度，激发居民学习兴趣，树立终身学习理念。

（韩 斌）

【青年教师大讲堂开讲】 5月13日，美国卡内基训练资深讲师杨晓作客区教育系统“青年教师大讲堂”，在陈经纶中学作“成就优质化亲子沟通”讲座。“青年教师大讲堂”由区团教工委主办，旨在开阔青年教师视野，提升青年教师个人综合素质。大讲堂活动每月定期开讲。

（郭伶俐）

【中华文化国际学校传播行动】 5月17日，区教委组织加拿大国际学校139名学生和三里屯小学109名学生，在区幸福村教辅中心开展“中华文化国际学校传播行动”。这是区教委推动区域教育国际化发展的对外汉语推广活动，旨在为中外学生搭建交流展示平台，为国际学校的外国学生学习中华文化提供优质学习资源。

（黄宇伦）

【“六五”普法启动大会】 5月21日，区教委召开“六五”普法启动大会，宣传贯彻《朝阳区教育系统法制宣传教育第六个五年规划（2011－2015年）》，并启动“青春船长 法治启航”活动。活动聘请朝阳区法院法官钟蔚莉担任区教育系统法制宣传教育形象大使,并颁发聘书;学生代表向全区学生发出“争做法制宣传教育小使者”倡议;会上还展示了朝阳区教育系统法制宣传教育卡通形象。全区各中小学、学区、幼儿园、直属单位书记、校长及主管法制工作的负责人,法制课教师代表等300余人参加会议。

(苗世雄)

【中小学生心理健康关爱行动】 5月25日,在北京第十七中学百子湾校区举行“传递、关爱、共享、幸福”朝阳区中小学生心理健康关爱主题活动,朝阳区中小学生心理健康教育网也于同日面向全区中小学生开通。朝阳区中小学生心理健康关爱工程总体目标:三年内,建立区域性以发展性评价为核心的心理健康促进教育体系,实现朝阳区心理健康促进工作专业化、系统化,促进中小学生心理健康教育决策和管理现代化;建设心理健康教师专业化队伍,全面提升中小学教师的心理健康促进能力;建立朝阳区中小学生和教师的心理健康状况与教育能力检测体系;搭建面向学校、教师、家长的心理健康教育观念和方法的传播平台;形成朝阳区特色心理健康支持体系,提升朝阳区中小学教师和学生心理健康水平,增强健康教育的社会认可度和师生生活满意度。

(黄阳艳)

【首个街乡家长课堂】 5月26日,在平房地区启动朝阳区首个街乡家长课堂。课堂针对儿童、家长共同关心的问题,面向地区0-6岁儿童家长,设置“科学的家庭教育观念及父母的角色定位”等21个课程,定期免费为家长开展实用性家庭教育指导。

(韩 斌)

【赵凤桐与小朋友共度儿童节】 6月1日,市委常委、市教工委书记赵凤桐到朝阳区春宇凤凰苑幼儿园,代表市教工委、市教委向小朋友表示节日祝贺,并慰问幼教工作者。市教工委常务副书记刘建,市教委副主任何劲松,朝阳区区长程连元,区委常委、组织部部长张革,副区长张立新,区教委主任孙其军等一同慰问。

(王驭田)

【中小学传染病早期预警监测】 6月1日起,朝阳区297所中小学校及民办学校试行学校传染病早期预警监测网络直报工作。监测工作可为早发现、早报告、早控制学校传染病疫情和突发公共卫生事件提供准确、可靠的早期症状及数据,有利于控制及处理疫情。

(冯秀琦)

【未批自办学校规范管理】 6月6日,区教委、区农委召开“朝阳区未批自办学校2012年度规范管理工作会”,从3个方面规范管理自办学校:①相关地区办事处研究制定自办学校关停方案,于6月13日前向区、市政府上报区域内自办学校情况及解决方案;②规范管理自办学校过渡期间工作,确保师生安全和区域稳定;③关停过程中细化工作方案,做好应急预案,关注媒体舆论,加强沟通和信息报送。

(周 滢)

【区政协调研教育国际化】 6月11日,区政协主席辛燕琴一行17人调研区域教育国际化发展工作。区教委副主任刘丽彬陪同调研并汇报区域教育国际化发展及职业教育发展工作。辛燕琴一行先后参观并调研了北京京西学校及劲松职高的烹饪、美容美发等专业,并与京西学校校长安杰夫、副校长费聪交流工作。

(黄宇伦)

【教育部关工委调研】 6月11日,教育部关心下一代发展工作委员会常务副主任、社区教育中心主任孙成华带队,在市教育系统关工委常务副主任籍之伟陪同下,到朝阳区教育系统关工委调研社区教育工作开展情况。朝阳区教育系统关工委就朝阳区社区教育工作整体情况,关工委在社区教育工作中的作用,基层关工委工作小组及志愿者工作做汇报。

(赵 光)

【成立首届家长委员会】 6月21日,朝阳区首届家长委员会成立。由朝阳区不同类型学校选聘的21名家长代表组成(其中:中学7人、小学9人、职高2人、幼儿园3人),下设办公室,办公室设在区家庭教育指导中心,负责家长委员会日常管理工作。委员会主要职能:①参与管理,对教育工作计划和重大决策,尤其是与学生和家长切身利益相关的事项提出意见和建议;②参与教育,引导家长发挥专业优势,为教育活动提供支持,带动更多家长关心和支持朝阳教育;③参与宣传,了解家长需求,建立良好家校关系,形成学校、家庭、社会教育合力。区教委家庭教育指导工作小组为21位委员颁发聘书。家长委员会召开第一次工作会,选举产生家长委员会组织机构,讨论并通过《朝阳区教委家长委员会章程》。

(韩 斌)

【校园及周边治安综合治理】 6月27日,朝阳区校园及周边治安综合治理工作会在八十中学(望京校区)召开。副区长张立新传达市校园及周边治安综合治理工作第一次全体扩大会议精神,要求各部门按照市委市政府部署,落实责任,加强协调,通力配合,平稳推进校园周边环境治理工作。区教工委书记周炜部署具体工作并提出突出重点、突出平安校园、突出机制建设要求。十八里店派出所所长岳长广介绍该所探索建立“十个一”工作机制保障校园及周边环境秩序的经验。区公安分局副局长于文科就深入开展校园及周边安全防控工作提出要求。区综治委校园及周边治安综合治理工作专项组各成员单位及相关街乡领导，区公安分局有关处室、各派出所相关领导，全区各中小学校长、幼儿园园长及直属单位负责人等参加会议。

（李　成）

【社区教育专项展获奖】 6月27日至29日，区教委参加在天津市海河教育园区举办的2012年全国职业院校学生技能作品展洽会。会议由教育部职业教育与成人教育司主办，主题为“展示职成教成果，喜迎十八大召开”。区教委代表北京市参加社区教育专项展。经专家组现场评审，北京市社区教育专项展共获23个奖项，其中朝阳区有15个奖项。

（韩　斌）

【义务教育均衡发展督导评估】 7月4日至5日，市教工委副书记、市政府教育督导室主任线联平率督导评估组，对朝阳区义务教育均衡发展情况进行督导评估。市政府教育督导室副主任李壑等30余人和专家参加督导评估工作。副区长苑文新代表区政府做《健全发展机制 服务民生幸福，全面促进义务教育均衡发展》工作汇报。督导评估组通过观看专题片、分组座谈、下校检查、查阅档案等方式了解朝阳区推进义务教育均衡发展情况。区发改委、区财政局等10个委办局的主管领导，部分区人大代表、政协委员，区教工委、教委、教育督导室相关人员及部分中小学校长出席会议。

（赵　光）

【学校更名】 7月6日，北京市朝阳区管庄中心小学更名为北京市朝阳区第二实验小学。该校是区教委直属小学，包括中建院校区、建东苑校区和北辰福第校区，属全额拨款事业单位。

（赵　光）

【定福庄二小获奖】 7月，定福庄第二小学参加在广州市举行的“2012年全国青少年无线电测向、无线电通信、电子制作锦标赛”，获短波机上抓抄团体冠军、卫星通信团体亚军、对讲机通信团体亚军、体育道德风尚奖；11名同学获2枚金牌、4枚银牌、8枚铜牌。该赛事由国家体育总局、教育部、中国科协、共青团中央和全国妇联等五部委联合主办，全国20余个省、自治区、直辖市的3200余名青少年参赛。

（陈希思）

【全国大赛语言类金奖】 8月25日，由北京广播电台主办的第四届全国青少年外语艺术大赛总决赛在丰台青少年剧场举行。50余名全国各地选手参加总决赛。芳草地国际学校富力分校的英语情景剧《新狐假虎威》获英语大赛小学组金奖。

（张　宏）

【大讲堂开讲】 9月5日，区教育系统“大讲堂”以视频形式，邀请中国社科院美国所国际问题专家张国庆教授，作“东海问题及中国政府应对”专题讲座，区教育系统226家单位的3300名教职工通过视频观看讲座。

（赵　光）

【千课下基层进社区】 9月5日，区教委启动“千课下基层进社区”工作培训会。“千课下基层进社区”活动是区教委推进社区教育工作的举措，旨在整合教育资源，满足辖区居民多样化文化需求，提升居民整体素质。从9月份开始，市民终身教育服务中心向社区居民免费派送心理健康、和谐家庭、保健养生、国画、插花、茶艺等社区教育课程。朝阳社区学院及首批7所市民终身教育服务中心与43个街乡进行工作对接。

（韩　斌）

【“教师节”庆祝大会】 9月9日，朝阳区举行“迎着朝阳歌唱——2012年教师节庆祝大会”。会上，首次评选朝阳区教育特殊贡献奖、朝阳区人民教师奖和朝阳区教育突出贡献奖，43名教师获奖。星河实验小学校长马芯兰、朝阳外国语学校校长郝又明获朝阳区教育特殊贡献奖，94中孔德英等10位教师获朝阳区人民教师奖，呼家楼中心小学校长马骏等10名校长获朝阳区教育突出贡献奖，陈经纶中学教师张洁等10人获朝阳区人民教师提名奖，北苑中学校长代宝刚等10名校长获朝阳区教育突出贡献提名奖。区委书记程连元代表区委区政府和300余万朝阳人民向全体教师祝贺节日。庆祝大会由庆典仪式、师生情深暖朝阳、桃李芬芳映朝阳、薪火相传共朝阳、“朝阳，幸福放歌”五个篇章组成。在“朝阳，幸福放歌”环节，举办入职宣誓仪式，1100余名新教师宣誓入职。教育部副部长刘利民，全国人大常委、民进中央副主席兼秘书长、中国教育学会副会长朱永新，北京市教委主任姜沛民，北京市教工委常务副书记刘建及区委、区政府相关部门负责人及各界代表8000余人参加大会。

（邓　芳）

【北京精神纳入中小学课程】 9月18日，在朝阳区白家庄小学召开《北京精神》地方课程教材实施推动会，会议由市教委、市基础教研中心主办。白家庄小学成为全市首个将《北京精神》地方课程纳入教学课程的学校。朝阳区所有小学三年级至高中三年级的学生均在课堂上学习北京精神的精髓和内涵。

（赵　光）

【课堂教学质量监测】 9月24日，朝阳区教研中心组织召开“2012年朝阳区课堂教学质量监测工作会”。45位教师受聘成为本学年的“课堂教学质量监测工作专家组成员”。专家组成员采用听课、课堂监测、课堂评价的方式开展课堂教学质量监测工作。

（教研中心）

【青少年第一人生存教育】 9月28日，区教委在北京市第119中学启动中小学生“青少年第一人”生存教育培训项目。该项目由中国社会福利基金会、北京师范大学、朝阳区教委、北京京师惠通教育科技有限公司、三夫户外共同发起。“第一人”的含义是:在灾害及突发事件发生后,掌握正确生存知识完成自救的人,第一时间站出来组织互救。生存教育主要针对青少年户外生存知识及技能,紧急救护知识、自然灾害应对、心理情感教育等方面,开展理论课和户外课结合培训。暑假期间,400名中小学体育教师、8000名新生接受了灾害应急和急救课程培训。119中学、94中、芳草地小学等首批18所中小学成为试点校。

(王 清)

【获北京市人民教师奖】 9月,北京市陈经纶中学教师王苹获北京市人民教师奖。该奖项是北京市教师最高荣誉奖,每四年评选一次,此次10人获奖。王苹,女,48岁,北京市陈经纶中学特级教师,政治教研组组长,朝阳区第十三、十四届人大代表,朝阳区第十二届政协委员,北京市第十一次党代会代表。曾获全国先进工作者、全国优秀中小学德育课教师、全国优秀教师、北京市先进工作者、北京市师德标兵、北京市巾帼之星、北京市金牌教师、北京市中学市级学科带头人、北京市紫禁杯特级奖、2005年感动朝阳十大新闻人物、朝阳区专业技术和管理拔尖人才、朝阳区教育系统年度人物、朝阳区优秀共产党员等荣誉称号。

(邵剑华)

【劳技教育创新作品赛】 9月,沙板庄小学参加在山东省枣庄市举行的“第六届全国中小学劳技教育创新作品邀请赛”,参赛项目“三层双电梯立体停车场”作品获金奖。全国22个省、市、自治区的900余名选手参赛。

(赵 光)

【高级职业能力培训班】 10月11日,朝阳区第一期中小学教师《职业能力指导师》岗位能力培训班开班,25所小学、15所中学、5所职业学校的116名教师参加培训。培训内容:职业演变与职业能力、职业能力指导师的基本任务与角色要求、国外职业能力开发与生涯教育的先进经验、不同学段职业能力与生涯教育目标,信息采集与处理方法,学生素质测评工具,指导学生职业生涯设计的方法,对升学就业环境的洞察和预测方法,职业能力培养与生涯教育途径和方法等课程。培训为期两个月(10月11日至12月8日),共计98学时。

(李 欣)

【健康促进学校工作会】 10月12日,朝阳区教育系统健康促进学校工作总结暨颁牌大会召开,会议宣读了市教委、市卫生局、市红十字会关于《2011年度北京市健康促进学校验收结果的通知》、《2011年获得北京市健康促进学校荣誉称号的学校名单》,北京市十六中学、八里庄中心小学、大黄庄小学等27所中小学获“2011年北京市健康促进学校”称号。截至2012年,朝阳区有141所学校获北京市健康促进学校称号。

(张桂忠)

【十佳校园电视台】 10月12日,由团市委、市少工委等单位主办的庆祝少先队建队63周年主题队会暨“红通社杯”校园传媒大赛颁奖典礼上,北京市润丰学校七彩阳光电视台获“十佳校园电视台”称号。全市215所学校参加活动。

(贺靖棋)

【名师工程班主任工作特色展示】 10月12日,举行朝阳区2012年“名师工程”班主任工作特色展示活动启动仪式。北京市第八十中学班主任王学东作为区教委推出的第一位特色班主任,作“唤醒生命潜能 守望精彩明天——我的班主任专业成长之路”专题报告。王学东将德育渗透于语文教学之中,探索出“提出问题、展开讨论、规范认识、行为实践”的16字德育课堂新模式及“尊重人的天性,唤醒生命潜能;养护个性品质,激发主动成长;促进自主发展,成就独特明天”的班级管理理念。王学东针对高中三年级学生成长的不同阶段,设计针对性德育主题;关注每个学生,挖掘潜能,尊重学生个性发展;设计家长会系列流程,发挥家庭教育力量,形成家校教育合力;在工作中付出爱、感受爱、收获爱,从学生的成长进步中体验职业幸福感。教育部基础教育一司副司长于长学指出:王学东的班主任工作体现了“全程设计、全体关注、全员参与、全面收获”的“四全”特点。

(赵 光)

【数字化校园建设启动】 10月16日,朝阳区现代教育技术信息网络中心召开2012年朝阳区数字化校园建设项目工作启动会。该项目始于2007年,至2012年底,41所学校完成数字化校园建设任务。

(黄阳艳)

【中等职教改革发展示范学校】 10月,北京市求实职业学校被教育部、人力资源和社会保障部、财政部正式立项为国家中等职业教育改革发展示范学校建设单位。截至2012年底,朝阳区有3所国家中等职业教育改革发展示范学校建设单位,分别是北京市求实职业学校、北京市劲松职业高中和北京市电气工程学校。

(李连启)

【文化创意产业人才培训】 11月1日,区教委与三间房地区共同召开朝阳区文化创意产业人才培训体制机制研讨会。劲松职业高中等五所职业高中与北京影视动画协会等十余家企业及行业协会建立合作及培训机制。

(赵 光)

【义务教育学校向社会开放】 11月5日,北京市北苑中学等10所义务教育学校向社会开放。开放期间,开展校园开放、名师讲堂、办学特色展示、学生社团活动展示、特色课程展示等活动。区教委邀请学校所在地区的人大代表、政协委员、社区居民代表等关心教育发展的社会人士参加活动,共享发展成果。

（苏纪玲）

【首个非物质文化遗产传承基地】 11月15日,朝阳区非物质文化遗产保护中心在芳草地国际学校教辅中心建设首个非物质文化遗产传承基地。该基地主要用于宣传和展示朝阳区非遗保护成果,同时组织非遗项目传承人面授课程,依据学生的喜好和非遗项目推广的可行性,选取一批非遗项目落户基地,形成常态教学项目,设立提高班,创编教学课本,达到深化和推广的目的。

（王广月）

【开展科技节活动】 11月15日,朝阳区部分学校组织开展科技节活动。陈经纶中学帝景分校组织开展"生态保护、低碳生活——我发现、我探索、我保护、我实践"主题活动,内容涉及知识竞赛、科技板报、科幻画、科技电脑报设计、科技小制作比赛等12个项目。望京南湖东园小学组织开展"我参与 我体验 我快乐"主题活动,活动包括三个部分:第一部分是分年级段的"我参与"活动,包括观看科技电影、知识问答和科技幻想画等活动;第二部分是"我体验"活动,包括"一鼓作气"、"百发百中"、"吹纸杯"、"硬币水上漂"、"玩转乒乓球"、"跷跷板"六项实践活动;第三部分是全校师生及家长在操场共同举办"跳蚤市场"物品交易活动。芳草地国际学校世纪小学科技顾问走进每个班级,为学生上太阳能爬虫、环保航标灯等科学实验课。

（黄阳艳）

【中小学首届校长美育论坛】 11月19日,由市教委主办,区教委和北京市中小学美育研究会承办,陈经纶中学分校协办的"北京市中小学首届校长美育论坛"在陈经纶中学分校举行。论坛旨在推动北京市中小学美育科学研究,促进美育工作者在实践中运用教育智慧反思美育行为,全面提高北京市学校美育工作水平。联合国教科文组织协会世界联合会副主席陶西平作题为《创造美的教育》主报告。北京市十六个区县的艺术学科教研员、北京市艺术教育特色校校长及艺术教师、朝阳区金帆团承办校校长及艺术教师、朝花团承办校校长及艺术教师、朝阳区美术特色校校长及艺术教师等参加研讨活动。

（鲍国栋）

【国际发明展获奖】 11月19日,在第64届德国纽伦堡国际发明展(IENA)上,北京市第八十中学4项作品参展并全部获奖:初三(1)班韩文竺设计制作的《新型抗震结构》获金奖;高一(2)班阮宇博设计制作的《多功能智能存钱罐》获银奖;高二(15)班胡博设计制作的《低碳节能智能型空调温度调节器》获银奖;《自制冷式多功能降温上衣》获铜奖。八十中学获"第二届世界创意节——国际发明特色学校奖",陈宇红老师获"国际发明项目金牌导师奖"。来自世界各地32个国家和地区的800余项发明创新作品参展。

（杨卓姝）

【应对小学入学高峰】 11月21日至22日,区教委召开以"关注常态课堂 强化习惯培养 提升质量内涵"为主题的第九届小学教学工作会。会议针对小学入学高峰,结合群众对教育公平和教育质量的要求,提出三点要求:①各学校领导班子要深刻分析朝阳区未来三年入学高峰可能面临的问题,系统设计应对措施;②各学校要围绕教育公平开展核心工作,高质量实施教育教学;③各学校要以校长管理团队和队伍建设为核心,系统规划队伍建设,提升课堂教学效益,真正使学生接受素质教育,享受快乐童年。区教委相关部门负责人及各小学校长、书记、教学主管干部等460余人参加会议。

（张丽娟）

【盛永霞班主任工作特色展示】 11月23日,在区教委举行2012年"名师工程"——劲松职高盛永霞班主任工作特色展示活动。该活动是朝阳区实施"人才强教"战略,深入开展"双名工程",引领、展示、示范、带动朝阳区教育人才队伍整体素质提高的一项重要举措。活动通过宣传片、报告、专家点评、师生互动等环节,展示盛永霞将心理学知识融入班主任工作的教学特色。

（邓　芳）

【首届中国未来教育家成长论坛】 11月24日至25日,在朝阳区蟹岛举行首届中国未来教育家成长论坛暨中国教育学会第25次全国学术年会。本次论坛由中国教育学会主办,朝阳区教委、教育科学出版社等单位承办。论坛以"时代呼唤教育家办学"为主题,旨在深入学习贯彻党的十八大精神,深化落实教育规划纲要,倡导和推进教育家办学。论坛设置6个分论坛和现场对话环节,围绕"教育家成长的政策和社会环境"、"教育家的群体特质和个性化成长途径"、"校长的职业化发展"和"教育家型校长的成长"等话题展开研讨。教育部相关司局、部门和中国教育学会负责人,以及来自全国中小学、幼儿园的校(园)长、教师和教育管理、科研、理论工作者600余人出席论坛暨学术年会。

（廉　欣）

【中小学数字校园云服务平台】 11月,朝阳区建成全国首个中小学数字校园云服务平台,北京市陈经纶中学分校、芳草地国际学校富力分校等首批23所中小学纳入该平台信息服务系统。在区域教育信息化建设层面,云服务模式的最大特点是节省资金提高系统使用效率。在学校教育信息化应用层面,云服务模式意味着学校对信息化的需求可以实现高效的社会化服务,取用方便,费用低廉。

(王　爽)

【宋庆龄少年儿童发明奖】 11月,在北京中央社会主义学院举行第八届宋庆龄少年儿童发明奖颁奖典礼。北京市第八十中学王翰林同学的作品《无动力、自适应、恒速高楼逃生装置》获金奖,闫家琪同学的作品《太阳能水上清污船》获铜奖。此次活动,全国29个省、市、自治区及港澳台地区的2000余件作品参加评奖,评出金奖12名、银奖45名、铜奖173名。

(方　媛)

【和平街一中校刊获奖】 12月1日,在深圳举行的第六届全国中小学优秀校内报刊评选活动表彰大会上,北京市和平街一中的校刊《秋实》和团刊《青野》分获第六届全国中小学优秀校内校报、校刊特等奖和一等奖。和平街一中校刊《秋实》系2012年3月由原校刊《和一》改版而来,常设"和一经纬"、"课题研究"、"校本研修"、"民族教育"、"校园书香"、"教师沙龙"、"考研在线"与"它山之石"8个栏目,并附设"校园快讯"一栏,大16开本,季刊,每年逢3、6、9、12月编辑出版,改版后已出4期。《青野》自2006年创刊,共出版28期。常设栏目:《我与共青团》、《纯真年代》、《人生讲义》、《黄金书屋》、《科学探索》、《娱乐休闲》和《英语泡泡吧》。

(邱　颖)

【中小学模拟法庭成果展示】 12月4日,在北京市第八十中学举行北京市中小学模拟法庭成果展示暨颁奖典礼。该活动是朝阳区教育系统"六五"普法规划实施内容,旨在加强青少年学法、守法意识,在北京市中小学生中普及法律知识,提高青少年法制素养。活动包括四项议程:①展示小学模拟法庭成果;②启动"青少年法制资源网";③颁发优秀模拟法庭奖;④成立法制小记者团,与会领导为小记者团授旗。本次活动由市教委主办,区教委承办,北京市第八十中学协办。教育部政策法规司副司长黄兴胜等出席典礼,全市各区县教育系统法规科、朝阳区各中小学及职业高中德育副校长等600余人参加活动。

(苗世雄)

【全国青少年模型赛】 12月13日至17日,全国青少年车辆模型总决赛和建筑模型总决赛在云南省昆明市举行。朝阳区青少年活动中心17名学员参加车辆模型总决赛4个项目的比赛,获一枚金牌、两枚银牌、一枚铜牌,一等奖10个、二等奖5个,三等奖6个。朝阳区青少年活动中心获全国优秀组织奖;14名学员参加建筑模型总决赛4个项目的比赛,获金牌2枚,一等奖2个,二等奖4个,优胜奖8个。

(苏丹青)

【"优质课展评"获奖】 12月14日,北京市民族学校教师李春燕在"2012全国初中信息技术优质课展评"中,以第5名的成绩获特等奖。

(赵艳玲)

【首批地震安全示范学校挂牌】 12月18日,在朝阳师范学校附属小学太阳星城校区举行朝阳区首批地震安全示范学校颁牌仪式。北京民众安全应急救援研究院教官为与会师生做《校园抗震自救技能培训》讲座,讲授突发地震后的应急自救要点、SOS信号系统入门、应急求生用品与工作等知识。

(王朝晖)

【青少年法制宣传教育材料发放】 12月21日,区教委向全区各中小学发放优秀模拟法庭展示光盘800余张、25000余册法制宣传教育材料(《朝阳区教育系统"六五"法制宣传教育优秀课例汇编》、《朝阳区教育系统法制工作宣传手册》等)。

(苗世雄)

【第六届亚洲机器人锦标赛】 12月23日,北京市第八十中学代表队在新西兰奥克兰市举行的"2012年第六届亚洲机器人锦标赛"上,获中学组VEX机器人工程挑战赛金奖,张梁子同学获BDS人型机器人全能挑战赛冠军;望京实验学校代表队获中学组VEX机器人工程挑战赛银奖。新西兰、新加坡、中国等国家和地区的180余支代表队700余人参加比赛。

(杨卓姝)

【劲松职高门户网站评优】 12月24日,在教育部教育管理信息中心开展的全国中等职业学校优秀网站评选活动中,北京市劲松职业高中门户网站被评为"全国中等职业学校优秀网站"。北京市共有2所学校获此称号。

(吕红英)

【北京市节约型示范校评选】 12月24日,在市教委主办的"2012年北京市中小学节约型学校建设工作会"上,朝阳区东方德才学校、安贞里二小等11所学校被评为"北京市节约型示范校"。

(吴　蕊)

【中小学教师职称制度改革】 12月25日,区教委、区人力社保局联合召开"朝阳区深化中小学教师职称制度改革启动大会"。本次改革主要内容:①健全制度体系。在职称体系上,将原来相互独立的中学教师职务系列与小学教师职务系列统一并入新设置的中小学教师职称(职务)系列。在职称等级上,改变原来中学教师最高等级为副高级,小学教师最高等级为中级的规定,设置从正高级到员级5个等级,依次为:正高级教师、高级教师、一级教师、二级教师、三级教师,与职称的正高、副高、中级、助理级、员级相对应。除新设的正高级职称(职务)外,新的职称(职务)系列与原中学和小学教师职称(职务)系列均有直接对应关系。②完善中小学教师水平评价标准,体现中小学教师的职业特点。从教书育人、课程教学、教育教学研究、影响力、学历经历等五个方面，研究制定朝阳区高级教师及以下等级中小学教师职称评审的量化评价标准。③明确中小学教师职称评聘程序。中小学教师职称评聘工作按职称等级分别进行。二级教师、三级教师职称（职务）由用人单位按条件考核合格后直接聘任；一级教师、高级教师和正高级教师职称（职务）按照个人申报、考核推荐、专家评审、结果验收、学校聘用的基本程序评聘。④做好人员过渡。朝阳区现有在编在岗中小学教师，由区人力社保局和教委按照中小学教师原专业技术职称（职务）与统一后的教师职称（职务）对应关系，直接过渡到统一后的职称（职务）体系，并统一办理过渡手续。待岗、内退等在编不在岗人员，仍按照原有关规定执行，保证不降低待遇标准。

（赵　光）

【双名工程】　12月28日，在区教委召开朝阳区教育系统2009－2011年“双名工程”总结暨2012－2015年“双名工程”启动大会。八十中学等46个单位获2009－2011年“双名工程”人才工作先进单位称号，被区委、区政府评为“朝阳教育家”的知名校长马芯兰等10人被评为2012年朝阳区教育年度人物，北京教育学院朝阳分院副院长周静等19人获第八届朝阳区年度教育教学成果奖，全国优秀校长张德庆等65人被评为“关心教职工的好领导”。北京市第八十中学校长田树林、朝阳区第二实验小学党支部书记沈静、北京市电气工程学校校长刘杰、朝阳区教研中心主任杨碧君发言。区委、区教委有关领导及相关职能部门代表400余人参加会议。

（邓　芳）

【学生科学艺术素养提升工程】　年内，落实《2011年朝阳区体育、艺术、科技教育工作方案》，在中小学生中开展系列科学艺术活动。八十中学机器人社团在“诚信伴我成长，科技创造未来”——第十二届未来伙伴北京青少年机器人竞赛中，获高中组第一名，并代表北京市参加在天津举办的第十二届中国青少年机器人竞赛，获综合技能比赛三等奖和中鸣科学专项奖；望京实验学校获小学组VEX机器人工程挑战赛与机器人创意比赛两个一等奖；左家庄二小今腾社团组织一、二、三、四年级学生分别开展会爬的小乌龟、自制空气炮、空气动力车、橡皮筋动力车科技小制作比赛；芳草地国际学校举行“我是科技小达人”活动启动仪式，小工程师达人、电子技术小达人、学习用品发明小达人及中国少年科学院小院士展示科技创新成果；陈经纶中学“经纶之声”金帆合唱团在国家大剧院演唱；二外附中举行“春天的畅想——2012年二外附中素质教育成果展演”；芳草地国际学校万和城实验小学2012年第二学期每月推出一位小小书画家举办个人书画展。

（赵　光）

【学生职业能力培养工程】　年内，制定《关于实施朝阳区中小学生职业能力培养工程的意见（2011—2015年）》。《意见》总目标是：用5年时间，构建朝阳区中小学生职业能力培养体系，推进学生职业能力培养工程；构建职业能力培养课程和活动体系，深化职业生涯教育；创新培养模式，增强职业能力培养实效；提升教师培养能力，构建专兼职教师队伍；建立职业能力培养基地，促进学生职业能力的形成和提升。

（王　清）

【幼儿园招生】　年内，区教委采取五项措施做好2012年幼儿园招生工作。一是就近入园原则；二是满班额入园原则，小班班额扩增至30人；三是继续利用“朝阳区网上登记系统”平台进行登记报名；四是建立“幼儿园质量考核管理系统平台”，出台《2012年朝阳区幼儿园日常管理考核评价标准（试行）》，加强幼儿园招生监管；五是落实公告制度，各幼儿园在规定时间将“招生公告”张贴在幼儿园门口及相应位置，让家长了解网上登记政策且按有关要求操作。

（叶　蕾）

【化解小学入学难】　年内，区教委采取六项举措化解小学入学难：①增加招生计划，九年一贯制学校小学部增加学位1848个；②加大新建校接收力度，9月开学6所，开设28个班，增加学位980个；③腾退出租房屋用于教学，合同期满不再出租出借，全年腾退2977平方米，增加学位1050个；④在有条件的学校加建平房教室，全年加建2135平方米，增加学位700个；⑤调整区域内资源，将分布比较密集或生源不足的中学部分教学场地用于小学；⑥提高新教师待遇，并采取组织专门招聘会、制定吸引优秀毕业生的专项政策、委托示范校招聘等方式招聘教师，解决师资紧缺问题。

（张丽娟）

【在线支付学费试点】　年内，区教委出台《朝阳区加强民办学校财务监管办法》，结合腾讯公司专项开发的“教育在线支付平台”，优化学费交付方式。纳入此平台的民办学校制订“收退费协议”并与学员在网上签约；财付通教育在线支付平台预收学费后，分阶段提示学校向学员发起学费确认申请。朝阳区现有390余家民办学校，包括中小学、幼儿园、培训机构等类型，教育服务课程涉及学历教育、学前教育、国际课程、技能培训、文化艺术培养等领域。7月1日，朝阳区倍康宝贝水育小规模幼儿园和顺天府学培训机构作为首批试点，正式开通使用平台及管理系统。

（周　滢）

【奥数培训专项治理】　年内，区教委会同工商朝阳分局建立四个机制，专项治理奥数培训。①建立一支队伍,专人检查辖区内社会办学单位;②开展专项执法检查活动,定期检查办学单位;③建立信息共享机制,及时反馈社会办学单位情况;④建立长效管理机制,规范社会办学单位办学行为。9月3日,区教委联合工商朝阳分局检查开办奥数培训的社会办学单位,查处并治理以各种奥数竞赛和培训为名进行虚假宣传、误导家长、扰乱学校正常招生秩序的行为。

(成 林)

教育督导

【概况】 朝阳区人民政府教育督导室(以下简称区教育督导室)主要负责对区内幼儿园、中小学、职业高中、成人教育等各类学校的办学方向、管理水平和教育质量进行监督、检查、评估和指导;对区有关行政部门领导和管理教育工作情况实施督导;监督检查区有关委办局、街道办事处和乡政府落实教育法律法规职责和实施素质教育目标责任制落实情况;调查研究教育工作中的重大问题并提出意见和建议。2012年获全国教育督导先进集体称号。有专职督学7人,兼职督学134人,督政兼职督学25人。

地址:石佛营西里2号

邮编:100025

电话:85851122/1123

电子邮箱:szjy506@126.com

(赵玉芳)

【获全国教育督导先进集体】 2月,在云南省昆明市召开的全国教育督导工作研讨会上,区教育督导室获"全国教育督导先进集体"称号。区教育督导室副主任尚金森代表朝阳区在分会场作《加强督导网络建设,提高督导工作实效》交流发言。

(赵玉芳)

【小学规范化建设工程督导验收】 3月12日至16日,区教育督导室联合区教委小教科,对芳草地国际学校等17所学校的小学规范化建设工程进行综合督导验收。该项督导验收工作历时4年,全区141所小学全部达标。

(乔玉红)

【专用教室专项督导】 3月至5月,专项督导中、小学专用教室设施设备管理和使用情况。抽测中学物理、化学、生物和小学科学等课程学生的实验情况,根据抽测结果,撰写形成专用教室设施设备管理和使用情况专项报告。全区验收137所小学,评"优"127所,占92.7%;评"良"10所,占7.3%。全区验收60所中学,评"优"56所,占93.33%;评"良"4所,占6.67%。

(乔玉红)

【城乡学前教育专项督导】 5月9日,结合朝阳区《城乡学前教育发展一体化》课题要求,组织兼职督学专项督导劲松二幼和北京工业大学幼儿园两所结对园。采取听汇报、问卷、访谈、查看档案材料、察看幼儿园环境等方式,检查"管理工作、实施过程、实施效果"三方面工作。该实验课题启动于2010年,目的在于落实朝阳区学前教育"普及、提高、优质、均衡"的发展目标,提高农村地区及民办学前教育机构教育质量,促进学前教育均衡发展。截至2012年底,全区52所城、乡幼儿园结为帮扶对子。

(乔玉红)

【校外教育机构专项督导】 5月至6月,组织校外教育督导站,完成区青少年活动中心、垂杨柳教辅中心、黑庄户教辅中心、香河园少年之家、酒仙桥教辅中心的首次督导检查工作。期间,问卷调查140位教师,听课和观看活动21节次,访谈37位教师、45位学生、11位家长。检查结果显示:5个校外教育机构全部达到合格以上等级。

(乔玉红)

【"十二五"科研开题论证会】 6月20日至21日,朝阳区"十二五"教育督导科研工作暨开题论证会召开。会议部署朝阳区"十二五"教育督导科研课题管理工作,明确督导课题管理目标、对象和管理措施。《摄影校本课程体系构建及评价的研究》、《国际理解教育背景下幸福教育体系构建与评价研究》现场开题论证。"十二五"时期区教委共有63项督导课题。区教育督导室专兼职督学、"十二五"督导课题负责人、督导科研专家100余人参加会议。

(乔玉红)

【家长满意度调查】 6月,依据《朝阳区"十二五"时期教育事业发展规划》,委托市教科所对朝阳区各校、各学段家长进行家长满意度调查,根据调查结果撰写形成《朝阳区满意度调查报告》及各校相应报告。12月10日,召开全区"满意度结果发布大会",要求相关学校整改本校低于全区平均水平以下项目,做到"对照数据找问题,对照问题找成因,对照成因制定改进目标,对照目标制定改进措施,对照措施严查落实"。

(乔玉红)

【小学规范化验收】 截至6月,区教育督导室完成17所小学规范化建设工程复检工作。复检内容为:对第一批验收小学实施校安工程后,相关硬件使用情况;校园环境、设备设施恢复和使用情况;问题改进情况等三方面工作。

(乔玉红)

【职业学校专项督导】 10月12日,召开朝阳区职业学校教科研工作专项督导视频会。会议总结职业学校教科研专项督导调研工作,肯定学校在教科研管理、投入力度、团队科研能力、课程教学改革及质量监控等方面取得的成绩,并针对课程教学改革的指导引领、校本教研的针对性和实效性、教科研管理精细化水平等方面存在的问题提出建议。全区各职业学校(9个校址)的校长、教科研工作主管领导、部分教师及职成教研室教研员、督导室专兼职督学,

219所中小学相关人员听取报告。

（赵玉芳）

【区级素质教育示范校督导会】 10月23日，召开朝阳区普通中学素质教育示范校建设专家评估会，10所区级素质教育示范校校长汇报示范校建设方案实施情况、目标达成情况、学校工作改进情况及下一步工作思路。与会专家根据《朝阳区普通中学素质教育示范校基础管理标准、发展绩效》规定，研读各校自评报告，提出质询，并分别总结了10所学校主要成绩和问题，提出工作建议。区教育督导室还组成检查组到10所学校实地考查验收，为各学校撰写了评价意见。

（乔玉红）

【普通高中德育督导试评】 10月，依据《朝阳区普通高中德育工作督导试评工作方案》，对东方德才学校、三里屯一中、清华附中朝阳学校开展试评工作，根据评议结果，撰写《关于开展普通高中德育工作督导评价指标和督导工具的调研报告》。

（乔玉红）

【中小学专项督导】 10月至11月，依据《关于对朝阳区中小学校的体育、艺术、科技教育工作进行专项督导的意见》，督导全区中小学体育、艺术、科技教育及学生肥胖和近视防控工作。验收188所学校，167所评为“优秀”等级，占90.3%；18所评为“良好”等级，占9.7%。此次督导引进卫生专业教师参与，使督导工作更加专业化和科学化。

（乔玉红）

【特殊教育工作调研】 11月7日，调研全区中学、小学、幼儿园特殊教育工作。通过采取下校听课、座谈、访谈、查阅资料、参观资源教室等方式，掌握全区特教学校、普通小学附设特教班、随班就读学校的数量、分布、学生数量及专兼职教师数量等情况。

（乔玉红）

【素质教育目标责任督导考核】 12月26日至28日，依据《朝阳区地区（乡）、街道落实素质教育目标责任，推进社区教育督导考核评价指标体系（试行）》、《朝阳区关于2012年对各地区（乡）落实素质教育目标责任情况进行督导考核评价的通知》精神，区督政兼职督学、督导室专职督学及区农委、社区学院等单位组成督评组，对朝阳区19个地区办事处（乡）落实素质教育目标责任、推进社区教育情况进行督导考核评价，评选先进单位14个，达标单位5个。14个先进单位分别是：南磨房、常营、将台、太阳宫、东坝、平房、来广营、十八里店、管庄、东风、三间房、黑庄户、王四营、金盏地区办事处。5个达标单位分别是：小红门、高碑店、崔各庄、孙河、豆各庄地区办事处。

（赵玉芳）

社区学院

【概况】 朝阳社区学院为区属全额拨款正处级事业单位，属于国民教育系列，地区性成人高校，有和平里、和平西街、双龙南里和首都机场4个教学区。学院内设17个部门，教职工127人，高、中级专业技术人员64名，党员66名。学院占地面积34707平方米，建筑面积27723平方米。体育场馆1581平方米。图书室藏书7.7万册。多媒体教室81个，联网计算机房15个、专业教室22个，专用教室44个。固定资产总值4904.17万元。年内，毕业826人，其中职大248人，电大578人。招生1352人，其中职大374人，电大978人。在校生4980人，其中职大584人，电大4396人。开设专业38个，其中职大13个，电大25个。各类教育培训67729人。

和平里本部地址：和平里南口砖角楼北里5号

电话：64211719

传真：64210193

邮编：100013

网址：www.bjccc.com

（杨 帆）

【“社区教育服务模式”研讨会】 2月16日，召开“社区教育服务模式”专题研讨会，研讨社区教育理论研究与指导、职业技能培训、“菜单加订单”资源配送、流动人口培训等十个社区教育服务模式。

（杨 帆）

【战略合作框架协议】 3月1日，与和平街街道签署战略合作框架协议。签约后，遵循“基地共建、资源共享、活动共促”原则，双方发挥各自优势，在社区服务、信息资源和人才培养等方面实现资源共享。区委社会工委副书记郑珍平，和平街街道办事处主任毕重伟，社区学院党委书记、院长马金东，社区学院副院长王黎明以及和平街地区社区工作者、和谐促进员等200人参加签约仪式。

（杨 帆）

【《3－6岁儿童家长手册》首发式】 3月23日，在社区学院举行朝阳区《3－6岁儿童家长手册》首发式。《3－6岁儿童家长手册》是《儿童家长手册》系列丛书第一册，由区家庭教育指导中心编写。该丛书以《全国家庭教育指导大纲》为依据，围绕各年龄段儿童成长特点，整合儿童生理、心理发展规律及营养健康、体能发展、道德教育、习惯养成、心理健康教育、家庭环境创设等知识，组织专家撰写“家长应该怎么做”及“儿童成长过程中常见问题解决方法”，让家长和孩子同步人“学”，指导家长科学育儿。《3－6岁儿童家长手册》首次发行10000册，优先面向农村托幼园所、街乡、社区和来京务工群体幼儿家长发放。年内，继《3－6岁儿童家长手册》发行后，《0－3岁儿童家长手册》、《6－12岁儿童家长手册》相继出版，首次各印1万册。截至年底，朝阳区形成涵盖0－3岁、3－6岁、6－12岁三个年龄段的儿童家庭教育指导体系。

(杨 帆)

【首届社区老年教育座谈会】 3月26日,在北京会议中心召开"北京市首届社区老年教育座谈会"。座谈会由市教委主办,北京东方妇女老年大学和社区学院承办。市教委职成处处长邵和平、副处长吴缨及16个区县社区学院院长、区社区教育中心、成教中心主任出席会议。市教委领导及16个区县代表到朝阳区奥运村地区龙祥社区现场观摩老年教育活动并座谈。奥运村地区办事处主任徐桂士汇报龙祥社区老年教育工作特色及开展情况。北京东方妇女老年大学副校长回春茹介绍2012年老年大学落户朝阳,并与朝阳社区学院合作办学情况和老年教育工作进展。社区学院党委书记、院长马金东结合学院老年教育工作实际,阐述"三对接一融合"("三对接"为网络教育活动对接、面授培训活动对接、科研展示活动对接;"一融合"为融合老年教育师资)朝阳特色教育模式。座谈会邀请北京市学习型城市研究中心特约研究员、教授范宏楠介绍美国老年教育状况。

(杨 帆)

【"幸福养老大课堂"表彰会】 4月10日,在奥运村街道龙祥社区教学基地举行"幸福养老大课堂"走进朝阳社区一周年总结表彰会。第十届全国人大常委会副委员长顾秀莲,区委副书记陈宏志出席会议。北京东方妇女老年大学负责人及社区学院代表参加会议。北京东方妇女老年大学副校长王萍主持会议。与会人员参观龙祥社区老年教育基地并观看"幸福养老大课堂"走进朝阳社区一周年资料片,朝阳社区学院党委书记、院长马金东汇报"幸福养老大课堂"走进朝阳社区一周年工作情况。会议表彰5个优秀教学基地、7名优秀管理员、6名优秀学员、5个优秀组织单位。

(杨 帆)

【高雅艺术进社区讲座】 4月13日,社区学院双龙南里教学区与国家大剧院联合举办"打开歌剧之门"讲座,聘请著名男低音歌唱家、中央歌剧院独唱演员关致京讲述歌剧文化。双龙南里教学区周边社区100余名居民听讲。此次讲座是国家大剧院歌剧节——2012系列艺术普及活动之一。

(杨 帆)

【首届"硕博论坛"启动】 4月19日,启动主题为"如何扩大社区学院在朝阳区社会发展中的影响力"的社区学院首届"硕博论坛"。市教委职成处副处长吴缨,区科协原主席张金科,市教科院职成所博士苑大勇,区教科所所长、特级教师姚卫东,原区社区学院常务副院长孙桂华及学院22名硕士参加活动。

(杨 帆)

【名师同步课程录制】 4月,启动北京市名师同步课程录制工作。北京市名师同步课程资源建设工程是2012年市教委惠民折子工程,社区学院是朝阳区第一个录课基地,活动历时半年,于10月25日结束。此次活动共录制英语课程154节,编辑完成95节。该工程计划编辑完成初中一年级至三年级的全部英语课程,课时4600分钟。北京市30余所院校的数十位骨干教师参加录制。

(杨 帆)

【播音、主持及采编技能培训】 5月9日至14日,举办"葛兰广播人才培训学校"播音、主持、采编技能提高培训班。来自全国11个省市22个电台、电视台的42名学员参加培训。中央人民广播电台播音指导葛兰、中央电视台节目主持人赵忠祥、白岩松、张越等授课。

(杨 帆)

【英语演讲比赛】 5月26日,社区学院电大学生周望、贾丽英参加首届全国成人高等教育英语演讲比赛并获得三等奖。辅导教师邹蓉和丁艺获得优秀指导教师奖,学院获得优秀组织奖。

(杨 帆)

【"家长课堂"启动】 5月27日,区家庭教育指导中心与来广营地区办事处联合举办来广营地区立清路第一社区"家长课堂"启动仪式。地区办事处副主任屈国华、社区学院副院长宁雪娟、区教委社区教育科科长韩斌、立清路第一社区书记孙继国及社区0-6岁儿童家长近百人参加。与会家长获赠《3-6岁儿童家长手册》,清华大学博士后、中国科学院副教授康小明讲授第一课——家庭教育面临的新挑战、科学的家教理念及教育策略。

(杨 帆)

【全国家庭教育试验研究基地】 8月,社区学院被全国妇联、中国家庭教育学会批准为"全国家庭教育试验研究基地",成为全国90个家庭教育试验研究基地之一。

(杨 帆)

【社区早期教育试点区启动】 9月23日,在朝阳区润丰学校举行《北京市0-6岁儿童社区早期教育服务和指导项目》朝阳试点区启动仪式暨新闻发布会。"北京市0-6岁儿童社区早期教育服务和指导项目"是市教委为落实《国务院关于当前发展学前教育的若干意见》和《北京市学前教育三年行动计划(2011—2013)》而设立。朝阳区是全市第一个试点区。项目主要内容:"一封信、两本书、三堂课"以及12期早期教育宣传海报和早期教育宣传单("一封信"为从孩子出生到6岁上学前的312周成长关键时期,按照孩子不同年龄段,编辑312条短信和彩信向家长发送。"两本书"为《0-3岁早期教育指导手册-百问百答》、《3-6岁早期教育指导手册-百问百答》。"三堂课"为针对早期教育为教师提供系统、集中、强化性的培训课程;为家长提供具体、贴近实际、案例性的系列专家讲座;为孩子提供示范性亲子学习课程)。

(杨 帆)

【家政服务工程】 9月28日，举行2012年“家政服务工程”第一期月嫂培训班结业典礼，培训为期15天，辖区无忧草等10家家政公司的102名学员参加结业典礼。

（杨 帆）

【科研课题评审】 11月8日，召开2012—2013年度科研立项评审会，学院党委书记、院长马金东，学院学术委员会委员及18个课题申报人参加会议。本次申报的课题覆盖学历教育、非学历教育、社区教育等学科领域。

（杨 帆）

【数字化学习平台上线】 11月28日，社区学院数字化学习中心学习平台正式上线启用。该平台是一个集学习平台门户网站、教学管理、互动学习、质量评估等功能为一体的开放式在线学习平台，设有早教天地、青少年成长营地、家长课堂等九大系列课程，有网络课程资源1200课时，计划3年达到3000课时，可供社区未成年人、农村劳动力、流动人口、外籍人士等近10万用户同时在线学习。

（杨 帆）

【领导调研】 12月27日，全国妇联原副主席、现中国家庭教育协会副会长、中国下一代教育基金会常务副理事长、中国妇女发展基金会副理事长刘海荣，市教育学会会长李观政到学院调研家庭教育指导工作。刘海荣、李观政听取了区家庭教育指导中心关于“组建专家资源库；编写系列家长指导手册；实施百场家庭教育指导讲座进社区、进校园；落实《北京市0-6岁儿童社区早期教育指导与服务项目》；培训社区、学校家庭教育骨干队伍”等方面工作汇报，建议推广《家长指导手册》使用范围，全方位开展家庭教育指导服务，落实家庭、学校、社会三结合教育方式，扩大家庭教育指导工作覆盖面及实效性，满足个性化需求。

（杨 帆）

【社区老年教育】 年内，社区学院开设老年教育培训班15个，涉及柳琴、电脑、摄影、照片处理、合唱、舞蹈等8个门类，培训240余次，学员400余名。与北京东方妇女老年大学合作，在社区开设“幸福养老大课堂”，运用“1359”（“1”为1条幸福养老主线；“3”为养身、养心、养神3个支点；“5”为健康、艺术、国学、生活、时政5个主体；“9”为幸福导航、养生宝典、兴趣天地、疾病防治、生活百科、老年维权、和谐家庭、奉献社会、时事纵横9个内容）课程体系，为社区老年人提供教育服务12万人次。

（杨 帆）

【家庭教育指导】 年内，家庭教育指导中心面向0-18岁儿童家长开展家庭教育指导讲座184场，4.3万名家长、教师参与培训；评选“好家长”3047名，《我的家庭教育故事》征文1599篇，编写、出版《0-3岁儿童家长手册》、《3-6岁儿童家长手册》、《6-12岁儿童家长手册》，启动《12-15岁儿童家长手册》、《15-18岁儿童家长手册》、《教师家庭教育指导手册》及《家庭教育工作文件汇编》编写工作；编写“3-18岁儿童家庭教育指导信息”900余条，根据学生年龄，在部分中小学、幼儿园试行每周发送一条教育指导信息。试点推广“北京市0-6岁儿童社区早期教育服务和指导项目”，每周为0-6岁儿童家庭发送一条社区早教信息，全区6.6万个儿童家庭受益。

（杨 帆）

文化 体育 卫生

文 化

【概况】 朝阳区文化委员会(简称区文化委)是负责朝阳区文化、文物、新闻出版和广播电影电视工作的政府职能部门。内设办公室、文化科、文物管理科、出版发行管理科(审批管理科)、电视音像管理科(调研室)、组宣人事科、财务基建科及文化执法队。人员编制60名。其中行政编制30名,行政执法专项编制27名,工勤编制3名。直属单位有文化馆、图书馆、北京民俗博物馆、朝阳剧场、紫光影城、香河园地区文化中心、劲松电影院、垡头地区文化中心、群众文化厅、朝阳京剧文化艺术中心、文物管理所、国声京剧文化艺术中心。年内,建设数字文化社区70个,占北京市建设总量的70%。有群众文化队伍1662支,比上年提升36%。全区街乡文化中心覆盖率100%,社区(村)文化室覆盖率100%。公办博物馆全部免费开放,紫檀博物馆等4家民办博物馆每月第一个周六免费开放。建设10个传统文化传承基地和7个民俗文化活动基地。完成10类256项非物质文化遗产项目的普查建档工作,其中8个项目被列入国家级非遗名录,22个项目被列入北京市级非遗名录。编撰出版《朝阳文物精粹》,开展《朝阳文物志》编修。区文化馆被评为北京市非先进物质文化遗产保护工作单位,北京民俗博物馆获北京市非物质文化遗产保护贡献奖。

地址:东三环北路36号
电话:65014855
邮编:100026
电子邮箱:cywhwyh@vip.sina.com

(何 晶)

【文化交流】 1月11日至2月9日,北京民俗博物馆与香港中国文化传播有限公司联合主办的“龙年贺岁诞生礼俗展”在香港将军澳中心开展,76件展品分为3个部分,分别是生命的渴望、生命的礼赞、生命的抚育。1月18日至26日,区文化馆“红半天”女子鼓乐团随市文化局参加芬兰第七届和爱沙尼亚第三届“中国春节庙会”演出,共表演10场。5月,区国声京剧团分别在美国纽约市法拉盛区和布鲁克林区举行友好城市文化艺术交流义演。8月1日至5日,区文化馆选送100余盏“兵马俑灯笼”,参加第25届“英国斯托克顿国际河畔艺术节”景观装置展览。展览在英国“圣三一教堂”遗址举办,观众1万余人次。12月12日,北京民俗博物馆200件套精品文物在韩国国立民俗博物馆“亚洲婚礼”特别展上展出,展示中国传统婚礼习俗,展期2个月。

(林理平)

【“礼仪中国”东岳论坛】 1月16日,2012“礼仪中国”东岳论坛开幕。论坛由中国民俗学会、中国人民大学国学院、北京市文物研究所和北京民俗博物馆联合主办。论坛提出“礼仪中国”的口号,法国、韩国、中国台湾等国家和地区与国内知名专家学者共40余人围绕“礼仪文明的历史源流及人文内涵”、“礼仪文明在中国社会的地位与作用”等论题展开讨论。开幕式上举行北京“东岳书院”揭牌仪式。中国社会科学院荣誉学部委员、国家级非物质文化遗产保护专家委员会副主任、中国民俗学会荣誉会长刘魁立,联合国教科文组织非物质文化遗产领域专家、中国民俗学会会长朝戈金,中国艺术研究院常务副院长刘茜,以及文化部、市文物局、朝阳区相关部门负责人出席开幕式。

(李雪梅)

【第十一届北京民俗文化节】 1月23日至28日(农历壬辰年正月初一至初六),在东岳庙举行第十一届北京民俗文化节暨第十四届北京东岳庙春节文化庙会。庙会主题为“龙舞春开兴文化,家和国盛促和谐”,由幡鼓齐动十三档、祈福迎祥过大年、非遗项目展绝活、民俗展览忆往昔、祭祀仪式祈祥瑞、传统曲艺大舞台、儿童游艺大荟萃、东岳论坛话礼仪、东岳讲堂传礼仪、龙年妙笔送春联等十大版块组成。庙会接待中外游客6万余人次。

（李雪梅）

【重要会议】 2月22日，召开深化创建国家公共文化服务体系示范区暨文化工作会。总结文化建设主要成绩，明确建设文化朝阳十大行动主要任务，重点部署深化创建国家公共文化服务体系示范区工作。3月1日，召开文化市场管理（扫黄打非）工作会。学习传达中央及北京市相关领导讲话精神，部署2012年文化市场管理（扫黄打非）及2012年全国“两会”期间文化市场管理（扫黄打非）工作方案。3月29日至30日，召开系统工作会，总结2011年文化工作，研讨、部署2012年重点工作。6月21日，召开文化委系统人才工作会。总结人才工作成绩、经验及不足，提出下一步重点任务。表彰32名优秀人才、2个先进集体、15项优秀文化成果。9月20日、10月12日，分别召开街道、农村系统国家公共文化服务体系建设汇报会。24个街道、19个地区办事处（乡）汇报本街道、地区（乡）公共文化建设总体情况、国家公共文化服务体系示范区创建工作进展及下一步计划。10月11日，召开文化委系统第一届妇女代表大会。选举产生11名妇委会委员。文化委纪委书记吕玫任妇委会主任、组宣人事科科长张维维任妇委会副主任。12月27日，召开公共文化建设工作会。表彰2012年度示范团队6支、品牌团队17支、优秀团队42支、特色团队16支；总结2012年公共文化建设成果，部署2013年文化工作；邀请上海华夏社会发展研究院相关专家授课，对43个街乡近百名文化工作主管领导及负责人进行公共文化服务测评指标体系操作手册及档案模板培训。

（李雪梅）

【数字文化社区启动仪式】 2月23日，在潘家园街道图书馆举行北京市数字文化社区启动仪式。文化部社文司司长于群、区委书记陈刚、市文化局局长肖培和市委宣传部副部长张淼共同为潘家园数字文化社区揭牌。“数字文化社区”将有线电视线路引入街道社区文化站，依托高清交互平台，结合互联网无线技术，创建多媒体、跨平台、多终端的文化信息资源共享平台。该平台整合首都图书馆、艺术院团、文化共享工程等渠道信息并加以利用，能够传播300万册电子图书、1万种电子期刊、2000种中华文化视频、1万种50万册古籍、2万场讲座及专题视频等数字化文化信息资源。

（李雪梅）

【创建公共文化服务体系示范区】 3月19日至20日，文化部督查组到朝阳区督导检查朝阳区首批创建国家公共文化服务体系示范区工作。督查组检查了25项指标31卷档案材料，包括创建规划、制度设计研究方案、创建宣传方案、专项资金管理方案等制度文件；实地考察了“春分·朝阳”民俗文化节日坛祭日活动及潘家园数字文化社区、南磨房地区博物馆、黑庄户乡郎各庄村文化活动室、快板刘文化大院的免费开放、设施建设、活动开展和管理服务等情况；向全区基层文化干部和社区群众发放55份调查问卷，调查创建工作和公共文化服务满意度。督查组综合各方面考察、调查结果，认为朝阳区创建工作扎实、有效，并在《督查通报》中刊发朝阳区专题信息。

（李雪梅）

【日坛祭日典仪】 3月20日（春分）上午10时，在日坛公园举办“日坛祭日典仪”，活动分为介绍典仪渊源、卤簿仪仗表演、祭祀礼仪表演三个板块，现场参观1000余人次。

（李雪梅）

【区委书记陈刚介绍创建经验】 3月29日，区委书记陈刚在全国创建国家公共文化服务体系示范区城市市长培训班上，介绍朝阳区创建经验。陈刚从朝阳区基本区情和文化资源状况、文化在全区发展中的重要性等方面，阐述朝阳区公共文化资源、国际文化资源、文化产业资源等区位优势，着重介绍了朝阳区“三个体系、三个机制”做法。三个体系分别为：组织保障体系、政策保障体系、资金保障体系；三个机制分别为协调联动机制、社会参与机制、绩效评价监督机制。当日《中国文化报》全文刊登陈刚讲话。

（李雪梅）

【“2+5”公共文化服务评价指标体系】 3月，与上海华夏社会发展研究院合作开展“构建朝阳区公共文化服务评价指标体系”课题研究项目，制定朝阳区“2+5”公共文化服务评价指标体系（2个评价指标体系：《朝阳区公共文化服务评价指标体系》、《朝阳区街乡公共文化服务评价指标体系》；5个绩效考核指标体系：《朝阳区文化馆绩效考核指标体系》、《朝阳区图书馆绩效考核指标体系》、《朝阳区博物馆绩效考核指标体系》、《朝阳区街乡文化中心绩效考核指标体系》、《朝阳区社区（村）文化活动室绩效考核指标体系》）。9月19日至21日，邀请上海华夏社会发展研究院作为第三方测评人，根据文化部国家公共文化服务体系示范区创建指标要求，以“2+5指标评价及绩效考核体系”为标准，开展公共文化服务绩效测评工作。测评对象为43个街乡文化中心和240个社区（村）文化活动室。

（李雪梅）

【中国特色世界城市论坛】 4月7日，在国际贸易中心举行第三届中国特色世界城市论坛。包括一个主论坛和三个分论坛。主论坛围绕“推进公共文化服务，建设先进文化之都”主题，研讨提升文化软实力、公共文化服务体系发展战略和建设具有世界影响力的文化中心城市路径选择等宏观理论。三个分论坛包括:公共文化服务体系建设论坛、2012中国文化产业资本论坛、传统文化与城市精神论坛。三个分论坛分别以国家公共文化服务体系示范区创建与公共文化服务长效机制研究、创新金融服务体系助推文化产业发展、传统文化的传承和创新与城市精神的建构为主题展开讨论。

(李雪梅)

【"书香朝阳·全民阅读"活动】 4月23日,启动第三届"书香朝阳·全民阅读"活动。活动以推动国家公共文化服务体系示范区创建和朝阳文化大发展大繁荣、弘扬"北京精神"及关注弱势群体为重点,以"书香朝阳"特色读书活动为依托,在全区范围内推广"十、百、千、万"朝阳阅读计划:"十"即举办十次面向全区不同读者群的大型读书活动;"百"即举办百场公益文化讲座、建成百个"社区数字文化站"、完成三百次送书下基层任务;"千"即举办千次亲子阅读辅导活动;"万"即万种以上新书入藏朝阳。

(李雪梅)

【第七届朝阳流行音乐周】 4月28日至5月1日,在朝阳公园和朝阳体育中心分别举行第七届朝阳流行音乐周。两地共搭建5个舞台、2个特色活动区,举办43场演出。期间,朝阳公园入园56500人次,朝阳体育中心入场5500人次。

(李雪梅)

【"博物馆与大众生活"主题活动】 5月17日,北京民俗博物馆举办"博物馆与大众生活"主题活动。活动包括一个展览、一本图册、一个集市、一场讲座、一场民间工艺展示和一场学术座谈会6个部分。

(李雪梅)

【世界文化遗产日活动】 6月8日,第13个世界文化遗产日,区文化馆举办"念旧——准非物质文化遗产收藏展",展出"准非遗"藏品13件。藏品包括履带式东方红拖拉机、国人为教堂制作的第一口洋钟、"面的"、50年代碳晶电影放映机、老照相馆里的立式相机等老物件,展览为期2天。6月8日至20日,在区文化馆朝阳艺苑展厅举办"国色天香——朝阳区非物质文化遗产保护成果展",活动由区文化馆与区档案局合办,6月21日转至区政府大院继续展示,之后在全区43个街乡巡展,9月16日结束。

(李雪梅)

【群众文化队伍】 6月,开展朝阳区群众文化品牌团队认定工作,评选出包括舞蹈、合唱、器乐、戏曲等类别的朝阳区示范团队、品牌团队、优秀团队、特色团队共81支,区政府给予380万元资金奖励。

(李雪梅)

【大学生戏剧节】 8月3日,"2012金刺猬大学生戏剧节"开幕,戏剧节由区文化委承办,为期两周,共有14个剧目26场演出。北方工业大学艺术团话剧队的《青春地平线》剧组摘得"金刺猬奖",浙江农林大学梵风剧社的《六羡歌》剧组获"优秀舞台美术奖",中央民族大学话剧团《小丑与孤儿》小丑扮演者夏依麦尔丹·狄力木拉提获"优秀表演奖",湖南师范大学先锋戏剧社的《幸福勿语》获得"最佳演出奖",最佳剧本奖空缺。

(李雪梅)

【盲文图书馆揭牌】 10月15日(第29个国际盲人节),在朝阳区图书馆举行中国盲文图书馆朝阳区支馆揭牌仪式。中国盲文出版社社长、总编辑、中国盲文图书馆负责人张伟,首都图书馆副馆长邓菊英为支馆揭牌。朝阳区支馆配置盲文图书100余种、1000余册,视听资源2000余件及扩视仪、听书郎、读屏软件等设备,能够与中国盲文图书馆共享文献资源、活动资源、培训资源及读者资源。

(李雪梅)

【新年音乐会】 12月23日,在世纪财富中心举行"朝阳区2013年新年音乐会——戴玉强师生演唱会暨朝阳区文联新春联谊会"。市、区领导及其他区县文联协会成员、朝阳艺术团部分成员等700余人参加活动。

(李雪梅)

【文化设施建设】 年内,区图书馆新馆建设进入精装修施工阶段。垡头地区文化中心对外开放。劲松文化中心、香河园文化中心装修改造项目完成立项,进入设计、评审阶段。常营地区文化中心进行装修立项准备。

(李雪梅)

【文化遗产保护】 年内,完成全国第一次可移动文物普查试点工作,普查国有企、事业单位6338家,收集13596件套国有可移动文物普查数据。修缮东岳庙,将东岳庙监控技防改造工程列入国家文物局技防改造名单。在市文物局立项修缮显谨亲王墓享殿、王四营肃慎亲王敬敏墓、善各庄关帝庙、英家坟关帝庙、十八里店双龙寺等5处古建,抢修张翼祠堂、真武庙、普门寺等3处文物。

(林理平)

【行政许可】 年内,梳理和完善行政许可依据,明确许可9项、备案6项。完成出版物零售单位年检换证工作。开展艺术品经营单位备案登记工作。全年共受理行政许可459件,做出许可决定453件,现场核查105次,检查场所242家。

(何 晶)

【图书馆业务】 年内,办理借书证18929个;图书外借总量656324册次,报刊外借总量13650册次,流通436658人次;送书下基层301次、152939册次;新购文献236437册件、报刊869种、电子视听文献350件;交送图书145320册;全年举办各种活动451次,67809人直接参加。其中:组织外语大课堂236场;朝阳文化讲堂组织讲座62场;开办法律咨询、讲座及广场活动101场;其他活动52场。图书配送服务301次,306839册;提供流动图书馆现场阅读服务24次,提供书刊24000册,受众5246人;2012年新建数字文化社区70家,新建及补充益民书屋112家,为益民书屋配送新增图书153900册。

(何　晶)

【文化市场管理】 年内,区文化市场管理(扫黄打非)工作领导小组各成员单位及43个街乡共组织检查18876次,出动执法检查人员53423人次,检查各类场所36844家次。其中,检查图书、报刊、电子出版物经营单位12986家次,印刷复制企业425家次,音像制品经营单位3615家次,演出活动及单位145家次,歌舞娱乐场所2706家次,电子游艺经营场所209家次,互联网上网服务营业场所6330家次,电影放映场所118家次,798等各类艺术园区工作室8536家次,卫星电视接收设施使用单位1774家次。组织安全生产例会12次。

(何　晶)

【获奖情况】 年内,区文化馆被评为全国文化体制改革先进单位,其"民工影院"品牌项目获文化部"全国农民工文化服务示范项目"。区图书馆获"全国军警民共建社会主义精神文明先进单位"称号。区文化委、北京民俗博物馆均被评为北京市文物安全工作先进单位。区文化委行政执法队获2010—2012年度北京市新闻出版(版权)工作先进集体。区文化委被评为2011—2012年度北京"扫黄打非"暨文化市场管理工作先进集体。区文化市场管理(扫黄打非)工作领导小组办公室被评为"全国扫黄打非"先进集体。北京民俗博物馆"我们的节日——民俗游园会"主题活动被评为北京市爱国主义教育基地示范活动。北京民俗博物馆被命名为北京市社会科学普及试验基地。区文化委副主任、文化馆馆长徐伟获"北京市年度非遗保护贡献奖"。区文化委行政执法队副队长李钧被评为2011—2012年度北京市"扫黄打非"暨文化市场管理工作先进个人。

(何　晶)

文　联

【概况】 北京市朝阳区文学艺术界联合会(简称朝阳区文联)为区级群众团体,有7个协会和1个艺术团。分别为:朝阳区书法家协会、朝阳区美术家协会、朝阳区民间文艺家协会、朝阳区舞蹈家协会、朝阳区文学创作协会、朝阳区摄影家协会、朝阳区音乐家协会和朝阳艺术团。行政编制6名。负责所属文艺家协会的联络、协调、服务和管理工作;负责组织、开展地区文学艺术活动。截至2012年底,7个协会及朝阳艺术团共有会员、团员6500余名。直属单位有朝阳书画院。行政编制3名,级别正科。年内,开展创建全国公共文化服务体系示范区工作,组织各协会开展摄影比赛、对外文化交流活动,打造"旋舞朝阳"、"镜头中的朝阳"品牌活动;举办"朝阳区书画精品展"、"朝阳书法名家讲坛"展览展示活动;出版《芳草地》报纸等。组织专业文艺工作者辅导各街乡文艺爱好者,发现和培养文艺人才,不断壮大朝阳区文艺宣传队伍,促进地区精神文明建设。完成朝阳区新年音乐会暨文联新春联谊会、"三下乡"、双拥慰问等系列宣传活动和重大演出等工作。

地址:朝阳区东大桥路8号尚都国际中心303房间

电话:58701210、58701235

邮编:100020

电子邮箱:chaoyangquwenlian@163.com

(刘向菲)

【朝阳区音乐家协会成立】 1月17日,朝阳区音乐家协会(简称朝阳区音协)成立。著名歌唱家李光羲等9人担任艺术顾问,中国广播电声乐团团长魏金栋等8人担任名誉主席。著名歌唱家戴玉强担任音协主席,花腔女高音歌唱家吴霜等8人担任音协副主席,首批会员82人。朝阳区音乐家协会是一个由各民族音乐家及贡献突出的优秀音乐人才组成的群众性音乐团体,除知名艺术家外,凡居住或工作在北京并在音乐创作、表演、教育、编辑等领域有一定造诣的音乐工作者和音乐爱好者,均可申请加入该协会,驻区中直艺术院团、北京市属院团、驻京部队艺术院团、艺术院校及群众优秀音乐团体视同于团体会员。

(刘向菲)

【"龙年祥瑞"民间艺术展】 1月20日,在中华世纪坛举办"龙年祥瑞"朝阳区民间艺术展,展览由区文联、区民间文艺家协会联合举办。30余位民间工艺大师和非物质文化遗产传人的200余(件)套作品参展,展出风筝、剪纸、面塑、毛猴、脸谱、泥彩塑等20余个项目。

(刘向菲)

【"华彩朝阳·文化荟萃"演出活动】 4月23日,组织第二届北京国际电影节·电影嘉年华朝阳主题日"华彩朝阳·文化荟萃——朝阳艺术团走进电影嘉年华"演出活动。活动立足宣传朝阳、展示朝阳,推介朝阳,体现朝阳区现代、时尚、大气、包容特色。活动期间,分别举办了日场和晚场两场文艺演出,推出了以电影为主题的精品节目。

(刘向菲)

【"旋舞朝阳'昆泰杯'"舞蹈大赛】 6月,举办"旋舞朝阳'昆泰杯'"第五届舞蹈大赛。赛事由区文化委、文联、朝阳艺术团、昆泰集团、区舞蹈家协会联合举办。全区68支代表队1000余人参加初赛,33支队伍进入决赛。高娃舞蹈团的《红河礼赞》、东郊社区舞蹈队的《再唱山歌给党听》、朝阳区残疾人艺术团的

《春天的话语》、百合花舞蹈团的《京山姑娘》等作品获金奖,27支代表队的作品分获银奖、铜奖、最佳华彩奖及原创舞蹈作品一、二、三等奖。33个单位获组织工作奖。7月5日在大隐剧院举行颁奖仪式和闭幕式汇报演出。

（刘向菲）

【参加华北五省市舞蹈比赛】　7月15日,区文联选送10个舞蹈作品参加第六届华北五省市舞蹈比赛,8个作品入围决赛并获奖。其中,表演类获一等奖6个,二等奖1个,特别奖1个;7个作品获创作一等奖;区文联、区舞蹈家协会获优秀组织奖。

（刘向菲）

【获奖情况】　9月14日,在第十九届《京华之声》合唱音乐会上,区文联、区音乐家协会选送的凤朝阳合唱团表演的节目获"第十九届京华之声合唱音乐会"优秀演唱奖,凤朝阳合唱团获优秀合唱团奖。在"庆祝党的十八大胜利召开 绽放北京精神"2012年北京市区县(局)、产(行)业文联优秀文艺节目展演中,区文联推荐的舞蹈《歌舞青春》获评委会特别奖;快板《北京精神北京人》获三等奖。朝阳区音乐家协会主席、朝阳艺术团专家委员会专家戴玉强获第11届CCTV—MTV音乐盛典最高荣誉奖项——"音乐特殊贡献奖"。区美术家协会主席纪清远、副秘书长平川荣获第二届"艺术水立方"杯国际书画大展暨"2012(伦敦)奥林匹克美术大会——中国区巡展"金奖。区美术家协会理事卢平的国画作品入选"2012(伦敦)奥林匹克美术大会——中国区巡展"。区书法家协会主席沈莉入选中国知名女书法家精品展和历届兰亭获奖作品展,刘榈洪、徐伟、程度等入展第4届中国中青年书法家优秀作品邀请展;刘榈洪、王宁、郭勇等27人书法作品入展第16届北京书法篆刻精品展;徐右冰获中国书法家协会2011年度佳作奖、第4届兰亭奖三等奖;廖鸿业入展全国第三届隶书大展、"百里杜鹃"全国书法作品展以及全国第二届篆书展;书协理事郑学军获全国第2届篆书作品展优秀作品奖。

（刘向菲）

【参加京华之声合唱音乐会】　9月14日,"第十九届京华之声合唱音乐会"在中央民族音乐厅开幕。音乐会由中国合唱协会、朝阳区文学艺术界联合会、朝阳区音乐家协会共同主办。北京、河北、山西、内蒙古等省市(自治区)的39支合唱团参加音乐会。朝阳区音乐家协会选送的凤朝阳合唱团演唱了《伊犁姑娘》、《回家》、《欢乐海》三首参赛歌曲。

（刘向菲）

【"走进CBD精彩看朝阳"演出】　9月22日,在北京电视台剧院举行大地情深——国家公共文化示范区创建城市(朝阳区)群众文化展演"走进CBD精彩看朝阳"大型文艺演出。演出是"2012北京CBD商务节"系列活动之一,由文化部主办,市文化局和朝阳区政府承办。演职人员以朝阳艺术团成员为主,吸收部分国际友人参加。著名歌唱家戴玉强、吴碧霞献唱。

（刘向菲）

【"镜头中的朝阳"摄影比赛】　11月,举办第三届"镜头中的朝阳"——《朝阳之秋》摄影比赛。"镜头中的朝阳"是朝阳区摄协的品牌项目,包含"春夏秋冬"四个主题。本届比赛题目为《朝阳之秋》。1300余幅作品参赛,入选作品70幅。聘请陈长芬、于云天等5位知名专家担任评委,评出一等奖2名,二等奖4名,三等奖10名,优胜奖30名。比赛于12月4日结束。

（刘向菲）

【出席中国摄影家协会代表大会】　12月9日,朝阳区摄影家协会会员于云天、于志新、王越、王文澜、叶用才、李舸、刘占坤、徐勇、秦大唐等9人出席中国摄影家协会第八次全国代表大会,于云天、王越、王文澜、叶用才、李舸、徐勇等6人当选中国摄影家协会理事,朝阳区摄影家协会顾问李舸、王文澜当选中国摄影家协会副主席。

（刘向菲）

【摄影交流】　年内,区文联、区摄影家协会分别与内蒙古鄂温克旗摄影家协会、美国旧金山华艺摄影学会举行国内、外摄影交流活动。5月13日,在北京CBD摄影器材城举办《呼伦贝尔美 兴安杜鹃红——内蒙古鄂温克旗摄影作品展》,展出作品130余幅。11月3日,在北京CBD摄影器材城举办《美国西部风光摄影展》,展出作品80幅。6月17日,赴内蒙古鄂温克旗博物馆举办"人文北京·魅力朝阳——镜头中的朝阳"摄影展览,展出作品150幅。该展览为朝阳区摄影家协会成立后首次与外省市摄协合作办展。9月13日,赴美国旧金山举办《镜头中的朝阳》大型摄影展,展出作品100幅。赴美交流是区文联、区摄影家协会首次国外办展。区摄影家协会跟踪拍摄赴美期间展览现场及其他相关活动,并制作形成汇报成果,于10月20日在区政府一层大厅举办《镜头中的朝阳——赴美交流汇报展》,展出作品80幅。展览于11月3日结束。

（刘向菲）

【"朝阳区摄影采风"成果展】　年内,与区社会办签署购买"朝阳区摄影采风"社会管理服务项目,文联组织朝阳区摄影家协会会员追踪拍摄21个服务项目并制作形成"朝阳区摄影采风"工作成果。8月3日至11日,在区政府一层大厅举办"朝阳区摄影采风"图片展。

（刘向菲）

【协会活动】　年内,区摄影家协会与区委党校、CBD摄影器材城合作举办15次摄影沙龙活动,举办社区摄影讲座30场(次),举办蓝调庄园摄影采风活动1次。民间艺术家协会在世界博物馆日举办“百工坊”民间工艺展示活动、参与2012年朝阳区暑期未成年人经典诵读暨传统民俗文化体验活动。区文联、区摄影家协会与中国摄影家协会共同举办“万名摄影志愿者·万幅作品送万家”走进朝阳图书馆公益活动。文学协会出版《芳草地》报4期。朝阳书画院举办《喜庆十八大 笔墨颂朝阳——朝阳区书画精品展》、《中国艺术研究院2011级美术类博士书画作品展》。书法家协会举办“朝阳书法名家讲坛”，开展书法创作、征集及现场写春联活动（书法家协会会员于农历腊月二十三在东岳庙门前现场书写春联并赠送市民）。美术家协会举办名家讲座。

（刘向菲）

【自身建设】 年内，协助区审计局完成文联2011—2012年度审计工作。完成文联网改版和重建工作，建立短信群发平台。为1000余名文联会员核发会员证。

（刘向菲）

【朝阳艺术团】 年内，完善朝阳艺术团“三库”（节目库、演员库、文化能人库）组织体系建设。“三库”有节目数量561个、演员504人、文化能人80人。

（刘向菲）

【完成系列演出任务】 年内，完成系列演出任务。包括：“2012年朝阳区迎新春双拥慰问演出”暨朝阳艺术团首场演出；“军民同心铸辉煌”庆祝建军85周年双拥慰问演出等重大活动。朝阳艺术团开展社区演出、“三下乡”演出及配合相关单位演出239场。

（刘向菲）

新闻传播

【概况】 朝阳区广播电视新闻中心成立于2003年6月，是在原朝阳区广播电视局、朝阳区新闻中心、朝阳有线电视、朝阳报社、朝阳区有线电视网络中心基础上组建而成，隶属于中共朝阳区委和朝阳区人民政府，是受区委宣传部直接领导的全额拨款事业单位。负责朝阳区新闻宣传和新闻宣传队伍建设工作，是北京市率先实行全员聘用制的区级广播电视新闻机构，下属《朝阳报》、朝阳有线电视和朝阳新闻网3个媒体平台。中心编制120人，现有员工165名，下设办公室、总编室、人事科、财务科、资料室、新闻科、采访部、编辑部、要闻内参科、技术部、专题制作组和朝阳传媒影视技术服务中心等12个部门。朝阳有线电视有3个电视播出频道：在北京电视台公共频道以每天3个时段、共4.5小时播出（7:30—9:00；12:30—14:00；19:30—21:00）；通过朝阳有线28频道和北京歌华有线电视网络股份有限公司“801朝阳社区频道”6:00—24:00播出。《朝阳报》每周一、三、五出报，每期发行5万份。朝阳报副刊《社区生活》每周四出刊，发行量5万—6万份。朝阳新闻网每年点击量数百万次。

地址：六里屯西里3号

电话：65025172

邮编：100026

电子邮箱：gdzxbgs@bjch.gov.cn

（李 卉）

【《朝阳报》出刊】 年内，《朝阳报》围绕全区中心工作，制作若干特色栏目、专栏。分别开设《实事连民心》、《关注民生》、《百姓故事》和《身边幸福事》民生工作栏目；《文化朝阳》、《基层文化建设巡礼》公共文化服务体系建设及文化惠民专栏；《北京精神在朝阳》、文明城区创建成果宣传专栏；《科学发展 辉煌五年——奋进中的朝阳》十八大宣传报道专栏；“7·21”北京特大暴雨《记者亲历》、《人物写真》、《雨中见闻》、《真情讲述》、《记者走基层》、《新闻特写》、《网上真情》、《温馨提示》抢险救灾专栏。全年出刊140期，社区生活副刊出版47期，专版专刊105个。

（李 卉）

【朝阳有线电视播出】 年内，朝阳有线电视《朝阳新闻》栏目结合阶段宣传重点，根据相继开辟《劳动者之歌》、《科学发展 辉煌五年》、《科学发展 旗帜飘扬》、《身边的博物馆》、《身边的感动》、《喜迎十八大》、《聚焦十八大》等10余个版块。全年采编新闻3500条，制作播出《朝阳新闻》260期，《一周新闻综述》46期。拍摄区委区政府重要活动专题片40余部。完成各级领导和部门临时交办资料拍摄任务120次，全程录制任务50余次。分别于6月和12月，完成区政府为民办实事工程电视片汇总拍摄任务；为农工委策划组织庆“七一”争先创优总结活动；派专业人员随行拍摄区人大赴云南学习、政协赴黑龙江考察、区委区政府赴西藏慰问援藏干部、国声京剧团赴美演出等活动专题片。与区司法局、人力社保局、电子城管委会、区妇幼保健院、人口计生委、教委、农委、地税局、残联等单位合作，制作播出《和谐在线》、《与法同行》、《人力社保》、《走进朝阳教育之名师名校》、《幸福2+1》、《人口视窗》、《迈向城市化》、《聚焦电子城》、《地税你我他》、《同在蓝天下》、《名师讲堂》等11个栏目共380期节目，总时长10000余分钟。

（李 卉）

【合作办报】 年内，《朝阳报》拓展社区报道模式，与和平街街道、酒仙桥街道、团结湖街道、区慈善协会、区第二医院、区残联等13家单位合作办报。分别是《和平家园》、《酒仙桥》、《团结社区》、《慈善朝阳》、《朝阳二院报》、《春雨》、《三里屯》、《左讯》、《来广营报》、《志愿朝阳》、《朝阳教育报》、《朝阳城管报》和《朝阳房管报》。

（李 卉）

【朝阳传媒进社区】 年内，组织开展朝阳传媒进社区活动。活动以“践行北京精神 携手传递文明”为主题，先后走进亚运村、将台、麦子店3个地区开展文艺汇演、免费义诊、爱心募捐等系列活动。期间，《朝阳报》、朝阳有线电视跟进推出亚运村、将台、麦子店“朝阳传媒进社区”宣传周活动。

（李　卉）

【外宣工作】 年内，策划反映朝阳区经济发展、社会民生建设等各类新闻发布会60场次；每周组织一次新闻发布会和媒体集中采访；在中央及市属媒体上发稿量25000余篇次，比上年增加5000余篇次。其中，成就和经验性报道23000余篇次，占全年报道的92%；在《北京日报》头版报道数量与频率均居全市之首。

（李　卉）

【朝阳新闻网点击率】 年内，将《朝阳工会》、《陪你逛街》、《幸福2+1》、《与法同行》、《同在蓝天下》、《聚焦人力社保》等20余个电视栏目的视频内容更新在朝阳新闻网上，电视播出和网络传播基本实现同步进行。朝阳新闻网成为日均更新文字新闻2万余字、视频新闻70余分钟的专业新闻网站，年点击量700万次。

（李　卉）

【朝阳传媒影视技术服务中心】 年内，朝阳传媒影视技术服务中心以500平方米高清演播室为核心的技术平台先后服务于深圳卫视、河南卫视、浙江卫视、北京卫视等频道，录制完成访谈、综艺、产品发布等类型节目240余场，并为GTV电子竞技频道提供技术保障。5月，与GTV电子竞技频道签约，该频道整租定福庄影视技术服务中心500平方米高清演播室1年，合同金额400万元。

（李　卉）

潘家园国际民间文化发展有限公司

【概况】 潘家园国际民间文化发展有限公司（简称潘家园文化公司）是朝阳区国有资本经营管理中心下属的国有独资企业，由区国有资产监督管理委员会监管。公司设董事会、监事会、经理层、党总支、工会、妇委会和共青团，下设1室5部，员工编制33人，年内实有22人，经营范围：销售工艺品及收藏品、字画、家具、日用杂品、珠宝首饰；组织文化艺术交流活动（不含演出）；承办展览展示活动；从事投资及投资管理等活动，并对经营管理的国有资产承担保值增值责任。子公司北京潘家园旧货市场有限公司，公司员工编制72人，年内实有57人。市场位于华威里18号，占地49207平方米，经营面积26000平方米，分为地摊区、古建经营区、古典家具区、现代收藏区、石雕石刻区、休闲服务区、停车场等7个区域，经营摊位4000余个，直接从业人员近万人。子公司北京潘家园古玩艺术品文化传媒有限公司，员工编制28人，年内实有24人，主要从事设计、制作、代理、广告发布；承办展览展示；组织文化艺术交流活动（演出除外）等生产经营活动。年内，公司资产总额48922万元，负债总额8190万元，所有者权益40731万元，利润总额3199万元，上交税费1399万元。

地址：华威里18号
电话：67741869
邮编：100021
官网：www.panjiayuan.com

（王丽梅）

【主题活动】 1月21日至29日，举办潘家园第四届春节交易会（庙会）；潘家园波兰琥珀节主题展；3月17日至25日，举办潘家园第五届精品字画展；4月12日至15日，举办第十二届全国连环画交易会；4月19日，举办垂杨柳学区美术教师作品展；4月28日至5月6日，举办潘家园第三届雕刻艺术精品展；5月14日至22日，举办朝阳区首届家庭文化节暨家庭文化收藏展；5月31日至6月11日，举办波兰琥珀及民间工艺品展览会；6月22日至24日举办陆林深书法理念展；6月30日至7月8日，举办电影·北京—潘家园首届电影主题展；7月28日至8月5日，举办潘家园第五届茶文化节——茶具精品展；8月16至19日，举办潘家园第十三届全国连环画交易会；10月6日至7日，举办民间旧货交易会；11月3日至11日，举办潘家园第五届非物质文化遗产手工艺品交易博览会。

（王丽梅）

【外国政要参观购物】 5月12日，塔吉克斯坦外长哈姆罗洪·扎里菲及驻中国大使馆大使到潘家园旧货市场参观购物。6月5日，俄罗斯副总理托济克一行3人到潘家园旧货市场参观购物。9月15日，波兰外交部部长拉多斯瓦夫·西科尔斯基携夫人、波兰驻华大使塔德乌什·霍米茨基参观游览潘家园旧货市场。

（王丽梅）

【红色收藏展交会】 9月14日至16日，举办第九届全国红色收藏展览交易会暨潘家园首届全国红色收藏品拍卖会。9月15日，举办潘家园第二届全国红色收藏品专场拍卖会。拍卖会共征集全国20余个省、市藏品近200件。来自全国20余个省、市、自治区的数百名藏友参加。

（王丽梅）

【中国国际珠宝展】 12月12日至16日，组织18家珠宝玉石商户参加“2012中国国际珠宝展”。设置27个展位，聘请北大宝石鉴定中心专家现场鉴定参展珠宝。至此，公司已连续两年参加“中国国际珠宝展”。

（王丽梅）

【妇女委员会成立】 12月21日，召开潘家园文化公司妇女委员会成立大会。公司妇女委员会筹备组作工作报告，会议审议通过《潘家园国际民间文化发展有限公司第一次妇女代表大会选举办法》，选举安保华、曹宇、王丽梅为第一届妇女委员会委员,曹宇为妇女委员会主任。

(王丽梅)

【珠宝玉石鉴定培训班】 年内,与北大宝石鉴定中心合作,开办珠宝玉石鉴定培训班。培训班聘请北大宝石鉴定中心专家授课,潘家园文化公司提供场地,每年两期,培训时间分别为4月7日至5月27日,6月16日至7月29日,每期学员20余人。培训班已连续举办两年。

(王丽梅)

朝阳规划艺术馆

【概况】 朝阳规划艺术馆于2010年3月16日正式开馆,是朝阳公园管理处所属的差额拨款事业单位。下设综合办公室、文化传媒部、3D事业部、市场部、运营保障部和社会教育部等6个部门,正式员工49人。规划艺术馆致力于展示地域文化,策划群众文化,传播时尚文化,体验以3D为主题的创意文化。在多元文化品牌基础上,形成"以承办北京CBD商务节为标志的政府活动"、"以群众文化活动为主体的公益活动"、"以建设国内首家3D体验中心为目标的文化创意活动"以及"以新品发布为主题的时尚商业活动"四大板块活动体系。全年接待参观2.5万余人,接待团体176个,其中贵宾团体120个。承办以"CBD国际商务节"为代表的政府活动20余项。被中央宣传部选定为干部培训定点参观学习基地,成为团市委社区青年汇、区级市民学习基地以及处级干部和初任公务员现场教学培训基地。年内,规划馆被授予北京市爱国主义教育基地、北京市红色旅游景点、"北京地区百家社会单位旅游开放日"定点场馆和朝阳区文化旅游示范单位。

地址:朝阳公园南路1号

电话:65859050

邮编:100125

官网:www.t－space.com

(尤菁茁)

【规划艺术馆网站建设】 2月7日,规划艺术馆网站编辑部成立。主要负责统筹网站建设和内容策划,编辑、审定网站栏目,审核、发布、上报规划艺术馆信息,收集、整理、发布政府和行业资讯及其他馆外信息等,负责馆内网络的技术支持及安全保障。3月17日,规划艺术馆改版网站正式上线,并于11月17日建设完成,验收合格。

(尤菁茁)

【规划艺术馆"两会"】 2月29日,在3D剧场召开规划艺术馆一届四次职工大会、一届三次工会会员大会。馆长杨军、党支部书记乔晴分别作《2012年度工作展望》、《2011年工会工作》报告;杨军与各部室签订2012年度重点工作任务书;会议表彰了2011年度先进个人和集体。

(尤菁茁)

【开馆两周年庆典】 3月17日,在3D大剧场举行规划艺术馆开馆两周年庆典暨朝阳规划艺术馆与北京电影学院数字媒体技术研究所战略合作意向书签约仪式。《意向书》规定:签约双方联合拍摄3D版城市实景纪录片《朝阳最美24小时》,并以规划艺术馆多媒体展陈设备、北京电影学院数字媒体技术研究所相关3D技术和设备为依托,合作建设大学生实习、创业基地与影视作品展示、3D电影拍摄基地等项目,合力推动中国3D技术与创意在技术和专业方面的升级发展。

(尤菁茁)

【2012中国文化产业资本论坛】 4月7日,举行第三届中国特色世界城市论坛专项论坛——"2012中国文化产业资本论坛"。论坛以"创新金融服务体系,助推文化产业发展"为主题,邀请文化产业专家学者、金融机构高级管理人员、大型文化投资集团总裁、文化创意企业代表300余人,围绕"金融扶持文化产业的政策解读与前瞻"、"文化创意产业多层次金融服务体系建设"、"文化产业私募股权融资模式与趋势"话题展开探讨和交流。

(尤菁茁)

【单身青年交友活动】 5月3日、7月6日、9月7日,分别举办"心动北京全城热恋——我和春天有个约会、夏一站幸福、秋日恋歌"系列大型交友活动。活动由团市委、市青联和世纪佳缘团委联合主办,规划艺术馆协办。累计900余名单身人士参加活动。

(尤菁茁)

【3D体验中心创意基地】 5月18日至21日,参加第八届深圳文博会北京文化创意产业展区项目,与北京电影学院正式签约,联合摄制3D版城市实景纪录片《朝阳最美24小时》。市委常委、宣传部部长、副市长鲁炜出席签约仪式。

(尤菁茁)

【旅游开放日启动仪式】 5月19日,举行"北京地区百家社会单位设立旅游开放日"启动仪式。规划艺术馆被列入第二批北京地区旅游开放社会单位名单。启动仪式后,定期向公众免费开放3D、4D影院,活动当天吸引社会公众1000余人参观体验。

(尤菁茁)

【展览展示】 5月25日至6月8日,举办纪念中国计划生育协会成立32周年暨第二届"五月朝阳"摄影展,展出249幅作品,参观人数一万余人。展览以"践行北京精神、创建幸福家庭、构建和谐人口"为主题,由朝阳区人口计生委、计生协会和区摄影家协会联合举办。

(尤菁茁)

【国学推广行动】 6月21日,在3D大剧场举行"2012年朝阳区国学推广行动'传统与创新'青年大讲堂"。北京市民间文艺家协会民俗委员会副主任、区民协顾问、中国商业联合会百集"中华老字号"顾问王作楫讲述《传统文化与青年发展》,200余名青年观众听讲。

(尤菁茁)

【百姓大舞台群众文化活动】 7月7日,在T空间举行"2012北京中老年舞蹈大赛"。12个区县的16支队伍参加比赛。赛事由规划艺术馆主办。14支队伍进入决赛,朝阳区麦子店街道舞蹈队《京之韵》获一等奖,朝阳区八里庄街道红袖舞蹈队《快乐摆呀摆》、朝阳区潘家园街道追梦舞蹈团《老来伴》获二等奖,东城区崇外伍零舞蹈团《玉树的春天》、石景山广宁艺枫舞蹈队《遥望》、大兴亦庄红星舞蹈团《天路》获三等奖。

(尤菁茁)

【《朝阳最美24小时》图片展】 9月13日,在T空间和水云间举办朝阳区3D版城市实景纪录片《朝阳最美24小时》小型图片展,展出17幅图片,所展图片全部是《朝阳最美24小时》拍摄过程的图像记录。

(尤菁茁)

【2012北京国际金融论坛】 9月17日,举行由中国社会科学院金融研究所、朝阳区政府、北京CBD商务节组委会主办的"2012北京国际金融论坛"。

(尤菁茁)

【中国国际友好文化节】 11月22日,举办第十五届中国国际友好文化节"时尚耀中华——驻华使节霓裳展演"。文化节由中国国际友好文化节组委会、中国国际友谊促进会、朝阳区政府联合主办。中国国际友好文化节组委会秘书长崔永安,副区长汪洋,百余位国家驻华使节及相关中央部委领导出席活动。

(尤菁茁)

【"源创新与源管理"知识讲座】 11月29日,在3D大剧场举行"源创新与源管理"专场讲座,规划艺术馆邀请北京大学纵横商学院院长王家骢老师讲授现代企业管理源创新与源管理知识,来自北京各界的有关人员200余人参加活动。

(尤菁茁)

【中国创意城市峰会】 12月12日,在3D大剧场举行由中国国际广播电台国际在线、规划艺术馆联合主办的"2012中国城市榜"颁奖典礼暨中国创意城市峰会。

(尤菁茁)

【大学生艺术节活动】 12月14日至23日,在3D大剧场举办"2012北京朝阳大学生艺术节小剧场话剧展演"活动,上演9部大学生原创作品,观众1800余人。12月15日,在T空间举办"2012北京朝阳大学生艺术节"开幕式暨服装T台秀大赛。

(尤菁茁)

【3D魅影—MATJZA TANCIC摄影展】 12月15日至23日,在T空间举行3D魅影—MATJZA TANCIC摄影展。Matjza是国际先锋三维空间摄影师,此次展出24件作品,以商业时尚、人物、纪实及旅行摄影作品为主。展览结束后,所展作品作为规划艺术馆展品长期陈列。

(尤菁茁)

【馆长交流研讨会】 12月18日,召开"全国规划展览(艺术)馆馆长交流研讨会",北京、上海、成都、大连、石家庄、株洲、赣州、包头、天津、晋城等城市规划展览领域三十余人参加会议。与会人员围绕3D技术在城市规划展览等虚拟领域的应用,共同探讨未来城市规划发展趋势以及最新展示手段在城市规划领域的应用等问题。会上,由朝阳规划艺术馆发起,成立"全国规划馆联盟",现有包头市城市规划展览馆、湖南省株洲市规划展览馆、石家庄市规划馆等11家会员单位。

(尤菁茁)

【3D短片推介交易会】 12月18日,在3D大剧场举行"中国3D技术与创意博览会－3D短片推介交易会"。会上展播3D城市实景纪录片《朝阳最美24小时》、《月光——星辰》、《喀拉哈利沙漠的猫鼬》、《人艺茶馆》、《蝴蝶夫人》等10部3D短片,与会专家予以现场点评,同时举行3D短片交易签约仪式。

(尤菁茁)

【媒体宣传报道】 年内,接受中央电视台、北京电视台、中国教育电视台、人民日报、新华社、北京日报、人民网、千龙网、中国广播电台等近百家主流媒体100余次报道采访。

(尤菁茁)

体　　育

【概况】 朝阳区体育局是区政府工作部门,主管全区体育工作,下设11个事业单位,分别为:体育运动学校、第一少儿业余体校、第二少儿业余体校、第三少儿业余体校、开发中心、郡王府体育中心、朝阳体育馆、体育健身休闲公园、社会体育管理中心、体育总会和体育科研所。区体育局机关编制27人(含工勤编3名),事业编制239人。年内,落实"十二五"时期体育发展规划"构建'民生'体育和'财富'体育"要求,全区43个街乡全部开展百姓健身大讲堂、健身快乐行品牌活动;举办各类全民健身活动2000余场(次),直接参与群众140万余人次。全年建成135套全民健身工程、170个体育生活化社区。制定并下发《〈朝阳区全民健身实施计划(2011－2015)〉任务分解方案》。朝阳区体育运动学校被国家体育总局评为2012年全国业训先进单位。

地址:姚家园路10号

电话:85971365

邮编:100026

电子信箱:tyj20062008@163.com

(刘金娟)

【青少年网球训练基地成立】 4月12日,区少儿体育运动学校与匠心之轮国际网球学校合作,成立朝阳区青少年网球训练基地。基地位于朝阳区郎辛庄茶家东路1号匠心之轮国际体育中心,目的是发现、培养青少年网球人才,为北京市输送优秀运动员。

(刘金娟)

【承接赛艇、皮划艇二级班】 6月6日,在区体育局第三少儿业余体校篮球场举行北京市赛艇、皮划艇队与区体育局第三少儿业余体校合作二级运动班签约仪式。

(刘金娟)

【"我与奥运选手打比赛"活动】 12月1日,在郡王府游泳馆举行"我与奥运选手打比赛"暨"朝阳区体育局游泳训练基地"揭牌仪式。活动由区体育局主办,区第三少儿业余体校和郡王府体育中心协办。比赛邀请陈祚、程飞轶、史腾飞、李夏延、赵瑾、王海冰等6名奥运选手与体校运动员同场竞技,200名学生报名参赛。

(刘金娟)

【输送运动员】 年内,向北京市输送体育后备人才51名,全年注册运动员2055人。

(刘金娟)

【竞技体育比赛】 年内,组织田径、武术、散打、曲棍球、跆拳道和高尔夫球等项目参加北京市青少年锦标赛,获金牌61枚、银牌52枚、铜牌55枚。其中曲棍球和高尔夫球项目是2014年市运会新增项目,朝阳体校曲棍球首次夺金。高尔夫项目获1个团体第一,2个团体第二、1个个人第三。

(刘金娟)

【体育传统校建设】 年内,增设朝阳第二实验小学、南磨房中心小学、劲松四小、花家地实验小学等4个田径项目体教结合培养基地,增设府学小学朝阳学校、华东师范一附中2个棒垒球训练基地,成立陈经纶中学棒球训练队,建立首师大附中曲棍球训练基地,该基地被国家体育总局认定为奥运会曲棍球训练基地。增设同仁中学、八里庄三中等体育传统校。截至年底,朝阳区共有14个体教结合培养基地和43个体育传统校。

(刘金娟)

【承办国内大型赛事】 年内,承办2012国际排联沙滩排球世界大满贯(北京赛)、2012第九届北京世界华人篮球赛和全国羽毛球锦标赛,完成2012年环北京公路自行车赛事服务保障工作。

(刘金娟)

【全民健身实施计划分解方案】 年内,制定《<朝阳区全民健身实施计划(2011—2015年)>任务分解方案》,将《分解方案》中8大项58小项工作任务,逐项确定主责部门和配合部门,推进《朝阳区全民健身实施计划(2011—2015年)》各项任务落到实处。

(刘金娟)

【建立街乡片区联席会机制】 年内,制定并实施《朝阳区体育工作片区

联席会工作制度,将全区43个街乡划分为8个片区并确定牵头单位,片区牵头单位每年轮换。第一片区5个街道:朝外、建外、呼家楼、八里庄、六里屯,朝外街道牵头;第二片区6个街道:安贞、大屯、亚运村、小关、和平街、奥运村,安贞街道牵头;第三片区4个街道:东湖、望京、酒仙桥、机场,东湖街道牵头;第四片区4个街道:劲松、双井、潘家园、垡头,劲松街道牵头;第五片区5个街道:麦子店、左家庄、三里屯、团结湖、香河园,麦子店街道牵头;第六片区6个乡:太阳宫、来广营、崔各庄、孙河、将台、金盏,太阳宫乡牵头;第七片区7个乡:管庄、东坝、东风、平房、三间房、常营、高碑店,管庄乡牵头;第八片区6个乡:十八里店、南磨房、王四营、豆各庄、黑庄户、小红门,十八里店乡牵头。

(刘金娟)

【群体活动】 年内,利用"纪念毛泽东同志题词发表60周年"、"6·10北京市体质测试日"、"6·23奥林匹克日"、"8·8全民健身日"等时间节点,举办全区性大型体育赛事5项、承办或参与大型体育活动2项。包括:朝阳区第六届和谐杯乒乓球赛、朝阳区第八届农村地区全民运动会、区直机关工委系统广播操比赛、"全民健身日"——朝阳区晨晚练辅导站健身交流展示活动、第二届北京·朝阳国际体育文化节等活动。承办第四届全国体育进社区志愿服务优秀健身项目交流活动暨2012年朝阳区全民健身启动仪式、组织参加"全民健身日"中华人民共和国第九套广播体操展演展示暨北京市民篮球联赛启动仪式。

(刘金娟)

【国民体质监测】 年内,开展国民体质监测工作,完成43个街乡及14家委办局共57个单位测试工作,测试13305人次。

(刘金娟)

【培训指导基层体育工作】 年内,面向各街乡文体干部,组织"赛事组织管理培训班"2期;面向社区体育骨干、裁判员、社会体育指导员,组织专业技能培训班14期,1600余人受训;派遣46名基层健身骨干和158个社区工作者分层次参加国家、北京市一级社会体育指导员培训。

(刘金娟)

【单项体育协会建设】 年内,成立足球运动分会和钓鱼运动分会。截至年底,全区有各类体育协会/社团

24家。相关体育协会/社团参加北京及全国比赛7次,分别为:2012北京国际长跑节、北京市“陈照奎杯”武术太极拳比赛、2012年全国少年儿童国际跳棋锦标赛、北京市“小康杯”门球比赛、北京市顺义“空港杯”门球交流比赛、北京市第15届中老年健身项目表演赛武术类和“天宏杯”首届北京市国际武术文化节;举办区广播体操、高尔夫球、网球、门球、足球超级杯等比赛活动20余次。

(刘金娟)

【“朝阳体育惠民生‘六个一’活动”】 年内,围绕“朝阳体育惠民生、健康生活更精彩”主题,开展“朝阳体育惠民生‘六个一’”(一专栏、一巡演、一开放日、一项赛事、一馆一品、一名社区健身指导员)活动。倡导并动员体育场馆向群众开放,区域内106个体育经营单位参与活动。其中,设置体育宣传栏106处、开展体育巡演66场次,组织社区体育比赛88次,打造体育场馆品牌77项,94家体育经营场所参与“全民健身日”免费开放或优惠开放活动,80余名专业体育健身指导员到社区指导工作。

(刘金娟)

【体育经营场所管理】 年内,检查体育场馆100家,督促19家体育经营单位补办体育设施注册登记手续。针对十八大、全国“两会”、春节、“五一”、“十一”等重要时期(节日)及夏季游泳、冬季滑雪等重点项目开展检查活动,共检查体育经营单位196家,下达责令限期整改通知书14份,谈话通知书8份,实施行政处罚3例,处罚金1.5万元。全年体育经营场所未发生安全生产责任事故。

(刘金娟)

【体育产业专项调查】 年内,在全市率先开展面向体育经营单位的体育休闲产业摸底调查工作,发放各类产业调查表284张,回收281张。完成体育产业重点领域专项调查工作,调查范围包括5类体育企业,分别是:体育健身休闲单位及体育场馆、职业体育俱乐部、体育用品制造和销售单位、体育赛事门票销售单位和经纪公司、体育赛事运营单位。经查,全区入围体育企业400余家。

(刘金娟)

医　疗　卫　生

【概况】 朝阳区卫生局是区政府负责全区卫生事业管理的职能部门。设16个科室,行政编制58人。年内,辖区内卫生机构1243个,其中卫生组织25个,医疗机构1218家。区属卫生机构61个,其中全民46个,集体15个。卫生技术人员39188人,其中执业(助理)医师15271人、注册护士16562人、药剂人员2065人、检验人员1310人、影像人员715、其他卫技人员3265。实有床位17493张。每千常住人口拥有卫生技术人员10.46人、执业(助理)医师4.08人、注册护士4.42人、实有床位4.67张。全区出生19695人,男性10168人,女性9527人,总出生率10.09‰;死亡12213人,男性7013人,女性5200人,总死亡率6.25‰;人口自然增长率3.84‰。因病死亡11824人,占死亡总人数的96.81%;死因前十位依次为恶性肿瘤、心脏病、脑血管病、呼吸系统疾病、内分泌和营养代谢疾病、损伤和中毒、消化系统疾病、神经系统疾病、泌尿生殖系统疾病、传染病。年内,被评为全国卫生应急综合示范区;常营、劲松、八里庄3家社区卫生服务中心被评为全国示范社区卫生服务中心;区妇幼保健院获全国县市级妇幼保健机构预防艾滋病母婴传播专项工作第一名;区域卫生信息化项目获全国卫生信息化推进工作优秀奖;获慢性非传染性疾病防控示范区糖尿病管理特色评选活动全国总冠军。

地址:甜水园东里甲1号
电话:65859680(总机)
邮编:100026
网址:http://wsj.bjchy.gov.cn

(姚　雯　韩　静)

【卫生改革】 年内,加快优质医疗资源合理配置。协调引入国家、市级优质医疗资源在望京、东坝、常营、垡头等地区建设大型医疗中心,在来广营地区建设专科医院,完成医疗用地规划方案调整。区政府与清华大学就合作共建垂杨柳医院正式签约,垂杨柳医院成为清华大学附属医院。推进医疗卫生管理机制改革。率先在全市探索区域医疗机构片区化分工协作机制,以北京朝阳医院为核心,1家三级、2家二级、7家社区卫生服务中心组成朝阳区中部医疗联合体,建立双向转诊、分级医疗、远程会诊等机制。完成区第二医院与东坝医院的合并重组。航空总医院、首都国际机场医院等8家二级医院全部接入北京市预约挂号统一平台,提供电话预约和网络预约服务。全年投放预约挂号平台号源1099350个,占全市二级医院的25.3%,占全市总投放号源的3.3%。通过预约挂号平台挂号27842个。组织专家实地督导检查区内申报优质护理服务示范病区的17家医院33个示范病区,评选出10个优质护理示范病区。实施基层医疗机构综合改革。实行收支两条线的社区卫生服务中心实现同工同岗同绩效,编制内正式与外聘人员实行"三统一"。建立区卫生局、公共卫生单位和社区卫生服务机构、医疗卫生人员的三级绩效考核机制。继续实施基本公共卫生服务和重大公共卫生服务项目。为61893名妇女免费筛查乳腺癌,为59290名妇女免费筛查宫颈癌,为168名农村孕产妇实施住院分娩补助,为5069名生育妇女免费增补叶酸。开展0~6岁儿童免费体检23.60万人次,新生儿疾病筛查率98.69%。为23.73万60岁以上老人和学生接种流感疫苗,为2.76万人免费筛查脑卒中,2.85万名适龄儿童接受免费窝沟封闭,为6.96万名儿童进行氟泡沫防龋治疗,为226名65岁以上低保老人免费镶牙。

(姚 雯 韩 静)

【社区卫生】 年内,运行社区卫生服务中心42家、社区卫生服务站199个。解决双井、麦子店、呼家楼3个街道实体社区卫生服务中心建设用房。高碑店社区卫生服务中心成为中国社区卫生协会培训基地,三里屯社区卫生服务中心成为首都医科大学全科医师培训基地,劲松、太阳宫等5家社区卫生服务中心成为北京市中医转岗培训基地。完成42家社区卫生服务中心和196个社区卫生服务站的信息化建设。实现健康档案与基本医疗信息无缝衔接,将结核病监化模块融入社区公共卫生信息化管理。将家庭医生式服务纳入信息化管理,服务签约1938288人,签约率52.99%;高碑店等4家社区卫生服务中心与垂杨柳医院、朝阳医院试点进行影像归档和通信系统(PACS)对接。全年社区卫生服务机构门急诊7924307人次,比上年增长23.3%,患者满意率87.52%。城乡居民健康档案累计建档2796941人,建档率78.90%;规范化电子建档2568591人,电子化率91.84%。高血压规范管理224775人,糖尿病规范管理71225人。投资1893.09万元,完成双井和八里庄第二社区卫生服务中心及郎家园、龙爪树、欢乐谷、观音堂4个社区卫生服务站共6987.23平方米的标准化建设。投资1359.12万元新建小红门社区卫生服务中心,共4500平方米。

(姚 雯 韩 静)

【农村卫生】 年内,享受乡村医生基本待遇11人,补助标准为每人每年9600元。新型农村合作医疗人均筹资标准提至820元,居本市前列。同时,降低大病统筹起付线,提高封顶线,统一基本医疗起付线、报销比例和封顶线。参加新农合117553人,参合率99.65%;筹集资金1.06亿元,其中大病统筹资金4937万元、基本医疗5675万元。大病统筹报销7591人次,金额6337.81万元;基本医疗报销816915人次,金额5300.67万元。

(姚 雯 韩 静)

【疾病控制】 年内,报告甲乙类传染病5740例,发病率157.67/10万,比上年下降27.69%。病毒性肝炎842例,发病率23.75/10万;痢疾1623例,发病率45.78/10万;麻疹18例,发病率0.51/10万;流行性出血热3例,发病率0.08/10万;急性肠道感染3例;无野毒株引起的麻痹病例。属地肺结核网报1525例(涂阳425例)。肺结核发病率43.0/10万。登记管理525例,其中肺结核523例、结核性胸膜炎2例。523例肺结核病人(涂阳227人)中,北京市160人(涂阳71人)、外地363人(涂阳156人);初治498人(涂阳211人)、复治25人(涂阳16人)。上年,北京市新发涂阳肺结核58例,治愈53例,治愈率91.38%。产房新生儿活产37588人,卡介苗接种35991人,接种率95.75%。新生儿卡介苗监测8910人,接种成功8744人,成功率98.14%。大学生PPD监测20694例,其中强阳性1285例,未发现活动性肺结核。报告性病2562例,其中淋病307例、尖锐湿疣417例、梅毒1597例、生殖道沙眼衣原体感染188例、生殖器疱疹53例。艾滋病毒感染者715例,其中艾滋病135例。接报狂犬病28例,其中北京市1例、外地27例;妥善处置一起无主犬致伤多人事件,涉及受伤群众无一发病。重性精神疾病患者登记建档12603人,检出建档率(按常住人口365.8万计算)3.45‰,新增建档患者1650人,管理率92.58%,规范管理率80%,病情稳定率92.71%,社区精防医生随访患者4.07万人次。为2134名贫困精神病人提供门诊诊疗费补助、住院补助或免费药品,补助经费110.53万元;慰问贫困精神病231人,为5315名重性精神疾病患者提供免费体检。区第三医院全年收住院672人次。开展精神卫生知识讲座46场;制作宣传栏601期,开展宣传活动515次,发放科普材料94369份,受众58840人次;社区居民心理健康和精神疾病预防知识知晓率70%。学生发育评价分析,身高受检137792人,其中身高上等35642人,占25.87%;中等97390人,占70.68%;下等4760人,占3.45%。体重受检137732人,其中体重上等45074人,占32.73%;中等88871人,占64.52%;下等3787人,占2.75%。学生营养评价分析,受检132895人,其中,轻度营养不良23161人,占17.43%;中度营养不良3327人,占2.50%;重度营养不良134人,占0.10%;极重度营养不良15人,占0.01%;超重15427人,占11.61%;肥胖24324人,占18.30%,合格66507人,占50.05%。学生疾病监测:视力受检141036人,其中视力不良81088人,占57.49%;贫血受检137733人,其中贫血3004人,占2.18%;沙眼受检141069人,其中沙眼59人,沙眼检出率0.04%;龋齿受检141175人,龋齿患者35612人,恒牙龋齿患病率25.23%。继续开展全国慢性非传染性疾病综合防控示范区工作,建立卫生局、疾控中心—街(乡)、社区卫生服务中心—居(村)委会、社区卫生服务站(村医务室)的三级慢性病防控工作网络。开展慢病防控培训4期,培训专职慢病人员、社区医生、街乡卫生专干等300余人。追访近2万名肿瘤患者,对4.8万名社区居民开展脑卒中高危人群筛查,建立高血压、糖尿病及肥胖自我管理小组60余个。26家单位获北京市全民健康生活方式行动示范称号,培养健康生活方式指导员230人。建立朝阳区慢性病及危险因素监测体系,完成2008年、2011年朝阳区监测分析报告。制定《朝阳区慢性病防控工作绩效考核标准》,对社区卫生服务中心(站)进行考核评估。全区0~6岁常住儿童150586人,抽样调查210人,四苗全程合格接种率100%,五苗全程及时接种率96.19%。完成101205名外来儿童强化免疫接种,5个重点地区通过市级评估。对858所学校、托幼园所进行儿童预防接种证查验和疫苗补种,查验84392人。为外来务工人员接种麻疹、流脑疫苗102621人次,其中麻疹疫苗接种52231人次、流脑疫苗接种50390人次。检测职业病危害因素单位115家,检测粉尘、毒物、物理因素等共51项,检测样品2590件,其中不合格样品262件。完成区内35家哨点企业职业危害因素(有机溶剂)监测和作业场所的调查,完成516名劳动者健康状况调查。完成57家单位114人的职业卫生培训。完成朝阳区天然放射物质的采样监测工作。利用各种传媒手段开展健康教育,全年制作宣传品77种915651份。健康科普讲师团有401人,完成健康教育知识讲座1380场。利用覆盖朝阳区60余家医疗机构的“朝阳社区卫生服务电视网络系统”开展医院健康教育宣传。完成19个创建中的北京市健康社区中期评估督导及市级验收,累计通过健康社区、健康示范村75个。继续创建健康促进学校,累计有141所健康促进学校,占全区学校的72%。开展以“烟草业干预控烟”为主题的群众性控烟宣传及科普教育活动,制作禁烟标志T恤500件、“烟草危害图形说”控烟主题健康教育活动展板2套40块,发放宣传海报2000张,《烟草危害图形说——图形警示上烟包倡导活动》手册4000份,其他类控烟宣传品4万余份。开展手足口病健康教育,制作宣传海报2种共2000份,发放《给儿童家长的一封信》11万份。

(姚雯 韩静)

【卫生监督】 年内,辖区内有餐饮服务单位12186个,监督检查30616户次,合格率99.61%;行政处罚277起,罚没款1036663.92元。应量化餐饮单位7375户,已量化6725户,量化比例91.19%。其中A级524户、B级2698户、C级3503户。开展餐饮具、凉拌菜、碘盐、小麦粉、啤酒、食用油等63大类产品的监督抽检。抽捡1675件,合格1643件,合格率98.1%。开展打击食品非法添加和滥用食品添加剂、瘦肉精、地沟油、餐饮具集中消毒等食品专项活动13次。传染病防治监督检查1806户次,其中医疗机构679户次、区疾控中心4户次、采供血机构31户次、其他1092户次。处罚7家医疗机构,罚款1万元。消毒产品生产经营单位监督检查197户次,其中消毒产品生产企业22户次、消毒产品经营单位175户次。传染病与消毒机构2171户,监督检查2447户次,合格率99.92%;行政处罚3起,罚款6000元。公共场所卫生监督检查11848户次,合格率99.31%,处罚372户,罚款63.25万元。开展5类专项抽检工作,抽检样品4159件,合格3609件,合格率86.78%。生活饮用水卫生监督检查5314户次,合格率99.91%,处罚125起,罚款33万元。开展针对自备水源和二次供水的专项检查以及生活饮用水监督抽检,累计抽检样品90件,合格87件,合格率96.67%。监督学校卫生482户次,合格率100%。职业卫生监督检查414户次,合格率100%。监督检查271个放射单位,行政处罚7起,其中,给予警告单位3个;给予警告、罚款单位4个,罚款人民币8000元。医疗机构卫生监督检查2041户次,合格率98.24%,处罚各级各类医疗卫生机构37家,罚款8.5万元。开展医疗广告、医疗美容机构、肠道门诊、医疗机构人体器官移植、基层医疗机构监管、消毒产品生产企业及消毒产品等专项检查工作。开展非法行医清理整顿工作。开展校园周边、春节、全国“两会”、“五一”、“双护工程”、一日游、十八大安保等7项专项整治。全年受理公共卫生投诉举报案件4947起。接收区城市管理监督指挥中心分派的公共场所案件9471起,食品案件11256起,非法行医案件314起,生活饮用水37起。承担全国人大、全国政协、市人大等重大会议、中国网球公开赛、环北京自行车赛等32个大型活动保障任务。开展卫生监督人员业务培训19次。

(姚雯 韩静)

【妇幼保健】 年内,孕产妇19478人,建册19433人,建册率99.77%;系统管理19306人,系统管理率99.12%,产妇死亡0人,孕产妇死亡率0。0-6个月母乳喂养率90.94%。婚前医学检查2552人,婚检率5.39%。检出疾病144人,疾病检出率5.64%。全年计划生育手术60785例,手术并发症1人,并发症发生率0.16/万。活产儿19695人,新生儿访视18629人,访视率94.59%,婴儿死亡率3.20‰,5岁以下儿童死亡率3.71‰。0~6岁在册儿童 187141 人，保健管理 182472 人，保健覆盖率 97.51%；系统管理 173993 人，系统管理率 92.97%。

（姚 雯 韩 静）

【医疗工作】 年内，诊疗 34145635 人次，其中门诊 31882101 人次，急诊 2102383 人次，家庭卫生服务 161151 人次；急诊观察 128118 人次；出院人数 438065。区级医院诊疗 8873169 人次，门诊 8321114 人次，急诊 432830 人次，家庭卫生服务 119225 人次。急诊观察 1085 人次。住院 29915 人次，出院 29890 人次，区级医院病床使用率 76.55%，病床周转 16.89 次，死亡率 2.4%。，院内感染发生率 1.31%，住院病人手术 11701 人次。为 3696 人次低保人员减免医疗费用 40549.89 元；为 2312 人次低保人员垫付医疗费用 50365.26 元。

（姚 雯 韩 静）

【医政工作】 年内，注销有效期届满未申请延续的 29 家医疗机构《医疗机构执业许可证》。受理医疗机构拟设置申请 109 家，颁发医疗机构设置批准书 69 家，医疗机构备案 7 家；受理医疗机构执业登记注册 66 家，颁发医疗机构执业许可证 66 家。完成医疗机构变更 241 个、注销 29 个。校验许可 1089 家。办理医师执业注册和变更 4443 人，其中新注册 753 人、变更注册 3690 人。办理执业医师多点执业 99 人，其中西医 57 人、中医 41 人、中西医结合 1 人。受理医疗机构广告申请 93 件，初审合格 76 件。94 家医疗机构参加医疗责任保险，保费 13560222.50 元，赔款合计 12019204.90 元。评选北京市垂杨柳医院、航空总医院为市级“优质医院”，朝阳区妇儿医院、朝阳区第二医院、双桥医院为区级“优质医院”。开展抗菌药物临床应用专项整治工作，对辖区 8 家二级医院进行抗菌药物临床应用专项实地督导。医疗事故鉴定 20 人，1 人鉴定为 4 级医疗事故。开展医院感染管理培训 4 次，556 家医疗机构 1064 人次参加培训。举办中、日、美国际间院感学术交流会。开展医院感染工作实地督导检查 6 次，督导检查辖区 128 家一、二级医院和综合门诊部、12 家二级及以下助产医疗机构、27 家开设儿科门诊的医疗机构、69 家(不包含三级医院)医疗美容机构。调研 32 家医疗美容机构吸脂类手术项目。组织 2012 年朝阳区病历评比活动，13 家医疗机构 51 份病历参加评比。召开纪念 5.12 国际护士节庆祝活动暨表彰大会，表彰满 30 年护龄人员和年度优秀护士。在朝阳区第二医院、双桥医院、朝阳区妇儿医院举行院际间护理业务查房，216 人次参加学习和观摩。组织辖区一、二级医院及社区卫生服务中心开展护理技能竞赛暨“北京医药卫生职业技能(护理)比赛”笔试和实践技能操作选拔活动，61 家医疗机构的 74 名选手参加。组织辖区医疗机构开展创建“优质护理服务示范医院”活动，推荐垂杨柳医院申报北京市“优质护理服务示范医院”；垂杨柳医院急诊科护士长刘俊华被授予“北京市优秀护士”称号。完成 8384 名执业医师两年一次的定期考核工作。承办全市 77 名外籍、境外医师及港、澳、台医师卫生法律法规培训。办理麻醉药品、一类精神药品购用印鉴卡申请、换发、变更共 111 个，其中新申请印鉴卡 9 个，换发 91 个，法人、负责人、采购人员、变更 11 个。实地督导检查辖区内持有印鉴卡的 60 家医疗机构。举办 2012 年朝阳区外籍医师麻醉药品处方权培训，57 人参加培训。组织 2012 年麻醉药品处方权培训，328 人参加培训。

（姚 雯 韩 静）

【对口支援】 年内，协调驻区二、三级医院免费接收受援地区进修 61 人次。

（姚 雯 韩 静）

【中医药工作】 年内，成立区中医协会，开通朝阳中医健康网，搭建中医就诊平台，建立中医药医疗保健和中医药文化宣传双语讲座专家库，承办京交会中医药双语养生讲座。建立人力社保、财政和卫生协作的中医药专家下基层和学术经验继承工作长效机制，遴选 38 名首批中医药专家到社区出诊，带教 54 名中医药学术继承人。

（姚 雯 韩 静）

【血液管理】 年内，自愿无偿献血 61990 单位(200ml/单位)，其中：街头自愿无偿献血 49817 单位，占 80.4%，同比下降 20.4%；单位团体自愿无偿献血 12173 单位，占 19.6%，同比提高 27.2%。驻区 42 家医疗机构临床用血 98252 单位(200ml/单位)，同比下降 21.7%。成分输血 98239 单位，成分输血率 99.99%。3 月 4 日，北京城区第一座移动献血屋在奥林匹克公园落成并启用。6 月，在大望路新光天地设置流动献血车。

（姚 雯 韩 静）

【急救工作】 年内，院前急救网络运行 45 个急救车组，院前急救岗位从业人员 135 人。完成北京公路自行车赛事、国际排联沙滩排球赛等国际赛事保障 136 项，保障车组 615 个，1845 人参加，累计保障 15689 小时。完成各类突发公共事件救援 335 件次，救治 640 人，其中一氧化碳中毒 13 件次，救治 27 人。完成市民日常救治 40326 件次，比上年增加 19.31%，救治危重症患者 6911 人次，救治率 17.1%。

（姚 雯 韩 静）

【科研与教学】 年内，开展科研课题 40 项，其中国家级项目 1 项，批准经费 549.14 万元；地方科技项目 12 项，批准经费 480.4655 万元；其他科技项目 27 项，批准经费 139.2045 万元，结题 19 项。在中国科技论文统计源期刊/中国科技核心期刊发表论文 100 篇，发表 SCI 论文7篇,出版专著2本,获得专利1项。32386人参加继续医学教育,29568人达标,达标率91.30%。60名临床医师参加住院医师规范化培训;12名二级医院骨干人员参加区县级骨干培训;3名社区医生参加全科医师转岗培训;21名社区医师参加中医类全科医师转岗培训。

(姚　雯　韩　静)

北京朝阳医院

【概况】 首都医科大学附属北京朝阳医院是三级甲等医院,由本部及京西院区组成。全院职工4905人。本部职工总数3953人,其中在编3066人,编外887人。卫生技术人员3410人,其中正高级职称137人,副高级职称270,中级职称803人,初级师1216人,其他984人。京西院区职工952人,其中在编541人、派遣348人、本部派京西院区52人、返聘及劳务人员11人。卫生专业技术人员802人,正高级职称36人,副高级职称66人,中级职称181人,初级师335人,初级士184人。本部医疗设备价值77585.55万元。年内购置医疗设备总值14344.70万元,其中10万元以上设备153台、100万元以上设备31台。京西院区医疗设备总价值11086万元,年内购置医疗设备总值475万元,其中10万元以上12台。

本部地址:朝阳区工体南路8号
电话:85231000(总机)
邮编:100020
京西院区:石景山区京原路5号
电话: 51821114(总机)
邮编:100043
网址:www.bjcyh.com.cn

(黄维佳　尹　航)

【改革与管理】 6月26日,北京市公立医院深化改革试点工作全面启动。作为北京市医院管理局指定的5家试点单位之一,医院重点承担建立法人治理结构试点、继续试行医保总额预付和按病种分组定额付费(DRGs)两项医保付费制度改革、建立和完善三项运行管理机制,优化创新四项服务模式等工作。7月5日,成立北京朝阳医院理事会,任命封国生为理事长,陈勇、赵红、杨新春为理事,梁铭会、郑雪倩、邢平芳为外部理事。理事会由4名内部理事(理事长、执行院长、职工代表、专家代表)及3名外部理事(社会知名人士、周边社区代表、对象代表)组成。理事会通过了《北京朝阳医院理事会章程》、《北京朝阳医院医改试点实施方案》及聘任陈勇为执行院长、聘任理事会秘书等人事任免事项。外部理事参与决策提高医院管理水平,保障医院的公益性。市医管局派驻两名监事,参加医院管理活动,行使监督职能。9月1日零时起,正式启动医药分开改革试点工作。成立医药分开试点工作领导小组,制定《医药分开试点工作部门分工和工作进度安排》,从8个方面分解35项具体工作任务,包括门诊服务流程改造、信息系统改造、挂号收费窗口工作准备、主动策划引导媒体宣传、提前做好药价调整工作、完善数据监测准备工作、制定特殊事件应急预案及相关工作方案等方面工作任务。医院信息系统切换顺利、运行平稳。挂号、就诊、收费、取药各环节运行顺畅,未出现人员拥挤和排长队现象。医药分开后,初步呈现出取消的药品加成、挂号费、诊疗费与设立的医事服务费“平移转换”,患者次均药费、药占比、自付费用“三下降”的运行趋势,取得医保患者负担减轻、医保基金次均支付水平不增加、医院收益基本平衡的预期效果。医院门诊不合理处方的比例由7%降至3%以下,患者满意度调查显示总体满意率超过90%。调整绩效分配方案,绩效分配向临床一线倾斜。继续推进总额预付制与DRGs试点工作,深化医保调节机制改革。门急诊及住院次均费用较上年下降3.6%和3.4%。药占比较上年下降3.6%和4.2%。开展创新优化医疗服务试点改革工作,持续改进服务质量:①完善预约诊疗服务,引导有序就医。推进预约优先、分时段预约就诊的预约挂号服务模式,全部号源优先满足预约,候诊排序优先预约患者,以小时为时段精确预约就诊时间;加强门诊管理,多渠道拓展预约号源;开通窗口预约、电话预约、网络预约、社区预约、出院随诊预约和复诊预约(可实现科室之间、医生之间互约)等服务。年内,全院门诊预约就诊率47%,复诊预约率78.84%,产科和口腔科预约率100%,出院复诊预约率85%以上。②完善双休日、节假日和夏日制门诊服务。节假日门诊量日均3600人次,长假期间日均6000人次,相当于平日服务量的45%－80%。全年节假日门诊服务总量近45万人次,相当于增加1家二级医院。③优化窗口服务、减少患者排队。实行门诊挂号、收费窗口和中、西药房发药窗口合二为一的“通柜式”服务,减少患者排队次数;在门诊各楼层开设挂号收费窗口,患者交费、取药平均等候时间从优化服务前的15分钟降至5分钟内。④提高门诊优质医疗服务资源配置。将高年资医生配置到门诊,增加专家门诊号源75%;实行专家门诊首诊挂号不点名,缓解“专家号”挂号难问题。⑤建立门诊服务中心、加强门诊就诊引导。提供门诊就医、检查、取药等全流程导引服务;增加化验检查结果网络查询、自助打印,快递复印病历等附加服务。⑥创新医疗服务组织结构,提高优质服务资源利用效率。在门诊试行知名专家团队式(层级)服务模式。在病房试行主诊医师负责制,通过细化服务单元,赋予主诊医师质量、服务、安全和效率管理职责,实现优质资源重组,提供门诊——住院连续性医疗服务,提高医院整体医疗服务质量,优化服务流程提高医疗服务效率。⑦9月1日开始运行疑难疾病会诊中心。中心下设5个分中心,分别为:呼吸疑难疾病会诊中心、器官移植疑难疾病会诊中心、肿瘤疑难疾病会诊中心、妇产疑难疾病会诊中心、神经疑难疾病会诊中心。⑧建立门诊第二采血室,缓解高峰时段患者采血拥挤。采血岗位采用“院内招聘奖励上岗的方式”招聘上岗。⑨推进区域医疗资源一体化,建立“北京朝阳医院医疗联盟”。11月7日,启动北京朝阳医院医疗联盟。打造“以朝阳医院为核心、联合区域内1家三级医院(武警北京市总队医院)、2家二级医院(朝阳区第二医院、朝阳区中医医院)、7家社区卫生中心”的预防、治疗、康复一体化的区域服务模式,实现医疗服务病人病种互补,检查、治疗和康复互补的分级诊疗、双向转诊。将部分慢病、长期用药患者和康复患者分流到基层,提高优质医疗资源使用效率。

(黄维佳 尹 航)

【机构调整】 年内,本部撤销血液肿瘤科,成立血液科,为一级医疗科室。成立肿瘤科,为一级医疗科室。放疗科并入肿瘤科,为其二级科室。成立心脏超声医学科,隶属心脏中心,为其二级科室。成立血液净化科,为二级科室,撤销原肾内透析室、泌尿血液净化中心,合并归血液净化科室统一管理。成立泌尿肾病诊疗中心,其中泌尿外科(一级科室)、肾内科(二级科室)、血液净化科(二级科室)均隶属泌尿肾病诊疗中心统一管理。成立首都医科法学附属北京朝阳医院医学研究中心、北京市呼吸疾病研究所呼吸疾病研究中心。

(黄维佳 尹 航)

【医疗工作】 年内,门诊2563551人次,急诊221715人次,急诊危重症抢救11262人次,抢救成功率97.52%。床位1396张。住院54145人次,出院54098人次,病床周转38.71次,病床使用率95.31%,平均住院日8.93天,死亡率1.23%。住院手术22825例。新生儿死亡率5.2‰,围产儿死亡率10.8‰。病案质控。全年检查病案11632份,甲级率99.54%,发送返修通知单2700余份。完成54098份病案的装订整理、首页录入、归档工作。全年借阅归档病案287100册,接待患者17232人,复印病案资料50余万张。医院感染管理。本部:年内,监测报告医院感染病例1028例,医院感染发病率1.9%。医院感染监测报告从手写纸质报卡形式转变为网络报告。开展对当日在院的全部住院患者院感现患率调查,重点监测手术部位感染,抽查全院各种类型手术。开展医务人员血源性疾病职业暴露调查,规范职业暴露后的处置流程和费用报销流程。以RICU、SICU为重点,在各ICU开展导管相关血流感染、呼吸机相关性肺炎、导尿管相关泌尿系感染的监测与控制。继续开展多重耐药菌监测与控制。京西院区:全年医院感染发生率1.16%;医院感染漏报率2.69%,一类手术切口感染率0.06%。接受上级行政部门检查30次,均合格。医疗纠纷处理。全年发生医疗纠纷106例,其中调解42例、诉讼64例。京西院区与市医调委建立长期合作。邀请相关专家逐例分析医疗纠纷并给予相应业务指导,将53名专家的信息上报市医调委专家库备案。

(黄维佳 尹 航)

【医保工作】 年内,本部:医保出院29730人次,总费用50312万元,次均费用16922.9元。京西院区:医保出院9948人次。

(黄维佳 尹 航)

【医疗支援】 年内,完成支援内蒙古满洲里市第五批、第六批医疗队派驻工作;接收满洲里地区进修人员51人;完成新疆和田、四川什邡、青海玉树、内蒙古地区人民医院支援等工作;与新疆克拉玛依市人民医院签署对口协助协议。继续开展对房山阎村镇中心卫生院为期一年的医疗定点支援工作,并签署相关协议书。4月、10月在阎村镇卫生服务中心义诊,受益人数3100人。继续开展对口支援门头沟区中医医院的门诊、查房、手术和健康教育等指导性工作。全年派出卫生支农服务医师11人。

(黄维佳 尹 航)

【护理工作】 年内,根据三甲评审标准新增护理制度13项、修订护理制度14项;修订护理质量标准8项;修订全院护理常规796个章节。护理文件书写合格率95.6%,护理病历书写合格率95.6%,分级护理质量合格率99.4%,技术操作合格率95.5%,特级护理合格率99.2%,安全护理合格率98.9%,急救物品完好率99.5%。申报首都医科大学校长基金教改立项课题13项,4项获批;申报北京市教委和首都医科大学共同设立“首都护理学研究专项”10项,2项获批;全年发表护理论文70余篇。接收不同层次的实习护生133人临床实习,其中中专44人,大专73人,本科16人;完成69名新毕业护士的岗前教育及每月一次的护理专业操作和考核。完成1245名护理人员的继续教育工作。继续教育参与率99.84%,达标率99.84%。全年举办国家级继续教育项目3项,市级项目2项,区院级项目31项,授课133场次。选派14名护理骨干参加ICU、糖尿病、急诊、静脉输液、手术室及肿瘤专科护士学习。京西院区,优质护理病房覆盖率100%。继干部综合科之后,妇产科及7层护理单元被评为“石景山区优质护理服务示范病区”,“区级优秀护士长”1名,“区级优秀护士”11名。改革护理模式,实施垂直管理。以“改模式、建机制、重内涵”为核心,对全院护理岗位优化配置、动态管理。住院患者病情由轻至重,实行临床护理能力(以职称等级为划分标准)逐层管理,全程护理。编制《护理人员岗位说明书》,包括3部分(临床岗位、管理岗位、其他岗位)127个岗位。建立以督导为特色的质量管理组织,完善质量评价标准,依据根源分析为先导的护理安全管理,实现全员参与的质量持续改进模式。根据三甲综合医院评价标准,推进单病种临床护理路径的制定和各科护理常规的修订工作。检查重点病区的病房管理、基础护理、运行护理病历等,总结存在的问题并反馈。全年检查相关内容37038项,合格率98.9%,护理满意度98.16%;开展"三基三严"岗位练兵。加大对低年资护士培训、考核力度,坚持护理理论与护理技能并进原则,开展全员护理操作培训考核1609人次,2256项次,达标率100%。举办护理继续教育各类培训课程18次,培训3311人次,学分达标率100%。注重专科护士培养,选派66名护士参加ICU、急救、产科、透析室等各类专科护士培训班;成立"护理教学科研小组",规范临床护理教学。全年发表核心期刊文章22篇。

(黄维佳　尹　航)

【科研工作】 年内,作为牵头单位申报各类科研项目387项,合作申报77项,共464项。其中申报人才类基金19项;申报科研项目368项(科技部6项、国家自然科学基金157项、北京市自然科学基金115项、教育部基金6项、卫生部基金6项、北京市科委20项、北京市教委15项、北京市中医局15项、其他基金28项)。作为牵头单位获各类政府科研基金项目86项,中标经费人民币3072万元、美元6.35万元,获50万元以上政府科研基金子课题7项,协议经费795万元;其他基金4项,社会基金项目38项。截至年底,朝阳医院牵头作为课题承担单位的科研项目共计340项,已结题课题110项。获华夏医疗保健国际交流促进科技奖三等奖1项。首都十大危险疾病科技成果推广专项:腰骶移行椎解剖与临床的推广应用;乳腺导管内窥镜辅助下乳管内病变的分型及治疗;心血管受体自身抗体检测技术的临床应用与推广。全年发表科技论文573篇,其中核心期刊428篇,SCI论文145篇(最高影响因子16.729,平均影响因子1.596)。主编或主译专著、教材、译著共计19部。京西院区:发表论文127篇,其中,中华类期刊20篇,SCI5篇。课题立项8项,其中国家自然科学基金2项、北京市自然科学基金1项、首都医科大学基础—临床合作课题2项、社会基金3项,科研经费61万元。

(黄维佳　尹　航)

【医学教学】 年内,本部参加继续教育889人。承担首医本专科学生315人,首医国际学院学生17人,外院护理学生93人。录取研究生数:硕士93人、博士45人。接收进修人数:一阶段住院医155人;二阶段住院医44人。举办短期学习班86次,13200人次参加学习。举办本院职工学习班86次,10296人次参加学习。脱产学习65人、院外进修6人。京西院区建设规范化教学体系。新增疝和腹壁外科、耳鼻喉头颈外科、药理科3个专科医师培训基地,截至年底,西区共有专科医师培训基地23个,其中普通专科13个、亚专科10个。承担首都医科大学公共卫生学院2010级卫生法学专业、首都医科大学第三临床医学院2008级临床医学专业、2010级护理专业、北京护士学校2009级、2010级的教学及临床实习工作。全年举办继续教育讲座、技能培训等活动40次,累计参与9000余人次。

(黄维佳　尹　航)

【国际交流与合作】 年内,派出9名优秀青年学科骨干赴国外研修。全年公派出国40人次。举办国际会议和高峰论坛4次;接待国际代表团来访5次;邀请外国专家进行专业讲座、手术演示60次。

(黄维佳　尹　航)

【信息化建设】 年内,推进电子病历、合理用药、LIS升级、体检系统升级改造、物流管理系统等关键系统建设工作;进行检验标本传递流程、门诊药房流程、挂号收费通柜流程、配液中心流程再造工作;搭建信息平台,开展精细化管理、抗菌药物管理、日间病房及日间手术管理、院感监测系统、朝阳医院医疗联盟、医保系统升级、医疗费用管理、医院探视管理等系统的改造和应用。

(黄维佳　尹　航)

【基本建设】 年内,完成营养部改造,新建100余平方米楼宇连廊,继续改造实验研究中心。京西院区二期主体工程全部完工,基本完成门急诊楼、辅诊楼外墙装修,完成室内初装。

(黄维佳　尹　航)

【后勤保卫】 年内,完成总预算的95.9%,总项目的94.3%;能耗同比增长4.4%,其中电量同比下降32万度;完成各类工程项目49项。加强职工食堂管理,升级改造明档区,丰富小吃品种,设立京客隆超市;开展医院探视管理工作。完善安全保卫规章制度;开展重大节日和敏感时期安全综合检查;对全院消防通道进行施划和铺装,在院报和医院网站上发表消防安全宣传文章20篇;完成辐射、毒麻、危险化学品的安全使用、保管、销毁工作。成立警务工作室,全年处警912起。全年开展安全教育培训12次,参加1200余人次。

(黄维佳　尹　航)

【卫生界人物】 7月7日,首都医科大学附属北京朝阳医院名誉院长、北京市呼吸疾病研究所所长、中国工程院资深院士、教授翁心植因病逝世,享年93岁。翁心植1919年5月10日生于宁波。1937年就读于北平燕京大学医预系，后获华西协和大学医学院及美国纽约州立大学医学博士学位。1965年来院工作，曾任内科主任、呼吸科主任、副院长；1997年当选中国工程院院士；1999年任北京市呼吸疾病研究所所长。翁心植院士发现和诊断了国内首例高雪病；在国内首次总结了白塞病的内科临床表现，在世界上第一次报道白塞病并发心脏瓣膜损害，并提出结核资深免疫反应可能是该病的发生原因之一；在国际上首次发现了雄性激素水平是老年男性罹患冠心病的独立危险因素，为防治提出了新思路；创建了肝吸虫病抗原简易制备方法；组织全国肺心病防治协作研究，系统制定了具有中国特色的肺心病诊断与治疗方案，率先将肝素用于肺心病治疗；上世纪70年代初，牵头建立冠心病监护室和肺心病监护室，在国内开展了危重症监护的早期实践。翁心植院士是中国控制吸烟运动的开创者。在国内最早倡导并艰苦推动控烟工作。上世纪80年代主持了全国50余万人的吸烟情况基线调查，并与世界卫生组织(WHO)等合作推动了内外控烟运动，两度获得WHO颁发的控制吸烟金质奖章，被誉为“中国控烟之父”。翁心植院士是目光卓越的学科领导者与建设者：上世纪60年代，在医院推动了大内科学科建设；70年代，开始呼吸学科建设，1978年建立北京市卫生局呼吸疾病研究室；上世纪80年代初与吴英恺院士共同创建北京市心肺血管医疗研究中心；1985年建立独立建制的朝阳医院呼吸科；1986年成立北京市呼吸疾病医疗研究中心；1999年建立北京市呼吸疾病研究所。翁心植院士倡导和推动了大内科医师培养体制建设；1980年创办全国呼吸专科医师培训班，开创中国呼吸专科医师规范化培养之先河，30余年来培养了逾千名呼吸专科医师；他培养的大批呼吸病学与心脏病学研究生，已成为全国各大医疗机构的业务骨干与学科带头人，有些已成为享誉国内外的著名学者。翁心植院士是第七届全国政协委员；曾任中华医学会常务理事、名誉理事，中华医学会内科学分会副主任委员，全国自然科学名词审定委员会医学名词审定委员会副主任，WHO烟草或健康合作中心主任，中国控制吸烟协会常务副会长、名誉会长等重要学术与社会职务。曾担任十余种医学刊物的编辑工作，长期任《中华内科杂志》、《英国医学杂志》中文版等杂志的总编辑。翁心植院士曾获北京市优秀共产党员称号，中华医学会医学科学及学会发展建设突出贡献奖，卫生部肺心病防治杰出贡献奖，何梁何利科学与技术进步奖，北京市医学伯乐奖，吴阶平医学桃李奖，吴杨奖特殊贡献奖，中国呼吸医师终身成就奖。

（黄维佳　尹　航）

【院领导名单】　理事长：封国生；党委书记：封国生；党委副书记：陈勇、赵红；纪委书记：赵红；执行院长：陈勇；副院长：侯生才、沈雁英、高黎。

（黄维佳　尹　航）

北京安贞医院

【概况】　北京安贞医院又称北京市心肺血管疾病研究所，是三级甲等医院。职工4053人(在编2362人、编外1691人)，其中卫生技术人员2437人。卫技人员中，正高级职称136人、副高级职称277人、中级职称902人、初级师905人、初级士148人、未定69人。医疗设备总价值11841.69万元。年内，购置医疗设备总值9923万元，其中10万元以上设备98台、100万元以上设备24台。被评为2011年度首都文明单位、北京市卫生系统“党在我心中”职工宣讲活动十佳宣讲团、北京市院务公开民主管理先进单位、北京市疾病预防控制工作考核优秀单位、市级节水先进单位。医院创作的《致命的心电图》电视片获北京市卫生系统第21届“杏林杯”电视片二等奖。护士杜桂芳被评为北京市第二届优秀护士。

地址：朝阳区安贞路2号

电话：64412431

邮编：100029

网址：www.anzhen.org

（陈晶晶　魏永祥）

【改革与管理】　5月，启动知名专家配备助手工作。建立3个专家团队：①以刘迎龙教授为核心的小儿先心病诊疗团队；②以马长生教授为核心的房颤诊疗团队；③以余振球教授为核心的高血压诊疗团队。开展门诊预约挂号，执行“预约优先”原则，专家门诊号源预约开放比例90%。开展114预约挂号精细化管理，分专业、分时段就医，专家号源就诊时间段精确至10分钟。增加出院患者复诊预约。优化门诊服务流程和门诊布局，建立门诊、急诊、住院服务中心。优化门诊抽血流程。采用抽血登记取号、电子叫号、分批进入抽血室等方式，缩短患者等候时间。缩短检查预约时间，B超、冠脉CTA、血管超声、血管多普勒、核磁、超声心动、动态心电图、胃镜、肠镜等预约时间均缩至3天以内。全面开展绩效考核。年中绩效考核得分82分，位列北京市属医院第一名。

（陈晶晶　魏永祥）

【机构设置】　年内，新增风湿免疫科、内分泌科、VIP病房。

（陈晶晶　魏永祥）

【医疗工作】　年内，门诊1929813人次，急诊108980人次，急诊危重症抢救11075人次，抢救成功率97.4%。床位1062张。入院49436人次，出院49381人次，床位周转43.98次，床位使用率113.59%，平均住院日9.43天，死亡率0.86%。住院手术17528例。无孕产妇死亡，新生儿死亡率2.6‰，围产儿死亡率8.21‰。

新技术、新项目两项，分别为妇产科的需氧菌阴道炎/细菌性阴道病5项联合测定(试剂盒)技术和检验科的胸苷激酶1(TK1)测定技术。加强医院感染管理，一是重点环节重点监测，及时反馈重要信息；二是修订全院消毒隔离工作计划，坚持利用长假时间对重点部门及病房进行全面消毒，对新建部门进行检测和消毒；三是制定处理预案；四是加强手卫生宣传教育，加大洗手设备的投入。医院感染率0.59%。

(陈晶晶　魏永祥)

【病案管理】 年内，修订和完善病历管理规章制度42个。开展首页主要诊断及手术操作填写培训。规范电子病历首页填写，填报率98%以上。加强病历回收管理，3日回收率97.07%。甲级病历率93%。

(陈晶晶　魏永祥)

【医保工作】 年内，医保出院17668人次，住院总费用58781.91万元，次均费用33270元。市、区医保中心来院、来电检查大额费用病历36次，审核大额病历439份。争创医保A类医院，实行医保基金总量控制指标，制定医疗保险奖惩管理办法，监控异常收费情况。发现异常收费及时反馈科室并限期整改。实行住院病历动态监控，控制不合理用药，降低医保患者次均费用及药占比。

(陈晶晶　魏永祥)

【医疗支援】 年内，派出对口支援医生80人，涉及17个专业。每季度对怀柔区妇幼保健院进行专业指导，并开展腔镜手术。帮助延庆县中医院建设心内科、呼吸内科、超声科等科室，培养专科进修人员7人，接待管理人员参观40人次。派出质控专家30人次赴怀柔区妇幼保健院，指导医疗管理和病案管理。派出医院评审专家20人次，指导怀柔区第一医院签订帮扶方案，落实帮扶重点。派出医疗专家20人赴内蒙古自治区巴彦淖尔市临河区人民医院，在心血管、呼吸、神内、超声等专业给予指导。接收西北地区、新疆、西藏医疗骨干学习10人次。

(陈晶晶　魏永祥)

【护理工作】 年内，开展优质护理服务示范工程。完善相关护理制度，新制定44项，修订33项。编纂《护理管理文件》、《护理常规》和《护理技术操作规程》，制作《护士手册》。护理文件书写合格率96.85%，护理病历书写合格率98.5%，基础护理合格率95.6%，特级、一级护理合格率94.6%，技术操作合格率95.4%，安全护理合格率98.2%，急救物品完好率96%。在统计源期刊发表护理论文27篇。接收2009级实习学生152人。承担国家级、市级继续教育项目3项，区级继续教育项目8项。项目完成率100%，培训9121人次，学分达标率100%。选派12名护士长到台湾进修，3名护士长赴德国进修，44名护士长参加国内学习。岗位培训低年资护士510人。

(陈晶晶　魏永祥)

【科研工作】 年内，申报科研课题300余项，获立项资助98项，科研经费4769.98万元。其中国家级35项，经费2589.4万元；省部级42项，经费1173.428万元；其他11项，经费33.4万元；合作项目10项，经费973.75万元。副院长周玉杰组织申报的"经桡动脉介入治疗关键技术的规范、拓展与推广"获教育部高等学校科学研究优秀成果奖科技进步奖(推广类)一等奖；心内科主任马长生组织完成的"心房颤动导管消融的临床研究和推广应用"获首都十大疾病科技攻关——创新型科技成果奖；研究所副所长赵冬组织完成的"北京市人群急性心肌梗死流行程度和变化趋势的监测研究"获首都十大疾病科技攻关——惠民型科技成果奖。在统计源期刊发表论文616篇，全国医疗机构排名第36名。SCI期刊收录论文72篇，全国医疗机构排名第61名。医院被授予心血管领域北京临床医学研究中心。孙立忠主任申报的"北京市大血管外科植入式人工材料工程技术研究中心"获市科委认定。"国家及北京市心血管病临床数据库和样本资源库建设"正式投入使用。

(陈晶晶　魏永祥)

【医学教育】 年内，招收研究生120人，其中博士后11人、博士生21人、硕士生48人、七年制9人、非全日制博士生23人、非全日制硕士生8人。毕业研究生110人，其中博士生25人、硕士生85人。举办短期培训班30余次，培训3000余人次。

(陈晶晶　魏永祥)

【对外交流】 年内，接待外宾129人次。出国451人次，其中访问、考察、交流33人次，参加国际会议188人次，长期进修14人次。1月4日，法国巴黎卫生局长Mireille FAUGERE来访；3月1日，召开北京中法急救培训中心2011年度总结会。

(陈晶晶　魏永祥)

【信息化建设】 年内，成立医院信息安全领导小组、信息安全等级保护工作领导小组及办公室。5月20日，完成医院三级系统的定级和备案。编写《网站栏目设置说明》、《卫生部行政部门在线浏览安贞医院网站上所有栏目、内容的方法及操作说明》、《北京安贞医院网站对历史发布信息进行备份和查阅的相关管理制度及执行情况说明》等文件，向北京市通讯管理局申请网站ICP备案。年内，实现麻醉记录单、麻醉同意书、麻醉小结、麻醉前评估等麻醉系统数据表单的电子化；在麻醉系统中添加手术风险评估表、I类手术切口预防用药选项等指标，并与HIS完成信息互换；将12种麻醉方式以下拉列表选择方式置于手术申请单中，规范医师填写内容。协助检验科将新设备联入LIS(实验室信息系统)，实现检验结果的数据传输；完成血库打印血袋标签程序及用血申请医师身份审核程序；配合各科室不断完善数据上报程序等。在外部网站增加安贞医院志愿者专题、医疗质量万里行专题、医保就医栏目、满意度调查功能、安贞医院官方微博动态链接，为临床营养科等临床科室新增模块，提供进修通知单下载服务。完善医院网上办公系统。

（陈晶晶　魏永祥）

【基本建设】　年内，完成基建改造5967平方米，包括导管室、心外大楼监护室、内分泌病房、新门诊综合楼手术室等。在建工程15000平方米，包括急诊楼改造、药理基地改造等项目。开展三期病房医技楼建设项目。

（陈晶晶　魏永祥）

【科普宣传与健康教育】　年内，开展健康大课堂活动4次，受众100余人次，发放健康科普材料600余份。组织健康科普讲座120次，受众约2000人次，发放科普宣传材料5000余份。组织健康教育培训11次。完善健康教育宣传设施建设，新增门诊、病房宣传板28块，更换全院宣传板55张。

（陈晶晶　魏永祥）

【院领导名单】　党委副书记：魏永祥、程军；院长：魏永祥；副院长：周生来、陈方、周玉杰、张宏家。

（陈晶晶　魏永祥）

中国医学科学院肿瘤医院

【概况】　中国医学科学院肿瘤医院为三级甲等医院。年内，职工1963人（含合同制），其中卫生技术人员1669人，包括正高级职称136人、副高级职称149人、中级职称637人、初级职称747人。医疗设备总价值71757.57万元。年内，新购置医疗设备总值3885.20万元，其中10万元及以上（小于100万元）设备43台，总价值1003.96万元；100万元及以上设备6台，总价值1750.59万元。获奖情况：获年度《中国医院最佳专科声誉排行榜》肿瘤科、胸外科第一名；卫生部首批癌痛规范化治疗示范病房；国家外国专家局“国家引进国外智力示范单位”；中国健康年度总评榜“北京十佳三甲医院”；北京市交通安全先进单位；北京市教育工会“特色工作奖”和“综合考评奖”；连任北京市核医学质量控制和改进中心主任单位；北京市科委北京生物医药产业跨越发展工程（G20工程）“最佳临床药理基地”；《“增强服务观念 提升服务形象”医师培训制度》获第四届全国医院（卫生）文化建设优秀成果奖。

地址：朝阳区潘家园南里17号

电话：67781331（总机）

邮编：100021

网址：www.cicams.ac.cn

（杨　军　付凤环）

【改革与管理】　年内，实施出院病人预约挂号等举措；影像检查实行多时段分段预约，缩短预约时间。坚持周末、节假日门诊，增加出诊专家人次，延长工作时间。增加骨科诊室，增设收费窗口、自助预约挂号服务机和检查结果自助机。开放出院结算“绿色通道”。开展“银医卡”项目调研工作，与银行签订《战略合作备忘录》，为“先诊疗后结算”做准备。启动“青年骨干人才计划”，要求临床型、基础型候选人年龄不超过38岁和35岁，并具有高级专业技术职务任职资格；实施青年管理骨干培训班项目，选拔40岁以下青年管理骨干参加北京大学医疗品质持续改进高级研修项目；制定重点学科发展规划，建立学科带头人选拔及激励机制，包括人才引进、鼓励出国进修等。年内，新增长江学者讲座教授1人，协和特聘教授2人、讲座教授1人，协和创新团队1组，协和新星2人，北京市优秀人才资助1人。组织中层干部赴上海、天津、山东肿瘤医院进行管理专项培训；组织参观北京儿童医院、参加中国医院协会医院评审内审员培训班；开展住院医师规范化培训。按照卫生部、中国医学科学院关于在医疗卫生系统开展医疗卫生职业精神大讨论活动要求，分28个批次开展“增强服务观念、提升服务形象”主题培训，400名医生、549名护士、231名医技人员参加，培训率分别为94.6%、97%和97.9%。贯彻落实集体讨论决策制度，保障职工充分行使民主权利。召开年度院所工作会，对医疗、科研、职能部门进行全面绩效考评。坚持行政查房制度，不定期现场办公。规范院务公开工作流程、内容和机制，制定《监督考核办法》，并纳入年度考评体系。定期召开党政联席办公会、院务会、职工代表大会、中层干部例会、朝会等。建立完善职工群众利益诉求机制，开通院长信箱，完善领导接待日，组织科室干部恳谈会，并采取多种形式听取老专家、老前辈的意见和建议。加强医德医风建设。深入学习《医疗机构从业人员行为规范》、《关于卫生系统领导干部防止利益冲突的若干规定》等文件，开展“一和三同”活动，坚持廉政谈话制度。开展“加强廉政风险防控 规范权力运行”工作，基本拟定完成医院权力明晰表和运行流程图。举办反腐倡廉警示教育展览、青年医师沙龙，定期出版《纪检之窗》，编写《职业道德学习手册》。加强内外部监督，继续在院外聘请行风社会监督员。住院患者平均满意度98.98%，临床工作满意度99.89%，门诊患者满意度86.68%。全年收到表扬信锦旗退款等1248件，其中表扬信539封、锦旗301面，退款408人次。表扬2891人次。

（杨　军　付凤环）

【医疗工作】　年内，门诊678360人次，急诊7411人次，平均日门诊2704人次，入院48821人次，出院48792人次（含合作医院），手术14993台次。完善各项制度，落实医疗核心制度，健全三级质控管理。规范综合查房，强化三级查房制度，扩大查房范围并进行考核，定期通报医疗质控指标。开展《医疗质量安全事件报告规定》的学习和考核。完善手术分级管理制度，对介入病房主治医师以上人员进行考核，授予等级手术资质，建立个人档案。实施卫生部新的《临床用血管理办法》，促进科学合理用血。规范危重及死亡病人讨论、交接班等记录，迅速处理急症患者，启动医疗质量安全告诫谈话制度。召开药事管理委员会会议，筛选抗菌药物，教育退药金额超范围医生。癌痛规范化治疗示范病房接受卫生部、北京市卫生局评估并挂牌。全年未发生辐射安全事故。申报成立防癌体检中心，承担防癌健康教育，常见恶性肿瘤筛查及早诊，癌症危险因素登记、评估及干预，异常结果的评估随诊，肿瘤预防研究等任务。全年筛查86492人次，同比增加15.50%。新技术、新业务：积极探索多学科协作模式及个体化治疗模式；紧跟微创外科专业技术前沿，发挥消融治疗微创的优势；实施手术麻醉技术等级准入制度，将小儿麻醉纳入工作范围。13个项目获准入；4项二类医疗技术接受北京市医学会评审。临床路径管理：已增至11个科室36项临床路径，并自行编制16条临床路径。入径病例数11028例，入径率95.62%，完成路径病例数10561例，完成率95.77%。入径病种的平均住院日及次均费用均有所下降。

（杨　军　付凤环）

【病案管理】　年内，启动病历书写专项整治工作，自查自纠2011年全部终末病历，集中抽查运行病历、申请单。建立病案质量监控组织机构，实行住院病案质量监控三级管理体系。

（杨　军　付凤环）

【医保工作】　年内，与朝阳区医保中心签署《朝阳区基本医疗保险服务医师管理定点医疗机构服务协议》。召开专题会议，对审核缺欠及发生拒付的责任医师进行一对一培训，完善北京医保单病种付费管理制度。本年度医保住院15885人次，住院总费用32639.79万元，次均费用2.05万元，医保基金拒付6.33万元。

（杨　军　付凤环）

【医疗支援】　年内，派出医师支援西藏、新疆等地医院，对口帮扶青海省肿瘤医院、徐州市肿瘤医院。研究员魏文强作为中组部首批援青干部，获"青海省创先争优优秀共产党员"称号。完成"西部之光"4名访问学者的考核和6名访问学者的安排工作。

（杨　军　付凤环）

【护理工作】　年内，优质护理服务示范病房覆盖率85.7%。医院成为北京市护士岗位管理试点医院，与怀柔区医院结为优质护理服务对口帮扶医院。1875人次参加"三基三严"培训并考核合格；举办继教项目75项，5554人次参加，继教学分合格率99.8%。继续发挥专科护士资格认证临床教学基地作用，接收护理学会专科护士实习，接待卫生部"县级医院专科护士培训项目"护士参观学习。本年度，基础护理合格率99.12%、重症护理合格率99.81%、急救物品合格率99.76%、住院病人综合满意指数98.33。特级护理25702人次，一级护理78016人次，静脉输液255701人次，静脉采血71312人次。无护理事故差错发生。

（杨　军　付凤环）

【科研工作】　年内，申报院外科研项目290项，立项82项；在研项目153项；到位科研经费7932.87万元。院内科研课题申请81项，立项50项，总经费242.35万元；匹配首都医学科技发展项目5项，匹配首都医学发展专项5项。基本科研业务费课题立项17项，滚动支持15项，资助经费205万元。签订科技技术合同5项，到位经费28.1万元。发表论文433篇，其中SCI论文96篇，影响因子354.995。专利授权3项。获北京市科学技术奖4项、中华医学科技奖4项、高等学校科学研究优秀成果奖3项、中国抗癌协会科技奖4项、华夏医学科技奖3项。启动城市癌症早诊早治项目，该项目正式纳入国家重大医改专项和国家重大公共卫生服务项目，在全国六个大区的9个省份开展五大类癌症的筛查和早诊早治以及卫生经济学评估。全国肿瘤登记处增加到222个，覆盖人口约2亿人，新建登记处以农村点为主。出版《2011中国肿瘤登记年报》、《2012中国肿瘤登记年报》，收编2008年和2009年数据。对中国现有的肿瘤登记数据进行趋势分析和预测，系列研究成果由《中华预防医学杂志》重点号专刊登出。举办淮河流域癌症综合防治工作会议、早诊早治技术培训班，按照"淮河流域癌症早诊早治项目贫困患者治疗费用补助管理办法"，对237名项目筛查的早期癌贫困患者给予第二年度补助，总计18.7万元。

（杨　军　付凤环）

【医学教育】　年内，招收111名研究生，其中硕士60人、博士51人；授予学位78人。在岗博导55位、硕导105位。接收进修生222人。制定《研究生、进修生病历书写规范培训和考核管理办法》。申报2012年博士创新基金的课题中13项获中国医学科学院、中国协和医科大学38.5万元资助。研究生社会实践项目中2项各获中国医学科学院、中国协和医科大学1万元资助，其中1项获中国协和医科大学校级评比三等奖。2名研究生获国家留学基金委资助出国攻读博士学位和联合培养。发挥肿瘤专科教育资源优势，29项国家级和3项北京市级继续医学教育项目获批。开设院级继续教育讲座46场，邀请专家53人，授课

92小时,听课3553人次。

（杨 军 付凤环）

【国际交流】 年内,与美国国立癌症研究所（NCI）、梅奥医学中心（Mayo Clinic）、美国加州大学洛杉矶分校（UCLA）的罗纳德·里根医疗中心医院和琼森癌症综合治疗中心签署战略合作协议。与NCI举办中美肿瘤预防与筛查高峰论坛,与美国国家肿瘤基金会举办中美癌症高峰论坛,与英国癌症研究院（CRUK）举办中英癌症研讨会,继续和美国约翰霍普金斯医学院、耶鲁大学医学院、荷兰鹿特丹大学等实验室加强联合。全年接待院级外宾来访8次,11项国际合作项目立项,到位经费189万余元。

（杨 军 付凤环）

【信息化管理】 年内,利用信息化手段实现规范用药、规范诊疗、规范医保的提示、预警和辅助管理;完善临床系统信息化建设;运行合理用药系统、电子病历首页、危急值管理程序、传染异常值报示程序、电子住院证系统,调试/调研手术麻醉和ICU系统、移动护理系统等;加大信息基础建设力度,开展覆盖全院的无线网建设,更新核心设备。医院外网新增栏目16个版面,中英文网站访问量431363人次;内部办公网新增信息发布版面6个科室,23个栏目。

（杨 军 付凤环）

【后勤保障】 年内,拓展空间建设,适时调整院区总体发展规划。住院综合楼立项审批并进行风险评估;连接廊工程正式开工;新增的PET-CT获卫生部和中央保健委员会批准;放疗扩建项目中TOMO机房改造工程取得北京市环境保护局批准;核磁模拟定位机房扩建工程、PET-CT改扩建工程通过环评;悦知楼和临床研究中心竣工并投入使用;扩建特需门诊用房,购置肿瘤早诊早治筛查中心用房;启动旧锅炉房、洗衣房、自助挂号大厅改扩建项目;制订院区户外标识系统改造项目方案等。推进"平安医院"建设,重视消防安全,分批开展全院首次消防安全大检查。完成"治安案件零发案,消防安全零火情"工作目标。邀请北京市消防局分批培训安全信息员及新入院进修生,并于安全生产月期间开展消防演练。5月14日,医院警务工作站成立。严格执行采购流程,降低隐形成本。实施采购员轮岗,扩大采购公示范围,监督招标采购过程。利用设备管理系统提高效率和质量。全面开展资产清查,登记盘查全院2.5万余件固定资产。定期召开后勤安全生产会议,强化综合治理巡查。及时发布招标采购信息和结果,严格进行资格预审。完善节能减排制度,改造硬件系统,多种形式开展节能宣传周活动。各部门服务满意度90%以上。

（杨 军 付凤环）

【公益活动】 年内,继续开展门诊/病房/癌症康复者/医务人员志愿服务,举办"为临床一线肿瘤医务人员送爱心"大型公益活动。自2008年至2012年12月,志愿者注册2039名,志愿服务万余人次,服务时间超过10万小时。4月21日,举办"科学抗癌 关爱生命"肿瘤防治宣传周活动,6400余人参与。8月9日,医院成立患者服务中心,为患者及家属提供就诊咨询、心理支持等服务。8月16日,卫生部党组书记张茅参加志愿者四周年总结活动,肯定志愿者的志愿服务。11月3日,举办以"你我双手 共托希望"为主题的"第十四届北京希望马拉松——为癌症患者及癌症防治研究募捐义跑"活动,3000余人参与。组织无偿献血2次。组织"世界姑息治疗日"主题活动,对患者及家属进行癌痛及心理治疗的科普宣教。开展"名院—名科—名医"系列宣传活动,塑造医院形象。宣传活动包括:在各类媒体发表原创报道300余次,普及防癌抗癌知识;组建百名科普专家团队,开展媒体体验营、健康大讲堂、39健康网"名医在线"问答等。开通官方微博,发布原创微博350余条,微博粉丝量超过4万。参加卫生部临床医生科普网站"百科名医网",33名专家建立专家工作室。组织编写18个癌种的科普丛书。

（杨 军 付凤环）

【院领导名单】 党委书记:董碧莎;院长:赫捷;党委副书记:付凤环;副院长:石远凯、王凤荣、王绿化、王艾、蔡建强。

（杨 军 付凤环）

首都儿科研究所

【概况】 首都儿科研究所是以研究儿科疾病和儿科保健为主,治疗儿童疾病为重点的医疗、医学研究机构,附属北京儿童医院。有职工1333人,其中在编1039人、合同制294人。在编职工中,有科研、卫生技术人员828人,包括正高级职称60人、副高级职称82人、中级职称266人、初级职称395人、未定级25人;其他技术人员38人;行政管理人员102人;工勤人员71人。医疗设备总价值:附属儿童医院15467.91万元,研究所3186.42万元。年内,医院购置医疗设备总值2287.57万元,其中10万元以上100万元以下的设备27台942.4万元、100万元以上设备9台1251.5万元;研究所购置医疗设备总值976.62万元,其中,10万元以上100万元以下的设备16台583.59万元、100万元以上设备2台283.67万元。年内,首儿所党委获全国创先争优先进基层党组织称号。首儿所被评为北京市无偿献血先进单位、北京市人口和计划生育先进集体、北京市青年健康使者火炬行动优秀志愿服务集体、北京青年健康使者火炬行动优秀志愿者服务项目、北京市十大影响力政务机构微博奖。副所长陈博文获阿拉伯联合酋长国卫生基金奖、哮喘中心陈育智获北京市科学技术普及工作先进个人、流行病研究室米杰获北京市"三八"红旗奖章荣誉称号、所办公室丁志强获评北京市无偿献血先进个人。

地址:朝阳区雅宝路2号
电话:85695555
邮编:100020
电子邮箱:postmaster@shouer.com.cn

(吕凌云　马慧娟)

【党建工作】 5月3日,召开儿研所五届五次党代会 ,审议并通过《所院文化建设规划纲要》,增补党委委员1名。继续推进党代表任期制,开展"党员专家讲党课"活动。6月,开展"党风廉政建设宣传教育周"活动,组织全所职工廉政大课教育、班组长以上观看警钟长鸣教育片、开展分层次读书活动,重点科室、重点岗位开展"清正做人、廉洁做事"大讨论,组织各科室开展党员干部廉洁自律和科室廉政建设自查。开展"小金库、假发票、账户管理"专项治理工作,建立"小金库"治理长效机制和宣传教育工作常态化、规范化。开展"一和三同"活动,引导社会共同维护和谐健康的医疗秩序。成立宣传中心,6月份召开媒体见面会。组织职工参加"党在我心中"演讲比赛、"生命的故事"征文、第四届首都十大健康卫士评选等活动。叶茂、马立霜获"生命的故事"征文特等奖和二等奖,儿研所获组织奖。增设首儿所护理微博群。开展"妈妈的味道——首儿所百万粉丝私房菜大赛"活动。举办7期微访谈。微博粉丝量突破110万人。获新浪"网友最信任公立医院"奖,在2012年度北京市政府微博中影响力排名前十,在市卫生系统2012年度十大最具影响力单位微博中排名第一。接受媒体采访105人次,上报卫生信息83篇,出版所报21期、144个版面。网站新建栏目7个,回复患儿家长留言2871条,发布文章827篇。

(吕凌云　马慧娟)

【医疗支援】 "七一"前夕,由市医管局组织首都儿研所筹备,14所市属医疗机构的八十余名党员、专家赴青海开展"情系青海西部行"活动,在玉树县等五区县开展巡诊、查房、讲课等活动,并向青海省社区卫生站捐赠医疗物资,价值5万余元。急诊科副主任医师李铁耕援疆一年,被授予新疆维吾尔自治区"洛浦县综合先进个人"称号。继续与通州妇幼保健院、平谷区大兴庄社区卫生服务中心、密云县医院签订对口支援协议,派遣医师42人次前往受援单位,接收受援单位7名医师进修。

(吕凌云　马慧娟)

【机构设置】 年内,成立宣传中心。成功申报北京市重点实验室——"儿童发育营养组学重点实验室"。

(吕凌云　马慧娟)

【改革与管理】 年内,根据北京市医院管理局绩效考核指标,制定医院临床科室绩效考核指标,从9月起,试用该指标体系检查及分析门诊、临床和部分医技科室工作情况。自7月起,执行临床科主任例会制度,每月召开一次科主任会。继续加强抗菌药物专项整治工作,修订抗菌药物管理制度,与临床科室主任签订责任书。持续改进临床路径管理,重新修订25种疾病临床路径。3月14日,调整门诊楼用房,减少非医疗用房、增加门诊诊室。调整后诊室数量从69间增至76间,增加10%;医师出诊诊位从104个增至120个,增加15%。同时重新粉刷门诊楼、改造卫生间。采取规范门诊出诊时间、明确各级别医师每单元标准诊疗量、增加小夜班门诊医师补贴等措施,增加门诊医师数量,提高接诊能力。推出休息日预约挂号及输液复诊预约。采取每日早6点开放全天挂号、开放次日门诊号、初检挂号功能合并等措施,改善就医流程。继3月开设便民门诊、5月成立门诊服务中心后,成立门诊疑难病会诊中心、整合神经功能检测室。7月,启动儿科区域性分级医疗体系建设项目,与北京市朝阳区妇幼医院等10家医院签订定向预约挂号合作协议,实现与基层医疗机构之间"点对点"精准化预约。创建人民满意医院。出院患者满意度98.1%,门诊患者满意度97.71%,护理质量服务满意度94.5%。收到锦旗197面、表扬信46封、牌匾5块、字画1幅,拒收红包26.4万元。

(吕凌云　马慧娟)

【医疗工作】 年内,门急诊203.4万人次,最高日门诊量7041人。入院病人17724人次,出院17696人次,床位周转次数42.74次/床/年,床位使用率100.71%,平均住院日8.60天。手术18927例,其中住院手术5036例、门诊手术13891例。新技术、新业务开展情况:血清IgE测定、ABO血型正定型+Rh血型正定型、便诺如病毒快速检测、便空肠弯曲菌快速检测、白介素-6、IL-8、IL-10、IL-2R肿瘤坏死因子(TNF)-α检测、染色体核型分析、心率变异趋势图、神经调节辅助通气(NAVA)、肠内营养泵、口腔科激光治疗(宝石激光)、半导体激光治疗、纤支镜下球囊冷冻治疗、全自动高频胸壁震荡、外周总活化T细胞/活化单核细胞/细胞毒T细胞/抑制性T细胞/辅助细胞诱导亚群/抑制细胞诱导亚群。病案管理。抽查运行病历280份,检查终末病历280份。甲级病历率95%。病历归档时间合格率由4月份的22.48%提高到72%。医疗纠纷处理。全年投诉纠纷999件。结案991件,其中院内解决986件,北京市医疗纠纷调解委员会解决2件,法院诉讼3件。医疗赔偿金额253,987.87元,其中保险公司赔付214,417.87元,医院赔付39,570元。未结8件,其中北京市医疗纠纷调解委员会4件,法院诉讼4

件。

（吕凌云　马慧娟）

【感染管理】　年内，继续做好感染管理三级网络建设，应用《北京市医院感染报告系统》开展院感监测，建立联合检查机制，院内感染率从2011年的2.64%下降至1.94%。成立朝阳区医院感染管理质量和改进中心，并由医院牵头全区的院感工作。

（吕凌云　马慧娟）

【医保工作】　年内，办理医保患儿4042人次，费用3677.89万元，医保范围内金额2722.14万元，医保范围外金额955.75万元，大病基金支付1647.78万元，病人自付2030.11万元。

（吕凌云　马慧娟）

【护理工作】　年内，完善护理管理制度。新增各项护理工作制度10项，修订5项，开展分层培训。除ICU病房外，其余病房全部实施护理移动工作系统的四大模块功能。完成与“协和医院、平谷医院”的全部共建计划，于12月20日召开三方医院“护理质量持续改进会”和“共建总结会”。护理质量管理。护理文件书写合格率96%，基础护理合格率96%，特级护理合格率99%，一级护理合格率97%，技术操作合格率98%，急救物品完好率99%。完成所级护理科研课题2项，申报所级护理课题1项。在统计源期刊发表护理论文4篇。带教临床实习145人次，接收进修护士49人次。参加护理管理、专科进修、专科护士资格认证、护理学术年会44人次。组织继续护理学教育107项，8553人次参加。

（吕凌云　马慧娟）

【科研工作】　年内，研究所及附属医院共获科研课题23项，包括国家科技支撑计划、973课题、863课题等重大科技项目；科研经费总额3409.73万元。截至年底，在研课题92项，在研经费6379.30万元。5月，“儿童发育营养组学重点实验室”获批北京市重点实验室，获市科委阶梯计划项目首批支持经费50万元。8月底，北京市科委会同市财政局等相关部门组织市属医口“公益院所改革与发展评价会”，儿研所获市属公益院所评估一等奖，获改革与发展支持经费300万元。病毒研究室研究员钱渊牵头完成的《新发现的病毒与儿科急性呼吸道感染的病原学研究》获宋庆龄儿科医学奖。主任医师李龙牵头完成的“先天性胆总管囊肿创新理论和治疗技术的应用”项目，由市卫生局推荐，申报参加2013年度国家科学技术奖评审。科研成果转化。儿研所与北京金豪制药股份有限公司签订技术转让协议，转让呼吸道合胞病毒、腺病毒等核酸检测技术。年内，儿研所及附属医院共发表统计源期刊论文136篇，SCI文章43篇，总影响因子129.492。继续协办第七届宋庆龄医学奖，举办宋庆龄儿科医学论坛。组织全所科技人员和医务人员参加第十七次全国儿科学术大会，投稿56篇，其中14篇被选为大会发言交流，20篇被选为展板介绍，22篇书面交流。

（吕凌云　马慧娟）

【医学教育】　年内，有在读研究生97人，其中在职17人、统招80人；攻读硕士学位71人，攻读博士学位26人。26人通过研究生毕业答辩，博士毕业生5人，硕士毕业生21人。接收国内进修60人。完成北京大学医学部、首都医科大学等医学院校630名在校生的儿科教学任务。规范住院医师培训基地管理，在培本院住院医师138人，代培外院住院医师31人，送出培训住院医师24人。45人通过住院医师/专科医师培训阶段考核，22人获卫生部住院医师规范化培训合格证书并获主治医师晋升资格。承办5个国家级继续医学项目，3个市级继续医学项目。组织学术活动30次，6335人次参加。选派4名中青年医师参加高级生命支持培训。医院专业培训2460人次，业务进修16人次。全所（院）卫生技术人员继续教育学分达标率98.21%。

（吕凌云　马慧娟）

【国际交流】　年内，公派出国36批57人次，其中4名骨干医师和科研人员赴国外进修，学成归国4人。

（吕凌云　马慧娟）

【信息化建设】　年内，完成HIS系统服务器更新及数据库升级。完成门诊改造工程相关的网络及终端调整、心脏超声科目调整、哮喘门诊病历采集系统、病案首页调整、预约管理等服务临床项目。进行京医通、医药分开、大型设备预约、医保必录项等政策相关的信息系统改造与测试。

（吕凌云　马慧娟）

【后勤与基建】　6月21日就月坛专家门诊部的拆迁、安置及补偿等与北京华融基础设施投资有限责任公司签署拆迁补偿协议。完成放射科机房改造、门诊药房地板改造、病理科空气处理系统、停车场出口阳光棚改造等工程。完成新生儿病房改造及手术室改造的报批及评审工作。完成全年空调机组、净化系统、锅炉系统及垃圾处理系统的安全运行，完成水、电、气、热、被服、餐饮、车辆、办公用品的供应保障。

（吕凌云　马慧娟）

【所领导名单】　党委书记：卢平；副书记：杨健；所长：罗毅；副所长：张霆、凌科、王天有、陈博文（5月6日任命）。

（吕凌云　马慧娟）

中日友好医院

【概况】　中日友好医院是国家卫生部直属的以疑难疾病、危急重症诊治为重点，以中西医结合为特色的大型综合性三级甲等医院。医院集医疗、教学、科研、康复和预防保健等功能为一体,同时承担中央保健医疗康复任务、涉外医疗任务,以及国家卫生应急队伍基地医院中央本级单位建设任务,还是卫生部远程医疗管理培训中心。年内,职工总数3532人(其中在编人员2540人、合同制人员992人)。卫生技术人员2536人(其中正高级职称216人、副高级职称216人、中级职称796人、初级师932人、初级士175人,未定级201人)。医疗设备总价值90685.40万元。新购医疗设备总值13828.61万元,其中10万元以上设备166台、100万元以上设备28台。年内,呼吸内科和中医肛肠入选国家临床重点专科建设项目。获奖情况:李友林等人的"中医肺病咳喘的辨治研究"获国家科技进步奖二等奖;内分泌代谢病中心杨文英等人的"中国人糖代谢异常和其他心血管危险因素的变迁及干预研究"获北京市科学技术奖一等奖及中华医学科技奖二等奖;临床医学研究所李平等人的"益气养阴活血通络法治疗糖尿病肾病的临床与基础研究"获北京市科学技术奖二等奖;风湿免疫科王国春等人的"特发性炎性肌病发病机制及诊疗策略的研究"获北京市科学技术奖三等奖;临床医学研究所李平等人的"柴黄益肾颗粒治疗慢性肾脏病的新药研发和相关机制研究"获中华中医药学会科学技术奖二等奖;眼科金明等人的"益气活血法防治糖尿病眼部并发症的作用及机制研究"获中华中医药学会科学技术奖二等奖;中西医结合肿瘤内科李佩文等人的《李佩文养生诗话》获中华中医药学会科普著作奖二等奖;中西医结合肿瘤内科贾立群等人的"中药外治恶性胸腹腔积液的研究与临床应用"获中华中医药学会科学技术奖二等奖;皮肤病与性病科白彦萍等人的"清热凉血方治疗血热型银屑病临床及机理研究"获中国中西医结合学会科学技术奖二等奖。医院被评为2011年安全生产监管监察先进单位、全国医药卫生系统创先争优活动先进集体、城乡医院对口支援工作先进集体、卫生部"全国第一批优质护理服务示范病房(神经外科)"、卫生信息化推进优秀奖和首都医药卫生文化十大创新成果奖。党委书记李宁被评为全国医药卫生系统创先争优活动指导工作先进个人,急诊科顾承东、党办吴侠被评为全国医药卫生系统创先争优活动先进个人,安保处关志峰当选北京市消防工作先进个人和市公安局个人三等功,手术麻醉科张亚军、皮肤病与性病科张晓艳、中西医结合心脏内科徐浩被北京医师协会评为优秀中青年医师,院长许树强被39健康网评为中国优秀科普院长,院办医疗发展办公室郭丽萍当选39健康网优秀通讯员。护理部在北京医药卫生职业技能(护理)比赛中获优秀组织奖,急诊科付铭明、儿科田慧敏获个人三等奖,胸外科王天红、手术麻醉科孙兴文获个人优秀奖。

地址:朝阳区樱花园东街2号
电话:84205566
邮编:100029
网址:www.zryhyy.com.cn

(张何明　郭丽萍)

【信息化建设】　1月1日,物流及固定资产管理系统上线运行。1月,办公自动化(OA)系统正式上线。3月,医院与深圳锐取信息技术股份有限公司签署手术示教系统软硬件捐赠协议;住院药房启用药品摆药机信息系统,门诊药房于12月开始试用;开始绩效管理系统上线准备工作,11月完成奖金模块二次开发编制。4月,重症监护系统上线,体检系统上线。5月14日,启动中日远程医疗示范项目,实施3D手术直播2次。7月,药品物流系统及药品招标采购平台上线,药库开始试运行药品物流系统;远程医学中心获卫生信息学会2012卫生信息化推进优秀奖。9月,门诊分诊叫号系统上线。9月底,完成静脉调配中心(PIVAS)硬件设备基本建设。10月23日,成立中日友好医院"卫生部远程医疗管理培训中心"。远程医学中心与远程医疗合作单位开展常规临床会诊94例、影像会诊18例、病理会诊39例,手术直播6次、远程教学30家次、远程会议直播50余小时、参观接待约2000人次;与金卫公司合作开展远程病例讨论会,18家医院参会。11月,完成数据统一应用平台起步建设,完成医院预算管理系统的2013年预算模板导入。

(张何明　郭丽萍)

【机构设置】　3月1日,成立病案统计室,隶属于医务处。10月12日,中医老年病科更名为老年医学科。10月17日,成立国际医疗部介入超声中心。

(张何明　郭丽萍)

【改革与管理】　7月,制定《关于进一步做好公立医院改革准备工作方案》。成立医改准备工作领导小组,从管办分开的体制改革、医药分开的机制改革、支付方式改革、人力资源和绩效分配制度改革、服务模式创新、医德医风和医院文化建设以及医院集团化必要性、可行性等的探索共7个方面进行分工,拟订工作计划,按月督导。召开医院经济管理工作会,部署控制成本、完善绩效评价体系、提高效率工作。患者满意度调查。实时监控满意度测评信息系统后台统计数据,走访患者测评率较低的有关科室,根据实际情况修正人工发放问卷的部分指标和范围。探索开展社会评价途径,联合纪检监察办公室召开患者座谈会,对患者关注度高、亟待解决的问题,与相关科室协商并督促解决。

(张何明　郭丽萍)

【医疗工作】　年内,门诊2115364人次,急诊206241人次,急诊危重症抢救11389人次,抢救成功率97.7%。床位1484张。入院44890人次,出院44825人次,床位周转32.55次,床位使用率 93.64%，平均住院日 10.5 天，三日确诊率 99.31%。住院手术 24201 例。无孕产妇死亡，新生儿死亡率 4‰，围产儿死亡率 12‰。26 个国家驻华使馆特使就诊国际医疗部门诊 92 人次。6 月，实施《病历(案)三级质量管理体系》。病历甲级率 99.98%。医疗纠纷处理。医技人员加入北京市医疗责任保险。全年接待投诉 526 件，处理医疗纠纷结案 62 件。

(张何明 郭丽萍)

【感染管理】 年内，制定及修订《皮肤软组织感染预防与控制制度》等文件，建设医院感染监测信息系统，实现全院呼吸机、导尿管、中心静脉导管及白细胞升高等的监测。举办医院感染宣传周活动和培训，培训对象涉及后勤等服务岗位。持续改进传染病监测质量及报卡质量，上半年医院传染病报卡质量在朝阳区排第二名。全年院内感染 544 例，感染率 1.21%。

(张何明 郭丽萍)

【医保工作】 年内，医保出院 19095 人次，总费用 35745.37 万元，次均费用 18720 元。

(张何明 郭丽萍)

【医疗支援】 年内，对口支援医院 31 家，对口支援本市社区卫生服务中心 6 家，战略合作单位 4 家。受援地区包括新疆、西藏、青海、内蒙古、安徽、甘肃、宁夏、四川、山西、陕西、海南、河南、河北、山东、吉林、北京等 16 个省(市)、自治区。启用远程医学中心，与各受援医院保持联系和互动，帮助受援单位提高服务能力。全年派出对口支援 276 人次，其中京内 212 人次、京外 64 人次。接收受援单位各类进修学习 286 人，派出 1 支国家医疗队赴陕西省榆林地区执行巡回医疗任务。向西藏自治区第二人民医院无偿支付"十二五"期间援藏资金 120 万元，捐助、赠送顺义区全自动喷淋清洗装置、多参数床旁监护仪等医疗设备和物资累计价值约 70 万元。9 月 19 日，在卫生部、国家中医药管理局、总后卫生部联合召开的万名医师支援农村卫生工程电视电话会议上，医院被评为城乡医院对口支援工作先进集体。

(张何明 郭丽萍)

【护理工作】 年内，编制修订《2012 年度护理工作纲要》、《(科)护士长工作手册》、《护士长病房管理日志》、《护士轮转手册》、《医院感染控制护理指导手册》、《护士分层次岗位管理实施办法》、《护士岗位说明书》、《护士岗位准入条件》、《关于科室业务学习授予学分的规定》等文件。护理文件书写合格率 100%，护理病历书写合格率 100%，基础护理合格率 98.3%，特级护理合格率 97.2%，一级护理合格率 100%，技术操作合格率 100%，急救物品完好率 95.9%。10 项院级课题已结题 9 项。在统计源期刊发表文章 33 篇。作为中华护理学会、北京护理学会专科护士培训基地，共培训专科护士 190 人。接收教学实习、见习生 155 人次，其中芬兰赫尔辛基理工大学护理实习生 1 人。完成 5 个省共 7 家医院的对口帮扶工作，接收全国 13 个省、市进修护士 134 人。举办国家级继续教育项目 2 项、市级 10 项、区级 56 项、院级 8 项，全院性讲课 81 次。选派 57 名护理骨干赴新加坡、日本、德国、美国、法国等国家及港、澳、台地区学习，选派护理骨干参加国内业务培训、护理管理研讨会及高层论坛等 121 人次。从重症监护室、急诊、PICC、手术室、助产士、血液透析、腹膜透析、糖尿病健康教育、肿瘤等 9 个重点专科选拔 30 名护理骨干参加中华护理学会、北京护理学会的专科护士培训，获专科护士资质，专科护士队伍 111 人。选派 37 名教学老师参加北京市教学方法培训班。举办临床护理教学老师授课比赛。选送 10 名护理人员参加北京大学、首都医科大学及北京医学教育协会举办的护理科研培训班。邀请日本东邦大学辻明良教授进行感染课题的研究指导，筹备护理研究中心，鼓励护士应用循证护理的方法解决临床实际问题及开展护理研究，以科研带动临床发展。2 月 6 日至 8 日和 9 月 12 日至 13 日，分别举办医院护士长管理培训班 2 场次。

(张何明 郭丽萍)

【科研工作】 年内，制定《中日友好医院学科建设发展规划(2013－2015)》、《学科建设管理暂行办法》和《学科评价标准(试行)》。获国家级、省部级以上课题立项 46 项，获院外科研经费 5443 万元。获国家科学技术进步奖二等奖 1 项，北京市科学技术奖一等奖 1 项、二等奖 1 项、三等奖 1 项，中华医学科技奖二等奖 1 项，中华中医药学会科技奖二等奖 1 项、科普著作奖二等奖 3 项，中国中西医结合学会科技奖二等奖 1 项。在核心期刊发表论文 803 篇，其中 SCI 52 篇，总影响因子 147.77，其中最高影响因子 14.74，平均影响因子 2.33。医院药物临床试验机构通过国家食品药品监督管理局 3 年一轮的复核检查，并成为北京生物医药产业跨越发展工程(G20 工程)最佳临床药理基地。

(张何明 郭丽萍)

【医学教育】 年内，有北京市普通专科住院医师培训基地 19 个，卫生部亚专科住院医师培训基地 9 个。住院医师在培 368 人，其中，本院住院医师 176 人，基地代培住院医师 192 人。6 月，接受市卫生局对内科、影像、检验、全科住院医师培训基地的复评，涉及 22 个临床科室，结果全部合格。8 月，成为北京市中医住院医师培训基地，培训专科有中医内科、中医外科、中医妇科、中医全科。年内，招收住院医师 145 人，其中全科医师招生规模占北京市全科住院医师的三分之一。住院医师北京市第一阶段理论考试通过率 91.75%，技能考试通过率 82.52%；住院医师第二阶段考试通过率 86.20%，比上年略有上升。完成继续医学教育项目 321 项次，其中国家级 37 项次，比上年增加 19.30%。卫生技术人员全部通过年度继续医学教育学分审核。连续两年继续教育达标率 100%。完成第四批中医师承的出师和遴选第五批全国中医师承导师和继承人工作。年内，在读北京大学医学部、北京中医药大学长年制学生 285 人；完成授课 4763 学时。首次招收中医临床专业研究生，制定符合医院情况的中医临床技能复试方案。北京大学医学部专业学位硕士研究生阶段考试通过率 100%，在 12 家(附属、教学)医院中位居第一。与中国医科大学研究生院起草合作协议(草案)，完成该校 22 个研究生培养点和 50 名研究生导师的申报工作。在培研究生 171 人，新招收研究生 63 人，其中硕士生 44 人、博士生 19 人。研究生毕业 46 人，就业率 100%。新增研究生导师 27 人。制定《关于扩大进修医师规模的具体措施与部门分工》，接收 18 个省市的进修医师 328 人。10 月起，每周定期开设 AHA 课程，完成对急诊、心内科、ICU、手术麻醉科全体医护人员的培训，同时对全员分批分层培训，完成美国心脏协会(AHA)课程培训 43 场次。

(张何明　郭丽萍)

【对外交流】 年内，接待国际访问团组 45 个 134 人。邀请境外专家 55 人来院讲学。派出 345 人次赴 29 个国家(地区)进修学习或参加学术会议，其中医技人员 251 人次、护理 57 人次、行政人员 37 人次。举办各类国际学术会议 31 次，6000 余人次参加。签署国际科技交流与合作协议 9 个，其中与世界五大著名医疗机构(美国梅奥医学中心、哈佛大学麻省总医院、约翰·霍普金斯医院、加拿大皇家内科外科医师协会、渥太华总医院)签署合作协议 7 项，达成合作意向 7 个。

(张何明　郭丽萍)

【基本建设】 年内，新建、扩建医疗用房 5603 平方米。完成 ICU 东侧改造工程 1108 平方米、西侧改造工程 1070 平方米，日间微创与诊疗中心工程 2375 平方米，B 栋四层内分泌代谢病中心改造工程 300 平方米，急诊检验科装修改造工程 50 平方米，门诊检验科装修改造工程 50 平方米，妇科门诊改造工程 150 平方米，核医学科 PET－CT 装修改造工程 200 平方米，放射治疗科直线加速器装修改造工程 100 平方米，CT 模拟定位机房装修改造工程 50 平方米，教学楼四层信息教室加层装修改造工程 150 平方米。

(张何明　郭丽萍)

【院领导名单】 党委书记：李宁；副书记：许树强 、顾玉芝；院长：许树强；副院长：李宁、姚树坤、王云亭、高海鹏、彭明强；总会计师：董立友。

(张何明　郭丽萍)

煤炭总医院

【概况】 煤炭总医院隶属国家安全生产监督管理总局，面向社会开放。年内，职工 973 人(在编 646 人，合同制 327 人)，其中卫生技术人员 524 人(正高级职称 59 人、副高级职称 132 人、中级职称 215 人、初级师 117 人、初级士 1 人)。医疗设备总价值 18881 万元。本年度购置医疗设备总值 1919 万元，其中 10 万元以上设备 35 套、100 万元以上设备 5 套。获奖情况：院团委被授予 2012 年全国煤炭行业“五四红旗团委”称号；医院被授予 2012 年微笑列车唇腭裂修复慈善项目优秀项目合作医院奖；获部级科学技术奖二等奖 4 项、三等奖 2 项。

地址：朝阳区西坝河南里 29 号
电话：64667755
邮编：100028
网址：www.mtzyy.com.cn

(李　鹏　张　帆)

【机构设置】 年内，新增设门诊部、宣传处、药学部。

(李　鹏　张　帆)

【改革与管理】 年内，制定并通过《抓质量，促发展，全力创建三级甲等医院》工作报告。医院以创建三级甲等医院为契机，推进医、教、研、防全面发展。

(李　鹏　张　帆)

【医疗工作】 年内，门诊 663163 人次，急诊 57688 人次，急诊抢救 1523 人次，急诊抢救成功 1501 人次，抢救成功率 98.56%。医院实有床位 509 张。年入院 10868 人次，出院 11029 人次，床位周转次数 25.04 次/床，床位使用率 91.95%，平均住院日 13.55 天，患者死亡率 4.77%。住院手术 3788 例。孕产妇死亡率 0/万，新生儿死亡率 0，围产儿死亡率 4‰。新技术、新疗法：开展婴幼儿大动脉转位和完全心内膜垫缺损等畸形矫治术、经皮穿刺空肠造瘘胆道取石术、鼻内镜下等离子手术、耳再造新技术。

(李　鹏　张　帆)

【病案管理】 年内，改造病案首页，按照《三级综合医院评审标准》指标要求，开展病历质量检查活动，坚持每月检查病历。坚持危重病人及重大手术病历讨论制度，实施电子病历，坚持每月组织点评病历质量，对发生丙级病历和不符合输血规范的医师进行诫勉谈话。强化门诊病历规范书写等各项质控内容管理工作。

(李　鹏　张　帆)

【院感管理】 年内，编写完成《煤炭总医院应对新型冠状病毒感染疫情应急工作预案》，成立领导小组、专家小组，组建肠道传染病疫情应急小分队并进行演练。在大课培训基础上，利用早交班时间，逐个科室小范围进行专题培训及应急预案演练。组织新入职人员、重点科室工作人员、外来务工人员免费接种麻风、流脑疫苗;开展医院工作人员乙肝疫苗接种摸底情况调查,全院492名职工接受乙肝疫苗注射;面向新入职人员、研究生、本科生等各类人员开展传染病、院感知识培训。开展院感现患率调查和院内感染漏报率调查;加强对ICU等改建工程院感指导;规范心脏超声室经食道心脏超声镜的洗消流程。加强多重耐药菌的医院感染管理,完成一类手术切口预防使用抗菌药物及治疗用抗菌药物住院患者病原送检情况的监测、数据统计及上报工作。医院感染率1.8%。

(李 鹏 张 帆)

【医保工作】 年内,新增医保重复用药提示。全年医保出院5309人次,出院医保病人总费用12151.37万元,次均费用22888.24元。

(李 鹏 张 帆)

【医疗支援】 年内,在朝阳区常营、石佛营社区卫生服务机构出诊、带教培训,接收对口支援医院的医师来院进修。组织开展健康课堂和专业讲座,在“世界肝炎日”、“全国高血压日”、“联合国糖尿病日”组织社区义诊咨询和宣教活动。医院投入143万元,开展微笑列车手术活动,治疗唇腭裂患者。落实20项服务举措,连续8年获首都精神文明单位称号。在市精神文明办公室和市卫生局组织的2011年度评比中,居全市51家三级医院前十名。

(李 鹏 张 帆)

【护理工作】 年内,全面推广优质护理工作,普通病房全部开展优质护理,并将优质护理向门急诊系统推广,扩展至急诊室、手术室。开展护士能级管理,按照能级初步对护士分级。修订完成护理制度、护理常规、应急预案等。护理质量管理:护理文件书写合格率90%,护理病历书写合格率90%,基础护理合格率90%,特级、一级护理合格率90%,技术操作合格率95%,安全护理合格率95%,急救物品完好率100%。科研工作:在研护理科研项目2项,新申请院内科研课题1项。发表核心期刊论文16篇。教学工作:完成60名实习护生的临床教学工作。培训工作:通过北京市和朝阳区对医院护理继续教育基地的审核,完成市级继续教育5项,院区级继续教育16项。培养专科护士5名。完成43名护士的注册工作。

(李 鹏 张 帆)

【科研工作】 年内,申报科研课题83项,中标24项,其中国家级(国家自然基金)2项,资助95万元;北京市级(首都特色)1项,资助15万元;局级(院级)21项,资助60万元。在研课题118项,结题14项。发表论文210篇,其中SCI7篇,影响因子最高2.635,平均1.26;发表著作4部。

(李 鹏 张 帆)

【医学教育】 年内,毕业后接受教育人数47人,根据市卫生局要求,I阶段培训在基地,II阶段培训在本院。381人参加继续教育,100%按要求完成培训。承担河北联合大学研究生培养,承担河北联合大学13人、山西长治医学院11人、湖北医药学院1人实习,承担协和医科大学8年制41人见习。录取硕士研究生16人,接收进修25人。举办短期学习班6次,2701人次参加培训。为本院职工举办学习班132次,20119人次参加培训。到外院进修6人。

(李 鹏 张 帆)

【信息化建设】 年内,实施信息改造工程。以三甲未达标项目为重点,检查医院信息系统安全等级,完成电子病历、检验条码住院信息系统实施、PACS系统升级、病案首页改造等。开展内窥镜、病理系统、重症监护及手术麻醉系统、医院物资管理等系统上线准备工作。开发医生用药比例自主查询系统,新增医保重复用药提示,设置医师开药权限。实施自动摆药机接口项目和内科门诊叫号系统,理顺工作流程。

(李 鹏 张 帆)

【基本建设】 年内,完成ICU、配电室电力增容改造工程、门诊楼17个卫生间改造、全院粉刷、干部病房三个病区的装修、部分建筑楼顶防水工程、全院标识改造等工程。

(李 鹏 张 帆)

【院领导名单】 党委书记:李德清;院长:王明晓;纪委书记:王继唐;副院长:张斌、曾庆玉、周正、屈正、王洪武。

(李 鹏 张 帆)

北京华信医院

【概况】 北京华信医院为清华大学第一附属医院。年内,职工1469人(在编882人、合同制587人,其中卫生技术人员1134人,包括执业医师387人、注册护士545人、药剂51人、检验41人、放射影像18人、其他卫生技术人员92人;其他专业技术人员72人;管理、工勤人员263人。有正高级职称21人、副高级职称129人、中级职称366人、初级职称523人。医疗设备6829台(件),总价值23500万元。年内,购置医疗设备总值1717万元,其中10万元以上设备29台、100万元以上设备2台。获奖情况:被评为2011年度首都文明单位,被评为“爱心单位”,被市临床营养治疗质量控制与促进中心评为“十佳单位”。心脏中心潘广玉获北京中青年优秀医师奖,眼科邹燕红获北京中青年优秀医师提名奖,心脏中心李小梅当选第四届首都健康卫士,心脏中心教授吴清玉带领的团队被市总工会和市科委授予“吴清玉工作室”。

地址:朝阳区酒仙桥一街坊6号
电话:64361322
邮编:100016
网址:www.tufh.com.cn

(蒋立红 刘晨曦)

【机构变动】 3月,血管外科从心脏中心划归大外科。

(蒋立红 刘晨曦)

【改革与管理】 年内,制定《2012—2016年发展规划纲要》。朝阳区与清华大学签订协议,共建北京华信医院。通过市卫生局"三好一满意"活动督导检查。经市卫生局审核,医院床位由500张增至760张。新制订、修订人事制度40项,引进副高级职称专家1人,招收新员工(含合同制)118人,选聘6名临床及行政业务骨干转为事业编制。成立三级甲等医院创建办公室,按照三级医院评审标准开展院内自查,全面梳理各项工作,完善管理制度、岗位职责及工作流程,模拟自查7个临床科室。制定《2012医疗质量考核评价标准》及医疗技术目录。完善手术分级授权管理制度及手术审批制度,定期评价医师技术能力,适时调整医师手术权限,加强手术风险评估。申报三级以上外周血管介入诊疗技术。跟踪评价新技术,强化新技术监管。开展手术安全、危急值报告管理专项检查,保障医疗安全。修订《突发事件应急预案》。加强应急队伍和院内救治绿色通道建设,完善物资储备,开展应急事件桌面推演,组织2起群伤事件救治。获朝阳区院内救治绿色通道突出贡献奖。制定《2012年抗菌药物合理应用专项治理活动方案》、《抗菌药物临床应用管理制度》、《关于规范围术期预防性抗菌药物使用的方案》,加强培训、考核及用药点评,抗菌药物使用强度(DDD)由54下降至44,抗菌药物使用率由64.3%下降至55%,微生物送检率由36.8%提高至45%。自主开发临床路径管理软件,路径病种由39种增至50余种。8个科室的10个病种进入电子路径管理。入径病种的平均住院日和次均费用同比均有下降。配合朝阳区两癌筛查项目,筛查乳腺癌1654人、宫颈癌1664人。协助朝阳区15家筛查机构开展诊断工作。儿科安全转运19家助产机构的523例高危围产儿,其中早产儿占35.5%。产科全年接收危重症宫内转诊22人。新增挂号窗口预约方式,推进分时段预约,节约候诊时间。制订、修订相关制度、流程和应急预案10余项。启动就医高峰增补医师出诊机制,医技科室缩短检查预约时间。优化社区患者转诊流程。规范休假证明、门诊治疗相关表单。新建门诊输液室,更新门诊专家介绍栏。新增候诊座椅、导引标识、婴儿车,收费窗口使用身份证读卡器等便民措施。访视住院患者903人979人次。全年收到表扬信378件。发放住院患者满意度调查表710份,患者满意率85.85%。

(蒋立红　刘晨曦)

【医疗工作】 年内,门诊997332人次,急诊96872人次,急诊危重症抢救2778人次,抢救成功率98.06%。床位760张。入院18915人次,出院18914人次,床位周转32.24次,床位使用率105.91%,平均住院日11.99天,死亡率2.22%。住院手术6149例。孕产妇死亡率9/10000人,新生儿死亡率1.8‰,围产儿死亡率6.3‰。新技术、新疗法。心脏外科开展右室双出口合并肺动脉缺如、房室瓣骑跨、矫正型大动脉转位、肺动脉闭锁、三尖瓣下移合并大动脉转位、冠状动脉肌桥和心脏肿瘤等矫正手术,完成先心、冠心和瓣膜病等终末期心脏病患者的手术治疗。消化内科与CT室合作开展小肠、结肠三维成像检查,为小肠、结肠镜检查耐受差的患者提供新的诊断尝试。肾内科恢复病房工作,开展腹膜透析。血透室开展高位动静脉内瘘、人造血管内瘘术,全年透析2.2万人次。神经内科新增眩晕门诊、癫痫与不自主运动门诊及认知障碍与痴呆门诊等。内分泌科采用速效、长效胰岛素类似物治疗2型糖尿病。骨科开展环枢椎不稳定后路固定植骨融合术,胸外科对恶性胸腺瘤侵犯血管及重要脏器的切除、肺中叶切除+纵膈淋巴结清除术、全胸腔镜下(VATS)双侧肺大泡切除+胸膜粘连术、心包开窗术、贲门失迟缓症海勒(Heller)术等取得新突破。神经外科完成首例颅内外血管吻合术及胸4-5椎管内恶性软组织肉瘤切除术。妇科独立开展恶性肿瘤及子宫内膜癌的腹腔镜手术。眼科开展"泪器病"专业的诊疗工作。皮肤性病科开展皮肤病的微波治疗。开展无痛支气管镜项目,开设疼痛门诊、术后恢复室,重开理疗室。检验科编发《检验标本采集手册》,修订《实验结果评价指南》;临床营养科编发《医院膳食适应证及应用原则》。超声科新开展颞动脉及婴幼儿胃肠超声检查。病理科开展夜班冰冻切片诊断,建成病人血内皮细胞计数的新检查方法。医疗纠纷处理。全年处理来电、来访102件,协商解决和诉讼11例,其中协商7例、诉讼4例。未参加医疗责任保险,累计赔付47万元,其中诉讼赔付42万元、协商赔付5万元。

(蒋立红　刘晨曦)

【病案管理】 年内,规范新版住院病案首页填写。全年检查运行病历2840份、终末病历18282份,甲级病历率99.99%。

(蒋立红　刘晨曦)

【院感管理】 年内,完善医院感染监控制度及操作规程。举办培训33次,开展手卫生依从性、现患率调查,监测ICU"三管"及手术部位感染目标,监管重点科室、重点环节。医院感染率2.23%。

(蒋立红　刘晨曦)

【医保工作】 年内,医保出院8611人次,次均费用18828元;门诊次均费用446元。接待医保咨询患者13000余人次。

(蒋立红　刘晨曦)

【医疗支援与扶贫义诊】 年内,对口支援内蒙古自治区科左后旗人民医院、河北省望都中医医院、本市平谷区东高村镇和峪口镇社区卫生服务中心。向平谷区对口支援医院捐赠医疗设备,价值26万元。22名中级职称以上医务人员到平谷区开展健康教育14次。免费接收受援单位9个专业的16名医师进修,组织百余名专家8次赴受援单位开展义诊、查房活动。继续与国家民委合作开展"中华民族一家亲"卫生下基层活动,赴甘南藏族自治州、宁夏地区开展送医、送药、送技术及培训、讲课、先心病筛查等活动。开展京外扶贫义诊活动9次,筛查患者9300余人次,救助义诊的先心病患儿72名。为当地医务人员举行讲座、培训64场(次),1500人次听课;接收义诊地区医院7名医师进修。开展京郊义诊活动3次。

(蒋立红 刘晨曦)

【健康教育】 年内,开展院内外健康讲座76次,院内及社区义诊咨询活动18次。

(蒋立红 刘晨曦)

【预防保健】 年内,完成各类儿童健康体检12691人次;管理孕产妇530人;围产访视1737人次;收到各类传染病报卡1359张,访视传染病人162例;管理辖区精残、智残病人531人;完成各类疫苗接种37343人次。

(蒋立红 刘晨曦)

【护理工作】 年内,优质护理示范病房增至15个,占全部病房的75%。开展百日优质护理服务及护理创新竞赛活动。编发《实习学生手册》,规范实习学生管理。重新审核、整理、修订护理制度、应急预案、流程、各项职责及标准等153项,新增护理制度及预案、流程14项。鼓励上报护理不良事件,由上年的54例增至134例,同比增长148%,并对护理不良事件进行分析整改。上报护理文件书写合格率96.67%,护理病历书写合格率96.48%,基础护理合格率96.14%,特级护理合格率95.46%,一级护理合格率97.23 %,技术操作合格率96.54%,安全护理合格率93.6 %,急救物品完好率99.19%。全年在统计源期刊发表护理论文10篇。接收护理大中专学生实习117人、进修护士2人。岗前培训4次,临床讲课7次。主办区县级护理继续教育15项,2908人次参加。派出进修和参加培训班17人次。组织护士业务学习14次;理论考试7次,858人次参加;操作考试8次,791人次参加。护士继续教育达标566人,达标率100%。完成全院护士2010版心肺复苏培训及考核。

(蒋立红 刘晨曦)

【科研工作】 年内,申报各类基金25项,获国家自然科学基金2项,资助94万元;首都医学发展科研专项基金1项,资助10.8万元。完成1项首都医学发展科研基金课题的结题答辩,9项"清华—裕元医学科学研究基金"项目结题。发表学术论文79篇,其中中文69篇、外文10篇。SCI收录论文10篇,最高影响因子3.741,平均影响因子1.988。

(蒋立红 刘晨曦)

【医学教育】 年内,完成各级继续教育项目30项。申报国家级继续教育项目1项、省市级1项。参与继续教育70场次,1万余人次参加。继续教育达标率100%。接收医疗、医技、实习进修120人。8名住院医师完成一阶段培训考核,5名住院医师完成二阶段培训,外送22名住院医师参加一阶段培训。组织住院医师理论考试和临床技能考核2次,组织2011级临床型研究生临床理论和技能中期考核。启动北京地区住院医师规范化培训基地的申报及迎审工作。

(蒋立红 刘晨曦)

【对外交流】 年内,参加各类国际学术交流会6人次,出国进修2人次。接待美国、瑞士、英国等专家学者来访14人,接收9名德国医生学习中医针灸。参加各类国内学术交流会376人次。举办北京血液净化通路论坛、首届清华大学儿科论坛——新生儿窒息复苏后多器官损害研讨会、复杂性先天性心脏病、小儿顽固心律失常诊治高级培训班、颈部血管外科进展研讨会及清华大学第一附属医院急重症超声应用培训班。

(蒋立红 刘晨曦)

【信息化建设】 年内,建设院内网短信平台,开发临床路径管理信息系统,在普外科、产科、神经内科、呼吸科、消化内科进行试点运行。网络带宽由10兆增到20兆,启用洗衣房管理系统。实现信息系统按时段预约功能。进行电子病历系统、门诊叫号系统和医院质量监控系统(HQMS)的调研和建设。调整医院网站结构。

(蒋立红 刘晨曦)

【基本建设】 年内,完成放射科、器械库等8处装修改造工程,改造面积1500平方米。新建职工宿舍473平方米、门诊输液(配液)室80平方米。改造基础设施工程10余项。初步规划医院二期病房楼工程和中远期建设方案。

(蒋立红 刘晨曦)

【慈善救助】 年内,与思源焦点公益基金、美国葛瑞丝基金、西部玉米基金、顺义新希望基金、嘉怡童心基金、兰馨基金、邯郸残疾人福利院等7家慈善机构建立合作关系,救助先心病患儿。全年慈善基金救助患者371人,救助金额933.7万元。全年组织60名医务人员无偿献血12200毫升。

(蒋立红 刘晨曦)

【院领导名单】 党委书记:关兆东;副书记:吴清玉;院长:吴清玉;副院长:关兆东、朱栓立。

(蒋立红 刘晨曦)

民航总医院

【概况】 民航总医院与民用航空医

学卫生中心合并运行，实行一个机构两块牌子。机构名称为中国民用航空局民用航空医学中心(简称民航总医院)。年内，职工1166人(含合同制)，其中卫生技术人员948人，包括正高级职称28人、副高级职称78人、主治医师(含相应职称)277人、医师565人(含相应职称)；行政后勤人员112人；其他专业人员106人。万元以上医疗设备834台(件)，总价值18653.85万元。年内，新购万元以上设备61台(件)，其中10万元以上26台(件)、50万元以上6台。经民航局批准，民用航空人员体检鉴定所成为国内首批面向社会的定点招飞机构。经市卫生局认可，医院外科成为外科住院医师规范化培训基地，透析中心成为血液透析培训基地。获奖情况：被评为2011年度首都文明单位、中央国家机关平安单位、全国百姓放心示范医院。院长李松林被评为全国百姓放心示范医院优秀医院管理者。全年收到表扬信220封，锦旗、牌匾、字画等264面(幅)，1167人次受到患者表扬，退红包148人次183800元。

地址：朝阳区高井甲一号
电话：85762244
邮编：100123
网址：www.mhzyy.cn

(茅砚云　马秀利)

【医疗工作】　年内，门诊913234人次，急诊202731人次，急诊危重症抢救5262例，抢救成功率96.5%。入院14001人次，出院13930人次，床位周转29.72次，床位使用率95.75%，平均住院日10.21天，死亡率2.45%。住院手术6141例。无孕产妇死亡，围产儿死亡率0.07‰。健康体检55257人次，其中空勤人员体检5514人次。作为朝阳区孕产妇急救网络产科出血定点救治中心，妇产科和放射科共收治网络转来各种大出血孕产妇30例，介入止血成功率100%。完成朝阳区两癌筛查——乳腺癌筛查556例。针对各科室专业不同、医疗质量监控的重点不同，制定《医疗质量量化检查表》和《手术安全核查制度》。制定《加强门诊管理的相关规定》、《关于门诊病历书写的管理规定》、《关于预约挂号工作的管理规定》。全年预约挂号117235人次，其中114平台预约28861人次、本院窗口预约以及复诊预约88374人次。新技术、新项目。妇产科创建了凶险性前置胎盘的介入治疗；泌尿外科开展单孔腹腔镜下和显微镜下精索静脉结扎术和绿激光尿道狭窄切开术及尿道下裂Ⅰ期成形术，完成后腹腔镜下肾癌根治术，肾输尿管全长+膀胱袖状切除术，肾部分切除术，腔静脉后输尿管、肾上腺巨大嗜铬细胞瘤高难度腹腔镜手术；空干科与北京同仁医院共同开展“老年非瓣膜性/孤立性房颤规范化抗凝治疗的研究”，与北京安贞医院合作开展“心房颤动治疗规范与技术优化研究”；呼吸内科与北京薏然阳光科技有限公司(专业科研机构)签署技术服务协议，合作国家自然科学基金课题“飞行疲劳实时监控预警系统关键技术研究”；儿科开展血的过敏原检测；耳鼻喉科首例近全喉切除术(Pearsonn)获成功，首例应用CO_2激光显微外科技术切除一侧杓状软骨治疗双侧声带麻痹，开展首例鼻内镜下经蝶垂体腺瘤切除术；眼科开展2.5毫米微切口白内障手术。

(茅砚云　马秀利)

【护理工作】　年内，制定和完善《2012年护士理论培训计划》、《2012年护士法律法规培训计划》、《胰岛素等特殊药物管理及应用规定(补)》、《导管滑脱登记报告制度》、《皮肤压力伤登记报告制度》等5个文件。护理人员“三基”培训2600人次；40岁以下319人参加理论考核，合格率93.4%；新护士岗前培训462人次；操作考核2400人次，合格率97%。一级护理合格率95.8%，一级护理文书书写合格率95.2%。护理质控检查78次。完成实习教学40人。各种院外进修培训16人次，接收外院进修28人次，专科护士取证培训3人次。派出进修9人次(宣武医院NICU2人、北京大学人民医院5人、阜外心血管医院2人)。发表护理论文6篇。护理部科研小组申报院内科研课题5项，获批1项。

(茅砚云　马秀利)

【航空医学】　年内，参与《中华百科全书》民航医学部分的编撰工作。受民航局飞标司委托，民用航空人员体检鉴定所对CCAR－67FS－R1、AP－67FS－001提出修订建议。4月9日，民航局通过《民用航空人员体检合格证管理规则》(CCAR－67FS－R2)和《空勤人员和空中交通管制员体检鉴定》(AP－67FS－002)，8月1日起执行。5月，中国民航出版社出版发行《空勤人员和空中交通管制员体检鉴定指南》。12月，完成《疾病诊断名称规范》征求意见稿并试运行。民用航空人员体检鉴定所联合核磁室、脑外科、神经内科专家，对全国民航45岁以上的飞行员开展脑核磁排查，全年完成排查3656人，对阳性飞行员分别予以停飞、进一步检查治疗和临床观察的处理。完成年度体检13554人次，招飞体检3513人，飞行学员入校复查1620人，招乘2867人，军转民102人。招收外籍飞行员体检306人。完成特许鉴定(再次申请特许)109人。航医鉴定所由单纯的体检鉴定，向行业培训教学领域发展。完成第四军医大学《航空航天临床医学》课程民航医学部分编纂。受民航局委托完成“强化航空卫生专业技术人员资质管理项目”培训。全年完成教学5期，其中航空体检医师资格认证培训班2期、航空主检医师培训班1期、航空医学基础培训班1期、北京大学医学部本科生航空医学选修课教学1期。举办民用航空医学统计学和论文写作培训班,聘请首都医科大学马斌荣教授和中华航空航天医学杂志编委会王志翔主任授课。民用航空医学研究所组织第二次修订实验室体系文件,共修改5个质量手册和16个程序文件,新增2个程序文件、9个记录表格、8个检测标准、12个作业指导书、10个标准操作规程(SOP)和17个原始记录表格。上述文件通过国家评定委员会专家评审组的年度监督评估。对13个航空公司的302名飞行员进行临床常用3种降压药、4种降糖药和1种降脂药的药物检测,对9个航空公司的293名飞行员进行尿液毒品检测,参与3起航空器事故征候毒理学调查,完成血液和尿液中常见药物和毒品的分析检测。完成60~65周岁飞行员认知功能检测135人次、特许飞行员心理鉴定25人次、招飞心理选拔测试336人。初步搭建航空环境卫生和卫生有害生物检测系统。建立环境温度、湿度、噪声、照度、风速等卫生检测规范。对合格证系统及招飞体检鉴定子系统进行系统运维。对旧系统中72个航空单位和3万余名航空人员的基本信息等进行数据清洗。院长李松林当选空天飞行医学保障关键技术协同创新中心理事,副院长王树明为学术委员,医院为理事单位。

(茅砚云　马秀利)

【病案管理】 年内,完成病历首页改版工作。甲级病历率100%。

(茅砚云　马秀利)

【感染管理】 年内,督查102次。检查终末病历4521份,Ⅰ类切口病历抗菌药物使用2043份。组织各类培训与考核24次13241人次。参加市、区培训20次44人次。接受北京市和朝阳区各类检查15次。上报法定传染病1447例,报告及时率100%。医疗器械消毒灭菌合格率100%。院内感染率1.81%,漏报率6.23%。清洁伤口甲级愈合率97.8%。Ⅰ类切口感染率0.15%。

(茅砚云　马秀利)

【医保工作】 年内,医保出院6871人次,总费用8883.89万元,次均费用12929.54元,平均住院日11.57天,药占比44.39%。门诊医保452529人次,总费用18191.30万元,次均费用401.99元,药占比77.79%。全年组织医保政策培训6次。创建《医保物价专刊》,全年出版11期。接待上级单位检查5次。

(茅砚云　马秀利)

【医学教育】 年内,完成2007级8班27名留学生、2008级8班26名留学生的教学任务,接收2009级8班留学生20人。培养的研究生陈娜完成硕士课程,获北京大学医学部硕士学位。在培北京大学医学部硕士研究生4人。评选北京大学医学部优秀教师5人、优秀管理教师2人,民航总医院优秀教师5人。全年举办学术讲座96次,其中教育大课堂84次、其他讲座12次,2831人次参加。外出进修27人。参加院外学习班、学术会议126次。继续教育学分达标率95.13%。举办英语沙龙12次。参加北京市住院医师规范化培训第一阶段考试5人,理论考试合格5人,通过率100%;临床技能考试合格4人,通过率80%。参加北京市住院医师规范化培训第二阶段考试13人,合格11人,合格率85%。参加北京大学医学部住院医师规范化培训第二阶段考试9人,通过4人,合格率44.4%。举办航空医师培训班2期,33人参加培训。

(茅砚云　马秀利)

【科研工作】 年内,对2010年立项的14个课题开展结题检查。院外课题结题7项。申报院级课题36项,获批26项,其中护理课题2项。李松林的"影响飞行安全的药物因素分析鉴定数据库开发研究"、王树明的"民用航空人员特许鉴定心理学检查方法的开发研究"获民航局立项,刘毅的"适应性伺服通气治疗复杂性睡眠呼吸暂停综合征临床疗效的前瞻性研究"、航研所朱东山的"民航飞行人员用药安全性评价方法和指标体系"获首都医学发展基金立项,赵旭的"本科生实习期导师制初探"、杨悦的"临床沟通技巧教学模式初探"获北京大学医学部立项。在研国家自然科学基金1项、首都医学发展基金1项、北京市自然科学基金1项、民航局本级任务7项、民航局级课题10项、横向课题5项,其中有皮肤科的中华医学会-欧莱雅中国人健康皮肤毛发研究项目"幼儿发育过程中头发超微结构和分子成分的改变",天津大学委托泌尿外科开发腔镜手术辅助机器人动物实验,北京大学急性冠脉综合征预警及干预研究的临床项目等。全年发表学术论文115篇,其中北大中文核心期刊25篇、地方杂志87篇、SCI收录3篇。接收本科以上毕业生50人,其中博士生3人、硕士生28人、本科生19人。招聘合同制技术人员69人。参加毕业后再教育14人。16名医生申报北京市知名专家资格获得批准。

(茅砚云　马秀利)

【信息化建设】 年内,完成新版病历首页改版。改造住院医保系统,优化医保办审核功能。引进门诊、住院摆药机,在药库采购流程上,将采购单据录入由手工录入改为导入。手术预约系统投入使用。医学影像归档和通信系统(PACS)一期工程基本完成,分诊系统和移动护士站系统正在测试中。

(茅砚云　马秀利)

【医疗支援】 年内,为青海省玉树地震灾区义务培训藏族医务工作者10人。与5家一级医院(管庄第二医院、平房医院、三间房医院、王四营医院、高碑店医院)建立合作关系。接收密云县及周边受援医院进修20人,并为其提供医疗技术支持。派出7人赴青海省第五医院及内蒙古自治区土默特右旗医院出诊、讲课、会诊及开展健康教育等,手术10例,参加疑难病例抢救及讨论10次,开展新技术2项,专题讲座12次,教学查房25次,手术示教9次。接收内蒙古自治区土默特右旗医院进修8人。

(茅砚云　马秀利)

【对外交流】 年内,心血管科医生李莉赴德国参加欧洲心脏病学会议(ESC),呼吸内科医生刘毅赴美国参加美国睡眠医学年会,眼科主任胡庆军赴迪拜参加眼科会议,内科主任季汉华赴美国芝加哥参加美国心脏学院年会,肾内科医生杨洪莹赴法国巴黎参加学术会议,外科主任李景敏赴土耳其伊斯坦布尔参加第30届世界腔道泌尿外科大会,泌尿外科崔亮赴美国参加美国泌尿外科学术年会及美国医院访问交流项目,神内主任王辰龙赴日本参加2012亚太卒中会议,骨科主任李玉民、副主任医师刘牛庆、透析中心护师薛晔赴台湾参加学术交流,空干科主任黄鹏赴美国联邦航空航天医学会(FAA)学习航空医学,并取得国际航空医师主检官(AME)资格。院长李松林率团赴澳大利亚参加第60届国际航空航天医学年会,成为中国第一位国际航空航天医学年会委员。李松林率民用航空人员体检鉴定专家委员会一行6人赴台湾进行学术交流,台湾航空医学会一行10人来京参加民用航空医学学术交流。副院长王树明率中国民用航空医学代表团6人赴法国、德国参加欧盟-中国民航合作项目航空医学考察活动。王树明一行14人赴美国参加第83届美国航空航天医学会年会。

(茅砚云　马秀利)

【后勤与基建】 年内,装修改造门诊楼大部分公共卫生间,设置专人维护门诊大厅卫生间。在B楼一层增加2个卫生间。改造绿地,修建近200个车位的临时停车场。完成前期新医学大楼改造工程和拆迁工程5000平方米,改造各类管线160米。2月9日,举行航空医学大楼奠基仪式。完成工程总投资约1亿元,通过招投标、审计等节约投资2500万元。

(茅砚云　马秀利)

【院领导名单】 党委书记:王长益;副书记:万刚;院长:李松林;副院长:王树明 、段凤英、彭定琼、季汉华、徐先发 。

(茅砚云　马秀利)

北京地坛医院

【概况】 北京地坛医院是北京大学医学部、北京中医药大学的教学医院,首都医科大学传染病学研究所、国家感染性疾病医疗质量控制中心、国家肝病及艾滋病临床药物验证基地、国家中医药管理局中西医结合传染病临床基地、世界卫生组织艾滋病综合管理中心均设在本院。职工1081人(在编946人、合同制135人),其中卫生技术人员887人,包括正高级职称49人、副高级职称79人、中级职称256人、初级师330人、初级士153人、未定级20人。医疗设备总价值48355.67万元。年内,购置医疗设备总值5311万元,其中10万元以上设备83件、100万元以上设备11件。获奖情况:被评为2011年度全国文明单位和首都文明单位标兵,全国中医药应急工作先进集体、北京市传染病疫情报告工作先进单位,北京市医疗保险管理服务奖一等奖,被北京市防火安全委员会评为消防工作先进单位,被市卫生局评为人口和计划生育工作先进集体;在复旦大学医院管理学院的中国医院专科声誉排行榜中,以传染科特色居第二位;电视专题片《王姐的故事》获全国妇联、中国电视艺术家协会、女性题材优秀电视作品三等奖。院党委书记滕秀琴获北京市"三八"红旗奖章;感染中心李兴旺被评为全国医药卫生系统创先争优活动先进个人;红丝带之家王克荣当选十八大党代表,入选中国好人榜;中西医结合中心王融冰和王宪波被评为全国中医药应急工作先进个人;消化内科李坪获"阿斯利康杯"全国上消化道出血摄影摄像展播一等奖;感染一科赵红心被评为最美医生,当选首都十大健康卫士;宣传中心陈明莲获北京市卫生系统好新闻评选一等奖。

地址:朝阳区京顺东街8号

电话:8432200

邮编:100015

网址:www.bjdth.com

(王　蕾　张永利)

【机构设置】 4月,泌尿外科正式开科。5月11日,启动潮白河骨伤科医院接收工作,作为医院顺义院区。

(王　蕾　张永利)

【医疗工作】 年内,门诊368094人次,急诊34362人次,入院20719人次,出院20742人次,床位周转34.69次,床位使用率109%,平均住院日11.58天,死亡率2.23%。住院手术4074例。接待并收治外籍住院患者27人次,门诊接待外宾200余人次。准入新技术104项,其中Ⅰ类技术101项、Ⅱ类技术2项、Ⅲ类技术1项。心内科开展食道超声、植入型心律转复除颤器(ICD)、心脏再同步治疗加植入型心律转复除颤器(CRT-D)、冠状动脉内旋磨术和血管内超声新技术;消化内科开展超声内镜穿刺术;介入科改良的模拟Viatorr支架在经颈静脉肝内门腔分流术(TIPS)中的应用取得良好临床效果;外科开展腹腔镜微创手术,首例腹腔镜胰腺囊肿引流术及首例胃间质瘤腹腔破裂出血、小肠间质瘤破裂消化道大出血、缺血性肠坏死手术;骨科开展导板导航在脊髓畸形中的应用、人工关节置换术等6项技术,手术救治范围涵盖骨科全部内容;泌尿外科开展经输尿镜输尿管钬激光碎石、腹腔镜下肾脏切除等4项技术;手麻科开展术中自体血液回输技术。医疗纠纷处理。医院投保中国人民财产保险公司北京分公司医疗责任保险,参保698人。发生医疗纠纷10件,其中调解3件、诉讼7件,赔付55万元。病案管理。组织全院死亡病例、疑难病例和危重病例讨论,院内外专家会诊,病历书写规范竞赛,基本知识、基本技能操作比赛等活动,举办"展示规范诊疗技术,分享成功病例经验"系列交流活动7期。加强科室环节质量控制和终末病例质检工作,每月初病案室向医务部门上报全院病案绩效考核,以月报表形式向各临床科室通报病案质量检查情况。对70%出院病历的疾病和手术编码进行二次审核和更正。甲级病历率99.77%。医院感染管理。继续完善抗菌药物临床应用管理体系和制度体系,层层签订专项整治责任书,纳入科室绩效考核。成立特殊抗菌药物使用会诊专家组,强化特殊抗菌药物的规范及合理使用。开展住院患者抗菌药物医嘱点评工作,全院公示不合理病例。完善医院感染防控三级网络管理体系,健全医院感染各项制度、流程及预案,加强医院感染病例监测,通过季刊《感染管理通讯》向全院通报医院感染动态。医院感染率1.97%。

(王　蕾　张永利)

【护理工作】　年内,制定优质护理服务工作方案、护理工作五年发展规划及年度优质护理工作推进方案。改革护理模式,实施责任制整体护理、护理人员分层管理、护理岗位绩效管理,推广优质护理服务,落实市医管局优质护理工作的各项要求。按照三甲医院评审标准,开展护理质量与安全监测指标管理,修订护理质量考核标准,定期通报不良事件,持续改进和提高护理质量。优质护理服务病房覆盖率100%,护理质量综合评分96.4分,病人满意度提高至98.6分。护理文件书写合格率95.1%,基础护理合格率94.9%,特级、一级护理合格率94.5%,技术操作合格率92.3%,急救物品完好率99.7%。开展院内基金支持项目2项。在统计源期刊发表护理论文16篇。接收进修护士21人、实习护士60人。接收香港理工大学护理学院本科实习10人。承担护理继续教育项目54项,达标率99.76%。继续举办国家级继续教育项目——肝病自我护理管理培训班,20个省、市、自治区40多家医院的100名护理管理者参加培训。

(王　蕾　张永利)

【改革与管理】　年内,调整绩效考核指标体系,将"门诊预约挂号率、抗生素合理使用"等指标纳入科室考核,加强成本管理,增加成本控制绩效考核指标,加强患者满意度考核力度,调整奖励性绩效工资分配体系,重视绩效沟通和质询工作,医院的质量、效率和安全等均有较大改善。扩展综合医疗市场,制定年度营销策略,增加与社区卫生服务中心的沟通与交流,促进社区双向转诊工作。继续开发高端医疗市场,与万欣和(上海)企业服务有限公司和信诺西格纳数据技术服务(上海)有限公司签署国际医疗保险合作协议。创建人民满意医院。在市医管局对21家市属医院进行的患者满意度调查中,地坛医院位居第一。

(王　蕾　张永利)

【医保工作】　年内,医保出院8443人次,总费用13850.68万元,次均费用16404.93元。加强医保政策宣传和培训,争取"医保基金总量控制"政策。结合医院专科特色和重点学科及平台科室的发展,制定医保工作绩效考核指标。深入跟踪指标监测项目,做到动态调整、持续改进,细化费用结构。

(王　蕾　张永利)

【医疗支援】　年内,与朝阳区崔各庄乡、孙河乡、东坝乡及金盏乡第一、第二社区卫生服务中心建立对口支援关系。赴密云县石城镇卫生院义诊28次。与全国67家医院建立合作关系,定期安排医务人员前往协作医院出诊、培训。定期到崔各庄乡和平医院五官科出诊。派出3名医生赴新疆维吾尔自治区传染病医院,工作时间共计9个月。接收进修医师95人次,内蒙古自治区骨干医师培训1人。

(王　蕾　张永利)

【科研工作】　年内,申报科研课题66项,中标46项,获批科研经费2819.4万元。在研各类基金课题167项,其中国家级项目占33%、省部级项目占23%、局级项目占21%、国际及其他级别项目占23%。结题24项。"甲型H1N1流感的临床和应用基础研究"获北京市科学技术奖一等奖,"甲型H1N1流感的中医药治疗"获华夏医学奖,科普片《病毒真相》获北京市健康教育作品类一等奖。全年在国内核心期刊发表论文140篇,SCI论文17篇,最高影响因子9.154,总影响因子59.395。发表著作6部。医院承办的国内第一本感染病学英文电子期刊《Infection International》在第六届地坛国际感染病会议正式亮相,主编杂志增至6本,其中4本入选核心期刊。医院获批"新发突发传染病研究北京市重点实验室"和"北京市中西医结合传染病研究所",完成临床药理基地的复审。

(王　蕾　张永利)

【医学教育】　年内,完成首都医科大学、北京大学医学部和北京中医药大学的传染病教学任务。录取研究生24人,其中硕士生21人、博士生3人。在读统招研究生81人,毕业研究生20人。获北京大学医学部教学优秀奖2人;2名青年教师获北京大学医学部传染病系赵树馨奖励基金;2名专家被聘为首都医科大学学系副主任委员,27名专家被聘为学系委员。接收进修医师95人,接收实习学生220人。完成国家级继续教育项目2项、市级1项、区级14项、院内自管项目46项,临床医师和医技人员继续教育学分达标率100%。举办肝病进修班2期,30人参加;举办艾滋病培训班3期,36人参加。脱产学习1人,到院外进修2人。

(王　蕾　张永利)

【信息化建设】　年内,进一步集成医院网站、业务系统、办公系统、通讯系统和音视频系统,做好HIS系统的维护工作。门诊自助挂号系统和自动办公系统上线,完成电子病历系统及临床路径系统建设。加强数据中心设备安全和机房监控管理力度,实地维检网络布线及相关设备,构筑机房监控系统。对网络进行升级作业,购置上网行为管理系统。

(王　蕾　张永利)

【对外交流】　年内,出国访问13批次17人次,其中参加国际学术会议6批次9人次、出国考察2批次3人次、出国进修5批次5人次。派1人参加亚太风湿病学会专家委员会会议。接待7批次国外专家和政要来访交流。开展国际合作项目9项,其中科技合作项目4项、管理合作项目1项、人才培养项目4项。举办第六届地坛国际感染病会议,20余个国家和地区的近千名感染病和肝病专家及学者参会。

(王　蕾　张永利)

【后勤与基建】　年内,完成医院一期流程再造工程,将医保办、住(出)院处、小卖部和快餐店整合到东走廊。完成全院手机信号覆盖工程。实施营养配餐改革,调整送餐路径,购置加热装置配餐车,启动为临床医技送餐服务。4月至10月,启动太阳能循环系统,节约天然气约2000立方米。改造血液透析中心至锅炉房上水系统管线,合理利用血透制水机多余纯水,每日节约8吨软化水。改造洗衣房烘干机底部设计缺陷,缩短烘干时间,全年节约5.7万元。组织消防、防暴、生物安全等演练29次。加大对重点位置、重点时段、重点人群的防控力度,全年发现并消除各类隐患48项。

(王　蕾　张永利)

【院领导名单】　党委书记:滕秀琴;院长:张永利;副院长:成军、辛衍涛、李秀兰、崔若虹。

(王　蕾　张永利)

望京医院

【概况】　中国医学科学院望京医院是三级甲等医院。年内,职工1120人,其中卫生技术人员860人,行政人员69人,工勤人员171人,其他技术人员20人。有正高级职称61人,副高级职称97人,中级职称310人。医疗设备总值2136万元,本年度新增专用设备总值1157万元,其中10万元以上100万元以下设备14台,百万元以上设备2台。获奖情况:被评为首都文明单位、中央国家机关文明单位、首都卫生系统文明单位、全国中医药应急工作先进集体、朝阳区消毒隔离工作先进单位、北京市医疗器械不良事件监测工作先进单位、北京市先进肠道门诊、北京市计量诚信示范单位,北京地区中医、中西医结合、民族医疗机构医疗服务信息网工作三等奖,北京市中医管理局"首届京交会中医药专题成果突出单位",京交会医药专题活动组委会颁发的"京交会中医药专题活动优秀参展单位"。医院中药房获评"北京市示范中药房",院长朱立国获"全国中医药应急工作先进个人"称号。

地址:朝阳区花家地街
电话:84739000
邮编:100102
网址:www.wjhospital.com.cn

(刘晓林　侯小兵)

【机构设置】　4月,开设急诊科病房和肝病门诊;6月,举行"北京市中医儿科诊疗中心建设单位"揭牌仪式;10月,康复科正式开诊。

(刘晓林　侯小兵)

【改革与管理】　年内,调整临时工勤人员工资标准,普通工勤人员由每日60元调至70元,技术工勤人员由每日62元调至72元。加强中医应急功能建设,成立DSA导管室,购进DSA及相关设备,完成急诊布局调整,合并门诊输液室和急诊输液室。将原创伤二科调整为骨伤综合科,组织相关人员赴京内外康复医院进行短期参观培训。规范与强化抗菌药物管理工作,设计抗菌药物统计虚拟首页并培训填写办法。

(刘晓林　侯小兵)

【医疗工作】　年内,门急诊1244711人次,日均门急诊4839人次;急诊抢救1409人次;门诊手术3828例,住院手术5806例。平均开放床位670张,入院14493人次,出院14378人次,床位周转21.5次,床位使用率98.2%,平均住院日16.6天,治愈好转率99.1%,门诊中医治疗率96.4%。初步开展"治未病"预防保健服务,制定针刺疗法、灸法疗法、汤药调理疗法、推拿疗法和火罐疗法等中医预防保健服务。实施"冬病夏治"治疗方案。体检中心通过北京市中医局和北京市体检中心现场审核。王泽民、剡雄、张宏伟、罗艳楠、朱旭华、李晓燕、等6人参加北京市中医管理局举办的膏方医师培训并取得资质证书。康复科于11月正式收治住院患者。继续深入推进抗菌药物专项整治工作,制定《望京医院抗菌药物临床应用管理规定(试行)》、《望京医院围手术期预防性使用抗菌药物指导原则》和《望京医院住院医嘱抗菌药物点评办法及流程》,组织并安排临床各科室专家,定期检查并在全院总结反馈。邀请北京医院感染管理质控中心专家组成员、北京积水潭医院控制感染科主任作“抗菌药物临床应用的管理与思考”讲座。国家中医药管理局确定医院骨伤科为“十二五”国家中医重点专科骨伤科协作组组长单位，协助国家中医药管理局管理“十二五”国家中医重点专科骨伤科协作组共计150家骨伤重点专科单位、建设单位、培育单位和成员单位；协助组建第三批（第一期）、第三批（第二期）中医优势病种协作组；组织审核第一批中医优势病种临床路径释义和诊疗方案解读；组织审核第三批（第一期）中医优势病种临床路径和诊疗方案。调整规范国家中医药管理局骨伤科重点专科协作组织结构，成立重点专科建设办公室，下设6个首批重点专科研究室。医院上报特需门诊申请材料并接受相关部门现场考察和调研。举办第二届“百草杯”中医基本功知识竞赛。考察中医临床医师方剂、中药掌握应用情况。

（刘晓林　侯小兵）

【医保工作】　年内，医保出院9079人次，总费用169742732元，次均费用18696元。落实北京市医保“实名制就医”及“医保患者代开药”相关规定，通过北京市、朝阳区医保部门十余次检查。

（刘晓林　侯小兵）

【医疗支援】　年内，与西藏自治区、新疆维吾尔自治区、内蒙古自治区、宁夏回族自治区、青海省及朝阳区、密云县卫生局签署对口协作协议，接收进修医师59名，派遣专家支援指导。向房山区中医院捐赠大客车一辆、被褥50套。10月，与香港医院管理局中医部正式签署“北上奖学金培训及南下访问学者计划”协议，接收港方高级进修学员1名，派出1名骨伤科专家赴香港进行一期专业培训和临床指导。

（刘晓林　侯小兵）

【医学教育】　年内，在读硕士研究生29人，博士研究生22人，在职人员攻读硕士15人，博士17人。2名研究生获优秀硕士论文，1名博士后申请博士后基金，接收北京中医药大学七年制　侯小兵474人的培养任务。开展国家级、北京市、科学院、院级师承教育及人才培养工作，完成第四批国家级和北京市级名老中医药专家学术继承工作，现有第五批国家级名老中医2名、国家中医药管理局中医药传承博士后合作导师3名、中国中医科学院名医名家7名及中青年名中医7名，8位专家遴选为朝阳区中医药专家。参与各项教学改革，开展高级中医药人才培养模式的改革探索及试点工作。开展在职人员学历教育，组织在职人员报名参加博士外语水平考试。传承中医药文化，做好师承教育第四批师承结业考核，四位继承人通过结业考核，取得结业证书。通过北京市中医局“3+3”工程项目验收，申报孙树椿名医传承工作站并获批准。

（刘晓林　侯小兵）

【护理工作】　年内，坚持“以病人为中心”，继续开展”三好一满意”温馨护理服务活动。贯彻落实《中医护理指南（试行）》，依据三级医院等级评审标准，补充、完善、修订护理工作制度、工作标准及流程、各级护士岗位职责、应急预案与流程等并装订成册，规范各种护理文件书写。制订中医护理常规48项，中医护理技术操作8项，制定中医特色护理质量评价标准。调整医院护理管理委员会，制定护理管理委员会章程及职责，修订《2012年护理质量管理实施方案》。加强护理质量检查与考核制度。每月组织护士长检查一次各项质量标准。落实各班岗位职责，病区全面实施“三级四时段”责任制质量管理模式。开展安全教育月活动，组织学习《护理安全手册》并考核。开展优质护理服务病房建设，实施责任制整体护理模式，以“重细节、重服务、重质量”为主线，全面履行护士职责，丰富护理内涵。启动医院护理后备库建设项目，储备护理管理后备力量。提高护士论文写作水平，鼓励护士参与朝阳区论文交流。“5.12”护士节期间，开展院级优秀护士评选活动，并在全院范围内举办“护士技能大赛、中医护理操作比赛、优秀带教老师课件评比、骨干护士模拟科研课题开题报告会、护士长教学课件选拔赛等活动。

（刘晓林　侯小兵）

【科研工作】　年内，组织申报国家科技部、国家自然科学基金、国家中医药管理局、北京市自然科学基金、北京市科委首都特色临床医学应用发展基金、中国中医科学院等基金项目（课题）148项。获资助科研课题30项，经费798.8万元，获各级科研成果奖励3项，国家专利4项，发表学术论文106篇，完成国家中医药管理局重点学科中期检查及重点研究室验收工作。举办“国家中医药管理局中医药科技成果推广座谈会”，中医骨伤、中医心血管、中医呼吸、中医肾病、中医神经内科、中医风湿免疫、中医肿瘤、中医外科、中医妇科等9个专业及医学伦理委员会通过GCP现场检查。制定《中国中医科学院望京医院科研奖励办法》、《中国中医科学院望京医院发表学术论文和著作的管理和奖励办法》和《中国中医科学院望京医院对外技术服务管理办法》。将骨关节退行性疾病的预防、治疗、康复和基础研究作为重点方向，从脊柱和骨关节疾病方面组织开展临床和临床基础研究。向对口支援单位宁夏回族自治区灵武市中医院推广应用“旋提手法治疗神经根型颈椎病”（国家科技二等奖）科技成果。按计划启动国家自然科学基金、首都医学发展科研基金项目。根据中国中医科学院“关于组织申报名医名家传承项目的通知”要求，确定“名医名家”研究项目7项，10月正式启动研究工作。10月，根据北京市中医局“关于对2012年北京市中医药外治法项目进行公开答辩的通知”,组织5项课题参与答辩。组织9个专业、17个临床科室、7个辅助科室的152人参加国家食品药品监督管理局药物临床试验管理规范(GCP)培训,并取得GCP培训证书。召开2011年度学术年会,全院13个科室、研究室和实验室的23位报告人交流课题研究成果、研究生课题、基础研究、新技术和新方法。通过国家中医药管理局重点学科建设中期检查。根据《国家中医药管理局办公室关于申报“十二五”中医药重点学科建设点增设项目的通知》要求,组织32位专家召开专家论证推荐会。加强科研工作,先后邀请国家自然科学基金委员会中医药主任王昌恩、北京中医药大学副校长王庆国等院外专家,为医院科技人员进行4场专题讲座。组织医院相关人员参加“第三届首都重大疾病防治科技创新高峰论坛”。参加国家中医药管理局中医药临床研究基地建设工作会议,组织申报多项中医药临床研究基地建设科研项目,并承担中医药临床研究基地建设中的有关科研课题。

(刘晓林　侯小兵)

【国际交流与合作】 年内,参加在北京举办的首届国际服务贸易交易会(“京交会”),获“优秀参展单位”称号。接待巴西里约热内卢卫生厅厅长一行3人来访。邀请加拿大神经免疫学首席科学家、加拿大神经免疫生物学会发起人、加拿大戴尔豪西大学宋采(Song Cai)教授到院进行学术交流。接待韩国保健产业振兴院研究员成始玄一行3人来访,韩国BOBATH康复医院未来企划部部长权纯龙一行3人来访。接待韩国东国大学理事林影潭来访,洽谈合作事宜。接待香港医院管理局中医部谢达之一行3人来访,就港方“北上奖学金培训及南下访问学者计划”实施情况交流意见。接待韩国东国大学医务副校长太锡基一行3人来访。

(刘晓林　侯小兵)

【信息化建设】 年内,成立信息系统考察小组,调研京内外大型三甲医院信息化建设工作,学习各家医院信息化工作经验,为医院下一阶段信息化建设打基础。

(刘晓林　侯小兵)

【后勤与基建】 年内,儿科门诊迁至新门诊大楼一层西侧。按照安全排放要求,改造氧气站房顶。改善骨研所就医环境,粉刷、调整诊区布局,扩大门诊面积。按照康复中心病房标准,改造门诊十楼东侧房间。对急诊DSA、放射科核磁、DR进行防护改造,完成设备安装调试。完成病房楼3部电梯的政府采购招标工作。

(刘晓林　侯小兵)

【院领导名单】 党委书记:程爱华;院长:朱立国;副院长:俞东青、高云;纪委书记:吴彦;副院长:吴增安。

(刘晓林)

北京中医药大学第三附属医院

【概况】 北京中医药大学第三附属医院是三级甲等中西医结合医院。年内,职工624人(含合同制170人),其中卫生技术人员531人,包括正高级职称25人、副高级职称67人、中级职称197人、初级师117人、初级士125人;其他人员93人。医疗设备总价值8149.12万元。年内,购置医疗设备总值1382.76万元,其中10万元以上设备29台、100万元以上设备2台。报废医疗设备价值43.96万元。获奖情况:被市中医局评为中医医疗质量监测二等奖、中医医疗服务信息网上查询系统先进单位;被北京中医药大学评为新闻宣传工作先进集体、优秀网页(站)先进单位、学术节活动组织奖二等奖;手足外科护理单元被评为北京市中医系统优秀护理集体;护理部被评为北京市中医系统“三八”红旗先进单位、3人被评为“三八”红旗先进个人;2人被评为北京市中医系统优秀护士;全年收到表扬信68封、锦旗35面。

地址:朝阳区安外小关51号
电话:52075369
邮编:100029
网址:www.zydsy.com

(张进宏　王凤琴)

【医院晋升三甲】 4月18日,成立医院等级评审工作领导小组。在梳理、修订原有规章制度的基础上,制定新的制度、流程、预案100余项。编印《三级医院等级评审工作简报》9期,完善、新增各种医疗制度、流程30余个,制定时间表,自查、互查、院内检查相结合,检查各项医疗制度及流程贯彻落实情况。8月28日,通过国家中医药管理局三级中西医结合医院等级评审,成为北京市三级甲等中西医结合医院。

(张进宏　王凤琴)

【机构设置】 年内,成立感染性疾病科、重症医学科(ICU)、病案科、输血科,设立中医综合治疗区,消化科变更为脾胃病科,病理室更名为病理科,撤销耳鼻喉科病房。

(张进宏　王凤琴)

【医疗工作】 年内,门诊428189人次,急诊23355人次,急诊危重症抢救567人次。床位431张。入院5445人次,出院5390人次,床位周转14.89次,床位使用率77.83%,平均住院日18.78天,死亡率6.88%。住院手术1433例。3月,参与市中医局住院医师规范化培训研讨工作。8月27日,医院被批准为北京地区中医住院医师规范化培训和中医类别全科医生规范化培训基地。年内,招收30名住院医师、3名全科医生进行住院医师和全科医生规范化培训。完成住院医师及低年资主治医师轮转及轮转人员处方权的科室间调动工作。新技术、新项目共11项。手足外科：经皮低温等离子射频消融髓核成形术治疗腰椎间盘突出症、浮针治疗四肢软组织疼痛。眼科：雷火灸治疗干眼症、视疲劳。耳鼻喉科：雷火灸疗法在耳鼻喉科的应用。肾病科：雷火灸在肾病科的应用、连续性血液净化（CRRT）。脊柱关节科：人工全膝关节置换术、椎间孔镜手术。肿瘤血液科开展肿瘤射频消融治疗。儿科开展雷火灸疗法。针灸科开展铺灸疗法。全年举办健康讲座39场，听课5236人次。举办卫生宣传日活动18场，义诊咨询3279人次，测血压1502人次，测血糖765人次，红外线乳透82人次，骨密度检测362人，按摩231人次，耳穴埋豆638人次，制作宣传展板108块，发放宣传资料7361份。病案管理。完善临床科室、医疗处、病案科（医院病案管理委员会）三级质量监控网络。各临床科室成立以科主任、护士长、科秘书等组成的病历质量管理小组，制定本科室质量管理计划方案及措施，每月自查、自评本科室病历质量。回收、整理、登记、装订、上架5390份病历。甲级病历率99.95%。医院感染管理。院内感染率1.87%。手术切口目标性监测64例。抗生素合理使用调查4150例，抗生素使用2788人，抗生素使用率67.18%。全年医院感染培训5次，培训289人。专职人员取得医院感染管理上岗证2人。医院上报信息反馈合格率100%。

（张进宏　王凤琴）

【医保工作】　年内，医保出院2833人次，总费用5179万元，次均费用18281。医院被朝阳区医保中心列为重点审核管理医院。全年网络审核在院医保病历2800余份。

（张进宏）

【医疗支援】　年内，对口支援怀柔区渤海镇卫生院和雁栖医院，派出147人次，涉及13个专业，开展专题讲座18次，完成手术105例，诊治、查体900余人次，帮助受援医院建立特色专科、开展新技术新业务，指导建立中医特色服务区。接收雁栖医院2人来院进修。对口支援内蒙古自治区3家医院，接收6名医护人员学习。对口支援门头沟区，在妙峰山镇卫生院和军庄镇卫生院举办提升基层中医药服务能力工程启动仪式并开展义诊。对海淀区兴亚医院、昌平区龙脉温泉疗养院实施托管，成立海淀分院和小汤山分院。医院6名专家成为朝阳区首批中医药专家下社区指导老师。

（张进宏　王凤琴）

【护理工作】　年内，成立三级甲等中西医结合医院评审护理工作小组。制定护理部评审工作进度表，细化护理部及各护理单元某一时段工作任务。修改护理规章制度33项，新增加48项；修改职责6项，新增加6项。重新整理《专科疾病中医护理常规》32项病种、《专科疾病中西医结合护理常规》28项病种，下发至每个护理单元。新增护理安全管理制度10项、护理应急预案5项，修订、增加各护理单元各班流程19项。增加“开展中医特色质量评价记录”、“中医特色操作护理质量评价记录”、“专科疾病护理质量评价”等检查标准，修订“分级护理质量检查表”，完善科室、护理部两级检查评价措施。护理文件书写合格率98.67%，基础护理合格率98.44%，特级护理合格率100%，一级护理合格率98.88%，护理技术操作合格率97.61%，急救物品完好率100%，责任制护理合格率99.33%，消毒隔离合格率99.32%。接收北京中医药大学研究生、本科生、专科生实习、见习74人次。69人通过带教老师资格考试。召开护理论文交流会，交流论文8篇。组织管理经验、专科护理等护士长经验交流会5场。在国内核心或统计源期刊上发表护理论文9篇。组织护士长到外省市三甲中医医院参观学习，选派2名护士长到北京其他医院学习。2人参加北京市ICU专科护士认证培训及考核，2人进修连续肾脏替代疗法（CRRT）技术。取得护理大专及本科学历13人，在读大专以上学历39人（其中在读护理硕士研究生2人）。全年组织护士长、护士考试21次1040人次。举办中医护理技能比赛（刮痧、艾灸等）及护理服务创意比赛。护理人员Ⅰ类继续教育学分达标率100%。参加北京中医药大学护理学院学术节活动9场次163人次。接待泰国罗武丽护理学院师生42人、印度尼西亚护士教育中心27人访问。

（张进宏　王凤琴）

【科研工作】　年内，申报课题158项，获批20项，资助306.45万元。其中，国家自然科学基金5项，资助258万元；北京中医药外治法科技项目2项，资助10万元；北京市中医药科技发展项目2项，校级课题3项，资助1.45万元；首都临床特色应用研究专项课题1项，资助15万元；校级青年教师专项7项，资助22万元。获中华中医药学会科学技术奖三等奖1项。医院有2个国家级临床重点专科、6个国家中医药管理局重点专科、3个国家中医药管理局重点专科协作组成员单位、2个市中医局重点专科。全年发表论文51篇，其中核心期刊46篇。完成著作2部。

（张进宏　王凤琴）

【医学教育】　年内，招收研究生48人，其中硕士生40人、博士生8人。在院研究生112人，其中硕士生93人、博士生19人。有博士生导师9人、硕士生导师46人。有教师资格证139人。3人在大学教师讲课比赛中获奖。全年完成区级继续教育项目20次，听课5945人次。完成传染病培训8次24学时。医院继续医学教育达标率100%。派出5名医师到外院进修。《北京市中药饮片调剂规程》培训2次，考核医师

200余人。全年参与医疗保障19次。召开教学工作会4次,完成五年制、七年制中医、针推专业及七年制骨伤专业共22门课程2368学时的理论课教学和321人次的临床实习及见习带教。首次招收中医全科医学研究生,首次开展研究生临床课教学,开设中医全科医学专题讲座、中医骨伤科学专题讲座、中医外科学专题讲座,完成教学162学时。完成2009级研究生毕业答辩,首届23名研究生全部毕业,其中3人转博,其余全部就业。完成2011级研究生实习、中期检查及毕业临床技能考核择优转博。完成2012级50名研究生的复试、招生、注册、实习轮转及考核和管理等。完成研究生培养与住院医师规范化培训的接轨工作。

(张进宏 王凤琴)

【信息化建设】 年内,改造计算机中心主机房,完成新门诊楼网络安装,安装自助化验单打印一体机、门诊抽血自助取号机,配置触摸屏导医程序、自助导医台。建设门诊检验室的LIS系统,对病房楼和综合楼进行综合布线,进行放射PACS新旧网络切换。安装超声PACS系统服务器和客户端电脑,升级和迁移超声PACS系统。进行放射PACS和超声PACS的存储对接。实现医院114预约挂号和门诊病人复诊预约。医院网站刊登新闻及动态47篇,上传信息118条,更新信息147条,在线答复患者提问466人次。

(张进宏 王凤琴)

【后勤与基建】 7月21日,新门诊教学楼投入运行,门诊面积由3604平方米扩大到11674平方米。院内道路改造4320平方米,门诊楼西广场建设750平方米,ICU病房改造项目100平方米,脾胃病科、妇科改造项目1100平方米,病房楼粉刷1563平方米,更换病房楼塑钢窗92平方米。完成1、2号住宅楼粉刷、自来水改造及工作区水、电、暖抢修和维修改造工程30余项;完成3号楼质量鉴定。维修灭火器323具,增添干粉灭火器19具,每月对全院52只应急灯、50处室内(外)消火栓、消防井和75条水龙带、24只"安全出口"疏散标志、7个临床火灾紧急求助报警器等进行试验检查。

(张进宏 王凤琴)

【宣传服务活动】 年内,出版院刊6期。5月12日至13日,8名专家参加第五届北京中医药文化宣传周暨第四届地坛中医药健康文化节活动,接待群众咨询300人次,发放宣传资料700余份。完成1085人次的三伏贴敷工作。11月20日,医院第六次作为北京中医药大学学术节分会场组织系列讲座。

(张进宏 王凤琴)

【院领导名单】 党委书记:杨晋翔;院长:唐启盛;副院长:王庆甫、赵海滨、张友林。

(张进宏 王凤琴)

北京妇产医院
北京妇幼保健院

【概况】 北京妇产医院、北京妇幼保健院有职工1453人(含派遣人员278人),其中卫生技术人员1166人,包括正高级职称48人、副高级职称89人、中级职称261人、初级师467人、初级士301人。医疗设备总价值32919.66万元。年内,购置设备总值3433.57万元,其中10万元以上设备33台、100万元以上设备10台。获奖情况:被评为2011年度首都文明单位、全国医院新闻宣传与健康教育项目优秀合作单位、2011年北京市无偿献血工作突出贡献单位,获得"心系新生命——白衣天使关爱工程"受百姓喜爱的白衣天使活动优秀组织奖。产科李光辉被评为2011年"首都市民学习之星",医务部王建东被评为2012年"首都市民学习之星";保健院潘迎、产科李光辉获北京市"三八"红旗奖章;产科丁新被评为北京市对口支援工作先进个人;院办宋玉杰获2011年度北京市无偿献血工作突出贡献表彰证书;产科黄醒华、崔郁分别获评2011年度、2012年度"心系新生命——白衣天使关爱工程"受百姓喜爱的白衣天使;武绍文、刘宏、陈晨、孙婷、徐慧、张淑慧获市卫生局医务人员说英语比赛第三名;刘妍、王莹、任瑞雪获朝阳区卫生局新生儿窒息复苏比赛第二名。妇幼保健院获全国妇幼保健机构监测工作省级组织管理奖、省级数据利用奖、省级妇幼保健机构预防艾滋病母婴传播技术指导优秀奖、新生儿复苏项目工作组织管理优秀奖、妇幼保健专科建设贡献奖。

地址:东院区:朝阳区姚家园路251号

电话:52276666

邮编:100026

西院区:东城区骑河楼街17号

电话:52277666

邮编:100006

网址:www.bjogh.com.cn

(马 明 潘 迎)

【改革与管理】 年内,开展"医疗质量万里行"、"三好一满意"及医院评审准备工作,推进医药分开工作。健全医疗质量管理委员会、医疗纠纷鉴定委员会制度,定期召开会议,研究医疗质量与医疗安全管理中存在的问题和整改措施。建立医政查房制度,组织教学观摩查房,定期召开全院临床交班会和临床工作会,增加临床科室和医院的沟通交流,推动临床优质护理示范工程。与13家具有产前筛查资格的医疗机构续签产前诊断转会诊协议,规范产前诊断的转会诊流程。全年考核并办理《母婴保健服务考核合格证(计划生育)》24人,产前筛查取证8人,大型仪器上岗证9人。200余人取得《母婴保健服务考核合格证(助产)》,49人取得《母婴保健服务考核合格证(计划生育)》。执业医师注册、变更80余人次。加强抗菌药物临床应用专项管理。针对抗菌药物使用率和使用强度等6项指标完成情况监督管理,完善评估考核制度,建立抗菌药物合理应用长效机制。起草《临床用血审核制度》、《临床用血文书管理制度》、《临床科室及医师临床用血评价及公示制度》,完善《临床用血管理制度》、《临床输血管理实施细则》、《输血流程管理》。完成临床用血培训1次。启用"分级用血申请"。成立以科为单位的临床路径管理小组并制订实施方案,对计划性剖宫产、卵巢良性肿瘤、子宫平滑肌瘤、输卵管妊娠、宫颈癌5个病种实行临床路径管理。加强门急诊质量管理。制订《特需出诊医生诊疗费分级标准》、《门诊管理规定》、《特需门诊管理办法(试行)》、《出诊医生突发特殊情况停诊处理流程》。成立门诊服务中心。设立产科门诊咨询台。取消纸质加号条,孕妇与医生直接见面加号,杜绝倒号。设立产科简易号,方便患者看结果、开化验单和开常用药。增加出诊人员、出诊号定额,缓解号源紧张。实施自助取号、自助打印、自助导诊等服务系统,增购自助服务机8台,开发化验单短信提醒系统、FLASH动画模拟院内指路导引系统。

(马 明 潘 迎)

【医疗工作】 年内,门诊1060802人次,急诊26147人次,急诊危重症抢救9人次,抢救成功率100%。入院30741人次,出院30700人次,床位周转59.96次,床位使用率92.68%,平均住院日5.7天,7日确诊率100%,出入院诊断符合率99.94%,死亡率0.02%。住院手术24958例。无孕产妇死亡,新生儿死亡率0.42%,围产儿死亡率0.81%。病案管理。各科住院总医师以上人员每月自查出院病历500份,超过出院病历的20%。聘请专职终末病案质控专家,每月抽查全院出院病历。制定《病案管理补充规定》。甲级病历率100%。医院感染管理。全年临床科室空气培养778例,合格率100%。出院病人感染率0.2%,病原学送检率89%。全院横断面切口调查427人,感染比例0.23%。全院手卫生培养抽测微生物与检测合格率93%,手卫生依从性72%。完成"多重耐药菌感染诊断及控制工作流程"标准设定,开展多重耐药菌全员培训。医疗纠纷处理。医疗纠纷索赔22件,保险公司理赔18件,赔付1115478.27元。接待患者及其家属投诉50件,其中调解23件,解决20件;诉讼22件,结案19件。

(马 明 潘 迎)

【医保工作】 年内,医保出院9825人次,总费用5922.59万元,次均费用6028.08元。医保门诊结算441132人次,次均费用263元。

(马 明 潘 迎)

【医疗支援】 年内,派出10余人次支援内蒙古自治区宁城县医院,与本市延庆县妇幼保健院、房山区妇幼保健院、西城区社管中心及内蒙古自治区赤峰市妇幼保健院建立对口支援关系。到延庆县沈家营镇开展"送温暖,送健康"活动。接收新疆、青海、玉树等地10名进修医生和1名"西部之光访问学者"来院培训。组织19名专家赴新疆维吾尔自治区和青海省开展"情系和田"、"情系青海"大型义诊活动。选派产科副主任医师赴新疆维吾尔自治区和田地区洛浦县人民医院开展医疗援助工作。

(马 明 潘 迎)

【护理工作】 年内,所有病房开展优质护理活动。组织"提供细致护理,让患者满意"及"查找安全隐患,保证患者安全"活动。在已有10个护理质控小组基础上,增加优质护理督导小组和护理安全组。重新制定危急值登记本。完成新生儿窒息复苏、成人心肺复苏、母乳喂养技能等专项培训。护理文件书写合格率99.5%,护理病历书写合格率99%,基础护理合格率98.5%,特级、一级护理合格率98%,技术操作合格率98%,急救物品完好率100%。在统计源期刊发表护理论文38篇。首都医学发展基金课题"母婴同室病房人力资源现状调查和合理配置研究"结题。7人参加中华护理学会妇产科专业年会,2人在大会上发言。修订《妇产科疾病护理及操作常规》,于3月由人民军医出版社出版。护理带教学生161人。带教中华护理学会专科学生39人。接收进修护士44人,为进修生讲课16次。13名护士长承担天坛护校和北京胸科医院护校的部分授课任务。组织继续教育100次300学时,14130人次参加。继续教育达标率100%。

(马 明 潘 迎)

【科研工作】 年内,申报科研课题97项,获局级以上课题立项32项,资助总金额578.01万元。其中,国家级3项、部委级1项、市级9项、局级19项。在研局级以上课题120项,结题25项。作为第一完成单位的"子痫前期血流动力学基础与临床研究"课题获中华医学科技奖三等奖。获发明专利3项、实用新型专利1项。全年发表科技论文211篇,其中统计源期刊175篇,SCI收录13篇,影响因子最高4.411,平均影响因子1.723。主编学术著作4部。

(马 明 潘 迎)

【医学教育】 年内,培训妇产科住院医师49人,其中接收14人。完成第一阶段临床技能考核115人、第二阶段临床技能考核59人。举办第七期妇产科临床带教师资培训班,首医及北医系统和区县医院妇产科医师共25人参加。完成国家级继续教育培训32次,2095人次参加;市级培训8次,825人次参加;院内培训40次,6760人次参加。医院继续教育达标率97.74%。全年参加各种培训班258人,医院教育经费支持434720元。全年招收博士研究生5人、硕士研究生15人,七年制学生5人,在职博士生7人、硕士生7人。接收进修医师203人。组织开题考核41人次、论文课题中期汇报12人次。组织学位论文答辩会11场,46人参加答辩,41人获硕士学位,3人获博士学位。

(马　明　潘　迎)

【对外交流】　年内,接待国际妇产科联盟主席及常务理事会成员、伊朗卫生部部长、非洲英语国家妇幼卫生促进官员研修班学员、奥地利欧亚太平洋学术网络交流成员单位、瑞典宝讯公司、美国WAKE FOREST大学医学院母婴医学专家、澳大利亚昆士兰大学医学院等7批89人次参观交流。聘任德国绝经学会主席ALFREDO.MUECK教授为客座教授及内分泌科名誉主任。派出18批30名专家分赴美国、法国、意大利、俄罗斯、新加坡、泰国、加拿大、德国等地参加国际学术会议、学习培训及合作项目的交流、考察等。国际合作项目。医院与英国牛津大学进行21世纪胎儿与新生儿发育的国际标准课题合作;与美国哥伦比亚大学、德国图宾根大学合作开展激素治疗对乳腺癌、心血管及肥胖问题影响的研究;与德国图宾根大学、德国海德堡大学建立更年期及妇科内分泌特色诊疗研究中心;4月5日,与德国图宾根大学妇产医院、德国海德堡大学妇产医院引智合作项目“生殖力保护项目(FPP)”正式签约;8月2日至6日,首次获得国际妇产超声学会(ISUOG)授权,举办胎儿出生缺陷产前超声诊断高级课程;10月19日至22日,召开第四届更年期及妇科内分泌相关问题国际研讨会。

(马　明　潘　迎)

【信息化建设】　年内,内、外网安全系统升级改造。完成“深信服”硬件防火墙、IPS等安全设备的并网接入,通过负载均衡器实现两院互联网统一出口与统一管理。实施东、西两院分机电话交换机BID－DID升级改造与固定移动网络融合。西院区肿瘤科完成化疗药品集中配液系统的开发与实施。PACS系统、超声图文系统等科室自建系统与HIS融合接口改造,实现信息全院共享;在妇科门诊试行新的分级分诊叫号系统,实现医生一人一屏、独立叫号功能。实施食堂售饭卡系统,通过HIS内网连接两院食堂数据。

(马　明　潘　迎)

【基本建设】　年内,完成东院区高低压变配电系统改造。

(马　明　潘　迎)

【妇幼保健】　年内,北京市孕产妇死亡24例,其中本市户籍8例、外地常住人口15例、流动人口1例。北京市户籍孕产妇死亡率6.05/10万,常住人口10.72/10万。协助市卫生局起草下发《2012年本市常住人口孕产妇住院分娩服务管理工作的通知》、《关于加强本市孕产妇死亡控制工作通知》、《关于应对紧急突发事件保障孕产妇安全的通知》,协助区县和各助产机构做好高危及危重孕产妇转会诊工作。出生缺陷三级预防。在新修订的婚检工作规范中增加女性阴道检查、超声检查及男女双方艾滋病检测项目,将胸透改为胸片、乙肝表面抗原检测改为乙肝5项检测。协助市卫生局起草《关于加强产前筛查和产前诊断技术服务工作的通知》,明确常用产前诊断技术,统一相应的技术要求及收费标准。正式启用北京市产前超声筛查与诊断转会诊制度。首次组织儿科、产科、超声科及遗传等多学科专家开展出生缺陷诊断市级评审。预防艾滋病、梅毒、乙肝母婴传播。为41例HIV感染孕产妇、155例梅毒感染孕产妇、约10000名乙肝表面抗原阳性母亲所娩新生儿提供规范的免费治疗及注射乙肝免疫球蛋白,为各区县采购配发各类防护用品5478件,完成国家免费提供的婴儿早期诊断用12类物品的下发。新生儿疾病筛查。调整全市新生儿疾病筛查采血及递送流程,包括采集足跟血前填写知情同意书、血斑的数目由2个增至3个、血斑的递送时间由8个工作日缩短为5个工作日。制订北京市新生儿遗传代谢病筛查信息系统管理规范。全市新生儿疾病筛查采血标本实现邮政专项递送,覆盖所有助产机构及市区两级妇幼保健机构。调整新生儿疾病筛查门诊时间,由每周2天改为每周5天,可疑病人的通知由原每周通知一次改为每天通知。编印《PKU儿童食谱》1本。在全市组织开展市政府办实事项目“北京市常住人口新生儿免费耳聋基因筛查”。全年举办各类培训班115期,培训10078人次,考核4741人次,内容包括托幼机构保健医生培训、健康教育培训和DDST培训等。首次举办儿童语言发育重要性及相关知识培训。开展爱婴医院督导检查、产科质量抽查、产前筛查服务质量及信息质量检查、出生缺陷监测质量检查、两癌筛查各环节质量控制检查、社区儿保医师培训效果的检查督导、新筛工作现场督导、国家级三网监测区县进行三网监测质控等。协助市卫生局完成16个区县妇幼卫生绩效考核暨重大公共卫生项目的督导,并首次采用雷达图的直观形式反馈检查结果。制定并修订《北京市宫颈癌筛查技术手册》、《北京市乳腺癌筛查技术手册》、《北京市两癌筛查管理手册》、《北京市农村妇女两癌检查项目管理与技术手册》、《关于进一步加强北京市适龄妇女宫颈癌乳腺癌免费筛查管理工作的通知》、《北京市常用产前筛查和产前诊断技术》、《北京市儿童保健工作考核标准》、《北京市新生儿聋病易感基因筛查试点工作实施方案》等。完成妇幼信息系统二期项目的总体开发,实现全市妇幼信息个案管理。11月,该系统正式在全市运行。相关机构可依据权限实现妇女儿童保健信息库的信息共享。年内,新生儿疾病筛查233093人,电话通知可疑病人2103人(CH:1872人,PKU:231人),先天性甲状腺功能减低症(CH)可疑病人复诊1792人,苯丙酮尿症(PKU)可疑病人复诊219人。确诊124人,其中CH:94人、PKU:30人。确诊患儿中114人在门诊治疗,近期疗效良好。完成宫颈癌筛查331554人,检出宫颈癌前病变724例、宫颈微小浸润癌10例、宫颈浸润癌15例;完成乳腺手诊322205人,乳腺超声检查331425人,乳腺X线摄影检查22729人,检出乳腺癌前病变41例、乳腺微小浸润癌12例、乳腺浸润癌79例。增补叶酸预防神经管缺陷项目扩大到全市所有区县,为47602名待孕妇女发放叶酸。全年补助农村孕产妇10503人。中国妇幼保健中心结合2011年度全国妇幼保健机构资源与运营情况的监测数据对省级、地市级和县区级妇幼保健机构的综合实力排名中,北京妇幼保健院列省级前五强。

(马　明　潘　迎)

【院领导名单】 党委书记:滕红红;副书记:曹连元、贾王彦;院长:曹连元;副院长:滕红红、张为远、李坚、苏跃、田宝朋、赵娟。

(马　明　潘　迎)

垂杨柳医院

【概况】 北京市垂杨柳医院(又名北京微创医院)为朝阳区卫生局直属二级甲等综合性医院,是北京东南部的区域性医疗中心。医院占地面积32.16亩,总建筑面积2.46万平方米。内设心血管疾病中心、神经疾病中心、消化疾病中心等17个临床医学中心和实验医学中心等4个医学技术中心;有职工1131人,其中卫生技术人员905人(主任医师38人、副主任医师42人、主治医师115人、医师154人、护士431人、药剂人员46人、检验人员31人、影像人员17人、其他卫技人员31人),行政及工勤人员226人。其中硕士以上学历人员246名。年内,医院通过"医疗质量万里行"、"三好一满意"、"全国百姓放心示范医院"、"文明城区复查"等活动检查和验收,被评为"全国百姓百佳放心示范医院",获北京市三八红旗集体称号,被评为朝阳区创建全国文明城区先进单位、交通安全先进单位、2011年度临床用血先进单位、创先争优先进基层党组织、人才工作先进单位等。5人获区级荣誉1项,1人获市级荣誉1项,院长何兴图被中国医院协会授予2012年度中国医院"优秀院长"称号。

地址:北京市朝阳区垂杨柳南街2号
邮编:100022
电话:67718822
电子邮箱:cylhospital@163.com

(王海燕)

【医疗工作】 年内,门急诊94.94万人次,出院12991人次,病房手术5194台次,床位使用率81.97%,床位周转次数31.29。将门诊就诊、临床路径、医保、院感等工作纳入信息化管理。严抓抗菌药物临床应用管理,针对重点药物、重点科室加强监测与处方点评,住院患者抗菌药物使用率56.99%,较上年下降25%;下半年门诊患者抗菌药物处方比例18.86%,较上半年下降23%;抗菌药物使用强度45.37DDD,较上半年下降27%。各项指标全部达到卫生部管理要求。

(王海燕)

【护理工作】 年内,有护理人员445人。加强护理质量管理和岗位技术大练兵,重视"三基三严"培训,护理人员参加院内"三基"理论考试累计791次,总平均分84.88分,合格率93.67%。外请专家授课2人次、本院专业主任及专科医生讲座2人次、本院主管护师讲座19人次,本院副主任护师讲座4人次,其中区级继续教育项目25项,院级项目4项,4921人次参加培训。新增及修订护理制度5项、护理质量检查标准39项、住院患者日常生活能力评估表、护理操作流程30项。提高护理工作检查标准,通过每月随机抽查、季度抽查、夜查房、自查等形式督导科室查找并排除安全隐患,提高护理人员安全意识。继续推广优质护理服务活动。普外科和心内科病房被评为2012年朝阳区优质护理服务示范病区。急诊科护士张俊华被评为第二届北京市优秀护士。

(王海燕)

【医保工作】 年内,城镇职工门诊约48万人次;城镇职工住院5303人次;城镇职工医保申报费用1.88亿元。接受医保中心检查4次,检查病例108份。院内自查大额病例113份。审核、统计分析单病种费用457人次。采集信息、整理纸质及电子资料,完成全院394名医保医师服务协议的签署工作。在医院大厅显著位置增设医疗救助政策、减免垫付比例及就诊流程的电视宣传展板。接诊特困人员就医714人次,其中,医疗救助减免86人次,减免费用12364.58元;医疗救助垫付628人次,垫付费用209291.60元。被评为"2012年度朝阳区医疗救助工作先进单位"。

(王海燕)

【信息化建设】 年内,启用管庄备份服务器,新增异地自动备份功能,提高医院各应用系统数据信息安全级别。升级PACS服务器,重新完成双机热备系统。实现网络三级架构,初步建成接入、汇聚及核心三层网络结构。开展电子病历功能完善、临床路径系统上线、院感系统应用、病历首页更新、病区系统验收、医保系统升级等新业务。

(王海燕)

【科研教学】 年内,申报国家自然基金2项,北京市自然基金2项,首都特色3项,中华医学会项目2项,北京市中医管理局项目2项,朝阳区科技计划项目17项。获得批准的有:首都特色3项(初审通过),中华医学会项目2项,区级科研项目4项。获科研资助60万元。发表论文58篇,核心期刊55篇,SCI 1篇。主编、副主编及参编书籍各1部。获批继续医学教育项目国家级2项、市级11项、区级34项,继教项目学科覆盖率100%,外单位员工参加医院举办继教项目学习1000余人次。全年指导研究生18人,接收本科实习生12人,接收西藏、青海、内蒙古等地区进修人员51人;接收外院进修人员3人,社区卫生服务中心进修人员6人。举办北京市“整合的微创技术发展与管理”高级研修班。3人获北京市优秀人才培养专项资助;1人获“十百千”百层次人才资助;1人获政府特殊津贴荣誉;1人获区海外高层次人才认定。“学科人才队伍建设的创新管理模式”获区委组织部人才项目科研课题项目二等奖。

(王海燕)

朝阳区第二医院

【概况】　朝阳区第二医院为区卫生局所属二级甲等综合性医院。6月,原朝阳区第二医院和原朝阳区东坝医院合并为北京市朝阳区第二医院,分小庄院区和东坝院区。合并后,医院占地面积2万平方米,总建筑面积2.6万平方米,设有15个职能科室,40个临床医技科室。编制床位400张。两院区有职工948人(在编497人,外聘451人)。其中医师284人、护士363人、药剂人员43人、检验人员30人、影像人员45人、其他卫生专技人员46人,其他专业技术人员46人,行政及工勤人员91人。医院固定资产总值1.356亿元。拥有16排螺旋CT,数字化X线摄影系统,多功能心血管超声系统,全自动生化分析仪,内窥镜系统,宫腔镜、腹腔镜等医疗设备。

地址:北京市朝阳区金台路13号内2号
北京市朝阳区东坝乡东风大队二条
邮编:100026
电话:85993431(总机)
电子邮箱:erybangongshi@126.com

(朱　雪　李玉娟)

【一院两区模式形成】　6月,原朝阳区第二医院和原朝阳区东坝医院整合成为一家医院,实行一院两区模式,其中小庄院院区以健康体检与健康管理、代谢病诊疗与研究、CBD国际诊疗中心为重点,东坝院区以妇产科和儿科为重点。年内,完成内部深入整合工作,两个院区共享信息系统、制度流程、就诊人群资源。

(李玉娟)

【医疗工作】　年内,门急诊70.7万人次,出院8716人次,病床使用率74.98%。预约挂号2662人次,社区双向转诊526人次。检验科、皮肤科、外科等3个科室开展5个新技术新业务项目。外科、妇科开展腔镜手术175例,其中宫腔镜手术77例,腹腔镜手术98例,无不良反应发生。体检中心完成体检118278人次。11月7日,成立“北京朝阳医院医疗联盟”,区第二医院作为区域二级医院加入该联盟。

(杨春红　杨顺利)

【护理工作】　年内,小庄院区一病区获评“朝阳区优质护理示范病区”。护理部重新修订17项职责,完善174项规章制度、流程、预案,其中新制定相关制度54项。发放满意度调查问卷843份,平均得分98.8分,收到患者表扬信51封。在区护理技能比赛中,岳宗、尤群策获区级二等奖,张君妍获三等奖。

(李国娟　李晓东)

【科教工作】　年内,完成2012年度医师定期考核工作。申报医技区级继续教育认可项目28项,开展院内授课项目7项。218名在岗医技职工达标,达标率100%。派出6人参加住院医师专业培训。发表期刊论文13篇。区科委科研课题1项结题,3项正在进行中。获批朝阳区重点专科1项。开展社区医师沙龙6次,周边社区医师540人参加活动。

(杨春红　杨顺利)

【医保工作】　年内,完成全员医保服务医师管理登记、注册、备案及培训工作。两院合并后,整合医保管理资料和信息,对医保、物价开展统一监督、检查和管理。审核医疗救助人员136人/次,住院3094人次。

(谭小红)

【抗菌药专项整治】　年内,开展抗菌药物专项整治工作,逐步建立临床路径管理机制。实施临床路径管理的病种符合进入临床路径标准的患者入组率100%。

(樊卫星)

【医患关系】　年内,接到患者表扬181人次。涉及7个病区,18个临床科室及相关部门,108名医护人员。

(李桂云)

【医疗援助】　年内,派驻受援单位主治以上医师7人,其中派至怀柔区九渡河卫生院3人,接诊123人次,开展继教课程3次,培训人员60人次。派至怀柔镇卫生院4名医师,接诊920人次,健康体检366人次,开展继教课程4次,培训人员183人次。派1名口腔科医生赴新疆医疗支援。

(杨顺利)

朝阳区中医医院

【概况】　朝阳区中医医院为区卫生局直属二级甲等中医医院。占地3557.58平方米,建筑面积12700平方米,开放病床170张。固定资产总值5428.6万元,大型医疗仪器设备1件价值485万元,100万以上设备5台,10万元以上设备70台。设有10个职能科室,5个临床医技科室。在职员工302人,其中卫生技术人员262人(主任医师4人、副主任医师16人、主治医师40人、医师55人、护士96人、药剂人员29人、检验人员11人、影像人员1人、其他卫技人员10人),行政及工勤人员39人。年内,获市政府“北京市敬老爱老为老服务示范单位”称号;获市中医管理局医院“2010年北京地区中医医院管理年活动”特别贡献奖;获市中医管理局、市中医协会“2011年度北京地区中医医院医疗质量检测”二等奖”;医院党总支被评为朝阳区“2010—2012年创先争优先进基层党组织”;被评为“朝阳区创建全国文明城区突出贡献单位”、“2011年度朝阳区文明单位”等。

地址:朝阳区工体南路6号

电话:65534914

邮编:100020

电子邮箱:cyqzyyy@163.com

(张　宁)

【人才培养】 3月、7月,分别举办第三批、第四批师带徒拜师会。第三批“师带徒”工作聘请针灸大师金伯华为导师,选派医院临床骨干王俊霞和赵新雨为继承人;第四批“师带徒”拜师会聘请国家级名老中医杜怀堂、田德禄、武维萍、黄云亮、丁建中等教授为导师,选派内科、急诊科、针灸科、妇科及骨伤科业务骨干张霞、陈松梅、秦丽玲、朱子昀、刘宇飞、赵宗良为继承人。8月,在朝阳区首批知名老中医传承工作中,聘请王新佩和苏惠萍教授为传承人,选派具有研究生学历的年轻医师任慧莉和高伟为继承人。12月,举办“北京市级老中医学术经验继承拜师会暨首批朝阳区老中医学术继承拜师会”聘请国内知名专家尉中民、教授王禹堂为导师,选派临床骨干马利荣、田乃菊为继承人。

(张　宁)

【中医基础知识竞赛】 5月21日,医院举办以“继承传统、弘扬国医”为主题的第二届“传承杯”中医基础知识竞赛,60余名医务人员参赛,产生一等奖1名、二等奖2名、三等奖3名。

(张　宁)

【信息化建设】 7月12日,开通114电话预约挂号平台,年底启用门诊分诊叫号系统,同时在门诊大门、挂号收费、药房等位置安装6块LED大屏幕,滚动播放医院信息及医生出诊安排。年内,引入影像传输系统(PACE),及时传输和储存影像文件,缩短辅助检查结果调阅时间,简化查阅程序,提高诊疗效率。

(张　宁)

【中医文化建设】 年内,医院针灸科获得北京市中医药管理局批准,成为北京市重点专科项目。注重中医文化宣传,在环境形象体系建设中增加中医文化元素,在中医门诊候诊区悬挂古代名医画像,张贴中医文化海报,摆放常见中药标本展品及针灸、拔罐等器具。加大针灸科诊疗、教学设施资金投入,完善“金伯华工作室”硬件设施配置;聘请金伯华、黄毅、刘红、张丹敏、解秸萍、邢贵方、王利等知名中医专家、教授,来院指导、带教和出诊;确立优势病种,制定以针灸为主、康复按摩等技术为辅的综合性治疗方案。

(张　宁)

【社区卫生服务】 年内,选派针灸及骨伤科医务人员进入社区卫生服务中心,手法治疗2527人次,理疗6229人次,针灸6557人次,其他6396人次。2月,郎家园社区卫生服务站通过朝阳区卫生行政部门验收。郎家园社区卫生服务面积近350平方米,设有中医、全科、骨伤理疗、精防、预防保健等诊室,有独立的药房、煎药室、化验室、宣传廊。开展“家庭医生式服务”宣传,辖区居民对“家庭医生式服务”知晓率100%,签约家庭医生式服务840人次。

(张　宁)

【医疗工作】 年内,门诊388331人次,急诊33979人次,住院2242人次,出院2237人次,病床使用率86.21%,死亡率6.66%。完善医院核心管理制度、告知制度,各科诊疗常规,优势病种及疗效评价等相关管理制度;修订各类规章制度、规范20余个。组织院长查房12次,全院病历讨论3次,内科系统主治医师精典查房7次,组织完成每两年一次的医师定期考核。医院作为全国第一家应检单位接受并通过北京市中医管理局等级评审专家组对医院“二级甲等”级别的评审。

(张　宁)

【医保工作】 年内,医保门诊203241人次,制定5个调整医保收入结构的规定,每月制作两次门诊病房医保量化表,督促检查医保各项政策落实情况。督促检查信息、物价、三大目录库核对工作,督促检查门诊医保持卡上传费用回款及住院垫付回款。

(张　宁)

【护理工作】 年内,结合《中医医院中医护理工作指南》和二级医院评审要求,制订完善《护理抢救制度》等相关护理管理制度。使用“腕带”作为识别患者身份的标志。于4月和11月组织两次护理基础理论考核,全体护理人员参加。组织高年资护师进行护理查房4次。

(张　宁)

【药事工作】 年内,加强抗菌药物管理,重新修订抗菌药物分级目录。编辑出版《朝阳区中医医院常用药物手册》。每月抽查处方,全年抽查处方6297张,合格率99.7%。完成药品调价2次。完成医保升级对照目录4次。

(张　宁)

【医疗支援】 年内,与怀柔区琉璃庙社区卫生服务中心签订对口支援协议书。按计划组织下乡,帮管理、传技术、做示范,免费接受对方医生进修学习,为琉璃庙镇中心小学106名小学生举办爱牙护齿健康讲座。

(张　宁)

【离休干部就医绿色通道】 年内,接诊离休干部1141人次,输液122

人次。

（张 宁）

【后勤保障】 年内,改造骨伤科门诊,骨伤科门诊面积在原有基础上扩大3倍;改造内科门诊及候诊区、妇科、皮科、外科等区域,将原专家诊区装修改造为“名医堂”。

（张 宁）

药 政

【概况】 北京市药品监督管理局朝阳分局(简称药品监督朝阳分局)负责全区药品、保健食品、化妆品、医疗器械(简称“三品一械”)研究、生产、经营、使用全过程的监督管理工作。分局下设6科2室1所,行政编制35名,行政执法编制16名。分局所属事业单位朝阳区药检所事业编制16名。截至年底,全区有药品生产企业17家,药品批发企业59家,药品零售企业900家,医疗机构1218家,器械生产企业108家,保健食品生产企业41家,化妆品生产企业5家,保健食品经营单位1800家,化妆品经营企业1万余家。辖区“三品一械”企业总数约占全市的1/5。年内,分局《朝阳区医药产业发展现状调研报告》、《医疗机构药品质量风险评价体系研究》调研报告分获市药监局2012年度优秀调研成果评审一等奖、朝阳区政府优秀调研成果评比二等奖;《北京市药品监督管理局朝阳分局2012年年鉴》获北京市首轮年鉴编校质量评比三等奖;分局在全区执法系统行政执法评议中获第三名;被市人力社保局、市药监局授予先进集体称号。

地址:朝阳区管庄乡1号

电话:65776114 65776115

65776866

邮编:100024

电子邮箱:cyyjj6115@126.com

（郭 蕾）

【铬胶囊事件】 4月15日,针对中央电视台报道铬超标胶囊问题,分局于4月16日启动突发事件应急预案,通知全区所有相关企业(药品生产企业18家,经营企业958家,医疗机构1200家,保健食品生产企业41家)立即停止销售和使用涉嫌铬超标胶囊药品,并建立日报制度。同时,对重点企业开展针对性检查、抽检。经过近60个昼夜连续工作,完成外来问题胶囊剂药品、保健食品1250批次检验任务;完成辖区在产胶囊剂药品、保健食品397批次检验任务。区药检所全体检验员11人支援市药检所胶囊应急检验,连续工作24个昼夜完成检验任务。指导区内零售药店退换胶囊剂药品、保健食品,接待来人来电咨询560人次。

（郭 蕾）

【绿色通道服务】 7月12日,上海药监浦东食品药品监督局通过公安部门,查扣8名涉嫌伪造、假冒北京紫竹药业有限公司药品的不法分子。浦东药监局执法人员携带4种62批次标示北京紫竹药业公司生产的“药品”来京,请求分局协查真伪。分局开辟绿色通道,携“药品”到北京紫竹药业公司逐一比对,经鉴定后确定为假冒,取得不法分子违法证据,协助公安机关侦破此案。年内,区药监分局接办外省市协查函475件,均在规定时限内回复。

（郭 蕾）

【十八大保障】 8月,开展十八大“三品一械”市场安全保障工作。制定并印发《关于做好党的十八大“三品一械”市场安全保障工作方案》,排查并明确22个风险点。确定燕莎商城、朝阳公园、奥林匹克公园等商业网点和十里河、潘家园等问题多发地区为监督检查重点,自9月起开展市场巡查。其间,检查“三品一械”企业608家次,出动检查人员1824人次。制定并下发《朝阳区十八大药品安全保障工作通知》。十八大召开前,先后组织“迅雷行动”、“利剑行动”、“平安行动”应急演练,突击检查38家药品生产企业,抽验相关产品12批次,立案查处3家企业。

（郭 蕾）

【安全用药宣传】 9月,开展“安全用药月”主题宣传活动,分别在来广营易事达广场、双井乐成广场组织安全用药大型宣传活动,现场讲解真、假药辨别常识,发放5万余册安全用药手册。年内,分局在《朝阳报》开辟安全用药宣传专栏,逢周二刊登安全用药知识。

（郭 蕾）

【廉政建设】 年内,出台《2012年党风廉政建设工作要点》,下发《党风廉政责任制》。组织分局干部层层签订党风廉政建设责任书、行政审批与行政执法责任书。持续开展党风廉政建设风险防控工作,开展“公开和践行承诺”、“争当检验技术标兵”、“创先争优,恪尽职守,服务人民,发挥党员先锋模范作用”等主题活动。强化内部监督检查,规范工作人员权力运行,全面清理对内部人员、管理对象和服务对象行使的各类职权,梳理“三重一大”(重大事项决策、重要干部任免、重要项目安排、大额资金使用,必须经集体讨论做出决定)及内部管理事项涉权43项、行政许可22项、服务类5项、行政处罚类259项。发放《被检查单位对现场检查工作意见反馈表》1287份,收回反馈表1000余份,未见不良反馈。

(郭 蕾)

【行政监督】 年内,完成各类日常监督检查2765家次(药品生产及经营企业990家次、医疗机构280家次、医疗器械生产及经营企业687家次、保健食品生产及经营企业499家次、化妆品生产及经营企业监督309家次)。完成制剂监督检查——制剂室和制剂使用单位现场检查33家次;检查保健食品受委托生产企业,赴外省市、北京其他区县检查企业24家次;基本药物生产企业监督覆盖率100%,基本药物抽验合格率100%,推进基本药物电子监管,落实零差率品种100%电子监管,实施批发企业基本药物电子监管核注核销,实现基本药物从生产到流通的全程追溯。搭建药品生产企业风险监管指标体系、风险评估模型,全面构建风险管理模式,全年完成现场监督45家次,完成特殊药品经营企业监督36家次,特殊药品医疗机构监督50家次;医疗器械生产高风险企业现场监督检查15家次。全年未发现特殊药品流弊事件。

(郭 蕾)

【执法监督】 年内,受理各类案件955件,做出行政处罚63件(含简易处罚),罚没金额267.28万元,其中吊销《药品经营许可证》一家。移送并配合公安部门查办10起涉刑假药案件,涉案金额691万余元。开展药品生产流通领域集中整治行动,检查药品生产企业65家次,药品经营企业284家次,责令1家企业整改1次,立案查处药品生产、流通领域药品违法案件5起;组织开展中药饮片市场专项整治,规范中药饮片生产、经营和使用行为,杜绝假劣中药材、中药饮片流入辖区市场;规范装饰性彩色平光角膜接触镜市场;对保健用品市场开展专项调研和整治。全年开展各类专项检查40余次。

(郭 蕾)

【"5·08"专案】 年内,配合市药监局、市公安局完成跨省销售假药"注射用A型肉毒素"案件查办工作。该案被市公安局列为"5·08专案"。区药监分局于3月接市药监局案件批转(批转称:辖区某医疗美容机构涉嫌使用假冒"注射用A型肉毒素"并在其网站上违法宣传)。当日,分局执法人员现场检查该美容机构门诊病历,发现并确认违法事实并立案调查。经查,该美容机构共为100余名患者使用假冒"注射用A型肉毒素"药品,违法所得(货值金额)共计人民币36万余元。此案捣毁假药窝点14处及以犯罪嫌疑人吴华为首的7个网络售假团伙。

(郭 蕾)

【技术监督】 年内,制定《药品抽验操作程序规定》。全年完成药品抽验660件,保健食品抽验60件,化妆品抽验45件,医疗器械抽验45件。其中药品抽检合格率99.47%,保健食品抽检合格率98%,化妆品抽检合格率98%,器械抽验合格率100%。完成药品检验任务1002件。

(郭 蕾)

【行政受理】 年内,受理各类行政许可类事项2161件。组织企业人员参加市级和国家级新版药品生产质量管理规范认证(GMP)培训100余人次,派出检查员帮助企业解决改造中政策技术问题,办理完成改造中涉及的车间设备变更备案事项。辖区5家药品生产企业的30条生产线通过认证检查。辖区所有医疗器械生产企业全部参加GMP培训,指导4家无菌、植入器械生产企业通过GMP认证。

(郭 蕾)

【义齿专项行动】 年内,完成朝阳区9家义齿生产企业专项检查任务。检查内容包括:产品注册证是否有效、生产和检验条件是否发生变化、生产企业是否保留销售资质、产品清洁和消毒情况。经查,受检企业全部合格。

(郭 蕾)

【百千万工程】 年内,推进"百千万工程"建设(百千万工程:2010—2013年,在全市范围内完成100个药品安全示范街乡、1000个质量管理示范企业、10000名药品安全员的创建任务),聘用1100余名药品安全员,完成8个药品安全示范街乡、196家药品质量诚信企业的创建工作,超额完成辖区"百千万工程"总体创建任务。

(郭 蕾)

【回收过期药品】 年内,开展过期药品回收管理工作,回收并销毁过期药品约3吨。

(郭 蕾)

社会生活

民　　政

【概况】 朝阳区民政局是负责全区民政事业管理工作的区政府职能部门,主要负责社会救助、养老服务、优抚安置、双拥共建、社会组织、社区服务、救灾救济、社会捐赠、农村基层政权、行政区划、地退管理、征地超转、福利生产、孤儿保障、婚姻收养、见义勇为等民政事业发展的监督管理、服务保障和组织协调工作。行政编制48人、机关工勤编制4人,下设行政科室11个;下设事业单位30个。年内,区民政系统围绕区十一次党代会提出的把保障和改善民生放在更加突出位置的要求,按照“紧抓一条主线、实现三个突破、确保七项任务”的基本思路,全面落实大民政建设任务,务实创新,稳中求进,全年民政工作取得新进展、实现新突破。清理确认涉权事项238项,编制权力运行流程图119张,查找风险点206个,完成60余项街乡民政职权的审核确认。区民政局被市政府评为“北京市敬老爱老为老服务示范单位”、朝阳区被市政府评为北京市民政工作先进区县。

地址:磨房南里甲19号

电话:67315235

邮编:100021

邮箱:cymzj@chy.egov.cn(内网)

(朱弋征)

【婚姻登记处新址启用】 12月2日,婚姻登记处新址落成启用。新址建在广渠路28号院甲208,按照国家5A级硬件标准建成,是总面积2000余平方米的标准化婚姻服务场所。有约1000平方米等候大厅、200平方米颁证厅、16个独立婚姻登记室、1个独立档案室。

(朱弋征)

【温暖行动】 年内,组织开展第七届“温暖行动在朝阳”暨两节送温暖活动,累计慰问帮扶困难群体11.53万人,同比增长14%。

(朱弋征)

【城乡低保】 年内,在全面落实基本生活保障基础上,深入开展专项社会救助工作。因公致残返城知青护理费标准由900元提高到1400元;落实贫困孕产妇救助、司法救助审批审核制度,核发救助资金5万余元。有1.58万人享受低保待遇,发放城乡低保金、粮油帮困金7095.15万元。

(朱弋征)

【慈善捐赠】 年内,引入慈善超市管理理念和功能,创新爱心家园发展模式,保障落实44家爱心家园救助用品的配送工作。及时补充、更新备灾库物资,全年接收捐款1098.72万元、捐物17.88万件;在“7·21”特大自然灾害发生后,迅速激活全区接收捐赠网络,接收社会捐款767.5万元,捐赠衣物3万多件,紧急调拨救灾备灾库物资1110件到受灾严重的崔各庄地区,做好灾后安置救助工作,对6名遇难者每人发放救助补助金3.5万元。

(朱弋征)

【救助管理】 年内,加强流浪乞讨人员救助管理,深化救助管理创新,大力发展“站校共建”新模式,将社工理念引入救助管理,在全市救助管理系统率先建立社会工作专业实践基地。全年累计开展集中救助37次,救助1253人次。

(朱弋征)

【养老服务】 年内,启动《朝阳区养老服务设施发展规划》编制工作。加强养老床位建设,全区建有养老机构33家、建成养老床位1.48万张,新增床位1690张。加快推动位于西大望路的朝阳区福利中心项目建设,12月24日举行启动仪式。打造为老服务“个十百千万”工程,即打造一个区级养老服务阵地、培育十大品牌养老服务行业、建设百个规范化日间照料托老所、完成千名养老护理员职业培训、组织万名志愿者开展为老服务活动。完善居家养老服务管理体制,推动三级养老管理服务中心建设,全区6.43万名

80岁以上老年人享受养老服务补贴,1300名特殊老年人享受区级补贴,建成三级养老管理服务中心22家,日间照料托老(残)所485家,居家养老(助残)餐桌382个,改建规范化托老(残)所102家,培育签约服务商1016家。

(朱弋征)

【福利企业】 年内,加大对福利企业的政策扶持和培训指导力度,落实各项奖励补贴616万元,组织培训100余人次。有福利企业37家,安排残疾职工就业639人。

(朱弋征)

【福利彩票】 年内,加强即开票社会销售网点建设,挖掘新的福彩销售增长点,新增12个即开票网点、60辆流动售票车,完成福彩销售8.72亿元,同比增长4.54%,筹集福彩公益金3.05亿元。

(朱弋征)

【地退超转】 年内,全面落实地退、征地超转人员生活待遇。有地退人员1206名,支出(补发)经费5322.1万元;有政策性转居人员1208人、征地超转人员11951人。接收征地超转人员183人,支出经费23066.96万元。

(朱弋征)

【孤儿保障】 年内,加强孤残儿童权益保障,推动儿童福利中心规范化建设,有效保障各项基本生活待遇。接收孤(残)儿童24名,办理涉外送养7名,国内送养14名,在院孤儿90名,社会散居27名。

(朱弋征)

【双拥共建】 年内,深入开展双拥共建工作,大力支持驻区部队建设,为驻区14支部队办实事、解难题提供资金支持近500万元,向1000余名驻区困难官兵发放补助金150.85万元;2月被民政部、解放军总政治部授予"全国双拥模范城"荣誉称号,实现"五连冠"目标。

(朱弋征)

【优抚安置】 年内,全面落实优抚政策,支出优抚经费8206.43万元。接受安置退役士兵482人,落实安置待遇1400万元。广泛开展技能培训,保障有培训需求的人员参训率达100%。

(朱弋征)

【军休服务】 年内,落实军休干部"两个待遇",完成209名军休干部的接收安置任务、329名军休干部房改和965名军工调标工作,为148名师职干部办理了医疗证。

(朱弋征)

【社会组织】 年内,完成《朝阳区社会组织服务管理创新与模式研究报告》。组织制定《朝阳区社会组织评估工作方案》、《社会团体规范化建设评估指标及评分细则》、《民办非企业单位规范化建设评估指标及评分细则》,开展社会组织规范化建设评估,促进社会组织健康发展。依法做好社会组织登记管理,开展社会组织年检和备案工作。全区社会组织有1940个,其中,社会团体189个、分支机构220个,民办非企业单位561个,城乡备案社区社会组织970个,新增登记社会组织40个。

(朱弋征)

【社区服务】 年内,推广"3+1"工程,打造"一线一网一平台"的社区服务与管理信息化系统。实现"3+1"工程在安贞、团结湖等10个街道上线运行。开展惠民服务活动,在来广营、香河园等街乡试点"东北新米进社区"、"96156社区直通车——农社对接"项目,社区居民得到更多实惠。依托社区服务信息系统,日均采集处理咨询、服务信息100余条。

(朱弋征)

【志愿服务】 年内,利用专业社工和志愿者等服务资源,开展培训指导,组织开展各类志愿活动300余次。全区注册登记志愿者37万余人。

(朱弋征)

【基层政权】 年内,完善村务监督委员会工作制度,保障村务监督委员会工作正常运转。对19个乡、154个行政村换届选举前的总体情况进行摸底,以各村普遍自查、乡级全面检查、区级重点抽查相结合的方式开展村务公开民主管理大检查,重点检查村务公开,民主决策,民主管理,村务监督,工作机制和制度建设等内容。

(朱弋征)

【行政区划】 年内,加强对与相邻区县之间的8条界线和街乡之间的106条界线的现场实地踏勘。绘制印刷全区街道地图册工作,印发至相关部门和各街乡。加强对由朝阳区负责维护的14块界桩的巡视,与相关街乡签订维护协议,规范维护行为,落实维护经费。加强与专业测绘单位的交流合作,推进行政区划规范化建设,初步形成东湖筹备处成立街道办事处的调整方案。

(朱弋征)

【殡葬管理】 年内,完成清明节群众扫墓服务工作。辖区内"一馆三园"清明期间接待扫墓群众140415人,机动车18402辆。加快无丧葬补助居民丧葬补贴审批工作进度,审批落实补贴发放人数1987人、补贴金额993.5万元。

(朱弋征)

【婚姻收养】 年内,办理结婚登记20768对;离婚登记5927对;补领婚姻登记7264件;收养登记5件;出具无婚姻登记记录证明6369件;查档证明4042件。

(朱弋征)

【民政宣传】 年内,加强民政信息宣传,在相关媒体刊登民政信息220余篇、专版15个,主动公开政府信息33条;民政外网更新信息200余条,网站点击率累计129万人次,年内新增近30万次;编制朝阳民政信息48期,上报民政工作信息980多条。先后被区政府、市民政局评为信息宣传先进单位。

(朱弋征)

社会建设管理

【概况】 中共朝阳区委社会工作委员会、朝阳区社会建设工作办公室是负责朝阳区社会建设管理及街道工作的主管部门,行政编制36名,下设办公室、组宣科、党建工作科、社区建设科、社会组织科、城市管理科、人才队伍科。全区下设23个街道办事处,1个街道筹备处,有229个社区。年内,完成保障和改善民生、创新社会管理、强化社会动员、优化社会环境、深入推进社会领域党建、深化社会服务管理、培育社会组织等社会建设工作。3个城乡社区卫生服务中心获"全国示范社区卫生服务中心"称号;区社会办获北京市环境秩序整治突出贡献奖;《朝阳区社会领域党务人才队伍建设问题研究》被北京市党建研究会评为2012年度自选课题优秀成果一等奖。

地址:日坛北街33号

电话:65099333

邮编:100020

邮箱:shehuiban@126.com

(李金清)

【"枢纽型"社会组织工作体系】 1月13日,区社会办向各街道办事处、农委,以及团委、残联、妇联、区社联等"枢纽型"社会组织征集备选项目。主要围绕社会基本公共服务、社会公益服务、社区便民服务、社会管理服务、社会建设决策研究信息咨询服务五方面、40个类别购买300个公共服务项目,各有关单位上报备选项目共计177个。

(李金清)

【社会建设工作会议】 2月8日,召开2012年朝阳区社会建设工作会。市委常委、市人大常委会副主任梁伟,市有关部门领导王翔、宋贵伦、王智玲,朝阳区陈刚、程连元、佟克克、辛燕琴等四套班子领导出席,区委副书记、区长程连元主持会议。会上,播放2011年社会建设工作总结专题片,区委常委、宣传部长、统战部长谢莹作2012年朝阳区社会建设工作报告,亚运村街道工委书记田峡、南磨房地区百子湾东社区党委书记历建平、朝阳区立德社工事务所所长张跃豪分别作典型发言,区委书记陈刚和市委常委、市人大常委会副主任梁伟分别讲话。

(李金清)

【外区县调研】 2月15日,门头沟区委组织部副部长周博华一行10人,考察叶青大厦楼宇服务站。朝阳区委组织部常务副部长王小毛,非公工委副书记赵宁江,区委社会工委副书记、纪工委书记郑珍平陪同考察。2月16日,西城区委常委王旭、副区长范宝一行15人,到朝阳区调研社会服务管理创新工作。调研组首先听取城市管理全模式工作汇报,随后到香河园街道参观社区综治维稳工作站及社区城市管理工作平台,并听取香河园街道社区城市精细化管理工作汇报,副区长苑文新陪同。2月17日,顺义区委常委、副区长于庆丰带队,到大屯街道参观考察朝阳区城乡结合部街道的管理模式与管理体制。副区长苑文新,区社会办主任张永新,区委社会工委副书记、纪工委书记郑珍平,大屯街道工委书记徐家亮,办事处主任宝月凤及街道部分分管领导陪同考察。2月24日,河北廊坊考察团到朝阳区考察全模式和"一刻钟社区服务圈"工作。

(李金清)

【社区党委换届】 2月至3月,完成社区党委换届。2月29日,朝阳区召开社区"两委"换届选举工作会;3月底,全区346个社区党组织全部顺利完成换届选举工作,各社区全面推行社区大党委制,97.4%的社区直接选举出书记、副书记,每个社区党组织至少配备1名45岁以下的班子成员,社区书记、主任一身挑的比例达38.25%,进一步优化社区党组织班子结构,超额完成市委组织部规定的指标任务,提升了社区党员参与党组织活动的积极性和主动性,扩大了基层党内民主。

(李金清)

【首届社区工作者基本功大赛】 2月至4月,朝阳区举办"社区有我"首届社区工作者基本功大赛,为全市首例。24个街道办事处、18个地区办事处(其中金盏地区办事处无社区)的375个社区的5117名社区工作者积极参与,比赛分为预赛、复赛、决赛三个阶段,主要针对社区工作者应具备的政策法规理解执行、社区公共事务管理和社区服务专业技能、组织协调、群众工作、语言表达等11大能力进行比赛。4月14日,举办大赛决赛,中国社工协会副会长兼秘书长赵蓬奇,市委社工委、市社会办副巡视员王智玲、市民政局基层政权处处长赵森、朝阳区政府副区长苑文新参加。南磨房地区获一等奖,亚运村、朝外获二等奖,三里屯、垡头、平房地区、来广营地区获三等奖,双井、王四营地区获最佳风采奖,麦子店、小关、平房地区获最佳表现奖,安贞、奥运村、和平街、常营地区、管庄地区、太阳宫地区获优秀团队奖,东湖、劲松、呼家楼、八里庄、将台地区、东风地区获优秀组织奖。

(李金清)

【社区居委会换届选举】 2月至5月,完成第八届社区居委会换届选举工作。2月29日,朝阳区召开社区"两委"换届选举工作会。全区24

个街道和18个地区(其中金盏地区办事处无社区)的356个社区参加第八届社区居委会选举,选举产生2267名社区居委会成员,平均年龄为39.63岁,比上一届降低2.97岁。区委书记陈刚、区长程连元、区人大常委会主任佟克克、区政协主席辛燕琴等区四套班子领导到选举现场指导选举工作。

(李金清)

【星级志愿者评定】 3月2日,举办首批星级志愿者表彰活动,认定一星志愿者5670名,二星志愿者2118名,三星志愿者121名,四星志愿者72名,表彰十大优秀星级志愿者和5家优秀爱心会员单位等。

(李金清)

【社区纪检组织】 4月20日,区委社会工委制定下发《关于街道社区建立纪委工作的指导意见》,在城市社区中全面建立社区纪检组织,初步形成社区党委领导、纪委组织协调、党员群众共同参与的党风廉政建设工作格局。

(李金清)

【民进中央主席调研】 5月4日,民进中央主席严隽琪、民进中央常务副主席罗富和率民进中央调研组到朝阳区调研社会管理创新工作。区委书记陈刚,区政协主席辛燕琴,区委常委、宣传部长、统战部长谢莹,区委常委、区委办主任刘军胜,副区长苑文新等区领导陪同,到建外街道SOHO商务楼宇服务站、芳草地社区和中共朝阳区委机关考察。调研组一行通过实地考察、听取汇报,了解朝阳区商务楼宇党建,"一刻钟社区服务圈"建设,网格化、数字化社会服务管理运行系统及管理模式建设等工作情况。

(李金清)

【考察社区文化建设】 5月21日,全国社区睦邻文化建设推进年启动仪式考察团到朝阳区考察社区文化建设,中国社会工作协会副会长马学理、北京市委社会工作委员会委员、副巡视员王智玲等来自全国各地的参会代表、领导约60余人,重点就朝阳区创建国家公共文化服务体系示范区建设情况进行考察。

(李金清)

【领导调研】 5月31日,市委常委、统战部部长牛有成调研建外街道、CBD网,区委书记陈刚,区委常委、宣传部长、统战部长谢莹陪同。建外街道办事处主任许嘉宁介绍建外街道在朝阳区以及CBD的位置、商务楼宇等情况,播放建外SOHO商务楼宇服务站宣传片。

(李金清)

【街道系统干部廉政约谈】 6月28日,区委社会工委制定《朝阳区街道系统纪检监察约谈制度实施意见》,对街道系统党员干部在履行党风廉政建设、落实廉洁自律等方面出现苗头性、倾向性问题和群众反映强烈问题时,按照管理权限及时对党员干部进行约谈,教育、防范、警示,从源头治理腐败,有效杜绝违法违纪行为。

(李金清)

【非公党建"百日攻坚"工程】 7月至10月,按照市委统一部署,朝阳区在全区范围内全面实施非公党建"百日攻坚"工程,新建非公党组织105个,让3500余名非公党员主动亮明身份,实现非公党组织覆盖率提升20%的目标,提升党组织在非公企业中的影响力。

(李金清)

【全模式社会服务管理系统建设】 年内,进一步明确全模式社会服务管理系统区、街乡、社区三级平台的职责定位,在东湖等街道探索建立社会服务管理分中心,完善系统平台功能,有序推进系统运行工作。整合城市管理中心、综治维稳中心、应急处突中心、为民服务中心等机构,落实网格工作力量配置,夯实网格化运行基础,完善网格化服务体系。把社会服务管理划分为10个模块,涵盖3537个细项内容。建立人、地、物、事、组织全覆盖的数据库体系和相应的管理体制框架。按照资源整合、信息共享、业务集成、流程优化和效能提升的要求,建立"信息报送、受理立案、任务派遣、任务处置、处置反馈、核查结案、监督评价"的闭环工作流程,以及信息采集维护、高位监督评价和任务协调处置等工作机制,形成指挥和监督双轴制衡的服务管理格局。全年受理案件738万件,结案率86.54%,区公安、消防、工商、环卫、绿化等部门在全模式社会服务管理系统中的作用得到加强。

(李金清)

【全国文明城区城市文明程度指数测评】 年内,统筹协调街道、社区、驻区单位、志愿者等力量,巩固文明城区创建成果,迎接复查。在24个街道开设"道德讲堂",开展道德领域突出问题专项教育整治活动,深化"处级领导包社区、科级干部包大街、社区干部包楼院"等长效机制,不断提高群众参与率和满意率,以全市第一名的成绩完成全国城市文明程度指数测评任务。

(李金清)

【社区规范化建设】 年内,通过购买、改扩建等措施,改善156个社区办公服务用房条件。统一改造、升级38个街乡299个社区标识。探索社区分类管理模式,在国际化程度较高的地区试点外籍人员管理方式,升级改造121个老旧小区基础设施,完善保障性住房地区配套设施,启动社区服务管理综合试点,完成29个村庄社区化建设任务。

(李金清)

【环境优美小区创建】 年内,按照"三定一审核"(定任务、定标准、定目标、审核设计方案)的步骤,围绕公共服务配套设施齐全、绿化美观养护到位、社会秩序良好、日常管理到位、物业管理达标等十个方面开展环境优美小区创建工作,在19个街道创建环境优美小区20个。全年完成56个小区、19条道路、21个边角地、4处大绿地、8处小绿地、13处屋顶、11处阳台、35处垂直绿化、10处绿荫停车场建设和9个街心公园改造等绿化项目,绿化改造面积35万平方米,新增绿化面积18万平方米。可绿土地的绿化率达100%。打造了小关办事处屋顶绿化、大屯北苑路边角地绿化、垡头金蝉北里小区垂直绿化、望京94中学阳台绿化等一批绿化精品工程。拆除243处、36834.06平方米违法建设,控制新增违法建设50处、8295.4平方米。多部门联动,对劲松大街“拆墙打洞”经营行为进行整治,恢复居民楼一层墙体原貌。采用“围栏法”治理潘家园旧货市场周边“拆墙打洞”。对呼家楼街道化石营、奥运村街道水源九厂北墙外区域、朝外街道芳草地西街等11处拆迁区域的私搭乱建、环境秩序脏乱、基础设施薄弱、消防安全隐患较多、治安形势严峻等问题,联合区综治办、公安分局、区消防支队等部门进行综合治理。建立《街道系统环境秩序专项检查考核评比办法》,采取暗查和抽查相结合的方式,对各街道街面秩序、小区环境、清扫保洁作业质量、“门前三包”单位管理等内容进行检查。

(李金清)

【基层党组织建设】 年内,按照市区工作部署,街道系统各级党组织结合全区中心工作,积极开展基层组织建设年活动,完成229个社区、331个非公党组织和165个机关党组织的分类定级、整改提高和晋位升级工作。

(李金清)

【建党91周年社会领域表彰纪念活动】 年内,围绕“凝聚党旗下 争创在朝阳”主题,在全区社会领域广泛开展红歌赛、非公演讲比赛、党员走访慰问等庆“七一”系列活动,6月27日在朝阳剧场召开朝阳区社会领域创先争优活动表彰大会,对100个先进党组织、100名优秀共产党员、100名优秀党务工作者、10个优秀基层党建创新项目和10个商务楼宇示范服务站进行表彰,市委社会工委委员、市社会办副主任陈建领,市委社会工委委员、市社会办副巡视员王智玲,市委社会工委党建处处长赵济贵;区委常委、宣传部长、统战部长谢莹,区政府副区长苑文新等领导出席。

(李金清)

【星级商务楼宇服务站评定】 年内,先后制订星级楼宇服务站评定方案和考核指标体系,对全区260名商务楼宇专职工作者进行创建业务培训,11月底组织开展综合评定验收工作,有82个商务楼宇分别被评为1—4星级商务楼宇服务站。

(李金清)

【智慧社区建设】 年内,在团结湖等10个街道建设社区服务管理平台,通过“一线、一网、一中心”的技术连接、信息流转和坐席业务处理,完成居民日常的信息查询、服务咨询和便利服务申请等。“一线”是畅通街道社区多元化服务接入渠道,整合服务热线和社区服务站柜台渠道,实现社区服务“一号受理”、“一站办理”;“一网”是依托北京市社区服务中心的信息化资源建立统一、集中的街道社区综合服务网站,实现公共政策、办事流程和便民服务等信息的公开与自助查询、在线服务申请、服务办理进度公示、社区服务地图导航等;“一中心”是所有社区服务事务的闭环处置中心,利用集成公共、公益、便利和党务等服务信息知识库和人口、单位及服务资源数据库的一体化服务平台,处置社区居民服务需求的咨询、办理以及跟踪反馈,实现服务需求的规范化受理、高效率处置调度、回访与监督评估、服务资源与项目的自动化审批和管理等。

(李金清)

【社工事务所建设】 年内,从登记注册、办公场地、组织构架、运转资金等环节对社工事务所建设予以重点扶持,形成一套培育孵化专业社工机构的工作机制,帮助社工事务所实现从“草根”组织到正规民非组织的转型。全区12家社工事务所的服务覆盖到老年人、青少年、残疾人、社区矫正、社会救助等16个领域。

(李金清)

【社区工作者队伍建设】 年内,与北京工业大学建立“政学研”合作关系,围绕推进城乡社会服务管理创新等内容,开展政策咨询、调查研究,为加强社区建设提供理论支持。深入推进社区工作者教育培训“双基地”建设,搭建社区工作者成长平台。全年为街乡5000余名社区工作者培训40余次,有691人取得社工师职业资格证书。

(李金清)

社 区 服 务

【概况】 朝阳区委社工委、朝阳区社会办认真贯彻落实中央和市社会建设工作精神,紧紧围绕建设“新四区”战略目标,通过开展为民解忧工程、推行社区错时工作制,深化一刻钟社区服务圈建设,采取政府购买服务等措施,进一步优化社区服务体系;通过细化全模式网格化管理,加强老旧小区准物业管理,培育社会组织,广泛动员社会力量,进一步提升社会管理水平。

(李金清)

【为民解忧工程】 年初,在街道系统开展“问政于民、问需于民、问计于民”为民解忧工程。通过召开问政会、走访、发放调查问卷、开通热线等渠道“知忧”;通过召开座谈会、分类梳理、征集建议等形式“议忧”;发挥各街道、基层党组织统筹、协调和督导作用,加强与区职能部门协调等多种方法“解忧”。全年为群众办实事近700件,涵盖出行、停车、养老、扰民、环境、管理等6大类12个方面。

(李金清)

【社区实行错时工作制】 3月1日起,区社会办在街道系统229个城市社区全面实行错时工作制,农村社区根据居民需求及社区实际,在有条件的社区实行错时工作制。社区工作站的工作时间从早晨9点到晚上8点,比平时延长两个小时,周六日和节假日安排工作人员在社区值班。夜间时段开通值班人员服务热线,居民可通过电话咨询业务。采取预约服务、上门服务等措施,为社区居民全天候服务。

(李金清)

【保障房地区引入专业社会工作】 3月13日,在常营乡政府组织召开朝阳区2012年社工事务所工作会,座谈专业社会工作。探索在保障房地区引入专业社会工作的模式。通过政府购买服务,在常营地区引入惠心、在行动、立德、曙康、七彩昀、民和、颐天悦和艺途八家社会工作事务所,“阳光中途之家”社区矫正中心、愚公众益两家社会单位,为保障房小区老年、青少年、单亲家庭、残疾人、社区矫正等各类特殊群体开展15个子项目服务,投入项目资金144万元,直接服务于10个社区,覆盖人群10万余人。

(李金清)

【首届社会志愿服务博览会举办】 12月1日,在北京国际会议中心举办朝阳区首届社会志愿服务博览会。设置社区志愿服务需求展示、社会单位志愿服务供给展示和企业社会责任沙龙三个区域,吸引惠普、佳能等多家世界500强在内的50余家企业和社会组织参会,发布了遍及全区24个街道70余个社会志愿服务项目的27类社会志愿服务岗位,现场认领岗位需求志愿者2007名。

(李金清)

【防汛工作】 年内,积极应对“7·21”特大暴雨,做好防汛抢险工作。组织各街道对辖区内危旧房、低洼易积滞水区域房屋进行全面摸排;督促检查各业主单位落实防汛主体责任;组织街道做好防汛抢险队伍建立和物资储备,对接辖区宾馆、学校,做好灾情发生时群众转移安置准备;做好群众自救互救宣传教育工作,确保汛期“不死人、不塌房、不泡车”,最大程度保障居民群众生命财产安全和社会秩序平稳。汛期各街道出动各类抢险人员3551人,对接安置宾馆39家,预留房屋511间,准备编织袋11332条、砂石料330吨、木材1724立方米、排水泵198台,下发宣传材料2.6万余份,排除积水点102处,处置较大险情25起。

(李金清)

【老旧小区准物业管理试点】 年内,以有治安防范、有停车管理、有维护维修、有绿化保洁“四有”为标准,开展准物业管理试点工作。出台《朝阳区老旧小区准物业管理工作指导手册》及《朝阳区街道系统老旧小区准物业管理工作指导意见》,加强对老旧小区准物业管理工作的指导。36个老旧小区形成三种准物业自治管理模式:一是居民自管(无偿服务)与聘请专职人员相结合,实现小区准物业管理。二是居民互助(有偿服务)与服务外包相结合,实现半专业化物业管理。三是依托非盈利性物业服务机构(社区服务中心),提供专业化物业服务。

(李金清)

【发放《社区民情手册》】 年内,区社会办在全区各街道发放《社区民情手册》样板。街道按照统一样式自行制作,采用活页装订,按社区工作者包楼数量确定手册页发放页数。社区工作者根据包楼分工,按照“有问题随时访,特殊居民每月访,重点居民每季访,一般居民半年访”的走访频率,采取专程入户走访、居民会议走访、群众活动集体走访、社区工作者直接走访、通过居民代表(楼长)与和谐促进员走访等形式,深入群众了解社情民意。其中,社区工作者直接走访比率占需走访量的50%以上。

(李金清)

【一刻钟社区服务圈建设】 年内,按照“保基本、广覆盖”要求加强农村社区服务圈建设,15个地区办事处建立社区服务圈网站,全区新建社区服务圈60个,累计达到193个,占全市34%,城乡社区覆盖率达到87%。推广特色服务日、综合维修点、社区摆渡车等做法,为居民提供便利服务。推进“农社对接”,便民菜站总数达115个。9月6日,市委社会工委在首都机场街道和来广营乡召开社区基本公共服务全覆盖现场会,市委社会工委书记、市社会办主任宋贵伦、代区长吴桂英等市、区领导参加。

(李金清)

【政府购买服务项目】 年内,投入1210万元社会建设专项资金,购买151个社会服务项目,引入专业社工在常营、垡头等保障房社区开展老年人、残疾人服务,在亚运村、南磨房、酒仙桥开展小学生“四点钟课堂”等特色服务。完善政府购买社会组织服务机制,形成《购买项目规范汇编》。重点关注社会建设共性需求,确定“以社会建设较为迫切的共性需求为导向,以社区弱势群体为服务重点”的社会服务项目。形成“三轮评审确定入选项目——实地走访审核承接资质和执行能力——最终确定购买服务名单”的较为完善的项目购买流程。

(李金清)

【社会组织综合服务中心成立】 年内,整合社会组织培育基地和公益储蓄中心,在全市率先成立社会组织综合服务中心,初步确立组织培育、人才培养、项目管理、标准化研发、资源整合、信息交流“六位一体”的综合功能,形成“平台类组织长效扶持、成长型组织短期陪伴、所有组织随时提供指导”的服务模式。在加大工青妇、科协等枢纽型社会组织建设同时,重点培育家庭教育、社会志愿者等群众自发型社会组织,形成“一个平台支撑、多领域龙头带动、服务面向全部”的社会组织管理格局。

(李金清)

【志愿服务体系建设】 年内,加强朝阳区志愿者公益储蓄中心建设,丰富志愿服务内容和载体,在全市实现“三个率先”:率先开发建设基于“社交网络”模式的线上志愿服务平台,实现公益活动召集、志愿者参与、活动分享、服务时长统计“一站式集成”功能;率先举办“朝阳区志愿者星级认证”活动,评选“朝阳区十大星级志愿者”,对表现突出的7981名志愿者进行星级认证;率先组织“朝阳首届志愿服务博览会”,开发志愿服务岗位2007个,微软、惠普等72家企业及社会组织、3000余名志愿者参与岗位认领,推动志愿服务需求和志愿服务资源有效对接。开展社区法律小剧场、青少年成长向导等志愿服务项目30余个,涌现出望京“双闪车队”等自发性志愿服务团队,新注册志愿者10万余人,发展爱心会员单位93家,组织公益活动1062场,新增志愿服务百万小时。

(李金清)

居 民 生 活

【概况】 年内,朝阳区统计局按照《城镇住户调查统计报表制度》和《农村住户调查统计报表制度》,对以抽样方式选取的辖区550家城市住户和270家农村住开展调查,调查主要内容包括家庭基本情况、家庭收入支出情况、生活能源消费等。调查资料显示,辖区居民收入水平持续增长,消费结构不断优化,生活水平不断提高。

地址:日坛北街33号区政府北院南楼四层

电话:65094641

邮编:100020

邮箱:office@chyhtats.gov.cn

(李海林)

【居民收入】 年内,全区居民家庭人均可支配收入37883元,比上年增加3839元,同比增长11.3%;在四项收入构成中,人均工资性收入29687元,比上年增加3070元,同比增长11.5%;人均经营净收入1343元,比上年增加292元,同比增长27.8%;人均财产性收入663元,比上年增加12元,同比增长1.8%;人均转移性收入11779元,比上年增加1067元,同比增长10.0%。农村居民家庭人均纯收入22152元,同比增长11.7%;在四项收入构成中,人均工资性收入12508元,比上年增加1039元,同比增长9.1%;人均家庭经营性收入455元,比上年增加94元,同比增长26.0%;人均财产性收入4424元,比上年增加512元,同比增长13.1%;人均转移性收入4766元,比上年增加669元,增长16.3%。

(邢 颖)

【居民储蓄】 年内,城市居民人均提取储蓄存款24214元,比上年增加1620元,同比增长7.2%;人均存入储蓄款32540元,比上年增加3296元,同比增长11.3%;人均储蓄性保险支出72元,比上年减少194元,同比下降72.9%。农村居民人均期末手存现金6033元,同比增长43.2%;人均期末存款余额25044元,同比下降61.1%。

(邢 颖)

【居民消费支出】 年内,城市居民人均家庭总支出34728元,比上年增加3155元,同比增长10.0%。人均消费性支出26785元,比上年增加1986元,同比增长8.0%,其中服务性消费支出8016元,比上年增加791元,同比增长10.9%。在人均消费性支出中,食品类支出8275元,占人均消费性支出的30.9%;衣着类支出2997元,占11.2%;家庭设备用品及服务类支出1699元,占6.3%;医疗保健支出1621元,占6.1%;交通和通讯支出4313元,占16.1%;教育文化娱乐服务支出4470元,占16.7%;居住类支出2010元,占7.5%;其他商品和服务类支出1400元,占5.2%。农村居民人均期内现金支出19957元,比上年增加1673元,同比增长9.2%。其中人均生活消费支出18381元,比上年增加1493元,同比增长8.8%;服务性消费支出6777元。在人均生活消费支出中,食品类支出5827元,占人均消费性支出的31.7%;衣着类支出1697元,占9.2%;家庭设备用品及服务类支出1344元,占7.3%;医疗保健支出1408元,占7.7%;交通和通讯支出1789元,占9.7%;教育文化娱乐服务支出2229元,占12.1%;居住类支出3427元,占18.7%;其他商品和服务类支出

660元,占3.6%。

（邢 颖）

【食品支出】 年内,城市居民家庭人均购买食品支出8275元,比上年增加583元,同比增长7.6%。恩格尔系数为30.9%,比上年下降0.1个百分点。在食品消费支出中,粮油类支出752元,下降0.1%;肉禽蛋水产品类1689元,增长8.1%;糕点、奶及奶制品支出749元,增长6.4%;在外饮食支出2308元,增长7.0%。农村居民家庭人均购买食品支出5827元,比上年增加585元,同比增长11.2%。恩格尔系数为31.7%。在食品消费支出中,粮油类支出564元,增长12.1%;肉禽蛋奶水产品类1559元,增长5.9%;在外用餐支出898元,增长19.6%。

（邢 颖）

【衣着支出】 年内,城市居民人均购买衣着支出2997元,比上年增加348元,同比增长13.1%。其中购买服装类支出2047元,比上年增加214元,同比增长11.7%;购买鞋类支出815元,比上年增加121元,同比增长17.4%。农村居民人均购买衣着支出1697元,比上年增加154元,同比增长10.0%。其中购买服装类支出1090元,比上年增加100元,同比增长10.1%;购买鞋类支出461元,比上年增加23元,同比增长5.3%。

（邢 颖）

【耐用消费品支出】 年内,城市居民人均购买大件耐用消费品支出736元,比上年减少100元,同比下降12.0%。每百户居民家庭耐用消费品拥有量:摩托车2辆,助力车18辆,家用汽车45辆,洗衣机102台,电冰箱101台,彩色电视机150台,家用电脑126台,组合音响32套,摄像机29台,照相机108架,钢琴5架,其他中高档乐器9件,微波炉92台,空调器194台,淋浴热水器101台,消毒碗柜11台,洗碗机1台,健身器材9套,固定电话93部,移动电话232部。农村居民家庭耐用消费品拥有量:家用汽车24辆,洗衣机101台,电冰箱108台,抽油烟机92台,彩色电视机146台,家用电脑100台,照相机60架,微波炉79台,空调器180台,淋浴热水器100台,普通电话98部,移动电话232部。

（邢 颖）

【医疗保健支出】 年内,城市居民人均用于医疗保健方面的支出1621元,比上年增加284元,同比增长21.2%。其中:药品费支出730元,比上年增加135元,同比增长22.7%;滋补保健品支出249元,比上年增加25元,同比增长11.2%;医疗费支出570元,比上年增加117元,同比增长25.9%。农村居民人均用于医疗保健方面的支出1408元,比上年增加266元,同比增长23.3%;其中:医疗保健用品支出703元,比上年增加210元,同比增长42.6%;医疗保健服务支出704元,比上年增加55元,同比增长8.5%。

（邢 颖）

【交通和通信支出】 年内,城市居民人均用于交通和通信方面的支出4313元,比上年增加143元,同比增长3.4%。人均交通方面支出(包括购置交通工具、支付燃料及零配件、交通费和维修服务费)3017元,比上年增加41元,同比增长1.4%。人均通信方面支出(包括购置通信工具、通信服务)1296元,比上年增加101元,同比增长8.5%。农村居民人均用于交通和通讯方面的支出1789元,比上年增加192元,同比增长12.0%。人均交通方面支出(包括购置交通工具、支付燃料及零配件、交通费和维修服务费)1017元,比上年增加84元,同比增长9.0%。人均通讯方面支出(包括购置通信工具、通信服务)772元,同比增长16.4%。

（邢 颖）

【教育和文化娱乐支出】 年内。城市居民人均用于教育和文化娱乐方面的支出4470元,比上年增加607元,同比增长15.7%。其中,人均文化娱乐用品支出1033元,比上年减少1元,同比下降0.1%;人均教育支出1225元,比上年增加52元,同比增长4.4%;人均文化娱乐服务支出2211元,比上年增加555元,同比增长33.5%。农村居民人均用于教育和文化娱乐方面的支出2229元,比上年增加371元,同比增长20.0%。其中,人均文化教育娱乐用品支出571元,比上年增加8元,同比增长1.4%;人均教育服务支出765元,比上年增加76元,同比增长11.0%;用于文化体育娱乐服务支出893元,比上年增加288元,同比增长47.6%。

（邢 颖）

【居住支出】 年内,城市居民人均用于居住方面的支出2010元,比上年减少63元,同比下降3.0%。其中:住房支出630元,比上年减少107元,同比下降14.5%;水电燃料及其他支出1132元,比上年增加24元,同比增长2.2%;居住服务费支出248元,比上年增加20元,同比增长8.8%。农村居民人均用于居住方面的支出3427元,比上年减少531元,同比下降13.4%。其中:购买居住消费品支出836元,比上年减少1092元,同比下降56.6%,居住服务费支出2591元,比上年增加561元,同比增长27.6%。

（邢 颖）

【其他商品和服务支出】 年内,城市居民人均用于购买其他商品和服务方面的支出1400元,比上年增加142元,同比增长11.3%。农村居民人均用于购买其他商品和服务方面的支出660元,比上年增加115元,同比增长20.9%。

（邢 颖）

消 费 保 护

【概况】 朝阳区消费者协会活动(简称区消协)是依法保护消费者权益的社会团体。年内,按照“消费与安全”主题,组织开展宣传咨询服务活动,采取现场受理咨询、投诉、举报,解答法规疑问,发放宣传材料,教授消费者辨别商品真伪,进行有关知识讲座等形式,将消费维权意识与食品安全知识带进社区、村镇、学校、工地、军营、景区,使广大消费者明确具有的权利和义务。3月15日,在十八里店乡高力国际灯饰城举办“消费与安全倡导绿色环保节能”为主题的“3·15”国际消费者权益日宣传活动,设置宣传点70处,发放宣传材料13.43万份,现场接待咨询15303人次,受理投诉38件,参加有关消费维权讲座1500人次。

(陈 锦)

【消费保护】 年内,区消协及各消协分会受理消费者投诉6318件,办结6288件,办结率99.5%,为消费者挽回经济损失390.84万元;消费者因被欺诈得到加倍赔偿74件,赔偿额为94118.4元;接待来访、咨询6529人次。

(陈 锦)

【12315消费者投诉热线】 年内,处理各类信息20744件,其中受理消费者申诉11543件,办结率99.83%,为消费者挽回经济损失705.44万元;受理群众举报5004件,办结率97.48%,立案查处219件,行政指导291件,罚没金额138.64万元;受理电话咨询3210件;接待上门来访78批;接转政风行风热线信息35件,办结31件;接转12345市政府非紧急救助服务中心移转信息22件;接转区政府政民互动信息930件。投诉举报中心根据12315信息提示,有针对性地开展企业约见2次,行政指导1847次。全年申诉调解成功率89.60%,举报立案率29.72%,行政指导率39.48%。

(曹发来)

人口和计划生育

【概述】 朝阳区人口和计划生育委员会(简称区人口计生委)是负责全区人口和计划生育工作的政府组成部门,行政编制24人,事业编制18人,下设5个科室。截至年末,全区常住人口374.5万人,比2011年年末增加8.7万人,户籍人口197.41万人,育龄妇女46.69万人;全年户籍人口出生21926人,符合政策生育率98.53%,出生率11.23‰,出生性别比为105.49,死亡人口7320人,死亡率3.75‰,人口自然增长14606人,自然增长率7.5‰。

地址:日坛北街33号

电话:65094604

邮编:100020

邮箱:chaoyang@bgfc.gov.com

(马金玲)

【人口计生工作总结会】 1月5日至6日,召开2011年全区人口计生工作总结会。24个街道办事处、19个地区办事处的计生工作主管领导、计生办主任参加会议。区人口计生委主任史素珍从坚持统筹协调、强化服务管理、建设新型人口文化、深化创先争优等四方面对2011年全区人口计生工作进行总结,明确2012年朝阳区人口计生委的三项重点工作:一是以人口有序管理为重点,统筹推进人口发展;二是以创建幸福家庭为重点,全力保障改善民生;三是以提升工作能力为重点,加强系统队伍建设。

(马金玲)

【人口计生领导小组会】 2月27日,召开朝阳区人口和计划生育领导小组会,副区长张立新主持会议,24家领导小组成员单位主要领导参加会议。会议讨论朝阳区2012年人口计生工作会议报告,审议并原则通过2012年婚育新风进万家活动折子工程、2011年朝阳区人口和计划生育工作目标管理考核评估结果、2012年朝阳区人口和计划生育工作目标管理考核评估方案、2012年街乡及综合治理部门人口和计划生育责任书,以及关于召开2012年全区人口和计划生育工作会的建议。区委常委、组织部部长张革强调要强化全面做好人口工作的意识,强化部门统筹,巩固调控成果,提升人口和计划生育公共服务能力。

(马金玲)

【人口计生工作会】 3月19日,召开2012年人口和计划生育工作会,会议由区委常委、组织部部长张革主持,市人口计生委主任刘志、区长程连元、副区长张立新,区人口计生领导小组成员、区婚育新风进万家活动领导小组成员,街道、地区办事处主要领导、主管领导、计划生育干部及社会单位代表参加会议。张立新做2012年全区人口计生工作报告，区人口计生委主任史素珍宣读2011年度人口和计划生育目标管理考核评估结果，区长与街乡及综合治理部门代表签订2012年人口计生工作责任书，建外街道、平房地区分别做典型发言。程连元从做好人口工作的责任感、促进区域人口长期均衡发展、保障工作任务全面完成三方面发表讲话，重点强调人口计生委在全区人口工作中的统筹协调作用，全区人口计生工作要强化人口综合调控，促进人口有序流动；强化人口服务管理，维护社会和谐稳定；强化基层基础建设，提高工作整体水平；强化管理机制创新意识四项任务，为推进朝阳科学发展、民生幸福，做出应有的贡献。

（马金玲）

【安康计划保险】 5月7日，全面启动“一张保单保全家”——创建幸福家庭生育关怀安康计划保障项目，通过“三十元保五万”，为全区计生家庭提供贴心服务。安康计划保险是专门为计划生育家庭设计开发的新险种，是计划生育家庭成员发生意外伤害时的一种保障。凡朝阳区符合计划生育政策的家庭，其夫妇及子女年龄在70岁以下及1周岁以上者，均可作为被保险人参加保险。保险费为每年每个家庭30元/份，保险金额为5万元/份，符合条件居住在北京市的流动人口计划生育家庭，也可自愿报名参加投保。

（马金玲）

【避孕药具库房智能化管理】 7月4日，区人口计生委以落实区委区政府“科学发展，民生幸福”为目标，投入资金58万元，率先在全市将物联网技术引入药具基础工作。按照“安全储存、科学养护、保证质量、降低损耗”的工作原则，药具库房智能化以物联网技术为支撑，以计算机信息技术为依托，实现对库房温度、湿度的自动监控、自主调节、超限报警及数据动态记录。全区药具库房实现智能化统一管理，确保药具质量安全，符合国家药具管理要求；科学合理按需配送药具，及时供应、调补，减少浪费；减轻基层药管员的繁琐劳动，提高工作效率；彻底解决以往药具库房打游击、不固定、不独立的被动局面。

（马金玲）

【纪念“9·25”《公开信》活动】 9月20日，在八十中学举办“幸福家庭、和谐人口”为主题的纪念“9·25”《公开信》发表32周年暨朝阳区慰问计划生育干部文艺汇演。副区长张立新致辞，市人口计生委正局级委员王晓光对全区人口计生干部进行慰问，会上宣读对“百家幸福家庭”表彰决定。在《朝阳报》设立《加强人口文化建设，促进家庭和谐幸福》专版，在全区范围内宣扬先进典型，倡导和谐文明新风尚。

（马金玲）

【人口调控工作专题会】 11月9日，副区长张立新主持召开人口调控工作专题调度会。区人口计生委、发改委、商务委、社会办、农委、流管办、民防局、房管局、工商分局等9个职能部门主管领导参加。会上，区人口计生委主任史素珍对全区人口调控工作方案及各部门子方案的制订情况进行汇报。与会部门对方案及子方案提出修改意见。张立新要求，一要进一步完善人口调控“1+X”方案，落实程连元书记提出的人口调控“三年行动计划”，发挥现有工作基础，进一步强化措施，为北京特大城市人口调控创造经验；二要提高人口调控方案的可操作性，为全区人口调控工作考核提供量化标准；三要强化投入保障措施，进一步细化政策需求；充分利用好信息化手段，强化信息资源整合；加强部门联动，为街乡落实人口调控任务提供支持。

（马金玲）

【农工党中央人口资源委员会调研】 11月16日，农工党中央人口资源委员会委员毓星、彭彧华率队调研朝阳区流动人口服务管理工作。国家人口计生委流管司、市人口计生委流管处负责人陪同调研。调研组先后听取北京市、朝阳区针对流动人口管理的新服务和新方法，对此给予充分肯定，并对朝阳区以“大人口”为核心推出的新服务和实施的新举措给予高度评价，希望朝阳区深入探索，不断深化流动人口计生服务管理工作。

（马金玲）

【人口工作会商会】 12月6日，区人口计生委和朝阳公安分局联合召开人口工作会商会。会上，双方分别介绍朝阳区实有人口体系建设现状，实有人口库建设情况，通报近年来联席会情况，传达近期市人口计生委与市公安局会商指导意见。双方就数据比对情况进行会商，明确在数据安全的前提下，保证双方数据准确、一致；通过对疑难个案逐一分析讨论，拟定解决方案，形成统一意见。

（马金玲）

【人口工作专题会】 12月12日，区长吴桂英主持召开人口工作专题会。副区长张立新及21家相关单位主要领导参加会议。会上，区人口计生委主任史素珍汇报近年来朝阳区“大人口”工作开展情况和人口服务管理工作方案编制情况。其他参会部门汇报子方案相关情况，并从法律保障、政策支撑、部门联动、统一数据口径、量化考核、体制机制创新等方面对方案和具体工作措施提出建设性意见。张立新要求各单位一把手亲自审核把关，对方案作进一步梳理和完善；加强部门联动，加大对街乡的政策支持；建立动态监测和考核机制，同时要求各部门列出明年工作计划，充分落实现有工作措施，并注意在工作实施过程中对宣传舆论的正确引导和把握。

吴桂英强调要通过“1+X”方案研究,深化认识,挖掘做法,创新手段,推动日常工作落实。

(马金玲)

【区委常委会研究人口服务管理工作】 12月20日,区委第30次常委会听取人口工作情况汇报。区人口计生委主任史素珍汇报全区人口发展状况、人口基础工作开展情况以及加强人口服务管理工作的基本思路。区人大常委会主任佟克克、区政协主席辛燕琴及各位常委分别就如何进一步加强人口服务管理,寓管理于服务之中,促进区域持续、健康发展提出意见。区委书记程连元强调,要认真落实“十二五”人口发展及服务管理规划目标,以属地统筹为龙头,相关部门密切配合,双同责,完善人口目标管理责任制。会议决定成立区委书记、区长为双组长的领导小组,进一步加强对全区人口服务管理工作的领导。

(马金玲)

【卫生合作单位座谈会】 12月21日,召开卫生合作单位领导工作座谈会,9家合作医院领导及区人口计生委相关领导、科室负责人参加会议。与会人员就如何做好全区计划生育技术服务、提高服务质量等提出三点建议:一是加强医院与部门的合作,建立和完善沟通协作机制,共同做好计划生育技术服务工作;二是严格执行《计划生育技术服务规范》,制定相关工作制度、急救预案,完善服务流程,降低并发症发生概率;三是提高服务质量,严把术前、手术、术后三关,让居民享受到安心服务。

(马金玲)

【免费孕前优生健康检查】 年内,全面开展免费孕前优生健康检查项目,对辖区农村待孕夫妇、城市无业居民及流动人口待孕夫妇免费提供优生健康教育、健康体检、风险评估、咨询指导、早孕及妊娠结局追踪随访等19项孕前优生健康检查服务。继续深化“生育后期关爱行动”,规范服务流程,加强参检人员筛选,确保目标人群受益。加强术后回访,对体检时发现有疾病的患者,继续观察疾病进展情况,给予进一步咨询、指导。推进流动已婚育龄妇女生殖健康体检工作,新增安贞社区卫生服务中心、北京武警医院两个流动人口孕检点,不断扩大服务覆盖面。

(马金玲)

【依法行政】 年内,办理《北京市生育服务证》21822个,《独生子女父母光荣证》9231个。落实市、区人口与计划生育各项奖励扶助金1956.88万元,惠及群众6万余人。全年行政诉讼1件,应诉行政复议6件,无败诉案件。

(马金玲)

【人口文化阵地】 年内,建成首都机场街道人口文化园、奥林匹克森林公园“阳光计生苑”、垡头翠城人口文化园等一批人口文化阵地;整合现有文化广场资源,在5个街乡启动人口文化长廊建设工作;为35个街乡定制安装人口文化媒体信息发布机(LCD电子屏),并专题制作“创建幸福家庭、构建和谐人口”动漫片。

(马金玲)

老 龄 工 作

【概况】 朝阳区人民政府老龄工作办公室(简称区老龄办),又称朝阳区老龄工作委员会办公室,是区政府老龄工作职能部门,主要负责推动朝阳区老龄事业发展和老龄事务管理工作,同时承担朝阳区老龄工作委员办公室职责。老龄办是区政府直属全民所有制事业单位,机构规格相当正处级,编制11名,内设3个科。年内,深入落实北京市“九养”政策,稳步推进朝阳区“十二五”时期老龄事业发展规划,扎实开展工作,不断满足老年人需求,着力解决好涉及老年群体利益的热点、难点问题,促进老龄事业全面、创新发展。2012年度被评为北京市敬老爱老为老服务示范单位。

地址:日坛北街33号

电话:65094460

邮编:100020

邮箱:cylb4470@126.com

(周长勇)

【温暖行动在朝阳】 元旦、春节期间,区老龄办作为主要承办单位,组织开展第七届“温暖行动在朝阳”活动,对全区生活在低保边缘的2150名贫困老年人家庭,以每户500元标准实施救助,投入资金107.5万元。

(周长勇)

【老龄工作研讨会】 1月11日、12日,在朝阳宾馆分别召开街道、地区系统老龄工作研讨会,总结2011年度工作,研究2012年度工作思路。

(周长勇)

【春节走访慰问】 1月13日上午,在八里庄街道托老所举办“践行北京精神、弘扬敬老美德”2012年新春敬老慰问活动,市老龄办常务副主任李建国、副区长张立新等出席活动;下午到团结湖街道司堃范工作室、外语协会走访慰问为老服务志愿者。

(周长勇)

【检查调研】 2月16日,市民政局副局长李红兵、市老龄协会副会长翟建勇等到团结湖街道检查调研老龄工作,考察团结湖街道富润泽老年餐桌、暮年颐乐园托老所及司堃范爱心工作室。4月11日,李红兵率市财政局、市民政局、市老龄协会一行8人,到南磨房社区服务中心、香河园养老管理服务中心检查调研。8月28日,北京市民政局局长助理,重庆市老龄办副主任蒋志强一行到朝阳区调研,听取区老龄工作汇报,到麦子店街道座谈。

(周长勇)

【观摩交流】 3月1日,丰台区老龄办主任组织部分街道主管主任一行24人,到南磨房地区社区服务中心观摩学习。8月15日,门头沟区老龄办一行6人参观香河园街道养老服务管理中心、麦子店街道养老(助残)服务中心。

(周长勇)

【“小帮手”业务培训】 3月6日,邀请北京市社区服务信息网络中心专业技术人员,对全区43个街乡近50名负责“小帮手”配发的工作人员进行业务培训。

(周长勇)

【养老(助餐)餐桌建设座谈会】 3月28日,召开餐桌服务商座谈会,建外小王府、六里屯东方瑞金达等8家餐桌负责人参加;3月30日,召开街道(地区)餐桌工作座谈会,亚运村街道、将台地区等10个单位主管主任参加。

(周长勇)

【“幸福养老大课堂”进社区总结会】 4月10日,“幸福养老大课堂”走进朝阳社区一周年总结表彰大会召开。第十届全国人大常委会副委员长、中国关心下一代委员会主任顾秀莲,市相关部门领导线联平、赵小卫,区委副书记陈宏志、副区长张立新出席。

(周长勇)

【考察学习】 5月14日至18日,区老龄工作考察团一行14人,赴宁波、上海学习考察,参观首届中国国际养老服务业博览会暨第七届中国国际康复护理展览会。6月19日,区老龄办全体人员到大兴区学习考察,围绕创新发展老龄工作进行座谈交流。

(周长勇)

【信息化平台建设】 5月30日,在朝阳宾馆多功能厅举办朝阳区老龄综合管理服务信息化平台培训会,43个街道(地区)民政科长、老龄干部、社区老龄工作骨干等近200人参加培训。12月5日,在区委老干部局召开信息化平台建设工作座谈会,区委老干部局、区信息办以及平台建设单位负责人参加。

(周长勇)

【区县交流座谈会】 5月31日,由朝阳区牵头组织的北京市区县老龄工作学习交流座谈会在蟹岛会议楼召开,市民政局副局长李红兵、市老龄办常务副主任李建国及16区县老龄办主任参加会议。副区长张立新到会并讲话。

(周长勇)

【老龄工作调研】 5月,区老龄办依托区实有人口数据库,完成《北京市朝阳区2011年老年人口信息和老龄事业发展状况报告》。7月6日,到三里屯街道调研养老服务中心建设工作。8月2日,区委副书记陈宏志到区老龄办调研指导工作,区老龄办全体干部参加。会上,区老龄办主任汇报全区老龄工作推进情况。12月11日,到八里庄街道调研为老服务工作,为托老所老年人送去帽子、围巾等保暖用品,并看望辖区孝母典范樊蒙。

(周长勇)

【老龄工作座谈会】 7月11日,区老龄办在蟹岛会议中心召开老龄工作座谈会,围绕朝阳区老龄工作在新形势下如何创新发展等问题,邀请部分区人大代表、区政协委员、区政府特约监督员以及中国人民大学社会与人口学院教授、老年研究所所长杜鹏参加。市民政局副局长李红兵、局长助理蒋志强到会并讲话。

(周长勇)

【老龄产业发展状况调查】 8月23至29日,市老龄办在劲松街道、安贞街道、南磨房地区的10社区(村)开展老龄产业发展状况调查,180名老年人及20名失能老人参与入户调查及座谈。

(周长勇)

【老年交谊舞大赛】 10月16日,区老龄办在小营健身舞蹈俱乐部举办第八届“久久俏夕阳”老年交谊舞大赛,32个街乡的155对选手入围参赛。

(周长勇)

【授牌仪式】 10月17日,中国老龄事业发展基金会在北京举行心理学界、医护界志愿者分部成立暨团结湖老年心理关爱示范基地、敬老志愿者实习基地授牌仪式,中华医学会、中国心理学会、中国中医科学院,全军急诊、急救医学专业委员会,爱心企业代表及区老龄办、团结湖街道等单位嘉宾、志愿者260余人参加活动。

(周长勇)

【重阳节主题活动】 10月19日,区老龄办在望京昆泰酒店举办“喜迎十八大、和谐敬老情”最美不过夕阳红——第三届朝阳区孝亲敬老重阳主题活动,播放《孝亲敬老》短片,为区级“孝星”、为老服务示范单位、养老(助残)餐桌代表颁发奖杯、证书。副区长张立新出席致开幕词,市老龄办常务副主任李建国,区人大常委会副主任王亚贵、区政协副主席郑煌,区老龄工作委员会成员单位领导,43个街道(地区)主管主任、民政科长、老龄干部和小学生、老年人代表等450余人参加。

(周长勇)

【重阳节走访慰问】 10月22日,区委副书记陈宏志、副区长张立新走访慰问南磨房地区敬老院和潘家园街道特困老人,送去慰问品、慰问金。同日,区老龄办主任慰问团结湖街道高龄知名老人索颖教授。

(周长勇)

【年度工作总结会】 12月17日,在朝阳宾馆组织召开2012年度朝阳区老龄工作总结暨培训会,总结2012年度工作,组织街乡、社区代表交流经验,播放将台地区“孝星”宣传片,培训老龄业务工作。街乡民政科(社会事务管理科)科长、老龄干部参加会议。

(周长勇)

【落实“九养”政策】 年内,加强养老(助残)餐桌规范化建设,严格准入、退出制度,新增餐桌40家,全区达到382家,其中100家餐桌通过检查验收达到规范餐桌标准。开展“孝星”和为老服务示范单位评选活动,命名表彰1600名市级“孝星”、157个为老服务示范单位;落实95周岁及以上老年人医疗报销制度,报销医疗补助373人次、支出125万余元,为244名95周岁及以上老人免费办理城镇居民基本医疗保险,为52名95岁以上老年人免费办理新型农村合作医疗;为6120名有需求的老年人配备“小帮手”电子服务器。

(周长勇)

【老年优待工作】 年内,为全区65周岁以上老人办理老年优待卡2.4万个,为60周岁以上老人办理优待证近2万个;每月按时为90周岁及以上老年人发放高龄津贴,共计529.73万元;为625名有需求的空巢老年人家庭安装“一按灵”;以每户600元的标准为196名老年人发放特困补助;开展特困老人包户帮扶服务,全年完成30%的任务指标。

(周长勇)

地　域

街　道

安贞街道

【概况】 安贞街道位于朝阳区西北部,东邻和平街街道,南与东城区和平里街道接壤,西与海淀区花园路街道、西城区德胜街道相交,北与亚运村街道、奥林匹克公园公共区南部相接。辖域面积约3.6平方公里,有6个社区、304栋居民楼。辖区登记人口18747户、48368人;新出生425人,死亡216人;外来人口19441人。地区法人单位1623家,医院4所,社区卫生服务中心1个、社区卫生服务站3个,社区服务中心1个,科研院所9个,大学1所,中学4所,小学3所,幼儿园5所。驻有总装备部等重点单位和规模以上企业约300家。年内,在服务大厅设立专用窗口服务小税源客户,利用非公党建进楼宇宣传税源政策,建立机关干部联系企业工作制度,定期走访重点纳税单位,帮助企业解决实际困难。实现区级财政收入6.52亿元,比上年同期增长8.8%,完成GDP总量97.7亿元的全年任务。

地址:安华西里一区13号楼
电话:64260018(办公室)
邮编:100011
邮箱:azxzb@sohu.com

(郝　军)

【元宵游园会】 2月6日,在安贞西里社区公园举办以"携手践行北京精神 文化引领幸福生活"为主题的第八届社区元宵灯会。副区长苑文新与地区居民6000余人一同参加灯会。

(郝　军)

【社会建设大会】 2月9日,召开地区社会建设工作大会。学习传达区社会建设工作大会精神,围绕社会建设工作重点,部署年度街道重点工作。一是"四个坚持"突出做好安全稳定、社会建设、城建城管、税源建设四项重点工作;二是"三个加强"做好党组织建设、班子建设和干部队伍建设;三是突出做好5项亮点工作。

(郝　军)

【全国"两会"服务保障】 3月6日至15日,在全国"两会"召开期间,歌华开元大酒店是部分全国"两会"代表、委员驻地,有工作人员300余人,记者40余名,卫星转播车3台。街道成立全国"两会"服务保障工作领导小组并制订工作方案、预案,对重点地区、重点场所、重点单位进行拉网式检查,确保地区安全稳定,会议期间地区可防性案件"零发案"。

(郝　军)

【残联工作现场会】 3月20日,在街道办事处六层多功能厅,召开残疾人联合会第六次代表大会。区委、区残联及街道工委、办事处领导和地区87名残疾人代表参加会议。经推荐、协商及民主选举,选出代表90名,其中健全人27名,占代表总数的30%;残疾人及残疾人亲友63名,占代表总数的70%。经街道残疾人联合会第六次代表大会筹备工作领导小组推荐,各社区残疾人代表民主协商讨论,确定第六届主席团委员候选人15名,其中残疾人及残疾人亲友11名,占委员总数的74%。

(郝　军)

【社区党委换届选举】 3月,6个社区党委按照"公推直选"程序,完成换届选举工作。地区实有居民党员2976人,应参加选举党员代表636人,实际参加投票选举党员代表605名,投票率95.2%。选出新一届社区党委委员38名,平均年龄51岁,较上届下降5岁。大专以上学历31人,占委员总数的81.6%;其中社区党委书记6人,大专及以上学历5人,平均年龄52岁。

(郝　军)

【"送温暖 献爱心"社会捐助】 5月

9日,召开2012年“送温暖 献爱心”社会捐助活动动员大会。捐助活动收到善款25.3万元。完成区民政局、区慈善协会、区红十字会下达的任务。

(郝 军)

【社区居委会换届选举】 5月12日至13日,街道作为朝阳区第八届居委会选举的试点单位,召开选举大会。选举产生居委会成员38人,其中居委会主任6人、副主任10人、委员22人,参选率为95.2%。

(郝 军)

【公共服务创新课题调研】 6月20日,召开地区社会公共服务创新课题调研启动会议。结合“文明安贞、和谐安贞、幸福安贞”总体要求,确定了8个调研课题。街道主要领导及各大高校15名教授、博士、博士后参加会议。

(郝 军)

【老旧小区改造启动】 7月23日,召开老旧小区综合改造启动仪式暨朝阳区老旧小区综合整治工程安贞分指挥部联合党支部成立大会。办事处相关领导、安贞里派出所所长及区住建委,街道办事处组织科、城建科,城管分队、裕民路社区、产权单位、设计单位、施工单位、监理公司等相关负责人参加启动仪式。

(郝 军)

【领导调研】 8月14日,区委常委、纪委书记宋铁健一行9人到街道调研。听取街道工委书记王军关于党风廉政建设工作情况汇报。宋铁健对街道整体工作给予肯定。

(郝 军)

【人大代表工作室揭牌】 8月21日,作为区首批成立“人大代表工作室”试点街乡,街道安华里社区和来广营地区来广营村“人大代表工作室”揭牌。区人大常委员会主任佟克克,副主任李国、张富生、朱春霞及部分区、乡人大代表,选民代表参加揭牌仪式。

(郝 军)

【创先争优活动表彰会】 9月28日,召开创先争优活动总结表彰会暨三级联创工作推进会。办事处班子成员、党建协调会单位负责人、机关总支委员、社区党委委员、基层党支部委员,社区、机关党员150人参加会议。

(郝 军)

【残疾人法律服务站启动】 10月18日,在安华里社区举行残疾人法律服务工作站启动仪式。办事处主任张兴,副主任刘作魁、高飞以及街道司法所、残联、社区以及康盛律师事务所负责人参加仪式。张兴与街道残联签订残疾人法律服务协议书,并与残疾人代表共同为残疾人法律服务工作站揭牌。

(郝 军)

【“六型”示范社区】 10月20日,市民政局委托第三方估评检查组到安华西里社区进行“六型”示范社区第二轮评估工作。主要通过查看社区档案材料,实地考察社区环境、设施和组织居民问卷等方式进行评估,并对第一轮评估后整改工作的落实情况以及社区服务对象满意度进行测评,经测评安华西里社区被评为北京市“六型”示范社区。

(郝 军)

【全民学习周活动】 10月22日,街道启动以“知识点亮智慧人生,学习创造美好生活”为主题的全民学习周活动。以“九九重阳节”爱老敬老和喜迎十八大为主题,开展学习培训活动,主要包括健康知识讲座、诗词诵读学习、英语培训、合唱、书法等10余个项目的教育培训活动。

(郝 军)

【十八大安保工作部署会】 10月30日,召开十八大安保工作部署会。办事处主任董会生、工委副书记谢宗国,副主任杨丙章、陈萍,安贞派出所、安贞工商所、卫生监督所、消防民警、交通宣传民警等出席会议,社区、社会单位300余人参加会议。

(郝 军)

【垃圾分类】 年内,街道开展多层次、多角度、全方位、全覆盖的垃圾分类宣传动员工作,发放“致居民一封信”、“垃圾分类手册”等宣传资料500余册,发放垃圾袋2000余个,开展宣传活动20余场。增加桶站建设130组,更换电瓶车电池1000块、分类标识600套,清洗分类垃圾桶400余个,维修垃圾桶50余个,配备垃圾分类二次分拣员59人。街道垃圾分类工作覆盖20个居民小区,7万余人,创建安华西里二区为垃圾分类达标居住小区。

(郝 军)

奥运村街道

【概况】 奥运村街道位于朝阳区西北部,东抵来广营乡,南与亚运村街道和大屯街道接壤,西接海淀区,北临昌平区。辖区面积19.6平方公里(2012年5月测绘),总户数43735户,户籍人口57503人,居住人口128066人。有12个社区居委会。法人单位1936家,产业单位2080家,党政机关2个,军事单位2个,事业单位55家,规模以上企业263家,小学6所,中学3所,职业技能培训机构3所,医院6家,社区卫生服务中心1家,社区卫生服务站2家;辖区内有625路、466路、670路等58条公交线路,地铁5号线和8号线两条轨道交通线路。主要干道有四环路、五环路和京藏高速,北苑路、安立路、中轴路、林萃路、科荟路、大屯路、北辰西路、北辰东路等9条城市主干路和清林东路、洼里一号路、域清路等其他次干路、支路。奥运村街道地处奥运功能区核心区域,区域内有“鸟巢”、“水立方”等7个奥运会竞赛场馆;占地600公顷的奥林匹克森林公园;北京奥运村科技园;中国科技馆、中科院感光所及天文台、国家动物博馆、中国环境科学院等中央、部属企事业单位17家;北京凯迪克格兰云天大酒店、北京胜利饭店、北京塔里木石油宾馆、北京亚奥国际酒店等三星级以上酒店4家;北顶娘娘庙、龙王庙、弥陀古寺等历史古迹。奥运村街道是集文化、旅游、休闲为一体的发达区域。年内,街道完成区级财政收入4.1617亿元,同比增长8.1%。代征个人出租房屋税985万元,同比增长54%。

地址:安立路28号院3号楼

电话:84945556

邮编:100107

邮箱:aycdanganshi@126.com

(张 雅)

【《大城小事》节目组与社工联欢】 1月16日,北京电视台《大城小事》节目组一行13人与街道180名社工开展迎新春联欢活动。表演小品《文明来敲门》、《又是一个周一》,相声《为你而歌》、双簧《小人儿拜年》等节目。街道办事处向栏目组赠送"'走转改'的优秀代表、社区工作者的好朋友"锦旗。

(张丽丽)

【社区视频系统开通】 1月21日,街道开通社区会议视频系统。12个社区为终端,形成街道与社区网络全覆盖,实现了街道召开社区会议视频化。

(张春红)

【干部教育培训】 2月17日至21日,举办青年干部培训班。街道37名35岁以下干部参加,主要内容为理论学习、拓展训练、演讲比赛等。

(叶 涛)

【双拥工作评选获奖】 2月,在人民大会堂举行的全国双拥模范城(县)命名暨双拥模范单位和个人表彰大会上,街道被评为全国"爱国拥军模范单位",50名街道干部群众代表参加大会。6月12日,在北京市双拥模范城(县)命名暨双拥模范单位和个人表彰大会上,街道被评北京市"双拥模范乡"(奥运村于2011年5月18日撤乡建街,参评双拥模范时为乡),南沙滩社区和风林绿洲社区被评为北京市"基层双拥工作示范单位"。

(张海龙)

【志愿服务】 3月3日,举行"雷锋落户奥运村——周六行动日"活动启动仪式。与306医院联合开展学雷锋行动日活动,医院19个科室40余名医护人员进行义诊。志愿者代表、企业代表等200余人参加志愿服务活动。3月4日,举行"践行北京精神,学雷锋送温暖——'春风行动'启动仪式",组建一支流动志愿者服务队,开展"七送"为民服务活动。

(张丽丽)

【社区建设推进大会】 3月5日,召开2012年社会建设推进大会。街道工委书记张永红、办事处主任徐桂士及其他领导班子成员、机关公务员、事业编人员、社区书记、主任参加大会。街道综治办主任、南沙滩社区书记分别作表态发言,张永红讲话。

(张春红)

【科级干部竞争上岗】 3月8日,开展2012年科级干部竞争上岗工作。聘请第三方担任评委,经过综合笔试、面试和民主测评,32人参与竞争上岗,其中8人聘为科级领导职务,15人聘为科级非领导职务。

(叶 涛)

【接待考察团】 3月22日,国际奥委会考察团到国奥村考察调研。考察团对奥运会后运动员村的开发利用及居民生活情况、社区办公楼居民活动场地、国奥村小区部分楼宇和新能源设施及社区舞蹈队活动情况等进行调研,并针对国奥村小区居民生活、社区文体活动开展情况,采访国奥村社区党支部书记和部分社区居民。4月9日,重庆市九龙坡区考察团在区委书记助理聂清凯、区委社会工委副书记杨洪福的陪同下,到街道"红立方"考察并参观地区博物馆。街道工委书记张永红就加强"红立方"党建品牌建设、社区党建等工作进行汇报。

(张丽丽)

【"幸福养老大课堂"教学基地】 4月10日,在区举办的"幸福养老大课堂"走进朝阳社区一周年总结表彰会上,龙祥社区教学基地被评为区级"幸福养老大课堂"优秀教学基地。

(陈 勇)

【"亿霖木业"案善后清退】 4月12日至7月3日,街道工委、办事处成立"亿霖木业"案善后清退工作领导小组和办公室,为136笔合同109人,清退了124笔合同101人,清退金额5929075.28元,清退合同比例91.2%,清退人数比例92.7%。

(江玉君 高骥成)

【环境美化】 4月17日,在北五环仰山桥南开展绿化改造工作。清理渣土26立方米,回填新土1670立方米,栽种桧柏85棵,油松5棵,种植草皮2832平方米;协调区绿化局对林萃桥北匝道桥下、黑泉路中心绿化带进行清理改造,补植草坪3600余平方米,栽种各类树木90余棵;在办事处办公楼推进屋顶绿化及阳台绿化工作,营造优美绿化景观。

(郭玉群)

【全民阅读宣传活动】 4月23日,在南沙滩社区小广场举办2012年"书香朝阳 幸福奥运村"全民阅读宣传活动。街道向新成立的"益民书屋"捐赠图书300余册,社区服务中心与南沙滩社区签订了"益民书屋共建协议",街道图书馆为南沙滩社区办理集体借阅卡,全年可借阅图书600余册。300余人参加活动。

(陈 勇)

【百姓周末大舞台】 4月28日,市文化局在街道举行朝阳区2012年"百姓周末大舞台"活动启动仪式,200余名社区居民参加。活动以流动演出的形式深入社区,为居民演出10场文艺节目。

(陈 勇)

【社区两委换届选举】 4月,完成

12个社区的党委换届选举工作(国奥村社区为党支部)。12个社区选举产生新一届党委委员82人,其中45岁以下的25人,占30%;45岁以上的57人,占70%;大专以上学历的33人,占40%;大专以下学历的49人,占60%。新当选社区书记2人,均为现任居委会主任。社区居委会换届,选举产生新一届社区居委会成员74名,平均年龄37.6岁,12名社区居委会主任平均得票率99.0%,其中有3名选票率100%。

(张春红)

【社工基本功大赛颁奖仪式】 5月3日,举行"1+3"党务居务助理进社区工程启动暨社区工作者基本功大赛颁奖仪式。区政协副主席、北京国际城市发展研究院院长连玉明,街道工委书记张永红、办事处主任徐桂士,北京国际城市发展研究院副院长兼秘书长刘俊华等出席仪式。仪式上,发布《北京市朝阳区奥运村街道五年行动计划纲要(2012-2016)》,表彰了优秀社区工作者。

(张春红)

【全模式工作推进会】 5月8日,召开全模式工作推进会。办事处主任徐桂士提出要求,各科室、社区相关人员参加会议,与区相关委办局沟通对接,并就全模式工作进行督查考核。

(常华堂)

【五区领导调研】 5月16日,市社会办副巡视员王智玲带领朝阳区、东城区、顺义区、平谷区、通州区等五个区的社会办领导到街道调研南沙滩社区"走动式工作法"。实地考察南沙滩社区办公用房规范化建设后,对南沙滩社区立足于"办公用房最小化、居民活动室最大化"的定位,以及"走动式工作法"取得的成效给予肯定。

(张春红)

【保密工作】 5月31日,区保密局副局长曲京生一行到街道检查涉密计算机管理和使用工作,并对保密员进行培训。街道工委副书记王宝合汇报相关工作情况。

(甘建雯)

【领导调研社区居委会换届选举】 6月9日,区委常委、宣传部部长、统战部部长谢莹,区社工委书记、社会办主任张永新,社会办副主任刘红到街道龙祥社区视察社区居委会换届选举和社会建设工作。观摩龙祥社区居委会换届选举投票现场,参观奥运地区博物馆、红立方党员服务中心。

(张春红)

【《奥韵时讯》报出版发行】 6月15日,由街道工委、办事处主办的社区报《奥韵时讯》正式发行。每月两期,4开8版单彩印刷,分7大版块,主要刊登街道重大新闻事件、民生工程、社区里的人事物和活动、榜样人物、公共服务信息等。

(张丽丽)

【残联代表大会】 6月19日,召开第五届残联第六次代表大会。80名代表审议通过《奥运村街道残疾人联合会第五届主席团工作报告》,选举产生街道残联新一届主席团委员。第六届主席团召开第一次委员会,街道工委书记张永红被聘为名誉主席,办事处副主任范二丽当选主席团主席,民政科科长、残联理事长当选副主席。会议推选出5名代表出席区残联第六次代表大会。

(王　莉)

【"七一"表彰大会】 6月27日,召开"七一"表彰大会。表彰3个"五个好"社区党委、5个优秀社区党委、3个"五个好"党支部、17个优秀党支部、14名优秀党务工作者、100名优秀共产党员。

(叶　涛)

【市党代会维稳工作】 6月29日至7月3日,北京市第十一次党代会在北京会议中心举行,街道启动社会面一级超常防控等级,全力做好市党代会期间社会面防控工作。期间,每日8时至17时,1400名治安巡逻、党员先锋、共青团、社会单位等各类志愿者上岗执勤,维护社会稳定。

(张春红)

【领导调研】 6月30日,副区长苑文新一行4人,到奥运村参加奥运社区大舞台,考察新建奥运民间数字博物馆。听取街道工委、办事处主要领导工作汇报。区委宣传部常务副部长高春利,区委社工委书记、社会办主任张永新,北京国际城市发展研究院副院长兼秘书长刘俊华以及街道领导班子成员陪同。

(陈　勇)

【奥运社区大舞台】 6月30日至7月21日,由北京电视台生活频道和街道工委、办事处联合主办的2012奥运社区大舞台活动在解放军306医院大礼堂拉开帷幕。来自全市各区县近百支社区文艺团队参加演出,从159个报名节目中筛选出参演节目82个,参加演出群众1160名,通过7场初演和两场复赛,最终12个节目进入决赛,《二胡声声》、《阿里郎》、《京之韵》等节目分别获得一、二、三名。区政协副主席连玉明、北京电视台生活频道主任赵彤、区委宣传部常务副部长高春利、区文化委主任黄晓伟、北京电视台网络信息编辑室主任戴晓玲,街道工委书记张永红、办事处主任徐桂士,北京电视台生活频道副主任任友红、区社会办副主任刘红、区双拥办副主任、区民政局副局长谭孔辉、北京国际城市发展研究院副院长兼秘书长刘俊华、北京广播电视报总编室副主任吴键等出席活动。

(陈　勇)

【社区网站开通】 7月4日,12个社区网站开通运行,实现社区网站全覆盖。

(张春红)

【舞蹈比赛获奖】 7月5日,在区第五届"旋舞朝阳——昆泰杯"舞蹈比赛中,街道北沙滩社区舞蹈队参赛作品《手鼓舞》获表演铜奖。

(陈　勇)

【区委组织部调研】 7月9日，区委常委、组织部部长张革到街道调研。观看南沙滩社区"走动式工作法"宣传片，参观"红立方"党员服务中心、新建的民间奥运博物馆和国奥村社区办公房；听取《奥运村街道五年行动计划纲要(2012－2016)》、"1＋3"党务居务助理进社区工程、"走动式工作法"、奥运社区大舞台活动等工作汇报。

（叶　涛）

【一刻钟服务圈站点挂牌】 7月10日，在街道为民服务大厅举行"一刻钟服务圈认定站点"挂牌仪式。街道工委书记张永红、办事处主任徐桂士共同为服务大厅悬挂"一刻钟社区服务圈认定站点"标识。辖区100余家"一刻钟服务圈"服务单位签约挂牌。

（张春红）

【地下空间安全大检查】 7月17日，开展地下空间安全大检查。落实领导干部包片责任，由包片领导带队，综治办、城建科、城管分队、安监科、人防、派出所与社区干部组成12个联合检查组，深入12个社区对地下空间进行执法检查。检查地下空间152处，开出检查单108份，排查出消防等安全隐患47起，现场下发整改通知书19份、整改安全隐患36起，做到各类安全隐患跟踪整改到位。

（赵　詹）

【妇女联合会代表大会】 7月30日，召开妇女联合会第一次代表大会。选举产生第一届妇联执委会主席1名、副主席2名和执委会成员9名。郭宝玉任执委会主席，陈冬云、江玉君任执委会副主席。

（郭宝玉）

【一刻钟服务圈上线】 7月，"一刻钟社区服务圈"社区服务平台上线试运行。服务热线电话84920029。

（吴颖觬）

【检查督导维稳工作】 8月10日，中央信访北京督导组到街道检查、督导信访维稳工作。观看"走动式工作法"宣传片，实地查看社区信访工作以及相关工作台账。市政府副秘书长、市联席办主任、市信访办主任薄钢，区委副书记陈宏志、副区长王春，人力资源和社会保障部党组副书记、副部长杨志明等陪同检查。

（高骥成）

【区领导检查指导党风廉政建设】 8月14日，区委常委、区纪委书记宋铁健带领区纪委领导到街道检查指导党风廉政建设工作。宋铁健就如何落实区委全会精神，加强党风廉政建设，推进整体目标实现提出建议。

（江玉军）

【道德讲堂】 8月21日，街道社区服务中心与街道文明办联合举办奥运村街道"道德讲堂"活动。街道主要领导和12个社区居民及志愿者150余人参加活动。

（吴颖觬）

【消防安全检查】 8月26日，街道综治办联合工商、消防、城管、卫生、公安等多个部门开展联合执法专项行动。出动60人次，检查临街店铺300余家，关闭非法经营门店56家，责令限期整改门店48家，口头警告45家，复检80余家。

（赵　詹）

【领导检查】 8月26日，副区长苑文新对街道环境秩序、路口交通、公交站文明引导、"六小门店"和"七黑"进行检查，并慰问社区、城管分队、机关干部。

（赵　詹）

【六型社区测评】 8月底，南沙滩社区、龙祥社区、国奥村社区在"六型社区"第一次第三方测评中，分别获全区第二名、第三名、第十九名。

（王少亭）

【文明指数第三方测评】 8月底，召开做好文明指数第三方测评迎检部署会。机关干部、社区工作者、志愿者4000余人参加会议。成立3个督查组，每日进行巡查，确保迎检各项工作落实。

（张丽丽）

【失业人员招聘会】 9月4日，奥运村社保所在媒体村举办专场招聘会。辖区100余名失业人员参加应聘，现场35人与用人单位达成就业意向。

（马之律）

【青少年星光自护培训】 9月7日，街道团委组织开展"青少年星光自护培训活动"。在辖区外国语学校礼堂，由国家二级心理咨询师张滨为60余名中学生讲授紧急自救、野外逃生和意外灾害、地震等星光自护知识。

（郭宝玉）

【非公党支部建设】 9月10日，街道成立3个非公党支部，分别是：北京中航天诚科技有限公司党支部、北京日银汽车贸易有限公司党支部、北京世纪思德国际教育科技有限责任公司党支部，3家公司均属规模以上非公企业。

（叶　涛）

【拆除违章建筑】 9月11日，集中拆除水源九厂北墙外"城中村"违章建筑、清除地上杂物，拆除违章建筑110户、面积约3000平方米；平整规划中绿地约3万平方米；清运或就地掩埋杂物、堆物堆料、渣土约3000余立方米。

（郭玉群）

【涉日维稳防控】 9月14日至23日，辖区启动一级防控，做好涉日维稳工作。每日发动3600余名志愿者，重点对5家涉日企业进行防控。同时，组织100名机关干部和社区志愿者、50名保安在日本大使馆周边执勤。

（赵　詹）

【风林国学社成立两周年】 9月15日，举办风林国学社成立两周年庆祝活动。北京诗词学会会长张桂兴，区政协原副主席、东岳书院执行院长关三多和原副区长、朝阳营养学会会长姚庆筱出席活动，授予风林绿洲社区“传统文化传播基地”匾牌，并与朝阳外国语小学签订传统文化教育合作协议。

（白　静）

【老旧小区节能改造】　9月20日，在北沙滩六号院举行街道老旧小区节能改造工程开工仪式。节能改造涉及3个社区，38栋住宅楼，建筑面积约16.13万平方米。

（郭玉群）

【无偿献血】　9月至11月，街道计生文教科两次组织无偿献血活动。辖区310余人参加献血，225人体检合格，献血总量51600毫升。

（刘　扬）

【《奥运村的幸福生活》播出】　10月3日，街道与北京电视台联合拍摄的5集电视剧《奥运村的幸福生活》在北京电视台生活频道“大城小事”栏目播出。每集讲述一个故事，分别是《失踪的保姆》、《婆婆来了》、《奥运社区的故事·头顶上的烦恼》、《危情时刻》和《遗嘱风波》。

（张丽丽）

【“冬衣送温暖”捐赠活动】　10月19日，社区居民向西部贫困地区捐赠衣服3655件、文具496件、各类书籍1166本、手风琴2台、棉被14套、笔记本电脑1台。11月23日，街道发动“冬衣送温暖”捐赠活动，机关全体工作人员及12个社区居委会捐赠棉衣2325件（其中新棉衣127件）、棉被243床（其中新棉被164床）、善款4121元。

（陈文霞）

【评选孝亲敬老先进单位】　10月23日，北京奥林匹克公园管理委员会、朝阳交通支队奥运村大队被街道评为“孝亲敬老先进单位”。

（陈文霞）

【残疾人法律援助站成立】　10月29日，街道与维京律师事务所合作，在南沙滩和林萃两个温馨家园成立残疾人法律援助工作站。

（王　莉）

【十八大安全防控】　10月31日，街道召开十八大安保维稳工作大会。奥运村派出所、辖区企业、社会单位、志愿者代表700余人参加会议。11月1日至15日，街道启动一级、二级超常防控等级，确保十八大期间安全稳定。将辖区分为43个区域，明确77个重点点位和59条重点道路，平均每日组织群防群治力量4600人，配合公安、专职巡防队、民兵等力量开展不间断巡逻。同时，街道成立40人的电动车检查队，对辖区消防、食品安全、安全生产等隐患进行拉网式排查，确保社会面安全稳定。

（赵　詹）

【社区工作者辩论赛】　10月至11月，举行“1+3”党务居务助理进社区辩论赛。北师大朝阳附中校长蒋立红，北京晚报高级记者司马小萌等担任评委，12名辩手进入决赛，并就奥运村“五环”国际社区建设是否应该全面推进展开辩论。北京市委党校教授吴刚点评，最终龙祥社区获团体冠军。

（张春红）

【商务楼宇服务站揭牌】　11月2日，街道与奥林匹克公园管委会联合建立的新奥购物中心商务楼宇服务站揭牌。服务站集党建工作、社会工作、统战工作、共青团工作、工会工作、妇联工作功能于一体，为企业和员工提供党务、政务、社务等近100项服务。

（郭宝玉）

【民间奥运博物馆落成】　11月5日，民间奥运博物馆正式落成。博物馆总面积约800平方米，分为中心展区、“水立方”展区和“鸟巢”展区等3个区域，开放时间为每日9时至17时。

（陈　勇）

【十八大精神专题辅导】　11月15日，邀请首都师范大学教授郭海燕，以“全面提升职业道德和党性修养认真学习贯彻党的十八大精神”为题，为街道全体机关干部解读十八大精神。

（叶　涛）

【青年社工协会成立】　11月21日，由街道社区办牵头，青年社工自发参与，成立街道青年社工协会。协会分为调研组、文体组和综合组3个组，共有会员72人。

（张春红）

【风林国学社获奖】　11月28日，街道风林国学社被北京民俗博物馆评为2012年朝阳区传统文化传承基地优秀奖。区共有5个社区获此荣誉。

（岳　宁）

【统一社区服务站标识】　11月30日，街道社区办为12个社区统一安装规范的社区服务站门头、背景墙、信箱以及指路牌。

（张春红）

【无障碍工程改造】　11月30日，街道残联完成龙欣苑小区20个楼门台阶、350米小区道路、3处公共场所和科学园社区康复站、北沙滩社区康复站门前台阶无障碍改造工程，并通过区残联检查验收。

（王　莉）

【征兵工作】　12月13日，征兵工作结束。7名适龄青年应征入伍，超额完成4名的征兵任务。

（张海龙）

【问需座谈会】　12月21日，在奥运村红立方举行区街道系统社区问需座谈会。副区长苑文新，区社会办主任赵年生、副主任刘红出席会议并与奥运村、大屯、东湖、亚运村、安贞、六里屯、麦子店等街道10余名社区工作者和街道主管领导座谈。南沙滩社区党委书记作为社区代表发言。

（张春红）

【购置社区办公用房】　12月30日，新购置6套社区办公用房。

（张春红）

【对接检查报刊网点】　年内，街道社区服务中心联合综治办、社区文化中心、城管分队、宣传科、奥运村工商所、派出所以及北京市报刊零售公司朝阳分公司等8个部门20人,对辖区内11个报刊网点进行点位对接检查,查抄出售涉黄涉政以及违法刊物40余件。

(吴颖脱)

八里庄街道

【概况】 八里庄街道位于朝阳区中西部,紧邻CBD核心区。辖域面积4.4平方公里,东起青年路与平房乡接壤,南以京通快速路为界与高碑店地区相邻,西至大望路及金台路与建外、呼家楼街道相连,北临二道河与六里屯街道相望。下辖13个社区,其中老社区7个,新社区5个;另有1个社区筹备处。地区总人口122789人。其中户籍人口29398户84885人;流动人口36104人,外籍人口1800人。驻地单位4041个,其中中央单位28个,市属单位56个,区属单位38个,私营及其他单位3919个。区域交通便利,东四环路横跨南北,朝阳路贯穿东西。地铁1号线、6号线驶经辖域,18条公交线路可达办事处所在地红庙路口,其中4条以红庙为起点,有53条公交途径地区。中国纺织科学院、中国国华电力股份有限公司北京热电分公司、华糖洋华堂商业有限公司、西单商场、北京京棉集团有限责任公司、朝阳区青少年活动中心、莱锦文化创意产业园等单位坐落在本辖区。年内区级税收收入12.48亿元,同比增加0.09亿元,增幅0.70%。

地址:朝阳区柴家湾12号

邮编:100025

电话:65001062

网址:blzjd.bjchy.gov.cn

(邱维伟)

【改造便民设施】 年内,对硬件基础差的老旧小区,自筹资金,实施3项改造。1."亮眼"工程。为华贸、红庙、红北等6个社区68栋老旧居民楼更换公共楼道玻璃1028块、纱窗220扇。集中解决老旧居民楼公共楼道纱窗损坏缺失、玻璃污垢沉积、窗户关不严打不开等问题;2."晾晒"工程。在以上社区安装晾衣竿47组78根,解决居民无处晾晒衣被或随意拴绳破坏树木,影响安全问题;3."遮雨"工程。维修或翻建慈云寺1号楼南侧等3处近400平方米破损自行车棚,调整部分车棚位置,拓宽小区安全通道。

(邱维伟)

【防治小广告试点】 年内,深化小广告防治工作。选取红北机一委小区开展居民区小广告防治试点工作。采取拉毛粉刷、楼体翻新、铁网防护、设置"分类信息岛"等措施,改变小区"牛皮癣"铺天盖地的旧貌。4月28日,区社会办在街道召开现场会,向全区推广小广告治理经验。

(邱维伟)

【改善老旧小区环境】 年内,在北仪和红北机一委2个小区推行准物业化管理,在北仪小区创建平安小区。投入120万元,在红北机一委小区实施3个方面14项改造工程,在北仪小区实施20余项改造工程。完成十里堡等4个社区19栋老旧居民楼抗震加固和节能改造工程。自筹资金或协调社会单位力量,重修十里堡路、八里庄路、红北中路等10余条社区道路,修补道路坑洼500余平方米。为红庙北里社区27栋楼、延静里社区3栋楼紧急铺设供暖管线,利用"消隐工程"契机,更换老旧下水管线4条5000余米。

(邱维伟)

【社区规范化建设】 年内,借助市区资金力量,缓解社区办公用房紧张状况。以"减少中间环节,用足用好资金"为目标,投入精力,抽调专人负责,反复对比位置、价格、用途,研究房产购置相关政策,优中选优,使用市、区拨款5653万元,完成7个项目17套办公用房购置工作,规范改造13个社区服务站的门头标识。引进罗马、远洋、红庙3处便民流动售菜点。

(邱维伟)

【环境建设】 年内,实施环境"双优"工程。完成西大望路至金台路段"环境优美大街"创建工程。实施建筑物外立面粉刷、小广告清理等任务。完成城市华庭小区创建"环境优美小区"改造工程。修复小区绿地2000平方米,翻修维护小区中央景观、道路路灯、围墙护栏等设施。实施朝阳路(慈云寺—青年路)环境景观施工任务。完成4处大型景观标志物、150余家临街商铺牌匾改造、沿街楼体外立面粉刷、铁路桥两侧脏乱整治、4500平方米道路台阶修补等施工项目,提升整条大街环境面貌。开展绿化美化工作。完成华贸社区花园式社区创建、罗马嘉园社区西侧绿茵停车场等大型绿化美化工程7项,中小工程10余项,新增和改造绿地1.96万平方米。

(邱维伟)

【整治环境秩序】 年内,推进"百日整治"活动。成立联合执法组,围绕重点地区,在7时至21时开展联合巡查、联合整治。加大对农用机动车、马车售货、非法小广告等9类违法行为的整治力度。取缔华堂周边、新光天地、红北鸟市等4处游商摊群;完成热电厂铁路专用线综合整治。全年开展综合执法90余次。落实"门前三包"责任制。与临街商户逐户签订责任书。规范"门前三包"单位6143家次;规范广告牌匾215块;清除垃圾渣土120吨;取缔无照经营4657起;规范施工现场50次;处理网格件近6万件。开展"护蕊工程"。净化校园周边环境,开展环境秩序专项整治42次,治理校园门前无照经营、游商摊贩、黑摩的等现象。以创建环境优美小区,专业收运处理社会单位厨余垃圾为重点,推进垃圾分类、减量工作。

(邱维伟)

【公共文化服务示范区创建】　年内,开展创建公共文化服务体系示范区工作。按照全区总体部署,对社区公共文化服务资源全面摸底,推出"文化促进工程"。开展社区文化参与行动、社区文化示范项目引领行动、"社区邻里节"等系列创建活动。营造良好的文化活动条件。在西里等社区建立2个益民书屋,在华堂商场附近安装"书香北京"图书自助借阅机,新建十里堡、红北2处居民文化活动室。为老年十二乐坊、朝华京剧队等品牌文体队伍提供服装、培训等扶持。开展文化市场联合执法行动,净化文化市场环境。拓展公共文化服务内容。利用地区10余家体育经营场所,开展各类健身活动20余次,组织清明书画笔会、"六一"文艺演出、喜迎十八大书画摄影展等群众性文艺活动130余场次。与地区企业松下展示中心达成共建协议,开展科普活动20余场次。开展"游北京"民俗系列讲座、"八里庄民间话剧社区行"等社区教育实验项目。

(邱维伟)

【养老助残】　年内,落实"九养"政策。为地区3348名老年人发放各类养老补贴393.36万元,配发开通226部小帮手服务器,为23户空巢重疾老人免费安装"一按灵",为215位80岁以上老人免费安装厕所扶手。托老中心提供入住和老年餐桌服务,服务特殊老年人600余人次。调整新增5家居家养老服务商,淘汰部分不合格商家。开设老人英语、老人书法、老人绘画培训班,培训40次。开展"常伴孤老"公益服务项目,惠及地区50户老人。街道办事处、社区服务中心、社区卫生服务中心、延静里社区4家单位被评为市为老服务先进单位。为1173人落实各类残疾补助171.12万元,新安置15名残疾人就业,为108户残疾人家庭开展无障碍设施安装及相关改造,走访慰问1760户残疾人家庭,组织各类康复活动7次,投入康复经费8万元。完成街道第六届残联换届选举工作。新建300平方米市级残疾人"温馨家园"建设投入使用,成为街道为民服务新平台。

(邱维伟)

【扶贫帮困】　年内,街道民政、计生、侨联等部门为低保户、贫困家庭、贫困军人、贫困学生等困难群体送去各类慰问金、补助金751.14万元。住保办办理各类保障性住房业务2623户次。

(邱维伟)

【健康关怀服务】　年内,建立社区慢性病防治网络,培训家庭保健员140名。在"高血压日"、"心脏病日"等重大卫生日期间,与社区卫生服务中心联合举办健康大讲堂、慢性病知识培训、宣传活动等30余场,义诊活动20余场。建立健康档案39000份,家庭医生式服务签约35457人。为11383名女性进行两癌筛查,为482名老年人进行健康体检。

(邱维伟)

【计划生育】　年内,将人口和计生工作纳入"保民生"系统工程。开展计生"四进"活动,推进"婚育新风进万家"和"万家幸福家庭"活动。在做好发放叶酸、生育咨询等常规工作的同时,整合地区资源,开展"七巧之家"幸福家庭创建工程。开展"幸福妈妈俱乐部"、"青春期健康校园行"、"健康大讲堂"、亲子运动会等系列特色活动,深化从婴儿早教到生育后期关爱的全方位生育服务体系。强化计生管理工作。开展"阳光计生、阳光接待"活动,安排社区计生专干在街道计生办轮流见习两周,举办人口信息系统操作技能大练兵等活动,组织业务培训10余次。与社区签订诚信计生协议书14份,与居民代表签订诚信计生协议书12830份。处置违法生育行为12例,征收社会抚养费200万余元。

(邱维伟)

【登记失业人口再就业】　年内,针对街道登记失业人员全区最多、再就业压力大的实际,突出精细化、主动化服务,健全《就业困难人员动态情况台账》与《地区单位空岗信息台账》,分析失业人员情况,指定就业指导员,通过全过程、多样化的服务,促进就业工作。举办大型就业招聘会3场,开发空岗7131个,实现城镇登记失业人员再就业1450人,其中就业困难人员再就业954人,超额完成指标任务。升级改造社保所"一站式"服务大厅,增设智能排号、网上预约、满意度评价等便民设施。八里庄社保所被市人力资源和社会保障局评为"五星级"社保所。

(邱维伟)

【劳动监察】　年内,以"签合同、上保险、保工资"为核心内容,开展"春暖行动"。举办3期劳动法律法规培训班,涉及500家企业1000余职工,检查单位210家,立案85件,处理投诉案件36件,处罚12家。处理工资拖欠案件150件,金额800万元。做好"莱锦文化创意产业园"劳动用工规范一条街工作,规范单位70家,为15家单位办理社保登记证,为100余人补签劳动合同,立案查处40余起违法行为。

(邱维伟)

【安全检查】　年内,强化生产安全检查。与社区、企事业单位签订安全生产责任书200余份。开展"安康杯"安全生产知识竞赛等一系列宣传活动。检查生产经营单位568家,排查安全生产隐患700余次,开具整改单292份,隐患征改率100%,行政处罚26家安全生产隐患较为严重的生产经营单位。开展违建大筛查。按照区委、区政府关于吸取"5·5"重大违建责任事故教训,强化违建查处要求,对违法建设全面摸底排查,统计各类违法建筑近90处约3000平方米,拆除了东里、十里堡等12处共2396平方米违章建筑。落实地下空间清理整治工作。检查人防工程1500余次,普通地下室1200余次。持续打击地下空间清理反弹现象,与区民防局联手,清出150人,拆除隔断间185间。加强出租房屋安全管理。完成流动人口和出租房屋信息的普查任务。巡查出租房屋28000余间次,调处群租房扰民事件11次,取缔群租房27户。发放煤气安全宣传材料5000余份,安装风斗470个,销毁杀人炉2个,检查整改烟筒风斗等隐患11处。

(邱维伟)

【排查化解矛盾纠纷】 年内,建立健全矛盾防控化解机制。细致摸排,健全矛盾纠纷及重点人动态台账。创新方法,建立定期会商机制与"劝导小组"机制,将街道、社区、民警三方及城建、房管等职能部门力量整合到矛盾化解工作中去。强化人民调解工作。共调解矛盾纠纷1070起,签订人民调解协议书297份,落实退、还、赔、补508万元,调解率100%,成功率96%。接待集体访15批135人次,掌握信访重点人52人,处理重信重访58件;调解矛盾纠纷120件次,预防越级访15件,集体访5件次。领导接访53批,下访295次,解决问题147件。妥善处理信访重点问题。解决中泰雅轩小区临电改造重大维稳隐患,处理亿霖木业退款、爱这城路侧停车、甘露西园房产证纠纷及拖欠电费、西里313楼遮光等容易引发群访的维稳问题。十八大期间街道综治维稳工作多次受到全区通报表扬。

(邱维伟)

【普法教育】 年内,与地区凯亚、道可特等律师事务所签约,结合"六五普法",开展送法律进社区活动。举办法制大讲堂10次,法制宣传22次,为813人次提供义务咨询、代写文书等服务。发放宣传挂图100余份、折页1800份、图书6200余册。

(邱维伟)

【防灾减灾】 年内,依托国防教育基地和驻地部队,开展参观学习与双拥共建活动,宣传国防及防灾减灾知识。组织社区居民、企业职工、在校学生等70余批2800余人次开展共建活动,在东方培新学校成立少年军校。完成地区防灾减灾战备物资库建设和基础物资储备,疏通地区下水管线,成立由35人组成的应急救援队伍。在"7·21"特自然灾害中,地区未发生人员伤亡和重大财产损失。

(邱维伟)

【平安社区建设】 年内,集中更换红庙等7个老旧社区75套老旧楼房门禁;维护保养987套老旧楼房门禁系统。普查和整合地区主要大街、大型超市的电子监控探头。创建红北北仪"平安示范小区",新建和改建3个社区警务室,提升平安建设水平。

(邱维伟)

【社区矫正】 年内,接收矫正对象13人,安置帮教人员185人,开展矫正谈话教育180余次,矫正排查25次,"两类"人员无重复犯罪现象发生。

(邱维伟)

【社区"两委"换届】 年内,进行社区"两委"换届选举。提高直选比例,12个社区由党员直选产生社区党委(支部);3个社区由户代表直选产生居委会班子。选举新一届党委(支部)委员67名,居委会班子成员85名;"两委"班子平均年龄44岁。5个社区实行书记、主任"一肩挑"。6名30岁以下优秀青年社工进入党委(支部)班子。社区"两委"班子年龄和学历结构进一步优化。

(邱维伟)

【社区党建】 年内,开展基层党组织分类定级工作。对街道32个基层党组织进行分类定级,通过规范、调整、新建等整改措施,达到"好"和"较好"标准的基层党组织由21个增加到30个。打造党建特色品牌。按照"一社区一品牌、一支部一特色、一活动一亮点"的工作目标,实施项目化运作,根据效果验收评估,培育红庙社区"有为"志愿者服务协会、"甘露缘"5助服务队等7个社区党建典型品牌。召开纪念建党91周年暨"创先争优"总结表彰会,表彰56个先进党组织、52名优秀党务工作者、436名优秀共产党员。加强党代表履职机制建设。在远洋天地家园、八里庄东里等4个社区建立党代表工作室。按照一室多能综合利用原则,落实驻室接待、联合接待、走访基层等工作机制,推进党代表履职常态化、规范化、制度化。

(邱维伟)

【社会领域党建】 年内,完善以华贸中心楼宇服务站为代表的楼宇党建工作站功能,开设绿色服务通道,开展公共安全、公共卫生、法律、统计等有针对性的7项特色服务,打造10分钟商务楼宇服务圈。借助八里庄地区服务网、楼宇QQ群等媒介,由楼宇党支部牵头,随时掌握企业情况,推介楼宇招商资源、发布用人需求等,为楼宇党建搭建平台。将统战工作纳入楼宇服务站职能,与党建、工会、团建、妇女、社会工作等"六站合一",开展系列党员活动。楼宇党支部联合楼宇服务站,扩大党组织和党的工作的覆盖率,指导和帮助两家非公企业成立党支部;首次发展1名楼宇党员。至年底,有独立非公企业党组织12个,非公企业党员155人。

(邱维伟)

【学习十八大精神】 年内,将学习贯彻十八大精神作为重要政治任务,采取集中组学、入户送学、阵地助学、网络促学、结对帮学等形式,帮助地区党员深刻领会十八大的新提法、新要求,结合自身工作,落实会议精神,服务地区发展。地区7000余名党员参与十八大精神学习宣传活动,并带动身边群众共同学习。组织老中青三代畅谈十八大红色宣讲、邀请专家授课等大型学习活动,186个基层党组织以自编歌曲传唱等形式歌颂和学习十八大精神。

(邱维伟)

【党风廉政建设】 年内,落实"一岗双责",实现《党风廉政建设责任书》签订率100%。在8个成立社区党委的社区建立社区纪检委,在5个社区支部中设纪检委员,把纪检工作触角延伸到社区。根据区纪委统一部署,开展清权确权工作,查找风险点,规范权力运行。

(邱维伟)

【文化服务中心成立】 12月,成立八里庄街道文化服务中心,为全额拨款事业单位,正科级,编制6人,其中正、副科长各1人。

(邱维伟)

【撤销绿化队】 12月,撤销事业单位八里庄绿化队,原绿化队编制纳入社区服务中心,街道绿化工作改为外包。

(邱维伟)

朝外街道

【概况】 朝外街道位于朝阳区西部,始建于1954年。东起工体东路、东大桥路与呼家楼街道接壤,南至光华路与建外街道为界,西至朝阳门南北大街与东城区朝阳门街道、东四街道相连,北至吉市口八条、工体西路、工体南路与三里屯街道和东城区东直门街道相邻,辖区面积2.2平方公里,是朝阳区区委、区政府所在地。辖区设有芳草地、天福园、三丰里、雅宝里、体东、吉祥里和吉庆里7个社区居委会。有常住人口43977人,户籍人口43987人,流动人口14048人。有党政机关11个,企事业单位11093个,学校(含托儿所)8个,医院(含社区卫生站)10个。辖区内有外交部、司法部、民建中央等国家部委机关和中石化机关及英国、朝鲜等13个国家驻华使领馆。是朝阳区的少数民族街道,有回、满、蒙、藏等21个少数民族、3300余人长期居住。域内商务楼宇众多,商业服务业发达,是北京重要的商业繁华街区和CBD休闲消费功能区,分布有昆泰、蓝岛等大型商业企业和驰名中外的雅宝路、老番街服装市场及钱柜、优唐广场、音乐之声、淘宝步行街等众多消费娱乐场所。地区文化资源丰富,日坛公园、华北最大的道观东岳庙及神路街琉璃牌楼、南下坡清真寺等历史文化资源,形成地区丰厚的文化积淀。

地址:朝外大街芳草地北巷5号院
邮编:100020
电话:010-85610985 85632515
85629992
邮箱:cwjd@bjchy.gov.cn

(王明强)

【首届社工基本功大赛】 3月7日,举办区首届"社区有我"社区工作者基本功大赛,包括:社区舞台"我最靓"、社区情况"一口清"、政策法规"大擂台"、个案处理"大比拼"、即兴演讲"展风采"等5项内容。综合测试参赛社工的组织协调、政策法规、社区公共事务管理和社区服务专业技能等能力。7个社区参加大赛,芳草地获第一名,吉庆里、体东分别获第二名和第三名。

(王明强)

【民俗文化节】 3月18日至20日,街道和区文化委在日坛公园联合举办"第六届春分·朝阳文化节"活动,以"一台、一坛、两街、两区"为整体架构,延续往届民俗文化节活动内容,还原上演了清代日坛祭祀典仪,根据文献记载,从祭祀音乐、舞蹈、礼仪表演到服装、乐器、道具制作到200百余人仪仗队伍,为观众再次了庄严肃穆的传统祭祀典礼,并对仪式内涵、祭器看点、日坛各个建筑用途以及祭拜者分工等环节都有讲解。上千名居民群众、社会单位员工和社会各界知名人士、嘉宾等参与活动。《北京电视台》等多家媒体现场报道活动盛况。

(王明强)

【社区党委换届选举】 3月23日至28日,街道7个社区党委完成换届选举工作。以公推直选方式,选举产生新一届社区党委委员35名,产生席位制委员14名。新一届社区党委班子具有"一升一降两高两创新"特点:即学历提升、年龄下降;高参选率和高票当选;创新启用年轻人、创新做好思想工作。

(王明强)

【马骏烈士墓修缮】 4月1日9时,在日坛公园举行修缮后革命烈士马骏墓开放启动仪式。市委宣传部、区文化委、街道、区12家爱国主义教育基地负责人,以及300名小学生和100名武警战士集聚在墓前,为马俊烈士肃立默哀祭奠。

(王明强)

【第八届"企业老板沙龙"】 4月19日,地区社工委与党建研究分会联合举办第八届企业"老板沙龙"活动。地区50余家企业代表,围绕"推进企业文化,践行北京精神"主题,畅谈"北京精神"对企业发展的影响和作用。蓝岛大厦、荣宝宾馆、吉利大厦发展有限公司、139国际物流(北京)有限公司被评为"五好企业"(即:经营管理效益好、企业文化建设好、劳动关系和谐好、承担社会责任好、支持党建工作好),并授牌。

(王明强)

【社区居委会换届选举】 6月9日,各社区居委会进行换届选举。选举户代表4473户,参加投票4448户,参选率99.4%。7个社区有3个社区采取户代表选举方式,4个社区采取居民代表选举方式。选举产生居委会新一届成员49人,其中男性13人,女性36人;中共党员15人,共青团员4人;大专以上学历39人,占整个成员总数的79.6%,社工师2人,助理社工师6人。平均年龄44岁。

(王明强)

【纪念建党91周年表彰大会】 6月28日,组织召开纪念中国共产党建党91周年大会。街道机关、社区及离退休党员150余人参加大会。王秀珍、黄玉英、陈华、付可宾4人被授予“群众心目中好党员”称号,会议表彰了126位党员、50个党组织。对4类困难家庭启动“厚德暖心”工程,通过整合社会资源、凝聚爱心人士等方式开展扶贫帮困活动。

(王明强)

【全国文明城区文明指数测评】 7月23日至26日,开展迎接全国文明城区第三方文明程度指数测评工作。制定街道测评实施方案,制作1000个公共文明引导员袖标,安排机关工作人员、社区工作者和志愿者佩戴袖标上岗执勤,加大公共文明引导力度。在朝外大街悬挂宣传展板26块,在主要交通路口悬挂文明交通宣传展板16块,为社区制发100条志愿服务以及文明礼仪宣传横幅等。

(王明强)

【迎十八大演讲选拔赛】 9月6日下午,街道牵头举办CBD片区以“青春擦亮党徽,奉献播撒朝阳”为主题的非公企业喜迎十八大演讲选拔赛。朝外、建外、八里庄、六里屯、高碑店等街、乡16名选手参赛。朝外街道3名选手分获一、二、三等奖。

(王明强)

【人大代表工作室建立】 9月15日至24日,在地区7个选区分别建立人大代表工作室。建立完善人大代表定期联系选民、地区选民意见诉求处理办法等4项机制。工作室成为地区选民向人大代表反映意见建议的新渠道。

(王明强)

【朝外街道调查队成立】 10月25日,区首支街道调查队——“朝外街道调查队”正式揭牌成立。开启“民意民征”、实现政府工作社会化管理新模式。区统计局局长王春平、副局长崔晓利、调研员李玉卉,街道工委书记田志刚、副书记郭根亮共同为街道调查队揭牌,并启动印有“朝外街道调查队”的水晶球。

(王明强)

【十八大安保】 11月1日至16日,全力做好党的十八大会议期间安保工作。严格落实社会面防控,发动1975名社区实名志愿者、110名专业巡防力量、150名地方保洁员、20名绿化队员、170名停车管理员、1200余名社会单位保安、“六小门店”门前三包责任人等维护地区社会治安秩序,投入各类社会面防控力量5.9万人次,突出朝外大街、二环路两个重点沿线,实施沿线站巡制。社区以“一图一表一方案”形式明确群防群治力量类型、重点部位和人员布置。机关干部分为19个督察组2000余人次到社区和重点点位进行协调指挥,实施处级领导包社区、科室指导安保工作。期间,化解各类隐患矛盾7次。

(王明强)

【干部队伍建设】 年内,通过公开竞岗选任科级干部18人,其中正科4人,副科2人,主任科员7人,副主任科员5人。贯彻落实《关于加强基层公务员队伍建设的意见》,选任5名非领导职务,其中主任科员2名,副主任科员3名。开展干部轮岗交流18人,其中科级实职9名,实现每个科室有1名年轻大学生。选派1名优秀年轻干部到区发改委挂职锻炼,对工作经历单一的干部重点“补课”。公开招录机关公务员2名,安置军转干部1名,事业编5名。

(王明强)

【社区工作者队伍建设】 年内,加强社区人才培养。每月召开社区工作者专题培训会、定期开展讲座,提高社区工作者专业化水平。面向社会招录社区工作者18名,其中公开招聘社区副职以上6人。在社区内部25名45岁以下社工中,开展公开选拔副职以上岗位储备工作。街道社工代表队获区“社区有我”基本功大赛二等奖;1名社工考入区社会工作硕士专业学位研究预科班,充实优化社区工作者队伍。

(王明强)

【志愿者工作】 年内,志愿活动实现常态化发展。在文明程度指数测评的基础上,依托街道5359名注册志愿者、130余家社会单位分批分时开展志愿活动。在“创建清洁环境月”、“文明交通、畅通朝外”、“公益志愿在我心”、“公共文明引导”等志愿活动中,探索形成“125”志愿服务模式。“1”,即打造朝外志愿者协会品牌,启动“心朝阳光、外化雨露”志愿者活动季,发布朝外志愿者视觉形象系统和口号,制定协会章程和管理办法,使志愿者管理更加规范;“2”,即在朝外大街建立两个“橙房子”志愿者工作站,开展“两小时公益岗”活动,形成300余名志愿者为过往行人提供问询、便民物品提供、突发事件处理、政务咨询等5类服务的常态志愿服务机制;“5”,即整合松散的志愿者队伍,建立环保、畅通、帮扶、平安、文化5类20支志愿者队伍,打造15个志愿服务品牌项目。其中为老人撰写回忆录、残疾人按摩师培养计划等志愿活动项目受到社会各界广泛关注,涌现出游本昌、刘颖等一批具有感召力的志愿者。

(王明强)

【一刻钟社区服务圈】 年内,在“一刻钟社区服务圈”规模和功能方面进行拓展。签约挂牌服务商232家,纳入服务体系服务商402家,初步实现服务领域多维化、服务内容多元化、服务人员广泛化。开展农社对接5处,解决居民买菜贵问题;新增8个老年餐桌,1处流动餐车方便老年人就餐;开拓428个错时停车位,解决百姓停车难问题;启动系列便民服务日,解决辖区老旧小区物业服务滞后问题。在“服务圈”外延和技术手段上进行探索和试点:搭建“一网一线一中心”社区综合服务管理平台，开通85621890服务热线，涉及8个职能部门、24个功能模块、21种业务类别服务数据实现集成，实现居民各类服务需求一线通，提高公益、公共、便民服务效率。全国人大常委会副委员长、民进中央主席严隽琪，区长吴桂英调研时，对街道社会管理工作创新给予肯定。接待香港、天津、辽宁、山东、广东、大庆等省市300余人次参观、学习和调研。

(王明强)

【为民解忧工程】　年内，“为民解忧”工程创新推进。通过转变工作理念，立足百姓身边的细小事、琐碎事，变“我为百姓做什么”为“百姓需要我们做什么”，建立“以需定供”配送服务机制；搭建“问需、问计、问民”常态化议事平台，召开民事协调会、民意听证会、楼门问需会121次，畅通为民解忧渠道，形成以季度为单位的动态多循环实事征询机制和区、街道、社区三级公示平台；在规范“知忧、议忧、解忧”工作流程中，制定“搜集汇总、分析研判、过会批办、对外公示、组织实施、反馈回访”6步工作法，实现小事解决在社区、大事解决在街道，难事解决在区级的解忧格局。围绕日常生活无忧、生活环境无忧、文化活动无忧、社会安全无忧开展解忧项目113件，其中城市建设环境类50件，平安便利生活类28件，文化活动类8件，帮扶类27件。

(王明强)

【社会保障】　年内，落实各项社会保障政策。在扩大就业方面，召开4次招聘会、就业指导1456人次，开发就业岗位2880个，帮助820人实现再就业，安置5名残疾人就业；在社会救助方面，为176户低保家庭289人发放最低生活保障金171.6万元，投入105万元，开展“两节”送温暖慰问，投入6万元开展紧急临时救助，发放医疗救助金12.79万元、丧葬补贴10万元，搭建公益慈善平台，开展“爱心成就未来”、厚德暖心等助困、助医项目7个，发放善款近4万元。在为老助残服务领域，配备各类居家养老设备147件，为269人发放养老券及高龄津贴13万元，办理各类老年证卡352人次，新增日间照料床位6张；开展各类康复活动48次，3200人次参加，发放助残券及各种补贴2802人次，近64万元，完成吉祥里小区公共场所和23户家庭无障碍改造，组织残疾人参加市残疾人技能大赛，获全区第一名。落实保障房申请工作，受理申请家庭351户，通过市级备案的申请家庭127户。

(王明强)

【文化建设】　年内，推进创建公共文化服务体系示范区建设。完善街道文化活动中心、社区文体活动室、社区图书馆、电子阅览室等文化场所建设，逐步形成1(文化活动中心)+7(社区文化活动站)+N(文化名人工作室)+X(24小时自助图书馆)文化服务网络。对照文化创建体系22项指标要求，不断提升软硬件标准，聘请专业公司升级改造社管中心，打造3000平方米街道文体中心，整合资源，实现7个社区文体活动室全部达标，成立李玉芙、游本昌名人文化工作室，提升文化活动品质，设置24小时自助图书馆将文化送到身边。6月21日，地区文体中心正式挂牌，成为区首批传统文化传承基地，9月2日，接受第三方检查组实地考核，公共文化服务体系示范区创建工作取得初步成效。“一一百N”文化活动不断满足百姓需求。以“春分·朝阳”文化节为引领，道德讲堂、儒家讲堂等一批文化品牌得以建立；记录朝外历史、记载文化沉淀的文字、图片及传承人才等一批文化成果得以汇集，文化共识逐渐形成；讲座、竞赛、舞蹈比赛、邻里节等百项文体活动在社区蓬勃发展，邻里文化、和谐社区得以重构；社区N个文化队伍不断推动文体活动经常化、专业化，辖区不同层次文化需求得以满足。

(王明强)

【税源建设】　年内，街道以“稳存量、促增量、挖潜量、扩引资”为主线，优化发展环境，推进税源建设工作。一是调查摸底，建立服务“供需”对接绿色通道。摸底调查辖区35栋大厦，增强服务针对性。针对侨福大厦企业注册困境，选派专人对接区级相关政策，协助新注册企业办理注册，促进税收增长，协助25户商家办理落户手续。二是强化分析，提升服务企业能力。对辖区异地纳税重点企业进行走访，了解企业需求，加强数据对比、分析，把握企业总体变动情况及辖区内区级收入的增减变动情况，了解企业经营情况，提升为企业服务的能力。三是搭建平台，畅通企业服务渠道。组织“老板沙龙”论坛、金融分析会、非公企业联谊会等，深化与税源单位的友好合作机制，同时进企业、听需求、送政策开展上门服务。截至12月，完成区级收入13.39亿元，清理异地纳税3户，引税2家。

(王明强)

【整治环境秩序】　年内，开展“打非治违”专项行动。拆除违法建设14处，拆除面积665.4平方米，与安全生产主体签订责任书867份，检查生产经营单位681家次，查找各类安全隐患309起，督促整改222起，立案14起，处罚金额9.5万元，检查人防工程541处。做好“世界知识产权保护外交会议”期间环境秩序综合治理工作。组建应急小分队，专群结合实现社会面防控实名制，连续8天应急值守、13天不间断巡查，出动执法人员千余人次，执法车辆100余台次，民警500人次，警车36台次，保安队员1000余人次，社区和谐促进员2000余人次，实现9处重点路段、17处重点部位及街巷布控全覆盖，严力打击非法出版物、盗版光盘等非法游商，取缔无照三轮车15辆。开展芳草地西街城中村综合整治。居民自觉配合拆除违建21间1200平方米，搬迁外来人口21户65人，自行关闭非法商户7家、拆除打包站4个；集中整治日拆除违法建设300余平方米，清运垃圾30余吨，清理关闭无照商户3家、黑作坊4处，封堵违法经营临街用房4间，规范占路停车50余辆。推进三丰里小区综合改造、工体西里小区优美绿化工作，实现绿化升级改造面积3500平方米，完成甬路铺装302平方米，改造25家底商外立面及牌匾480平方米，更换铁艺护栏80延米、新做铁艺大门13座，在7个社区开展路平工程，实现道路改造2650平方米。推进老旧楼房抗震加固和节能改造工程。对体东社区5栋楼房开展外墙保温、楼顶防水、塑钢窗更换等节能改造项目，节能改造楼房建筑面积60847平方米，惠及居民822户。加强交通秩序整治。对地区交通环境开展调研，针对交通拥堵症结，形成部门联动、问题联办的工作机制，与17个成员单位协作完成区政府北广场扩建、儿研所机非护栏恢复、非法运营三轮车的联合整治、重点拥堵街巷集中整治及4处执法站点设置等工作，收缴非法运营及占路报废车辆156台，取缔非法停车场3处；解决餐饮行业乱停车问题，新开拓停车位110个，缓解交通拥堵问题。

（王明强）

大屯街道

【概况】 大屯街道位于朝阳区西北部，东邻来广营地区、望京街道，南靠亚运村街道、小关街道、太阳宫地区，西北接奥运村地区，总面积10.013平方公里。大屯街道具有人口多、社会单位多、建筑物多的特点，常住人口9.76万人，流动人口7.16万人，总人口约17万人。有14个社区居委会，74个居住小区，96个物业公司，楼房1206栋，地下空间476处，道路52条（市管道路8条，区管道路21条，社区道路23条），地区绿化覆盖率46%。法人单位3262家，个体工商户2551个，产业活动单位243家，餐饮及娱乐场所463家，企业以第三产业为主，商业、餐饮娱乐业发达。紫玉山庄、新新家园、富成花园、碧海方舟、鸿华高尔夫庄园等高档别墅坐落其中。辖区文化资源较为丰富，有北京联合大学本部及旅游学院、中华女子学院、中央民族乐团、武警指挥学院、武警军乐团、中国藏学研究中心等文化教育机构。年内，街道被市政府评为市级无偿献血突出贡献单位、市级全民健身工作优秀单位。被区评为年度缓解交通拥堵先进单位、安全迎汛先进集体、人口和计划生育工作标兵单位、人防工程清理整治工作先进单位。综治办被区综治委评为社会管理综合治理先进集体，城管队被评为北京市城管执法系统先进分队，武装部被区武装部评为先进武装部，劳动科被区人力资源和社会保障局评为五星级劳动科。街道20余项工作受到市区表彰。年内，超额完成12.356亿元经济指标任务，达到13.187亿元，比上年同期增长27.68%。北京海亚投资集团有限公司、北京房地置业发展有限公司、北京地铁16线投资有限责任公司等17家纳税大户的异地纳税实现回迁。完成代征个人房产税上交入库2029万元，形成房产税1411万元，个人房产税代征总额实现优化增长。

地址：安慧北里雅园1号
邮编：100101
电话：64917665
网址：http://dtjd.bjchy.gov.cn

（韩　涛）

【社区党委换届选举】 2月至4月，完成社区党委换届选举。14个社区中，党委11个，党总支1个，党支部2个，直接选举书记、副书记和委员。街道有2580名党员，其中应参会党员1398人，实到1323人，参会比例94.6%。全部采取直选方式，选出新一届党组织班子成员78人，55岁以上23人，占29.5%，55岁以下55人，占70.5%；其中女性58人，占74.4%，男性20人，占25.6%；本科以上学历35人，占44.9%，大专及以上56人，占71.8%；其中14名社区党组织书记中，本科以上学历7人，大专及以上12人。新一届党组织成员文化程度普遍提高，平均年龄普遍降低。

（韩　涛）

【社区居委会换届选举】 6月，完成社区居委会换届工作。14个社区选举产生122名选委会委员和22名候补委员；登记选民19903户，38202人，占应登选民人数的97.1%；划分331个居民小组、选举产生816名居民代表，比上届增加49人。14个社区中3个社区采取户代表选举方式，11个社区采用居民代表的选举方式，选举产生新一届居委会成员100名。其中，主任14名、副主任28名、委员58名；大专及以上学历93名，比上届提高52%；党员45名，与上届持平；平均年龄37.8岁，比上届下降5.5岁；两委负责人“一肩挑”9人，占64%，两委交叉任职28人，占28%，连选连任42人，占42%。新当选的居委会成员整体素质普遍提高，人员结构进一步优化，社区班子更加年轻化、知识化，实现了社区班子经验型、实干型、知识型的有效配比。

（韩　涛）

【安全稳定】 年内，落实公共安全隐患“三排查”，解决区级挂账安全隐患，清整欧陆经典社区万兴苑小区人防私搭乱建300余间，清理500余人，推进电梯、二次供水、消防等问题整改工作。拆除安慧东里3000平方米违法建设，规范整治嘉铭园社区路、育慧北路等停车乱点，做好社区居民宣传引导工作。成立联合检查队，协调职能部门，对高危行业、重点地段、地下空间、出租房屋、餐饮单位、娱乐场所、经营场所等开展消防、卫生、治安及水、电、气等安全检查,检查单位817家次,对隐患逐一整改落实。通过街道短信平台发送事故通报、安全信息提示6000条次,向社会单位开展宣传教育,完成十八大期间安保任务,确保敏感期社会稳定。

(韩　涛)

【维稳工作】 年内,街道着力完善"四级管理网络",坚持人、技、物防同步,投入60万元,开展"物防进小区、技防进家庭"活动。在重大节日和敏感期,4000名志愿者佩戴红袖标、小红帽,按照防控等级要求实行网格化防控。开展矛盾排查调处,调解小营热力厂建设等矛盾隐患,把问题解决在基层,实现全国"两会"和十八大期间非正常访和越级集体访"零" 指标。全年发生刑事案件552起,比上年同期下降2.1%,发生可防性案件94起,比上年同期下降50.8%,压发案成效显著,完成涉日维稳、食品安全、禁毒教育、流动人口管理等重点工作,确保地区安全稳定。

(韩　涛)

【文明城区创建】 年内,街道完成迎接全国城市文明程度指数测评工作。工委、办事处对接检查点位和测评指标体系,制订方案。迎检期间,充分发挥社会动员机制,领导包社区、科长包道路、社区包楼门,社会单位落实门前三包,保证环境秩序干净整洁。动员辖区共建部队、社会单位、居民群众担任公共文明引导员,设岗定责,共同维护地区文明秩序。协调公安、交通、卫生、药监、工商、消防等部门联动,维护交通、停车和经营秩序。部门相互支持,密切配合,整体联动水平提升,均达到指标要求。街道12个点位接受实地考察,完成文明城区迎检测评工作。

(韩　涛)

【公共文化服务体系示范区创建】 年内,加大文化阵地建设投入,坚持"布局合理、全域覆盖"原则,室内与室外活动场所相结合,中心辐射、点位互映,形成文化服务阵地网。完善温馨家园、社区服务中心两个文化活动中心,面积均达到1000平方米,通过购置、资源整合等方式,14个社区文化活动室面积均达到200平方米以上,实现文体活动、图书阅览、教育培训等为一体的多功能活动场所。新设1处24小时自助图书馆,2处数字文化社区,方便居民图书借阅,网络共享。在健全文化服务体系上,首推"大屯文化地图",根据地区服务资源和人口分布,将14个社区划分为书香阅读、科普教育、传统文化、文体娱乐4个文化区,指导居民共享文化资源,推动文化服务均衡发展。着力打造"大屯文化汇"、新市民鼎足文化社团等品牌活动,吸纳北京图书大厦、中央民族乐团、中国藏研中心等30家单位共同参与地区文化建设,扩大受众群体,街道文化服务体系日益完善。组建书画、手工艺编织、乒乓球、羽毛球、合唱、舞蹈、时装、棋牌、健身、戏曲、武术等文化协会,91支文体队伍,固定队员超过3000人。重点推动文化大屯"1234"工程,开展"活力大屯、文化大屯、幸福大屯、平安大屯"系列活动,每月固定参加活动的居民达到2.5万人次。

(韩　涛)

【"无忧"工程】 年内,对辖区世纪村、秀园、雅园等10个老旧小区进行环境无忧改造,完成铺装硬化2300平方米,绿化补植45500平方米,围墙、围栏粉饰2900平方米,新建自行车棚、社区活动室,施划停车位,粉刷小广告,安装晾衣竿、铁艺围栏、石桌凳、自行车停放架等。完善夏季防汛和冬季扫雪铲冰工作应急预案,逐级签订责任书,建立应急队伍,配足应急物资,对重点路段和重点点位逐一排查,及时有效应对"7·21"特大自然灾害,确保汛期、冰期安全。完成垃圾分类工作既定目标,在23个小区有序推进。环卫工作站完成环境问题检查475项。节能改造惠民利民,实施外墙保温、门窗更换、楼顶防水等改造项目,改造面积7.6万平方米。城市环境建设实现"日常管理有突破,专项工作有特色"的目标。

(韩　涛)

【拆违治违】 年内,拆除欧陆经典太和龙脉36处违建、安慧东里市场、辛店路162号院、京王烤鸭店、欧陆经典培基幼儿园、小营路世纪王子及小区内违法建设11200余平方米。处级领导带队,多部门联动开展执法和夜查42次,集中整治游商、烧烤、违法建设等环境问题。加强交通秩序管理,规范小区及周边停车秩序,施划停车位,拆除私装地锁千余个。治理路侧临时停车,打击违法停车行为,停车秩序明显改善。

(韩　涛)

【"三绿"工程】 年内,实施"三绿"工程,即"绿家工程"、"绿景工程"、"绿带工程"。绿化、美化老旧小区,争取区园林绿化局资金支持200万余元,提升改造卧龙小区、慧忠里B区。增加便民设施,改建楼间花园、绿化景观、林荫停车场等,小区环境质量显著提升。街道自筹资金70万元,将闲置荒地改造成街心公园,改造面积4000平方米。带动社会单位参与绿化。动员北美国际商务中心对园区内6000平方米土地进行绿化美化,在园区中心建造4000平方米绿地,方便园区职工娱乐休闲,提升景观效果。发动社会单位参与绿化宣传和创建活动,提高居民创建知晓率及爱绿护绿、低碳环保意识。街道被评为首都绿化美化先进单位,慧二社区被评为首都绿化美化花园式社区,安慧东里被评为北京市健康社区。创建北苑路为朝阳区环境优美大街,卧龙小区为朝阳区环境优美小区，地区整体环境面貌得到改善。

（韩　涛）

【温暖活动】　年内，组织开展“暖心工程”、“温心工程”、“双拥工程”，确保弱势群体和优抚对象及时享受各项救助。举办第三届“情暖大屯”6送活动暨迎新春联欢会。对低保户、90岁以上老人、患重病家庭生活困难3类人员实施爱心帮助758人次。组织为“7·21”特大自然灾害、兄弟省市“送温暖，献爱心”、“冬衣送暖”、“携手慈善，凝聚爱心”等慈善捐赠活动，募集善款14万元，募集衣被4800件。

（韩　涛）

【居家养老助残服务】　年内，搭建工作平台，组织服务商和老年人代表座谈，解决居家养老服务问题，1400人享受居家养老服务，实现全覆盖。利用老年之家、老年活动室、社区温馨家园等载体，实施居家助残服务试点，动员社会单位和志愿者与148户残疾人家庭结对子，为154名残疾人开展家政服务、精神卫生指导、护理康复等服务。建立日间照料室，引进青松老年看护服务公司，开展日间托老照料服务。开展“孝星”评选，推荐评选出市、区级“孝星”51名。

（韩　涛）

【双拥共建】　年内，召开街道系统双拥工作联席会，慰问部队官兵。“两节”期间，处级领导带队走访慰问8支共建部队，帮扶20名生活困难官兵。参加双拥美术、绘画作品征集、乒乓球比赛等活动，营造双拥工作氛围。与辖区武警支队建立“对口支持、共同建设”协作关系，共同维护安全稳定、推动地区全面建设。

（韩　涛）

【劳动就业】　年内，继续深化“就业岗位储蓄银行”服务品牌建设。“两节”期间，慰问212名社会化管理的退休人员。组织大型招聘会3次、基础职业指导课50场，与118家用工单位建立合作关系，开发就业岗位2148个，超额完成区下达的2000个指标，帮助失业人员实现再就业。举办由500名退休人员参加的第一届“夕阳红才艺大比拼”活动。

（韩　涛）

【为民解忧工程】　年内，确定街道层面岗位关爱、律师顾问团、大学生社工暖心工程等为民解忧工程18项。完成社区层面出租房屋排查、贴心分类服务、亮灯工程、夕阳工程老年合唱团等84项。通过开展环境方面“三增三补”，公共服务方面“一扩充三对接四服务”的“134服务”系列活动，切实为百姓解决实际问题。

（韩　涛）

【社区用房规范化】　年内，自筹资金约460万元，为安逸、世纪村等7个社区购置1316.66平方米服务用房，改善社区办公服务条件。完善社区40余套办公服务用房结构、用途等信息台账，改造提升慧忠里第二社区办公服务用房环境。

（韩　涛）

【“1+4”社区服务模式】　年内，积极探索“1+4”社区贴心分类服务模式。“1”即社区服务时间得到有效延伸，从3月起14个社区实行“错时工作制”，实现社区24小时全时服务承诺，方便居民办理各类服务事项；“4”即延伸服务内容，探索“四项贴心分类服务”。在错时工作制基础上，以新新家园和慧北二社区为试点，探索以“预约服务、上门服务、全程代办服务、超前服务”为主要内容的贴心分类服务，完成服务767件。

（韩　涛）

【社区服务】　年内，通过购买服务方式，引导社区社会组织提高社区服务水平。深化一刻钟社区服务圈建设，调整扩充定点服务商至420家，新建农社对接菜站3家。完善一刻钟社区服务网页，及时更新服务信息，方便居民查询，细化240个服务项目及内容，调整组建公益服务队伍至122家。

（韩　涛）

东湖街道筹备处

【概况】　东湖街道办事处筹备处位于朝阳区东北部，东与崔各庄乡、来广营乡接壤，南与望京办事处相邻，西、北均与来广营乡相连。北小河自西向东贯穿全域。地域面积5.1平方公里，常住人口2.07万户5.3万人，流动人口1.97万人，外籍人士3100余人。下辖7个社区，4所中学，5所小学，1所韩国学校，7所幼儿园，6所医院，3处公园。辖域内有电子城西区。有法人单位2198家，其中注册资金100万元以上的企业860余家，规模以上企事业单位465个。年内，完成区级财政收入5.82亿元，比上年增长0.64亿元，同比增长12%。完成个人出租房房产税2601万元，同比增长42%。

地址：宏昌路6号

电话：84729787

邮编：100102

网址：http://donghu.bjchy.gov.cn

（刘晶晶）

【烟花爆竹安全监管】　1月至2月，加强烟花爆竹安全监管。做好组织发动、制定措施、广泛宣传、落实责任、强化监管等重点工作。组织集中宣传两次，受教育群众3.5万人。对5个烟花爆竹销售点每日进行两次安全检查，保证“两节”期间销售网点和烟花爆竹燃放无火情发生，无伤人事件。

（石冰洁）

【企业家联谊会】　2月21日，副区长汪洋、区政协原副主席关三多、区相关委办局主要领导和地区重点企业的企业家代表在爱慕大厦举办地区企业家联谊会。为政企间沟通搭建新平台，加强相互了解和交流。

（赵闻宇）

【社区党组织换届选举】 2月至3月,组织开展社区党组织换届选举工作。7个社区党组织全部采用“公推直选”方式进行换届选举,其中6个社区设置席位制委员,占全部社区的85.7%。连任当选书记4人,新当选书记3人,书记、主任“一肩挑”4人,比上届增加2人。当选的社区书记平均年龄42.9岁,均为大专以上学历。设副书记社区1个。选出新一届社区党委委员31名(不含书记、副书记),平均年龄54.4岁,大学以上学历23人,占委员总数的74.2%,其中研究生学历1人。大学生社工进班子4人,每个社区班子均配备45岁以下委员2人及以上。

(佟佳丽)

【工会核算中心成立】 3月,办事处筹备处工会核算中心成立。为47家联合工会办理现金、支票报销业务,为47家提出书面申请的基层独立工会开展工会经费转账业务,录入财务凭证1000余张,办理报销结算IC卡205张,发放180余张。

(范红仔)

【社区居委会换届选举】 3月至6月,在7个社区开展第八届社区居委会换届选举工作。划分居民小组274个,登记选民12901户29480人,其中流动人口及其他人员576人。2个社区采取户代表选举方式,推选产生户代表2810人,5个社区采取居民代表选举方式,选举产生居民代表548人,总投票率83.4%。当选委员平均总得票率为95.4%,其中6人全票,占13.9%,实现党政“一肩担”人员4名。43名当选人员中,主任7人,副主任7人,委员29人;男性13人,女性30人;中共党员17人,占40%;具有大学以上学历的占64.14%,具备社会工作师(助理)资格6人,具有社区工作经历37人,平均参加工作年限17年。

(于珊珊)

【东湖国际体育文化艺术节】 3月至9月,举办东湖国际体育文化艺术节。组织开展“瑞尔口腔杯”羽毛球赛、“东湖湾杯”乒乓球赛及中韩围棋赛等文体活动,近5000名居民参加活动。

(宋 颂)

【残联第六次代表大会】 4月12日,召开街道残联第六次代表大会。全票选举产生街道残联第六届主席团成员9名、出席区残联六代会代表3名。

(万 孟)

【“绿色家园”行动启动仪式】 5月25日,举办共建共享“绿色家园”行动启动仪式。市委社会工委委员、市社会办副巡视员王智玲,市外办副主任胡东及处长张长春、李中州,首都绿化办义务植树处处长叶向阳,区人大常委会主任佟克克、副区长张立新,区园林绿化局书记王健、副局长赵国增,街道工委书记李辉、筹备处主任商建英以及区政协、电子城管委会、综合开发公司等单位领导参加活动。授予相声演员李金斗为“绿色家园”形象大使。壳牌中国集团捐赠200万元,施耐德电器(中国)有限公司捐赠20万元,用于地区绿化美化建设,助力“绿色家园”行动。

(刘晶晶)

【街道侨联组织成立】 5月,组织召开侨联代表大会,成立街道侨联组织。选举产生侨联委员5名。举办归侨侨眷“端午节”联谊会,与望京街道、叶青大厦侨联联合举办“迎国庆,度中秋”联欢活动。

(佟佳丽)

【科技周活动】 5月,开展以“绿色环保进社区”为主题的科技周活动。整合皇明太阳能热水器公司创建科普基地,让绿色环保理念进万家。

(宋 颂)

【第一次妇女代表大会】 9月28日,召开街道第一次妇女代表大会。区妇联副主席杨丽、街道班子成员以及地区各界妇女代表参加大会。大会作妇女工作筹备报告,回顾妇女工作开展情况,选举产生街道第一届妇联执委9名。

(冯 映)

【十八大服务保障】 年内,召开动员大会、专项部署会、会商会议,制定十八大总体保障方案和10个专项工作方案,建立完善会商、排查整治、联合执法、挂账督办4大机制;修订街道5大类37项应急预案,组织机关、社区、社会单位和辖区居民开展各类应急演练7次。组织发动志愿者2000余人,对231家社会单位、112处地下空间、4个装修工程和6个在施工地进行安全排查,对4750户出租房屋进行核查,对56家“群租房”建立台账,发现并消除安全隐患170余件,挂账督办重点难点问题22件。

(刘晶晶)

【创先争优】 年内,以“五好”、“五带头”为标准,树立典型。在纪念建党91周年庆祝大会上,表彰6个先进基层党组织、60名优秀党务工作者、60名优秀共产党员。召开创先争优总结大会,并将活动中的做法、经验提炼总结汇编成册。

(佟佳丽)

【非公党建】 年内,新组建1个非公企业党组织和1个新社会组织党组织,分别为博雅大厦物业管理有限公司党支部和北京市小帮手服务中心党支部。依托望湖社区“六小门店”自律协作组,成立望湖社区“六小门店”党支部。非公党建践行“三融合、三服务、三凝聚”工作理念,实施非公党建百日攻坚工程,实现组织和工作双覆盖。

(佟佳丽)

【商务楼宇服务】 年内,开展劳动就业、计生、住房等政策咨询服务216次。联合驻地单位市坤荣律师事务所,开展公益法律咨询活动52次,联合惠兰医院开展“三八节健康牵手”活动,为党员群众提供免费医疗服务。加强与驻地学校、幼儿园的沟通协调,为企业员工协调子女入学问题8次。举办"美丽邂逅,牵手东湖"单身青年联谊会,为楼宇单身大龄青年提供相亲交友平台,牵手成功3对。定期举办"老板沙龙"活动,为企业老板和负责人搭建沟通交流平台,33名老板或负责人参加沙龙活动。

(佟佳丽)

【人才工作】 年内,在第四届区人才奖评选工作中,叶青大厦党委书记、叶氏企业集团有限公司总裁秦剑峰获区社会建设与管理人才奖。

(佟佳丽)

【老干部工作】 年内,望京花园社区被评为区2010—2011年度服务老干部示范集体。依托望京花园老干部党校社区课堂开展"北京精神我践行,创先争优乐晚年"活动。组织老干部参加区离退休干部"松鹤杯"象棋比赛、"创先争优我践行,喜迎党的十八大"演讲比赛等活动,望京花园老干部郑国发获演讲比赛第一名。

(佟佳丽)

【社会服务管理综合指挥中心建立】 年内,将原有4大平台整合为与全模式系统全面对接的社会服务管理综合指挥中心,以"1+10+7+X"为构架,集发现、研判、会商、指挥、处置和稳控6大功能于一身。

(刘晶晶)

【应急管理】 年内,完成应急管理预案修订工作。组织开展街道防灾减灾日集中宣传活动。开展6次不同行业的防火消防安全培训及实战演习,观摩演练单位267家,受教育人数11000人。妥善处理摩托罗拉公司裁员群体突发事件。

(刘晶晶)

【"平安示范"小区创建】 年内,选定南湖东园社区燕晨物业小区为"平安示范"小区创建典型。采用围墙或铁艺栅栏封闭小区;新建治安岗亭;安装电动抬杆;在重点部位安装20个监控探头;维修和更换6栋居民楼63个门禁、540户对讲系统。

(刘艳青)

【防汛工作】 年内,完善防汛应急预案,制定工作措施。明确汛期各科室职责和对防汛成员单位的要求,排查重点区域、重点地段、住宅小区安全隐患并上报区防汛指挥部,做好防汛物资储备和应急。5月,召开社会单位、小区物业公司防汛动员部署会。在"7·21"特大自然灾害期间,妥善处理慧谷根园小区配电室进水、23户业主地下室被淹、慧谷阳光小区东墙倒塌等紧急事件,排除积水点3处。

(张　莹)

【"双护工程"专项行动】 年内,在北京市第八十中学、北京求实职业学校、惠兰医院、望京凌和医院等9所学校和4家医院周边,开展"双护工程"专项行动。出动执法车辆700余车次,检查360次,设置宣传站点1个,宣传告诫500人,发放宣传单1000份,查处无照经营57起,规范店外经营32起,清除非法小广告950张,规范车辆乱停乱放行为89起。

(杜亚雄)

【双优工程】 年内,确定河荫西路、河荫中路为优美示范大街。粉饰建筑物3000平方米,粉刷小广告防护930平方米,安装交通维护设施600个,铺装硬化15520平方米,绿化补植500平方米,环境布置9处。确定望馨花园小区为优美小区,绿化美化2465平方米,土建210平方米,粉刷通风口1777平方米,粉饰线杆、灯杆和公示牌650平方米,更换破损广告牌、公示牌15个,更新训练场地90平方米,改造休闲座椅8个,更新桌椅5套,设立晾衣竿64套。

(张　莹)

【城市管理】 年内,处理网格案件13890件;取缔无照经营852起、露天烧烤452起;规范门前三包单位650家次,处罚社会单位及门前三包83家131人,上缴处罚款81200元;拆除违法建设及非法设施31起650平方米;规范施工现场18次,查处不符合规定运输车辆30辆;清除小广告、喷涂14000余张,对非法张贴小广告的电话停机210部;清理无主垃圾渣土50余吨;开展"打非治违"专项行动和在建工程安全检查工作。对外宣传上报市级媒体稿件24份、内部宣传稿件70余份;组织城管开放日12个;群众满意度调查回访500余次。李小蒙、汪配枝获市环境秩序整治工作先进个人。

(杜亚雄)

【垃圾分类】 年内,召开垃圾分类部署会。通过宣传报道、学习观摩、业务培训、试点先行等形式,探索垃圾分类工作运行模式。完成垃圾分类试点小区垃圾桶围栏、公示牌前期设计、选址、定位、数据统计及垃圾户外桶安装工作。完成辖区餐饮单位餐厨垃圾规范清运工作。完成7个社区15个再生资源回收站安装工作。

(张　莹)

【安全生产检查】 年内,制定安全生产重点执法检查计划,重点检查宾馆、饭店、歌舞厅、商场等人员密集场所和生产经营单位586家,排查安全隐患735处,行政处罚10万元。

(石冰洁)

【"三优评价"工作】 年内,16家物业公司参加区物业服务企业"等级评定"及"三优评价"工作,7家物业公司获"优秀物业服务企业、优秀物业服务住宅项目和优秀物业服务住宅项目负责人"称号。

(刘晓丹)

【劳动监察】 年内,检查用人单位205家,劳动监察立案93件,清理新办社保登记而未缴费单位58家,开展对30家小型企业劳动关系调研和重点行业职工工资收入调查工作,为7名外来务工劳动者追回单位拖欠工资33000余元。

(张金鹿)

【社会保障】 年内,城镇登记失业人员实现就业211人,就业困难人员实现就业119人,职业指导531人,开发就业空岗389个,推荐失业人员成功就业71人,办理退休、提前退休手续25人,办理自采暖申请7人,接受职介、三资企业退休人员和外区转入社会化退休人员23人,完成城乡居民养老保险、“一老一小”、无业人员参保、社保卡发放及退休人员、超转人员医药费报销工作。举办春秋两季招聘洽谈会,近千人参加,200余人达成求职意向。组织社会化退休人员参加疗养活动。

(王艳菊)

【社区民主自治】 年内,建立社区“5613”自治模式(即:5层6委1枢纽3支撑。“5层”是按照社区、小区、片区、楼宇、住户空间划分5层自治单元。“6委”是在社区居委会下辖的计划生育、民政、环境卫生、司法民调、文化教育、综合治理6大委员会。“1枢纽3支撑”是建立枢纽型社会组织——社区服务管理协会,以“一刻钟服务圈”、社区服务管理平台、社会组织培育中心为3大支撑),选出7个居委会、20个院委会、85个自治单元理事会、183个楼委会、712个居民小组。吸纳和培育社区社会组织85个,召开居民听证会16次,决策事项11项,开展公益性服务活动1095次,吸引社会资金100万余元用于社区建设。对220个服务主体实施统筹调度和规范监督,通过组织召开“三问”民生工作座谈会,征集热点难点问题49件。

(于珊珊)

【社区规范化建设】 年内,完成7个社区服务站的安装改造工作,指导社区理顺与社会单位、居民、物业公司关系,梳理、调整居站分工,建成7个社区的社区网站,实现与一刻钟社区服务圈网站、办事处网站互联。

(于珊珊)

【社区干部队伍建设】 年内,招聘22名社区干部,为10名社区干部办理离、退手续。组织初任培训,对社区优秀人才进行跟踪培养,新选任社区负责人10人,其中党政“一肩挑”负责人4人,2名社工考取社工师资格证书,10名考取助理社工师资格证书。

(于珊珊)

【居家养老服务】 年内,审核办理老年证、老年优待证、养老助残券984人。为老人配发“小帮手”电子服务器74人次,以旧换新5人次。为空巢老人安装“一按铃”紧急呼叫器8人次,为80周岁以上行动不便老人安装“厕所扶手”15人次。为32位老人发放高龄津贴,办理丧葬补贴14份。联合老年活动中心、博雅游泳馆为老年人办理“老年健康速递卡”100余人次。建设完成2家设施完善、功能齐全、服务水平高的养老(助残)规范化餐桌,在原有2家托老所的基础上,增设1家。

(于珊珊)

【一刻钟社区服务圈】 年内,建立社区服务管理平台,受理咨询服务300余人次,回访满意率100%。举行“东湖街道望京西园社区‘一刻钟社区服务圈’农社对接优惠卡发放仪式”。向20名低保、大病等家庭困难群体免费每月发放价值50元的购菜券,印制发放便民服务手册10000本,拓展规范“一刻钟服务商”220家,完成服务商户调查摸底工作。建立农社对接菜站5个,其中室内菜站50平方米。安装社区小型小帮手缴费机7台,整合规范社区综合维修点1个,开展“一刻钟”特色服务日56场次。

(于珊珊)

【人口与计划生育】 年内,组织召开人口和计划生育工作会、计划生育协会理事座谈会。对育龄妇女开展“健康知识大讲堂”活动,联合爱慕内衣有限公司举办“粉红十月——关爱乳腺健康”公益活动。为80名育龄妇女进行免费体检;联合望京网及40余家早教机构举办“快乐童年 健康成长”大型亲子嘉年华活动。

(游　婷)

【助残工作】 年内,为80名残疾人办理“残疾人证”,办理残疾人养老保险补贴29人次35000元,发放无业困难补助31人128420元。发放助残券46人55200元,为5人发放临时困难补助6000元。在非居住区经营性停车场加贴“残疾人专用车辆免费停车”标识30余处,为5名残疾人免费申请配发轮椅,为4名残疾儿童办理机构康复补贴28850元。走访慰问174户残疾人家庭,发放慰问金77400元,为4名精神残疾人办理精神诊疗费补贴;为2名残疾人学生发放扶残助学补助6000元,办理残疾人社会保险补贴11人次29000元,2名残疾人实现就业。组织辖区45名精神和智力残疾人开展康复购物活动。与孙河乡残联联合开展“携手残疾人,义卖献爱心”活动。组织听力残疾人参加致聋基因预防知识培训。开展截肢残疾人情况调查,为2户残疾人家庭进行无障碍改造,向残疾人家庭免费发放节能灯250支。成立残疾人“学雷锋”志愿服务队,开展“学雷锋”活动。组织40名残疾人到海淀万安公墓参观李大钊烈士纪念馆。开展春季康复采摘活动,举办残疾人摄影知识讲座,组织外拍采风活动。开展残疾人文化游园活动。

(万　孟)

【国学系列活动】 年内,整合建立“一社一堂一沙龙”(即一个国学社、一个国学讲堂和一个兴趣沙龙)。围绕国学,在机关干部、社区居民、企业员工中,以家庭情景剧和国学志愿者等形式开展活动。建成1个区级传统文化传承基地,4个街道级传统文化传承基地,5个文化教育阵地,聘请10名文化顾问,组建百名国学志愿者团队。

(刘晶晶)

【信访工作】 年内,强化信访工作街道领导责任制。开展"信访风险评估"、"积案集中化解"、"信访事项代理"等工作,接待来访 184 批次;受理市、区转来信访件 17 件;完成"亿霖木业"清退工作。

(陈 岩)

【纠纷调解】 年内,设 8 个标准化调委会,调处中材国际亡人事件、望京西园通信基站、望京西园 104 楼排污等矛盾纠纷 489 件,立案卷宗 96 件。

(陈 岩)

【法律服务进社区】 年内,组织律师进社区 126 人次,为居民提供直接法律服务 667 人次。吸纳优秀律师及志愿者加入法律服务室,健全定点服务、网络服务、电话服务三位一体的法律咨询服务"直通车"。社区每月两次定点开展法律咨询服务活动,实现法律咨询服务全覆盖。

(陈 岩)

【法律宣传】 年内,组织各类法律宣传教育活动 52 次,发放宣传教育材料 6 万余份,组织相关法律讲座 16 场次,在《和谐东湖》报开辟法制专刊,实现法律宣传覆盖率 100%。

(陈 岩)

垡头街道

【概况】 垡头街道成立于 20 世纪 60 年代初,位于朝阳区东南部,东与豆各庄地区交界,南与十八里店地区为邻,西与南磨房地区接壤,北与王四营地区毗邻,属典型的城乡结合部。辖区面积 5.32 平方公里,常住人口 8 万余人,流动人口近 2 万人。辖区有楼房 358 栋(其中居民楼 231 栋),平房 1591 户,社会单位 445 家(含门店),有 11 个社区。规模以上企事业单位 21 家、教育机构 15 家[含大学及大专院校 2 所,分别为北京工业技师学院和北京联合大学生物化学工程学院。中学 2 所,为垡头中学,北京市华侨城黄冈中学(初中部)。小学 3 所,分别为垡头一小、垡头二小、北京市华侨城黄冈中学(小学部)。幼儿园(托儿所)7 家,分别为垡头幼儿园、翠城幼儿园、佳华安琪幼儿园、新雅幼儿园、视野幼儿园、金色博雅和智开星开发中心。其他教育机构 1 家,为黑庄户教辅中心]。途经辖区的公交线路有 10 条。辖区建有 500 平方米为民服务大厅、5400 平方米地区文化中心、同时还建有 5 处文化广场和 5 处 24 小时自助图书馆,以及城市综合管理指挥中心、社会事务管理服务中心、残疾人康复基地、党员综合服务活动中心等设施,为居民提供综合服务。年内,街道积极开展税源建设工作,在办事处设立代征点,建立机关干部联系企业制度,定期走访重点纳税单位,帮助企业解决实际困难,对辖区出租房屋经营的"六小门店"逐户宣传。实现区级财政收入 3533.2 万元,比上年增长 12%,超额完成全年 3502.2 万元任务指标。

地址:垡头金蝉北里 20 号
电话:67365451
邮编:100023
网址:http://ftjd.bjchy.gov.cn

(石立华)

【网络舆情】 1 月,开通"i 青青垡头"新浪微博及"青青垡头"QQ 群。2 月,指导 11 个社区及城管队开通微博,不定期发布政务信息。7 月,社区微博名称前统一加"i",在社区中广泛宣传"爱网络、爱家庭、爱邻里、爱社区、爱生活"的"5i"宗旨和理念。

(张 瓴)

【城管开放日】 2 月 7 日,开展"城管开放日"活动。邀请居民群众、志愿者、商户代表、商贩代表走进城管,零距离了解体验城管工作。

(王 晶)

【社会实践】 2 月,借助辖区高校团委资源,在大学生中招募青少年事务见习助理,协助团委开展"两新"团建、青少年维权、志愿服务、文体活动等工作。3 月,组织联大生化学院大二年级生物工程与制药工程专业的学生,到地区大学生社会实践基地——科普公园百草园种植中草药。年内有 5 名大学生志愿者在见习助理岗位上实践锻炼。

(张 瓴)

【学雷锋活动】 3 月初,开展以"弘扬雷锋精神,志愿服务进社区"为主题的"三到七助"志愿活动。青年志愿者开展义务理发、修车、测血压、义诊、捐书捐款、发放宣传材料等便民活动,唱响"学习雷锋精神,践行北京精神"时代主旋律。

(张 瓴)

【城管驻社区】 3 月 15 日,召开"城管驻社区"工作部署会。正式启动城管队员驻社区活动。分队指派 11 名队员到 11 个社区担任主管环境工作席位制副主任。

(王 晶)

【社区党委换届选举】 3 月,6 个社区完成社区党委换届选举。其中一区社区作为区"公推直选"试点社区于 3 月 9 日率先完成换届,其余 5 个社区分别于 3 月 28 日至 30 日完成党委换届。选举产生新一届社区党委委员 34 人,其中书记 6 人、副书记 8 人、委员 20 人。产生席位制委员 12 人。新一届党委委员中有社区居干党员 17 人,占 50%;居民党员 16 人,占 47%;其他身份 1 人占 3%。居民党员进入社区党委班子,为推进社区党建和社会领域棋盘式党建工作奠定基础。性别结构上,男性,12 人占 35.3%;女性 22 人,占 64.7%人。文化层次上,大专以上学历 19 人,占 56%;高中、中专学历 7 人,占 20%;初中文化程度 8 人,占 24%。新一届党委委员平均年龄 53.6 岁,年龄最小 31 岁,其中,35 岁以下 3 人,占 9%;36 – 45 岁 5 人,占 15%;46 – 55 岁 9 人,占 26%;56 – 60 岁 5 人,占 15%;60 岁以上 12 人,占 35%。党委委员的年龄结构体现了老中青结合。

（张　聪）

【法律宣传教育】　4月13日，开展以“以法惠百姓、以法促和谐、以法创文明”为主题的法律宣传咨询服务日活动。4月23日，司法所与市第二中级人民法院联手开展“便民亲民显公正，心秤工程进社区”公开庭审活动。12月1日，在垡头文化中心举办区法治文化活动基地揭牌暨基层法治文艺汇演、普法嘉年华和法制书画展。

（梁　茜）

【安全生产工作站成立】　4月，在11个社区成立社区安全生产工作站。工作站由街道安委会领导，负责社区层面的安全生产工作。

（王　欣）

【“五四”系列活动】　5月4日，开展庆“五四 ”，“高举团旗，励志青春”主题活动。举办“北京精神与青年责任”演讲比赛。5月25日，组织街道机关和社区24名团员青年，参加以“激发潜能，凝聚力量”为主题的团员青年拓展训练。团员青年围绕如何发挥模范作用、如何推动共青团工作再上新台阶进行座谈。

（张　钒）

【侨联工作】　5月19日，召开街道第四届归侨侨眷代表大会。选举产生街道侨联新一届委员会委员，选举产生主席、副主席。侨联打造3支品牌队伍，即“侨之声”合唱团、“侨之爱”志愿服务队、“侨之安”治安巡逻队。街道侨联被区侨联推荐为“北京市侨联先进集体”。

（张　聪）

【早教示范基地】　5月，建立0－3岁家庭教育指导站，组建育婴师队伍和家庭教育讲师队伍。开办婴幼儿早期教育家长课堂，依托专业育婴师，入户对家长进行专业指导；6月，举办“六一”儿童节趣味运动会、“端午节”划龙舟、感受阳光亲近自然活动。11月，家庭教育指导站被授予朝阳区0—3岁早期教育基地并授牌。

（蔡　昕）

【慈善募捐】　5月，开展募捐月活动。捐款44000元，爱心基金捐款5.8万元。7月，为“7·21”特大自然灾害捐款3.4万元。11月，开展“冬衣送暖”活动，捐赠棉衣2000件。

（张怡然）

【党建阵地建设】　5月至6月，按照“完善功能、综合利用”原则和规模化、标准化、电教化整体建设要求，投入60万元，升级改造党员综合服务活动中心。改造后，中心成为集党员教育培训、学习交流、文体活动、联络办公等多功能于一体的综合性党建阵地。完善党建网络宣传阵地，运用网络媒介创新党建信息平台，用手机信息定期向辖区党员发布党建工作动态、党员典型事迹、最新形势政策等，扩大党建影响力，增强党员归属感。开设街道组工专栏、社区党建专栏，公开党建工作，扩大党内民主。建设街道、社区党代表工作室。深化社区党代表任期制工作，在全区率先实现社区党代表任期制全覆盖，推广“四诊”服务方法、二区党代表工作室做法，在区党代表任期制工作大会上做典型发言。在街道层面建立1个党代表工作室，在社区层面建立4个党代表工作室。围绕如何发挥党员作用、做好群众工作、维护社会稳定，建设“社区和谐驿站”，凸显社区任期制党代表作用，促进社区和谐。

（张　聪）

【打非治违专项行动】　6月6日，召开“垡头街道‘打非治违’专项行动动员部署会”。城管分队组织拆除染料厂东双合家园施工临建2000平方米。全年拆除违法建设3468平方米。

（王　晶）

【专项调研】　6月19日，根据团区委要求，组织辖区40名外来务工人员填写《北京新生代农民工发展状况调查问卷》，对外来务工人员思想、学习、生活现状深度调查。

（张　钒）

【规范露天餐饮】　6月27日，组织辖区餐饮企业召开消夏夜市检查情况通报会，规范辖区消夏露天餐饮活动。6月至8月，为餐饮单位统一制作温馨提示牌23块，对消夏露天餐饮经营场所、经营时间进行规范，确保“便民、利民、不扰民”。

（王　晶）

【社区居委会换届选举】　6月，完成街道第八届社区居委会换届选举工作。一区、北里社区采用户代表选举方式，二区、三区、东里、西里4个社区采用居民代表选举方式。6个社区选举产生居委会班子成员34人，其中主任6人，副主任6人，委员22人。新一届居委会班子成员呈现“年龄低、学历高”的特点。从年龄结构看，最小年龄24岁，平均年龄36岁，比上届降低2岁，从文化程度看，具有大专以上学历32人，占94%，比上届提高20个百分点。

（程　焱）

【妇联换届选举】　7月12日，举行街道妇联换届选举大会，选举产生妇联主席1名，副主席2名，委员6名，蔡红梅当选街道妇联主席。

（蔡红梅）

【应对“7·21”特大自然灾害】　7月21日，北京地区发生特大自然灾害。街道机关、社区干部100余人连续奋战5小时，清理路面井盖、排水口30处，填装沙袋780袋，确保居民群众生命和财产安全。灾后全力做好善后工作，实施道路铺装、房屋修缮、电路排查、危树伐移、设施维修、排水清淤等6大工程。

（王晓琳）

【环境治理执法行动】　7月底至8月初，开展迎接文明程度指数测评环境保障工作。开展集中执法行动，出动执法队员40余人次、保安60余人次，执法车3辆，采取步巡和车巡相结合的方式，对化工路、垡头路、京客隆、万福城、翠城公园周边无照游商、翠成406楼北侧、垡头街两侧、金蝉北路两侧沿街商户违规设置广告牌匾等影响市容环境秩序及辖区内施工工地进行查处。查处无照游商5起，清除灯箱11处，清理小广告100余张，清除暴露垃圾6处，规范广告牌匾20块，清理堆物堆料3处，规范施工工地3家，改善辖区环境秩序。

（王　晶）

【社区文化建设】　9月4日，在翠城公园举行第七届文化体育节开幕式暨七彩虹文化广场揭牌仪式。“七彩虹文化大舞台”由翠城公园内原百姓活动广场改造而成，在丰富居民文化生活的同时，解决了群众自娱自乐、各行其是“活动扰民”的难题。

（程　焱）

【知识竞赛】　11月，在区“做文明有礼的北京人、垃圾减量垃圾分类从我做起”知识竞赛中，垡头代表队获二等奖，街道办事处获优秀组织奖。

（高　尚）

【规范化城管分队创建】　12月4日，城管分队通过市城管执法局对规范化分队建设工作进行检查验收，规范化城管分队创建成功。

（王　晶）

【帮教共建】　12月12日，街道在清园监狱举行“垡头街道办事处、清园监狱帮教服刑人员基地”揭牌仪式及狱内帮教活动。

（梁　茜）

【翠城人口文化园落成】　12月，翠城人口文化园落成。文化园由人口文化雕塑、人口文化长廊和七彩虹文化广场组成，有“人口文化园标志”、“孕育生命”、“快乐童年”、“幸福启航”、“幸福时光”、“夕阳无限”6组诠释家庭发展周期的人口文化雕塑。

（蔡　昕）

【优美小区创建】　年内，投资35万元完成北里东院小区环境优美小区创建工作。实现开窗见绿、出门享绿。区长吴桂英视察小区，对优美小区创建工作给予肯定。

（王晓琳）

【老旧小区准物业管理】　年内，投入85万元，根据“四有”标准，对垡头北里东院小区、垡头西里南院小区进行准物业管理改造。绿化改造面积2516.5平方米、道路修补3012.42平方米、铺装硬化面积1000平方米、楼体粉饰外立面1227平方米、楼道内粉饰1000平方米、小区门头改造2处55.65平方米、设置宣传栏12个。改善小区硬件环境，推进准物业工作开展，提升生活环境质量。

（王晓琳）

【垃圾分类】　年内，垡头二区、北里社区完成垃圾分类达标社区创建任务，实现垡头老旧生活区垃圾分类全覆盖。

（王晓琳）

【绿化美化】　年内，金蝉小区被市政府评为年度“首都绿化美化花园式单位”。

（王晓琳）

【办公用房建设】　年内，完成7处办公用房建设，总建筑面积177平方米。

（王晓琳）

【爱心扶手】　年内，为方便残疾人、老年人等行动不便居民出行，投入8.5万元，在翠城雅园社区改造坡道一处、西里社区服务站门前改造坡道一处、垡头老区安装不锈钢扶手451根，翠城小区安装不锈钢扶手185根。

（王晓琳）

【亮居工程】　年内，协调住总集团公司为地区5户困难党员家庭实施“亮居工程”，免费粉刷房屋。

（王晓琳）

【安全生产大检查】　年内，组织开展地区联合安全大检查7次，出动执法、检查人员1752人次，检查非公经济（私营个体经济）生产经营单位515家、下达文书198份，发现并整改隐患61处，立案12起，处罚金额10.2万元。地区未发生安全生产事故。

（王　欣）

【社区安全】　年内，为地区老旧小区6层住宅楼住户配置应急绳216条；为80岁以上空巢老人家庭、丧子家庭配置灭火毯557条；为80岁以上空巢老人家庭安装一氧化碳报警器525个。

（王　欣）

【“寸草报晖”医疗救助卡】　年内，街道投入6.76万元，为地区169名老年无业妇女办理“寸草报晖”医疗救助卡，联合社区卫生服务中心为139位老年无业妇女免费体检。

（蔡红梅）

【流动人口“五送连心”活动】　年内，开展流动人口家庭“五送连心”服务活动。送温暖贴心服务，为流动人口困难家庭发放慰问品，为流动儿童发放学习用品；送文化文明宽心服务，组织流动人口家庭参与地区幸福家庭才艺展示；送服务安心服务，组织流动新婚夫妻孕前体检、组织流动育龄妇女免费健康体检，为地区35—59岁流动育龄妇女进行免费两癌筛查；送知识暖心服务，举办生殖健康、两癌预防知识讲座；送信息温馨服务，计生办与社区卫生服务中心联合为地区流动育龄妇女每季度发送传染病防控、生殖保健等健康知识手机短信温馨提示，累计500条。

（蔡　昕）

【两个“青春”志愿帮扶项目】　年内，实施“青春伴成长”和“青春映晚霞”志愿帮扶项目。投资2.5万元走访慰问地区61户困难独生子女家庭和计生空巢家庭。5月，组织大学生志愿者和计生空巢老人同游颐和园，共庆“母亲节”。7月，为地区88户低保计划生育家庭和10户享受特别扶助家庭实施“暖心计划”安康保险。8月，组织计生困难家庭学生参观党史,观看爱国主义影片,参加社区志愿活动,入户辅导学生功课。10月,为地区空巢老人免费体检,赠送电子血压计和灭火毯。

(蔡 昕)

【科技创安】 年内,街道投资85万元,在东里社区主要路口和重点部位安装电视监控探头20个,并在东里居委会建设独立信息接收平台。投资44.63万元,在翠城新建住宅楼安装监控探头10个,改善周边治安环境。

(刘 威)

【“平安示范”小区创建】 年内,在北里社区开展“平安示范”居民小区创建工作。在小区主要出入口、小区周界、重要通道、公用设施、机动车集中停放区域增设监控探头20个。在主要出入口建设治安岗亭2座,规范化管理出入机动车,提升小区整体治安防控水平。

(刘 威)

【青少年星光自护培训】 年内,倡导广大青少年树立安全自护意识。2月和8月先后开展4次青少年星光自护培训,内容涉及青少年安全避险及突发事件应对、弘扬传统文化、做文明有礼好少年等专题,辖区300余名中小学生参加培训。

(张 瓴)

【扶助机制】 年内,深化爱心基金分级分类帮扶机制,对已建立地区户籍家庭经济困难学生资料库进行分级分类,逐步形成困难分等级、每个等级有固定资助来源的长效帮扶机制。完成希望之星奖学金扶住2人、“三到七助”(三到:到公益机构去、到孤寡老人身边去、到贫困青少年中间去。七助:助老、助残、助孤、助困、助学、助医、助业)慰问15人、爱心基金帮扶1人,为地区16名困难学生发放帮扶资金3900元。

(张 瓴)

【温暖计划】 年内,组织11个社区团总支参加“2012年西部温暖计划”,向西部贫困地区小学定向捐助取暖衣物和学习用品。募集爱心衣物10488件,书籍300本,文具500件。

(张 瓴)

【一刻钟社区服务圈】 年内,拓展一刻钟社区服务圈服务功能,一区法律志愿服务队、二区便民服务一条街、翠成雅园便民菜站、翠成趣园三姐妹缝纫组等成为社区服务品牌。

(程 焱)

【社区办公服务用房建设】 年内,加大与住总集团、区住建委、区市政市容委、区委社会工委的沟通,争取支持,解决社区办公用房。通过购置弃用垃圾楼改扩建等多种手段,落实翠城5个社区办公用房,均达到300平方米,实现社区办公规范化建设突破。

(程 焱)

【党建“三级联创”】 年内,认真落实区委、区委社会工委关于党建“三级联创”工作要求,以深化创先争优活动为契机,以争创“五个好”党委为目标,以探索社会领域“棋盘式”党建为创新点,以基层党组织“三有一化”建设为着力点,以“党建5111”群星耀垡头为示范点,以党员受教育群众得实惠为落脚点,拓宽党建工作覆盖面,深化基层党组织建设,发挥党员示范带头作用,提升服务党员群众水平,加强基层党组织建设,提升党建科学化水平,助推地区科学发展。

(张 聪)

【“5111”党建典型培育工程】 年内,实施“5111”党建典型培育工程。由各社区党委、社会工作党委、机关党总支分别推荐5名优秀共产党员、1个特色党支部、1个党建亮点品牌项目。各社会单位党组织推荐1名为街道发展作出突出贡献的优秀共产党员。通过自下而上层层推荐,确定初步人选,提交工委研究确定后,全面推进典型培育工作。一是集中力量对典型单位和个人事迹进行整理,结集成册,完成《星耀垡头》事迹材料。二是举办“党旗领航、感动垡头——‘5111’党建典型事迹报告会”,组织机关社区干部、党员学习“5111”典型先进事迹,面向社区居民、企事业单位职工开展宣讲活动。

(张 聪)

【纪念建党91周年活动】 年内,组织召开庆祝建党91周年表彰大会暨文艺演出。评选表彰3个“五个好”社区党委、21个先进基层党支部、26名优秀党务工作者、233名优秀共产党员、4个优秀党建品牌项目,鲍福兴被评为北京市社会领域优秀共产党员。二区社区党委等4个基层党组织、赵田珍等4名党务工作者、刘增等4名党员被评为区级、区社会领域先进集体和个人。通过一书、一报、一栏、一讲、一盘等形式(即《星耀垡头》事迹汇编、《朝阳报》垡头党建专版、《党建群星榜》宣传栏、先进事迹宣讲团、《棋盘式党建促地区和谐》专题光盘),宣传典型人物和事迹,发挥品牌典型的影响力和带动力,在全地区形成评典型、学典型、赶典型的氛围;组织基层党支部书记到全国先进基层党组织怀柔区渤海镇北沟村参观。组织机关党员红色之旅,参观李大钊纪念馆,回忆党的光辉历史和峥嵘岁月,接受爱国主义教育。围绕“十二五”规划推进“新四区”建设和文明城区创建等中心任务,面向地区党员征集创先争优作品。开展社会领域“棋盘式”党建工作研究,调研文章在中组部“理论网”上发表,并被《社区党建》杂志、区委组织部“区域化党建案例研究”采用。社会领域“棋盘式”党建被评为区优秀基层党建工作创新项目。

(张 聪)

【干部队伍建设】 年内,街道提出干部队伍建设“六于”(即强于素质、精于谋划、细于管理、严于执行、勤于务实、勇于创新)要求。通过竞争上岗选拔17名干部，并在全区率先落实军转干部、老科员职务待遇政策。进行社区后备干部选拔工作，采取竞争上岗的方式选拔任用书记主任后备干部9名，社区主任助理11名。

（张　聪）

【为老服务】 年内，投资5万元更新托老所部分硬件设施。提升托老所服务质量，与堡头社区卫生服务中心、消防25中队、黄冈中学联系，定期为社区托老所老人开展上门服务。7月，投资2.3万元建成翠城日间照料室。对空巢老人、高龄老人和困难老人开展固定"一帮一、多帮一"服务。225户困难老人与志愿者开展结对子服务，社区为老服务单位发展至50家，在上级备案为老服务商20家。

（张怡然）

【老年优惠】 年内，1261位60岁以上老人享受居家养老服务。为90岁以上老人发放津贴26400元，收回养老服务券111.2万元，办理老年优待证140张，办理老年优待卡206张。

（张怡然）

【劳动就业】 年内，开发就业岗位2200个，完成率110%。实现失业人员就业354人，完成率104%。失业人员推荐就业253人，完成率124%。职业指导人数1430人，完成率133%。实现就业困难人员就业256人，完成率135%。规范整理社会化退休人员档案77份，首发医保卡213人，办理退休人员医保卡信息变更38人，办理居民医院变更358人，办理社保卡挂失与补卡、换卡、卡申领、撤销挂失491人。

（王　腾）

【劳动监察】 年内，完成日常巡查155家，立案30件，加大力度维护农民工的合法权益。开展对建筑业劳务公司工资支付情况及最低工资支付标准执行情况检查7次，为农民工解决4起欠薪事件，追讨工资89万元。使用童工情况专项检查5次，劳动合同情况专项检查6次。地区未发生较大劳动纠纷事件。

（王　腾）

【纪检监察】 年内，对街道为民办实事以及区挂账等13项重点工作任务实施立项效能监察，确保各项任务规范有序推进。推行党务公开，重点公开100项事项。深化廉政风险防控管理，梳理、编制职权目录552项，权力运行流程图308份。

（孙彦梅）

【廉政文化和教育】 年内，深化"一书、一课、一言、一会、一栏、一信"等廉政文化教育活动。在翠城公园设立廉政宣传阵地，建立宣传长廊。开展向机关科级以上干部家属发放廉政教育一封信和为机关党员、社区纪委干部赠书赠言活动。

（孙彦梅）

和平街街道

【概况】 和平街街道位于朝阳区西北部，东以城铁13号线为界，南起北二环路，西至安外大街，北至元大都公园，辖区面积4.54平方公里。户籍人口25359户，98884人。年内新出生人口683人，死亡人口290人。流动人口30354人。辖区有10余家科研院所，近10家文化艺术团体，3所大专院校，1所成人教育学院，1所中专，3所中学和3所小学，有9个社区居委会。有中央企业41个，市属企业25个，规模以上企业208个，党政军机关3个。完成区级收入4.38亿元，同比增长7.5%。

地址：朝阳区和平西街和平西苑10号楼

电话：84280465

邮编：100013

网址：http://hepingjie.bjchy.gov.cn

（王爱君）

【消防安全】 1月，街道每日两次对6个烟花爆竹销售网点进行消防安全检查。年内，开展"清剿火患"战役（2011年11月—2012年3月）。出动检查人员1161人次，检查、复查地区社会单位1380余家，发现火灾隐患129处，督促整改129处，下发责令整改通知书129份。开展"冬春季火灾防控"专项行动（2011年12月—2012年2月）。清理火灾防控可燃物126处。建筑外墙保温材料消防安全专项整治，督促社会单位整改易燃可燃外墙保温材料建设工程火灾隐患。6月，"平安三号"行动出动检查人员1300余人次，检查商、市场8处，餐饮单位120余家，学校周边地区79处，建设工地6处，检查灭火器使用、销售单位17家，检查发现隐患176处，下发整改通知单281份，完成整改152处。7月至9月，开展"夏凉平安"行动，摸排地区高层建筑，推动高层建筑实施消防安全标准化管理。11月，开展以"全民消防，生命至上"为主题的"119"消防宣传日，发放11种1100余份宣传资料，接受教育宣传800余人次。开展餐饮及燃气使用场所消防安全大检查专项行动和劳动密集型生产加工企业、仓库火灾隐患排查整治专项行动，检查餐饮单位233家。

（李平春）

【泊车位管理】 2月，北京路通顺捷停车场管理有限公司启用和平西街西侧82个停车泊位，收费标准为路侧停车。3月，街道受区发改委委托，对辖区两个停车管理公司进行占路代缴费用（北京路通顺捷停车场管理有限公司、北京华普道路泊车建设管理有限公司）。4月，小黄庄路实行单向行驶。

（李平春）

【志愿者在行动启动仪式】 3月1日，在和平家园社区举行由全国妇联主办、区妇联协办的"践行雷锋精神·百万巾帼志愿者在行动"启动仪式。国务委员、全国妇联主席陈至立出席仪式。辖区200余名巾帼志愿者参加。

（王爱君）

【确立发展理念】　3月,街道确立“平安、精致、温馨、文明”发展理念,统揽全年工作开展。平安,是安全防范,安全保障,安全稳定,安全环境。落实“以人为本、平安为要”的要求,树立“平安是最大的幸福,幸福是最好的平安”的理念,牢牢把握“平安是民生幸福的根本,民生幸福是平安的保障”的本质,从安全防范抓起,完善安全管理体系,健全安全保障机制,增强安全管理能力,提高安全服务水平。精致,是设施精良,维护精心,管理精细,环境精美。要按照“注重细节、追求雅致”的要求,强化“重建更重管”的意识,把握“整洁有序、表里如一”的宜居要义,本着“挖掘生态潜力、发挥人文优势、彰显区域特色”的原则,坚持因地制宜,精致设计、精心改造、精细管理,优化社区功能,提升市容品质,改善人居环境。温馨,是公共服务,人文关怀,友善和睦,民生幸福。要按照“把资源向社区下沉、把服务向家庭延伸”的要求,畅通社情民意渠道,完善公共服务体系,创新体制机制,提高服务品质。文明,是民主管理,道德风尚,法制意识,绿色环保。以践行北京精神、提升文明素质和文明程度为主线,紧紧围绕“管理文明、公共文明、文化文明、生态文明、物质文明”的要求,规范行政行为,严格依法行政;提高自治水平,保障基层民主。优化公共秩序,打造文明环境;健全公益体系,弘扬公益精神。创新文化服务,营造精神家园;建设学习型街道,提高居民素质。倡导生活节能,促进资源节约;建设循环社区,确保环境友好。优化发展环境,推进产业升级;促进经济发展,推动物质文明。发展理念中,平安是科学发展的基础,精致是生活品质的要求,温馨是人文关怀的目标,文明是区域社会的形态,四者共同构成“幸福和平街”的有机整体。

(周　密)

【平安建设】　3月,街道在朝阳社区学院报告厅召开“迎两会保安全”社会治安综合治理大会。辖区社会单位、社区居委会200余人签订社会治安综合治理责任书。全国“两会”期间,23168人次红袖标志愿者上岗巡查。6月至7月,街道创建“平安示范”小区,安装6套铁艺大门、铁艺栅栏100延米、安装探头19个、安装门禁72个、门头1处,惠及1204户居民。

(李平春)

【流动人口管理】　3月,开展“流管人口服务管理”专项行动。检查出租房1639间,检查流动人口2520人,排查隐患13处,发现高危人员1人,排查矛盾纠纷4件,张贴安全提示65张。

(李平春)

【社区党委换届选举】　3月,完成9个社区党委换届选举工作。选举产生党委书记9名,副书记10名,委员26名和席位制委员36名。新一届党委委员平均年龄45.8岁,较上届下降3岁。其中45岁以下委员18人,占40%;有6名30岁以下大学生社工进入党委班子,占13.3%;大专以上学历32人,占71.1%。社区居干党委委员达到95.6%。

(王琳琳)

【公共文明引导队建设】　3月,街道公共文明引导中队被首都精神文明建设委员会办公室、北京市公共文明引导协调指导小组命名为北京市“学雷锋志愿服务优秀团队”,市民文明巡访团被命名为“学雷锋志愿服务特色活动”。10月,街道公共文明引导队成立党支部。

(王爱君)

【急救与卫生计生】　3月,区应急救护教育培训中心、区红十字会在化工大学为在校大学生举办应急救护知识与自救互救、自我保护技能培训,120人获初级急救员资格。邀请中日医院、玛丽妇婴医院、安华医院大夫到社区开展健康系列讲座,共996人参加,发放知识读本750册。市婚姻家庭建设协会讲师团成员、心理咨询师董亚娜为996名社区居干进行以“情绪的管理与调节”为主题的心理健康讲座。开展眼部健康检查、为适龄妇女进行“两癌筛查”体检登记。对流动人口育龄妇女进行免费妇科检查。举行0-3岁早教基地启动仪式,邀请东方爱婴咨询公司讲师为准妈妈讲授胎教方法和孕妇瑜伽指导,举办 以“聚焦时尚健康 聊聊母婴琐事”为主题的亲子课堂、“我的快乐六一”、“科学胎教促进婴儿智力发展”为主题的彩虹桥早教课堂。由北京儿童医院婴幼儿智力发育与心理发育保健专家讲解科学胎教。8月,开展“无偿献血、挽救生命、无上荣光”自愿无偿献血活动,131人无偿献血26200毫升。11月,区红十字会、街道红十字会在北京中医药大学开展造血干细胞血样采集活动,约百名学生现场登记采血。

(王爱君)

【义务植树】　4月,组织机关干部、社区工作者、社区志愿者及中小学生200余人在樱花园社区义务植树,捡拾绿地垃圾。

(麻慧溶)

【社区建设】　4月至6月,街道开展第八届社区居委会换届选举,产生新一届居委会成员61人,其中主任9人,副主任18人,委员34人。新一届居委会成员中男16人,占26%;中共党员34人,占55%;大专以上学历45人,占73%;平均年龄44.62岁。通过网上资格审查、笔试、面试、体检、政审等程序,招录16名社区工作者。举办三期社区工作者论坛。第一期主题为“网络服务在身边——十四区社区‘1+1+N网络模式’建设;第二期主题为“社区环境秩序的维护与管理——胜古北社区‘首都绿化美化花园式’社区创建”;第三期主题为“深化居民自治、推动社区‘三位一体’管理模式”。8月至9月,邀请区委党校、区社区办、北京婚姻家庭协会有关人员为社区工作者进行业务培训。11月,出台《和平街街道社区工作者待遇规范调整方案》,规范社区工作者待遇。

(崔玉华)

【"亿霖木业"善后清退】 4月至7月,开展"亿霖木业"案善后清退工作。街道需清退136人,174笔合同。年内,完成清退126人,159笔合同,清退比率分别为92.64%、91.37%,清退金额为712.5万元。

(王迎竹)

【领导调研】 5月,副市长夏占义带领城六区副区长、绿化局局长一行到和平家园社区调研老旧小区绿化美化工作。街道办事处主任毕重伟汇报街道老旧小区改造、绿化美化工作情况。夏占义要求,要多方投入,整合资源,加强老旧小区环境建设;要因地制宜,科学推进,开展立体绿化等,丰富小区绿化层次感;要建立环境和绿化长效管理制度,完善居民自我管理机制,建设和谐宜居小区。

(麻慧溶)

【妇联换届选举】 6月,完成街道妇联第八届社区妇联执委会换届选举工作。9个社区有621名妇女代表参加选举,选出第八届社区妇联执委会委员65名。8月,65名妇女代表选举产生街道妇联执委会委员9名。

(刘　焱)

【第七届邻居文化节】 6月,街道"第七届邻居文化节"开幕,分7大版块,19个项目,百余场活动。有8万人次参加"我是设计师"服装设计展示、街区小景设计、迷你马拉松等特色活动 。社区书画、乒乓球、手工艺、合唱、摄影等8支文体协会,成为"邻居文化节"活动主力军。

(陈洪波)

【社区矫正】 7月,《北京市社区矫正实施细则》规定,对被剥夺政治权利在社会上服刑的罪犯不再实行社区矫正,街道书面告知8名剥权人员,将其档案移交派出所。

(肖　森)

【征兵工作】 7月,街道适龄兵役登记105人,实际登记98人,登记率为93%。12月,2名适龄青年应伍入伍。

(佟　红)

【创建六型社区】 7月、10月,和平家园社区和煤炭科技苑社区迎接创建"六型"社区(即:干净、规范、服务、安全、健康、文化)第一次、第二次第三方评估工作。两个社区通过评估,创建成功。

(陈洪波)

【中国寰球工程公司迁址】 10月,位于樱花东街的中国寰球工程公司迁至来广营新园区,原址由中国寰球工程公司下属二级公司承用。

(王爱君)

【防汛工作】 年内,街道采取应急措施开展防汛工作。明确区社区学院、精诚文化学校为5片危平房区域避险转移场所,利用《和平家园》报、社区百姓大讲堂开展防洪减灾知识宣传。汛期,街道处理8棵倒伏树,抢修倒塌城铁公园南端围墙,修缮十五区烟草街漏雨平房,处置砖角楼两处23平方米塌陷路面,抢修坑洼路段21处,处置危树11棵,组织专业人员及志愿者疏通下水箅子90余处。

(麻慧溶)

【老旧小区改造】 年内,完成1栋居住建筑节能改造任务,改造面积0.8万平方米,涉及居民100户。完成7个老旧小区环境改造。硬化铺装1.8万平方米、绿化补建7799.21平方米,立体绿化80余平方米;新建石桌椅1套,仿古木花架1座、27平方米,设置晾衣竿83组、151.5米,建设健康步道170平方米。粉饰居民楼道内墙4.2万平方米、外墙粉饰4500平方米,修补粉刷2处围墙340.7平方米,阳台窗挡板36户。翻修新建自行车棚2个340平方米。建警卫、传达室1座,设置信报箱527户、公示栏8平方米、遥控道闸机3组。安装1个小区监控点位设备6个。

(麻慧溶)

【"两优工程"创建】 年内,街道完成和平东街、樱花东街、东土城路13号院、寰球小区两条优美大街和两个优美小区创建工作,并通过区考评组检查验收。

(麻慧溶)

【"花园式社区"创建】 年内,完成胜古北社区创建"花园式社区"工作。开展爱国卫生、绿化美化、知识竞赛、"爱绿、植绿、护绿"和"学雷锋争当环保小卫士"活动。10月,首都绿化委、区绿化局验收通过花园式社区创建工作。

(麻慧溶)

【白色污染专项治理】 年内,街道开展冬季白色污染专项治理行动。出动专业作业人员1350人次、专业作业车辆19台次,社会单位1660人次参加,清理卫生死角74处、清理废弃塑料袋96公斤、清理垃圾40吨。

(麻慧溶)

【就业服务】 年内,街道开展"就业春风行动",开发就业岗位3560个;为54家用工单位、260余名失业人员找到岗位;为150余名隐性就业人员完善与实际工作单位劳动关系;为170余名失业人员进行技能培训;"就业助理员"帮扶8名就业困难人员到企业应聘;社区安置大龄失业人员42名;举办2期用工单位就业政策培训班,完成955人登记失业人员提档就业任务。

(王爱君)

【民生保障】 年内,街道3905人参加无保障人员"城镇居民医疗保险",其中老年人参保1012人,散居儿童参保2654人,无业人员参保239人。为社会化退休人员2340余人变更就医医院,为1260余名居民补办和申领社会保障卡。为165名地退人员进行收入调节，补发资金69.37万元。为40名军队无军籍退休、退职人员进行收入调节，补发资金19.28万元。

(王爱君)

【社会救助】 年内，辖区有低保家庭301户545人，发放救助金290万元，新增低保户29户，医疗救助82人次；低保家庭、低收入家庭、临时救助、教育救助、困难孕产妇救助6480人次，发放救助金319.97万元。“两节”发放慰问金和补贴540人43.2万元。医疗临时救助9人，发放救助金2.49万元。为12人发放教育救助金4.57万元。冬季燃煤取暖救助76户，发放救助金3.8万元。冬季清洁能源自采暖救助18户，补贴救助金2.31万元。贫困孕产妇救助1人，发放救助金0.42万元。廉租住房救助115户。低保家庭电价补贴300户，救助金额1.32万元。为因大病致困家庭、孤老无收入、特殊困难家庭等279人办理爱心救助卡，金额10.05万元。爱心家园发放货物3232件，价值6.5万元。为辖区新增474名老人办理老年证、851人办理老年优待卡、办理90—99岁老人津贴280人、百岁老人津贴3人。为26位因病致困低保老人办理市慈善医疗卡。为6名特困人员申请慈善救助1万元。

(赵 伟)

【招商引资】 年内，街道引进北京知音网络科技有限公司(文化创意产业)，注册资金5000万元。引进金晟保险经纪有限公司(中国保监会批准再保险经纪义务机构)，注册资金3000万元。为北京服装学院服饰时尚设计产业创新园入驻企业解决工商注册手续办理问题。

(马 莹)

【组织工作满意度调查】 年内，在区组织工作满意度调查中，街道组织工作和组工干部综合测评得分为99.48分，比上年提高26.72分，全区排名第6位，街道系统排名第1位，比上年上升19位。

(王琳琳)

【安全生产】 年内，街道与辖区内重点生产经营单位、门店签订《和平街地区2012年安全生产责任书》169份。安全生产执法检查，生产经营单位965家次；下达现场检查记录、责令限期整改指令书、询问通知单等执法文书485份；发现并督促整改各类安全隐患557处；立案15起，处罚金额10万元。

(潘丽红)

【劳动监察】 年内，街道开展“春暖行动”、“劳动用工规范一条街工程”和“用人单位书面审查工作”、“农民工工资清欠专项检查”、“用人单位信息采集”等专项检查。对辖区368户用人单位进行劳动用工情况监察，书面审查95户，责令补签劳动合同312份。受理群众举报投诉案件22件，受理劳资纠纷案件14起，涉及农民工200余人，处罚用人单位7家，处罚金额近万元。

(左艳菊)

【公共文化服务体系示范区创建】 年内，街道积极推进公共文化服务体系示范区创建工作。制定街道创建实施方案，成立创建领导小组，建立“1+9+X”文化服务工作架构。整合朝阳社区学院优质教育资源，建立2200平方米街道级文化中心。以大家乐舞台、城铁大舞台及和平街小花园广场为室外活动平台，建成5000平方米室外活动场地。建成两个数字文化社区，配备电脑22台，电子阅报器2台，所有设施均面向地区居民免费开放。9个社区的文化活动室面积均超250平方米，各社区图书室藏书量均超过3000册，北京市希望公益基金会、中国计量出版社、中油中亚石油有限责任公司等单位向社区阅览室捐书超过8000册。社区专兼职文化管理者22人，各类文体队伍57支，登记队员2101人，占地区总人口的21‰；各类文化志愿者728人，占地区总人口7.3‰。文化新闻报道63条，其中国家级3条，市级23条，区级37条。

(陈洪波)

【社区教育】 年内，与朝阳社区学院进行战略合作，签订“培训实践双基地活动”协议。5月，开展“全民终身学习活动周”和“和平街科技周”活动，组织“科教进社区”活动，办好科普长廊和宣传栏。放映公益电影80场，安装健身器材23件。打造社区教育品牌，社区艺术馆被区教委评为中国传统文化一等奖，和平家园布贴画小组被评为二等奖，授予十四区社区特色教育学校称号。

(陈洪波)

【法制宣传】 年内，街道落实“六五普法”工作。在“3·15”消费者权益日、“5·15”全国助残日、6月5日“世界环境日”、“6·26”国际禁毒日、7月11日“世界人口日”、“八一”建军节、“12·4”法制宣传日开展主题法制宣传活动。法制教育67场次，受教育1.8万人次。律师进社区接待咨询432件，参与人民调解93件，参与法制宣传19场，举办法制讲座11场，受众4200余人。

(肖 淼)

【人民调解】 年内，街道司法所、联合调解室、社区调委会受理调解矛盾纠纷2312件，调解成功2297件，形成调解案卷272卷，成功率97.6%。

(肖 淼)

【胜古庄准物业管理】 年内，街道在胜古区域的石冶小区、皇姑坟西小区、冶金小区实施老旧小区准物业管理工作。包装门头3个，设立宣传栏4组，道闸3个，建设警卫工作室1座，投资56万余元。石冶小区、皇姑坟西小区两个小区成立小区管理委员会。

(麻慧溶)

【一刻钟社区服务圈】 年内，街道“一刻钟社区服务圈”举办12场社区服务活动。每月20日，由社区志愿者和服务商提供40余个服务项目，义务向社区居民提供服务，惠及辖区居民1万余人。6月，街道在和平家园社区为"一刻钟社区服务圈"活动广场安装标志石。

（崔玉华）

呼家楼街道

【概况】 呼家楼街道位于朝阳区中心地带，始建于1956年5月。东起金台路，南起光华路，西至东大桥路，北至工人体育场南路。三环路贯穿南北，朝阳路、朝阳北路横穿东西。辖区总面积2.8平方公里，大部分位于北京商务区中心区范围。辖区共有10个社区居委会，户籍人口21357户、63767人；新出生535人，死亡234人；外来人口21963人。地区法人单位3144个，其中中央单位63家，市属单位86家，区属单位72家。有医院4所，社区卫生服务中心1个、社区卫生服务站5个，社区服务中心1个。有科研院所4个，大学1所，中学1所，小学2所，幼儿园4所。驻有中央电视台、人民日报社、世贸天阶、京广中心等单位。年内，在尚都国际中心和财富中心新设代征点2个，建立机关干部联系企业工作制度，定期走访重点纳税单位，帮助企业解决实际困难，对400多家出租房屋经营的"六小门店"逐户宣传。配合招商引资，开展异地纳税企业回迁工作。累计实现区级财政收入16.32亿元，比上年同期增长15.4%，提前完成全年15.838亿元任务指标，完成GDP总量305.6亿元的全年任务。11月、12月，组收税额共1.12亿元，超额完成组收任务。

地址：呼家楼北街甲6号
电话：65012264
邮编：100026
邮箱：cyhjl@bjchy.gov.cn

（杨博雅）

【社区党委换届选举】 2月至3月，10个社区党委按照"公推直选"程序，完成换届选举工作。地区实有党员4504人，应参加选举党员1883人，实际参加投票选举党员1792名，投票率95%。选出新一届社区党委委员70名，平均年龄48.4岁，大专以上学历53人，占委员总数75.7%；社区党委书记10人，副书记14人，其中35岁以下5人，本科以上学历6人，平均年龄41.5岁，较上届下降6岁。10个社区党委全部推行大党委制，选举产生朝阳医院、中复电讯等27个席位制委员。

（杨博雅）

【社区居委会换届选举】 3月至5月，作为居委会换届选举试点街道，10个社区依法开展居委会换届选举工作，其中2个社区为户代表选举社区。共登记选民39791人，户代表3869人，居民代表556人。经过选民登记、居民代表推选、提名确定候选人、投票选举等关键环节，选举产生居委会成员68人，其中居委会主任、副主任各10人，委员48人。居民代表717人，居民小组长280人。

（杨博雅）

【为民解忧工程】 年内，投资1193万元，开展金台西路亮丽街环境提升、残疾人家庭无障碍改造、公交车总站周边环境治理、改扩建街道中心幼儿园等为民解忧工程36项，完成街道级挂账实事工程24项、社区级挂账实事工程58件。

（杨博雅）

【环境保障】 年内，建立全方位、全天候环境监控、保障运行工作机制，完善突发事件应急管理机制和环境建设志愿服务体系。扩大志愿服务队伍，开展城市清洁日、城管开放日等活动。处置网格案件43224件，办结率98%。开展城市清洁日活动10次，清运垃圾渣土1000余吨。受理群众热线2452条，办结率100%。发出宣传品5000余份。

（杨博雅）

【交通安全】 年内，增设交通标志牌26处、施划标线8000余米、安装减速带12处，隔离柱、隔离墩430余个。在东大桥路开展路侧停车电子收费试点工作，在世贸天阶、朝外SOHO地下停车场开展错时停车。新建呼北社区停车场、停车位70个，东大桥斜街新增停车位40个。建立8处公共自行车租赁点。开展以"文明交通每一步、安全成长每一天"为主题的文明交通学校评选活动；开展以"参与文明交通行动、落实安全防范责任"为主题的文明交通示范单位和驾驶人评选推树活动；开展以"文明交通我示范、幸福平安千万家"为主题的文明交通社区评选宣教活动。处理交通违法超标单位101家，重点交通违法单位85家，对有严重交通违法行为的48家单位实施停车整顿措施。

（杨博雅）

【整治重点地区】 年内，推进环境脏乱重点地区整治，加大对黑车非法运营、无照经营等突出问题的打击力度。开展联合执法11次，城管专项执法25次，取缔无照经营200余起，规范"门前三包"单位80家，暂扣非法人力三轮车70余辆，查处黑车聚集窝点2个。协调公安、交通等部门参与世贸天阶周边环境整治行动。开展以净化校园周边环境为重点的"护蕊工程"和以整治医院周边环境秩序为重点的"护生工程"。完成世界音像组织表演外交会议、中非论坛部长级会议、党的十八大等会议及重大活动环境保障任务。

（杨博雅）

【社会救助】 年内，发放低保金4495人次、226.59万元；办理医疗救助106人次、21.82万元；办理专项救助10人次、4.47万元。开展社会捐助活动，108家单位捐款85.4万元，发放物品价值20万元。开展慈善百分百助学，救助88户低保及边缘困难家庭的大、中、小学生及幼儿，发放助学款14.25万元。召开孝星表彰大会,表彰3个社会单位和43名孝星。组织低保家庭母子欢乐一日游、困难老年人重阳节观赏等活动,为136名困难老人办理慈善医疗卡。为98名老年无业特困妇女提供400元医疗救助卡和免费体检服务。实施"两节"走访慰问全覆盖工程。召开残联第六次代表大会,产生新一届主席团组成人员。为91名无业重残人员发放生活补助54万元。组织"百名大学生进社区,专业助残一对一"活动。组织残疾人参加职业技能大赛,2名选手分获市插花比赛第二名、市摄影比赛第二名。

(杨博雅)

【双拥共建】　年内,除与驻人民日报社、中央电视台两支武警部队结成共建单位外,新增武警五支队十中队为共建单位。春节和建军节期间,举办以"军民心连心、和谐呼家楼"为主题的联欢活动,走访慰问驻地部队以及优抚对象,发放慰问品价值8.1万元。开展"青年战士学法用法"法制宣传,邀请专家到军营开设英语辅导、新闻写作辅导、计算机学习等课程,培训"军地两用"人才44人。为部队解决子女入托、入学3人。完成244名民兵编组,完成年度征兵工作。

(杨博雅)

【劳动就业】　年内,以街道社保所成立10周年为契机,开展"春风行动季"和"金牌服务季"等活动,组织招聘会3场、为失业人员提供就业岗位3836人次、社区岗位安置就业困难人员334人次、开展职业技能培训进社区500余人次。在用人单位推广用工《联系卡》,对就业困难失业人员开展一对一职业指导及就业推荐送岗位等帮扶活动。就业困难人员实现就业人数、创业人员数量等指标均超额完成全年任务。

(杨博雅)

【人口计生】　年内,成立计划生育协会物业联合会。为空巢、伤残计生家庭提供定期"三个一"免费医疗服务,慰问特困独生子女家庭100户,发放慰问金3万元。做好优生优育全程服务,办理《生育服务证》459人次,新生幼儿出生监测覆盖率100%。发放独生子女父母奖励费141人14.1万元。开展特困独生子女"学文明,保健康,长知识,开眼界,送关爱"行动。组织"文明呼家楼,幸福大家庭,早教工程情系流动儿童"等特色主题活动。对1万人次流动人口进行艾滋病预防监测,为508名漏服漏种儿童入户补证、补卡、服糖丸,为854名外来务工人员补种流脑疫苗。

(杨博雅)

【改造老旧小区】　年内,发放致老旧小区居民一封信和居民信息调查表4000余张,召开协调会12次,解决居民实际问题34件。完成金台里、呼北、东大桥、关北街等4个社区10栋居民楼节能改造工作。做好防汛与冬季供暖工作。开展"一月一高潮"垃圾分类文化建设活动,形成呼北社区垃圾分类品牌模式。

(杨博雅)

【环境优美示范小区建设】　年内,对金台北街小区违章建筑、堆物堆料、绿化美化、服务设施等进行整改。清理垃圾渣土51.6平方米;道路铺装整修520平方米,小区外墙和楼道拉毛粉刷11500平方米;制作"猫窝"8个,安装制式晾衣架4个;施划停车位180个;小区绿化面积10000平方米,绿化补植各类灌木、花卉96000余株,立体摆花500盆。制作楼宇文化展板14块、居民告知牌14块、爱护绿地温馨提示牌10块,广告橱窗4个。金台北街小区被评为北京市优美小区。10月30日,区委副书记、代区长吴桂英,区人大常委会主任佟克克和副主任李国、朱春霞以及部分区人大代表,视察金台北街环境优美示范小区建设情况。

(杨博雅)

【争创市容环境优美大街】　年内,金台路西侧、光华路北侧两条大街争创市容环境优美大街。整治残缺牌匾20块120平方米、一店多牌牌匾5块30平方米;建筑面粉饰1604.44平方米,粉刷小广告1273.35平方米,清运垃圾渣土45立方米;整治市政设施破损,铺装硬化447平方米。

(杨博雅)

【垃圾分类】　年内,开展垃圾减量和分类工作,提高垃圾分类投放率。确定垃圾分类志愿者及二次分拣员;与上级主管部门取得联系,配备户用桶、垃圾桶、电动三轮车;多渠道宣传,召开垃圾分类启动仪式,组织志愿者培训;强化机制,完善垃圾分类管理制度,明确专人管理垃圾分类、清运、处理,建立长效机制;建立垃圾分类义务监督员队伍,培养专业骨干力量;对支持垃圾分类工作的居民登记奖励,建立花名册、登榜。全国市长研修班学员、江苏省相关部门、区委巡视组分别到呼家楼北社区考察垃圾分类减量实施情况。

(杨博雅)

【应急工作】　年内,地区发生各类突发事件10件。制订《呼家楼街道办事处2012年央视周边群体性事件应急预案》,绘制社区应急避险图,补充和修正社区信息不完整、线路不规范等问题。妥善处置财富中心办公扰民、人民日报社工地扰民、金台西路2号院火灾、农民工讨要工资等群体性聚集和社会单位、居民家庭意外失火等突发事件。机关、社区百人应急小分队确保第一时间赶到现场、维护秩序。结合"5·12"防灾减灾日、"11·9"消防宣传日等重要节点,联合世纪财富、远洋国际、泰康大厦、嘉里中心、北京财富等重点单位开展消防安全宣传活动3次,与相关单位合作开展应急演练7次,受教育1万余人。

(杨博雅)

【整治化石营平房区】　年内,对化

石营平房区开展联合执法，治理私拉乱接电线、环境脏乱差等问题。7月17日至20日，集中推进化石营地区撤市拆违工作，副区长苑文新现场督导。规范有照经营商户48家，劝导无照经营商户自行关闭93家；拆除违法建设2200余平方米，清理路面、台阶1900余平方米，清除堆物堆料、垃圾死角82吨。粉刷沿街墙面5500平方米，安装监控探头7个，重新制作出入口大门4个，聘用50名保安24小时分组巡控。

（杨博雅）

【社会服务】 年内，召开地区社会建设协调委员会理事会，产生新任委员会秘书长和各分会秘书长。扶持地区志愿者协会、老年人协会、安全生产管理协会等社会组织，做好单位和个人会员的吸纳和服务。制订全模式社会服务管理社区考核奖惩办法。呼南、呼北社区推进老旧小区准物业管理。全模式社会服务管理网格平台接收案件50316件，完成率96.3%。

（杨博雅）

【平安建设】 年内，完善“四横三纵”网格化组织架构，成立社区维稳工作站，建立市民文明劝导队，推进社区民警驻社区，用好维稳工作信息员，落实最小网格单元工作责任。发动全体机关和社区干部、社区治安志愿者、社会单位安保力量1万余人次，完成元旦、春节，全国两会，市十一次党代会、外交会议、中非论坛及涉日维稳等期间安全稳定工作。完善技防布局，可用探头130个，实现重点地区全覆盖。发现社会治安、城市环境、聚集上访等问题3033起，妥善处置率100%。完成关东店、关北街等社区60个门禁升级楼宇对讲系统更换工作。开展打击非法经营行动，联合整治门店35家。开展火灾隐患排查整治专项行动，开具隐患整改告知书2126份，督促整改消防隐患416处，上报14处。检查餐饮服务和食品流通类门店800家次，开具食品安全整改告知单200余份。提升流动人口服务管理水平，登记流动人口21546人、出租房屋8069间，做好实有人口基础信息大调查百日攻坚战工作。

（杨博雅）

【十八大服务保障】 年内，召开地区党的十八大服务保障动员部署会与重点人矛盾排查评估研判会商会。与66家重点社会单位和10个社区居委会签订责任书。按照10大专项行动要求分类梳理台账。加强代表可能涉足场所、建筑施工、地下空间的专项整治。严格落实立体化防控等级，实行领导包社区和责任实名制。1万余人次参与社会面防控工作，对15名社区服刑人员和111名刑释解教人员走访谈话，上报各类预警信息7篇。检查重点单位66家、六小门店440家。查处无照经营125起，没收小广告700余张，拆除违规牌匾60余块，规范门前三包单位400余家。党的十八大会议期间，4名十八大代表到街道参观调研。

（杨博雅）

【安全生产】 年内，新吸纳安全生产管理协会会员单位15家，实行季度回访、上门指导等服务。开展“送安全知识到一线”和安全文化进社区活动，发放安全知识宣传品6000余份。组织安全生产知识培训班2期，培训企业150家次。对246处地下室实行分类管理，开具整改记录单500余份，发放《致地下空间使用人和住户的一封信》1000余份，清空存在严重安全隐患地下室28间，清出违法违规擅自居住人员73人。对4处地下空间经营场所开具责令限期整改指令书。开展“安全生产护航”联合行动，检查建筑工地、装修装饰工程、烟花爆竹零售点等行业和商场、超市等人员密集场所，排查安全隐患792处，对263家单位开具安全生产执法文书，立案24起，处罚10万元。

（杨博雅）

【调处矛盾纠纷】 年内，排查矛盾隐患218件次，受理各类群众来信来访504件833人次，其中集体访5件34人次，初信初访化解率100%。妥善做好“亿霖木业”案善后清退工作，清退91人、113笔，清退完成率达90%。建立沟通联系机制，协调有关部门妥善处理央视新台址已搬迁居民反映补偿差异大、SOHO2施工扰民等难题。

（杨博雅）

【司法行政】 年内，完善多元调解机制，以“人民调解矛盾纠纷百日攻坚”、“和风行动”等专项活动为契机，排查矛盾纠纷70次，调解矛盾纠纷584件，调解成功555件，预防越级访、集体访16次。做好两类人员教育管控工作，开展谈话教育1380人次，走访360人次，提供法律咨询180余人次，办理一次性临时救助8人次，持续跟踪掌控矫正帮教对象8人。开展“法制宣传四季行”及“法律服务三进”活动，开展法制宣传活动105场，发放宣传资料1万余册，惠及5万余人次。与5家律师事务所签订服务协议，每个社区确保1名律师提供“点对点”服务。配合人民日报社社区民4、民5楼征收工作。

（杨博雅）

【打非治违】 年内，加大查处非法生产和违法建设行为力度。对26处挂账违法建设主体单位和个人下发告知书、谈话通知书，处理完毕14处。开展全方位巡查，拆除现有违法建设63处、6732平方米。拆除新增违法建筑5处23平方米，对新增违法建筑做到“第一时间发现、第一时间查处、第一时间拆除”。与区民防局联合执法，拆除3家在车库内违法建设600平方米。开展“打击非法经营和违法建筑”消防专项整治，出动84人次、检查彩钢板建筑40处，处罚单位20家。

（杨博雅）

【社区文化】 年内，改造新街社区泰达中心地下室、呼北社区服务中心等,与朝阳文化馆联合挂牌建立地区文化活动阵地。成立“金台艺术团”和地区文体协会。举办以“唱响时代主旋律,建设和谐呼家楼”为主题的首届“金台文化艺术节”。举办新春联欢会、“元宵喜乐会”、职业女性才艺大赛、端午吟诗会、“六一春苗计划”电影展映、建党91周年文艺演出、“喜迎十八大”文艺汇演、京剧票友大赛等大型文化活动40余场,为社区居民免费放映电影50场,举办文化培训讲座30余次、各类展览20余次。丰富“一社区一品牌”项目,多次邀请嘻哈包袱铺、北京国声京剧团等专业团队交流演出。“大可京剧票社”在区品牌团队戏曲比赛中获第一名,在第十届“椿树杯”市社区京剧票友大赛中获二等奖。

(杨博雅)

【现代评剧《社区人家》】　年内,打造地区原创文化作品——大型现代评剧《社区人家》,向党的十八大献礼。《社区人家》是市首部以社区建设为题材的现代评剧,以呼北社区先进典型为背景,以全国劳模、呼北社区党委书记殷金凤为原型,以“和谐社会、和谐社区”建设为主旋律,将“十必访一公开”社区工作法、垃圾分类“呼北模式”等以戏剧形式搬上舞台,成为当代社区工作者日常工作和社区百姓生活的真实写照。

(杨博雅)

【社区工作者队伍建设】　年内,2次招录社区工作者,新招38人、辞职25人。形成面试、体检、入职培训、转正交流4个环节新人录用机制。3月1日起,社区执行错时工作制,以方便社区居民利用公休时间在社区办理服务事项。5月始,社区网正式运行。加强对社区班子培训、考核,组织社区书记、主任到杭州划船社区学习考察。街道在区首届社工技能大赛中取得第二名。

(杨博雅)

【“六型”社区建设】　年内,分批推进“六型”社区建设,整修金台里社区办公用房。召开居民听证会、议事会、协商会等,吸引居民参与社区事务。制作关北街等社区服务站门头、背板、社区引导牌、社区信箱等。逐一整改社区工作档案,两次迎检均达到优秀标准。

(杨博雅)

【社区服务】　年内,完成社区服务中心改扩建,优化整合社区服务事项。将家电维修、送餐、家政服务等居家养老服务商纳入96156便民服务。处理96156“小呼叫”咨询单2056张。推进一刻钟服务圈建设,新增服务商143家。在金台路建设“便民服务一条街”,整合餐饮、购物、医疗卫生等服务商71家。建设农社对接菜店4个。

(杨博雅)

【干部队伍建设】　年内,通过公开竞争,提拔任用副科实职2名。解决符合提拔正科级和副科级非领导职务干部待遇。组织“抓亮点、树典型”和公文写作、时事政策解读等培训。大力开展创先争优活动,坚持周四理论学习制度,开展工委书记上党课,纪检书记讲廉政,邀请专家讲网络时代的社会管理创新、依法行政和公文写作;播放专题片解析上级最新精神等特色讲坛。召开科级干部、科级后备干部和军转干部座谈会,加强干部间沟通交流。成立机关联合工会,改造机关文体活动中心,组织“健身快乐行”羽毛球友谊赛等活动。

(杨博雅)

【党组织建设】　年内,完成基层党组织分类定级工作。开展以“强组织、增活力、喜迎党的十八大”为主题的系列活动。召开地区庆祝建党91周年暨创先争优表彰大会,表彰优秀党员和优秀社区党委。开展非公企业党建百日攻坚工程,新成立世界城物业党支部等32个非公党支部,在四达国际经济技术合作有限公司建立第一个非公企业党委。结合星级评定工作,在10个商务楼宇服务站统筹推进“六站合一”建设。

(杨博雅)

【廉政教育】　年内,开展清权确权工作。建立10个社区纪委。加强对财政收入、劳动就业、老旧小区准物业管理等9项效能监察立项任务的监督,督察为民办实事重点工程、社区“两委”换届等中心工作。升华廉政文化进社区“1+1+8”廉政文化宣传特色街活动。推进党务公开、政务公开和政府信息公开工作。

(杨博雅)

【工青妇工作】　年内,完成第八届社区妇联换届和街道侨联换届工作。招聘6名社区专职工会干事,开展工会经费税务代征扩大试点工作,联合工会覆盖企业462家,发展会员7732人。开展“百年恩来”主题团课等纪念建团90周年系列活动。在呼声沙龙青年汇组织开展侨界人士与青年志愿者联谊会。3月14日,全国总工会书记处书记江广平率全总服务职工工作组到街道总工会、工会服务站走访调研,并授予工会服务站“职工书屋”牌匾。全国总工会国际联络部副部长朱斌、市总工会副主席张青山等陪同走访。

(杨博雅)

【慈善助学】　年内,对88户低保以及低保边缘贫困家庭中的大、高、初、小、幼贫困学生开展“慈善助学”活动。投入142520元助学金,为12名困难大学新生赠送12台联想笔记本电脑,为8名困难家庭争取“衣恋圣秀慈善基金”助学款。

(杨博雅)

【劳动监察】　年内,完成重点企业劳动用工监控400家,处理投诉举报案件43件,日常巡查272件,完成率136%;立案指标84件,完成86件;立案处罚指标12件,完成13件,处罚金额21300元。完成指定巡查100家,完成指定信息采集和录入6

家。协调解决地区群体性劳动纠纷案件 8 起,个体劳动纠纷案件 32 起。推进劳动关系三方协调机制,开展农民工工资支付情况专项执法检查,深入社区、商务楼宇和在施工地等开展劳动法规宣传咨询 1563 人次。

(杨博雅)

【**社保真情服务年**】　年内,开展街道社保所成立 10 周年真情服务年系列活动。活动分为"春风行动季"、"金牌服务季"、"秋实促就季"、"冬日关爱季"4 个主题活动季。4 月 10 日,举行"呼家楼社保所成立十周年真情服务年活动启动仪式暨呼家楼街道 2012 年手拉手大型招聘会",1000 余人参与。组织大型招聘会 3 场,开发就业岗位 1000 个,开展职业技能培训进社区 500 人次,为失业人员提供就业岗位 3836 人次,城镇登记失业人员实现就业 809 人。"一老一小"大病参保 3162 人。办理社会事务保障卡各项代理事务 5075 人次。呼家楼社保所被评为五星级社保所,小庄社区被评为充分就业示范社区。

(杨博雅)

【**志愿服务**】　年内,启动"个十百千万"周六学雷锋常态化活动(即一个常态化活动长效工作机制、十个活动品牌、百支志愿队伍、千位知名人士、万名志愿者共同推动的区域性系列活动)。《人民日报》报道活动并给予高度评价。开展星巴克全球服务月、国安足球队进校园公益活动、"学雷锋、送健康"志愿服务进社区活动、"学雷锋见行动,关爱离休老干部"活动等。

(杨博雅)

【**宣传报道**】　年内,被新闻媒体采用宣传报道 195 篇,其中中央级媒体 25 篇,市级媒体 48 篇,区级媒体 122 篇。

(杨博雅)

【**房屋搬迁**】　年内,地区已拆迁和正在拆迁项目为央视新台址、呼家楼西里等相关住户,累计拆迁 4000 户。突出民愿接待和针对性服务,强化拆迁居民工作网络,建立拆迁工作联席会制度,提供拆迁服务保障等。已搬迁居民先后 7 次在央视新址门前聚集,采取稳控措施,先后 10 余次协调居民代表、搭建对话平台,确保房屋搬迁工作顺利进行。

(杨博雅)

【**道德讲堂**】　年内,邀请全国离休干部王志胜、盲人作家张骥良等,普及道德理念、讲述道德故事,以"身边人讲身边事、身边人讲自己事、身边事教身边人",加强社会公德、职业道德、家庭美德、个人品德"四德"建设,在机关、社区、学校、企业举办活动 20 余场次。

(杨博雅)

【**健身快乐行活动**】　年内,举办"健身快乐行"羽毛球友谊赛、第六届"和谐杯"乒乓球比赛、春季登山行、健身徒步走、象棋比赛、素质拓展训练等体育活动 20 余次。举办百姓健身大讲堂 50 余场次,普及推广第九套广播操,机关干部代表队获区职工第九套广播操比赛一等奖。组织开展国民体质测试,树立"每天锻炼一小时,健康工作五十年,幸福生活一辈子"理念。

(杨博雅)

【**律师联合党支部成立**】　年内,成立律师联合党支部 2 个(党员 86 人),律师事务所独立党支部 14 个(党员 427 名),共有党员 513 人。强化联系机制和党建联络员制度,定期与律师事务所保持联络,掌握动态。成立呼家楼街道东大桥社区示范残疾人温馨家园法律服务站。推进律师党员在法律服务"三进"工作中的带头作用,参与地区法制宣传、法制讲座 38 场,参与人民调解近 20 场次。

(杨博雅)

【**"平安示范"居民小区**】　年内,在小庄社区创建"平安示范"居民小区。在小区内设置监控探头 22 个,治安岗亭 1 处,建立视频监控室。加高加固铁艺栅栏,安装抬杆 2 处,设立行车减速带。加装安全知识宣教橱窗,2 个路口实行封闭管理,改造 33 个门禁对讲系统,安装率、启用率、完好率均达 100%。建设煤棚 20 个,总面积 36 平方米。铺装及维修道路 1800 平方米,粉刷墙面 160 平方米,改建活动场地、建挡土墙 100 平方米,绿化补植 4000 株,400 余平方米。

(杨博雅)

建外街道

【**概况**】　建外街道办事处位于朝阳区西南部,东与八里庄街道、高碑店乡相邻,南与双井街道隔河相望,西至建国门立交桥,北与呼家楼街道接壤。辖区面积 4.4 平方公里,有街巷 37 条,公共汽车线路 72 条。划分 8 个社区,常住人口 6.7 万,户籍人口 4.1 万。有 31 家外国驻华使馆,两个外交公寓群。国贸饭店、建国饭店、秀水市场等各类企事业单位 2151 家坐落辖区。有医疗机构 6 个,中、小学校 6 个,幼儿园 5 个。年内,走访各类社会单位 410 家,组织召开各种工作会及座谈会,搭建税源建设平台。全年实现区级财政收入 39.2 亿元,完成全年指标任务的 101%。1 月至 11 月与税务、工商联合,引进新纳税户 4000 余家,其中有缴税记录的 760 余家。新引进企业中注册资金亿元以上 30 家,形成区级财政 400 余万元。成功促成"宝钢国际北方贸易有限公司"、"中航投资控股有限公司"等 17 家异地纳税企业回迁。成立专职督办队伍,督查中小企业主和出租业主按时缴纳房产税,完成代征税款总额 4518 万元。

地址:东三环中路 39 号建外 SOHO 西区 18 号楼

电话:58789617

邮编:100022

网址:http://jwjd.bjchy.gov.cn

（王京敏）

【班子建设】 年内,深入贯彻区委全会精神,以科学发展观为指引,打造具有引领力、执行力、凝聚力、创新力、公信力的“五力”班子。以十八大精神和市、区两级党代会精神为重点,强化理论学习,开创“五学”(即“街道领导带头学,联系实际在岗学,立足建外创新学,坚持常态经常学,引导大家全员学”)局面。12名处级领导参加上级组织学习培训2592学时。严格落实处级领导“包社区”责任制,在重点工作中,亲临一线,亲自组织、亲自部署,用实际行动树立良好干部形象。严格执行工委会工作推进会、专题点评会等工作制度,充分发扬民主集中制原则,营造和谐的班子氛围。稳妥推进清权、确权、分权、管权工作,严格落实一岗双责;细化“三重一大”执行程序,强化防控,接受多方监督。街道被评为“全市理论宣讲示范基地”。

（平　萍）

【纪检监察】 年内,下沉廉政工作到社区,在8个社区成立纪检委,由街道纪工委、组织科和社区党委共同负责。做好目标管理双百考核工作,加大行政效能监察,对8个重点项目进行立项,公开程序,全程监督。

（徐　岚）

【人大代表工作室成立】 年内,为促进人大代表履职,做好代表联系选民工作,在辖区成立6个人大代表工作室,分别有2-3名代表组织开展工作,同时任命社区书记为代表工作室兼职联络员。人大代表9人次参与接待选民活动,接待选民20人次,收集问题10余件,解决6件。

（王　萍）

【商务楼宇党建带统战】 年内,结合地区实际,在商务楼宇服务站成立统战工作站“同心沙龙”,按照分类管理、党建带统战工作思路,细化服务对象,将新社会阶层人士、爱国华人和部分在地区工作的外籍人士纳入工作视野。同心沙龙充分发挥商务楼宇党建工作优势,要求楼宇党支部设立统战委员,并把统战工作纳入支部日常生活,把统战工作“同心同德,同向同行”的理念逐步深入楼宇“两新”组织中,新社会阶层中的优秀人士积极向党组织靠拢并主动发挥作用,先后成立CBD文化创意产业联盟、CBD文化创意产业人才俱乐部、白领公益团、商务楼宇慈善公益俱乐部、国际俱乐部等21个社会组织,会员达1万余人。

（李　莹）

【干部队伍建设】 年内,重点抓好机关、社区、临时人员3支队伍建设。在规范用人选人上,注重德才兼备、以德为先,加大民主推荐、群众公认的权重,引导年轻人到艰苦岗位经受锻炼,全年提拔任用干部18名,全部实行公开竞争,选送7名年轻干部到上级机关锻炼,7名新招录的干部到城管岗位磨炼。以社区两委班子换届为契机,配强、配好社区班子,干部队伍的人员结构、知识结构和年龄结构搭配更加合理,对班子涣散、战斗力不强的两个社区班子进行重组。举办社区书记、主任、副书记和党务工作者培训班,提高基层党务工作人员能力。面向社会招考社工9人,提拔使用干部13人;加强关怀激励,街道出资80万元,用于社工人员岗位津贴。8个社区17项工作获市、区奖励,3人被评为市、区先进。规范、归口街道临时人员188名,制定管理制度和考核办法,实现“定岗、定编、定责”。从国际化战略人才高度出发,坚持高端人才培养,与区人力社保局共同打造CBD国际高端人才港。

（李　莹）

【社区“两委”换届选举】 年内,街道完成社区党委、居委会换届选举工作,两委班子进一步优化。选出新一届社区党委成员55人,社区工作者37人,占92.5%;书记、主任“一肩挑”4人;6个社区实行了党委委员席位制,其中“两新”党组织单位党员6人,物业公司党员1人,社会单位党员1人,社区民警6人。选出社区居委会班子成员47人,平均年龄42.7周岁,其中党员16人,36人具备大专及以上学历,占全部成员的76.6%。

（李　莹　朱砚君）

【传统民俗文化体验活动】 年内,举办“建外soho international club”启动仪式暨“二月二,龙抬头”外籍在华人士传统民俗文化体验活动。100余名来自美、英等国工作、生活在建外地区的外籍人士欢聚一堂,共度中国的传统节日。“建外soho international club”是一个面向生活、工作在建外地区外籍人士的公益组织,目的是搭建中外友好交流平台。通过各种文化、公益活动,传播中国优秀传统文化,展示首都北京文化魅力。

（程　迪）

【工会建设】 年内,街道工会召开第一届第一次南郎社区职工代表大会,75名职工代表参加大会。选举产生南郎社区职工方代表5名。成立街道总工会党支部,组建工会服务站及社区工会专干队伍16人,成立核算中心、组宣部、权益部、办公室等4个部门,街道总工会核算中心正式试运行。

（王金玲）

【文化示范区创建】 年内,街道启动创建国家公共文化服务体系示范区活动。辖区内国家机关、大中型企事业单位、居民代表、白领代表、文化界代表等500余人参加启动仪式。整合社会力量扶持地区文化发展,成立地区文化基金。英皇集团、SOHO中国现场为文化基金捐款20万元,用于地区文化建设。成立建外文化创意产业联盟、建外文化创意人才俱乐部及CBD白领艺术团。

（董惠玲）

【安全稳定】 年内,结合综治维稳要求，积极做好长安街沿线、使馆区等敏感区域治安防控。在涉日维稳中，出动机关干部1304人次，警力976人次，专职保安1000人次，治安志愿者1万余人次，民兵80人次，完成涉日维稳工作。联合公安、城管等职能部门进行“城中村”整治，对砖厂南巷进行专项整治，加装4个摄像头、配备灭火器等安全器材，将物技防措施做到位，确保地区安全稳定。以“五有”措施为着力点，完成全国安全社区复评考核工作。

（郭洋洋）

【人口与计生】 年内，着力推进人口统筹管理，与辖区社会单位、物业公司、社区居委会、街道职能科室签订《2012年建外地区人口和计划生育综合治理责任书》112份。探索商务楼宇人口服务管理模式，针对地区就业人口密集状况，开展商务楼宇从业人口密度调查，初步调查与分析地区商务楼宇人口容积率问题。成立“幸福建外”人口文化宣讲团，19名首批宣讲团成员在地区商务楼宇、社会单位和居民群众中开展宣讲活动13次，参加居民和社会单位职工1000余人次。举办首届幸福家庭亲子游园会，组织“7·11”人口文化电影周和“9·25”庆祝活动，开展“幸福家庭”评选等活动。利用“三八”、“六一”等节日，以“幸福建外，和谐家庭”为主题，组织参加“幸福家庭和谐人口”有奖知识答题和文艺节目评选，分别获区级组织奖和优秀奖。深化地区“生育关怀”行动，开展“情暖万家——生育关怀行动”走访慰问，为地区计划生育困难家庭28户和独生子女意外伤亡家庭14户送去慰问金2.1万元，办理暖心计划保险。走访慰问死亡、伤残独生子女家庭77户，为地区122户特别扶助和低保计划生育家庭办理计划生育家庭安康计划保险。

（谷　峪）

【午间法律服务一小时启动】 年内，街道“午间法律服务一小时”启动。区律协党委专职副书记、秘书长曹宏，街道纪委书记李京信，以及辖区50余位律师党员出席启动仪式。街道司法所搭建法律服务平台，整合地区律师服务资源，让百姓接受普法教育；联合辖区律师事务所提供服务，化解社会矛盾，为社会稳定提供保障。

（王秀花）

【城市建设】 年内，召开7家党政机关、7所学校、9家饭店餐厨垃圾规范收运工作会。27家单位达到餐厨垃圾“零”私运，均由区环卫一清厂和有资质的单位独立清运餐厨垃圾。围绕花园式社区创建工作，完成绿化改造4293平方米，受到首绿委肯定。与区节水中心共同为中服大厦建设雨水回收利用工程，年可回收雨水5600吨，用于补充中水不足。针对光华里老旧小区冬季供暖温度不达标现象，街道协调热力公司，对光华里部分楼房供热管道进行改造。粉饰城市公共设施1457平方米，建筑物535平方米，公共道路修补铺装1644平方米，安装绿地围栏119平方米，防护粉刷2160平方米，更换路缘石388延长米。

（王　萍）

【城市管理】 年内，开展“护蕊工程”、“精品街区建设工程”、“进京第一印象通道整治工程”等8项城市管理重点工程，通过“联勤联动”实施常态化盯守，增大检查密度和执法力度，组织执法1970余次，联合执法195次，取缔无照经营1600余起，取缔黑摩的、黑人力三轮车480余起，清理游商690起，查处非法散发小广告930起，办理小广告停机230余起，暂扣、移送公安机关销毁的各类三轮车、摩的722辆，完成网格单、督办单、来信来访案件1.2万件，拆除各类违规广告牌匾、指路牌138块，罚款13万余元，环境秩序得到改善。

（王　毅）

【民生工作】 年内，为241名65岁以上老人办理优待证，发放高龄津贴1267人次12.9万元。审核及发放养老券1.2万人次11.9万元，收回养老券26.23万元、特殊老年人服务券72人次3600元。新申请保障性住房审核、登记135户，成功配售限价房320户，配售公租房34户，经济适用房转限价房10户，享受廉租房补贴34户2.56万元。改造建国里社区华侨村无障碍设施，修缮华侨村小区三处公共休闲区域道路及两个小商铺门前坡化。走访慰问低保、困难家庭、残疾人、优抚对象874户，发放慰问金19.9万元。为困难家庭发放爱心卡58张(500元/张)。由街道和社区向辖区家政、餐饮、医疗等单位发布需求信息，选择优质公司签订服务协议。建立志愿者队伍，为老人提供服务和帮助。14家老年餐桌运行良好，3家被评为区级先进单位。日间照料室3处。

（王京敏）

【CBD义工联成立】 年内，街道北郎东社区“111”救助联席会联合万达集团共同成立CBD义工联公益组织。80名参加活动的员工通过每人每月每次看望一个社区居民的方式，用实际行动进行帮扶救助。CBD义工联成立，是继社区‘111’帮扶救助工程品牌之后，与辖区企业联手共建的又一个公益组织，也是创新社区志愿服务模式的新尝试。北郎东社区“111”救助工程自2008年设立以来，与辖区企业联手，累计救助困难家庭约140个，构筑起社会、企业、个人共同帮扶困难群体的“绿色通道”。

（王京敏）

【信访工作】 年内，受理群众来信来访及处理各类矛盾309件次，其中受理群众来信65件，来访50批100人次，调处矛盾194件。开展“亿霖木业”案善后清退工作。街道有购林64人77笔，已清退61人73

笔,清退率达94.8%,位居全区街道系统第二,超额完成区指定指标。

(周雪娇)

【再就业及社会保障】 年内,开发就业岗位3202个、召开再就业招聘会两场,帮助592名失业人员实现再就业;对2451名新增失业人员进行基础职业指导,组织256名失业人员参加免费技能培训,108名失业人员取得技能证书,为456名失业人员办理灵活就业保险补助审批手续;发放失业保险金172万元、低保金188万元、民政地退人员工资283万元;为138名失业人员办理退休手续;组织7名往届及外地回京考生在街道参加高考;为450人次退休人员报销医药费500万元。

(王军进)

劲松街道

【概况】 劲松街道位于朝阳区西南部。东以东四环路中心线为界与南磨房乡相邻;南以劲松724楼南侧小马路中心线及东南郊灌渠中心线为界与潘家园街道相邻,以北京化工机械厂南墙为界与南磨房乡相邻;西以东护城河中心线为界与崇文区龙潭街道相邻,以劲松派出所门前小马路北侧至双井路口三环路中心线为界与双井街道相邻;北以东护城河中心线至电力电容器厂西墙劲松大街中心线及广渠路中心线为界与双井街道相邻。辖区面积5.2平方公里,居民5.1万余户。住宅楼400余座。区域内有人口18万人,其中常住人口13.6万人,外来人口4.4万人。辖下12个社区居委会。直属事业单位4个,驻有中央、市、区属单位、机关、学校等2200余个。教育机构19个,医疗卫生机构22个。年内,完成区级财政收入4.67亿元,代征个人出租房产税808万元。

地址:东三环南路华腾园甲6号

电话:87735209 87735210

邮编:100022

网址:http://jsjd.bjchy.gov.cn

(于 娜)

【拥抱基金捐赠】 1月12日,街道5名残疾儿童及其家长在乐购超市大成店接受了首届"中国达人秀"总冠军、断臂钢琴师刘伟创立的拥抱基金捐赠的500元超市购物卡和新春大礼包,并和刘伟一同购物言欢。

(史春凤)

【慰问低保户】 春节前夕,街道筹集资金10万余元为500户低保家庭购置油、鸡蛋等慰问品。中秋期间,筹集2万元资金购买慰问品,慰问100户低保特困家庭。

(孙大力)

【结对帮困】 2月24日,邓树森、郝青微等30户辖区残疾、特困家庭与"北京中隧隧道工程有限公司"和"北京金丰利泰物业有限公司"等16家社会单位及地区部分人大代表结成帮扶对子。社会单位、人大代表无偿帮扶困难群众,及时解决帮扶对象的实际困难,让困难家庭真正体会到社会的温暖。

(孙大力)

【整治违规门脸】 3月,街道联合相关单位以劲松北社区为试点,对开墙打洞经营行为进行集中整治,劲松大街两侧32家商户违规开墙打洞门脸恢复原样。

(张 超)

【社区居委会换届选举】 3月至6月,组织街道12个社区进行社区居委会换届选举。12个社区均为差额选举,选举产生新一届社区居委会成员84名,其中主任12名、副主任18名、委员54名。女性51人,占总数的60.7%;中共党员34人,占总数的40.5%;具有大专以上学历的74人(其中硕士研究生1人),占总数的88.1%;连选连任28人,占总数的33.3%,其中连任居委会主任2人,连任居委会副主任6人;社区居委会成员平均年龄为37.9岁,其中40周岁以下48人,占总人数的57.1%。

(屈树金 邱春玲)

【垃圾分类宣传】 4月19日,在劲松五区公园举办"幸福生活在劲松,垃圾分类我先行"垃圾分类宣传日暨厨余垃圾积分换礼推广活动。辖区近千名居民凭积分兑换购物小推车、洗涤灵、洗衣粉、香皂等生活日用品550余份。

(么亚波)

【社会捐助】 5月上旬,街道开展以"春风送暖"为主题的"送温暖 献爱心"社会捐助活动。1250余名居民参加捐赠,捐款7万元。

(孙大力)

【解危排险】 5月29日,农光里老四楼179户居民全部签署拆迁协议搬离现场,整体拆除4栋楼,开始新楼建设,10月底回迁两栋楼。

(么亚波)

【街道残联换届选举】 6月27日,召开街道残疾人第五届第六次代表大会。110名社区推举代表参加大会。会议听取并审议了街道残联第五届主席团工作报告;选举产生第六届主席团委员15名;选举产生5名代表参加区残联六次代表大会,其中3人当选区残联第六届主席团委员。

(史春凤)

【安全生产月知识竞赛】 6月27日,举办安全生产月"安康杯"知识竞赛。辖区24家社会单位及12个社区代表队参加竞赛,竞赛内容为行业相关安全知识。农光里农贸市场获一等奖;金诚阳光有限公司、和谐雅园社区获得二等奖;七天连锁酒店、华茂置业物业公司、农光里社区获三等奖。

(沈丽娟)

【百姓大舞台】 8月至10月,街道"百姓大舞台"社区明星秀比赛启动。12个社区35名选手通过初赛入围半决赛。决赛于2013年5月举办。

(马小勇)

【携手夕阳关爱失能老人项目】 9

月 1 日启动项目,35 名贫困失能老人被确定为实施对象。街道与劲松社区服务中心共同承办,由悦佳福家政公司、劲松社区卫生服务中心和市寸草春晖老年心理服务中心共同完成,服务为期一年,内容为家政服务、医疗服务和志愿服务。

(孙大力)

【党建联合会成立】 9 月 25 日,街道突破原有街道党建工作局限性,建立以街道社会党工委为纽带,以社会单位党组织为网络的地区党建工作联合体系。地区首批党建联合会成员单位有 17 家。

(屈树全)

【免费体检】 10 月 11 日,街道在劲松社区卫生服务中心启动为低保人员免费体检工作。街道与社区卫生服务中心共同出资近 50 万元,为辖区 1002 名低保人员,每人提供价值 500 元健康体检服务。

(孙大力)

【国际安全社区创建】 10 月,通过香港职业安全健康局、中国职业安全健康协会成员对地区的现场考察,获"国际安全社区"认证。

(沈丽娟)

【秋季运动会】 10 月,举办以"魅力朝阳·炫彩劲松"为主题的第四届秋季运动会,机关、社区、残疾人运动员、辖区社会单位等 600 余人参加运动会。

(邱春玲)

【优秀科普社区评选】 10 月,磨房北里社区被评为市级优秀科普社区。

(邱春玲)

【"冬衣送暖"捐赠活动】 11 月,开展以"冬衣送暖"为主题的社会捐赠活动。收到棉衣棉被 3780 件,捐款 1120 元。帮助市对口支援灾区、贫困地区群众过冬。

(孙大力)

【应急救护培训】 12 月 14 日,举办以"关爱生命,保护健康"为主题的救护知识培训,辖区居民近 200 人参加培训。

(王爱军)

【外宣工作】 年内,加大对外宣传力度,发布各类信息 1500 余条,其中被中央和市区媒体采用 288 条,被各类网站采用 1200 余条,《劲松电视资讯》播报新闻 65 条,《劲松人》杂志出版 6 期双月刊,发行量由每期 3000 册,增至 4300 册。

(马小勇)

【工会工作】 年内,街道总工会有基层独立工会组织 88 家,10 个社区联合工会覆盖企业 508 家,有职工 7550 人,发展会员 6298 人,工会会计核算中心正式对外办公。开展"安康杯"知识竞赛等活动,在区总工会组织的广播操大赛中获第一名。

(赵　立)

【妇联工作】 年内,12 个社区完成社区妇联换届工作。选举产生执委 68 人,从执委中选举产生社区妇联主席 12 名。召开街道第七次妇女代表大会,51 名妇女代表参加大会。9 人当选街道妇联第七届执行委员会委员。开展街道第十一届"五好文明家庭"创建评选活动,评选出 6846 户五好文明家庭。慰问单亲母亲 33 名,为 166 名城市老年无业妇女每人办理价值 450 元的医疗救助卡。

(刘博婵)

【共青团工作】 年内,慰问贫困青少年 15 名,为每人发放慰问金 100 元。落实"2012 年西部温暖计划",向西部贫困地区小学定向捐助取暖衣物 20997 件,图书文具 1975 件。在全区各街乡中排名第一,并获"特殊贡献奖"。

(刘博婵)

【征兵工作】 年内,有 71 名适龄青年登记入伍,19 名报名预征,5 名应征入伍。

(王加忠)

【整治地下空间】 年内,对百环家园小区 11 处人防工程开展专项清理整治工作。清退住宿人员 717 人,拆除小房间 794 间;清除建筑垃圾、废弃物 37 吨;清空人防工程 2 处,转作社区公益用房。

(王加忠)

【纪检监察】 年内,围绕区委、区政府折子工程和街道重点工作,对 5 个项目实施立项效能监察。完成第八届社区居委会换届工作、环境优美小区、环境优美大街和劳动就业指标等 4 项立项工作。

(李　曼)

【清权确权】 年内,按照区纪委要求开展清理确认涉权事项工作。将 6 个科室、1 个事业单位作为街道内部试点单位。规范职权目录 556 项,编制流程图 319 张,查找风险点 47 个,制定防范措施 45 项。

(李　曼)

【城市管理】 年内,联合执法部门开展重点区域环境整治。取缔无照经营 383 起,处罚 117 起;查处店外经营 143 起,处罚 36 起,查处露天烧烤大排档 31 起,暂扣桌椅 257 套,规范和取缔早点摊 74 起,无照收废品 23 起,汽车售货 8 起,暂扣无照经营三轮车 73 辆、自行车 5 辆,暂扣蔬菜水果 7500 余千克,规范门前三包 5400 余次,清理辖区无主垃圾 150 余吨,拆除各类非法广告牌匾 289 块,拆除违法建设 47 处,1040 平方米,办理各类信访件 34 件,督办件 367 件,网格件 5623 件,非法小广告停机 204 个,共计罚款 41500 元。

(张　超)

【百环家园小区环境治理】 年内,街道将百环家园小区整治列为年度工作重点。成立整治办公室,在对小区内廉租、群租房进行整治和拆除的同时,整治小区周边广告牌匾、无照经营、店外经营、非法小广告、门前三包、堆物堆料、玻璃招贴、违法建设等行为,改善小区环境。

(张　超)

【安全稳定】 年内,在全国"两会"、十八大、涉日维稳等重点时期,启动一级超常防控,落实"机关公务员、社区居干、公安民警、巡防队员、各类协管员、各类志愿者”的全天候、立体式防控网络。累计出动61110人次。落实等级防控，强化点位值守，实现了六个“零指标”任务。

(张　栋)

【城乡住户一体化调查】　年内，在劲东、劲西以及八棵杨3个社区34个样本住户内，开展城乡住户一体化调查工作。调查涉及城乡居民收入、消费及其他生活状况等内容，为制定城乡统筹政策和民生政策提供参考依据。

(刘　慧)

【网格化管理】　年内，为适应“全模式”监督考核工作开展，对网格办案件派发、核查人员及社区主任、卫生主任进行业务培训。成立环卫绿化管理站，加强环境卫生、绿化的监督管理，并协助处理有关网格案件。全年接收网格案件33600件，结案31159件，结案率99.7%。

(杨　洁)

【红十字会募捐】　年内，街道红十字会共募集善款23.42万元。

(孙大力)

【优美小区建设】　年内，完成磨房北里一区的优美小区创建任务。绿化补植1028.41平方米，小区新做铁艺大门2处，新做和修复铁艺栏杆460平方米，居委会广场北侧新增坡道15平方米，坡道两侧安装护栏；墙面粉饰粉饰约4000平方米，安装休闲座椅20套，晾衣竿57根；新建自行车棚55平方米；窗户封压型彩钢板900平方米。

(么亚波)

【抗震节能改造】　年内，农光里17号楼列为区抗震节能综合改造试点。自3月18日启动施工，至8月25日竣工验收。全楼新增面积630平方米，公共部位铺装硬化190平方米，绿化种植月季200余株，安装铁艺围栏36米，设铺设雨水管线32米，发放装修补偿款54万元。

(么亚波)

【防汛工作】　年内，修订完善街道防汛工作应急预案。成立应急小分队，召开地区房屋产权单位、物业公司负责人会议，部署防汛工作。检查处置地区危死树，巡查平房区易积水点位，准备潜水泵等防汛物资。成功应对“7·21”等汛情，保证了居民财产安全。

(么亚波)

【劳动监察】　年内，检查地区163家社会单位劳动合同和劳动用工情况。立案84件，处罚案件12起，处罚金额1.87万元。辖区各类企业劳动合同签订率116.16%，30人以下小型企业劳动合同签订率100.42%，各类企业劳动合同续订率100%。清理已办理社保登记而没有申报缴费单位30家，完成率100%，完成社会保险网上预登记10家，完成率100%。完成新增单位农民工参加5项社会保险5家，完成率100%。完成7家劳动和谐单位申报工作，为6名知情人员办理病困退手续，完成14名社会青年高考工作。对辖区50家企事业单位进行书面审查，完成800家单位信息更改录入。

(杨　洁)

【招录社区工作者】　年内，街道分两批新招录社区工作者23名。

(邱春玲)

【公共文化服务体系示范区创建】
年内，围绕文化部全国公共文化服务体系示范区创建标准，投入15万元保障劲松文体协会活动开展；启用占地780平方米尚竹雅社茶社、开辟1300平方米和谐雅园社区为文化教育基地；整合建成辖区6处街道文化广场(富顿广场、珠江帝景广场、华腾园北门广场、劲松五区公园、劲松二区公园、中国妇女儿童活动中心)，通过资源整合和后期建设，12个社区级文化活动室总面积达3480平方米，免费开放。辖区实现公共文化设施一刻钟服务圈全覆盖；建成2个“书香朝阳·24小时自助图书馆”，为街道、社区图书室配备图书5万余册；规范社区级、街道级文化队伍60余支，开展大中型文化活动200余场。

(邱春玲)

【社会保障】　年内，街道所有社区通过“充分就业社区”验收。其中劲松中社区被区人力社保局评为“充分就业示范社区”，实现失业人员提档就业911人，其中就业困难人员563人，登记失业人员就业率74.81%；开发空岗4000余个。失业人员参加技能培训139人，对2858名失业人员人进行职业指导，未出现“零就业”家庭。组织社会化退休人员开展各类活动10余场次，800人次参加，发放失业、养老、低保、社会救助等各类资金1554万元。办理“一老一小”参保3930人、“无业居民”参保544人、城乡居民养老保险参保400人。为辖区居民和社会百姓办理领取和补办社保卡4000余人次。超额完成各项工作指标，街道社保所继续保持“五星级社保所”荣誉。

(李善军)

【残联工作】　年内，192人享受低保待遇、312人享受残疾人生活补助。74人享受个人缴纳社会保险补贴，160人享受城乡居民养老保险补贴，1023人参加居民医疗保险；349人享受居家养老助残服务、49人享受阳光家园计划救助。174人享受残摩车燃油补贴，6人享受扶残助学补助，68人享受精神病人免费服药、住院报销。元旦、春节、助残日、国庆、中秋等传统节日慰问残疾人家庭365户次，投入救助款171万余元。办理残疾儿童机构康复补贴9人，成年智力残疾人机构康复补贴2人，免费配发小型辅具1人、儿童辅具3人，精神病人免费入住康复机构7人。新安置残疾人就业11人，参加职业技能培训38人，享受就业服务11人、职业测评2人，残疾人继续教育8人，长江新里程职业教育7人。

（史春凤）

酒仙桥街道

【概况】 酒仙桥街道位于朝阳区东北部。东至酒仙桥北路与崔各庄乡接壤，南至亮马河与东风乡毗连，西至酒仙桥路、将台路与将台地区相接，北到京顺路与东湖街道、望京街道相邻，辖区呈哑铃状，中间有酒仙桥路相穿。辖区面积5.3平方公里，有9个社区。户籍人口68190人，新出生450人，死亡261人；流动人口4721人。辖区有区属单位2家，医院4所，社区卫生服务站1个，社区服务中心1个，科研院所3个。中学3所，小学4所，幼儿园8所。年内，街道实现区级财政收入9.8亿元，同比增长12%。

地址：酒仙桥六街坊6号

电话：64309022

邮编：100016

邮箱：zuzhike64309020@sina.com

（韩惠清）

【新春团拜会】 1月5日，街道工委、办事处在798艺术区举办2011年文化节闭幕式暨新春团拜会。区人大常委会副主任朱春霞、副区长汪洋、中国社会工作协会副会长马学理，区委宣传部常务副部长高春利、副部长奚传斌，区社会办主任张永新、副主任刘红，区体育局局长马海鹰、798艺术区管委会常务副主任张国华、区文化委纪委书记吕玫等出席团拜会。地区市、区人大代表，社会单位主要负责人，地区派出所、交通、消防、工商、税务等单位负责人和社区代表350人参加团拜会。街道工委书记王春庆致新年贺词。观看专题片《情系民生谱华章—酒仙桥街道2011年工作纪实》。街道工委副书记、办事处主任崔少飞宣读《酒仙桥街道关于表彰文化体育工作先进单位、团队及个人的决定》。相声表演艺术家李金斗、李建华表演传统相声，区诗书画协会、武警三支队五中队以及部分社区的文艺爱好者演出节目。街道合唱团演唱歌曲。

（韩惠清）

【重新登记知青信息】 3月6日，对辖区知青信息情况进行全面摸底，由原来按知青毕业学校分类，扩展到按社区分类。559名知青的基本信息与社区、区人力社保局核实后，录入电脑保存。

（韩惠清）

【征求地区人大代表意见】 3月16日，人大酒仙桥街道工委与地区10名人大代座谈，征求对2012年重点工作意见和建议。办事处主任崔少飞向人大代表们通报2012年办事处工作要点。代表对年度工作要点给予肯定，表示愿意发挥自身优势，整合各方资源，支持地区经济建设和社会发展。同时，部署了年度人大代表培训、考察、调研、履职和述职等工作。

（韩惠清）

【社区党组织换届选举】 3月17日，街道进行社区基层党组织换届选举。选举产生8个社区党委，1个社区党总支，党委（总支）委员57名，其中书记9名，副书记13名，委员中有研究生学历2名，本科学历20名，大专学历19名。

（韩惠清）

【人口与计生工作会】 4月12日，街道召开地区人口与计划生育工作会议。区人口计生委副主任邢志新出席会议。街道处级领导、综合治理部门负责人、地区各单位领导及计生干部、社区干部、计生志愿者100余人参加会议。

（韩惠清）

【社区居委会换届选举】 4月12日至6月20日，开展街道第八届社区居民委员会换届选举工作。9个社区中，南路社区、怡思苑社区为户代表方式选举社区，其余7个社区为居民代表方式选举社区；9个社区全部差额选举，均一次投票选举成功。选举产生新一届社区居委会成员63人，其中主任9人，副主任12人，委员42人。当选人员中男性9人，女性54人；党员31人，占总数的49%；研究生学历1人，占1.6%，本科学历22人，占35%；专科学历26人，占41%；平均年龄42.5岁，最小年龄24岁，30岁以下6人，占10%；30岁至40岁16人，占25%；40岁至50岁30人，占48%；50岁以上11人，占17%。

（韩惠清）

【双拥共建文明站台揭牌】 5月15日，在酒仙桥商场车站举行双拥共建文明站台揭牌仪式。市公共文明协调办公室副主任王树智、区文明办副主任赵文杰、区民政局副局长谭孔辉、机场交通大队大队长谷海东，街道办事处主任崔少飞、副主任王玮，北京公交集团八方达客运有限责任公司服务部部长初建新参加揭牌仪式。街道工委副书记巴长瑞主持仪式。社区居干和武警北京总队九支队18中队的武警官兵及辖区居民参加揭牌仪式。仪式上，王玮代表办事处发言，并与共建部队交换《军民共建文明乘车站责任书》。与会领导共同向共建部队官兵们颁发“做文明有礼北京人”绶带，并为文明共建站台揭牌。

（韩惠清）

【劳动关系协调委员会成立】 6月14日，街道办事处召开地区劳动关系协调委员会成立大会。大会通过《酒仙桥地区劳动关系协调委员会工作章程》，地区劳动关系协调委员会组织机构向13位委员颁发聘书。街道办事处主任崔少飞、街道总工会主席郭惠、办事处副主任沈永胜及区人力社保局劳动关系科负责人参加会议。崔少飞阐述成立地区劳动关系协调委员会的意义，并对委员会成立后如何发挥作用提出希望。

（韩惠清）

【小学生法律知识竞赛】 6月14

日,街道司法所举办“夏日扬帆·法治领航”小学生法律知识竞赛活动。通过场上知识竞赛、场下知识问答,提高青少年遵纪守法意识和依法维护自身合法权益的能力。街道纪工委书记郭慧、武装部部长葛文辉,酒仙桥第二小学、酒仙桥中心小学、高家园小学、大山子小学4所学校部分师生等80余人参加活动。

(韩惠清)

【残联第六次代表会】 6月26日,召开街道残疾人联合会第六次代表大会。选举产生街道残疾人联合会第六届主席团委员,新一届委员会由15名委员组成,推选6名代表为出席区残联第六次代表大会代表。

(韩惠清)

【纪念建党91周年大会】 6月28日上午,街道工委在798－D·Park北京会所召开纪念建党91周年、创建全国文明城区表彰暨“红歌”演唱会。街道工委副书记、办事处主任崔少飞主持会议,街道工委副书记巴长瑞宣读“七一”表彰决定,纪工委书记郭慧宣读创建全国文明城区表彰决定。表彰了4个先进社区党委、26个先进党支部、100名优秀共产党员、50名优秀党务工作者和28名党员志愿者之星。街道工委书记王春庆讲话。表彰大会结束后,演唱了红歌。

(韩惠清)

【办事处成立五十五周年大会】 7月20日,在798艺术中心举办“情系酒仙桥,携手谱华章”——酒仙桥街道小红帽志愿者活动开展十周年暨街道办事处成立五十五周年庆祝大会。区委、区政府、区政协有关领导及街道工委书记王春庆、办事处主任崔少飞参加活动。王春庆致辞,崔少飞宣读《酒仙桥街道关于授予李溶等9名同志五星级“小红帽”志愿者和金桂荣等12名同志四星级“小红帽”志愿者荣誉称号的表彰决定》。播放纪念“小红帽”活动10周年纪录片,并进行文艺汇演。

(韩惠清)

【国学知识讲座开班】 8月2日,街道举办国学知识讲座班开班典礼。60余名国学爱好者参加典礼。讲座分10讲,分别为中国传统孝道、老北京叫卖、儒家之仁、儒家之义、中秋节、重阳节、儒家之礼、儒家之智、儒家之信和儒家之和。

(韩惠清)

【法制宣传教育活动】 10月25日,街道司法所联合社区,举行“喜迎十八大·践行北京精神·做讲法制守纪律北京人”主题系列法制宣传教育活动。

(韩惠清)

【高技能人才工作室挂牌】 10月31日,街道在七星集团举行北京七星华电科技集团有限公司高技能人才工作室挂牌仪式。街道办事处副主任沈永胜、七星集团人力资源部副部长朱连英等参加挂牌仪式。

(韩惠清)

【规模以上工业企业排查】 11月3日,街道办事处对44家规模以上工业企业进行摸底排查。经过筛查,确定13家单位参加区工业企业标准化活动。制定了《酒仙桥街道安全生产标准化试点工作方案》。

(韩惠清)

【低保、孤寡老人免费体检】 11月22日至23日 街道在华信医院为地区80名低保、孤寡老人进行免费体检。

(韩惠清)

【学习十八大精神报告会】 12月5日,街道工委举办学习十八大精神专题报告会,机关及社区干部参加。

(韩惠清)

六里屯街道

【概况】 六里屯街道位于朝阳区东部,周边与7个街乡相邻,东至京包铁路,与东风乡、平房乡接壤;南以二道沟河为界,与八里庄街道、呼家楼街道、高碑店乡相望;西至朝阳体育馆,与团结湖街道相邻;北以农展南路为界,与麦子店街道相邻。辖区面积4.4平方公里,下辖10个社区,1个筹备处。有常住人口48882户121044人,流动人口24566人,港澳台和外籍人口1282人。地区法人单位1316个,其中中央单位15家,市属单位38家,区属单位85家,事业单位56家。有医院9所,社区卫生服务中心1个、社区卫生服务站5个,社区服务中心1个。有大学1所,中学4所,小学3所,幼儿园4所。驻有北京画院、北京出入境检验检疫局、首都医科大学附属北京妇产医院北京妇幼保健院、中国音乐学院附中等单位。年内,在街道社保所和区投促局大厅设代征点2个,定期走访重点纳税单位,帮助企业解决实际困难,实现区级财政收入1.97亿元,代征小房产税1007.7万元。完成GDP 35.5亿元,年度任务为32.9亿元,超额完成全年任务的7.9%。

地址:甜水园北里17号楼

电话:65958641

邮编:100026

邮箱:liulitunjiedao@163.com

(唐　峥)

【社区党委换届选举】 3月7日至23日,10个社区党委采取“公推直选”方式进行换届选举,选出社区党委书记10名,副书记10名,委员54名,其中社工44人,达到党委成员总数的81%,3个社区吸纳优秀大学生社工党员,其中2名大学生社工党员当选为社区党委副书记。新当选的社区党委成员平均年龄45.62岁,比上届下降3.7岁;45岁以下人员26人,占当选人数的48%;大专学历以上的党委成员48人,占总人数的88%。

(唐　峥)

【志愿服务】 3月,成立“七彩雷锋志愿者队伍”,志愿者队伍增至37支。开展涉及环保工作、服务老人、服务儿童、社区安全、社会活动、功课辅导、社区调解、法律援助、慰问探访、服务伤残、社区调解等11项志愿活动。志愿者人数达1130人，志愿服务2000余次，近万人受益。

（唐　峥）

【社区居委会换届选举】 3月至6月，10个社区依法开展居委会换届选举工作。社区推选社区居民选举委员会成员76人，登记选民人数47925人（本市46921人、非本市1004人），划分640个居民小组，推选出新一届居民代表715人，推选常务居民代表90人，差额确定候选人75人。采用户代表投票社区3个，占参选社区的30%，比上届增加20个百分点，居民代表投票社区7个。户代表参选人数由上届的2319人，扩大到6868人，户代表人数规模扩大近两倍，户代表参选率92.2%。选举产生社区居委会主任10名，副主任10名，委员50人。男性13人，占当选人员的18.6 %；女性57人，占当选人员的81.4%。在职人员59人，占当选人员的84.3%；平均年龄44岁。社区新当选的成员中，具有大专以上学历的62人，占当选人数的89%，比上届提高15个百分点。新当选人员中党员40人，占当选人数的57%，比上届提高7个百分点。

（唐　峥）

【平安小区建设】 3月至8月，通过组织召开协商会、居民征求意见会，开展实地调研等工作，最终选定在道家园社区开展“平安小区”创建工作。为道家园社区安装102个门禁、1969个对讲分机及20个探头。协调维保公司对门禁、探头等随报随修，更换10个社区80个破损门禁，维护保养1210个存在故障的门。

（唐　峥）

【党建工作】 年内，在机关党组织、社区党组织、非公有制企业党组织中开展分类定级工作。制定基层党组织分类定级整改措施，规范党建基础工作。深化“创先争优”工作，召开纪念建党91周年“七一”表彰大会，表彰41个先进党组织，91名优秀党务工作者，174名优秀党员，101名党员志愿者之星，举办庆“七一”文艺演出。通过培训党委书记、党务专职工作者，党员观看电视片《人民的好儿女》等形式，分层组织党务培训，提升服务党员能力。

（唐　峥）

【干部队伍建设】 年内，组织16人次参与处级领导干部专题培训班，组织5人次参与科级任职培训，3人次参与初任培训，6人次参与市局执法培训，保证处级干部年度不少于110学时，科级干部年度不少于100学时的培训要求，提高干部队伍综合素质和服务能力。坚持“领导干部包社区制度”，班子成员率先垂范，深入社区、社会单位走访调研，以实际行动转变作风。力抓经典品牌，继续开展“转变作风，服务社区（居民）”思想大讨论活动，处级领导为居民办理实事50件。

（唐　峥）

【社会领域党建】 年内，制定商务楼宇服务站联席会议制度、党风廉政责任制度等，明确服务站人员的分工及职责，完善六站合一的服务模式。调整充实社会建设协调委员，新增成员单位11个。加强对恒泰大厦服务站的资金投入，配齐工作设施，完成楼宇服务站星级评定验收工作。开展“非公有制企业党建与企业文化建设研究”课题调研，组织参观“没有共产党就没有新中国”系列展览，开展“用心传递爱，互建共推北京精神”活动，体现“共驻共建、共享共赢”宗旨，促进地区文明建设和和谐发展。

（唐　峥）

【文明创建】 年内，与社区联合举办“道德讲堂”系列活动、北京精神“四进”品牌活动和十八大精神宣讲活动，全年组织活动100场，受益人群3万余人次。设计、制作宣传展板420块，宣传橱窗68面，制发《幸福六里屯》报纸24期。整理、撰写、报送精神文明申报材料5大类、17种，成功申报首都文明社区、区文明社区、区文明单位和区共建文明单位等项目。十里堡北里社区等4个社区被评为首都文明社区，六里屯北里社区等3个社区被评为区级文明社区，北京维拓时代建筑设计有限公司等4个社会单位被评为区级文明单位和文明共建单位。

（唐　峥）

【群团组织建设】 年内，地区工会组织新建19家基层工会，吸纳会员264人；举办六里屯首届职工文化节，完成企业缴纳工会经费申报率和缴费率双提高，实现建会企业劳资合同签订率、覆盖率达到85%以上。围绕“党建带妇建”、“党建带团建”工作思路，新建“家庭和谐指导站”10个，商务楼宇姐妹驿站1个，以及“两新”团组织18家；成立街道妇儿工委，完成街道及社区妇联换届选举工作；启动“2012年西部温暖计划”等活动，年受益5000余人次。

（唐　峥）

【党风廉政建设】 年内，加大监督检查力度，围绕践行“北京精神”，按照逐级考核、日常考核、每月抽查、情况汇总、科长例会讲评的月考核程序，对8项立项任务进行效能监察，制定完善12项制度，强化对干部的教育监督和责任追查。结合社区党委换届，重新调整社区纪委成员。做好清权确权工作，查找涉权事项681项，编制权力运行流程图377份，提升廉政风险防控质量，并以公园五号小区为试点，建立廉政文化辐射圈，营造区域廉政氛围。

（唐　峥）

【宣传工作】 年内，新闻媒体刊登稿件近210篇，其中国家级媒体刊登5篇、市级媒体刊登70篇，区级媒体刊登131篇，包括网络媒体120余篇，电视台、电台新闻40条。建立健康服务便民型街区、北京精神四进活动、十北社区文化公园落成、十八大宣传发动等工作在《北京电视台》、《北京日报》、《北京晚报》、《北京晨报》、《法制晚报》、《朝阳报》等市、区主流媒体上进行报道。“北京爱心妈妈”倪素娟入选搜狐社区第三届“感动中国感动网友十大母亲”,并评为“感动朝阳十大新闻人物”。

(唐 峥)

【老旧小区改造】 年内,按照市、区两级政府关于老旧小区改造的工作要求,地区将改造任务从计划的4.3万平方米增加到75万平方米,144栋老旧楼房,占全区改造任务的近四分之一。组织地区26家供暖单位成立供暖协会,创新供热企业独立管理与集中管理相结合、自我检查与联合检查相结合、政策法规与档案管理相结合、网上管理与基础数据管理相结合等管理模式,统一建立制式管理台账,工作信息全部公示,推行网络实时监控,提高供热服务水平,确保合格、安全供暖。实施“绿廊”、“绿景”、“绿家”三大工程,实现开窗见绿、出门享绿,绿化覆盖率达到51%的改造目标。促成地区物业自律协会,加快推进甜北8号楼准物业管理工作进程,完成甜水园8号楼绿茵改造,增加停车位8个,东方歌舞团院内增加停车位26个,共增加小区内停车位34个。以万科公园五号三期小区为试点,试行餐厨垃圾一体化处理,实现对垃圾分类工作每月、每周、每天的不间断宣传,安装现代化厨余垃圾处理设备1套,实现厨余垃圾不出小区的无害化处理,实现垃圾减量和回收利用,创出环境建设工作新亮点。

(唐 峥)

【环境治理】 年内,加强重点点位的环境治理力度,以打击违法建设、违法经营、违法生产,全面整治5大秩序(环境、交通、治安、市场、旅游秩序)为工作重点,加强区域环境整治,开展联合执法121次,重点查处、拆除11处3500平方米违法建筑;查处店外经营、无照经营、擅自摆摊设点1360余起;收缴非法小广告近2万张,拆除和规范户外广告及牌匾标识379块,罚款3万余元,地区环境和生活秩序整体提升。

(唐 峥)

【十北社区文化休闲公园】 年内,在区创建国家公共文化服务体系示范区建设中,街道与社区整合资源建成“十北社区文化休闲公园”。公园占地面积5200平方米,园区设有“24孝”文化墙、科普长廊、人口计生文化墙、无线天地、数字化图书阅览室、儿童乐园、健身器材等文体设施,是百姓休闲的文化乐园。投资500万元新建十北社区办公和文化活动室;协调收缴公园1872开发项目配套用房470余平方米,用于社区办公和文化活动室;配备大屏幕电子屏1台,为图书室增设11台电脑和触摸读报系统等硬件设备,图书阅览室总藏书达3662册,报刊、杂志67种,图书阅览室年总流通服务6万余人次。

(唐 峥)

【“六型社区”建设】 年内,将十里堡北里社区、碧水园社区定为试点先行社区,推进“六型社区”,规范社区管理。从服务居民、便利居民出发,在辖区内启动社区错时工作制。举办首届社工基本功大赛,创新社区干部队伍培训管理举措。完成接收公园1872项目700平方米行政配套房工作;组建甜水西园筹备组,新争取配套用房664平方米;测量社区39处办公用房,掌握基础数据。召开居民听证会、议事会、协商会等,引导居民参与社区事务。制作社区服务站门头、背板、社区引导牌、社区信箱等。逐一整改社区工作档案,两次迎检均达标。

(唐 峥)

【公共服务】 年内,所辖社区安装9台“健康教育信息平台”,实现健康教育知识全覆盖。建立居民家庭健康档案36338份,建立个人健康档案79779份。街道依托地区医疗单位,创建健康便民服务型街区,培训家庭保健员313人次,开展“三大健康服务项目”、“八大健康工程”,举办“爱在我身边”、“和谐在身边”、“团结在身边”、“奉献在身边”系列主题活动46次。围绕“健康日”、“公益日”开展适龄妇女两癌筛查、脑卒中筛查、65岁以上老年人、地区流动育龄妇女、精神病人、外来务工人员等3000余人次进行免费体检、口腔健康保健等医疗服务活动。

(唐 峥)

【拓展便民服务新空间】 年内,道家园社区“农社对接”便民菜站挂牌营业。六里屯北里社区、八里庄南里社区、十里堡北里社区、炫特家园社区“农社对接流动便民服务车”投入使用,解决老年人、残疾人购物难问题。把节日期间走访慰问与日常帮扶相结合、把物质资助与技术扶持相结合、建立帮扶长效机制,各类补贴及时发放到位,按政策向残、困等特殊群体发放各类津贴补助700万余元。实现再就业826人,开发空岗4398个,与39家用人单位建立长期合作关系。

(唐 峥)

【文化建设】 年内,召开地区文化工作研讨会,明确街道2012年地区文化工作发展思路:一是继续推进文化工作重心向社区下移,重点开展十北文化公园建设,对棕榈泉、公园5号等小区实施文化环境改造;二是继续开展好“百姓艺术节”、“夏日文化广场”等大型特色文化活动;三是强调发动居民和社会单位,以“和谐文明”为主题,开展特色文化活动。投资10万余元统一设置社区宣传橱窗,投资50余万元委托专业公司定期更新宣传内容,使10个社区宣传工作实现均等化、特色化。发挥街道和社区网站、《幸福六里屯报》核心载体作用,搭建和深化楼宇文化宣传平台,依托“幸福六里屯信息栏”,推进“一刻钟文化便民服务圈”,加强“特色文化家庭”和“特色楼幢”创建工作。重新装修秀水园社区宣教中心,用于“红丝带”志愿合唱团使用;新建十北社区办公和文化活动室,回收“公园5号”700余平方米出租房,收缴“1872”项目开发配套用房470余平方米,用于社区办公和文化活动室建设。建设数字文化社区2处,增设11台电脑和触摸读报设备,升级街道文化中心网络系统,真正实现数字文化社区无线网络全覆盖。组建诗书画协会、民间手工艺术协会、舞蹈模特协会等10支特色文体团队,开展“一节三演四评五赛”活动。组织地区红歌会、国声京剧团慰问演出、《沟通中的文化和礼仪》讲座、践行“北京精神”报告会等文化活动,1万余人次参加活动。

(唐　峥)

【人口与计生】 年内,以“文明朝阳幸福家庭”为主题,利用“5·29”、“7·11”、“9·25”、“10·28”等纪念日,开展生育文化宣传活动。举办幸福家庭才艺展,开展家庭运动会、“和谐杯”乒乓球比赛、“月圆、日圆、人团圆、家和谐”文艺汇演、“让家庭健康和谐”主题义诊活动,启动“家庭的希望、幸福的起点”婴幼儿早期教育活动;组织开展以“关注外来人口、关心男性健康”为主题的宣传活动,开展“关爱流动人口、普及生殖健康”咨询义诊。办理生育服务证、独生子女证、生育服务联系单等证件1.2万件;办理、发放独生子女相关费用75万元;为街道283户特扶、低保家庭办理安康计划保险;为140户失独家庭办理暖心计划保险;发放叶酸112盒,发放新婚大礼包51个,组织26对新婚夫妇参加孕前优生健康检查。

(唐　峥)

【劳动保障】 年内,规范单位生产经营行为,检查生产经营单位375家,查处事故隐患738条,行政处罚22家单位。创建和谐劳务用工环境,开设劳动纠纷调解室,主动为农民工维护合法权益,采取多部门联合服务的方式为其生活提供便利,尽力消除劳务纠纷。地区劳动合同签订率完成率109%,续订率完成率116%,检查单位数390户完成率390%,监察立案90件完成率107%,处罚案件12件完成率100%,清理社保空户30户完成率100%,新增民工参加保险完成率100%。超额完成全年各项指标任务。

(唐　峥)

【综合治理】 年内,在各重要时间节点,发动社会面防控力量5万余人次,组织安全隐患排查25次,组织联合执法56次。采用摆放隔离墩、划定警戒线等方式,规范丽水嘉园东南角和东百发市场车辆乱停乱放行为;加大违法停车处罚力度,停车秩序规范管理贴出罚单10365张,改善路侧停车秩序;收缴路侧停车占道费99294元。组织职能部门开展可燃物清理、清剿火患等消防安全大检查29次,查处安全隐患75处,现场纠正25处,签发隐患整改通知书46份。成立30人组成的食品安全监督员队伍,对六北速冻水饺加工小作坊无证生产经营予以查封取缔。开展餐饮门店集中整治50余次。对地区1633只犬开展疫病免疫工作,动物疫病免疫率达100%。做好预防煤气中毒工作,由办事处出资购买并向居民发放报警器、拐脖、风斗等设施,加强煤气中毒工作管理和宣传,确保地区不发生煤气中毒事故。加强对流动人口、出租房屋安全检查,做好人员流动工作台账,对地下空间、人防工程确保检查到位,签订安全责任书达到100%。

(唐　峥)

【十八大安全保障】 年内,加强社会面防控,确定地区84个点位,日均组织2800余名“红袖标”志愿者上岗执勤。制定十八大安保方案和总体应急预案,每日召开会商会,加强重点人地事排查、加强信息沟通。开展联合大检查27次,查处安全隐患70余处,确保十八大期间地区社会环境稳定。对26名社区服刑人员和118名刑释解教人员走访谈话。检查重点单位26家、六小门店1138家。查处无照经营27起,没收散发张贴小广告1600余张,拆除违规牌匾4块,条幅3条,规范施工工地扬尘1起,规范门前三包单位24家。

(唐　峥)

【社会救助】 年内,审批临时救助23人次,发放救助金21.4万元,医疗救助361人次31.2万元,比上年增长30%;为占地超转人员472人次发放工资82.1万元,药费报销184人次39万元;地退优抚军退人员500人次147万元;高龄老人津贴472人次20万元;医疗救助335人次47万元;丧葬补助46人次23万元;为低保户办理清洁能源自采暖补助51户6.9万元;燃煤自采暖补助79户3.1万元;办理“三无”人员2名;爱心家园救助物资发放551人次,救助金额12万元;办理老年优待卡893个,办理小帮手458个。完成78户低保困难家庭的热水器安装。在10个社区中开展评选幸福家庭、幸福老人、孝星和优秀为老服务员工作。表彰10户幸福家庭、10户幸福老人、10名孝星和8名为老服务单位优秀服务员。

(唐　峥)

【调处矛盾纠纷】 年内,加强重点事件处理,开展地区性矛盾纠纷排查15次,调解矛盾纠纷307件,调解成功率98%。约谈重点人82人次,走访慰问重点人46人次,办理群众来信758件,902件信访请求如期办结率100%,调处成功率96%。妥善处理“亿霖木业”案件善后清退工作,十北小区、1872小区停车纠纷,“廖丹诈骗医疗费案”等问题。

(唐　峥)

【司法行政】 年内,组织新接收社区服刑人员参加区司法局组织的法制教育培训15人次,排查走访两类人员140余人次,接待当面报到300余人次,电话报到1300余人次,个别教育45人次,心理咨询8人次。结合地区实际,开展法律援助实施三周年、文化健康服务街区创建宣传、重阳节敬老送法等多种形式宣传活动12次、发放宣传材料5000余份,受教育群众8000余人次。开展针对外来人员的"春风送暖"、针对青少年的"夏日扬帆"、针对普法志愿者相关的"金秋送法"以及"12·4"法律宣传日"情暖寒冬"、"四季行"等法律宣传主题活动 。加强两类人员管控,做到底数清、情况明,全年重新犯罪零人,脱管失控零人,刑释解教人员帮教率100%。

（唐　峥）

麦子店街道

【概况】 麦子店街道位于北京商务中心区(CBD)延伸带——燕莎商圈。东起东四环,南临朝阳公园南路、农展南路,西至东三环,北接机场高速。辖区面积6.8平方公里,下辖5个社区,总人口46287人,其中常住人口27494人,流动人口18793人。辖区有来自全球92个国家和地区的外籍居民7006名,占常住人口的25%,在地区工作的外籍人约2000人。外籍人按人口数量多少排列依次为日、英、韩、美、德、俄、法等国。地区具有涉外主体多元化的典型区域特征。有美、法、日、韩等使馆(第三使馆区)和以上合组织、中国·东盟中心为代表的国际组织,有以德国小学、加拿大国际学校为代表的国际教育机构3家,有宝马汽车、现代投资等世界五百强企业,有外国驻华机构、办事机构,以外资企业600余家为代表的涉外经济体是麦子店国际大家庭的重要成员。另有学校6家,社区卫生服务中心1个。年内,开展异地纳税企业回迁工作,引进中海油等企业,实现区级财政收入23.6亿元,同比增长50.8%。征收房产税1.8亿元。街道圆满完成年初确定的各项任务,地区经济实力逐年提升,城市运行平稳有序,社会环境更加和谐,国际化区域发展迈上新台阶。通过国际安全社区和全国安全社区考评验收。取得市级先进7项、区级先进14项。

地址:朝阳公园西里南区6号楼
电话:58260700
邮编:100125
网址:http://mzdjd.bjchy.gov.cn

（叶　超）

【中外居民过大年】 1月19日,由街道办事处、共青团北京市委员会、市外事办公室、市青年联合会、市青年国际交流促进会、朝阳区政府及朝阳团区委联合举办"我在北京过大年暨2012年麦子店地区第八届中外居民过大年"活动。团市委副书记杨海滨、副区长张立新、博茨瓦纳驻华大使乔治以及外交部团委、团中央国际部和部分驻华使馆等相关单位负责人出席活动,地区近200名中外居民代表参加活动。

（叶　超）

【问政座谈会】 3月16日,召开"问政座谈会"。社区居民代表、外籍人士代表、社会单位代表、人大代表、律师代表、街道班子成员及机关干部65人参加座谈会。座谈会总结"问政2011""一五一十"工程完成情况,问计2012年"一五一十"工程实事项目。年内通过6种形式11个渠道搜集问需意见建议,归纳、梳理、登记有效建议362条,在此基础上,召开建议案初选协商会、街道办事处主任办公会和问政座谈会,确定5类15项实事项目。其中,环境改善类5项、社会事业类2项、交通出行类3项、社区服务类2项、国际化社区建设类3项。

（魏　东）

【国际化社区建设调研】 4月23日,中央外办副主任、机关党委书记裘援平等领导到街道,调研地区国际化社区建设及外国人服务管理工作。市外办主任赵会民,区委书记陈刚等领导陪同调研。8月13日,区委副书记、代区长吴桂英,区委常委、宣传部部长、统战部部长谢莹,副区长苑文新一行到街道调研。

（叶　超）

【社区两委换届选举】 5月13日,街道作为全区社区"两委"换届选举试点之一,完成第八届社区党委、居委会换届选举工作。选举产生新一届"两委"成员72名,委员人数比上届增加6名,调整人员约84%;平均年龄比上届下降4岁;大专以上学历人数由上届的69%上升到86%;除朝阳公园社区党委书记和居委会主任是一肩挑外,其他社区均为专职书记和主任。

（郭爱华）

【残联代表大会】 5月16日,召开地区残疾人联合会第六次代表大会。选举产生街道残疾人联合会第六届主席团成员。区残联副理事长杨泰峰出席会议,街道办事处主任董健参加会议并讲话。

（张谊宣）

【归侨代表大会】 5月18日,召开"麦子店街道第四次归侨代表大会"。选举产生新一届侨联委员5名。区侨联秘书长、办公室主任刘玉安,街道纪工委书记邢等超出席会议,地区30名归侨代表参加大会。

（李建芳）

【统战工作】 5月31日,市委常委、统战部部长牛有成,市委副秘书长赵金玉和区委书记陈刚等领导,到街道调研统战工作。听取街道工委书记刘勇就新形势下麦子店街道创新开展统战工作情况汇报。

（唐　丽）

【国际社区文化节】 6月10日,举行"2012年麦子店地区国际社区文化节开幕式暨国际化社区民俗周巡演”。14支花车方阵参加巡演,方阵成员由地区社会单位、表演团体、模范代表、外国大使等不同身份的居民组成,其中有7支代表队由外籍人士组成,集中展示弘扬、践行北京精神和社会服务管理创新成果。区领导程连元、谢莹、贾颜翎、张立新、苑文新及相关委办局领导和地区部分使馆大使、参赞等与地区近千名中外居民一同参加活动。

(叶　超)

【基层党建工作创新项目奖】　6月27日,在朝阳区社会领域创先争优活动表彰大会上,街道获“优秀基层党建工作创新项目奖”。

(赵建国)

【纪念建党91周年大会】　6月29日,街道工委召开纪念建党91周年暨创先争优表彰大会。大会表彰地区先进党支部9个、优秀党务工作者10名、优秀党员45名。地区200余名党务工作者及党员代表参加大会。

(唐　丽)

【接待新加坡考察团】　7月2日,新加坡公共服务学院教授、西南社区发展理事会理事林顺福到街道调研社区建设工作。先后参观枣北社区居委会和社区服务中心。10月31日,新加坡国家社区领袖学院院长张秋水带领学院成员40余人,到街道养老助残中心考察养老服务工作,并与中心的老人和工作人员互动。

(唐　丽　张谊宣)

【第19个非公企业党支部成立】　7月11日,街道第19个非公企业党支部泽信控股集团党支部成立。街道工委向泽信控股党支部授牌、授旗,并为党员颁发共产党员责任岗位牌。

(赵建国)

【应对“7·21”特大自然灾害】　7月21日,北京地区遭遇强降雨,街道启动应急预案,紧急部署地区防汛工作,地区22名抢险应急队员全部到岗,抢险设备全部到位,实行24小时领导带班、科室值班制度,地区未出现重大险情和人员伤亡。

(白广冀)

【问政工作办公室成立】　7月25日,街道问政工作办公室正式成立。

(魏　东)

【廉政建设】　8月10日,区委常委、区纪委书记宋铁健到街道调研党风廉政建设工作。街道工委书记刘勇及班子成员出席会议。刘勇汇报街道落实党风廉政建设责任制、进一步深化廉政风险防控管理情况及“问政于民”和“推进国际化社区建设”工作。宋铁健肯定街道党风廉政建设工作并提出建议。

(庞春红)

【民政工作】　8月27日,市民政局局长助理蒋志强到街道调研老年工作,参观老年日间照料室和老年餐厅等,并与日间照料室工作人员和老人们座谈。街道办事处主任董健介绍地区基本情况及老年工作开展情况,蒋志强对街道老年工作给予肯定。

(郭　敏)

【防灾减灾培训】　8月31日,街道成立由社区居干、物业管理人员、警务工作站协警等30余人组成的救援队,在昌平区防灾减灾培训基地进行为期2天的专业培训,培训人员全部合格并颁发结业证书。

(郭　敏)

【农南社区门球队获冠军】　9月1日,在北京市门球锦标赛总决赛中,街道农展南里社区门球队获冠军。

(郭爱华)

【人大工作室成立】　9月12日,地区在枣北、霞光里、枣南、朝阳公园、农南5个社区居委会挂牌成立人大代表工作室。街道以社区创建人大工作室为契机,以原有人大办公室、信访访谈室为依托,在完善人大制度建设的同时,设置代表工作室,方便群众面对面与代表沟通,反映问题,同时也为代表提供学习、活动、交流场所。

(张亚平)

【涉日维稳】　9月15日至23日,因日本政府购买钓鱼岛事件,引发中国民众强烈不满,连续多日在日本驻华使馆门前抗议游行,在亮马路、好运街等路段,形成举标语、呼口号的人流,人数最多时约4万人次。期间,市、区两级政法部门在地区21世纪饭店设立涉日维稳指挥部,每日约有万余名安全专业力量维护秩序。街道主要领导和主管领导24小时值守指挥部,以日本、美国大使馆周边为重点,按照燕莎桥、三元东桥、天泽路、枣营路4个路口和好运街、麦子店西街2个街区分布力量。地区每日有街道干部及社区志愿者约500余人在岗(仅本单位)。期间,关停涉日饭馆19个,对41个涉日企业由主管部门逐一进行检查、督导、提示,并明确每个单位门口不少于2名志愿者警戒,确保区域内无日式餐馆被砸抢、无涉日机构被冲击、无日籍人员被伤害事件。

(刘家红)

【百家幸福家庭】　9月25日,在区“百家幸福家庭”评选活动中,街道王福荣、唐俊萍两户家庭被授予“百家幸福家庭”称号。

(郭　敏)

【消防运动会】　11月6日,举办消防运动会。孔乙己、花舍咖啡、美景酒店、普临物业等9个单位参加,比赛设有灭火器折返跑、消防带接力跑和伤员救助等三个项目。

(李　京)

【上海市妇联考察垃圾分类】　11月20日,上海市妇联副主席朱鸣一行40余人,到街道实地考察垃圾分类工作。区妇联主席李洁、区市政市容委副主任韩军分别介绍区垃圾分类工作情况,街道办事处主任董健介绍街道垃圾分类工作情况并进行交流。

(白广冀)

【参加全国安全社区建设工作会】　11月21日至22日,麦子店街道副主任常放代表街道参加在西安召开的“2012年全国安全社区建设工作会议暨国际安全社区命名仪式”。会上,亚洲安全社区网络中心主席、香港认证中心主席邓华胜与麦子店街道办事处常放签署《安全社区网络成员协议》,并授予麦子店街道国际安全社区牌匾、国际安全社区会旗。这是麦子店街道再次被评为“国际安全社区”。

(刘家红)

【国际化社区建设】 12月13日,在市委组织部、市社会工委举办的街道办事处主任培训班上,街道办事处主任董健代表朝阳区作以“积极实践社会管理创新 扎实推进麦子店国际化社区建设”为题的典型发言。市社科院专家马仲良对街道“问政引领,确立国际化社区建设的品格;优化环境,提升国际化社区建设的品位;强化服务,营造国际化社区建设的品质;文化融合,塑造国际化社区建设的品牌”做法给予肯定。年内,“以麦子店为试点,探索国际化社区服务的社会管理新模式”被列入2012年区政府折子工程。

(叶　超　马　冉)

【国际社区服务中心建设】 年内,建设街道国际社区服务中心。中心位于朝阳公园路甲11号(J8号楼)。建筑面积6600平方米,其中1100平方米为国际社区服务中心,分地上两层、地下一层,中心一层的功能定位是“政务服务、信息咨询”,包括政务服务区、信息服务区、阅览区等;二层与地下一层的功能定位是“交流培训和各类文、会、展、商服务”。其中二层包括功能厅、培训室等;地下一层包括小剧场、形体房等。中心设计借鉴国外此类机构的功能定位,体现了首都开放、融合、自然、艺术、包容、中庸的特点,达到具备接待人群国际化、服务理念国际化、功能配套国际化、设计风格国际化的“四化”特征。

(叶　超)

【双语标识整改】 年内,开展辖区主干道、社区牌匾标识建档校对整改工作。完成13条街道261块双语牌匾标识的建档工作,建立了包括插页照片、地址、中外文字、校对明细以及整改结果等信息档案资料。

(叶　超)

【双语电子信息服务地图】 年内,按照国际通行惯例,设计制作以地图设立地点为圆心,分别以步行5分钟、15分钟路程为半径的地区双语电子信息服务地图。

(叶　超)

【发放《美食译苑》光盘】 年内,发放市外办编印的《美食译苑》光盘,为餐饮单位提供标准的中英文对照菜单。

(叶　超)

【优美环境示范大街建设】 年内,建成朝阳公园路、朝阳公园南路、农展南路、亮马桥路4条市、区级优美环境示范大街。

(白广冀)

【外籍人员服务队伍成立】 年内,强化外籍人员服务管理工作,成立由专职外事协管员、外籍人员组成的信息员队伍,针对外籍人员在辖区分布区域、分布数量、个体特征及参与社会事务意向,对长期居住的外籍人员采取“一委、一站、两机制”的常态管理模式;对散居、短期居住的外籍人员采取“来即登记、住即掌控、走即核销”的精细管理模式,推进国际化公共服务体系建设。

(叶　超)

【“网络麦子店”建设】 年内,设立国际社区服务热线、社区服务网,推动虚拟社区建设,开通社区服务英文网页,发布涉外公共和便民服务信息;增加地区“小呼叫”英、日文语音服务,受理外籍居民热线呼叫,提高街道信息化服务水平和办公效能。在社区报《读麦周刊》上增设《双语乐园》英文专栏,依托每周一期2万余份的发行量,扩大信息服务渠道,深化文化交流,营造多语言文化氛围。

(尉全金)

【中外居民语言培训】 年内,通过引入项目化管理,引导社会组织和志愿者共同开办“汉语班、英语角”,日、英、法、意等18个国家的166名外籍人员参加语言培训、文化体验及户外活动。

(叶　超)

【国际文化交流论坛组织成立】 年内,由街道办事处牵头,整合涉外资源,成立以使馆、涉外机构、涉外公寓、外籍志愿者组织、文化机构为成员单位的“麦子店国际文化交流论坛”组织。

(叶　超)

潘家园街道

【概况】 潘家园街道位于朝阳区东南部,东与南磨房乡、十八里店乡相接,南与丰台区相邻,西与东城区隔河相望,北与劲松街道相连。辖区面积3.4平方公里,常住人口13.7万人,流动人口3万人,分12个社区。潘家园旧货市场、北京古玩城、天雅古玩城、河南大厦、陕西大厦、广西大厦坐落其间。辖区有中、小学校、幼儿园11所,有中国医学科学园肿瘤医院、肿瘤研究所、北京工业大学研究生院、北京眼镜城等中央、市、区不同隶属关系的企事业单位1400余家。年内,街道本着加强管理、讲求效率和有利于服务的原则,发挥物业公司积极性,通过收集企业基本情况,建立写字楼企业信息库,了解写字楼租售及闲置情况,为引税工作打好基础。通过梳理辖区内87处大厦、商业、服务业企业的房产权属状况,与地税所对接了解房产纳税地等情况,为规范纳税行为奠定基础。全年完成区级财政收入18604.7万元。其中代征个人出租房屋税款996.61万元。

地址:松榆里43号楼

电话:87381916

邮编:100021
网址:http://pjyjd.bjchy.gov.cn

（王太成）

【社区党委换届选举】 2月至3月，完成党委换届选举工作。12个社区党委按照“公推直选”程序，完成换届选举。地区实有党员6817人，应参加选举党员1311人，实际参加投票选举党员1246名，投票率95.04%。选出新一届社区党委66名委员，平均年龄49.1岁，大专以上学历52人，占总数的78.79%；社区党委副书记11人，其中本科以上学历5人，平均年龄48岁，与上届持平。12个社区党委全部推行大党委制，选举产生慈铭体检中心、武圣庙小学等24个席位制委员。

（王太成）

【文明程度指数测评】 年内，开展迎接文明程度指数测评工作。根据测评内容和特点，对测评体系中5个测评类别、30个测评项目、95项测评内容进行细化分解，印发测评任务分解书和档案材料提交一览表、实地考察任务分解，制定迎检工作方案，做好全面迎检工作。落实处级领导包社区、科级干部包大街，社区干部包楼院制度，加大宣传力度，营造良好社会氛围。完成2次模拟测评和中央文明委的实地考察验收工作。

（王太成）

【公民道德建设】 年内，加强公民道德建设。开展第二届道德模范评选表彰活动，评选出社区文化传播者王景义等10名公德人物。开办道德讲堂，街道和12个社区分别成立道德讲堂。举办活动117次，参与群众2万余人次。继续开展创建公共文明示范一条街引导服务，形成部门联动、社会共建、市民参与的发展态势，大力倡导绿色出行、文明礼让社会风尚。

（王太成）

【城市建设与管理】 年内，做好“优美大街”和“优美小区”创建工作。在龙潭小区和西大望路分别开展创建优美小区和优美大街活动。整治道路2600平方米，补种绿植1.2万余株，增加停车位40个。优美大街通过验收，优美小区参加市环境优美小区评选，排名第4位。推进老旧小区改造。投资500余万元改造华北南小区道路，改造绿地4000余平方米，铺装道路3000余平方米，拓展停车位100个。修复小区道路2.2万平方米，铺装甬路1.5万平方米。综合治理地区秩序。查处无照经营780起、查扣黑摩的718辆、收缴非法注广告2万余张、规范门前三包单位420家、罚款10万余元。在“打非治违”工作中，完成区挂账任务2900平方米。加大劳动用工监察力度。妥善处理北工大供暖工程、天雅古玩城、君汇古玩城装修等4起集体讨薪事件。巡查社会单位205家、立案94起、处罚12起，超额完成劳动监察指标任务。提升全模式管理水平。严格落实地区《网格化管理考核办法》，对区网格办下达的任务承办单，迅速派发，及时督办，彻底解决。

（王太成）

【社区居委会换届选举】 年内，完成社区居委会换届选举工作。松榆东里、华威里和潘家园3个社区进行户代表直接选举，其他9个社区实行居民代表选举。12个社区共登记选民53311人，均按时张榜公布，接受居民监督。按照“等额提名、差额确定”的原则，根据提名票数的多少，确定各职位的正式候选人。各社区选举过程平稳有序，一次成功选举新一届社区居委会成员74人，其中主任12人，副主任12人，委员50人，实现新老居委会平稳交接过渡。

（王太成）

【社工队伍建设】 年内，新招聘39名大学生加入社区工作者队伍，社区工作者增加到172名，其中大专以上学历149人，平均年龄45岁。

（王太成）

【社区建设与服务】 年内，开展“六型社区”和规范化社区创建工作。松榆西里、松榆里和华威西里社区作为“六型社区”建设示范点，松榆西里、华威北里、华威西里和潘家园东里社区作为规范化社区创建示范点，在市区组织两次综合考评验收中名列前位。“两个创建”工作取得初步成效。改善社区办公条件，投入资金120万元，装修改造潘东、华北和松西社区办公用房，规范12个社区服务站门头、门牌、信箱和引导牌，更换7个社区办公桌椅和电脑，装修华北、武农、潘东3个社区居民活动站，使社区居委会软件、硬件建设均迈上新台阶。建立社区工作者培训基地，与北京工业大学、区社会办在松西社区建立“培训与实践双基地”，为社区工作者学习成长搭建平台，提升社区服务和管理水平。

（王太成）

【准物业管理】 年内，对松西东小院实行居民自治式物业管理。加大扶持力度，改善小区硬件设施，为松榆西里社区东院小区实施路平工程，安装监控设施，更新小区大门，对小区实行全天候封闭管理。成立居民自治小组，选举产生5名居民自治小组成员。制定《居民自治小组自治章程》、《居民自治小组财务管理制度》、《居民自治小组工作纪律》、《居民自治小组工作原则》等规章制度。坚持周例会制度，对每月财务状况进行公示，增加自治小组工作透明度，接受群众监督。提高小区自治管理水平，停车管理规范有序。小区停车实行统一登记，统一收费，统一管理，增加停车泊位，解决居民停车难问题。小区封闭管理后，实现了治安“零发案”目标。

（王太成）

【安全稳定】 年内，街道完善《潘家园地区处置突发事件应急预案》和各种工作方案，加强消防和安全生产、防灾减灾教育、日常监控监视、信息收集分析、动态巡查督查，确保应急处突正常运行。在全国“两会”、涉日维稳、国庆安保和十八大保障工作中，充分运用“1＋6＋12”运行保障机制，动员社会力量46740人次，投入安全稳定工作中。强化矛盾调处化解，做好各类重点人员的管控和疏导。开展法律宣传18次，接访群众500人次，调解矛盾纠纷962起。在“亿霖木业”善后工作中，涉案人员158名，应清退款项200余笔，清退率达到91.5%。开展安全生产检查610次，检查生产经营单位416家，检查地下空间、出租房屋420处，下发整改通知书78份，消除安全隐患167处。升级改造门禁系统100个，维修保养门禁系统1568个。投入10万余元建立少数民族群众务工经商服务管理联系点。组织防灾减灾培训3次，开展应急逃生演练、人员密集场所防踩踏体验12次。在应对“7·21”特大自然灾害和防汛工作中，140名应急小分队成员分赴各部位排查险情，对区域内道路积水点、倾伏树木和300间低洼地下室进行排水除险，保障居民群众生命及财产安全。

（王太成）

【惠民工程】　年内，实施“惠民工程”。完成为民解忧办实事86件，对松榆里公园实行封闭式管理，解决噪音扰民、扰序等老大难问题。为5个社区安装路灯87盏，解决居民夜间出行难问题，节约区级经费358万元。吸引265个服务商加盟“一刻钟社区服务圈”，设立“农社对接”点5处，设立便民早餐车17处。争取资金25万余元与空军劲松干休所建立“革命传统和爱国主义教育基地”。规范提质10家老年人餐桌单位，为163户老年人家庭安装卫生间扶手。募集慈善捐款25万元，接待爱心救助卡困难家庭1846人次，发放救助物品13475件。

（王太成）

【“夕阳红驿站”建设】　年内，在松榆西里社区东小院小区建成“夕阳红驿站”，面积430平方米。设有日间照料室、书画学习室、图书阅览室、棋牌娱乐室、老年人餐桌、多功能办公室等。为老年人提供健身锻炼、文化娱乐、技能培训、科普教育、心理辅导、慈善互助等公共服务。每月能为1500人次老年人服务。

（王太成）

【拆除沼气包】　年内，拆除松榆里社区内11个沼气池大包。原有的每个气池包面积100平方米，距离居民楼最远为20米，最近为10米。是上世纪90年代初小区的配套设施，原设计用途为化粪池，曾发生过多起沼气泄露引发的爆炸事故，11个沼气池被居民称为社区的“定时炸弹”。街道呼吁市、区相关部门，多方联络市、区人大代表、政协委员了解情况。经街道与区安监局、区环保局、区管委、区建委、区公安消防支队、首都开发控股集团、区房管局劲松房管所、北京房修一物业管理有限四分公司等相关单位调查、协商，6月底，11个沼气池全部拆除、填埋。在旧址上铺设地砖，添置圆桌、石凳和长椅，在四周栽种黄杨、连翘、冬青等花灌木以及乔木，新增绿地8000平方米，新建自行车棚3个，硬铺面积达到1万平方米，原11个沼气池成为形态各异的街心小花园。

（王太成）

【文化活动】　年内，加强公共文化服务体系建设。建立首都第一个数字文化社区——“潘家园数字文化社区”，并获文化部颁发的“全国文化信息资源共享工程公共电子阅览室示范点”称号。市首个数字社区落户街道图书馆，面积近700平方米，设有数字文化社区展示平台、电子阅览区、未成年人阅览体验区、新书推荐区、报刊阅览区、自习区、传统图书阅览区等。馆藏资源在原有基础上增加了300万册电子图书、近万种电子期刊、全国文化信息资源共享工程等在内的数字资源。居民可免费体验、享受电视阅读、视频点播、触摸读报、移动阅读、无线上网等新型阅读形式。街道图书馆及数字文化社区成为集“图书馆、电子阅览室、全国文化信息资源共享工程基层服务点、数字文化社区”为一体的综合性公共文化服务设施。街道不断加大公共文化设施投入，成立“文体协会”，下设10个分会，开展第二故乡过大年、夏日文化广场、金秋艺术节、邻里文化节、“古玩城杯”乒乓球比赛。合唱队、舞蹈队、民乐诗书画社和戏曲分会多次代表街道参加市、区演出，争取市、区相关部门资金支持160万元。开展文体活动150场，举办文明道德讲堂20次。地区社会建设协调委员会下属10个分会，开展10项以“文化提升素质、艺术陶冶情操，文明构建和谐，服务促进发展”为主题的活动，包括“康源杯”养生美食厨艺大赛、古玩艺术品博览会、“古玩城杯”乒乓球赛、红色收藏展、戏曲沙龙、邻里文化节、健身舞蹈合唱展示等，吸引了地区1000余家单位、10万余人次参加。

（王太成）

【社会保障】　年内，投资150余万元扩建再就业服务中心办公大厅。开发就业岗位5700个，实现就业转档1189人，就业率完成65.24%，均超额完成任务指标。发放抚恤金、低保金、救助金等1611.9万元，为46户残疾人家庭改造无障碍设施。关心关爱失独、残疾和独子家庭，最大限度给予帮扶，共扶助85人。完成红十字募捐及培训任务，投入1.5万元为康复站30名残疾学员购置服装，为残疾人解决生活、康复、子女入学、就业等方面的困难。

（王太成）

【党建工作】　年内，实施基层党组织负责人素质提升工程。先后3次组织开展大规模封闭培训，对90名社区党委成员和90名基层党支部委员进行政治理论素质、业务技能和党务工作流程等培训。完成基层党组织分类定级和整改提升工作。按照基层组织建设年的要求，对12个社区党委和90个居民党支部逐一进行分类定级。通过整改，全部实现晋位升级，实现工委提出整体晋升、消灭"一般"的工作目标。推进"两个全覆盖"。以单独建、联合建和挂靠建等形式，新建和筹备建立英智爱尔眼科医院党支部、中海中医医院党支部、北京六加一教育咨询公司党支部等非公企业党组织3个。规范推进商务楼宇党建工作。以商务楼宇星级评定为契机，通过机关选调和社会招聘等形式配齐配强服务站工作人员，扩大北汽大厦和华腾劲松2个中心站办公用房面积，增配办公设施，规范固定服务项目20个，实现有人管事、有钱办事、有地方议事和规范化建设"三有一化"目标。建立楼宇党组织。成立北汽大厦和华腾劲松商务楼宇联合党支部，吸收社区、物业、非公企业党员进支部。加强对楼宇党建工作的指导，为12栋商务楼宇派遣党建工作指导员，鼓励非公党组织发挥政治引领和政治核心作用，带领企业党员和群众，为企业发展服务，为企业党员和员工服务。指导党建带工建、带团建和带妇建工作。采取集中动员、重点指导等方式，促进非公企业工会建设，单独建会单位319家，企业建立职代会制度251家，完成洋华堂、五环大酒店和华威里社区联合工会3个重点单位工资集体协商。工委指导成立地区青年联谊会，新成立团组织17家，召开"五四"青年座谈会，组织教育和娱乐活动，广泛联系和服务地区青年。专题研究妇女组织建设，支持妇联组织维护妇女儿童合法权益，完成12个社区妇联换届选举。搞好廉政建设。层层签订党风廉政建设责任书，建立"四四五五四"风险防控工作模式，强化权力制约，清理涉权事项534项，制作权力运行流程图318份。定期对人、财、物等重点部门和重点人员进行检查监督，对重大工程、重点项目和人员招聘等工作，纪检监察部门全程跟踪监督，对各类资金实行三级联审制度，从制度上降低廉政风险。

（王太成）

【人口与计生】 年内，依法落实市、区人口和计划生育奖励扶助等7项政策。审核独生子女伤残家庭特别扶助167人，独生子女家庭特别扶助85人，申请审核独生子女父母一次性奖励272人27.2万元。帮助独生子女死亡家庭5人50000元。审核发放失业人员独生子女费4071人次11.991万元。在社区成立诚信计生小组517个，与育龄群众家庭签订诚信责任书10812户。依法对违法生育行为进行调查、取证，征收社会抚养费4例839672元，办理一胎生育服务证627人，办理随父换证179人，办理独生子女父母光荣证237人。办理二胎生育指标44人，办理存档人员计划生育申请审核1027人，做到程序准确、审批正确。开展"生育关怀后期关爱"行动，对63名无业、个人存档符合生育政策年满49周岁的妇女进行免费取环、妇科检查，11人进行计划生育手术。开展"生育关爱、慈善献爱"活动，让更多贫困母亲、计划生育困难家庭得到帮助，14个计划生育协会会员单位捐款11850元。慰问地区独生子女困难家庭21户，发放慰问金10500元，慰问空巢家庭29户，发放慰问金14500元。举办生殖健康、慢性病预防、健康知识等讲座20余次，受益群众5000余人。1356人进行两癌筛查。开展自愿无偿献血，265人自愿献血，总献血量26700毫升，完成任务指标。

（王太成）

三里屯街道

【概况】 三里屯街道地处朝阳区中西部，东起东三环北路，南临工体南路，西至春秀路与东城区相接，北濒亮马河。区域面积2.9平方公里。设有7个社区居委会，常住人口5.8万人。其中外来人口1万余人，外籍人口2000余人。辖区内有企业1800余家，驻华使(领)馆72家及联合国开发署、联合国难民署、联合国儿童基金会和一大批涉外宾馆饭店，中央市属单位103家。医疗机构有武警总队医院、三里屯医院和北京同仁长虹医院。大专院校有北京联合大学机械工程学院，另有中学3所、小学3所。三里屯地处CBD功能区，是朝阳区"时尚文化版块"的重要组成部分，也是朝阳区对外交往的重要窗口。年内，街道围绕"四化"、"四抓"工作思路，按照"五个突出"工作目标，总揽全局、协调各方，团结带领地区广大党员、干部群众，坚定信心，攻坚克难，实现地区经济社会健康发展，政府服务能力有效提升。年内，妥善应对宏观环境变化，把"保增长"放在社会管理工作的重中之重，通过班子领导分头走访企业、主要领导联系重点企业、协调区相关部门为企业解决问题、推进年底财税组收等方式，密切关注辖区行业、企业发展动态，加大精细化服务力度，优化环境，吸引税源，稳定存量，引导异地纳税回迁。完成区级财政收入11.87亿元，代征小房产税1912万元。

地址：朝阳区幸福村1号
电话：64165276
邮编：100027
网址：http://sltjd.bjchy.gov.cn

（陈　宁）

【社区党委换届选举】 3月29日，完成所属7个社区党组织换届选举。涉及街道所属6个社区党委、1个党总支，2495名党员。其中东三里社区、幸福一村社区和中三里社区召开党员大会，幸福二村社区、白西社区、中纺里社区和北三里社区召开党员代表大会，全部采取公推直选方式进行选举，产生新一届社区党委委员39人，当选书记中连任的4人，新任的3人，新当选的社区党组织书记平均年龄比上届下降2.5岁。委员中有本科学历21人，占53.85%，有大专学历14人，占35.9%，7个社区设立席位制委员，比例达100%，新当选人员从结构和要素搭配上，优化了社区班子整体效能。选举工作全程体现了准备有序、宣传到位、组织严密、结果满意等特点。

(陈　宁)

【社区居委会换届选举】　4月至6月，7个社区依法进行社区居委会换届选举。有5个社区为居民代表选举，中三里社区、东三里社区为户代表选举。参加选举的居民代表数383人，实际参加投票350人，参投率91.4%。应参加选举户代表数1497人，实际参加投票1402人，参投率93.7%。经民主选举，有45人当选为社区居委会成员，其中主任7人，副主任6人，委员32人，社区党委书记当选居委会主任的1人，党员19人，女性38人，平均年龄43岁，年龄最小的25岁，大专以上学历41人，比上届提高30.1%。新选为社区居委会成员具有深得群众信赖、文化素质高、相对年轻、热心为居民办事等特点。

(陈　宁)

【统筹改善民生】　年内，修复东三里小区等5条街巷破损道路5000平方米，解决路面积水和百姓出行难问题，新建排水系统，解决三里屯南路4栋居民楼污水管线年久老化、多处塌陷、排污难等问题，更换白西社区部分居民楼楼道窗户910扇，整治北三里南42楼院环境脏乱差问题。在工体东、西路增设便民公共座椅，在幸福二村太北东小区创建环境优美小区。新增就业岗位2800余个，帮助526名失业人员实现就业，落实各类救助政策，为3000余位老人发放高龄津贴、居家养老服务补贴，为地区300名独生子女困难家庭母亲免费健康体检。在幸福二村社区建立“市级养老服务管理中心”。开展残疾人康复活动，新建1处残疾人法律援助站和残疾人上网点。完善公共卫生应急工作机制，被市药品安全监督管理局评为“北京市药品安全示范街道”。

(陈　宁)

【党建工作】　年内，完成社区党委换届选举，探索社区“大党委制”发挥作用的方法和途径，提升社区党委整体效能。以创先争优活动为载体，开展基层党组织分类定级、晋位升级工作，通过党员责任区、党员志愿服务、承诺践诺等活动，为群众化解各类矛盾纠纷472件，帮扶困难群众180余人。开展非公企业党建“百日攻坚工程”，实施组织建设、活动聚力、服务暖心、素质提升、品牌示范等五项工程，精心打造商务楼宇星级服务站，三里屯SOHO商务楼宇党建服务中心与6个服务站连成一片，覆盖整个地区15座大中型商务楼宇，形成“两级网络、一个中心多点辐射”的服务体系。通过创新机制、方法、思路、载体，形成党建工作科学化、党组织活动多样化、服务体系网络化、党建项目品牌化工作格局。

(陈　宁)

【提升环境品质】　年内，在东三里中区、幸福二村太北西小区实施准物业管理，组建楼院管委会，安装公示栏、挡车杆等设施。对北三里42楼进行楼院封闭改造，粉刷太北东小区楼道2000余平方米。继续开展垃圾分类工作，为25个小区完善硬件设施。坚持联合执法、人盯车巡机制，完成“两节”、全国“两会”、中高考、十八大安保期间及工人体育场44场次重大活动的环境保障任务。整治同里、雅秀、朝阳医院北门等重点地区，打击无照游商、非法散发小广告及违规户外广告等违法行为，查处无照经营3300余起、收缴并解体黑三轮车570辆、查处并没收非法小广告1.2万余张、停机35个，拆除违规户外广告及违法建设150余处。依托数字化全模式城市管理平台，更新完善施工单位、“门前三包”单位、违法建设、户外广告等台账。

(陈　宁)

【安全稳定】　年内，街道结合各重要时期维稳任务，制定安保方案26个，开展安保活动21次，出动社会治安巡逻力量8000余人次。制定《三里屯街道出租房屋巡视制度》，检查流动人口近3000人次、出租房屋3500间，化解安全治安隐患、矛盾纠纷38起。坚持法律服务向群众延伸，加强“两类”人员管理，调解矛盾纠纷523件。以平安创建为契机，健全社会治安防控体系，成功创建东三里东区平安示范小区。坚持“领导大接访”制度，接待群众21人次，化解矛盾18件。以规范经营为抓手，检查各类生产经营单位2000余家，整改安全隐患1500余处，立案12起，排查食品经营单位758家，实现食品安全事故零指标。检查212户用人单位劳动用工情况，处罚12家单位，处理突发群体讨薪事件8起，追欠工资约200万元。

(陈　宁)

【文化惠民】　年内，街道以创建公共文化服务体系示范区为契机，举办贯穿全年的“第十一届三里屯社区文化节暨第一届国际时尚文化节”，“全民健身快乐行”、“庆祝党的生日文艺汇演”、“百姓同乐会”、“酒吧风情SHOW”等活动。在辖区重点路口设置20个双语导向标识，建立外籍人员服务站，在7个社区和商务楼宇服务站设立外籍人员服务窗口，编发3000册《外籍人员服务手册》，建成具有6种语言的“爱三里屯”时尚文化街区网站及官方微博。文体队伍发展到47支近3000人，老兵合唱团等3支文体团队被评为区级品牌。以创建为契机，开辟5处室外大型活动场地，建成7个益民书屋、2台自助图书馆、3个数字化社区。开展“元宵灯会”、“中外家庭亲子运动会”、“传统佳节外国人进社区”、“欢聚三里屯·共赏中秋月”驻华使节中秋联谊等活动，顺应国际化需求。

（陈　宁）

【社区规范化建设】 年内，推进以居民自治为主要内容的社区单元化管理，在东三里社区开展准物业化管理试点中发挥积极作用。完成15名社区专职工作者招聘，实行社区错时工作制，方便居民办理事务，有计划、分步骤推进“六型社区”创建，完善社区配套设施、优化窗口服务功能，幸福一村、二村成为首批市命名的“六型社区”。丰富“一刻钟社区服务圈”内容，服务商达253家，为地区居民提供便捷、特色服务。新增农社对接菜站4个，规范零售菜点2个，解决居民买菜难问题。

（陈　宁）

【社会动员】 年内，街道以文明程度指数测评为载体，持续开展“市民排队推动日”等主题实践活动，公共文明引导员队伍获“2012年首都社区志愿服务组织之星”称号。发挥23支志愿者队伍作用，围绕助残、帮困、环保、文明引导等内容开展志愿服务230余次，在交通路口秩序维护、社会治安综合治理中发挥重要作用。开展“学雷锋”活动为载体的系列志愿服务活动，惠及群众万余人。发挥社会建设协调委员会作用，依托工人体育场地缘优势，拓展乒乓球场地，更换健身器材，满足群众健身需求。开展双拥共建工作，组织部队官兵约1000余人次参加“帮扶结对子”、“七一”党建、文明交通引导等活动，整合部队资源，在社区规范化建设、益民书屋打造中不断拓展空间，增加服务功能。建立综治联保委员会，强化大局意识，履行社会责任，初步形成大维稳工作格局，在文明城区复检、涉日维稳及十八大安保工作中，真正实现“政府、单位、社区”有机联动。

（陈　宁）

首都机场街道

【概况】 首都机场街道办事处位于朝阳区东北部，四周与顺义区接壤，面积12.23平方公里，包括航站区、工作区和生活区。生活区面积2平方公里，分为南路东里、南路西里、西平街和南平里4个社区，常住人口41231人，其中户籍7282户24912人；人户分离2736人，办证暂住外地人口16268人，外籍人口51人。地区有企业508家，个体户690家。机场生活区内有3所学校（九十四中学分校、机场第二小学、求实职业学校），4所幼儿园（民航第一、第二、第三幼儿园和基地幼儿园），1个二级甲等医院（首都国际机场急救中心）、一处社区卫生服务站；有6个央企离退休干部活动中心、1个集贸市场、4个超市、374个商铺（餐饮业97个、美容美发66个、各类商店211个）和4座星级酒店；有体育馆和体育场、电视台，影剧院（国门文化中心）、17个街边公园，12处健身园。年内，完成区级收入7018万元，完成全年任务的152.2%，同比增长68.4%，净增长2887万元。街道改善个人房产税征收代征点工作条件，增设办公室，增加业务人员，延长工作时间。收缴税款503万元，其中房产税447万元，同比增长121.59%。

地址：首都机场生活区西平街2号
电话：64563946
传真：64500092
邮编：100621
电子邮箱：bjjcxzb@bjchy.gov.cn

（苏章勇）

【社区自治】 2月5日，南平里社区召开“乐民好管家”自治工作推进会。围绕实际问题建制度、建机制，有针对性地推进工作；西平街社区成立社区自治组织“邻里公民馆”；成立由党员志愿者、和谐促进员组成的“小草”护绿队，开展认绿养绿试点工作。从细节抓起，关注居民需求，做好居民关心的事，推进居民自治工作。居民自治组织从规范养狗、绿地管理、小区停车、清理楼道小广告、方便居民就医与出行等方面，加强与街道办事处和地区单位的沟通。社区采用多种形式发挥居民常务代表作用，使之成为居民自治工作的助手。一是建立常务代表例会制度。每季度召开一次会议，常务代表向社区居委会报告收集到的民情民意和解决问题的意见建议。二是建立常务代表沟通制度。常务代表一方面向居委会反映民情民意，另一方面向居民传达社区建设信息。三是建立常务代表参与社区民主决策制度。社区在重大事项、重大决策决策前，首先经过常务代表会通过，再召开全体居民代表会议。四是建立常务代表责任制度。常务代表要协助社区居委会做好社区建设工作，代表居民参与社区重要事项的监督评价。

（苏章勇）

【社区党委换届选举】 3月，完成社区党委换届选举工作。4个社区均采取直接选取的方式进行选举。共有中共党员415人，其中应参会党员263人，实参会党员249人，参会比例为94.7%。选出新一届党委班子成员20人，年龄均为55岁以下；其中女性20人，占当选总数的100%；本科学历12人，占当选总数的60%，大专学历3人，占当选总数的15%，大专以下学历5人，占当选总数的25%。新当选4名社区党委书记均为本科学历。

（苏章勇）

【争创优美小区】 3月至9月，完成北平里优美小区创建工程。投入111.8万元，对北平里小区进行环境改造，主要包括绿化美化、制作安装提示牌、市政设施维修、安装便民衣架、文明座椅及石桌椅凳等市政家具,在楼宇前安装地笼,重新铺装健身园地面等。发动机场物业、英达利城建有限公司及天竺苗圃、小区居民等力量参与优美小区建设,形成全体动员、全员参与的良好局面,推动了街道公共环境建设、公共文明、志愿服务等多项工作开展。10月,顺利通过验收。

(苏章勇)

【社区居委会换届选举】 5月12日,完成第八届社区居委会换届选举工作。南路西里社区采取户代表选举方式,其余3个社区采取居民代表选举。登记选民6539人,产生居民小组109个,推选居民代表296名,登记户代表1480名,常务代表30名。选举产生新一届社区居委会班子成员20人,主任4人,副主任4人,委员12人;其中男2人,女18人;中共党员11人,占当选总人数的55%;平均年龄39.3岁,年龄最大成员53岁,年龄最小成员25岁;书记、主任"一肩挑"4人;具有大专以上学历16人,占当选总人数的80%。2人持有社会工作资格证书,占当选总人数的10%。

(苏章勇)

【社区妇联换届选举】 5月13日,完成"第八届社区妇联换届选举"工作,采取无记名投票、等额选举方式,4个社区分别产生新一届社区妇联委员各5名。刘冬梅、程冰、张蕊、杨鸿分别当选南路西里、南路东里、南平里和西平街社区妇联主席。

(苏章勇)

【十八大服务保障】 十八大期间,建立由街道党政一把手为总指挥、地区相关单位领导为副总指挥的战时服务保障指挥部,下设4支队伍:地区干部群众组成的社会治安志愿者队伍,重点人教育稳控处置队伍,网络舆情监测引导队伍,基层情报信息员队伍。启动十八大安保维稳工作每日会商和"零报告"机制;落实领导带班制度和"领导干部接访"要求;细化街道十八大服务保障工作方案,从"点、线、面"("点":重点人管控、重点部位消防与治安状况、重点企业安全生产状况;"线":辖区主要道路的环境状况、城市秩序;"面":社会治安志愿者队伍在岗情况、居民小区和公共场所环境秩序、喜迎十八大的宣传氛围)督办十八大服务保障工作。

(苏章勇)

【党建工作】 年内,街道工委结合"三级联创"活动抓好自身建设和基层组织建设,工委班子把提高政治素质与贯彻中央、市委、区委重大决策部署相结合,开展"两个从严"、"四个坚决不允许"教育整顿活动。结合地区特点,街道工委注重发挥地区党建协调会作用,通过建立多种沟通协调机制,调动社会单位参与社会服务管理热情,先后有17家中央、市属单位的22个基层党组织与社区党委签署社区党建共建目标责任书,整合地区资源开展扶贫帮困、认领责任岗、环境整治、道德讲堂、温馨家园等活动。党建活动主题化、系列化,做到"次次有主题、月月有活动",社会单位党组织邀请社区党组织参加党建活动,在形成良性互动党建格局的同时,提升服务百姓、优化社区环境的水平。街道工委开展创先争优基层组织建设年活动,对基层党组织实行分类定级、分类指导整改,层层建立晋位升级责任制,对相对薄弱的"非公"和"两新"党支部,采取领导定点联系、重点帮扶等措施,做到基础设施配套、经费保障配套,制作标识墙牌,建立"两表"、"六簿"、"六档"基础台账。通过晋位升级活动,提升了基层党支部规范化建设水平,达到"八有"标准。

(苏章勇)

【机关规范化建设】 年内,工委就机关规范化建设做出系统安排,组建专门班子落实具体事项。通过推进"6+3"模式提高机关精细化、标准化、程序化和信息化水平。"6"指6个工作目标,即:思想素质树立好、干部队伍建设好、工作作风培育好、规范制度运行好、发展环境营造好和工作业绩争创好。"3"指3项建设:即:一是加强干部队伍建设:通过学习型机关建设和事业、社区之间干部跨系统跨部门交流促进干部成长。街道工委严格执行"718"工作流程,重视青年干部培养,"凭实绩、重德才、看民意",把政治素质好、开拓进取精神强、工作业绩突出的青年干部选拔到中层领导岗位,全年选聘科级干部6人。二是制度及流程规范建设:6月,收集整理、修改完善各项管理制度,形成由14部分64项制度组成的《首都机场街道制度汇编》。9月,按照工作要点、工作依据、工作标准、岗位要求、相关单位、环节及流程6大要素,收录编辑街道20个科室和两个事业单位的318项工作流程,形成《首都机场街道工作流程汇编》,使每个岗位责任清晰、任务明确、流程规范。制定《机场街道办事处政府采购管理办法》。三是机关硬件建设。配合机关规范化工作,投资修缮办事处设施,更新部分办公用具,改善窗口科室(部门)办公和接待条件。

(苏章勇)

【社区规范化建设】 年内,街道通过共建活动,整合地区民航单位土地、房产等资源800余平方米,用于南路西里社区集办公、居民事务代办、文体娱乐活动等为一体的多功能场所。各社区注重规范服务,提出"全天候服务、全方位受理、全过程负责"的"全科服务站"理念;社区全面实施错时工作制。增加每周周一至周五12时至14时、17时至20时工作时间。各社区在每周六、日9时至17时安排2名社区工作者值班;社区开通办公电话呼叫转移业务,统一制作公示牌,公示值班时间、值班电话。按照市社会办要求,将南平里、南路东里社区建成规范化建设示范社区，受到市、区主管部门肯定，区其他街道及全市16区县社会办领导和海淀、顺义、昌平、平谷、石景山等区县约160个社区700余人前来参观交流。南平里社区作为创建“六型社区”示范点，通过市民政局验收，作为市级公共服务项目全覆盖社区，被定为市区社会办重点推介典型，10月，在区“社区规范化建设示范点”推进会上作经验介绍。

（苏章勇）

【社会稳定】 年内，街道工委“关口前移”做好安全稳定工作。建立完善维稳情报信息搜集研判、社会稳定风险评估、重大社会矛盾排查化解、群体性事件应急处置4项机制；统筹做好重点人管控、社会面稳控、互联网维稳；加强流动人口和出租房屋管理，强化安全生产检查和火灾防控。对首都治安志愿者进行实名制管理，十八大期间，出动安保志愿者14300人次，重点排查生活区环境。落实科技创安工程，实现地区门禁系统全覆盖，新安装382个单元7822户。发挥人民调解基础作用，全年受理矛盾纠纷218件、调解成功217件；对社区服刑人员和刑释人员签订管控责任书，实行日常管控与帮扶救助相结合，营造和谐关爱的社会环境。完成“亿霖木业”案善后清退工作，涉及合同22份，金额122万元，人数18人。清退合同20份，金额104.86万元，人数16人，收回林权证19本。连续保持了“无群体访、无越级访、无非正常访”势头。

（苏章勇）

【为民解忧工程】 年内，街道转变为民服务理念，从“我要为居民做什么”转变到“居民需要我做什么”来安排全年工作。通过成立网上和网下两支谏言队伍，邀请社区干部、楼组长、人大代表收集百姓需求，先后投入1800万元，实施31大项52小项为民解忧工程，主要包括人口文化园建设、门禁系统改造、交通设施改造、社区办公用房建设等。街道以创建全国卫生应急示范区为契机，强化公共卫生应急处置体系长效机制建设。依托与阜外医院合作成立的首都机场高血压、心血管病防治基地，与北京市糖尿病协会合作成立北京市糖尿病协会首都机场医院教育基地，推出“国门健康大讲堂”项目受到居民欢迎。全年投入计划生育工作经费309万元，为地区单位、居民提供优质服务。免费为40岁以下外来务工人员接种各类疫苗，为地区老人、学生接种流感疫苗，为地区适龄妇女进行“两癌”筛查。各社区成立服务商协会，设立“民需服务卡”，召开品质推介会，评选“百姓满意的服务商”，地区“一刻钟便民服务圈”服务商增至129家，涵盖公益服务，便民生活服务和特色服务项目125个，实现居民、服务商、政府三方有机互动。落实居家养老“九养”政策，实现辖区80岁以上老人全覆盖。全年发放80岁以上老人居家养老券1740人次42.34万元。7月1日开始，地区老人日间照料室委托朝阳区仁爱敬老院试运行。投资7万余元请北京市立德社会工作事务所为地区残疾人开展“我最闪亮——残疾人机体康复”项目，运用优势视角，赋权增能，挖掘残疾人在文化方面的潜能，帮助残疾人树立自信发挥特长，为每位残疾人建立康复档案，对不同个体制定针对性的医疗康复方案。

（苏章勇）

【公共文化服务体系示范区建设】 年内，以创建全国公共文化服务体系示范区为契机，加强地区文化建设。改造2个草坪门球场，共700余平方米；协调维修基地职工活动中心作为地区文化中心对外挂牌，为辖区文化活动提供便利，4个社区均建成益民书屋；结合宣传践行“北京精神”，开展“学雷锋”、“书香南楼大众读书沙龙”、“包容、有序、和谐”等主题活动，提升居民思想道德素质和社会文明程度；加强43支社会文体队伍的管理和扶持力度，鼓励参与、开展社区文体活动；举办地区第八届文化节。3月至5月，由区人口计生委投资130万元的人口文化园，在原有街心公园基础上建成，集宣传教育、休闲娱乐、美化亮化于一体，成为区婚育新风进万家活动的重要阵地。南平里社区文化室成为全区街道系统社区文化室建设和文化管理的典型，区社会工委在机场街道召开全区街道系统创建工作示范引领项目启动仪式。

（苏章勇）

【全模式社会服务管理中心建立】 年内，在全区率先建立机场街道全模式社会服务管理中心。街道办事处全面梳理10大模块具体内容；理清相关科室（部门）职责，强化管理制度，规范工作流程；建立具体标准及考核评价办法；完善人口、住房、社会单位等9类基础数据库和维稳、应急等16个专业数据库与闭环式社会服务管理决策指挥系统。街道在全区街道系统全模式社会服务管理工作综合绩效考核中排名第三位。

（苏章勇）

【就业与社会保障】 年内，街道社保所以建所“十周年”为契机，按照“精细化、专业化、人性化、特色化”要求，通过4项措施推进就业。一是基础指导“一对一”，通过分类管理促就业；二是以优惠政策为依托，强化政策促就业；三是以培训持证为保障，强化就业竞争力；四是以“双社联动”为基础，搭建就业平台。开发就业岗位661个，城镇登记失业人员提档就业132人，完成指标数126人的111%；城镇登记失业人员就业率83%，完成指标数70%的126%。街道被评为区充分就业街道；南路东里社区被评为首批区级4家充分就业示范社区之一。全年为42户低保户发放低保金45万元，撤销低保待遇7户20人；为残疾人就业、康复、托养、助学、配发辅具等发放补助43万元。共发放各类社会救助资金203.53万元。完成城镇无医疗保障老年人参加大病医疗保险495人(指标474人);一小参保824人(指标471人);城镇无业居民参加大病医疗保险40人(指标55人);共为1359名城镇居民医疗保险人员提供参、续保手续。为4242名退休红名单人员提供药费报销服务,全年收取药费787597.27元,医疗手册医院变更202人次,办理各类补换社保卡手续1794人,上交换卡工本费12880元。

(苏章勇)

【十八大服务保障】 十八大期间,建立由街道党政一把手为总指挥、地区相关单位领导为副总指挥的战时服务保障指挥部,下设4支队伍:地区干部群众组成的社会治安志愿者队伍,重点人教育稳控处置队伍,网络舆情监测引导队伍,基层情报信息员队伍。启动十八大安保维稳工作每日会商和"零报告"机制;落实领导带班制度和"领导干部接访"要求;细化街道十八大服务保障工作方案,从"点、线、面"("点":重点人管控、重点部位消防与治安状况、重点企业安全生产状况;"线":辖区主要道路的环境状况、城市秩序;"面":社会治安志愿者队伍在岗情况、居民小区和公共场所环境秩序、喜迎十八大的宣传氛围)督办十八大服务保障工作。

(苏章勇)

【城市管理】 年内,对地区城市环境进行整治改造。实施路平工程,修缮道路13450平方米。城市座椅、石凳、晾衣竿、地垄等市政家具纳入统一规划,绿地、公厕、路口等设置公共指示标识,安装1套信号灯、3套违法停车监测系统,116个便道桩,施画斑马线4处,加装减速带3处、健身场所增加防滑设施。做好机场南路、岗山路、南平街3条大街绿化养护,投入资金137.75万元购买服务,与绿化、养护、保洁3个专业部门签订养护协议,同时成立考核小组,制定考核办法,确保3条优美大街绿化水平达标。制定《首都机场地区综合执法检查工作实施方案》,强化对违法违规行为的监督管理,办事处与机场工商分局、机场分局治安支队、公共区管理部、顺义城管等部门联合,定期开展综合执法检查。加强商品批发市场、网吧等人员密集场所的管理,整治地区黑车、大排档、游商、散发小广告和违法经营行为,严格施工工地检查、违法建设管控。借全区城市管理千分制考核之机,努力提升公共文明指数,发挥社会单位和联检部门的力量,加大对公共环境、小区环境、交通秩序、市场秩序整治力度;设置公共文明志愿服务引导员,张贴志愿服务公益广告,引导公共文明,及时解决居民反映的热点问题,地区在27个参评地区中位列第八,通过全国城市文明程度指数测评。

(苏章勇)

双井街道

【概况】 双井街道位于朝阳区中西部,东起东四环与南磨房乡相邻;南至劲松大街和广渠路与劲松街道相邻;西至东二环与东城区(原崇文区)相邻;北至通惠河与建外大街相邻。辖区面积5.08平方公里。东二、三、四环路,西大望路、广渠路等7条市级道路贯穿其中,有区级道路15条,公交线路41条。河道面积5.1万平方米,绿化总面积1.1734平方千米,绿化覆盖率33.8%。地区人口总数126483人,户籍人口71117人,外来人口34294人,包括来自110个国家和地区的外籍人士3900余人。域内有12个社区居委会和社区服务站。规模以上企事业单位2383个,幼儿园6所、小学5所、中学2所、老年大学1所、医院2所、社区卫生服务站5个,属于CBD商务生活服务功能区。街道整体呈现出社会稳定、人居和谐、经济快速发展的良好局面,实现了城市面貌、城市功能的转变,民生幸福、社会稳定、城市管理等各项工作持续加强,城市功能逐步向高档居住区归位,实现了CBD后花园与功能辐射区的部分愿景。

地址:百子湾南二路88号

电话:67782507

邮编:10022

网址:http://sjjd.bjchy.gov.cn

(郭　斌)

【谋划全年工作】 年内,班子在认真学习领会区"十二五"规划,充分研究地区经济社会发展趋势基础上,制定街道远期愿景、中期规划、近期目标,明确街道正处在"黄金发展期"和"矛盾凸显期"并存的阶段,提出建设"和谐宜居新双井"发展目标。制定党政统筹领导、"六大体系"系统推进、两大服务管理保障体系全面支撑、确保两个危改拆迁政治任务的工作架构。

(郭　斌)

【学习宣传十八大精神】 年内,深入学习宣传十八大精神,用十八大精神引领年度工作。制定学习宣传十八大精神工作方案,分层次开展实体活动5次、组织开展专题研讨交流学习会10次,地区1500名党员撰写学习心得体会。开展学习十八大知识竞赛。

(郭　斌)

【基层组织建设】 年内,按照"抓落实、全覆盖、求实效、受欢迎"的要求,将基层组织建设年视为深化创先争优的重要举措,视为夯实基层基础、增强党的"凝聚力"的有效方式,视为推动和谐宜居新双井建设的现实需要,按照"34510"(划分3个阶段,设定4个定位,提升5种能力,开展10大行动)工作思路,从问题入手,从薄弱环节抓起,下大气力整改,扎扎实实做实事,把基层组织建设年作为强基层、惠民生、促发展的群众满意工程。各社区党委、基层党支部全部实现晋位。

（郭　斌）

【四强工程建设】　年内，街道牢固树立大党建意识，深化强基、强网、强保、强力“四强工程”建设。主要做了4项工作：一是抓住党建底数、党员管理、党建规范化三大基石，夯实党群建设基础，依法依规完成社区党委、妇联、侨联系列换届选举任务，统筹推进地区强基工程；二是建立区域大党建运行机制，积极探索以社区党组织为核心、驻区单位结对共建、居住地党员共同参与的社区党建区域化格局，用党建带动团建、工会和妇联建设，形成党建、团建、工建、妇建互联的组织网络，全年成立非公党组织4家、两新团组织22家、工会组织70家，着力推进强网工程；三是推进党务队伍专职化、阵地建设标准化、经费保障制度化，制度机制规范化的“四化”建设，有效推进强保工程；四是围绕建党91周年、弘扬北京精神、学雷锋志愿朝阳等活动，以增强党组织活力为目标，提升党建科学化水平，推进强力工程。

（郭　斌）

【党风廉政建设】　年内，深入一岗双责党风廉政建设，严格落实区委“两个从严、四个坚决不允许”的工作要求，落实“三重一大”决策制度，坚持班子成员分管部门党风廉政建设工作汇报制度，班子成员个人廉洁自律报告制度。结合街道实际，研究制定“1+7”科学民主决策机制，营造风清气正的政务环境，为“和谐宜居新双井”建设保驾护航。

（郭　斌）

【干部队伍建设】　年内，机关推荐9名处级后备干部、2名优秀青年干部，选任7名干部为非领导职务，竞聘社保所正、副所长各1名。实施社区干部分层分类培训，组织开展社区工作者“培训季”活动10次。

（郭　斌）

【社工获奖】　年内，在区社工技能大赛中，街道获最佳风采奖。在市最美社工评选中，九龙社区工作者郝帆被评为市级优秀社工。

（郭　斌）

【促进经济增长】　年内，以稳存量、促增量为重点，为企业提供政策类、城建类、审批类、联谊类4大类服务，优化经济、政治、文化、社会、生态发展环境，提升地区竞争力、承载力。全年实现财政收入58998.5亿元，收缴小房产税2140万元，地区GDP实现53.50亿元。

（郭　斌）

【为民解忧工程】　年内，开展“问政、问计、问需”于民活动。拓展一刻钟便民服务圈，完成33项为民解忧工程、10项为民办实事项目、53项“迎接十八大、为民谋幸福”工作任务；在百子园、富力、广泉、九龙4个社区实现农社对接，建立便民菜站；为地区500余户煤火取暖家庭免费安装一氧化碳报警器；完成居民申请廉租房、经适房、两限房、公租房的备案、审核和配租配售工作；深化人口和计生服务，落实奖励扶助政策，继续稳定地区人口低生育水平，并获市级红旗单位称号。

（郭　斌）

【推进民生工作】　年内，按照“业有所谋、劳有所得、困有所助、残有所帮、老有所养、民有所乐”的工作目标和要求，挖掘就业岗位5424个，实现935名失业人员再就业；为440名农民工讨回拖欠劳务费300余万元；投入近1000万元，走访慰问7000余名困难人员，为269人次发放救助和低保金600余万元；深化“居家助残、残帮残、援障·健康”等品牌建设，实现残疾人社会保障两个百分百全覆盖；“4+8、点成片”为老服务街区实现跨越式发展，表彰了41名市级“孝星”、60名为老服务志愿者和20家为老服务突出贡献单位，实现为老服务街区地区全覆盖；以“和谐双井、幸福家庭”为主题，以“关爱生命全程、促进家庭发展”为主线，实施文明倡导、宝贝计划、生育关怀、心灵家园、强身健体等工程。

（郭　斌）

【文明程度指数测评】　年内，启动迎检指挥体系，64个点位落实责任，地区200家社会单位，1600余名党员群众参与，完成迎接区文明程度指数测评工作。

（郭　斌）

【文化建设】　年内，开展公共文化服务体系示范区创建工作。推进文化设施全覆盖，社区居民活动室均达到5000余平方米，建立12个益民书屋，3个自动图书馆。成立27支1150余人的群众性文化服务队，开展活动近140场。

（郭　斌）

【十八大服务保障】　十八大期间，在街道成立指挥部，组建社会面防控、重点矛盾隐患排查调处、安全生产、环境保障、宣传舆情、综合保障、督察考核7个工作组，启动领导信访接待、信息搜报、重点人稳控、社会面防控、应急处突、会商、督察考核责任追究等7项工作机制，实施重点人稳控措施，完成十八大期间“大事不出、小事也不出”的工作目标和服务保障任务。

（郭　斌）

【安全稳定】　年内，街道完善和创新流动人口、特殊人群服务管理机制，畅通和规范群众诉求表达、利益协调、权益保障渠道，强化公共安全检查排查，统筹公安、协管、保安、群众等力量，提高群防群治水平。着力构建源头治理、动态管理、应急处置相结合的社会管理机制，完成全国“两会”安保、“亿霖木业”清退、涉日维稳、十八大服务保障、国际安全社区创建、打非治违、3个区域拆迁维稳、重点人管控、年度兵役登记及征召、预防煤气中毒、烟花爆竹安全监管等重点任务。检查生产经营单位1556家，发现隐患2531处，下达限期整改文件147份，行政处罚38

家生产经营单位,罚款12.65万元;接待和处理来访313人次,处理96105热线327件,办理政民互动769件,办理市长信箱65件,处理各类聚集突发事件27次,解决各类纠纷1323件。

(郭 斌)

【社区两委换届】 年内,成立社区两委换届选举领导小组和工作办公室,制订实施方案,召开地区动员部署会,严格程序规范,强化过程监督,12个社区党组织选出新一届党委委员70人,设立社区党委席位制委员24个。9个社区居委会选出主任9人,副主任16人,委员40人。

(郭 斌)

【社区规范化建设】 年内,借助“六型社区和数字化社区”创建契机,全面推进社区规范化建设。富力、九龙、双花园社区在“六型社区”创建第一次测评中取得较好成绩,九龙南社区和街道社区服务中心被评为示范数字化社区;完成光环、垂西社区办公用房装修,垂西居民活动室改造,百子园、九龙社区办公用房选址等工作;实施社区错时工作制,完善民情工作手册和社区工作者包楼包片制度,实施社区财务预算化管理制度。

(郭 斌)

【城市综合管理】 年内,建立健全“五位一体”的长效管理机制,构建“数字准确、信息真实、资料全面、高效快捷”的信息体系,制定并实施《动员社会力量提高城市管理品质方案》、《双井街道城市管理考核奖励办法》,街道获市环境秩序整治突出贡献奖。推行垃圾减量与分类,在富力、苹果小区实现垃圾分类全覆盖,调动社会力量参与城市管理的积极性,提高城市管理质量和效率。

(郭 斌)

【完善城市基础设施】 年内,投入资金1800万元,完成北菜园、垂西、劲松九区3个小区约10万平方米的老旧小区综合整治节能改造任务;完成西大望路双井段、天力街环境优美示范大街创建工作;实现双井东院老旧小区准物业管理,全线打通黄木厂路;协调安装15栋居民楼的路灯,解决居民出行不便问题。新增停车位1200个,加装便道隔离桩、隔离护栏400延米,设置公共自行车服务点10处,投放自行车150辆;绿化美化15.5万平方米,新设置10处摆渡车停靠点、安装10台公交一卡通服务系统。

(郭 斌)

【危改拆迁】 年内,投入资金上百万元,修缮拆迁区域房屋、疏通老旧管道、抢修跑冒滴漏等。和平村签订拆迁补偿协议4605份,占总数的88.49%;为441户垂杨柳拆迁区住户下发周转资金1944.84万元,为25户居民提供东柳和王四营周转房;做好垂杨柳医院东扩项目居民拆迁准备工作。

(郭 斌)

【社会服务管理】 年内,加强自治网络与社会组织建设,拓展服务内容,培育特色品牌,实施项目化运作,构建广泛参与的社会动员体系,成立街道社会组织和志愿者工作领导小组及其办公室,建立健全“两级管理、三级网络”的社会组织和志愿者网络体系。对辖区文体、文卫、慈善8类64个社区社会组织进行调查摸底,有注册志愿者8830名,53家社会组织签订志愿服务共建合作协议,13家社会组织认领8个志愿服务岗位;60名志愿者通过助学、亲子交流、暑期实践、职场体验等形式,长期帮扶12名家庭困难学生;40余名外来务工青年得到专家和成功人士在职场规划、职业素养方面的指导;星光大道20余家商户发出自律承诺书;邀请社会组织志愿者为居民演出10台文艺节目;举办公益性讲座近30次,3500余人次受益。

(郭 斌)

【社会动员】 年内,实施“夕阳维权”、“职场新秀初成长”、“助困励学”、“助残就业”、“解难题、促发展”、“微沟通”等六大行动,举办爱心志愿活动,发布与认领八类志愿服务岗活动,举办“今日爱”的主题公益活动,为地区贫困儿童成长提供长期有效的专业志愿服务和资助;以“职场四季”为主题,富力星光自律协会先后举办职场沙龙、“3·15”诚信服务活动,提升星光大道商户的法律意识和外来务工人员的职业素养,地区社会动员能力得到加强。

(郭 斌)

【“双井13社区”】 年内,随着社区的生活方式从地缘聚集向信息化生存发展,以“双井文化符号”为聚集点,以微博、网站等网络介质为沟通手段,以网络社会组织、网络志愿队伍为载体,在12个实体社区的基础上,建立和完善虚拟社区——“双井13社区”。发动地区网络爱好者、意见领袖、社会单位等加入地区网络志愿者队伍,通过线上线下交流沟通机制、搭建活动平台、建立培训等方法,推进社会服务管理向虚拟网络世界延伸,在虚拟社会管理中传递正能量,发扬好传统,建立新阵地。

(郭 斌)

团结湖街道

【概况】 团结湖街道办事处位于朝阳区西部。东至水碓子东里、水碓子东路、朝阳体育馆西侧,南至呼家楼北街和二道沟北侧,西至东三环北路,北至农展馆南路。辖域面积约1.23平方公里,辖22条街巷,6个住宅社区,设6个社区居委会。地区总户数17776户,常住人口45713人。辖区内团结湖路纵贯南北,与东西方向的农展馆南路、团结湖北路、姚家园路、团结湖中路、团结湖南路、朝阳北路、呼家楼北街依次相交,并与各楼区间道路相通,构成辖域交通网络。沿团结湖路两侧分布有建设银行、工商银行、邮局、新华书店、商场超市等商业服务设施。驻有中央在京单位中国轻工集团、国家烟草局培训中心和市属单位北京青年报社等,建有中专1所、中职1所、中学1所、小学2所、幼儿园2所、托老所1家、医院3家。年内,街道优化地区经济发展软环境,加强税源建设,实现区级收入1.85亿元,完成全年经济指标。全年征收个人出租房屋房产税突破1000万元,同比增幅达30%以上。

地址:团结湖北头条9号楼

电话:85589999

邮编:100026

网址: http://tjhjd.bjchy.gov.cn

(李丹梅)

【矛盾纠纷排查】 1月至7月,开展年度第一次、第二次人民内部矛盾纠纷大排查工作。由街道领导牵头,相关部门及社区居委会参与,对6个社区矛盾隐患进行排查摸底,落实责任、协调化解。排查矛盾纠纷48件,梳理早市占道经营扰民问题和白家庄东里11楼工地扰民两个重点矛盾,对辖区5名重点信访人进行疏导化解工作。

(李丹梅)

【党建调研】 2月16日,地区党建研究分会召开首次工作例会,宣布实施《团结湖地区党建研究分会工作方案》和《团结湖地区党建工作创新及研究成果奖励办法》。明确地区党建研究分会的工作任务目标,选定28个党建研究课题。经调研论证,审核筛选,确定18篇重点课题调研文章。"七一"前夕,区党建研究会收集街道优秀党建课题调研文章,编发《基层党建与社会》——团结湖地区党建研究分会专刊,印发全区。

(李丹梅)

【社区党委换届选举】 2月28日至3月29日,6个社区党委进行换届选举。其中一二条、三四条和水碓子社区召开党员代表大会,中路南、中路北和南北里社区以召开党员大会的形式进行选举。共选举党员代表311名,选举产生40名党委委员。新一届党组织成员男女比例基本与上届持平,整体文化程度有所提高,平均年龄降低。

(李丹梅)

【信访宣传月】 5月12日至6月15日,开展以"包容、有序、和谐"为主题的信访宣传月活动。5月12日宣传日活动中,设置宣传站点1个,悬挂横幅4个,张贴宣传画2套,设置板报2块,参加活动居民2300余人,发放宣传材料700余份。

(李丹梅)

【科普活动】 5月25日,举办"科学健身、低碳生活、文明出行"环湖健步走暨朝阳科普周启动仪式。区相关部门、部分社会单位负责人及街道机关干部、社区居民、街道民兵等500人参加。科普周期间,布置宣传展板16块,开展居民科普讲座3场,组织100名居民参观科技馆及天文馆。9月28日,举办全国科普日暨消夏文化艺术节闭幕式。邀请市、区领导、机关干部、社区居民、地区非公经济党组织、社会单位等300余人参加。团结湖公园内布置科学健身、科技惠民成果等科普展板30余块,摆放鲜花30余个品种近10万盆。

(李丹梅)

【妇联工作】 5月至7月,开展妇联换届工作。选举产生街道妇联第一届执行委员会委员9人,其中主席1人,副主席2人,委员6人,推举妇女代表324名,参选妇女代表291名,平均参选率90%。选出社区妇联执委会委员36人,其中主席6人,副主席3人,委员27人,社区妇联主席进"两委"比例达到100%。

(李丹梅)

【创先争优活动】 7月1日,区委、区委社工委召开创先争优活动总结表彰会,街道工委被评为"朝阳区2010—2012年创先争优先进基层党组织"。街道中路北、南北里、中路南社区党委被区委社会工委评为创先争优先进基层党组织。闫红霞、李宏双、赵建平、沈占群、张秀兰等评为优秀共产党和优秀党务工作者。

(李丹梅)

【街道文化服务中心成立】 9月,根据《北京市朝阳区机构编制委员会关于调整街道所属事业单位机构编制的通知》精神,按照市委宣传部、市编办等部门《关于贯彻落实〈关于加强地方县级和城乡基层文化队伍建设的若干意见〉的实施意见》要求,成立团结湖街道文化服务中心,为街道办事处所属全额拨款事业单位,机构规格相当正科级,编制4人,其中正科级领导职数1个。

(李丹梅)

【民政工作】 年末,地区有低保138户,238人。年内新增低保5户,为5072人次发放低保金150万元,慈善救助学生7人,发放救助金1.8万元。为22人次发放临时救助金84777元,医疗救助金19万元。利用慈善捐款资金为5名大病致贫人员发放救助金2万元。募捐月捐款6.7万元。

(李丹梅)

【矫正帮教】 年末,地区有社区服刑人员21人,刑释解教人员64人。实现全年两类人脱管漏管率为零、重新犯罪率为零的"双零"成绩。主动为两类人员提供社会救助服务,为7人申请司法救助,为25人提供就业就学指导、心理疏导、家庭矛盾化解、政策法规咨询等救助,组织公益劳动28次,117人次参加公益活动。组织20人参加"中途之家"法规培训,安排1人接受司法部委托咨询公司的调查。

(李丹梅)

【干部队伍建设】 年内,按照区委组织部、区人力资源和社会保障局、区财政局《关于加强我区基层公务员队伍建设的意见》,于7月和11月,分两批选拔科级非领导职务干部17名。8月16日,通过竞争上岗提拔任用科级实职干部3名、科级非领导职务干部3名。选聘事业单位科级管理岗位人员3名、新招录公务员2名、事业单位岗位3名。

(李丹梅)

【基层组织建设年】 年内,制定实施街道基层组织建设年工作实施方案。组织6个社区党委,机关支部和非公党支部进行分类定级。对照分类定级标准,梳理不合格项45项,制定整改措施60条。建立基层指导员保障机制,做实联系基层解民忧工程。在继续强化领导干部包片联系社区机制的基础上,建立实施处级领导带领主管科室“包社区、包困难家庭、包重点矛盾、包调研项目、包品牌培育”制度,每个机关党员包一个居民支部或非公企业支部、社会组织支部,做实6项重点工作,即“宣、指、听、带、促、树”,加强机关党员干部与基层党员群众的联系。该机制得到上级肯定,分别被市、区党刊和简报转发。组织开展以“创先争优,从我做起”、“北京精神我践行、喜迎党的十八大”系列主题活动。按照三级联创要求,继续深化“实施党建质量体系建设,提高基层党建科学化水平”党建创新项目,开展创先争优评选活动,落实基层建设年各项工作。成立非公经济联合党支部,达到全覆盖。一二条社区成立以六小门店党员为主体的联合党支部,三四条社区成立北京京师中医医院党支部。组织非公党员参加区委社会工委主办的朝阳区社会领域非公企业党组织“青春擦亮党徽,奉献播撒朝阳”主题演讲比赛。

(李丹梅)

【宣传教育工作】 年内,街道对外宣传上稿318条。其中中央媒体23条,市级144条,区级151条。五微工程、准物业管理等工作被中央、市级、区级媒体多次报道。出版《团结社区》报12期。

(李丹梅)

【传统节日活动】 年内,街道开展以春节、元宵节、清明节、端午节、中秋节、重阳节等传统节日为主题的系列活动。与18家社会单位合作开展春节传统文化“达人秀”、清明吟诗会、端午节慰问孤寡老人等活动,参与人数3000人次。

(李丹梅)

【文化建设】 年内,建成1个“24小时自助图书馆”。清明节前夕,街道举办弘扬中华传统文化清明吟诗会。活动以吟诵古诗词、红色诗词、现代诗词和器乐演奏等形式缅怀先烈、展望未来,歌颂美好生活,展示本地区清明民俗文化,150名朗诵爱好者、社区工作者和居民共同演绎《感悟清明》、《英雄赞歌》、《我的北京我的家》等15首名家之作及自创诗歌作品。6月21日,开展“香飘万里 粽情千万家”端午活动,在小区健身园内举行社区居民趣味运动会,社区弱势群体及志愿者、社区居干100人参加。地区学生为孤老、残疾人、百岁老人送去祝福。

(李丹梅)

【公共卫生】 年内,社区卫生服务中心为3400名学生和2200位老人接种流感疫苗;新培养家庭保健员30名;为辖区100名流动育龄妇女进行免费健康体检;为办事处机关工作人员和派出所民警测血糖血脂血压;配合完成区疾控中心64对双生子调查工作;在一二条和中路北两个社区24户居民中进行食源性疾病调查、肿瘤随访调查。在一二条和南北里两个社区380名居民中开展鼻窦炎调查;组织完成一二条、中路南社区死因漏报统计工作,75名居民参加药品安全调查问卷、500名居民参加健康生活方式问卷调查;为539名妇女进行两癌筛查;街道承接全球基金项目流动人口艾滋病预防干预工作,对辖区5000名流动人口,每季度进行一次外展干预和同伴教育;街道组织社区卫生服务中心医务人员深入社区开展健康教育讲座29次,受众5000余人。

(李丹梅)

【社区居委会换届选举】 年内,完成6个社区居委会换届选举工作。共产生委员38名,平均得票率99.8%。推举产生社区常务代表66名。

(李丹梅)

【社区规范化建设】 年内,加强社区规范化建设,实现精细化、网络化、人本化管理,“六型社区”创建工作稳步推进。一二条社区成为市首批“六型社区”。

(李丹梅)

【一刻钟社区服务圈】 年内,“一刻钟社区服务圈”实施“331”(即,三个统一:统一服务标识,服务承诺,微笑服务;三个跟踪:服务商跟踪,服务效果跟踪,参与社区活动跟踪;一条街:打造一条便民服务街)服务圈管理模式,签约服务商已达150家。地区社会组织以司堃范志愿协会为纽带,按项目运行和管理,不断发展壮大。

(李丹梅)

【城市网格化管理】 年内,通过系统平台接收处理城市环境类网格案件22710件,其中门前三包9980件、道路保洁6703件、堆物堆料1876件、店内广告1322件、游商1166件、占道广告595件、店外经营453件,露天烧烤327件,机动车乱停放223件,新增广告牌匾65件。按时结案19826件,按时结案率约占87.3%,延时结案2866件,约占12.62%,未结案数18件,约占0.08%,规范300余家社会单位“门前三包”。重点部位和问题多发地段实行6时至24时重点监控,整治无照游商、散发小广告、店外经营行为,处理市容环境、街面秩序3万余起,取缔、规范无照经营968起,拆除违法建设5处、户外广告12处。街道在全市首创利用“微博、微信、微群”的“三微”平台回复网格案件，接收并回复网格案件15162次，与居民互动交流800余次（其中反映环境问题351件）。

（李丹梅）

【红十字工作】　年内，开展红十字急救员培训，200人取得急救员资格证书。完成红十字博爱在京城捐款50084元。为困难家庭发放红十字救助款9000元，慰问品折价2000元，为2名非典后遗症人员发放救助金1.2万元。在2月和7月两次组织地区居民无偿献血，完成无偿献血任务90人份。

（李丹梅）

【领导接访】　年内，坚持处级领导到信访接待室带班接待，及时倾听群众意见，对疑难信访问题包案处理，协调监督有关部门及时解决居民反映的问题，街道处级领导11人接待群众44批次59人次，确保群众信访诉求能够有问必答、渠道畅通，发现和化解了一批有重大安全隐患的矛盾纠纷。

（李丹梅）

【亿霖木业案善后清退】　年内，成立街道“亿霖木业”案善后清退工作领导小组，全力做好“亿霖木业”案善后清退工作。成功清退64人案款，清退率达95%，名列全区第二名。

（李丹梅）

【聘请信访调解员】　年内，在热心社区调解工作的老干部居民中，挑选有调解能力的老干部6名，并颁发信访调解员证书，聘请为“团结湖街道信访调解员”。

（李丹梅）

【信访接待与化解】　年内，街道接待信访件493件，其中区转政民互动信访件254件，接待集体访6批34人次，信访件办结率97%。在矛盾纠纷大排查工作中，发现各类矛盾纠纷232件，重点矛盾纠纷7件，其中2件申请为区级重点矛盾纠纷问题。通过采取突发应急处置措施，预防化解集体访6批次，地区全年未发生集体上访事件，实现零上访和无越级访。

（李丹梅）

【社会治安综合治理】　年内，开展消防安全检查2061次，检查单位2778家，发现安全隐患862件，整改隐患571处，下达整改通知书560份，处理举报案件375起，发放消防安全材料1149余份。组织辖区社会单位开展消防培训82期，培训3803次，开展消防宣传活动89次，接受教育6196人次。为常住居民、出租房屋和低保家庭更换直排式热水器87台，其中出租房屋直排式热水器用户置换率100%。规范地区文化娱乐服务场所，开展“扫黄打非”检查254次，检查网吧120次、歌厅65次、市场72次、图书报刊290次、音像店102次。开展食品安全执法检查45次，检查食品安全经营单位190家，发现并整改隐患420余处。通过出租房屋日常检查，累计新登记流动人口4301人，核销离开流动人口4865人，新登记出租房屋368套、核销出租房屋205套。开展实有人口数据信息大调查“百日攻坚战”。开展“拒绝邪教”宣传教育活动，发放宣传材料2000余份，受教育群众3000余人，获2012年市级先进。开展禁毒宣传教育活动8次，受教育1200余人次。与社会单位、驾驶员签订各类交通安全责任书750份。开展平安示范小区创建，安装护栏325延米，更换大门7处，维修大门3处，更换门禁系统95个、对讲系统930个，安装探头20个、岗亭抬杆2套。地区全年可防性案件发生20起，同比下降57%。通过实施交通“五微工程”，对老旧小区局部道路进行“交通微创手术”。通过准确定位，精准实施，疏导局部区域交通堵点、完善道路和交通基础设施，安装中心隔离护栏216米、机非护栏1782米、地桩88个、各类指示牌8个、划定减速带24处。

（李丹梅）

【双拥共建】　年内，为部队官兵理发6次、技能培训10次、心理疏导授课1次、联系招聘单位7家，为贫困官兵发放慰问金5000元，送演出2次，发放慰问款2.5万元，技能培训投入3.4万元。部队参与街道及社区共建活动10次。

（李丹梅）

【老龄工作】　年内，为20户老人建立服务档案。协调区卫生局、团区委、地区服务商，为65岁至79岁低保和低收入的23名贫困失能老人提供医疗、家政、志愿服务，重阳节送去价值4600元生活用品。组织“我的敬老故事”征文活动，收到征文23篇。走访慰问百岁老人、空巢特困老人、困难残疾老人以及优秀为老助残服务志愿者等40人。开展“敬老助残我行动志愿者活动”。完善为老志愿者服务台帐157份。为80岁以上有需求老人开展小帮手手机服务信息对接服务。全年办理老年证229人、老年卡450人，发放90岁高龄津贴20.59万元。安装一按铃12个、厕所扶手63个。

（李丹梅）

【残疾人工作】　年内，走访慰问400户困难残疾人，发放慰问金11.8万元；为6名特困残疾人申请临时困难补助6500元；为地区137名重残人发放居家养老（助残）服务券16.44万元；为66名有残摩的肢体残疾人发放2011年燃油补贴每人260元，共计17160元；组织19名残疾人到社区卫生服务中心免费体检；为3名残疾儿童发放2011年康复补助30905元及2012年上半年20115元；为地区62名贫困精神病人申请精神科诊疗费34506.05元。为2名成年智力残疾人办理2012年康复补助12000元。为11人办理贫困精神病人住院补贴；为18名肢体残疾人办理康复卡（每人500元），共9000元。为42名残疾人发放个体三险补贴，为10名残疾人学生及低保残疾人女子申请扶残助学补助；为68名残疾人办理城乡居民养老保险缴费补贴审核手续；为4名残疾人申请北京市残疾人生活补贴。为34户肢体残疾人进行家庭无障碍改造；组织地区有特长的残疾人志愿者上门慰问地区失能老人20名；投资8万元对精神障碍者进行20次心理疏导。

(李丹梅)

【人口和计划生育】 年内，户籍人口36874人，育龄妇女11605人，其中人户分离育龄妇女2517人，独生子女家庭5975户。上报出生人数310人(为2011年10月至2012年9月底数据)，计划生育率100%，死亡114人，人口自然增长率5‰。签订地区单位计划生育责任书46份，社区6份，综合治理部门责任书23份，办理一胎《生育服务证》237人，其中一胎随父入户进京换证74人。办理《独生子女父母光荣证》87人，办理审核再生育申请22例，贡献二胎指标1例。办理2100余名职工转档业务。为符合条件的79名独生子女父母发放一次性奖励款7.9万元；为1名独生子女父母发放1万元一次性经济帮助款。落实独生子女死亡家庭特扶政策年审39人、新增审批4人，发放特别扶助金105600元；落实独生子女伤残家庭特扶政策年审46人、新增审批4人，发放独生子女伤残家庭特别扶助金9.6万元；发放独生子女费1601余人4.7万元。开展生育关怀慰问64户独生子女困难家庭，发放慰问金3.2万元，慰问品价值近万元。加强74个药具发放点管理，发放避孕工具80箱16000盒，其他药具120盒。发放叶酸192盒。完成育龄妇女信息录入16520人。

(李丹梅)

【流动人口管理】 年内，与流动人口聚集的务工单位、出租房屋、经营场所签订责任书2000余份，签订率95%以上。办理流动人口生育服务联系单146人，100名流动人口免费体检，核查流动人口避孕节育191人，核查出生监测134人，FIS系统日常工作核查和反馈信息1369条。向地区400名流动人口务工者子女赠送《爱的启蒙教育——小学生成长故事》；为常住非户籍家庭提供避孕节育药具和定期随访；为100名已婚流动育龄妇女提供免费生殖健康检查并建立健康档案；举办流动人口育龄妇女烘焙技能培训班。

(李丹梅)

【地下空间管理】 年内，检查88处人防工程，开出500份整改通知单，下发安全管理和隐患排查提示单300份，排除安全隐患450起。

(李丹梅)

【安全生产】 年内，围绕“安全生产年”活动，以做好十八大安保工作为重点，完成安全生产任务，未发生生产安全事故。与辖区近730家生产经营单位签订安全生产责任书。以“安全生产月”为契机，开展全方位、多层次宣传活动。聘请专家为机关、社区和各类安全员、协管员以及生产经营单位负责人150余人进行安全生产培训。检查生产经营单位422家次，发现问题或隐患687处，已整改隐患670余处。行政处罚18起，处罚金额10.2万元。完成国际安全社区创建工作，街道成为国际安全社区网络成员。

(李丹梅)

【人民调解】 年内，地区各类调解组织排查隐患14次，调处化解各类纠纷1467件，成功1418件，达成书面协议28件，成功率96.66%。

(李丹梅)

【法制宣传】 年内，开展普法宣传30余场，举办“维稳定促和谐法律大讲堂社区行”60余次。指导社区法律服务室开展法制讲座75场，受教育5万人次。为机关干部、社区居干、辖区居民、外来务工人员发放1万余本法律书籍。

(李丹梅)

【法律服务】 年内，出具司法行政建议书19件，接待群众来电来访咨询239人次，为4户有诉求困难家庭办理援助初审手续，开展法律知识讲座37场，发放法律援助宣传材料3万份，实现了便民利民应援尽援目标。

(李丹梅)

【智慧社区】 年内，制定智慧街道建设体系方案，构建“城市管理、综治维稳、应急处突、为民服务”四位一体的全模式社会服务管理中心。研制集视频连线、各项服务功能于一体的“智慧信息机”，通过交通、安防、监控、移动政务、居家养老等领域应用延伸，实现智慧管理、智慧服务、智慧社区、智慧家庭以及智慧协同，完善街道智慧感知和智慧神经体系。开发具有邻里互动、智慧网格管理等功能，吸引年轻群体参与社区自治的“掌上团结湖”手机平台，为辖区80岁以上老人安装“一按灵电话”，建立“一号定位”系统。搭建微博、微信、微群“三微平台”，实现与居民沟通5000余人次，解决居民反映问题1352件。12月，街道以全市综合评分第一的成绩获“北京市社区信息化示范街道”称号，并在全市作经验介绍。代表北京市接待广西、山西等省市参观学习，先后有500余人考察智慧团结湖建设。中央电视台、新华社、人民日报、北京电视台、北京日报等20余家媒体对智慧团结湖建设进行专题报道。

(李丹梅)

【为民服务】 年内，成立便民服务网点20家，兼顾公共服务与公益服务，与地区为老服务及96156服务平台紧密结合，整合三产资源55家，发挥便民利民服务职能。提升机构养老(托老所)硬件，扩大服务群体数量，为2100位老人提供居家养老服务。爱心超市为150户家庭提供困难补助，并发放爱心救助卡。

(李丹梅)

【劳动监察】 年内，巡查劳动用工单位120家，专项执法检查2次，书面审查60家用人单位，查处用工违法行为立案89件，行政处罚12件。罚款4500元，结案率100%，查处拖欠职工工资案件11件，追讨工资14400元，社会保险扩面征缴10家。年内，举办相关法规培训1次，5家单位为农民工上“五险”。

（李丹梅）

【工会工作】 年内，完成全国总工会非公企业数据301家单位以及费源库1385家单位实地核查工作。有工会企业180家，会员3057人，其中独立工会28个，联合工会9个，覆盖企业152家。

（李丹梅）

【共青团工作】 年内，街道团工委新建非公企业团支部17个，覆盖团员55人，完成年度“两新”组织团建任务。

（李丹梅）

【创建首都花园式社区】 年内，投资50万元对北里小区进行环境改造和绿化提升，绿化提升700平方米，道路铺装800平方米，打造低碳文化墙，悬挂宣传义务植树标牌。中央电视台等媒体专题报道北里小区“一车一树”解决绿化和停车矛盾的做法。10月，南北里社区被首都绿化委员会评为首都花园式社区，实现首都花园式社区“四连创”。街道被评为首都绿化美化先进单位及首都环境建设先进街道。北里小区获评首都环境优美居住小区，水碓子如意街获评首都环境优美街巷胡同。

（李丹梅）

【老旧小区准物业管理】 年内，三四条南小区、北里小区、中路北小区3个老旧小区实行准物业管理。开展门头改造、制度上墙、规章建立等工作，实现老旧小区居民享受“六有”（即有绿化、有保洁、有停车管理、有治安巡逻、有设施维修、有个性化服务）服务。中共中央办公厅秘书局、天津市南开区政协、北京市住建委等单位前来调研考察。

（李丹梅）

【水碓子筒子楼改造工程】 年内，改善居民生活环境，对水碓子筒子楼试点实施公共厨房靓丽工程。更换铁皮柜61组，消除楼道内原有木质储物柜和乱堆物带来的消防隐患，清除公共厨房污垢、刷新墙壁100平方米，疏通管道并增设排气扇等。

（李丹梅）

【为民解忧工程】 年内，增设、维修、粉刷晾衣竿318个，为社区信报箱加装65个雨搭，配合区住建委、房管局完成一二条、南北里、中路南3个小区9栋楼6.5万平方米节能保温改造工程。

（李丹梅）

【就业安置】 年内，开发就业岗位2966个，职业指导2135人次，职业技能培训87人，创业培训9人，推荐就业301人，实现创业54人，带动就业54人，辖区实现就业535人，就业率82.69%。公益性岗位就业68人，灵活就业268人，自主创业4人。领金人员医疗报销9896余元。退休人员医疗报销583人次109万元；退养人员医疗费报销124人次36.84万元。接收社会化退休人员档案239份，开展文体活动4次，办理退休手续361人次。受理丧葬费补贴申请16人次8万元，优抚对象医疗费报销46人次6.2万元，医疗救助249人次，报销费用18万元；社会保险代办企业10家，社会保障卡挂失、补换2856人。散居及婴幼儿参保1251人。

（李丹梅）

望京街道

【概况】 望京地区原为来广营乡、将台乡农村菜地，20世纪90年代开始大规模建设。2000年6月望京街道成立。辖区位于朝阳区东北部，东至机场高速路与酒仙桥街道、将台乡接壤；南至北四环路与太阳宫乡为界；西至京承高速路与来广营乡、大屯街道相望；北至湖光北街、宏泰西街与东湖街道、崔各庄乡相邻。辖域面积10.36平方公里。常住人口约25万人，其中流动人口5.8万人，流动人口中有登记在册的外籍人口3万人，来自80个国家和地区（韩国人占85%）。域内有望京西园四区、望京西园三区、望花路东里、望花路西里、花家地、花家地北里、花家地南里、花家地西里、花家地西里三区、南湖东园、南湖中园、南湖西里、南湖西园、方舟苑、大西洋城、爽秋路、圣星社区、望京园、南湖西园二区、望京东园五区、阜荣街、望京西路等22个社区及宝星园、夏都盈座、国风家园3个社区筹备组和坝北1个平房区。有社会单位近5000家，规模以上企业323家，银行29家，高等院校5所，中小学校13所，幼儿园（托儿所）18个，大型商场市场24家，医院（含社区卫生站）9家。主干道有广顺南北大街、阜通东西大街、望京西路、花家地街、望京街、湖光中街等31条，公交路线48条。地铁13号线、15号线交汇贯通望京。年内，街道税源建设工作牢牢把握“稳中求进”的总基调，多措并举，不断优化经济发展环境。一是继续稳固与辖区内重点税源单位的纳税关系，加强对重点纳税单位特别是实现区级收入达50万元以上单位的走访沟通，提供全方位服务。二是对地区可利用土地资源、写字楼及空置率进行全面摸底调查，有行政、服务和商业娱乐楼217栋，商业写字楼28栋，商业写字楼空置率在5%以下。三是有重点地开展清理异地纳税，走访重点税源企业104家，异地纳税企业58家。四是积极推进地区招商引资，与区发改委配合，引进注册资金5亿元。五是加大小房产税征收宣传力度。实现区级财政收入18.75亿元，个人出租房产税征收1632.9万元,地区经济稳步健康发展。

地址:望京东园615楼。
电话:64703102　84778841
邮编:100102
邮箱:wjjd-xzb@126.com

(项　悦)

【社区工作总结表彰会】 1月9日,举办"2009—2011年度"社区工作总结表彰大会暨新春团拜会。机关科级实职以上干部、社区工作者等近300人参加。会议总结2009—2011年度社区工作,通报表彰望京西园四区等8个社区工作标兵单位;花家地、花家地北里2个党建工作先进社区;望京西路等3个环境工作先进社区;望花路东里等3个服务工作先进社区;圣星等2个维稳工作先进社区;南湖中园等2个文化工作先进社区;花家地西里三区等2个计生卫生工作先进社区以及20个优秀社区当家人,30个优秀社区工作者标兵。

(项　悦)

【残疾人五星评比表彰】 1月11日,在中央美院礼堂举办第四届残疾人五星评比表彰暨新春联谊会。表彰"10名残疾人康复之星"、"10名残疾人志愿者之星"、"10名残疾人劳动之星"、"10名残疾人文体之星",并颁证书。

(项　悦)

【军地鹊桥会】 1月15日,街道在东湖街道六佰本举办"军地鹊桥会"。武警八支队干部和居民等80人参加活动。

(项　悦)

【安全生产培训表彰会】 1月16日,在温都水城举办"望京街道安全生产培训暨2011年度总结表彰会"。区安监局、公安朝阳分局、区工商局、区卫生监督局,办事处正科实职干部60人参加会议。会议解读《北京市安全生产管理条例》新修订内容,表彰10家"2011年度朝阳区安全生产管理先进单位"企业和20名"望京街道安全生产个人",并颁发荣誉证书。

(项　悦)

【党风廉政建设】 2月17日,召开"望京街道2012年党风廉政建设工作大会"。机关全体干部、工商、税务、派出所所长,社区党委书记、主任及纪检委员等180余人参会。会议总结2011年街道党风廉政建设和反腐败工作,部署年度任务。街道处级领导、科室负责人、社区党委书记逐级签订党风廉政建设责任书。

(项　悦)

【领导调研】 2月17日,全国人大常委会委员、全国人大法律委员会副主任张柏林,市人大常委会副主任柳纪钢等一行到望京园社区调研《中华人民共和国出境入境管理法(草案)》研修工作。街道办事处主任宋军陪同调研。调研会上,全国人大常委会法工委行政法室主任王超英介绍《管理法(草案)》研究修改情况,宋军就街道外籍人员情况、外籍人员管理工作方法进行交流。与会人员参观望京园外籍人服务站。4月11日,全国妇联党组书记宋秀岩到望京社区调研,听取街道在创新社会服务管理创新方面做法,参观望京园社区外籍人服务管理站,并提出建设性意见。

(项　悦)

【联合执法】 3月2日,街道联合检查组到六公主平房区对有煤气中毒、治安案件隐患和消防安全隐患、私搭乱建房屋及非法异地经营的废品收购单位北京市林中建废旧物资回收有限公司进行联合执法,并现场召开整治六公主坟村废品收购场所专题会,以消除火灾隐患。

(项　悦)

【妇女就业】 3月4日,在花家地西里社区首师大附属实验中学举办"春风送暖送岗位"妇女就业直通车启动仪式。全国妇联华瑛创业女性发展中心项目部主任齐和平、朝阳区妇联副主席贾冬云,街道办事处副主任曾嘉坤及社区妇联执委、妇女代表、下岗失业妇女等130人参加仪式。北京康基嘉华净水科技有限公司进行现场招聘,30名妇女报名,2名达成就业意向。

(项　悦)

【望京国际青年志愿者联盟】 3月4日,街道在北京望京星美国际影线管理有限公司放映厅举办以"厚德望京 公益同行大爱回馈"为主题的"2012年望京公益先锋表彰暨望京国际青年志愿者联盟"成立仪式。表彰"望京网阳光公益联盟"、"红心十姐妹"、"阳光小天使俱乐部"、全聚德等12个对地区公益事业做出突出贡献的单位和个人,审议通过《望京国际青年志愿者联盟章程》。区委常委、宣传部部长、统战部部长谢莹,团委书记王洪涛出席会议,街道领导与首批联盟会员中央美术学院、北京青年政治学院等17家单位负责人及志愿者参加会议。

(项　悦)

【青年志愿服务汇启动】 3月5日,启动以"践行雷锋精神爱心奉献社会"为主题的青年志愿服务汇活动。望京国际青年志愿者联盟成员单位组织200名志愿者,深入社区开展健康使者送健康、爱心使者献爱心、文明使者育文明、关爱使者送温暖、安全使者送常识、服务使者送服务、快乐使者送快乐、环保使者倡环保、公益使者回馈等9个主题志愿服务活动。志愿者们深入社区、民居开展清理环境、劝导文明行为,开展敬老、助残慰问、亲情陪伴服务活动,为800余名老年人、残疾人提供志愿服务。

(项　悦)

【社会建设协调委员会工作会】 3月15日,在望京全聚德会议厅召开"2012年望京社会建设协调委员会"工作会。全国人大代表、中国社会科学院世界宗教研究所所长、委员会名誉会长卓新平,街道工委书记刘伯韬、办事处主任宋军以及地区社会建设协调委员会成员单位负责人等20余人出席会议。会议听取望京社会建设协调委员会2011年工作报告、街道年度工作思路及望京社会建设协调委员会年度工作思路，确定16项工作任务。地区建设协调委员会成员单位新世界利莹百货、望京网、中建一局四公司作典型发言。

（项　悦）

【社会保障工作表彰会】　3月16日，召开2011年度“望京街道社会保障工作表彰大会”。表彰14个“朝阳区充分就业社区”、3个“优秀社区工作站”、6名“优秀个人”并颁奖。办事处副主任康玉章，民政科、社保所负责人及各社区服务站站长和协管员50人参加会议。

（项　悦）

【城管城建工作研讨会】　3月26日，召开“2012年城管城建工作研讨会”。区城管大队大队长吴熙盛，办事处主任宋军、副主任孙庆明及街道职能科室相关人员参加会议。会议围绕年度市、区工作要求，围绕打造整洁优美、宜居、国际化新望京为主题进行交流探讨。望京城管分队常务副分队长苗晓辉汇报望京分队2011年创建环境优美大街经验和年度分队工作计划及奖惩制度。城管分队员代表进行探讨性发言。

（项　悦）

【绿化美化工作动员会】　4月20日，召开年度绿化美化工作会。全体机关干部，社区居委会书记、主任，辖区社会单位等200人参加会议。街道办事处副主任张申瑞部署年度绿化美化工作方案，办事处、社区居委会、社会单位3个层面代表，就做好地区绿化美化工作发言。

（项　悦）

【嫣然天使儿童医院落成】　5月27日，北京嫣然天使儿童医院在望京东园（融科橄榄城）举行落成典礼。中国红十字基金会、市民政局及卫生局等单位领导出席会议并为医院颁发执业许可证。

（项　悦）

【社区居委会换届选举】　5月，辖区22个社区居委会进行第八届社区居委会换届选举。其中4个社区为户代表直选，18个社区为居民代表选举。22个社区居委会均一次选举成功。共推举选委会成员186人，登记选民21766户37996人，划分居民小组564个，居民代表1222人。选出新一届社区居委会成员152人，其中主任22人，副主任22人，委员108人。选举大会户代表参选率84.9%，居民代表参选率81.2%。

（项　悦）

【创先争优表彰会】　6月26日，召开庆祝建党91周年暨创先争优表彰大会。街道工委班子成员、机关副科级以上实职干部、社区党委书记、受表彰党员等200人参加会议。表彰25个先进基层党组织、140名优秀中共党员和35名优秀党务工作者及5个优秀党建创新项目并颁奖。

（项　悦）

【安装自助图书借阅机】　7月18日，街道整合社区资源，在国风北京、望京西园四区、花家地北里、花家地西里、南湖西园二区、南湖西园等6个社区安装24小时自助图书借阅机。

（项　悦）

【应对“7·21”特大自然灾害】　7月21日，北京地区发生特大暴雨。到22日晚17时，特大暴雨造成望京10处道路中断通行，200余辆机动车被淹，六公主坟村、南湖西里、南湖渠三巷平房区积水面积达500平方米，最深积水达0.6米，望京首开新城分公司大生活区空地100余米围墙倒塌，龙韵公园南侧围墙20余米倒塌，路面塌陷10余处近百平方米，30余棵树木倒塌，1人受伤。经街道组织人员及时应对，使人民群众财产损失降到最小。

（项　悦）

【创建充分就业社区】　7月31日，召开充分就业社区创建工作会。街道处级领导干部，社区书记、主任，劳动协管员等80人参加会议。14个社区获“2011年度朝阳区充分就业社区”并获颁牌匾。

（项　悦）

【双拥共建】　7月至8月，街道开展庆祝“八一”建军节慰问活动。一是出资5万元慰问3个共建部队；二是出资5000元对驻区共建部队的10名困难官兵进行救助；三是出资2万元对6个社区结成的“警民共建、警校共建”6个连队进行慰问；四是慰问56名军转干部；五是召开优抚对象座谈会，慰问优抚对象；六是各社区自筹资金举办多种形式的拥军优属活动。

（项　悦）

【建成交通安全互动体验室】　8月9日，街道投资149万元在望京西园三区312楼地下人防暨街道应急指挥宣传教育中心完成增建交通安全互动体验项目，通过安全警示、实用避险、逃生技能演示，增强居民交通安全意识，掌握交通安全知识和技能。展厅有仿真灾难现场、非机动车安全驾驶、魔幻阅读等项目。

（项　悦）

【国际文化交流实践基地揭牌】　9月21日，举行“北京大学·朝阳望京国际文化交流实践基地”启动仪式。北京大学团委书记阮草、望京街道办事处主任宋军共同为实践基地揭牌。

（项　悦）

【望京国际文化艺术周】　9月21日，望京街道、望京国际商业中心、望京网联合在望京体育文化广场举办第二届“望京大舞台”百姓才艺选秀活动总决赛暨“合生创展”第十届望京国际文化艺术周开幕式。北京大学团委书记阮草，望京街道工委书记刘伯韬、办事处主任宋军，合生创展集团领导及望京国际商业中心总经理张锋等出席开幕式，500余名中外居民参加活动。

(项　悦)

【社会秩序整治】 10月28日,街道组成3个联合工作组,依法对无证照经营食品店进行查扣和取缔,现场注销卫生许可证和营业执照1户,查扣冰箱3台、冰柜1台、炒勺5个、压面机1台、和面机1台、电子秤2台、电饭煲1台、桌子8张、凳子19个、铁锅1个。29日,街道工委书记刘伯韬、办事处主任杨洪福带队,到花家地和南湖区两个片区,对中福商场、京客隆商场、汽配城、广龙家居、南湖综合市场、望京商业中心、新世界、北京市燃气集团有限责任公司高压管网运行二所、东郊供热厂、邮政速递物流公司等重要点位消防工作、食品卫生、安全生产隐患进行联合检查。发现安全隐患22处,责令停业整改24个商场、门店、铺面,扣留8个无证无照经营店铺物品,取缔非法经营店铺营业执照15个。

(项　悦)

【敬老助老活动】 10月,举办"六项活动"敬老助老。让老年人享受敬老助老文化盛宴。一是携手北京青年政治学院,在青政院礼堂举办以"传播北京精神 弘扬中华孝道"为主题的庆重阳文艺演出,社区600余名老年人代表观看演出。二是邀请社区老年协会成员、社区老人代表等100余人观看电影。三是望京摄影沙龙联合北京法制晚报、望京社区周刊动员20余名摄影爱好者,开办以"最美夕阳红 浓浓敬老情"为主题的摄影活动。望京摄影爱好者前往花家地南里等社区,为60岁以上老人免费拍摄生活照和证件照。四是街道老年协会举办"庆重阳,爱老敬老"座谈会,对街道老龄工作提建设性意见。五是组织25个社区50余名老年志愿者参观北京城市规划展览馆,感受北京日新月异的发展变化;六是重阳节前,处级领导带队对25个社区80岁以上困难老年人和百岁老人进行入户走访慰问。

(项　悦)

【大西洋社区物业交接】 11月11日,是望京大西洋新城小区物业交接法定最后一天,三家物业公司拒不交接,有可能引发群体性事件。区委、区政府高度重视,由区委政法委、区委宣传部、公安朝阳分局、街道等部门成立现场指挥部,组织800名执法人员,维护小区安全稳定。经过多方协调,12月5日,望京大西洋新城F区物业项目管理公司北京均豪物业公司与业委会签订物业交接协议,完成交接手续,未发生群体性事件。业委会选聘新物业公司北京盛世物业公司进驻F区。

(项　悦)

【干部队伍建设】 年内,通过组织竞争上岗,选拔任用9名干部担任科级领导职务、5名干部担任科级非领导职务、4名干部被选为处级后备干部、推荐2名27岁以下干部为后备干部。投入近30余万元组织部分科级干部开展社会服务管理创新培训考察。健全完善关心关爱干部长效机制,在机关公务员中开展读书、谈心等活动。

(项　悦)

【社会领域党建】 年内,开展"亮身份、树形象、做奉献"示范活动。在非公企业设立"党员示范岗"、"党员先锋岗"、"党员责任区",开展"党员岗位争优秀"、"一个党员一面旗"等活动,突出特色、培育典型,表彰25个先进基层党组织、140名优秀共产党员和35名优秀党务工作者、5个优秀党建创新项目,推动创先争优活动开展。依托商务楼宇服务站、各类协会及社会组织,开展"基层组织建设年"活动,用社会领域党建工作创新成果,引领和推动社会服务管理创新,提升基层党组织领导力和保障力。以实施"百日攻坚"工程为契机,加强非公有制企业党的建设,在非公企业中成立1个独立党支部,2个联合党支部和2个流动党支部,党组织覆盖提升30%。

(项　悦)

【工青妇工作】 年内,发挥工会、共青团、妇联等人民团体作用,为望京发展助力。启动妇女就业直通车,促进地区妇女就业及再就业工作,为妇女就业搭建平台,组织"就业岗位推介会"、职业技术培训活动10余次,近千名女性受惠。完成街道第一届妇联选举及各社区妇联换届选举工作。推进地区青年志愿者工作,依托望京国际青年志愿者联盟,开展志愿活动,中央美术学院"艺术使者"活动、"学雷锋日"志愿服务"汇"等主题活动广受好评。发挥总工会的职能作用,指导辖区建会企业,推进集体合同、工资专项合同、女工专项合同协商工作,保障职工基本权益。

(项　悦)

【党风廉政建设】 年内,落实党风廉政建设责任制,强化领导干部"一岗双责",召开"街道2012年党风廉政建设大会",逐级签订《党风廉政建设责任书》78份,在17个社区成立纪委、在8个成立党总支的社区设立纪检委员,实现纪检组织在社区全覆盖。推出"八个一"(组织召开一次党风廉政建设大会,进行广泛宣传动员;邀请区纪委领导进行一次党风廉政教育专题讲座;推荐一本党风廉政相关书籍,组织机关、社区党员干部撰写读后感;组织举办一次以《廉政准则》为内容的知识竞赛;组织一次反腐倡廉警示教育;举办一次廉政书画展;在社区开设党风廉政建设园地;组织街道、机关干部参观监狱活动,接受一次反腐倡廉反面典型教育)廉政系列主题教育活动,推动教育范围全覆盖。建立领导干部和成员谈话制度,约谈54人(其中处级11人,科级43人),推进涉权事项清理确认工作,清理确认涉权事项754项,编制流程图304份。

(项　悦)

【拆除控制违法建设】　年内，通过制订工作方案，明确违建发现、上报和处置流程及责任追究办法，强调各责任主体的分工，明确四个工作阶段，实施“六个一”（制定一份《望京街道拆违工作方案》、确立一个巡查处置机制、设立一本检查工作记录、完善一套违法建设工作材料、签订一系列责任书、每周召开一次主任办公会专题调度会）工作措施，重点对坝北村、六公主坟、南胡渠三巷等辖区拆迁遗留区进行安全检查、告知，制止、查处违法建设，排除安全隐患。对坝北村居民翻建房屋问题加大执法力度。拆除违法建设15处7423平方米。

（项　悦）

【社区建设】　年内，街道采取5项措施加强社区建设，提高社区自治功能。一是发挥社区议事协商会、听证会、居民常务代表会的作用，提升社区服务效能。结合社区党委、居委会换届工作，25个社区、社区筹备组召开社区居民事务听证会76次，搜集居民群众关注的问题71项，解决53项。二是发挥社区居民事务协调委员会、社区和谐促进员协会的作用，动员社区单位、居民广泛参与，提升社区自治能力。三是完善社区入户走访和基础资料管理制度，以《社区民情手册》为载体，规范社区“两访四账”管理制度。四是在望京园、望京西路、花家地南里、花家地西里4个社区推进社区单元化管理试点工作，提升居民自治水平。五是开展对业主大会和业主委员会成立及活动的协助、指导、监督工作，完成大西洋新城、蓝色家园两个小区业主大会及业主委员会成立工作，对有成立业主委员会意向的3个社区居干、业主及物业等人员培训150余人次。

（项　悦）

【社区工作者队伍建设】　年内，街道通过规范化管理和人性化服务，推动社区居委会、服务站班子建设。一是规范选聘机制，社区队伍进一步充实。通过选拔培训，72名市、区统招优秀社工加入社区工作。二是规范选拔任用机制，社区青年社工培养力度加强。通过对35名中青年社工的组织考察，将一批群众基础好、个人素质高、德才兼备的社区工作者提拔为社区副站长，将一批优秀年轻社工纳入重点培养对象，加强社区负责人队伍梯队化储备和人才培养。三是规范教育培训机制。深化和完善社区工作者教育培训“1+6”培训模式，组织社工参加“社区有我”首届社区工作者基本功大赛，开阔社区建设思路。四是规范关心关怀机制。在认真落实各项工资、“五险一金”等福利待遇的基础上，健全社工队伍探病、助困、外出学习、体检等福利措施，实现真诚服务暖人心、人性化管理聚人才。

（项　悦）

【一刻钟社区服务圈】　年内，采取4项措施，提升“一刻钟社区便民服务圈”为民服务水平。一是对现有“一刻钟”便民服务商进行调研，将40家服务质量好、诚实守信的“一刻钟”商家纳入朝阳区社会服务与管理平台（81890）的重点推荐商家。二是扩大服务范围，新增认证服务商108家。三是推进社区便民缴费工作，安装“小帮手”22台，为居民提供水、电、煤、信用卡还款等便利缴费服务。四是完成6个社区“农舍对接”菜车直销进社区工作，解决居民买菜难、买菜贵等问题。

（项　悦）

【社会面防控】　年内，通过整合联动，群防群治，维护地区安全稳定，做好十八大服务保障工作。一是加强重点节日、敏感时期防控。发动社区志愿者、小区保安加强巡逻，完成春节、“两会”、“涉日”、十八大等敏感时期社会面防控工作。十八大期间，制定社会面各级防控预案，召开社会单位和社区安保工作动员会，发放动员信2万份，确保大型企、事业、各物业公司、社区每天有4000名志愿者参与地区巡防工作。二是加强交通秩序整治。悬挂42条宣传标语、设置27个宣传站点、散发1.2万份宣传资料、开展“小手拉大手”、“四进”等活动，积极协调和组织相关职能部门采取随机修缮、定点看护、游动打击、机动驱赶等方法，有效整治辖区交通秩序，全年出动执法车辆740台次，执法人员3400余人次，处置非法营运黑车328辆、黑摩的156辆，对违章停车贴条1.09万张，拘留非法营运人员62人次。

（项　悦）

【绿化美化】　年内，创新工作方式，培育亮点，实施“1221+N”绿化美化工程。一是建设湖光中街绿化美化优美大街。协调完成城铁望京西站北侧2万平方米大绿地建设，完成湖光中街绿化恢复5000平方米。二是实现阜通东大街、望京西路2条道路绿化美化达标。完成绿化补植900平方米，增加时令花卉3000余株。三是建设橄榄城、鹿港2个绿化美化达标社区。栽补种树木70余棵，补植草坪800平方米；四是实施多项社区“增绿添彩”项目。完成南湖西里门前500平方米三角地绿化。协调鹿港嘉苑、国风北京、知语城等8个小区物业栽植、补植绿化9000平方米。国风北京、鹿港嘉苑小区分获区级绿化养护评比一等奖、三等奖。五是创新实施综合绿化工程。完成新城幼儿园屋顶绿化1000平方米、中环南路5号院围墙立体绿化，栽植爬墙植物2700余株，实现由传统单一“平面绿化”向“空间绿化”转变。

（项　悦）

【公共文化服务体系示范区建设】年内，加强公共文化服务体系建设。一是制定《望京街道创建国家公共文化服务体系示范区实施方案》，明确“13366”工作体系，对25个社区公共文化服务软硬件情况进行摸底调查。二是实施6项工程深入开展创建工作,其中重点文化精品培育工程"望京大舞台,敢秀你就来"活动,历时5个月,经过海选、预赛、复赛、复活赛、半决赛和决赛22场,吸引近500名居民参赛,文化影响力辐射地区居民20万人。三是依托公益文化阵地、国际文化阵地等6个文化阵地开展活动,提升居民生活品质。四是培育文化亮点和品牌,突出公益性和国际化特色,打造望京中外邻居节、望京大舞台、望京国际文化艺术周3大品牌。建成199支文体队伍、10支街道级文化精品队伍,组织大型文体活动23场,放映公益电影52场,新建2个数字化社区电子阅览室。

(项　悦)

【知忧解忧工程】　年内,制定"知忧解忧"工作方案。分层次、多渠道收集民意、了解民需,将收集到的120余条意见建议进行分析研讨,确定街道层面56项为民办实事项目,与街道重点工作捆绑推进,并将推进情况在望京政务网、办事处一楼办公大厅电子显示屏和社区橱窗进行公示,接受居民监督。完成中环南路十号院、花家地西里、花家地西里三区3个老旧社区66组路灯改造安装,完成滨河公园休闲座椅安装,在6个社区开设农社对接便民菜车,对接南湖西里老旧小区改造、望京西园四区西门通行等为民办实事项目51项,其余5项也在规定时限内稳步推动。

(项　悦)

香河园街道

【概况】　香河园街道位于朝阳区东北部,东起客车四厂路北端、静安西街、柳芳北街、左家庄西街与左家庄街道相邻,南以柳芳南里社区与东城区接壤,西以轻轨13号线与和平街街道相望,北自三环路太阳宫桥、坝河桥、坝河中心线与太阳宫乡交界。南北最长2.5公里,东西宽1.44公里,辖域面积约2.5平方公里。有8个社区居委会,总户数23601户,常住人口60533人,流动人口19447人。居民楼197栋,其中高层建筑103栋。地下空间216处,其中人防104处、设备层74处、普通地下室38处。地区绿化面积86.6万平方米,绿化覆盖率达34.6%。企业单位147家,辖区幼儿园8所,小学3所,中学1所。年内,召开税源建设会议17次,经济分析会4次,地区税源联谊会26次。坚持以沟通为桥梁,以优惠政策为支撑,以优质服务为保障,建立良好的政企联动关系。实现区级财政收入1.7亿元,同比增长11.18%;征缴个人出租房产税332.89万元,完成年计划的118.89%。

地址:西坝河南里26号楼
电话:64677044
邮编:100028
网址:http://xhyjd.bjchy.gov.cn

(吴桂昕)

【领导慰问】　1月13日,市委社会工委副书记、市社会办副主任周开让,市委社会工委委员、市社会办副巡视员王智玲,区社会办主任张永新慰问困难社工张玉环。1月20日,市长郭金龙,市委常委、常务副市长吉林,市委常委、组织部部长吕锡文看望慰问叶如陵。区长程连元陪同慰问。

(吴桂昕)

【社区居委会换届选举】　6月10日,完成第八届社区居委会换届选举。西坝河南里社区、光熙门北里北社区采取户代表选举方式,其余6个社区采取居民代表选举。登记选民24618人,其中流动人口95人,产生居民小组198个,推选居民代表566名,登记户代表1770名,常务代表154名。选举产生社区居委会主任8人,副主任11人,委员35人,总计54人;其中,男17人,女37人;中共党员12人,占22.2%;平均年龄42.2岁,年龄最大的58岁,年龄最小的24岁;书记、主任"一肩挑"3人,占居委会人数的37.5%;具有大专以上学历43人,占当选总人数的79.6%;8人持有社会工作资格证书,占当选总人数的14.8%。

(水　伟)

【节能改造】　8月起,对柳芳南里、柳芳北里及西坝河南里部分居民楼进行老旧小区节能改造,开工60万平方米、29栋楼(2013年3月完工),实施楼面防水处理、楼体保温,更换塑钢窗3957扇、防护窗2204个。

(吴桂昕)

【十八大维稳】　十八大期间,与社区党委和社会单位逐一签订安保责任书,强化组织领导。动员社区治保积极分子,配齐防寒衣、应急包等物资,按照定岗、定责、定人要求,对229个社会面防控重点网格点位,落实实名制防控责任制,强化社会面防控。召开地区十八大安保重点消防单位工作部署会,对重点单位消防工作组织自查自改和重点整治行动,强化安全隐患排查整治。制定突发情况应急处置工作预案,建立应急处置小分队,组织开展突发情况应急处置培训和演练,强化应急处置能力。期间,地区实现"零案件、零事故、零上访"。

(吴桂昕)

【为民解忧工程】　年内,完成柳芳北街9号院坡道改造、对接居民需求规范便民网点,整合社会资源缓解停车难,建成24小时自助图书馆等11项为民办实事"折子工程"和53项为民办实事工作。

(吴桂昕)

【环境改造】　年内,以西坝河南路创建"环境优美大街"和柳芳北里社区改造"环境优美小区"为依托,改善地区环境。投资近300万元,绿化美化1万余平方米,改造甬路1500平方米,粉刷栅栏、门头、沿街建筑3750平方米。

(吴桂昕)

【社会组织管理模式创新】 年内，成立街道社会组织管理办公室，提出“四个统筹、四级管理、五彩工程、N个基点”的“445N”社会组织管理工作新模式。

（陈 一）

【社区自治】 年内，完成2个户代表社区选举、6个居民代表社区选举工作，夯实社区的组织基础、人员基础、群众基础和工作基础。社区单元化管理初现成果。按照党支部、产权单位、物业管理单位、独立院落等原则，划分92个单元格。坚持试点先行，重点打造13个单元格，落实每月一次工作进展通报会、一次实地检查制度，扎实推动社区单元化管理工作，提高楼栋、楼门的自治水平。稳步推进“六型”社区建设。秉承“全面推进，重点创建”精神，组织各社区学习“六型”社区建设文件精神，提升社区在干净、规范、服务、安全、健康、文化6方面工作。柳芳北里、西坝河东里两个社区作为试点，通过市级六型社区建设第三方测评。

（吴桂昕）

【社会保障】 年内，政策范围内各类人员实现应保尽保，为各类困难群体落实政策性救助和补贴，发放低保金97.6万元，投入资金61.65万余元慰问地区近3000名低保人员，发放抚恤金38万元。

（吴桂昕）

【文化建设与社区教育】 年内，围绕区创建公共文化服务体系示范区任务，以基层文化建设为主线，推出“十、百、千、万”文化工程，“多彩四季·魅力香河园”系列品牌活动，带动地区文化大发展大繁荣，以“体育六进社区”、“百姓健身大讲堂”、“国民体质测试”、“北京科技周”、“科普之夏”、“科普日”等活动为载体，全面开展社区教育活动。街道获“2012年全国社区教育示范街道”等国家级奖项16项。

（赵 中）

【社会服务与管理创新】 年内，开辟“民政之窗”，发展数字民政，整合老年人协会、“青松”、“安康通”、愚公众益等团队资源，打造医养护无缝链接综合服务工程，街道养老服务管理中心成为全市三级养老服务管理中心建设样板。开展96156社区服务平台核心业务，推出家政服务、居家养老（助残）等社区居家生活保障精品服务项目，建立“一站式”、“一条龙”服务管理机制。从教育、就业、康复、无障碍、文体、维权等5个方面，实现地区残疾人服务体系建设由粗放型向精细化转型，促进人口和计划生育工作由行政制约为主向依法管理、优质服务和综合施治转变。整合地区早教机构资源，打造“健康宝宝工作室”品牌项目。开展失业人员摸底调查，设立“贴心服务”接待室，对失业人员进行一对一指导，组织“春风行动”招聘会，疏通岗位开发渠道，针对特定人群开展技能培训等，促进就业工作。

（吴桂昕）

【“全模式”社会管理】 年内，根据各科室、社区工作职责，分解10个模块工作任务，开展业务培训5次，提升工作人员的业务操作水平。修订《香河园街道半年度奖励方案》、《十大模块责任分解书》，使考核方法更科学，责权更加明晰。开通微博，对重点案件进行全程跟踪处理，提升社会服务管理精细化水平，确保全模式社会服务管理工作走在全区前列。

（吴桂昕）

【人口与计划生育】 年内，为地区38户109人计划生育家庭投保安康保险48份，收取保费1440元。完成独生子女伤残死亡家庭安康保险统计上报工作，上报死亡特扶家庭14户22人、伤残特扶家庭35户85人、低保家庭58户153人，保险金额3210元，保险费用由政府支付。

（贾 辉）

【志愿服务品牌建设】 年内，扶持西坝河西里社区党委委员叶如陵成立“叶如陵团队工作室”，带领志愿者提供义诊服务，形成在全市有重大影响力的志愿服务品牌。叶如陵获“全国优秀共产党员”、“北京市群众心目中的好党员”等称号，被推荐为“全国优秀志愿者”候选人。

（陈 一）

【“社区e事员”队伍建立】 年内，结合中青年居民工作特点和生活习惯，组建以社区中青年居民为主力、现代化通讯工具为载体的“社区e事员”队伍。建立覆盖整个地区的网络议事交流平台，形成网络议事厅，畅通民意诉求渠道，为社区建设发展建言献策，摸索动员社会力量的新思路。

（陈 一）

【非公党建】 年内，形成“1+3+6”（即以社会工作党委为非公党建主体，3个楼宇服务站为抓手，6名工作人员交叉使用）工作模式。推进社会领域党建项目化运行机制，以项目化方式组织活动，发挥社会工作党委组织协调、动员、社会参与的作用。深化商务楼宇“三位一体”服务站规范化建设，强化“五站合一”功能。静安中心商务楼宇服务站以活动聚人气、以服务赢人心，开展“快乐午间一小时”特色活动，强化楼宇企业、党员、员工的互动。积极开展示范服务站创建工作，申报区“五星级”商务楼宇服务站，扩大社会工作党委和商务楼宇服务站的影响力。按照“成熟一个组建一个”的原则，成立“新天第联合党支部”和“人人网渠道部党支部”2个非公党支部，完成“两新”党组织建立任务。

（何 涌）

【党风廉政建设】 年内，街道工委重视党风廉政建设，通过落实责任制、廉政文化建设、廉政风险防范、效能监察等多项措施，确保干部清正、政府清廉、风清气正。一是认真落实党风廉政建设责任制。按照“一岗双责”的原则，分处级领导、科级干部、社区党委3个层面,召开专门会议,层层签订党风廉政建设目标责任书,形成主要领导亲自抓,工作人员具体抓,层层抓落实,一级抓一级,一级对一级负责的责任网络体系。二是积极开展廉政文化建设和反腐倡廉教育。通过观看《蜕变与悔悟》、《周学文腐败案件警示录》、《袁长占腐败案件警示录》、《信仰》等专题片,深入开展党风廉政宣传月活动,强化干部的党性观念和纪律意识,筑牢反腐倡廉思想防线。通过培育廉政文化教育阵地,在各服务窗口、社区制作宣传展板、标牌标识,营造勤政廉政氛围。三是加强廉政风险防控管理。制订《香河园街道2012年廉政风险预警提示方案》,确定9方面29条公开项目,认真查处信访案件,推进清权确权工作,加强廉政风险防范管理的针对性。四是强化效能监察。严格执行"三重一大"制度,全程监督资金使用、财务制度、招投标工程、干部竞争上岗、人员招聘等中心工作,加强对立项任务的监督检查。成立机关绩效检查小组,加强对干部作风建设情况、机关制度落实情况的监督检查。

(徐广惠)

【干部队伍建设】 年内,实施竞争上岗、参与公开选拔、建立后备干部库等措施,为干部成长创造良好环境,确保优秀干部脱颖而出。在机关层面,通过竞争上岗选拔副科职干部2名,2名干部纳入正处级后备,4名干部纳入副处级后备,招聘3名公务员、2名事业编干部和2名军转干部,充实干部队伍。在社区层面建立后备干部库。

(徐广惠)

小关街道

【概况】 小关街道位于朝阳区西北部,地处奥运功能区。东起育慧南路与太阳宫乡接壤,南至北土城公园与和平街街道交界,西邻北苑路与亚运村街道毗邻;北至北四环东路与大屯街道相望。辖区面积2.58平方公里,人口总量71760人,其中常住人口51036人,流动人口20724人(据市公安局朝阳分局、小关派出所提供)。有小关、惠新里、惠新苑、高原街和惠新北里5个社区居委会,53个居民工作组,63个居民小区,5家业主委员会。辖区有社会单位2017家,其中机关事业团体等单位147家,企业1870家,学校(含托幼园所)13所,医院(含社区卫生站)4所。主干道有北苑路东侧路、北土城东路、北四环东路南侧路、育慧南路西侧路、现代文学馆路、惠新东街、惠新西街7条。地铁五号线纵贯南北,十号线横跨东西,公交线路45条。年内,街道以确保辖区经济稳步增长为着力点,实现区级财政收入3.599亿元,完成年度任务的104%,同比增长16.7%,代征个人出租房产税801万元。

地址:北四环东路108号院13号楼

电话:64975980

邮编:100029

网址:http://xgxzb@bjchy.egov.cn

(王　林)

【社区党委换届选举】 3月,街道完成社区党委换届选举。5个社区中,党委5个,党总支7个,党支部43个。有2046名党员,其中应参会党员484人,实到484人,参会比例100%。全部采取直选方式,选出新一届党组织班子成员29人。其中:55岁以上9人,占31%;55岁以下20人,占68.9%;女性20人,占68.9%,男性9人,占31%;本科以上学历15人,占51.7%,大专及以上学历20人,占68.9%;5名社区党组织书记中,本科以上学历3人,大专及以上学历5人。新一届党组织成员文化程度普遍提高,平均年龄普遍降低。

(王　林)

【为民解忧工程】 年内,街道继续强化地区环境综合治理力度,打造"宜居"生活环境。完成惠新东街"环境优美示范大街"和世纪嘉园"环境优美小区"建设工作;完成小关社区路、惠新北里社区路整治,重新铺装道路1万平方米;改造小关北里211—212、213—214号楼、"搪瓷厂宿舍"等3处老旧小区,绿化面积2450平方米,硬化铺装7350平方米;启动惠新里"军休所"宿舍老旧小区综合整治,完成屋面防水3500平方米,外墙粉刷1.8万平方米,更换261户居民935个外窗;在高原街4号院和"搪瓷厂"宿舍小区推行准物业管理,统一制作小区门头和展示栏;完成7个小区41个单元楼门标准化试点工作;在10个小区安装40处晾衣竿;对小关北里24号院1－3号楼铺设3处残疾人坡道;修建惠新南里5号院等7个小区436平方米健康步道;完成19个小区垃圾分类桶站建设,实现地区生活垃圾分类全覆盖,获"北京市垃圾分类工作街乡突出贡献奖";完成绿化美化工作16项,新建、改建绿化面积2.36万平方米,新增绿化面积7196平方米,辖区绿化覆盖率达到32%以上;开展"打非治违"等系列专项整治行动,拆除违法建筑17处395.75平方米。

(王　林)

【综合行政执法】 年内,街道深化城管机制建设和精细化管理。完善"城管队员挂职社区"和"门前三包沙龙"机制,示范大街达到3条,涵盖商户90家;推进"打非治违"、整治夜间排挡、取缔无照经营3类专项整治;拆除违法建筑17处395.75平方米;处理环境举报案件960余件,及时回复率100%,群众满意率99.2%;辖区"门前三包沙龙"示范街3条,涵盖商户90家,评选出"沙龙之星"22个。

(王　林)

【网格化管理】 年内,街道提升"网格化管理、组团式服务"力度,投入环境管理专项资金，推进社区网格化管理工作。制定《小关街道城市环境管理考评办法》，接收网格案件2.75万件，及时结案率99.97%，案件红灯数保持为零。

（王　林）

【平安建设】　年内，依托街道综治维稳中心4级网络平台，做好涉藏、涉疆维稳工作。重点开展两项工作：一是依托维稳工作体制模式，坚持“属地牵头、条块结合、专群联动”，构筑稳控防线；二是以基层情报信息网络建设为重点，通过基层党组织，组成527人的安全稳定信息员队伍，把握维稳工作主动权。改造辖区惠新南里5号院，新增探头20个，使地区监控点位达到97处，更新53个门禁系统，辖区745个居民楼门禁系统完好率达到95%以上；实名招募2458名首都治安志愿者并实行动态更新，及时掌握辖区动态舆情；召开综治维稳例会28次，组织各成员单位联合执法24次，查处无照经营门店80家，开展食品安全专项执法行动5次，关停违规出租地下室3处；地区可防性案件下降49.1%；消除亚运村农副产品综合市场服装经营大厅私建出租房、朝阳供电公司药王庙电力开闭站私建群租房2处安全隐患；街道依托多元调解室，使地区15名矫正对象、51名安置帮教人员全部纳入监管平台，提供法律咨询服务850次，直接解决司法案件60起。街道司法所获“北京市精品司法所”称号。

（王　林）

【重点时期维稳】　年内，街道在“涉藏维稳”、“涉日维稳”和十八大安保期间，动员各种社会力量1.3万人次，形成严控重点点位、覆盖社会单位、深入居民楼院、辐射街道广场“五位一体”的防控格局，确保地区安全稳定。

（王　林）

【信访矛盾调处】　年内，领导干部接访36次，接待来人来电70人次，处理信件18件，接待集体访1批15人次，调解矛盾纠纷98件次，预防越级访、集体访2件，处理政府热线投诉8件，连续5年保持地区群众集体访、越级集体访和非正常群体访3项工作实现“零”指标。

（王　林）

【突发事件处置】　年内，街道强化夏季防汛、冬季扫雪铲冰监测和处置基础性工作。在“7·21”特大自然灾害及“11·4”、“12·14”大雪应急抢险工作中，以雨情、雪情为命令，第一时间启动应急预案，出动抢险人员300余人次，调动车辆40余台次，实现无人员伤亡、无房屋倒塌目标。惠新北里社区被北京市、朝阳区分别授予“地震安全示范社区”。

（王　林）

【劳动监察与社会保障】　年内，统筹推进就业工作。启用“就业之路·小关相伴”专属网站，与区职介中心建立联动机制，开展职业技能指导1200人次，城镇登记失业人员实现就业373人，完成年度指标的102.2%，登记失业人员就业率69.02%，就业困难人员实现就业233人，完成年度指标的164.08%，公共职介机构失业人员推荐就业成功180人次，完成年度指标的112.5%。公共职介机构职业指导1369人，完成年度指标的156.94%，开发就业岗位1686个，完成年度指标的101.14%，失业人员再就业培训65人，完成年度指标的112.1%，征集创业项目1个，完成率100%，实现创业14人，完成年度指标116.7%，带动就业48人，完成年度指标的104.3%。办理“一老一小”基本医疗保险2135人，开展退休审批手续59人，受理退休人员医疗费报销712人，加大劳动监察执法、社保扩面征缴、集体合同备案、用工信息动态监测等措施，立案86起，为32名务工人员追讨拖欠工资3万余元，规范企业用工行为。

（王　林）

【社区建设管理】　年内，完成社区居委会换届选举工作，选举产生37名社区居委会委员，其中，党员22人，平均年龄40.9岁。面向社会招聘社区工作者19名。加快推进“六型社区”建设，按照“六有一全”服务标准，制定《街道推进六型社区创建工作实施方案》和《标准细则》，确定惠新北里社区为全面创建工作试点，其余4个社区根据实际情况各自选择“一型”进行创建；完善“一刻钟社区服务圈”。新增签约服务商88家，打造惠新里市长之家路为“便民服务示范一条街”，小关北里45号院、惠新里京煤集团宿舍楼、惠新苑“搪瓷厂”小区3处“邻里中心”投入运行。

（王　林）

【公共文化服务体系示范区创建】　年内，街道制定创建国家公共文化服务体系示范区实施方案，5个社区文化活动室面积全部达到200平方米以上，完善2800平方米群众文体中心设施，建成惠新北里、小关2个社区“数字化社区阅览室”，安装3台自助图书机。以“关爱文化节”为载体，开展“书香万家、感动万家”等10大版块活动，推进“5312”文化工程，举办春节慰问西藏中学“五个一”等4项大型活动。发挥“汉藏一家亲”艺术团品牌作用，举办文化活动50余场次，播放露天数字电影80场次，全年群众参与文化活动1.2万人次。依托惠新北里社区市级“创新型科普示范社区”和惠新苑区级“优秀科普社区”示范带头作用，举办科普讲座25场次，加速将“科技福利型”社区理念辐射到全辖区，带动“智慧化社区”建设。

（王　林）

【民政与民生服务】　年内，街道强化“大民政”、“大民生”理念，募捐善款10万元，物品1.5万余件，“爱心家园超市”全年救助500人次，开展慈善救助36人次，走访慰问各类困难群体和军休职工1500人次，送去慰问金、慰问品70万元。建成奥东18小区市级示范“日间照料室”,提供“老年餐桌”服务4.2万人次,为82户老年家庭安装盥洗室扶手。完成残联换届选举工作,成立街道残疾人艺术团,组织开展各类文体活动15场。街道民政科被市政府授予“北京市敬老爱老为老服务示范单位”,被市民政局、市人力资源和社会保障局授予“北京市民政工作先进集体”。

(王　林)

【人口和计划生育】　年内,开展婚育新风进万家”人口文化活动,宣传覆盖率100%;完善“生育关怀行动”长效机制,受助人员300人次。

(王　林)

【统计行政管理】　年内,完成2%人口抽样调查。以惠新苑社区的惠新西街5号院3号楼和安苑东里一区10号楼两个小区为样本,累计调查297户593人,完成72家准规模单位查找工作,查找率达到93.1%;规范辖区单位迁出管理,办理新增单位统计登记34家;核查更新经济模块单位基本信息库,新增单位信息1442条,补充修正477条。

(王　林)

【党组织建设】　年内,街道工委推进基层党组织规范化建设,开展“再创新佳绩,献礼十八大”主题实践活动,表彰21个基层党组织、214名优秀党员。贯彻“以评促进”原则,对33个基层党组织分类定级。加强商务楼宇“三位一体”和“五站合一”建设,完善5个商务楼宇服务站的体系建设。新成立2个非公党支部。通过“公推直选”方式,完成5个社区党委换届选举,选举产生29名社区党委成员,大专学历以上成员近70%;选拔任用科级干部12人;推荐任用副处调研员1人,列入副处级后备干部3人。

(王　林)

【外宣工作】　年内,街道工委积极推动工、青、妇等群团以及统战、侨联、老干部和人民武装工作,加大对外宣传工作力度,邀请中央电视台、北京电视台、《北京日报》等多家主流媒体采访报道113次。

(王　林)

【党风廉政建设】　年内,街道工委成立以工委书记、办事处主任任双组长的党风廉政建设责任制领导小组,制定街道党风廉政建设工作要点,在5个社区建立社区纪委,聘请10名党风廉政监督员;梳理重点工作,将8个重大项目列入效能监察考核内容。

(王　林)

亚运村街道

【概况】　亚运村街道位于朝阳区西北部,地处奥运主场馆核心区,东起北苑路,南起北土城公园与东城区、西城区相邻,西到京藏高速路与海淀区相邻,北到安翔北路、慧忠路。四面环绕国家奥林匹克体育中心,三面环绕国家体育场(鸟巢)和国家游泳中心(水立方),是奥运功能区的重点区域。辖区面积5.13平方公里。下辖10个社区,辖区户籍人口2.6万户7.3万人,流动人口2.3万人。辖区有3029家单位,其中:中央单位113家,市属单位150家,区属单位92家,非公单位2674家。地区有2所大学,3所中学,4所小学,6所幼儿园,1所成人教育学院,2家医院,是一个集文化经、教育、娱乐、体育、商贸、会展、旅游、居住等多种功能于一体的综合性区域。年内,街道税源建设遇到前所未有的困难,形势严峻。一直排名地区第一位的企业,创造区级收入从近1亿元下滑到2000万元。按照“稳存量、扩增量、挖潜量”的工作思路,街道协调相关部门,采取积极措施做好税源建设工作,引进有规模、新注册企业2家(茂庸投资有限公司、中石化石油工程技术服务有限公司),雷明顿传媒广告有限公司等17家异地企业实现回迁。收缴小房产税721.24万元,完成区级财政收入8.4亿元,同比增长10.51%,高于全区增幅。

地址:亚运村安苑北里21号楼
电话:64960468
邮编:100029
网址:http://yycjd.bjchy.gov.cn

(朱荣虎)

【准物业管理模式】　年初,区委社会工委组织23个街道召开准物业管理推进会,推广30个小区建立准物业管理模式。华严北里9号院作为街道首个推行准物业管理模式小区,安装13处监控设施,重点进行绿化升级、绿地补植、加装休闲座椅、修补路面、安装晾衣竿、规范便民服务等工作。按照准物业管理模式中的“四个有”标准,以推进小区机动车规范管理为切入点,带动绿化保洁、治安防范、维修服务活动等工作开展。

(朱荣虎)

【平安社区建设】　1月16日,在市公安局、首都综治办、京华时报、千龙网、交通台联合召开的平安社区建设表彰会上,亚运村街道京民社区获平安社区称号,亚运村派出所当选“群众最满意派出所”,记集体三等功。

(朱荣虎)

【社区党委换届选举】　3月,10个社区党委按照“公推直选”程序,完成换届选举工作。地区实有党员3074名,应参加选举党员1159人,实际参加投票选举党员1104名,投票率95%。选出新一届社区党委委员58名,平均年龄48岁,大专以上学历42人,占72.4%;社区党委书记10名,平均年龄45.9岁,本科以上学历5人。社区党委副书记16名,其中35岁以下4人,本科以上学历7人(含研究生学历2人)。10个社区党委全部推行大党委制,选举产生中科院微电子研究所、北京市社会科学院、亚运村派出所等24

个席位制委员。

（朱荣虎）

【**社区居委会换届选举**】　3月至5月，街道作为区居委会换届选举试点，10个社区依法完成居委会换届选举工作。其中3个社区为户代表选举社区，7个社区为居民代表选举社区。登记选民3.3万人。经过选民登记、居民代表推选、提名确定候选人、投票选举等关键环节，选举产生新一届居委会成员56人，其中居委会主任10人、副主任11人，委员35名。居民代表679名，居民小组长217名。平均年龄44岁，本科学历17名，大专学历30名，高中（中专）学历8名。

（朱荣虎）

【**首届文化艺术节开幕**】　4月25日，亚运村"首届文化艺术节"在中华民族园开幕。800余名居民、职工参加开幕式。10个社区表演文体活动。

（朱荣虎）

【**丝竹园国韵民俗艺校成立**】　6月8日，丝竹园国韵民俗艺校成立，由此拉开社区文化节序幕。民俗艺校是整合社区居民、辖区非公经济单位和中国音乐学院等社会单位各类文体志愿者组织近20支队伍、500余名文体志愿者组建而成。民俗艺校旨在结合居民需求，突出民俗特色，推广艺术形式，丰富社区文化生活。

（朱荣虎）

【**安全生产宣传**】　6月10日，街道办事处及10个社区居委会共同开展以"践行北京精神，弘扬安全文化，推进安全发展城市建设"为主题的安全生产主题宣传日活动，宣传安全生产法律、法规及安全生产知识。期间悬挂横幅20余幅，张贴宣传海报500余张，发放宣传单、宣传册600余份，直接受众7000余人。

（朱荣虎）

【**道德讲堂成立**】　8月16日，街道举行道德讲堂成立仪式，标志着文明单位道德讲堂建设全面启动。开展"四个十"（选出十个道德模范、十个党员先锋、十个文明形象大使、十个社区文明小天使）活动，并以此为载体，收集基层在建设道德讲堂过程中涌现出的先进典型，并予以推广。

（朱荣虎）

【**文明程度指数测评**】　9月，文明程度指数测评组抽查检查街道各社区相关工作。实地考察交通秩序、整体环境等。街道通过文明程度指数测评。

（朱荣虎）

【**重阳文化活动**】　10月19日，举办"孝亲敬老 金秋送福"喜庆重阳文化活动，为获"2012年度北京市敬老、爱老、为老服务示范单位"的市第一福利院和安翔海天餐厅颁奖，表彰5家优秀敬老餐桌，大篷车北京家居装饰有限公司捐赠价值4万元的家居维修服务，北京康复信和商贸有限公司为获市、区孝星称号的40人捐赠康复器材。福利院老年人、敬老服务商代表、市区级孝星代表、社区工作者代表近150人参加活动。

（朱荣虎）

【**国际安全社区复评验收**】　10月31日，街道通过国际安全社区考核组考核。按照《安全社区评定管理办法（试行）》规定，香港职业安全健康局首席顾问黄黛玲和香港职业安全健康局高级顾问钟立仁到街道实地考察和复评验收安全社区工作。测评组专家观看多媒体宣传片《平安亚运村和谐新家园》，了解地区近5年来的安全社区工作情况，就伤害监测数据、居家养老安全、公共场所安全等促进项目与街道项目组人员进行互动交流。实地测评中心幼儿园、社区服务中心、社区活动中心等点位。最后通过复评验收。

（朱荣虎）

【**党建与思想政治研究分会成立**】　11月14日，街道举行区党建设研究会、思想政治工作研究会亚运村地区分会成立大会。通过《亚运村地区党建研究分会章程》和《思想政治工作研究分会章程》，选举产生第一届领导机构，街道工委副书记张凌云当选分会会长。街道党建研究分会是区第三家分会，思想政治工作研究会是区首家分会。

（朱荣虎）

【**商务楼宇服务站星级评定**】　11月22日，区商务楼宇服务站星级评定第三检查组一行5人到街道，检查验收9个创建星级商务楼宇服务站。检查组听取街道商务楼宇服务站工作汇报，深入9个服务站查看环境、工作档案和工作记录。检查组对街道商务楼宇服务站工作给予肯定。9个创建星级商务楼宇服务站全部通过验收。

（朱荣虎）

【**残疾人相亲会**】　12月2日，街道残联携手北京立德社会工作事务所、鸟窝网和汇天羽联盟，在亚运村社区活动中心举办以"缘定京城爱的呼唤"为主题的第二届残疾人相亲会。100余名残疾人参加相亲会，3对牵手成功。

（朱荣虎）

【**社区公益服务大集**】　12月9日，在安慧里社区葫芦岛广场举办由安慧里社区、立德社工事务所、北京依思宸智信息技术有限公司联合主办的公益服务大集。通过物品交换、低价售卖等形式，相互交流，增进感情。大集由跳蚤市场、健康服务两部分组成，200余名居民参加大集。

（朱荣虎）

【**平安示范小区创建**】　年内，在安苑里社区开展"平安示范"小区创建工作。该社区于1989年建成，安防基础设施比较陈旧。为提高小区居住品质，于3月底实施准物业化管理，并通过召开居民代表听证会，听取群众意见，了解和掌握真实情况，研究解决方法，为居民提供有针对性的特色服务。9月中旬，通过区综治办考核验收。

(朱荣虎)

【社区环境建设】 年内,维修社区破损宣传栏287个,维修创建文明城区主题文化墙5次。实地考察过街天桥、临街墙体等宣传阵地,布置十八大环境宣传工作。新建、维修国旗旗座347个,更新国旗342面。为安苑北里13号楼居民安装路灯3盏;更换安苑里小区南门1个;在10个社区安装休闲椅64个;安装晾衣竿92根546米;为祁家豁子街和北街安装果皮箱7个;为安苑里社区居民修理石桌椅50个,更换新桌凳7套、绿地护栏66平方米;为华北社区健身园更换围栏5处。改造安苑里社区雨水回收工程,解决路面积水问题;改造安慧里社区花园破损游泳池,改善社区居民休闲活动场所;增设北辰东路社区门头,提升居民对社区的认知度。

(朱荣虎)

【残疾人艺术康复基地】 年内,街道残疾人艺术康复基地发挥桥梁和纽带作用,根据残疾人需求,成立朗诵班和舞蹈班,每周活动一次,软陶制作和欣赏班定期开展服务活动。街道残联携手萨提亚中国学习和发展中心,推出"携手心希望"精神残疾人家属成长团体工作坊,并作为常态化组织定期开展活动。3月和9月,分别有20名残疾人和残疾人家属参加在北京剧院和北京市残疾人活动中心举行的精神残疾人家属论坛和访谈活动。

(朱荣虎)

【社区服务队伍建设】 年内,街道社区服务中心整合规范服务队伍,摸清10个社区的服务资源,结合居民服务需求推荐服务商。服务中心严格按照服务商准入制度进行审批,落实对服务商的监督考核,社区和服务中心每季度对服务商进行满意度调查和考评打分。通过96156和64921879两个热线对住户进行回访,监督服务商服务质量。加强沟通,不定期召开工作会,及时了解服务商的服务情况及要求。经服务中心审核,社区服务商发展至38家,其中综合维修类5家,家政类4家,健康保健类6家,老年餐桌12家,养老机构2家,美容理发生活服务类9家。

(朱荣虎)

【公共文化服务体系示范区创建】 年内,制定国家公共文化服务体系示范区创建工作方案,召开文化工作座谈会,提出"魔方三级组合"发展理念。为社区配备书柜和报刊架,成立亚运村民乐团,丝竹园社区成立"丝竹国韵"民俗艺校。举办喜乐园百姓文化大舞台活动,与专业文艺公司举办文艺演出活动12场,近5000名居民参加。在文体中心建立数字化图书馆,设立2个流动图书馆,建成西部文化活动中心。协助区取得全国公共卫生突发事件应急体系示范区称号。

(朱荣虎)

【全模式数字民生监测平台建设】 年内,街道建成全模式数字民生检测平台,各种数字化集成已运行。利用数字化手段,将地区低保、残疾人及其他困难群体需求进行整合。建立统一、规范的低保办理、救助办理、残疾人相关政策办理流程和数字化档案系统,将弱势群体信息进行数字化集成,实现办理过程公开透明、办理流程一目了然、办理时限有据可查、办理结果及时反馈。

(朱荣虎)

【交通安全宣传】 年内,开展"弘扬雷锋精神,争做文明交通参与者"、"拒绝酒后驾车,依法文明出行"、"三超一疲劳"等系列交通安全宣传活动。悬挂宣传横幅50条、摆放交通事故展板100余块,发放"致驾驶员的一封信"、"机动车交通事故快速处理协议书"等宣传材料5000余份,张贴"北京市交通协管员道路停车记录告知单"19062张。

(朱荣虎)

【消防安全】 年内,组织地区社会单位、社区召开消防安全工作会。明确责任、落实制度,做到精细化管理,定人、定岗、定则,做好敏感期及节假日值守工作。联合亚运村消防中队开展"警民相约,消防队主题开放日"活动,地区居民、社会单位代表100余人观摩消防业务技能表演,参观消防中队车辆器材、官兵内务设置,学习家庭防火知识及干粉灭火器使用等。

(朱荣虎)

【食品安全】 年内,组织社区食品安全监督员参加区食品办主办的食品安全培训会。3月15日,开展以"消费与安全"为主题的"3·15"宣传活动,宣传食品安全与消费知识和相关政策法规。建立无违法建设、无非法经营的安立路示范街和慧忠路达标街。

(朱荣虎)

【流动人口管理】 年内,对地区流动人口开展酒店式管理,推进流管工作信息化、规范化和精细化管理。在集中开展的12个街乡3次流动人口"推磨式"互查中,检查出租房屋180余户,流动人口260人,对出租房屋房主、房客宣传讲解法律知识,告知流动人员要遵纪守法,发放宣传资料4000余份,对辖区11户燃煤取暖户逐一检查并签订安全责任书。置换19户常住户、2户出租户直排式燃气热水器。

(朱荣虎)

【清权确权】 年内,街道22个科室和5个事业单位依据职责及相关法规,梳理所有涉权事项,摸清权力底数,列出权力清单,确定涉权目录848项,编制权力运行流程图576个。

(朱荣虎)

【创建环境优美大街】 年内,创建北辰路为市级环境优美大街,北辰西路为区级环境优美大街。修复两条道路,铺装硬化178平方米,补砖500平方米;集中清理小广告,在52

根灯杆、105根线杆、67块各类指示牌、9处变电箱上喷涂防小广告涂料700平方米；在道路两侧设置地笼42米，施划非机动车停车线130米。两条街通过验收，创建成功。

（朱荣虎）

【创建环境优美小区】 年内，安慧里三区甲宅开展创建环境优美小区工作。栽植灌木23株，色带5000株，木本240株，宿根花卉37000株；新铺草坪6200平方米，新建花坛40平方米，安装绿地提示牌20块。修缮小区内道路，铺设柏油路面350平方米、补砖250平方米、铺设道沿950延长米；翻修蘑菇亭3座，新设景石2块，矮墙修复5平方米，汀步30平方米。配备全新分类垃圾桶站10组，粉刷楼体、藤萝架550平方米，安装百姓休闲座椅8组，为各楼安装小宣传牌22块。甲宅成为优美宜居幽静小区，并通过区验收。

（朱荣虎）

【垃圾分类管理】 年内，地区配备分类垃圾桶126个，发放垃圾分类户用桶4500余组。购置标准化桶站护栏100个，完成华北及华西两个社区12个小区垃圾分类工作。为提高垃圾分类知晓率，开展垃圾分类宣传10余次。推进餐厨垃圾规范化清运工作，成立以主要领导为组长的推进餐厨垃圾规范收运工作领导小组，召开辖区餐饮单位推进餐厨垃圾规范收运工作部署会，18家社会单位与区环卫部门签署餐厨垃圾清运协议，每日清运餐厨垃圾28桶。

（朱荣虎）

【防汛抢险应急管理】 年内，制定防汛应急预案，成立由250余人参加的4支抢险队伍，配备镐、锹220把，沙袋1000条，铅丝1.5吨，车辆8台，桩木15立方米，手推车30辆，污水泵35台，救生衣10件，为社区工作者配备雨衣、雨鞋、电筒等应急防汛工具。加强汛前隐患排查和汛期应急处置，7月21日，紧急处理安慧北里1号楼雨水倒灌、安翔里20、29、41号楼地下室污水倒灌问题。汛期出动车辆20余次，运送抢险物资约5吨（沙袋），启用污水泵8台，确保人民生命和财产安全。

（朱荣虎）

【劳动保障政策宣传】 年内，开展“贴心服务就在您身边”系列服务活动。以“春暖人心维权益 规范用工促和谐”为主题，开展农民工劳动合同签订春暖行动宣传活动。以“创新驱动发展 技能成就未来”为主题，开展北京市第三届职业技能大赛宣传活动。深入社区、楼宇、工地开展工伤保险集中宣传活动。开展“贴心服务就在您身边”系列广场服务活动11次，向辖区企业、劳动者宣传《劳动合同法》、《社会保险法》等政策，发放宣传材料1000余份，接受现场咨询80余人次。

（朱荣虎）

【劳动关系三方协调委员会成立】 年内，探索实践社会管理创新方法，成立劳动关系三方协调委员会。协调委员会由政府、工会和企业代表构成，旨在完善地区劳动关系三方协商机制，发挥协调劳动关系三方优势，共同履行职责，及时化解矛盾，维护地区和谐稳定。通过召开工作会，通过了协调委员会章程和成员名单。依托街道社会建设大会，表彰20家地区劳动用工规范先进企业，通过典型示范，提升劳动用工管理规范化水平。开展和谐劳动关系创建工作，上报7家单位参与区和谐劳动关系单位创建。

（朱荣虎）

【“六型社区”创建】 年内，在京民、华西、安南社区开展“六型社区”创建工作。经过前期准备，先后接受市民政局第三方对社区档案资料、实地考察、居民调查两次测评工作并通过验收，完成“六型社区”创建，社区在规范、环境、文化、安全、健康等各个方面得到提升。

（朱荣虎）

【公共卫生】 年内，参与“全球基金艾滋病防控”、“中盖艾滋病防控”等项目。对辖区工地、市场及饭店外来务工人员进行10余次宣传教育，受众3000人次。为地区553名妇女免费进行两癌筛查，为近2000名65岁以上老人进行免费体检。

（朱荣虎）

【志愿者工作】 年内，制订2013年街道志愿品牌项目书；统计上报志愿者基本情况；统筹相关科室及社区，每月向公益储蓄中心报送志愿者活动统计表；做好志愿者网站后台维护和信息更新；及时完成区有关志愿者工作任务。加强网络文明传播，在新浪网、新华网、腾讯网建立博客和微博，在网络空间传播文明、引领风尚，促进社会主义核心价值体系建设。

（朱荣虎）

【公共文明引导员】 年内，以“做文明有礼的北京人”活动为主线，开展了“11排队日”、“公共文明引导日”、“文明出行推动日”、“文明出行月”和创建“自觉排队示范站台”活动。组建公共文明引导员宣传小分队，宣传文明礼仪、绿色出行、垃圾减量垃圾分类、文明观赏等知识。全年6次抽调80余人次引导员，完成工体足球亚冠联赛和中超比赛等赛事文明看台公共文明引导任务。

（朱荣虎）

【首都文明示范街】 年内，完成北辰路、北辰西路创建首都文明示范街工作。街道召开创建工作动员会，建立完善工作体系，明确示范大街创建标准，坚持创建工作组例会制度，依托公安、城管、工商、保洁、绿化等专业城市管理队伍，对接创建标准，重点开展联合执法、绿化达标、小广告治理、文明有礼、志愿服务五大工程，成立联合督查考核组，确保各项任务落实，创建工作达标。

（朱荣虎）

【干部队伍建设】 年内，加强领导班子思想政治建设。组织领导干部在线学习和参加市、区各级培训，开展读书活动，班子成员每日读报1小时、每月读书10000字、每年提交学习体会，全年集中学习15天，在线学习60学时。着力强化作风建设。深化处级领导干部包社区和调研制度，推进领导干部基层日活动。扎实推进干部教育培训工作。组织机关干部参加各类讲座培训。提高选人用人公信度。推行科级干部竞争上岗和跨部门交流。年内，选任科级干部9名，其中3名实职科长、1名主任科员、5名副主任科员。

（朱荣虎）

【政协委员进社区】 年内，联合商务楼宇服务站开展“爱驻地、献良策、做贡献”活动。举办政协委员进社区工作座谈会暨委员进社区启动仪式。制订《亚运村街道政协委员进社区工作方案》及《政协委员进社区活动手册》，15名政协委员和辖区10个社区“结对认亲”。政协委员参加社区活动18人次，其中1名政协委员担任地区党风廉政监督员、2名担任社会建设协调委员会常务委员、2名担任非公企业联合会理事。

（朱荣虎）

【侨联换届选举】 年内，完成新一届侨联委员换届和换届示范点工作。当选的7名委员中，有归侨身份的2人，占28%；其中：民主党派成员2人，少数民族2人，社区专职工作者、商务楼宇工作者、律师各1人，音乐学院教授1人。4人为新增加委员，占57%。

（朱荣虎）

【“三看、三访”】 年内，以机关、社区窗口单位日常服务情况为重点，开展“三看、三访”（三看：看干部的精神状态是否良好，到岗到位是否整齐；看工作开展是否有序，有无慵、懒、散现象；看服务态度是否热情，有无“脸难看、话难听、事难办”的情况。三访：访机关、社区干部，从内部入手，了解作风建设真实情况；访各类监督人员，通过与党风廉政监督员、人大代表等座谈，收集对街道工作的意见建议；访居民群众，了解群众对干部作风情况的实际反映）活动。分组分片进行明察暗访，及时发现并督促整改作风中存在的问题，提升为民服务水平和质量。

（朱荣虎）

左家庄街道

【概况】 左家庄街道于1977年1月正式对外办公。辖域东起东三环北路，临麦子店街道；南濒亮马河，临三里屯街道；西临东城区和香河园街道；北抵静安西街，临太阳宫乡。辖域面积4.17平方公里，下辖新源里、三源里、顺源里、新源西里、左南里、左北里、左东里、静安里、曙光里9个社区，总人口104896人（其中常住人口80249人，流动人口22229人，外籍人士2418人）。辖区有中职1所、中学1所、小学5所、幼儿园7所、医疗卫生机构7所。有各类企业3642家，其中央属企业76家，市属企业44家，区属企业72家，街乡企业6家。有中信银行、中信信托、中冶集团、中石化北京分公司、北京国际信托、中信金属、中检集团等重要企业。年内，以服务存量企业、清理异地纳税为重点，坚持处级领导包企业制度，异地迁回企业7家，实现GDP119.1亿元，完成区级财政收入22.97亿元。代征出租房屋税收1020万元。

地址：新源里西11楼旁

电话：64643210

邮编：100027

网址：http://zjzjd.bjchy.gov.cn

（崔　雪）

【领导走访慰问调研】 1月12日，区委副书记陈宏志走访慰问原区人大常委会副主任何淑云、任强。6月15日，副区长苑文新实地调研新源里西11楼抗震节能综合改造工程和新源里、新源西里社区准物业管理工作。6月18日，区委常委、常务副区长吴桂英到街道调研指导老旧小区改造、税源建设、社区公共文化建设等工作。6月18日、7月10日，区委书记陈刚、区长程连元分别实地查看新源里西11楼抗震节能综合改造工程。7月17日，副区长张立新走访辖区重点税源企业丰田技研工业（中国）投资有限公司。7月18日，区委常委、宣传部部长、统战部部长谢莹走访辖区重点税源企业中信金属有限公司、中信信托有限责任公司。8月15日，副区长王春在街道主持召开“平安示范”小区创建工作现场推进会，并为新源西里平安示范小区揭牌。12月26日，副区长苑文新实地调研新源里社区准物业管理情况。

（崔　雪）

【志愿服务】 3月2日，街道举行“践行北京精神·争当文明先锋——左家庄地区学雷锋·庆三八暨公益储蓄分中心”揭牌仪式，拉开地区弘扬雷锋精神、推动志愿服务长效发展序幕。表彰学雷锋、争做志愿服务标兵中涌现出来的10大先进典型人物和94名先进个人，并号召群众向身边雷锋学习。

（崔　雪）

【紧急救助专项资金】 4月23日，出台《左家庄街道关于建立健全社会救助联席会的工作方案》和《左家庄街道关于紧急救助机制的实施办法》，设立10万元紧急救助专项资金，主要用于救助因患急重病，自然灾害或突发性、不可抗拒性事件，子女教育费用负担过重，其他特殊情况造成家庭生活特别困难4大群体，有效实现政策救助与非政策救助、日常救助与紧急救助无缝对接。

（崔　雪）

【社区文化节】 6月26日，举办以“践行北京精神·共建和谐家园”为主题的社区文化节开幕式。街道工委书记郑金路、办事处主任苏静和区文明办、区文化委等单位领导及地区社会单位、居民600余人参加开幕式。文化节涵盖文艺汇演、作品展览、才艺比赛、读书活动等4大板块10大文化活动项目。

（崔　雪）

【"7·21"自然灾害应急保障】 7月21日至22日，街道采取3项举措完成"7·21"自然灾害应急保障工作。一是全员在岗，严防死守；二是全力抢险排水，确保人民生命财产安全；三是严格排查受灾情况，防止发生次生灾害。期间，地区无人员伤亡等重大险情发生。

（崔　雪）

【双拥共建】 8月1日至5日，开展"八一"双拥共建慰问活动。通过召开义务兵家属、优抚对象慰问座谈会等形式，与驻地武警五支队官兵联欢。在武警九支队二大队举办"翰墨飘香进军营"主题书法班和摄影讲座，投入近3万元为武警五支队官兵改善生活环境，为11名困难官兵送去扶助金6000元。

（崔　雪）

【涉日维稳】 9月，街道采取4项举措强化社会面防控，维护"涉日"期间社会稳定。一是启动社会面一级超常防控，组织机关干部、社区居干、"红袖标"志愿者1460名，对地区主要大街、重点点位进行全面防控；二是做好涉日企业安全保障工作；三是对日资企业集中区域进行重点守护；四是组建应急队伍，强化应急处突准备。

（崔　雪）

【社区两委换届选举】 年内，完成社区两委换届选举，充实调整9个社区两委领导班子。选出新一届社区党委委员61人，其中男19人、女42人，平均年龄48.8岁，较上届减少0.38岁；大专以上文化程度36人，占委员总数的59%。选举产生新一届社区居委会成员47人，其中书记、主任交叉任职2人，男30人、女17人，平均年龄45岁，较上届下降2岁；大专以上文化程度23人，占49%。完成社区妇联执委换届选举，产生社区妇联主席9人，其中大专以上文化程度5人，占55.5%。

（崔　雪）

【领导班子建设】 年内，坚持"1包4"工作机制，即处级领导包社区、包特困户、包税源大户、包重点矛盾。严格落实"三重一大"制度和民主集中制，坚持书记会、主任办公会、工委会议事规则，在重大问题上，征求居民、专家、社会单位意见，提高决策科学化水平，全年无一起违纪现象。立足街情，提出"环境整洁、生态优美、文化文明、安全和谐、生活便利"5大建设工程，实施10大项42小项重点建设项目，在街道、社区两个层面推出10大为民办实事工程，明确任务量、时间段和责任人。

（崔　雪）

【干部队伍建设】 年内，健全完善中心组、机关干部、社区居干学习和督学考评制度，以十八大精神、党风廉政建设等为主要内容，坚持每周二"学习日"制度。开展党建工作、社会服务管理创新等专题讲座近20次。建立健全"四结合"培养机制，31名同志参与挂职锻炼、竞争上岗，5名干部被选拔到科级干部岗位，10名科级干部轮岗交流。通过任务分解会、工作调度会、现场交流会等形式，将评价考核与日常工作有机结合，突出实绩考核导向。制定每月5日"社区公益日"、每周五上午"社区日"、每月15日"基层联系日"的"三日"工作机制，引导干部深入社区调研。坚持干部交流谈心机制，做到"五必谈一必访"，全年谈心谈话90余人次。

（崔　雪）

【创先争优活动】 年内，开展创先争优活动，街道工委被区委授予"2010—2012年创先争优先进基层党组织"荣誉称号。开展"亮身份、践承诺、展形象"活动，设立政策宣传、法律宣传、治安巡逻、扶贫帮困等20个责任岗位。109个党组织公开承诺事项2180件，地区3562名党员认岗，承诺事项7396件。以商务楼宇服务站为平台，建立"五站合一"信息网络，调整充实"红色大讲堂"宣讲团讲师队伍。开展"寄语十八大"、书画展评、"向党说说心里话"征文，参观"科学发展 成就辉煌"图片展等活动。在机关干部中开展发放一本十八大理论学习读本、开展一场专家辅导讲座、举办一次十八大精神座谈会、写一篇学习心得"四个一"活动。在社区党员中开展读报、微型党课辅导、十八大精神学习分享会等活动。在楼宇社区党员中开展"我为组织建设献一策"等活动。在流动党员中以党支部为基础开展学习宣讲。

（崔　雪）

【党风廉政建设】 年内，从处级领导、科级干部、科员到社区负责人，层层签订党风廉政建设责任书，签订率100%。组织党员干部观看廉政宣传片和《忠诚与背叛》等红色电影，每月一主题开展廉政教育，强化党员干部廉洁意识。落实"双百"考核责任制，对老旧小区改造等投资数额较大的民生工程进行预算审核、全程立项监察，审核中小工程项目42项，资金450万元，核减资金近50万元。紧缩事务性和水电会议等人均物耗支出，严格执行政府采购制度，机关与社区全部办公用品定点采购。开展"小金库"专项治理，对街道及下属事业单位进行全面复查，各社区全部建立纪检委，实现纪检组织在社区层面全覆盖。

（崔　雪）

【党建阵地和品牌建设】 年内，打造"五老志愿者服务队"、"红色大讲堂"等党建精品，各社区实现"一社区一特色一品牌"。继续深化新源西里社区"邻里互助会"、新源里社区"李大夫工作室"、顺源里社区"兵妈妈"等品牌，推出曙光里社区党员网格化管理新模式，通过构建"五级网格、五级管理"模式，即将社区党员划分为"党委网格、区域网格、支部网格、楼院网格、非公网格”体系，实行“社区党委统筹管理、区域党员集中管理、支部党员细化管理、楼院党员自我管理、非公党员指导管理”模式，提升基层党建科学化水平。拍摄党建宣传片《红帆高扬 先锋领航》，展示地区基层组织建设年工作成果。

（崔 雪）

【社会领域党建】 年内，成立三源里菜市场流动党员党支部、商干院流动党员党支部、楼宇服务站党支部、北京长江新世纪文化传媒有限公司党支部、青松老年看护服务有限公司党支部、侨联党支部、残联党支部7个两新组织党组织，扩大社会领域党建工作覆盖面。

（崔 雪）

【城市环境建设】 年内，投资395万元，改造左北里、静安里、新源西里等老旧小区2.17万平方米、左南里街巷胡同1200平方米，建设新源街、顺源街路口至机场辅路优美大街和顺源里环境优美社区。协调市政市容委修缮1.29万平方米破损道路。投资177万元，改造1.2万平方米绿地、植被。投资288万元，改造左北里、静安东、香中里等23个楼院，绿化5189平方米，铺装便道及绿地8672平方米，修缮破损道路2700平方米。

（崔 雪）

【老旧楼房抗震节能改造】 年内，承担市区老旧楼房抗震节能改造试点任务。7月20日，工程按时完工，完成39栋、15万平方米老旧楼房节能改造任务。

（崔 雪）

【社会救助】 年内，自筹资金22万元，帮扶救助300户低保边缘家庭。在社会单位安放捐款箱53个，募集善款14.9万余元，募集衣被3万余件。为721名65岁以上老人办理老年优待证，将2934名老人纳入居家养老优惠政策范围，发放居家养老服务券331万元，为地区216名90岁以上高龄老人发放津贴24.6万元。

（崔 雪）

【为老助残事业】 年内，投资50万元，完成三源里老年人日托所和活动中心升级改造，引入专业公司为入托老人提供肢体康复训练、用药指导及陪伴娱乐等服务。实施亮居暖心工程，为8户老残一体、残困一体困难家庭粉刷房屋。完成居家养老服务商布局调整，将静安市场、三源里市场4家主食厨房纳入居家养老服务商体系，开设老年餐桌15家、认证居家养老服务商31家，改变居家养老服务商南重北轻格局。打造“爱心树”为老公益服务平台，向6家社会组织购买“一本相册”、“老年智力运动会”等7项公益服务项目，为老人群体提供个性化、专业化、人性化服务。做好助残服务，投入31.9万元，完成残疾人家庭无障碍改造33户，提升残疾人幸福指数。

（崔 雪）

【超额完成就业指标】 年内，创建7个充分就业社区，与80家社会单位联手举办4场大型招聘会，开发就业岗位3849个、培训190人、城镇失业人员就业710人，分别完成指标的100.3%、173%、109%，超额完成城镇登记失业人员就业率指标(65%)，达到72.7%，辖区内无零就业家庭。

（崔 雪）

【一刻钟社区服务圈】 年内，建设“81890”数字民生综合服务平台，规范认证“一刻钟”社区服务圈服务商200家。设立“雷锋示范商户”20家，印制便民服务卡，定期帮扶特困家庭。扩大农社对接菜站覆盖范围，新增设农社对接菜站1处、流动售菜车1处，实现3个“一刻钟社区服务圈”全覆盖和服务内容拓展。

（崔 雪）

【老旧小区准物业管理】 年内，投资157万元，在顺源里小区推进准物业管理工作。成立准物业管委会，建立健全规章制度，落实准物业管理人员值班制度，实现“四有”(即有治安防范、绿化保洁、维护维修、停车管理)标准，妥善处理停车纠纷、菜市场噪音扰民等问题30余件次。

（崔 雪）

【文化文明建设】 年内，投资75万元，打造3个社区文化圈，形成街道文化活动中心、社区文化活动室和春、夏、秋、冬4园及奥运文化主题公园点面结合的群众文化娱乐活动格局。在9个社区建立图书室，实现文化资源基层服务网点全覆盖。为三源里、顺源里、曙光里3个社区配置读报机、电子阅览和电视等设备。完善67支文体队伍，开展文体活动172场、讲座73场、放映电影40场，受益群众8万余人次。

（崔 雪）

【全模式社会化管理平台建设】 年内，完成人口、单位、经济、数字化社区、房屋居室、地下空间，“一刻钟”服务商等数据采集录入，建立10大管理模块。协调市、区解决道路塌陷、井盖破损、架空线缆坠落等疑难案件30余起，回复处理96105热线举报问题131件、网格案63968件。健全突发事件应急预案，加大应急物资储备，应对和妥善处理“7·21”特大自然灾害、静安里居民燃气泄漏等突发事件，提升城市管理数字化运行水平。

（崔 雪）

【城市管理】 年内，以门前三包为抓手，对3000余家社会单位门前三包落实情况进行日常巡查，对22条主要大街、重点部位和问题多发地段实行24小时监控，处理网格案件2万余件，清除堆物堆料58处。坚持不间断对地下空间、危化、商场、建筑工地进行摸排，对社区服务用房、自管车棚、服务站点存在的安全隐患进行重点治理，消除安全隐患186处。

（崔 雪）

【平安示范社区】　年内，投资近100万元，打造新源西里平安示范社区。完善硬件设施，建立机动车智能出入系统，实行24小时图像存储，组建治安巡逻队，建立健全各项制度。加大科技创安力度，对332栋居民楼、1433个单元门禁系统进行维修和升级改造，确保门禁系统维修常态化。坚持与派出所建立综治会商机制，积极动员社会单位力量，组建志愿服务队，参与地区治安巡逻、交通路口执勤、桥梁守护，强化对重点人、地、事、物管理，维护地区安全稳定。发挥流管员作用，加强对流动人口的服务管理，确保各类问题和隐患能够及时发现、及时处理。

（崔　雪）

【多元化矛盾化解体系】　年内，发挥社区居民事务调解委员会和居民事务调解工作室的第三方矛盾化解平台作用，调节各类纠纷538起，涉及当事人1262人、金额20.5万元，为农民工提供法律援助145人次，涉及金额47万元，实现将矛盾化解在社区工作目标。坚持处级领导周三信访接待日制度，构建信访联动机制，妥善处理信访案件255起，完成“亿霖木业”案善后工作，辖区未发生重大集体访、越级访事件。

（崔　雪）

地　　区（乡）

常营地区（回族乡）

【概况】　常营地区（回族乡）位于朝阳区东部，东邻通州区邓家窑村，西与平房乡黄渠村接壤，南邻管庄乡，北与金盏乡和东坝乡为界。乡域面积9.3平方公里。年内，有辖民族家园、连心园、鑫兆佳园、万象新天、荟万鸿、苹果派、畅心阳光、保利嘉园、住欣家园、常营福第、丽景园11个社区。其中民族家园社区为常营一村至七村以及常营一居回迁社区，连心园社区为五里桥村、草房村和十里堡村回迁社区，畅心阳光社区、保利嘉园社区、住欣家园社区、常营福第社区、丽景园社区为保障房社区。地区总人口17.19万人（含本区户籍人口23322人，户籍人口中，男性11807人，女性11515人。全年人口出生率27.22‰，人口死亡率2.78‰，人口自然增长率24.42‰），流动人口约1.8万人。年内，经济总收入21.2亿元，同比增长9%；利润总额3953.8万元，同比增长9%；税金总额7722.2万元，同比增长4%；人均劳动所得2万元，同比增长8%。地区全年完成区级收入9970.2万元，同比增长93.8%，完成年度任务（5764万元）的173%。

地址：朝阳区幺家店路1号

邮编：100024

电话：65481589

邮箱：cybangongshi@bjchy.gov.cn

（王剑琴）

【机关机构改革工作会】　4月16日，召开地区办事处机关机构改革工作会议，宣布中共常营地区工委（乡党委）部分科级干部任免决定，宣布常营回族乡（地区）党政机关机构调整和人员配备方案，提出工作交接和固定资产移交要求，部署常营地区办事处机关部分科级领导职务竞争上岗工作实施方案。根据《常营回族乡（地区）党政机关机构改革实施方案》，确定常营回族乡（地区）党政机关内设机构11个，依据相关文件不计入内设机构的部门6个，所属事业单位5个。

（王剑琴）

【常营地区群众文化节】　5月14日，在常营公园花瓣广场举行“展群众文化风采 享幸福文化生活——常营地区群众文化节暨健身长走活动”开幕式。区文化委主任黄晓伟、区农委副主任刘伟、区文明办副主任赵文杰、常营地区工委书记吉广平、办事处主任王刚等出席，各社区工作人员、地区居民等500余人参加。开幕式分启动仪式、文艺演出、健身长走等环节。启动仪式后连续五个月，地区按照“每月一主题”的形式，开展多项文体活动，展示社区风采，丰富地区居民文化生活。

（王剑琴）

【穆斯林群众欢度节日】　8月19日，常营地区及全国各地2000余名穆斯林群众到常营清真寺参加节日聚礼，欢度开斋节。10月26日，地区及附近1200余名穆斯林群众到常营清真寺参加节日聚礼，欢度古尔邦节（宰牲节）。

（王剑琴）

【乡人代会】　9月1日，常营回族乡第十六届人民代表大会第二次会议召开，乡党委书记吉广平、乡长王刚，党政领导班子其他成员及50余位人大代表参会。会议总结常营乡上半年重点工作进展情况，提出下半年继续提升为民服务水平，切实为居民办实事、办好事的工作目标。

（王剑琴）

【征兵工作】　9月起，地区开展征兵工作。辖区适龄青年303人参加兵役登记，登记率100%，10人参加体检，5人被批准入伍。

（王剑琴）

【领导调研】　11月15日，区委副书记、代区长吴桂英、区领导陈涛、张树安以及相关部门领导，到常营地区调研产业发展、保障房社区建设等工作。吴桂英一行到常营保利社区,了解人口数量、人员构成、小区管理情况及产业发展情况。常营地区工委书记吉广平作“凝神聚力谋求常营新发展,坚持不懈推进农村城市化”工作汇报,区领导给予肯定。

(王剑琴)

【村党支部换届选举】 12月21日,完成地区10个村级党组织换届选举任务。全乡应出席大会党员361人,实际出席348人,党员参选率96.4%,党支部书记平均得票率96%,其中5名书记全票当选。本次换届共选举产生新一届委员30名,平均年龄46.4岁,年龄最小的28岁;专及以上学历23人,占76.7%;女性委员9名,占30%;45岁以下14人,占46.7%;新当选委员5人,占16.7%。形成以中年骨干为主体、老中青结合的班子结构。

((王剑琴)

【社区党组织换届选举】 年内,完成地区11个社区党组织换届工作。其中参加直选的社区党组织9个,直选比例81.8%,采取“大党委制”(“大支委制”)的社区7个,占63.6%,选举产生社区党委(支部)委员53名,平均年龄41.6岁,表决通过席位制委员13名。其中社区党委(支部)书记11人,副书记9人(有3个社区为2名副书记,保障房5个社区由于党员人数少,采取“三委制”,未设副书记)。

(王剑琴)

【社区居委会换届选举】 年内,完成地区第八届社区居委会换届选举。11个社区依法确定正式候选人65人,其中,书记主任‘一肩挑’6人,占55%;党员44人,占68%;大专及以上学历60人,占92%,35岁以下28人,占43%;女性32人,占49%。共选举产生主任11人,副主任16人,委员38人。

(王剑琴)

【计划生育】 年内,办理一孩生育服务证463个,独生子女证256个,出生上报458人,全年实施计划生育手术94例,计划生育率97.82%。共有500余名独生子女和27名应届生享受农村独生子女免费参加新型农村合作医疗政策和给予考上大学(专)的应届生助学奖励政策。

(王剑琴)

【劳动就业】 年内,开发就业岗位1200个,推荐农民500人次,成功就业160人。组织大型招聘会3次,提供工作岗位230余个,120人达成就业意向。城镇失业人员成功就业186人。

(王剑琴)

【社会保障】 年内,办理、发放各类补助、救助款2358.7万元。其中办理低保及低收入人员医疗救助269人次,金额28.5万元;办理困难家庭临时救助62户,金额35.4万元;发放农民生活补助2.3万人次,金额1857万元;发放农村劳动力转移就业补贴317.7万元。

(王剑琴)

【残疾人工作】 年内,为136名残疾人申领助残服务券,为20名符合要求的残疾人发放生活救助金11.7万元;发放残疾人生活补助123人、31.8万元;全国助残日、“两节”共走访慰问残疾人214人,发放慰问金97200元,为17名城镇个体残疾人申请保险补贴8.74万元,为7名残疾人及其子女申请扶残助学款2.2万元。

(王剑琴)

【医疗卫生】 年内,常营乡农合参保4764人,参合率99.83%。推出“家庭医生式服务移动工作站”,社区卫生服务中心签约23522户36336人,其中重点人群14421人。动员社会力量和地区居民参与红十字募捐救助系列活动,募款50778.3元。完成地区230人的急救常识与技能培训。

(王剑琴)

【社区教育】 年内,在11个社区分别成立社区教育学校、社区教育协调委员会和未成年人教育管理委员会。

(王剑琴)

【文化体育】 年内,常营文化中心面积从3000平方米升至6000平方米,建立1000平方米乡级文化活动中心。在常营公园新建600平方米歌唱广场,改建200平方米舞蹈广场。升级改造花瓣广场及4个球场。建成5个社区文化活动室、5处24小时自助图书馆、4个社区益民书屋及民族家园数字文化社区。新成立文体队伍20支,举办各类大型活动30余场。

(王剑琴)

【综合治理】 年内,排查社会单位2245家,开具监督检查记录3124份,发现火灾隐患或违法行为253处,下发责令整改通知112份,督促整改火灾隐患253处,整改率100%。开展大型消防应急演练活动8次。成立地区消防警务工作站。全年新登出租房屋664户,流动人口4962人。开展流动人口服务管理专项行动,召开专项部署会2次,动员社区干部、企事业单位负责人及群众453人,开展夜间入户安全宣传5次,入户568户,涉及流动人口767人,排查出租房屋安全隐患6次。开展食品安全宣传4次,排查食品经营加工单位219家,开展食品安全专项整治联合执法行动15次,出动50车次,330人次,取缔无证照经营商户3家,暂扣物品130余件。

(王剑琴)

【基础设施建设】 年内,建设乡域内南北向交通联络线,三间房东路基本完工,东高路和辛庄路正在施工。保障房区域常营北路东段等14条道路完成市政移交。争取市政府专项资金,实施以城市公园为标准的常营郊野公园旅游设施改造工程。完成市万亩造林任务550亩。建设完成常营公园保利园和常怡园。实施完成民族家园和连心园

"活性矿泉直饮水"项目,10眼机井全部达到矿泉水标准。实现民族家园CD区光伏电站建设及绿化改造。新建民族家园4000平方米早市及常营保利社区菜市场。装修改造北辰福第社区党员活动中心、首开畅心园文体活动中心和党员活动中心、富力阳光美园社区服务中心配套用房,总建筑面积5186平方米。

(王剑琴)

崔各庄地区(乡)

【概况】 崔各庄地区(乡)位于朝阳区东北部,东依金盏乡,南连将台乡,西接来广营乡,北接孙河乡,邻近首都国际机场和电子城功能区,属温榆河绿色生态走廊和第二道绿化隔离带。乡域面积31.7平方公里。京承高速、奶西西路、奶善路直穿西北,京密路、机场高速、机场辅路斜贯东南,五环路、京包铁路绕弯西南,顺白路、香江北路、来广营东路、南盏路、北皋路横联东西,马泉营西路纵剖于中。下辖15个行政村、2个居委会。全乡户籍总人口13005户24511人,其中非农业人口15932人,农业人口8579人;民族构成以汉族为主,少数民族有满(372人)、回(84人)、蒙古(54人)、朝鲜、锡伯、土家、苗、哈萨克、藏、彝、黎、布依、达斡尔族等。人口自然增长率9.7‰,死亡率2.15‰。全年经济总收入30.3亿元,比上年增长22.2%;利润10189万元,比上年增长14.7%;税金12474万元,比上年增长28.3%;乡级财政收入23832万元,比上年增长7.5%;财政支出19557万元,比上年增加50%;全乡人均纯收入24949元,比上年增长11%。驻境单位有中国电影博物馆、中国铁道博物馆、北京航空航天模型博物馆、北京赛特奥莱斯大型购物中心、北京市长建汽车驾驶学校、北京伊力诺依投资有限公司、英国哈罗学校、东方养老院、北京地坛医院等。年内,乡被评为全国妇女"创先争优"先进集体、北京市阳光计生行动规范化建设示范单位、北京市敬老爱老为老服务示范单位、北京市无偿献血先进单位。奶东村被评为全国计划生育先进单位、北京市先进村民委员会。马泉营、东营村被评为北京市计划生育先进单位。

地址:南皋路南
电话:64379211
邮编:100015
电子邮箱:cuigezhuang@yahoo.cn

(欧阳明德　孟新新)

【党委书记调任】 2月21日,区委常委、组织部部长张革到乡召开全乡干部大会,宣布乡党委书记张树宝调任朝阳区金盏金融服务园区管委会主任,任命乡长陈杰代理崔各庄乡党委书记,临时负责崔各庄乡全面工作。

(欧阳明德)

【综合治理】 2月28日,乡党委、政府在机关会议厅召开综合治理工作大会,乡直机关各科室、各村主要负责人出席。会议总结2011年综治工作,部署2012年及全国"两会"期间乡域安全综合治理工作。实施"1131"工程,即围绕加强和创新社会管理这一主线,以党的十八大安保为重点,落实组织建设、整合综治平台、改进体制机制三项任务,实现网络化管理目标。会后,以十八大安保工作为契机,组织开展综合治理和安全生产领域"打非治违"等专项行动78次,查抄网吧7个,查处非法食品加工点11处,清查废品回收市场3个,收缴非法倒卖液化气罐76个,现场整改各类治安、安全隐患320处,查处藏匿犯罪窝点16处,清理低级次商铺200余户,减少流动人口2万余人。全年发生可防性案件209起,比上年下降16.4%;全乡无非正常上访、群访事件。

(欧阳明德)

【新任党委书记到职】 3月30日,区委常委、组织部部长张革来乡宣布:吴选辉调任崔各庄乡党委书记,主持全面工作。

(欧阳明德)

【中组部与乡结对联系党建】 4月28日,中组部党建研究所与乡举行结对联系党建工作会议,中组部党建研究所副所长、党建研究杂志社主编、全国党建研究会副秘书长张守华一行与区、乡组织部门成员共30余人参加。6月12日,中组部党建所副巡视员赵湘江到乡为200余名党员和入党积极分子讲授"进一步加强和改进新形势下党的建设"党课。6月27日,乡与中组部党建所开展"纪念党的生日,共话理想信念"主题党日活动,交流党建工作情况和如何坚定理想信念认识,中组部、区委相关部门人员和乡党政负责人、基层党员、大学生村官代表参加。同日,中组部党建研究所所长、全国党建研究会秘书长毛定之一行到马南里社区及何各庄村慰问建国前老党员。

(欧阳明德)

【整治规范医药市场】 5月30日,会同区卫生监督所、乡派出所对奶东村、马泉营村、费家村、东辛店村、奶西村无证行医开展专项打击行动,检查非法行医点21家,取缔非法行医13家,没收部分药品、医疗器械。7月12日,会同区卫生监督所检查奶西村6家行医点,查处4家非法行医,销毁非法行医灯箱及标识,没收部分药品、听诊器、血压计等医疗器械。7月26日,会同区药监分局药品监督人员抽查奶西村药品市场,查处2家问题较严重的药店。

(欧阳明德)

【吴选辉获选绿色中国年度人物】 6月12日,乡党委书记吴选辉在北京麋鹿生态实验中心获中共中央宣传部、全国人大环境与资源保护委员会、全国政协人口资源环境委员会、环保部、文化部、国家广电总局、共青团中央、解放军环保绿化委员会共同主办评选的“2010—2011绿色中国年度人物”称号。

（欧阳明德）

【防汛抗洪】 7月12日，乡政府召集各村传达7月11日区防汛视频会议精神，部署全乡防汛工作。7月21日深夜，北京遭遇暴雨袭击，奶西村积水最深处2米，部分群众家中进水深达1.3米。乡、村干部凌晨与群众抗洪抢险，通过全力奋战，无一人伤亡。抗洪抢险中，乡党委不以邻为壑、坚持不开闸放水，以局部自淹防范北境孙河乡等区域遭受更大损失。7月22日，紧急部署汛期及汛后卫生防病工作，下发《崔各庄乡关于加强汛期及汛后卫生防病工作的紧急通知》，投入10余万元购买并发放灭鼠、灭蚊蝇、灭菌药品，汛期及汛后未发生疫病蔓延。

（欧阳明德）

【京旺家园党代表工作室成立】 8月9日，京旺家园揭牌成立社区党代表工作室。区委组织部等相关部门、全区六个党代会常任制试点单位及部分街乡负责人，京旺家园社区负责人、各级党代表、社区普通党员、居民代表等出席揭牌仪式。乡党委副书记孙连玉介绍党代表工作室筹备情况。8月15日，工作室开展首次活动，社区党委与居民互动交流，倾听社区党员、居民的意见。北京电视台“北京新闻”栏目组全程跟踪报道。

（欧阳明德）

【第一次妇女代表大会】 8月10日，全乡召开第一次妇女代表大会，总结过去五年妇女工作，明确今后任务和目标。与会妇女代表49人，选出第一届执行委员9人。牛秋荣当选为妇联主任。

（欧阳明德）

【京旺家园二期工程交付使用】 10月16日，京旺家园二期工程交付使用。乡成立入住工作领导小组，下设群众工作及信访接待组、宣传工作组、安全保障组、后勤组、入住前期手续组、交房验房组、维保工作组。大望京等村自2009年腾退拆迁后，京旺家园第一、第四社区居民经两年多辗转迁居，正式回迁定居。京旺家园建设“一刻钟社区服务圈”，建成450平方米的第一社区文化活动中心，认证第一社区首批服务站点100家，选举产生第一社区第一届居民委员会，创新“双重身份”、交叉任职的管理体制。

（欧阳明德）

【村党支部换届选举】 12月9日，各村选举产生新一届党支部书记和委员。15个村选举产生新一届支部委员69名，书记15名。

（欧阳明德）

【村级市场建设】 年内，马泉营村农贸市场正式开业，东辛店农贸市场建设完成，南皋建材市场建成并进入招商阶段。

（欧阳明德）

【环境整治建设】 年内，着力改善基础设施和宜居环境，开展十八大环境整治“百日工程”、“清洁乡村夏季行动”、“美化乡村秋季行动”等活动，完成南皋路东段、何各庄西路翻建工程，为葡萄园东路安装路灯，建设何各庄村回迁楼、京旺家园二期污水站、大望京绿地、南水北调乡域工程，协助完成地铁14号线交通导行、管线改移、地上物拆迁。

（欧阳明德）

东坝地区(乡)

【概况】 东坝地区(乡)位于朝阳区东部，东邻金盏地区，北临崔各庄地区，南与平房、常营地区接壤，西接将台地区，辖区总面积24.6平方公里，是北京市十大边缘集团之一。辖区有9个行政村、11个社区。常住人口36233人，其中：农业人口12892人，非农业人口23341人，总户数16748户，其中：农业户6410户、非农业户10338户。有集体企业26个，其中：渔业企业1个、工业企业12个、建筑企业9个、商饮服务业企业4个；有私营企业874个，其中：工业企业127个、建筑企业40个、商饮服务业企业648个、交通运输企业59个；有公办幼儿园2所、小学3所、中学1所，职业教育学校2所，高职院校1所；有医院1所、卫生服务站7个(4个村和3个社区各1个)、卫生服务中心1个。年内，全乡经济总收入131221.8万元，同比增加1880.1万元，增长1.5%；上交税金3746.5万元，同比增长5.1%；农民人均劳动所得17719元，同比增长3%。完成区级财政收入1.31亿元，超额完成任务13.85%。东坝地区(乡)获“首都绿化美化先进单位”和“朝阳区先进乡”称号。

地址：红松园16号

电话：65491768

邮编：100018

电子邮箱：cydb@bjchy.gov.cn

（杨秋羽）

【领导调研】 2月9日，区委副书记、政法委书记陈宏志，区委农工委书记、农委主任张树安带领有关部门，到东坝乡调研土地储备拆迁腾退及安置房建设情况。4月1日，区政协主席辛燕琴、副主席张树安及市、区政协委员一行100余人与东坝地区干部群众到东晓景村平原造林亮点工程地块，开展“平原造林，改善环境，造福百姓”主题义务植树活动，把植树地块命名为“朝阳区政协委员林”，并举行揭牌仪式。4月11日，北京市园林绿化局森林公安局局长宁晋杰带队到东坝乡平原造林重点工程东晓景地块和东坝郊野公园检查指导。4月19日，副市长、市平原造林工程建设总指挥夏占义，市政府副秘书长、平原地区造林工程建设常务副总指挥安钢等领导，以及市总指挥部成员单位相关领导视察东晓景景观生态林建设情况。5月9日，区农委副主任张奎会同区有关部门负责人督察东坝地区违法建设和安全隐患大排查、大整治落实情况。副乡长王小宝汇报地区控违拆违及安全生产工作，乡长黄宏春补充发言。5月10日，副区长汪洋带领区安监局及相关部门负责人督导检查东坝地区违法建设、安全隐患排查整治工作。乡长黄宏春、副乡长王小宝汇报东坝乡以控制和拆除违法建设为重点的安全隐患整治工作情况。6月5日，区领导程连元、王春实地视察东晓景景观生态林建设情况。9月13日，区委组织部副部长段成钢、组织员董跃美一行到东坝乡调研党建工作开展情况。11月6日，副区长闫军带队对东坝乡福润四季保障性住房项目进行安全检查，区消防支队、住建委、治安支队等部门领导陪同检查。11月7日，区政协副主席、区委农工委书记、区农委主任、区综治委副主任张树安带领督查组，对十八大安保工作开展情况进行第三次督查。12月5日，区人口计生委副主任邢志新及药具站站长徐树津到东坝地区检查药具工作开展情况。

（杨秋羽）

【党建工作】　6月29日，乡党委召开"庆祝建党91周年暨创先争优表彰大会"。乡党委副书记、乡长黄宏春主持会议，地区领导班子成员，各村、社区两委班子成员及党员代表等400余人参加会议。9月13日，乡党委组织107名党代表开展参观学习活动。一是参观地区平原造林工程建设和土地储备回迁房建设工地，并由乡有关部门和回迁房建设单位分别介绍平原造林和土地储备回迁房建设情况；二是邀请国际关系学院教授宋福范，就学习胡锦涛在省部级主要领导干部专题研讨班上的重要讲话作专题辅导。12月4日，乡党委举办"学习领会党的十八大报告精神"专题讲座，邀请区委党校副教授杜艳莉为400余名党员干部授课。

（杨秋羽）

【人代会】　7月6日至7日，召开乡第十六届人民代表大会第二次会议，全乡45名正式代表、19名列席代表参加会议。会议共三项议程：一是乡长黄宏春作上半年《政府工作报告》；二是分组讨论并审议该报告；三是补选乡人大副主席，选举徐文华担任乡人大副主席；四是乡党委书记安永存结合地区实际和重点工作，就做好人大工作提出新的希望和要求。

（杨秋羽）

【就业和社会保障】　年内，以引导性培训和技能培训为重点，培训各类人员275人次；挖掘就业岗位1600余个，实现城镇登记失业人员提档就业329人。落实城乡居民养老政策，新型农村合作医疗健康发展，各项民生资金按时足额发放。全乡共筹集新农合资金962.76万元，发放民政、劳动、新农合等34类人员资金1800万余元。

（杨秋羽）

【文化体育】　年内，举办地区第一届民俗艺术节、京剧票房成立100周年大型庆典、坝河之春、坝河之夏、坝河之秋系列活动；参与朝阳区广播操比赛和第八届农村地区运动会，获广播操比赛第二名；提倡全民阅读，推进图书馆建设，在东坝家园、奥林匹克花园社区、朝阳新城社区建成"24小时自动图书馆"。

（杨秋羽）

【土地储备腾退】　年内，完成土储18、19号上市地块住宅和非住宅腾退工作，住宅签订腾退协议286份，腾退面积15.74万平方米；非住宅签订腾退协议66份，腾退面积24.4万平方米。

（杨秋羽）

东风地区（乡）

【概况】　东风地区（乡）位于朝阳区中部，东与平房乡、东坝乡接壤，南与八里庄街道、六里屯街道相接，西与六里屯街道、麦子店街道相邻，北接将台乡和酒仙桥街道。下辖4个村、8个社区、2个村居。辖域面积7.38平方公里。全年实现经济总收入22亿元，同比增长10.1%；利润总额6999.3万元，同比增长10.1%；上缴税金8180万元，同比增长18.8%；人均劳动所得27368.7元，同比增长8.4%。

地址：星火西路9号
电话：85810712
邮编：100016
电子邮箱：chy-df@163.com

（董晓芸）

【医疗卫生】　2月27日至3月18日，开展地区学龄前流动儿童强化查漏补种摸底调查、补种疫苗、补卡及相关信息录入工作，为2250名儿童提供服务。4月24日至25日，组织地区200名14岁至69岁居民参加国民体质监测。12月12日，开展无偿献血活动，159人参加献血。

（董晓芸）

【普法宣传】　3月1日至9日，举办《妇女权益保障法》、《婚姻法》讲座。7月6日，地区在将台洼小学设立青少年法制宣传教育基地。

（董晓芸）

【工会妇联工作】　3月6日，召开纪念"三八"国际劳动妇女节表彰会，表彰地区25名"三八"红旗手、24名优秀妇女工作者、41名优秀巾帼志愿服务标兵和54户"五好"特色文明家庭。6月，地区总工会召开第一届委员会第三次全体会议。

（董晓芸）

【社区换届】　3月8日至29日，地区石佛营东里、石佛营西里、石佛营南里、紫萝园、观湖国际、东润枫景社区六个社区党委开展换届选举工作，选举产生新一届党委委员30人，其中书记6人。6月9日至10日，六个社区完成第八届居委会换届选举投票工作。登记选民20013人，1357名户代表，选举319名居民代表；选举产生新一届社区居委会成员42人,其中主任6人,副主任8人,委员28人。

(董晓芸)

【领导调研】 3月9日,区委常委、组织部部长张革到地东风调研。5月10日,区长程连元到东风检查安全生产工作。12月11日,区长吴桂英到东风艺术区调研。

(董晓芸)

【干部选拔】 3月12日至4月12日,地区组织机关后备干部和村、社区、直属企业书记、主任助理选拔工作。80人报名,77人参加笔试,46人参加面试,选拔村、社区书记、主任助理9名,机关后备干部6人。

(董晓芸)

【机构改革】 4月6日至13日,按照《中共北京市朝阳区委办公室北京市朝阳区人民政府办公室关于印发〈北京市朝阳区东风乡(地区)党政机关主要职责、内设机构和人员编制规定〉的通知》要求,改革机关科室设置。改革后,乡党委、政府共设18个科室。

(董晓芸)

【残疾人工作】 4月18日,在地区温馨家园召开第五届主席团第六次会议,地区残联主席赵明、副主席程纪勇等11人参加会议。5月,围绕"加强残疾人文化服务,保障残疾人文化权益"主题,针对不同类型残疾人开展文化助残"五个一"活动,即:组织盲人观看一场电影、组织一次"书画 摄影 征文"评选、开展一次象棋比赛、组织一场文艺演出等。6月14日,在机关大会议室召开东风地区残疾人联合会第六次代表选举大会。在71名代表中选举产生11名新一届主席团成员。11月,石佛营东里社区康复站被评为朝阳区"示范型"社区康复站。

(董晓芸)

【防灾减灾】 5月11日,共建部队红庙消防中队战士到地区小学校为师生讲授消防安全知识。7月30日至8月3日,完成"7·21"特大自然灾害遇难者善后处理工作。

(董晓芸)

【党建工作】 6月,地区开展纪念建党91周年系列活动,发展20名新党员,召开纪念建党91周年表彰大会,表彰地区202名优秀共产党员。

(董晓芸)

【村庄社区化管理】 6月,辛庄村、将台洼村、豆各庄地区、商业公司四个单位完成村庄社区化管理。地区政府投入184.3万元在4个村主要出入口、重点地带、重点路段安装监控探头110部,村内监控覆盖率95%,重点地段覆盖率100%。8月,完成硬件建设,建成三站两室670平方米,服务设施(便民菜市场,健身园,主食厨房,便民超市,便民书屋)790平方米,大门29个,治安岗亭28个,围墙9400米,停车场5个。

(董晓芸)

【环境整治】 7月,统一设置并规范辖区违规指示牌、信息岛、门头牌匾。在姚家园路、石佛营路、东四环辅路等重点大街设置丹凤朝阳指示牌12处;在各社区设置信息岛17处;重新粉饰星火西路门店外立面,修复破损围墙。9月28日,拆除南十里居泰华滨河苑小区东门违规信号发射塔。年内,开展环境秩序类执法1200次,出动执法队员1.4万人次,执法车辆4000余台次,查处无照游商500余起,规范门前三包和店外经营3600余起,查处露天烧烤58起、非法散发小广告120余起,教育散发小广告人员100余人次,没收、清除各类宣传品、广告3.5万张,检查规范工地84起,发现、拆除各类违法建设125处6500平方米。

(董晓芸)

【双拥共建】 7月,开展"送法律、送电影、送健康、送文化、送关爱"进军营活动。

(董晓芸)

【十八大安保工作】 8月7日,召开十八大安保工作动员会,部署十八大期间安保工作。9月12日,召开十八大服务保障工作推进会,下发十八大安保专项行动工作方案、督查工作方案、安全生产、消防、流动人口管理等工作方案。11月1日,召开再动员再部署工作会,形成无缝对接的十八大安保工作机制。

(董晓芸)

【2%人口抽样调查】 10月至12月,成立2%人口抽样调查领导小组并设立办公室,经过入户清查、登记、自查、互查等环节工作,调查708户,1702人。

(董晓芸)

【当选北京市人大代表】 11月29日,地区豆各庄村委会书记刘洪宇当选北京市第十四届人大代表。

(董晓芸)

【清权确权】 年内,召开三次清权确权工作会议,完成编制职权目录、权力运行流程图和查找廉政风险点工作,清理涉权事项819项,绘制权力流程图473个,查找廉政风险点618个,制定防控措施629项。

(董晓芸)

【共青团工作】 年内,在非公企业和直属单位成立35个基层团组织。成立地区流动青年中心·社区青年汇并正式运转。团区委配备1名专职社工负责青年汇工作。开展新居民城市融入培训、青年汇影院电影放映、登山拓展、首届青春杯羽毛球友谊赛、乒乓球比赛等活动,地区1200余名青年参与。

(董晓芸)

【文明创建】 年内,围绕文明城区迎检工作,制定《东风地区创建全国文明城区部门联运综合方案》,成立东风地区创建全国文明城区部门联运综合执法工作领导小组,全面整治辖区环境、交通、安全等问题。

(董晓芸)

【志愿者工作】 年内,开展"志愿服务 雷锋就在我身边"宣传实践活动。按照品牌化带动、项目化管理原则,培育以"步步高"志愿文化服务队为代表的品牌志愿服务队伍。

（董晓芸）

【道德大讲堂】　年内，制定《东风地区2013年关于开展"向道德模范学习"宣传教育活动的实施方案》，下发《东风地区关于设立"道德讲堂"深化文明市民教育活动的通知》，建立以文明市民学校为基础的市民道德大讲堂11处，固定学员2195人。

（董晓芸）

【环境建设】　年内，整修六里屯路石佛营段步道、将台洼中街道路。老旧小区改造，完成建筑面积61800平方米的楼体外墙保温、屋面防水和7栋楼塑钢门窗改造工程，该工程涉及东风小区10家产权单位、12栋楼957户。完成集体土地确权登记发证工作。配合区环保局做好排污申报工作，完成辖区企业摸底和排污相关数据填报。配合铁道第三勘察设计院完成京沈客运专线环评工作。完成辖区物业小区"三优评定"工作。

（董晓芸）

【安全生产】　年内，乡政府与各社区村和辖区企业签订安全生产责任状，开展"安全生产责任落实月"活动，实行安全生产工作述职制度，落实政府领导责任、部门监管责任、行业管理责任、生产经营单位主体责任。年内，签订安全生产责任状300份；危险化学品重点企业签订安全生产承诺书。6家危险化学品企业达到标准化要求。出动安全生产检查人员6780人次，出动检查车辆360台次，监督检查辖区生产经营单位970个次，发现并整改安全隐患275个，下达检查文书1420份，立案21起，行政处罚11.5万元。

（董晓芸）

【水务工作】　年内，地区全国第一次水务普查完成对象清查、建立台账、数据质量控制与审核、普查宣传、普查数据采集及预处理、空间数据采集及标绘上图等普查阶段工作。"7·21"特大自然灾害后，地区安装沟渠标识牌65块；发放水泵14台；组织相关单位安装铁质围栏1958米、配备警戒带4400米；制定危旧房屋抢险措施；组织各村、商业公司及相关社会单位河道清障16处。完成辖区11眼机井取水许可证换发工作；完成将台洼村委会南侧饮用水井替换工作。

（董晓芸）

【尊老敬老】　年内，开展敬老"孝星"和为老服务示范单位推荐评选活动，评出市级孝星38名、为老服务示范单位3家。举办老年人文艺演出、金婚老年人风采展示活动。举办老年人健康知识讲座。印制东风精神和《百孝经》宣传画。走访慰问百岁老人、60岁以上低保老人。

（董晓芸）

豆各庄地区（乡）

【概况】　豆各庄地区（乡）位于朝阳区东南部，东临黑庄户地区，南临通州区台湖镇，西与高碑店地区、王四营地区、十八里店地区接壤，北与三间房地区、管庄地区毗邻，面积14.16平方公里，下辖12个行政村、7个社区，常住人口12856人，其中非农业人口8208人、农业人口4648人。流动人口17868人。区域轮廓呈南北长东西窄的不规则多边形，通惠灌渠纵贯全乡，萧太后河流经孙家坡村、水牛坊村和马家湾村，运通111路、475路、363路、411路、457路、753路等多条公交线经过乡域，五环路、京哈高速公路、京津二通道、劲松东延路和机场南线穿境而过，交通十分便利。辖区有丰厚民族文化底蕴的张义祠堂，有中央491电台、北京市第二监狱、北京市看守所及北京市禁毒教育基地等市属单位，有中学1所、全日制小学4所、社区卫生服务中心1所、幼儿园2所，老年公寓、公安派出所、商店、银行、集贸市场、社区卫生服务站一应俱全。乡域内有格林万德高科技农业园区、及富力又一城、京城雅居、青青家园大型宜居区和绿丰家园、朝丰家园农民新村。年内，全乡经济总收入29.87亿元，同比增长13.2%；完成利润1.39亿元，同比增长13%；完成税金1.92亿元，同比增长12.8%；人均劳动所得21900元，同比增长10.3%。

地址：西马各庄村

电话：65479002

邮编：100121

电子邮箱：dgzxiangzhi@126.com

（王　童）

【党建工作】　年内，制订下发《豆各庄乡关于在创先争优活动中扎实开展基层组织建设年工作的实施意见》。以支部建设为龙头、以机制创新为核心、以加强投入为基础，全面提升基层党组织建设水平。继续开展基层党组织、党员公开承诺活动，27个基层党组织共580名党员签订公开承诺书，其中党员承诺实事1442件，党组织承诺实事163件。围绕中组部提出的"五个好"标准和七项分类定级指标，乡党委采取动员部署、调查摸底、方案制定、等级评定、进行提高等五个步骤，综合评价基层党组织，确定分类定级结果。调整社工委办公室。组织辖区内非公经济单位党支部交流联谊活动，引导非公经济组织和新社会组织履行社会职责。

（王　童）

【发展党员】　年内，发展党员26名。利用党员统计平台，更新维护党员信息系统，实现动态管理，促进党员管理规范化、信息化和现代化。

（王　童）

【社会保障】　年内，组织村（社区）协管员培训11次，组织社保所工作人员培训45次。组织绿化保洁、面点等4个班162人专业培训，开发就业岗位769个，本地城镇失业人员、农村劳动力397人实现就业。举办失业人员基础职业指导，400人次参加。城镇居民医疗保险参保率

100%。扩大城乡养老保险补贴范围,地区农民城乡养老保险参保率100%。春节、国庆节、端午节、中秋节期间,投入40万元慰问走访低保及低保边缘贫困家庭。全年救助困难家庭82人次,救助资金16.3万元,提高乡级基本医疗报销比例,规范乡新农合运行管理办法,参保率99.34%。发放城乡低保、地退工资、军退工资、优抚补贴等民政资金2035441.18元,发放农民转移就业补贴364820元,发放城镇失业人员、社会化退休人员自采暖补贴73171.8元,发放失业金134707元,发放新农合基本药费1351382.21元,发放新农合大病医疗药费1828291.22元。

(王　童)

【产权制度改革】 年内,研究制订《豆各庄乡产权制度改革实施方案》等文件,组织完成村级社员代表选举,产生村级社员代表310名。召开第一届第一次村级集体经济组织社员代表大会,选举产生村级经济组织新一届社长、管委会委员、监察员和乡联社社员代表23人。

(王　童)

【环境建设】 年内,完成春季平原造林工程、鲁店北路绿化改造工程、京哈辅路拓宽工程、"播草盖沙"工程、绿丰家园绿化改造工程,建成绿丰休闲广场,拆除违法建设6800平方米,清理堆物堆料4000余平方米,规范广告牌匾80余块,治理道路遗撒及扬尘125起,清运渣土500余吨。

(王　童)

【文体活动】 年内,开展"我与文明同上楼"、"道德讲堂"等活动,引导居民投身道德实践活动。开展学雷锋、"三关爱"系列志愿服务活动,提高地区民众文明素质。举办豆各庄乡第四届农民运动会,组建代表队参加朝阳区第八届农民运动会。实施文化惠民工程,发挥10个文体协会作用,打造以舞龙队为龙头的"太极"、"军民鱼水情"、"社区一家亲"等12个品牌活动。开展"八一"走访慰问活动,举办"弘扬北京精神庆八一"和"纪念建军85周年"等文艺演出。

(王　童)

【完善基础设施】 年内,完成大柳树沟、萧太后河等13条河、渠、排水沟整治,采取更新水源、改造管网、安装计量表等措施,全面改造供水设施;实施公厕达标改造工程。落实社区办公和服务用房改扩建项目,新建阳光社区办公用房560平方米,接收富力社区办公楼2561平方米,启用绿丰社区办公楼及文化活动中心。

(王　童)

【安全维稳】 年内,完善乡、村、社区治安防控体系,建立群防群治机制、巡逻巡查机制和"党员包户"机制。投资15万元升级改造监控平台,发动群防群治力量800余人,成立150人的实名制涉日维稳防控队伍。开展联合执法29次,清除事故隐患100余处。加强流动人口管理,投资10万元,购买一氧化碳报警器500个,免费发放给用煤取暖的流动人口。拆除2处违建出租公寓,限时整改3处存在安全隐患的出租房屋。年内,组织安全生产知识培训班两期,培训企业330余家。清除黑食品加工点10处、黑化学危险品加工点3处,取缔无照经营120起,收缴非法小广告5000余张,排查出安全生产隐患1700余处,整改率97%。

(王　童)

【社区建设】 年内,投资90万元开展绿丰家园创建优美小区建设。完成第八届社区居委会换届选举。换届选举登记选民8460人,登记户代表3815人,选举产生居民代表317人,推选居民小组长114人,选举出6个居民委员会,居委会班子成员32人,主任6人,副主任7人,委员19人,社区投票率97%,候选人平均得票率85%。绿丰家园社区、文化传播社区等四个社区被评为区级"规范化建设达标社区"。

(王　童)

【计划生育】 年内,修订《豆各庄地区计划生育管理考核办法》,逐级签订目标管理责任书和综合治理责任书,把计生工作作为干部年终考核主要依据。全年举办12期次计划生育业务知识培训,组织19名社区、村计生专干参加2次朝阳区全员人口信息系统应用培训。全员人口信息系统信息录入工作完成98%。组织64名育龄妇女到区妇儿医院进行"免费孕前优生健康检测",组织215名农村育龄妇女参加"农村长效节育户籍已婚育龄群众免费健康体检",组织75名育龄妇女参加"生育后期关爱"行动免费体检,为15名参加"生育后期关爱"的妇女免费取环。完成6例违法生育征收社会抚养费的案卷;办理计内二胎生育服务证17个,办理一胎生育服务证129个,《独生子女父母光荣证》48个。全年发放独生子女父母奖励费28560元。组织0-3岁幼儿运动会,40名幼儿参加。免费发放叶酸222盒、新婚大礼包160个、验孕试纸3000支、避孕药185盒、避孕套7018盒。

(王　童)

【卫生工作】 年内,利用宣传栏、橱窗、知识讲座等形式宣传药品安全知识,开展宣传活动5次,受益群众1000余人,发放宣传材料1000余份。对辖区12家药店、2家口腔门诊进行3次联合检查。联合豆各庄社区卫生服务中心,在手足口病高发的小区、辖区幼儿园开展宣传、咨询、讲座活动5次,覆盖人群1400余人,发放宣传材料800余份。地区接报100名手足口病患儿,无重大事件出现,幼儿园无疫情暴发。艾滋病防控工作零指标。全年开展活动6次,受益人群2000余人,发放安全套5500只、宣传材料3000余份。3月,组织社会用工单位召开动员会议,通过张贴宣传画、现场咨询等方式开展卫生宣传活动。3月、9月,集中开展打击非法行医活动,督导检查辖区医疗机构。4月至10月,开展流动人口干预3.5万人,发放宣传材料1万余份、安全套15060支。对辖区符合条件的妇女进行两癌筛查,体检1211人。5月份完成外来务工人员流脑麻疹疫苗接种工作,麻疹接种579人,流脑A+C接种585人。年内,豆各庄社区卫生服务中心完成户籍60岁以上老人314人、学生342人、自费72人的流感疫苗接种工作。

(王　童)

高碑店地区(乡)

【概况】 高碑店乡位于朝阳区东部,东邻中国传媒大学,南接王四营乡,西邻北京商务中心区,北靠平房乡。辖域面积15.08平方公里,总人口122042人。有5个村级单位和18个社区。全年实现经济收入154.87亿元,同比增长14%;实现利润6.08亿元,同比增长11%;上缴税金4.92亿元,同比增长14%。人均劳动所得3.34万元,同比增长4%。

地址:高碑店北路甲1号
电话:85778502
邮编:100123
电子邮箱:gbdnj@sina.cn

(王瑞琴)

【"通惠河畔"文化产业园】 7月,将"盛世龙源"产业园区更名为"通惠河畔"文化产业园。年内,园区完成招商总量的98%,九号温泉、闵商会、曲水兰亭等高端项目进驻。

(王瑞琴)

【高碑店新农村建设】 8月16日,启动高碑店东区新农村建设。借鉴西区改造经验,结合村民住房的实际情况,将村民住宅、公共设施、绿化美化、产业发展等进行统一规划、集中安置,收到建房申请420份,确认面积202户,选定户型155户。

(王瑞琴)

【传统文化产业】 年内,升级改造原有经营古家具、字画、陶瓷等商户产业特色,稳固并扩大市场。水乡茶楼一条街工程竣工,进入招商使用阶段。中国艺术研究院、北京中企汇鑫等28家企业落地并开业运营。爱德艺术院、中国雕塑院等工程主体结构基本完工。

(王瑞琴)

【传媒文化产业】 年内,高井传媒产业园基本建成。该园建筑面积1.94万平方米,央视等涵盖会议展示、商务服务、传媒交易等六个功能的多家传媒机构入住。八里庄工业园区引进普乐门公寓、尚8里文创园等企业。八里庄文化创意产业园完成立项,并开工建设,定位为以室内影视全程制作中心、新媒体研究与培训中心、传媒产业科技交流等为主要功能的现代传媒产业园。718文创园发展态势良好。

(王瑞琴)

【时尚文化产业】 年内,北花园时尚文化产业园正式取得规划批复并开工建设。红星美凯龙、天洋置业等项目进入实质阶段。

(王瑞琴)

【经济工作】 年内,调整清理集体经济合同384份,规范经济运行行为,保证集体资产保值增值。按照保存量、拓增量要求,走访辖区所有重点税源户并加强服务,完成税源建设任务。代征个人出租房屋税近千万元。选举产生乡村两级集体经济合作社成员。

(王瑞琴)

【西店重点村改造】 年内,推进西店重点村建设,新村开工面积18.2万平方米,占总量的90%。安置楼完成总量的70%。市政基础设施主管线铺设完成总工程量的50%。协调市供电局等部门完成高压线迁移工程。

(王瑞琴)

【重点工程】 年内,宝马5S店——北京星德宝进驻高井并开业。北花园三定三限房封顶14栋,8栋楼办理入住手续,入住房源3338套,面积25万平方米。国际中医药港项目主体结构完工,建成后成为亚洲地区最大的以中医药"学术研究、科技研发、成果发布、商务会展、技术转让"为一体的中医药交互平台。

(王瑞琴)

【环境整治】 年内,借助朝阳路改造工程,实现小区绿化9000平方米,修建村内、小区道路6800米。组织清除白色污染千余起,清除垃圾300余立方米。太南、太北等7个社区实施垃圾分类。完成植绿和护绿工作,高井村被评为"首都绿色村庄"。整治治安乱点、环境脏点,完善管理办法和运行机制,地区城市管理水平提升。

(王瑞琴)

【劳动就业】 年内,新增就业岗位4930个,同比增长8.83%。地区失业人员就业率提升到72.3%,增幅9.3%。依法开展劳动监察,检查用人单位419家,处理农民工欠薪案件3起,追讨拖欠工资37万元。

(王瑞琴)

【落实惠民政策】 年内,乡、村(社区)为民办实事30件。发放各类民政救助、保障资金2244.01万元,惠及保障对象43782人次。为北花园保障房项目526人办理农转非手续。受理、上报公租房申请115件,廉租房申请6件,限价房申请30件。新农合参合人数1982人,参合率99.40%。

(王瑞琴)

【残疾人工作】 年内,完成残联换届选举,升级改造康西温馨家园。为41人办理残疾证,为17户残疾人家庭实施无障碍改造,对其中两户重度残疾人家庭进行坡道改造;为33户听力、言语残疾人家庭免费安装闪光门铃;对122名机动轮椅车车主发放燃油补贴3.1万余元。残疾人专用车辆在非居住区停车场所免费停车。残疾人驾驶汽车、免费乘坐公交车得到制度化保障,出行更加便利。

(王瑞琴)

【社区建设】　年内,改造甘一、甘二、花东社区等办公服务用房。第一批村庄社区化建设中的高碑店村、高井村、北花园村五项便民工程通过验收。康家沟村、大黄庄社区完成第二批村庄社区化建设工作。完成第八届社区居委会换届选举。18个社区参选,4个社区采取直选方式,选出118位社区居委会成员。开展社区工作者教育培训,提高社区干部队伍整体素质。在社区建立全能服务窗口,切实改变社区机关化作风。在高西、半东等6个社区开展市民化培训工程,培育"四有三会两提高"城市新居民。兴隆、通惠、高西三个社区通过市级六型社区验收,被列为农村典型社区。拓展服务范围,完成7个一刻钟服务圈试运行工作,居民服务覆盖率70%。

(王瑞琴)

【文化文明建设】　年内,以创建全国公共文化服务体系示范区为契机,推进花西和兴隆家园休闲文化广场建设。加强益民书屋、文化活动中心建设,定期开展文化大讲堂、法制教育讲堂等活动。开展"爱我高碑店"、"五月鲜花文体月"、"金秋艺术节"等文体活动201次,组织大型文艺演出9场,放映电影60场。完成全国文明城区指数测评迎检工作。

(王瑞琴)

【综治维稳】　年内,地区治安形势持续好转,可防性案件比上年同期下降44起,同比下降32.59%。安装一氧化碳报警器1400余个。交通安全管理工作连续3年实现死亡"零"指标,高碑店村被评为"全国交通安全文明示范村"。兴隆家园社区获评地震安全示范社区。加强重点人巩固教育转化及重点目标防控、防范和打击力度。加强防汛工作,有效应对"7·21"特大自然灾害。

(王瑞琴)

【"打非治违"专项行动】　年内,拆除挂账的138处55684平方米违法建设。集体土地案件51处中无效案件17处,已拆除8处,有效案件26处(公益设施3处、新农村建设3处、产业项目6处、临时建筑8处,其余6处制发限期拆除通知书)。国有土地案件80处中,公益设施24处,历史遗留18处,临时建筑13处,有规划手续5处,现场未发现2处,经认定不属于违建6处,已拆除12处。

(王瑞琴)

【城市管理】　年内,查处、劝离无照经营950余起,没收散发小广告18500余份,清除非法喷涂广告及张贴小广告2460余处,录入非法小广告电话246个。规范"门前三包"单位5650余家,拆除违法户外广告、条幅68处,拆除灯箱广告450余处;拆除违法建设12418平方米,立案调查违法建设48处。取缔非法小作坊160余家。

(王瑞琴)

【安全生产】　年内,对3000余家社会单位进行安全检查,重点对35家在建施工工地、10家职业危害单位、7家加油站及19家打工子弟学校、幼儿园进行不间断检查。吸收5家有资质社会单位入会,组织安全教育培训8次,80家会员单位负责人及安全员参加。围绕十八大安保,保持全天候、不间断、高频率的高压态势,向50余家存在安全隐患的社会单位开具责令整改通知书,处罚存在重大安全隐患超过限时未整改及整改不到位的社会单位13家,处罚金额13.5万元。全年安全生产形势总体平稳,无甲方责任事故发生。

(王瑞琴)

【司法信访】　年内,开展"六五"普法宣传,为群众提供法律咨询1200余人次,举办法律知识讲座20余场。发挥人民调解和多元调解作用,调处纠纷500余件,调解成功率98%。加强人民调解规范化管理,兴隆家园获评"北京市规范化调委会"。创新社区矫正、安置帮教工作思路,26名社区服刑人员,114名帮教人员实现零托管。全年累计接待群众来信284起,来访150批437人次。

(王瑞琴)

管庄地区(乡)

【概况】　管庄地区(乡)位于朝阳区东部,东邻通州区城关镇,南与豆各庄乡、黑庄户乡毗邻,西接三间房乡,北与常营乡接壤,属定福庄边缘集团的一部分。辖区面积10.2平方公里,常住人口10.5万人。区域内以汉族和回族为主。京通快速路、朝阳路、朝阳北路、地铁八通线、京秦铁路、通惠河贯穿全地区。地区有法人单位1103个,其中:农业1个,工业70个,建筑业35个,交通运输邮电业61个,批发和零售业397,住宿和餐饮业26个,服务业504个,金融业2个,房地产业7个。有中国音乐学院和北京科技大学(管庄)校区,中学3所,小学5所,幼儿园9所,社区卫生服务中心1个,医院4处,社区卫生服务站5个。年内,地区完成集体经济总收入50.6亿元,实现利润3.4亿元,实现税金1.57亿元,农民人均劳动所得2.86万元。

地址:管庄乡1号

电话:65762117

邮编:100024

电子邮箱:gzbgsh@126.com

(冯　妍)

【地区经济】　年内,与北京龙宇坊置业有限公司签订《合作建设与租赁经营合同书》,合作开发未来绿化用地3-5%项目;与北京鑫隆诚投投资股份有限公司签订《北京中视影视国际传媒总部项目合作意向书》;与北京永惠国康医药有限公司签订《关于设立北京华雅医院有限责任公司的房屋租赁协议书》。选举产生管庄乡合作经济联合社团体社员代表以及管委会、监委会组织机构，完善乡级集体经济组织。

（冯　妍）

【重点工程】 年内，八里桥音乐主题公园绿隔3－5%项目、新村D区商业楼完成工程主体建设，正在实施项目洽谈招商。管庄刨花板市场三期工程建成开业，成为集装饰建材、居家饰品、服装百货为一体的综合性商城。启动东会村拆迁腾退，105个院落签订拆迁腾退协议。清理腾退重兴寺村、杨闸村低级次产业、“三合一”大院4万余平方米。

（冯　妍）

【环境整治】 年内，开展安全生产“护航”联合行动、“打非治违”专项行动，拆除国有和集体土地违法建设88处，面积9973.5平方米。实施“双护工程”、朝阳路、东苇路、双桥东路综合整治等行动，拆除不符合规定的牌匾和违法广告，清理侵街占道现象。全面加强以落实责任制为重点的安全生产、公共卫生、食品、消防、交通等安全工作，全面提高社会管理精细化水平。

（冯　妍）

【民生事业】 年内，推进城乡一体化就业促进工程，最大限度提高就业率。成立地区养老管理服务中心。坚持开展送温暖活动，利用社会救助、慈善救助、爱心家园为生活困难家庭提供保障。实施慈善救助项目25个，向213户发放爱心家园卡。落实计生政策，低生育水平长期稳定，计生率99%。完成第八届社区居委会换届选举、社区妇联换届选举工作。围绕打造“六型社区”，统筹资源，加强服务。实施“一刻钟服务圈”建设，新增加服务商19家。

（冯　妍）

【文化文明】 年内，以创建国家公共文化服务体系示范区为契机，改造升级八里桥音乐文化广场和村级文化活动站，为6个社区、村安装更新户外健身器材93件，在社区、村建成2个电子阅览室和3个户外自助图书馆。举办第六届惠河文化节，21场专题演出和社区（村）分会场演出。开展“我身边的好人”、“我身边的雷锋”、“五好文明家庭”创建等系列主题活动，评选各类先进人物203人。弘扬“北京精神”，开展“道德大讲堂、科普大讲堂”等一系列贴近群众、贴近生活的文化文明活动。

（冯　妍）

黑庄户地区（乡）

【概况】 黑庄户地区办事处（乡）位于朝阳区东南部，西靠垡头边缘集团与豆各庄乡相邻，北靠定福庄边缘集团与管庄乡相邻，东与通州区台湖镇工业园区接壤，南与光机电产业基地相邻，辖区面积24.5平方公里。下辖16个行政村，5个社区，5个直属企业。有4所小学、1所中学、2所医院。有双鹤药业、602所等大中小型企业620余家。常住人口约7.8万人，户籍人口1.8万人，流动人口6万余人。全年完成经济总收入23.2亿元、利润9730万元、税金6620万元，同比增长分别为10.2%、10.1%和11%；农民人均收入16663元，同比增长8.4%。实现区级财政收入5990.57万元，完成区下达指标任务的100.6%。

地址：黑庄户乡工商大街甲1号

电话：85383651

邮编：100121

电子邮箱：hzhxzxk@bjhy.gov.cn

（张晓芳）

【社区党组织换届】 2月至3月，地区旭园、怡景城、康城、双桥一社区、双桥二社区5个社区党委（支部）开展换届选举工作，均采取召开党员大会的形式。其中参加直选的社区党组织5个，直选比例100%；采取“大党委制”（“大支委制”）的社区2个，占40%。选举产生社区党委（支部）委员23名，平均年龄52岁。其中社区党委（支部）书记5人，副书记5人。

（杨　飞）

【社区居委会换届选举】 2月至7月初，五个社区完成第八届居委会换届选举投票工作。登记选民8786人，465名户代表，选举217名居民代表。参加换届选举的5个社区选出居委会委员27名，其中包括居委会主任5名，副主任5名，其他委员17名。当选的27人中，男12人，女15人；党员20人，大专以上学历19人，35岁以下10人，分别占成员总数的43%、95%和48%，实现了班子年龄、学历和结构的“三个优化”。

（杨　飞）

【领导调研】 3月20日，文化部党组成员、部长助理高树勋，社会文化司司长于群，国家公共文化服务体系建设专家委员会秘书长杨永恒、副秘书长陈彬斌，市委宣传部常务副部长王海平，市文化局党组书记张文华、副局长王珠，区委常委、宣传部部长、统战部部长谢莹，副区长张立新等一行，到黑庄户乡调研文化建设工作。调研组先后参观郎各庄村文化广场、“快板刘”文化大院。4月12日，区委副书记陈宏志对郎各庄村精细化管理、文化站建设和村庄社区户管理等情况进行深入了解，实地考察观赏鱼市场，地区工委书记路军汇报工作。5月8日，区委常委、副区长陈涛调研黑庄户地区控制违法建设和排查安全隐患工作，听取专题汇报，实地考察两处施工工地，对黑庄户地区排查安全隐患、拆除违法建设工作给予肯定。

（张晓芳）

【综合治理工作会】 4月19日，召开地区社会管理综合治理工作会。机关科级以上干部，村、社区、乡属企业负责人参会。乡纪委书记邢少义布置地区信访排查工作；副主任赵建峰安排村庄社区化管理建设工作;地区办事处主任李欣参加会议并讲话。

(张晓芳)

【排查安全隐患拆除违建会议】 5月6日,召开排查安全隐患,拆除违法建设紧急会。机关科级以上干部,村、社区、乡属企业负责人参会。地区工委副书记王润民介绍十八里店安全责任事故情况,并传达区委、区政府会议精神;地区办事处主任李欣部署地区排查安全隐患,拆除违法建设工作。

(张晓芳)

【"打非治违"工作部署会】 6月4日,召开"打非治违"工作部署会。机关科级以上干部,村、社区、乡属企业负责人参会。地区办事处副主任徐战虎介绍专项行动的背景及工作安排,办事处主任李欣提出具体要求,地区工委书记路军参加会议并讲话。

(张晓芳)

【"三资"管理工作会】 6月13日,召开农村集体"三资"管理工作会,部署乡产权制度改革工作,学习"三资"管理等相关内容。与会代表针对产权制度改革等集体经济问题展开讨论。地区工委书记路军参加会议并讲话。

(张晓芳)

【大学生村官培训会】 7月3日,召开大学生村官培训会,地区工委书记路军对新任大学生村官提出要求。乡人大主席王世纯介绍黑庄户地区基本情况,地区工委副书记王润民主持会议。

(张晓芳)

【防汛工作推进会】 7月12日,召开地区防汛工作推进会。机关科级以上干部,各村、社区、乡属企业负责人参会,地区办事处副主任冯春方安排部署防汛工作,地区办事处主任李欣提出具体要求。

(张晓芳)

【清权确权工作部署会】 8月3日,召开乡清权确权工作动员部署会。机关科室负责人参会,地区纪工委书记邢少义部署清权确权工作。

(张晓芳)

【十八大工作部署会】 9月7日,召开黑庄户地区迎接十八大工作部署会,机关全体干部,社区、村、乡属企业主要领导参加会议,地区办事处副主任朱连坤、赵建峰、陈利娟分别部署十八大维稳、社会面防控、非法出版物控制等工作,地区工委书记路军参加会议并讲话。

(张晓芳)

【喜迎十八大文艺汇演】 9月14日,黑庄户地区举办"喜迎十八大,和谐黑庄户"文艺演出。地区500余名文艺爱好者参与演出。

(张晓芳)

【群星璀璨表彰会】 9月22日,召开黑庄户地区第十四届群星璀璨表彰会,表彰奖励辖区考入高等院校的大学新生。地区工委副书记王润民,地区办事处副主任陈利娟分别讲话。

(张晓芳)

【第四届残疾人运动会】 9月28日,举办黑庄户地区第四届残疾人运动会,21支代表队参赛,地区办事处副主任朱连坤到会并致辞。

(张晓芳)

【党风廉政主题展览】 10月10日,组织地区60余名党员干部到奥林匹克公园参观廉政教育主题展览。

(张晓芳)

【第四届全民运动会】 10月13日,举办黑庄户地区第四届全民运动会,地区千余名体育爱好者分别参加健身秧歌、广播体操、拔河、接力跑等项目,体育局、农委相关领导及地区班子成员出席运动会。

(张晓芳)

【农村劳动力培训班开班】 10月15日,举办农村劳动力培训班,邀请区劳动局专业人员讲授治安防控等知识,90余名农村劳动力参加培训。

(张晓芳)

【全模式管理培训会】 10月18日,举办全模式管理培训会,区城管监督指挥中心工作人员针对全模式管理中容易出现的问题及全模式管理系统的运用进行技术培训。各村、社区全模式工作人员参加培训。

(张晓芳)

【十八大维稳大会】 10月26日,召开十八大安全维稳大会,各村、社区书记、主任、副书记、综治主任,机关科级以上干部参加大会,地区纪工委书记邢少义、地区办事处副主任徐战虎、赵建峰,派出所所长孙建民分别部署工作,地区工委书记路军参加会议并讲话。

(张晓芳)

【安委会扩大会】 11月1日,召开地区安委会扩大会议暨2012－2013年度预防煤气中毒工作部署会,机关科级以上干部,各村、社区书记、主任、副书记、综治主任、房东代表等参加会议,地区办事处副主任赵建峰部署预防煤气中毒工作,并与各基层单位签订责任书,地区办事处主任李欣参加会议并讲话。

(张晓芳)

【农村文化活动调研】 11月2日,区委副书记、代区长吴桂英到郎各庄村调研,地区办事处主任李欣及郎各庄村党支部书记王淑英分别汇报工作,吴桂英实地视察郎各庄村文化活动广场及村民委员会,对郎各庄村各项工作表示肯定并提出要求,区农委相关领导陪同调研。

(张晓芳)

【"西部温暖"捐赠】 11月15日,乡团委开展"西部温暖"捐赠活动,共接收捐赠衣物12328件,书籍及文具1700余件。

(张晓芳)

【实体化大团委调研】 11月16日,团市委副书记黄克瀛一行到地区调研实体化大团委建设工作,走访万子营东村社区青年汇、郎各庄村团支部等。地区工委书记路军、团区委书记王洪涛、地区团委书记杨冬分别汇报工作。团市委、团区委相关科室领导陪同调研。

（张晓芳）

【十八大精神专题讲座】　12月12日，举行黑庄户地区学习贯彻党的十八大精神专题讲座，聘请区委党校教授讲解十八大精神。机关全体党员，各村和社区书记、主任、副书记、副主任，直属企业负责人以及地区党员代表300余人参加。

（张晓芳）

【党风廉政工作汇报会】　12月12日，召开贯彻落实党风廉政建设责任制工作汇报会，区委常委、副区长陈涛及区纪委、区农委领导听取乡党委书记路军关于黑庄户乡贯彻落实党风廉政建设责任制的工作汇报，并提出指导意见。

（张晓芳）

【第十六届二次人代会】　12月13日，召开黑庄户地区第十六届第二次人代会，地区办事处主任李欣作《政府工作报告》，与会代表分组讨论并提出议案，地区工委书记路军出席会议并讲话。

（张晓芳）

【村党支部换届选举完成】　12月15日至16日，黑庄户乡16个村党支部顺利完成选举投票工作，共选出村支部书记16名，支委46人。

（张晓芳）

将台地区（乡）

【概况】　将台乡位于朝阳区中北部，横跨东四环、五环路，东至东八间房北岗子村与东坝乡相邻；南至麦子店街与东风乡、麦子店街道办事处相接；西至京密路与望京街道办事处、太阳宫乡相连；北至将府家园北窑地居民区与崔各庄乡接壤，地处朝阳区丽都、燕莎商圈，处于中关村科技园一区五园之一——电子城科技园腹地。辖区面积11.45平方公里，地区下设驼房营、东八间房、安家楼三个村（管）委会和芳园里、丽都、水岸家园、将府家园、梵谷水郡、瞰都嘉园六个社区居委会。登记总户数12562户，总人数86133人，其中常住人口60505人，户籍人口25628人。年内全乡经济总收入47.55亿元，同比增长12%；利润总额5.11亿元，同比增长12%；上缴税金总额1.74亿元，同比增长12%；人均劳动所得26200元，同比增长8%。实现区级财政收入5.78亿元，区域经济保持良好发展态势，呈现出以电子城高新技术产业为主体，以现代服务业为支撑的产业格局。

地址：酒仙桥村甲1号
电话：64371688
邮编：100016
电子邮箱：jtbgs-001@163.com

（何伶俐）

【区领导调研】　2月16日，区委书记陈刚到地区调研重点项目颐堤港。陈刚就代征绿地、规划验收、市政道路修建问题提出具体意见。3月14日，区政协主席辛燕琴到地区调研安全稳定工作。8月15日，区委书记程连元到地区调研农村工作。8月17日，副区长阎军到地区调研指导工作。11月15日，区委副书记、代区长吴桂英率队到地区调研，实地视察颐堤港项目，并就土地储备、产业发展、拆违控违、环境治理、安全稳定和提升基层组织能力建设提出具体要求。12月6日，区委常委、常务副区长甘靖中到地区调研指导工作。

（何伶俐）

【社区居委会换届选举】　3月2日至27日，开展社区居委会换届选举工作。6个社区共选出居委会委员40名，其中居委会主任6名，副主任12名，其他委员22名。当选的40人中，男7人，女33人；党员17人，大专以上学历38人，35岁以下的19人，分别占成员总数的43%、95%和48%。

（何伶俐）

【机构改革】　3月20日，根据区委办公室、区政府办公室联合下发的《关于印发<北京市朝阳区将台乡（地区）党政机关主要职责、内设机构和人员编制规定>的通知》要求，地区机关设内设机构11个，另设人民武装部、总工会、共青团、妇联4个部门；同时按照有关规定，设置纪律检查委员会（纪律检查工作委员会），与区监察局派驻的监察科合署办公。以上乡（地区）党政机关行政编制共计53名（含纪检监察编制2名，政法专项编制3名），另有工勤编制3名。乡（地区）所属事业单位5个，事业编制48名。

（何伶俐）

【双语幼儿园开园】　3月28日，乡政府与北京市朝阳区可儿幼儿园签署“合作办园协议书”。9月3日，可儿幼儿园正式开园，第一学期招收幼儿23名，开设三个班，一个双语班，两个国际班。可儿幼儿园对外收费每月3200元，根据《将台乡农民家庭子女优惠入园办法（试行）》，符合条件的本乡农民家庭子女学费为1200元，11名农民子女享受优惠政策。

（何伶俐）

【将府公园三期开园】　5月1日，将府公园三期正式开园。公园毗邻将府公园一、二期项目，占地面积约60公顷，工程建设分成南区、北区以及五环外三个大区域，工程总投资5794万元。其中市区两级出资3850万元，乡出资1944万元。园内移植乔木9276棵，新植乔木4052株，新植灌木56790株，新植地被、花卉及水生植物61329株。园路62439.5平方米，绿荫停车场1000平方米，游人活动广场8600平方米。

（何伶俐）

【计生志愿帮扶】　5月19日，召开“365有我陪着您”关爱计生特扶家庭活动，30多名计生家庭特扶老人，村、社区计生工作者及部分“青年计生志愿者”参加活动。地区通过建立"1+1+1"帮扶长效机制(即:一名青年志愿者+一名社区工作者+一家计生特扶老人),为计生特扶老人搭建零距离服务、零距离关爱的绿色通道。实施"6·5·4"帮扶计划(即:"六个一"生活照料服务、"五个一"亲情关爱服务和"四个一"法律卫生文体服务),全年365天为特扶老人提供全方位服务。

(何伶俐)

【组织工作满意度测评】 5月,地区在组织工作满意度测评中,位列区农村系统第一名。

(何伶俐)

【"快乐将台"广场文化节】 6月2日,首届"快乐将台"广场文化节暨"践行北京精神、携手传递文明",2012朝阳传媒社区行活动在东八间房村新文化广场举行。"快乐将台"以文化品牌为核心,以"广场文化节"系列活动为主线,以村、社区、社会单位、弱势群体、特殊群体为主体,开展和谐、关爱、共建三个系列文体活动。活动中首次唱响由将台人作词的歌曲"快乐将台"。

(何伶俐)

【北岗子环铁内道路翻修】 6月6日,北岗子环铁内道路、小陈各庄道路、酒北路市场西侧路翻修工程正式动工,全长约2.7公里,面积约1.24万平方米,配套排水沟渠改造近400米。

(何伶俐)

【残疾人代表大会】 6月13日,召开残疾人联合会第六次代表大会,选举产生11名主席团成员,聘请地区工委书记荣学强、办事处主任连文胜为主席团名誉主席,选举地区办事处副主任李滨为主席团主席,推选古向明为地区残联理事长,选举费冬梅等4人为出席朝阳区残疾人联合会代表大会代表,其中张美荣与费冬梅为主席团成员候选人。

(何伶俐)

【乡人代会】 6月16日,召开地区半年工作会暨将台乡第十六届人大二次会议,乡长连文胜作上半年工作报告。会议审议通过《将台乡关于使用村集体土地支付土地租金的管理办法》、《将台乡农民家庭子女优惠入园办法(试行)》,通报《关于为超转特困人员预付高额住院治疗费用的办法》、《将台乡"金秋助学奖"奖励办法(试行)》。

(何伶俐)

【"七一"系列活动】 6月22日,举办地区纪念建党91周年表彰大会暨文艺演出。表彰14个先进基层党组织、15名优秀党务工作者、116名优秀共产党员。"七一"期间,地区相继开展"一轮宣传教育活动、一本《党员民情日记》、一次摄影比赛(展览)、一场知识竞赛、一次组织生活会、一次困难党员慰问等系列活动,包括"最美将台,共享幸福"摄影大赛,建党91周年、建团90周年知识竞赛,"激情熔炼团队,凝聚创造梦想"青年干部拓展训练,入党积极分子培训班,创先争优表彰大会暨国声京剧团专场演出等活动。

(何伶俐)

【妇女代表大会】 7月5日,召开第一次妇女代表大会。50名妇女代表参加会议,选举产生9名执委,平均年龄42岁,全部为中共党员、本科以上学历。吴玉茹当选第一届执委会主席,张金红当选副主席。

(何伶俐)

【"7·21"抢险】 7月21日,北京地区普降特大暴雨。地区共出动抢险人员400余人次,车辆50余台,疏通管道,排查隐患,全乡未发生塌房、亡人事故。

(何伶俐)

【农村土地确权指界】 8月8日,举行农村土地确权指界签字仪式。此次确权指界工作涉及驼房营村、东八间房村和安家楼管委会三个单位的25宗集体土地,各单位指界人和委托指界人分别在地籍调查表上签字,总面积约4598亩。

(何伶俐)

【社区"新三率"】 8月15日,召开社区建设半年工作会暨推进"新三率"工作总结会。办事处副主任李庆芳作《抓三率 强作风 全力提高社区建设水平》报告,以提高见面率、熟知率、满意率为切入点,总结"七个一"工作机制("七个一"即坚持"一包到底"的工作制度、绘制"一张联系图"、明确"一个单元格"、发放"一张联系卡"、建立"一本民情日记"、召开"一次会商会"和落实"一套考评办法")。纪委书记汪冬梅宣读《关于推进"新三率"工作考核奖励的决定》。办事处主任连文胜就"新三率"工作提出三点要求:要"看明白"社区建设在地区工作中的位置;要"想明白"社区实际情况、社区工作的意义;要"干明白"社区工作,有清晰的工作思路、服务大局的意识、明确的工作计划。

(何伶俐)

【首个非公经济党支部成立】 8月30日,北京亿宏达投资管理有限公司党支部作为地区首个非公经济党支部正式成立。公司共有员工260人,党员11人,选举王硕恒为党支部书记。

(何伶俐)

【将台乡小学建设】 8月,将台乡小学建设完成,委托朝阳区教委管理。学校占地面积10672平方米,建筑面积7300平方米,容纳24个教学班。

(何伶俐)

【颐堤港综合商业项目】 9月,地区重点产业项目——颐堤港综合商务中心正式营业。该项目属朝阳区政府重点招商项目,由远洋地产、太古地产投资40亿元,北京麟联置业有限公司开发建设。颐堤港是集购物、休闲、商务与酒店于一体的综合商业地产项目,建筑面积约17.6万平方米,楼面面积8.7万平方米。颐堤港商务中心包含时尚购物广场及25层的甲级办公楼"颐堤港一座",以及规划中占地17公顷的户外公园。颐堤港商场及颐堤港一座分别获得美国绿色建筑协会的能源与环境设计先锋评级（LEED）金奖前期认证和白金奖认证。

（何伶俐）

【老旧小区节能改造】 9月，芳园里小区26栋楼列入朝阳区第三批节能改造工程。其中，两栋进行抗震加固，24栋进行节能改造。改造工程涉及产权单位16家，改造面积约9.2万平方米，年内工程基本完工。

（何伶俐）

【十八大维稳】 10月18日，召开十八大安全保障工作部署会，部署安全稳定、矛盾排查、违建整治等工作。10月26日，召开十八大安保维稳誓师大会，确定地区十八大安保14大类54项折子工程，并对安全隐患、环境卫生以及安全巡逻等工作进行部署和规范。十八大期间组织相关部门开展210人次联合执法，落实重点人管控措施，机关全体、各村、社区2413名治安志愿者上街巡逻，470名专职治安志愿者常态值守，24个治安岗亭、152名岗亭值守员24小时值守，9辆巡逻车、127名巡防队员分为12支巡逻队全天候巡逻。

（何伶俐）

【亮马收藏市场营业】 10月28日，亮马收藏市场正式营业。市场占地1.22公顷，于2011年9月动工建设。该项目为乡政府与亮马收藏品市场有限责任公司合作，集古玩销售、鉴赏、拍卖、中西餐饮文化为一体的大型中高档收藏文化场所。

（何伶俐）

【区人大代表视察】 10月30日，区领导陈涛、朱春霞、张富生以及100余名区人大代表到梵谷水郡社区视察指导“居民之家”工作，代表们先后参观社区工作站、居民之家、卫生服务站和警务工作站。梵谷水郡“居民之家”投资150万元，总面积2200平方米，内设文体活动室11个，其中社区党委、居委会办公室42平方米，占总面积的2%。

（何伶俐）

【敬老爱老】 10月30日，举行喜迎十八大孝星表彰大会。区老龄办、民政局领导，办事处班子成员，38名市级孝星等100余人参加大会。年内，办事处投资200万元，为地区90岁以上老人每人发放1000元慰问金，量身制作唐装，组织老人参加棋牌比赛、文艺演出、登高等活动，并赠送电子血压计。地区获2012年“北京市敬老爱老为老服务示范单位”称号，并在第十二届全区民政大会上做书面经验交流。

（何伶俐）

【村党组织换届选举】 12月8日，驼房营、东八间房村完成村党组织换届选举工作。此次换届选举体现三个进步：党内民主进一步扩大、党组织班子结构进一步优化、“两委一社”班子成员搭配更为合理；村党组织书记、村委会主任“一人兼”比例和村“两委”成员交叉任职比例均比上届有所提高。12月12日，安家楼管委会完成党组织换届选举工作，选举产生新一届党总支委员会。

（何伶俐）

【助学志愿行】 12月8日，举办“将台助学奖学子 倡导青年志愿行”活动，地区20名大学生与乡政府签署《志愿服务协议书》，成为将台地区计划生育志愿者。该活动通过对在校期间参与地区志愿活动的大学生给予一定奖励，鼓励大学生积极参与社会志愿公益活动。年内共发放农家计生家庭子女高考奖学金31.8万元，自2000年实施此项惠民政策以来，地区累计投入资金156.6万元。

（何伶俐）

【直属企业转型】 12月22日，聘请北京弘诚信会计师事务所对地区直属企业将台房地产开发公司进行经济业务全面审计，办理完毕将台房地产开发公司向永通昌房地产公司股权转让相关法律手续，所有档案文件完成归档，完成地区直属企业转型工作。

（何伶俐）

【乡经济联合社成立】 12月27日，召开将台乡合作经济联合社成立大会暨第一届一次团体社员代表大会，32名乡联社团体社员代表出席。会议审议通过《将台乡合作经济联合社章程》，选举产生第一届合作经济联合社社长、副社长，管委会委员、监委会主任、委员等成员，连文胜任第一届合作经济联合社社长。

（何伶俐）

金盏地区（乡）

【概况】 金盏地区（乡）位于朝阳区东部，地处温榆河畔，北部、东部与顺义区、通州区隔河相望，南接常营乡，西邻东坝乡、崔各庄乡，北接孙河乡。辖区内有13个行政村，区域面积50.1平方公里，总人口75085人，其中常住人口27673人，流动人口47412人。年内实现经济总收入42.27亿元，同比增长9.3%；实现利润1.15亿元，同比增长9.5%；实现税金1.18亿元，同比增长9.5%；人均劳动所得2.08万元，同比增长8%。

地址：金盏大街2号

电话：84333130

邮编：100018

电子邮箱：jzxzf@126.com

（郎科俭）

【重点产业项目建设】 年内，加大产业项目调整升级力度，重点发展沙窝村白酒文化园、东窑村文化创意数字影视制作中心、东村商业设施和西村餐饮服务设施产业项目建设。整合利用集体资源资产，黎各庄电子商务物流园初见规模，“京东商城”电子商务企业实现入驻，金汇创投商务会馆对外营业。北京东北热电中心等项目开工建设，奠定地区经济集聚发展基础。

（郎科俭）

【腾退安置房建设】　年内,曹各庄、楼梓庄村民实现回迁金泽家园A区、C区,办理安置房入住手续3215套。温榆河大道、长店村、北马房村3个区域的拆迁村民实现回迁金盏嘉园二期,对接安置房4983套。金泽家园B区回迁安置房正在建设中。

(郎科俭)

【经济管理】　年内,组建乡集体资产监督管理委员会,制定加强"三资"管理方案和措施,调整现有村级财务管理模式,委托专业公司管理村级财务。完善在线审计系统,实现集体三资管理在线审计、统计分析、监控预警、查询检索、业务处理的信息化管理。实地测量1160个地块,完成"一卡一账对三图"工作;加大合同监管,增加集体收益,新增合同102份,新增合同租金2559万元;调整合同51份,调整合同增加租金2182.44万元。

(郎科俭)

【基础设施建设】　年内,修缮南皋路、志港路、金盏南路及东高路,全长3050米,硬化面积3.66万平方米。修建雷庄村路口绿地围池和截水沟漕,防止雨季绿地雨水泥土向村内倒灌,解决雷庄村公墓积水问题。完成东坝大街道路建设任务。投入资金281万元新建排水沟涵20条;投入资金1089.7万元完成黎各庄村和东窑村新农村建设任务。完成金盏110K变电站地上物拆迁和钉桩工作。金盏超高压燃气站投入使用。

(郎科俭)

【社会保障与服务】　年内,继续巩固"牵手公交"就业品牌,开发就业岗位309人。分两批组织131名农村劳动力进行社区物业管理员专业技能培训,实现农村劳动力自主创业30人,带动就业133人。开展城乡低保家庭救助和患大病困难家庭临时救助,为20户患大病困难家庭发放救助金23.6万元,为119名低保对象免费办理新型合作医疗。发挥"爱心超市"救助功能,为207户低保家庭和190名90岁以上老人提供爱心救助。落实老年优待政策,为194人办理优待卡、优待证,为36户行动不便老人家庭免费安装厕所扶手。完成186人政策性农转居复审和资金发放工作,发放资金85.2万元。落实"九养"政策,新建乡级老年服务中心,为59名重度残疾人审批发放养老助残券。开展"情暖万家"系列活动,为辖区14名特别扶助对象送去大病和意外伤害保险"暖心卡",为192名流动人口育龄妇女体检。稳步推进新型合作医疗,合作医疗参保率99.59%。

(郎科俭)

【文体建设】　年内,新建东窑村文化广场,改建黎各庄村文化广场。实施公共文化惠民工程,为金泽家园益民书屋配书1500本,安装两套体育健身器材。开展"百姓健身大讲堂"、"快乐健身行"、"践行北京精神·知朝阳爱家乡知识竞赛"等文体活动。整合地区文化资源,融合地区社会单位,推出"金秋文化体育节"系列活动。举办诗书画讲座、小品创作及表演培训班、社区一家亲等文化活动。完成10场"星火工程"文艺演出和50场数字流动电影放映任务。

(郎科俭)

【城市管理】　年内,启动迎接党的十八大环境秩序综合整治,组织通过联合执法,对金榆路、东苇路、机场二高速、中组部、蟹岛等重点大街及重点区域加大巡查力度;专项整治露天烧烤、非法小广告、道路遗撒、无照经营和非法运营行为;对38个环境脏乱点建立台账并重点整治。完成两台17蒸吨燃煤锅炉清洁能源改造任务,完成310家排污企业申报登记,通过第三次环境管理体系再认证审核。全面开展控违排查,加大违法建设整治和控制力度,核实卫片161处,拆除涉及占压耕地11处,拆除清理违法用地35.6万平方米。完成144.4公顷造林绿化任务。

(郎科俭)

【平安建设】　年内,整合综治、公安、城管、巡防等防控力量,24小时巡查辖区。配合区质监局和区食品安全办公室,查处两家非法食品加工窝点。开展"温暖一号"专项行动,完成一氧化碳报警器安装。开展"平安三号"专项行动,提高居民和来京务工人员消防安全意识。落实"以业控人、以房管人、以证管人"工作措施,强化流动人口和出租房屋管理。加大有限空间、在建施工工地、烟花爆竹、危化品生产专项整治力度,全面开展工业企业隐患排查,检查企业1186(家)次,发现隐患4257处,行政处罚立案28起,处罚金额16万元。做好"7·21"强降雨应对工作,在河道、道路两侧排水沟安装警示牌、砌围立墙、拉警示条。做好信访工作,深入开展"六五"普法活动,加大矛盾排查化解力度,调解纠纷279件,妥善处理389件593人次信访件,办结信访件379件;平息34起群体性讨要工资及劳务费事件。联合区卫生监督所、派出所、城管队、巡防队等查抄非法行医黑窝点43户,查抄药品52包。

(郎科俭)

来广营地区(乡)

【概况】　来广营地区位于北京市南北中轴线北端东侧,朝阳区的东北部。东邻孙河乡、崔各庄乡;西与奥运村地区、大屯街道接壤;南与望京街道、大屯街道相连;北与昌平区东小口镇、北七家镇毗邻。辖区面积20.93平方公里,下辖17个社区,2个社区筹备处,5个行政村。全地区常住人口12.3万人,流动人口4.2万人。年内地区经济总收入109亿元,同比增长17.4%;利润总额5.73亿元,同比增长26.4%;乡属税金4.84亿元,同比增长39.6%;辖区税金13.6亿元,同比增长30%;区级财政收入5.7亿元,同比增长32.7%;个人出租房屋税款1250万元,同比增长11.6%。

地址:红军营南路甲1号

电话:84953336

邮编:100012

电子邮箱:cylgydzb@163.com

(罗爱国)

【社区、村党组织换届选举】　3月25日,完成地区社区、村党组织换届选举投票工作。全地区15个参选社区一次投票成功,15个社区党组织书记平均得票率98.3%,19名社区党组织副书记平均得票率97.8%,41名社区党组织委员平均得票率91.9%。11月30日,全乡5个行政村召开党员大会,选举产生新一届党总支委员会,换届后各党总支共产生委员25名,其中书记5名,副书记5名,委员15名。25名委员中,男性委员19名,占76%,女性委员6名,占24%。连选连任委员23名,新委员2名。

(罗爱国)

【经济建设】　4月10日,启动产权制度改革,选举产生村经济合作社新一届社员代表及管委会、监委会,完善村级集体经济组织成员代表大会制度。7月10日,选举产生乡联社管委会和监委会机构,结束乡级集体资产所有者代表主体缺位的历史。10月18日,召开集体资金资产资源管理工作会。11月2日,乡合作经济联合社正式成立,召开第一届第一次团体社员代表大会。组建乡集体资产监督管理委员会,建立健全相关制度和办法。加强"三资管理",完成全乡所有经济合同占地情况的实地测绘。发挥乡经委会集体议事、科学决策职能,全年组织召开委员会会议9次,议定事项68件。完成11个项目评审,预算金额25905万元,评审金额22800万元,审减金额3105万元。建立辖区重点纳税企业数据库,跟踪分析纳税前100名企业经营情况。协调区工商局、望京工商所建设辖区工商注册绿色通道,为创业者提供注册便利,为招商选资工作培育纳税主体。新增纳税代征点1处,增强地区出租房屋税款代征力度。按照纳税奖励规定,兑现2011年异地纳税迁人企业的税收奖励45万元。按照小房产税代征协议,向区地税局申报2011年度个人出租房屋税手续费52万元。

(罗爱国)

【领导调研】　4月13日,区委常委、副区长陈涛到地区检查指导绿化造林工作。4月18日,区委副书记、政法委书记陈宏志到地区调研指导工作。7月28日,区委书记程连元,副区长王春,区政协副主席、农工委书记、农委主任张树安到地区检查指导防汛工作。9月6日,北京市社会建设工作领导小组办公室主任、市委社会工委书记、市社会办主任宋贵伦率市司法局、人力社保局等36家委办局相关负责人、全市16区县社会建设工作领导小组办公室负责人及部分新闻媒体记者共100余人,到来广营地区绣菊园社区观摩指导社区基本公共服务全覆盖情况。9月27日,区委常委、武装部部长贾彦翎,副区长王春率区卫生局、区安全生产监督局等部门到地区检查"两节"期间安全生产情况。11月13日,区政协副主席、农工委书记张树安到地区调研指导工作。12月11日,区长吴桂英到地区高科技产业园调研。

(罗爱国)

【文化文明建设】　5月26日,组织参加朝阳区第八届农村地区全民运动会,高质量完成表演任务。9月9日,举办地区第十三届全民运动会。按照文明城区建设监测评价系统要求,完善督查考评体系,明确责任,深入推进文明城区建设工作。年内,建立24小时自助图书馆5座,为社区安装全民健身器材14套,建成3家"数字化社区",改造提升勇士营郊野公园文化广场。加强文化品牌队伍建设,组建欢庆锣鼓队。开展"五月鲜花"文化社区行、合唱舞蹈比赛、书画笔会等文体活动。

(罗爱国)

【社区建设】　6月10日,完成第八届社区居委会换届选举工作。加大来北家园、华贸城等新建社区办公用房追缴力度,完成莲葩园社区办公用房项目主体工程建设。将辖区17个社区划分为四大类型,初步建立社区分类指导机制。高标准创建"六型"社区,朝来绿色家园等8个社区被评为市级"六型"达标社区,超额完成任务指标。全面加强社区服务站建设,10个社区通过区农委三星级服务站检查验收。加强社区干部队伍建设,新招聘55名社区工作者,社工持证率28.4%。深化科普社区品牌建设,茉藜园社区成功申报全国科普示范型社区,朝来绿色家园社区申报2013年"北京市社区科普益民计划",初步通过评审。扎实推进社区"一刻钟服务圈"建设,北苑路北、立水桥两个服务圈列入市级示范点。

(罗爱国)

【来北家园回迁房建设】　9月,正式启动来北家园定向安置房建设。12月10日,正式开盘安置回迁。截至12月22日,共安置645户、2781人,销售房屋2063套,拆迁居民全部入住。

(罗爱国)

【党建工作】　年内,公开招聘2名公务员(含1名军转干部)、8名事业单位职员(含1名军转干部)、7名大学生村官、15名社区工作者。4人被确定为处级后备干部。选拔35名素质高、学历高、热情高的社区后备干部。扎实推进基层组织建设年活动,创建3个区级"五个好"社区党组织。组织开展来广营地区庆祝建党91周年"十个一"活动(即:开展"我身边的先锋"评选活动、召开一次表彰大会;开展一次民主评议党员活动;开展一次老党员、困难党员集中走访慰问和共产党员献爱心活动;组织一次党委中心组(扩大)学习活动;组建一支"社区党员宣讲团",开办"社区讲坛";举办一次事迹报告会;修订一本地区创先争优群英谱;组织开展一次"创先争优"主题党日活动;开展一次"朝阳党史大家谈"主题征文活动;召开一次组织生活会)喜迎党的十八大召开。重视党委政府自身建设,强化机关内部管理,修订完善《来广营地区规章制度汇编》,开展"强管理、转作风、树形象"活动。

(罗爱国)

【社会保障与服务】 年内,新增就业岗位1850个,对1117名失业人员进行职业指导,400名城镇登记失业人员实现再就业。启动并完成土储村1315人转居转非工作,初步完成1008名劳动力安置工作。全年发放低保金41万元,为2名散居孤儿发放生活补助费6.6万元。利用爱心家园救助生活困难家庭,累计救助851人、610户,救助金额7.5万元。多措并举加大对残疾人帮扶力度,为129户残疾人发放慰问金10.24万元,为20户因大病致困的家庭申请救助金6.8万元,安置残疾人就业8人,79人次享受残联发放的各种补助,完成立水桥北里老旧小区无障碍改造任务。开展"送温暖、献爱心"社会捐助活动,为灾区募捐资金18.7万元。累计发放居家养老(助残)券130万元,惠及1.1万人次,发放高龄津贴8万余元,受益773人次;办理老年优待卡新增504人,优待证新增324人。加大新型合作医疗惠农力度,人均筹资标准提高295元,基本医疗报销比例提高5%,报销范围扩大到所有医疗费用。全年新出生上报917人,计划生育率99%。

(罗爱国)

【城市管理】 年内,拆迁腾退北苑邮局和北苑中学等职工宿舍9户、工业区企业7家,拆迁面积3万平方米。完成来北家园安置房建设和654户村民安置入住工作。协调市绿基投公司,启动来北家园安置房周边红军营东路和红军营路等四条道路建设工程。配合相关部门完成来广营北路南段大修工程,养护道路面积约1万平方米。绿化美化地区环境,完成100.67公顷造林建设任务。新建公厕6个。协调有关部门在北京会议中心和城市绿洲、6109厂宿舍楼、北苑一号院社区开通569路公交车,缓解北五环路两侧居民出行难问题。加强停车管理,治理广达路东侧、北侧道路,新增停车位1500个。加大拆违控违力度,拆除违法建设21处、31562平方米。净化街面环境秩序,规范违法经营800余起,拆除非法广告牌匾700余块。加大工地夜施、道路遗撒查处力度,规范工地运输车辆500余台次,处罚违法运输车辆23辆。排查在施工地、地下空间、人员密集场所安全隐患,共开展执法检查310次,全年未发生甲方重大责任事故。加大食品药品监管力度,完成"药品安全示范乡"和"餐饮安全示范一条街"创建工作。

(罗爱国)

【平安建设】 年内,完善地区网格化防控体系,可防性案件同比下降4.9%。新增12个监控探头,新安装电子门禁系统17个。接待群众来访66批584人次,办理群众来信74件,案件办结率98%。调解各类纠纷241件。加强管控重点人及重点地区,社区服刑人员和帮教对象未出现重新犯罪和脱管失控现象。成功应对"7·21"特大自然灾害,并认真总结经验,提升突发事件应对能力。

(罗爱国)

【重点产业项目建设】 年内,绿色产业集群方面,温泉休闲中心项目进展顺利,主体结构封顶,正在进行外部装修;老年公寓项目具备开工条件;勇士营、森林公园二期两个公园"五一"实现对外开放;完成闽龙国际家居生活广场后续基础工程建设,实现开业运营。商业产业集群方面,基本完成朝来汽车培训中心主体建设,其中汽车展示中心实现营业;绿隔保留企业升级改造项目英菲尼迪和东风本田两个汽车4S店实现营业。高科技产业集群方面,杰华二期项目完成招商;杰华三期项目开工建设;朝来科技园二期项目拿到规划复函,具备开工条件;中国寰球工程公司入驻办公,工商税务登记地迁入来广营乡;9月6日,B05地块与央企中国城建集团签订合作协议。

(罗爱国)

【双拥共建】 年内,通过每月一次升国旗仪式,强化地区干部群众国防观念;组织地区领导班子成员开展"军营一日"活动,进行实际演练,提高领导干部国防意识,增进军政关系;丰富少年军校活动形式,利用寒暑假、"八一"建军节等,组织地区青少年看望退伍老战士,上门听老战士讲革命史;在第12个全民国防教育日之际,开展"热爱人民军队,共筑钢铁长城"主题宣传活动,宣传《国防法》、《国防教育法》、《兵役法》等国防知识,并通过开展国防知识讲座、国防知识征文、国防知识竞赛等活动,增强全民国防观念和双拥意识。结合"八一"、春节等重要节日,开展拥军优属活动,深入部队走访慰问,与官兵交心谈心,帮助解决困难;集合优势资源,举行军警民艺术节等文化交流活动,展示地区军警民团结和谐的良好风貌,繁荣军地文化。协调帮助部队干部解决家属就业、子女入学入托等问题。

(罗爱国)

【工会共青团工作】 年内,继续加大地区百人以上非公企业工会组建工作力度,推进社区(村)及直属企业联合工会覆盖面,新增独立建会企业7家，联合工会覆盖企业28家，新发展会员1905人。“两节”期间，地区总工会开展送温暖活动，上门慰问劳模和困难职工。2月10日，在北京朝来荣盛商业管理有限公司联合工会签订地区首个区域性集体合同、工资协议，继而以荣盛商贸联合工会为试点，辖区其他19个联合工会相继开展区域性集体协商工作。年末，地区共有建会企业391家，其中独立建会94家，涉及职工6970人，发展会员6308人；基层联合工会20家，覆盖基层小企业297家，涉及职工3557人，发展会员2669人。年内，围绕保护妇女、儿童合法权益，开展普法教育、知识竞赛和家庭教育知识讲座。

（罗爱国）

南磨房地区（乡）

【概况】 南磨房地区（乡）位于朝阳区南部，东与高碑店乡、王四营乡、垡头街道相邻，南与十八里店乡交界，西临东三环与双井、劲松、潘家园三街道相接，北至通惠河，辖域9.43平方公里。常住人口15万余人，流动人口3万余人，通过历年转居转工剩余农籍人口2164人。下辖2个村委会、10个社区居委会、6家集体所有制集团公司和1家合作公司。年内，全乡经济总收入110.4亿元、利润总额4.76亿元、上缴国家税金2.41亿元，各项经济指标增幅全部在9%以上。其中，税收完成14.6亿元，区级财政收入完成4.57亿元，同比增长分别为29%和32%，超额完成全年经济任务。

地址：西大望路甲29号

邮编：100124

电话：67322223

网址：nanmofang.bjchy.gov.cn

（王佳鑫）

【基层党组织换届选举】 年初，开展社区、村、乡属企业党组织换届选举工作。10个社区、2个村、11个企业党组织一次选举成功。此次选举全部采取直选方式，等额选举党组织书记、副书记，差额选举党委委员，直选比例100%。选举共调整基层党组织干部56人。

（王佳鑫）

【转变经济发展方式】 年内，全力构建乡内“一河三路”产业布局。建立乡集体经济联社，在朝阳区农村地区率先成立全资集体企业鲲鹏大雅文化集团，与北京农商行、兴业银行、浙商行等金融机构建立合作伙伴关系，与市新闻出版局、珠江合生及国家行政学院等单位合作，引领地区产业高端化、科学化、功能化发展。通惠河沿线国家广告产业示范园一期正式揭牌开园投入运营，后续涉及园区二、三期项目建设的通惠河中段环境整治项目正式获批。伊莎生活创意广场主体建设竣工并进入装修阶段。广渠路石门农民定向安置房项目及相应产业项目报批正式启动。垡头西路酷车国际汇展中心项目竣工。完成化工路两侧田华四公司、振兴纸箱厂土地集约使用概念设计方案。正式引进中国出版创意产业基地项目并获批。初步形成北有国家广告产业园、南有中国出版产业基地的集体经济新格局。

（王佳鑫）

【改善民生】 年内，严格执行《农民取暖费报销管理规定》、《农民老年人生活补贴发放管理办法》等惠民政策，提高新农合报销标准，全年累计投入各类惠民补贴资金600余万元。深化“社区一刻钟便民服务圈”，启动百子湾8000余平方米社区卫生服务中心建设，成立地区慈善协会，建立地区科普馆，统筹解决公共设施损坏、停车、扬尘、噪音扰民等热点难点问题，持续开展登山、民俗文化节等文体活动，取得文明城区指数综合测评全区排名第一的成绩。

（王佳鑫）

【机关机构改革】 年内，贯彻“精简、统一、效能”原则，拟定机构改革工作方案。成立机构改革领导小组及办公室。召开机关机构改革动员大会，确定机关科级干部调整方案。机关核定行政编制54名，处级领导职数10名，科级领导职数25名，机关行政机构16个，事业单位5个，事业单位编制45名。

（王佳鑫）

【获理论宣讲先进集体称号】 年内，发挥理论宣讲的主体教育作用，利用先进理论指导实际工作、引领区域发展，形成“一支队伍”（由领导干部、基层党员群众和专家学者组成的宣讲队伍）、“两个阵地”（成人教育中心和心连心广场）、“三个层次”（党委理论中心组、党员大课堂、居民学习班）的“1＋2＋3”宣讲模式，把党的创新理论转化为地区干部群众的思想共识，为区域发展注入强大动力，地区获2012年北京市理论宣讲先进集体称号。

（王佳鑫）

【改善生态环境】 年内，统筹通惠河区域整体环境建设，完成下甸村拆迁腾退任务，完成通惠河西段景观环境建设任务。推进百子湾路建设和地铁7号线站址拆迁工作，强化拆违控违，抢修东郊、石门、鸭子嘴、深沟区域防汛沟渠及排水管线，提升绿地养护水平。全年拆除违法建设8000余平方米、调控流动人口近3000人、新增绿地面积3.2万余平方米。

（王佳鑫）

【社会服务管理创新】 年内，完成十八大等重点敏感时期安保任务。深化社会治安综合治理，持续开展三级检查、三级督办综合安全生产大检查，构建“6＋6＋5＋N”信访工作新机制，探索出流动人口免费中介服务等社会管理新机制，稳妥解决水电站、物业公司历史遗留问题，完成紫南家园水表换装和服务转交工作，实现全年安全生产无重大责任事故和信访“双零”目标。

(王佳鑫)

平房地区(乡)

【概况】 平房地区(乡)位于朝阳区中部,东侧、北侧分别与常营乡和东坝乡接壤,南靠朝阳路,临高碑店乡、三间房乡;西接京包铁路,临六里屯街道、八里庄街道、东风乡。地区下辖4个村、8个社区、4个社区筹备办公室,面积15.18平方公里。朝阳路、朝阳北路、姚家园路、青年路、东五环路、黄杉木店路等纵横辖区。辖区总人口22万人,其中,常住人口15.2万人,流动人口6.8万人;户籍人口31987人,其中农业户籍人口8112人。有满族、回族、蒙古族、朝鲜族、土家族等36个少数民族4685人。有幼儿园(所)6所,小学7所,中学3所,医院1所,社区卫生服务中心1处,社区卫生服务站5处,体育中心1个,郊野公园2个,村级公园3个。年内,全乡经济总收入65.5亿元,同比增长10.5%;利润总额3.1亿元,同比增长10.1%;税金总额3.13亿元,同比增长9%;人均劳动所得24433元,同比增长8.1%。

地址:黄杉木店路8号

电话:85575811

邮编:100123

邮箱:pingfangdiqu@126.com

(孙　绮)

【领导视察调研】 3月2日,青岛市崂山区委组织部副部长、崂山区人力社保局局长苗蔚一行到地区交流编制外人员规范管理工作。3月31日、4月1日,副区长张立新、王春分别到地区检查指导东郊殡仪馆清明节期间接待群众工作。4月19日,副区长阎军带领区农委、住建委、规划分局、国土分局等部门相关负责人到地区召开协调会,协调解决原黄杉木店村待拆迁区域存在的安全隐患等问题。5月29日,团市委研究室主任张庆武、副主任李雪红带领课题研究组到地区调研,对新生代农民工进行问卷调查试测。8月3日,副区长王春到地区调研禁止、查处违法建设工作。8月14日,区委书记程连元到地区调研农村地区产业发展,听取平房及管庄地区工作汇报。8月16日,副区长阎军带领区住建委、国土分局、规划分局等部门领导到地区调研,研究黄杉木店重大水灾隐患解决办法,并听取地区部分产业项目汇报。

(孙　绮)

【社区党委换届选举】 3月8日,召开2012年社区党委换届选举工作动员会,部署社区党委换届选举工作。3月23日,8个社区全部召开社区党员大会,完成社区党委换届选举工作。8个社区全部实行直选,且均为书记主任“一肩挑”,其中4个社区实行“大党委制”。8个社区中,有6名社区书记年龄均在45岁以下,最小的33岁。40名委员中,年龄最小的25岁,大专以上学历35名,占87.5%。

(孙　绮)

【残联换届选举】 5月10日,召开第六次残疾人代表大会,选举产生平房地区第六届残联主席团成员。寇晔任名誉主席,王建国任残联主席。

(张　君)

【纪念建团90周年】 5月至11月,举行庆祝建团90周年“我是‘四有’新青年”主题系列活动。5月3日,举行“最炫京剧风”文化鉴赏活动,拉开主题活动序幕。12月,地区完成团中央部署的“大团委”建设工作,共建立直属组织35个,并通过团中央、团市委和团区委验收,合格率100%。

(张　君)

【社区居委会换届选举】 6月9日,完成地区第八届社区居民委员会换届选举投票工作,8个社区全部一次投票成功,产生新一届居委会成员56名,平均年龄35.1岁,年龄最大的57岁,最小的25岁;中共党员占75%;女性占72%;大专以上学历100%;社区书记、主任全部一肩挑。

(邹雅琪)

【创先争优】 6月21日,召开创先争优活动2012年“五星百佳”共产党员表彰大会,地区党员干部近600人参加活动。会上表彰“文明之星”、“志愿之星”、“平安之星”、“环保之星”和“学习之星”共101名优秀共产党员。地区工委副书记张文龙带领地区近3年来入党的党员进行集体宣誓。平房村、黄渠村、国美家园社区等基层单位表演大合唱、舞蹈等文艺节目。10月16日,召开创先争优总结暨经验交流会,地区工委书记马国勇、工委副书记张文龙出席会议。地区纪工委书记孔钢城主持会议,大会总结创先争优活动取得的成果,并组织基层党组织、党员交流经验,畅谈心得体会。地区机关科长以上干部,各村党总支班子成员、社区党委班子成员、社区筹备办负责人,直属单位支部书记共计80余人参加会议。

(孙　绮)

【社区建设】 6月,将朝阳雅筑、天鹅湾、青年路东等7个社区调整合并为天鹅湾、青年路、逸翠园、姚家园东、姚家园南5个社区。投资118.8万元对国美家园社区进行燃气改造。投资114.67万元,装修改造天鹅湾、青年路社区筹备办公室办公及活动用房并全部投入使用。投资44.2万元,为地区8个社区、4个社区筹备办各配备笔记本电脑、照相机、摄像机、投影仪、档案柜等办公设备。下半年公开招录14名社区工作者,平均年龄29岁,均为大专以上学历。建立“四位一体”社工培养模式,通过理论培训、拓展训练、法庭旁听、实践学习等形式,打造社工素质提升工程,开展活动10余次,700余人次参加。

(邹雅琪)

【打非治违行动】 6月至11月,开展“打非治违”专项行动，建立联席会审机制，坚持自拆为主、帮拆为辅，加大拆控违工作力度，加强环境整治，大力压缩低级次产业，共拆除违法建设33起、39处、6767平方米。

（张　君）

【妇联换届选举】　7月20日，召开地区第八次妇女代表大会，选举产生新一届妇联执委会委员。张燕玲任妇联主席。

（张　君）

【“7·21”防汛】　7月21日18时至22日凌晨1时30分，地区总降雨量182毫米，高出全市平均降雨量12毫米。21日18时，平房地区启动防汛应急预案，地区工委书记马国勇、办事处主任寇晔等防汛办公室领导小组成员，地区防汛办、综合服务中心、巡防大队等相关部门工作人员以及地区防汛应急分队成员，各村、社区防汛应急小组成员全部到位，帮助积水较多的路段以及家中进水的群众排出积水。强降雨时段，地区共出动100台水泵抽水，自21日18时到22日凌晨1时30分，累计配合居民排出家中积水超过4万立方米。参与地区防汛救险总人数1100余人。7月27日，市委常委、组织部部长吕锡文，市委常委陈刚，市委组织部常务副部长张志伟等到平房地区调研全乡基层党组织建设情况及防汛救灾工作情况。吕锡文在调研中对雅成里社区党员干部在“7·21”救灾工作中发挥作用帮助群众抢险救灾以及社区党建工作取得的成绩给予充分肯定。她强调，社区党委要充分发挥基层党组织贴近群众的工作优势，凝聚人心，为辖区百姓解决生活居住、就业等实际问题。

（孙　绮）

【村级集体经济组织换届选举】　8月3日，平房乡第二届村级集体经济组织成员代表换届选举工作完成。4个村6722名集体经济组织成员参加投票，选举产生160名村集体经济组织成员代表。各村分别召开村集体经济组织第二届成员代表大会第一次会议，选举产生乡联社代表21名，新一届村经济合作社社长、管委会、监委会成员32名。

（张　君）

【流动党员爱心助学】　8月24日，举行圆梦计划——流动党员爱心助学活动。莆田第五支部流动党员代表捐资21000元，援助地区7名困难家庭青年学子。此项活动已连续开展4年，共捐资8.1万元。

（孙　绮）

【乡联社一届一次会议】　10月19日，召开乡联社第一届团体社员代表大会第一次会议。乡长寇晔主持会议，乡党委书记马国勇、区农委副主任张晓宁、区农经办副主任何志立、乡纪委书记孔钢城、副乡长李凤玲等出席会议，乡联社第一届社员代表21人全体参会。会议表决通过《平房乡联社章程》（草案），选举产生乡联社第一届管委会及监委会成员各5名。

（张　君）

【村党总支换届】　11月27日，召开2012年村党组织换届选举动员暨培训会。12月16日至18日，平房村、姚家园村、石各庄村、黄渠村分别召开党员大会，完成党总支班子换届选举工作。全乡共有24名党员当选为新一届村党总支班子成员，其中35岁以下5名（占20.8%），妇女委员6名（占25%）。班子平均年龄41.8岁，均为大专以上学历。各村新当选的村党总支书记得票率均超过94%，副书记和委员候选人得票率均超过80%。

（孙　绮）

【法律小剧场】　12月3日，地区在北京市润丰学校大礼堂举办“12·4”法制宣传日暨法律小剧场首场演出活动。区司法局局长王远捷、地区工委书记马国勇为地区法律小剧场揭牌。区司法局党组书记荣容、办事处主任寇晔致辞并观看首场演出。演出后，专业律师为观众解读剧中法律知识。地区机关工作人员、各村、社区党员群众共计600余人观看首场演出。

（张　君）

【便民工程】　年内，在青年路筹备办开设流动菜站。在定福家园南社区设置便民直销菜站，价位较周围市场便宜5%－10%。新增“雅成一刻钟社区服务圈”和“定福家园一刻钟社区服务圈”，有服务商近40家。投资15万元，对亮马厂平房区内23座公共厕所进行防水改造。在辖区设立16个便民早餐服务摊点。姚家园西小区新增停车位600个。

（邬雅琪）

【社会保障和救济】　年内，新型农村合作医疗参保率99.6%。为6.1万人次报销医药费730万元。为686名高龄、困难老人发放居家养老服务券75万元。在市2012年度“孝星”和为老服务示范单位命名活动中，25名居（农）民获市级孝星称号。地区社会事务管理科、姚家园西社区、平房社区获评“北京市敬老爱老为老服务示范单位”。

（张　君）

【党务公开】　年内，投资10万余元为地区8个社区统一安装党务公开栏，做到党务公开“方案、目录、内容、制度、设施”五统一。7月，召开地区党务政务公开工作大会，进一步明确党务公开工作要求。利用“一栏一网一屏一报”四个平台，公开各类党务内容150余项。每季度定期检查村、社区基层党组织党务公开情况，指导推进党务公开工作。

（罗立国）

【干部队伍建设】　年内，录取公务员3名、事业编人员3名、大学生村官2名。调整、选拔科级干部19名。完善干部教育培养机制，分层分级开展系列培训工作，组织青年干部、后备干部等不同层面培训会。

（孙　绮）

【公共文化服务体系示范区创建】

年内,投资288万元,改扩建姚家园村文化广场。开展"五彩假日"系列活动200余场。持续开展"图书漂流"系列活动,发挥24小时自助图书馆站点功能,在每个村、社区建立益民书屋,推进"书香平房"建设。组织辖区群众开展登楼、趣味运动会、羽毛球比赛等文化健身活动。

(孙 绮)

【就业】 年内,53名农村劳动力和39名失业人员参加职业技能培训,考试合格率100%。城镇登记失业人员实现就业585人,完成考核指标的101.74%;就业困难人员实现就业指标266人,完成152%;公共职介机构失业人员推荐就业指标197人,完成101.03%;公共职业介绍机构职业指导指标1626人,完成160.20%;开发就业岗位指标1872个,完成103.88%;城乡劳动力就业培训完成90人,完成102.27%。

(张 君)

三间房地区(乡)

【概况】 三间房地区(乡)位于朝阳区东部,通惠河畔,与常营乡、管庄乡、豆各庄乡、平房乡、高碑店乡接壤,辖区8.75平方公里,11个行政村,13个社区居委会。辖区主要事业单位5家,中央单位12家,市属单位15家,规模以上企业13家,幼儿园7所,小学3所,中学1所,职业技术学校1所,大学2所,医院1个,社区卫生服务中心1个,卫生服务站7个。全年完成经济总收入28.28亿元,同比增长8.8%;利润总额1.12亿元,同比增长9%;税金4387.6万元,同比增长11.5%;农民人均纯收入20131.4元,同比增长8.2%。

地址:建国路22号

电话:65420020

邮编:100024

电子邮箱:sjfdqbsc@sina.com

(于晓敏)

【经济工作会】 1月14日,召开三间房乡2012年经济工作会,副乡长魏强作"抢抓机遇夯实基础奋力推进三间房经济更好更快发展"报告,总结五年来乡经济及产业发展取得的成绩及不足,部署2012年及以后一个时期经济工作任务。

(于晓敏)

【文化创意产业合作共建】 1月18日,与天使世界控股集团签署"共建中国动漫文化国际新区"战略合作协议,旨在建设具有国际影响力的重大动漫文化项目,打造符合"十二五"国家文化发展战略的创新型动漫文化国际新区,创立"三间房动漫文化新经济"发展模式。2月2日,中国文化传媒集团到地区参观三间房动漫社区并实地考察杜仲公园内绿隔3%-5%项目建设情况,双方就产业用地、税收政策、房屋租赁等方面工作进行洽谈。2月21日,与投资北京国际有限公司签署战略合作协议,旨在进一步优化三间房地区发展环境,加速地区文化创意产业聚集,推动地区经济社会发展。2月27日,举行光明日报——三间房乡人民政府"基层联系点"授牌仪式。光明日报发挥资源广、辐射范围大的优势,为三间房乡提供智力支持,加深社会对文创产业的了解。3月18日,与中国教育电视协会高校电视专业委员会签署战略合作协议暨学生实践基地揭牌仪式,助推电视专业委员会、地区办事处、企业联合会资源的整合与共享,助推三间房文创产业"产学研"结合及高端化发展。3月2日,《求是》杂志社副秘书长魏天顺、中宣部新闻局副局长、新闻阅评专家武家奉到地区参观考察,初步达成《求是》杂志社在三间房建立基层联系点的意向,希望双方深入挖掘地区特色、共促文创产业发展。

(于晓敏)

【首届动漫花灯会】 2月6日,动漫社区首届动漫花灯会在动漫一条街举办。活动将庆祝传统元宵佳节与动漫文化元素紧密结合,突出"文化引领产业发展、社区服务百姓生活"动漫社区建设理念,增强居民对动漫社区的认知和认同,提高居民参与动漫产业和动漫社区建设的积极性。

(于晓敏)

【社区"两委"换届选举】 3月2日,召开社区"两委"换届选举部署会。3月28日,全部社区完成党委换届工作。4月12日,召开社区居民委员会换届选举工作动员、培训、部署会。6月9日,区委副书记陈宏志到地区双桥铁路社区调研居委会换届选举工作。6月10日,13个社区居委会全部依法完成换届选举,选出新一届社区居委会成员95人,其中主任13人,副主任和委员82人,共计登记选民41369名,选出新一届居民小组长389个,居民代表861人。

(于晓敏)

【领导调研】 3月22日,国家文化部文化产业司司长刘玉珠参观三间房动漫产业园区企业,调研地区文化创意产业,肯定地区在发展动漫产业方面的成绩,强调做文化产业要有信心、有耐心,把原创动画做大做强,拓展动漫技术应用领域,延伸全产业化的动漫发展链条,让地区动漫产业向更高水平迈进。6月9日,区委副书记陈宏志到地区双桥铁路社区调研社区居委会换届选举工作。7月28日,区委书记程连元、副区长王春、农工委书记张树安等到地区视察防汛工作,程连元作四点指示:一要高度重视、将思想与行动统一起来,严格落实责任。二要抓好当期责任,对于平房区、危改区,要确保汛情来临时,人员及时撤离和妥善安置,不能出现人员伤亡;三要利用没有降雨的间隙时间,抓紧危旧房屋维修,做好汛前准备,以便应对突发事件;四要健全完善防汛机制。7月31日,区委副书记陈宏志到地区检查指导工作,听取地区围绕“稳定、环境、产业”六字方针推动党组织建设、特色产业及经济社会发展的总体情况汇报并观看宣传片。8月2日，团区委书记王洪涛一行，到地区调研三间房动漫创意园青年汇和动漫青年创业见习需求情况。8月16日，区委政法委副书记、综治办主任战玉贵，首都综治办基层基础工作处处长陈冲等一行到地区考察村庄社区化建设工作，参观北双桥村“三站两室”建设情况，召开区村庄社区化管理工作第二次现场推进会，各乡主管领导参加会议。9月4日，区政协主席辛燕琴，副主席郑煌、张树安，秘书长王玉华及部分政协委员调研地区文化创意产业。辛燕琴表示，要在调研中通过学习了解，提出助力全区现阶段文化发展的建议。9月11日，深圳市罗湖区文化产业办公室主任刘镁姣及文创企业家代表一行30余人调研地区文化创意产业。9月21日，团市委事业部部长莫伟钢，团区委书记王洪涛一行调研三间房动漫产业园青年工作情况。9月26日，全国各省市文化厅(局)长，第四批国家文化产业示范园区、第五批国家文化产业示范基地的代表，在市文化局、区委宣传部及三间房地区领导陪同下，参观位于三间房地区的国家文化产业示范基地——北京万豪天际文化传播有限公司。11月2日，区委副书记、代区长吴桂英等调研地区文化创意产业，参观北京卡通艺术博物馆及北京懋隆文化产业创意园。12月12日，区委常委、常务副区长甘靖中到地区指导工作，座谈地区产业发展等工作。12月14日，北京市文化局局长肖培、文化产业处处长林增伟一行调研地区文化创意产业，参观万豪卡通及卡通艺术博物馆。12月19日，区领导张革、张树安一行到三间房乡东柳村、新房村调研村级党支部换届选举工作。

(于晓敏)

【与嘉兴南湖街道党建共建】　4月23日，与浙江省嘉兴南湖街道党工委签署党建共建战略合作协议，双方就非公党建、党员作用发挥、“两新”组织建设等达成共建意向，签署《党建共建战略合作协议书》，旨在通过党建共建带动两地全方位发展合作。

(于晓敏)

【首届动漫运动会】　5月12日，在杜仲公园举办首届动漫运动会预赛，比赛项目融入动漫形象和元素。10月14日，动漫运动会闭幕。新房村、东柳村、金家村分获动漫运动会团体跳绳项目决赛前三名。

(于晓敏)

【三间房国家动画产业基地挂牌】　6月18日，在杜仲公园举行三间房国家动画产业基地挂牌仪式暨2012年北京影视动画行业年度表彰大会。国家广电总局宣传管理司司长金德龙为三间房国家动画产业基地授牌。三间房乡政府分别与中国传媒大学动画数字艺术学院和北京电影学院动画学院签署共建“动漫乡”战略合作协议。

(于晓敏)

【动漫万里行活动】　6月18日，“动漫万里行”包头站发车仪式启动，10辆满载捐赠物品的动漫直通车前往包头，旨在体现以动漫文化惠及八方、回馈社会。此次活动由三间房乡政府和包头市市委宣传部联合主办。活动于6月29日结束。

(于晓敏)

【防汛抗灾】　7月21日，启动防汛应急预案，区委农工委书记张树安到地区一线指挥抢险救灾工作，乡党委书记冯永忠、乡长张小锋等到社区、村检查受灾情况并指导受灾群众转移。7月22日，召开防汛工作会，听取各社区、村受灾情况及解决措施汇报。7月28日，区委书记程连元、副区长王春、农工委书记张树安等到地区视察防汛工作。地区工委书记冯永忠汇报“7·21”特大自然灾害所采取措施及落实市、区防汛工作会议的情况。

(于晓敏)

【经济联合社成立】　8月17日，召开三间房经济联合社成立大会暨第一届第一次团体社员代表大会。会议审议通过《三间房乡合作经济联合社章程》；选举产生合作经济联合社管委会委员5名、监委会委员3名；选举产生合作经济联合社社长、副社长和监委会主任。

(于晓敏)

【万豪卡通入选第五批示范基地】　8月20日，根据《文化部关于命名第五批国家文化产业示范基地的决定》，园区企业万豪卡通入选，被文化部授予“国家文化产业示范基地”称号。

(于晓敏)

【“道德讲堂”开讲】　8月31日，“道德讲堂”正式开讲。通过诵经典、讲志愿服务故事等形式，教育引导地区群众学习、传承和发扬高尚无私、克己奉公的奉献精神，争做道德模范。

(于晓敏)

【“我心中的动漫乡”绘画大赛】　9月15日，开展“我心中的动漫乡”地区青少年动漫绘画大赛。60余位小朋友参与绘画活动。

(于晓敏)

【动漫文化艺术节】　9月25日，举行“激情动漫 和谐家园”动漫文化艺术节开幕式，分为文艺演出、动漫社区涂鸦大赛与LOGO形象设计大赛颁奖仪式、图书捐赠仪式三个单元。10月14日，动漫文化艺术节闭幕。

(于晓敏)

【村党支部换届选举】　11月13日、29日，组织召开乡村党支部换届选举工作部署会和换届选举培训会。12月19日，11个村召开党支部换届选举大会并完成选举工作。全乡11个行政村中，10个村新一届党支部设5委，1个村设7委。年龄成梯次配备，本科以上文化程度21人，占委员总数的37%，其中3人为研究生学历;大专以上学历29人,占委员总数的51%;高中及以下学历7人。妇女委员17人,占委员总数的30%。

(于晓敏)

【学习十八大精神】 12月12日,北京市学习宣传贯彻党的十八大精神百姓宣讲团第二分团农民宣讲团走进三间房,来自通州区马驹桥镇、永乐店镇、张家湾镇的村民、村官组成的8人宣讲团讲述对十八大精神的感受和体会。地区领导、机关科室、社区、村领导及居民、村民代表等近140人听取宣讲。

(于晓敏)

【懋隆文化产业创意园开园】 12月19日,北京懋隆文化产业创意园区(一期)正式开园。园区发展方向为着力打造中国高端工艺品设计创新、展示传播、交易销售以及文化传媒、创意设计、总部结算等集聚发展平台。

(于晓敏)

【"动漫三间房"分会场】 12月22日,第七届中国北京国际文化创意产业博览会"动漫三间房"分会场开幕,活动包括开幕式、中法动漫作品展、动漫产业论坛、动漫人才专场招聘会和动漫创意集市。动漫产业论坛围绕"积极打造动漫乡,促进文化惠民"主题展开讨论,会后发表《面向基层 服务百姓 深入推进文化惠民工程倡议书》。文化创意人才专场招聘会旨在为企业及青年求职者搭建交流平台,40余家企业参与招聘,其中文创类企业30余家,提供岗位94个,招聘150人。

(于晓敏)

【"乐动三间房"分会场】 12月23日,在"1919小剧场"举行"乐动三间房——北京国家音乐产业基地发展论坛"(该论坛为第七届中国北京国际文化创意产业博览会朝阳分会场之一)。国家音乐基地促进会、巨海传媒、三间房乡政府就共同建设"北京国家音乐产业基地示范区"签署战略协议,A8音乐集团与三间房乡政府签订落户协议,并举行"三间房音乐产业园区管委会"、"三间房音乐产业园区促进会"、"三间房音乐社区"及"中国演艺联盟"成立揭牌仪式。

(于晓敏)

【劳动就业】 年内,举办各类招聘会45场,开发岗位8820个,399人实现转移就业和灵活就业。与区残联、区人力社保局联合开展"就业路上与你携手同行"活动,促进残疾人就业。与北京市万豪国际文化传播公司签订残疾人居家就业合作意向书,残疾人免费接受动漫培训,考核合格者实现居家就业。

(于晓敏)

【为民办实事】 年内,办理道路、环境、公共设施等涉及百姓生活的区级实事3件,乡级实事10件。硬化改造传媒大学地铁站周边道路,增加便民停车位130个。与北京公交集团联合开通"专36"路公交循环专线,解决南部百姓出行难题。投入资金19.3万元,募集捐款20万元、衣物2779件,帮扶、救助地区困难群众338户,513人次。落实"九养"政策,投资600万元改建地区老年公寓,为老年人提供居家服务项目款175万元,3家服务商被评为区级规范化养老餐桌。

(于晓敏)

【城市管理】 年内,统一改造定福庄街区210余家门脸房立面牌匾、8000平方米楼体外立面。规范"门前三包"1183家,清理垃圾130余吨、卫生死角12处、非法小广告40万余处。加强管理地铁站周边环境秩序,暂扣黑摩的24辆、处罚102人次,清理游商1450人次。拆除挂账和督办的违法建设50处,共计42862平方米,拆除率92%。加速推进回迁安置房建设,C2、D1、D2区12栋住宅楼工程34万平方米竣工。北部完成定福庄东街、西街、中街及北街部分道路修缮工程,南部完成乡政府东边道路及通惠河北路、南路部分路段拓宽工程。为2494户流动人口出租房屋安装一氧化碳报警器。

(于晓敏)

【文化建设】 年内,组建8支文体队伍。建成3个数字化图书馆、2个数字化社区。通过"国家公共文化服务体系示范区创建行动"初次测评。完善学前教育公共服务体系,福怡苑幼儿园、东方子楹双语幼儿园获批"朝阳区0—3岁早教项目点"。

(于晓敏)

【建设全国首个"动漫乡"】 年内,结合区位优势、功能定位和产业基础,提出举全乡之力打造全国首个"动漫乡"战略目标,通过借助市、区加快推进CBD—定福庄国际传媒走廊建设契机,将打造文化创意产业作为地区产业发展的驱动核芯,依托辖区中国传媒大学、北京第二外国语学院的人才和产业资源,提升南部动漫产业集聚度,以此带动北部音乐产业和中部传媒产业融合发展,重点抓好三间房国家动画产业基地与北京1919国家音乐产业基地建设,推进产业创新升级。

(于晓敏)

十八里店地区(乡)

【概况】 十八里店乡位于朝阳区东南部,乡域面积25.23平方公里,下辖8个村(十里河、周家庄、吕家营、小武基、十八里店、老君堂、横街子、西直河),2个社区(弘善家园第二社区、老君堂社区),5个居委会(弘善寺、白墙子、六道口、前祁庄、后祁庄)。年内,全乡户籍人口38523人,其中男性18257人、女性20266人,18岁以下6011人、18至59岁26309人、60岁以上6203人,农民20881人、非农业人口17642人。全乡流动人口168709人,其中男性102294人,女性66415人。出租房屋总量

14815户。在人员结构中，男性占人口总量的60%。18至59岁的劳动适龄人口151050人，占人口总量的90%。流动人口中，男性比例大、劳动适龄人口特别是青壮年人口比重高，文化程度以初中、高中为主。大量流动人口聚集，与地处城乡结合部存在大量家居建材、仓储物流、传统加工等产业密切相关。年内，地区经济总收入138.3亿元，同比增长3%，利润总额7.7亿元，同比增长3.4%，区级财政收入1.7亿元，同比增长21%，个人出租房屋税款2424万元，同比增长12%。

地址：十八里店乡十八里店村18号
电话：67473250
邮编：100122
电子邮箱：sbldxzxk@sina.com

（李　晓）

【安全检查】　春节前夕，区委书记陈刚带队到小武基烟花爆竹销售点检查，乡党委书记赵红伟、副乡长杨为民陪同检查。春节期间，区委副书记陈宏志、副区长陈涛带队到乡检查预防煤气中毒工作，对地区节日期间安全工作给予肯定。2月8日，市委组织部、市委农工委、市民政局、团市委组成的北京市农村“三级联创”工作检查考评组一行到十八里店乡检查党建“三级联创”工作。

（李　晓）

【春节慰问】　春节前夕，乡及各村两级领导分别慰问老党员、老干部、干部家属、军烈属及困难村民，发放慰问品和慰问金60万余元。

（李　晓）

【东南三乡重点村整治调研会】　2月8日，在十八里店乡召开朝阳区重点村整治工作调研会，区委副书记陈宏志、区相关职能部门、十八里店乡、王四营乡及小红门乡负责人参加会议。陈宏志提出三点要求：一是各乡要进一步发挥主体作用，严格工作标准、工作制度，充分发挥乡党委、政府的核心作用；二是强化区有关部门、各乡之间的协调配合，积极主动沟通，支持、推动各乡工作；三是各乡要团结带领地区党员干部群众，把握工作进度，注意工作方法，坚定信心，圆满完成重点村拆迁腾退工作任务。

（李　晓）

【党建、政府工作部署会】　2月27日、28日，召开2012年度党建工作部署会和政府工作部署会。党建工作部署会部署2012年度党建工作要点，与基层单位签订《党风廉政建设责任书》和《主要工作目标责任书》。强调四点：一是狠抓班子建设，提高科学决策能力。二是狠抓队伍建设，提高落实执行能力。三是狠抓组织建设，提高服务群体能力。四是狠抓廉政建设，提高廉洁自律能力。政府工作部署会部署2012年政府工作要点，与基层单位代表签订《十八里店地区社会管理综合治理责任书》，与企业代表签订《朝阳区农村集体企业承包合同书》。强调四方面工作：一是优化发展方式，注重发展质量，确立经济发展新优势。二是坚持规划引导，抢抓发展机遇推动城市化进程。三是提升管理水平，完善长效机制，深化社会管理创新。四是健全保障体系，统筹改善民生，发展成果惠及百姓。

（李　晓）

【周庄三期项目开工奠基】　3月30日，举行周庄三期建设工程开工奠基仪式。区委书记陈刚，区人大常委会主任佟克克，区政协主席辛燕琴，区委常委、副区长陈涛，区委常委、区委办主任刘军胜，区人大常委会副主任张富生，副区长阎军，政协副主席、区委农工委书记张树安，十八里店乡领导班子成员、友好乡领导、参建单位及村民代表等600余人参加奠基仪式。

（李　晓）

【拆除违章建筑】　5月10日、11日，开展拆除违章建筑工作。拆除西直河村中心街南侧钢结构建筑及砖混结构二层建筑，面积3200平方米。5月15日，区相关部门在十八里店乡召开老君堂拆除违法建设工作会，区公安分局副局长马曦初明确老君堂村拆除违法建设的主要任务：一是加紧排查村内所有施工队伍；二是村内违建必须立即停工；三是加大公安机关执法保障力度。

（李　晓）

【全民健身运动会】　6月16日，举办地区第十八届全民健身运动会开幕式，主题为“健康快乐共创建、全民健身促和谐”，至12月12日结束，2500余名运动员参赛。

（李　晓）

【新党员主题教育活动】　6月29日、30日，组织新发展的预备党员和党员代表到西柏坡参观学习。组织观看电影《杨善洲》，预备党员在七届二中全会旧址前进行入党宣誓。

（李　晓）

【“八一”慰问】　7月22日、24日，乡领导班子成员分别慰问武警十三支队和朝阳消防支队，发放慰问金28万元。

（李　晓）

【领导调研】　8月13日，区领导程连元、陈宏志、刘军胜带领相关委办局负责人到地区调研推进农村城市化工作情况。10月10日，区领导吴桂英、甘靖中、张树安等到地区调研重点村整治及安置房建设情况。吴桂英提出三点要求：一是进一步巩固拆迁成果，加大拆迁推动力度；二是严格按照回迁房建设计划，把控工期，保证村民按时上楼，严格工程质量管理，抓好建筑材料设备采购，严把施工安全；三是调整产业结构，优化产业布局，对产业用地做好集约、节约利用，进一步解决百姓就业问题。11月2日，区委常委、组织部部长张革，副区长张立新及区教委、农委、房管局、消防支队等到地区调研打工子弟自办校双馨实验学校，对学校周边环境、教学设施、餐饮卫生、宿舍安全和消防设施等提出整改意见。

（李　晓）

【“温暖西部善行计划”募捐】 9月10日，乡团委发起向西部贫困地区小学定向捐助衣物和学习用品活动，筹措服装被褥6300余件、学习用具1200余件、书本400余件。

（李　晓）

【换届选举】 11月23日，召开全乡换届选举动员大会，12月20日，选举产生新一届党总支班子成员46名，其中党总支书记8名，副书记8名，委员30名。

（李　晓）

孙河地区(乡)

【概况】 孙河地区(乡)位于朝阳区东北部温榆河畔，属北京市第二道绿化隔离带、土地储备和温榆河绿色生态走廊规划控制地区，北临顺义天竺空港工业区，西与昌平区隔河相望，东靠顺义天竺镇，距首都国际机场3公里，南与金盏和崔各庄乡接壤。机场高速、机场南线、机场辅路、京承高速、京顺路、M15号线、来广营北路、康营东路、顺黄路等区域连接路横贯其中，405路、415路、538路、696路等公交车在辖区设有总站，359路、641路、915路、935路、975路、988路等公交车途经辖区。辖4个社区和14个行政村，区域面积35.2平方公里，总人口41860人，其中户籍人口22032人(农业与非农业人口分别为11263人和10769人)，外来人口19828人。辖区有1个社区卫生服务中心和4个社区卫生服务站、1家北京银行支行、1所中学、4所小学。年内，实现经济总收入19.59亿元，比上年增长3%，地方财政收入5100万元，税收总值5800万元，比上年增长3%。人均纯收入16902元，比上年增加492元。

地址：顺白路6号

电话：84595710

邮编：100103

电子邮箱：shdqbsc@sina.com

（张誉进）

【回迁安置】 1月1日起，9个腾退搬迁村村民陆续回迁入住康营家园小区。年内，140万平方米回迁楼主体工程全部完工，累计完成回迁房9700套，安置12000人。2月23日，区委副书记、区长程连元率队开展“大接访”下访活动，协调调度乡拆迁安置重点问题。11月17日，召开7个已搬迁村转非安置工作动员部署会，涉及转非村民3670名，乡主要领导、相关村党支部书记等59人参加会议。

（张誉进）

【文体活动】 1月1日，康营家园一社区举行“康营村高跷老会庆典仪式”，表演高跷、中幡等民俗节目，乡机关干部与100余名社区居民观看表演。2月6日，举办“正月十五文化闹元宵、百姓回迁秧歌添喜庆”大型花会展示活动，高跷、天平会、小车会、空竹、广场舞等21支文体队伍近500人参加表演。7月18日，组织黄港村馨声合唱团代表乡参加区品牌团队合唱比赛，参赛曲目《四渡赤水出奇兵》。9月22日，组织上辛堡小学参加区第八届少年军校汇报表演，表演项目太极扇获二等奖。11月14日至16日，举办“孙河地区康营家园2012年乒乓球比赛”，55名选手参加。11月22日，前苇沟村合唱队参加区朝阳区农村地区群众歌曲比赛，获小组第六名。年内，开展“粽情端午”老人联谊、“7·11”世界人口日宣传、法制宣传日、幸福家庭健康知识讲座等活动，发放宣传材料5300余份。

（张誉进）

【机构改革】 1月10日，按照《北京市朝阳区乡镇机构改革方案》、《北京市朝阳区乡(地区)机构改革实施意见》，制定《孙河乡(地区)党政机关主要职责、内设机构和人员编制规定》，将原组宣科更名为党建办公室，原民政科、劳动和社会保障科合并更名为社会事务管理科并加挂残联，原计划生育办公室更名为科教文体办公室，原规划建设管理科更名为规划建设与环境保护办公室，原经济管理办公室更名为经济发展办公室，原安监科更名为公共安全监督管理科，原农业综合服务中心更名为社会公共事务服务中心。

（张誉进）

【干部队伍建设】 1月14日至3月6日，组织科级轮岗交流述职评议，落实1个正科级、5个副科级岗位。5月22日，举办2012年大学生村官招聘会，19名大学生招聘到岗。7月14日，组织全乡50名新老大学生村官培训，选举产生大学生村官党支部。12月27日，召开2012年度处级班子及干部考核评议会。年内，出台《孙河乡农村实用人才队伍建设方案》，公开招聘事业单位人员3人，完成区普通八级评审试点工作，规范差额事业编人员工资，完成乡、村领导和新任干部20余人培训工作，开展《践行“北京精神”，提高履职能力》公务员在线学习及公务员培训验证工作，促进人才队伍建设。

（张誉进）

【为民服务】 1月18日，京客隆康营店正式开业，营业面积2700平方米，产品种类6000余种，安置劳动力60余人。7月16日，北京市第八十中学实验学校康营分校(小学)正式成立。9月26日，召开地区劳动用工、劳务管理培训会，落实工地安全生产专人负责制，明确劳动关系，区建委施工管理科、区劳动监察大队派人到会指导。12月1日，公交988路落户康营家园。年内，完成“一刻钟便民服务圈”、环境优化、公共文化硬件建设、居家养老工程等10件为民实事。5个村级便民服务队为村民提供各类服务7817人次，受益人数51250人次。

（张誉进）

【平安建设】 1月22日，区委常委、副区长陈涛率相关部门领导到乡检查指导安全稳定工作，慰问值班民警及各村值班人员。3月3日至20日，召开2012年全国“两会”期间安全稳定工作推进会，成立地区“两会”维稳工作领导小组，制订工作方案和应急预案，组织打防管控，出动公安警力793人次、专职联防队员1950人次、治安志愿者5460人次、市民劝导队1092人次。5月9日，区委常委、纪委书记宋铁健率区安监局等单位领导到乡检查安全生产工作。6月15日，举行区安全生产协会孙河工作站成立大会，任命乡安监科科长白宝忠为工作站站长。7月24日，召开加强汛情应对工作会，部署“7·21”暴雨后救灾、善后和维稳工作，乡副职以上领导、各村及相关科(室)负责人60余人参加。9月7日，召开十八大安保工作部署会，下发《孙河地区十八大安保工作专项行动方案》。年内，开展联合执法27次，依法取缔14处无照经营黑窝点，检查出租房屋12546间，检查登记流动人口1.7万人次，消除安全隐患1095条。安装15套监控系统332个探头，成立90余人专职治安队伍和200余人组成的护村队。

（张誉进）

【领导调研】 2月7日，温榆河管委会领导小组副组长张和平率区发改委、区农委等部门领导，到乡调研2012年温榆河地区重点工作任务落实情况。2月29日，区发改委牵头，区农委、规划朝阳分局、国土朝阳分局等部门到乡调研产业规划发展等工作。4月5日至11日，乡领导班子成员围绕集体经济发展、村政建设、民生发展、平安建设、文化发展和党风廉政建设等方面内容，分别到5个未搬迁村调研，梳理热点、难点问题。8月7日，区委党校党委书记、常务副校长董伟到乡调研地区党校分校成立以来的培训、管理、教育和建设情况。9月8日，乡领导班子成员到康营家园调研，了解社区各项工作进展情况和困难，协调有关职能部门推动康营家园各项事业发展。12月18日，区委常委、常务副区长甘靖中到乡调研产业发展、党建及安全稳定工作。

（张誉进）

【文化建设】 2月27日至6月30日，上辛堡村建成具有弘扬民俗传统、进行科普宣传、开展文化教育等多种功能的1.6万米文化长廊。2月29日，前苇沟村五虎棍、康营村高跷老会、雷桥村天平会、北甸西村德元文化大院等传统、品牌文化队伍，在康营家园南广场参加国家公共文化服务体系示范区创建工作节目录制活动。3月10日至13日，上辛堡村与北京市民俗博物馆联合举办上辛堡村龙年龙文化展，展览主要以各种龙纹、龙饰、龙图为特色，展出明、清、清末民初及民国四个时期展品。3月11日，上辛堡村举办第二十一届春季庙会暨村落民俗文化调研启动仪式。中国民间文艺家协会副主席、北京师范大学教授刘铁梁，国家非物质文化遗产保护专家委员会委员、中国民俗学会副理事长贺学君等参加活动，乡、村两级干部及周边地区1000余名群众观看庙会演出。10月11日，全乡9个已腾退村志书全部编纂完成并印制7881本。年内，完成乡文化中心装修改造一期工程，整修5个村及社区文化室共200平方米，为5个健身广场安装配套器材。

（张誉进）

【妇女工作】 3月2日至6日，举办“春暖三八、共建和谐”联欢会和“巧娘十字绣”作品展等系列活动，庆祝“三八”国际劳动妇女节。7月30日，召开乡第一次妇女代表大会，总结乡妇联五年来工作情况，部署今后五年工作任务。刘秋华当选乡妇女联合会第一届妇联主席，司建鹏、张晓娟当选副主席。区妇联副主席贾冬云、乡党委副书记贾哲和48名代表出席会议。年内，开展“五好文明家庭”创建活动，通过自荐、推荐、公示等形式，推选出3300户“五好文明家庭”。设立3个普法宣传站点开展宣传活动，向妇女发放《妇女法律知识读本》、《妇女权益保障法》等宣传材料1400余份。组织妇女健康体检和两癌免费筛查，惠及群众4233名。

（张誉进）

【党建工作】 3月31日，召开2012年党建暨党风廉政建设工作会，乡主要领导与各单位负责人签订《党风廉政责任书》，乡党委书记刘伯明提出推进地区党建和党风廉政建设要求。机关科以上干部、各村(社区)两委班子成员和出席乡第三次党代会的代表等109人参加。6月30日，举办庆祝建党91周年创先争优表彰大会，表彰前苇沟村党支部等6个先进基层党组织、王淑英等50名优秀共产党员、张玉霞等19名优秀党务工作者；7月18日，召开廉政风险防控工作推进会，确立廉政风险防控“全覆盖、多创新、求实效”目标。8月21日，乡纪委召开民主评议基层站所工作部署会，下发《孙河乡加强民主评议基层站所工作实施方案》，安排部署民主评议各阶段工作。12月13日至16日，14个村党组织换届选举，选举产生书记14名、副书记14名、委员64名。年内，组织党的基本知识、党支部换届选举、贯彻学习十八大精神等学习培训14次，发展党员13名，转正党员17名。开展党建创新工程，组织“一支部一品牌、一单位一特色”争先创优活动，推出“搭台子、结对子、听呼声、解难题”、“三整合推进社区党建工作”等党建品牌。

（张誉进）

【绿化美化】 4月18日至19日，驻区部队、民兵在孙河地区开展平原地区植树造林活动。区委副书记、政法委书记陈宏志，区委常委、武装部部长、双拥办主任贾彦翎，区武装部政委贺秋刚，区园林绿化局、区民政局、孙河地区主要领导与武警北京总队五支队官兵、区女子民兵高炮营以及来自19个地区办事处的民兵等1500余人参加植树活动，植树300余亩2万余株。4月21日，开展义务植树活动。乡机关、社会公共事务服务中心、孙河农工商联合公司、城管分队全体工作人员、各村班子成员及部分人大代表、大学生村官等391人参加，植树1000余株。年内，完成绿化106公顷，改造绿化0.67公顷，栽植各种苗木155329株，绿篱色带85925株，铺草皮1000平方米，补栽树苗1.2万株。

(张誉进)

【拆违控违】 5月7日，召开拆除和控制违法建设工作专题会，乡党委书记刘伯明传达区委书记陈刚在朝阳区拆除控制违法建设紧急会上讲话精神，部署拆除控制违法建设工作，乡班子成员、14个村主要领导和相关部门负责人参加会议。5月17日，召开查处违法建设和安全生产工作会，下发《孙河乡关于查处控制违法建设和安全生产大检查工作方案》，乡党委书记刘伯明，乡长吴晓军分别与各村负责人签订责任书，乡副职以上领导和各村(社区)书记、主任等40余人参加会议。年内，开展“打非治违”行动10余次，拆除违建195处，面积4.6万平方米。

(张誉进)

【人大工作】 5月11日，召开人大代表培训会，乡政府副职领导分别向与会代表汇报分管工作进展情况和下一步计划，骆尚禄、郭春两位连任代表介绍履职经验，6名区人大代表、52名乡人大代表和乡班子成员参加会议。8月11日，召开乡第十六届人大第二次全体会议，乡长吴晓军作上半年政府工作报告，乡人大主席贾民贤汇报十六届人大一次会议代表建议办理情况，乡党委书记刘伯明提出加强人大工作意见，45名乡人大代表出席会议，区人大代表、乡副职领导等列席会议。年内，完成代表所提意见建议25件，占承办总数的70%。

(张誉进)

【残联工作】 6月29日，召开残疾人联合会第六次代表大会，审议通过《孙河乡残疾人联合会工作报告》，选举产生新一届残联主席团成员，崔如意当选新一届残联主席团主席，张柏洲当选副主席兼理事长，徐雪萍当选理事，区残联理事长杨泰峰到会指导。9月5日，举办残疾人家庭康复知识讲座，区精神疾病预防控制中心主管护师谢美英现场指导，辖区14个村精神残疾人及家属、残疾人工作者60余人参加。11月30日，举办“喜迎国际残疾人日暨后苇沟残疾人知识竞赛”活动。年内，发放237名残疾人抚恤金、护理费、定期补助和定期抚恤金49.4万元。

(张誉进)

【拥军优属】 7月28日，召开“八一”军转干部座谈会，并组织慰问驻地官兵和优抚对象，为驻地30名困难士兵发放慰问金1.5万元，为辖区现役军人家属、复转军人等发放3.86万元慰问品。年内，落实59名农村籍退役士兵生活补助3.56万元、14名义务兵家属优待金32万元。开展“送法律图书到军营”活动，向共建部队赠送书籍450册。

(张誉进)

【经济建设】 9月3日，召开企业联合会成立大会，会议通过《企业联合会章程(草案)》及《企业联合会拟设组织机构及人员建议名单》，乡领导班子成员及27家会员单位负责人参加大会。10月18日，召开清理、规范农村承包(租赁)经济合同工作启动会，副乡长雷国勇、乡经管站工作人员、各村财务、合同管理人员及乡农工商联合公司相关人员参加会议。12月13日，召开产业发展工作推进会，成立乡产业发展领导小组，报告产业规划发展与重点产业项目进展情况，研究制定“两带一中心”产业发展格局(以孙河商业中心为主体，培育产业中心区经济圈，推动温榆河绿色生态休闲产业带和顺黄路餐饮文化休闲产业带发展)。年内，开展集体产权制度改革，健全乡级统筹经济管理体制，发放股份经济合作证书，排查乡、村两级集体经济所有合同，规范经济合同657份。

(张誉进)

【环境整治】 9月4日，区环境办联合检查组对乡上半年环境建设情况进行综合检查。年内，新农村建设项目投资996万余元，完成五个未拆迁村排水系统疏通、道路修复、文化设施和饮用水井工程等基础设施建设工作，修建道路4412米(2.64万平方米)，完成雨污工程1835米，更新路灯204套，新增500千伏变压器1个，完成300米饮用水井4眼，配备垃圾处理车13辆，修建钢结构垃圾房40个。组织24次联合行动，规范“门前三包”9000余家次，查处不符合要求的运输车辆和无序停车7130台次，取缔无照游商1000余起，查抄非法广告牌516块、小广告1200余处，规范店外经营、露天烧烤和大排档375家次，处理夜间施工举报35件，清理白色污染物2200公斤、垃圾渣土3700多吨。

(张誉进)

【社区建设】 9月20日，召开康营家园四社区筹备组成立大会，明确社区党组织负责人，部署完善办公设施、开展调查摸底、组织入户宣传等工作。10月26日，区农委、财政局实地考核康营家园一社区组织、社会和文化建设工作。年内，完成康营家园二、三、四社区筹备组办公用房装修，康营家园一社区服务站通过区第一批星级服务站评审，成为孙河地区第一个星级服务站。年内，举办地区性全员培训3次，知识讲座12次，落实每月1次社区工作专业学习制度，开设京剧、国画、书法等系列课程，组织“家长课堂”、“儿童、青少年教育”、“暑期夏令营”等系列活动。

（张誉进）

【送温暖行动】　10月23日，组织重阳节送温暖活动，慰问80岁以上老人443人，为65岁以上退休老年人和重病残疾人发放米、面、油等价值8万余元。10月24日，组织开展“2012西部温暖计划”活动，向西部贫困地区小学捐赠衣物和学习用品6000余件。12月4日，开展“冬衣送暖”活动，捐赠棉衣、棉被1911件。

（张誉进）

太阳宫地区（乡）

【概况】　太阳宫地区（乡）位于朝阳区中西部，东北与望京街道办事处、将台地区办事处接壤；东南与麦子店街道办事处接壤，与第三使馆区、燕莎商业区毗邻；南面与左家庄街道办事处接壤，西南与和平街街道办事处、香河园街道办事处相邻，与国展商业区相依托，西北与小关街道办事处、大屯街道办事处接壤。辖区面积5.9平方公里，有3个行政村，10个社区居委会，7家直属企事业单位；常住人口7.5万人；全年实现经济总收入21.6亿元，利润总额3855.5万元，税金5248.5万元，同比分别增长10%。

地址：太阳宫南街7号院7号楼

邮编：100028

电话：84158000

电子邮箱：tygbgsh@aliyun.com

（张　卉）

【百姓宣讲】　1月5日，芍药居二社区被市委宣传部、市委讲师团定为北京市“理论宣讲示范基地”；1月10日，市委宣传部、市委讲师团在芍药居二社区举办北京精神——白衣天使百姓宣讲团太阳宫地区报告会；9月，太阳宫地区幸福社区宣讲团在昌平区、顺义区、门头沟区、怀柔区、海淀区和通州区进行宣讲。

（张　卉）

【干部选拔任用】　1月9日至2月20日，地区开展机关和事业单位科级职位竞聘上岗，37人走上科级领导岗位，并按照“三定”方案完成科室和人员调整、事业单位法人变更等工作。

（张　卉）

【“红芍社”党建品牌建设】　1月17日，芍药居二社区“在党的阳光照耀下，扬帆起航”红色党建文化主题广场——红芍广场正式投入使用；3月24日，红芍社先进事迹报告会在电子职业科技学院礼堂举行，市委宣传部副处长刘晓惠，区委宣传部、区委农工委等单位领导及地区党员群众代表730余人参加。

（张　卉）

【妇女工作】　2月20日，在太阳宫医院组织地区148名优秀女性及18名一线妇联干部参加免费健康体检；2月23日，举办第三届妇女卡拉OK大赛；3月7日，举办太阳宫地区庆“三八”优秀女性座谈会，领导班子成员及基层各单位妇联主席、优秀女性、服务标兵、金玫瑰志愿者等120余人参加；8月10日，在密云云湖度假村会议楼多功能厅召开太阳宫地区妇女联合会第十二次代表大会，75名妇女代表参加，选举产生地区妇女联合会执行委员11名，妇联主席1名、副主席1名。

（张　卉）

【“学雷锋”志愿服务】　3月3日，在辖区8个社区开展以“践行北京精神，弘扬太阳宫精神”为主题的“学雷锋”志愿服务活动，开展法律咨询、健康义诊、环境治理、交通秩序维护和入户慰问等，周边高校、部分共建单位、基层团组织和社区青年志愿者500余人参与活动。

（张　卉）

【残疾人工作】　3月3日，地区“温馨家园”残疾人服务队正式成立；3月5日，地区新温馨家园正式投入使用，位于芍药居北里，占地约700平方米；6月19日，召开地区残疾人联合会第六次代表大会；8月20日，在温馨家园职康站举办以“发扬残奥精神，争当自强人”为主题的康复性趣味运动会；10月16日，在温馨家园举办法律服务工作站成立暨揭牌仪式，地区残联与中盾律师事务所正式签订服务协议；年内，对地区6户肢体残疾人家庭开展无障碍改造。

（张　卉）

【索尼（中国）落户太阳宫】　3月29日，市重点纳税大户索尼（中国）有限公司正式迁入太阳宫中路12号冠城大厦701室，成为地区新的财政收入增长点。

（张　卉）

【太阳宫第三届文化节】　4月20日至21日，在太阳宫公园举办“和谐太阳宫，美好新生活”第三届太阳宫文化节，包括开幕式、廉政文化专场、“爱家乡、唱家乡”、“社区一家亲”等系列演出。区纪委、区委农工委、区文化委、团区委等单位领导及地区干部群众1500余人参加活动。

（张　卉）

【解放思想大讨论】　4月20日至5月31日，地区开展以“实干加快发展、廉洁公正和谐发展”为主题的解放思想大讨论活动，通过制订方案、学习讨论、查摆问题、整改落实四个阶段，进一步深化思想引领在地区发展中的重要作用，统一地区发展认识，着力解决思想障碍和影响地区发展的突出问题，为推动地区发展提供坚强的政治、思想和组织保证。

（张　卉）

【社区居委会换届选举】　4月至6月，按照选举各阶段的程序和步骤，完成地区9个社区的居委会换届选举工作，选举产生45名社区居委会成员，其中主任9名，副主任9名，委员27名。

（张　卉）

【机关搬迁新址】　5月16日，地区办事处机关迁址，新址位于太阳宫南街7号院7号楼,建筑面积11400平方米。

(张 卉)

【集体经济监督委员会成立】 6月11日,召开集体经济监督管理委员会成立大会,区农经办副书记李印涛、乡长王毅为“太阳宫乡集体经济监督管理委员会”揭牌。副乡长蒋春茂就《太阳宫乡集体经济监督管理委员会机构设置、工作职责及议事规则》及财务、资产、集体经济合同、内部审计等管理办法作说明。

(张 卉)

【德奥达党支部成立】 6月21日,召开德奥达投资集团有限公司党支部成立大会。区委组织部、区委农工委、地区工委和德奥达集团相关领导参加会议。会议选举崔明为支部书记、季洪波为副书记。

(张 卉)

【政策理论及经验交流宣讲团】 6月21日,举办“政策理论及经验交流”宣讲团成立大会,并进行首次宣讲,区委组织部、区委农工委、朝阳报等单位领导及地区干部120余人参加。

(张 卉)

【庆祝建党91周年】 6月28日,在对外经济贸易大学报告厅召开纪念中国共产党成立91周年表彰大会,表彰10个先进基层党组织、12名优秀党务工作者、107名优秀共产党员代表。

(张 卉)

【合作经济联合社成立】 7月19日,召开太阳宫乡合作经济联合社成立暨第一届第一次团体社员代表大会,审议通过《太阳宫乡合作经济联合社章程》、《太阳宫乡合作经济联合社选举办法》,选举产生乡联社社长1名,管委会委员4名,监委会主任1名,监委会委员2名。

(张 卉)

【联合执法整治活动】 7月20日至8月20日,地区综治办、派出所、工商所、卫生监督所、城管分队等部门组成联合执法检查组,对地区治安重点地区展开一个月的联合执法整治活动,暂扣黑摩的22辆、治安拘留2人、告诫21人。

(张 卉)

【区委党校太阳宫分校成立】 9月17日,召开中共朝阳区委党校太阳宫分校2012-2013年度培训班开班仪式,区委党校副校长戴昌军及地区干部110余人参加会议。

(张 卉)

【十八大应急演练】 10月25日,在人大附中朝阳学校工地,配合区应急办、综治办等部门,针对在建楼房倒塌、精神病人肇事和群体访三种突发事件,开展十八大安保维稳应急处突演练。

(张 卉)

【党组织分类定级】 年内,开展党组织分类定级工作,规范基层组织建设。对地区参加分类定级的18个党组织进行全面调查摸底,按照“党组织带头人、工作思路、工作制度、活动阵地、保障机制、工作业绩、群众评价”七项指标进行分类,定级结果为:6个好、8个较好、2个一般、2个较差。

(张 卉)

【社区、村党组织换届】 年内,分别完成9个社区和3个村的党组织换届工作。选举产生社区党委成员45名,其中党委书记9名,副书记8名;选举产生村党委成员13名,其中党委书记3名,副书记2名。

(张 卉)

【廉政文化建设】 年内,开展第二届“清风廉韵伴我行,文化文明太阳宫”主题廉政文艺演出活动;依托太阳宫社区党员廉政文化宣教活动室,建立廉政文化作品原创角、廉政图书角、廉政影视作品角,开展廉政文化大讲堂、廉政四季(春天有约·廉政笔会、夏日和风·廉政电影进社区、秋实满园·廉政歌曲大家唱、冬日暖阳·廉政大讲堂)等活动;在新浪网站上开通乡纪委官方微博“廉政太阳宫”,打造对外宣传动员、对内收集资讯互动平台。

(张 卉)

【D区征地建设】 年内,获得市政府京政地〔2012〕128、129号太阳宫新区D区79.8788公顷(1198.18亩)征地批复,并于9月27日到三个村张贴征地公告,为全部完成D区征地结案创造条件。

(张 卉)

【太阳宫郊野公园二期建设】 年内,拆除公园建设范围内5138.25平方米地上建筑,B地块太阳宫公园完成南门、西门、七彩地坪、七彩虹门、儿童活动广场、人工湖、花架廊等景观工程建设,实现开园要求。基本完成A地块公园绿化任务,6270平方米郊野公园配套服务用房项目建设方案获得认可,进入规划局窗口审批规划许可证阶段。

(张 卉)

【指挥中心建设】 年内,投资350万元,完成地区城市综合管理指挥中心项目建设。

(张 卉)

【为民办实事】 年内,建设地区图书馆、棋类场地2处;完成覆盖全地区10个社区的“一刻钟社区服务圈”建设工作;开设便民早餐、买菜、修车等服务站点;地区700平方米养老助残综合服务中心开始运行;为地区50名家庭困难残疾人免费体检;为群众办理文化、体育健身讲座配送服务等10件实事,提高地区群众生活质量。

(张 卉)

【居家养老】 年内,为161名80岁以上符合条件的老年人申请办理居家养老服务,新签5家服务商,续签10家服务商,地区1018名80岁以上老年人享受居家养老服务;地区居家养老服务分中心举办“太阳宫地区老记者培训班”,辖区100余名老年人参加培训。

(张 卉)

【环境建设】 年内,完成回迁小区

圣馨家园环境优美小区建设，全面改造小区中心广场、汽车、自行车停车位及小区照明；完成太阳宫中路优美大街建设项目并通过验收；完成太阳宫北街街巷道路和十字口村、土角楼村、曙光路三角地环境整治工程。

（张　卉）

【社区建设】　年内，投资251万元，装修改造惠忠庵社区500平方米、十字口社区400平方米办公用房，并配备办公设备。完成标准化社区服务站建设；成立地区“馨阳”社工协会，协会设顾问、会长、副会长各1名，协会下设办公室、宣传部、文体部、外联部、发展部5个分部。

（张　卉）

【城市管理】　年内，查处各类城市环境违法行为2286起，拆除违法指路牌等户外广告386块，协调清除无主垃圾渣土60余吨，收缴各类非法宣传品10万余张，规范“门前三包”事项356起，办理网格案件26312件。获评2012年“北京市环境秩序整治工作突出贡献先进集体”。

（张　卉）

【社会救助】　年内，为221人办理城镇居民养老保险，为符合城乡低保条件的96户187人发放低保金114万余元，利用“爱心家园”为409人发放价值4万余元的救助物品。

（张　卉）

【老旧小区节能改造】　年内，完成芍药居5号院节能改造，涉及楼房6栋，住户489户，建筑面积2.4万余平方米。

（张　卉）

【劳动就业】　年内，举办“春风行动”和“就业援助月”等就业援助活动。依托“太阳宫就业连锁超市”举办两场大型专场招聘会，开发就业岗位500余个。组织开展职业指导课48场次，失业人员上岗50余人，消除零就业家庭6户，安置就业困难人员2人，太阳宫乡获评“朝阳区充分就业地区”，芍药居二社区被评为“国家级充分就业示范社区”。

（张　卉）

王四营地区（乡）

【概况】　王四营地区（乡）位于朝阳区东南部，东靠豆各庄乡，南接十八里店乡，西邻南磨房乡，北与高碑店乡接壤。乡域面积15.58平方公里，下辖6个行政村，2个社区，实行村居合一的管理模式。全乡户籍人口19148人，其中农业人口9096，农民劳动力4578人。常住人口83695人，流动人口64547人。全乡经济总收入61.98亿元，同比增长10%；利润总额2.78亿元，同比增长8.9%；上缴税金1.29亿元，同比增长7.5%；人均纯收入23919元，同比增长10%。

地址：王四营村1号
电话：67366621
邮编：100023
电子邮箱：465079341@qq.com

（张依然）

【安全工作】　1月17日，开展春节前安全大检查。乡主要领导带队，检查消防、用电、生产、食品卫生、人员密集场所等重点安全防范部位，要求各行政村、企事业单位加大安全排查力度，落实安全巡查制度、应急制度、信息报送制度，严格值班报告制度，确保春节期间地区安全稳定。2月17日，召开地区消防工作专题部署会。乡政府与各村委会签订2012年安全责任书。2月22日，开展消防进村、社区活动，举行6个行政村消防知识培训及演练，普及全民消防知识。5月14日，开展为期10天的拆除控制违法建设及安全生产专项整治大检查行动。7月21日，实施各项措施应对特大暴雨，王四营桥、五方桥等周边地段未出现严重积水和车辆滞留。7月25日，区安监局副局长刘洪一行到地区调研安全监督管理工作，对安全生产监管广度、深度以及安全执法能力和水平提出要求。8月31日，朝阳区安全生产管理协会王四营工作站成立。9月27日至29日，开展为期三天的节前安全大检查。对辖区六个行政村工业企业、危化企业、餐馆、仓储库房、幼儿园等各类重点单位进行地毯式检查，并监督整改。10月31日，部署2012年至2013年度预防煤气中毒工作方案，乡政府与各村委会签订工作责任书。11月8日，多部门联合开展出租房屋安全大检查工作。同日，开展“11·9”消防安全宣传日活动。活动现场模拟自助救火，并向群众发放宣传材料。

（张依然）

【改善民生】　1月18日，区妇联副主席杨丽到王四营乡慰问困难残疾家庭并送去慰问金。2月9日，区老龄委抽查地区老年餐桌定点单位，提出尊敬老人、热情服务等具体要求。3月15日，开展“春风行动”送岗位、助就业大型招聘会。4月16日，召开2012年脑卒中高危人群筛查干预试点项目启动大会，区卫生局副局长陈开红出席。5月22日，组织新婚待孕育龄夫妇到朝阳区妇幼保健院进行免费孕前检查。6月28日至29日，乡科教文体办公室开展红十字应急救护培训。7月13日，开展“夏日送凉爽”慰问困难家庭活动。8月8日，为23户80岁以上行动不便老人免费安装厕所扶手。9月18日，区社区服务办对地区托老所（日间照料室）规范化建设项目进行综合考评验收。11月1日，观音堂社区、白鹿社区服务站建成投入使用。11月16日，朝阳区红十字会常务副会长王素荣带队慰问王四营乡因病致困家庭。

（张依然）

【机构改革】　2月6日，启动乡机构改革。组织机构设置采取“9+2+4”（9个必设科室、2个选设科室、4个其他机构）形式，提拔任用科级干部9人、内部聘用科长（主任）助理4人，轮岗交流25人、内部提前退岗9人。6月28日，召开产权制度改革暨村集体经济组织成员代表选举工作启动大会,区农经办党组副书记、区产权制度改革指导组组长李印涛出席。

(张依然)

【流动人口出租房屋管理】 2月23日,采取"1+3+2+9"措施管理流动人口及出租房屋。"1",即乡政府全面监管;"3",即派出所、流管办、村委会具体实施管理;"2",即出租人与承租人自觉落实安全规定;"9",即"9个到位":思想上认识到位、管理上规范到位、宣传上普及到位、检查中责任到位、机制上联动到位、整改中措施到位、总结上找差到位、资金上保障到位、落实上行动到位。

(张依然)

【2012年工作会】 2月29日,召开2012年工作会议。乡领导班子全体成员、乡机关科长以上干部、各行政村两委班子成员、乡直属单位领导等出席会议。乡党委、政府分管领导分别部署2012年重点工作任务,通报2012年度党委、人大重点督办项目;各行政村党总支书记汇报2012年重点工作计划;乡党委、乡政府与各行政村党总支、村委会签订2012年目标管理考核责任书。

(张依然)

【主题活动】 3月3日,举行"学雷锋志愿活动日"活动。50余名团员青年消除文化大道两侧卫生死角,重点清理暴露垃圾、白色污染。3月5日,举行地区"三八"妇女节巾帼之星表彰大会暨事迹报告会,组织庆"三八"永葆青春靓丽女性风采专题讲座。4月28日,举行王四营乡第四届全民运动会。近800名群众参加14个项目比赛。5月4日,举行"喜迎十八大,青春展风采"纪念建团90周年才艺展示活动。6月22日,举办庆"七一"创先争优表彰活动暨"五朵金花"爱心服务团揭牌仪式,表彰2011－2012年度先进基层党组织、优秀共产党员和优秀党务工作者。7月17日,举行"共产党员献爱心"捐款活动,948名党员群众捐款63287元。

(张依然)

【计划生育工作会】 3月9日,召开2012年人口和计划生育工作会。乡党委、乡政府与各村党总支、村委会签订《2012年人口与计划生育工作责任书》,规定计划生育控制率97.5%。6月4日,组织长效避孕节育育龄群众体检。

(张依然)

【官庄农民新村奠基】 3月29日,举行官庄农民新村奠基仪式。区四套班子领导及乡、村两级干部,五方嘉和房地产开发公司、建筑施工单位、拆迁腾退村民等700余人参加奠基仪式,标志着王四营乡市级挂账重点村官庄农民新村建设正式开工。预计3年内全体村民回迁。

(张依然)

【社区两委换届选举】 3月30日,完成地区社区党委换届工作。观音堂社区、白鹿社区分别选举产生社区党委书记1名、副书记1名、委员3名。6月9日,完成第八届社区居委会选举工作,观音堂社区和白鹿社区分别选举产生社区居委会主任1名、副主任2名、委员4名。

(张依然)

【领导调研】 5月3日,区委副书记、政法委书记陈宏志调研地区工作,并对下一阶段工作提出意见。5月7日,区领导程连元、陈涛、张树安及区相关职能部门负责人一行调研地区安全生产工作落实情况。调研组到官庄村宏大市场实地调研,并察看乡域内村容村貌、街面秩序、环境治理等情况。5月8日,区委副书记、政法委书记陈宏志带队,区相关部门负责人一行20余人到地区进行安全生产大检查,重点走访查看陶庄村违法经营、违法建设情况。6月7日,市委宣传部常务副部长王海平一行到地区调研文化创意产业,提出相关要求。6月8日,区委常委、区委办公室主任刘军胜及区相关职能部门负责人一行到地区调研古塔公园延寿寺复建工作,并召开地区文化文物保护工作调度会,提出乡域文化创意产业总体发展和文物保护工作要求。8月7日,区纪委副书记高大中到地区调研党风廉政建设、信访维稳及防汛工作。9月5日,区委副书记、代区长吴桂英,副区长汪洋率领区有关部门到官庄村调研出租大院违法建设,并视察安全生产情况。12月12日,区委常委、常务副区长甘靖中到地区调研,乡党委书记李世喆汇报地区基本情况与安置房进展情况。

(张依然)

【文化文明】 5月11日,王四营乡向阳希望小学正式向公办学校分流,700余名师生有序到王四营中心小学分校报到,提前完成区教委关于"到2013年打工子弟自办学校停止办学"的任务。8月11日,召开文明城区指数第三方测评结果分析会。8月21日,乡政府班子全体成员及部分科室负责人分别到各村实地检查。11月5日,中央宣传部出版总署副巡视员张凡带队视察地区图书批发市场,检查市场管理并提出要求。12月19日,区科协主席杨绍磊到地区道口村调研科普文化项目。

(张依然)

【综合整治】 5月13日,召开拆违控违工作推进会,乡党委、乡政府与各行政村党总支、村委会签订王四营乡拆除控制违法建设及安全生产专项行动责任书。5月14日,开展为期10天的拆除控制违法建设及安全生产专项整治大检查行动。8月24日,开展十八大维稳安保专项行动,布置十八大维稳安保工作。9月4日,副区长汪洋带领"朝阳区党的十八大安保专项行动督查组"(第九督查组)到地区检查指导工作,听取工作汇报,对改进和加强十八大安保措施提出具体要求。

(张依然)

【队伍建设】 6月19日，召开处级后备人选考察测评会，区委农工委副书记、纪工委书记李华主持测评会。7月18日，召开学习市第十一次党代会精神辅导讲座会，市委党校副校长、教授殷庆言讲解市十一次党代会精神。8月7日，区纪委副书记高大中调研党风廉政建设、信访维稳及防汛工作。11月12日，召开2012年目标管理双百考核考评工作会。区目标管理双百考核农村组组长陈志杰听取工作汇报并讲话。12月7日，举办学习贯彻党的十八大精神专题讲座。邀请区基层讲师团成员、区委党校副教授董淑玲讲课。12月17日，区委常委、副区长陈涛调研指导工作。听取乡村、社区"两委"换届选举工作情况和下一步产业升级改造情况汇报，并对下阶段工作提出意见。12月18日，召开青年干部学习贯彻党的十八大精神专题辅导讲座。

(张依然)

【村级集体经济组织代表选举】 8月7日，完成村级集体经济组织成员代表选举工作。六个行政村全部参加。全乡7000多名社员公开投票，从227名正式代表候选人中，差额选举产生村级集体经济组织成员代表203名。各村投票率均超过95%。

(张依然)

【村党总支换届选举】 12月3日，召开村党总支换届选举工作会。选举产生36名党总支委员。其中，官庄村实行9委制，王四营村实行7委制，观音堂、南花园、道口、孛罗营村实行5委制。委员中35岁以下5人，占总人数的14%，女委员14人，占总人数的39%。

(张依然)

小红门地区(乡)

【概况】 小红门地区(乡)位于朝阳区南部，东靠京津塘高速公路，南临北京经济技术开发区，西与丰台区、大兴区接壤，北距南三环约1公里。乡域面积12.41平方公里，下辖4个行政村、3个居委会，2个社区，一个新村管委会。年内，全乡完成经济总收入61亿元，同比增长10%；利润总额1.7亿元，同比增长10%；上缴税金1.4亿元，同比增长10%；人均劳动所得2.1万元，同比增长8%。

地址：博大路鸿博家园六区5号楼
电话：(010)87690695
邮编：100176
电子邮箱：xiaohongmenxiang @126.com

(李媛博)

【爱心捐助】 3月，组织为新疆、青海"送温暖、献爱心"捐赠活动，接收捐款111930元。7月21日，北京发生特大暴雨灾害，491名党员、1554名群众捐款112949元。11月，组织"冬衣送暖"捐赠活动，为内蒙古、西藏、甘肃等地区募集棉衣被2135件。

(李媛博)

【信访宣传】 5月12日，开展"依法信访、包容有序、共筑和谐"信访宣传日活动。地区8个矛盾调处工作站工作人员向过往群众发放宣传材料，宣讲信访常识，解答群众咨询。

(李媛博)

【"兵儿子"续亲缘】 5月25日，组织"北京爸妈"与"兵儿子"续亲缘活动；6月26日，为驻地某部战士王锦锋和妻子张敏在部队营区举办婚礼，并邀请"兵儿子"王锦锋在北京侍奉多年的空巢老人为新人证婚。

(李媛博)

【计生宣传】 "5·29"(中国计生协会成立纪念日)前夕，组织村(居)委会开展以学雷锋为主题，宣传教育为重点，关怀为目的的系列活动。举办"庆六一、快乐宝宝亲子运动会"。开展5期健康咨询、生育关怀、劳动就业等计生综合宣传活动。"计生拥军志愿者服务队"慰问在外地服役的现役军人家庭，围绕"生育关怀"内涵，创出计生工作特点。

(李媛博)

【中高考专项保障】 6月1日起，利用一个月时间开展"静心2012"中高考专项保障工作。通过提前预防、严密布控，最大限度减少夜间施工扰民行为；通过巡查监控、定点盯守，最短时间发现、第一时间制止各类违法行为；通过增派执法力量，最快速度解决中高考期间的每一个举报。查处学校考点周边流动摊点、店外经营、高声叫卖等违规经营行为。

(李媛博)

【第八届居委会换届选举】 6月9日，小红门地区第八届居委会选举工作结束。参选的恋日绿岛社区与三台山社区共选出居委会主任2名，副主任1名，委员5名。

(李媛博)

【"春风行动"招聘会】 6月，为"40、50"人员举办大型招聘会，16家企业参会，提供空岗276个，其中90%的岗位在乡域内。300余名劳动力应聘，171人达成就业意向。

(李媛博)

【"七个一"主题活动】 "七一"期间，把开展庆"七一"主题活动作为深化创先争优活动的契机，制订活动方案，组织开展小红门地区"赤心颂党恩、真情洒基层"纪念建党91周年颂歌会及"唱响主旋律、颂歌献给党"诗歌朗诵会。开展机关党支部主题党日、红镜头摄影展、"共产党员献爱心"活动。各基层支部开展绣党旗、新老党员座谈会、学习参观以及各种形式的走访慰问。

(李媛博)

【第六次残疾人代表大会】 7月12日，召开地区残疾人第六次代表大会，89名社区、村代表参加大会，审议并通过小红门地区办事处残疾人联合会第五届主席团工作报告；选举产生小红门地区办事处残疾人联合会第六届主席团委员13人；选举产生5名代表参加朝阳区残联第六次代表大会,其中2人当选朝阳区残联第六届主席团委员。

(李媛博)

【社区建设和管理办公室成立】 7月,成立社区建设和管理办公室,设置专职人员开展社区建设工作,统一规划管理社区各项事务、规范社区工作者管理、提升社区公共服务。

(李媛博)

【双拥共建】 “八一”建军节前夕,慰问驻地空军监狱、空军休养所和武警部队两个支队,送去3.6万元慰问金和慰问品。对6名困难士兵发放慰问金3000元。

(李媛博)

【十八大安保】 8月22日、10月12日,分别召开全乡维稳安保和重点人稳控工作会议,成立由乡党委书记、乡长任组长,各副职领导、相关职能科室负责人、村委会书记主任在内的29人维稳领导小组和27人组成的重点人稳控领导小组,制定《小红门乡党的十八大期间突发事件应急处置预案》。截至10月,可防性案件与上年同期相比下降18.1%,总体发案量下降12%,实现全年发案量下降10%的刚性指标。

(李媛博)

【“9·25”文艺汇演】 9月25日,为庆祝“9·25”《公开信》发表32周年,地区组织以计生家庭为单位自编自演的计生文艺节目,中间穿插播放体现计生工作特点的三个短片《群众喜迁新居,尽享便捷服务》、《生育关怀显真情,兵儿尽孝乐融融》、《享受政府奖励,感恩回馈社会》,展现了地区计生家庭的“小家幸福、大家融洽”的和谐景象。区、乡领导把社区计生会员编织的礼物送给驻地部队独生子女官兵。

(李媛博)

【三资管理】 9月27日,经地区党委政府研究决定,正式成立“朝阳区小红门乡集体资产监督管理委员会”,进一步加强组织领导,健全地区“三资”管理领导体系。9月27日、28日,召开各村经济合作社社员代表大会,选举产生乡联社团体社员代表23名,其中龙爪树村6名、小红门村6名、牌坊村6名、肖村5名。11月16日,分别召开乡联社第一届团体社员代表大会第一次、第二次会议。

(李媛博)

【预防煤气中毒】 11月27日至28日,检查全乡预防煤气中毒工作。共检查出租房屋100余户。11月3日、12月3日,结合天气情况,夜查辖区内取暖工作,检查各类住户2000余户。全乡签订预防煤气中毒各类责任书5141份,发放宣传材料22686份,开具隐患告知书62份,整改完成57份。

(李媛博)

【重点村腾退拆迁】 年内,全力推进重点村腾退拆迁工作。截至9月底,重点村龙爪树村住宅1373个院腾退拆迁1337个院,完成97.4%,剩36个院。非住宅腾退144家,完成96%。基本完成重点村整建制拆迁腾退任务。安置房用地牌坊村需腾退1295个院,已腾退拆迁1264个院,剩31个院,完成97.6%;小红门村需腾退500个院,已腾退拆迁98个院,完成19.6%,剩406个院,约1961人。

(李媛博)

【回迁安置用房建设】 年内,小红门乡农民回迁楼一期A区、二期B、C、D区规划总建筑面积100.2万平方米,其中住宅面积73万平方米;四个地块计划总投资额36亿元,可提供9569套回迁安置用房,计划安置14673人。截至年底,除D区地块受拆迁影响未能介入外,其他三个地块完成高压电力线路、电信线路、给排水管网拆改及地质勘探等前期工作,开工面积83.3万平方米。完成工作量83.2%。(其中:A区232576平方米,B区206867平方米,C区259787平方米,F区320324平方米)

(李媛博)

【重点企业改制】 年内,在上年完成47家集体企业改制、关闭的基础上,启动有乡集体参股的集体企业——北京三优诚实业总公司(简称三优公司)改制工作(含下属公司)。通过改制,收回三优公司使用的集体资源资产,规避集体资产流失风险,推进“股改租”、“腾笼换鸟”工作。

(李媛博)

【清理经济租赁合同】 年内,依照《小红门乡规范经济合同管理工作实施方案》,完成全乡96份经济合同的清查、摸底工作,查出有问题合同90份,主要问题是“未履行民主程序”和“口头合同”。

(李媛博)

【计划生育】 年内,遵循“大人口”统筹推进与“小人口”决不放松相结合的原则,完善全员人口信息库,建立新腾退上楼育龄妇女管理台账,完成标准化药具库房改造工程。全年上报出生人口341人,完成计划生育率97.7%。办理一胎生育服务证256个,二胎生育服务证87个,独生子女父母光荣证155个。累计办理奖励扶助187人,特别扶助12人,伤残扶助31人,征收案卷9例,征收金额120万余元,独生子女大学生奖励79人,奖励金额16万余元。

(李媛博)

【工会工作】 年内,小红门地区总工会下属会员单位84家,其中独立建会31家,联合工会53家。覆盖企业职工5054人,其中工会会员2413人。2011年底北京市全面开展工会经费税务代收工作,截至2012年11月,地区上缴工会经费总额3323192.67元,完成补缴单位24家,补缴金额22210.56元。地区会员单位缴费率95%以上。完成企业数据核实1500余家,修改费源库信息1300余家。全年为企业办理建会咨询、京卡手续、信息变更、困难职工申报等手续300余笔。

（李媛博）

【社会保障】　年内，完成民生各项工作指标。完成岗位开发1292人，完成率100%；失业人员推荐就业169人，完成率112.67%；职业指导1004人，完成率121.53%；就业困难人员就业180人，完成率100%。实现创业人员40人，完成率100%。带动就业人员159人，完成率100%。农村居民养老参保5506人，完成率77.8%。农村居民养老续保完成5274人，完成率108%。城镇居民养老参保72人，完成率104%。城镇居民基本医疗保险中"老年人"参保177人，完成率105%。城镇居民基本医疗保险中"散居及婴幼儿"参保1272人，完成率152%。

（李媛博）

【"真情暖巢"活动】　年内，开展机关干部"真情暖巢"活动，组织机关干部下基层、帮扶困难群众、调研基层情况。通过关注特殊家庭、关注实际需求、关注民情民意，摸清各类群体的不同需求，完善帮扶长效机制；落实机关干部联系卡、工作日志、台账等三项制度，做好帮扶工作的日常管理和动态更新；借助制定帮扶措施、促进自我脱困、增强帮扶实力三种渠道，不断延伸活动内容；拓展帮扶队伍、帮扶对象和帮扶手段，逐渐充实帮扶空间。通过活动，困难群众的实际问题得到切实解决，民情民意得以准确把握，帮扶活动内涵不断深化。

（李媛博）

【"亮身份、树形象、做表率"活动】　年内，以创先争优为载体，在地区窗口行业开展党员"亮身份、树形象、做表率"活动，把地区社保所、地区图书馆、各村（社区）便民服务站、党员服务中心、城外诚等直接服务群众的社会单位，建设成为推动地区城市化发展、创先争优活动的示范窗口，确保为民服务的窗口常亮常新。

（李媛博）

【"五个一"联系基层制度】　年内，开展"五个一"联系基层制度。即"一下基层、一谈话、一记录、一参加、一解决"。各级干部深入走访、了解需求、服务群众累计150余人次，有效解决8件突出问题，及时化解6起矛盾纠纷。

（李媛博）

【干部包村入户制度】　年内，对拆迁地区实行干部包村入户制度。遵照"意识在先、责任在先、工作在先、奉献在先"要求，党政一把手、领导干部亲临拆迁一线，包村入户，讲解地区发展形势，宣传拆迁政策，与群众面对面交流，心贴心交谈，保证拆迁工作顺利进行。

（李媛博）

【非物质文化遗产保护】　年内，协调北京市非物质文化遗产保护中心、区文化委、区文化馆重点扶持地秧歌项目，为该项目投入6万元，地秧歌书籍出版进入校稿阶段。开展非遗进校园活动，为小红门中心小学培养第二批地秧歌表演学员，开展非遗教学课程近60次，先后5次参加市、区活动，并接受朝阳有线、中国教育电视台专访。

（李媛博）

【"地秧歌"进课堂】　年内，将地区国家级非物质文化遗产"太平同乐秧歌圣会"引向学校，学生利用课余时间向老艺人学习秧歌表演，32名学生具备条件。"六一"期间，受市少工委邀请，32名学生参加在太庙举办的"首都庆'六一'国际儿童节游园会——国家级非物质文化遗产，小红门地秧歌表演"，受到团市委肯定。此外，上述人员还参加朝阳区"活态传承，重在落实"文化遗产日表演活动。年内，"太平同乐秧歌圣会"由区文委从历史文化形成、舞蹈动作表演风格、演员应具备的表演素质和条件等方面采集整理，编辑成书。

（李媛博）

【"政企联手"定向募捐救助】　年内，推出"政企联手——以募捐推动救助、以项目带动救助、以效果检验救助"的定向募捐救助机制。成立由乡人大主席监督的"小红门地区博爱救助金监督管理委员会"，行使地区慈善及红十字会的救助职能。通过"乡募区管"双重把关保证募捐款安全使用。小红门乡红十字会全年收到捐款255万元。

（李媛博）

【居家养老服务】　年内，居家养老服务工作基本实现规范化管理。地区80周岁以上享受居家养老服务的老人523人，签约服务商13家，服务项目主要有送奶、餐饮、洗衣、保洁和理发等，服务券保证按季度发放到老人手中，做到月清季结，经回访老人满意度98%以上。

（李媛博）

【劳动力安置】　年内，开发就业岗位1232个，509名城镇登记失业人员实现再就业。6月，举办大型招聘会，为地区农民提供就业岗位276个；上半年，通过"朝阳区政府移动办公平台"，为回迁农村劳动力发送各种优惠政策及就业岗位信息1230条，171人与企业达成就业意向；8月上旬，为50名失业人员举办"插花"技能培训班。

（李媛博）

【民族宗教】　年内，地区有清真寺1所，长期在此礼拜的伊斯兰教众1200余人，其中本地区400余人，周边地区800余人。年内，先后投资3.8万元扶持清真寺发展，其中活动经费2万元，圣会、开斋节送乜贴1.2万元，为民管会主任提供生活补贴0.6万元。

（李媛博）

【"为民服务"工程】　年内，投资143.5万元，实施五项为民服务工程，即为四道口社区新建便民菜市场、为恋日绿岛社区新装安全监控摄头、为玉器厂居委会修缮办公用房、为恋日绿岛社区安装自行车存放器和雨棚、为恋日绿岛社区新装宣传栏。

（李媛博）

【“暖心”专项活动】 年内，制定《小红门地区特殊人群“暖心”专项活动方案》，完成刑满释放人员回归社会情况调查和网上填报工作。做好社区服刑人员衔接和管理工作，完善矫正档案，规范工作流程，根据二类人员管理类别实行每周电话报道、每月当面报道、定期测评、定期考核，帮教社区矫正人员遵纪守法、诚实改造，顺利融入社会。全年新接收社区矫正人员9人，解除15人。

（李媛博）

【成立鸿博社区管委会】 年内，为探索农转居社区管理新模式，成立集物业管理及其他社会服务于一身的鸿博社区管委会。完成鸿博社区整体情况统计调查，包括居民住宅楼的居住使用情况、物业管理范围、物业管理人员等，推举楼门组长257人，11名管委会工作人员在鸿博家园一区正式上岗。

（李媛博）

【小红门地区图书馆设立】 年内，在小红门新村鸿博家园C区北侧设立小红门地区图书馆，并配备2名专职工作人员。图书馆建设用地400平方米，馆舍面积200平方米，免费对外开放。馆内设有图书室、阅览室、未成年人读书角、书画创作室、科普活动室、电子阅览室及电影放映室等。馆内藏书22大类、1.2万册。为提高社会效益，图书馆还承担“全国文化信息资源共享工程基层服务点”、“小红门地区道德讲堂”、“小红门地区科普教育基地”、“小红门地区市民学校”等文化活动场所功能。

（李媛博）

【重点时期安全管理】 年内，分别开展“元旦期间安全管理”、“春节前夕安全大检查”、“元宵节安全大检查”、“保‘两会’促‘春防’两会期间安全保卫行动”、“‘五一’节期间安全保障”、国庆中秋“双节”期间安全生产保障、十八大安全保障等专项安全监管行动，针对各自特点，制订工作方案，成立相应的工作领导小组具体负责相关工作，确保乡域安全稳定。

（李媛博）

【“双护”工程】 年内，结合地区特点开展以“护生”、“护蕊”为主题的“双护工程”。通过与学校和医院建立日常联系机制和突发问题快速处理机制，了解学校和医院的治安需求，成立专项执法小组，着力打造“无聚集扰序、无阻碍交通”的“两无”区域，整治校园、医院周边无照经营、店外经营、非法运营、非法小广告、乱停乱放、私搭乱建等违法行为。

（李媛博）

【城管监察】 年内，针对违法行为发生时间采取多时段执法措施，查处无照经营摊商300余起，取缔露天烧烤22处；规范店外经营250余家；取证、上报非法小广告号码停机62个，收缴非法小广告3万余张；拆除户外广告牌匾64块，灯箱78个，对各类违法行为立案查处91起，全部按时办结。专项检查施工工地12次，发现各类问题23起，处理各种举报案件1164件，督办件172件。

（李媛博）

【高法接待站安保】 年内，加强全国最高法院接待站周边环境综合整治，做好安保工作。开展联合执法21次。查抄无照经营复印店11家、小旅店3家、律师咨询处10家。清除堆积物30处、私搭乱建3处，检查出租房屋500余间，清理滞留肖村上访人员30余人，协同警务工作站处理突发事件35起。

（李媛博）

【廉政建设】 年内，根据区委、区纪委《关于在全区推进廉政风险防范管理工作的意见》，3月开始，在乡村两级开展全员廉政风险防范管理工作，重点突出“向下延伸”管理，涉及公务员、事业编、机关工勤人员，村委会、社区、居委会工作人员及乡村企业干部等226人。签订处、科、员三级《党风廉政建设责任书》196份，查找单位、部门、个人各类风险点935个，制定个人廉政风险防范措施1030条。

（李媛博）

【“法律六进”活动】 年内，深化“法律进机关”、“法律进社区”、“法律进乡村”、“法律进学校”、“法律进企业”、“法律进单位”六进活动，利用“3·15”消费者权益保护日、“六一”儿童节、“6·26”国际禁毒日、“12·4”宪法宣传日及重要法律法规颁布实施纪念日等开展法律宣传活动，扩大法制宣传教育的覆盖面和影响力，提高法制宣传教育质量和效果。

（李媛博）

人 物

领 导 干 部

中国共产党北京市朝阳区第十一届委员会

书　　记　陈　刚(7月免)
　　　　　程连元(7月任)
副 书 记　程连元(7月免)
　　　　　吴桂英(7月任)
　　　　　陈宏志
常　　委　陈　刚(7月免)
　　　　　程连元　吴桂英　陈宏志
　　　　　陈　涛　谢　莹　陶　晶
　　　　　张　革　宋铁健　甘靖中(9月任)
　　　　　贾彦翎　刘军胜
委　　员　(按姓氏笔画排列)
　　　　　王　立　王　春　王洪涛　支　芬
　　　　　甘靖中(9月任)　吉广平　曲　君
　　　　　吕明杰　刘　野　刘北阳　刘军胜
　　　　　孙其军　苏　民　李　洁　李瑞翔
　　　　　杨树旗　吴凤岐　吴金龙　吴桂英
　　　　　佟克克　邹立嵩　辛燕琴　汪　洋
　　　　　宋铁健　张　岩　张　革　张立新
　　　　　张永新　张维刚　陈　刚(7月免)
　　　　　陈　涛　陈宏志　苑文新　范少飞
　　　　　贾彦翎　陶　晶　黄晓伟　常树奇
　　　　　康志华　程连元　谢　莹　樊文祯
候补委员　田　峡　田锦[illegible]　刘　勇　刘伯韬
　　　　　李云飞　张克斌　张树宝　赵年生
　　　　　赵红伟

中共朝阳区委工作机构负责人

办公室主任　刘军胜(兼)
组织部部长　张　革(兼)
组织部常务副部长　王小毛
宣传部部长　谢　莹(兼)
宣传部常务副部长　高春利
精神文明建设委员会办公室主任　吕　岚
统一战线工作部部长　谢　莹(兼)
统一战线工作部常务副部长　胡杰华
台湾工作办公室(区政府台湾事务办公室)主任
　黄　亮(9月免)
　李　靓(9月任)
侨务办公室主任　石延刚
直属机关工作委员会书记　刘军胜(兼)
直属机关工作委员会常务副书记　范少飞
社会工作委员会书记　汪　洋(兼)(2月免)
　张永新(2月任)
农村工作委员会书记　张树安(兼)
政法委员会书记　陈宏志(兼)
政法委员会常务副书记　杨树旗
社会治安综合治理委员会办公室主任　战玉贵
防范和处理邪教问题领导小组办公室(区政府防范和处理邪教问题办公室)主任　唐涌涛
流动人口和出租房屋管委会办公室主任　王春增
教育工作委员会书记　周　炜
非公经济工作委员会书记　王小毛
老干部局局长　郑　晶
党史资料征集办公室主任　张　前
党校校长　张　革(兼)
党校党委书记、常务副校长　董　伟
保密委员会办公室(区国家保密局)主任　金宏图

朝阳区政府、人民团体党政分设工作机构党委(组)书记

科学技术委员会(知识产权局)党组书记　林广吉
民政局党组书记　徐传孝
司法局党组书记　荣　容(12月免)
　王远捷(12月任)
人力资源和社会保障局党委书记　牟燕东
环境保护局党组书记　于良佐
住房和城乡建设委员会党组书记　孙　梅
市政市容管理委员会党组书记　梅诗曙
水务局党委书记　闻惠友
文化委员会党委书记　李　洋
卫生局党委书记　苏　民
国有资产监督管理委员会党委书记　吴金龙
安全生产监督管理局党组书记　赵新跃
文学艺术界联合会党组书记　黄晓伟(5月任)
体育局党委书记　张永华
统计局党组书记　刘方坡
园林绿化局党委书记　王　健(2月任)
金融服务办公室党组书记　赵　捷

中国共产党北京市朝阳区第十一届纪律检查委员会

书　　记　宋铁健
常务副书记　曲　君
副 书 记　高大中　刘丽平
常　　委　关进国　李奕华　王立新(12月免)
　张颖辉　王东胜(2月任)

朝阳区十五届人民代表大会常务委员会

主　任　佟克克
副主任　李　国　王亚贵　张富生　朱春霞　曾原纪
委　员　(按姓氏笔画排列)
丁清光　王姮隽　叶　青　田树林　任敬东
刘子华　孙　立　纪海义　李振玲　李　琪
杨立亭　杨　丽　杨泰峰　杨爱军　何深思
张永贵　张克成　张建顺　陈　方　陈春玖
邰武淳　罗凤基　金华民　侯湘君　高　峰
黄　轶　曹信红　董万立　韩　峰

朝阳区人大工作机构负责人

办公室主任　李振玲
内务司法工作委员会主任　侯湘君
财政经济工作委员会主任　任敬东
城建环保工作委员会主任　张永贵
教科文卫工作委员会主任　张克成
代表联络室主任　孙　立
农村工作委员会主任　纪海义
研究室主任　杨立亭
信访接待室主任　刘长利

北京市朝阳区人民政府

区　　长　程连元(7月免)
　吴桂英(7月任)
常务副区长　吴桂英(7月免)
　甘靖中(10月任)
副 区 长　陈　涛　阎　军　王　春　张立新
　苑文新　汪　洋

朝阳区人民政府工作机构负责人

办公室主任　张维刚
发展和改革委员会主任　常树奇
教育委员会主任　孙其军
教育督导室主任　滕国清
科学技术委员会主任　王先勇(11月免)
　冯守华(11月任)
监察局局长　曲　君
民政局局长　张　岩
司法局局长　王远捷
财政局局长　邹立嵩
人力资源和社会保障局局长　吕明杰
机构编制委员会办公室主任　牟燕东
环境保护局局长　关　伟
住房和城乡建设委员会主任　吴凤歧
房屋管理局局长　刘来祥
市政市容管理委员会主任　尹秀峰(2月免)
　康志华(2月任)
农村工作委员会主任　张树安(兼)(9月免)
　赵红伟(9月任)
水务局局长　宗永军
商务委员会主任　朱　晟
文化委员会主任　黄晓伟

卫生局局长 师　伟
人口和计划生育委员会主任 史素珍
审计局局长 刘　野
社会建设工作办公室主任 张永新(9月免)
赵年生(9月任)
国有资产监督管理委员会主任 王文远
安全生产监督管理局局长 张仲凯
体育局局长 马海鹰
统计局局长 王春平
园林绿化局局长 胡良森
旅游发展委员会主任 兰学军
民防局局长 闫　宾
金融服务办公室主任 李　瑶
民族宗教办公室主任 王爱录
外事办公室主任 李　辉(3月免)
谭林坤(5月任)
法制办公室主任 马　龙
信息化工作办公室主任 王　臻
信访办公室主任 陈　杰(9月免)
宋少伟(9月任)

中国人民政治协商会议
北京市朝阳区第十二届委员会

主　席 辛燕琴(女)
副主席 郑　煌　张树安　陈合庄　邢念增　高向宇　连玉明
秘书长 王玉华(女)
常务委员 (以姓氏笔划为序)
于　欣　马丽颖(女,回族)　王　健
王小毛(蒙古族)　王文军　王文远
王幼君　王永滨　王全辉　王爱录
王鲁宁　毛大庆　石燕秋(女)　卢清国
叶茂西　田巨清　田新民　朴哲(朝鲜族)
师　伟　吕立秋(女,满族)　刘　伟
刘　江　刘　军　刘宁花(女)　刘来祥
李　瑶(女)　李　蘅(女)　李玉立
李吉安　李国红(女)　李树东
李秋玲(女)　李晓峰　李海作
杨清英(女,土家族)　吴　杰
张　耘(女)　张　维　张兴凯　张其成
张国利　张明森　张继明　陈　平
茅为中　林大伦　林安杰
金晓萍(女,回族)　周道珍(女)　赵大峰
胡杰华　战春燕(女,满族)　姚国峰
贺贝奇(蒙古族)　袁志鸿　贾冬云(女)
徐　伟　徐宝强　徐艳梅(女)　高吉喜
郭秀芬(女)　黄　亮(女)　黄　鹰
盛国辉(女)　董　伟　韩　潮(女,回族)
鲁建玲(女)　富剑萍(回族)　赫　捷
阚存一　樊碧发　滕国清

朝阳区政协工作机构负责人

办公室主任 王玉华(女)(兼)(12月免)
李冬军(女)(12月任)
研究室主任 李海作(12月任)
专委会工作一室主任 郭秀芬(女)
专委会工作二室主任 徐宝强
专委会工作三室主任 李晓峰
专委会工作四室主任 李树东
专委会工作五室主任 盛国辉(女)

朝阳区政协专门委员会负责人

提案委员会主任 郭秀芬
学习委员会主任 盛国辉
文史委员会主任 陈巴黎
经济科技委员会主任 李晓峰
教文卫体委员会主任 徐宝强
城建环保委员会主任 李树东
社会法制与民族宗教委员会主任 富剑萍
港澳台侨委员会主任 黄　亮

朝阳区政法、军事机构负责人

人民检察院党组书记、检察长 王立
人民法院党组书记、院长 李瑞翔
人民武装部部长 贾彦翎
人民武装部政委 贺秋刚(6月免)
史连雪(6月任)
交通支队队长 雷　军
北京市公安局朝阳分局党委书记、局长 陶　晶
北京市公安局朝阳分局政委 王益春(4月免)
高　岩(4月任)
北京市国家安全局朝阳分局党组书记、局长 李炳宽

朝阳区各民主党派负责人

民革朝阳区委主委 张兴凯
民盟朝阳区委主委 曾原纪
民建朝阳区委主委 徐艳梅

民进朝阳区委主委　张　耘
农工党朝阳区委主委　邢念增
致公党朝阳区委主委　高向宇
九三学社朝阳区委主委　张明森
台盟朝阳区工委主委　高　峰

朝阳区各团体负责人

总工会主席　尹秀峰
共青团朝阳区委书记　王洪涛
妇女联合会主席　李　洁
科学技术协会主席　杨绍磊
残疾人联合会理事长　赵　玲
归国华侨联合会主席　黄　亮(9月免)
曾　旭(9月任)
工商业联合会主席　叶　青
红十字会会长　张立新(兼)
红十字会常务副会长　王素荣
文学艺术界联合会秘书长　黄晓伟(5月免)
金　童(5月任)
慈善协会会长　李　靓(9月免)
屈亚凤(9月任)

其他单位负责人

北京商务中心区管理委员会工委书记　吴桂英(兼)
北京商务中心区管理委员会主任
吴桂英(兼)(11月免)
甘靖中(兼)(11月任)
北京商务中心区管理委员会常务副书记　胡建三
北京商务中心区管理委员会常务副主任　李国红
北京奥林匹克公园管理委员会党委书记、主任
王　春
北京奥林匹克公园管理委员会常务副主任　田巨清
中关村科技园区电子城科技园管理委员会工委书记、常务副主任　王文军
中关村科技园区电子城科技园管理委员会主任
阎　军(兼)(2月免)
汪　洋(兼)(2月任)
金盏金融服务园区管理委员会主任　王　健(2月免)
张树宝(2月任)
温榆河生态走廊建设管理委员会主任　杨　永
城市管理监察大队党委书记　良　彪
城市管理监察大队大队长　吴熙盛
城市管理监督指挥中心主任　皮定均
重点政府工程协调领导小组办公室主任
沈乃宏(3月免)
高永红(3月任)
东坝航空商务区管理委员会办公室主任　赵建国
绿化隔离地区建设指挥部办公室主任
蔡淑敏(6月免)
李杰民(6月任)
垡头文化休闲产业区管理委员会办公室主任
齐建宗(6月任)
定福庄传媒文化产业区管理委员会办公室主任
桑小为
北京市规划委员会朝阳分局党组书记、局长　王雪梅
北京市国土资源管理局朝阳分局党组书记、局长
樊文祯
北京市朝阳区经济社会调查队队长　张建萍
北京市工商行政管理局朝阳分局党组书记、局长
方世成
朝阳区国家税务局党组书记、局长　明建华
朝阳区地方税务局党组书记、局长　陈合庄(兼)
朝阳区质量技术监督局党组书记、局长　吴　平
北京市药品监督管理局朝阳分局党组书记、局长
赵玉杰
农村集体经济办公室(农村合作经济经营管理站)党组书记、主任　秦　涛
老龄工作办公室主任　盛国敏(9月免)
蔺　红(9月任)
档案局局长　申玺朝
地方志编纂委员会办公室主任　邓献云
种植业养殖业服务中心党委书记　冯庆国
种植业养殖业服务中心主任　马文虎
广播电视新闻中心党委书记　洪建基(9月免)
孙　帅(9月任)
广播电视新闻中心主任　潘　竞
投资促进局党组书记　杨春雁
投资促进局局长　马英晖
循环经济产业园管理中心党总支书记　郭团会
循环经济产业园管理中心主任　吴选辉(3月免)
皮　猛(5月任)
环境卫生管理服务中心党委书记　黄庆林
环境卫生管理服务中心主任　陈万明
职工大学党委书记、校长　马金东
北京商务中心区土地发展中心主任　赵光耀
农业综合执法大队党委书记　孟秀琴(12月任)
农业综合执法大队队长　张思忠

朝阳区街道工委、办事处负责人

八里庄街道
工委书记 刘北阳
办事处主任 齐建宗(6月免)
孔 磊(9月任)

左家庄街道
工委书记 郑金路
办事处主任 苏 静

和平街街道
工委书记 李连科
办事处主任 毕重伟

双井街道
工委书记 赵年生
办事处主任 吴景刚

酒仙桥街道
工委书记 王春庆
办事处主任 崔少飞

呼家楼街道
工委书记 邢平芳
办事处主任 王春清

朝外街道
工委书记 田志刚
办事处主任 聂宏伟

劲松街道
工委书记 郑 霞
办事处主任 殷 宁

安贞街道
工委书记 王 军
办事处主任 董会生

三里屯街道
工委书记 常敬武
办事处主任 田 华

建外街道
工委书记 邵水平
办事处主任 许嘉宁

团结湖街道
工委书记 张志国
办事处主任 刘海涛

潘家园街道
工委书记 刘炳起
办事处主任 姬文革

香河园街道
工委书记 葛 强
办事处主任 孔 磊(9月免)
宋 军(9月任)

六里屯街道
工委书记 傅义军
办事处主任 谭国忠

亚运村街道
工委书记 田 峡
办事处主任 麻晓晖

小关街道
工委书记 王海军
办事处主任 吴 冰

垡头街道
工委书记 高智勇
办事处主任 张 爽

麦子店街道
工委书记 刘 勇
办事处主任 董 健

机场街道
工委书记 苏向东
办事处主任 陈伟航

望京街道
工委书记 刘伯韬
办事处主任 宋 军(9月免)
杨洪福(9月任)

大屯街道
工委书记 徐家亮(9月免)
宝月凤(9月任)
办事处主任 宝月凤(9月免)
吉旭初(9月任)

奥运村街道
工委书记 张永红
办事处主任 徐桂士

东湖街道筹备处
工委书记 高永红(3月免)
李 辉(3月任)
办事处主任 商建英

朝阳区地区(乡)工委(党委)、办事处(乡政府)负责人

南磨房地区(乡)
工委(党委)书记 郑 勇
办事处主任(乡长) 张启顺

高碑店地区(乡)
工委(党委)书记 张富生(兼)(9月免)
李云飞(9月任)
办事处主任(乡长) 王秋英

将台地区(乡)
工委(党委)书记 荣学强
办事处主任(乡长) 连文胜
太阳宫地区(乡)
工委(党委)书记 张宏明
办事处主任(乡长) 王 毅
十八里店地区(乡)
工委(党委)书记 赵红伟(9月免)
米振华(9月任)
办事处主任(乡长) 米振华(9月免)
郭 亮(9月任)
小红门地区(乡)
工委(党委)书记 康志华(2月免)
李贺清(3月任)
办事处主任(乡长) 李贺清(3月免)
刘大庆(6月任)
王四营地区(乡)
工委(党委)书记 李世喆
办事处主任(乡长) 李世忠(9月免)
张 奎(9月任)
平房地区(乡)
工委(党委)书记 马国勇
办事处主任(乡长) 寇 晔
东坝地区(乡)
工委(党委)书记 安永存
办事处主任(乡长) 黄宏春
金盏地区(乡)
工委(党委)书记 于志刚
办事处主任(乡长) 孙玉辉
来广营地区(乡)
工委(党委)书记 左景全
办事处主任(乡长) 高永荣
东风地区(乡)
工委(党委)书记 张士华
办事处主任(乡长) 龙连柏
孙河地区(乡)
工委(党委)书记 刘伯明
办事处主任(乡长) 吴晓军
崔各庄地区(乡)
工委(党委)书记 张树宝(2月免)
吴选辉(3月任)
办事处主任(乡长) 陈 杰
三间房地区(乡)
工委(党委)书记 冯永忠
办事处主任(乡长) 张小锋
常营地区(乡)
工委(党委)书记 吉广平
办事处主任(乡长) 王 刚
豆各庄地区(乡)
工委(党委)书记 李云飞(9月免)
陈 杰(9月任)
办事处主任(乡长) 蒋东燕
黑庄户地区(乡)
工委(党委)书记 路 军
办事处主任(乡长) 李 欣
管庄地区(乡)
工委(党委)书记 杨建海
办事处主任(乡长) 周卫东

全国(含系统)先进集体、先进个人

先进集体

全国五一劳动奖状
北京慧远电线电缆有限公司
全国工人先锋号
眉州东坡餐饮管理(北京)有限公司
北京丽都信则成石材有限公司
北京均豪物业管理股份有限公司
全国妇女创先争优先进集体
区法院王四营人民法庭
崔各庄乡社会保障事务所
高碑店乡高碑店村委会
全国巾帼文明岗
京客隆集团朝批商贸股份有限公司
全国农村妇女岗位建功先进集体
金盏乡妇联
全国示范家庭教育指导中心
朝阳区和谐家庭教育指导中心(朝阳区妇女发展服务中心)
全国维护妇女权益先进集体
区法院
全国创先争优先进基层党组织
朝阳区高碑店乡高碑店村党总支
叶青大厦党委
全国人力资源社会保障系统先进单位
区人力资源和社会保障局

全国新型农村和城镇居民社会养老保险工作先进单位

区人力资源和社会保障局

全国清理整顿人力资源市场秩序专项行动取得突出成绩单位

区劳动监察大队

全国教育督导先进集体

区教育督导室

全国两基先进单位

〗区教委

全国审计宣传工作优秀单位

区审计局

全国示范社区卫生服务中心

常营社区卫生服务中心

全国乡镇体育健身示范工程

来广营勇士营效野公园工程

国家级充分就业示范社区

芍药居二社区

全国社区睦邻文化建设工程示范街道

三里屯街道

全国人口和计划生育依法行政示范街道

三里屯街道

全国企业文化建设优秀单位

中国工商银行朝阳支行

全国保障性安居工程质量安全管理先进单位

田华建筑集团公司

全国农民工文化服务示范项目

朝阳区文化馆

全国文化体制改革工作先进单位

朝阳区文化馆

全国军警民共建社会主义精神文明先进单位

朝阳区图书馆

先进个人

全国五一劳动奖章

皮定均　龚　欣　张育荣　曹中希

全国巾帼建功标兵

王　静

全国人力资源社会保障系统先进工作者

侯雨彤

北京市先进集体、先进个人

先进集体

首都劳动奖状

北京潮星控股集团有限公司

北京国际城市发展研究院

北京市朝阳区文化委员会

北京市朝阳区建设工程施工安全监督站

北京国际商务中心区开发建设有限公司

北京市工人先锋

首都机场街道南路东里社区

北京博鼎诚工程设计有限责任公司

北京唯绿建筑节能科技有限公司

北京市朝阳体育馆

北京和众奥顺达物流有限公司

朝阳区绿化局

北京市朝阳区救助管理站

北京京客隆商业集团股份有限公司

朝阳区劲松第四小学

中国红十字基金会北京拔萃双语学校

朝阳区市政市容管理委员会

北京职工体育服务中心

北京市妇女儿童工作先进集体

区委组织部

区卫生局

区教委

区人力资源和社会保障局

区妇女儿童工作委员会办公室

北京市敬老爱老为老服务示范单位

共青团北京市朝阳区委员会

酒仙桥街道办事处

朝外街道办事处

北京市五四红旗团委

朝阳区崔各庄乡团委

北京市五四红旗团支部

朝阳区北京中华民族园团总支

希望工程北京捐助中心、北京青少年发展基金会工作站项目管理奖

希望工程北京捐助中心朝阳区工作站

中国创业青年国际计划 YBC 北京优秀服务站

中国创业青年国际计划(YBC)朝阳服务站

首都巾帼志愿服务优秀团队

首都机场街道南平里社区巾帼志愿服务队
东风地区公共文明引导员巾帼志愿服务队
南磨房地区双龙南里社区巾帼志愿服务队
三里屯街道巾帼志愿者健身队
亚运村街道安慧里社区爱心互助组
团结湖街道“七姐妹环境监督岗”巾帼志愿服务队
和平街街道十姐妹巾帼志愿服务队
望京街道南湖东园社区“红心十姐妹”巾帼志愿服务队

北京市创先争优先进基层党组织

朝阳区朝外街道芳草地社区党委
朝阳区奥运村街道南沙滩社区党委
朝阳区高碑店乡高碑店村党总支
朝阳区平房乡姚家园村党总支
北京市第八十中学党总支
北京蓝岛大厦有限责任公司党委
叶青大厦党委

先进个人

首都劳动奖章

袁庆武　岳安荣　王幼君　王　蔷　于　杨
杨顺利　刘振山　张春花　黄　枢　齐海霞
李玉林　褚雪霏　刘　琳　贾久良　刘　静
蔡　黎　黄美兴　顾汉林　于晓明　张　洁
李　磊　赵丛笑　宋维萌　权福苗　武春雷

首都巾帼志愿者之星

石良珍　武艾云　郭宝玉　卢仲勤　林　敏
石瑞霞　金二雪　靳仿淑

北京市妇女儿童工作先进个人

张维刚　李　洁　魏　薇　李清华　李智敏
罗晓航　付晓梅　李　萍　刘　佳　奚玮琨
李文霞　郝　薇　田　硕　刘丽燕　雷琳琳

北京市创先争优优秀共产党员

梁会兰　刘洪宇　权福苗　唐　宁　田　兴
王立聪　殷金凤　张　超　张学兵

北京市优秀团干部

刘苗苗　马莉莉　许闰子

北京市优秀共青团员

王　楠　周丽萍

第二十六届北京青年五四奖章

马　恒

朝阳区
先进集体、先进个人

先进集体

朝阳区创先争优先进基层党组织

朝外街道芳草地社区党委
奥运村街道南沙滩社区党委
垡头街道二区社区党委
劲松街道党工委
潘家园街道松榆西里社区党委
双井街道广泉社区党总支
首都机场街道机关第一党支部
酒仙桥街道大山子社区党委
麦子店街道枣营北里社区党委
三里屯街道党工委
八里庄街道华贸中心社区党委
大屯街道大屯里社区党委
朝阳区大地工程开发集团党委
和平街街道煤炭科技苑社区党委
安贞街道安华里社区党委
团结湖街道党工委
左家庄街道党工委
望京街道城市管理监察分队党支部
六里屯街道党工委
六里屯街道退休干部党支部
香河园街道西坝河西里社区党委
小关街道小关社区党委
建外街道党工委
呼家楼街道东大桥社区党委
亚运村街道社会工作党委
高碑店乡高碑店村党总支
平房乡姚家园村党总支
太阳宫地区芍药居二社区党委
十八里店乡周家庄村党总支
小红门乡龙爪树村党总支
王四营乡官庄村党总支
崔各庄乡奶东村党支部
东风乡豆各庄村党支部
黑庄户乡郎各庄村党支部
平房地区雅成里社区党委

太阳宫地区太阳宫社区党委
金盏乡马各庄村党总支
来广营地区茉藜园社区党委
将台乡东八间房村党总支
南磨房乡党委(地区工委)
高碑店乡高井村党总支
孙河乡前苇沟村党支部
常营地区万象新天社区党支部
东坝乡三岔河村党总支
管庄地区管庄东里社区党委
区动物疫病预防控制中心党总支
豆各庄地区绿丰家园社区党委
三间房地区绿洲家园社区党委
区人力社保局社会保险基金管理中心党支部
区委办公室党总支
区政府办公室党总支
区人大常委会机关党总支
区政协机关党总支
区纪委党总支
区委组织部党支部
区委宣传部机关党总支
区委统战部党支部
区直机关工委
区委社会工委
区委农工委
区委政法委机关党委
区国资委党委
区总工会机关党总支
团区委党支部
区妇联机关党支部
区房管局党委
区财政局党总支
区园林绿化局绿色景观设计中心党支部
区统计局第三党支部
区法院民事审判第二庭党支部
公安朝阳分局朝外大街派出所党支部
区检察院政治处党支部
区司法局机关党总支
区民政局机关党总支
区残联党支部
区律师协会党委
区民政局救助站党支部
区委教工委
北京市第八十中学党总支
北京市和平街第一中学党总支
北京市第九十七中学党支部
北京市东方德才学校党总支
朝阳区白家庄小学党总支
朝阳区劲松第一幼儿园党支部
朝阳区社会力量办学管理所党总支
北京市电气工程学校党总支
区卫生局党委
区文化馆党支部
区图书馆党支部
北京市垂杨柳医院党委
区卫生局卫生监督所党总支
朝阳区劲松社区卫生服务中心党支部
朝阳区中医医院党总支
朝阳体育馆党支部
区广电新闻中心第二党支部
北京蓝岛大厦有限责任公司党委
北京京客隆商业集团股份有限公司党委
北京朝阳公园开发经营公司党委
北京望京新兴产业区综合开发有限公司党委
北京昆泰房地产开发集团党委
朝阳副食品总公司党委
北京宝嘉恒基础设施投资有限公司党总支
朝阳城市建设综合开发公司党支部
区委非公经济工委
叶青大厦党委
慈铭健康体检管理集团党委
北京中复电讯设备有限责任公司党委
北京京朝出租汽车有限公司党支部
北京福润达化工有限责任公司党支部
北京交运投资发展有限责任公司党委
北京福建企业总商会党总支
北京博鼎诚工程设计有限公司党委
北京国际城市发展研究院党总支
区委商务中心区工委
北京国华置业有限公司党委
安邦财产保险股份有限公司党委

朝阳区人才工作先进单位

区教委
区卫生局
区文化委
区商务委
区社会办
团区委
将台乡党委
建外街道工委
奥管委
垂杨柳医院 第八十中学

宝嘉恒基公司
北京望京科技孵化服务有限公司
中海油(北京)贸易有限责任公司
北京安贞医院 北京工业大学
普华永道中天会计师事务所有限公司北京分所
北京国遥新天地信息技术有限公司
北京爱慕内衣有限公司

先进个人

朝阳区创先争优优秀共产党员名单

(按姓氏笔画为序)

于慧妍　马云红　马建中　马淑琴　王　玲
王文珍　王书英　王立新　王立聪　王丽华
王学芝　王秋丽　王晓辉　王清友　石立君
叶　萍　叶如陵　田　兴　史　霞　付秀荣
代永生　权福苗　朱振云　乔书贵　乔正英
任炜东　刘　艳　刘乃忠　刘世广　刘洪宇
齐丽美　闫红霞　许　迪　孙　颖　孙建国
杜伟强　李　萍　李　鹏　李　燕　李锁群
李增江　杨玉丹　杨顺利　杨积钢　杨惊晖
吴长清　吴玉敏　吴朝辉　辛光珍　张　龙
张　利　张　宏　张　超　张左盾　张学兵
张秋生　张桂红　张新玲　陈晓丹　陈猛良
陈新月　苗　杰　罗琦卓　金晓东　周维琦
郑　涛　郑丹娜　孟昭春　封　钢　赵　玮
赵小仓　赵永峰　赵清志　胡　波　胡绍晖
段洪涛　贾安州　顾美平　徐　阳　徐玉梅
殷金凤　高荣珍　唐　宁　陶玉珍　桑宏伟
黄　凯　黄井林　曹学文　曹洁萍　常　进
梁会兰　梁雪琴　梁跃霞　韩晓燕　景　新
鲍福兴　蔺　娣　薛瑞丰　魏春海　魏淑娟

朝阳区创先争优优秀党务工作者名单

(按姓氏笔画为序)

丁　涛　王　玥　王　婷　王　楠　王文玉
王秀兰　王学锋　王荣英　王相惠　王振山
王德剑　玉　红　左秋玲　石茂才　付金宏
白继萍　冯亚堂　匡　岩　吉明月　朱　敏
朱　雯　朱凤琴　朱蕴芳　乔　栋　任艳华
任振祥　刘　强　刘　蓓　刘玉明　刘武元
刘显威　刘海峰　刘瑞祥　齐连会　安苏岐
孙　梅　纪锡占　李　玲　李　新　李玉红
李京华　李宝辛　李宝忠　李宝荣　杨　凯
杨　怡　杨　莉　杨　楠　杨爱兵　杨润忠
何凤云　张知谦　张育荣　张建军　张振萍
张维维　陈　健　陈　爽　陈晓辉　欧阳辉
和向东　金　勇　周　静　周俊秋　屈树金
孟宪东　孟祥云　赵田珍　赵建萍　战晓波
钟亚利　侯文宇　律文秋　费建文　姚　婕
秦惠东　袁　军　耿学友　栗　红　徐名松
高　潮　郭团会　郭怀喜　郭维嘉　黄玉芬
梅诗曙　龚建国　常宝云　崔大明　崔建堂
梁广智　彭立新　董建华　蒋克勤　曾朝晖
谢竭娟　潘艳辉　潘慧敏　穆　英　魏　敏

朝阳区见义勇为积极分子

李国方　张　丰　丁立土　宁　炜

朝阳区突出贡献人才奖

张鹫制　周长琰　郝又明　徐　伟　廖晓淇

朝阳区国际人才奖

林浩光(LIM HAW KUANG)
尼克·博力(NICHOLAS JAMES BOWLEY)
幸公杰(ROGER KUNG KIT HENG)
张　涛(TAO ZHANG)
蔡　尉(WEI CAI)

朝阳区商务人才奖

冯　滨　乔　宇　刘延岭　刘雪斌　朱晓东
陆　勤　郭　曼　曹　玮　程　军　褚梅灵

朝阳区创新人才奖

王　川　刘　健　权　苗　张　平　林子英
黄　枢　景　新　蔡　霞　戴云峰　魏　巍

朝阳区社会建设与管理人才奖

王丽华　刘东风　杨　怡　陈进林　郑思科
郝惠珍　徐　唯　秦剑锋　韩　洁　潘虎林

朝阳区农村实用人才奖

刘士华　刘长河　庄虔春　宋金志　宋裴裴
苏桂云　金明秀　侯宝龙　曹丽敏　黄业中

朝阳区优秀青年人才奖

马　恒　王成志　石　雷　关　昕　吕雯晶
余　博　李　丽　李　京　李正宁　黄　伟

朝阳教育家

马芯兰

朝阳区教育特殊贡献奖

马芯兰　郝又明

朝阳区人民教师奖

郑丹娜　芦德芹　刘建坡　魏淑娟　高　萍
刘乃忠　曹　晶　任炜东　吴　莹　孔德英

朝阳区人民教师提名奖

宋友山　向　军　谷莉莉　许美琳　张　洁
陈　洪　吴卫东　赵丛笑　刘　敏　张　龙

朝阳区教育突出贡献奖

田树林　刘淑珍　张德庆　赵　欣　苏国华
于渊莘　马　骏　祖雪媛　陈立华　李　军

朝阳区教育突出贡献提名奖

刘 飞 钟亚利 陈春红 刘彦弟 王 彪

徐立芬 陈汉龙 齐振军 代宝刚 孟 夏

逝 世 人 物

彭 非 北京市公安局朝阳分局原分局长。男,汉族,中共党员,1925年2月出生,河北省乐亭县人。1948年4月参加革命工作,1948年10月加入中国共产党。

1949年2月,参与接管伪北平警察局郊一分局。历任北京市公安局朝阳分局文书股长、秘书室主任、副分局长,北京市公安局政治部干部科副科长、落实政策办公室主任、秘书处处长、政治部副主任,朝阳区政法书记、区委常委,北京市公安局朝阳分局党组书记、分局长。在任期间,被评为全国优秀分(县)局长。1991年10月离休。2012年2月28日凌晨2时在北京军区总医院逝世,享年87岁。

刘 铭 北京市朝阳区第八届人大常委会副主任。女,汉族,中共党员,1926年4月出生,河北省大厂回族自治县人。1947年7月参加革命工作,1947年7月加入中国共产党。历任正定华北联大、华北大学学员,平山县华北政府干训班学员,良乡北京市政府干训班学员,北京市21区干事,北京军管会北郊分委干部,中共十三区、东郊区委宣传部、组织部干事,中共朝阳区委组织部副部长、教育部副部长,朝阳区教育局副局长、局长、党委(组)副书记、党组书记,朝阳区教育局革命委员会副主任、党委副书记、教育局局长,中共朝阳区委常委、教育部部长,中共朝阳区委常委、区人民政府副区长,朝阳区人大常委会副主任,1991年4月离休。2012年3月18日因病在京去世,享年86岁。

统计资料

(数据来源:除特别标注外,均来自北京市朝阳区统计局)

地区生产总值(2012年)

表1 单位:万元

项　　目	2012年	构成(%)
合　计	36320865	100.00
第一产业	15646	0.04
第二产业	3925896	10.81
工业	2985436	8.22
建筑业	940460	2.59
第三产业	32379323	89.15
交通运输、仓储和邮政业	1671753	4.60
信息传输、计算机服务和软件业	1864907	5.13
批发和零售业	8921722	24.56
住宿和餐饮业	1028175	2.83
金融业	3826555	10.54
房地产业	3735826	10.29
租赁与商务服务业	5694745	15.68
科学研究、技术服务和地质勘查业	2326535	6.41
水利、环境和公共设施管理业	192741	0.53
居民服务和其他服务业	295696	0.81
教育	970765	2.67
卫生、社会保障和社会福利业	625173	1.72
文化、体育和娱乐业	481381	1.33
公共管理和社会组织	743349	2.05

财政收支(2012 年)

表 2 单位:万元

项 目	决算数	项 目	决算数
财政收入	4725369	**财政支出**	3914738
公共财政预算收入	3451946	**公共财政预算支出**	2751023
区县固定税收	425468	一般公共服务	182745
房产税	277601	国防	6728
车船税	36678	公共安全	317077
印花税	105365	教育	597877
耕地占用税	5824	#教育费附加安排的支出	106311
共享税收	2932103	科学技术	56076
增值税	282997	文化体育与传媒	66351
改征增值税	72359	社会保障和就业	506481
营业税	1205288	医疗卫生	238981
城镇土地使用税	18252	节能环保	58245
土地增值税	199040	#排污费安排的支出	1069
教育费附加收入	81070	城乡社区事务	331483
城市维护建设税(85%)	314191	农林水事务	220238
企业所得税	758906	#水资源费安排的支出	1844
企业所得税退税		资源勘探电力信息等事务	71314
分级收入	94375	商业服务业等事务	15378
国有资本经营收入		金融监管等事务支出	20000
国有资源(资产)有偿使用收入	50748	国土资源气象等事务	822
其他收入	2897	住房保障支出	12372
罚没收入	14363	粮油物资储备事务	2668
行政性事业性收费	23454	其他支出	46187
排污费收入	1069	**政府性基金预算支出**	1163715
水资源费收入	1844	社会保障和就业	28799
政府性基金预算收入	1273423	城乡社区事务	1127354
新型墙体材料专项基金收入	5219	资源勘探电力信息等事务	5219
残疾人就业保障金收入	28652	其他支出	2343
国有土地使用权出让收入	1239552		
其他政府性基金收入			

数据来源:北京市朝阳区财政局。

户籍户数及人口数(按街、乡分)(2012年)

表3 单位:人

项目	年末总户数(户)	年末总人口			在年末总人口中		出生人数	死亡人数
		合计	男	女	非农业人口	农业人口		
合计	765072	1980749	993971	986778	1842958	137791	24085	7323
街道	469654	1323486	666597	656889	1323403	83	13947	4899
建外	12966	42215	21912	20303	42215		268	164
朝外	12254	43987	23473	20514	43987		472	179
呼家楼	21357	63767	31640	32127	63767		549	234
三里屯	13512	38072	18454	19618	38072		335	168
左家庄	25062	66854	33786	33068	66854		583	313
香河园	13894	34337	17250	17087	34337		416	176
和平街	25359	100059	50096	49963	100059		697	285
安贞	18747	48368	23984	24384	48368		425	216
亚运村	17014	48208	24603	23605	48208		611	173
小关	14163	51036	24194	26842	51036		452	143
酒仙桥	23930	69003	35989	33014	69003		586	275
麦子店	8362	21351	10850	10501	21349	2	259	57
团结湖	14090	36906	18658	18248	36906		301	161
六里屯	24027	61501	30940	30561	61499	2	677	255
八里庄	29398	84910	42071	42839	84910		910	249
双井	26064	71684	35971	35713	71662	22	812	281
劲松	28584	71953	36368	35585	71912	41	774	336
潘家园	31744	80681	40485	40196	80678	3	720	429
垡头	11153	29926	15785	14141	29926		321	115
大屯	26132	70161	33833	36328	70161		968	209
望京	30045	79356	40004	39352	79356		1226	207
奥运村	22327	55632	28187	27445	55619	13	876	169
首都机场	7268	24543	13533	11010	24543		265	52
东湖	12202	28976	14531	14445	28976		444	53
乡	295418	657263	327374	329889	519555	137708	10138	2424
南磨房	23527	58821	30513	28308	56872	1949	888	206
高碑店	22635	47487	23701	23786	45511	1976	663	182
将台	12517	25568	12685	12883	23988	1580	309	91
太阳宫	18423	42558	21728	20830	41153	1405	644	131
小红门	13423	28573	13675	14898	14793	13780	420	105
十八里店	17182	38337	18168	20169	17469	20868	506	184
平房	15239	32007	15738	16269	23896	8111	604	117
东风	13966	30112	14951	15161	29878	234	398	119
来广营	21843	43517	22132	21385	40219	3298	1164	130
常营	11513	22671	11490	11181	15555	7116	637	65
三间房	23008	70295	33307	36988	67004	3291	776	183
管庄	21851	55433	29704	25729	50575	4858	945	202
金盏	12808	28405	13763	14642	11258	17147	328	118
孙河	11936	21996	10615	11381	14005	7991	240	184
崔各庄	12885	24386	11818	12568	14812	9574	290	86
东坝	16748	36481	18589	17892	23586	12895	678	116
黑庄户	8837	19050	9386	9664	11116	7934	220	78
豆各庄	6491	12300	6114	6186	7687	4613	207	49
王四营	10586	19266	9297	9969	10178	9088	221	78

数据来源:北京市公安局朝阳分局。

城镇固定资产投资完成情况(项目在地)(2012年)

表4 单位:个、万元、平方米

项目	单位个数	项目个数	自年初累计完成投资	其中:基础设施投资	本年新增固定资产	房屋建筑施工面积	#住宅	房屋建筑竣工面积	#住宅
合计	128	275	5509306	3677276	2678319	5406185	715551	860509	17818
按注册类型划分									
国有	65	155	1505969	269349	780036	3091591	425551	724179	17818
集体	4	5	47622	25370	13800	184000			
股份合作									
国有联营									
集体联营									
国有与集体联营									
其他联营									
国有独资公司	9	52	1718119	1712578	133298	111504		1768	
其他有限责任公司	25	28	189223	16403	72536	819157		56892	
股份有限公司	7	8	1731728	1601993	1635927	269186		18472	
私营	6	6	210048	8943	33000	704178	290000	59198	
其他	3	3	11995			46123			
与港澳台商合资经营	4	6	52297	26397	1561	117641			
与港澳台商合作经营									
港澳台商独资	1	1	3976	3976	3976				
港澳台商投资股份有限公司									
其他港澳台商投资									
中外合资经营	2	2	4191		2317				
中外合作经营									
外资企业	2	9	34138	12267	1868	26805			
外商投资股份有限公司									
其他外商投资									
个体户									
个人合伙									
按隶属关系划分									
中央单位	33	49	2603446	1624667	1865805	2304458	345733	306773	
市属单位	42	139	2019621	1809668	514943	905415	78353	255793	16353
区属单位	15	38	265072	161169	198024	471791	1465	181853	1465
其它单位	38	49	621167	81772	99547	1724521	290000	116090	

表5 房地产开发完成情况(项目在地)(2012年)

单位:个、万元、平方米

项目	单位个数	自年初累计完成投资	#基础设施投资	#土地开发投资	#住宅	房屋施工面积	#住宅	房屋竣工面积	#住宅	本年新增固定资产	商品房销售面积	商品房销售额	待售面积	#住宅	#一年以上住宅
合　计	363	6104451	103506	2100	2937420	27323746	13820566	5600845	3180560	2612344	4726731	10020363	7199760	2428230	1107342
按注册类型分															
国有	8	343728	1119		83342	1798365	1279636	689388	464360	159784	460809	262988	677804	294794	27610
集体	1	6305				22834							324	324	
股份合作															
国有联营															
集体联营															
国有与集体联营															
其他联营															
国有独资公司	10	251033	70784		107730	1186741	754313	303498	276689	280458	340442	525180	233654	139808	103487
其他有限责任公司	218	4359645	25965	2100	2351610	19643140	10149238	3885410	2207455	1568831	3153760	6387771	4351392	1421483	730293
股份有限公司	11	43845			14167	204328	78389				119352	200404	201438	42620	21299
私营独资															
私营合伙	1												18181		
私营有限责任公司	24	75903	260		29934	378796	66556	42287	16964	8108	53720	216338	391640	217204	162601
私营股份有限公司	3	61391			18400	417409	193625				51711	49365	19968		
其他															
与港澳台商合资经营	14	73592	2301		5189	743382	23833	133311		46149	190475	912691	352512	76571	6497
与港澳台商合作经营	27	278748	1344		165139	811673	354923	95864	39210	127265	142196	521621	394168	98726	22324
港澳台商独资	13	228399	679		116188	1083779	595785	263385	41722	290746	134991	706082	255391	56924	9188
港澳台商投资股份有限公司															
中外合资经营	9	18450	969		15842	231526	129975	66894	34564	29385	15470	54666	148718	23414	20026
中外合作经营	17	98936	85		29868	634422	194293	120808	99596	101618	46515	152864	120048	54809	3596
外资企业	7	264476			11	167351					17290	30393	34522	1553	421
外商投资股份有限公司															
按隶属关系分															
中央	13	296804	300		288322	761843	607437				135285	458540	126900	15434	6977
市属	54	1068173	1854		603692	5275559	2845548	1529146	936355	468586	1769018	2522661	1615976	540533	341727
区及区以下	296	4739474	101352	2100	2045406	21286344	10367581	4071699	2244205	2143758	2822428	7039162	5456884	1872263	758638
按资质等级分															
一级	39	987304	8312		736302	4824019	3355734	1541546	1107391	485474	1376189	1922268	1760482	655246	354392
二级	55	918676	8294		451343	6109187	2992529	1148111	685879	321503	1015252	1533605	1782509	409070	241774
三级	54	470099	7051		308665	1976715	1287810	501077	335838	170985	743130	1322915	758256	202001	45539
四级	128	1178215	3447		625736	6569483	3397999	1690691	895863	1154209	759275	2090205	2110751	829548	377280
暂定	50	1395231	74213		459410	5055848	1472383	664183	155589	383309	642384	2774200	384533	132781	54803
其他	37	1154926	2189	2100	355964	2788494	1314111	55237		96864	190501	377170	403229	199584	33554

房地产开发企业主要财务指标(2012 年)

表 6 单位:千元

项　　目	单位个数(个)	固定资产合计	累计折旧	本年折旧	资产总计	负债合计	营业收入	#主营业务收入	商品房屋销售收入	主营业务成本	主营业务税金及附加	营业利润	利润总额	应交所得税	应付职工薪酬	从业人员平均数(人)
合　计	670	32448725	9918572	1793639	972152914	771730566	80462144	78497208	60428829	40814124	8867825	19849412	19585094	4144634	4329052	26006
按注册类型划分																
国有	10	282014	179662	16200	7065033	6082483	969761	968252	861248	842725	53854	28009	26816	437	33480	207
集体	1	824896	339944	44838	5293498	4825723	1177202	1177202	1034124	702447	85233	349034	354472	87503	12196	98
股份合作																
国有联营																
集体联营																
国有与集体联营																
其他联营																
国有独资公司	8	597654	74560	32989	29694264	19215814	6426982	6418050	5320016	3649819	1106663	1237356	1224961	303849	93382	315
其他有限责任公司	416	18359412	4377654	1076875	582273699	468570550	54516278	53908073	41985028	29135279	5505660	10809368	10496472	2726516	2319548	16006
股份有限公司	14	1032134	40730	5712	39762663	26237575	349275	253189	130523	43708	57012	1861305	1862609	19515	174621	440
私营独资																
私营合伙	1	91555	10123	4862	215669	123976	42225	29827	29827	31770	22804	－30684	－30762	40	1106	25
私营有限责任公司	89	1279576	412298	52705	25683371	21515629	593211	564496	259891	204727	97847	－143057	－147956	23846	80518	1313
私营股份有限公司	6	53182	79991	14024	2816176	2194518	157731	145510	134312	132757	13552	－67359	－12673		15824	211
其他																
与港澳台商合资经营	18	1315653	973799	48039	26244276	20748359	1059776	1046868	542756	276141	67200	275130	283898	88666	134428	569
与港澳台商合作经营	38	2820428	664980	110242	54053096	47257032	4254286	4093294	2908018	1570998	528727	561902	585807	202406	244419	2410
港澳台商独资	19	3007103	1038883	183365	102082396	82085128	5257358	5235403	4495861	2462551	841736	2899532	2850221	138385	591581	1693
港澳台商投资股份有限公司																
其他港澳台投资																
中外合资经营	18	504279	389995	30741	49902683	39934233	639517	611533	－579	80814	60084	586832	638776	199842	68921	648
中外合作经营	21	1365422	622384	103277	20074144	13266608	3810183	2848527	1733856	1144479	340403	1325083	1285069	333205	197150	1473
外资企业	11	915417	713569	69770	26991946	19672938	1208359	1196984	993948	535909	87050	156961	167384	20424	361878	598
外商投资股份有限公司																
其他外商投资																
按隶属关系划分																
中央	19	603279	139345	46842	60561792	46314544	930883	817841	655399	421695	82515	1732486	1729389	12601	261622	566
市属	87	4530431	459025	107254	120472485	89203627	22023726	21865715	20316593	10715614	3624296	5452310	5560013	1355124	614599	3078
区及区以下	564	27315015	9320202	1639543	791118637	636212395	57507535	55813652	39456837	29676815	5161014	12664616	12295692	2776909	3452831	22362
按资质等级划分																
一级	26	3136561	912459	170837	205823618	162891939	18649927	18422112	16984926	8961911	2176396	8761235	8830650	787439	1327059	3084
二级	52	4532904	1606058	297805	118313359	93409579	15933407	15698568	12305996	7763030	1995729	3841941	4003241	992659	543848	4244
三级	77	3838526	900862	223143	151263923	118992641	12927012	12641806	11115071	5771967	1998881	2448983	2453370	540733	462857	3166
四级	234	14381529	3135592	674911	270697684	224293384	16303046	16120372	10122579	8064934	1542835	2675249	2431503	1074404	1136979	8128
暂定	135	2225148	959240	146036	159902068	125342792	12452410	12421865	9050436	8960506	970609	985482	982233	461035	467224	3921
其他	146	4334057	2404361	280907	66152262	46800231	4196342	3192485	849821	1291776	183375	1136522	884097	288364	391085	3463

社会消费品零售额(按行业结构分)

表7

单位:万元、%

项　　目	2012年	2011年	增长速度
合　计	18295384	16519071	10.8
#限额以上	17242803	15745698	9.5
#批发和零售业	15716374	14570726	7.9
#汽车及配件销售	5680388	5146423	10.4
综合零售	3933533	3729772	5.5
石油及制品销售	1622892	1441022	12.6
家用电器及电子产品销售	1001067	1065905	-6.1
医药及医疗器材销售	826240	723450	14.2
服装、鞋帽、纺织品销售	650516	567499	14.6
五金、建材、家装销售	601981	574143	4.8
文化、体育用品销售	407392	400708	1.7
日用品销售	348608	353889	-1.5
互联网零售	318573	270745	17.7

注:1、本表数据口径为“产业经营地”口径。2、限额以上分行业2011年数据为表内同期数据。

农副产品市场情况

表8

项　　目	2012年	2011年	增长速度(%)
农副产品市场经营管理单位个数(个)	88	91	-3.30
农副产品市场成交量(吨)	839550	812094	3.38
粮食类	92024	91341	0.75
油脂油料类	15421	15239	1.19
肉食禽蛋类	121252	118965	1.92
水产品类	26791	26248	2.07
蔬菜类	461112	443108	4.06
干鲜果类	122950	117193	4.91
农副产品市场成交额(万元)	492766	479116	2.85
粮食类	37312	36083	3.41
油脂油料类	27866	29130	-4.34
肉食禽蛋类	232750	234675	-0.82
水产品类	30829	31090	-0.84
蔬菜类	113830	105123	8.28
干鲜果类	50179	43015	16.65

数据来源:北京市工商行政管理局朝阳分局。

城乡个体工商业基本情况(2012 年)

表 9

项　　　目	户数(户)	#城镇	从业人员(人)	#城镇	注册资金(万元)	#城镇
合　　计	86570	61014	126171	63799	157699	77252
农林牧渔业	248		332		5780	
采矿业	3		3		3	
制造业	1521	210	1934	251	2943	274
建筑业	68	25	343	229	121	47
交通运输、仓储和邮政业	831	241	857	253	1716	90
信息传输、计算机服务和软件业	879	349	912	465	2047	886
批发和零售业	61172	42462	63841	43685	100180	63471
住宿和餐饮业	3269	3062	3906	3063	5680	2468
租赁和商务服务业	1294	644	1296	692	2073	939
居民服务和其他服务业	10255	9047	10255	9048	25712	3286
卫生、社会保障和社会福利业	187	102	187	102	314	103
科学研究、技术服务和地质勘查业	502	153	603	160	873	274
文化、体育和娱乐业	3253	2174	3415	3248	5081	3288
其他行业	3088	2545	38287	2603	5176	2126

数据来源：北京市工商行政管理局朝阳分局。

对外经济基本情况(2012 年)

表 10　　　单位:亿美元

项　　目	2012 年	增长速度(%)
新批三资企业(个)	682	-18.4
合同外资金额	53.3	12.0
实际利用外资额	32.0	20.9
外贸出口额	127.0	3.7

数据来源：北京市朝阳区商务委。

外商投资企业新设立情况

表 11

项　　目	企业数(个)	
	2012 年	2011 年
合　计	682	836
按登记注册类型分		
合资经营	60	75
合作经营	3	3
独资经营	619	758
其他		
按三次产业分		
第一产业		
第二产业	3	4
第三产业	679	832
按客商国别(地区)分		
日　本	35	79
美　国	51	55
香　港	262	341
澳大利亚	7	12
法　国	12	15
新加坡	29	26
加拿大	12	10
德　国	26	24
西班牙	9	9
中国台湾	26	32
瑞　典	3	3
泰　国	2	1
比利时	2	2
丹　麦	1	1
韩　国	75	79
俄罗斯	11	
其　他	119	147

数据来源：北京市朝阳区商务委员会。

中资银行人民币月末存款余额(2012 年)

表 12 单位:万元

月份	各项存款	#单位存款	#个人存款	#储蓄存款
1月	104124066	61546853	37886548	37181490
2月	103793505	60779764	38545040	37716422
3月	110573040	65095462	40658743	39648456
4月	106593765	61454377	40584529	39688533
5月	106298654	60629111	41047626	40153259
6月	110654517	62139969	43828796	42733590
7月	112427577	61989781	42519468	41437119
8月	111894829	62899647	42737606	41732296
9月	114147277	63754310	44107901	42847534
10月	112136836	62591066	43605559	42475048
11月	113222235	63878326	43786384	42739497
12月	121634497	69875935	45980439	44631772

数据来源:中国人民银行营业管理部。

中资银行人民币月末贷款余额(2012 年)

表 13 单位:万元

月份	各项贷款	#境内短期贷款	#境内中长期贷款
1月	53965213	14010655	39326382
2月	54264370	14352890	39120025
3月	55188847	14634771	39560014
4月	55530676	14828064	39664159
5月	54948320	15018420	38810408
6月	55679331	16037773	38325842
7月	54821049	15713660	38122295
8月	55759949	16033464	38716839
9月	55601221	15994767	38716375
10月	57144988	17065975	39098170
11月	56461438	16447739	39035170
12月	55908755	16410762	38753839

数据来源:中国人民银行营业管理部。

统计指标解释

一、地区生产总值

地区生产总值:是按市场价格计算的一个地区所有常住单位在一定时期内生产活动的最终成果。地区生产总值有三种表现形式,即价值形态、收入形态和产品形态。在实际核算中,地区生产总值的三种表现形态表现为三种计算方法,即生产法、收入法和支出法。三种方法分别从不同的方面反映地区生产总值及其构成。

三次产业 根据社会生产活动历史发展的顺序对产业结构的划分,产品直接取自自然界的部门称为第一产业。对初级产品进行再加工的部门称为第二产业。为生产和消费提供各种服务的部门称为第三产业。我国现行的三次产业划分是:

第一产业:农、林、牧、渔业(包括农业、林业、畜牧业、渔业和农、林、牧、渔服务业)。

第二产业:工业(包括采矿业、制造业、电力、燃气及水的生产及供应业)和建筑业。

第三产业:除第一、第二产业以外的其他各业。

二、地方财政收支

公共性财政预算收入:通过一定的形式和程序,由各级财政部门组织并纳入预算管理的各项收入,也就是会计制度改革以前所称的“预算收入”。

政府性基金预算收入:是按规定收取,转入或通过当年财政安排,由财政管理并具有指定用途的政府性基金预算收入等。

公共性财政预算支出:是各级财政部门对集中的一般预算收入有计划地分配和使用而安排的支出。

三、固定资产投资

自年初累计完成投资:指从本年1月1日起至本年最后一天止完成的全部用于房屋建设工程和土地开发工程的投资额以及公益性建筑和土地购置费等的投资。

土地开发投资额:指房地产开发企业(单位)进行的土地开发工程所完成的投资额,它是房地产开发企业(单位)对新征用(或购置)的土地进行道路、给水、排水、供电、供热、通讯等工程建设及土地平整(简称七通一平)等所完成投资额。

土地开发投资一般是指生地(荒地、山地)的开发,即将生地变成熟地的过程所完成的投资。重新规划的旧城区改造所进行了的“七通一平”工程也可进入土地开发投资。但列入房屋工程概预算的原有旧房屋的拆除、建筑场地平整以及施工临时用水、电、通讯工程不计入土地开发投资,而应计入房屋开发投资中。土地开发投资额应放入完成投资按结构分组中的建筑工程,在房屋用途分组中能分摊的就分摊,不能分摊的全部计入其他。未进行开发工程的,只进行单纯的土地交易活动不作为土地开发投资统计。

本年新增固定资产:指在报告期已经完成建造和开发过程并交付使用的房屋和土地开发面积的价值。指房地产开发公司进行开发经营活动的最终成果,即为社会提供的固定资产,而且是在报告期内新增加的。不是反映房地产开发企业本身固定资产的增加。

四、房地产开发

商品房销售面积(不含回迁):指在报告期内出售商品房屋的合同总面积(即双方签署的正式买卖合同中所确定的建筑面积)。由现房销售建筑面积和期房销售建筑面积两部分组成。现房销售、期房销售中均不包括拆迁还建、统建代建、公共配套建筑、房地产开发企业自用及周转房等不可销售的房屋,也不包括销售的拆迁回迁商品房。(该指标取自当年签订的《商品房买卖合同》)

商品房空置面积:指报告期末已竣工的可供销售或出租的商品房屋建筑面积中,尚未销售或出租的商品房屋建筑面积,包括以前年度竣工和本期竣工的房屋面积,但不包括报告期已竣工的拆迁还建,统建代建,公共配套建筑、房地产公司自用及周转房等不可销售或出租的房屋面积。

五、社会消费品零售总额

社会消费品零售额:指企业(单位、个体户)通过交易直接售给个人、社会集团非生产、非经营用的实物商品金额,以及提供餐饮服务所取得的收入金额。个人包括城乡居民和入境人员,社会集团包括机关、社会团体、部队、学校、企事业单位、居委会或村委会等。

六、市场成交额

市场成交额:指从事消费品交易的商品市场的全部商品成交金额。

七、实际利用外资额

实际利用外资额:指批准的合同外资金额的实际执行数,外国投资者根据批准外商投资企业的合同(章程)的规定实际缴付的出资额和企业投资总额内外国投资者以自己的境外自有资金实际直接向企业提供的贷款。

八、存款、贷款

存款:企业、机关、团体或居民根据可以收回的原则,把货币资金存入银行或其他信用机构保管并取得一定利息的一种信用活动形式。根据存款对象的不同可划分为企业存款、财政存款、机关团体存款、储蓄存款、农业存款等科目。它是银行信贷资金的主要来源。

贷款:银行或其他信用机构根据必须归还的原则,按一定利率,为企业、个人等提供资金的一种信用活动形式。我国银行贷款分为短期贷款、中长期贷款、委托及信托类贷款、其他类贷款等。

附 录

中共北京市朝阳区委主要文件目录

中共北京市朝阳区委文件

京朝发〔2012〕1 号:关于表彰 2011 年度朝阳区经济贡献突出企业和优秀企业的决定

京朝发〔2012〕2 号:关于进一步加强廉政风险防控管理的实施意见

京朝发〔2012〕3 号:印发《关于进一步加强新形势下全区党建带团建工作的意见》的通知

京朝发〔2012〕4 号:关于印发《加快建设文化朝阳十大行动计划(2012 - 2015)》的通知

京朝发〔2012〕5 号:关于办理民主党派提案的办法

京朝发〔2012〕6 号:关于进一步加强安全生产工作的实施意见

京朝发〔2012〕7 号:关于深化文明城区建设长效机制的意见

京朝发〔2012〕8 号:关于印发《朝阳区禁止和查处违法建设工作实施细则》的通知

京朝发〔2012〕9 号:关于命名表彰朝阳区创先争优先进基层党组织、优秀共产党员和优秀党务工作者的决定

京朝发〔2012〕10 号:关于加强和创新社会管理全面提升社会建设水平的实施意见

京朝发〔2012〕11 号:关于印发《朝阳区维护稳定责任制》的通知

京朝发〔2012〕12 号:关于对公安朝阳分局涉日维稳工作全体参战人员进行通报表彰的决定

京朝发〔2012〕13 号:关于做好 2012 年军队转业干部安置工作的通知

京朝发〔2012〕14 号:关于认真学习宣传贯彻党的十八大精神的通知

京朝发〔2012〕15 号:关于授予"朝阳教育家"光荣称号、朝阳区突出贡献人才奖、国际人才奖、商务人才奖、创新人才奖、社会建设与管理人才奖、农村实用人才奖、优秀青年人才奖和朝阳区人才工作先进单位决定

中共北京市朝阳区委办公室文件

京朝办发〔2012〕1 号:关于印发《朝阳区"双十工程"2012 年度实施工作方案》的通知

京朝办发〔2012〕2 号:关于印发《区领导联系基层单位安排》的通知

京朝办发〔2012〕3 号:关于成立朝阳区万亩造林工程建设领导小组和指挥部的通知

京朝办发〔2012〕4 号:关于印发《2012 年区委中心组学习计划》的通知

京朝办发〔2012〕5 号:关于印发《区委党的建设工作领导小组 2012 年工作要点》的通知

京朝办发〔2012〕6 号:关于印发《区委常委会 2012 年议题计划》的通知

京朝办发〔2012〕7 号:关于印发《来广营乡(地区)党政机关主要职责、内设机构和人员编制规定》的通知

京朝办发〔2012〕8 号:关于印发《太阳宫乡(地区)党政机关主要职责、内设机构和人员编制规定》的通知

京朝办发〔2012〕9 号:关于印发《将台乡(地区)党政机关主要职责、内设机构和人员编制规定》的通知

京朝办发〔2012〕10 号:关于印发《金盏乡(地区)党政机关主要职责、内设机构和人员编制规定》的通知

京朝办发〔2012〕11 号:关于印发《东坝乡(地区)党政机关主要职责、内设机构和人员编制规定》的通知

京朝办发〔2012〕12 号:关于印发《平房乡(地区)党政机关主要职责、内设机构和人员编制规定》的通知

京朝办发〔2012〕13 号:关于印发《高碑店乡(地区)党政机关主要职责、内设机构和人员编制规定》的通知

京朝办发〔2012〕14号:关于印发《南磨房乡(地区)党政机关主要职责、内设机构和人员编制规定》的通知

京朝办发〔2012〕15号:关于印发《王四营乡(地区)党政机关主要职责、内设机构和人员编制规定》的通知

京朝办发〔2012〕16号:关于印发《十八里店乡(地区)党政机关主要职责、内设机构和人员编制规定》的通知

京朝办发〔2012〕17号:关于印发《小红门乡(地区)党政机关主要职责、内设机构和人员编制规定》的通知

京朝办发〔2012〕18号:关于印发《东风乡(地区)党政机关主要职责、内设机构和人员编制规定》的通知

京朝办发〔2012〕19号:关于印发《黑庄户乡(地区)党政机关主要职责、内设机构和人员编制规定》的通知

京朝办发〔2012〕20号:关于印发《三间房乡(地区)党政机关主要职责、内设机构和人员编制规定》的通知

京朝办发〔2012〕21号:关于印发《常营回族乡(地区)党政机关主要职责、内设机构和人员编制规定》的通知

京朝办发〔2012〕22号:关于印发《豆各庄乡(地区)党政机关主要职责、内设机构和人员编制规定》的通知

京朝办发〔2012〕23号:关于印发《管庄乡(地区)党政机关主要职责、内设机构和人员编制规定》的通知

京朝办发〔2012〕24号:关于印发《崔各庄乡(地区)党政机关主要职责、内设机构和人员编制规定》的通知

京朝办发〔2012〕25号:关于印发《孙河乡(地区)党政机关主要职责、内设机构和人员编制规定》的通知

京朝办发〔2012〕26号:关于调整部分议事协调机构和临时机构领导成员的通知

京朝办发〔2012〕27号:关于印发《朝阳区区属国有企业领导人员管理暂行办法》的通知

京朝办发〔2012〕28号:关于转发《北京市朝阳区第八届社区居民委员会换届选举工作实施方案》的通知

京朝办发〔2012〕29号:关于做好全区党的机关文件改版工作的通知

京朝办发〔2012〕30号:关于印发2012年随军家属安置指标的通知

京朝办发〔2012〕31号:关于印发《2012年朝阳区党委系统调研课题计划》的通知

京朝办发〔2012〕32号:关于印发《2012年朝阳区党风廉政建设和反腐败主要任务分工》的通知

京朝办发〔2012〕33号:关于开展全区安全生产大检查进一步清理整顿非法违法生产经营建设行为的通知

京朝办发〔2012〕34号:关于转发《朝阳区推进国家公共文化服务体系示范区创建行动的实施方案》的通知

京朝办发〔2012〕35号:关于印发《朝阳区第十一次党代会重要任务分工方案》的通知

京朝办发〔2012〕36号:关于在全区开展"迎接十八大,为民谋幸福"活动的通知

京朝办发〔2012〕37号:印发《关于进一步加强新形势下农村精神文明建设工作的实施意见》的通知

京朝办发〔2012〕38号:关于成立北京第四使馆区规划建设协调领导小组的通知

京朝办发〔2012〕39号:关于认真做好2012年"八一"期间拥军优属拥政爱民工作的通知

京朝办发〔2012〕40号:关于转发《市委办公厅转发市委组织部关于在抢险救灾和灾后恢复重建工作中加强对全市各级领导班子和领导干部考核的通知》的通知

京朝办发〔2012〕41号:印发《关于加强重大资金项目廉政风险防控管理的实施意见》的通知

京朝办发〔2012〕42号:印发《朝阳区关于党的十八大安保专项行动方案》的通知

京朝办发〔2012〕43号:关于加强近期社会面防控的紧急通知

京朝办发〔2012〕44号:关于严格执行请假报告制度的通知

京朝办发〔2012〕45号:关于印发《朝阳区重大决策社会稳定风险评估实施细则(试行)》的通知

京朝办发〔2012〕46号:关于区委书记、副书记、区委常委工作分工的通知

京朝办发〔2012〕47号:关于印发《朝阳区重党的十八大安保工作领导指挥体系组织方案》的通知

京朝办发〔2012〕48号:关于做好2013年度《人民日报》、《求是》杂志和《北京日报》、《前线》杂志征订工作的通知

京朝办发〔2012〕49号:印发《关于统筹推进朝阳区党委系统信息化建设的意见》的通知

京朝办发〔2012〕50号:关于调整部分区级议事协调机构和临时机构领导成员的通知

京朝办发〔2012〕51号:印发《关于进一步加强党管人才工作的实施意见》的通知

京朝办发〔2012〕52号:关于参加区十五届人大三次会议和区政协十二届二次会议有关事宜的通知

北京市朝阳区人民政府主要文件目录

北京市朝阳区人民政府文件

朝政发〔2012〕1号 关于印发《政府工作报告》的通知

朝政发〔2012〕2号 关于委托民用机场净空保护区域行

政处罚权的通知

朝政发〔2012〕4号 关于2011年目标管理双百考核工作结果的通报

朝政发〔2012〕5号 关于进一步提升邮政普遍服务水平的意见

朝政发〔2012〕6号 关于授予李国方、张丰、丁立士等3名同志"见义勇为积极分子"荣誉称号的决定

朝政发〔2012〕7号 关于农村地区转变发展方式加快产业升级促进农民就业增收的意见

朝政发〔2012〕8号 关于加强农村集体资金资产资源管理工作的意见

朝政发〔2012〕10号 关于表彰2012年朝阳区教育特殊贡献奖、朝阳区人民教师奖、朝阳区教育突出贡献奖等的通知

朝政发〔2012〕11号 关于进一步做好农村劳动力就业工作的意见

朝政发〔2012〕14号 关于发布行政规范性文件清理结果的通知

朝政发〔2012〕15号 关于授予宁炜同志"见义勇为积极分子"荣誉称号的决定

朝政发〔2012〕16号 关于印发北京市朝阳区人民政府投资建设项目审计办法的通知

驻 区 单 位

驻区部分中央单位名录

中国人寿保险股份有限公司	朝外大街16号	63633333
中国石油化工股份有限公司北京石油分公司	静安里12号楼	84469547
中国石油天然气股份有限公司华北销售分公司	嘉铭园二区11号楼	84869902
神华国华(北京)电力研究院有限公司	酒仙桥路12号电子城科技大厦906室	83562727
中国石化燃料油销售有限公司	北辰西路8号院3号楼B15F	84374200
中国石化工程建设公司	安慧北里安园21号楼	84878607
中国石油集团长城钻探工程有限公司	安立路101号	59285380
中国石油天然气股份有限公司北京销售分公司	北苑路86号院嘉铭桐城二区11号楼704房间	84807358
中海石油气电集团有限责任公司	东三环北路甲2号京信大厦	84526024
中国寰球工程公司	樱花园东街7号	58676899
中铁十六局集团有限公司	红松园北里2号	51883503
中信金属有限公司	新源南路6号京城大厦1903室	59661940
新华人寿保险股份有限公司	建外大街甲12号新华保险大厦	85213257
中国石化化工销售有限公司	朝北大街22号10层	59966938
中石油北京天然气管道有限公司	大屯路9号	64986019
中煤科技集团公司	煤科院主楼601605	84264357
中国国际技术智力合作公司	光华路7号汉威大厦	65613920
中建一局集团建设发展有限公司	望花路西里17号	64726644
中国船舶燃料有限责任公司	安贞西里五区仟村商务大楼A座13层	57372829
中国石油化工集团公司	朝北大街22号	59968892
北京东方石油化工有限公司	大郊亭4号	67747486
中交第一公路工程局有限公司	管庄周家井	65761831
中国国投国际贸易有限公司	惠新西街19号	52021999
中国石化国际事业有限公司	朝北大街22号	59966126
蓝星石化有限公司	北三环东路19号2号411、413、415、	

	417、419、421、423室	64453732
中交一公局第五工程有限公司	管庄周家井大院	61594300
中国葛洲坝集团国际工程有限公司	建国路91号	59525702
中建一局集团第五建筑有限公司	定福庄北里1号	65762472
中国化纤总公司	建国路99号中服大厦23层、22层	65816699
中国有色金属建设股份有限公司	安定路10号(中国有色大厦南楼)	84427242
北京攀承钒业贸易有限公司	建国路81号华贸中心1号写字楼1206号	59695189
中信信托有限责任公司	新源南路6号京城大厦13层	84861327
中轻资源进出口公司	劲松九区910楼三层601室	87763272
中国国际金融有限公司	建外大街1号国贸大厦2座27、28层	85679888
华能北京热电有限责任公司	高碑店路南	87737103
远大海外经济投资发展有限公司	慧忠路5号远大中心C座22层	84891849
北京中铁隧建筑有限公司	广渠门外大街9号院	67731652
新时代健康产业(集团)有限公司	安翔北里甲11号创业大厦18层	64850599
北京电力建设公司	定福庄西里一号	51962091
中国纸张纸浆进出口公司	劲松九区90号十层	87763360
中艺远东进出口有限公司	朝外大街26号B2807	85656888
中国纺织机械和技术进出口有限公司	建国路99号中服大厦18层	51900387
中国人民财产保险股份有限公司	建外大街2号院2号楼	85177807
中国出国人员服务总公司	惠新东街4号	84663019
中交路桥北方工程有限公司	管庄1号院	52016566
中国化工建设总公司	安贞西里3区15号楼	84527216
中艺联合工贸有限公司	朝外大街吉祥里103号十层1004	85656888
中意人寿保险有限公司	光华路5号院世纪财富中心1座16层	58763988
中国庆安国际贸易集团有限公司	霄云路27号	64603403
中国航空技术国际控股有限公司	北辰东路18号	84808548

驻区部分市属单位名录

北京外企人力资源服务有限公司	朝南大街14号	67772672
中国航油集团北京石油有限公司	飞行总队对面001	64584253
北京燕莎友谊商城有限公司	亮马桥路52号	64651188
北京北辰实业股份有限公司	北辰东路8号	64991284
北京中弘投资有限公司	五里桥1街1号19号楼	59621199
北京住总房地产开发有限责任公司	慧忠里320号	65953953
北京城建道桥建设集团有限公司	西大望路12号	85891549
北京市热力集团有限责任公司	西大望路1号(1号楼2501室)	65339500
北京纵横国际投资有限公司	建外大街1号国贸大厦2座8层808室	64956589
中信国际商贸有限公司	新源南路6号京城大厦45层	84862288
北京首城置业有限公司	南磨房路37号华腾北搪商务大厦1012	87796220
国奥投资发展有限公司	国际会议中心5层	84371956
北京市朝阳烟草公司	和平街十三区甲17号	64207298
北京国际贸易公司	建外大街甲3号	65005884
北京天海工业有限公司	天盈北路9号	67379582
中航嘉信商务旅行管理有限公司	东三环北路乙2号1幢01单元701室	59293838
中国电气进出口有限公司	朝外关东店南街8803信箱	65842917

北京太阳宫燃气热电有限公司	西坝河路6号	64516712
群星集团公司	大屯路科学园南里西奥中心A座16层	66573006
北京方胜理信劳务服务有限公司	向军南里二巷甲5号801	67772672
北京同仁堂健康药品经营有限公司	建外大街甲6号D座19层	87126792
北京普仁鸿医药销售有限公司	百子湾路16号百子园4座住宅楼1101	87766895
北京城建七建设工程有限公司	德外祁家豁子2号	62011844
北京城建五建设工程有限公司	安苑东里三区十号	64895711
首创朝阳房地产发展有限公司	朝阳剧场南街6号	65011111
北京青年旅行社股份有限公司	潘家园南里12号潘家园大厦三层北区	87789938
北京博瑞祥云汽车销售服务有限公司	花虎沟2号	82818502
北京住总集团有限责任公司	慧忠里320楼	84838139
北京华普产业集团有限公司	朝外大街19号(华普大厦17层)	65803388
北京首开天成房地产开发有限公司	望京东园628楼	64733868
北京城建亚泰建设工程有限公司	东土城路九号	64225995
北京住总第二开发建设有限公司	外馆街6号	52075019
北京贵友大厦有限公司	建外大街甲5号	65629132
中国国际石油化工联合有限责任公司	朝北大街22号	59966870
北京双鹤药业股份有限公司	望京利泽东二路1号	64742227
京东方科技集团股份有限公司	酒仙桥路10号(京东方大院内)	64318888
北京首创新资置业有限公司	郎家园6#院	51660015
北京弘泰基业房地产有限公司	朝阳北路101号楼1层01号	52026788
北京市汽车贸易有限公司	东环南路22号拖西2幢	65812732
中国康辉旅行社集团有限责任公司	农展馆南路13号12层	65877689
北京西华房地产开发有限公司	广顺北大街33号	84723366
中建电子工程有限公司	麦子店街37号盛福大厦1900室	85275211
北京市东湖房地产有限公司	望京利泽西园一区甲107号楼	64703786
北京北辰实业股份有限公司北辰置地分公司	安慧里三区6号楼三层	64910506
北京博瑞祥驰汽车销售服务有限公司	德胜门外双泉堡花虎沟2号	82818502
中国和平国际旅游有限责任公司	东土城路13号金孔雀商务大厦二层	64484500
北京首驰昱达房地产开发有限公司	磨房北里禧福汇国际社区接待中心	62897456
北京城建十建设工程有限公司	安苑东里三区10号	64895242
北京铜牛进出口有限公司	金台里甲9号(铜牛大厦)4层	52081287
北京市勤和汽车销售有限公司	百子湾路18号	65817268

驻区其它单位名录

宝马(中国)汽车贸易有限公司	东三环北路霞光里18号佳程广场B座28层	84558000
梅赛德斯-奔驰(中国)汽车销售有限公司	望京街8号院戴姆勒大厦16层	84172161
三星(中国)投资有限公司	建国路118号航华科贸中心招商局大厦2208-13单元	65689988
中国中煤能源股份有限公司	黄寺大街1号	82256062
丰田汽车(中国)投资有限公司	呼家楼京广中心25层	65978728
中国中信集团公司	新源南路6号	64661710
安邦人寿保险股份有限公司	东三环中路7号财富中心A座30层3001	59229662
索尼(中国)有限公司	东三环北路霞光里18号佳程大厦A座25层	84586046
西门子(中国)有限公司	望京中环南路七号	64768593

松下电器(中国)有限公司	景华南街5号远洋光华中心C座3、6层	65626317
瑞钢联集团有限公司	朝北大街1号新保利大厦23层	84193745
电装(中国)投资有限公司	东三环北路5号1幢518室	65908337
乐金电子(中国)有限公司	建外大街乙12号双子座大厦西塔十九、二十、二十一层A	65631188
施耐德电气(中国)有限公司	望京东路六号A座	65039565
现代汽车(中国)投资有限公司	霄云路38号现代汽车大厦2501室	84539666
北京搜候房地产有限责任公司	朝外大街乙6号朝外SOHO-A座11层	58788866
日产(中国)投资有限公司	光华路1号嘉里中心南楼1318室	85298181
壳牌(中国)有限公司	建外大街1号国贸大厦2座32层3-18单元	65054501
卡特彼勒(中国)投资有限公司	望京街8号卡特彼勒大厦16层	59210340
ABB(中国)有限公司	酒仙桥路10号恒通广厦	84566688
中国惠普有限公司	建国路112号中国惠普大厦	65645847
北京恒美广告有限公司	华贸中心1座5层	85665563
安富利(中国)科技有限公司	霄云路26号鹏润大厦A区28层	84141097
爱立信(中国)通信有限公司	利泽东街5号爱立信大厦1-6A	84769000
国美电器有限公司	霄云路26号鹏润大厦B座18层	59289000
远洋地产有限公司	东四环中路56号远洋国际中心A座31层	59299918
冠捷科技(北京)有限公司	酒仙桥路10号(京东方)	64326699
中冀斯巴鲁(北京)汽车销售有限公司	王四营乡孛罗营村北一街	51354560
克莱斯勒(中国)汽车销售有限公司	东三环中路63号楼1509	59037766
艾麦斯贸易(北京)有限责任公司	白家庄路3号12号楼405	65917035
葛兰素史克(中国)投资有限公司	东四环中路56号楼A座901-910室	59252888
路易达孚(北京)贸易有限责任公司	东三环中路1号环球金融中心东楼14层01-04单元及06-11单元	58694983
中国石化集团石油商业储备有限公司	惠新东街甲六号楼1532房间	59969336
北京红牛饮料销售有限公司	建外大街永安东里8号华彬国际大厦22层2201-2205	85288528
北京京客隆商业集团股份有限公司	新源街45号楼	64688233
鼎桥通信技术有限公司	望京北路9号叶青大厦D座13-15层	58223289
北京ABB电气传动系统有限公司	酒仙桥北路甲10号D区1号	58217788
华联新光百货(北京)有限公司	建国路87号	65820888
北京新京润房地产有限公司	西大望路3号	64353268
嘉里大通物流有限公司	东三环北路三元东桥霄云路21号	84546481
北京冠城正业房地产开发有限公司	夏家园22楼2027室	82002258
索尼爱立信移动通信产品(中国)有限公司	望京科技创业园A座第3、4层	58659865
北京市朝阳田华建筑集团公司	金台里乙25号楼	85995930
本田技研工业(中国)投资有限公司	东三环北路5号发展大厦301室、303室-321室	65909020
北京世纪卓越信息技术有限公司	东四环中路56号楼第11层1101	85567292
北京蓝泉物业管理有限公司	东三环北路甲19号	58788866
约翰迪尔(中国)投资有限公司	东三环北路霞光里18号佳程广场A座5层	59246666
北京恒远经贸有限责任公司	马甸裕民路12号元晨鑫大厦616	82251775
北京惠通陆华汽车销售有限公司	东四环四惠桥东南角	85796666
松下电工(中国)有限公司	建国路79号华贸中心2号写字楼6层、7层703室	59255988

学　　校

区教委直属单位

学　校	学校地址	值班电话
社区学院	和平里南口砖角楼北里5号	64213152
朝阳分院	甜水园1号	65088899－3093
教研中心	柳芳南里14号楼	64631143
信息中心	水碓子北里14号	85979246－1001
国资管理中心	西坝河东里103号	64654693
招生考试中心	团结湖南路1号	85988626
教学设备中心	安华里二区5号楼	64218150
青少年活动中心	红庙延静西里19号	65060549
保健所	团结湖路23号	85963649
老干部管理服务中心	水碓子东路5号楼(水碓子本部)	85989474
	新源西里中街甲5号(新源里分址)	85979805
	裕民东里甲1号(安贞祥和老年公寓)	82024690
教育人才交流分中心	朝阳区水碓子北里14号	85963971
社会力量办学管理所	北京市朝阳区胜古北里甲9号	65017723
项目资金管理中心	石佛营西里28号楼	85811944
教产中心	西坝河东里1号	13611382258

中学及一贯制学校

学　校	办公地址	值班电话
陈经纶中学	朝外大街38号(本校)	65094792－8017
	北苑路86号嘉铭园三区七号楼(嘉铭分校)	84857603(04)－8000
	广渠路28号院307楼(帝景分校)	58633769
	常营中路一号院(保利分校)	57922568－0
陈经纶中学分校	利泽西街4号院(望京校区)	64758200
	望京南湖东园二期223号(东湖校区)	
芳草地国际学校富力分校	朝阳区大鲁店北路30号	59641731
一一九中学	建外永安西里10号(高中部)	65685498
	建国门外三道街24号(初中部)	65665154
三里屯一中	朝阳区北三里屯5号(本校)	64166435
	朝阳区幸福村路41号(幸福村校区)	64154635
	百子湾路后现代城百子园20号(百子园校区)	87766174
十七中学	百子湾家园404号(本校)	87517309
	陶家湾甲80号(陶家湾校区)	87214502
	百子湾东里105号(沿海赛洛城校区)	87214502
	高碑店村西店村甲1号(高碑店校区)	85758343

学　校	办公地址	值班电话
华侨城黄冈中学	东四环金蝉欢乐园1号院甲1号(高中部)	67385479－8023
	垡头翠城新园318号楼(初中部)	67361203－8000
	垡头翠城新苑219号楼(翠城小学部)	67368277－8051
人大附中朝阳学校	太阳宫南路(东校)	84158123
	芍药居北里303号(西校)	
垂杨柳中学	松榆里20号楼(高中部)	67323655－8003
	松榆里2号(初中部)	67319045－6000
工大附中	双井富力城小区内工大附中(富力城校区)	58768322
	营盘沟路8号楼(首城国际校区)	67397641－1103
	垂杨柳中街1号(垂杨柳校区)	67781018－8010
劲松四中	潘家园华威西里48号	67770358
和平街一中	和平街八区十六楼(本校)	64216403
	北苑家园莲葩1号(北苑校区)	84958771
	北苑家园清友园15号楼(小学部)	84963526
北京中学	西坝河东里1号	64665481
中医学院附中	和平街15区	64289324
化大附中	惠新里38号(高中部)	64936574
	来广营绿色家园E区1号(朝来校区)	64289324
	安苑北里小区7号楼(安北校区)	64948894
呼家楼中学	呼家楼西里南街2号	65066670
八十中学	望京北路甲16号(高中部)	58047110
	白家庄西里2号(初中部)	59039022
八十中学实验学校康营分校	康营家园	13552920358
八十中学实验学校温榆河分校	崔各庄乡崔各庄村北(崔各庄校区)	64354193－8000
八十中学管庄分校	管庄西里	65761485
八十中学体育运动学校	平房乡平房村1861号	85574462
日坛中学	建外光华西里4号(本校)	65072260
	南十里居38号(十里居校区)	64374054
	东四环北路3号(阳光上东分校)	59673988
	通惠家园惠泽园3号(通惠家园分校)	51303165
东方德才学校	水碓子北里9号楼(本校)	85974262
	延静西里9号院(初中部)	65068738
	道家园甲7号(小学部)	65912920
	金台里40号(金台里校区)	85995717
	小庄东里38号(红庙校区)	
九十四中学	朝阳区南湖中园315楼(高中部)	64725572
	花家地北里18、19楼(初中部)	64728669
青年政治学院附中	大山子西里10号	64372718 64371282－8000
二外附中	京通小学西侧(高中部)	6576 2291
	美廉美西南侧,木材夹板市场东门东侧(初中部)	6572 7778
信工附中	德外南沙滩6号(高中部)	64852567
	华严北里68号(初中部)	64849940
同仁中学	甘露园南里一区十号	85772185－8309

学 校	办公地址	值班电话
教科院附中	望京西园四区 428 楼	64703545 64702848 - 8001
首师大附属实验学校	望京花园 133 号(本校)	64745843
	花家地西里 105 号(分校)	64727530
朝阳外国语学校	慧忠里 232 号	64989474
	慧忠北里 203 号(高中部)	64860864
	慧忠里 216 号(小学低部)	64958690
	风林绿洲 23 号(小学中高部)	94830871 - 104
	慧忠里 217 号(住宿部)	64974327
体育场路中学	工体南路 1 号	65516563
虎城中学	磨坊北里 230 号	87373400 - 802
劲松一中	劲松一区 125 楼(西校区)	67796413
	农光东里 100 号(东校区)	67306078
劲松三中	劲松四区 406 楼	67755417
樱花园实验学校	樱花园小区 16 号楼(初中部)	64439334
	樱花园小区 18 号楼(高中部)	64442398
五路居一中	安贞西里一区 13 号楼	64420115 - 800
安慧北里中学	安慧北里安园 5 号	64952374 - 8000
团结湖三中	水碓子东路 14 号(初中部)	85983995
	团结湖中路 8 号(高中部)	85970620
中旅附中	八里庄西里 10 号	65561804 - 8000
	八里庄东里 10 号	65565472 - 6000
	十里堡北里晨光家园 220 号	65562704 - 8029
八里庄三中	八里庄北里 203 楼	85835028 - 8042
东方培新学校	朝外慈云里甲 1 号	95021293 - 8001
酒仙桥一中	酒仙桥南路甲 7 号(本部)	64372045
	酒仙桥十街坊三号(分部)	64332907
高家园中学	高家园小区 210 号	64375830
九十四中机场分校	首都机场燕翔西里 19 号(初中部)	64576844 - 6000
	首都机场燕翔东里 11 号(小学部)	64581381 - 8000
垡头中学	垡头西里三区二号	67377202
枣营中学	枣营南里 1 号	65025417 - 0
大望路中学	西大望路下甸甲 1 号	67735491
望京实验学校	望京西园三区 313 楼	64727464
	望京东园 113 楼(宝星分校)	84780946
草场地中学	崔各庄乡草场地	64332863
奶子房中学	朝阳区崔各庄乡奶西村	84911296
民族学校	常营民族家园 12 号	65481748
十八里店中学	十八里店周庄甲一号	67472284 - 8001
七十一中学	小红门路 5 号	67609470
楼梓庄中学	金盏乡楼梓庄村北后街 2 号	8439066
十六中学	东坝红松园甲 3 号	51883244
双桥中学	官庄乡双桥中路	85365502
金盏中学	金盏大街 1 号	84333254

学　　校	办公地址	值班电话
北苑中学	安外北苑	84922680
豆各庄中学	豆各庄乡豆各庄村	67364392－805
九十七中学	黄杉木店206号	85525287
黑庄户中学	黑庄户乡政府东侧	85383656
定福庄中学	大黄庄桥东	65761528 65795950
北师大朝阳附属中学	林萃西里8号	82721627
润丰学校	青年路西里6号院	85519898
东北师范大学朝阳附中	楼梓庄乡北后街临6号	52060110
清华大学附属中学朝阳学校	新源街31号(本校)	64652102
	新源里西里中街8号(新源里校区)	64673757
	柳芳南楼20号(柳芳校区)	64652461
	朝阳区建安里甲30号(三元桥校区)	64673052
华中师大一附中朝阳学校	华章路6号院一号楼2号(泛海国际小区内)	85854152－8000
北京师范大学三帆中学朝阳学校	望京广顺北大街33号	84294813
新教育实验学校	常营住欣园园小区内	15010083252

职业学校

学　　校	办公地址	值班电话
求实职业学校	望京北路20号(望京校区)	64391618 64391628
	团结湖北三条10号(团结湖分校)	85972408－8000
	安贞里三区11楼(安贞里分校)	64418343
	安华西里11号(安华里分校)	64391626
	首都机场南路东里21号(机场分校)	64595218－0
	安慧里三区21号楼(亚运村分校)	68415581－8000 68415581－8029
东方职业学校	甘露园南里60号(本校)	85772265
	双桥东柳西里乙1号(双桥校区)	65400952
劲松职高	劲松八区811楼(本校)	67710322 67710311
	双龙小区135号(双龙校区)	87323243
	新源里街14号楼(新源里校区)	64676283
	西坝河中里11号楼(西坝河校区)	64661519
电气工程学校	朝阳区将台路四号(本校将台校区)	64354922
	大山子社区(大山子校区)	64314897
	望京中环南路2号(花家地校区)	64791707
	八里桥塔营东甲1号(管庄校区)	52114018
朝阳工读学校	广渠门外广和里八巷二号	67783813

直属小学

学　　校	办公地址	值班电话
芳草地国际学校	日坛北路1号(本校)	85611740
	北四环东路71号(万和城分校)	84639335
	双花园南里二区15号院1号楼(双花园分校)	87511893
	育慧里二区15号院(育慧教辅中心)	84625622
芳草地国际学校世纪小学	育慧里3号	84624378
芳草地国际学校远洋小学	八里庄78号	85865637
白家庄小学	三里屯南路40号(本校)	65025893
	核桃园北里甲2号(核桃园南部)	65061623
	望京西园四区408楼(望京一分部)	64703053
	望京西园一区117楼(望京二分部)	64742887
朝阳实验小学	幸福一村4巷36号(本部)	64154368
	水岸庄园1107号(润泽校区)	84999852
朝师附小	和平街11区17楼(和平街本部)	64212626
	太阳星城夏家园8号楼旁(太阳宫分部)	52018678
	望京利泽西园116号楼(望馨园分部)	84711496
花家地实验小学	望京中环南路花家地小区18号楼(本校)	84714327－815
	朝来绿色家园蕴实园6号(朝来校区)	54953717－801
	四元桥方舟苑小区102号(方舟校区)	58233436－801
安华学校	安华西里二区12号	64260060
星河实验学校	朝阳北路四季星河路1号院1－2号楼	85560198
北师大奥林匹克花园实验小学	东坝京奥家园288楼	51079190－8001
北师大朝阳附属小学	林萃路倚林佳园246号楼	82727134
清华附小商务中心实验小学	建国门外大街4号	59009192－8000
府学胡同小学朝阳学校	苇子坑路101号东侧	59283421
朝阳区第二实验小学(原管庄中心小学)	管庄东里55号(本部)	65761083－0
	建东苑19号(建东苑分校)	65713171－0
	常营中路7号(北辰福第分校)	57923856
北京市第二实验小学朝阳学校	广渠路15号	56297077
幸福村学区	西坝河西里15号楼	64285136
三里屯小学	三里屯东街4号柳芳北里18号楼(柳芳里分部)	64169717
新源里四小	三源里北小街5号(本部)	64678689
	三源里北小街13号(分部)	64641522
新源西里小学	新源西里中街17号	64669330
左家庄二小		64673010－8011
	左家庄前街2号	64673197
西坝河三小	西坝河东里19号楼	64675043－8001
黄胄艺术实验小学	西坝河中里37号楼(本部)	64656080
曙光里小学	西坝河西里15号楼(分部)	64273150
和平街中心小学	曙光里社区40号楼	64679437 64671920－8010
	和平街12区(本部)	64277790

学　校	办公地址	值班电话
惠新里小学	和平街13区(分部)	64224009
小关北里小学	惠新里甲243号	64811187
	小关北里205楼	64919764－8010
新源里小学	新源街12号	64668990－802
幸福村教辅中心	左家庄后街4号	64674983
垂杨柳学区	广渠门外东架松24号	67782086－0
垂杨柳中心小学	百子湾西里112号(金都校区)	67760742－8011
	垂杨柳南里3号楼南(低部)	67783259－0
	垂杨柳中里(高部)	67720128－8000
垂杨柳四小	百子湾西里430号	67717582
劲松一小	劲松1区124楼	67784949
劲松二小	劲松417楼	67782219
劲松三小	广渠门外东架松24号	67782086－0
劲松四小	劲松七区甲713楼(本部)	67785781
	劲松七区706楼(南校)	67781919
	垂杨柳南街13、14号(北校)	67783150
沙板庄小学	农光里1号	67312193
垡头小学	垡头西里8号楼	67383315
垡头二小	垡头西里三区9号	67383314
南磨房中心小学	松榆东里社区3号楼(低部)	67317538
	双龙小区226号(高部)	87327628
武圣庙小学	松榆西里3号楼(高部)	67321545－0
	松榆西里40号楼(低部)	87379715
松榆里小学	松榆里14号	67323216－602
田华小学	紫南家园社区田华小学	87352953
平乐园小学	平乐园小区103号楼	67315079－8001
垂杨柳教辅中心	松榆东里南新园小区14号	87312818－0
安贞里学区	安慧里4区12号楼	64913234
安华里一小	安华西里三区3号楼	64212313
安贞里一小	安贞里二区十七楼	64424243
安贞里二小	安贞西里二区28号楼	64429604
南沙滩小学	南沙滩33号	64879404
安慧里中心小学	安慧里4区12号楼(低部)	64913239
	安慧里1区10号楼(高部)	64915047
安苑北里小学	安苑北里6号楼	64920592
华严里小学	华严北里21号楼	82844359
安慧北里小学	安慧北里安园9号	64944659
安慧北里二小	安慧北里秀园小区18号	64891665
慧忠里小学	慧忠里小区414号	64921679－8000
科学园小学	科学园南里703号	64876586－810
慧忠北里二小	慧忠北里409楼	64864377
呼家楼学区	呼家楼西里七巷12号	65022087
呼家楼中心小学	呼家楼西里七巷12号(本校)	65022843
	南豆各庄万科青青家园5号院(青青家园分部)	85301847

学　校	办公地址	值班电话
光华路小学	砖厂胡同甲 33 号	65023002
日坛小学	通惠家园惠生园 20 号(四惠校区)	65584309
	十里堡甲 3 号院 13 号楼(东恒学区)	58624124
团结湖小学	团结湖北头条 10 号楼(团结湖校区)	65825526
	六里屯 13 号(丽水嘉园校区)	65919502
团结湖二小	团结湖中路南二条 1 号楼	85989512
针织路小学	金台西路 2 号院	65024073 – 8004
下三条中心小学	朝外杨家胡同 3 号	65522165
南中街民族小学	朝外雅宝里 1 号	85611295
永安里小学	永安里中街甲 4 号	65681372
枣营小学	枣营北里 12 号楼	65034393
大望路小学	西大望路 5 号	65813892
八里庄学区	青年路西里 1 号院 1 号楼(国美家园小学)	85823277
八里庄中心小学	慈云寺北里 117 号	65574553
罗马嘉园小学	朝阳北路 107 号	58627466
甘露园小学	甘露园南里一区 18 号	85771712
康乐园小学	康家园小区 14 楼	85746545
石佛营小学	石佛营东里 125 号(总校)	85815228
	石佛营西里 28 号楼(分校)	85811944
将台洼小学	东风乡将台洼	84301535
康静里小学	康静里小区东侧	65496319
国美家园小学	青年路西里 1 号院 1 号楼	52063116 – 0
育人学校	八里庄北里 114 楼	85833007
北马各庄小学	金盏乡北马各庄村	65419803 – 809
黄杉木店小学	黄杉木店一巷 2 号(原址)//石各庄 533 号(临时校址)	65488532
楼梓庄小学	金盏乡楼梓庄村	84316551
东坝中心小学	东坝娘娘庙街 72 号(本校)	84319870 84311847
	东坝西北门 84 号(低部)	84311549
	东坝白衣庵街(分校)	84328836
平房中心小学	平房南街 96 号	85573217
酒仙桥学区	南湖中园二区 239 楼	64706415 – 0
酒仙桥中心小学	酒仙桥路乙 28 号(本部)	64358508 – 8000
	驼房营南里 2 号院 22 楼(梵谷水郡校区分校)	
酒仙桥二小	酒仙桥红霞路 9 号	64377543
大山子第二小学	酒仙桥路甲 1 号	64328695
将台路小学	芳园里将台路小学	64349027
高家园小学	高家园小区 112 号	64373123 – 0
望花路小学	望花路东里 7 号	64723888
南湖东园小学	望京南湖东园 109 号楼(本校)	64710957
	红军营南路 8 号(青年城分校)	64954496
南湖中园小学	望京南湖中园 239 楼(本校)	64706415
	望京南湖中园 309 楼(知语城分校)	64790026
驼房营小学	驼房营 210 号	64372379
望欣园小学	望京利泽西园 210 号	64786228 – 801

学　校	办公地址	值班电话
北苑小学	朝阳区北苑村	84926470
北皋中心小学	马南里小区	64371370
苇沟小学	孙河乡苇沟村	84311933
奶子房小学	崔各庄乡奶子房西村	84709118
上辛堡小学	孙河乡上辛堡村	84790276
酒仙桥教辅中心	酒仙桥红霞中路10号	64371782
望京教辅中心	花家地西里113号楼	64734836
管庄学区	兴隆家园31号	85756182
兴隆小学	兴隆家园31号	85756182
定福庄一小	三间房西里	65767934－8000
定福庄二小	定福庄南里2号	65761705－8015
定福庄四小	定福庄北街	65761547
八里桥小学	八里桥北	85701938－8000
京通小学	京通苑39号	65709825
瑞祥民族小学	瑞祥里小区	85708655
双桥一小	双桥路4号(本部)	85365525
	管庄乡小四村(分校)	65427168
高碑店中心小学	十七中高碑店高中部教学楼	85761245
大黄庄小学	大黄庄村1号	65761108
半壁店小学	高碑店乡半避店	87743386
黑庄户学区	王四营乡柏阳景园白鹿司中街3号	67207726
黑庄户中心小学	黑庄户乡黑庄户村黑庄户中心小学	85382787
万子营民族小学	万子营东村	85383370
双桥第二小学	双桥中路	85395632－8000 或－8001
定辛庄小学	定辛庄村	85370574
豆各庄中心小学	豆各庄村南豆各庄中心小学	67364404
于家围小学	朝阳区石槽村	85367186
王四营中心小学	王四营观音景园201楼(本部)	51351011
	王四营乡官庄村(分校)	52000714
官庄小学	王四营乡官庄村	67364290
孛罗营小学	王四营乡孛罗营村194号	87393180
柏阳学校	王四营乡柏阳景园白鹿司中街3号	87338708 87338238
黑庄户教辅中心	垡头西里1号	67380361
十八里店学区	十八里店乡十八里店村885号	67478516－606
十八里店中心小学	十八里店乡十八里店村885号	67476592
老君堂小学	十八里店乡老君村	67383445－801
祁庄小学	十八里店乡吕家营村	87691597
小武基小学	十八里店乡小武基村46号	67364288－802
西直河小学	十八里店乡西直河村	67383841－8008
新升小学	周庄嘉园东里甲28号	67330546－0
张家店小学	十八里店乡横街子村19号	87303606－801
小红门中心小学	小红门乡小红门村130号	87608361

学　　校	办公地址	值班电话
牌坊小学	小红门乡牌坊中街 5 号	87601810
肖村小学	小红门乡肖村后街 15 号	67622458
龙爪树小学	小红门乡龙爪树村 834 号	87690680 – 800

幼儿园

学　　校	办公地址	值班电话
三里屯幼儿园	朝外大街吉庆里 3 号楼	65520819
团结湖一幼	团结湖北头条 11 号楼	65823906
水碓子北里幼儿园	水碓北里 10 号楼	85982394
枣营幼儿园	枣营北里 26 楼	65917384
新源里幼儿园	新源里 12 号(本部)	64674716
	新源西里中街 17 号(分部)	64624196
光华路幼儿园	通惠家园惠生园 16 号	65584729
新源里二幼	新源里北小街 7 号	64662141
劲松一幼	劲松 126 号楼	87719385
	青年路 29 号院 18 楼(华纺易城分园)	58779273
劲松二幼	劲松 7 区 711 楼(本部)	67781987
	华威西里 43 号(华威部)	67761959
松榆里幼儿园	松榆里 21 号	67339920
垡头幼儿园	垡头二区 12 号(本部)	67383337
	王四营乡白鹿司中街 5 号(分部)	67207014
京通幼儿园	京通幼儿园 38 楼	65700438
西坝河三幼	西坝河中里 20 号(本部)	64678598
	望京丽泽西区 115 楼(分部)	84720194
西坝河一幼	西坝河东里 71 楼	64643141
	望京南湖中园 237 号楼	64700596
群星幼儿园	西坝河西里 12 号	64275351
和平街幼儿园	和平街八区 6 号楼	64211548 – 0
惠新里幼儿园	惠新里 230 号楼(惠新部)	64948637
	北苑路紫绶园 11 号楼(北苑部)	84960846
安华里幼儿园	安华里二区 12 楼(安华部)	64234828
	安贞西里一区 18 号楼(安贞部)	64411019
安华里二幼	安华西里一区 23 号楼(本部)	64251691 –
	安贞西里四区 19 号楼(安贞部)	64439861
秀园幼儿园	安慧北里秀园 19 楼	64945420
花家地幼儿园	花家地小区 11 号楼	64730729
清友实验幼儿园	北苑家园清友园小区 13 楼	84966124
福怡园幼儿园	定福庄北街福怡苑小区 6 号楼	6540 7227
望京新城幼儿园	望京新城西园 4 区 409 楼	64707003
华洋紫竹幼儿园	管庄双柳北街 1 号院 9 号楼	65439200
康泉新城幼儿园	双桥东路 12 号院 5 号楼	65463345
奥园幼儿园	东坝中路京奥家园 611 号楼	52508692
翠成幼儿园	翠城馨园 211 楼	67368331

学　校	办公地址	值班电话
北辰福第幼儿园	常营北小街2号院	57923871
定福家园幼儿园	朝阳北路定福家园南里一号院7号楼	58791078
中国人民大学朝阳幼儿园	芍药居北里217号(本部)	84158387
	太阳宫一街2号院(一部)	84158375
泛海幼儿园	华草东路5号院1号楼2号	85855777
丽景幼儿园	常营乡五里桥一街4号	57845303

民办中小学

学校名称	学校地址	值班电话
中国红十字基金会北京拔萃双语学校	平房北街137号	65497035
乐成国际学校	百子湾南二路77号	87717171-0
爱迪外国语学校	楼梓庄路8号	84390808
青苗国际双语学校	南十里居38号	51307951-0
忠德学校	东苇路9号	51397602
力迈外国语学校	仰山路2号	84922018
世青国际学校	花家地北里18号	64617779
新亚中学	十八里店乡886号	67473875
北方中学	百子湾路水南庄1号	
国际艺术与科学学校	麦子店正街53号	59082601
金色河畔高尔夫学校	孙河北甸甲1号	80466066
朝阳外语小学	北三环东路胜古家园后	64442623-8003
金色摇篮全程实验小学	慧忠北里119号楼	57437013
精诚实验小学	和平街十三区	64277109
启明星双语学校	崔各庄乡奶东村顺白路2号	64337366-8002
实验外国语学校	朝阳路3号	85703096-702
安民学校	和平东街14区9号楼东	64226170
	东坝乡七棵树(原西坝小学)	
	崔各庄乡马泉营村(原马泉营小学)	
	东风乡(原辛庄小学)	
	东坝乡(原单店小学)	
	平房乡姚家园村(原姚家园小学)	
	将台乡(原东八间房小学)	
	石佛营路晨光家园(中旅附中校内)	
	三间房乡定福庄	
	金盏乡黎各庄村	13910682330
星河双语学校	十八里店乡十里河村	67312204
	北京市朝阳区金盏乡东村	
博雅小学	驹子房村	65494007
明圆学校	小红门乡龙爪树南里30号	87698993
博文学校	十八里店乡十八里店村46号	67476889
弘善学校	十八里店乡小武基村四队	87360388
金地老君堂实验学校	十八里店乡老君堂村	87308176
百年实验学校	崔各庄乡何各庄村	64319970-803

学校名称	学校地址	值班电话
人大附中朝阳分校	太阳宫新区D区	62514938
世纪东方学校	林萃路2号国家网球中心	84370903

高等院校

名称	地址	电话
北京工业大学	九龙山平乐园100号	67392239
中央美术学院	酒仙桥路万红西街2号	64380462
清华大学美术学院培训中心	东三环中路36号	65815565
中国音乐学院	安翔路1号	64874884
北京化工大学	北三环15号	64434820
中国金融学院	惠新里东10号	64495106
中国传媒大学	定福庄东街1号	65779319
第二外国语学院	定福庄南里1号	65778005
北京中医药大学	北三环东路11号	64213841
北京针灸骨伤学院	望京中环南路6号	64377035
首都经济贸易大学	金台路2号	65976360
北京服装学院	樱花路甲2号	64288271
北京青年政治学院	望京中环南路4号	64722074
对外经济贸易大学	惠新东街10号	64492001
北京联合大学	北四环东路97号	64900098
北京联合大学师范学院	安定门外外馆斜街5号	64213054
北京联合大学机电学院	白家庄西里12号	65004885
北京联合大学自动化学院	北四环东路97号	64900710
北京联合大学管理学院	北四环东路97号	64900512
北京联合大学商务学院	延静东里甲3号	65940718
北京联合大学旅游学院	北四环东路97号	64900159
北京联合大学信息工程学院	北四环东路97号	64900316

医院 卫生院

名称	地址	电话
华信医院	酒仙桥一街坊6号	64369999
煤炭总医院	西坝河南里29号	64667755
安贞医院	安贞路2号	64412431
中日友好医院	和平里樱花园东街2号	84205566
民航总医院	朝外高井甲一号	85762244
朝阳医院	工体南路8号	85231000
望京医院	望京中环南路6号	84739000

北京中医药大学第三附属医院	外小关街51号	52075555
中国医学科学院肿瘤医院肿瘤研究所	潘家园南里17号	67781331
首都儿科研究所附属儿童医院	雅宝路2号	85695555
地坛医院	京顺路东街8号	84322200
北京市红十字会急诊抢救中心	德外清河南镇	62922345
首都机场医院	首都机场南路东里17号楼	64591120
航空总医院	安外北苑3号院	59520114
垂杨柳医院	垂杨柳南街2号	67718822
中国藏学研究中心北京藏医院	小关北里218号	64972929
北京市老年病医院	小关西街甲2号	62027018
朝阳区第二医院	金台路13号内2号	85993431
朝阳区第三医院	双桥南路甲8号,延静西里12号楼,金盏大街2号	52023406
朝阳区中医医院	工体南路6号	65531155
朝阳区妇儿医院	潘家园华威里25号	67719999
豆各庄社区卫生服务中心	豆各庄乡	67367160
双井社区卫生服务中心	垂杨柳南街2号	67734195
小红门社区卫生服务中心	小红门乡小红门中街1号	87602034
孙河社区卫生服务中心	孙河乡西甸村	84595672
太阳宫社区卫生服务中心	光熙门北里34－1号	64294423
左家庄社区卫生服务中心	顺源街01楼	64672412
金盏第二社区卫生服务中心	金盏大街2号	84334240
东坝社区卫生服务中心	东坝乡东风大队二条	84313067
高碑店社区卫生服务中心	高碑店乡高碑店村250号	85757762
南磨房社区卫生服务中心	西大望路29号	67326640
常营社区卫生服务中心	常营回族乡西	65435904
劲松社区卫生服务中心	劲松五区501楼	67782554
平房社区卫生服务中心	姚家园西里1号院1号楼	85575492
三里屯社区卫生服务中心	北三里屯南45号	64155582
管庄第二社区卫生服务中心	管庄地区瑞祥里小区15号楼	85706208
金盏社区卫生服务中心	金盏乡楼梓庄中心街104号	84317826
三间房社区卫生服务中心	双桥中路火车站南	85365532
八里庄第二社区卫生服务中心	十里堡东里119楼	65573889
八里庄社区卫生服务中心	延静西里11号楼	65005221
潘家园社区卫生服务中心	潘家园华威里25号	67719999
来广营社区卫生服务中心	朝来绿色家园赢秋苑小区北综合服务楼	84952910
黑庄户社区卫生服务中心	黑庄户乡乡政府大街	85386211
望京社区卫生服务中心	望花路西里14号	64731559
垡头社区卫生服务中心	垡头金蝉北里19号	67204382
呼家楼社区卫生服务中心	金台路13号内2号西楼5层	85991801
亚运村社区卫生服务中心	安慧里一区17号	64916748
安贞医院大屯社区卫生服务中心	安慧北里逸园甲10号	64959100
东湖社区卫生服务中心	望京花园东区204号楼	84727228
三间房第二社区卫生服务中心	三间房乡西村甲479号	65768486
朝外社区卫生服务中心	工体南路6号	65535620
香河园社区卫生服务中心	柳芳南里15号楼	84514425
奥运村社区卫生服务中心	奥运村天居园10号楼	64852823

酒仙桥社区卫生服务中心	酒仙桥十一街坊7号院	64321278
将台社区卫生服务中心	酒仙桥路49号	64372046
团结湖社区卫生服务中心	团结湖北三条7号楼	85977775
王四营社区卫生服务中心	王四营乡	67379393
六里屯社区卫生服务中心	水碓子东路15号	85964238
东风社区卫生服务中心	石佛营西里29号楼	85813669
安贞社区卫生服务中心	安华西里2区11楼	64234017
崔各庄社区卫生服务中心	崔各庄社区卫生服务中心	84701525
十八里店社区卫生服务中心	十八里店乡周庄	67477980

公　证　处

名　称	地　址	电　话
北京市正阳公证处	水碓子东路23号	85961236

律师事务所

名　称	地　址	电　话
上海市汇盛律师事务所北京分所	安贞西里三区26浙江大厦1002室	64453741/42
怡丰律师事务所	曙光西里甲5号凤凰置地广场写字楼H座905室	84554560
博安律师事务所	小营路10号阳明广场3号楼南4A－1	84631565
德山律师事务所	北沙滩1号院8号楼2门302室	83524373
共和律师事务所	麦子店街37号盛福大厦1930室	85276468
正尊律师事务所	南湖中园124号楼9单元401	85188598－600
开越律师事务所	建国路15号院甲一号北岸1292自由创意区10楼1035室	85782652
大乾律师事务所	慧忠里103号洛克时代中心A座707/708	64803729
德权律师事务所	安定门外甘水桥甲1号太阳宫宾馆	65081195
嘉木律师事务所	光华路7号汉威大厦西区1019室	65616670
滕之信律师事务所	黑庄户怡景城扬州水乡梅园455－3号	85382341
光明律师事务所	高碑店北路甲6号白领家园5号楼一单元201室	51316878
嘉诚泰和律师事务所	西坝河南路1号金泰大厦1706室	64402648
众鑫律师事务所	麦子店西路3号新恒基国际大厦668室	84583018
安桥律师事务所	西大望路27号42号楼401室	87667130
中逸律师事务所	青年路国美第一城2号院7号楼二单元1703室	52066551
高通律师事务所	光华路丙12号数码01大厦2202室	65957021/7023
知仁律师事务所	东三环中路39号建外SOHO＊3号楼1606室	64746399

浩鸿律师事务所	建国路88号1号楼502室	85898389
东友律师事务所	东三环中路39号建外SOHO B座3102	58699967/70/71
合九千律师事务所	东大桥路8号SOHO尚都北塔B座-1708	59009757
庞标律师事务所	东大桥路8号soho尚都南塔2103	59005718
君本律师事务所	光华路甲14号诺安基金大厦1506室	65920262
亿胜律师事务所	来广营东路1号202	64307748
京典律师事务所	新源里16号琨莎中心2座510	84683458
国振律师事务所	安慧里五矿大厦1121	58603881
汉韬律师事务所	东三环北路2号南银大厦1703—1707室	64106061
伟拓律师事务所	朝外吉庆里小区9-10号楼E座二区16层	65518899
汉威律师事务所	东四环中路远洋国际中心D座2104室	85894950
正见永申律师事务所	朝外大街12号昆泰国际大厦2606室	58790066
瑞银律师事务所	新源里16号琨莎中心2座501室	84683690
鑫泰洋律师事务所	曙光西里甲1号东域大厦(第三置业)B-906	58220219
中伦律师事务所	建外大街甲6号SK大厦36、37层	59572288
昊明律师事务所	十里堡东里107号楼402号	52029815
元吉律师事务所	东三环北路38号院国际中心3号楼812	85879597
方谷律师事务所	新恒基国际大厦3层	84584208
中磐律师事务所	新源里16号13层1座12A08	84683132
衡琪律师事务所	北辰东路8号国际会议中心6021室	84982305
佑天律师事务所	安慧里四区15号楼中国五矿大厦708室	64981007
京朝律师事务所	朝阳北路103号金泰国益602	52026950
融源律师事务所	望京西区222楼B—0606室	64150948
永浩律师事务所	曙光西里甲1号A座309	58222085
王登瑞律师事务所	安立路68号阳光广场B2-1101	85420719
中诚友联律师事务所	国际会议中心7018、19	84985568
上海金茂凯德律师事务所	工体北路甲6号中宇大厦1802室	85235299
天平律师事务所	东三环中路39号建外SOHO18号楼801、803	51653555
柴傅律师事务所	亮马桥路39号1号楼C座405	84534567
君创律师事务所	建外SOHO 12号楼2904室	59000982
华尔泰律师事务所	曙光西里甲6号时间国际A座2309室	87551178
合川律师事务所	东三环中路9号富尔大厦1501室	85910400
安博律师事务所	西大望路63号阳光财富大厦603	59602388
端澄律师事务所	广渠门外大街18号	67719716
恒德律师事务所	西坝河南路甲1号新天第家园A座706室	64465129
易行律师事务所	仟村商务大楼A座1205室	64442365
世联新纪元律师事务所	建外大街22号赛特大厦1109室	65150285
海元律师事务所	广渠门外大街8号优士阁B座1606	58613943
沃尔森律师事务所	曙光西里甲1号第三置业大厦B座2102B	58220702
赛思博律师事务所	东四环中路62号远洋国际中心D座1105	65881199
庆成律师事务所	和平街北口11区15楼西门2号	64222873
中为律师事务所	东三环南路21号古玩城宾馆5001室	59609158
通广律师事务所	西大望路63号院7号楼阳光财富大厦1201室	59602438
康柯律师事务所	望京西路48号院金隅国际A座1002	64787663
金杜律师事务所	东三环中路7号财富中心写字楼A座40层	58785588
长安律师事务所	甜水园街6号出入境检验检疫大厦14层	58619715

华泰律师事务所	东大桥路甲 8 号尚都国际中心 511 单元	58702870
君邦律师事务所	团结湖北五条 1 楼 1 门 2 号	85989928
王晶律师事务所	奥林匹克花园 102 号楼 2 单元 301 室	51200119
鼎石律师事务所	工体北路甲 6 号中宇大厦 2603 室	85235558
中洋律师事务所	慧忠北里 416 – 3 – 1302 室	64808021
华风律师事务所	华严北里 8 号院外国专家大厦 4 号楼三层	82841737/36

法律服务所

名 称	地 址	电 话
潘家园街道法律服务所	劲松八区 811 楼 202 室	67762107
左家庄街道法律服务所	新源里左家庄街道办事处院内	64673210 – 6515
八里庄街道法律服务所	八里庄街道办事处院内	85867591
双井街道法律服务所	广渠门外广和路 3 号楼	67717656
酒仙桥街道法律服务所	酒仙桥街道办事处 207 室	64321938
劲松街道法律服务所	东三环南路华藤园甲六楼	8773523
小关街道法律服务所	小关街道办事处院内	84856676
朝外街道法律服务所	朝外市场街 16 – 17 号楼西平房	85613165
大屯街道法律服务所	安慧北里雅园 1 号	64974871
孙河乡法律服务所	孙河乡政府院	84839015 94839016

公安分局派出所

名 称	地 址	电 话
朝外大街派出所	三丰里甲 11 号	85612407
建外派出所	光华里甲 2 号	65005628
三里屯派出所	三里屯南 41 楼	64166786
呼家楼派出所	呼家楼北街	65021574
安贞派出所	安贞西里三区 7 楼	64419130
香河园派出所	西坝河南里 26 号楼	64660050
和平街派出所	樱花园东街 3 号	64422553
新源里派出所	新源里 17 号	64674294
小关派出所	小关东街 5 号	64917134
太阳宫派出所	西坝河北里 8 号楼	64212857
麦子店派出所	枣营北里 1 楼	65857190
团结湖派出所	团结湖路 19 楼	85989395
六里屯派出所	十里堡北区 2 号院	85817657

双井派出所	垂杨柳中街2号	67716244
劲松派出所	广渠路66号院6号楼	67727306
潘家园派出所	华威西里29楼	67713099
亚运村户籍派出所	安苑北里甲8号	64910477
大屯派出所	大屯220号6号楼	64949248
奥运村派出所	扶林路甲9号	84913594
来广营派出所	来广营乡来广营村	84913633
花家地派出所	花家地北里8号楼	64700714
将台派出所	将台乡将府家园北侧	64362030
首都机场派出所	首都机场燕翔东里12号	64561626
孙河派出所	孙河乡康营村	64384569
东湖派出所	望京花园130楼	64713294
南皋派出所	崔各庄乡南皋路	84566382
八里庄派出所	八里庄东里北巷	65561753
高碑店派出所	高碑店乡高碑店村	85753893
平房派出所	黄杉木店180号	85574138
东风派出所	东风乡辛庄村甲28号	85849101
酒仙桥派出所	酒仙桥路30号	64371415
东坝派出所	红松园北里甲8号	65495368
金盏派出所	金盏大街(金盏乡政府后)	84333271
楼梓庄派出所	金盏乡曹各庄249号	84312825
南磨房派出所	平乐园小区105楼	67312979
王四营派出所	王四营村3号	67364358
垡头派出所	垡头北里12楼	67381152
十八里店派出所	十八里店乡十八里店村20号	67471965
小红门派出所	小红门龙爪树南里	87690144
豆各庄派出所	西马各庄村	85308831
黑庄户派出所	黑庄户乡商业大街甲1号	85380178
管庄派出所	管庄乡双会桥西甲5号	65761888
常营派出所	常营公园西侧200米	65481258
三间房派出所	建国路甲6号	65420101
黄港派出所	孙河乡上辛堡村	84791728
崔各庄派出所	崔各庄乡马泉营村	64320110
南湖派出所	南湖中园238楼	64703003
小武基派出所	十八里店乡西直河村	87335727
奥林匹克公园派出所	安慧北里雅园1楼	64910162

工　商　所

名　称	地　址	电　话
六里屯工商所	甜水园北里1号楼	65076946

团结湖工商所	团结湖北头条9号楼	85589300
双井工商所	松榆东里2号楼东侧	67316857-1
酒仙桥工商所	驼房营路3号<将台派出所南	64329430
左家庄工商所	西坝河西里28号英特公寓4层	64292464
奥运村工商所	安惠里1区11号	64915551
高碑店工商所	康家园25号	85782132
北京商务中心区工商所	建国路93号万达广场3号楼一层	58205533-525/500
双桥工商所	管庄乡杨闸环岛东200米路南	85708720
华威工商所	双龙南里212楼	87312145
大屯工商所	朝阳区惠新东街8号设计大厦E层	84644537
望京工商所	望京西园103楼	64707739
安贞工商所	西坝河西里28号英特公寓3层	64433315
十八里店工商所	双龙南里129楼	87310453
崔各庄工商所	崔各庄乡政府东侧	64321040
执法检查队	育慧北路8号世纪村2区7号楼	84633030

国税局税务所

名称	地址	电话
北京市朝阳区国家税务局	左家庄东里甲3号	64653418
第一税务所	左家庄东里甲3号	84516036
第二税务所	小八里庄37号	67343755
第三税务所	姚家园路石佛营101号4层	85569628
第四税务所	姚家园路石佛营101号4层	85569622
第五税务所	潘家园华威北里甲26号	87716176
第六税务所	左家庄东里甲3号	84551699
第七税务所	管庄燕京医药公司东侧	65765705
第八税务所	姚家园路石佛营101号4层	85569632
第九税务所	小八里庄37号	87373718
第十税务所	驼房营南里	64369392
第十一税务所	朝外大街乙6号朝外SOHO C座3层	58697940
车购税管理分局	姚家园路甲1号东办公楼三层“一站式”服务大厅	51193150

地税局税务所

名称	地址	电话
第一税务所	安苑东里3区1号	64918178

第二税务所	六里屯北里18号楼A座	65933740
第三税务所	来广营红军营南路甲3号	84950400
第四税务所	来广营红军营南路甲3号	84950448
第五税务所	广渠东路40号	67799245
第六税务所	姚家园路101号新七彩商中心西楼	65939941
小关税务所	来广营红军营南路甲3号	64915005
酒仙桥税务所	来广营红军营南路甲3号	64382829
十里堡税务所	定福庄路9号	65711572
呼家楼税务所	团结湖东里甲10号	85967915
双井税务所	小八里庄6号	67320305
商务中心区税务所	东大桥路8号SOHO尚都北塔3层	59005160

银　　行

中国银行股份有限公司

朝阳支行	东三环北路霞光里18号	59207135
奥运村支行	北辰东路8号院1号楼一层	64974074
世纪财富中心支行	光华路5号院2号楼一层107至112单元、二层207至212单元	85875200
望京西路支行	望京西路甲50号1号楼一层	64666527
北辰西路支行	北土城西路7号	82275009
和平东街支行	和平街13区35号楼	84264707
红领巾桥支行	八里庄北里219号1层商铺	64731770
建国路支行	建外大街乙12号	64689295
使馆区支行	三里屯路5号	84429080
西坝河南路支行	西坝河南路1号金泰大厦	64402901
新城国际支行	朝外大街6号院26号首层商业用房	65974547
商务区支行	北三环东路8号	64689295
丽都饭店支行	丽都饭店内	64369865
白家庄支行	东三环北路乙19号	65086091
五路居支行	安贞西里2区21楼	64440547
十里堡支行	八里庄东里1号A区3号楼06	65861640
发展大厦支行	东三环北路西侧	65908304
燕莎中心支行	亮马桥路50号	64651529
光华路支行	光华路甲10号1幢首层	64689295
霄云路支行	麦子店西路3号	64630899
望京支行	望京北路9号	64392608
建外支行	建外大街京华公寓1层	59271805
安立路支行	安立路68号(阳光广场一层)	64955316
望京园支行	望京园D25区1号楼	64731792

柳芳北里支行	柳芳北里12号楼一层	84481908
三元桥支行	曙光西里甲1号东域大厦B座首层第11A号单元	58221406
东三环中路支行	东三环中路9号一层	85910321
丰联广场大厦支行	朝外大街18号	65883071
亮马河大厦支行	东三环北路8号	65906471
远洋天地支行	东四环中路62号1层02、03	64689283
长虹桥支行	工体北路4号	87356455
将台路支行	酒仙桥路甲12号首层	64368832
樱花东街支行	樱花园东街1号	64423797
亚运村支行	安立路甲56号南楼首层	84802157
金台路支行	朝阳北路177号	65956100
四方新区支行	世纪东方嘉园212号楼	87356455
望京科技园支行	望京湖光中街1号(首层)	64741007
首都机场场区支行	首都机场内	64573144
逸园支行	安慧北里小区逸园28号楼	64893328
北苑支行	春华路北苑综合服务楼一层	84958560
西奥中心支行	大屯路科学园南里风林绿洲18号B幢一层	64844598
国际贸易中心支行	建外大街1号	65055958
雅宝路支行	雅宝路8号3号楼	65199227
朝外大街支行	朝外大街乙12号昆泰国际中心33-32号	64689295
东长安街支行	建外大街甲6号1号楼大堂	65630308
阜通路支行	阜通东大街6号院4号楼首层	84785357
安慧里支行	安慧里三区6号楼	64970380
朝阳公园南路支行	朝阳公园南路8号棕榈泉国际名苑商场	65397882
姚家园路支行	姚家园路105号1号楼	59283765
利星广场支行	望京街8号院2号楼(B座)201室	84760176
国贸支行	建外大街1号院1号楼1801-26	85350629
丰树大厦支行	建国路108号1层01单元	85215095
乐成中心支行	东三环中路20号楼首层AL113至AL115	67716113
宝能中心支行	阜通东大街12号楼	84765810
曙光西路支行	太阳宫金星园8号楼一层	63592491

中国工商银行股份有限公司

望京支行	酒仙桥路10号星城国际大厦c座6层	64368822
九龙山支行	广渠路甲40号	67704884
商务中心区支行	东环南路2号	65660817
朝阳支行	朝外大街1号	65042097
亚运村支行	慧忠北里407号	64863550
劲松支行	华威北里甲17号楼	87783592
金都杭城支行	百子湾西里102号楼	67783427
龙腾支行	南磨房路37号首层102室	87781819
富力城支行	东三环中路63号一层146号商铺	67759115
武圣里支行	武圣东里52号	67305625
广渠路支行	广渠门外大街22号楼西	67717693
潘家园支行	农光南里1号楼	67323015

翠城支行	垡头三区4号	67383267
航空城支行	北苑新路3号院	64863560
化信支行	安定路33号首层	64442522
北辰路支行	北辰东路8号(汇欣大厦首层)	84971938
惠新支行	安苑路20号世纪兴源大厦一层	84896322
世纪村支行	育慧北路8号	84639296
北苑家园支行	北苑家园清友园19号楼	84964212
双北桥支行	安外安贞西里二区	64410906
安慧支行	安慧北里秀园15号	64899897
中航油支行	民族园路1号1号楼首层	82001906
嘉美风尚支行	望京新城B1区1-3号地嘉美风尚中心一、二层	64379963
东坝支行	红松园北里2号院14楼	64379963
香河园支行	樱花东街5号	64379963
鹿港支行	望京西路50号院12号楼一层12-3号	64379963
首都机场南支行	首都机场南路3号南	64379963
广顺支行	广顺北大街33号院1号楼1层101室	64379963
首都机场支行	机场南路东里梨园小区	64379963
国航大厦支行	霄云路36号(国航大厦)1层01号	84475235
八里庄北里支行	十里堡路1号11号楼B座一层101室	85810811
左家庄支行	左家庄北里35楼	64673225
管庄支行	京通苑30号楼P1底商	65700198
大望路支行	西大望路甲2号南侧	65079878
十里堡支行	八里庄东里单身丙楼	65561503
八里庄支行	八里庄西里100号1层2层	85860680
新源里支行	新源里16号院2号楼首层	64641749
甜水园支行	六里屯北里18号楼A座	65001266
尚都支行	东大桥路8号2楼1105室	64169625
燕莎支行	麦子店街41号	65933978
半岛国际支行	夏家园12号楼一层	64379963
科学园南路支行	科学园南里东街2号	64410906
媒体村支行	北苑北辰居住区C2区1幢1层A1	82721300
定福庄支行	定福庄南里1号	65761184
团结湖支行	白家庄东里23号C座一层01商业	65901328
三里屯支行	工体东路15号首层	65074361
国奥村支行	林萃东路2号院甲3号楼首层F110区域	64863545
高碑店支行	高碑店北路5号一层5-1室	85759510
林萃路支行	林萃西里26号楼1层	84922370
望京科技园区支行	望京利泽中园105号楼	64368822

中国建设银行股份有限公司

光华支行	光华路7号	65614010
东大桥支行	东直门外大街22号楼东侧	65083196
安慧支行	北辰东路8号汇欣大厦一层二层	84970059
朝阳支行	朝外大街乙10号楼	51995538
安华支行	安定路35号	51993323

中国农业银行股份有限公司

朝阳东区支行	建国路89号院7号楼	85718500－8013
朝阳支行	工体路东2号	65522906
亚运村支行	安定路33号	64411259
富力支行	天力街1号楼商业5	67089993－8702
和平里支行	北三环东路甲11号	64214896
小营支行	安苑路11号	64915397
光华路支行	光华路4号B座一层	65821874
三元支行	霄云路32号	64624388
八里桥支行	京通路北管庄乡政府联合办公楼一层	65790821
将台路支行	花家地街21号	64722969
安外大街支行	安外大街甘水桥甲1号	64213258
水碓西里支行	朝阳北路219号1幢1－2层	85983470
银泰支行	建外大街2号院银泰中心地下一层	64242408
展览中心支行	曙光西里甲6号院	64619398
永安里支行	光华路7号1层A101	65862258
英家坟支行	八里庄西里99号99号楼一层112 115 116 117号	65564806
京顺支行	望京街9号2座101	64224714
双北桥支行	安贞三区23号楼一层	64438886
朝阳路分理处	日坛北路17号日坛国际贸易中心B座	65536688
北苑家园支行	北园家园紫绶园5号楼一层	84960750
望盛园支行	望京西园二区221号	64789601
奥园支行	京奥家园186号商业101号	51079363
康运支行	麦子店街78号	65042615
北苑支行	安外北苑路68号	84936039
芍药居支行	芍药居36号楼1层	84616174
洛克时代支行	慧忠里103楼1层103－5、103－6号	84970021
安立花园支行	安立住宅区4楼1门104	64906693
定福庄分理处	定福庄西里1号	65761671
望京支行	望京商业街(北区)首层A01	65536688
农业部北区分理处	麦子店街20号楼102室	65536688
财满街分理处	朝阳路67号10楼130－138号	65785957
定福庄支行	定福庄东街1号	65783507
朝阳路北支行	六里屯西口北里4号	65004262
蓝色港湾支行	朝阳公园西路6号4栋一层、二层SA－68号商铺	59056785

中国交通银行股份有限公司

育惠东路支行	小营路12号亚运花园一层	84624401
亚北支行	安立路60号润枫德尚6号楼	64820734
东三环支行	东三环北路19号B2座1－2层	65869695
东区支行	广渠路21号配套楼	58202983

北京银行股份有限公司

亚运村支行	慧忠北里天创世缘 309 楼 A 座首层	64809997
酒仙桥支行	酒仙桥路 3 号	64382939
九龙山支行	农光里 117 号	67342064
八里庄支行	朝外红庙延静西里 2 号	65002455
商务中心区支行	光华路丙 12 号首层	65083196
金台路支行	团结湖路 52 号	65683608
关东店支行	东大桥三角地	65083196
芳草地支行	东大桥路 10 号	65911026
东长安街支行	建外大街乙 12 号	65683608
现代城支行	建国路 88 号现代城 A 区 S 座 0101 室	85803046
孙河支行	孙河顺白路 6 号	64653994
雅宝路支行	雅宝路二号(天雅大厦一层)	51362661
司樱花支行	北三环东路 15 号(化工大学校门旁)	64419057
红星支行	朝外大街 20 号	65885763
北辰路支行	北辰东路 8 号汇珍楼一层	84977466
安华路支行	外馆东街 51 号商业楼首层 0102	64408277
新源支行	北三环东路 6 号	64653994
朝外支行	朝外大街 12 号	65993325
北苑路支行	北苑路 172 号万兴苑 11 号楼一层 04 室	84854740
双桥支行	双柳北街 39 号商业二层 203 号	58692971
大望路支行	西大望路 15 号 1 号楼 512 室	87723153
燕莎支行	亮马桥路 42 号光明饭店一层、三层	84418576
日坛支行	日坛北路 19 号	65885765
远洋国际中心支行	东四环中路 56 号(远洋国际中心)A 座 106、107、207 室	65910176
望京科技园支行	望京西园一区 134 号楼 101 号	64789797
奥东支行	惠新西街 19 号	51300079
奥北支行	天乐园 1 号楼 1 层 1－6	84927536
奥运村支行	北辰西路 8 号院 2 号楼	84977466
健翔支行	安翔北里甲 11 号	64889925

中国民生银行股份有限公司

建外支行	建外大街甲 12 号新华保险大厦首层	65693081
奥运村支行	安立路 66 号安立花园 C 座中信建投证券首层北厅	64906563
三元支行	东三环北路甲 2 号	84489520
首都机场支行	首都机场航安路首都机场职工之家办公楼北侧	64595916
电子城支行	酒仙桥路 14 号兆维大厦	58671027
劲松支行	劲松三区 302 楼首层	87730409
国贸支行	东环南路 2 号	65674738
建国门支行	建外大街 21 号	65326597
朝阳门支行	朝外大街 22 号泛利大厦首层	65884529
工体北路支行	工体北路 9 号	64155280
亚运村支行	北四环东路 131 号藏学研究中心博物馆楼首层	[illegible]

西坝河支行	西坝河西里甲 18 号	64295659
京广支行	西大望路三号院 2 号楼 1 层 HS-02、01 夹层内局部	65974217
望京支行	南湖东园 122 号博泰大厦首层	64755278

中国光大银行股份有限公司

长虹桥支行	东三环北路 15 号	65066984
亚运村支行	慧忠东路 5 号	84891161
建国门支行	建外大街甲 6 号中环世贸中心 D 座 1 层	65630900
朝阳支行	朝外大街 16 号中国人寿大厦北一层、二层	85252520
安贞支行	安定路 39 号	64417743
望京支行	望京中环南路花家地街花家地商业 1 号楼	84726279
光华路支行	光华路 2 号阳光 100G 座	65915259
京广桥支行	东三环中路 7 号财富中心写字楼 A 座商业一层	65309950
劲松桥支行	东三环南路甲 52 楼(顺迈金钻大厦)	67727918
富力城支行	广渠门外大街 1 号院公-1 商业楼 6 号商铺	58764958
西坝河支行	西坝河北里 23 号楼一层	64474789
东长安街支行	建外大街乙 12 号 L111-L117	58287555

中信银行股份有限公司

安贞支行	安贞西里 3 区 26 号浙江大厦一层、五层	64417922
万达广场支行	建国路 93 号万达广场东区商业 B 座 15 号 1 层 13-18 号房	85182269
富力支行	双花园南里二区 13 号楼 1 至 2 层 01	65687851
朝阳支行	农展馆南里 12 号	65389577
中信银行国际大厦支行	建外大街 19 号国际大厦一层	65008659
奥运村支行	慧忠北里 309 号	64802818
京城大厦支行	新源南路六号京城大厦 1-001 号	84865386
广渠路支行	东三环外广渠路 31 号九龙商厦一层	87768426
望京支行	望京新兴产业区利泽中园二区 208 号院内 B 座	64391219
酒仙桥支行	酒仙桥路 14 号兆维大厦一层	64364850
东大桥支行	工体东路甲 18 号	65944945
三元桥支行	曙光西里甲 1 号首层	58222277
福码大厦支行	广顺北大街 33 号院 1 号楼福码大厦办公楼 B 座	84729727
观湖国际支行	姚家园路 105 号 3 号楼 1 层	59282427
太阳宫支行	夏家园 12 号楼 102 号	84419878
国奥村支行	林萃东路 2 号院甲 3 号楼	84378356
媒体村支行	红军营南路北辰绿色家园天朗园 C 座一层	84910718
金泰国际支行	广渠路 11 号院 1 号楼	87213581
尚都国际中心支行	东大桥路 8 号尚都国际中心 A 座一层	58700092
北辰支行	慧忠里 320 号住总大厦一层、二层	84837798
出国中心支行	东三环北路四号东方歌舞团 1 号楼东侧	84551178
瑞城中心支行	亮马桥路 48 号院 4 号楼 1 层大堂和结构 15 层	65871883
长安支行	东三环中路 39 号楼建外 SOHO 小区 17 号楼	58695617

兴业银行股份有限公司

三元桥支行	宵云路 21 号一、四层	84540867
国贸支行	东三环南路 2 号	65661600
朝外支行	朝外大街 77 号	65522213
东外支行	东直门外大街 23 号	64688172
亚运村支行	亚运村安慧里 16 号楼	84885269
安华支行	北三环安华桥福建大厦	64450943
光华路支行	东三环中路 25 号住总大厦一、二层	65086082 - 8822

华夏银行股份有限公司

京广支行	东三环中路 7 号财富中心一层	65309568
亮马河支行	东三环北路 3 号幸福大厦 B 座	64688010
光华支行	光华路 8 号和乔大厦 A 座一、二层	65832024
东直门支行	东土城路 14 号建达大厦首层西侧	85271101
国贸支行	双花园南里三区 4 号楼 1 至 2 层 109 号	65669746
朝阳门支行	工体西路 18 号光彩国际公寓 S107 号	65527595
北沙滩支行	德胜门外北沙滩 1 号中国农业机械化科学研究院	64848676
望京支行	望京西园 222 号星源公寓 C 座一层	84725982

广东发展银行股份有限公司

京广支行	朝外大街甲 6 号万通中心一层	65574312
建国路支行	建国路 112 号	65669647
潘家园支行	华威里 10 号楼一层	87785996 - 125
国贸支行	光华东里 8 号院 1 号楼一层 F1 - 03	59772119
亚运村支行	北辰东路 8 号	84980873
安贞支行	安定路 39 号	64445660
国展支行	西坝河东里 18 号	84603367
奥运村支行	北沙滩甲 1 号	64839015
大望路支行	西大望路 15 号 4 号楼(外企大厦 B 座)	87723795
望京支行	望京新城 B 区 11 - 1 号地悠乐汇中心 E 座一层	84787933
万达广场支行	建国路 93 号 B 座首层 01 单元	65811958

农村商业银行股份有限公司

高碑店支行	高碑店乡康家园小区 26 号楼	85777820
双桥支行	朝阳路管庄路口西 20 米	65761658
将台支行	酒仙桥路 14 号 51 号楼兆维华灯大厦一层 A108	84798962
王四营支行	王四营乡官庄大队陶庄个体公园南	67382043
南磨房支行	大望路平乐园路口南 300 米	67359159
和平支行	来广营东路 5 号东郊农场综合服务楼	84701595
十八里店支行	十八里店村 19 号	67473624
小红门支行	小红门乡宋家楼 4 号	[illegible]

太阳宫支行	西坝河北里15号楼	64215209
朝阳支行	北苑路90号	64945337
来广营支行	望京北路18号	64390753
京粮支行	东三环中路16号102	87951741
亚运村支行	安立路甲56号	84802808
商务中心区支行	广渠路南侧44号	52081662
光华路支行	光华路甲14号诺安大厦1层	51309981
建国门支行	东三环中路39号建外SOHO12号楼	58697627
双井支行	天力街1号楼B1-1号	59060193
新源支行	新源里16号琨莎中心1座	84682518
金盏支行	金盏乡长店组团13号综合楼一层底商	84333350

招商银行股份有限公司

万通中心支行	朝外大街甲6号万通中心一层	59510225
建国路支行	建国路116号	65660172
静安里支行	北三环东路8号一层	64689332
望京支行	南湖南路15号院甲1号	64799867
朝外大街支行	朝外大街26号	65272078
万达广场支行	建国路93号(万达广场7号楼)	58206565
慧忠北里支行	慧忠北里305号楼一层	84987800
北苑路支行	北苑路168号一层	58247390
望京西园支行	望京西园134号楼地上一层	64789907
大望路支行	西大望路15号3号楼首层	87723112
东四环支行	东四环中路56号(远洋国际中心)首层	
京广桥支行	东三环北路38号院泰康金融大厦首层	85879737
朝阳公园支行	朝阳公园路19号	65398880
北辰大厦支行	北辰东路8号院1号楼北辰时代大厦30层	84981966
富力城支行	东三环中路55号一层、二层	58767070
立水桥支行	北苑路13号院1号楼1-9号	52086503
青年路支行	青年路西里5号院15号楼一、二层	85563113
华贸中心支行	建国路79号、81号华贸中心	87723189
十里河支行	东三环南路19号院首层	87676769

平安银行股份有限公司

三元桥支行	新源南路9号楼1-2层	84538668
朝阳门支行	关东店北街国安宾馆1层	65067489
亚运村支行	安立路66号1号楼101室	64907572-623
光华路支行	光华路4号东方梅地亚中心A座一层	65832833
东四环支行	八里庄西里100号1号楼一层	85866189
望京支行	望京新城南湖西园125号一层、二层	84721880
亚奥支行	北辰东路8号5号楼2层	84970866-619

上海浦东发展银行股份有限公司

富力城支行	东三环中路61号楼商用物业一、二层	5903771
大望路支行	西大望路3号院2号楼1层S117	85997593
慧忠支行	慧忠北里小区214号楼一层	57395960

杭州银行股份有限公司

安贞支行	安定路10号一层	64452511
朝阳支行	甜水园东街10号	65003106

天津银行股份有限公司

朝外支行	朝外大街乙6号朝外SOHO0185、1133号	59004356
三元桥支行	东三环北路乙2号圣元中心A座一层	84471301

中国邮政储蓄银行有限责任公司

双桥东路支行	双桥东路318号	85391063
香河园支行	西坝河中里35号楼	64624407
大山子支行	酒仙桥路13号	64330251
花家地支行	花家地北里1号楼	64737340
农光里支行	农光里102号楼	67317246
水碓子支行	金台北街6号楼	65005146
体东路支行	工人体育场东路甲2号1层101	64169919
双龙南里支行	双龙南里204号楼	87321621
南湖东园支行	南湖东园201楼	64755011
樱花东街支行	樱花东街1号	64420798
垡头支行	垡头西里2号楼	67383482
望京花园支行	望京花园小区119号楼	64700259
万科星园支行	仰山路万科星园甲7号	84921227
安贞支行	安贞西里5区1号楼	64422353
酒仙桥支行	酒仙桥路43号	64363004
财富中心支行	东三环中路财富中心	65309353
科学园支行	科学园南里甲2号	64855484
双桥支行	双桥街10号	85364101
甘露园支行	甘露园南里二区五号	85762613
慈云寺支行	八里庄东里3号	65565319
十里河支行	东三环南路19号嘉多丽园A座一层底商	65751642
三源里支行	三源里27楼	84543211
团结湖支行	团结湖路甲7号楼	65001799
金台里支行	金台路25号楼	85993781
松榆东里支行	松榆东里40号楼	67318190
呼家楼支行	关东店大街9号	65073991
左家庄支行	左家庄北里35号楼	[illegible]

慧忠北里支行	慧忠北里307号楼一层	64844757
横街子支行	横街子村委会	87302349
北苑支行	北苑村	84921295
管庄支行	建筑材料研究院	65726705
双井支行	广渠东路48号楼	67716753
十里河建材城支行	十里河村大羊坊路19号	67677321
国际邮件收寄中心支行	望京阜通东大街18号	84724272
亚运村支行	安慧里2区1号楼	64918199
眼镜城支行	农光南里5号院	67323107
三间房支行	三间房223号	65762454
育慧北里支行	育慧北里8号	84633944
垂杨柳支行	垂杨柳西区8号楼	67714347
劲松一区支行	劲松一区131楼	67738422
东区支行	望京西园一区120号楼	64752130
姚家园路支行	姚家园路甲一号活力东方奥特莱斯购物广场首层	51193715
吉庆里支行	吉庆里6号楼102A部分	84714696
广渠门外大街支行	广渠门外大街5号院55号楼1层17	58767943
西大望路支行	西大望路59号甲3号楼	67710380
秀水支行	秀水东街8号	65930733
青年路支行	青年路雅成一里19号楼(世丰国际大厦)	85521561
大望路支行	百子湾南2路70号楼一层102、201	87724593

保 险

富邦保险代理有限公司	安华里二区13楼103室	67359189
慕尼黑再保险公司北京分公司	建外大街2号院C座18层、20层	85919999
泛联保险代理有限公司	呼家楼向军南里二巷甲5号7层	85951478
普泰保险代理有限公司	东三环北路2号8层811室	64106221
民生保险经纪有限公司	工体西路18号光彩国际公寓1号楼3A	65512240
恒泰保险代理有限公司	建外秀水街1号	85322387
美国友邦保险有限公司北京分公司	建外大街8号国际财源中心西塔A、B座5层	57835556
诚信保险代理有限公司	东三环南路甲52楼5层6C	59711663
中国人民财产保险股份有限公司朝阳支公司	霄云里4号楼	84485273
社会保险基金管理中心	十里堡北区18号院	85821229
国泰保险代理有限公司	幸福一村55号	4162696
方胜保险经纪有限公司	西大望路15号4号楼7层701	67771306
市保险仁和劳动服务公司	朝外市场街18号楼	86532423
泰洋保险代理有限公司	吉庆里6号楼B座(住宅楼)407室	65531761 - 1005
医疗保险事务管理中心	十里堡北区18号院	65524020
民生人寿保险股份有限公司北京分公司	东三环北路38号院2号楼六层	59206413
牛宅保险顾问有限公司	吉庆里9号10号楼E座2区303室	65536988

永安财产保险股份有限公司北京分公司	建国路甲92号9层903、912－917	58660988
嘉福(北京)保险公估有限公司	百子湾南2号88号8层801	87759425－204
瑞信保险经纪有限公司	北四环东路108号千鹤家园3栋	84832950
天和保险经纪有限公司	北土城西路7号国恒基业大厦F座802室	82275813
信安保险代理有限公司	北辰西路69号峻峰华亭嘉园C座住宅楼516号	58772218
海亚(北京)国际保险经纪有限公司	安慧北里秀园15号楼四层	64896199
民生人寿保险股份有限公司	东三环北路38号院2号楼	65886669
北京联合保险经纪有限公司北京分公司	和平街东土城路12号院3号楼1701室	
希尔曼(北京)国际保险经纪有限公司	京顺路四元桥1号	84729364
苏黎世保险经纪(北京)有限公司	东三环北路霞光里18号佳程广场A座21层A2单元	84398166
国中保险经纪有限公司	建外大街18号D702号	65691170
德信保险代理有限公司	安慧里4区16号916室	84885211
明亚保险经纪有限公司	朝外大街22号泛利大厦5层501－502室	85658565－8542
润得保险经纪有限公司	北小营欧陆经典万兴苑(公寓楼)11座4层A室	84854380
康信保险经纪有限公司	八里庄西里61号楼2503室	85861299
泛华保险代理有限公司	向军南里二巷甲5号雨霖大厦7层	51311689
康桥保险经纪有限公司	华威里3号楼2E	87731845
国联(北京)保险经纪有限公司	北苑路170号5号楼1203室	52695090
赛福特保险代理有限公司	安立路60号2号楼1502室	64820778
安邦财产保险股份有限公司北京分公司	东三环中路55号8层801	59229219
润盛保险经纪有限公司	东方东路8号	64681372
安康保险经纪有限公司	西坝河西里28号B205	64477622
泛华富民保险代理有限公司	酒仙桥南路4号院3号楼305室	64386956
工银安盛人寿保险有限公司北京分公司	建国路116号招商局大厦R2层	51358866－662
新城保险经纪有限公司	北土城西路7号国恒基业大厦D座804室	51663231
招商信诺人寿保险有限公司北京分公司	建国路甲92号－4至24层9层	85809055
海康人寿保险有限公司北京分公司	工体北路甲2号A座12层1210－1217A单元	58164868
中国太平洋人寿保险股份有限公司朝阳支公司	安贞里二区一号楼	66418855
中国太平洋财产保险股份有限公司朝阳支公司	霄云里6号楼	84482495
宏孚保险经纪(北京)有限公司	拂林路9号D单元1003	64466561
中航三星人寿保险有限公司	建国路118号招商局大厦26层、28层	58201802
富达保险经纪有限公司	吉庆里9号、10号(住宅)楼B座	57929150
社会保险基金监督管理中心	十里堡北区18号院	65523992
合众人寿保险股份有限公司北京分公司	朝外大街乙12号昆泰国际大厦20层	58797755－82037
金联安保险公估(北京)有限公司	樱花园28号楼(樱花集中办公区0279号)	64413960
阳光财产保险股份有限公司	朝外大街乙12号	58289999
永安财产保险股份有限公司朝阳支公司	太阳宫路甲12号	64915268
中汇国际保险经纪有限公司	东三环中路39号建外SOHO15号楼	58691896
申根保险代理有限公司	朝外大街10号(A1区)706A	51295586
智天保险经纪有限公司	建外大街22号赛特大厦1111号	66493978
中怡保险经纪有限责任公司北京分公司	建外大街甲6号爱思开大厦1206室	85679188
华安财产保险股份有限公司朝阳支公司	幺家店路2号院8号楼1层	64843347
阳光财产保险股份有限公司北京分公司	东三环中路7号北京财富中心A座501	65309835
安邦国际保险经纪有限公司北京分公司	慧忠北里306号(住宅)楼1307	64800053
中际保险代理(北京)有限公司	管庄杨闸环岛西侧北角京通新城13号楼	51397938
中法人寿保险有限责任公司	永安里8号华彬国际大厦1206室	85288588

安邦财产保险股份有限公司朝阳支公司	东三环中路55号楼7层801	59229989
中英人寿保险有限公司	东三环北路霞光里18号佳程广场A-19层	84400888
恒安标准人寿保险有限公司北京分公司	霄云路26号鹏润大厦B座805-807室	59235588
标准(北京)保险经纪有限公司	朝外大街乙12号昆泰国际大厦29层	58289926
中意人寿保险有限公司	光华路5号院1号楼12层1501和13层1601	58763988
安邦保险集团股份有限公司	三环中路7号财富中心A座45层	59229899
红枫鑫保险代理有限公司	东三环南路21号古玩城北侧翌景嘉园1号楼	87731151
三星财产保险(中国)有限公司北京分公司	建国路118号25层2506-2507A单元	65685828
海盟国际保险经纪(北京)有限公司	西坝河西里23号红都阳光商务会馆	66553313-838
全景保险经纪(北京)有限责任公司	将台路6号丽都饭店内3层O-324室	64373510
和政保险经纪有限公司	道家园18号楼12层	65301358
安华农业保险股份有限公司朝阳支公司	望京西路甲50号1号楼1102室	64393015
阳光保险代理有限公司	望京园602号楼27层3121	85867386
现代财产保险(中国)有限公司	霄云路38号现代汽车大厦5层508室	84428100
中意财产保险有限公司	建外大街乙12号双子座西塔9层	59601818
中国人寿财产保险股份有限公司北京市分公司	朝外大街16号2层212B—213A号15层、16层	85253888-6003
邦业保险公估有限公司	来广营西路甲8号三层	85256390
和政保险经纪有限公司北京分公司	道家园18号楼12层	65301358
信成和盛保险经纪有限责任公司	大郊亭中街2号院华腾国际公寓5号楼12B	63183593
众合四海保险代理有限公司	安华里二区13号楼101室	59221505
创富保险代理有限公司	东三环中路39号院10号楼1801室	51299166-8002
哈保保险经纪(北京)有限公司	建国路93号院10号楼601室	58203824
怡和立信保险经纪有限责任公司北京分公司	亮马桥路(光明饭店)1106室	64676199
道可特保险经纪(北京)有限公司	八里庄西里100号住邦2000-1号楼西区	85861008
北京泛联保险代理有限公司祥和分公司	安贞里二区1号楼3层366室	64278864
北京祥康保险代理有限公司	建国路88号10号楼14至15层1704	85805788
友邦保险有限公司朝阳三元桥营销服务部	东三环北路3号幸福大厦B座301	65683338
国华人寿保险股份有限公司北京分公司	朝阳北路237号楼501-502、509-510	59272203
国安国际保险经纪股份有限公司	和平街十三区煤炭科技苑小区35号煤炭大厦	85615121
中德安联人寿保险有限公司北京分公司	建国路81号5层01、08、09单元	59216086
中国人寿财产保险股份有限公司朝阳支公司	静安里26号楼6层	64823904
海达保险经纪有限公司北京分公司	裕民路12号E1座516A室	
瑞宝寿康保险代理有限公司	小关北里45号世纪嘉园1号楼17A	84897891
北京交广保险代理有限公司	幸福三村北街1号	84515731
上海美世保险经纪有限公司北京分公司	光华路1号(商业写字楼)南楼15层	65334231
五丰保险代理有限公司	朝外大街甲6号万通中心20层B-2002室	59071428
阳光金元汇保险代理有限公司	关东店南街2号0511室	80658546
望京永发保险柜经营部	望京商业街(北区)1层A38号	64728897
盛唐保险经纪有限公司	光华路15号院4号楼802号	65995951
正汇保险公估有限公司	东三环中路39号建外SOHO15号楼	58691896
宏利保险代理有限公司	建外大街1号(一期)16幢14层59室	57799168
美亚财产保险有限公司北京分公司	光华路7号汉威大厦9层A座15-16	59692990
金兰(北京)国际保险经纪有限公司	慧忠北里315号楼1603号	64938131
中瑞惠银国际保险经纪股份有限公司	东三环南路甲52楼18C	87729970
智瀚保险代理有限公司	东直门外大街28号423号	52011606
京泰瑞保险代理有限责任公司	东直门外大街28号501室	64151042

海商保险代理有限公司	东四环中路60号楼305室	59648624
佳保保险代理有限公司	京奥家园132号楼4层1门401号	51079873
华夏经纬保险代理有限公司	东三环中路59号楼601室	58241666
鼎盛保险经纪有限责任公司	东三环北路16号71、72号平房	65065338
北盛联合保险代理有限责任公司	朝外大街20号701A室	65884907-83
同泰保险经纪有限责任公司	曙光西里甲1号B-2703号	84444496
华康保险代理有限公司北京分公司	朝外大街19号华普国际大厦1502A、B室	65802543
美日保险代理有限公司朝阳分公司	西大望路1号A座5层	65387031
百年人寿保险股份有限公司北京分公司	建国路108号七层01、02、06单元	59817170
天圆地方(北京)保险代理有限公司	西大望路3号院3号楼18层	85999570-243
易品保险代理有限公司	光华路4号院3号楼2708室	85718581-8003
安邦人寿保险股份有限公司	东三环中路7号财富中心A座30层3001	65330656
关爱保险经纪有限公司	朝阳北路99号1号楼1903室	65992887
新光海航人寿保险有限责任公司朝阳支公司	霄云路甲26号海航大厦20层	57593666
阳光保险爱心基金会	朝外大街乙12号昆泰国际大厦28层5号房间	58780411
浙江中惠保险经纪有限公司北京分公司	西大望路63号院7号楼4层505	59600999
金支桥保险代理有限责任公司	汤立路218号7层827	84675758
鞍汇联保险经纪有限公司	东三环中路39号院15号楼7层0805	58695890
安邦人寿保险股份有限公司北京分公司	东三环中路55号楼6层701、702	59229348
泛华联兴保险销售股份公司	建国路93号院9号楼4层405室	58205550
和谐健康保险股份有限公司北京分公司	东三环中路55号楼7层802、803	59229138
信安保险代理有限公司朝阳分公司	宝马汽车电子产品生产及技术中心E2-1#楼	58772233
金宏保险代理有限责任公司	东直门外大街28号822号	87952509
中国人寿养老保险股份有限公司北京市分公司	朝外大街16号19层南区	80646228
普惠保险公估有限责任公司	西大望路63号院7号楼7层804	59600999
中联信保险销售服务有限公司	工体北路甲6号中宇大厦一层010C	85236865
奥创保险经纪有限公司	北苑北辰居住区B5区商业及办公11层	84938008
中航三星人寿保险有限公司北京分公司	建国路93号9号楼3层	58201777
汇丰人寿保险有限公司北京分公司	建外大街8号国际财源中心西塔A座11层	59860027
可为保险代理有限公司	西坝河西里28号1号楼B0903室	64475477
阳光一家家庭综合保险销售服务有限公司	朝外大街乙12号9层0-915	59053943
宜信博诚保险销售服务(北京)有限公司	建国路88号8号楼12层1505	58697439
信诚人寿保险有限公司	东三环中路1号环球金融中心办公楼东楼16	85878699

文物保护单位

全国重点文物保护单位

北京东岳庙	朝外大街141号	65510151
日坛	日坛北路6号日坛公园内	85614261
清净化城塔	黄寺大街11号	[illegible]

元大都城墙遗址(朝阳段)	健安东路、健安西路北侧,东起土角楼西侧 北京服装学院以东673米,西至京藏高速路	84648252

北京市文物保护单位

永通桥(八里桥)	管庄乡八里桥村东南	85709886
十方诸佛宝塔	王四营乡古塔公园内	67376310
四九一电台旧址	豆各庄乡双桥街9号院	87363264
北顶娘娘庙	奥运村街道奥林匹克中心区国家游泳馆南侧	65510151
顺承郡王府	朝阳公园南路19号	65940948

朝阳区文物保护单位

海阳义园(山东会馆)	呼家楼南里2号	85976279
马骏烈士墓	日坛北路6号月坛公园内	85614261
张翼祠堂	豆各庄乡豆各庄村西	65479035
常营清真寺	常营民族家园东路西南侧	65484914
肃慎亲王敬敏墓	王四营乡道口村西北(现柏阳景园小区西侧)	67376310
显谨亲王衍璜墓	潘家园东里	87381835
南下坡清真寺	朝外2条129号	85626316
那桐墓	三间房双桥路西里6号	65420049

体 育 场 馆

蓝翅空间体育发展有限公司	左安门外饮马井1号院	58215972
当代风情台球厅	安慧北里逸园28号楼	64969588
奇迹创新体育发展有限公司(京信大厦店)	东三环北路甲2号	84492052
朝阳体育馆	六里屯西口	85975547
国家奥林匹克体育中心	安定路1号场馆处	64912233
国家游泳中心有限责任公司(水立方)	天辰东路11号国家游泳中心	84371588
斯维思体育发展有限公司第三分公司	东三环南路54号院4号楼一、二层	87730282
天鹅湾休闲俱乐部有限公司	雅成二里20号楼底商121－123、201、	59075558－201
远景新星体育发展有限公司酒仙桥分部	酒仙桥路甲10号c座5层	64366855—821
四惠花园卡丁车赛车俱乐部有限公司	高碑店兴隆公园内	85751149、
国家体育场有限责任公司(鸟巢欢乐冰雪季)	国家体育场南路1号	64376080
零度阳光体育文化有限公司第一分公司	三里屯19号院地下二层SB2－SR18	88875239
零度阳光体育文化有限公司第二分公司	建国路81号L318A	88875239
金隅京体()体育文化有限公司	阜通西大街20号院1号楼附属	84780611
加州耀能健身有限公司	光华路甲9号	65871288
松杨游泳技术培训中心	东四环北路10号院2号楼游泳馆	84797299
浩沙活力健身服务有限公司第八分公司	惠新东街甲4号－103－202	84663555

金鹏水星健身俱乐部分公司	北苑路86号嘉铭园一区2号楼01－02层	84858432
碧水英旗体育文化有限公司(京华豪园)	外交部南街8号1号楼3层08号	85628027
东方鸿铭中央商务区体育中心有限公司	高碑店路99号	67384809－831
奥斯曼体育发展有限公司(原公园大道店)	朝阳公园南路6号公园大道4号楼2层	65306647－0
羽丰军健康体俱乐部有限责任公司	崔各庄乡顺白路北侧农业中心院内	84709488
康庭体育发展有限公司	青年路西里5号院16号楼地下05－06	85515757
东方球动力台球俱乐部有限公司	东三环南路58号富顿中心C座地下一层	58672882
优速竞技运动有限公司	京顺路四元桥一号	84729399
优速竞技运动有限公司平乐园分公司	南磨房乡平乐园甲5号1号楼2层	67758535
麟联置业有限公司东隅分公司	酒仙桥路20号5层103室	64105266
内太空体育发展有限公司	望京北路39号楼11号楼2层会所1	84770598
天奥健身俱乐部有限公司	锦芳路1号17幢－201内01号	64187954
奥力嘉尚国际文化传媒有限公司	太阳宫1街10号楼	85888778－801
乔士尼体育文化发展有限公司	东柏街9号院甲1号	87953258
望京阳光体育培训中心有限公司	广泽路6号院13号楼S5号	64719669
力健源体育文化有限公司	南湖南路9号院2号楼2－4号楼－1层	64700709
周庄乒乓球俱乐部	十八里店乡周庄嘉园	67494058
一兆韦德(上海)健身管理有限公司三分公司	广顺北大街18号院2号楼华彩国际公寓201	59780088
一兆韦德(上海)健身管理有限公司分公司	东方东路19号1号楼会所9号	85321113
轶群阳光体育文化发展有限公司	望京阜荣街15号院地下商业	84763685
酷赛健身俱乐部	慈云寺东区国际小区会所	85916378
欧陆健身	北苑路欧陆大厦B座三层	84853589
丽都水岸游泳健身休闲有限公司	芳园南里9号院7号楼	84578359
顶峰健身(原金梧桐)	市北苑路86号嘉铭二区5号	84858432
雅适健身	酒仙桥南十里居36楼一层	64345855－17
可乐思台球俱乐部有限公司	西坝河南路4号地下一层	88498876
斯维思体育有限公司京师园分公司	林萃路9号院京师园会所	58213473
超越尖峰体育文化有限公司	工体东路18号天照饭店二层东侧	65928266
亮马河大厦有限公司(京臣健身中心)	东三环北路8号	65907559
浩沙健身俱乐部有限公司亚运村分部	安立路甲52号四层	84801314
东兴军健休闲俱乐部	胜古庄2号25楼106室	86520079
林记台球娱乐有限公司	安立路甲52号四层	84801216
健力达健身俱乐部有限公司	金蝉欢乐园2号院甲1号楼116号	67388441
金惠缘台球俱乐部	金台北街5号楼北侧平方	64608733
三星台球厅	新源里7号	65910160
嘉益佳康体有限公司	光华路丙12号(国汇大厦)	85958263
翡力埕斯健身俱乐部有限公司	夏家园20－22号	65588021
翡力埕斯健身俱乐部有限公司	康家沟145号	62026088
天幕台球厅	黄寺大街12号	85865577
奥力佳邦健身有限公司	八里庄西里99号	85806900
奥力建国路一号店(soho店)	建国路88号SOHO现代城10号楼会所	65305100
奥力建国路二号店	建国路89号华贸中心19号楼底下1层	51303330
奥力东四环店	东四环北路6号阳光上东园二区55号	82725850
朝阳三元台球厅	左家庄3区3号楼院内	64759530
东恒台球城望京店	花家地南里5号楼地下一层	64150009
望星恒远台球厅	南湖东园101楼底层南段	64754123

流星台球厅	望京西园4区423号楼	86543448
奥罗云顶游艺宫有限公司团结湖分公司	团结湖路7号	86543448
奥罗云顶游艺宫有限公司平和台球厅	双花园南里4号楼一层	86543448
奥罗云顶游艺宫有限公司金叶分公司	水碓子东里22号楼	86543448
奥罗云顶游艺宫有限公司关东店分公司	关东店三巷11号	86543448
奥罗云顶游艺宫有限公司	建外大街金之桥大厦北一层	86543448
奥罗云顶游艺宫有限公司崇圣分公司	西大望路27号	84724821
永德立台球城有限公司	望京南湖东园101楼底层南段	84796666
东山墅健身俱乐部有限公司	东四环北路7号	67306153
诚缘遇台球厅	首都机场南路2号	67783141
球亲球友台球俱乐部	十里堡路1号	67110095
京城射箭运动俱乐部东方巨龙射箭馆	安贞西里五区1号5层	65091420
鹏丽花园房地产发展有限公司	白家庄西里3号	64614517
香河园文化娱乐中心	西坝河南里2号	87698414
朝阳区文化馆	小庄金台里17号	64408600
动感地带台球俱乐部	外馆东街51号	87730809
浩沙健身俱乐部有限公司呼家楼分店	朝外小庄6号中国第一商城西塔楼6层	65788116
奥力健身万象新天店	常营乡常营居住地146号万象新天会所	65306286
海星健乐国际健身俱乐部有限公司	建国路91号会所101室	84375800

公　　园

日坛公园	日坛北路6号	85619984
团结湖公园	团结湖南里16号	85973603
红领巾公园	后八里庄5号	85839070
元大都城垣遗址公园	惠新东街	84648252
北小河公园	望京东湖路1号	64708518
四得公园	将台西路	64384057
庆丰公园	厂坡村甲2号	67780738
大望京公园	望京东路甲6号	84762917
奥林匹克森林公园	奥运村地区北五环仰山桥西	64529010
朝阳公园	朝阳公园南路1号	65940972
中华民族园	民族路1号	62063646
丽都公园	芳园西路6号	64378548
北京金盏郁金香花园	金盏西大街路北	84337800
北京朝来农艺园	来广营新生大队西侧	84913534
太阳宫公园	太阳宫公园	52032752
北焦公园	化工路口1号	67383866-2558
南湖公园	阜通西大街	84775828-8010
东一处公园	双桥东路一时区	65485855
望湖公园	望京北路51号	64785880

八里桥公园	管庄地区办事处	65716210
立水桥公园	安立路	84841533
兴隆公园	高碑店兴隆庄甲8号	85759918
镇海寺郊野公园	小红门乡小红门南里	87604036
鸿博郊野公园	小红门乡小红门南里	87604036
老君堂郊野公园	十八里店地区老君堂村	67474556
海棠郊野公园	十八里店地区老君堂村	67474556
古塔郊野公园	王四营地区	87390858
白鹿郊野公园	王四营乡道口村	87390858
将府公园	朝阳区将台乡东八间房	64371393
东坝郊野公园	朝阳区东坝地区东五环外	65491802
常营公园	朝阳区常营地区	65481631
东风公园	朝阳区东风乡将台洼	85811134
太阳宫体育休闲公园	朝阳区太阳宫西路1号	52018627
朝来森林公园	朝阳区来广营新生村	84913070
京城槐园	姚家园路与东五环路交汇处东南角	85574810
京城梨园	姚家园路与东五环路交汇处东南角	85574810
杜仲郊野公园	三间房乡金卫路	85367196
金田郊野公园	豆各庄乡于家围北村478号	85367983
京城体育场郊野公园	朝阳体育中心东西两侧	85574810
京城森林公园	黄杉木店路东西两侧	85574810
百花公园	高碑店乡北花园村	65475890
黄草湾郊野公园	辛店路	64922882
勇士营郊野公园	来广营乡朝来绿色家园东(北苑东路东侧)	84911106
清河营郊野公园	来广营乡清河营润泽庄园东侧	84911106

街道社区
居委会、地区(村)委会

安贞街道

安贞里社区居委会	安贞里二区20号楼	64428863
安贞西里社区居委会	安贞西里三区5号楼东侧二层小楼	64453619
安华里社区居委会	安华里二区11号楼	84241354
安华西里社区居委会	安华西里一区21楼前平房	64268241
黄寺社区居委会	黄寺大街甲28号院1号楼107	82070950
裕民路社区居委会	裕中东里一号院	82027289

奥运村街道

总装社区居委会	安翔北里10号院	66355671
南沙滩社区居委会	南沙滩66号院1号楼1单元3层	58071973

科学园社区居委会	科学园南里东街2号楼二层	64841885
风林绿洲社区居委会	科学园南里风林绿洲F12楼4单元1层	64874476
绿色家园社区居委会	天居园5号楼一层	84916766
大羊坊社区居委会	双营路11号院1号楼东北角	64528614
龙祥社区居委会	清林路1号院世茂奥临7号楼3层居委会	849402095
万科星园社区居委会	万科星园北门圆房子	84945840
北沙滩社区居委会	北海滩8号院5号楼	64830556
双泉社区居委会	域清街2号院5号楼	62925020
林萃社区居委会	林萃路9号(京师园5号楼18号)	58213621
国奥村社区居委会	林萃东路2号院西门圆房子	84374871

八里庄街道

红庙北里	红庙北里53号楼南平房	65014186
红庙	朝阳区慈云寺4号楼东侧平房	65013944
八里庄西里	慈云寺北里207楼27、28号居委会	65570478
八里庄东里	八里庄东里12楼后	65569064
十里堡	朝阳区十里堡东里27楼、28楼之间平房	65577555
延静里	延静里西里22楼东侧平房	65014362
甘露园	朝阳区甘露园南里18号楼后	85781756
朝阳无限	朝阳区甘露园10号楼1单元101号	85739508
城市华庭	朝阳区十里堡甲3号院都会华庭4号楼	65561247
十里堡南里	甘露园中里2号院12号楼南侧	65577308
罗马嘉园	朝阳北路107号院39楼3层	85512155
华贸中心社区	朝阳区建国路89号院华贸公寓15号楼北二层	65307245
远洋天地家园社区	八里庄西里59号楼南侧配楼	85866626

朝外街道

芳草地社区居委会	东大桥路23号楼院内	85619525
吉庆里社区居委会	工体西里4号楼南侧院内	65538102
吉祥里社区居委会	朝外大街北侧吉祥里112楼旁	65514388
三丰里社区居委会	三丰里14号楼南侧小楼	85612610
体东社区居委会	工体南路甲1号(平房院内)	65522988
天福园社区居委会	天福园8号楼东侧平房	85611495
雅宝里社区居委会	朝南大街甲14号楼北侧	85628668

大屯街道

慧忠里第一居委会	慧忠里甲316楼北侧	64980308
慧忠里第二居委会	慧忠里B区109楼东南侧	64966868转8918
慧忠北里第一居委会	慧忠北里411楼104号	85584734
慧忠北里第二居委会	慧忠北里202楼104室	85584007
安慧北里秀雅居委会	安慧北里雅园4号楼一层	64921361
安慧北里安逸居委会	安慧北里逸园18号楼0110号	64973028

大屯里居委会	大屯里115楼208号	84805104
安慧东里居委会	北苑路178号院光大名筑8号楼118号	64826118
欧陆经典居委会	欧陆经典172号院16号楼底商三层	84853151
育慧西里居委会	育慧西里小区居委会办公楼	64915900
嘉铭园居委会	嘉铭园A区5号楼2单元101、103号	84859022
育慧里居委会	成慧路二号院1号楼1单元1层	84636040
世纪村居委会	世纪村西区8号楼北侧	84633764
亚运新新家园居委会	辛店路亚运新新家园物业一层	51737063

东湖街道筹备处

望京花园社区	望京花园130楼2层	64700550
利泽西园一区社区	利泽西园一区104楼106	64788250
望湖社区	利泽西园二区206楼2单元地下室	64786258
望京西园社区	望京西园一区116楼东南侧黄色二层楼	64754948
南湖东园社区	南湖东园一区中心花园旁	64791990
南湖中园社区	南湖中园117楼3门102室	64709041

垡头街道

垡头街道一区社区居委会	垡头一区6号楼北侧	67382011
垡头街道二区社区居委会	金蝉里19号楼011室	67367009
垡头街道三区社区居委会	垡头二区18号楼	67365471
垡头街道东里社区居委会	垡头东里老居委会	67365570
垡头街道西里社区居委会	垡头西里24号楼北侧	67360853
垡头街道北里社区居委会	垡头17号楼西侧	67374703
垡头街道翠城馨园社区居委会	翠城馨园340楼13号	67383900
垡头街道翠城雅园社区居委会	翠城馨园237号楼北侧	67202700
垡头街道翠城趣园社区居委会	翠城趣园111楼	67363500
垡头街道翠城盛园社区居委会	翠城馨园143号楼底商	67376900
垡头街道翠城熙园社区居委会	翠城趣园420楼底商	67371136

和平街街道

和平家园社区居委会	和平街11区甲12号	84291139
砖角楼社区居委会	砖角楼北里5号楼院内平房	64219740
十四区社区居委会	和平街14区14楼前平房	84258576
和平东街社区居委会	和平街15区西门外南侧平房	64294800
樱花园社区居委会	樱花园社区24-7-103	64443929
胜古庄社区居委会	皇姑坟2楼南墙外	64452943
小黄庄社区居委会	和平街西苑15号楼西侧平房	84270383
胜古庄北社区居委会	安定路12号院2号楼101	64437323
煤炭科技苑居委会	和平街13区34楼101	84264316

呼家楼街道

小庄社区	金台里2号楼北侧标牌厂西侧	85996939、85991491
新街社区	光华路15号院泰达时代中心4号楼1004室	85885070、85885071
关东店社区	向军南里3号楼109号	65023450、65005758
关东店北街社区	向军北里28号院D座1层	65861972、65077019
东大桥社区	东大桥路8号SOHO尚都南塔一层	59003781、59003782
金台里社区	金台北街甲1号	85994144、85994580
核桃园社区	农丰里7号楼7门101号	65938892、65947306
呼家楼北社区	呼家楼北里1号楼南侧平房	65950122、65082915
呼家楼南社区	呼家楼南里22号楼南侧平房	65924251、65071668
人民日报社社区	金台西路2号内民16楼北侧	65369869

建外街道

建国里社区居委会	建国里三道街一号楼南平房	65678270
永安里社区居委会	朝阳区灵通观10号楼南平房	58783636
永安里东社区居委会	朝阳区建外SOHO西区15号楼B1	58793610
秀水社区居委会	东大桥路57号楼院内平房	58783688
光华里社区居委会	光华西里一号温莎大道A座1层	65081733
北郎家园社区居委会	朝阳区郎家园15号	65831573
北郎家园东社区居委会	蓝堡国际公寓D座S215室	85997485
南郎社区居委会	朝阳区现代城文化教育活动中心	58783660

劲松街道

劲松北社区居委会	劲松一区132楼	67759027
劲松东社区居委会	劲松三区321楼一层	67758807
劲松中社区居委会	劲松五区507楼	67757904
劲松西社区居委会	劲松八区甲813楼一层	67700806
农光里社区居委会	农光里142楼西侧	67354935
农光里中社区居委会	农光里二区212楼一层	67354936
农光东里社区居委会	农光东里10号楼北院	67356577
磨房北里社区居委会	磨北邻甲120楼	67313633
八棵杨社区居委会	华腾园乙7裙楼四层	67735144
大郊亭社区居委会	广渠路28号院珠江帝景208楼北A156	58631483
和谐雅园社区	五圣路6号院和谐雅园一号	67775535
百环社区	广渠路66号院百环家园10号楼一层	67726195

酒仙桥街道

高家园社区居委会	高家园小区118号	64309142
大山子社区居委会	大山子北里小五楼	64309134
电子球场路社区居委会	三街坊2楼旁平房	64309151
红霞路社区居委会	六街坊11楼6单元	64909146

中北路社区居委会	酒仙桥路 11 号院后平房	64309139
酒仙桥东路社区居委会	驼房营南里兆维小区综合楼 2 层	64309168
酒仙桥南路社区居委会	十街坊 17 楼楼下平房	64309156
怡思苑社区居委会	南十里居 15 号院 8 号楼	64309129
驼房营西里社区居委会	酒仙桥驼房营西里临甲 8 号文体中心一层	84707693

六里屯街道

秀水园社区居委会	水碓子北里 4 号楼前西平房	85961850
碧水园社区居委会	甜水园北里 6 号楼 7 单元 104 号	65033285
甜水园社区居委会	甜水园东里纺织小区存车处	65007498
道家园社区居委会	道家园 7 号楼 9 单元 102 号	65920781
八里庄南里社区居委会	八里庄南里 24 号楼北侧平房	85831049
八里庄北里社区委员会	八里庄北里公园 1872 215 号楼一层底商	85918862
晨光社区居委会	晨光家园 212 号楼东 107 号	85843811
十里堡北里社区居委会	十里堡北里 29 号楼北侧平房	85832145
六里屯北里社区居委会	丽水家园 1 号楼地下室北侧	65862417
炫特家园社区居委会	炫特家园 3 号楼东侧	85856772
甜水西园社区居委会筹备处	甜水西园甲 12 号楼社区服务中心	85972199

麦子店街道

霞光里社区居委会	霞光里 30 号院 5 号楼二层	64661665
枣营北里社区居委会	枣营北里 30 号楼	65928551
枣营南里社区居委会	枣营南里 21 楼前平房	65089525
朝阳公园社区居委会	朝阳公园西路 9 号北小楼	65383824
农展南里社区居委会	农展南里 3 号楼	65915230

潘家园街道

潘家园社区居委会	潘家园 27 # －2－204 号	87701306
潘家园南里社区居委会	潘家园南里 11 楼北侧平房	87715076
潘家园东里社区居委会	潘家园东里 12 # －1 层 10 号	67705015
华威西里社区居委会	华威西里 42 # 乙	87771754
华威北里社区居委会	华威北里甲 32 #	67733310
松榆西里社区居委会	松榆西里 61 # 楼西侧	67321248
松榆里社区居委会	松榆里 26 # －104 号	67322086
松榆东里社区居委会	松榆东里 15 # －0－014 号	67321348
武圣农光社区居委会	松榆北路 7 号院 9 楼 2 层	87379079
武圣东里社区居委会	武东 51 楼 104 号	67322256
磨房南里社区居委会	磨南 22 楼 1 门 101	67356846
华威里社区居委会	华威南路 2 号楼地下一层	87731033

三里屯街道

幸福一村社区居委会	太平庄南里甲 3 号	64169217

幸福二村社区居委会	幸福二村5号楼北侧2层楼1层	64166399
北三里社区居委会	北三里屯南楼西甲1号	64177960
中三里社区居委会	东三里屯中3楼院平房	66787026
东三里社区居委会	东三里中11楼南侧平房	64176151
中纺里社区居委会	中纺里9楼北侧平房	65929071
白西社区居委会	三里屯南路4号楼1层	65912776

首都机场街道

南路西里社区居委会	首都机场宿舍区燕翔西里2号楼北侧办公楼	64571571
南路东里社区居委会	首都机场宿舍区东平里5号楼北侧办公楼二层	64565422
西平街社区居委会	首都机场宿舍区南平里7号楼2103－4	64571567
南平里社区居委会	首都机场宿舍区南平里32号楼西侧办公楼二层	64573848

双井街道

广和里社区	广和路17号院(翠城沙盘)	67751452
垂东社区	垂杨柳北区14楼西门一层	67754505
垂西社区	垂杨柳西里6号楼西侧平房	87772862
广外南社区	广渠门外大街22楼后平房	67751339
广泉社区	广渠门外大街甲28号院15楼206	87752193
双花园社区	双花园西里甲8楼	67398998
光环社区	双花园南里2区6号楼5单元1层1号	87721692
富力社区	富力城天力街3号楼	58621732
九龙社区	百子湾路32院南区5楼A座地下室	58263287
九龙南社区	百子湾南2路76号院乐成国际5号楼15号	87724721
大望社区	西大望路19号5楼7单元101号	87755016
百子园社区	百子园4号B座1层105室2层203室	87747250

团结湖街道

一二条社区居委会	团结湖北头条4号楼东侧	65824358
三四条社区居委会	团结湖北三条16号楼	85971899
中路北社区居委会	团结湖街道中路北一条8号楼	85982265
中路南社区居委会	团结湖路南一条5号楼西侧二层小楼	85989270
水碓子社区居委会	团结湖水碓子24号楼	85986788
南北里社区居委会	团结湖路21－1－101	85989524

望京街道

望京西园四区居委会	望京新城403号楼107	64706915
望京西园三区居委会	西园三区304楼2层	84726031
望花路东里居委会	金星路16号楼后院平房	64782766
望花路西里居委会	望花路西里9号楼2单元101	84715085
花家地居委会	花家地9号楼	84712151
花家地北里居委会	花家地北里5号楼12单元101	64759181

花家地南里居委会	花家地南里 2 号楼 1 单元 1	64725778
花家地西里居委会	花家地西里 109 号楼	64716251
花家地西里三区居委会	南湖实业宿舍院内	64719483
南湖东园居委会	南湖东园 210 楼 1 单元 101	64706917
南湖中园居委会	南湖中园 215 楼 4 单元 101	64706923
南湖西园居委会	南湖西园 101 号楼 4 单元 101	64704359
南湖西里居委会	南湖渠西里院内	64709018
方舟苑居委会	方舟苑 2 号楼 103	64780673
大西洋新城居委会	大西洋新城会所四层	64727607
爽秋路居委会	蓝色家园西门外	64773107 - 808
圣星居委会	圣馨大地 B 座负一层	64747841 - 661
望京园居委会	望京园 3 区华鼎世家 304 楼 103	84727640
南湖西园二区居委会	季景 5 号底商	52039054
望京东园五区居委会	望京东园 503 楼 2 层	84781519
阜荣街居委会	阜荣街 15 号 1 号楼 2 单元 1 层	84763124
望京西路居委会	望京西路 50 号院鹿港 7 号楼 1 层	84784239
宝星园居委会(筹备组)	望京东园 102 楼 M 层	64756352
夏都雅园(筹备组)	光中街 2 号院 3 号楼 101 室	84727864
国风(筹备组)	湖望京东园 6 区国风 601 楼 7 单元	84761130
坝北居委会	坝北村内	64377907
南湖平房区居委会	六公主坟	64393676

香河园街道

柳芳南里社区居委会	柳芳南里 6 号楼前平房	64607112
柳芳北里社区居委会	柳芳北里甲 14 号平房	84514269
西坝河南里社区居委会	西坝河南里 20 号楼前平房	64651709
西坝河中里社区居委会	西坝河中里 2 号楼前平房	64676023
西坝河西里社区居委会	西坝河西里 4 号楼	64296921
西坝河东里社区居委会	西坝河东里 107 楼东侧	64670151
光熙门北里北社区居委会	光熙门北里甲 6 号楼	64272821
光熙门北里南社区居委会	光熙门北里 10 号楼 101 室	64200497
光熙家园(筹备组)	光熙家园 9 号楼 203 室	59033942

小关街道

惠新苑社区居委会	惠新西街 9 院 1 号楼 1 层	64810094
惠新北里社区居委会	惠新北里 8 号楼	64810092
高原街社区居委会	高原街 4 号院	84626490
小关社区居委会	小关北里 204 楼	64914908
惠新里社区居委会	惠新里 226 号楼地下室	64810091

亚运村街道

安慧里社区居委会	安慧里一区甲 7 号楼	64980226
安慧里南社区居委会	安慧里三区 13 号楼	64902931

北辰东路社区居委会	安慧北里 1 号楼 101 室	64978765
安苑里社区居委会	安苑北里 9 号楼 107 室	64962829
祁家豁子社区居委会	华严里祁家豁子路	82026957
京民社区居委会	华严北里 2 号院	82028035
华严北里社区居委会	华严北里 45 号楼加建	82841857
华严北里西社区居委会	华严北里 22 号楼 2 层	82846023
丝竹园社区居委会	丝竹园社区 7 号楼 11 门 2 楼	64863772
安翔里社区居委会安	安翔里 1 号	64886323

左家庄街道

新源里社区居委会	新源街 21 号楼旁	84552609
顺源里社区居委会	顺源里 04 号楼前	64637571
三源里社区居委会	三源里夏园活动中心	64625677
新源西里社区居委会	新源西里中街甲 5 号楼	84551479
左北里社区居委会	左北里甲 38 楼	64683979
静安里社区居委会	静安里甲 6 号楼	64631136
左南里社区居委会	左西街 10 号楼	64656209
曙光里社区居委会	曙光里 39 号楼旁小白楼	84515170
左东里社区居委会	左东里 14 号楼	64656754

常营地区(回族乡)

常营民族家园社区	常营民族家园小区 59 号楼底商	65738991
连心园社区	连心园小区底商	58240346
苹果派社区	苹果派小区 13 号楼一层	65466171
荟万鸿社区	荟康苑小区 3 号楼 8 单元 102 室	65728145
鑫兆佳园社区	三间房东路甲 9 号	65431082
万象新天社区居委会	万象新天小区 216 号楼 1 门 101 室	65436228
畅心阳光社区	常营首开畅心园小区 1 号楼一层	59396208
常营保利社区	常营中路保利嘉园 3 号院 19－19 底商	57921984
常营福第社区	北辰福第社区 6 号院南侧底商	57923868
丽景园社区	金隅丽景园一号楼二单元 208	57845068
住欣家园社区	住欣家园小区 215 号楼	57914007

崔各庄地区(乡)

草场地村委会		64371230
奶西村委会		84709812
北皋村委会		64371106
崔各庄村委会		64387673
东辛店村委会		64371273
善各庄村委会		64327634
东营村委会		84338829
何各庄村委会		64381679
望京村委会		64364894

马泉营村委会		64362005
南皋村委会		64368319
马南里居委会		84704447
黑桥村委会		64331668
崔各庄居委会		64382609
索家村委会		64389778
南皋第一区社区居委会		64389778
费家村委会		64330157
东营社区居委会		
奶东村委会		64366547
京旺家园社区		64335528

东坝地区(乡)

红松园社区	东坝乡红松园社区	65494922
东坝家园社区	东坝乡东坝家园 206 楼	65412456
康静里社区	东坝乡康静里社区 13 号楼 5 门 501	65734994
高杨树社区	东坝乡高杨树北里	65423871
朝阳新城社区	朝阳新城一区 12－2－102	65456113
奥林匹克花园社区	奥林匹克花园 225－8	51079433
中铁十六局社区	中铁十六局办公楼	51884630
大街居委会	东坝乡东风村村委会楼上	84327090
七棵树村村委会		51405093
单店村村委会		65498870
西北门村村委会		52056006
后街村村委会		84327363
东风村村委会		84318341
驹子房村村委会		52070582
三岔河村村委会		84313874
焦庄村村委会		65780827
东晓景村村委会		57800870

东风地区(乡)

石佛营东里社区	石佛营东社区 113 楼东侧二层楼	85820154
石佛营西里社	石佛营西里 9 号楼 3 门 101	85811324
石佛营南里社区	八里庄北里 128 号楼玫瑰郡底商	85835729
紫萝园社区	石佛营东里 136 号院 B 座 108	85846204
东润枫景社区	南十里居 28 号院 6 号楼 2 单元	64312604
观湖国际社区	东四环 88 号院 7 号楼 1 单元 2 层	59283405
公园大道社区	朝阳公园南路 6 号院 4 号楼会所东一层	65306652
泛海国际南社区	星火西路 17 号	85844893
泛海国际北社区	东风地区辛庄居委会	85814847
将台洼社区	七棵树西街 158 号	84312621
六里屯村委会		65862164
辛庄村委会		85846037

豆各庄村委会		85811977
将台洼村委会		84315469

豆各庄地区(乡)

豆各庄村委会	朝丰家园社区天达路八号院六号楼	67206225
孟家屯村委会	朝丰家园社区天达路八号院六号楼	87391357
黄厂村委会	朝丰家园社区天达路八号院六号楼	67206288
孙家坡村委会	朝丰家园社区天达路八号院六号楼	67206232
水牛坊村委会	朝丰家园社区天达路八号院六号楼	67373802
马家湾村委会	朝丰家园社区天达路八号院六号楼	67206230
南何家村委会	绿丰家园 16 号楼 5 单元 101	85308299
于家围北村委会	于家围北村村委会 1 号	85366353
于家围南村委会	绿丰家园 44 号楼 1 单元 102	85307431
东马各庄村委会	豆各庄乡绿丰家园东侧	85307047
西马各庄村委会	朝丰家园社区天达路八号院六号楼	67206181
石槽村委会	朝丰家园社区天达路八号院六号楼	67206233
青青家园居委会	青青家园 101—1	85300961
京城雅居居委会	京城雅居西侧物业院内	87391785
绿丰家园居委会	豆各庄乡绿丰家园东侧	85309786
文化传播居委会	双桥路九号院	95367481
阳光家园居委会	豆各庄一号院大门内东侧	87392814
朝丰家园居委会	朝丰家园社区天达路八号院六号楼	87391273
富力又一城社区筹备组	马家湾村	87332697

高碑店地区(乡)

高碑店东社区居委会	高碑店村东店 313 号	85763010
高碑店西社区居委会	高碑店新村北里 179 号	85755601
高井社区居委会	高井村甲 8 号	85765868
半壁店东社区居委会	小郊亭居委会	87742709
西店社区居委会	西店村 527 号(老年公寓东侧 300 米)	67043885
方家园社区居委会	高碑店乡方家村	87740966
半壁店西社区居委会	高西店 527 号	87742739
北花园社区居委会	北花园村委会	65475886
八里庄社区居委会	四惠东站北侧康家沟八里庄社区	65586729
甘露园南里一区社区居委会	康家园 24 号楼	85752957
甘露园南里二区社区居委会	甘露园南里二区 12 - 1 - 0104 室	85773316
丽景馨居社区居委会	甘露园南里三区 9 号楼社区居委会	85758506
花北东社区居委会	花园闸北里 13 号楼花北东社区	65745746
花北西社区居委会	大黄庄南里 25 号楼二层西侧	65791272
太平庄南社区居委会	朝阳路 67 号院 4 号楼 7 单元 0102 室	51386093
太平庄北社区居委会	南太平庄北巷 25 号楼一单元 103 室	85501889
康家园东社区居委会	高碑店北路甲 6 号院 5 号楼 3 单元 201 室	51316821
康家园西社区居委会	康家园小区 1 号楼北头西侧院内	52029080
兴隆家园社区居委会	建国路 29 号兴隆家园 23 号楼 201 室	85768044

通惠家园社区居委会	通惠家园惠润园4号楼3单元1层社区服务站	59679522
大黄庄社区居委会	大黄庄152号	85762616

管庄地区(乡)

八里桥社区居委会	85701262
管庄东里社区居委会	51167315
管庄西里社区居委会	65740261
建东苑社区居委会	65752017
惠河东里社区居委会	65485807
瑞祥里社区居委会	85709409
京通苑社区居委会	65709460
丽景苑社区居委会	65777481
惠河西里社区居委会	65438728
郭家场村村委会	85391679
八里桥村村委会	85708767
重兴寺村村委会	65730972
杨闸村村委会	85708652
司辛庄村村委会	65739289
小寺村村委会	65703627
果家店村村委会	85708429
管庄村村委会	65761536
东会村村委会	52037551
西会村村委会	85709631
咸宁侯村村委会	85365773
塔营村村委会	85709455

黑庄户地区(乡)

大鲁店一村村委会	85386242
双树南村村委会	85373302
大鲁店二村村委会	85385253
双树北村村委会	85371154
大鲁店三村村委会	85383595
定辛庄东村村委会	85371426
小鲁店村村委会	85386256
定辛庄西村村委会	85372393
郎各庄村村委会	85387385
苏坟村村委会	85372287
郎辛庄村村委会	85382273
幺铺村村委会	85370621
黑庄户村村委会	51235285
旭园社区居委会	85384802
四合庄村村委会	85381261
双桥第一社区居委会	85391807
万子营东村村委会	85381836

双桥第二社区居委会		85393238
万子营西村村委会		85384093
康城社区居委会		85375049
怡景城社区居委会		85380351

将台地区(乡)

东八间房村村委会	东八间房村委会	52053188
驼房营村村委会	驼房营办公楼	84561035
安家楼管委会	安家楼村东林场	64372167
丽都社区	东四环北路 6 号阳光上东 C 区 1 号楼	51303352
梵谷水郡社区	驼房营南路 2 号院 14 号楼梵谷水郡小区	84706491
芳园里社区居委会	将台路芳园里 18 号楼对面	64365928
水岸家园社区	酒仙桥路甲 1 号水岸家园社区居委会	64332726
将府社区	将府家园北里 103 – 2 – 101	51373060
瞰都家园社区	东四环北路 10 号院 2 号楼底商瞰都家园社区	84797568

金盏地区(乡)

沙窝村村委会	沙窝村村委会	84317838
金盏东村村委会	金盏东村村委会	84343674
金盏西村村委会	金盏西村村委会	84333579
皮村村委会	皮村村委会	84331517
雷庄村村委会	雷庄村村委会	84340177
长店村村委会		84339370
楼梓庄村村委会		84317960
黎各庄村村委会	黎各庄村村委会	84317601
东窑村村委会	东窑村村委会	84316859
曹各庄村村委会		84317813
小店村村委会	小店村村委会	84333706
北马房村村委会		84311013
马各庄村村委会	马各庄村村委会	65418506
朝阳农场地区居民委员会		84331049
金盏地区办事处楼梓庄居委会	金盏大街 2 号	84333132

来广营地区(乡)

北苑一号院社区	安外北苑一号院 10 号楼 2 单元 1 层社区居委会	66749494
北苑二号院社区	安外北苑二号院北门附近居委会	84936317
北苑三号院社区	安外北苑航空中心医院三号院居委会	84929635
朝来绿色家园社区	红军营东路蕴实园小区北门附近	84950419
黄金苑社区	旭辉奥都 5 号楼一层黄金苑居委会	84931521
立城苑社区	立水桥甲 3 号立城苑小区 5 号楼居委会	84813176
立清路第一社区	立清路明天第一城 5 号院 5 号楼 7 单元 101 室	84673960
莲葩园社区	北苑家园莲葩园小区 9 号楼 108 室居委会	84925448
茉藜园社区	北苑家园茉黎园小区 19 号楼 101 室居委会	84926067

青年城社区	红军营东路8号小区会所一层青年城居委会	84954599
清友园社区	北苑家园清友园小区12号楼104居委会	84967852
时代庄园社区	红军营东路18号时代庄园会所三层社区居委会	84967984
新街坊社区	北苑5号院6区佳兴园小区605号楼A单元101室	84945426
绣菊园社区	北苑家园绣菊园7号楼(5号楼北侧)居委会	84966936
紫绶园社区	北苑家园紫绶园8号来广营城管大院1层紫绶园居委会	84955849
广达路社区	水岸庄园2区A07号楼4层清苑路居委会	84364537
清苑路第一社区	广达路2号院5号楼1单元101	84912960

南磨房地区(乡)

紫南家园社区	紫南家园小区207楼	87351374
平乐园社区	窑洼村68号	87378942
双龙南里社区	双龙南里社区居委会	87320042
南新园社区	南新园小区26号楼2层	87322075
东郊社区	深沟甲168号(东四环东侧)	87705760
百子湾西社区	东石门村6号	87316371
百子湾东社区	百子湾家园109号楼	87956922
欢乐谷社区	金蝉西路南	67387930
山水文园社区	燕东路山水文园东园四号楼底商A－25号	67713718
赛洛城社区	百子湾东里113号楼－R(社区居委会)	87322075
楼梓庄村委会	紫南家园小区207楼	87351374
大郊亭村委会	窑洼村68号	67348539

平房地区(乡)

平房村民委员会	平房村民委员会	85575115
姚家园村民委员会	姚家园村民委员会	85576377
石各庄村民委员会	石各庄村民委员会	65489395
黄渠村民委员会	黄渠村民委员会	65754873
平房社区居民委员会	平房乡平房村1780号	85573866
姚家园西社区居民委员会	姚家园西里1号院1号综合楼4层居委会	85523855
雅成里社区居民委员会	雅成一里14号综合服务楼2层	85512305
富华家园社区居民委员会	黄杉木店路186号院富华家园社区商业楼2层	85762215
华纺易城社区居民委员会	青年路29号院华纺易城社区1号楼4单元201室	58779733
国美家园社区居民委员会	青年路西里国美第一城小区2号院6号楼底商一层	52069601
定福家园南社区居民委员会	定福家园南里3号院5号楼3单元103室	58791562
星河湾社区居民委员会	黄杉木店后街168号星河湾社区居委会	85561198

三间房地区(乡)

福怡苑社区		65406809
美然动力社区		65767336
双惠苑社区		65427426
艺水芳园社区		65401658
绿洲家园社区		65403552

三南里社区	65756922
定西南里社区	65761084
定西北里社区	65765419
定南里社区	65737663
定北里社区	65407714
双桥路社区	85369523
双桥铁路社区	65758180
双柳社区	65702611

十八里店地区(乡)

十八里店村	十八里店村委会	67474039
十里河村	十里河村委会	67322734
吕家营村	吕家营村委会	87692485
周庄村	周庄村委会	67330480
小武基村	小五基村委会	67473450
横街子村	横街子村委会	87305279
老君堂村	老君堂村委会	87309866
西直河村	西直河村委会	67388090
老君堂社区	老君堂好园 6 号楼	87309990
弘善社区	弘善家园 315 楼东侧一层底商	67049113
前祁庄居委会	吕家营村前祁庄	87625053
后祁庄居委会	吕家营村后祁庄	87691516
六道口居委会	吕家营村六道口	87696579
白墙子居委会	白墙子居委会	67471547
弘善寺居委会	弘善寺居委会	67613120

孙河地区(乡)

孙河村村委会	84595066
上辛堡村村委会	84590898
前苇沟村村委会	84329653
下辛堡村村委会	84794868
后苇沟村村委会	84564543
黄港村村委会	84791949
康营村村委会	84300237
雷桥村村委会	84911355
北甸东村村委会	84592275
沙子营村村委会	84912178
北甸西村村委会	84590227
李县坟村村委会	84910132
西甸村村委会	57627215
沈家坟村村委会	84912989
康营家园一社区	84564543

太阳宫地区(乡)

十字口村	十字口村委会	52036065
牛王庙村	牛王庙村委会	64365908
芍药居社区一社区居委会	芍药居北里 219 号楼 5 层	84368128
芍药居社区二社区居委会	芍药居北里 203 号楼	84628158
芍药居社区三社区居委会	芍药居 10 号楼下平房	84615524
芍药居社区四社区居委会	芍药居 2 号院	84612696
太阳宫社区居委会	太阳宫南街 7 号院 6 号楼西侧 2 层	64220891
十字口社区居委会	太阳宫火星园 8 号楼 8－9	64287853
牛王庙社区居委会	太阳宫五里沟甲 20 号	64385869
夏家园社区居委会	夏家园 20 号楼	52036308
尚家楼社区居委会	尚家楼社区 48 号院	64683068
惠忠庵社区居委会	太阳公元 1 街 1 号院 10 号楼底商	64205711

王四营地区(乡)

官庄村村委会		67366137
观音堂村村委会		51352902
王四营村村委会		67389215
南花园村村委会		67366973
道口村村委会		87399671
孛罗营村村委会		87390092

小红门地区(乡)

小红门村村委会		87602942
肖村村委会		67678343
龙爪树村村委会		87695071
牌坊村村委会		87606296
恋日绿岛社区	鸿博家园 1 区 9 号楼底商	52054488

索 引

说 明

1. 本索引为主题索引，又称内容分析索引，主题词（标目）以《北京朝阳年鉴》（2013 年卷）正文中出现的有实质检索意义的内容为主。

2. 大事记、专文、特载、统计资料、人物、附录、勘误等类目内容不在索引范围内。

3. 主题词词首按汉语拼音音序排列，首字相同时，则以第二字排序，以此类推。以数字、字母、符号开始的主题题词，排在最后。

4. 主题词之后的数字表示所在页码，数字后面的英文字母 a、b、c 分别表示该页的左、中、右栏。

汉语拼音索引

A

B

C

D

E

F

G

H

J

K

L

M

N

P

Q

R

S

T

W

Y

Z

数字索引

英文字母索引

勘　　误

《北京朝阳年鉴》(2012)共发现19处错漏,特此更正,并向读者致歉。

1.“目录”第42页第2栏,“全国(含系统)先进单位”中的“单位”改为“集体”。

2.第85页第2栏第2行,“、”改为“,”。

3.第86页第3栏【慈善捐款活动】条目第一行,“七一”加双引号“”。

4.第87页第1栏【党组织、党员基本情况】条目第七行,“4953”后加“名”字。

5.第226页第1栏【工商登记注册】条目第七行,“4.6万”后加“户”字。

6.第227页第1栏【北京商务中心区工商所】条目第二行,“北京商务中心”后加“区”字。

7.第247页【保障性住房建设】条目右侧栏目第五行,“仕”改为“适”。

8.第255页图表中序号为“12”的项目“建设单位”中,“大”改为“太”。

9.第259页图表中序号为“6”的项目“建设单位”中,删除“之”字。

10.第275页第1栏【房屋私自拆改执法检查】条目第三行、第四行,删除“在全市率先开展建设工程监理人员分级管理培训考评工作”。

11.第275页第2栏【办理信访事项】条目第六行,“直投信33 5件。办复,857件”改为“直投信335件。办复857件,”。

12.第276页图表“建筑智能化工程”项的合计数“39”改为“30”。

13.第333页第1栏【概况】条目第12行,“四”改为“地”。

14.第335页第2栏【国家公共文化服务体系示范区】条目第4行“规划、建设”改为“建设规划”。

15.第335页第3栏【文物保护】条目第六行,“试点”后加“工作”。

16.第487页第一栏第20行,“北京潘家园国际民间文体发展中心”改为“北京潘家园国际民间文化发展有限公司”。

17.第487页第一栏第23行,“张瑞”改为“马印秋”。

18.第547页第2栏第10行,标题删除“中共”。

19.第576页“保险”部分,增加“中国太平洋财产保险股份有限公司北京市朝阳支公司　霄云里6号楼　84482495”。

感谢以下人员为本刊提供图片

（按姓氏笔画排列）

丁鑫　于娜　于晓敏　王淼　王童　王凤兰　王太成
王玉丹　王立军　王利华　王丽梅　王建平　王沿军　王建军
王京敏　王明强　王祎楠　王佳鑫　王爱君　王瑞琴　尤青茁
毛丽珠　牛荣　方学清　孔雁　尹兴田　石淳　石立华
卢娲　田慧　田丽华　付剑梅　白景元　白富强　冯妍
邢伟　邢茹玉　邢浩铭　吕游　乔元玉　朱婧　朱荣虎
向黎曼　刘军　刘轩　刘洋　刘洋　刘鹏　刘玉安
刘向菲　刘苗苗　刘金娟　刘国赛　刘晶晶　衣雪　许治
孙研　孙晔　孙绮　孙赞　孙红娟　杜大琳　杨帆
杨健　杨雪　杨京恋　杨秋羽　杨博雅　苏珊　李力
李卉　李晓　李娟　李博　李小骏　李丹梅　李玉国
李汇涛　李佐娟　李宝华　李佳君　李晋豫　李渊峰　李寒力
李媛博　时彬　吴海龙　吴晓东　吴桂昕　吴晓萌　何晶
何伶俐　邱云波　邱维伟　余慧云　汪昆　沈立　张卉
张纯　张涛　张一然　张子曰　张兰英　张晓芳　张晓楠
张誉进　张德刚　陈辽　陈昕　陈全中　陈钟献　欧阳昕倩
金丽坤　周玉龙　郎科俭　郎春颖　项悦　胡丹丹　胡朝颖
赵光　赵早　赵玉芳　侯鑫　侯亚昕　祖钢　姚雯
姚雷　秦阳　秦磊　贾春泽　顾晨颖　夏波光　徐铳
徐福军　郭斌　郭蕾　高晖　唐峥　唐珺　曹发来
龚双红　崔雪　崔建平　康雅文　黄阳艳　商晓晶　黄珊
韩涛　韩仲海　韩惠清　董晓芸　解芳　蔡广培　蔡立卓
管文东　滕科　霍宗达　魏新华